U0632053

知识就在得到

A
Comprehensive
Mirror
to Aid in
Government

Series. I

资治通鉴

第一辑

熊逸版

①

熊逸 著

Xiong Yi
Edition

新 星 出 版 社 NEW STAR PRESS

前　言

从一部书到几百部书

熊逸

　　2018 年的一个假期，我难得出一趟门，在法国巴黎奥赛美术馆看到了我最喜欢的一幅画：德劳内的《罗马的瘟疫》（Plague in Rome, Jules-Élie Delaunay, 1869），描绘着一个瘟疫肆虐下的脆弱人间。

　　画幅不大，但画面很震撼，并且充满了耐人寻味的细节，从每一个细节里又可以深挖出更多的内容。这让我沉迷了很长时间——至少占据了 2019 年的一半，还做了几万字的笔记。甚至我还幻想，等哪天练就了艺术品"大盗"的本领，就可以"偷出"这幅画，挂在我的书房。

　　然后，进入 2020 年，画没来，疫情来了。

　　全国人民都要在家进行自我隔离，度过一个前所未有的寂静的春节。

正常人耐不住这样的寂寞，但对我来说，生活并没有发生太大变化，因为我的日常，并不比小区里的狗活动范围更大，交际圈更广。每天我还是把自己关在家里读书写作，一如既往，自闭倾向反而变成了生存优势，这让我对"进化无定向"的道理有了切身的感受。

这段时间我的写作内容，就是拿在你手里的这本书：《资治通鉴熊逸版》(第一辑)。

巧合的是，当初司马光编写《资治通鉴》，也是在一种自我隔离的环境下，足不出户，目不窥园，绝口不谈时事，如是者将近20年。家门以外的世界，对他而言，也正爆发着一场史无前例的"瘟疫"，一个叫王安石的人满世界横冲直撞，在皇权的加持下，把大宋王朝搅得鸡飞狗跳，不得安宁。

无计可施的司马光只能有多远躲多远，关起门来，和几个助手一起研制"疫苗"，希望能够以一部《资治通鉴》总结历史上的兴亡成败，使今后的社会对各种形态的政治瘟疫永远免疫。

这当然是个一厢情愿的想法，但这份努力并不会因此而失去价值。

当罗振宇老师提议让我从头至尾讲一遍《资治通鉴》时，我很有一点跃跃欲试的兴奋。

早在 2017 年，我刚刚加入"得到"大家庭，开讲《熊逸书院》，要不要选讲《资治通鉴》，着实让我为难了一番。作为一部既当之无愧，又影响深远的史学经典，《资治通鉴》当然是必选项。但是，如果只用一周的时间，对这部大书仅仅做一点提纲挈领的概述，又实在暴殄天物。思前想后之下，我终于放弃了它，没想到今天还能有这个机会，让我可以用系列图书的形式，榨出其中的每一滴精华。

另一方面，我对这部书怀有几分特殊的感情。我小时候几乎处于放养状态，自由时间很多，最喜欢乱翻家里的书柜。有一天，书柜里新添了一套书，特别醒目，就是中华书局版的《资治通鉴》。黄色的封面显得相当古旧，一眼望去，整整 20 册皇皇巨著，称得上威风凛凛，相貌堂堂。翻开内页，繁体竖排，正文用大字号，间杂着小字号的注释。注释是古人做的，多数内容都是反切法[1]注音，看起来比正文更难懂。但是，对于小孩子来说，这样一套书太有神秘感了，必须看。

1　反切法，一种汉字注音方法，使用两个汉字为一个汉字注音，
　　前面的字称为反切上字，取其声母；后面的字为反切下字，
　　取其韵母和声调。如"作"就是"则洛切"。

当时的我，对繁体竖排已经很有接受力了，看书也不求甚解，只要似懂非懂就能看下去，而这套书里时不时出现的"腐朽没落的封建思想"又显得特别新奇，简直让人脸红心跳。更何况那时候家里的闲书已经被我看得七七八八了，包括少儿严重不宜但家长完全没有警觉的"三言""二拍"，就连《家庭养花手册》都没被我放过，所以这套《资治通鉴》顺理成章地陪我度过了很多年，一册一页间满是回忆。

多年之后，家逢惨变，变卖了一切能够变卖的东西，包括所有的书，当然也包括那套《资治通鉴》。后来在书店里看到很多新版本的《资治通鉴》，装帧已经不复当年的朴素风格，有些版本还会配上一句重磅级的宣传语，说这是一部"毛泽东读过17遍的智慧宝典"。

在我眼里，《资治通鉴》就像那幅《罗马的瘟疫》，充满耐人寻味的细节，而要深入探索这些细节背后的奥妙，不但需要掌握作者所掌握的材料，还需要借助外部的很多知识。

有学者做过统计，司马光编写《资治通鉴》所用到的材料，超过300种。这300多种材料当中，有些已经失传，我无缘看到，有些保存至今，但我还不曾读过。所谓教学相长，为了写好这本书，我需要遍读司马光读过的材料，这样才能理解他如何取舍，如何剪裁，又因此会有怎样的得与失，乐与悲，又为何会如此。一旦追究到底，背后必然是时代与时代之间的观念碰撞，这该是怎样一种波澜壮阔。

另外，层出不穷的考古新发现，给我们提供了很多司马光不曾见过的材料，北宋以后的历史经验和全世界的学术进展，也提供了更多可以傲视司马光的新知，让我们可以站在今天的学术前沿来反观古代经典。我们还可以拥有旁观者清的视角，更加深刻地理解司马光所处的时局，以及《资治通鉴》得以成书的社会背景，也可以从司马光本人的其他作品里窥见他在《资治通鉴》里不便明言的观点。

每一部书都不是独立存在的，也不应当被独立理解，这是我一以贯之的读书方法论。

我们也许并不需要"尊德性而道问学"，也不需要"极高明而道中庸"，但至少需要"致广大而尽精微"。读书既要由博返约，也要窥一斑而见全豹。这是有次序可言的，先要从一座森林理解一棵树，然后才能从一棵树理解整座森林。当然，也因为这个缘故，这本书竟然也可以承担一些"经典速读"的现代价值，会有几百部书借着《资治通鉴》的脉络向你依次打开。

最后，希望你我可以在《资治通鉴熊逸版》里相伴更多的岁月。也许有一天，你真的发生了华丽蜕变，让《资治通鉴熊逸版》因为被你读过而身价百倍呢。

总目录

周安王

第四册　周烈王

周纪二　周显王

导　语

──────── ○○I ────────
《资治通鉴》为什么从这个年份开始

　　《资治通鉴》，看名字就知道，它是一部通史。一部通史应该从哪儿开始？按多数人的想法，肯定得是个什么元年吧。但这本书编年的开始，是周威烈王二十三年（前 403 年）。就算对中国历史很熟悉的人，看到这个年份，也会觉得很茫然吧？这一年有什么特别的吗？《资治通鉴》怎么会从这么不当不正的一个年份开始？

　　因为《资治通鉴》不是史官的史书，而是政治家的史书。全书从哪一年开始，是一个很严肃的问题，这并不是一个单纯的史学问题，而是一个有着开宗明义之功的古代意识形态问题。

历史从哪里开始

作为一部编年史，《资治通鉴》按照朝代的先后顺序，讲周朝的部分叫《周纪》，讲秦朝的部分叫《秦纪》，然后是《汉纪》《魏纪》《晋纪》，等等，最后以《后周纪》结尾，因为后周以后就是宋朝，对司马光来说，就不再是古代史，而是当代史了。每一个"纪"包含若干卷，比如《周纪》一共五卷，第一卷叫《周纪一》，第二卷叫《周纪二》，以此类推。每一卷的开头都会标明本卷内容的起止年份。

《资治通鉴》的内容从周朝开始，彻底抛弃了商朝、夏朝和更加久远的三皇五帝，这是为什么呢？从史料编纂的角度来看，周朝以前的历史渺茫难求，很难分清哪些是事实，哪些是神话，更不可能做出准确编年；从当时的意识形态的角度来看，儒家最为推崇的礼制，孔子想要"克己复礼"的那个"礼"，就是被周朝确立下来的，被儒家奉为圣人的所谓"尧舜禹汤文武周公"，最后的三位，也就是周文王、周武王和周公旦，都是周朝的开国先贤。

理解了这一点，一般人很容易据此推测：儒家的史书，当然要从周文王开始，或者是从周朝正式开国的那一年开始。但是，司马光的《资治通鉴》偏偏选了一个不当不正的年份作为全书的开端，也就是周威烈王二十三年（前 403 年）。这一年，向前距离周朝开国大约 6 个世纪，向后距离周朝亡国一百多年。这位周威烈王也算不上是一个多么像样的天子，即便司马光对他有偏爱，至少也应该把《资治通鉴》的开头安排在周威烈王即位的元年才对，而不是即位之后的第二十三年。非但《史记》这一类的纪传体史书不会这样开头，就连《春秋》和《左传》这种编年体的先驱也不会这样开头。

司马光别出心裁，一定有他的深意。

要想理解这层深意，我们首先需要知道《资治通鉴》和其他史书的区别——并不是编年体和纪传体那种形式上的区别，而是立意上的区别。**《资治通鉴》是政治家编写的史书，而不是史官编写的史书，"资治"二字是重点。**

所以，《资治通鉴》既是一部史书，也是一部历史哲学专著，如果仅仅把它当成史书来读，就会惹作者伤心了。

作为历史哲学专著的《资治通鉴》，才一开篇就要确立一套价值体系，标榜出这套价值体系里的核心诉求。

从《左传》的结尾
到《资治通鉴》的开端

无论是一个人规划自己的职业，一家公司安排自己的运营，还是一个国家决定基本国策，都会存在核心诉求和次要诉求。一个国家的核心诉求可以有很多种，比如强大、富裕……虽然这些诉求听上去都很诱人，但核心诉求只能有一个，其余诉求都要为核心诉求让步。道理很简单：资源永远是有限的，任何一种资源调配都意味着有取有舍，对取舍的标准越明晰，运作就越高效。

《资治通鉴》作为一部由政治家操刀，意图在于"资治"的编年史，一开篇就让儒家意识形态成为主角，开宗明义地道出一个国家最应该有的核心诉求——稳定。《资治通鉴》之前的一切正史，从《史记》《汉书》到《新唐书》《新五代史》，都没做到这一点。史官写的历史和政治家写的历史，就是如此不同。借用莎士比亚的台词，在《资治通鉴》面前，"此前所著，皆为序章"。

从编年史的技术角度来看，《资治通鉴》是接着《春秋》和《左传》来写的。《春秋》站在鲁国的角度，从鲁隐公元年（前722年）开始，结束于鲁哀公十四年（前481年），这是孔子去世的前两年。《左传》作为《春秋》的补充读物，结束于鲁哀公二十七年（前468年），交代了鲁哀公的人生结局，还记录了当年发生的一件大事：中原强国晋国以智襄子为主帅，进攻郑国，郑国向齐国求救，齐国以陈成子为主帅，出兵援救郑国。陈成子对智襄子有一句评价，原话是"多陵人者皆不在"，意思是经常欺负人的人都没有好下场。《左传》有一种叙事风格，凡是这种评价性质的、带有预言意味的话，后文都会出现相应的事实，以此证明前面的评价很恰当，预言很准确。既然记录了陈成子这句掷地有声的话，后文就要交代这句话是如何应验的。所以，《左传》虽然编年结束于鲁哀公二十七年（前468年），但在全书的最后，宕开一笔，跨越多年，记载了智襄子因为贪得无厌和刚愎自用，被晋国的韩、赵、魏三大家族联手灭掉，这才结束全书。

《资治通鉴》编年开始的周威烈王二十三年（前403年），发生的历史大事只有一件，那就是韩、赵、魏三大家族的族长被周威烈王封为诸侯，从此才有了战国七雄当中的韩、赵、魏三大强国。

《资治通鉴》虽然详细记载了智襄子身死族灭的前因后果，明显接上了《左传》，但从严格的编年意义上看，《左传》编年结束于鲁哀公二十七年（前468年），距离《资治通鉴》开始的周威烈王二十三年（前 403 年）早了足足 65 年；《左传》记事结束于智襄子身死族灭，这是周贞定王十六年（前 453 年），距离周威烈王二十三年（前 403 年）也还有整整 50 年。如果《资治通鉴》真想续接《左传》，为什么要留出这么大的一段编年空当呢？

名分和事实，哪一个更重要

从历史事件的重要性来看，智襄子的灭族，经历了一场春秋战国时代罕见的大规模战役，堪比长平之战，当然值得大书特书，而周威烈王把韩、赵、魏三大家族的族长封为诸侯，只不过是一纸任命，波澜不惊。而从因果关系的角度来看，这两件事明显前者为因，后者为果，前者骇人听闻，后者水到渠成。

韩、赵、魏三大家族联手消灭智襄子，瓜分了智氏家族的土地、财富，"三家分晋"局面已成，一些历史学家把这件事作为战国时代的开端，意义不可谓不重大。然而在司马光看来，"三家分晋"的意义远不如周威烈王的分封来得重要，前者只配作为后者的补充说明，不配作为一部历史哲学著作的开篇。这样的斟酌和取舍，显示出政治家和史学家截然不同的历史观。

在政治家看来，一件表面上平淡无奇、波澜不惊的事情，其实意义重大，影响深远，再怎么高估都不为过。

以儒家的标准来看，"三家分晋"属于礼崩乐坏的典型事件，韩、赵、魏和智氏这四大家族都是晋国的贵族，却完全无视晋国国君的存在，自作主张掀起内斗。在司马光看来，所谓"三家分晋"只是三大家族"事实上"瓜分了晋国，形成了三个独立政权，而若干年后周威烈王封三家为诸侯，意味着三家作为三个新兴的独立政权，从此拥有了合法的名分，在"名义上"和晋国国君分庭抗礼。原本人人得而诛之的乱臣贼子，竟然获得了官方认可，把自己洗白了。

在儒家的价值体系里，名分问题是底线问题，哪怕既成事实无法推翻，名分上也不能做一丝一毫的让步。

孔子有一个著名的主张，认为治国的第一要务就是"正名"。孔子的学生子路认为老师的观点太过迂腐，由此引出孔子的名言："名不正则言不顺，言不顺则事不成。"（《论语·子路》）正是因为儒家把名分问题摆在了政治学的制高点，所以儒家才有一个别称——名教，那些扰乱名分规则的人因此被称为"名教罪人"。

这种价值观确实有迂腐的一面，因为在很多人看来，实实在在的利益比虚无缥缈的名分重要得多，后者完全应该为前者让路。实干家往往会有这种态度，最著名的就是曹操，他在位高权重时饱受猜忌，有舆论要他交出兵权，回到封国养老，曹操为此写了一篇《让县自明本志令》，说自己绝不交权，因为一旦这样做，就没有实力来抵挡政敌的迫害了，家族和国家都会遭殃。说到这里时，曹操留给后人一句名言："不得慕虚名而处实祸。"名是虚的，祸是实的，孰轻孰重，不言而喻。

———————— OO2 ————————

司马光为什么要修《资治通鉴》

　　《资治通鉴》是以"稳定"作为核心政治诉求的，在儒家体系里，名正则稳。所以，司马光才会以韩、赵、魏三大家族的族长被周威烈王封为诸侯——这么一个"名不正"的小事件作为开端，将这个表面上的小事件解读为历史当中最大的教训。

　　《资治通鉴》的起始年份，透露了这部由政治家操刀的史书，意图在于"资治"。而司马光的核心政治思想是——国家要求稳定，这跟早他一千多年的另一位司马氏——汉代的史官司马迁，有很大差别。

　　这种求稳之心，跟司马光在北宋政坛经历的风风雨雨紧密相关。

历史学的意义

古代社会是经验型社会，经验越丰富，解决问题的能力就越强。一个人的亲身经验总是有限的，所以在亲身经验之外，更需要依靠历史经验。正所谓太阳底下没有新鲜事，任何一种新的难题，似乎总是可以从历史中找到解决方案；任何一种新的尝试，似乎也总是可以从历史中找到成功的经验和失败的教训。大到治国安邦，小到钩心斗角，历史经验越多，胜算也就越大。从这个意义上说，历史学也是政治学、管理学和成功学。

司马光显然是一个早早就意识到了历史学价值的人。而且，他也对治史很有兴趣。

但以儒家的传统来论，史学的地位从来都排在经学之下。经书，也就是被朝廷奉为意识形态圭臬的经典，主要是儒家经典，才是第一流的著作。史学只是经学的附庸，只能起到辅助性的作用。所以，对于任何一个有上进心的读书人来说，钻研经学才是人生首选。更加现实的是，经学之路是一条升官发财之路，搞史学最多只能算锦上添花。

在司马光编写《资治通鉴》的北宋时代，史学特别不受重视。这是政策导向的结果：读书人要通过科举考试才能进入国家管理层，科举的录取率又远远高于唐代，这很能点燃读书人的希望。但科举不考史学，史学知识只能在策论里发挥一些辅助功效，自然也就很少有人愿意为它耗时耗力。

不过，即便真想为史学耗时耗力，也没那么容易，因为系统性地掌握史学，要读的书不仅多，而且乱。单是官方正史，当时从《史记》《汉书》到《新唐书》《新五代史》，已经有19部大书，足以让人望而生畏。从体裁上看，这些史书都属于纪传体，给重要的历史人物一一立传，优点是容易理解人物生平，缺点是难以把握历史发展的脉络。

所以，**要想让历史经验真能为人所用，就有必要让史书变得清晰易读；而要让史书变得清晰易读，就有必要把现有的材料重新编排考订、去伪存真、删繁就简、提纲挈领。**这种烦琐而枯燥的工作，必须是耐得住寂寞的人才能完成。

完成这样一桩事业，可想而知，需要惊人的时间和精力。时间和精力从何而来？主要从失败中来。古人写书，通常叫作"退而著书"。所谓"退"，意思是说，在社会上处处碰壁，碰得头破血流，不得不离开社会，躲进自己的一片小天地里。所以，古代那些著书立说，传授各种成功方法的，往往都是失败和失意的人，他们期待自己的价值能在将来被人发现。

失意者的机缘

司马光虽然早就有心编写一部简明版的古代编年史，并且早早就动了手，还很受皇帝的鼓励，但真正让他得以完成《资治通鉴》这部鸿篇巨制的机缘，恰恰是他在政治斗争中的彻底失势。

宋英宗治平元年（1064 年），司马光写成了一部极简版的编年史，名叫《历年图》，献给刚刚即位的皇帝。接下来，他又花了两年时间，拓展了《历年图》的内容，把战国到秦朝的这段历史按照编年丰富起来，再次献给英宗皇帝。这个时候，这部未完成的书稿叫作《通志》。顾名思义，《通志》是对历史所做的贯通性的记录，当然不该仅仅截止在秦朝，后面的历史也要依照这个模式继续编写下去。但司马光已经发现，这绝不是靠一己之力就能办到的。于是，经过宋英宗的批准，他不但可以自己选聘助手，成立书局，还有权调用皇家秘府的藏书和档案。

治平四年（1067 年），宋英宗病逝，宋神宗继位，改元熙宁。年仅 20 岁的宋神宗请司马光为自己讲读《通志》，才听了开头"三家分晋"的事件就很受触动，觉得历史经验太重要了，实在是治国的法宝。于是，宋神宗给《通志》重新命名，叫作《资治通鉴》，意思是：一部对治理国家特别有帮助的中国通史。宋神宗还亲自为《资治通鉴》作序，又把自己做皇子时的私人藏书送给司马光做参考资料。

从同一个历史事件当中到底能够得出怎样的经验，这显然因人而异，差异甚至可以大到黑白分明、势不两立的程度。高度赞赏《资治通鉴》的宋神宗认为，只有大刀阔斧、力排众议地推进改革，才能富国强兵，创造伟大盛世。而司马光作为《资治通鉴》的核心作者，却坚定地反对宋神宗的改革理想。两个人的见解，在历史上都能找到足够的依据，谁也说服不了谁。没办法，这就是文科的悲哀。

那是最好的年月，那是最坏的年月；那是智慧的时代，那是愚蠢的时代；那是信仰的新纪元，那是怀疑的新纪元；有人直上天堂，有人直下地狱……无论如何，那都是一个崭新的时代。宋神宗为着富国强兵的美好愿景，找到了一位志同道合的伙伴：王安石。从此君臣遇合，风云际会。宋神宗重用王安石，开启了一场轰轰烈烈的变法运动。

王安石变法让所有的知识分子面临站队的选择，于是人群一分为二，支持变法的称为"新党"，反对变法的称为"旧党"。新党迅速占据了重要岗位，旧党纷纷被排挤出朝廷。司马光作为旧党大佬，屡经波折，终于在熙宁五年（1072年）落脚洛阳，做了一名无所事事的闲官，闭门著书，绝口不谈朝政。这一年，司马光54岁，从此在洛阳寂寞地生活了15年。

司马光的洛阳生活有几个标志性的事件，一是给自家花园取名"独乐园"，表明自己甘于寂寞，不凑新党的热闹；二是把书局迁了过来，从此全力以赴，以职业作家的姿态编修《资治通鉴》。

两种治史风格

在一首司马光写给他的邻居邵雍的诗里，司马光说"我以著书为职业，为君偷暇上高楼"。这句话的意思是：我把写作当成职业，这种职业是需要枯坐书斋、足不出户的，但我很欣赏你，所以为了陪你，我忙里偷闲，和你一起上楼看看风景。

邵雍是中国思想史上著名的"北宋五子"之一，他也很欣赏司马光，说司马光是个脚踏实地的人。他的这句评价，给我们留下了"脚踏实地"这个成语。司马光从性格到做事，"脚踏实地"的特点一以贯之，每一步都要走得稳，走得准，并且持之以恒。所以相较于大步流星和高瞻远瞩的宋神宗、王安石，司马光难免显得迂腐，既没有美感，也缺乏豪情。

更有意思的是，夸赞司马光脚踏实地的邵雍，偏偏不是一个脚踏实地的人，至少在学术上不是。邵雍也在搞一部编年史，名叫《皇极经世》，篇幅虽然不大，但构架和规模远大于《资治通鉴》，不但给历史编年，还给未来编年，一直预言到世界末日，展现人类社会从始到终，盛衰兴亡的宏大规律。邵雍给宇宙所做的编年，并不是从历史细节当中小心考证出来的，而是根据汉代的易学算出来的，是一套非常规整的数学模型。这套模型很有数学之美，更有高深莫测的神秘感，但和真实的天文历法往往合不上拍。所以邵雍虽然位列"北宋五子"，但对儒学的贡献并不大，反而是民间的算命先生常常打着他的易学旗号招摇撞骗。

司马光给历史做编年，真正做到了脚踏实地，他邀请专家助阵，采用了当时最前沿的天文历算成果，从史料的细节当中仔细考订历史事件发生的准确时间。这是一件很烦琐，也很无趣的工作，读者通常也不会特别较真，但司马光非要精益求精，不愿出半点纰漏。

宋神宗元丰七年（1084年），《资治通鉴》终于完稿，总共294卷，还有配套的《通鉴目录》30卷和《通鉴考异》30卷。宋哲宗元祐七年（1092年），《资治通鉴》刻版完成，开始印刷发行。这个时候，司马光已经过世六年了。

当然，修订一部千年通史，纰漏总是免不了的，但无论如何，在政治失势的岁月里，司马光脚踏实地写出的《资治通鉴》，直到今天仍然是一部不失典范意义的严谨史书，邵雍的"宇宙简史"却不再有几位读者了。

周纪一

公元前 403 年
至
公元前 369 年

周威烈王

周威烈王二十三年

————————— ○○三 —————————

全书开头为什么像打哑谜

原文：

起著雍摄提格，尽玄黓困敦，凡三十五年。

本章正式进入《资治通鉴》的正文，首先从《周纪一》开始。《周纪一》是记录周朝历史的第一卷，第一句话是"起著（chú）雍摄提格，尽玄黓（yì）困敦"。古代天文学知识比较难懂，如果你觉得以下内容太烧脑，没关系，只需要记住司马光为《资治通鉴》选择了一种最具客观色彩的编年方式，力求让这部书可以恒久远、永流传就可以了。

读不懂的第一句

拿起《资治通鉴》的人，读到这一句，多半就开始打退堂鼓了。总共 11 个字，除了"起"和"尽"认识，跟在后面的"著雍摄提格"是什么？"玄黓困敦"又是什么？简直高深莫测。下面我们就来看看这打哑谜的 11 个字是什么意思。

其实，"著雍摄提格"和"玄黓困敦"是中国古代的一种纪年方式——太岁纪年——里的年份名称。上面那句话的意思是，记录周代历史的第一卷，开始于著雍摄提格这一年，结束于玄黓困敦这一年。

至少早在商朝，古人就发现了木星运行的规律：木星绕行天空一周，大约要花 12 年，那么，把木星划过的天区平均分成 12 份，每一份就对应着一年 [1]。人们只要观察木星落在哪个天区的哪个位置，就能基本准确地读出当下的时间，这就是古代中国的木星纪年法。

既然木星每 12 年绕行天空一周，古人就把它每年走过的区域称为一"次"，或者一个"星次"。星次的名称非常古雅，分别是：星纪、玄枵（xiāo）、娵

---

[1] 数字 12 正因为有这样的出处，所以显得格外尊贵，被称为"天之大数"，由此衍生出十二生肖。

訾（jūzī）、降（xiáng）娄、大梁、实沈（chén）、鹑首、鹑火、鹑尾、寿星、大火、析木。这就是中国版的"黄道十二宫"，明朝人曾经拿这些名称来对译西方的黄道十二宫。

除了星次之外，古人还把天穹一分为四，称为四象，分别是东方青龙、西方白虎、南方朱雀和北方玄武。每一象再分为七个区域，四七二十八，这就是我们熟悉的二十八星宿。

在古代，十二星次和二十八星宿有着相互对应的关系——古人把十二星次分为四组，对应四象，每一象包含三个星次，在这三个星次里，位于中间的星次对应三个星宿，位于两旁的星次各自对应两个星宿。古代中国的占星术就是从这些关系出发来推衍吉凶祸福的。

虽然古人想要把星次和星宿严格对应起来，但其实木星运行一周天并不是 12 年整，而是 11.86 年，这就意味着，每 12 年就会积累出 50 多天的误差。到了汉朝，天文观测才变得精密起来，人们开始用坐标来标注星次，于是，那种想象中的星次和星宿严格对应的明确关系就被复杂的现实瓦解了。

但这还是有点麻烦，一来木星的公转周期并不是严格的 12 年，二来木星的公转轨迹和太阳相反，这对于古代天文学家来说，意味着账不好算。所以他们又想出了一个简便方案：假想天上有一颗星，和木星差不多，但运行一周天恰好就是 12 年。这颗假想出来的星体叫作"太岁"。既然是假想出来的天体，当然可以怎么方便就怎么安排，除了让它运行一周天刚好 12 年之外，还要让它和木星的运行方向相反，这样一来，太岁的十二星次在次序上就可以和十二地支一致，算日子能方便很多。

地支总是和天干配对的。天干一共 10 个，分别是甲、乙、丙、丁、戊、己、庚、辛、壬、癸；地支一共 12 个，分别是子、丑、寅、卯、辰、巳、午、未、申、酉、戌、亥。古人用天干、地支搭配计时，12 个地支配 10 个天干，会余出两个，这两个再从天干开头的甲、乙开始搭配，这样搭配了 60 次之后，开始一个新的循环。这 60 次，也就是 60 年，就叫作一个"甲子"。

天干、地支的起源非常古老，至少在商朝就已经成型了。有学者推测说，天干源于以太阳计时，地支源于以月亮计时。另外也有推测说，天干来自某个采用十进制的部族，地支来自某个采用十二进制的部族，后来两个部族融合，天干和地支也就开始搭配使用了。

太岁的十二星次和十二地支一一对应，但名称很古怪，分别是：困敦、赤奋若、摄提格、单阏（chán yān）、执徐、大荒落、敦牂（zāng）、协洽、涒（tūn）

滩、作噩、阉茂、大渊献。

接下来，阴阳观念就发挥作用了。阴阳观念是中国人非常核心的思维定式，万事万物皆分阴阳，甚至是生病，任何一种病都能分成阴阳两种，或者叫虚症和实症，比如常见的肾虚就分肾阴虚和肾阳虚，感冒分为风寒感冒和风热感冒——虽然字面上是寒和热而不是阴和阳，实际上还是阴阳二分法。于是，木星和太岁自然也被纳入阴阳系统。木星在天空运行，天属于阳，那么太岁应该在地上运行，地属于阴。进一步推演，木星属阳，太岁属阴，太岁的十二星次因此叫作岁阴。

既然太岁的十二星次对应十二地支，称为岁阴，那么，还应该有一套对应的天干，称为岁阳。于是十个岁阳就这样被编排出来了，岁阳也有一套奇怪的名字：阏逢（páng）、旃蒙、柔兆、强圉（yǔ）、著雍、屠维、上章、重光、玄黓、昭阳。

表1　木星十二星次

木星十二星次	星纪	玄枵	娵訾	降娄	大梁	实沈	鹑首	鹑火	鹑尾	寿星	大火	析木
四象	北方玄武			西方白虎			南方朱雀			东方青龙		
二十八星宿	斗、牛	女、虚、危	室、壁	奎、娄	胃、昴、毕	觜、参	井、鬼	柳、星、张	翼、轸	角、亢	氐、房、心	尾、箕

表2 太岁十二星次

太岁十二星次（岁阴)	困敦	赤奋若	摄提格	单阏	执徐	大荒落	敦牂	协洽	涒滩	作噩	阉茂	大渊献
十二地支	子	丑	寅	卯	辰	巳	午	未	申	酉	戌	亥

表3 十岁阳

十岁阳	阏逢	旃蒙	柔兆	强圉	著雍	屠维	上章	重光	玄黓	昭阳
十天干	甲	乙	丙	丁	戊	己	庚	辛	壬	癸

上面说的这套以假想的太岁纪年的系统，就是太岁系统，可以看作木星纪年的升级版。《资治通鉴》就是用太岁系统来纪年的。所谓"起著雍摄提格，尽玄黓困敦"，如果用我们熟悉的干支系统来表达，就是"起于戊寅年，止于壬子年"，再转换成公历，就是"起于公元前403年，止于公元前369年"。

太岁纪年与历史观

很多人可能会奇怪，"著雍摄提格"这些词，不光我们今天看来很生僻，一般读古书，常常见到的也都是"戊戌九年"这种干支纪年法，或者"庆历四年春"这样的年号纪年法。为什么司马光的《资治通鉴》偏要用太岁纪年呢？是存心掉书袋，显摆自己有学问吗？

首先，刻意复古会让人感觉这部书很庄重、很专业、很有格调，尤其是和王安石变法所掀起的锐意革新的浪潮格格不入。

其次，《资治通鉴》在纪年称谓上别出心裁，还有一个很实际的缘故：编年史必须把历史事件准确编年，这需要天文历算方面的专业知识，技术门槛很高，司马光并没有这个本事，所以他请来当时天文历算方面的大权威刘羲叟负责编年，刘羲叟特别推崇唐朝的《大衍历》，《大衍历》恰恰用的是太岁纪年的那些"怪词"。

无论是太岁纪年还是干支纪年，都有一个共同的特点，那就是客观性。

天文历算在古代中国是一门很高级的学问，关乎政权安危，严禁私人研究。一位官员或贵族，就算贪赃枉法、草菅人命，罪名都不如夜观天象来得大。这就让历法有了高度的主观性，与政治立场紧密相关。

《资治通鉴》如果采取常规的编年方式，那么"起著雍摄提格，尽玄默困敦"就应该写成"起周威烈王二十三年，尽周烈王七年"。这很好理解，既然写的是周朝的历史，自然该用周朝的官方纪年。事实上，在后面的正文中，《资治通鉴》确实用的是周朝的官方纪年，但前面必须要戴一顶"太岁纪年"的大帽子，这样做，相当于在编年系统上，太岁纪年是根目录，各个朝代的官方纪年是子目录，这不但强化了客观性，避免了很多意识形态方面的争议，还让全书的编年呈现出井然有序的统一性。

请天文历算专家协助修史通常会带来一个弊端，那就是怪力乱神太多，让正史看上去很像玄幻小说。刘羲叟已经算是很有科学精神的专家了，但即便是他，也不免会犯这一行的职业病，经常搞预测。比如有一年，月亮进入太微宫，他据此推断后宫会有丧事，果然没多久真有一位贵妃过世。又有一年，先后发生了日食和超新星爆发，他认为这是辽国皇帝驾崩的征兆，这一回他又说对了，至少元朝人编写的《宋史》是这样记载的。(《宋史·儒林二》)

古人研究天文历算，总会和政治挂钩，从自然界的反常现象中预测人间万象。司马光可不愿意让《资治通鉴》带上这种调性，所以给助手们定下了严格的甄别标准。我们今天读《资治通鉴》，会发现它比《史记》《汉书》那些史学名著，尤其比编年史先驱《左传》更有现代感，玄幻色彩很弱。《左传》但凡在某一年记载了灾异、占卜、预言，在若干年之后的记载里，总要有所应验。但《资治通鉴》几乎完全避免了这种情况，只保留了极少数有着特殊警示意义的怪力乱神事件。

北宋是一个怀疑主义盛行的时代，知识分子对古代圣贤的经典著作都敢于发声质疑，但怀疑的限度到底应该设在哪里，是一个很实际的问题。在儒家传统里，一方面"子不语怪力乱神"，基本等于无神论；另一方面"圣人以神道设教"。"神道设教"这个词出自《周易》，就是统治者巧妙运用神秘主义来治理无知的百姓——这是典型的"揣着明白装糊涂"。

但"神道设教"分寸很难拿捏，所以统治者要么在"神道设教"时把自己也给套进去了，变成迷信的牺牲品——宋真宗就是典型，不光封禅泰山、到汾阴祭祀后土、到河南拜祭祖宗三陵，还把全国都卷入了对"玉皇大帝"的狂热迷信活动中；要么把无神论立场贯彻到底，敢于改天换地，冲破一切束缚——宋神宗和王安石就是典型。

作为王安石变法的反对派，司马光在编撰《资治通鉴》时自然会很谨慎地拿捏分寸，既不能像传统史书那样宣扬迷信，也不太好把迷信彻底扫清，搞成"天命不足畏"的调子。当我们理解了这样的分寸感，就能够理解《资治通鉴》的整体基调。

—————— 004 ——————

谁更适合做家族继承人

原文：

（二十三年）

初命晋大夫魏斯、赵籍、韩虔为诸侯。

《资治通鉴·周纪一》首先概述本卷涉及的时间段："起著雍摄提格，尽玄黓困敦，凡三十五年。"接下来就进入第一年的内容，分为四个部分。

首先是纪年：周威烈王二十三年。其次是记述这一年发生的历史事件："初命晋大夫魏斯、赵籍、韩虔为诸侯。"这句话的意思是：周威烈王把晋国的魏斯、赵籍、韩虔三位大夫封为诸侯。然后是以"臣光曰"开头的一段很长的议论，阐明上述事件的意义何等重大，千秋万世都应当引以为戒。一般人读到这儿，多半会一头雾水，很想质问司马光："事情的前因后果都还没有交代清楚呢，您的议论是不是发得太早了？"但没关系，因为马上就是第四部分，这部分详细追叙了几十年前的晋国往事，乍一看充满喧哗与躁动，其实呈现的是"三家分晋"的前因。

周朝社会的基本结构

宋朝读书人对"三家分晋"这段历史的背景比今天的我们更熟悉，所以《资治通鉴》交代一句就足够了，但是我们要想读懂这句话，还是有必要先简单了解一下周朝社会的基本结构。

周朝社会实行的是真正意义上的封建制。所谓封建，指的是分封和建国。当初武王伐纣，灭掉商朝，建立周朝，把亲戚和功臣分封到天下各地，让他们带着各自的家族和部属各就各位，安营扎寨，全权打理自家的小王国。小王国的君主可以泛称为"侯"，所以"诸侯"这个词的原始含义就是对封国君主的统称。《易经》的卦爻辞里经常有一句"利建侯"，如果你正在忐忑不安，不知道自己能不能获得分封，或者该不该把你名下某些土地和人口分封给你的某个亲戚，那么算出这一卦，就足够让你安心。

诸侯在自己的封国里还会做第二级的分封，往下分出若干个大夫，大夫一级的贵族都有自己的封地、家臣和封地里的人口。分封是逐级向下的，效忠是逐级向上的：大夫对诸侯效忠，诸侯对天子效忠。全天下的贵族或多或少都沾亲带故，就算原本不沾亲，也总会通过婚姻缔结关系纽带。

贵族阶层实行嫡长子继承制，默认只有正妻所生的长子才有继承权。周朝的最高统治者自称天子，所谓天子，原始含义并不一定是"天的儿子"，而很可能是"大儿子"，指的是最高一级的嫡长子。所以周天子不但是政治领袖，还是宗族领袖，是天下所有同姓贵族的族长。族长历代传承，在宗法关系里，这一系称为"大宗"。

族长把兄弟族裔们分封出去，族裔们在自己的封国里继续实行嫡长子继承制，他们的嫡长子一系在自己的封国里是大宗，对周天子来说是小宗，宗族内部的亲属关系规范就是所谓的"宗法"。因为层层分封的关系，各种大宗和小宗错综复杂，在"全天下"织成了一张庞大的亲属关系网。

在这样的宗法体系里，国政就是家政，政治关系就是亲属关系。每个人都处在这张大网的某个节点上，要想天下太平，最重要的就是让每个人都清楚自己所在的节点，自觉履行这个节点所要求的责任和义务，不生非分之想。

维系这种宗法政治最主要的工具，就是礼。礼的一切繁文缛节，叫作礼仪，顾名思义，就是礼的仪式。

把礼作为基本国策，就叫礼制。逾越礼的边界，叫作非礼。在礼制社会，一个有教养的人的一切言谈举止都不应逾越礼的边界，这就是孔子所谓的"非礼勿视，非礼勿听，非礼勿言，非礼勿动"。社会越是往前发展，礼的约束力就越弱，终于弱得一塌糊涂，出现"礼崩乐坏"的局面。孔子为此痛心疾首，以"克己复礼"作为毕生的政治理想，要把这个礼崩乐坏的新社会重新用礼的规范约束起来，回归美好而有序的旧社会。

孔子的学说之所以看上去那么温情脉脉，正因为它是宗法社会的产物，总是从亲属关系的角度来解决社会矛盾。但问题是，亲戚未必都好相处，有人生怕你多分了遗产，有人巴不得看你倒霉，还有人早就和你疏远了，谈不上半点亲情。宗法关系要想长久维系下去，确实很不容易。

在当时所有的诸侯国里，宗法关系最先遭到破坏的，就是位于今天山西省的晋国。说句题外话，山西省之所以简称为"晋"，就源于晋国。晋国宗族经过好几轮的手足相残，小宗先是篡夺了大宗的地位，然后开始搞集权，同宗的叔伯兄弟死走逃亡，凋零殆尽。但晋国到头来还是不能彻底摆脱时代局限性，觉得贵族班底总不能一直空着。怎么办呢？当时还想不到聘任制，新的国君就把一些功臣和将领提拔起来，给了他们贵族的头衔、封地和世袭的资格。

这时候的晋国，虽然看上去和其他诸侯国一样，照旧是大贵族统领小贵族，小贵族统领更小的贵族，但血统关系已经变了。因为国君提拔谁、罢免谁，不再论资排辈，而是"尊贤尚功"，根据才干和军功给出相应的职位和待遇，有别于传统的"亲亲尚恩"，根据亲戚关系给予优待。

这一批新兴贵族原本有八大家族，在名利场上不断发生矛盾。当时有人用"晋政多门"来评价晋国政坛，后来演变为我们熟悉的成语"政出多门"。八大家族经过了几轮内斗，最后只剩下智、韩、赵、魏四大家族。虽然名义上四大家族还要听从晋国国君的号令，但实际上，他们早已不把国君放在眼里，国君也确实没有实力来控制他们了。四大家族当中，资历最浅的智氏家族发力最猛，迅速凌驾于韩、赵、魏三家之上。

智瑶该不该做继承人

原文：

初，智宣子将以瑶为后。

了解了以上这些背景，我们就可以进入《资治通鉴》

的叙事内容了。《资治通鉴》追叙"三家分晋"的前因，从智氏家族的族长智宣子选立智瑶为"后"开始讲起。

所谓"后"，就是家族继承人。我们都知道一句老话："不孝有三，无后为大。"在原始含义上，"无后"不是说没有儿子，比如智宣子当时不但有儿子，而且还不止一个。但哪个儿子才有资格成为"后"，成为家族继承人——下一任的族长，这才是问题所在。

"无后"之所以是最大的不孝，有虚和实两重含义。在务虚的层面上，"无后"意味着不再有人主持祭祀，已故的历代祖先在另一个世界要挨饿了；在务实的层面上，"无后"意味着一个宗族没有了合法领袖，各种权益不再能得到保障。

虚和实是一体两面，主持祭祀的合法身份同时也是主持家政的合法身份，甚至还会是主持国政的合法身份。儒家之所以特别重视祭祀，有数不清的繁文缛节，正是因为在宗法社会里，祭祀是维系社会秩序、关乎兴亡成败的头等大事，和打仗同等重要，这就是所谓"国之大事，在祀与戎"。

原文：

智果曰："不如宵也。瑶之贤于人者五，其不逮者一也。美鬓长大则贤，射御足力则贤，伎艺毕给则贤，巧文辨慧则贤，强毅果敢则贤，如是而甚不仁。夫以其五贤陵人，而以不仁行之，其谁能待之？若果立瑶也，智宗必灭。"弗听。智果别族于太史为辅氏。

智宣子中意的继承人人选是自己的儿子智瑶，也就是前文提到的智襄子。但是，家族长老智果提出不同意见，他认为智宣子的另一个儿子智宵最合适。这倒不是因为智瑶缺乏才干，恰恰相反，智果认为智瑶很能干，在五个重要品质上都比别人强：第一，智瑶颜值高，"美鬓长大"，也就是胡子漂亮，个子高，可见当时对男性的审美是以健美为标准的。第二，智瑶力气大，驾驶战车的技术高，射箭也很厉害。第三，多才多艺。第四，文采和口才都好。从这几点的排序上看，当时体育课的成绩比文化课的成绩重要，所以就连孔子的教学都是文体并重的。最后是第五点，做事果断，绝不拖泥带水。

智瑶虽然有这么多优点，但也有一个缺点，那就是"不仁"，对别人缺乏爱心。正因为这一个缺点，前面说的五项优点反而变成了劣势。也就是说，智瑶是一个有才无德的狠辣角色。这种人才干越高，为害也就越甚，最后只会四面树敌。智果扔下一句话："如果立智瑶做族长，智氏家族注定灭亡。"

但是，尽管智果的分析入情入理，智宣子最终还是固执己见。智果没办法，分家过吧，从此不再姓智，和智氏家族各过各的，井水不犯河水。通过这件事，我们可以看出当时的一种价值观：族人对族长并没有誓死效忠的义务。

一般人读《资治通鉴》，很容易佩服智果的高瞻远瞩，而不容易想到的是，无论是智宣子还是智果，在这件事上其实都做错了。在宗法传统上，继承人不应该是商量出来的，只能是自然出现的。这项传统，就是前文提过的嫡长子继承制：谁是嫡长子，谁天然就有继承权。

我们更不容易想到的是，智果虽然准确预言了结局，但他的理由其实很难成立。从后续发展来看，智瑶的失败有很大的偶然性，最多也只是战术上的失误。反过来想，假如智瑶在五大优点之外，还是个满怀仁爱之心的族长，智氏家族可能从一开始就应付不来险恶的权力斗争，正如许多怀有同样品质的人被丛林一般的现实打得落花流水一样。所以，智果的所谓先见之明，只不过反映出儒家对历史的解读方式。

《资治通鉴》开篇讲完周威烈王分封晋国三家大夫之后，马上追述了几十年前的往事。智氏家族的继承人之争中，才干卓越但缺乏仁爱之心的智瑶做了族长。记住这个人物，在本书后续的内容中，他会频繁出现。

—————————— 〇〇5 ——————————

得寸进尺为什么是一种策略

《资治通鉴》交代了智宣子立智瑶为智氏家族的下一任族长继承人，随后宕开一笔，转而介绍赵氏家族的情况。

原文：

赵简子之子，长曰伯鲁，幼曰无恤。将置后，不知所立。乃书训戒之辞于二简，以授二子曰："谨识之。"三年而问之，伯鲁不能举其辞，求其简，已失之矣。问无恤，诵其辞甚习，求其简，出诸袖中而奏之。于是简子以无恤为贤，立以为后。

两份竹简选出的国君

恰巧，赵氏家族的族长赵简子也在考虑继承人问题，人选有两个：长子伯鲁和幼子无恤。如果依照宗法制度下的嫡长子继承制，那么毫无疑问，伯鲁才是唯一的继承人，无恤没有半点参选资格。

但是，赵简子竟然也像智宣子一样缺乏宗法意识，只想选一个有能力的儿子来接自己的班。这就从侧面说明了在当时的晋国，四大家族的竞争已经白热化了，论资排辈必须给唯才是举让位，只有能干的继承人才能保障家族的长治久安。而让赵简子发愁的是，伯鲁和无恤看上去不相上下，真不知道该把位子传给谁才好。

这是管理学上的难题，自然要用管理学的办法来解决。于是，赵简子准备了一套考核方案，他把自己的毕生心得总结出来，分别写在两份竹简上，交给两个儿子，要他们熟读并牢记。赵简子非常沉得住气，足足等了三年才开始进行考核。而到了考核时，伯鲁早就把竹简上的内容忘光了，甚至连竹简都弄丢了，再看无恤，不但背得滚瓜烂熟，而且始终把竹简贴身带着。孰优孰劣，一目了然。赵简子再没有犹豫，立无恤为继承人，并叮嘱他："一旦晋国有难，你要记住，用人应当重用尹铎，选择根据地应当选晋阳。"

赵简子之所以会有这样的政治遗嘱，是因为先前的一番安排。

原文：

简子使尹铎为晋阳。请曰："以为茧丝乎？抑为保障乎？"简子曰："保障哉！"尹铎损其户数。简子谓无恤曰："晋国有难，而无以尹铎为少，无以晋阳为远，必以为归。"

现代管理学上有一本名著《把信送给加西亚》，说的是美西战争中一个叫罗文的中尉，如何没有推诿、不讲条件、历尽艰险，以绝对的忠诚、责任感和创造奇迹的主动性，完成了一件"不可能的任务"——把信送到古巴盟军将领加西亚手中。当初赵简子派家臣尹铎治理晋阳，尹铎作为一个聪明的下级，并没有像今天有些管理学所教导的那样，没有任何借口，"把信送给加利亚"，既然主君让自己治理晋阳，那就全力以赴把晋阳治理妥当。不，在尹铎看来，赵简子的指示过于模糊，必须确认清楚才行。如果指令不清是因为主君没想清楚，自己就有义务帮他想清楚。于是尹铎给出了治理晋阳的两种思路，请赵简子二选一。尹铎的原话是："以为茧丝乎？抑为保障乎？"

"茧丝"就是蚕丝，蚕丝模式意味着把晋阳当成赵氏家族的财源和兵源，那么相应的治理方案就是最大限度地盘剥当地的人力物力，相应的坏处就是很容易积累民怨，让晋阳百姓对赵氏家族离心离德。至于

"保障"，本义是堡垒，堡垒模式意味着加固晋阳的防御体系，同时善待当地百姓，激发他们对赵氏家族的认同感，相应的坏处就是必须向晋阳百姓让利，赵氏家族的财政收入和兵源注定会因此减少。要财源还是要堡垒，只能二选一，不存在两全其美的方案。

尹铎简简单单的两句话，不但帮赵简子把问题想深想透，还给出了两个方案让赵简子来选。以今天的眼光来看，这就是好员工的标准范式。赵简子在财源和堡垒之间果断选择了后者。这就说明在激烈竞争的局面下，他宁可牺牲一部分扩张速度，也必须建立一个稳定的根据地，以应对将来可能产生的巨大压力。后来的事态发展，完全证实了赵简子的先见之明。

智瑶的得十进尺策略

原文：

及智宣子卒，智襄子为政，与韩康子、魏桓子宴于蓝台。智伯戏康子而侮段规，智国闻之，谏曰："主不备难，难必至矣！"智伯曰："难将由我。我不为难，谁敢兴之？"对曰："不然。《夏书》有之：'一人三失，怨岂在明，不见是图。'夫君子能勤小物，故无大患。今主一宴而耻人之君相，又弗备，曰不敢兴难，无乃不可乎！蚋、蚁、蜂、虿，皆能害人，况君相乎！"弗听。

在智宣子和赵简子过世之后，智瑶和赵无恤分别成为智家和赵家的新任族长，同时代的韩、魏两家族长分别是韩虎和魏驹。如果统一依照谥号来称呼的话，这四大族长就是智襄子、赵襄子、韩康子和魏桓子。四个人当中，以智瑶风头最劲；四大家族当中，以智氏家族资历最浅，但实力最强，扩张速度最快。这是一个一强三弱的共处局面，一强想要吞掉三弱，三弱既想自我保全，又不敢和一强发生正面冲突，更不敢公然结盟，时时处处都要小心维护表面上的一团和气。

但智瑶是个嚣张跋扈的人，一团和气的局面总是以韩、赵、魏三家多受委屈为代价。有一次智瑶和韩康子、魏桓子在蓝台举行宴会，席间智瑶出言不逊，不但戏弄了韩康子，还侮辱了韩康子的家相段规。

这里还有必要解释一下段规的身份，他是韩康子的家相，也就是韩家的大管家。按照封建制的规则，家臣只对主君效忠，不对国君效忠。所以在当时的道德标准里，段规只应该操心韩家的兴亡成败，而不该操心晋国的兴亡成败。"国家兴亡，匹夫有责"这句话并不适用于封建时代。韩康子的"家"，规模相当于一个小国，所以，段规名义上虽然只是个大管家，其实相当于一个小国总理。并且，这位总理既不对晋国的国君效忠，也不对韩家的人民效忠，仅对韩康子这位主君效忠。

智瑶在蓝台戏弄韩康子并且侮辱段规的事情传到了族人智国那里，智国劝谏智瑶说："你如果不谨慎点，以后有你倒霉的。"智瑶不以为然，回答说："从来只有我让别人倒霉的。我不招惹别人就不错了，谁还敢来给我找麻烦不成！"智国接下来一口气说了三句名言，一是援引《尚书》里的《五子之歌》："一人三失，怨岂在明，不见是图。"意思是一个人犯错犯得太多的话，就别等到别人的积怨爆发出来时再想对策，而要防患于未然；然后是智国自己的一句议论："夫君子能勤小物，故无大患。"意思是统治者如果能在细节上不失谨慎，就不会惹上大的灾祸；第三句也是智国本人的话："蚋、蚁、蜂、虿（chài）皆能害人，况君相乎。"蚋、蚁、蜂、虿指的都是小蚊虫，意思是连小小的蚊虫都能伤人，何况一国的国君和总理呢？我们可以用莎士比亚戏剧《哈姆雷特》中的一句台词为它注释："大人物的疯狂是不能听其自然的。"

智国的劝谏并没有高谈道德，而是完全从功利角度出发，道出这样一个道理：**我们之所以不该随便欺负比我们弱小的人，是因为怨恨的情绪会越积越深，**

难免会有爆发的一天，而再弱小的人，其实也有伤害我们的能力，何况有些人并不比我们弱很多，我们对于他们并不具备碾压性的优势，所以真没必要平白无故地招惹人家。

作为故事里的头号反派，智瑶当然听不得任何良言相劝。然而从剧情的发展上看，智瑶在蓝台宴会上的所作所为，也许并不是嚣张跋扈之下的口无遮拦，而是一种处心积虑的巧妙试探：试探对方的底线，如果得寸，那就进尺。

"得寸进尺"这个词不仅仅是一种行为，还可以是一种策略。

在智瑶看来，既然戏弄和侮辱并没有激起韩氏家族的反抗，那就可以再进一步，这背后的心理学依据是：对方先前的委曲求全都是沉没成本，人总是放不下沉没成本的，因为一旦放下了，就等于之前的所有付出都白费了。韩康子既然忍了一次，就很可能再忍第二次。每忍一次，韩家就弱一分，智家就强一分。就算韩康子哪一天真的忍无可忍了，双方实力上早已拉大的差距也足以给智瑶信心。

宋朝苏洵写过一篇《六国论》，认为六国之所以被秦国一一吞并，主要原因并不是六国的军事力量不强，而是六国不断白送给秦国土地，这才导致实力对比越来越悬殊。从这个角度来看，我们会发现智瑶和秦始皇采取了相同的策略，智瑶是失败的秦始皇，秦始皇是成功的智瑶。看出了这一点，就会明白，"以成败论英雄"真的不太合适。

智瑶的再次试探

原文：

智伯请地于韩康子，康子欲弗与。段规曰："智伯好利而愎，不与，将伐我；不如与之。彼狃于得地，必请于他人；他人不与，必向之以兵。然后我得免于患而待事之变矣。"康子曰："善。"使使者致万家之邑于智伯，智伯悦。

当众侮辱了韩氏家族后，智瑶开始了进一步的试探，直接向韩康子索要一片土地。没错，直接开口去要，这确实欺人太甚了。

韩康子当然不想给，但段规说："应该给。"

段规这么说，表面上是破财免灾，因为不给的话，智瑶一定会开战。但问题的关键是，段规看准了智瑶的性格：既贪得无厌又刚愎自用。如果韩家连索要土地这种无理要求都能答应的话，智瑶一定会膨胀，一膨胀就会复制成功经验，向其他家族要地。别人肯定忍不了，忍不了就注定要打，到时候韩家就可以隔岸观火，相机行事了。

韩康子认为这是个好主意，于是欣然给了智瑶一座"万家之邑"——如果这话没有夸张的话，那么韩康子献出来的绝对是当时的一座一线城市了。

————— 006 —————

魏桓子为什么也屈服了

智瑶顺利从韩康子那里要来了一座大城，随后又向魏桓子开口，竟然也能如愿。为什么事情的发展超出了韩氏大管家段规的预料？魏桓子到底是怎么想的？为什么也屈服于智瑶？

原文：

又求地于魏桓子，桓子欲弗与。任章曰："何故弗与？"桓子曰："无故索地，故弗与。"任章曰："无故索地，诸大夫必惧；吾与之地，智伯必骄。彼骄而轻敌，此惧而相亲。以相亲之兵待轻敌之人，智氏之命必不长矣。《周书》曰：'将欲败之，必姑辅之；将欲取之，必姑与之。'主不如与之以骄智伯，然后可以择交而图智氏矣。奈何独以吾为智氏质乎！"桓子曰："善。"复与之万家之邑一。

魏桓子真的甘心吗

魏桓子真的甘心献土吗？当然不，但他的身边也有一位睿智的家相，名叫任章。任章考虑的是：智瑶无缘无故就来索要土地，所有有家有业的贵族都会害怕，而我们魏家如果满足了智瑶的无理要求，智瑶一定会发飘。他发飘了就会轻敌，其他人因为怕他，就会团结起来对付他。

以团结的力量打击轻敌的人，胜负显而易见。任章还援引了《周书》的一句名言："将欲败之，必姑辅之；将欲取之，必姑与之。"意思是：要想打败谁，就先帮助谁，要想从谁那儿占到便宜，就先拿一点便宜给他占。这话很容易让我们想到老子哲学。《老子》中有一段高度相似的表达："将欲歙之，必固张之；将欲弱之，必固强之；将欲废之，必固兴之；将欲夺之，必固与之。"

战国年间，人们似乎很相信这个道理，因为例证有很多，比如《吕氏春秋》引过一句诗："将欲毁之，必重累之；将欲踣（bó）之，必高举之。"意思是：要想毁灭什么，一定先把它堆积起来；要想摔倒什么，一定先把它高举起来。

兵书《六韬》更是反复讲过这个道理，比如"鸷鸟将击，卑飞敛翼；猛兽将搏，弭耳俯伏；圣人将动，必有愚色"，是说猛禽和猛兽在发起行动之前，都要有一个俯身收缩的姿态，圣人在发起行动之前，一定会露出愚钝的神色。再比如"夫攻强，必养之使强，益之使张。太强必折，太张必缺"，还有"因其所喜，以顺其志。彼将生骄，必有奸事。苟能因之，必能去之。"这些文字全在阐释同一个道理：**要想使谁灭亡，就先让他疯狂。怎么让他疯狂呢？顺着他，宠着他，满足他的不合理要求，助长他的嚣张气焰。**

还有托名管仲的《管子》，论述统治者牧养百姓的策略，一开始的话很像是儒家的老生常谈，说"政之所行，在顺民心；政之所废，在逆民心"。民心其实很容易洞察，无非就是想要生活安定，多子多孙，统治者只要尽力满足人民的这些期望就好了。但问题是：统治者凭什么要这么做？换句话说，统治者这么做，对自己有什么好处？

如果拿这个问题去问儒家，一定会被骂得狗血淋头。"君子喻于义，小人喻于利"，统治者既然属于君子阶层，哪能把这么龌龊的问题宣之于口呢？但《管子》摆出来的是阴谋家的嘴脸，给出了这样的回答：如果我能使人民安乐，人民就能够为我忧劳；如果我能使人民富贵，人民就能够为我承受贫贱；如果我能使人民安定，人民就甘愿为我承受危难；如果我能使人民多多生育，人民就甘愿为我牺牲性命。最后归结为一句话："故知予之为取者，政之宝也。"意思是给予就是索取，这个道理实在是搞政治的法宝。

"先予后取"的道理貌似放之四海而皆准，既可以对付敌人，也可以操纵自己治下的百姓。那么问题是：段规和任章都懂的道理，在蓝台宴会之前也已经有很多真实案例足以佐证这个道理，智瑶难道就不懂吗？

同样的手段智瑶也在用

事实上，《资治通鉴》没讲的是，就在蓝台宴会的前一年（前 458 年），智瑶攻打仇（qiú）由就用到了这个策略。仇由是个小国，实力不强，硬碰硬的话，完全不是智瑶的对手，但仇由坐落在群山深处，和外界没有大路相通，外面的军队很难开得进去。

智瑶想出了一个很经典的诡计，铸了一口大钟，装上大车，作为礼物送给仇由国君。钟在当时不仅是很贵重的东西，还是身份和地位的象征。仇由国君受宠若惊，为了拿到这份礼物，派人开山修路，让大车可以畅通无阻，这就给后人留下了"斩岸堙溪"这个不太常用的成语，形容不畏艰险地开辟道路。终于道

路修好了，钟收到了，但智瑶的军队也轻轻松松地掩杀过来，仇由就此灭国。（《吕氏春秋·权勋》）

大约在同一年，智瑶打算袭击卫国，同样也是先对卫国示好，送来宝马和美玉。卫国国君很高兴，大摆酒宴，卫国的贵族们也跟着一起高兴，只有南文子一个人表情凝重。南文子讲了一句很有哲理的话："无方之礼，无功之赏，祸之先也。"意思是，无缘无故送上门的好处一定是祸患的先兆。国君一下子就被点醒了，马上厉兵秣马，加强边境防卫。智瑶只好放弃了攻打计划。（《战国策·宋卫策》）

同类事情还有很多，就不再一一列举了，总之，智瑶显然深谙"先予后取"之道，应该不会被段规和任章用同样的手段算计。但无论如何，在魏桓子献上大城之后没多久，韩氏大管家段规期待的战争终于爆发了。

赵无恤退守晋阳

原文：

智伯又求蔡、皋狼之地于赵襄子，襄子弗与。智伯怒，帅韩、魏之甲以攻赵氏。襄子将出，曰："吾何走乎？"从者曰："长子近，且城厚完。"襄子曰："民罢力以完之，又毙死以守之，其谁与我！"从者曰："邯郸之仓库实。"襄子曰："浚民之膏泽以实之，又因而杀之，其谁与我！其晋阳乎，先主之所属也，尹铎之所宽也，民必和矣。"乃走晋阳。

事情的起因，是智瑶继续索要土地，这一回要到了赵无恤的头上。

赵无恤最核心的性格特点就是一个"忍"字，能忍常人所不能忍。按说连韩康子和魏桓子都能忍下来的事情，赵无恤当然也能忍。智瑶早就清楚赵无恤的性格，不太看得起他，大约想不到赵无恤这一次会拒绝自己。但不知为什么，赵无恤真的拒绝了。

站在智瑶的角度，土地能要来固然最好，要不来也无妨，直接去抢就是了。一场内战就这样顺理成章地爆发了，正如段规所料。但段规没能料到的是，韩氏家族并不能置身事外、隔岸观火，因为智瑶安排韩、魏两家跟着自己组成三家联军，一起进攻赵无恤。面对这样的要求，韩、魏两家都不敢拒绝。

在绝对实力面前，一切兵法都没意义。

对于实力太弱的一方，打野战显然不明智，常规策略是依托地利，把野战转化为城防战，用地理上的优势弥补兵力上的劣势。

赵无恤正是这样想的，既然抗不住联军的进攻，那就要找一座牢靠的城池躲起来，避免正面交锋。身边有人建议说："长子城离我们最近，城墙也很厚实。"赵无恤说："那里的百姓筑城已经累得够惨了，如果现在再要求他们拼死守城的话，他们根本不可能跟我们同心协力。"又有人建议说："那就去邯郸城吧，那里的物资储备很充足。"赵无恤说："之所以邯郸的物资储备充足，还不是因为我们榨干了邯郸百姓，这些百姓更不可能跟我们同心协力，拼死守城。"

这个时候，赵无恤及时想到了父亲留下的政治遗嘱：一旦有难，靠得住的人是尹铎，靠得住的地方是晋阳。好吧，是时候用自己的性命和家族的存亡来检验一下父亲的政治眼光了——于是赵无恤率领余部，直奔晋阳。

赵无恤的顾虑，充分体现出管理学上的头号难题：怎样才能让别人为自己卖命。

这场战争，对于赵无恤本人和赵氏家族而言，一旦失败，就意味着身死族灭；而对于赵氏家族治下的百姓而言，胜败其实很无所谓，败了无非是换个主人，继续给新主人纳粮当差。

假如对手不是三家联军，而是遥远、陌生的外国人，事情还好办些，因为人对陌生的事物总是心怀恐惧，很容易把外国侵略军想象成虎狼之师，一来就要烧杀抢掠，所以统治者很容易凝聚人心，激发斗志。但是，三家联军全是熟悉的本国同胞，谁也不比谁更凶残。就算赵无恤有纳粹德国一般的宣传能力，把联军说成魔鬼，也很难让自己人相信。

这个时候，唯一可以依靠的只有晋阳百姓了。对晋阳百姓来说，一旦赵氏家族灭亡，一来情感上接受不了，二来新主子肯定没有旧主子仁慈。所以，赵家的生死存亡和晋阳百姓的切身利益是绑在一起的，晋阳百姓就算仅仅为了保护自己的既得利益，也应该和赵无恤齐心协力，共渡难关。这就是《礼记·大学》讲过的道理："财聚则民散，财散则民聚。"长子城和邯郸城就属于"财聚则民散"，对百姓的压榨太狠，所以民心离散，不能共患难。晋阳城就属于"财散则民聚"，正因为有了善待百姓、藏富于民的基础，所以民心可用。于是，赵无恤退守晋阳，追兵很快到了。

三大家族屯兵晋阳坚城之下，马上面临一个棘手的问题：攻城太不容易了。

按说利用人数优势，鼓励三军将士奋勇争先，应该也攻得下晋阳，但智瑶这边也存在人心问题：首先，大家是来抢劫的，卖力气可以，卖命就犯不上了，攻城绝对是卖命的差事；其次，三家联军并不齐心，谁都担心自家如果损耗太大，会被别家顺手吞掉。

就这样，微妙的局面给智瑶提出了一个很高的要求：必须超越《孙子兵法》，才能把这一仗打赢。

─── OO7 ───

水攻为什么有开创性

攻城战应该怎么打，《孙子兵法》有过教导："上兵伐谋，其次伐交，其次伐兵，其下攻城。攻城之法，为不得已。"总而言之，在一切军事手段里，最不划算的就是攻城，但凡还有其他办法，就不要出此下策。之所以这样说，是因为攻城战过于耗时耗力耗人命，代价太高。何况晋阳城池坚固，军民同心，越发显得易守难攻。

开创性的水攻

站在智瑶的角度，划算的做法显然就是放弃这次军事行动，反正也没有任何损失，甚至还可以趁机占领赵氏家族的其他地盘，比如长子城和邯郸城，听任赵无恤困守晋阳一座孤城，总有他熬不住的一天。

但问题是，这样的办法虽然在战术层面上成立，却没法在战略层面上成立，因为退兵就意味着示弱。智瑶只要稍一示弱，韩、魏两家对他的畏惧感就会减轻，也许就会以赵无恤为榜样，壮起胆子做出反抗。对智瑶而言，只有以绝对力量，以摧枯拉朽之势正面攻克晋阳城，才能在晋国立威，震慑人心。**这是威权型的领袖很容易遇到的问题：只要有一次失败，威权就会动摇，队伍就容易散掉。**所以强攻晋阳虽然在战术上很不明智，在战略上却非此不可。

但是，前面谈过，就算智瑶不计代价发动强攻，也很难驱使那么多人去当炮灰。这就意味着，智瑶不但必须赢得漂亮，还必须最大限度地减少人员损耗。这就好比要求一个厨师只用几粒米蒸出一大锅饭，怎么可能呢？

智瑶还真的想出了办法：用水利工程来代替人力强攻。

这就需要我们了解一下晋阳的地形。晋阳，顾名思义，位于晋水之阳。古人把一切都分成阴阳两类，连方位也有阴阳之分：山南水北为阳，山北水南为阴。城市建设往往依山临水，所以有很多地名都可以这样"望文生义"。比如晋阳，在晋水北岸；淮阴，在淮河南岸；洛阳，在洛水北岸；贵阳，在贵山之南。

智瑶的计划相当大胆：引晋水来淹晋阳城。这种打法，在军事史上有着开创性的意义。就连《孙子兵法》都没想到，水竟然可以这样来用。

原文：

三家以国人围而灌之，城不浸者三版。

可惜《资治通鉴》的记载过于简略，只有这样一句话："三家以国人围而灌之，城不浸者三版。"一版是两尺，三版就是六尺，根据当时的度量衡，大约合今天的一米略多。这句话的意思是：三家联军包围了晋阳城，引水灌城，城墙没有浸水的地方只有六尺高了。也就是说，大水已经快要没过城墙了。

这很能引发人的好奇，因为很难想象联军怎么能把水位抬到那么高，又怎么保障引来的水不会从别处泄走。在司马光可以利用的原始材料里，《战国策》和《史记》对这件事的记载同样很简略，这是中国古代史书的一种常态：重视兵法，而轻视军事工程技术。但是，晋阳之战，唱重头戏的偏偏是工程师。

工程技术问题，要到技术书里去找线索：《水经注》给了我们相当清晰的回答。联军的水利工程可以分为三个部分：第一，在晋水上游修建堤坝，拦河蓄水；第二，根据地势挖一条运河，把水引到晋阳城下；

第三，引来的水不能外泄，所以联军围着晋阳城筑起了一座高高的大堤。

这是何等浩大的工程，何等惊人的创举。

如果你想对这样的围城场面有一个直观印象的话，可以去看一部日本电影《傀儡之城》，剧情发生在日本的战国时代，石田三成重兵围困忍城，引水灌城，手法和智瑶完全一样。

从孙子到墨子

《孙子兵法》中有专门的一章来讲"火攻"，内容很丰富，但涉及"水攻"的内容只有三言两语。在"火攻"一章里有这样的话："故以火佐攻者明，以水佐攻者强。水可以绝，不可以夺。"在孙子看来，水的军事意义是"绝"，也就是起到阻隔作用：所谓敌人，在水一方。但是，水不能消灭敌人。水是防御力，而不是攻击力。

把《孙子兵法》奉为圭臬的人，肯定想不到智瑶会把水当成攻击力来使用。毕竟时代在发生着剧变，进入战国时代以后，《孙子兵法》的打法不断被突破、被颠覆。在孙子生活的时代，应该无法想象智瑶所能达到的工程规模。

　　如果我们采信《史记》的记载，那么《孙子兵法》的成书年代应当不晚于公元前 512 年，晋阳之战大约发生在公元前 455 年，其间相距仅 57 年，《孙子兵法》就已经露出落后于时代步伐的疲态。其实就在《孙子兵法》成书年代的下限，公元前 512 年，吴国攻打徐国，就用到了修建堤坝，蓄水灌城的办法，一举灭掉徐国。（《左传·昭公三十年》）

　　智瑶攻打晋阳，难度远高于吴国攻打徐国，因此水利工程的技术水平更高，施工规模也更大，两者不可同日而语。但是，作为新生事物，智瑶的水利工程并不是尽善尽美，引来的水既不能一下子冲垮城墙，也没能没过城墙，把城里的守军淹死，只是一直把城墙泡在水里，等待着哪一天能把城墙泡烂一部分。《资治通鉴》并没有记载围城所耗费的时间，如果依据《战国策》的话，这一泡就是三年。

　　兵贵神速，三年实在太久了。

　　所以后人吸取了智瑶的经验教训，大约一个多世纪以后，秦国名将白起攻打楚国鄢城，照搬智瑶的办法，引鄢水灌城。白起的工程水平跟智瑶相比，应该有不小的进步，水流直接冲垮了鄢城城墙的东北角，城中百姓顺水漂流。根据《水经注》的记载，城东堆积了几十万具被淹死的尸体，臭不可闻。

战争手段不断升级，军事著作也需要跟上时代的节拍。战国时代出现了一部重量级的半军事专著——《墨子》。后人通常把《墨子》当成哲学书，其实《墨子》里边有很多具体的军事技术内容。对于一名战国时代的将军来说，随身带一部《墨子》比带一部《孙子兵法》来得实用，因为《孙子兵法》不仅偏重于军事哲学，而且很多战术都落伍了，但《墨子》是以工程师的思维研究军事技术，实实在在，具体而微，可以拿来就用。关于水攻，《墨子》有一篇《备水》，很简短，专门从技术角度给出了防御水攻的具体方案。

假如赵无恤可以提前读到《墨子》，就可以选择这样一种方案：把城里的小船连起来，做成冲车，放出城外，去冲击围城的长堤，冲垮一个口子泄水。《墨子》不但给出了船队的规模，组织结构，船上的兵种配备，城墙上弓箭手的配合方式，甚至还考虑到了士气问题：出城的人相当于一支敢死队，但怎样才能让这些人拼命呢？他们如果多为自身着想的话，显然最明智的选择就是一箭不发，直接向敌军投降。所以《墨子》认为，敢死队的人选需要提前就准备好，再专门找一处房子，把他们的父母妻儿扣作人质。虽然《墨子》的核心主张是"兼爱""非攻"，墨家弟子还很喜欢到处急人所难，满怀人道主义的高尚情操，但战争毕竟是残酷的，既然要打就要打赢，既然要打赢就免不了一些非常手段。在伦理学意义上，这就属于典型的"必要的恶"，《墨子》对此并不讳言。

《墨子》的兵法内容，无论在古代世界还是在现代世界，都不大受重视。主要原因在于，它的内容过于具体了，太具体就意味着适用范围太窄，不像《孙子兵法》有很多原则性的指导意见，用在两千年前的白刃战也行，用在两千年后的商战也行，甚至用在办公室里钩心斗角也行。这和文艺作品的传播特性高度一致，适度的抽象性才能促成良好的传播性。《墨子》的传播不力还有一个原因，那就是中国古代的意识形态对技术总是报以轻蔑的态度，高级知识分子耻于谈论技术问题。只有在兵临城下、火烧眉毛时，技术问题才显得至关重要。

赵无恤正面临着这样的险境。城里已经有了一些积水，虽然积水不深，但炉灶已经没法生火了。更加严峻的问题是：这种境况特别让人绝望，因为想不出任何解围的办法，虽然勉强支撑着，但显而易见的是，迟早有一天会撑不住。在这样的绝望气氛里，人心会不会动摇呢？难道大家真的心甘情愿为赵无恤殉葬吗？

—————— 008 ——————

晋阳城人心向背的真相是什么

　　大水灌城的危急时刻，一个有趣的细节出现了：关于晋阳城内的人心向背，《资治通鉴》和《史记》竟然给出了完全相反的说法。我们到底该相信谁呢？

历史各执一词

原文：

沉灶产蛙，民无叛意。

　　《资治通鉴》的说法是：城里的灶都被水泡了，没法生火做饭，但晋阳人民依然没有叛乱的意思。但《史记》的说法是：灶没法用，只能把锅吊起来做饭，粮食也没有了，到了"易子而食"的程度，也就是说，只能人吃人了，但因为谁都舍不得吃自己的孩子，就互相交换孩子来吃。在这样的绝境下，赵无恤的家臣全都生了异心，对主君越来越不尊重，只有一个叫高赫[1]的人依然保持着人臣的礼数。

到底孰是孰非呢？如果拿《国语》来参考的话，你会发现，有关这件事的内容不但和《资治通鉴》一致，就连措辞都一模一样，显然《国语》的这一段就是司马光采信的原始材料。但如果拿《战国策》来参考的话，又会出现第三种版本：晋阳城已经被困三年，城里的人在高处筑巢，勉强栖身，要把锅吊起来做饭，粮食也快消耗光了，士兵们病恹恹的，没有力气。

司马光之所以采信了《国语》的记载，大约有两个原因：一是《国语》年代最早，如果没法做出准确考证的话，那就使用最早的史料；二是《国语》的版本没有伦理瑕疵，而《史记》的版本就很让儒家学者为难了。

在当时的情况下，赵无恤只要投降，就可以保住全城军民的性命，不投降的话，就意味着赵无恤为了保住自己家族的土地、财富，不但不惜和智瑶开战，甚至眼睁睁看着自己的子民易子而食。

由于历史的局限性，司马光并不能够充分考虑到人的复杂性、多面性。古代世界充满着简单直接的二

1　《史记》作高共，《集解》引徐广曰："共一作赫"。

分法，诸如君子和小人，忠臣和奸臣，好人和坏蛋。在晋阳之战的问题上，既然智瑶做了标准的反派，那么赵无恤总不该也变成一个仅仅和智瑶利益相左的反派。在司马光看来，记录历史的目的是教育人，既然要教育人，价值观就必须端正，记述历史必须观念先行。再看司马迁，他就没有儒家哲学的那些条条框框，所以《史记》个别篇目的价值观在今天看来并不"端正"，其道德色彩和教育意义也经常被后人诟病。

联军的貌合神离

原文：

智伯行水，魏桓子御，韩康子骖乘。智伯曰："吾乃今知水可以亡人国也。"桓子肘康子，康子履桓子之跗，以汾水可以灌安邑，绛水可以灌平阳也。絺疵谓智伯曰："韩、魏必反矣。"智伯曰："子何以知之？"絺疵曰："以人事知之。夫从韩、魏之兵以攻赵，赵亡，难必及韩、魏矣。今约胜赵而三分其地，城不没者三版，人马相食，城降有日，而二子无喜志，有忧色，是非反而何？"

晋阳城里的状况先放在一边，让我们随着《资治通鉴》把视线转到城外，智瑶正在战车上巡视敌情。

当时的战车，车厢里定员三人，这三个人地位相当，中间位置是驾驶位，左边的人叫作车左，负责射箭，右边的人叫作车右，负责持戈。这样的组合，既能远攻，又能近战，还可以保持车厢稳定，不容易发生侧翻。如果有地位尊贵的人，比如国君或者主帅上车的话，车左的位置就变成了老板位，车右充当警卫员的角色。

在三家联军里，地位最尊贵的当然就是智瑶，他的位置在车厢的左边，中间驾车的是魏桓子，韩康子作为车右。智瑶看着水漫晋阳城的盛况，越看越高兴，不禁在志得意满中发出了一声由衷的感慨："我今天才知道水有灭国的力量啊。"

车厢不大，魏桓子和韩康子听得清清楚楚。魏桓子在车厢中间驾车，双手都要拉着缰绳，他用右手的手肘碰了一下自己右边的韩康子。韩康子没说话，抬脚轻轻踩了一下魏桓子的脚背。在这似乎无意间发生的小动作里，两个人心照不宣，完成了复杂的信息交换。

原因很简单，智瑶刚刚那句话，已经把水漫晋阳的具体个案升华到了抽象高度，变成了一整套可以复制的成功经验，智瑶看上去还很想把这套经验推而广之、发扬光大。那么问题来了：根据《资治通鉴》的记载，只要照搬晋阳战术，就可以引汾水淹掉魏氏家族的重镇安邑，还可以引绛水淹掉韩氏家族的重镇平阳。魏桓子和韩康子马上就想到了这一层利害关系，也知道了对方正在和自己一样担心。

这两个人的担心可能太挂相了，以至于被智瑶的家臣缔（chī）疵看了出来。缔疵立刻通报智瑶，说韩、魏两家准会叛变。智瑶很奇怪，问缔疵为什么这样讲。

缔疵说了一句漂亮又朴素的话："以人事知之。"意思是，不需要什么证据，单从人之常情就能够推出这个结论。缔疵的道理是：先看大局面，如果赵家被消灭了，那么韩、魏两家的好日子也就不长了；再看小局面，现在，联军的三家人做了约定，灭赵之后把赵家的土地一分为三，这明明是一件共赢的事情，但是，晋阳城指日可下，韩康子和魏桓子不仅没有胜利在望的喜悦，反而忧心忡忡的，这不是明摆着要叛变吗？

原文：

明日，智伯以缔疵之言告二子，二子曰："此夫谗臣欲为赵氏游说，使主疑于二家而懈于攻赵氏也。不然，夫二家岂不利朝夕分赵氏之田，而欲为危难不可成之事乎？"二子出，缔疵入曰："主何以臣之言告二子也？"智伯曰："子何以知之？"对曰："臣见其视臣端而趋疾，知臣得其情故也。"智伯不悛。缔疵请使于齐。

第二天，也不知道为什么，也许是智瑶过于自信了，竟然把绨疵的话直接讲给了韩康子和魏桓子。两位族长赶紧辩解，说绨疵这些话分明是在为赵家游说，意在瓦解联军的同盟关系。如果真的遵循人之常情，韩、魏两家巴不得赶紧灭掉赵家，瓜分赵家的土地，这不但利益巨大，而且唾手可得。而叛变能带来什么呢？不仅眼看着能到手的好处得不到了，叛变成功的机会也微乎其微，谁会做这种傻事呢？

这套辩解听上去言之成理，所以轻易地打消了智瑶的疑虑。但是很显然，绨疵的话才更加符合人之常情：人们对损失的担忧总是大于对利益的期待。

当韩康子、魏桓子告辞之后，绨疵进来对智瑶说："您怎么把我的话告诉那两个人了？"

智瑶又吃了一惊："你是怎么知道的？"

绨疵回答："他们两个刚刚出去时看到了我，先是端详了我一下，然后步子加快，所以我就知道了。"

绨疵的两次出场，表现出了惊人的洞察力。**洞察力来自两方面，一是通达人情世故，二是擅于察言观色。人在乱世求生，单靠这两点显然还不够，还要随机应变，明哲保身。**绨疵见智瑶听不进自己的话，就赶紧申请了一个外派的差事：出使齐国。当然，表面上是出使，实际上是避祸，不想给智瑶陪葬。

武士道的凋零

以今天的眼光来看绛疵的选择，最难理解的一点是他既然为智瑶尽了力，该说的话都说了，也预见到了智瑶的结局，为什么就不能直接辞职呢？反过来说，如果绛疵真有忠义精神的话，为什么要在大难临头之际借故开溜呢？

先说辞职问题。主君和家臣的关系并不同于老板和员工的关系。员工可以辞职，但家臣没法辞职。一旦做了家臣，不仅要为主君效劳终生，还必须至死不渝。中国封建家臣的这种操守，在日本叫作武士道，在西方叫作骑士精神。

《国语》有一段记载，晋国贵族中行穆子带兵灭掉了鼓国，把鼓国国君带回晋国，临走时做了安排，要鼓国原住民原地居住，各安其事。结果有个叫凤沙釐(lí)的鼓国臣子，带着自己的老婆孩子，非要跟鼓国国君一起走。他的理由是：作为臣子，他对国君有义务，对国土没义务，当然国君走到哪儿，他就该跟到哪儿。如果顾名思义的话，大家向来都说"君臣"，没有说"土臣"的，可见臣子是效忠于主君的，而不是效忠于土地的。

中行穆子反问他："我不是已经给鼓国另立新君了

吗？难道你不应该留在原地向新君效忠吗？"

夙沙釐的回答是："臣委质于狄之鼓，未委质于晋之鼓也。臣闻之：委质为臣，无有二心。委质而策死，古之法也。"也就是说，我献身给狄的鼓国，没有献身给晋的鼓国，并没有二心。献身国君至死不渝是自古的法则。这段话里的第一关键词是"委质"，字面意思是把自己当作礼物献出去，从此自己不再属于自己，而属于委质的对象。委质所表达的是人身所有权的转移，君臣关系从此确立。第二关键词是"策死"，意思是委质之后，自己的名字被主君记录在案，从此效忠主君，至死不渝。这种义务，是对特定个人的义务，而不是对特定身份的义务，更不是对国家民族的义务。在夙沙釐看来，这是"古之法也"，是传统道德对人的要求。显然中行穆子之所以无法理解，是因为这种传统道德在晋国已经瓦解了。所以到了晋阳之战，绨疵作为家臣，虽然无法潇洒辞职，但在个人命运和主君命运之间，还是果断选择了前者，就像礼崩乐坏时代的很多晋国前辈一样。

绨疵虽然是史料当中一个一闪而过、无关大局的角色，但他的选择，可以说是时代精神的缩影。

—————— 009 ——————

晋阳之战是怎么大反转的

智瑶的家臣绤疵虽然有本领洞察入微，却改变不了智瑶的想法，最后只好给自己找了个出差的机会，到齐国避祸去了。就在这段时间里，赵无恤果然展开了反击，派出家臣张孟谈秘密出城，会见韩康子和魏桓子。张孟谈，《史记》作张孟同，大约是司马迁为了避父亲司马谈的讳，把"谈"改成了"同"。

原文：

赵襄子使张孟谈潜出见二子，曰："臣闻唇亡则齿寒。今智伯帅韩、魏而攻赵，赵亡则韩、魏为之次矣。"二子曰："我心知其然也，恐事未遂而谋泄，则祸立至矣"。张孟谈曰："谋出二主之口，入臣之耳，何伤也？"二子乃阴与张孟谈约，为之期日而遣之。襄子夜使人杀守堤之吏，而决水灌智伯军。智伯军救水而乱，韩、魏翼而击之，襄子将卒犯其前，大败智伯之众。遂杀智伯，尽灭智氏之族。

唯辅果在。

唇亡齿寒

张孟谈的游说方式非常直接，劈头第一句话就是："臣闻唇亡则齿寒。"一旦赵家被灭了，韩、魏两家的末日也就不远了。"唇亡齿寒"这个成语在当时已经是一句流传已久的格言了，它原本还有上半句，合起来是"辅车相依，唇亡齿寒"。古人注解，辅是面颊，车是牙床，跟唇齿是很相近的部位，只不过辅和车看上去更像是车上的零件，久而久之，原本作为后半句的"唇亡齿寒"开始被单独使用了。

张孟谈的说辞，不同的史料有不同的版本，虽然内容大同小异，但《淮南子》的版本多出了两句很漂亮的话："同情相成，同利相死。"情感上有共鸣的人才容易彼此帮扶，利益一致的人彼此才甘愿为对方效死力。对韩、赵、魏三家而言，"同情"就是对智瑶有共同的恨意，"同利"就是只有灭掉智瑶才能保全各自的家族。

但是，要想说服别人，只有"同情"和"同利"做基础还不太够，还需要第三个要素：共同的紧迫感。《墨子》的版本给出了两句诗："鱼水不务，陆将何及。"意思是说，鱼如果不趁着还在水里时快跑，一旦离开了水，想跑也跑不掉了。韩、魏两家很能体会到这种紧迫感，因为晋阳眼看着就要守不住了，赵家眼看着就要被灭族了，现在如果不反击，以后就再也没有机会了。

张孟谈并不需要苦口婆心，因为韩康子和魏桓子比谁都清楚安危利钝和轻重缓急，也都很想和赵无恤结盟，一起灭掉智瑶。这本就是一拍即合的事，两人唯一担心的就是走漏消息，被智瑶抢先下手。

针对这样的顾虑，张孟谈说："我们的密谈只有我们三个人知道，有什么可担心的？"

这话其实不太合乎情理，因为密谈的内容虽然只有三个人知道，但张孟谈在两军阵前一来一往，直达两位主帅身边，其间不知会被多少人看到，又被多少人盘问。无论如何，秘密毕竟没有泄露，三个人就这样定下了对智瑶发动总攻的时间。

《资治通鉴》对总攻的记载非常简略，只是说到了约定的夜晚，赵无恤派人出城，趁着夜色，杀掉了守卫大堤的军官，决堤放水，让大水反灌智瑶军营。等对方阵型一乱，韩、魏两军便从侧翼发起夹击，赵无恤带兵做出迎头一击。这场反转来得太快，韩、赵、魏三家联军不但杀了智瑶，还杀光了智瑶的全族，只有智果那支小宗因为脱离了智家，连姓都改了，才得以保全。

至此我们会发现一个问题：赵无恤的战术和《墨子·备水》的战术高度一致，这是怎么回事？不谋而合的可能性当然也有，但最有可能的是，墨子要么见过，要么听人说过晋阳之战的攻守细节。墨子研究的战术，很多都是以现实为依据的。

司马光论才与德的关系

原文：

臣光曰：智伯之亡也，才胜德也。夫才与德异，而世俗莫之能辨，通谓之贤，此其所以失人也。夫聪察强毅之谓才，正直中和之谓德。才者，德之资也；德者，才之帅也。云梦之竹，天下之劲也，然而不矫揉，不羽括，则不能以入坚；棠溪之金，天下之利也，然而不熔范，不砥砺，则不能以击强。是故才德全尽谓之圣人，才德兼亡谓之愚人，德胜才谓之君子，才胜德谓之小人。凡取人之术，苟不得圣人、君子而与之，与其得小人，不若得愚人。何则？君子挟才以为善，小人挟才以为恶。挟才以为善者，善无不至矣；挟才以为恶者，恶亦无不至矣。愚者虽欲为不善，智不能周，力不能胜，譬之乳狗搏人，人得而制之。

小人智足以遂其奸，勇足以决其暴，是虎而翼者也，其为害岂不多哉！夫德者人之所严，而才者人之所爱。爱者易亲，严者易疏，是以察者多蔽于才而遗于德。自古昔以来，国之乱臣，家之败子，才有馀而德不足，以至于颠覆者多矣，岂特智伯哉！故为国为家者，苟能审于才德之分而知所先后，又何失人之足患哉！

晋阳之战以大反转作为结束，后面还有一些尾声需要交代，但是，司马光忽然停止了历史叙述，插进来一段议论，分析智瑶是为什么失败的，或者说，分析智瑶的失败对今天的人有什么启发。

对于智瑶的失败，司马光给出了一个很简单的原因，只有三个字："才胜德"。也就是说，智瑶才干很高，品德很差，品德不足以驾驭才干，所以注定失败。

今天我们很清楚才和德的区别，知道"德才兼备"的重要性，而在司马光的时代，社会上还很缺乏这种觉悟。所以司马光才会特地做出辨析，说才和德并不是一回事，可惜世俗总把两者混为一谈，通称为贤，所以才会导致用人不当。

根据才和德的不同配比，司马光把人分为四类：德才兼备的是圣人，无德无才的是愚人，德超过才的是君子，才超过德的是小人。在用人原则上，如果找不到圣人和君子，那么与其用小人，不如用愚人。为什么这样讲呢？因为愚人虽然做不出多大的好事，但也做不出多大的坏事，小人却不一样了，才干越高，为害越大。

这个道理貌似人人都懂，但为什么还是有那么多"才胜德"的人会被重用呢？司马光认为，这是因为有德的人会让人敬畏，有才的人会让人喜爱，敬畏就会疏远，喜爱就会亲近。所以统治者必须明辨才与德的关系，明白孰重孰轻，孰先孰后，才不会重蹈历史的覆辙。

在司马光的时代，这一段才德关系论最容易让人联想到王安石变法，因为在旧党人士看来，王安石分明就是智瑶的翻版：为人刚愎自用，才华冠绝当世，做事不择手段，到处为非作歹。很难说司马光在评论智瑶时，心里没有王安石的影子。无论如何，王安石都是"才胜德"的典范。

那么，司马光说的对不对呢？如果单从德才关系本身来看，这段议论倒也言之成理，但如果说智瑶的失败就是"才胜德"的结果，显然有失偏颇。

晋阳之战的胜负其实有很大的偶然性：如果智瑶的水利工程再强一点，一举冲垮晋阳城，赵无恤就不会有翻盘的机会，韩、魏联手也未必对抗得了风头正劲的智瑶；如果赵无恤也学韩康子和魏桓子，一开始就满足智瑶索要土地的要求，事情接下来会如何发展，也未可知。智瑶最关键的失误其实是策略上的，在实力不足以碾压韩、赵、魏三家时，拉二打一才是经典战术。在取得阶段性胜利之后，再把拉二打一变成拉一打一。智瑶虽然表面上做到了拉二打一，其实局面比一打三还要凶险，因为韩、魏两家随时可能变卦。

司马光没见过的《孙子兵法》佚文

还有一层原因，必须追溯到《资治通鉴》的叙事之前。在智瑶和赵无恤的上两代，智家和赵家就已经结下深仇大恨了。智家曾经借着晋国的一场内乱，想要驱逐赵家，在韩、魏两家的力劝之下才没能得手，但最后还是逼死了赵家的重要家臣董安于。这位董安于，可以说是晋阳城的奠基人。赵家之所以能在大乱之后没有伤筋动骨，赵无恤后来之所以能够守住晋阳，董安于要居首功。

从这段"前史"来看，韩、赵、魏三家本来就有着很好的联盟基础，智家虽然实力最强，但和赵家有仇，和韩、魏两家的关系也不太好。除此之外，智家内部恐怕也有一些不安定的因素。

智家在四大家族当中实力最强，问题是：强大从何而来？

强大通常只有四个来源：一是组织结构优化，二是技术革命，三是对外掠夺，四是对内盘剥。前两个因素，四大家族半斤八两，后两个因素，智家明显领先。

晋国原本有八大家族，内斗之后缩减为六家，又经过一轮内斗后，范家和中行家垮台，智家夺取了他们的土地和人口，实力暴增。土地和人口该怎么达到利益最大化呢？原则就是在不激发民变，不让劳动力饿死的前提下，最大限度地压榨民脂民膏。

1972 年，山东临沂银雀山汉墓出土了一批竹简，其中有九枚似乎是《孙子兵法》的佚文，叫作《吴问》，内容是吴王和孙子的问答。这是司马光没见过的材料，但应该不会是孙子的亲笔，而是战国年间的人借孙子的名义写的。吴王的问题是："晋国六大家族，哪个会先灭亡，哪个能一直存续下去？"孙子分析说："范家和中行家会先灭亡，其次是智家，再其次是韩、魏两家，赵家最后会一统晋国。"

为什么这样讲呢？孙子给出的道理和兵法没有任何关系，完全在讲农业和税收问题。简而言之，赋税越重，死得越快。最后的结论是：爱护百姓，藏富于民，才是王者之道。

这句话太像儒家的腔调了。春秋战国年间，这句话的反例简直不胜枚举。但我们可以不管《吴问》的结论，只看它的论据。如果论据部分基本属实的话，那就意味着智瑶不但联盟关系没有弄稳，就连内部也没有弄稳，扩张的步子实在迈得太大了。

———— ○Ｉ○ ————

战国到底从哪一年算起

智瑶的败亡，偶然性和必然性大约各自占多少比例呢？假如智瑶当初没有说过"水可以灭国"那句话，韩康子和魏桓子还会不会果断反叛？或者说，智瑶真的有能力复制晋阳经验，借汾水和绛水摧毁魏、韩两家的两座重镇吗？

我们读历史，通常不会在这种细节上产生怀疑，而熟悉地理的人就会有不同的看法。《水经注》作为经典的地理学专著，认为引汾水灌安邑大概还算可行，然而引绛水灌平阳恐怕不可能。如果《水经注》的怀疑能够成立的话，显然韩康子和魏桓子在车上搞小动作的事情也就站不住脚了。

考据和寓言

该怎样应对《水经注》提出的质疑，古代学者们可有得忙了。《资治通鉴》有一个很经典的注释本，胡三省的《资治通鉴音注》，虽然书名叫"音注"，其实注释的范围宽广得多，尤其对官制和地理的注释特别详尽。

胡三省生活在宋末元初，和文天祥是同榜进士，入元之后不再做官，闭门注释《资治通鉴》。胡三省的意见是，郦道元根本就没去过平阳、安邑那些地方，相关的地理知识全是道听途说来的，再说郦道元是北魏人，从春秋末年到北魏，经历了那么多年，河流有过改道难道不是很正常吗？就算北魏时代的绛水没法灌平阳城，也并不能证明智瑶当年做不到。

为了增强自己的说服力，胡三省援引唐代地理学经典《括地志》。《括地志》对绛水有一段描写，并说绛水可以引流来灌平阳城。《括地志》是唐太宗的第四个儿子魏王李泰主持编修的，李泰既受太宗皇帝的宠爱，又有能力罗致全天下的知名学者合作编书，所以这部书的考据准确性肯定比《水经注》强。援引《括地志》来证伪《水经注》，显然合情合理。

但是，我们还有必要想到一个背景知识，那就是胡三省在写《资治通鉴音注》时，困处穷乡僻壤，手边能利用的资料很少。如果我们较一下真，翻看《括地志》的原文，就会发现里面非但没有提过绛水可以灌平阳城，就连对绛水的介绍文字都是照抄《水经注》

的 [1]。显然，魏王李泰和他的名家班底并不像胡三省所以为的那么靠谱。

胡三省是怎么犯的错呢？其实很简单，他引的那段《括地志》并不是从《括地志》的原文直接引过来的，而是从《史记正义》转引来的。《史记正义》在引述了《括地志》的内容之后，加了一句点评，说可以引绛水灌平阳城。胡三省把这句话当成《括地志》的原文了。

不只是胡三省一个人犯这个错，后人还会接二连三犯这个错。比如明朝学者严衍和弟子谈允厚花了 30 年时间为《资治通鉴》拾遗补阙，订正胡三省的注释，写成一部《资治通鉴补》，但在汾水和绛水的问题上通篇照抄胡三省，把胡三省的错误也一并抄进去。

这种陷阱在读书的过程中很容易遇到，可见踏踏实实读原典有多重要。

问题依然没有解决。到了清代，考据专家阎若璩（qú）旧事重提。这位阎若璩写过一部惊天动地的书，叫作《尚书古文疏证》，把历代奉为经典的《古文尚书》一脚踢下神坛。正是在这部书里，阎若璩回忆自己途经太原时，顾炎武向他称道朱谋㙔（hán）的《水

---

[1] 参见李泰：《括地志辑校》，贺次君注解，中华书局 1980 年版；郦道元：《水经注校证》，陈桥驿校证，中华书局 2007 年版。

经注笺》是"三百年一部书",很了不起,但自己在读过之后,很不以为然,然后顺带提到自己曾亲身往来于平阳一带,从亲眼所见的山川形势顿悟《资治通鉴》对汾水和绛水的记载并没有错。大家之所以会怀疑,只是因为理解得太机械了。所谓汾水可以灌安邑,绛水可以灌平阳,属于互文见义,概言水的攻击力而已。(《尚书古文疏证》)

那么,阎若璩说对了吗?也很难讲。无论如何,韩康子和魏桓子在车上的小动作和心理活动未必就是历史的实录,更像是后人的揣摩和想象。人的心理,天然会用故事架构来理解世界,总会把碎片化的资讯不自觉地编织成一个首尾呼应、细节生动鲜活的故事。具有故事性的历史不但特别容易打动人心,也特别容易给人教益。相比之下,严谨性反而没有那么重要。**所以我们读历史,尤其是时代久远的历史,既要保持考据家的警醒,也要保持一种小孩子读童话寓言的心态。**

名与实孰先孰后

晋阳之战结束,韩、赵、魏三家瓜分了智家的土地,这是一个标志性事件。在一些学者看来,这一年,公元前453年，就是战国时代的开始。

有一种常见的说法，认为"三家分晋"标志着战国时代的开始，但疑点在于，所谓"三家分晋"，可以有两个事件。一个是实质上的"三家分晋"，主要就是韩、赵、魏三家瓜分了智家的土地，毕竟晋国和晋君早就名存实亡了。另一个是名义上的"三家分晋"，发生在《资治通鉴》的起始年，也就是公元前403年，周威烈王正式把韩、赵、魏三家封为诸侯。所以，有人以公元前453年作为战国时代的开始，也有人以公元前403年作为战国时代的开始，两者相差半个世纪。

事实上，战国时代到底从哪一年算起，还有另外的说法，如今比较通行的是司马迁的说法——公元前475年，比晋阳反击战还早22年。

以公元前453年，也就是晋阳之战结束的那一年作为战国始年的，首推西汉学者刘向编订的《战国策》，毕竟"战国"作为一个时代的概念，就是从《战国策》这个书名来的。

司马光当然不认同这样的断代方式，因为在他看来，"名"比"实"重要得多，只要周天子不予认可，韩、赵、魏就算真的瓜分了晋国，也不过是乱臣贼子，人人得而诛之。所以《资治通鉴》才会以公元前403年作为开端，暗示所谓战国时代，是以周天子授予韩、赵、魏诸侯地位为开始的，晋阳之战仅仅是作为追叙的内容罢了。

原文：

三家分智氏之田。赵襄子漆智伯之头，以为饮器。

从晋阳反击战到名义上的"三家分晋"，这 50 年间到底发生了什么？《资治通鉴》对此仍然以追叙的形式呈现出来，而需要追叙的第一件事，就是豫让对赵无恤的行刺。

韩、赵、魏三家瓜分了智家的土地之后，赵无恤因为恨透了智瑶，把他的头骨当作酒壶来用。这已经算是很人道的做法了，因为在其他史料的记载里，智瑶是被虐杀的，死得很惨，他的头骨被赵无恤当成了便壶。恨意才是人类最强大的情感力量，但是，温良恭俭让的司马光采信了最温和的记载。

还有一则史料，看上去是司马光最应该采信的，却偏偏被无视了，这就是晋阳战后的论功行赏。赵家的首功之臣会是谁呢？我想，任何人都会在第一时间想到张孟谈。但是，出乎所有人的意料，赵无恤认为高赫的功劳最大，所以给高赫的赏赐最多。有些读者也许已经不记得高赫是谁了，这很正常，因为他确实很没有存在感。所以高赫受赏，张孟谈第一个不服气，说晋阳之难，大家或多或少都有功劳，只有高赫什么事情都没做，凭什么论功行赏时反而把他推在第一位呢？

从管理学的角度看，张孟谈显然只是站在员工的角度，而没有站在领导的角度考虑问题。赵无恤给出的理由非常充足："在局面最艰险时，眼看晋阳城就要失守，我自己也要丧命了，你们所有人都怠慢了对我这位主君的礼数，依然不失君臣之礼的只有高赫一个人，所以我才把他定为首功之臣。"

在《吕氏春秋》的版本里，后边还附了一段孔子的评语，赞美赵无恤赏罚得当，虽然只赏了一个人，却为天下人立了一个表率。正因为赵无恤赏罚得当，才能打赢晋阳之战，为赵家打出一片大好基业。（《吕氏春秋·义赏》）

当然，这话并不真是孔子说的，因为在赵无恤论功行赏时，孔子早已过世了。

上述这段记载，在很多基本史料里反复出现，司马光肯定不会漏看，而这段记载所反映出来的价值观，恰好是司马光特别推崇的价值观。那么，《资治通鉴》里为什么完全看不到高赫的身影呢？

—————— O I I ——————

司马光为什么不语怪力乱神

围城之际，坚持以君臣之礼对待赵无恤的高赫，看上去很符合司马光的价值观，但《资治通鉴》偏偏只字未提，这到底是为什么呢？又为什么《史记》讲了这件事，《资治通鉴》却不讲呢？

立场决定叙述方式

原因倒也不难推想。站在儒家本位，礼的规范应该是"君君臣臣父父子子"，那么相应地，如果"君不君"，就难免"臣不臣"，如果"父不父"，就难免"子不子"。赵无恤虽然是赵氏家族的宗主，拥有主君的身份，但对于晋国的国君来说，他的身份就变成了臣子，有自己的一整套责任和义务。赵无恤既然对于国君已经"臣不臣"了，那么本着"己所不欲，勿施于人"的原则，也不该要求自己的臣子以传统的责任和义务侍奉自己。所以，赵无恤以高赫为首功之臣，是一桩很荒唐的事情，完全没法自圆其说。在《资治通鉴》的叙事里，虽然相对于智瑶，赵无恤属于正面形象，但相对于儒家极力捍卫的宗法传统，赵无恤只是一个"乱臣贼子"。

那为什么《史记》记载了高赫的事迹呢？因为司马迁不但没有儒家包袱，而且对赵氏家族很有好感，把赵无恤的经历写成了一个底层少年逆袭上流社会的成功故事，以至于那些侵略扩张也好，阴谋诡计也好，瓜分母国也好，都被打扮成了天意。所以，同样是记载晋阳之战的前前后后，《史记》和《资治通鉴》给人的感受迥然不同。

《史记》的相关记载集中在《赵世家》，顾名思义，《赵世家》讲的是赵氏家族的兴亡史。在司马迁笔下，赵氏家族传到赵无恤的父亲赵简子这一代，怪力乱神的事件忽然多了起来。先是赵简子得了一种怪病，一连昏迷五天。家臣们都很担心，但神医扁鹊看过之后，竟然完全不当回事，说以前秦穆公出现过同样的症状，七天之后自然就醒了，醒来就说自己这些天见到了天帝，听天帝亲口描述了未来。秦穆公的臣子赶紧把这些预言记录在案，后来预言果然一一应验。所以，谁都不用替赵简子担心，不出三天他就会醒过来，醒来之后也一定会有重要的话说。

果然过了两天半，赵简子醒过来，说自己这些天去了天帝那里，和很多神灵在天界游乐，欣赏了人间听不到的音乐，非常快乐。赵简子说自己还射死了一头熊和一头罴（pí）。天帝很高兴，赐给他两只竹筐，每只竹筐都有个配套的小筐。他还注意到，天帝身边站着一个小男孩。天帝交给他一只翟（dí）犬，也就是翟这个地方出产的狗，然后嘱咐他："等你儿子长大了，就把这只狗交给他。"天帝又讲了很多预言，告诉他晋国再传七代就会灭亡，到时候自己会给赵简子的七世孙选一位血统高贵的配偶。

赵简子一边讲，家臣董安于一边做笔记，把这些重要的天启保存下来。

后来有一天，赵简子出门，有人拦路求见。赵简子想起来，这个人在自己的梦里出现过，自己甚至还记得他的名字。来人自称天使，是专程给赵简子解梦来的。天使说，赵简子射死一熊一罴，意思是，天帝要他灭掉晋国的两大家族。竹筐的含义是，赵简子的儿子将要在翟这个地方攻占两个子姓国家。至于翟犬，那是代国的祖先，赵简子的儿子将来会占有代国。

天使的这些话，又被记录在案。但怪事还没有完，又有一天，一个叫姑布子卿的相面大师来见赵简子，赵简子把儿子们都叫来，请大师相面。姑布子卿相完一轮，说："您这些儿子将来没一个能当将军。"赵简子很紧张："难道我们赵家要灭亡了吗？"姑布子卿说："刚刚我在半道上见到一个男孩子，应该也是您的儿子吧？"

没错，这个孩子就是赵无恤，只有他才有将军之相。

赵简子很不理解，说赵无恤的母亲出身卑贱，只是翟地的一名婢女。姑布子卿给出了一句掷地有声的回答："天所授，虽贱必贵。"这样的观点，在宗法传统下显得特别有革命性，它意味着身份社会的根基发生了动摇，卑贱的人也有机会成就大业，赢得尊贵的地位。虽然在实际上这是由能力决定的，但能力还需要隐藏在天意的背后，借着天意来给能力张目。

从此以后，赵简子开始重视起这个"虽贱必贵"的儿子，很快发现，他果然是自己所有的儿子当中最出色的一个。但是，到底要谁来做自己的继承人，还需要仔细考察一番。赵简子宣布，说自己在常山藏了一件宝贝，谁先找到这件宝贝，谁就会得到重赏。结果各位公子都没找到。赵无恤虽然也两手空空地回来，却说自己找到了宝贝。这件宝贝到底是什么呢？赵无恤说："登上常山向下俯瞰，眼前正是代国的土地。我发现，我们应该吞并代国。"

这话说到了赵简子的心坎里。后来赵简子废掉嫡长子伯鲁，立赵无恤作为继承人，因为他看出来，在自己的所有儿子当中，只有赵无恤既懂得，也有能力实现自己的战略规划。

等到赵简子过世，赵无恤连丧期都没有服满，就对代国下手了。代国的国君是赵无恤的姐夫，这是一层很好利用的亲属关系。赵无恤只用了一场宴会就杀掉了代国国君一行人，顺势把代国收入囊中，应了赵简子的梦中预兆。虽然赵无恤的姐姐因此自杀，造成一场人伦惨剧，但这在家族扩张的历史上，在男人们的大局观里，只是一朵无声的浪花。

当赵无恤躲避智瑶的攻击，准备赶往晋阳时，又发生了一桩怪事：有个叫原过的家臣掉了队，在一处沼泽地带遇到了三个只看得见上半身的怪人。这完全就是莎士比亚的名剧《麦克白》里三女巫现身的桥段 [1]，但《史记》郑重其事地记载说：这三个人给了原过一根封闭起来的竹筒，要他转交给赵无恤。后来赵无恤

1　《麦克白》讲述了苏格兰国王邓肯的表弟麦克白将军从三女巫处得到自己将称王的预言，出于野心和妻子的怂恿，暗杀国王，登上王位的故事。三女巫第一次现身，是在雷鸣电闪的旷野之中。

斋戒三天，亲自剖开竹筒，取出了一封用红颜色写成的信，信上说自己是霍泰山山神的使者，将在三月丙戌日帮助赵无恤消灭智氏家族，以后还会给赵家好多土地。当然，这个忙不能白帮，赵无恤必须在百邑这个地方给我们三位天使修建祭祀的场所，好好供养。

我们会发现，无论是天帝、山神还是神使，都没有什么正义感，对杀人和侵略也无所谓。在当时的观念里，山神和河神都是大家族的保护神，并且提供保护一定要收保护费。人和神互利互惠，有时候还会互相算计，谁也不比谁高尚。

在打赢了晋阳反击战，瓜分了智氏家族的土地之后，赵无恤如约在百邑修建神庙，供奉三位天使，还派原过主持对霍泰山的祭祀。

以上都是《史记》的记载，完全没有被《资治通鉴》采信。

从怪力乱神到人间政治

《史记》讲的这些怪力乱神倒也有点现实的影子，唐朝的地理学名著《元和郡县图志》就记载过榆次县东九里外有一座原过祠，俗称原公祠，就是当初原过为了祭祀三位神使而修建的。

质疑的声音当然也有，最有趣的就是东汉学者王充在《论衡》里提出的观点。《论衡》有一章叫《纪妖》，专门分析历史上著名的妖异事件，努力给出合理的解释。《史记·赵世家》的上述记载就被《论衡》全文照录，然后依次批判。

王充认为，赵简子梦到的肯定不是天帝，因为梦中的事物只有象征意义，比如人梦见上楼、登山，在现实中往往可以做官，这虽然没错，但楼台和山陵本身并不是官位，所以梦见的天帝肯定也不是天帝本尊。至于原过见到的神使，不可能真是山神的使者。道理很简单：山是大地的一部分，就好像骨骼是人体的一部分，骨骼怎么可能成神呢？就算霍泰山真有山神，也应该长得像山才对，就像鬼长得像人。所以原过见到的，只不过是妖气幻化成的人形而已。

王充已经算是他所在的时代里最具无神论精神的学者了，但那毕竟是东汉，一个迷信盛行的时代。等同样的材料到了司马光手里，直接被大刀阔斧删得精光，因为一来"子不语怪力乱神"，儒家的标杆不能动摇，二来《史记》那些怪力乱神分明犯了一个严重的政治错误：替"三家分晋"的行为洗白，把一幕礼崩乐坏的悲剧，写成了赵氏家族的发家史和成功学，用神意给叛乱和侵略背书。司马光觉得，记述这段历史，不该让人去学习赵简子和赵无恤的成功经验，而要让人汲取智瑶的失败教训。以"三家分晋"作为《资治通鉴》的开端，就是要警醒世人。只有当智瑶的失败是"人"的失败，相关的一切经验教训才有价值，历史才可以成为现实的借鉴。相反，如果用《史记·赵世家》来做借鉴，天知道天帝和山神是怎么想的。

于是，这些毫无道德意识的怪力乱神，就这样被《资治通鉴》果断清除掉了。

时代的演变就是这样，历史事件会被不断地重新表述，历史观也会被不断地重新建构。每个时代的人们，都是在特定的观念框架里理解历史的。

———— 012 ————

豫让真的是个忠臣吗

司马光以弘扬儒家正统价值观为己任，但现实总是比理论复杂。晋阳之战的尘埃刚刚落定，就出现了一个让人左右为难的伦理难题，这就是著名的豫让复仇事件。

原文：

智伯之臣豫让欲为之报仇，乃诈为刑人，挟匕首，入襄子宫中涂厕。襄子如厕心动，索之，获豫让。左右欲杀之，襄子曰："智伯死无后，而此人欲为报仇，真义士也！吾谨避之耳。"乃舍之。豫让又漆身为癞，吞炭为哑，行乞于市，其妻不识也。行见其友，其友识之，为之泣曰："以子之才，臣事赵孟，必得近幸。子乃为所欲为，顾不易邪？何乃自苦如此！求以报仇，不亦难乎？"豫让曰："不可！既已委质为臣，而又求杀之，是二心也。凡吾所为者，极难耳。然所以为此者，将以愧天下后世之为人臣怀二心者也。"襄子出，豫让伏于桥下。襄子至桥，马惊，索之，得豫让，遂杀之。

豫让复仇记

智瑶惨死之后，有一个名叫豫让的家臣处心积虑要为主君复仇。但问题是，作为失败的一方，豫让已经没有任何翻盘的资本了，唯一能拼的只剩下自己的一条命。一条命虽然翻不起多大的浪花，但既然连命都可以不要，至少可以刺杀赵无恤，一命换一命。

《资治通鉴》记载，豫让"诈为刑人"，然后偷偷带上匕首，到赵无恤的宫室里打扫厕所。这里需要解释一下，所谓"刑人"，并不是泛指受过刑罚的人，而是特指受过肉刑、肢体残缺的人——要么被砍掉了脚，要么被割掉了鼻子，要么被阉割了，至少脸上会被刺字。

儒家遵循所谓"刑不上大夫，礼不下庶人"，这原本就是宗法社会的通用规范。不要说大夫一级的贵族，就算是贵族里级别最低的士，通常也会免于刑罚。这倒不是说士大夫犯错都可以免罪，不受处罚，而是说不能用肉刑去处罚他们。这不是因为肉刑更残酷，而是因为肉刑带有侮辱性质，会让看重荣誉感的贵族阶层无法忍受，所谓"士可杀，不可辱"。

受过肉刑的人通常只能做那些被人嫌弃的工作，反过来说，凡是受人嫌弃的工作，通常只有受过肉刑的人才会去做。豫让想要接近赵无恤，还要避开赵无恤的贴身警卫，私家厕所确实是一个理想地点。为了混进赵家的厕所，豫让唯一的办法就是自残，让人一眼就能看出自己是一个受过肉刑的人。

豫让的计划天衣无缝，但谁也想不到，赵无恤在上厕所时忽然生出了第六感，总觉得哪里不对，派人一搜，竟然真的抓到了刺客。赵无恤这时候表现出了与众不同的情怀，认为豫让是位义士，值得尊敬，应该放他走，自己以后小心点也就是了。

赵无恤的宽宏大量首先来自扎扎实实的安全感：毕竟智家已经被自己斩草除根了，任凭谁有天大的本事，也找不出智瑶的继承人可以拥戴。所以豫让的行刺只有情感意义，毫无政治价值。

豫让侥幸不死，但心中的执念并没有丝毫动摇。但是，继续行刺的话，难度显然比先前大多了，因为赵无恤和赵家的很多人不但都认得自己的长相，也听得出自己的声音。那么，要想隐身，就必须下更大的本钱：豫让这一次不但毁了容，还吞炭烧哑了自己的嗓子，连老婆都认不出他了。但没想到，竟然有一个朋友认出了他，哭着对他说："以你的才干，只要投奔赵无恤，一定能够得到宠幸，那时你就可以为所欲为，轻轻松松杀掉赵无恤，你又何苦走现在这条路呢？"

这位朋友的话，不但给我们贡献了"为所欲为"这个成语，还指明了一个最具可行性的，成本也最低的刺杀方案。那么问题来了：豫让是不是傻？

豫让并不傻，他之所以舍易求难，是因为他的动机并不只是复仇这么简单。豫让是这样回答那位朋友的："如果我去做了赵无恤的家臣，然后再去行刺，这就说明我做臣子却对主君怀有二心，这不道德，不是为臣之道。我很清楚我选择的道路是一条艰难的荆棘路，但它也是一条光荣的荆棘路，我要把自己塑造成一个榜样，让天下后世那些做臣子却怀有二心的人感到羞愧。"

就这样，豫让义无反顾地筹备着第二场行刺。看来在他心里，行刺的过程远比行刺的结果来得重要。

第二场行刺发生在一座桥上，运气依然没有站在豫让这边。当赵无恤的车队经过桥上时，马忽然惊了。肯定有异常！卫队展开搜索，抓到了埋伏在桥下的豫让，这一回赵无恤没有再给他活命的机会。

豫让的另一面

《资治通鉴》记载豫让的事迹，重点是要把豫让打造成人臣无二心的道德楷模。司马光的这份用心，背后有着特定的时代背景。北宋建国，是建立在五代十国的烂摊子上的。五代十国堪称乱世中的乱世，王国乍兴乍灭，将相忽降忽叛，丛林法则主导世界，道德毫无生存土壤。所以到了北宋，人们的价值观难免有点混乱，对忠义气节看得比较淡，即便是一些身居高位的名臣，也存在这种问题。司马光铁肩担道义，努力扭转这种社会风气。在《资治通鉴》很靠后的一段议论里，他详细论证过一个影响深远的命题："正女不从二夫，忠臣不事二君。"

在儒家系统里，人和人天生就不平等，天赋和资源的不平等倒无所谓，重要的是身份的不平等。男人比女人地位高，君主比臣子地位高，这是客观现实，不以人的主观意志为转移。人只有尊重这种天地自然之理，社会才能和谐发展。就算丈夫对不起妻子，君主冤枉了臣子，妻子和臣子也应该无怨无悔，泰然接受。这是不是不公平呢？当然不是，因为公平永远是以身份对等为前提的。我们碾死一只蚂蚁，没人觉得这对蚂蚁有任何不公。

但是，豫让真的是个忠臣吗？其实很难说，因为豫让的忠臣形象是被司马光从原始材料当中精心删改，塑造出来的。成书于战国末年的《吕氏春秋》是记载豫让事迹最早的材料，后来司马迁大约就是根据这份材料，把豫让的事迹写进了《史记·刺客列传》。

根据《吕氏春秋》和《史记》的说法，豫让竟然是个很有二心的人。我们来看《史记·刺客列传》的版本：赵无恤从桥下抓到了豫让，狠狠数落了他一番："你这个人啊，我记得你以前是范家的家臣，后来又转投到中行家做家臣。范家和中行家都是被智瑶灭掉的，而你不但不为主君复仇，反而又做了智瑶的家臣。现在智瑶死了，你凭什么偏偏要为智瑶复仇呢？"

这里需要做一点勘误工作：灭掉范家和中行家的罪魁祸首其实是赵家。智家虽然积极参与，并且成为最大受益人，吞并了范家和中行家的地盘，但这事是智瑶的祖父智文子做的，并不是智瑶做的。

当然，这并不能够改变豫让不光彩的履历。《三国演义》里边，张飞骂吕布是"三姓家奴"，吕布没法还嘴，而豫让的状况显然并不比吕布更好。但是和吕布不同的是，豫让给出了一番掷地有声的回答："范家和中行家的主君只把我当成普通人看待，所以我就以普通人的姿态普普通通地回报他们；智瑶把我当成国士来对待，我自然要以国士的姿态来回报他。"

从豫让的这番话，我们可以看出春秋战国之际时代观念的剧变。原本"委质为臣"，就有从一而终、至死不渝的义务，而在豫让这里，"委质"只是一个形式、一份手续而已，真正的约束力并不来自这个形式或手续本身，而是主君的态度。这就意味着，君臣之间隐隐然呈现出了对等关系，君主不能再用空泛的身份义务来要求臣子了。

在身份社会里，你是什么身份，就有相应的权利，也要承担相应的责任和义务。当身份社会瓦解，规则就变成了你受到怎样的对待，就该怎样回报。那么问题来了：如果君主对臣子不尊重，臣子是不是可以背叛，甚至造反呢？

在战国时代，这种价值观真的可以成立。人的个体意识、自尊意识，还有对实现个人价值的渴望都在突飞猛进，君臣关系逐渐变成了双向选择，"合则留，不合则去"。所以在《战国策》的版本里，豫让还留下了一句经典名言："士为知己者死，女为悦己者容。"

观念的变化背后是社会结构的变化

在稳定的宗法社会里，一个人的身份会跟随人一辈子，跨界和跳槽都是难以想象的事情。而随着礼崩乐坏，宗法结构逐渐溃烂，竞争日趋白热化，人才变得越来越抢手。这就意味着在人才市场上，供求关系逆转了，人才掌握了更大的议价权。在社会关系上，人的价值和商品价格一样，取决于且仅仅取决于供求关系。

正是在这样的时代里，出现了《孟子》的一段名言："君之视臣如手足，则臣视君如腹心；君之视臣如犬马，则臣视君如国人；君之视臣如土芥，则臣视君如寇雠（chóu）。"这段话完全可以拿来给豫让背书。

○I3

司马光为什么不近人情

在君臣关系的问题上，如果有人搬出孟子这位儒家大权威，司马光会怎么应对呢？理解司马光对孟子的态度，特别有助于我们理解《资治通鉴》的主导思想。

儒学的左派与右派

在司马光的时代，孟子还不算是多大的权威，只是先秦诸子之一，他的书属于可读可不读的闲书。有人发掘出孟子的价值，极力推崇，代表人物就是王安石；也有人觉得孟子身上瑕瑜互见，离谱的观点太多，代表人物就是司马光。

王安石推崇孟子，给我们留下了一首很漂亮的七言绝句，题目就叫《孟子》：

沉魄浮魂不可招，遗编一读想风标。

何妨举世嫌迂阔，故有斯人慰寂寥。

核心意思：孟子太了不起了，也太被世人低估了，但是没关系，就算全世界都嫌他迂阔，那又有什么关系？还有我呢，我特别理解他。只要有我这个知音，孟子就不会孤独。

这绝不是空话，因为王安石主政之后，果断把《孟子》列入了科举范围。

王安石一定觉得自己独具慧眼，不过在性格上，他和孟子倒真有很合拍的地方，孟子那句"虽千万人吾往矣"的名言，完全就是一张贴在王安石身上的标签。不过，孟子的"虽千万人吾往矣"和智瑶的"刚愎自用"其实是一回事，只是在感情色彩上有褒义和贬义的不同罢了。

至于司马光，倒也坦率认可孟子的闪光点，但让他不满的是，孟子的缺点与其说是迂阔，不如说是学术不纯。在儒家的意识形态里，学术的纯粹性是一个很重要的评价指标。孔子的学术纯粹性是举世公认的百分之百，谁能和孔子的基本价值观保持高度一致，谁就是所谓"醇儒"。很显然孟子不是醇儒，因为孟子的价值观很接近《史记》版本里的豫让，对名分看得淡，几乎没有什么身份意识，这不是儒家该有的态度。

所以司马光也给我们留下了一部作品，题目叫《疑孟》，顾名思义，就是对孟子提出的质疑。在司马光看来，孟子不但学术不纯，连动机都可疑，恐怕只是个举着古圣先贤的大旗给自己找饭碗的家伙。纯正的儒学，一定会把名分放在第一位。作为家臣，家臣这个身份就已经把权利和义务通通规定好了；作为女人，女人这个身份同样已经把权利和义务通通规定好了。无论主君对家臣是轻慢还是尊重，都不会改变家臣的权利和义务，家臣该自我牺牲时，就要勇于自我牺牲；无论男人对女人是爱还是不爱，都不会改变女人的权利和义务，女人每天该打扮时就要好好打扮。你爱或不爱，尊重或不尊重，权利和义务都在那里，不增不减，不舍不弃。那么，"士为知己者死，女为悦己者容"这种奇谈怪论，显然是礼崩乐坏的推手。

在这个问题上，司马光也许比孔子还要保守一点，这在当时也算比较罕见的。程颢有一个评价，说自己平生阅人无数，却只见过司马光、邵雍、张载三个人保持了学术纯粹性。（《伊洛渊源录》卷五）

至此，我们也就不难理解司马光为什么会在豫让的事迹上，删掉那些和"错误的价值观"相关联的内容。所以，经常有人批评《资治通鉴》的史论部分，也就是以"臣光曰"开头的那些段落，或多或少有些迂腐，根源就在这里。如果以《孟子》为坐标，司马光就属于儒家当中的"左派"，别说现代人，就连古代的儒学右派也嫌他迂腐[1]。比如到了南宋，有一位叫余允文的学者针对《疑孟》写了一部《尊孟辨》，逐段反驳司马光。余允文，字隐之，比朱熹年纪略长。后来朱熹写出一部《读余隐之尊孟辨》，给余允文拉偏架。随着朱熹的学说一统天下，孟子的地位这才变得无可撼动。

朱熹在很多人的眼里，已经很有迂腐的味道了，可想而知司马光的儒学左派立场到底有多左。而事情的另一面是，左派比右派更有美学价值，因为左派所固守的是传统，基于封建制的贵族精神，虽然在平民社会上碰得头破血流，但只要拉开距离去看，总会让人陶醉。这就像我们今天等公交车，插队的人总能占到便宜，排队的人总会吃亏，但只要你和他们非亲非故，一定会欣赏后者，讨厌前者。司马光就是一个在混乱的公交车站默默排队的人，而且心如止水，波澜不惊，始终保持着优雅的仪态，但也因此一直上不去车。

---

[1] 儒学左派，指的是极端的，更有教条主义味道的儒家学者。
儒学右派，指的是温和的，对原教旨问题不过分较真的儒家
学者。

豫让到底是忠臣还是二臣

豫让伏击赵无恤的那座桥，后来被人称为"豫让桥"。就像很多历史遗迹一样，豫让桥不止一处，真伪难辨。大约最可靠的一处，在今天山西太原附近的赤桥村。历朝历代，很多文人墨客经过真真假假的豫让桥，都会写诗题咏。多数人所表达的都是对豫让的赞美，然后借古讽今，哀叹豫让这样的人越来越少。也有人真的以豫让为榜样，在国破家亡时决心斗争到底。

最有意思的是卢龙云的《过豫让桥二首》。卢龙云是明朝万历年间的进士，在河北做过官，大约那时候到过豫让桥。这一组诗一共两首，第一首写得激情澎湃：

匹马踟蹰度石桥，寒沙古木共萧萧。

总缘国士恩难报，留得英雄恨未销。

当激情澎湃完了，潮头落下，理性浮现出来，结果第二首诗画风突变：

千年气节未沉沦，自许孤忠愧后人。

报主若论恩厚薄，似君犹是二心臣。

这就是指名道姓地批评豫让了，说如果以主君给出的态度和待遇来决定自己回报主君的方式，就等于怀了二心，所以豫让并不是一位忠臣，道德上很有瑕疵。

如果司马光能读到卢龙云这首诗，一定会引他为知己。但我们需要特别留意的是，卢龙云的这种论调只是凤毛麟角，毕竟儒学左派的价值观越来越显得不近人情了。

人们往往更喜欢贴合人之常情的故事，因为这样的故事更容易引发读者的共鸣。所以《资治通鉴》通常只会引发帝王将相的共鸣，尤其最能引发皇帝的共鸣，而普通读者一定更喜欢《史记》一类的书。

司马迁毫无儒学包袱，比儒学右派还要贴近人情。我们再看一段《史记·刺客列传》有载，却被《资治通鉴》删掉的内容：赵无恤第二次抓到了豫让后，一边流泪一边叹气说："豫先生，您的名声已经打下来了，我放过了您一次，不能再放第二次了。"豫让很镇定，提出了一个有点过分的要求，希望赵无恤能把衣服脱下来给自己砍几剑，好让自己有个心理安慰。等拿到赵无恤的衣服，豫让的动作一点都不敷衍，"拔剑三跃而击之"，架势拉满，戏份做足，然后伏剑自杀。

唐朝学者司马贞写过一部《史记索隐》，援引《战国策》，说豫让在"拔剑三跃而击之"时，把赵无恤的衣服砍出了血，赵无恤掉转车头，想要原路返回，车轮还没转满一圈，就突然死掉了。司马迁不愿意记载这些怪诞的内容，所以删掉了衣服出血的事。

其实我们今天能够看到的《战国策》里并没有这句话，可见是在唐朝以后被人删了。前文提过，和《资治通鉴》相比，《史记》充满了怪力乱神，但这回我们发现，司马迁在他自己的时代里已经算是一个迷信程度很低的人了。时代越晚近，知识阶层当中的无神论倾向就越重。有意思的是，后人更喜欢的不仅是"拔剑三跃而击之"的桥段，还对衣服出血的桥段津津乐道，毕竟戏剧性的场面，强烈的情感冲击力和悲剧之美最容易激荡人心，客观的真实总会让位于情感的真实。

即便到了事件的最后，关于豫让之死，《资治通鉴》也显得过于轻描淡写了，很像是存心弱化豫让的形象。《史记》和《战国策》明明都说豫让最后伏剑而死，是自杀，《资治通鉴》说的却是赵无恤在桥下抓到豫让之后，没什么废话，直接把他杀了。

这可不是什么无关紧要的出入。是自杀还是处决，背后有两套古代意识形态针锋相对，关乎国民性的塑造和国运的盛衰。

---------------- OI4 ----------------

豫让到底应该怎么死

豫让是怎么死的？到底是自杀的，还是被赵无恤处决的？《史记》和《资治通鉴》给出了两种完全不同的说法。该信谁，不该信谁？我们不妨参照一下记载豫让事迹的最早的史料：成书于战国末年的《吕氏春秋》。

《武士道》与《中国之武士道》

《吕氏春秋》并没有记载豫让之死的详细经过，却可以使我们相信，自杀才是最合情合理的结局。话说赵无恤乘车过桥，马忽然不肯往前走了，赵无恤怀疑桥下藏了人，派家臣青荓（píng）下去探查。豫让看到青荓，原来是相识的朋友，就对他说："你快走，我有大事要办。"青荓答道："我跟你是多年的好朋友，我如果上去向主君如实汇报，那就有违交友之道，太不够朋友了，但我如果装聋作哑，那就有失为臣之道，对不起主君。真是左右为难啊，我该怎么办呢？看来唯一的办法就是死了。"就这样，青荓"乃退而自杀"。（《吕氏春秋·序意》）

一个人居然可以这样自杀，听上去实在不可思议，但是，在春秋战国时代，自杀就是这么简单直接。在道义上面临两难选择时，自杀是一个经典的解决方案。至于豫让，既然已经对智瑶尽了心，尽了力，也感受到了赵无恤的仁至义尽，除了自杀，也没有其他路可选了。

我们当然很容易质问豫让和青荓："你们还有没有一点家庭责任感？就算你们是古代人，至少也该讲讲孝道吧，考虑一下父母的心情。还有，你们有没有生儿子？如果还没有的话，这不就是'不孝有三，无后为大'吗？"

如果加入这些条件的话，道德天平就变得复杂多了：活也不行，死也不行，真不知道该怎么办。但是，在当时的历史环境里，"委质为臣"的仪式已经基本排除了孝道问题，家臣的人身所有权发生了转移，不再属于自己，也不再属于父母和家庭，而仅仅属于主君。所以青荓其实不必那么为难，因为对主君的义务高于对朋友的义务，对朋友的"义"应该让位于对主君的"忠"。当然，这种感情不自然，也容易招人讨厌。

但是，还有一个因素确实应该考虑进去，那就是荣誉感。对于青荓而言，虽然对主君的义务高于对朋友的义务，但背叛朋友却会给自己带来名誉上的污点。"委质为臣"只是把个人性命交给了主君，却不应该把荣誉感同样让渡出去。日本学者新渡户稻造在他的名著《武士道》里援引托马斯·布雷的诗句阐明了这个道理：

> 可畏的主君啊，我献身在您的脚下，
>
> 我的生命唯君命是从，我的耻辱则不然，
>
> 抛弃生命是我的义务，即便死去，
>
> 不得把在墓前永生的我的芳名
>
> 提供给阴暗的不名誉去用 [1]。

我们从豫让和青荓身上看到的，正是这样的一种武士道精神。从春秋战国到汉朝，武士道精神很受推崇，所以战国年间成书的《吕氏春秋》，汉朝成书的《史记》和《战国策》，都很喜欢讲快意恩仇、重义轻生的故事。但这种精神随着时代发展，逐渐退化，直到晚清，那些率先"睁眼看世界"的知识分子才开始

---

[1] 张俊彦译，商务印书馆，1993 年版。

有了反思。尤其是梁启超，他在 1904 年专门写过一部著作《中国之武士道》，弘扬中国文化里的尚武精神，在书中，他提出了这样一个很耐人寻味的命题："中国民族之武，其最初之天性也；中国民族之不武，则第二之天性也。"

这个命题不但很合理，还可以推而广之，放之四海而皆准。**一来你争我夺是人的天性，有人的地方就有江湖；二来快意恩仇也是人的天性，正是基于这种天性，才衍生出公平、正义的观念。**但为什么中国的武士道精神没能延续下来呢？为什么百忍成金、唾面自干的生活智慧占了上风呢？梁启超认为，这都怪统一专制政体。这种政治结构追求的是皇权独大，天下皆弱，以一强驾驭群弱，秦始皇就是始作俑者。久而久之，中国人习惯了顺从强者，也就没了血性，百炼钢化为绕指柔。所以梁启超才要写这部《中国之武士道》，列举中国历史上各种武士道精神的榜样，其中当然也包括豫让，目的在于"以补精神教育之一缺点"。

安陵君和缩高的选择

但梁启超有一点没想到，那就是把豫让的价值观放在民族国家兴起的晚近社会，竟然会和现代观念里的爱国主义发生冲突。"士为知己者死，女为悦己者容"，如果祖国不是你的知己，让你处处受到冷遇，甚至碰壁，而外国把你当成人才，以国士相待，你该何去何从？

这个问题到了战争时期会显得格外敏感。现代历史学家陈垣有一部书，叫《通鉴胡注表微》，写于抗战时期被日本控制的北平。从书名看，顾名思义，陈垣的研究对象是胡三省的《资治通鉴音注》，目的是读取胡三省隐藏在字里行间的微言大义。这好像有点古怪，因为胡三省给《资治通鉴》作注，主要注释的都是字音和地理，哪有什么微言大义呢？

其实是有的，只是既零散又隐晦，几百年来从来没人注意得到。

陈垣能注意到，也是因为偶然：在兵荒马乱的年景里，为了填饱肚子，家里的书几乎都卖光了，只剩下一部附有胡三省注释的元朝刻本《资治通鉴》。这是从小陪伴自己的书，舍不得卖。真要感谢那个年代没有电子游戏——陈垣在家无事可做，就用这部书来打发时间。有一天看到胡三省三言两语评论历史上的亡国之痛，他在感同身受之余，忽然想到，胡三省身为宋朝遗民，正是在国破家亡之后写成的《资治通鉴音注》，字里行间是有深意的。

到底有什么深意？举一个例子。我们先看《资治通鉴》卷六，秦庄襄王三年（前247年）的一段历史，这是战国末年的事情：秦国攻打魏国，势如破竹。魏国请出了国际声誉很高的信陵君，授衔上将军，由他指挥国际联军大败秦军。但是，秦国一座小小的管城却让信陵君久攻不下。管城的守将并不是什么名将，在历史上连姓名都没能留下，但信陵君很清楚他的底细：他是安陵人，父亲名叫缩高，现在还住在安陵呢，而安陵不就在我们魏国的地盘上吗？

于是，信陵君派人去见安陵君 [1]，请他安排缩高到自己这里做官。

安陵和魏国的关系依然维持在封建关系里，安陵君是安陵的世袭领主。封建关系有一个特点：逐级分封，逐级效忠。所以信陵君不能越过安陵君直接指挥缩高，缩高只对安陵君有义务，并不对信陵君和魏王有义务，更不对魏国有义务。

魏国这位安陵君对信陵君的使者说："安陵是个小国，我不一定支使得动我的臣民，还是请您亲自去跟缩高谈谈吧。"

1　战国时代，楚国也有一位很出名的安陵君，是个绝世美男子，和龙阳君齐名，不要和魏国的安陵君搞混。

安陵君派人带着使者找到缩高，缩高果断拒绝，理由是这样的："信陵君要重用我，一定是要我去攻打管城，可是天下哪有父亲带兵攻打儿子的道理？如果我儿子看到我来，直接开城投降，就等于背叛了他的主君，天下又哪有父亲教儿子背叛主君的道理？"

使者碰了钉子，回去如实汇报。信陵君怒不可遏，派人告诉安陵君说："安陵的土地就是魏国的土地，如果我一直攻不下管城，秦军就会夺回优势，魏国就要亡国了。你要是识相的话，赶紧把缩高给我绑来，否则我马上就调集十万大军到你的安陵城下！"

信陵君讲的是"大河有水小河满"的道理：如果遇到枯水期，小河一定要克服困难来帮助大河，否则真等到大河干涸了，小河也不可能幸存。如果魏国亡国了，小小一个安陵面对秦国的虎狼之师，没有任何还手之力。所以，就算缩高讲的那些大道理都成立，但生存权才是第一位的，在国家生死存亡之际，一切都要给生存权让位。

—————— 015 ——————

治国靠大道理还是小道理

　　信陵君要定了缩高，软的不行就来硬的，更重要的是，信陵君给出的理由简直无懈可击。就算安陵君和缩高讲得出几分小道理，但在国家存亡的紧要关头，小道理难道不该给大道理让位吗？

　　但是，安陵君竟然完全不管什么国家紧急状态，讲出了一番貌似更大的道理。

胡三省的微言大义

　　安陵君首先搬出来的是祖宗家法：自己的先祖，也就是第一代安陵君，魏襄王的弟弟，在受封时，魏襄王亲手交给他"太府之宪"，这是每一代安陵君都要遵守的祖宗家法，其中规定：臣弑君，子弑父，都是重罪，绝不赦免。交出城邑投降敌人的人，临阵逃脱的人，也不赦免。

安陵君对信陵君说："如今缩高不肯接受您给他的高官厚禄，为的只是保全父子之义。可您却逼着我把缩高绑来，这是公然违抗先王的诏令。我就算死，也不会同意的。"

缩高听说之后，又说了一番话："信陵君这个人，蛮不讲理，刚愎自用。我家主君违抗了他，安陵怕要有难了。我既然已经保全了自己的名声，也没有违反臣民应该遵守的道义，又怎么能把我的主君置于险境呢？"于是，缩高来到信陵君使者的住处，拔剑自杀了。

信陵君听说缩高的死讯，终于认识到了自己的错误，郑重其事地向安陵君道歉，这件事就算这么过去了。但是，今天的读者一定感到很诧异：难道安陵君和缩高是对的，信陵君是错的吗？信陵君到底哪里做错了？

这些问题，不但今天的读者想不通，就连生活在宋元之际的胡三省也想不通。所以，胡三省在《资治通鉴音注》里提出了自己的怀疑，认为安陵君和缩高的表现非常不合情理：安陵君接受的是魏国的分封，缩高是安陵人，当秦军威胁魏国时，只要安陵君还记得魏国是自己的宗主国，只要缩高还记得自己的祖先是魏国人，怎么可能对魏国见死不救呢？结果安陵君和缩高宁死也不救魏国，还都表现出一副正义在手的样子。这样的死，能算死得其所吗？

陈垣从胡三省的千言万语里发现了这段话，认为这是很精辟的论断，并就此做出一番发挥，大意是：死贵得其所。缩高不为自己的宗主国去死，反而为宗主国的仇家去死，这样的死，当然不得其所。胡三省不但看不上缩高，凡是不爱自己的父母之邦，投靠别人，而且效死力的，胡三省通通看不上。比如南宋有一位王积翁，做着宋朝的官，却带着地图投降了元朝，后来做了元朝的使臣出使日本，途中遇害。元朝为他立了庙，还安排他的儿子做官，轰动一时。（《通鉴胡注表微·生死篇第十九》）胡三省应该很鄙夷这个人。

陈垣表面上是在揭示胡三省的微言大义，实际上话里有话，讥讽自己身处的这个时代里的汉奸走狗。这里需要交代一下背景：清朝在甲午战败以后，和日本有过一段你侬我侬、如胶似漆的岁月，史称"黄金十年"。日本努力帮扶中国，中国努力学习日本。中国有无数知识青年赴日留学，其中不乏有人在精神上亲近日本，把日本当作精神家园。用今天的话说，就是"精日"。正因为有这一层伏笔在，所以当日本侵华时，有些知识分子并没有把日军当成洪水猛兽看待。在他们眼里，日本侵华并不是蛮族入侵，所以投效日本政府并不等同于南宋人投效元政府和晚明人投效清政府。

想象一下，如果把安陵君和缩高放到陈垣的时代里，他们会怎么做？如果把豫让和青荓放到陈垣的时代里，他们又会怎么做？胡三省和陈垣又会怎样评价那些二战时期"背叛"并离开了祖国德国的犹太裔科学家呢？

作为存在主义者的苏格拉底

学习历史的一个重要意义，就是帮我们看到，道德上的两难背后隐藏着的社会结构的变迁。

要想讨论这个问题，让我们先回到"委质"这个老问题上。向谁"委质为臣"，在宗法社会里就意味着向谁效忠，至死不渝。原则上说，委质关系一经确认，就终生不能反悔。但在"委质"之前，是可以选择、斟酌的，也就是说，向谁效忠是个人选择的结果，而不是与生俱来的义务。

另一方面，在宗法社会里，最核心的关系是血缘关系。正是从血缘关系出发，才有所谓的大宗和小宗，宗主和宗族。而在一切血缘关系里，父子关系又是最重要的一环。那么，在魏国，乃至于安陵的危亡面前，缩高毅然以保全父子之义为第一，这在宗法关系里完全站得住脚，反其道而行才是礼崩乐坏。至于缩高的儿子，他投靠秦国，被委以重任，即便没有向秦国国君委质为臣，至少在缩高和安陵君这等老派人物的眼里，实在已经相当于委质为臣了。那么，缩高的儿子为秦国坚守管城，不过是在履行古老的义务而已，并没有任何道德瑕疵。就算他守不住城，死在信陵君的手里，也算死得其所，保持了武士的荣誉，缩高应该也不会因此而怀恨信陵君。

但是，在胡三省和陈垣看来，对父母之邦的效忠才是一个人更重要的义务。我们必须想到的是，胡三省和陈垣对自己的父母之邦确实怀着深厚的感情，但如果父母之邦将不公强加于他们身上，甚至要他们去死呢？

它山之石，可以攻玉，苏格拉底最适合回答这个问题。我们从柏拉图的对话录《申辩篇》知道，苏格拉底在雅典犯了众怒，被合法的法庭以合法的程序判处死刑。后续事件记载于《克里托篇》，克里托是苏格拉底的好友，既古道热肠又有家财万贯，他制订出一套越狱计划，在探监时讲给苏格拉底听。

平心而论，克里托的计划即使不够周密，但也足以救出苏格拉底。因为雅典人其实宁愿苏格拉底逃走，只要他不留在雅典讨嫌就可以了。而在雅典之外，也有不少独立城邦愿意接纳苏格拉底这位名人。

意外的是，越狱计划的最大阻力竟然来自苏格拉底本人。当然，苏格拉底这样做，并不是因为认罪伏法。恰恰相反，他坚信雅典对自己的审判是不公的，自己遭受的冤屈并不比窦娥少。但重点是，人在任何情况下都有义务服从国家的法令，难道仅仅因为国家对自己不好，想要自己的命，自己就要背弃它吗？

在很多人看来，就算苏格拉底越狱，逃出雅典，以后只要不做危害雅典的事情就行，他何必非要自寻死路呢？但苏格拉底相信两件事：第一，越狱就等于蔑视法律，伤害城邦，如果公开宣布的法律判决可以由私人来取消或者摧毁，城邦也就离灭亡不远了；第二，一个人应当对自己的城邦怀着最大限度的、超越一切的尊重，当然也超越对父母的尊重。苏格拉底这样对克里托说："如果你不能说服你的城邦，那么你就必须服从它的命令，安心接受它给你的任何惩罚。"

如果放到 20 世纪，这就是一个经典的存在主义命题：到底本质先于存在，还是存在先于本质？但是，苏格拉底竟然也是一个"存在主义者"。这要得益于古希腊特殊的政治格局：古希腊是一个城邦林立的世界，每一座城邦基本就是一个小国，各有各的文化、风俗和政治体制。周游世界因此成为一件很容易的事情，自由民可以遵从自己的心愿，喜欢哪里就定居在哪里。

所以苏格拉底认为，自己作为雅典公民，并不是因为自己碰巧出生在雅典，而是自己选择了雅典，和雅典的法律达成了一种契约关系。这个契约是自己在毫无压力和误解的前提下，又经过了深思熟虑才签订的，如果自己对这项契约有所不满，或者感到不公，那么当然可以拒绝签字，并且可以离开雅典，去找自己心仪的城邦定居。但契约签订之后，无论发生什么，都绝不更改。

苏格拉底的观念放在今天能不能被认同呢？苏格拉底生活的时代大约和豫让相同，他又会不会认同豫让的观念呢？至少我们可以肯定的是，从《资治通鉴》的笔法来看，司马光重新塑造了豫让，并对缩高和安陵君给予了认可。但这又让胡三省和陈垣感到不满。无论如何，都无法找到一个皆大欢喜的方案。

我们绕了一大圈，从豫让延伸到缩高和安陵君，又牵扯出胡三省、陈垣和苏格拉底，看到每个人的观念、行为背后的社会、理据和疑点。最终的结论是什么呢？这个结论需要大家自己去思考。

─────── **016** ───────

第一段"臣光曰"为什么重要

晋阳之战尘埃落定，豫让之死标志着智瑶一方再也没有了反击能力。那么接下来，硕果仅存的韩、赵、魏三大家族又会有怎样的发展呢？《资治通鉴》依次交代，先说赵家的事情。

原文：

襄子为伯鲁之不立也，有子五人，不肯置后。封伯鲁之子于代，曰代成君，早卒，立其子浣为赵氏后。襄子卒，弟桓子逐浣而自立，一年卒。赵氏之人曰："桓子立，非襄主意。"乃共杀其子，复迎浣而立之，是为献子。献子生籍，是为烈侯。魏斯者，桓子之孙也，是为文侯。韩康子生武子，武子生虔，是为景侯。

晋阳之战以后的韩、赵、魏三家

前文提过，赵无恤秉承父亲的遗志，一举夺取了代国，那么按照封建制度，应该安排一个亲近人选，把他分封到代国，做代国的国君。赵无恤定下来的人选是哥哥伯鲁的儿子，就封之后，称为代成君，但没多久就过世了。

赵无恤更加需要考虑的是自己的继承人问题。但是，虽然他有五个儿子，却一直不肯确定继承人的人选。似乎赵无恤始终记挂着英年早逝的哥哥伯鲁——毕竟依照嫡长子继承制，伯鲁才是赵家族长位置的合法继承人，而不是赵无恤。赵无恤对哥哥大概一直有些愧疚，所以到了最后，他选定的继承人不是自己的儿子，而是代成君的儿子赵浣。

赵无恤过世之后，谥号为襄，称为赵襄子。赵家人提到他时，称为襄主，意思是谥号为襄的主君。古人的称谓是一件很麻烦的事情，史料里的赵襄子、赵无恤、无恤、赵襄主、襄主，指的都是同一个人。

赵无恤有个弟弟，谥号为桓，称为赵桓子。赵桓子赶跑了赵浣，自己当了赵家族长。但他竟然也不长命，接班仅仅一年就过世了。赵家人非常尊重赵无恤的权威，于是杀了赵桓子的儿子，把流亡在外的赵浣接了回来，这就是赵献子。赵献子死后，儿子赵籍接班，这就是赵烈侯。再看一下和赵烈侯同时代的魏、韩两家：魏家的族长名叫魏斯，称为魏文侯，是魏桓子的孙子；韩家的族长名叫韩虔，称为韩景侯，是韩康子的孙子。

《资治通鉴》写到这里，才呼应上本卷开篇的第一句话："初命晋大夫魏斯、赵籍、韩虔为诸侯。"这就是说，魏斯、赵籍、韩虔三个人原本的身份是"晋大夫"，是晋国的高级贵族，而周威烈王跨过了晋国国君，直接把他们三个人封为诸侯，从此，三人在名义上就可以和晋国国君平起平坐了。"三家分晋"到此正式完成，又因为韩、赵、魏三大强国都是从晋国分裂出来的，所以合称"三晋"。

那么，晋国国君这时候在做什么呢？《资治通鉴》没有交代，这里简单介绍一下。这时的晋国早已经名存实亡，晋国国君晋烈公和他的父亲、祖父一样，形同傀儡。但晋烈公还有一部分可以简单控制的土地，还要再等两代人的时间，晋国的末代国君晋静公才被废为庶民，韩、赵、魏才瓜分完晋国的最后一点土地。

司马光写这段历史，先把名义上的"三家分晋"事件提出来，用来开宗明义，然后跟了一段长篇大论的评论性文字，评论之后再追叙"三家分晋"的前史。

本书为了方便理解，跳过了司马光的那段评论，先把"前史"讲完，再回过头来分析《资治通鉴》全书第一篇"臣光曰"。

《资治通鉴》的第一段"臣光曰"

原文：

臣光曰：臣闻天子之职莫大于礼，礼莫大于分，分莫大于名。何谓礼？纪纲是也；何谓分？君臣是也；何谓名？公、侯、卿、大夫是也。夫以四海之广，兆民之众，受制于一人，虽有绝伦之力，高世之智，莫敢不奔走而服役者，岂非以礼为之纲纪哉！是故天子统三公，三公率诸侯，诸侯制卿大夫，卿大夫治士庶人。贵以临贱，贱以承贵。上之使下，犹心腹之运手足，根本之制支叶；下之事上，犹手足之卫心腹，支叶之庇本根。然后能上下相保而国家治安。故曰：天子之职莫大于礼也。

文王序《易》，以乾坤为首。孔子系之曰："天尊地卑，乾坤定矣，卑高以陈，贵贱位矣。"言君臣之位，犹天地之不可易也。

这段"臣光曰"是《资治通鉴》的思想纲领。如果我们想用最短的时间系统性地理解儒学，看这段话比看一部《论语》还要清楚明白。司马光首先抛出论点："臣闻天子之职莫大于礼，礼莫大于分，分莫大于名。"层层递进，突出"名"是重中之重。

"到底什么是名？"公、侯、卿、大夫是也。"我们可以这样理解：名就是身份。为什么说身份最关键呢？司马光开始论证：天下那么大，人口那么多，却都受一个人的统治，即便是出类拔萃的勇士和智者也要服从统治者的安排，这都是因为有礼作为约束。

以我们今天的眼光来看，可以推测司马光想错了，错把结果当成了原因。而且，不管有礼还是无礼，人类组织都会形成寡头结构，这是群居动物的天性所决定的。德裔意大利籍的社会学家罗伯特·米歇尔斯提出过一个经典的"寡头统治铁律"，认为即便是民主化倾向最强的组织，也难逃寡头统治的命运。

其实不仅在成人世界，即便是儿童群体，我们也会看到同样的情况，甚至猴子、狒狒和猩猩等灵长类动物群体同样存在着壁垒森严的等级结构。问题是等级结构不可能一成不变，随着个体成员之间的强弱消长，成王败寇的戏码总会上演，正所谓"王侯将相，宁有种乎"。司马光向往的政治结构是礼制恒久远，每个层级上的个体都安守自己的本分，不做非分之想，这样自上而下、逐级管理就变得简单、自然。

但如果某位平民就是不服气，想追问一句："凭什么我就不能当皇帝呢？"这是司马光必须面对的问题，该怎么解决呢？必须援引政治哲学的权威意见，先是周文王，再是孔子：周文王给《易经》的六十四卦排序，以乾卦和坤卦作为开头，这是有深意的。孔子这样解释："天尊地卑，乾坤定矣。卑高已陈，贵贱位矣。"

儒家相信，《易经》的创作过程，有所谓"人更三圣，世历三古"（《汉书·艺文志》），意思是说，《易经》是由伏羲开创，周文王发挥，最后由孔子完善成书的，是三个时代的三位大圣人的智慧结晶，非常了不起。这个说法当然并不可靠，但重要的是，在很长时间里，人们对此笃信不疑，《易经》因此有了超乎寻常的权威性。

在司马光看来，周文王把乾、坤两卦排在六十四卦的开头，是因为乾象征天，坤象征地，天和地的关系是一切关系的基础。那么，天和地到底是什么关系呢？孔子的解释是，天和地的关系是尊和卑的关系，天是尊贵的，地是卑贱的，尊卑关系一经确立，世界的秩序随之确立。人际关系自然应当遵循宇宙秩序，让尊贵、卑贱之人各安其位。

这也属于一种"天人合一"的逻辑，认为社会规则应当模仿自然规律，换句话说，只有和自然规律一致的社会规则才是合理、正确的社会规则。自然界既然尊卑有序，人世间也应当尊卑有序。这里所谓的"尊"，没有褒义，所谓的"卑"，也没有贬义，都是对客观现实的客观陈述。如果说这样一种论证在今天看来依然有什么合理性的话，那就是**任何一个人类组织最终都会自然分出层级结构。但问题是，谁都没有各安其位的义务。而司马光非要把各安其位论证为一种与生俱来的义务。**

当然，我们无法否认，假如人人都真诚地把各安其位当成一种义务，社会就会变得高度稳定。从管理学角度讲，只要君主有能力为这份义务打造出一个合法性神话，让社会的每个成员都笃信不疑，视之为天经地义，那么，这应该就是司马光心目中的理想政治了。

但现实世界往往不如人意，历史上有过太多"君不尊、臣不卑"的事情，以下犯上不但经常发生，而且经常可以取得成功，这该怎么解释呢？这就要怪人们对礼的意义缺乏重视，听任实力为王，最终导致礼崩乐坏。

还有一个更加严峻的问题：如果暴君在位，臣民该怎么办？难道只能服从尊卑秩序，俯首帖耳地任他宰割吗？儒家圣人体系里的商汤王和周武王不都是以下犯上，改朝换代的人吗？难道他们非但不是圣人，反而是乱臣贼子吗？这是儒学体系里的一个经典难题。

——————— 017 ———————

暴君在位怎么办

原文：

《春秋》抑诸侯，尊王室，王人虽微，序于诸侯之上，以是见圣人于君臣之际，未尝不惓惓也。非有桀、纣之暴，汤、武之仁，人归之，天命之，君臣之分，当守节伏死而已矣。是故以微子而代纣，则成汤配天矣；以季札而君吴，则太伯血食矣。然二子宁亡国而不为者，诚以礼之大节不可乱也。故曰：礼莫大于分也。

"汤武革命"及其衍生问题

古人把夏、商、周合称"三代"，最早的夏到底算不算一个朝代，在今天是很有争议的。但我们不妨抛开争议，只用古人的观念来看问题。夏朝的末代国君夏桀是一个著名的暴君，商汤推翻了他的统治，建立商朝。商朝的末代国君商纣是个更著名的暴君，周武王推翻了他的统治，建立周朝。在儒家的圣人谱系里，商汤和周武王都是圣人，这就意味着他们的以下犯上在儒家意识形态里是被认可的，史称"汤武革命"。

麻烦就这样出现了，因为任何一个皇帝都很难接受这样的价值观，更不愿意宣扬这样的价值观，但如果公然要求百姓服从暴君的统治，在任何状况下都没有反抗暴政的权利，这种不讲理的话毕竟也很难说得出口。

左右为难，该怎么办呢？

汉朝有过一个办法，就是把"汤武革命"问题设成学术禁区，谁都不能讨论。但回避问题总不如解决问题来得彻底，司马光要做的，就是大大方方地解决问题。

司马光认为，"汤武革命"只是罕见的特例，后人当然有权反抗暴政，但必须集合"汤武革命"的全部条件才行。也就是说，在位的天子像夏桀和商纣一样暴虐，带头反抗的人像商汤和周武王一样仁德，并且人心所向，天命所归。如果这些条件无法齐备，那么君臣关系就绝对不能动摇，臣民就算去死，国家就算灭亡，也不能以下犯上。

司马光举出两个典范人物：商朝的微子和吴国的季札。微子是商纣的哥哥，一个很贤明的人，还曾经是王位的合法继承人选。纣王无道，微子曾经多次劝谏却毫无效果。后来商朝亡国，周朝对微子不错，封他为诸侯，建立了宋国。

司马光认为，如果微子当初取商纣王而代之的话，完全可以拨乱反正，商朝就可以国运长久。微子既有资格，也有能力取代纣王，取代之后也必然有一个皆大欢喜的结果，但微子就是谨守为臣之道，不做非分之想。

再看季札，他是吴王寿梦的第四个儿子，也是最贤能的一个儿子。寿梦想让季札继承王位，但季札辞让到底，绝不接受，结果长子诸樊顺利接班。诸樊很想完成父亲的心愿，于是安排了一个兄终弟及的继承次序，相信最后总能传到季札。好容易真的传到季札了，没想到季札还是不干，逃到国外去了。结果四兄弟的下一代为了王位争得你死我活，没过两代，吴国就亡国了。

司马光认为，如果季札一开始就爽爽快快地答应父亲，后来的吴国一定顺风顺水，但季札也和微子一样，宁肯亡国，也要服从礼的约束，绝不破坏礼制所规定的尊卑秩序。

看来，在舍生取义的问题上，司马光比孟子还要激进。为了坚持自己心中正确的价值观，孟子最多能

做到的就是拼上自己一条老命，而司马光可以拼上整个国家。礼高于一切，非礼的国家不值得存在，非礼的人生不值得活。

司马光并没有说空话，在他主政时，真的秉持这个原则处理国际事务，以至于后世骂他的人往往给他扣上"卖国贼"的帽子。

那是改革领袖宋神宗刚刚去世，反改革的新皇帝宋哲宗刚刚登基时，司马光提议把军人浴血奋战打下来的六处土地，所谓"六寨"，主动归还给西夏。理由是：当初宋朝和西夏建交，西夏内乱，国主遭到软禁，宋神宗打着救援西夏国主的旗号发动战争，占领了若干土地，兴建营寨，等西夏内乱平定，要求宋朝归还六寨土地时，宋神宗却不愿意了，说占领六寨是对西夏的小小惩罚。

司马光说，就算要惩罚，也应该是惩罚那些软禁西夏国主的人，怎能反过来惩罚西夏国主，在救了他之后又抢他的地盘呢？这样胡搅蛮缠，出尔反尔，还有没有一点大国风范了？更何况那些武将夺地建寨，只是为了自己立功，完全不是为了国家考虑。

当然，司马光也不会完全只讲儒家的正当性原则，所以接下来他又论证这六寨对于宋朝来说其实弊多利少，还给西夏才最合算。

第二年，宋朝真的开始实施司马光的还地政策，用土地交换战俘。

义利之辨

反对派的意见当然很好理解：国家利益高于一切，哪有把千辛万苦打下来的土地拱手让人的道理！但司马光身边也不乏支持者，在他们看来，把利益——无论是个人利益还是国家利益——放在首位，这显然违背了儒家的正当性原则。儒家有过经典的义利之辨，道义和利益哪一个更重要，这是毋庸置疑的。利益只能作为道义的副产品，而不能作为道义的目标。如果道义和利益相冲突，那就应该舍利取义。堂堂天朝上国，如果沦为一个不讲道义、只讲利益的国家，那和夷狄有什么分别？如果在处理国际事务时，一味以国家利益至上，那就相当于帮亲不帮理，太没有君子风范了。孔子早就说过："君子喻于义，小人喻于利。"所以，帮理不帮亲才是人间正道。

所以，我们不难理解，为什么辽国和西夏都很喜欢司马光。

司马光倒也不是完全不讲利益，只不过在他看来，礼才是一个国家核心利益的最高保障。如果用非礼的手段获取利益，只会因小失大，为眼前的、表面的利益埋下长久的、深刻的隐患。

原文：

夫礼，辨贵贱，序亲疏，裁群物，制庶事。非名不著，非器不形。名以命之，器以别之，然后上下粲然有伦，此礼之大经也。名器既亡，则礼安得独在哉？

昔仲叔于奚有功于卫，辞邑而请繁缨，孔子以为不如多与之邑。惟器与名，不可以假人，君之所司也。政亡，则国家从之。卫君待孔子而为政，孔子欲先正名，以为名不正则民无所措手足。夫繁缨，小物也，而孔子惜之；正名，细务也，而孔子先之。诚以名器既乱，则上下无以相保故也。夫事未有不生于微而成于著。圣人之虑远，故能谨其微而治之；众人之识近，故必待其著而后救之。治其微，则用力寡而功多；救其著，则竭力而不能及也。《易》曰"履霜，坚冰至"，《书》曰"一日二日万几"，谓此类也。故曰：分莫大于名也。

呜呼！幽、厉失德，周道日衰，纲纪散坏，下陵上替，诸侯专征，大夫擅政。礼之大体，什丧七八矣。然文、武之祀犹绵绵相属者，盖以周之子孙尚能守其名分故也。何以言之？

让我们回到《资治通鉴》第一段"臣光曰"。司马光把礼摆到政治生活的首位，这是原则层面的事，而在操作层面，礼有两种表现形式，分别是名和器。司马光的原话是："非名不著，非器不形；名以命之，器以别之。"

名和器，合称"名器"，是古典政治学家很喜欢讨论的话题。

到底什么是名器呢？简单讲，名就是被公开赋予的身份，诸如国君、大臣、父亲、儿子；器就是和名相匹配的物件，比如九鼎是天子专有的，其他任何人都无权拥有；再比如一驾马车，单凭拉车的马匹数量，就能够准确判断出马车主人的身份地位。

要想维护礼制，就必须在名器问题上一丝不苟。司马光举了《左传》的一个例子：齐国在一个叫新筑的地方打败了卫国，新筑大夫仲孙于奚救出了卫国的主帅。事后，卫国拿出土地作为报答，但仲孙于奚不肯接受。他倒不是高风亮节、义薄云天，而是另有所图：土地就不要了，希望卫国可以赏赐自己曲县和繁缨。(《左传·成公二年》)

曲县和繁缨只是两个小物件，远不如土地值钱。曲县指的是悬挂的乐器，我们最熟悉的就是编钟。按照周代礼制，不同等级的贵族都可以拥有编钟，但级别不同，编钟的悬挂方式就不同。天子的编钟，东西南北四面悬挂，围成一个正方形，称为宫县；诸侯的编钟，三面悬挂，称为曲县；大夫的编钟，左右悬挂，称为判县；士的编钟，只挂一面，称为特县。仲孙于奚的身份是新筑大夫，判县才是他的标配，但他想要曲县。看上去只是多挂一面编钟，但多挂这一面编钟，这位大夫就有资格和诸侯分庭抗礼了。要知道，卫国的国君也不过是诸侯的身份，用的也只是曲县而已。

繁缨也是同样性质的物件。从物件本身来说，它不过是挂在马的鬃毛上的一点装饰，比曲县更不值钱，但在名器的意义上，只有给诸侯拉车的马才能装饰繁缨。所以，从名器的角度来看，仲孙于奚的要求是在公然挑衅国君的权威。

──────── 018 ────────

为什么礼器比土地重要

新筑大夫仲孙于奚公然挑战礼制，蔑视权威，国君会不会答应呢？

国君很可能在虚名和实利之间权衡了一下，觉得省下来的土地更划算，所以答应了仲孙于奚的要求。孔子对这件事有一段很经典的评语，被司马光转引过来。孔子认为，如果仲孙于奚嫌国君一开始赏赐的土地太少，国君不妨把土地加码，就算给多了也没关系，但是，名和器绝对不可以乱给。原话是"唯名与器不可以假人"。

必也正名乎

在孔子看来，国君的统治能力就建立在对名器的控制能力上，一旦把自己专属的名器给了别人，就相当于把政权交了出去，从此就会一溃千里，以亡国收场。

曲县和繁缨都属于器，器就算再不值钱，也不能乱给。那么，对名又应该怎样维护呢？

司马光又一次援引了《论语》中关于卫国的事情。子路问孔子："卫国国君正在等着重用您。您上任之后，打算先做什么呢？"孔子的回答是："必也正名乎。"也就是说，执政要从"正名"开始。子路觉得这很迂腐，孔子的回答又是一段名言："名不正，则言不顺；言不顺，则事不成。"

这句话还有后文："事不成，则礼乐不兴；礼乐不兴，则刑罚不中；刑罚不中，则民无所措手足。"如此通过逐步推演，说明了"正名"是政治工作的根本，如果名不正，最后一切都会乱套。孔子最后还有一句发挥："故君子名之必可言也，言之必可行也。君子于其言，无所苟而已矣。"一言以蔽之，搞政治必须光明正大。

子路和孔子的这番对话，不是泛泛而言，而是有着特定的背景。想要重用孔子的这位卫国国君，通常被认为是卫出公，而卫出公的即位恰恰是一桩"名不正"的事情。

事情要从卫出公的祖父卫灵公说起。卫灵公的太子蒯聩（kuǎi kuì）流亡国外，继承人该选谁呢？卫灵公很想立自己庶出的儿子子南，但子南说什么都不肯接受，等卫灵公一死，卫国人把蒯聩的嫡长子，也就是卫灵公的嫡长孙，一个名叫辄的孩子，捧上了君位，这就是卫出公。万万没想到的是，等卫出公即位之后，他的父亲，也就是常年流亡在外的蒯聩，带着外国军队杀了回来，想要和亲生儿子夺权。这种状况，正所谓"君不君，臣不臣，父不父，子不子"。

事情发展到这一步，有没有一个符合伦理正当性的解决方案呢？

如果蒯聩和卫出公能够有缩高的觉悟，以保全父子之义为第一的话，事情当然容易收场，但问题是，这两父子互不相让，不惜兵戎相见。护送蒯聩回国夺权的外国军队统帅，就是赵无恤的父亲赵简子。夺权没能成功，蒯聩留在了卫国边境的一座城邑，时刻对国都虎视眈眈。

在子路和孔子发生上述对话时，卫出公即位大约已经九年了，历史遗留问题依然没有解决。在孔子看来，这是卫国政治的头等大事。应该怎样正这个名呢？《论语》没讲，后人有过一个非常合理的推测，那就是让卫出公悔过自新，哭着去请父亲回国做国君，自己退位当太子。（《论语集释》引《四书翼注》）

当然，说来容易做来难。卫出公但凡有这点觉悟，当初也不至于和父亲翻脸了。所以，卫国终于也没能重用孔子。后来蒯聩的姐姐暗中发动政变，蒯聩终于成功夺权，卫出公跑到鲁国避难，子路在政变中被杀。第二年，孔子去世。第三年，赵简子和蒯聩从盟友变成了敌人，赵简子带兵赶走了蒯聩，卫国人立公子般师为君。但没多久，齐国伐卫，抓走了公子般师，改立公子起。公子起还没把位子坐热，就被卫国同胞赶跑了，卫出公又回来掌权。卫出公死后，变乱依旧：出公的叔父赶走了出公的儿子，自立为君。

卫国的这段历史，真是一笔乱账。在儒家看来，卫出公和蒯聩一开始的"名不正"就是后来一切灾难的根源。所以司马光说：繁缨只是小物件，但孔子高度重视；正名只是小事情，但孔子一定把它排在政治的首位。

显然在孔子那里，名和器都是牵一发而动全局的东西，一旦名器错乱，尊卑秩序就没了，管理结构就散了。圣人就是这样深谋远虑，防患于未然。普通人见识短浅，只看得到眼前的、明显的事物，乱子搞大了才知道收拾，这当然事倍功半。所以，《易经》告诫我们"履霜坚冰至"，当你发现地面上结了薄薄的霜，就该预测到将来会是冰天雪地。《尚书》告诫我们"一日二日万几"，每一天都要怀着谨小慎微的心，洞悉万事的先机。

司马光对《尚书》这句"一日二日万几"可能做了过度的解读，这句话的真正意思，应该只是说每天都要处理很多事，千头万绪。"一日二日万几"后来被缩写成"日理万机"，成为我们熟悉的成语。

晋文公请隧

司马光继续论述，王朝的崩坏就是从名器的滥用开始的，周朝就是前车之鉴。在经历过周幽王和周厉王这两位昏君之后，周朝的礼制就一天不如一天——诸侯不听天子的号令，大夫又把诸侯架空。那么问题来了：既然礼制已经败坏了十之七八，周天子能够控制的土地和人口还不如一个小国，为什么周朝的统治还能存续几百年呢？

真相只有一个，那就是后来的历代周天子总还能守住名分的底线。

原文：

昔晋文公有大功于王室，请隧于襄王，襄王不许，曰："王章也。未有代德而有二王，亦叔父之所恶也。不然，叔父有地而隧，又何请焉！"文公于是乎惧而不敢违。是故以周之地则不大于曹、滕，以周之民则不众于邾、莒，然历数百年，宗主天下，虽以晋、楚、齐、秦之强，不敢加者，何哉？徒以名分尚存故也。至于季氏之于鲁，田常之于齐，白公之于楚，智伯之于晋，其势皆足以逐君而自为，然而卒不敢者，岂其力不足而心不忍哉？乃畏奸名犯分而天下共诛之也。今晋大夫暴蔑其君，剖分晋国，天子既不能讨，又宠秩之，使列于诸侯，是区区之名分复不能守而并弃之也。先王之礼于斯尽矣。或者以为当是之时，周室微弱，三晋强盛，虽欲勿许，其可得乎？是大不然。夫三晋虽强，苟不顾天下之诛而犯义侵礼，则不请于天子而自立矣。不请于天子而自立，则为悖逆之臣。天下苟有桓、文之君，必奉礼义而征之。今请于天子而天子许之，是受天子之命而为诸侯也，谁得而讨之！故三晋之列于诸侯，非三晋之坏礼，乃天子自坏之也。

呜呼！君臣之礼既坏矣，则天下以智力相雄长，遂使圣贤之后为诸侯者，社稷无不泯绝，生民之害糜灭几尽，岂不哀哉！

"晋文公请隧"事件就是一个很能说明问题的例子。当初晋文公帮助周襄王平定了一场王室内乱，假如不是晋文公肯出力，周襄王就做不成天子了，这样的功劳当然应当重赏。周襄王拿出土地，但晋文公不要，只想要"隧"。

所谓隧，其实比繁缨更不值钱，仅仅是一种丧葬规格，挖墓地时可以修一条隧道让棺椁通过。这就意味着，周襄王不用给晋文公任何实际的赏赐，只要批准晋文公可以给自己的墓地挖一条隧道就可以了。但问题是，根据礼制，这样的隧道是天子专属的丧葬规格，诸侯的棺椁只能用绳子吊着垂直放进墓穴里。

晋文公的请求和仲孙于奚异曲同工，但周襄王政治觉悟高，用一段绵里藏针的长篇大论坚定地回绝了。这段话的核心意思是：祖宗传下来的规矩不能坏，您要是想坏规矩，享用天子级别的丧葬规格，除非您天命所归，人心所向，改朝换代，把我赶下台。

这番话还真的把晋文公说怕了，不敢再提非礼要求了。

按说以实力对比来看，晋文公如果真想把周襄王赶下台，简直轻而易举，怕就怕犯了众怒，让其他诸侯找到借口，联合起来对付自己。这种情况在春秋时代其实很多，司马光列举说，鲁国的季氏、齐国的田常、楚国的白公、晋国的智瑶，论实力都能发动政变，取国君而代之，他们当中也没有哪个是善男信女或心慈手软之辈。但之所以谁都没敢这么做，还不是因为害怕僭越名分会惹来众怒吗？

但是——司马光终于绕回了"三家分晋"的问题——周威烈王竟然把诸侯的名分给了晋国的韩、赵、魏三家大夫，这就突破底线了。三家大夫以下犯上，欺负自己的国君，瓜分自己的国家，按照礼制，天子应该发动天下诸侯来讨伐他们才对。周威烈王不但不加讨伐，反而用诸侯的名分来表彰他们，这可真叫破罐子破摔了。

当然，有人会说，周天子就算真想发动天下诸侯来讨伐韩、赵、魏三大家族，给晋国拨乱反正，但他早就没有这个号召力了。以三大家族的实力，周天子敢不顺着他们吗？

这话在情在理，但司马光果断反驳说："三大家族就算再强，只要周天子一天不认可他们的诸侯身份，他们一天就是乱臣贼子，人人得而诛之。但天子既然允许他们当诸侯了，他们的地位也就名正言顺了，谁也没资格去讨伐他们。所以这件事，不是韩、赵、魏破坏礼制，而是周威烈王自己破坏礼制。**君臣之礼既然坏掉了，有规则、有秩序的社会从此也就变成了丛林社会，弱肉强食而已，周朝再也无法维系，最终自然国破家亡、生灵涂炭。**"

《资治通鉴》第一段"臣光曰"的内容就此结束，全书的纲领就这样陈述清楚了。

—————— 019 ——————

周威烈王的真实处境怎么样

《资治通鉴》的第一段"臣光曰",司马光畅谈历史教训,批评周威烈王没能守住名器的底线,礼崩乐坏,从此一发而不可收。但我们必须追问一下司马光:以当时的局势,周威烈王真的可以拒绝韩、赵、魏的请求吗?周威烈王的处境,《资治通鉴》竟然只字未提,这实在很不应该。那么,这到底是因为疏忽,还是有意为之呢?

《吕氏春秋·下贤》

我们完全可以把"疏忽"排除在外,这完全不是司马光的风格。但如果说"有意为之",也不合适,因为有些史料在宋朝还看不到,而司马光手里的相关史料,要么语焉不详,要么疑窦重重,要么太像段子。

司马光看得到的材料,首先就是《吕氏春秋》。

《吕氏春秋》，也叫《吕览》，成书于战国末年。当时秦国丞相吕不韦网罗天下人才，写成这部政治哲学巨著。书名带着"春秋"两个字，貌似这是一部史书，但书中谈到的历史，都是作为说明观点的论据出现的。战国又是一个游士乱窜的时代，游士们经常为了说明观点而编造论据，学术风气很坏。这就导致后人读战国的文章，比如《吕氏春秋》时，对里边的史实必须怀有适度的谨慎。

《吕氏春秋》的内容，是按照主题分门别类的，比如《下贤》一章，讲的都是历代君主礼贤下士的故事，借此说明礼贤下士的缘故、方法和意义。这一章的最后一个故事，主人公就是魏文侯。这个人前文提到过——《资治通鉴》正文开篇的第一句话"初命晋大夫魏斯、赵籍、韩虔为诸侯"，魏斯就是魏文侯，魏国的第一代国君，由周威烈王亲自任命。

《吕氏春秋·下贤》提取了魏文侯职业生涯当中的一个片段：魏文侯很像一个看人下菜碟的人，他去见隐士段干木时，恭恭敬敬地站着，站累了也不敢休息，但回来见自己手下的重臣翟璜时，怎么舒服就怎么坐——当然，所有舒服的姿势都是很失礼的姿势。翟璜因此很不高兴，认为主君怠慢自己，这就引出了魏文侯的一番高明见解。

魏文侯说："人家段干木是个隐士。我请他做官，他不干；我给他俸禄，他不要。那我还能怎么办呢，只能给他礼遇了。你就不一样了。你想当官，我请你做首相；你想要钱，我给你最高级别的待遇。你都拿了我这么多实实在在的好处，还想让我恭敬起来给你礼遇，这就过分了吧？"

故事讲完，编著者对此进行了一番评论：魏文侯就是这样一位礼贤下士的君主，所以才能在连堤打败了楚国，在长城打败了齐国，还把齐国国君抓了起来，献给周天子，因此得到了周天子的重赏。什么样的重赏呢？原文是"天子赏文侯以上闻"，但"上闻"到底是什么，注释家各执一词。不过更重要的是，魏文侯连败齐、楚两大强国，如此惊天动地的大事件，是真的吗？如果是真的，为什么《战国策》和《史记》里都不见记载呢？

《淮南子·人间训》

我们再看一部书，西汉年间成书的《淮南子》。

这部书是淮南王刘安组织门客编撰出来的，和《吕氏春秋》一样，也是一部百科全书式的政治哲学巨著。它原本名叫《鸿烈》，是"天理昭彰"的意思。汉武帝建元二年（前139年），刘安入朝，把这部书献给汉武帝。到了西汉末年，刘向校对皇家藏书，把《鸿烈》改名为《淮南》。所以后来有人叫它《淮南鸿烈》，也有人叫它《淮南子》。

《淮南子》的编排方式和《吕氏春秋》一样，按照主题分门别类。其中有一章叫作"人间训"，论述人间祸福的复杂性，探究复杂性背后的深层原因。它的论述方式也和《吕氏春秋》一样，用不同的历史故事说明不同的道理。智瑶向韩、赵、魏三家要地的事情就被收录在这一章里，为的是说明"事或夺之而反与之，或与之而反取之"的道理，其实就是欲取先予、欲擒故纵的权谋。

《淮南子·人间训》讲过一件和三晋伐齐高度相关的事情，为的是论证这样一个道理：有时候远离反而亲近，靠近反而疏远。有的人意见正确，被领导采纳，本人反而被领导疏远；有的人意见错误，没被领导采纳，本人反而得到领导的器重。

发生在齐国的一件事充分展现了这个貌似荒唐的现象：韩、赵、魏联合起来进攻齐国，包围了齐国的平陆。齐国内部开始商议对策，主要人物有三个：执政官牛子，参谋官括子和无害子。

括子首先给出了一番分析："韩、赵、魏三国和我们齐国并不接壤，他们跨过邻国来围攻我国的平陆，就算打下来也没法保有，根本得不到什么实惠。所以他们这么做，应该不是为了利，而是为了名。这样看来，只要让我们的国君去求和，事情就很好解决。"

无害子不以为然，他的看法是："我听说为了救国，既有割地求和的，也有毁家纾难的，就是没听说过，为了保住边境上的一点土地，就劳烦国君出去遭罪的。"

两种意见水火不容，这就要考验领导人的判断力了。最后，牛子采用了括子的方案，果然仗不打了，平陆也保全下来了。照理说，牛子以后会更加倚重括子，疏远无害子，但事实刚好相反。这是为什么呢？《淮南子》归结出一个重要的道理：括子的思路是解决问题的思路，对事不对人；无害子的思路是忠君的思路，对人不对事。领导最看重的品质就是忠诚，下属只要够忠诚，能力和智慧差一点完全无所谓。

我们抛开《淮南子》的人生哲理，只看史料部分：韩、赵、魏联合攻打齐国，这件事是真的吗？它和《吕氏春秋》所讲的魏文侯在长城打败了齐国，还把齐国国君抓起来献给周天子是一回事吗？

看上去确实有点可疑，首先就是牛子、括子、无害子这三个人的名字，尤其是牛子，看来是首相一级的人物，为什么在其他史料里见不到他的身影呢？还有接壤问题，韩、赵、魏三家当中，只有最南部的韩国不和齐国接壤，赵国和魏国的东部边境都和齐国接壤，所以括子的敌情分析根本无法成立。

如果说《淮南子》的这个故事里有什么可以确定的因素的话，那么，至少在这一时期的齐国，国君真的很容易受人摆布。礼崩乐坏、上下失序的现象当然不是晋国的专属，在齐国也一样存在着。

《史记》的两篇"世家"

下面我们通过《史记》，简单梳理一下齐国的事情。

《史记》记载的齐国世系很特别，一共有两篇，《齐世家》和《田敬仲完世家》，这是因为原本姜姓的齐国被田家人篡夺了，虽然国名没变，但前后其实是两个政权。"窃钩者诛，窃国者为诸侯"，"三家分晋"在那个时代并不是特例。

在周朝的诸侯体系里，有一个很基本的二分法：同姓诸侯和异姓诸侯。

周天子姓姬，同姓诸侯就是周天子的叔伯、兄弟、子侄。晋国就属于同姓诸侯，所以周襄王拒绝晋文公请隧时，称呼晋文公为叔父。齐国是异姓诸侯，姓姜，始祖就是那位充满传奇色彩的姜太公。天子和异姓诸侯通婚，所以称呼异姓诸侯为舅氏。

姜太公的后人世代统治齐国，但权力逐渐被田家架空。

田家人原本姓陈，祖先是逃亡到齐国的陈国公子陈完。陈完在齐国安身之后，不再用原先的姓氏，改陈为田，在齐国开枝散叶，家族影响力越来越大。终于，一位名叫田常的族长跨出了勇敢的一步，杀掉了齐简公，立齐简公的弟弟为君，这就是齐平公。田常名义上是齐平公的丞相，实际上齐平公只是他的傀儡。

田常的谥号是成子，史书上称他田成子，也会用他原来的姓氏，叫他陈成子。前文提过，《左传》的结尾，鲁哀公二十七年（前468年），智瑶统帅晋国军队进攻郑国，齐国发兵援郑，齐国军队的主帅就是陈成子，也就是现在所说的这位田常。"多陵人者皆不在"这句话就是他对智瑶的评价。

田常死后，儿子田盘接班，按谥号称呼的话，就是田襄子。

唐代张守节的《史记正义》中，有一篇《谥法解》，专门解释谥号的含义，"襄"的意思是"辟地有德"，也就是遵从道义开疆拓土。在本书已经提及的人物中，智瑶和赵无恤的谥号都是"襄"，一个智襄子，一个赵襄子——开疆拓土确实都有，至于道义，都谈不上。所以，对于眼前这位田襄子，我们就可以举一反三，有个大致判断了。

正是在田襄子的时代，韩、赵、魏三家联手，杀掉了智瑶。而在齐国，田家已经一家独大，几乎所有的地方长官都是田家的人。田襄子死后，两传传到田和。这个时候，齐国的国君和宗族对田家早已经没有了任何反抗能力，但是，田家内部率先出了乱子，一个叫田会的人忽然造反了。这件事，就是"三晋伐齐"的导火索。

—————————— 020 ——————————

廪丘之乱到底是谁平定的

齐国的田氏家族发生了内乱，田会造反，这才惹出了轰轰烈烈的三晋伐齐。但是，《资治通鉴》完全没有记载这件事，《史记》里也只有很简略的一句话："……宣公五十一年卒，田会自廪丘反。"这是公元前405年，是周威烈王封韩、赵、魏为诸侯的两年之前。这一年里，齐国发生了两件大事：一是田氏家族的族长田和辞世，二是田会在廪丘发动叛乱。这里的廪丘，大约是今天的山东郓城一带。

那么，叛乱到底是怎么发生的，和三晋又有什么关系呢？《史记》完全没讲，我们必须求助于另一份史料——《竹书纪年》。

《古本竹书纪年》

在周威烈王封韩、赵、魏为诸侯的大约七个世纪之后，改朝换代已经换到了晋朝。晋武帝太康二年（281 年），在汲郡，今天的河南汲县，有人盗掘了一座古墓，收获颇丰，仅竹简就装了好几十车。在这些竹简当中，有一部魏国的编年史，被称为《竹书》或《纪年》，有时也会被冠以出土地点，称为《汲冢竹书》或《汲冢纪年》。冢就是坟墓的意思。

《竹书》一共 13 篇，以魏国的视角，记载了从夏朝到战国的历史。

这部书的出土，在当时是一个颠覆性的发现，因为它的很多说法都和人们熟悉的历史不一样。比如我们熟悉的尧舜禅让，这是何等高风亮节的故事，《竹书》却说舜是靠武装政变上位的。

再比如西周时代出现过一段著名的"共和"政治，按照《史记》的记载，这是因为天子无道，国人暴动赶跑了他，为了填补权力真空，两位国家元老联合执政，称为"共和"。然而《竹书》却说是天子逃跑之后，共伯和，也就是共国的诸侯，名字叫和，代替了天子执政。

《竹书》的这个说法，可以在《庄子》和《吕氏春秋》那里得到呼应，但毕竟敌不过《史记》的影响力，以至于我们今天在用的"共和"这个词，还是联合执政的意思。

这里我们稍微岔开一点，来看一个版本学上的公案，搞清楚"古本"和"今本"《竹书纪年》。

《竹书》出土之后，迅速引起了学术界的关注，被学者整理、注释。但是，一方面战乱不断，书籍很难保存，另一方面《竹书》的内容和人们的固有知识，尤其是和儒家的知识谱系冲突太大，天然地惹人反感，所以到了北宋，这部书基本上算是失传了。

如果我们想知道某个朝代都有哪些书，最简单、直接的办法就是去看正史里的《艺文志》。《宋史·艺文志》开列宋朝存在过的历史书，有"《竹书》三卷"。这就是说，原本 13 卷的《竹书》，到了宋朝就只剩下 3 卷了。但是，在宋朝那些目录学名著里，已经见不到《竹书》的身影了。

到了南宋，一部完整版的《竹书》忽然重出江湖，让人既惊且疑。拨乱反正的工作还要等到清代。先是历史学家朱右曾用"辑佚"的笨功夫，把晋朝以后、宋朝以前的书籍里引用《竹书》的内容一条条摘录下来，重新编辑整理，编成一部《汲冢纪年存真》，然后王国维又在《汲冢纪年存真》的基础上编成《古本竹书纪年辑校》。书名里之所以有"古本"两个字，是为了区别于南宋出现的那部可疑的完整版《竹书》。从此以后，前者被称为《古本竹书纪年》，后者被称为《今本竹书纪年》。

王国维还写过一部《今本竹书纪年疏证》，条分缕析，几乎重现了《今本竹书纪年》的伪造过程，最后的结论是：这部书可以直接扔了。

回到真正的《竹书纪年》，也就是《古本竹书纪年》，它记载了齐宣公五十一年（前405年）齐国发生的变故，原文是："宣公五十一年，公孙会以廪丘叛于赵。十二月，宣公薨。"

这里的公孙会就是《史记》里的田会。"公孙"是封建制里的一个特殊称谓，顾名思义，就是公的孙子。公，就是诸侯一级的贵族。再比如"公子"，本义是公的儿子。"子"可以男女通用，公的女儿也叫公子。"君子"，本义是君的儿子。田会本来是没资格被称为公孙会的，毕竟他的祖父虽然是齐国的实际掌权人，但只是权臣，不是诸侯。没办法，礼崩乐坏了之后，高级称谓总会不断下放，高级的"名"不断被下放到低级的"实"上。

《古本竹书纪年》还有一条更详细的记载，大意是说，田家的族长一死，内乱就爆发了，先是田布杀了公孙孙，然后公孙会，也就是田会，叛逃到三晋当中的赵家，还把齐国的一座城邑廪丘献给了赵家。接下来，田布带兵围攻廪丘，三晋联军一起来打田布，把田布打跑了。

《古本竹书纪年》对三晋联军的记载是"翟角、赵孔屑、韩师"。其中翟角是魏家的家臣，因为《竹书纪年》是一部魏国视角的编年史，对自家人，翟角就没有写成"魏翟角"。孔屑是赵氏家臣，所以写成"赵孔屑"。但韩家的主将是谁呢，竟然没提，只记了一句"韩师"，意思是韩家的军队。事实上，这位韩家主将不但有名有姓，还为考古研究做出了不小的贡献，这是后话。

到这里，我们应该思考一个问题：以上这些史料，司马光都见过吗？

肯定见过。如果采信《宋史·艺文志》的著录，司马光应该看得到一部仅剩三卷的《竹书纪年》，但问题是，现在我们所依据的《古本竹书纪年》是辑佚的成果，前文用到的两条记载，分别是从《史记索隐》和《水经注》里摘录而来。司马光本人也好，他那几位博学的助手也好，都不太可能看漏《史记索隐》和《水经注》。那么，难道是因为孤证不立吗？显然也不是，因为这些记载和前文提及的《吕氏春秋》《淮南子》的内容都能合得上拍。不仅如此，《吕氏春秋》还有一段更加合拍的记载。

《吕氏春秋》

这段记载出自《吕氏春秋·不广(kuàng)》。所谓不广，是说不要放弃主观上的努力，用主观上的努力和自己已有的条件来弥补客观条件的不足。为了说明这个道理，作者给出的论据里就有廪丘之战，只不过这回是站在赵国的角度来描写的：齐国攻打廪丘，赵家派孔青带着勇士去和齐国拼命。齐国惨败，不但主将战死，还抛下了两千辆战车和三万具尸体。孔青把这些尸体堆成了两座小山。

这位孔青，显然就是《古本竹书纪年》里的孔屑。"青"和"屑"字形很像，那个年代又还没有"书同文"，不同的书里对同一个字常有不同的写法。

把敌人的尸体堆成小山，这是一种古老的作战传统，可以耀武扬威，震慑四邻。但是，尸体是不是真有三万具，这倒是很可疑的。战国时代的战争记载，动不动就伏尸数万，大多都是夸大其词。

值得注意的是，视角不同，同一段历史，也会呈现出不同的面貌。《古本竹书纪年》采取的是魏家的视角，虽然提到了三大家族联合作战，但把自家的统帅摆在第一位，似乎他才是联军主帅，最过分的是根本没提韩家统帅的名字。《吕氏春秋·下贤》采取的是魏家的视角，所谓魏文侯在长城打败了齐国，还把齐国国君抓了起来，献给周天子，因此得到了周天子的重赏，这件事应该说的就是廪丘之战的后续。但到了《吕氏春秋·不广》当中，采取的却是赵家的视角，完全没提联军合作的事，仗全是赵家自己打的，一举消灭齐军三万人。考虑到《吕氏春秋》是集体创作的作品，两篇文章分别采取两种视角倒也不足为奇。《淮南子·人间训》采取的是齐国的视角，给人的感觉是括子一计定天下，仗还没怎么打起来，矛盾就被巧妙化解了。在轻描淡写的笔调里，怎么看都不像在战场上死了三万子弟兵。

这正是历史最能迷惑人的地方——每个讲述者都有自己的情感和立场，不自觉地就会贬低别人，夸大自己。

当不同的讲述版本同时存在时，我们还可以彼此参照，力求不偏不倚、兼听则明，而一旦有些版本因为主观或客观的原因没能流传下来，只剩下唯一的版本，我们也就只能姑妄听之了。雪上加霜的是，一个版本流传的范围越广，流传的时间越久，权威性也就越高。

关于廪丘之战的历史，幸而我们可以听到这么多的声音。

── 021 ──
韩氏家族是怎么找回存在感的

关于廪丘事件，每一份史料都有自己的视角，抬高自己，贬低别人。明明是三晋联军跟齐国作战，唯独韩氏家族很没有存在感，连主将的名字都没能留下。假如让韩氏家族自己发声的话，他们会不会讲出另一个版本呢？

一定会的。在廪丘事件的两千多年之后，韩氏家族的主将终于喊出了自己的声音。接下来我们就来看看这个历史侧面。

编钟上的韩氏辉煌

大约在 1928 年 [1]，洛阳金村的太仓古墓出土了一组编钟，共 14 只，现在分别收藏在加拿大皇家安大略

---

1 具体年份存在不同说法，这里取白川静《金文通释》的记载。

博物馆和日本泉屋博古馆。历史学家用主人的名字靐（biāo）羌命名了这组编钟。

编钟属于高级礼器，特别能够彰显主人家的身份地位。通常来说，有了大喜事才会铸造大型青铜器，还要把相关的大喜事记录在器物表面，这就是青铜器的铭文。这组编钟也不例外，铭文足有 61 字，用韵文的形式记载了自己的辉煌出身。

编钟的主人靐羌，隶属于三晋之一的韩氏家族。铭文读起来很像《诗经》里的诗歌，短句，押韵，内容恰好说的就是周威烈王二十二年（前 404 年），三晋被封为诸侯的前一年，晋国和齐国的那一场战争。

前文提过，韩家的族长名叫韩虔，这里铭文称他为韩宗，意思是韩家的宗主。靐羌也许是代表韩虔出征，也许是跟随韩虔出征，征伐秦国，威迫齐国，突破了齐长城，在平阴大败齐军，把楚国人都吓得不轻。因此，靐羌不但得到了宗主的赏赐，还受到了晋国国君和周天子的嘉奖。这等光宗耀祖的大事，必须刻在铭文上，子子孙孙永志不忘。

是的，铭文对赵、魏两家的联合作战只字未提，所有功劳都是靐羌一个人的。

清华简《系年》

翏羌钟出土的几十年后，又一批文物的发现，给我们提供了更多的历史细节。

2008 年，有清华大学校友从海外买回来两千多枚战国时代的竹简，捐赠给母校，所以这批竹简被称为"清华简"。清华简的内容被逐步整理、解读、出版，出版的第二辑称为《系年》，包含 138 枚竹简的内容。

《系年》记载了三晋伐齐的经过，主帅分别是韩、赵两家的族长韩虔、赵籍，还有魏家族长魏斯的儿子魏击，魏斯大约是中途加入的。有意思的是，除了三晋之外，联军当中竟然还有一支生力军，那就是南方的越国。越国国君亲自带兵，配合三晋军队分进合击，让齐国吃了大亏。

越国属于南方文化圈，和中原诸侯不大合拍。南方诸侯虽然实力不低，但文化水平不高。越国这一次大约就是吃了没文化的亏，要不是《系年》里有它一笔，这样的赫赫战功就全被抹杀了。

按照《系年》的记载，齐国这边才由刚刚继位的齐康公亲自出面跟越国讲和，那边三晋大军就掩杀过来了。齐国国内正在经历着"陈鬺（yǐng）子牛之祸"，自顾尚且不暇，赶紧再和三晋讲和。

我们可以推断，这位惹祸的子牛，应该就是《淮南子·人间训》里提到的牛子，他的身份应该是田氏家族的一员干将。

齐晋和谈，三晋出面的是各自的家臣，齐国出面的是田家族长田和，还有一个叫田淏[1]的人。盟约有两项核心内容，一是不许齐国继续修长城，二是要求齐国放弃廪丘。

名义上说，盟约是齐、晋两国之间签订的，而实际上，是晋国的韩、赵、魏三家和齐国的田家签订的，晋国和齐国的两位国君已经毫无发言权了。可见"家"是一个多么重要的组织形式。儒家有所谓"修齐治平"，修身然后齐家，齐家然后治国，治国然后平天下，这个逻辑之所以成立，就是因为宗法结构下的"家"并不是今天意义上的三口之家，大型的"家"不但有地盘，有臣僚，甚至还有强大的军队。能搞定这样一个家，当然有能力治国。

盟约一签，廪丘从此属于赵家。之所以不让齐国修长城，目的也很简单，削弱齐国的防御力量，将来哪天齐国"不老实"的话，三晋就可以轻松进军了。

1　《系年》作陈和、陈淏。

事实上，齐国从很早以前就开始修筑长城，构建完善的防御体系了。《系年》给出了齐长城开工的具体时间，是在公元前441年，那是齐宣公的时代。骉羌钟可以和《系年》互相参照，骉羌钟的铭文里说"入长城，先会于平阴"，平阴就是齐长城最西端的要塞，在今天的山东平阴附近，从这里开始，长城沿着济水一直修到渤海。

前文提过，《淮南子·人间训》说三晋联军包围了齐国的平陆。在古文字里，"陆"和"阴"写法很像，所以平阴才被误写成了平陆。这也说明，虽然《淮南子·人间训》记载的那段故事看上去很不靠谱，像是为了证明观点而捏造出来的，但是，捏造的成分也许真有，故事的框架倒还真是"空穴来风，事出有因"。

反思"弱国无外交"

从这件事我们可以反思一下"弱国无外交"这句经典名言。这句话很有迷惑性。**我们总是很容易把集合名词当成个体，于是，"国家"在我们的想象当中，就变成了一个体量超常的"人"。但是，"国家"是一个集合名词，是无数复杂因素的统称。**

晋国和齐国都在争取自己的国家利益吗？显然没

有。谁能代表晋国和齐国的国家利益呢？无论是晋国的国君还是韩、赵、魏三家的族长，谁都不能代表；无论是齐国的国君还是田氏家族的族长，同样都不能代表。三晋或输或赢，哪种情况才符合晋国的国家利益？真的很难讲。齐国让步与否，哪种情况才符合齐国的国家利益？同样也很难讲。那个时候，当权者的利益一定和国家利益相一致吗？显然不是。当权者的阵营是铁板一块吗？显然也不是。

我们很有必要借用佛学的思维方式，缘起性空，把"国家"和"国家利益"这种集合名词不断拆解、细分，才能理解春秋战国时代纷繁复杂的国际关系和光怪陆离的外交手段。

齐晋和谈就是一个很典型的例子。这里先交代几句后话：和谈之后，盟约的效力一直持续了几十年，等到田和升格为诸侯，取代了齐国的姜姓政权之后，齐长城才继续兴建，夺回廪丘的任务才重新提上日程。这也不奇怪，毕竟在此之前，田家的家族利益和齐国的国家利益并不完全合拍，田家毫不介意出卖齐国利益来保障自家利益。他们甚至愿意成全三晋战胜齐国，因为三晋如果能够因此升格为诸侯的话，等于开了一个很好的先例，自己将来也可以有样学样。等到自己真的有样学样，篡夺了齐国政权，齐国的利益才真正和田家的利益相一致，所以廪丘才必须夺回来，长城必须建下去。

还有一个题外话：孟姜女哭长城的故事，故事原型里的长城就是齐长城，而不是秦始皇修建的万里长城。孟姜女是齐国人，她的名字就已经告诉我们了——孟表示排行，她是家里的长女；姜是她的姓，她身上有着传统的姜姓齐国的高贵血统。

今天我们在山东很多地方还能看到齐长城的遗址，当初的平阴关隘，今天的济南市长清区大街村北，仍然看得到绵延、宽厚的断壁残垣，看得出当时的齐国人在建筑上因地制宜，有些地方用石料，有些地方用夯土，有些地方的墙外还挖出了壕沟。三晋要想攻打齐国，这里就是第一道险阻。

隆重的献俘仪式

让我们回到三晋伐齐之年。《系年》记载，和谈之后，晋国国君带着俘虏来的齐国将士朝见周天子，举行隆重的献俘仪式，同行的还有刚刚即位的齐国国君，以及鲁、宋、卫、郑四国君主。这倒印证了《吕氏春秋·下贤》的记载，只不过后者把功劳全揽在魏斯的身上，还说齐国国君是被俘虏来的。

以当时的风气来说，齐国国君很可能会得到三晋联军的善待，不至于被五花大绑扔到周天子的面前。但是，齐国这位齐康公显然是不情不愿的，眼睁睁看着三晋联军拿齐国的俘虏摆阵仗，邀功劳，心里一定很不是滋味。但有什么办法呢？既然田家人要自己去背锅，这口锅无论如何也只能背下来了。至于晋国国君，当时在位的晋烈公，虽然是名义上的"带头大哥"，其实只是三晋的傀儡，被迫去走这个过场，心里一定也很憋屈。

被众人簇拥的周天子又会是什么心情呢？《古本竹书纪年》中竟然说三晋之所以伐齐，是出于周威烈王的指令。这就奇怪了。周威烈王以实力而论，还不如一个小国国君，苟活尚且不暇，难道会真的端起天子的架子来号令天下吗？就算这是真的，指令也该下达给晋烈公，让他去平定齐国内乱，而不能跨过晋烈公，直接下令给韩、赵、魏三家。

---------------- 022 ----------------

周天子为什么会下令伐齐

依照《古本竹书纪年》的说法，三晋伐齐，是出于周威烈王的指令，属于奉王命讨伐叛逆，非常名正言顺。接下来，我们就来看看周威烈王的苦衷和无奈。

传统与变革

很遗憾的是，没有任何史料采取周威烈王的视角，我们无从知道这位名义上的天子到底有什么深刻的用心和曲折的安排。从常理推断，也许是三晋冒用了他的名义，只有这样才能把自己的丑行洗白。

按照礼的要求，"礼乐征伐自天子出"，无论礼制的规格也好，出兵打仗也好，只有周天子有权发号施令。当齐国发生内乱，其他诸侯虽然有义务去干涉齐国内政，帮助齐国拨乱反正，但只要天子不下令，任何人都只能按兵不动。

但从另一角度来说，周天子很难直接干涉齐国内政，因为自家的直属武装力量实在太单薄了，这个问题倒不是礼崩乐坏之后才有的，在周朝的开国之初就已经存在，只是后来每况愈下。这是制度决定的现实，没法改变。周天子要想安定齐国，只能号令诸侯，诸侯们再号令本国大夫，备齐军队和军用物资，组成联军，向齐国进发。

在我们当代人的观念中，打仗是一件成本很高的事，评书里常说"兵马未动，粮草先行"。《孙子兵法》早就注意过后勤补给会给一个国家带来多大的负担，所以在《作战篇》里基本没有讨论战术问题，谈的全是后勤补给。

一支十万人的军队，可以"日费千金"，之所以后勤成本这么高，主要就是因为"千里馈粮"——在两千多年前的交通条件下，要想把足够的粮草转运到前线，人力、物力和其他损耗都是惊人的。为什么说"兵贵神速"？它的战术意义是让敌人猝不及防，而更重要的意义是关于后勤补给的——战争一旦拖得太久，整个国家就算不被拖垮，也得伤筋动骨。

所以，高明的打法不但要"兵贵神速"，还要"因粮于敌"，也就是从敌人的地盘上获得补给。怎么获得呢？当然靠抢。吃掉敌国的一份粮食，就相当于省掉了从本国运来 20 份粮食的成本。

显然，孙子的观点代表了礼崩乐坏之后的作战思路，完全是流氓斗殴的作风，没规矩，没底线，没操守，更没有荣誉感。封建时代的正统打法可不是这样的。

在正统打法里，诸侯们带着天子的指令出征远方，首先就凑不齐十万大军。因为打仗是贵族专属的事，既是权利，也是义务。最低一级的贵族叫"士"，他们是战斗人员最重要的组成部分，所以后世才流传下来"士兵""战士"这些词汇。贵族阶层没有那么多人，也就无法集齐十万大军。再者，当诸侯组成联军，长途行军时，途经哪个国家，该国就有义务承担联军的后勤补给，所以并不存在孙子所谓的"千里馈粮"问题。到了真正两军交锋时，还有各种贵族规矩要讲，绝不死缠烂打，撒泼耍赖，只要对方服输，这一仗就算结束了。赢家赢得潇洒，输家也不失体面。

为什么会这样？最基本、最主要的一个原因是：从天子到所有诸侯、大夫，全都沾亲带故。次要原因是：贵族阶层总喜欢用荣誉感自我标榜，没有荣誉感的战争会严重削弱他们的自我认同。

如果周威烈王真想平定齐国的内乱，那么按照礼制，他应当把指令传达到诸侯一级，比如传达给晋烈公。晋烈公再安排晋国大夫，也就是韩、赵、魏三家的族长。但这一套传统早就行不通了，韩、赵、魏只为自己的家族利益作战。赵家的理由最直接，毕竟齐国的田家有人叛逃过来，还带来了廪丘，为赵家扩大了地盘。但是，韩、魏两家为什么要帮着赵家呢？

在《淮南子·人间训》里，括子的推断是正确的——这些人是为了名。

具体来说，三晋想拿一桩平定齐国内乱的功劳，逼周威烈王给自己升级：从家升为国，从族长升为诸侯。

为了达到目的，三晋把戏做得很足，以兵强马壮的阵容开到周威烈王的直辖地盘，搞出一场盛大的献俘仪式。为了提高讨价还价的本钱，连齐康公也被半请半掳地带了过来。三晋的主君晋烈公应该也会以大公无私的腔调替三晋说话，谁让他只是一个傀儡，平日都要看三晋的脸色呢。同来的还有鲁、宋、卫、郑四国君主，都是有资历但没实力的家伙，作用应该就是帮腔敲边鼓，多说三晋的好话。

所以，周威烈王面对的压力，已经不是晋文公请隧时周襄王面对的压力能比得了的，何况来的人这么多，每天的人吃马喂，也能把周威烈王吃垮。所以，为了息事宁人，早点把瘟神送走，周威烈王大约只能顺应"天心民意",给三晋封侯了。于是就有了《资治通鉴》的开篇第一件事:"初命晋大夫魏斯、赵籍、韩虔为诸侯。"

这三个人如果按照谥号来称呼,魏斯就是魏文侯,赵籍就是赵烈侯,韩虔就是韩景侯。

从此称"侯",不再称"子"了。

从这一年起,韩国、赵国、魏国正式诞生,后来名列"战国七雄",成为战国时代的七大强国之三。至于韩、赵、魏原先所属的晋国,依旧名存实亡。大约又过了二十多年,韩、赵、魏撕下了最后一块遮羞布,联手灭掉晋国,瓜分了晋国最后的土地,把晋国的末代国君晋静公安置在一个叫屯留的地方。从此以后,人间再也听不到晋国的消息了。

司马光的《上谨习疏》

如果周威烈王能够预先读到《资治通鉴》,听从司马光的劝告,向前辈周襄王学习,坚决不给三晋封侯,历史又会怎样发展呢?

按照当时的局势来看,是否封侯,并不是一个问题,毕竟时势比人强,谁也拗不过大势所趋。

这其实也是由礼制的特点决定的。礼制严防死守,时时处处都在制约着人的天性。这倒没什么稀奇，因为世界上几乎所有的道德和法律都是制约天性的，只不过礼制的制约尤其细腻。

制约越细腻，就越仰赖严格而完备的惩罚机制，任何一个人只要稍稍越界，就会受到严厉的惩罚，并且惩罚还要来得很及时。一旦某个口子松了，惩罚来得既不严厉，也不及时，那就很容易一发不可收拾，让混乱的局面愈演愈烈。

名和实虽然互相依存，但实至则名归，单靠空名很难维持长久的约束力。如果采信《史记·赵世家》的说法，三晋"相立为诸侯"，也就是互相认可对方的诸侯身份。三晋既然已经有了诸侯之实，那么无论周威烈王同不同意，迟早都会获得诸侯之名，就算没有诸侯之名，也能充分行使诸侯的权利。司马光不是不懂这个道理，他要强调的是，礼制问题必须从始至终严防死守，就算实在守不住了，那也守得一分是一分，因为这是天下兴亡的枢纽。重要的是，这不是单纯的历史问题，而是严峻的现实问题。

是的，司马光没见过骉羌钟，更没见过清华简，对周威烈王的批评显然有点强人所难。但我相信，即便司马光见过这些材料，也不会改变他的结论，因为他的结论与其说是被历史启发出来的，不如说是被现实引导出来的。

司马光在宋仁宗一朝曾经担任谏官，职责就是提意见。嘉祐七年（1062年），他给仁宗皇帝写过一篇《上谨习疏》，传为名文。"谨习疏"的意思就是"论慎重引导社会风气的重要性"。文章的重点是：风气，或者说风俗，很难说什么是对，什么是错，而风气一旦形成，就很难改变。从周朝到汉朝，大体上说，君尊臣卑是人们心中的天经地义，所以乱臣贼子总会束手束脚。

魏晋以后，风气改变，下陵上替的事情太多了，人们已经见怪不怪，不再认同君尊臣卑的道理。所谓下陵上替，就是卑贱的人爬到高位，高贵的人被踢到卑贱的地位。世道就这样越来越乱，最后乱成五代那种局面，每个朝代都很短命。

到了宋朝，宋太祖和宋太宗都看清了一个道理：天下的所有祸患，源头都在于礼制的崩坏。所以他们才会努力加强中央集权，为的就是重建君尊臣卑的正常秩序。但是，在司马光看来，当下这位仁宗皇帝实在太能放权了，并且只会放，不会收，这样一来，原有的在君尊臣卑秩序下的君臣实力差距逐渐缩小。这可是一个危险的信号，怎么办呢？办法只有一个，那就是把礼崩乐坏的苗头扼杀在摇篮之中。

这篇《上谨习疏》特别适合拿来和《资治通鉴》的第一篇"臣光曰"对照来读。

给《资治通鉴》写史论时，司马光身上有着为千秋万世立言的使命感，这就必须弱化自己的时代感，强化道德和真理的永恒感，只谈"正名"，不谈实力。而在《上谨习疏》里，司马光针对时弊，探讨时政，毫不讳言地告诉皇帝，名分的差异必须以实力的差异为基础，要想守住名分上的尊卑秩序，就必须做好实力上的强弱安排。

前者是司马光醇儒的一面，后者是司马光务实的一面。

知识就在得到

A
Comprehensive
Mirror
to Aid in
Government

Series. 1

资治通鉴

第一辑

熊逸版

②

熊逸 著

Xiong Yi
Edition

新 星 出 版 社　NEW STAR PRESS

目录

—————— ○23 ——————

魏文侯有哪些过人之处

三家分晋之后，在魏斯、赵籍、韩虔这三位刚刚晋升为诸侯的人物里，魏斯，也就是魏文侯，能力最强，声望最高，他统治下的魏国迅速成为三晋当中最令人瞩目的一支力量。

《资治通鉴》接下来把笔墨聚焦在魏文侯身上，追叙他的成功历程，而对赵烈侯和韩景侯只字未提。这也不怪司马光偏心，因为魏文侯实在光彩夺目，给后世留下了太多传奇。几乎所有传奇都围绕着同一个主题：一个成功的领袖应该具备哪些基本禀赋。

礼遇卜子夏

原文：

魏文侯以卜子夏、田子方为师，每过段干木之庐必式。四方贤士多归之。

魏文侯身上最突出的特点就是礼贤下士，但他礼遇的对象不是普通的"士"，而是儒家学者。

有两件事最能体现他的风格，一是尊卜子夏和田子方为师，二是每次经过段干木的住处，都要在车上行礼。所以，各地贤人纷纷归附在他的周围。

"魏文侯以卜子夏、田子方为师"，如果按照字面意思，解释成卜子夏、田子方是魏文侯的老师，辈分就有点乱了。因为田子方要么是卜子夏的弟子，要么是卜子夏的师侄，是个晚辈，魏文侯不大可能既拜卜子夏为师，又拜田子方为师。最有可能的是，魏文侯在拜会这两位学者时，都以弟子的姿态行礼，充分表达敬意。

关于卜子夏，这里岔开做个介绍。卜子夏，姓卜名商，字子夏，是孔子的高徒。"卜"是一个象形字，表示龟甲被烧灼之后呈现出来的裂纹。因为会有专业人士根据裂纹的形状预测吉凶，所以"卜"就有了"占卜"的意思。负责占卜的专业人士称为"卜人"，职业世代相传，"卜"渐渐演变为姓氏。

在古人的名字里，名和字的含义都会有所呼应。卜商，字子夏，商和夏不但都是朝代名，还都有"大"的意思，所以可以搭配。子夏的"子"是对男子的美称，是男性最常见的取名用字。

《论语》里有不少子夏的戏份，最著名的一段就是孔子拿子夏和子张的贤德来做比较，说子张过了头，子夏没到位。那么，子张就比子夏更出色吗？并不是，孔子的结论是"过犹不及"。"过犹不及"里的"不及"原本形容的就是子夏。

《论语》还有一个著名段落，给孔子最优秀的十名弟子分门别类，分成德行、言语、政事、文学四科，每一科都有代表人物。文学科有两位代表，子夏就是其中之一。所谓文学，不是现代意义上的文学，而是指典籍和礼乐方面的学问。

这四科和十大弟子后来被合称为"四科十哲"。唐朝祭祀孔子，这十大弟子获得了配享资格，陪着孔子一起接受祭拜。如今我们去孔庙，还能看到孔子像两边排列着一些人物雕像，其中就有子夏。

子夏比孔子小44岁，晚年在魏国境内的西河一带讲学，声望很高。在子夏独立讲学的时代，儒家的声势已经比孔子时代强很多。所以曹魏年间，文学家李康有一篇很著名的《运命论》，探讨人生命运，说以孔子那样的大圣人，有生之年到处碰壁，境遇很凄凉，而子夏仅仅学到了孔子的皮毛，却被奉为一代宗师，说什么都对，可见人生的贫富贵贱主要是由命运和时势塑造出来的，和个人能力没有必然联系。

回到问题的核心，魏文侯礼遇卜子夏，意义在哪里呢？

李康至少说对了一点：**社会越是滑向礼崩乐坏，竞争就越残酷，而竞争越残酷，人才就越受重视。当时代逼近战国，富国强兵迅速成为每个大国或大家族的核心诉求，人才因此变得格外抢手。**

你也许会疑惑：子夏这样的老人家，只会搞文学，能对富国强兵有多大帮助？但这并不重要，重要的是以下三点：第一，子夏是天下知名的学术权威，有名气就有价值，只要厚待子夏，哪怕什么事都不让他做，都能向天下释放出一个招贤纳士的信号，无数人会因此而涌到魏文侯的身边；第二，子夏本人虽然做不了什么事，但他的门人弟子很多，这些人可不都是只会皓首穷经的学究，其中总会出现厉害的人物——事实上，魏文侯富国强兵之路上最为倚重的改革家李克和名将吴起都是子夏的学生；第三，人总是活在圈子里的，任何一个圈子都会存在攀比现象，在当时国君的圈子里，人才是一个很突出的攀比指标，谁身边的人才更多，谁就更有面子，而在面子问题上，人才的名望比才干更重要。

用人摆脱血统束缚

春秋战国之际，血统变得越来越不重要。我们已经看到，如果依照传统的血统原则，那么智瑶也好，赵无恤也好，根本没资格成为族长继承人。到了魏文侯这一代，用人已经彻底不受血统的束缚了。

这一点，从前面提到过的田子方和段干木身上，都能清楚地看到。

田子方，从姓氏来看，是出身于齐国的田氏家族，却出国给魏家效力。

段干木，复姓段干，很可能是老子的后人。《史记·老子韩非列传》说老子的儿子名叫李宗，在魏家做官，获得了段干这个地方作为自己的采邑。根据当时的风俗，采邑的名字经常转化为姓氏。比如魏文侯，名叫魏斯，但他家原本姓姬，和周天子同姓，是一家人。武王伐纣之后，魏斯的先祖被分封在毕这个地方，从此以毕为氏——当时姓和氏还没有混淆。毕氏有一位后人，名叫毕万，给晋献公立过功，得到魏地作为自己的采邑，他的后人便以魏为氏，所以魏文侯才叫魏斯，而不是毕斯、姬斯。

姓是永远不变的，氏可以不断分化。还是用魏氏举例：魏氏有个后人，立了功，获得了一处采邑，采邑的名字叫令狐，他的后人就以令狐为氏，世代居住太原。金庸笔下的令狐冲如果追溯血统的话，应该就是太原令狐氏的后人，可以和周天子论本家。

随着时代的发展，姓的重要性逐步走低，氏的重要性越来越高，姓和氏渐渐发生混淆。今天我们所谓的姓，如果按照严格标准，绝大多数其实都属于氏。

同样的道理，三晋当中的韩家原本姓姬，和周天子也是一家人，有一位后人在晋国做事，得到晋国的分封，采邑在一个叫韩原的地方，他的后人便以韩为氏，一直传到韩虔。再看赵家，原本姓嬴，和秦国公族是一家人，有一位后人为天子立了大功，受封赵城，从此才有了赵氏。所以从战国历史中，我们可以获得一个很扎心的经验，那就是所谓同胞并不会天然比异族更友善。

魏文侯的所有重要臣子当中，只有一个魏成是他的兄弟，其他人都来自五湖四海，再没有魏家的人了。相应地，亲亲尚恩、论资排辈这种曾经的天经地义已经彻底变得不合时宜。可想而知，卜子夏、田子方和段干木，在重视血统的时代，不可能会受到在魏文侯那里所能受到的尊崇。

在这三位学者当中，最有意思的是段干木。因为卜子夏和田子方好歹还能给魏文侯讲一点大道理，而段干木是个隐士，只要魏文侯来访，他就远远地躲起来，如果魏文侯来得很急，段干木就算跳墙也要躲开他。所以，魏文侯虽然可以在卜子夏和田子方面前执弟子礼，但对段干木，通常只能在车上向着他的住处行礼。难得见到一面时，魏文侯就表现得尤其毕恭毕敬。

魏文侯当然也不吃亏，因为这是一种千金买马骨的姿态，向天下人发出信号：看嘛，我对一个完全不能为我所用的人都这么尊敬，何况对那些真正能帮到我的人呢。

当然，要想做一名成功的领袖，仅仅有礼贤下士的姿态是不够的，还需要一些其他禀赋，《资治通鉴》之后还会逐步交代，最终在魏文侯的头顶打造一个完美的光环。

—— 024 ——

诚信是立国之本还是权谋手段

除了礼贤下士的姿态，**魏文侯**身上还有一个重要的特点，那就是"信"——诚信，这也是魏文侯打造完美人设的重要一环。治理国家，诚信当然非常重要，但儒家和法家对此却有着完全不同的看法。正因为这种差别，在一段史料的取舍上，司马光的倾向性很值得留意。

魏文侯的表演

原文：

文侯与群臣饮酒，乐，而天雨，命驾将适野。左右曰："今日饮酒乐，天又雨，君将安之？"文侯曰："吾与虞人期猎，虽乐，岂可无一会期哉！"乃往，身自罢之。

这一天，魏文侯和群臣饮酒，气氛很愉快。虽然外面下起了雨，但室内举办的酒会当然不会受到任何干扰。忽然魏文侯要人准备车马，送自己到野外去。身边的人都来劝阻他说："大家喝酒喝得正开心，外面又在下雨，您何必非要赶在这个时候出门呢？"魏文侯给出的理由是："我已经和管理山泽的官员约好了，这个时间要去打猎，我怎么能让人家白等一场呢？"

当然，下雨天没法打猎，但这不是重点，重点是魏文侯如约赶到约定地点，亲自告诉那位管理山泽的官员，取消当天的打猎安排。

值得注意的是，《资治通鉴》的这段记载源自《战国策》，只在文字上做了很小的改动。（《战国策·魏策一》）在《战国策》的版本中，最后还有一句议论，说魏国从此走上了强国之路。这个议论很能代表《战国策》的风格，把见微知著的感觉搞得相当过分。《资治通鉴》对这类材料通常都会保留事实部分，删掉议论内容，在"臣光曰"部分统一发议论。

但是，这样一件小事，为什么值得《资治通鉴》记录在案，又为什么会被《战国策》当成魏国走向强盛的起点呢？

以如今的眼光来看，首先，魏文侯不够聪明。当初做约定时，如果说好了遇到下雨就自动改期，也不会有后面的麻烦。其次，就算没能预先约好，魏文侯也犯不着亲自跑去通知，一切都可以按照管理流程来走。管理山泽的官员称为"虞人"，级别很低，魏文侯亲自跑去通知虞人，大约相当于集团公司董事长亲自去通知某个分公司里的某个科长，这不是很荒唐吗？如果魏文侯是一个高明的管理者，就不可能做这么荒唐的事。

那么，唯一合情合理的解释就是魏文侯在演戏给大家看，他就是要在所有臣僚面前演这样一场戏，让所有人目睹自己对信用有多么看重。

虞人是小官，打猎是小事，领导对小官和小事尚且如此守信，何况对高官和大事呢？

这层道理，精通谋略的《韩非子》早就揭穿过了。

司马光的立场

魏文侯和虞人的故事，最早的记载来自《韩非子》。《韩非子》的版本略有不同，没提酒会的事，来自天气的阻碍不是下雨，而是刮风。如果我们拿《韩非子》和《战国策》两相参照的话，就会看出一件事是怎样被添枝加叶的：加入酒会的戏份，把刮风改成下雨，可以更加凸显魏文侯为了守信而做出的牺牲。

守信到底有多大的意义呢？很大，大到《韩非子》

专门给了它一个"经"和一个"说"的篇幅。

《韩非子》是先秦法家的一部奇书，在这部书里，韩非子独创了一种文体，叫作"储说"。在文章结构上，储说分成"经"和"说"两个部分，"经"是简明扼要的论点，"说"是论据素材的罗列。这种结构虽然在当时是一种创新，很高明，但放到今天，已经变成议论文写作的反面教材了。对于中学生来说非常生涩的议论文，其实就很像储说，先摆一个论点，然后罗列一堆论据，这样就算完事儿了。

在《韩非子》这部书里，储说体的文章一共有六篇，分为《内储说》两篇，《外储说》四篇，讲的都是君主驾驭群臣和洞察奸谋的手段。《外储说》的第一篇，叫作《外储说左上》，一共有六个论点，六组论据，第六个论点就是"小信成则大信立，故明主积于信"，意思是只要在小事情上建立起信用，就能在大事上拥有信任度，所以明智的君主懂得积累自己的信用值。

为了说明这个论点，韩非子举了五个例子，魏文侯和虞人的故事就是其中之一。

那么问题来了，《韩非子》的版本看上去明显比《战国策》的版本更像是"故事原型"，司马光为什么会舍弃前者，采信后者呢？

这大约是儒家立场所决定的。

无论是《韩非子》还是《战国策》，在儒家看来都不是好书。《韩非子》是标准的法家嘴脸，鼓吹性恶论，然后在性恶论的基础上叠床架屋，构筑起五花八门的阴谋诡计，和儒家的性善论公然唱反调。《战国策》虽然没那么坏，但书里收录的文章尽是纵横家的夸夸其谈，史料价值比较可疑。而且，纵横家都是一些毫无立场的人，朝秦暮楚，看人下菜碟。但如果两害相权的话，《战国策》到底比《韩非子》顺眼得多。

诚信是根本还是权谋

对于魏文侯和虞人的故事，《韩非子》最可恨的就是把它当成论据，来证明"小信成则大信立"的道理。这个道理貌似很正确，也很磊落。讲信用嘛，直到今天也是美德。如今我们拿征信记录去银行贷款，征信记录越干净，贷款审批就越容易。只要平时信用卡还款及时，交话费、还房贷从不逾期，就更有可能从银行获得大额贷款，这不就是"小信成则大信立"吗？如果连"小信"都不成，"大信"就绝对立不起来。

儒家当然不反对这种道理。事实上，孔子亲口强调过信用的重要性，比韩非子说得更过火。当时子贡向孔子请教治国之道，孔子讲了三大注意事项：第一，粮食储备要充足；第二，武器储备要充足；第三，要获取人民的信任。这三件事的重要程度并不相同，信任最重要，粮食在其次，武器排在最后。为什么这样排序？孔子说："自古皆有死，民无信不立。"意思是说，虽然没有武器会被杀，没有粮食会饿死，但死人的事情自古以来屡见不鲜，不是多大个事，只要大家对君主的信任度还在，政权就不会垮。（《论语·颜渊》）

司马光很信任这套理论，在他看来，朝廷凡是说到的就一定要做到。当时开封出过一件事：朝廷悬赏捉拿大盗，承诺谁能捉到大盗就给谁官做，结果等真的有人捉到了，官没给，只给了赏金。司马光很不满，搬出无信不立的道理，要求朝廷履行诺言。（《温国文正公文集·三省咨目》）

前文提过的六寨问题也是这个道理，司马光认为朝廷派兵给西夏国主帮忙，不能搂草打兔子，顺带抢人家的地盘。凡是抢来的，都应该主动还给人家。这难道是出卖国家利益吗？批评者当然会这么看，而在司马光看来，诚信才是更为根本的国家利益，不能为了贪图土地而把信用毁了。信用一旦毁了，政权就不稳了。

这是儒家对诚信的看法，把诚信当作立国之本。而《韩非子》讲的诚信是法家版本的信用，把诚信当成权谋和手段。所谓"小信成则大信立",在权谋和手段的意义上,最典型的例子莫过于庞氏骗局:先成小信,在集资时承诺要给多高的利息,在分红时就真的给了多高的利息,一分都不少,等大家尝到甜头,产生信任,投入更多的钱了,集资人就怀揣巨款消失不见了。

《资治通鉴》第107卷收录了东晋时代徐邈写给范宁的一封信,徐邈在信里说范宁不该派人到民间去打听老百姓对官员的评价,因为自古以来凡是愿意说长道短的,愿意给别人做耳目的,通通都是小人。这些小人的特征,就是"先因小忠而成其大不忠,先藉小信而成其大不信"。

儒家政治对这种事相当忌讳,而法家之所以重视诚信,是因为法家最核心的管理技术就是赏罚制度,赏罚必须由诚信做基础。这正是司马光对于魏文侯和虞人这段史实,取《战国策》而不取《韩非子》的原因。

这就好比父母管教小孩子,儒家的办法是以身作则,身教重于言传,在这个基础上,不对小孩子失信。而法家的办法是设立明确的赏罚标准,不管小孩子能不能明白道理,反正做对了就赏,做错了就罚,一旦该赏不赏,该罚不罚,约束力就消失了。

—— 025 ——

魏文侯为什么温情脉脉

法家的赏罚有一个重点 —— 标准清晰明确，至于在不在情，合不合理，被赏罚的对象能不能想得通，都不重要。那么问题来了：讲诚信难道还可以既不合情，也不合理吗？

确实可以，这在法家来看完全不是问题。

以射箭赢官司

《韩非子》讲过一个特别有代表性的例子，主人公李克[1]是魏文侯手下的一位干将。李克做地方官时，很想提高当地人的射箭水平，就下了一道命令，说凡是有打不清的官司，一律让当事人射箭定输赢，谁能射中靶子，谁就能赢官司。这道命令一下，当地人就开

---

[1] 《韩非子》作李悝，这里依照《资治通鉴》，统一作李克。

始没日没夜地苦练箭术。后来和秦国打仗，李克这边赢得很轻松，因为民众个个都是神箭手。

李克确实做到了赏罚分明，显然也很讲诚信，以箭术决定官司的输赢，标准清晰明确，唯一的缺点就是太不讲理了。诚信竟然可以和讲理完全割裂，这在现代人看来难以置信，但从法家的视角来看，诚信本来就和讲理毫无瓜葛。

显然司马光无法认同这个道理，更无法认同法家的初心，但他对法家的诚信却也能适度地接受。在《资治通鉴》第2卷里，讲到商鞅变法，司马光就拿魏文侯和虞人的故事举过例子，说虽然魏文侯不属于儒家意义上的标准贤君，商鞅是一个以刻薄寡恩著称的人，他们所生活的时代更是一个拼武力、比诈术的时代，但他们依然会用诚信来统治国民，所以当今天子更应该明白诚信治国的重要性。

问题是，道理虽然简单，但真正落实到操作层面，"小信"和"大信"的关系其实很难处理。

《资治通鉴》第105卷讲到著名的淝水之战，前秦皇帝苻坚惨败，国内人心离散。大将慕容垂申请带兵到北方平定骚乱，苻坚同意了。权翼劝苻坚说："在这种国家新败、人心惶惶时，正应该召集名将，把他们安置在京城，您怎么反而放慕容垂离开呢？慕容垂是何等的英雄豪杰，您这不等于放虎归山吗？"苻坚的回答是："我都已经答应他了。普通百姓尚且应该说话算话，何况天子。"

苻坚很讲诚信，而讲诚信的结果是身死国灭。

如果魏文侯遇到这种境况，会坚持原则呢，还是会随机应变呢？

在法家思维里，小事必须讲诚信，大事就看情况了。

兄弟之国

原文：

韩借师于魏以伐赵。文侯曰："寡人与赵，兄弟也，不敢闻命。"赵借师于魏以伐韩，文侯应之亦然。二国皆怒而去。已而知文侯以讲于己也，皆朝于魏。魏于是始大于三晋，诸侯莫能与之争。

我们回过头来继续看魏文侯的故事，接下来发生的是一桩大事。

韩国派来使者，邀请魏国一起去打赵国。魏文侯说："我不打，我和赵国是兄弟。"韩国使者气哼哼地走了。

赵国派来使者，邀请魏国一起去打韩国。魏文侯说："我不打，我和韩国是兄弟。"赵国使者气哼哼地走了。

消息总会不胫而走。不久之后，韩、赵两国都知道了魏文侯对自己的态度，十分服气，把魏国当大哥。从此魏国在三晋当中脱颖而出，成为天下第一强国。

这一段史料，来源还是《战国策》，《韩非子》也有相同的记载，但上文的最后一句话，也就是"魏由是始大于三晋，诸侯莫能与之争"，是司马光自己加上去的。

请注意，这句话加得相当可疑，因为找不到任何根据。看上去它只是概述一个历史事实，不做任何评论，但这个历史事实到底是怎么推断出来的？要做出这个推断，必须满足一个前提，那就是知道三晋这一起外交事件的大致时间。问题就在于，这个前提根本就不存在。无论是当年的司马光还是今天的我们，手里都没有足够的材料可以给这件事准确编年。所以，大胆推测一下，司马光有可能在这段内容里暗藏了一点私心，把魏文侯的做法标榜为处理国际关系的一个范本，简言之就是三个字：和为贵。

在司马光的时代，北宋的国际关系和三晋有几分相似，北边有辽国，西边有西夏，谁也吃不掉谁。和辽国的关系倒还好些，因为先前有过一个澶渊之盟，宋朝以金钱换和平，两国多年来相安无事。西夏一直不太安分，甚至有几次把宋朝打得很惨。宋朝的新党，也就是改革派，基本都是主战派，积极备军备战，想方设法要把西夏打服。而旧党，也就是保守派，既有主战的，也有主和的。司马光作为旧党大佬，是一个坚定的主和派，对主战派意见很大。

我们在脸谱化的历史里，很容易把主战派都当成忠君爱国的忠义之士，但司马光眼里的主战派，尽是一些投机分子，只想通过打仗给自己捞军功，不打仗就没有立功的机会。所以在改革派所主导的进取型的基本国策下，太多投机分子没事也想找事，这就导致明明可以和平解决的问题非要通过武力解决，明明可以简单化解的矛盾非要大张旗鼓。结果，西夏还是按不住。而宋朝这边，不但损耗越来越让朝廷和百姓吃不消，而且军队将帅的权柄越来越大，越来越不受朝廷的监督，宋朝开国以来加强中央集权，防止国家分裂的基本国策受到了前所未有的挑战。

司马光的思路是，处理国际关系首先要讲理，先前我们宋朝有对不起西夏的，要道歉，抢来的地盘，要退还回去。我们是文明古国，不是流氓团伙。然后，对西夏实行适度的经济封锁。仗要在经济层面打，不要在军事层面打，要打得有分寸，不要劈头盖脸。最后要达到的目标，也不是把西夏荡平，收归大宋版图，而是让宋朝在国际关系上确立占据优势的战略地位，保持经济、文化的优越性，让国际关系变成厚道的大哥和安分的小弟之间的关系。

司马光心里的"兄弟之国"，不是没大没小的兄弟关系，而是长幼有序的兄弟关系，就像魏文侯领导的魏国和韩国、赵国的关系那样。

可见，一切历史都是当代史，前文说到的司马光加的那句话背后，是司马光对北宋边疆关系问题的深入思考。

四战之地

三晋的领导人应该没有司马光那样的觉悟，即便真有，在战国时代也不太适用。

我们回过头看三晋的世界，从那起外交事件里，可以得到两个信息：第一，在"战国七雄"当中，魏国成为第一个实现大国崛起的国家；第二，当智瑶这个外部压力消失，化家为国的共同目标一经实现，曾经同风雨、共患难的三晋同盟终于冰消瓦解，开始你有你的方向，我有我的方向，再不记得曾经交会时互放的光亮了。

韩国和赵国真的被魏文侯的脉脉温情打动了吗？当然不可能。都是从血雨腥风里杀出生天的狠角色，谁也不是善男信女，何况身处战国乱世，兄弟之情半点都不值钱，亲兄弟也可以反目成仇。三晋之所以最后可以做出兄弟姿态，最有可能的原因，就是韩国和赵国认同了魏文侯的大局观，明白自家不能刚翻身就翻脸，三晋还是应该同气连枝，以应对外敌环伺的险恶局面。

从地理位置上看，三晋处于中原腹地，东西南北哪个方向都不让人省心。

此时三晋的地理格局就像三头六臂的哪吒陷入妖魔鬼怪的包围圈里：东边有齐国，西边有秦国，南边有楚国和越国，北边还有骁勇善战、精通骑射的游牧民族。这种地理格局，被称为"四战之地"，意思是，任何一个方向都存在着战争威胁。这是三晋的先天劣势，如果比较一下"战国七雄"当中的另外四雄，齐国东临渤海，楚国有长江天险，燕国在遥远的北方，除了和齐国接壤之外，离谁都远，秦国在遥远的西方，虽然会受到北方游牧民族的威胁，但对其他六雄的防御力最强——只要把函谷关一封，谁都打不到它。

所以，对于三晋来说，友好的联盟关系格外重要，魏文侯的外交小心机因此显得相当睿智。他没有通报赵国，说自己如何拒绝了韩国的请求；也没有通报韩国，说自己如何拒绝了赵国的请求。他耐心地留足了让信息发酵、传播的时间，等待韩、赵两国自己去发现。**人们对别人主动递过来的资讯总会怀疑，却很相信自己亲手发掘出来的资讯。并且，新资讯所产生的逆转力量还会刺激对方的负疚感。**高明的罪犯最懂得这个心理，所以才会巧妙地把侦探引入歧途。高明的管理者也很懂得这个心理，就像魏文侯这样，把韩、赵两国玩弄于股掌之上。

—————— 026 ——————

封国该给弟弟还是儿子

孟子有一句名言："天时不如地利，地利不如人和。"那么对于三晋来说，"四战之地"的地理劣势和兄弟联盟的人的优势，哪一个更重要呢？

地理决定论

从整个战国的历史来看，当别人都还没有认真发力时，地理格局这种先天因素的意义并不算特别大。谁先发力，谁就能占据优势。

魏国出现了一位英明领袖魏文侯，所以魏国很容易就实现了"战国七雄"当中最早的大国崛起。而当竞争白热化，每个国家都开始发力之后，大家的打法很快就会趋同，一家的先进经验会迅速被别家复制，高端人才被你争我抢，联盟关系注定无法长期保持。

这个时候，先天差距就会格外明显。这就像在一个班里，当每个同学都悬梁刺股拼上老命时，能够一锤定音的就只有天赋和运气了。

再看此时此刻的魏文侯，就算一时占尽了人和，跑在了第一位，但终归会输给天时、地利。孟子所谓"**天时不如地利，地利不如人和**"，在长时段里并不适用。**这倒不是说"人和"的力量被夸大了，而是因为促成"人和"的变数实在太多，以至于它很难在长时段里保持下去。相比之下，"地利"反而可靠得多。**

把"地利"看成影响社会发展的决定性因素，这种观点很被儒家看不起，所以在中国没能发展起来。而在西方，从古希腊开始就不断有名人——包括亚里士多德这种大权威——支持这样的论调。到了启蒙运动时代，孟德斯鸠写出一部大部头著作《论法的精神》，用了整整一卷的篇幅，大约占全书的六分之一，论述气候如何主导了世界各民族的政治体制、宗教信仰和法律制度。气候又是由地理决定的，所以这种观点被称为"地理决定论"，在孟德斯鸠以后继续开枝散叶。进入 21 世纪，美国学者贾雷德·戴蒙德的畅销书《枪炮、病菌与钢铁》风靡中国很多年。中国读者之所以更容易被这本书震撼，主要就是因为这本书把地理决定论提到了一个新高度，而地理决定论从古至今，在中国都是被打压、批判和轻蔑的对象，存在感很弱。

古代中国，尤其是儒家，相信人和人的关系才是影响社会发展的决定性关系。《资治通鉴》拼死拼活想要树立起来的最高意识形态准则——礼——就是人际关系的全套规范。礼制的总纲就是尊卑关系，也就是《资治通鉴》第一篇"臣光曰"讲的"天尊地卑，乾坤定矣。卑高已陈，贵贱位矣"。维护礼制必须自上而下，只有上行才能下效。所以我们才会看到，《资治通鉴》刻画魏文侯的领袖形象，罗列出来的所有事情都在围着"人和"打转，这是要让魏文侯的关系攻略成为后世君主效法的榜样。

我们已经看到，魏文侯一会儿礼贤下士，一会儿戏精附体，各种克制，各种伪装，实在太辛苦了。那我们自然会想：难道他的精神就没有松懈的时候吗？一旦精神松懈，难道就不会真情流露，做出什么像普通人一样的表现吗？

这种时候当然会有，而且很难避免，所以问题就变成了：一旦情绪"露馅"，一位英明领袖应该怎样去弥补，合格的臣子又应该怎样去把君主引回正轨。《资治通鉴》的下一段记载，就是一个具有范本意义的事件。

任座的忠言

原文:

使乐羊伐中山,克之,以封其子击。文侯问于群臣曰:"我何如主?"皆曰:"仁君。"任座曰:"君得中山,不以封君之弟而以封君之子,何谓仁君?"文侯怒,任座趋出。次问翟璜,对曰:"仁君也。"文侯曰:"何以知之?"对曰:"臣闻君仁则臣直。向者任座之言直,臣是以知之。"文侯悦,使翟璜召任座而反之,亲下堂迎之,以为上客。

魏文侯派乐羊攻占了中山国,把这块新地盘分封给了自己的儿子魏击。有一天魏文侯向群臣提问:"大家觉得我是个怎样的君主?"群臣都答道:"您是一代仁君。"只有一个叫任座的臣子给出了不和谐的回答:"您打下了中山国,不分封给弟弟,却分封给儿子,仁君会做这种事吗?!"

这话一下子就把魏文侯惹火了,任座见势不妙,赶紧开溜。

魏文侯当然要在众人面前给自己找台阶下,点名问翟璜¹:"你来说说我是个怎样的君主。"

---

1 《吕氏春秋》作翟黄。

翟璜答道："您是仁君。"

魏文侯追问了一句："你是怎么看出来我是仁君的？"

翟璜答道："我听说只有仁君的手下才会出现耿直的臣子。刚刚任座讲话很耿直，所以我知道您一定是仁君。"

这真是高明的回答，既拍足了马屁，给足了领导台阶，又没说违心的话，还把一场矛盾化解于无形。魏文侯当然很高兴，派翟璜把任座请回来，自己还亲自下堂迎接，待任座为上宾。

这件事是不是很有熟悉感呢？没错，同样的事情，在唐朝有过一次很著名的重演，主人公由魏文侯、任座、翟璜变成了唐太宗、魏征、长孙皇后。历史总会对很多经典的人际关系问题，用类似于情景剧的方式，给出模式化的解决方案，擅于活学活用的人确实能有不少收获。

但如果站在历史研究的角度，我们就有理由对这段故事产生严重的不满。让我们重温一下故事的背景：这是周威烈王二十年（前406年），三晋封侯的三年之前，魏文侯的大将乐羊攻占了中山国。要知道这是一场灭国之战，对魏国的发展也好，对当时的国际局势也好，都有着决定性的影响，主将乐羊也算战国史上一个响当当的人物，大有可议之处，但司马光竟然把这一切只当成一起人际关系事件里的背景，一语带过，可有可无，哪有这样写历史的？

《资治通鉴》这一段前前后后的内容，可以统称为"魏文侯形象打造史"，着墨的重点全在魏文侯的英明领袖的形象上，对魏文侯时代发生过的重大事件反而漫不经心。显然司马光在编写《资治通鉴》时，实用主义的精神太强，只想着怎么让历史经验有助于现实政治，反而忽略了历史作为它本身的样子。另一方面，魏文侯占领中山国也好，乐羊的历史形象也好，都在一定程度上违背了儒家价值观。既然这里要打造一个英明领袖的形象，给后世的君主提供一个可以仰慕和效仿的榜样，那些不合适的内容就按照儒家"为贤者讳"的原则避而不谈好了。

司马光避而不谈，我们当然没必要跟着他一起回避。下一节会详细介绍中山国和乐羊的事情。这里我们先回看一下魏文侯和任座的对话，看看任座的那番话到底属于怎样的逆耳忠言。

任座认为，占领了新的地盘之后，按照分封制的传统，兄弟的优先级应当排在儿子之前。所以，魏文侯封儿子而不封兄弟，这个做法不厚道。魏文侯先是发火，然后在翟璜的劝解下以低姿态向任座赔礼道歉。

这里边第一个耐人寻味的细节是：我们会以为魏文侯知错就改，既然向任座认错了，接下来一定会听从任座的意见，把儿子换回来，把兄弟封到中山国。但司马光没讲的是，魏文侯的认错，认的只是不该对任座发火的错，而不是分封封错了人。他继续让长子魏击坐镇中山国，直到后来魏击自己熬不住了，想方设法回到了父亲身边，换自己的弟弟到中山国去。

第二个耐人寻味的细节是：魏文侯用人，一切以能力优先，不再遵循血统原则。前文中智瑶和赵无恤走的都是这条路，这已经是竞争压力下的大势所趋。所以，任座拿传统的血统论来当道德大旗，在当时已经毫无意义了。

第三点，任座就算固守血统论，也没抓到重点，因为在血统论里，魏击作为魏文侯的嫡长子，是魏文侯的唯一合法继承人，必须留在父亲身边等待接班，只有其他儿子才可以被分封到朝廷以外。可见礼崩乐坏的时间已经太久，就连守旧派也搞不清到底该守哪个旧了。

从现实角度来看，魏文侯把嫡长子封到中山国，倒也有些不得已的苦衷，因为中山国不但新附未久，人心未定，而且距离魏氏家族本土太远，是一块飞地，有必要派最亲近的人前去坐镇。

—————— 027 ——————

中山国是华夏还是夷狄

关于中山国，别看它是个小国家，在历史上可是谜一样的存在。

华夏和夷狄

在战国历史上，中山国的史料记载既简略，又矛盾重重。直到1974年，河北平山县挖出了中山王墓，随后又发现了中山国灵寿故城，尽管在很多细节上还存在着不小的争议，中山国的样子总算渐渐被人看清了。

从大的身份来说，中山国属于夷狄。华夏和夷狄的划分是古代中国的一个基本二分法，但划分的标准其实莫衷一是。通常的标准是种族标准，华夏是一个种族，华夏以外的种族全是夷狄。但种族应该怎么确认呢？古人毕竟没有今天的基因检测手段，只能从外在特征来做判定。长相当然可以作为标准，黄种人和白种人的不同一望可知，问题是若同样是黄种人，相貌上的特征差异往往不那么明显，最明显的是穿着打扮和生活方式的不同，比如剃头和不剃头，农耕和游牧。但是，如果有一个夷狄部落和华夏接触得太密切，穿着打扮和生活方式全都华夏化了，这该怎么算呢？

事实上，有人还当他们是夷狄，也有人已经当他们是华夏人了。

中山国就是这种高度华夏化了的夷狄国家。

所谓夷狄，具体说来分为四类：东夷、西戎、南蛮、北狄。华夏把自己放在天下正中的地位，向四面八方一看，全都是比自己落后的种族，所以按照东西南北的地理方位，给它们起了这些蔑称。而这些种族，尤其是游牧为生的种族，居无定所，很难用东西南北这一套称谓框架圈定下来，所以华夏人后来也懒得细分了，把一切"非我族类"，统称为夷狄或者蛮夷。

中山国是个北方国家，严格来说属于北狄。北狄也是一个统称，在北狄的名号之下有白狄和赤狄两大势力。白狄比较文明，赤狄比较野蛮，所以白狄反而和华夏更亲近，并和华夏联手对付赤狄。中山国就是白狄当中的一支。

从中山国的墓葬、青铜器和铭文来看，这已经算是一个彻头彻尾的华夏国家了，论文化水平之高，论工艺造型之巧，甚至论儒学浸染之深，都不在华夏诸侯之下。如果采取文化标准来区分华夏和夷狄的话，中山国已经完成了华丽变身，变成货真价实的华夏了。

与周天子同姓

除此之外，中山国人还有着高贵的血统：和周天子同姓。

这件事听上去特别蹊跷，因为它意味着华夏和夷狄在血统上竟然是一家人。

其实这也不难理解，因为在商朝时，周族确实只是生活在遥远西部的一个小部落。论地理位置，商朝是华夏，周族是夷狄；论文化，商朝先进，周族落后。

孟子说过，舜是东夷之人，周文王是西夷之人。这话很让后人不舒服，因为舜和周文王都是儒家推崇的大圣人，如果在血统上他们都是夷狄，这也太打击华夏人士的血统优越感了。所以儒家学者更愿意把孟子这句话曲折地解释出来，淡化舜和周文王在地理和血统上的出身问题。

但我们只要不让情感压垮理智，就有理由大大方方地承认周文王和周族人确实属于西夷。随着武王伐纣，周朝取代了商朝，周族摇身一变成为华夏，但周族的一些同族兄弟没能跟着"鸡犬升天"，依然继续过着自己的夷狄生活，这也是不难理解的事情。

但是，**道理上能理解和情感上能接受是两回事。**

前文提过的地理决定论，在"华夷之辨"的问题上也具有一定的影响。清朝雍正年间发生过一起著名的曾静谋反案，雍正皇帝想借这桩案子给清朝的统治合法性正名，亲笔写作，逐条驳斥曾静的谬论，再把自己的批驳配上曾静的悔改意见合在一起，整理成册，刻版印刷，书名叫作《大义觉迷录》。曾静在自己的书里，拿程朱理学的"理一分殊"概念解释为什么会有华夏和夷狄之分，他认为这是由地理因素决定的：中原大地既平坦又方正，阴阳调和，这就生出了人；而东西南北的偏远地区，地势既不平坦又不方正，阴阳不调和，生出来的就是夷狄；更加险恶的地方，生出来的就是禽兽。曾静这样讲，显然是把夷狄当成介于人类和禽兽之间的一个物种。雍正帝反驳说："照你这么说，在中原大地上就只该生出人类，不该生出飞禽走兽了。"

雍正帝还拿孟子的话给自己张目，言下之意是舜和周文王论血统都是夷狄，但既不妨碍他们成为优秀的统治者，也不妨碍他们成为圣人，我们清朝皇帝凭什么就该被特殊看待呢？

晋国的务实作风

华夏和夷狄的矛盾可谓源远流长。当周朝大搞分封之后，位于中原腹地的晋国就面临着严峻的问题：该怎么和本地的各个夷狄部落相处？这不仅需要强大的武力，更需要高明的政治智慧。于是，晋国和周边的夷狄部落既有对抗，也有联姻。甚至为了联姻，不惜突破伦理底线。

周朝人对于婚姻有一个很经典的原则，叫作"同姓不婚"——只要男女双方是同一个姓，就不能结婚。我们知道周族姓姬，"同姓不婚"的原则意味着，哪怕过了几百代，姓姬的男人和姓姬的女人也不能结婚。至于为什么会有这样的禁忌，存在着不同的说法，说法之一认为，这是出自优生学的考虑，同姓婚姻不利于子孙后代，家族无法兴旺。当然，以今天的知识来看，这个说法只有一小部分能够成立。

《国语》讲过晋国公子重耳的流亡史，当他流亡到郑国时，郑文公对他相当轻慢。郑国贵族叔詹劝谏郑文公，要他对重耳以礼相待，理由是重耳身上有三大吉兆，预示着他将来一定能够翻身。三大吉兆的第一项就和"同姓不婚"的禁忌有关：重耳的母亲是白狄的女人，姓姬，晋国国君也姓姬，按说两家不该通婚，通婚之后一定生不出健康的、像样的继承人，但重耳生得一表人才，才干出众，虽然流亡在外多年，但仍然举止得体，看不出什么毛病。（《国语·晋语四》）

叔詹的这番话，可以从侧面看出晋国的务实作风。没错，同姓不婚，这是天下通行的伦理禁忌，但晋国地理位置特殊，在现实政治的压力下，必须和夷狄通婚，才能获得可靠的盟友，所以伦理必须给政治让位。事实上，重耳的流亡生涯正是从白狄开始的，毕竟那是舅舅家，安全，所以重耳一住就是 12 年，还娶了狄族女子为妻。后来，重耳果然翻了身，回国继位，还成为"春秋五霸"之一。前文提过"晋文公请隧"的故事，重耳就是晋文公的名字。

白狄和晋国既是远亲，又是近邻，关系处得越来越近，白狄的华夏化也就顺理成章了。大约是在周威烈王十二年（前 414 年），中山国的国君中山武公获得了周天子的册封，正式升格为诸侯，从此可以和华夏诸侯平起平坐。这个时间，是三晋封侯的 11 年前。

根据战国年间的史料《世本》记载，中山武公立国建都，都城建在"顾"这个地方，大约是今天的河北定州。前文谈到《国语》的一段记载，说早在春秋年间，晋国贵族中行穆子带兵灭掉了鼓国。《国语》的"鼓"和《世本》的"顾"很可能属于同音通假，指的是同一个地方。如今中山武公立国建都，应该就在鼓国。

中山武公被周天子册封为诸侯之后，下一任是中山桓公。正是在桓公的时代，魏文侯出动远征军，把中山国灭掉了。

魏文侯远征中山是一件很蹊跷的事情。当时中山国的版图刚好嵌进赵家领土的北境，东、西、南三个方向都和赵家接壤。再看三晋，从北到南依次是赵、魏、韩。这就意味着，魏文侯要想攻打中山国，几乎需要穿越赵国全境。何况中山国并不是什么软柿子，很不好打。但如果真的拿下了中山国，魏家就等于从南北两个方向钳住了赵家，只要愿意，就可以对赵家轻松实现南北夹击。

—————— 028 ——————

赵家为什么愿意借道给魏家

魏家攻打中山国必须穿越赵家，那么，赵家为什么愿意借道给魏家呢？这个问题《资治通鉴》没说，但《战国策》给我们提供了答案。

赵家的谋划

《战国策》的编排，先按国别划分大类，比如赵国的内容叫"赵策"，中山国的内容叫"中山策"，再按篇幅分组，用数字编号。比如"赵策"内容多，分成四组，从"赵策一"到"赵策四"，中山国的内容一共只有十篇，就不分组了，统称"中山策"。

"中山策"有一条记载，说魏文侯想灭中山国，赵襄子的家臣常庄谈向主君建议说："如果魏家灭了中山，我们赵家也就完了。您最好去向魏家提亲，请公子倾做正室夫人，这就能把中山作为她的封国，中山国就能因此保存。"

这段话很多人可能看得一头雾水，因为这段话的原文本身就语意不明。除此之外，时间和人物大概也搞错了，这里不该有赵襄子什么事，当家人应该是赵烈侯才对。但是，从这段糊涂的记载中，我们至少可以知道，赵家很清楚如果听任魏家灭掉中山国，一定对自己不利，但又不好正面和魏家发生冲突，所以就想通过婚姻策略来保住中山国。常庄谈打主意的对象——公子倾——是魏家的一位公主。前面[1]介绍过，"公子"的"子"可以男女通用。在先秦古文里，有时候为了强调性别，会把国君的女儿称为"女公子"。

常庄谈的计策显然没有被采纳。"赵策一"里有一段很明确的记载。魏文侯向赵家提出借道的要求，要派兵去打中山国，赵烈侯正要回绝，一个叫赵利的人帮他做了这样一番分析："您可不该拒绝。魏家去打中山，只会有两个结果：要么打不下来，要么打得下来。如果打不下来，魏家的实力就会减弱，那我们赵家就能挺胸抬头了。如果打得下来，魏家也不可能越过我们赵家的地盘来保有中山的土地，中山到头来还得落到我们赵家手里。显然，您一定要答应魏家。但如果

[1] 详见第20讲。

您答应得太痛快，他们就会有所警觉，想通这层利害关系，反而不打中山了。所以呢，您必须装出不情不愿的样子来答应他们。"《韩非子·说林上》也有同样的记载，字句几乎一模一样。

"说林"是《韩非子》当中很特别的章节，分为上下两篇，只有论据，没有观点。顾名思义，"说林"的意思是很多"说"的汇编。"说"就是短篇的历史故事和寓言传说。韩非大概把这些内容搜集起来，准备写论文的时候当成论据素材库。赵利的计谋到底可以说明什么观点呢？很遗憾我们看不到韩非的论证了。

屠黍出逃

站在赵家的角度来看，魏家到底能不能灭掉中山国，似乎充满着偶然性。如果赵利没有做出那番分析，或者虽然有过分析，却没能被赵烈侯接受——这是很有可能的，毕竟以这个时代的历史经验，唇亡齿寒的道理谁都懂得，借道却反过头来灭掉东道主的事情也屡见不鲜。所以赵烈侯借道有借道的道理，不借道也有不借道的道理。如何取舍，我们很难预测。

而站在旁观者的角度来看，无论赵烈侯这回借不借道，反正中山国就快亡国了。

这位旁观者是晋国的一位史官，名叫屠黍。

《吕氏春秋》记载，屠黍看到晋国要乱，就带着一批图书档案，出国投奔周威公。

这里需要解释一下。周威公并不是周天子，他和周威烈王是同辈人，堂兄弟的关系。周威烈王的父亲周考王曾经把自己的弟弟分封在河南，这就是西周桓公。桓公去世后，儿子接班，也就是屠黍所投奔的这位周威公。周威公的封地很小，实力很弱，难免对未来感到惴惴不安。

所以周威公问屠黍："天下哪个国家会先灭亡？"屠黍答："晋国先亡。"周威公追问原因，屠黍讲了一大番道理。三年之后，晋国果然亡国了。周威公又来问屠黍："下一个亡国的会是谁？"屠黍答："该轮到中山国了。"周威公追问原因，屠黍答道："男女有别是最基本的伦理规范，人因此才可以区别于禽兽，继而产生君臣上下的等级关系。而中山国的风俗很糟糕，没有男女之防，随时随地男欢女爱，夜生活丰富，流行歌曲全都是靡靡之音，国君也不觉得这有什么不对，所以必然会亡国。"两年之后，中山国果然灭亡了。

以上内容出自《吕氏春秋·先识》。所谓"先识"，就是先兆或者先见之明。全篇从历史经验中总结出一个道理：有道之人的离开就是亡国的先兆。屠黍作为晋国的一位有道之人，离开了晋国，晋国最终果然亡国了。

根据这个道理，中山国似乎只是荒淫了一点，为什么会亡国呢？继续往下看，"先识"一章的结尾讲到魏国人白圭先后到了中山国和齐国，两国国君都很想留下他，但他还是走了。有人问他为什么不留下，他用著名的"五尽"作答，大意是，一个国家如果信用、声望、亲情、财富、功业这五项都没了，那就一定要亡国了。中山国和齐国都已经显露出"五尽"的征兆，聪明人不能留在这样的国家等死。

对于中山国的灭亡，我们很容易认为屠黍和白圭讲的是同一件事，事实上，屠黍讲的是中山国的第一次亡国，亡在魏国手里；白圭讲的是中山国复国之后的第二次亡国，亡在赵国手里。中山一共经历过两次亡国，生命力也算强悍了。

以家灭国

屠黍对中山国的灭亡做出了准确的预言，但在今天看来，他给中山国总结的亡国原因实在站不住脚。真正可能的原因，第一个原因，是中山国虽然不是软柿子，但国力毕竟和魏家有着数量级的差距。这算不算"落后就要挨打"呢？并不算，因为落后并不一定就要挨打。弱小又落后的国家还有不少，有些甚至比中山国更好打。所以还有第二个原因：中山国毕竟有着夷狄属性，不属于根正苗红的华夏诸侯，灭掉中山国不容易惹众怒。

我们再来梳理一下时间线：三晋封侯是在公元前403年，魏文侯攻打中山是在公元前408年，再往前推6年，就是中山国君获得周天子正式册封的公元前414年。那么，魏文侯出兵中山，战争性质就是以晋国大夫的身份，侵略一个刚刚接受了周天子册封的诸侯国。从封建制的规则来看，这属于令人发指的礼崩乐坏，太不把天子脸面和传统秩序放在眼里了。

成就非常之事，须待非常之人。魏文侯为远征军安排的主帅，就是著名的乐羊。

乐羊这个名字，很多人肯定不会陌生，因为初中语文课本有一篇文言文《乐羊子妻》，讲的就是乐羊的妻子如何督促丈夫努力求学的故事。但是，此乐羊非彼乐羊。《乐羊子妻》出自《后汉书·列女传》，这位乐羊是东汉时代的人，而攻打中山的乐羊是战国初年的人，同名同姓而已。我们读历代诗文，遇到"乐羊"这个名字时，要分清这是《乐羊子妻》的乐羊还是攻打中山的乐羊。

———————— 029 ————————

为了君主应该牺牲骨肉吗

攻下中山，乐羊功不可没，他是中国历史上一位符号化的人物，就像豫让一样，在历朝历代被文人们反复评论、吟咏。但《资治通鉴》对他的记载，只有这么一句"使乐羊伐中山"，轻描淡写地带过。乐羊到底是怎样一个人，他的身上到底发生了什么故事？

周威烈王十八年（前408年），魏文侯以乐羊为主帅，借道赵国，远征中山。就在前一年里，赵家和韩家的两位族长相继过世，接班人是我们已经熟悉的赵籍和韩虔，也就是赵烈侯和韩景侯，而魏文侯已经主政37年了。一个老江湖和两个新丁，是三晋当时的政治格局。我们自然会想到，以魏文侯这样的老江湖，既然要灭中山，一定会和邻国搞好外交，全力以赴对付中山。但出人意料的是，魏文侯竟然犯了兵家大忌，两线同时作战，北征中山的同时，还在西征秦国。

河西争夺战

早在北征中山的前一年，魏文侯就已经西征秦国了，打得还相当顺手，一路挺进到郑地，今天的陕西华县。转过年来接着打，主帅就是战国时代的兵法大家吴起。有一部以他的名字命名的兵书，也叫《吴子》或者《吴子兵法》，和《孙子兵法》齐名，后世将这两部书合称"孙吴兵法"。北宋年间，朝廷主持编辑刊行了著名的《武经七书》，《吴子兵法》就是七书之一。

要论兵法的知名度，《吴子兵法》不如《孙子兵法》，但如果要论领兵打仗、独当一面的实战能力，吴起远在孙武之上，而且吴起的战功比孙武的战功来得真实可靠。

吴起带兵西进，两年之间连拔秦国五座城池，把秦国的势力彻底赶出了河西地带。

河西的河，指的是黄河。黄河河套东端的河道是南北走向，河道西边就是河西，在今天的陕西渭南、河南灵宝一带。早在春秋时代，秦国和晋国就不断地争夺河西地带。秦国渴望向东扩张，晋国渴望向西扩张，河西因此成为秦晋必争之地。站在秦国的角度，看着晋国不断发生内乱，终于走向分裂，一分为三，本该幸灾乐祸才对，但没想到分裂之后的晋国竟然更强大，更能打，只凭魏文侯一家就能把自己打得落花流水。秦军一路退到洛水，沿河布防，毫无还手之力。

更气人的是，魏文侯根本没用全力，打秦国的同时竟然还在北征中山。秦简公痛定思痛，认识到这样下去不是办法，必须搞改革。改革先从经济领域开始，改革税收制度，开始按照田亩征税，称为"初租禾"，为的是刺激农业生产，增加税收，等国力强了，还得把河西抢回来才行。这是后话，这里先按下不表。

狠人乐羊

再看乐羊这条线，仗打得很艰难，比吴起难得多。

前文[1]提过缩高和安陵君遇到的伦理难题，这个难题，乐羊也遇到了：自己的儿子就在中山国。中山国掌握了这条情报，抓了乐羊的儿子，要挟乐羊退兵。乐羊会不会做出和缩高一样的选择呢？显然不会，否则他一开始就会推掉出征中山的任务。这个时候，乐羊给出了一句掷地有声的答复："君臣之义不得以子为私。"意思是说，父子之情是私情，君臣之义是大义，在大义面前，一切私情都该让步。

中山国也有狠招，既然乐羊不受要挟，那就撕票

---

1 详见第14讲。

好了。不但撕票，还把肉票炖成肉羹，派使者给乐羊送去。这足以摧毁任何一位父亲的意志，但乐羊不介意，把肉羹吃光了，仗还接着打。

使者回去向国君报告，《淮南子·人间训》里有记载："是伏约死节者也，不可忍也。"所谓"伏约"，就是遵守约定。乐羊既然答应了魏文侯要打下中山国，那就刀山敢上，火海敢下，儿子敢吃，但求完成任务，没有任何借口。所谓"死节"，就是节操高于一切，宁死也要保住节操。乐羊作为臣子，节操就是为主君效力，不计任何代价。通俗地翻译使者的话就是："这是个狠人，咱拿他没辙。"

就这样，中山国终于举国投降，结束了这一场长达三年的自卫反击战。

管理学的经典难题

这件事在《韩非子》和《战国策》里也有记载，细节略有出入。在《韩非子》的版本里，魏文侯听说了乐羊吃肉羹的壮举，对大臣堵师赞说："乐羊竟然为了我，吃了自己的儿子。"言下之意是：在乐羊心里，我这个领导比他的亲生儿子还重要，真是让我感动。但堵师赞答道："这种人连亲生儿子都忍心吃，还能有谁是他不忍心吃的呢？"一句话点醒梦中人，魏文侯对乐羊"赏其功而疑其心"，也就是说，虽然重赏了他的战功，但从此不敢信任他了。历史上不乏这样的例子，为领导做了脏事，付出了巨大的牺牲，反而被领导猜忌。

魏文侯和堵师赞的这段对话，体现出管理学上的一个经典难题：**作为领导，天然希望下属为自己心甘情愿地奉献一切，收买人心的能力因此变得十分重要，但是，人的天性总会使人心偏向亲人，尤其是对亲生儿子，这是基因在我们身上写就的遗传密码，所以才被称为"天伦"。**

所谓天伦，就是自然的条理，政治学所谓的自然法。即便历史给我们展现出很多例证，一个人一旦处在生死关头，儿子的性命并没有自己的性命来得重要，该吃还是要吃，但大家至少会"易子而食"，不忍心吃自己的儿子，所以拿自己的儿子换别人的儿子吃。这种情况，我们已经在晋阳之战领教过了。但乐羊这种情况，不是牺牲儿子来保全自己，而是牺牲儿子来换取功劳，这就尤其让人厌恶了。

当一个人真的把领导的利益看得比亲生儿子的性命还重要时，领导反而会怀疑他的人品，认为他不但别有所图，而且所图者大。

那么，领导究竟有什么办法，既可以让下属把自己看得高于一切，又能相信下属的真诚呢？办法只有一个，那就是宗教感召力。只有宗教感召力才能让人心甘情愿地牺牲一切，包括财富、生命和亲人。

魏文侯肯定不明白这个道理，战国时代也没有几分宗教氛围，一切努力都是为了利益最大化。如果说乐羊吃掉肉羹有什么过错的话，这个过错首先要算到魏文侯头上，因为魏文侯作为领袖，道德管理是必须被考虑在内的。

按照对道德的重视程度，现代组织行为学把道德管理分为三种类型，依次是道德管理、无道德管理和不道德管理。

魏文侯的管理风格显然属于不道德管理，只看结果，过程可以不择手段。这种管理风格最常遇到的麻烦，是人或多或少都有道德感，一旦把下属逼入道德两难的困境，下属到底会怎么做，其实很难预测。

如果乐羊忽然生出了缩高的心，中山国也就打不下来了。

但魏文侯事先如何确定乐羊不会变成第二个缩高呢？

作为管理者，即便采取的是不道德管理，为求效率，也应该尽量避免让下属陷入道德困境。就算乐羊事先表态，说自己绝对不会因私废公，但谁敢保证他将来真的在战场上眼睁睁看着儿子时，就一定不会动摇呢？

无论如何，乐羊经受住了考验，打赢了这一场灭国之战。

相反案例秦西巴

乐羊的事迹被收录在《淮南子·人间训》里。前文 [1] 提过，《淮南子·人间训》的主题是论述人间祸福的复杂性，探究复杂性背后的深层原因。乐羊立了功，受了赏，却失去了主君的信任。"人间训"紧接着介绍了另一个人物，名叫秦西巴，情况刚好和乐羊相反。

鲁国大夫孟孙氏出门打猎，猎获了一只小鹿，叫秦西巴带回去，准备杀来吃。等孟孙氏想吃鹿肉时，却发现小鹿不见了。秦西巴解释说："小鹿的妈妈一直跟在我身后，不停地哀鸣，我实在不忍心，就把小鹿放了。"孟孙氏气坏了，赶走了秦西巴。但过了一年，他竟然把秦西巴请了回来，让他做自己儿子的老师。有人说闲话了："像秦西巴这种犯过错被开除的人，为什么还要请回来重用呢？"孟孙氏回答说："这个人连一只小鹿都不忍心伤害，一定不会害我儿子。"可见祸福难料，乐羊有功却被怀疑，秦西巴有过却受信任。

[1] 详见第 19 讲。

—————— 030 ——————

正统儒家怎么看乐羊

乐羊为了完成君主的使命，完全不顾自家儿子的生死。这样巨大的牺牲，司马光为什么对此一笔带过？要理解这个问题，我们得从《资治通鉴》对韩非子的记载里找答案。

祖国和宗国

《资治通鉴》第 6 卷记载了秦始皇十四年（前 233 年），韩非作为韩国大使出访秦国，给秦王嬴政——后来的秦始皇——写了一封私人信件，说自己很有本事，希望在秦国得到重用。韩非是这样说的："如果大王您实行了我的主张之后，赵国还不能被吞并，韩国还不能被消灭，楚国、魏国还不来臣服您，齐国、燕国还不来讨好您，那您就把我杀了！"嬴政很喜欢韩非，但韩非的同学李斯生怕自己被韩非取代，就对嬴政说：

"韩非到底是韩国公子，就算他说破了天，终归也是为了韩国打算，不会为了秦国打算，这是人之常情。"韩非最后被李斯设计害死。

在《资治通鉴》中，司马光对此评论道："君子亲其亲以及人之亲，爱其国以及人之国。"这个句型是从孟子的名言"老吾老以及人之老，幼吾幼以及人之幼"套用来的，这是儒家"推己及人"的经典逻辑。大意是说，君子总会推己及人，因为爱自己的父母，才会对别人的父母好；爱自己的国家，才会对别人的国家好。而韩非为秦国出谋划策，当先把覆灭韩国列入计划，这种人死有余辜，一点都不值得同情。

司马光说韩非"而首欲覆其宗国"，这里的"宗国"指的就是韩国。韩非是韩国的宗室贵族，对他来说，韩国就是宗国。如果只是韩国人，但不姓韩，不和韩国宗室同宗，那么就算他家几代人都住在韩国，韩国也不是他的宗国。

那时候还没有"祖国"的概念。"祖国"这个词出现得很晚，而且古书里边提到"祖国"，通常都和外国有关。比如清朝人夏燮，他和曾国藩是同时代人，还做过曾国藩的幕僚，他的著作《中西纪事》里提到波斯，说波斯是"回部之祖国"。清朝人孙宝瑄的《忘山庐日记》说英国是"立宪之祖国"，意思是说英国是全球所有国家当中第一个搞出宪政体制的。古人讲爱国，并没有现代的民族国家的含义，而是指宗国、父母之邦和乡土情怀之类。这样我们就容易理解，司马光是站在纯正的儒家伦理上来批评韩非的，认为人不能背叛宗国，就像不能背叛父母一样。

胡三省给这段"臣光曰"做的注释很简单，说这里的宗国指的是韩国，司马光说韩非"罪固不容于死矣"，是"死有余辜"的意思。这样简单的，纯粹语词意义上的注释，为什么要拿出来介绍呢？这是因为陈垣看出了其中的微言大义[1]。

陈垣发掘出来的微言大义，有些确实能够成立，但也有一些纯属牵强附会。在解读胡三省上面那两处注释时，陈垣就狠狠批评了一通南宋降元的将领，但显然胡三省没有这个意思。

耐人寻味的是，陈垣把韩非子这段内容安排在"臣节篇"，全篇的主题就是做臣子该有的节操。陈垣引用了儒家经典《公羊传》的一句话："国、君一体也。"意思是，国家和君主是一体的，顺理成章地，忠君和爱国也是一体的。做臣子的，拼上性命也要忠君爱国，这才是臣子的最高节操。

---

[1] 详见第14讲。

职业经理人乐羊

那么问题来了，乐羊不就是一个"伏约死节"的人吗？为了忠君，连儿子的命都不要了，连儿子的肉也敢吃。

如果以司马光评价韩非的标准来看乐羊，首先要承认的一点是，魏国也好，晋国也好，都不是乐羊的宗国。乐羊的宗国，其实是宋国。

"乐"并不是乐羊的姓，而是他的氏。乐羊姓子，和商朝王族同姓，可以和孔子论本家。

早在周朝开国之时，商纣王的哥哥微子被分封在宋国，建都商丘。子姓后人在宋国开枝散叶，分化出很多的氏。有一位公子衎（kàn），字乐父。名和字含义相关，"衎"和"乐"都有"愉快"的意思。公子衎之孙以祖父的字"乐"作为自己这一脉的氏，这是姓氏分化的标准模式，从此就有了乐氏，一直传到乐羊。

从这个角度来看，乐羊既没有服务于宗国，也没有效力于宗主，虽然他在魏文侯这里很受重用，做了主帅，待遇也特别高，但身份只是职业经理人、高级打工仔，而不是股东。既然只是一名职业经理人，那么他应该把奉献精神和牺牲精神表现到什么程度，才符合儒家的价值标准呢？我们不妨开个脑洞，想一想，孔子对这件事会怎么看。

父子关系与君臣关系

孔子肯定会骂乐羊禽兽不如。因为乐羊不但颠倒了伦理优先级的次序，连人之常情都没了。魏家不是乐羊的宗国，乐羊对魏文侯应该也不曾"委质为臣"——事实上，"委质为臣"这种古老的武士道精神在乐羊的时代已经名存实亡了。那么，和乐羊在血缘关系上最亲的自然是他的儿子，所以对于乐羊来说，对父子关系应尽的义务才有最高的优先级。

孔子时代的儒家伦理在礼仪上的标准很高，有数不清的繁文缛节，哪怕切一个瓜，都要按照不同身份，给出刀法上的区别，但是在人情上的标准却低得很惊人。当时一切都以人的基本天性和血缘纽带为出发点，国家意识和法律意识特别淡薄，不爱国，不守法，也不把忠诚和工作责任看得至高无上。

所以，这样的价值观其实很让管理者为难，被《韩非子》和《淮南子》拿来跟乐羊对比的秦西巴，不就是一个对工作很不负责的人吗？只因为对鹿妈妈动了恻隐之心，就辜负了主君交付的任务。如果魏文侯派秦西巴带兵去打中山国，结局可想而知。乐羊的优势这时候就能突显出来了：只要给出合适的赏罚标准，乐羊这样的人就会为了完成任务，自行排除一切阻碍，人挡杀人，佛挡杀佛，儿子挡就吃儿子。

看到这里，很多人可能会想起一个成语——大义灭亲，乐羊做的事算不算大义灭亲呢？

乐羊应该会为自己辩护说："大义当前，不徇私情。"但"大义"到底是什么？是主君交托的使命吗？是对主君的绝对忠诚吗？隋唐年间，乐羊式的人物一下子多了起来。"忠"不再是"孝"的衍生概念，反而凌驾于"孝"和一切伦理之上。这样看来，乐羊的所作所为属于大义灭亲的壮举，值得嘉奖才对。要知道，这个词的重点，可不在于亲人有没有犯罪。

大义灭亲的情感逻辑

很难说清楚"大义灭亲"是褒义词还是贬义词，但可以肯定的是，"大义灭亲"这个词第一次出现时，绝对是褒义词。这位大义灭亲的人，似乎比乐羊还要过分，先用诡计给儿子设圈套，然后亲自派人杀掉儿子。这便是《左传》里记载的石碏（què）、石厚父子的故事。

事情发生在春秋初期的卫国。卫国的第一代诸侯是周武王的弟弟康叔，所以卫国属于周天子的同姓诸侯。

公元前 719 年，卫国公子州吁杀了哥哥卫桓公，篡了位，但人心不服，这让州吁很伤脑筋。

州吁有一个好朋友兼帮凶，名叫石厚，石厚的父亲石碏是卫国老臣，威望高，人脉广。石厚找父亲出主意，父亲果然给出一个妙计，说可以让州吁去陈国，托陈桓公向周天子说情，周天子要是能说句话，州吁的位置也就能坐稳了。石厚很高兴，陪州吁找陈桓公去了。没想到石碏暗中通知陈桓公，请他出手逮捕这两个乱臣贼子。陈桓公照办，然后卫国派出一名大夫杀了州吁，石碏派出一名家臣杀了石厚。

《左传》最后好好表扬了石碏一通，夸他"大义灭亲"。

"大义灭亲"这个成语就是从这里来的。

石碏的大义灭亲之所以能成为好榜样，是因为一来杀的确实是乱臣贼子，有除恶扬善、安邦定国之功，二来石碏也姓姬，和周天子同姓，在这种情况下，国事就是家事，对大家族的感情理应胜过对儿子的感情。

为什么"大义灭亲"这个词后来变成了贬义，不断遭人批评，最主要的原因就是社会结构变了，宗法关系不复存在。**在忠君观念压倒一切时，亲人有没有**

违法犯罪都不重要，只要挡了忠君的路，就该被大义灭亲。而作为"职业经理人"的乐羊，并无"忠君"的必要，他"大义灭亲"背后的情感逻辑是不成立的。

到这里，我们就可以理解，为什么司马光处理这一段历史材料时，对乐羊打下中山国的细节避而不谈。坚持儒家价值体系的司马光，很难处理乐羊"食子殉军功"的伦理难题。在这一部分，司马光着力打造魏文侯的明君形象，不太介意魏文侯不拘一格的用人风格，但就算再怎么不拘一格，如果对乐羊"食子殉军功"存在半点认可的话，就算是突破儒家底线了。

—————— 031 ——————

乐羊为什么会盈箧谤书

为了打下中山国，乐羊连基本人伦都不顾了，即便是这样，后世竟然有人说，攻占中山国，乐羊并不能拿首功——说这话的是晚唐诗人周昙。这是怎么回事呢？

乐羊和豫让一样，都是符号化的人物，各有各的标签。不同的是，豫让身上的标签只有一个，那就是"士为知己者死，女为悦己者容"；乐羊身上的标签却有两个，一个是"食子殉军功"——为了立功，不惜吃了亲生儿子，另一个是"盈箧谤书"——说他坏话的卷宗堆满了一箱子。盈箧谤书是怎么回事呢？

领导风格四种

晚唐诗人周昙写诗很有先锋派的精神，不但专写咏史诗，而且按照历史时代分门别类，点评历史名人，总共写了 193 首。在《春秋战国门》里，周昙是这样点评乐羊的：

> 杯羹忍啜得非忠，巧佞胡为惑主聪。
>
> 盈箧谤书能寝默，中山不是乐羊功。

前两句批评乐羊吃肉羹的丑态，后两句是把功劳记在了魏文侯身上。这真不是诗人乱说，乐羊本人也对此很服气。

打下中山国之后，乐羊有点骄傲。这时，魏文侯就要解决一个经典的管理学难题：下属立下大功，不再安分守己，在领导面前大声说话，如何才能让他老实下来，重新做一个服服帖帖的小弟呢？魏文侯早有准备，给了乐羊一只大箱子。

乐羊本以为箱子里会是赏给自己的金银财宝，回去打开一看，发现里边竟然堆满了文件，内容全是说自己的坏话。乐羊大概越想越后怕，赶紧向魏文侯表态："能够打下中山国，不是我的功劳，是您的功劳。"

这件事首先令人想到"兵贵神速"的重要性。所谓兵贵神速，不仅有军事意义，还有政治意义。假如乐羊三下五除二就把中山国打下来了，那么别人根本没机会在魏文侯面前进谗言。问题是，这一仗足足打了三年，时间拖得太久，各种意见自然层出不穷。可想而知，要么有人怀疑乐羊故意拖延，图谋不轨，要么有人怀疑乐羊的能力，请魏文侯及时割肉止损。**当反对意见接二连三时，自然三人成虎，领导的心里必然动摇，就算不动摇，也容易向集体意见让步。**假如换一个人处在魏文侯的位置上，会有极大的概率提前把乐羊召回来。

在《战国策》里，乐羊收到的这一箱文件称为"谤书"，"谤"有"诽谤"的意思，似乎魏文侯身边都是奸佞小人，胡乱捏造罪名诬陷乐羊。以魏文侯这样一位英明领袖，身边怎么会尽是小人呢？这是我们读书需要留意的细节：古汉语的"谤"和今天"诽谤"的含义很不一样，古汉语里"谤"的意思是指责别人的过错，可以光明正大地"谤"，和造谣诬陷没有关系。所以那一箱谤书，并不意味着乐羊得罪了太多人，以至于人人都想找机会陷害他。其实无论古今中外，做一件事，尤其是一件大事，一旦拖得太久，自然会出现很多正常合理的反对意见。

应对这些反对意见，不同类型的领导会有不同的方式。20世纪70年代，美国管理学家威廉·雷丁界分出四种领导方式：

第一种，密切型（related），把融洽的人际关系摆在首位，时间和效率都不重要；

第二种，分立型（separated），既不重视工作目标，也不重视人际关系，一切照章办事；

第三种，尽职型（dedicated），任务优先，铁面无私；

第四种，整合型（integrated），兼顾人际关系的融洽和完成任务的效率。

孔子推崇的领导方式显然属于第一种密切型，魏文侯属于第四种整合型。

到底哪一种方式更有效，雷丁的看法是，这取决于环境因素，每一种领导方式都有它的适用环境，尺有所短，寸有所长。方式和环境能配合得上就有效，配合不上就无效。这样说来，在宗法制度能够正常运行的时代，密切型领袖确实最合适，人间充满脉脉温情，人与人的关系都是小社会里的熟人关系，虽然有复杂的规则来强化每个人的身份差异，但人情既是规则的出发点，也是规则的润滑剂，再复杂的规则也不会显得冷冰冰。

进入战国时代，竞争压力太大，人情注定会让位给效率，所以法家理论才可以大展拳脚。而法家推崇的领导是第三种尽职型，除了最高领袖之外，法律面前人人平等，利用明晰而严格的奖惩机制敦促所有人全力以赴完成任务。

魏文侯生活的时代，正值春秋战国之交，宗法传统还有流风遗韵，竞争压力也不像战国中后期那么大，所以在他所处的环境里，第四种整合型确实就是最合适的管理方式。至于第一种密切型，在魏文侯的时代显然已经不合时宜了。

宗法关系

我们可以假想一个问题：如果魏文侯生活在一个正常运行的宗法社会，他的整合型管理方式还能行得通吗？

答案是：行不通。

排在第一位的阻力，就是魏文侯很难调动下属的工作积极性。

宗法和封建是一体两面，逐级分封，逐级效忠。分封时，通常会连土地带人口一起，土地是生产资料，人口是劳动力，劳动关系就这样产生了。这些劳动力，主要是平民，而不是奴隶，他们连同自己生活的土地被分封出去时，并不意味着变成奴隶了，而仅仅是改变了人身隶属关系——原先是给领主张三交粮当差，现在是给领主李四交粮当差，仅此而已。

所以当时的身份认同，首先是对领主的认同。用前文提过的晋阳举例子，一个晋阳城里的平民，不会觉得自己是周朝人，也不会觉得自己是晋国人，只会觉得自己是赵家的人。在封建体制下，国家意识很淡薄，无论在中国还是西方。

封地或者采邑和爵位、官位一样，可以世袭，嫡长子拥有合法继承权。

理论上说，每发生一次继承，上级领主都要重新发布一道任命，重新确认分封和被分封的关系。如果上级领主有什么不满意的地方，有权把爵位、官位和采邑收回来。

事实上，这种确认性质的任命只是走一下形式，身份和采邑往往可以代代相传。如果某位贵族犯了大罪，通常会受到放逐，被赶出国，这辈子都不许回来。受到放逐的人并不会就此流落街头，因一来国外总能有亲朋好友照顾他，二来走时可以带上不少财产。留在国内的人也不会被斩草除根，人们反而要帮犯罪被逐的贵族选定一位继承人，通常会是嫡长子。一切都按规矩来，爵位、官位、采邑一切照旧。

大家族往往会以采邑的名字作为氏的名字，魏文侯名叫魏斯，这个名字的含义并不是姓魏名斯，而是"魏地的斯"。这很像欧洲封建时代的贵族称谓，相似的制度下总会出现相似的现象。

贵族的收入主要来自采邑的地租，而不是上级领主发的薪水。所以，拥有采邑的人，从私心来说，最重视的就是自家的采邑。通常来说，只要不是犯了天大的罪，采邑就可以世代相传。想象一下，如果乐羊家里是这种情况的话，那么乐羊无论是否立功，小日子都能过得很舒心。就算仗没打好，魏文侯也没法扣他的薪水。

再退一步说，就算乐羊打了一场大败仗，那又能怎么样呢，最多自己想不开，自杀了，儿子还能照样接班，家族利益不会受到多大损害。在这种情况下，如果魏文侯想支使乐羊给自己卖命，很难支使得动。

支使不动乐羊的话，能不能直接征用乐羊采邑里的人力、物力呢？也做不到，因为采邑的人只会对自己的领主效忠，如果跨过自己的领主，对上一级领主效忠，甚至对天子和国家效忠，反而会为社会所不齿。魏文侯如果真的这么做，就侵犯了乐羊采邑的主权，要面对强大的舆论压力。如果魏文侯不管不顾，霸王硬上弓，那么最有可能的情况就是乐羊带着自己的采邑投奔外国，这种事在春秋时代并不罕见。

这样说来，魏文侯真的要感谢礼崩乐坏，正因为传统宗法封建制度瓦解，他才有了不拘一格用人才的机会。在战国初年，魏国之所以能够一枝独秀，正是因为魏文侯的管理风格刚好适应了礼崩乐坏的局面。在儒家学者哀叹礼崩乐坏，渴望重建西周初年的礼乐秩序时，魏文侯反其道而行之，不奢求改变时代，而是去适应时代的变迁。

―――――――― 032 ――――――――

魏文侯该怎么奖励大功臣

在乐羊攻克中山国之后，魏文侯马上就要面临一个新时代的管理难题：乐羊立了大功，该怎么奖励他？

这个时候，分封的传统还有很强大的惯性，不分封的话，确实说不过去，但如果真的封给乐羊一大片采邑，魏文侯以后还压得住乐羊吗？乐氏家族会不会像晋国的韩、赵、魏三家和齐国的田氏家族那样逐渐做大呢？接下来，我们来看看魏文侯的制度创新。

在封建和郡县之间

事实上，魏文侯确实搞了分封，把原本属于中山国的灵寿封给了乐羊。

灵寿，在今天的河北平山，滹（hū）沱河北岸。20世纪70年代，考古队发现了灵寿故城遗址，规模相当惊人，总面积大约 18 平方公里，绝对可以进入当时大型城市的第一梯队。但是，这很可能是中山国复国之后才营建起来的，和乐羊没什么关系。在乐羊被封灵寿时，大概也很难直接插手当地的城建事务。

魏文侯对新占领的中山国有一整套人事安排。首先，把中山封给太子魏击；其次，派李克去"守"中山；最后，把灵寿封给乐羊。

这套人事安排，在制度上非常具有创新性。创新性有多高呢？如果有机会讲给孔子听，他肯定听不懂。

为什么这么说？

孔子一定会问："哪有把太子分封出去的道理？从宗法制度上讲，太子一系应该是魏氏的大宗，如果把魏击分封出去，那么魏击的子孙世世代代继承封号和采邑，在魏家就变成了小宗。这叫什么事？当然叫礼崩乐坏了。"

退一步说，就算可以把太子魏击分封出去，魏击作为中山的领主，对中山拥有主权，既可以治军，也可以治民，让李克去"守"中山又是怎么回事？中山人民到底归魏击管还是李克管？

再看乐羊，既然被封在灵寿，照理说就是灵寿的领主，对灵寿拥有主权。但灵寿本来就是中山的一部分，乐羊的上一级领主应该是谁呢？魏文侯，还是魏击？还有，李克既然去"守"中山，灵寿到底归李克管还是乐羊管？

如果请魏文侯来解释的话，他应该会这样说："首先，传统的力量很强大，该尊重传统时必须尊重，否则人心容易散，队伍不好带。但是，传统人事制度的弊端很大，我可以和韩、赵两家一起架空我们的上级领主，但如果下面也有人把我架空了怎么办？所以，制度改革势在必行。"

魏文侯的折中方案，核心原则就是分离封建制的名和实。魏击也好，乐羊也好，名义上是领主，有自己的采邑，但他们只能从采邑获得经济收入，对采邑没有管理权。真正对中山全境有管理权，统管中山军政、民政的，是李克。李克的身份是"守"，因为管辖中山，所以称为中山守，也可以叫中山相。"守"和"相"都有"临时代理"的意思，所以从名义上看，李克只是暂时代管中山的军政和民政工作，代理性的职位当然不能世袭，甚至也不是终身制，上级可以随时找人把他替换掉。那么采邑还能不能世袭呢？也能，但是采邑的世袭属性越来越弱了。

这就意味着，乐羊和李克无论立下多大的功劳，也不可能获得魏氏家族的股份，而只能成为魏氏家族的"高管"，他们的地位和待遇取决于魏文侯的态度，背后没有股权做靠山。前文提过的吴起做了西河守，与李克的职位相当。

值得注意的是，我们熟悉的秦汉时期的郡县制，通过魏文侯"守"和"相"的设置，在此时已经有了模糊的影子。

早在春秋时代，秦国和楚国、晋国就已经出现了"县"这种新生事物。国君开疆拓土，打下一个国家，如果按照宗法封建的旧传统，会把这个国家的土地和人口分封出去，但秦、楚两国文化最低，传统包袱最轻，不愿意搞太多分封，于是把新占领的领土设置成本国的一个县，由国君直辖，派遣专门的官员管理，民政、军政一手抓。这样的县官，称为县令、县公或县尹，身份是地方官，随时可以被国君调任或者罢免，更没有世袭的资格，相当于国君雇用的临时工。

在一个国家当中，县所占的比重越大，说明国君的权力越大。晋国也搞过县制，由国君委任县大夫，但晋国的难题是，几大家族的势力已经过于强大了，国君委任的县大夫往往只能在几大家族的人里挑，结果名义上的县变成了实际上的采邑，国君依然控制不了，甚至连县大夫的任命权最后也落到几大家族的族长手里。这段历史，魏文侯一定再熟悉不过了。

中山国的后话

在传统的宗法封建制度下，获得了采邑，就相当于获得了上级领主的一部分股份。但和今天的股份制公司不同的是，那时候的很多股东都会参与管理。这样做，虽然民主化程度很高，但效率实在太低。

越是竞争激烈的时代，越是需要高效的管理水平，而独裁程度越高，效率就越高。最高管理者要想令行禁止，提升执行力，就必须把自己之外的其他股东清除出管理团队。

乐羊和中山国的事情就介绍到这里，最后交代一点后话：李克把中山治理得井井有条；乐羊家族一直生活在灵寿，后代还出了一位名将乐毅，就是诸葛亮在出山之前，自比管仲、乐毅的那个乐毅；魏击受封为中山君，闷闷不乐，想方设法回到了父亲身边，后来顺利接班，成为魏武侯；魏文侯把二儿子魏挚封到中山，还叫中山君；魏挚死后，儿子接班，然而中山国的旧势力成功复国，把新一任中山君赶回了魏国。中山复国大约发生在公元前378年，算下来，魏国对中山的统治仅仅持续了29年。

中山复国之后，把国都从原来的顾迁到灵寿，今天我们在河北平山看到的灵寿故城遗址大约就是中山迁都之后修建起来的。重生的中山国非但没有仇恨魏国，反而和魏国建立了友好的外交关系。这倒不是因为中山国太过弱小，相反，它在战国时代相当活跃，甚至打败过"战国七雄"之一的燕国，积极地开疆拓土，但最后败给了赵武灵王，被纳入赵国的版图，从此再也没能翻身。

在这段历史当中，有三个细节很值得我们留意：一是复国的中山国君——中山桓王，应该就是乐羊灭中山时当政的国君；二是乐羊的子孙后代竟然可以在灵寿繁衍生息，没有被中山国清算历史旧账；三是中山复国之后，竟然和魏国建交，让魏国成为自己的靠山。这到底是为什么呢？

我们可以看一下西汉学者刘向编写的《说苑》。《说苑》对乐羊灭中山的记载和《韩非子》《战国策》的记载如出一辙，这并不奇怪，毕竟《战国策》也是刘向编订成书的。不过，《说苑》的版本有一个很特殊的细节，在乐羊吃了肉羹之后，中山国人被他的"诚"所打动，不忍与他作战，所以乐羊顺利地攻占了中山国。

这条记载看上去匪夷所思，不近人情，但从后续发展来看，似乎乐羊只是对自己的儿子很残忍，对中山国民并不残忍。而且，他灭掉中山国之后，很有古风，并没有斩尽杀绝，所以中山桓王才能一直活着，在 29 年之后成功复国，复国之后还能善待乐羊的子孙，并且和魏国建交。

今天，我们从乐羊灭中山的事件里，读出社会结构和管理模式的重大变迁，是非常有意思的事情。

但为什么司马光会彻底遗弃这段历史呢？事实上，在司马光看来，乐羊的"盈箧谤书"确实很有"资治"的意义——司马光写过一篇《功名论》，论点可以归结为一句话：臣子的所有功劳，归根结底都是君主的功劳。在司马光所有的论据里，乐羊的"盈箧谤书"事件是作为压轴戏出现的。（《温国文正公文集》第 71 卷）但是，正如前文所说，司马光很难处理乐羊"食子殉军功"的伦理难题，在《资治通鉴》的这一部分，他实在无法突破儒家底线，索性闭口不谈。

———————— 033 ————————

人治就一定不对吗

我们继续来看魏文侯的完美人设。魏文侯不光是个政治高手，还有不错的音乐素养，但就是因为音乐素养高，他竟然被田子方认认真真地批评了一顿。这个问题，涉及管理学的一个重要问题——要人治，还是要法治。

以我们今天的观念，大家恐怕很容易站到法治这一边。但司马光写这个故事，主要是为了强调人治。

君子不器

原文：

文侯与田子方饮，文侯曰："钟声不比乎？左高。"田子方笑。文侯曰："何笑？"子方曰："臣闻之，君明乐官，不明乐音。今君审于音，臣恐其聋于官也。"文侯曰："善。"

魏文侯和田子方一起喝酒，大约旁边有乐队助兴。田子方这个人前文提过，就是魏文侯以老师之礼对待的人。

魏文侯忽然说："钟声好像不太和谐，左边那排的声音高了。"

读到这儿，我想起三国时代的一个典故：周瑜很懂音乐，听到有人弹错了音，一定会扭头看一眼乐手，于是那些对周瑜心怀爱慕的女乐手总会故意弹错，希望引起周瑜的注意。"欲得周郎顾，时时误拂弦"，这是唐朝诗人李端的浪漫诗句。魏文侯的音乐素养，跟周瑜如出一辙。

但是，田子方只是笑。魏文侯问："你笑什么？"

田子方这才回答："我听说，国君应该懂得任用乐官，不必懂得音乐。现在您这么懂音乐，恐怕对任免官员的事情就疏忽了。"

魏文侯说："这话说得真好。"

场景很简单，对话很简短，却交代了儒家心目中的领袖素养。这种素养，可以用孔子的一句话概括："君子不器。"（《论语·为政》）

所谓"君子"，顾名思义，就是"君之子"，领主的儿子。在宗法封建时代，领主的儿子将来也会成为领主，管理土地和人民。所谓"器"，字面意思是器具。器具的特点是为功能服务，每一种器具都会服务于一种特定的功能，比如锄头是用来种地的，衣服是用来蔽体的。锄头不能用来蔽体，衣服不能用来种地，这就是器具的局限性。作为管理者，必须让自己"不器"，不做任何领域的专才，换句话说，就是干啥啥不行。那么问题来了：一个什么都不会的人，凭什么能做管理呢？如果请田子方来回答这个问题，他一定会说："做管理不是管事，而是管人。"

所有的"事"，都应该分门别类，交给各个领域的专才去做，而管理者要做的，是让合适的人做合适的事。 编钟的音准问题，既然是一件很具体，也很专业的"事"，那就不是魏文侯这个管理者该操心的，他只应该操心乐官的选拔、任免和考核。

人治和法治

要人治还是要法治？儒家很坚决地推崇人治，反对法治，这背后的逻辑就是"君子不器"。司马光本人无数次高举人治大旗，强调只有人治才是正确的政治路线。我们再看王安石变法，变的是"法"，这在司马光看来毫无必要，如果一定要变一点什么的话，那也必须是变"人"——把不称职的人撤下来，把称职的人换上去，问题就解决了，而如果人用的不对，"法"就算变出花样来，也会被不称职的人搞砸。

在这个问题上，《荀子》有一句名言："有乱君，无乱国；有治人，无治法。"也就是说，国家没有自己乱起来的，只有被不称职的国君搞乱的；要想把国家治理好，靠任何制度、政策、法律都没用，只能靠合适的人才。

当然，司马光也没有顽固到认为"先王之法"必须永世不变，毕竟他既研究历史，也精通《易经》。他很清楚"法久必弊"的一个道理，任何一种制度、政策、法律，无论一开始有多好，多受欢迎，多见成效，只要时间一长，一定会生出弊端，弊端越积越多，就会让老百姓反感。那该怎么办呢？司马光说，要"通其变，使民不倦"，也就是说，要顺应时代，该变就变，让老百姓欣然接受最好。（《易说》卷六）

有一个很典型的例子就是司马光编写了一部《书仪》，也叫《司马氏书仪》，重新规定了婚丧嫁娶之类事情的礼仪细节。这部书意义重大，一来儒家传统礼仪太烦琐，二来那几部礼学经典太难读，好多内容确实读不懂，三来北宋社会和周朝社会相差太大，周朝的礼仪很难在北宋照搬。有些人无论如何都要坚持古礼，那才是真正的顽固派，比如"北宋五子"当中的程颢、程颐和张载。很多人觉得他们很厉害，值得敬佩，但却没法照他们的方式去做。司马光的《书仪》才是拿过来就能用的一部实用礼仪手册，既有古礼的精神，又有新时代的变通。朱熹特别推崇《书仪》，在《书仪》的基础上编成了著名的《朱子家礼》。

可见司马光是有变通精神的，变通是在现有的格局下增增减减，而王安石变法，在司马光看来，属于全盘推倒重来，这样做显然不会有好下场，更何况王安石特别不懂用人。以王安石的用人风格，别说新法本身就有问题，就算新法一切都好，办事的人也能把事情办砸。让司马光愤怒的是，虽说"法久必弊"，但法还没久呢，眼前看到的那些弊端基本都是由人的问题造成的，明明可以通过换人来解决问题，为什么要变法呢？人永远都比法大。

那么问题来了：人治不可取，这已经是现代社会的政治常识了，但如果认真听听这些古代儒家大佬的意见，似乎也很在理。我们凭借今天的常识，从直觉上判断他们说错了，但他们到底错在哪儿了呢？

其实他们说的并没有错，错就错在社会变大了。孔子那套学说是在宗法社会里诞生的，因为逐级分封的缘故，全天下分裂成无数个独立的、小型的熟人社会，搞人治确实很恰当。即便到了今天，在一些比较封闭的县城和农村，只要还是独立的、小型的熟人社会，人治照样很适用。

编钟的调音

聊完人治和法治的问题，我们再换个角度来看一下魏文侯谈论音乐这个故事。

请注意一个小细节的对比。前面提过，"欲得周郎顾，时时误拂弦"，周瑜发现的音乐瑕疵，是乐手弹错了，这很容易理解。而魏文侯发现的音乐瑕疵，是乐器本身的音高错了。

在魏文侯的时代，编钟的音高真的很难做得准确。

敲击一口钟，可以发出悦耳的声音，这看起来似乎很容易。在外行人的印象里，一口钟，开口是个正圆形，钟壁均匀平滑，最典型的就是欧洲老教堂钟楼里的钟，敲一下，整个小镇都能听到。在世界名著《巴黎圣母院》中，主人公之一卡西莫多就是教堂里的专业敲钟人。

其实，就算不考虑音准问题，单是让一口钟发出悠扬的声音，就很不容易了，欧洲直到16世纪才掌握了让钟声好听的技术。

我们听到的一切动听的声音，都不是一个单独的音，而是由基音和泛音一起构成的。所谓泛音，从频率上看，是基音的整数倍数，如果不构成整数倍数，就形成不了泛音，声音也就不好听。

一口钟如果做成圆形，钟壁还很均匀的话，就发不出泛音。欧洲工匠的解决方案，是调整钟壁的局部厚度，有的地方厚，有的地方薄，比例对了，钟声才能悠扬。中国工匠在两千多年前就掌握了这门技术，而且做得更巧妙，不做正圆形的开口，而是做成一种近似于椭圆形的开口，就像两片瓦合在一起，称为合瓦形，从而在敲击时产生泛音。除此之外，还能把每一口钟做出不同的音高，同一口钟正敲和侧敲，可以敲出两个音高，这样，只用一组钟，就可以表现完整的音阶，演奏音乐了。

至于音准就更难了。音高的不同，主要和钟壁的厚度有关。钟壁越厚，声音越高。这和弦乐器刚好相反，弦乐器是琴弦越粗，声音越低。如果和弦乐器比较的话，我们会发现：弦乐器很容易调音，琴弦绷紧一点，声音就高一点，如果高过了头，就把琴弦再放松一点。来回调节几次，总会把音高调对。但编钟的调音就难多了，一口钟铸好了，要调音只能靠锉，把钟壁锉薄，一旦锉得过薄，再想恢复厚度就不可能了。如果对音高有严格要求的话，这口钟就算废了。要知道，在春秋战国时代，造一口钟的成本相当惊人，而且造钟用的不是单一的金属，而是合金，这就意味着一口废掉的钟无法回炉重造。

显然调音必须慎之又慎，但问题是，编钟的调音非常复杂，而且古人纯靠耳朵辨别音高，没有辅助工具。如果调音师真的不小心锉多了一点，声音低了一点，该怎么补救呢？严格来说，没有补救办法，但是，有一种蒙混过关的办法，那就是把相邻几口钟的音高也相应地调低一点，让相对音高听上去大差不差就可以了。在出土的编钟实物里，确实能看出这样的手法，而且绝大多数编钟或多或少都存在音准问题。所以，遇到魏文侯这样耳音敏锐的听众，真能被听出毛病来。只是经过田子方这样一讲，魏文侯以后只怕听得出也要装成听不出了。

为什么光脚的不怕穿鞋的

在由编钟引起的对话里，田子方把管人和管事做了区别，让魏文侯很受启发。从这个故事里，我们能看出，田子方是个很在意小节的人。下面我们接着了解田子方，这一回，他把魏国太子教训了一顿。

光脚的不怕穿鞋的

原文：

子击出，遭田子方于道，下车伏谒。子方不为礼。子击怒，谓子方曰："富贵者骄人乎？贫贱者骄人乎？"子方曰："亦贫贱者骄人耳，富贵者安敢骄人？国君而骄人则失其国，大夫而骄人则失其家。失其国者未闻有以国待之者也，失其家者未闻有以家待之者也。夫士贫贱者，言不用，行不合，则纳履而去耳，安往而不得贫贱哉！"子击乃谢之。

有一天，太子魏击外出，路上遇到了田子方。魏击很有礼貌，下车行了大礼，没想到田子方竟然不还礼。魏击不禁怒火上撞，问田子方："是富贵的人看不起人呢，还是贫贱的人看不起人？"言下之意是：以我太子的身份，富贵逼人，本来是有资格摆摆谱的，但我对你毕恭毕敬，给了你天大的面子。可是你呢？既没有高贵的血统，也无权无势，我们魏家如果想难为你，你是毫无招架之力的。你不好好巴结我都算没天理，我给你行大礼时，你反而端着架子看不起我，你说你凭的是什么？

田子方还真的讲出了一番道理，他是这样回答的："只有贫贱的人才有资格摆摆谱，富贵的人根本就不敢。为什么这么说？你看，国君如果看不起人，就会失去自己的国，大夫如果看不起人，就会失去自己的家。没听说过把失国之君当国君对待的，也没听说过把没了家的大夫当大夫对待的。至于贫贱的人，如果意见不被采纳，做事的风格和主君不合，那么穿上鞋就能走人，到哪儿不能过贫贱的日子呢？"

这一番话果然打动了魏击，他承认错误，向田子方道歉。

不过，这个结局只是《资治通鉴》的版本，在《史记》里，事情经过和对话内容都差不多，但结局是魏击完全没被说动，气哼哼地走了。

哪个版本更加接近真相呢？其实都不可信，因为田子方那番话和当时的社会面貌并不符合，应该是后人根据战国中后期的情形替田子方说出来的，为的是提高士人的地位，在游说诸侯时，通过这个故事，让国君重视人才，尤其是重视自己。

翻开《左传》，会看到有很多失了国的国君和失了家的大夫依然可以好吃好喝，作威作福。国君就算打仗时被对方抓了，沦为俘虏，但从俘虏到押解，再到关押的全过程，对方都会客客气气，礼数周全，把抓俘虏做出了请贵宾的样子。这些田子方不可能不知道。只有到了战国以后，国际冲突越来越严峻，大家的打法越来越没底线，从贵族堕落成流氓，田子方所说的情况才真正成为普遍现象。

田子方凭什么摆谱

即便田子方和魏击这段对话纯属虚构，能被《资治通鉴》采录进来，说明它确实有"资治"的价值。故事虽假，不妨碍道理是真。这个道理，通俗来讲就是"光脚的不怕穿鞋的"，背后的心理机制是人们厌恶损失甚于渴望获利。人一旦一无所有，就容易百无禁忌，铤而走险，反正再怎么样也不会让境况变得更坏，而一旦有家有业，甚至家大业大，做事就会束手束脚，瞻前顾后。

当然，只靠"光脚"，还不足以让田子方傲视诸侯，这背后还有一个至关重要的社会背景，那就是群雄逐鹿，人才被各家激烈争夺，人才的流动性也特别高。比如孟子，无法带来什么立竿见影、富国强兵的好处，但无论走到哪儿，都能享受高规格的待遇，身边还有一群浩浩荡荡的弟子，到处吃白食。就算有的诸侯心里明白这些人毫无实用价值，也不敢开罪他们，因为怕传出去坏了自己礼贤下士的名声，其他人就不到自己这里来了。

等到秦始皇统一天下，无论光脚的、穿鞋的，有真才实学的，还是纯属混饭吃的，一概灭了气焰，别说在太子面前，就算在县城小公务员面前，也不敢摆田子方那样的架子。一切想要升官发财的人，只能按照秦朝官府规定的方式来。

哪种局面更好？没有确定唯一的答案，只能说物竞天择，当环境改变了，筛选幸存者的规则就随之改变。

不过，秦朝的政策有一个一望可知的好处，那就是全社会促生产，容不下吃白食的人。田子方也好，孟子也好，如果生活在秦朝，大概率也要下田种地，给国家贡献实实在在的粮食产出。但这到底是好处还是隐患，不同的人有不同的看法。苏轼就认为，秦朝之所以快速灭亡，就是因为太不给吃白食的人留余地了[1]。

富邻居和穷邻居

田子方和魏击的这段故事，在理解上存在着举一反三的丰富的可能性。

光脚的不怕穿鞋的，人与人的关系是这样，国与国的关系也是这样。

我们很容易理解战国时代的国际关系。国家之间彼此争强斗狠，只讲拳头不讲理，你拆我的台，我挖你的墙脚，想方设法不让别人好过。因为如果我不吞掉你，你就会反过来吞掉我。最后斗来斗去，拳头最大的秦国一统天下。我们很容易用战国模式理解一切国际关系，忽略了历史上还存在着另外一种国际关系——富邻居和穷邻居的关系。

拿司马光生活的北宋来说。北宋面临的国际关系，

1　参见得到 App 课程《熊逸说苏轼》第11讲。

就是富邻居和穷邻居的关系。宋朝当然就是那个富邻居，辽国比较穷，最穷的邻居是西夏。如果宋朝足够富，也足够强，轻轻松松就能把辽国和西夏吞掉，那也没话说，问题就在于吞不掉——其实就算真吞掉了，也承担不了管理的成本——所以必须磨合出一个合适的相处模式才行。

宋朝和辽国已经磨合得很好了，宋朝用金钱买平安，用澶渊之盟换来长久的和平睦邻关系。换个角度看，宋朝给钱给得也不算亏，单是节省下来的军费开支就已经很划算了，何况议和之后，贸易上也获利不菲。

另一方面，宋朝占据着文化制高点，文化像水一样，天然地从高处流向低处，辽国不断接受着宋朝的文化输出，逐渐华夏化。这样一来，双方就有了共同的语言和价值观，在谈判桌上越来越容易沟通。而且辽国人的小日子过得越滋润，打仗的欲望就越低。但西夏不一样，它是一个很穷的小国，作战欲望很高，敢打敢拼。宋朝在西夏面前总想端起架子，但西夏对待宋朝，就像田子方对待魏击一样，不给面子。

该怎么协调宋朝和西夏的关系呢？司马光有一套十六字方针："待之以礼，结之以恩，高其墙垣，威其刑法。"意思是说，对西夏首先要以礼相待，不要总是一副高高在上的姿态。礼数其实就是规矩，礼数到了，规矩也就建立起来了，两国有使臣往来时，一切都按规矩来办。每年还要给西夏一些好处，拿我们宋朝多余的东西去满足他们的胃口。虽然和平相处，但边防不能放松。一旦西夏侵犯我们的边境，我们就打回去，给他们足够的教训。这才是富邻居和穷邻居正确的相处之道。

但让司马光发愁的是，宋朝并不是这么做的。宋朝的国际关系政策，相当于富家翁贪图穷邻居家的小物件，于是把穷邻居请进家里玩赌博，想把那些小物件赢过来。问题是，就算赢了，得来的那点东西完全不值钱，对富人来说实在可有可无。而一旦输了，富人家里的土地、宅院、金银珠宝，就都被穷邻居拿走了。更要命的是，赌输赢的那些勾当是穷人家天天玩的，早就熟能生巧了，富人怎么可能赢得过？穷邻居本来就盼着能赢富人的钱，苦于没有机会，而现在富邻居竟然主动把穷邻居请进来赌，穷邻居也太走运了吧！

司马光的这些比喻和议论，是在宋神宗即位不久时提出的，建议朝廷不要轻易对西夏用兵。司马光的原稿没能保存下来，却被学生刘安世记在心里。宋徽宗年间，司马光早已过世，刘安世也已经老了，一个叫马永卿的年轻人追随在刘安世身边问学，听刘安世论学、论世，点评当代名人。

马永卿很会做笔记，这份笔记后来整理成书，书名叫《元城语录》，因为刘安世是元城（今天的河北大名）人，被尊称为元城先生。刘安世提到司马光时，总是很亲切地称呼"老先生"。"老先生"的那段富邻居和穷邻居的比喻，借着刘安世的口述，被马永卿记录在《元城语录》里。直到明朝，还有人提起这个比喻，认为它是处理当时国际关系的一个好思路。只不过人们把它的发明权冠在刘安世的头上，忘记这是司马光的观点了。

—————— O35 ——————
选拔主管该怎么看人

在现代管理学中，怎样选聘主管人员是一件很令人头疼的事。选聘途径不外乎两种：一是从内部选拔，二是从外部招聘。内部选拔的优势显然更多，但劣势也很明显，最要命的一点就是如果候选人的条件大体相当，有的人被提升了，有的人仍然留在原来的岗位，那么被提升的人在行使管理权时会遇到很大的怨气，而没被提升的人，工作积极性注定会受到挫伤。

如果引入心理学知识，我们还会发现，所谓"候选人的条件大体相当"，这只是从旁观者的角度得出的结论，而人类有一种心理定式，那就是自我评价过高。这种心理定式背后的逻辑是：**人对熟悉的事物总会评价过高。**这很容易理解，因为熟悉总是意味着安全，陌生总是意味着危险，所以人们才会有恋土思乡的情绪，才会觉得金窝银窝不如自家的草窝。

人对什么最熟悉呢？当然是对自己最熟悉，所以对自己的评价也就会严重偏高。这就意味着，尽管在领导看来，候选人甲的条件不如候选人乙，但甲会认为自己的条件明显优于乙。

这种尴尬在相亲市场上特别常见，媒人通常会撮合两个条件相当的人，而这一男一女接触之后，很容易互相嫌弃，然后各自对媒人发泄不满：难道在你眼里，我就是对方那种档次的人吗？所以才会有一句俗语："不作中，不作保，不作媒人三代好。"中介、保人和媒人，都是很容易招人恨的角色。

两千多年前的魏文侯同样面临着这样的难题，他会怎样化解矛盾呢？

看人的五条标准

原文：

文侯谓李克曰："先生尝有言曰：'家贫思良妻，国乱思良相。'今所置非成则璜，二子何如？"对曰："卑不谋尊，疏不谋戚。臣在阙门之外，不敢当命。"文侯曰："先生临事勿让。"克曰："君弗察故也。居视其所亲，富视其所与，达视其所举，穷视其所不为，贫视其所不取，五者足以定之矣，何待克哉！"文侯曰："先生就舍，吾之相定矣。"

李克曾经对魏文侯说过一句话"家贫思良妻，国乱思良相"，宰相对于国家的重要性，相当于妻子对于家庭的重要性。"相"有辅佐、帮助的意思，从这里又可以引申出治理的意思。"相"是国君的助手，统领百官，治国安邦，大约相当于今天的国家总理。魏文侯正在发愁宰相的人选，想起李克的话，就来咨询李克的意见。

现成的人选有两个，一是魏成，二是翟璜。两个人的条件差不多，必须二选一，到底该选谁呢？

凡是这一类问题，传统上都可以通过占卜来解决。这是占卜最容易体现效用的地方，因为不同选项的条件既然差不多，那么无论选谁都合适，而一旦选择来自天意，落选的人再不服气也无话可说。

魏文侯显然不太相信占卜，更想用智慧来解决问题。而站在李克的角度，这种人事任免的大事，自己无论给出什么意见都很容易得罪人，最安全的办法就是不表态。即使要表态，也必须先摆出不表态的态度，这既是礼数，也是安全阀。所以李克回答说："卑不谋尊，疏不谋戚，我毕竟不在您的中央政府供职，您的这种问题不是我应该回答的。"

"卑不谋尊，疏不谋戚"有可能是当时的谚语，大意是说，下级不掺和上级之间的事，外人不掺和亲戚之间的事。这话既很在理，充满着生活智慧，也是一个很好的挡箭牌。除非对方强迫，自己才能以不得已的姿态给出建议。魏文侯果然强迫了李克一下："先生临事勿让。"称李克为"先生"，把自己的姿态放低，李克所谓的"卑不谋尊"暂时就没法成立了。"临事勿让"的意思是，事情既然都摆在您的面前了，您就不要推脱了。

但李克依然没有明说到底该选魏成还是翟璜，而是给魏文侯讲了一番道理，大意是说，只要魏文侯能用五条标准来看人，自然一看就准，不用问别人的意见。这五条标准相当漂亮："居视其所亲，富视其所与，达视其所举，穷视其所不为，贫视其所不取。"大意是说，观察一个人，第一，平日里看他跟哪些人亲近；第二，在他富贵之后看他跟哪些人攀交情；第三，在他飞黄腾达之后看他都推荐哪些人；第四，在他陷入绝境之后看他的底线在哪里；第五，在他贫困时看他能拒绝哪些诱惑。

在古汉语里，"穷"和"贫"不一样，"穷"虽然也有没钱的意思，但通常指的是穷尽、尽头，引申义是走投无路。走投无路时不见得没钱，"贫"是真没钱。所以，第四条"穷视其所不为"和第五条"贫视其所不取"是有区别的。

这五条标准一讲，魏文侯马上就心里有数了，请李克不必再讲，好好回去休息。

翟璜心服口服

原文：

李克出，见翟璜。翟璜曰："今者闻君召先生而卜相，果谁为之？"克曰："魏成。"翟璜忿然作色曰："西河守吴起，臣所进也；君内以邺为忧，臣进西门豹；君欲伐中山，臣进乐羊；中山已拔，无使守之，臣进先生；君之子无傅，臣进屈侯鲋。以耳目之所睹记，臣何负于魏成？"李克曰："子之言克于子之君者，岂将比周以求大官哉？君问相于克，克之对如是。所以知君之必相魏成者，魏成食禄千钟，什九在外，什一在内，是以东得卜子夏、田子方、段干木。此三人者，君皆师之；子所进五人者，君皆臣之。子恶得与魏成比也！"翟璜逡巡再拜曰："璜，鄙人也，失对，愿卒为弟子。"

李克刚刚辞别了魏文侯，就遇到了翟璜。翟璜大概一直在等消息，连忙问李克："听说今天主君把您找来决定宰相的人选，最后定的是谁？"所谓"决定宰相的人选"，原文是"卜相"，从词源可以看得出来，这种事原先确实是靠占卜来完成的。

从翟璜的话里，你也许会发现魏文侯不太厚道。魏文侯并没有化解矛盾，而是转嫁了矛盾，让李克扮演了占卜的角色，落选的人要恨就恨李克好了。

普通人如果处在李克的境地，一定很尴尬。李克其实可以实话实说，说自己只讲了五条看人的标准，没给任何实质性的意见，请翟璜不要多心。但李克竟然很磊落，直接回答翟璜："定了魏成。"

翟璜当即怒了，质问李克："西河守吴起，我推荐的，从秦国手上抢了那么多地盘。主君发愁邺城治理不好，我推荐了西门豹。主君想打中山国，我推荐了乐羊。中山国打下来之后，没有合适的守将，我推荐了先生您。太子没有合适的老师，我推荐了屈侯鲋。我这些功劳都是明摆着的，我到底哪一点不如魏成？"

看这个架势，翟璜和李克今后一定会反目成仇了，可见"卑不谋尊，疏不谋戚"多有道理，很适合普通人。当然，李克不是普通人，马上就做出了正面回击。回击分成三步，第一步，先用大道理压人，把自己摆在道德制高点上："难道你在主君面前推荐我，并不是为了主君好，而是要和我结党营私，去捞大官当吗？"第二步，还原自己和魏文侯对话的场景，让翟璜明白，自己只是讲了五条看人的标准，具体人选还是由魏文侯来定夺。第三步，正面解释自己为什么能推测魏文侯会选魏成，而不是翟璜："魏成拿的待遇虽然很高，但九成都用在外边，只有一成留作家用，所以才得到了卜子夏、田子方和段干木。这三个人，主君都把他们当老师侍奉，而你所推荐的五个人，主君都把他们任用为臣属。你有什么资格和魏成比呢？"

这一番话，说得翟璜心服口服，连连向李克谢罪，愿意终身做李克的弟子。

天子的老师

事情就这样结束了，它的"资治"意义是，对于国君来说，最高级的人才不是建功立业的人才，而是那些什么都不用做，其实什么也不会做，但能当自己老师的人才。

很多人会想，这怎么可能呢？

是的，对于战国时代来说，不可能；对于魏文侯来说，也不可能，但是，对于儒家来说，非常可能。从前面的五条看人标准到后面的老师比臣属高级的道理，都是儒家爱说的，而那五条标准其实根本用不到魏成和翟璜身上。所以这段故事的真实性，还有待商榷。

历代儒家知识分子在身份上都有一个最高追求：为王者师，也就是给天子当老师。

天子想给自己找个老师的话，既不能招聘，也不能考核，只能亲自去请。

难道没有老师就不行吗？也行，只是不好。

《荀子·尧问》也讲过这个道理，说魏武侯，也就是魏击，精明强干，群臣谁都比不上他。某一天退朝之后，魏武侯有点沾沾自喜。吴起在旁边看到了，说楚庄王当年也很精明强干，群臣谁都比不上他，但楚庄王非但没有沾沾自喜，反而很发愁，说出了一番至理名言："诸侯得师者王，得友者霸，得疑者存，自为谋而莫己若者亡。"意思是说，诸侯有什么人才就有什么命运，最高级别的人才可以被诸侯当成老师，有这样的人才，诸侯就能称王；次一级的人才可以被诸侯当成朋友，有了这样的人才，诸侯虽然没法称王，但还可以称霸；再次一级的人才能帮诸侯解决具体问题，做具体工作，有了这样的人才，诸侯虽然无法称王称霸，但至少可以保个平安；最糟糕的情况就是诸侯本人最能干，谁都没他能力强，这样的诸侯注定会灭亡。

听完吴起的话，魏武侯十分受触动，感叹是上天派吴起来挽救自己的过错。

—————— 036 ——————

信仰和管理有什么关系

《资治通鉴》为了打造魏文侯的明君形象，在挑选历史片段时，给卜子夏、田子方、段干木精心渲染了高光时刻，却刻意淡化了魏文侯身边那几个真正给力的人——乐羊是其中之一。翟璜提到他推荐去治理邺城的西门豹也是一个，李克更是一个。接下来，我们暂时甩开司马光，还原一个被《资治通鉴》刻意遮蔽了的人物——西门豹。

河伯娶妇

西门豹最著名的事迹，就是制止了邺城这个地方河伯娶媳妇的陋习，今天的小学语文课本中有《西门豹治邺》这篇课文，想必大家都不陌生。西门这个复姓，原本是"氏"。因为世代定居在城西门，所以用居住地为氏，同理还有北门、东门、南门，以及东郭先生的东郭。

西门豹是一个值得大书特书的人。他有着超高的行政本领，不但能够顺利完成主君交代的任务，还能造福当代，功在千秋。有学者认为西门豹的事迹应该写进《史记》的《循吏列传》，而不是《滑稽列传》。写进《滑稽列传》自有道理，因为西门豹太有性格，从来不走寻常路。但在《资治通鉴》里，他却完全没有戏份。

河伯娶妇的故事，出自《史记·滑稽列传》。滑稽的滑有 huá 和 gǔ 两个读音，这里到底该怎么读，学者各执一词，各有各的道理。在这里就不做考辨了，按照现代汉语，读 huá。

司马迁写《滑稽列传》，只写了三个人物，后来西汉一位叫褚少孙的博士替他补写了六个人物，河伯娶妇的故事就是褚少孙补写出来的。

魏文侯时代的邺城，大约在今天的河北临漳。临漳，顾名思义，临近漳水，所以难免会发生水灾。古人把自然灾害的成因理解为神灵作祟，这些古老的神灵毫无道德感，只要看人类不顺眼就会降下灾难。邺城人民相信，正是河神的兴风作浪，才有了漳水的泛滥。他们尊称河神为河伯，每年都要挑选美女扔进河里，嫁给河伯，希望河伯开心。凡是惹不起的就搞和亲，这种思路并不是从汉朝才有的。

如果邺城人民对河伯的信仰是真诚的，那么跟河伯和亲的人家显然会收获莫大的荣耀。我们可以参考19世纪80年代，丹麦青年海尔莫斯在巴厘岛的见闻：当时正在举行一位酋长的葬礼，巴厘岛盛况空前，热闹和喜庆的场面就像中国人过春节一样。所有人最期待的节目，就是酋长的三名妃子纵身跳进火海，为酋长殉葬。三名妃子在亲友的簇拥下奋不顾身，那些亲友也许比任何人都开心，因为他们真诚地相信死者进入了一个更加美好的世界，在那里面朝大海，春暖花开[1]。

这个情景给那些来自文明世界的人抛出了一个道德难题：该不该用强制手段禁绝这种残酷的风俗呢？西门豹倒是没有什么道德负担，因为邺城人民的信仰过于不真诚了。神职人员和政府官员每年都会从河伯娶妇的事情上大捞一笔，当地百姓只要家里有漂亮女儿的，都想尽办法搬家，甚至移民。所以邺城的人口外流情况相当严重，税赋也收不上多少。魏文侯想要的不外乎两点：一是人口，二是税收。这两点，就是西门豹的管理目标。

我们还需要留意的是西门豹的身份：邺令。这就

---

1 ［美］吉尔兹：《地方性知识——阐释人类学论文集》，
 王海龙、张家瑄译，中央编译出版社2000年版。

意味着，邺城归魏文侯直辖，并没有拿去分封，西门豹只是魏文侯的雇员，而不是邺城的领主，政绩不好的话，是会被撤职查办的。

要想搞好邺城的政绩，很明显，必须破除河伯娶妇的风俗。于是，西门豹假装相信河伯，趁着河伯娶妇时，把神职人员和公职人员接二连三地扔进河里，彻底消灭了改革阻碍。除弊就是兴利，从此之后，邺城不再人口外流，也没人能借河伯娶妇之事来搞贪污腐败了。

显然，邺城上上下下，从最高长官西门豹，到神职、公职人员，再到普通百姓，通通没有信仰。魏文侯能用西门豹，本人显然也没有信仰。在"战国七雄"当中，魏国是第一个崛起的。如何治理这样的国家，是魏文侯要解决的新问题。

信仰和管理

周朝建国后，大力推行礼制。礼制有一个特点，可以称为"揣着明白装糊涂"。

统治阶层基本保持无神论观点，但不能公开表现出来，相反，一定要表现出很虔诚的样子，带领百姓恭恭敬敬地敬神祭祖。这种管理方式，就是《易经》里讲的"圣人以神道设教，而天下服矣"。

孔子也有一句名言："祭如在，祭神如神在。"言下之意是，神其实根本就不在，但搞祭祀活动时一定要庄重，就如同神在自己旁边。

为什么要这样做呢？在儒家看来，宗教是政治的工具，是社会的润滑剂。这种态度让那些看透儒家的知识分子很气愤，比如墨家就批判儒家虚伪，说他们自己明明不信鬼神，却把丧葬和祭祀搞出那么多花样，好像信鬼神信得不得了。

儒家当然有自己的考虑，在他们看来，广大人民群众都是很愚昧的，跟他们讲道理，不但耗时耗力，还讲不通，为什么不用这种有效的手段来管理他们呢？虽然骗了他们，但出发点是好的，结果也是好的，就像父母用童话故事来骗小孩子吃饭一样。管理者之所以是民之父母，就是要用父母对待小孩子的方式来管理百姓。

这套方法在相当长的时间里，都是行之有效的，缺点就是，不是所有的统治阶层的人都那么有理智，经常连自己也信以为真。这曾经让孔子非常看不惯，但他也想不出什么解决办法。

随着礼崩乐坏，周朝初年那种信仰的约束力逐渐消失了，这就意味着，管理层弄丢了一件管理利器，社会也少了一种润滑剂。怎么搞管理，必须找到新的方法。

我们最容易想到的方法就是顺应民心：老百姓在哪

个方向上有需求，管理者就向着哪个方向发力。造福老百姓的事情，老百姓难道还不拥护吗？这时候，我们就必须返回刚刚儒家的观点了：老百姓都是傻的，哪看得懂什么对自己好，什么对自己坏。傻总会伴随着短视，只看得到眼前的蝇头小利，根本看不到长远利益。

邺城正好就有一桩关乎长远利益的大事：挖运河。前面讲过，邺城临近漳水，如果能够开凿运河，把漳水引过来灌溉民田，每年的粮食产量大约可以翻倍。不难想象，假如有一条现成的运河，邺城人民一定都很满意，年年坐享其成，不亦乐乎。但如果要他们自己出人出力，凭空挖一条运河出来，那就没人愿意了。

这倒不能完全怪他们傻，因为古代的水利工程确实存在很多问题。我们今天说起古代伟大的水利工程，郑国渠、都江堰，甚至智瑶水淹晋阳的军事创举，都是典范，以为古人搞水利很厉害，但这其实属于幸存者偏差，失败的工程都被历史淘汰了。

事实上，水利工程失败的概率很高。何况谁也没听说西门豹有过治水的成功经验，只看见他往河里接二连三地淹死人。而要完成这么一件不太靠谱的工程，尤其耗时耗力。所以，如果能对这项提案做一次民主表决的话，结局一定是高票否决。西门豹有什么手段，能够逆着民意，把这么大的一件事做成呢？

—————— 037 ——————

司马光为什么不写西门豹

在增补的《滑稽列传》里，西门豹如何办成了邺城的水利工程，褚少孙没讲，只记录了西门豹的两句话："'民可以乐成，不可与虑始。'父老乡亲们现在虽然恨我，但子孙后代都会记得我的好处。"

"民可以乐成，不可与虑始"，这是法家特别爱讲的话，大意是说，当你把事情做成了，人民群众可以陪着你一起开心，但你在筹划做这件事时，如果和这些人商量着来做，事情就肯定做不起来。

后来果然如西门豹所言，挖成了 12 条运河，合称十二渠，世世代代造福邺城人民。

那么，西门豹到底是怎么做到的？褚少孙没讲，但《韩非子》和《淮南子》都讲过西门豹的事迹，虽然和挖运河无关，却很能体现西门豹的行政风格。

西门豹的名言

《韩非子·内储说上》，主题叫作"七术"，列举了领导控制下属的七种权术，其中第六种叫作"挟智"，意思是明知故问，揣着明白装糊涂，所举例证之一就是西门豹治理邺城时的管理技术：西门豹谎称自己丢了一个车轴上的小插销，派下属去找。东西本来就没丢，下属当然找不到。西门豹又派了一批人去找，这回还真的在一家人的房间里找到了。通过这个方法，西门豹摸清了手下哪些人老实，哪些人不老实。

《淮南子·人间训》也记载了西门豹的一段故事。《人间训》讲的是祸福不定的道理，塞翁失马的故事就出自这一篇。为了说明有时候有罪却被嘉奖，有功却被处罚的道理，《人间训》拿西门豹治理邺城的事情举例：经过西门豹的一番精心治理之后，邺城的粮仓里没有存粮，钱库里没有钱币，武库里没有兵器，官府里没有账本。有人向魏文侯举报了西门豹，魏文侯亲临邺城视察，发现举报内容完全属实，于是质问西门豹："翟璜推荐你治理邺城，难道你就是这么治理的吗？如果你给不出合适的理由，我就要对你严加查办了。"

西门豹给出一番掷地有声的回答："臣闻王主富

民，霸主富武，亡国富库。"

"王"是统治水平的最高级别，能使天下归心，才能称王，周文王和周武王就属于这个级别。"霸"并不是只讲拳头不讲理的意思，而是低于"王"的统治级别，虽然不能使天下归心，但至少可以富国强兵，号令群雄，为天下主持正义，"春秋五霸"就属于这个级别。西门豹的意思是，"王"的统治特点是藏富于民，"霸"的统治特点是有尚武精神，让国民善战，只有亡国之君才会想方设法搜刮财富，让府库充实。

西门豹接着对魏文侯说："您是要走王霸之路的，所以我才会让粮食、武器、钱财都储藏在民间。只要您有需要，随时都可以调用。您要是不信，请让我登上城头击鼓。只要鼓声一响，您想要的东西马上就来。"

西门豹果然登城击鼓。第一通鼓声响起，邺城百姓纷纷顶盔掼甲，带着武器走出家门。第二通鼓声响起，又有不少邺城百姓要么背着粮食，要么用车子载着粮食，纷纷汇聚过来。

魏文侯大概看呆了，对西门豹说："我明白了，你厉害，那就让大家散了吧。"

没想到西门豹还有一手，他对魏文侯说："邺城百姓对我的这种信任度可不是一朝一夕培养出来的，如果喊了一次'狼来了',骗了他们,以后就再也别想调动他们了。我看咱们不如搂草打兔子,反正燕国欺负过我们,夺走了我们八座城邑,您就让我做总指挥,带着这帮人去攻打燕国,收复失地好了。"

果然,西门豹一战功成,收复所有失地之后才返回邺城。

不敢欺的西门豹

这个故事未必完全属实,但我们从中可以大致感受到西门豹的行政风格。后世流传下来一个说法,叫作"三不欺"。

"三不欺"涉及三个人,三种管理风格。第一,郑国宰相子产,既有一颗仁爱的心,又有一个聪明的头脑,所以别人对他"不能欺",骗不到他;第二,孔子的弟子宓(fú)子贱,治理单父(今天的山东单县),几年间尽在办公室里弹琴,单父人民爱戴他,对他"不忍欺",不忍心骗他;第三就是西门豹,治理邺城,严刑峻法,别人对他"不敢欺",生怕被他治罪。

在这三个人物中,子产不但被《左传》浓墨重彩地描写,还被孔子变着花样地夸,说他是个"惠人",意思是给人民施加恩惠的人。(《论语·宪问》)孔子

还说子产是"古之遗爱",这种满怀爱心的统治者在当代绝无仅有,再要找就只能到古代传说里去找了。(《左传·昭公二十年》)

正因为孔子的评价,后来的儒家学者总会过度强调子产身上"惠"和"爱"的一面,其实子产很注重制度建设,他的"惠"和"爱"既有礼制基础,也有法制基础。他还搞过成文法,坚定反对成文法的孔子竟然没有批评他。

近年出土的清华简中,有一部书叫《子产》,大约成书于战国中晚期,与孟子同时代,书里记载了子产的政治、经济、法律思想,显然子产绝不是只靠爱心走天下的。

至于宓子贱,他的风格显然让人很想不通。这不就是怠政吗,怎么反而境界最高?宓子贱当然不是真的只弹琴,不做事,只不过他既有抓大放小的意识,又有防患于未然的手段。"掣肘"这个词就是从宓子贱来的,他刚上任时,就施展妙计,让国君给他充分放权,绝不掣肘。真正施政时,他既能寻师访友,得到高人的帮助,还很会用人,把具体事情安排给具体人去办,自己只管人,不管事。最有儒家风范的是,他还能春风化雨,用自己的人格力量感染单父人民。(《吕氏春秋·具备》)

每一种"不欺"都对应着管理学上的一种技术取向。古人对此有过总结:**管理者"任德",以德治国,收获的就是"不忍欺";"任察",明察秋毫,收获的就是"不能欺";"任刑",严刑峻法,收获的就是"不敢欺"。**

在传统的评价体系里,境界由高到低排序,依次是不忍欺、不能欺、不敢欺。相应地,管理风格由高到低排序,依次是任德、任察、任刑。

之所以把任刑排在最后,并不是因为它的效果差,而是因为它的连带效果很糟糕。任何一种目标导向型政策,都难免引发一些始料未及的连带效果,经济学称之为外部性。连带效果有好有坏,或者说外部性有正有负。魏文帝曹丕曾经和几位大臣讨论过这个问题,得出了一个结论:任察和任刑都会导致孔子所谓的"民免而无耻"的结果,也就是说,人人都没有道德感,没有自律意识,没有羞耻心,只是迫于压力才不得不守规矩,但即便在守规矩时,还是会心存侥幸,希望能靠一点小聪明,既占到便宜,又躲掉刑罚。(《史记集解·滑稽列传》)

在儒家看来,只有以德治国,百姓才能"有耻且格",也就是有羞耻心和自律意识。社会风气因此才能越来越好,管理成本因此才会越来越低。这倒不全是儒家的一厢情愿，因为这个道理在小社会里确实可以成立，只是随着社会规模变大，人口流动性变强，这个道理才会一再被现实打得头破血流。

司马光作为一代醇儒，既不愿意把社会导向"民免而无耻"的方向，也不相信严刑峻法在大社会里其实是有可能实现"有耻且格"的。所以，他对西门豹的忽略，在儒家立场上完全可以成立。

—————— 038 ——————

管理者怎么避免被手下人欺骗

作为管理者，上到皇帝，下到县令，永远都会面临一个难题：怎样才能不被手下人欺骗？

尤其是站在皇帝的高度，被骗的概率非常高，因为官僚体系总会下级骗上级，一级骗一级，等信息逐级汇总上来，报到皇帝手上时，往往已经和真实情况相差很大了。有些时候，只要有一个关键枢纽隔绝信息，就能冰火两重天。比如赵高蒙蔽秦二世，既忍欺，又能欺，更敢欺，以至于外边已经打得天翻地覆了，秦二世还以为天下太平。

怎么才能避免这种局面呢？说实话，非常难。

作为缓冲地带的胥吏

我们通常想到的欺上瞒下的情况，都是奸臣作怪。赵高、秦桧、贾似道、史弥远等，都是权倾天下的人物。其实最普遍的欺骗问题，来自一个很难被人注意到的阶层：胥吏。

"胥"和"吏"的意思差不太多，所以经常被合在一起，泛指一切基层办事员。

可想而知，这是多么不起眼，却十分庞大的一支队伍。普通百姓和官府打交道，比如征粮、催税，都是和胥吏直接打交道，轻易惊动不到衙门里那些有品级的官员。官员需要推行一项政策时，负责具体经办的都是胥吏。胥吏还会负责官府里的各种文书工作，如草拟、誊写、分档整理公文，总之都是些细碎、烦琐，但又很有技术含量，且不可或缺的事情。

严格来说，胥吏并不在科层制的体系之内，却以惊人的体量寄生在科层制上。他们当中不乏有文化的人，但文化程度又不足以通过科举考试。而事情的另一面是，那些文化程度高，通过了科举考试的读书人，时间、精力往往都倾注在教科书和辅导书上，搞的全是应试教育，等到真的当了官，才发现读过的书其实派不上多大用场。比如在儒家经典里，《仪礼》《周礼》《礼记》合称"三礼"，这套学问最难学，也最难考，如果考中了这一科，文凭的含金量就比别人高，底气当然更足。但问题是，这些来自周朝的古典礼仪早就在社会上行不通了，任凭你学得有多精深，也很难找到专业对口的工作。除非朝廷上出现了重大的礼仪争议，你才有机会一展所学，提一点引经据典的好建议。至于日常的行政工作，主要得靠胥吏去做，他们才是专家。

遗憾的是，越是专家，越被人看不起。正所谓"君子不器"，官员都是"君子"，品行是好是坏另说，反正不做具体的事。胥吏通通是"器"，有且仅有工具意义，而人一旦工具化了，也就不容易被当成对等的人来尊重。所以官员通常看不起胥吏，只是把他们当成工具来用。

胥吏的存在还有一个重要意义，那就是把官员和百姓隔开。隔开之后，因为胥吏才是直接和民间打交道的人，所以来自民间的一切不满都集中在胥吏身上，一旦出了大娄子，拿胥吏治罪就是了，官员的权威不容易受到损害。这个道理，汉朝思想家贾谊早在《新书·阶级》里讲过，在贾谊这个"阶级"的意义上，胥吏之于官员，就相当于官员之于皇帝。

胥吏为什么欺和瞒

整个胥吏阶层，文化低，地位低，待遇低，工作辛苦，既要直面来自长官的压力，又要承受来自民间的不满。怎样才能让自己过得舒服一点呢？业内通行的办法就是欺上瞒下。官员能做到不被骗吗？我们可以看看一位资深人士的回忆。

宋朝学者洪迈有一部志怪笔记，叫作《夷坚志》。虽说是志怪，其实也收录了很多见闻、掌故。书中提到一位叫夏铧的老人，干了40年胥吏，终于熬到一个官做。夏铧说，在他的职业生涯里，跟过太多长官，发现就没有谁不被胥吏骗的。例外倒也有，但只有程公辟和罗畴老两个。罗畴老刚刚做官时很精明，没人敢骗他，但后来还是被人发现了弱点：罗畴老很喜欢读书学习，还会深入钻研书中的意义，一旦有所收获，就会特别开心，如果没想通，就会冥思苦想。胥吏会趁他开心时拿着公文找他，公文其实已经被动了手脚，但开心的罗畴老看不出来。如果在他冥思苦想时找他，那么再小的手脚也会被他察觉出来。夏铧最后还有一句总结："这么一位能读书的长官都被我们胥吏骗，何况其他人呢！"

这位罗畴老名叫罗畴，2004年在福建沙县还出土了刻有他的墓志铭的石碑。

在夏铧的讲述里，有一个细节很值得我们留意，那就是夏铧为什么会跟过很多长官呢？这是体制造成的：铁打的衙门流水的官，官员经常调任，而胥吏可以在一个衙门干一辈子，甚至可以父子相传，把胥吏工作做成一门家传的手艺。如果说官员是强龙，那么胥吏就是地头蛇。强龙既厌恶这些地头蛇，偏偏还离不开他们，毕竟他们对当地最熟悉，对工作也最有经验。

当然，经验过于丰富，人就变油滑了。在《水浒传》里，就能看到很多胥吏的生活。宋江在衙门里做押司，押司不是官，而是胥吏。武松做了都头，看似很威风，其实也不在体制内，只算胥吏，只不过领导器重他，还在县衙里给他安排了宿舍。如果放在真实的北宋，他们都是不拿俸禄的，也看不到任何职业前景。但宋江为什么很有钱？因为他偷偷摸摸办了很多违法乱纪的事。梁山好汉有很多都是胥吏出身，做胥吏时也都没少蒙骗长官。我们站在小说读者的角度，当然觉得这些胥吏做的是英雄豪杰的事，和腐朽的官僚体制斗智斗勇，但如果站在大宋朝廷的角度，肯定觉得这些人都是体制内的蛀虫，恨不得早点捏死他们，却又离不开他们。

在文人和官员的笔下，全天下的胥吏基本都是奸诈小人。实际上，胥吏也有胥吏的无奈。历朝历代，胥吏要么只有微薄的俸禄，要么干脆没有俸禄，要赚钱的话，一来靠经费和赏金，二来就只能靠贪污腐败了。何况胥吏这个阶层的人，就算真能保持清廉，也得不到任何荣誉，清廉因此变得很不划算；就算勤勤恳恳，努力上进，升迁的机会也很渺茫，努力工作也变得很不划算。算来算去，只有偷奸耍滑最划算。这就意味着，胥吏的欺骗是机制筛选的结果。如此一来，"三不欺"到底还有多大的借鉴价值，就实在很难讲了。

最显著的例子是，明太祖朱元璋出身底层，对胥吏接触密切，恨意很重，所以明朝开国之后，他便用严刑峻法来管理胥吏。貌似这应该能达到西门豹式的"不敢欺"，但想法还是被现实打得惨败。朱元璋有一句很无奈的感叹："我欲除贪赃官吏，奈何朝杀而暮犯。"（李默《孤树裒谈》卷 2）

王安石的意见

为了对付下级的瞒和骗，最常见的办法就是特派员制度——派出宦官也好，特务也好，总之要求每一个特派员直接把信息报给自己，砍掉一切中间环节，用垂直管理来弥补科层制的弊端。当然，这还是免不了被骗，而且会严重增加皇帝本人的工作量，精力稍微差一点就坚持不下来了。所以，只要是个管理者，都希望自己能达到"三不欺"当中的某个层次,"不忍欺"最好,但"不敢欺"也完全可以接受,只要不被骗就好。

在操作层面上,"不忍欺"和"不能欺"都有一个缺点,那就是对管理者本人的要求太高,既要有闪光的人格魅力,又要有超高的情商和智商。换句话说,这太需要天分。而且一般人做事天然会遵循省力原则,与其费心费力地自我训练,倒不如用一套奖惩办法让别人去费心费力,反正只要能达到让自己不被骗的效果就行了。既然条条大道通罗马,为什么不选最好走的那条路呢?

最好走的那条路,就是西门豹的"不敢欺"。而且,如果我们把管理目标单一化,锁定在"不被骗"上,那么"不敢欺"的效果最有保障。

王安石写过一篇分析"三不欺"的文章,说在任德方面,宓子贱肯定比不过尧圣人,但即便是尧,也被骓(huān)兜那伙小人骗过。在任察方面,就连子产本人也被手下骗过。王安石倒没有对任刑有多大的偏爱,在他看来,圣人之道,也就是最高明、最理想化的管理方式,并不存在德、察、刑之外的内容,只需要将德、察、刑兼收并蓄,让它们相辅相成。

文章最后,王安石又专门拿西门豹举例,说西门豹主持修建的十二渠直到汉朝还在造福邺城，汉朝官员想把十二渠改造一下，邺城的父老乡亲不愿意，说十二渠是西门君建造的，贤君的建造格局是不能变更的。可见西门豹的德政足以感动民心，并不是只靠严刑峻法就把邺城治理好的。(《王临川集》卷 67)

王安石的这种态度，虽然还是把尧圣人高高捧着，但站在醇正的儒家视角来看，明显已经滑向法家的深渊了。

───────── 039 ─────────

法和刑到底有什么不同

《资治通鉴》里另一个被司马光忽略的人物是李克，他给魏文侯提了五条选人的标准。不过在进入正文之前，先简要交代一下西门豹留给我们的另一个文化遗产：佩韦。

佩韦和佩弦

什么是韦？在古人的皮革分类里，动物的皮，带毛的叫皮，没有经过鞣制的生皮叫革，如果经过鞣制，变成熟皮，就叫韦。

熟皮做成的皮绳子也叫韦。古人用竹简写字，把一根根竹简编联起来才能成为一卷书。孔子读《易经》读到"韦编三绝"，就是说他反反复复读得太久了，读到皮绳断了又断。

熟皮之所以能做书籍的装订工具，就是因为韧性好。说到韧性，从造字的方式来看，"韧"是一个形声字，左半边的意符是"韦"，表示这个字的含义和熟皮有关，右半边的声符是"刀刃"的"刃"，表示读音。

《韩非子·观行》有一段记载，说西门豹性子急，所以"佩韦"，随身佩戴一段熟皮绳，时时提醒自己慢下来，要有皮子的柔软和韧性。相对地，董安于性子慢，所以"佩弦"，随身带一根丝弦，时时提醒自己绷紧点。

性子急，佩韦；性子慢，佩弦。后世不再佩戴真正的韦或弦，而是把"佩韦"和"佩弦"当成名字来用。初中语文课本有一篇明末复社领袖张溥写的《五人墓碑记》，在这五人名单里的第一位就叫颜佩韦，他应该天生是个急性子。清朝初年，五人墓破败不堪，诗人邵长蘅在一个春光明媚的日子里经过近旁，看到"路旁剥落三尺碑，云是前朝五人墓"，他不知道"五人"都是谁，于是"借问五人谁，中间突兀颜佩韦"，中间那座墓里埋的就是颜佩韦。（《五人墓行》）

用佩弦做名字的人也有不少，比如我们熟悉的散文名家朱自清，他的字就是佩弦。

李克和他的《法经》

前文提到了魏文侯对宰相人选斟酌不定，请李克给意见的事，其中把魏文侯手下所有能员干将的名字、职位和功劳简明扼要地交代清楚了。

我们先简单梳理一下人名：魏成、翟璜、李克、乐羊、吴起、西门豹、屈侯鲋等七个人，还有不做事却更受尊崇的卜子夏、田子方、段干木三个人。这就是魏文侯的全套骨干班底，再没有其他人了。不过，如果你对初中历史课本的内容还有一点印象的话，你就会发现其中似乎少了一个很重要的人：李悝。

战国时代搞变法的名人，魏国的李悝是第一个，商鞅是最后一个。

这么重要的人，怎么可能缺席呢？当然没有缺席，因为李悝和李克其实是同一个人。对于这个问题，《史记》《汉书》都没搞清楚。原因在于，在秦朝以前的社会，读音和文字都很不规范，因此比较容易出现人名、地名搞混的情况。

李克的变法，搞得相当全面，也相当成功。后来商鞅跑到秦国，随身带的一部书就是李克写的《法经》。商鞅变了秦国的法，汉朝又沿用了秦朝的法，可见李克所开先河的巨大意义。

正因为李克是变法的祖师爷，司马光才会在《资治通鉴》里狠狠删掉了他的戏份。假如《资治通鉴》是王安石写的，李克一定会被头戴光环，事无巨细，大书特书。

李克的《法经》虽然早已失传，但我们至少知道，它是给魏国制定的一部刑法。

刑法并不稀奇，但稀奇的是，李克写的刑法竟然叫《法经》。这是一处很值得留意的细节，因为根据文献命名的传统，《法经》应该叫《刑经》才对。

现代意义的"刑法"以前叫"刑"，"刑"是立刀旁，本义是"杀"或者"切割"。触犯刑法的人，都要挨刀子的。比如《尚书》里有一篇《吕刑》，是西周年间吕侯的刑法专著。

什么又是"法"呢？"法"的偏旁是三点水，东汉许慎编写的《说文解字》对"法"的解释是："法，刑也，平之如水。"意思是说，"法"就是"刑"，但之所以用"法"来取代"刑"，是因为"法"强调的是公平，像水面一样，"法"要做到的就是把一碗水端平。注意，这两个字虽然都是指刑法，但侧重点不一样了。"刑"强调的是自上而下的惩罚，谁不听我的话，我就弄死谁；"法"强调的是公平，在法的面前，除了君主之外，人人平等。不管你是什么身份，什么地位，只要违反了同一条法，就一定会受到同样的惩罚。

所以，"法"这个字本身，就已经昭示了法家色彩。儒家最反感的就是人人平等，因为这是反人性的，谁会把亲爹和陌生人平等相待呢？**儒家理论来自宗法社会，血缘亲情是一切的出发点，法家理论是在相对较大的、人口流动性也更强的社会里诞生的，所以在法家眼里，所有人都是陌生人，既然都是陌生人，当然应该一视同仁。**如果用今天的概念来理解的话，你可以想象成儒家来自小农村，法家来自大都会。

儒家当然也不是无法无天，就算是一家人，也要讲规矩，这个规矩就是"礼"。"非礼"在儒家看来就等于违法犯罪。"礼"是讲区别的，对不同身份的人区别对待。而"法"一视同仁，王子犯法与庶民同罪。为了让大家懂法，立法者还会以成文法的形式，把法律条文向全社会公开，告诉大家哪些行为属于违法行为，一旦违反，会受到怎样的惩罚。

在今天看来，这难道不是很应该吗？但在宗法传统里，这非常不应该。孔子就严厉批判过成文法和成文法的公开，因为大千世界太复杂，有限的法律条文无法囊括人类行为的复杂性。举个例子，《荀子》有一个观点："杀人者死，伤人者刑，是百王之所同也。"意思是说，对杀人犯要判死刑，对伤了人的人要判肉刑,这是一切君王都会执行的规则。这话乍一听很在理,而一旦付诸实行的话,就会发现很难办。如果"杀人者死",那么正当防卫杀了人,该不该死呢?见义勇为杀了人,该不该死呢?过失杀人该不该死呢?有无数种情况都必须考虑进去。但这还不算完,就说正当防卫吧,到底怎样界定它的限度呢?又会有无数种情况。

所以这就是成文法的先天不足,一旦向社会公布,并且依照条文严格执行的话,注定没法把一碗水端平。孔子反对的这种成文法还有第二个先天不足,那就是语言文字总有模糊性,解读空间很大,所以公布成文法,就给聪明人舞文弄法留了机会,导致谁能玩转法律条文,谁就能打赢官司。

如果孔子必须要支持一种法律制度的话,我相信他会首选海洋法系[1],而且会是英国的法律。要知道英国连成文的宪法都没有。在纯正的儒家看来,审判应该按照惯例,由长老们商量着来,这样才能有充分的灵活性来应对任何复杂状况。

李克难道不明白这些道理吗?那倒未必。重要的

---

1 海洋法系,也叫英美法系、判例法系,通常以传统、判例和习惯作为判案依据。

是，他追求的是效率，而不是公平。想要让魏国走上高速发展的富国强兵之路，就必须采取国家本位，而不是个人本位。个人在一起案件里，是否得到了公平处理，这一点都不重要。公布成文法的意义，只在于给社会制定一个简单明确的行为标准，给官员制定一个简单明确的执行标准，把国家迅速带上立法者想要的轨道。比如李克遇到疑难案件，以射箭决定官司的输赢，结果当地群众踊跃练习箭术，迅速提高了战斗力。这样的法律属于目标导向型，对公平性和程序的正当性都不关心。

———————— 040 ————————

捡一捆大豆叶子能有多大罪

到了魏文侯时代，宗法关系已经大大削弱。在此背景下，李克的《法经》对百姓的日常生活制定了一套相当严密的规则并得以推行，哪怕其中一些条款在今天看来尤为苛刻。

盗心甚于行动

我们假设这么一个场景，某人在路边看到一捆大豆叶子，这是当时穷人家的常见食物，不知道是谁掉的，他看看四下无人，迅速把东西拎起来，带回家煮汤吃了。这种把失物据为己有的事情，在今天我们看来，顶多有点道德压力，肯定够不上犯法。

但放在李克的时代，用《法经》来定罪的话，捡了大豆叶子的人可就没那么幸运了，一旦被发现，会受刖刑，一只脚要被砍断。

只是捡了一捆大豆叶子而已，这个刑罚会不会太重了？毕竟没偷没抢。《法经》给出的理由是："为盗心焉。"意思是，虽然没偷没抢，但做了这种事，就说明心里动了偷抢的念头。

"盗心"，只是偷抢的念头而已，为什么要这样重判呢？在李克看来，"王者之政，莫急于盗贼"，要想把政治搞好，把国家治理好，最迫切的事情就是消灭盗贼。

在今天看来，这实在小题大做了，但在春秋战国时代，"盗贼"的含义比今天宽泛很多：小到小偷小摸，中到杀人放火，大到聚众造反，都算盗贼。魏文侯本人其实也算盗贼，他是窃国大盗。不过把盗贼事业做到这种高度，就不会受到惩罚了，反而还有权力颁布法律，惩罚别人。站在魏文侯的角度，一定最怕别人窃了自己的国。所以，对盗贼越是严防死守，政权就越稳固。严防死守必须是全方位的，最好能让所有人在最小的事情上也不敢动越界的小心思。

《法经》细则

《法经》一共六篇，在《晋书·刑法志》里有记载，篇名依次是《盗法》《贼法》《囚法》《捕法》《杂法》《具法》。次序编排很合理，既然盗贼问题是当务之急，那么《盗法》和《贼法》必须摆在开头。要解决盗贼问题，就需要抓捕、审讯和关押盗贼，所以接下来是《囚法》和《捕法》。

《法经》规定，杀人是死罪，它并没有界分谋杀、过失杀人、正当防卫反杀，反正只要杀人就是死罪，除此之外，还要没收家产，把罪犯的妻子收进官府，充当奴婢。如果杀了两个人，连罪犯的母亲也要被收进官府，充当奴婢。

这还比较容易理解，但出人意料的是，《法经》规定议论国家法令和杀人的罪过一样大，也是死刑加上抄家，以及妻子入官为奴。

这一条后来被商鞅学得出神入化：不但说风凉话要治罪，说好话也一样治罪。总之，国家不管颁布什么法令，所有人只有闭嘴服从的义务。从这里，我们就能理解为什么李克变法和商鞅变法能顺手，王安石变法却时时处处都不顺手。

人类作为群居动物，对合法权威的服从性很强，从众心理同样很强，所以，《法经》这个条款的意义，就在于让挑头的人承担他们根本无法承担的代价。

但是，群居动物总有社交需求，几个人聚在一起，难免会议论时事。聚集一多，就越容易酝酿不满情绪。所以保险起见，《法经》还有一条"徒禁"，意思是禁止聚众，聚众一天以上就要被审讯，聚众三天以上就是死罪。

古人言："防民之口，甚于防川。"这个道理，难道李克、商鞅不懂吗？

这句话出自《国语》，说的是周厉王暴虐无道，首都人民很不满。于是周厉王安排巫师充当特务的角色，只要发现有说怪话的人，就抓来杀掉。从此没人敢说话，只能"道路以目"，大家在路上遇到，全靠眼神交流。元老召公劝谏周厉王，讲出了"防民之口，甚于防川"这句名言，意思是堵住民众的嘴，比堵住大河还危险，一旦决堤，就控制不住了。周厉王不听劝，结果三年之后，首都人民联合起来，把他赶下王位，史称"国人暴动"。

周厉王的结局似乎说明了"防民之口，甚于防川"的正确性，但我们必须想到，这件事大约发生在公元前842年，比魏文侯的时代要早4个世纪。那时候还没有礼崩乐坏，更没有中央集权，更重要的是那些"国人"，也就是首都人民，或多或少都和周厉王沾亲带故，算得上周朝的小股东，有一定的政治权利。而那些大股东，比如召公，政治权利更大。他们联合起来，确实可以让天子下台，也的确有这么大能量。

但到了魏文侯的时代，社会格局早已改变，各大诸侯和各大家族都在搞集权，宗法关系要么被打破，要么被严重削弱。在魏文侯治下，不要说普通民众，就连高管也都只是高级雇员，只有魏成一个例外。在这样一种新局面里，管理性质基本上可以说是陌生人管理陌生人，要做到"防民之口"，技术上完全可行。也只有"防民之口"，才能以雷厉风行的姿态推行变法。这时候如果再提什么"甚于防川"，对于魏文侯来说，就和刻舟求剑一样了。

董说的《七国考》和桓谭的《新论》

既然《法经》已经失传，现在为我们所知的《法经》掌故从何而来？这就要从明末清初的藏书家董说说起。

董说名字里的这个"说"跟商朝最著名的宰相傅说有关。董说，字雨若。雨若这个词，出自《古文尚书·说命》。《说命》一共三篇，讲述的是商王武丁如何任命傅说为相，其中，武丁把傅说对于自己的意义比作雨水对于干旱的意义，这就是"雨若"。古人名字里有"说"字的，往往都出自《说命》。

董说是明末复社领袖张溥的弟子，参加过抗清斗争，最后出家做了和尚。

董说平生的最大乐趣就是藏书、读书、写书。董说写的书，最出名的是《西游补》，相当于《西游记》

的一部番外篇。他也搞学术研究，写过一部《七国考》，给"战国七雄"的典章制度分门别类做了考据整理。在魏国的刑法内容里，董说谈到了《法经》，材料是从汉朝学者桓谭的《新论》摘录出来的。

桓谭，字君山，一生跨越了西汉末年和东汉初年。《新论》是他的代表作，曾经被王充拿来和《春秋》相提并论，让桓谭和孔子肩并肩。其实桓谭倒是可以和王充肩并肩，因为这两位都是当时少见的无神论者。遗憾的是，桓谭这部《新论》大约在宋朝就失传了，后人只能从其他著作对它的引述里看到零星片段。那么最合理的推测应该是这样的：董说作为藏书家，手里有着丰富的图书资源，曾经从某本书里看到过对桓谭《新论》的摘引，摘引的内容又恰好是桓谭对李克《法经》内容的概述和摘引，于是董说把这段内容抄录下来，编进了自己的《七国考》。

至于到底是从哪本书里摘抄的，董说并未提及。董说这个人，虽然爱书，又爱读书，但确实不是做学问的材料。《七国考》完全没有学术严谨性，仅在《法经》的段落里，就把桓谭的书名搞错了，《新论》写成了《新书》。所以也难怪有人怀疑这段《法经》相关内容的真实性，甚至怀疑这是董说伪造的。在这里，我们遵从疑罪从无的原则，暂且相信这段内容的真实性。

法律是管理工具还是契约

中西方对于法律的认识有很大差异。把法律当作一种管理工具还是一种契约，体现出两种完全不同的社会治理模式。李克的《法经》条目森严，对私人生活的其他方面也有相应的规定。

禁止一妻二妾

你可能有一种印象，古人只要养得起，三妻四妾很正常。的确，一夫一妻多妾从来都是古代社会的常态，家庭里的尊卑关系很清晰：妻子服从丈夫，妾服从妻子；妻子生的儿子是嫡子，嫡子当中的老大是嫡长子，拥有合法继承权，妾生的儿子叫庶子，没地位。多数时候，哪怕一夫一妻几十个妾也是正常的。

但是《法经》很另类，它明确规定，不可一夫多妻："夫有二妻则诛，妻有外夫则宫。"如果男人有两个妻子，便是死罪；如果妻子在外边有男人，要处宫刑，破坏生殖器官，剥夺生育能力。

严厉处罚一夫二妻或妻子有情人，这还好理解，大概是因为这样会引发继承权纠纷，在任何时代都会被禁止。但更特别的是，《法经》居然规定："夫有一妻二妾，则刑聝（guó）。"一个男人最多一妻一妾，如果有一妻二妾，就是违法的，要被割掉耳朵。

为什么《法经》会管这么多呢？

《法经》认为，这叫"淫禁"。"淫"有"过度"的意思。也许李克立法的初衷，是想让女性资源在男人当中尽可能地平均分配，这对社会稳定会有好处。

但问题是，在古代社会，普通老百姓可能养活一个老婆都很困难，养得起三妻四妾的，多半是公子王孙、达官显贵，这种法律规定，他们能遵守吗？如果他们犯法，法律会不会一视同仁呢？《七国考》中的《法经》摘录对此没有提及，但其中提到了几条针对大人物的法律，可以触类旁通。

《法经》时代的以法治国

受贿罪，这个罪名当然只针对大人物。犀首是一个高级职位，《法经》规定，自犀首以下，受贿是死罪。但如果受贿额度太低，不超过某个限度的话，只要交罚款就可以了。若论官阶，丞相最高。如果丞相收受贿赂，要不要杀？法律无情，当然要杀，但不是杀丞相本人，而是杀丞相的助手。

那么，如果太子犯法，会不会与庶民同罪？当然不会，但情形和丞相相反，太子反而受罚更重。比如，《法经》严禁赌博，违法的人要交罚款，如果太子赌博被抓到了，就要挨打，具体的打法就是"笞"，用鞭子或者竹条抽。如果太子又去赌博，再次被抓，处罚就升级为"特笞"，狠狠地抽。第三次被抓到，就废了他的太子身份，另立一位太子。

那么，如果国君违法，会不会与庶民同罪？答案非常简单明确：绝对不会。

魏侯以下，都要守法，魏侯本人处于法律之上。这是法家最基本的立法精神，无论法律多么一视同仁，但最高统治者一定要在法律之上，不但不受法律限制，还有权干涉法律。这个法律精神贯彻了古代社会始终。如果了解乌台诗案的司法流程，就会发现，虽然北宋的法律建设高度发达，权力制衡的设计非常巧妙，但皇帝只要想干涉，很简单就可以一锤定音。

理解这一点，是理解中国历史的关键。**法律的意**义，在于最高统治者可以"以法治国"，重点是那个

"以"字，它的意思是，最高统治者"运用"法律来治理国家，法律是一件管理工具，法律的属性是工具属性。

对照西方历史，我们会发现，西方法律在很大程度上是契约属性。今天我们经常说起"契约精神"这个词，但"契约精神"既不是从商业行为发展来的，也不是从政治关系发展来的，而是从更加古老的人神关系发展来的。

我们知道，《圣经》分为《旧约》和《新约》两部分，《旧约》记载的是耶稣以前的以色列古代史，《新约》记载的是耶稣和使徒们的事迹。犹太教只认《旧约》，不认《新约》，基督教立足于《新约》来理解《旧约》。但无论是《旧约》还是《新约》，相同点是：它们都有"契约"的含义。

所谓"旧约"，是上帝和以色列人或者说犹太人订立的契约，所谓"新约"，是上帝借着耶稣和信徒重新订立的契约。上帝和人类之间就这样构成了一种契约关系，只要人类不违约，上帝就有义务守约，而人类一旦违约，上帝就会按照约定，让人类承担相应的违约责任。

契约精神

订立契约，应该基于互利互惠的目的，人类当然有求于上帝，但上帝难道也有求于人吗？是的，上帝还真的有求于人，那就是让人尊奉自己为唯一的神，绝不可以崇拜别的神。

《旧约》里的上帝并不是全人类的神，而是以色列人的保护神，或者说战神，而其他民族也有各自崇拜的神。以色列的先民意志很不坚定，很容易违约去崇拜别的神，所以经常受到上帝的惩罚。

实际上，犹太教的《圣经》，也被称为《希伯来圣经》，它和基督教《圣经》当中的《旧约》并不是完全重合的，这里暂且不究细节。

为什么契约要分出新旧呢？这首先是一个立场问题：只有站在基督教的立场，契约才有所谓的新旧之分。在基督徒看来，上帝和犹太人虽然早早就订立了契约，但犹太人不断违约，上帝这才废除了与犹太人的契约，不再把犹太人当作自己的选民，转而与所有相信耶稣的人订立新的契约，这就是《新约》。

当基督教树大根深之后，《旧约》的地位自然减弱，人们不再需要借着《旧约》来理解《新约》了。站在基督教的立场，当上帝和人类立下新的契约之后，原先的契约当然也就没那么重要了。但是，站在犹太教的立场，契约只有一部，世世代代都应该遵守，这部契约自然不该叫《旧约》，而既然无所谓旧，也就无所谓新，所谓《新约》并不成立，耶稣也不是神子，而只是一名普通的先知。

事实上，《旧约》里的人神契约不止一份。通读《旧约》就会发现，上帝竟然在不断地与人立约，或者说，不断废掉旧的契约，订立新的契约。比如在著名的大洪水事件里，上帝不满意人类的堕落，降下一场全球性的大洪水毁灭众生，只有好人挪亚一家事先得到警告，提前造了一艘方舟，载着各种成双成对的飞禽走兽逃过一劫。洪水结束之后，上帝和所有幸存者立约，承诺再也不会有洪水来毁灭生命了。这项契约永久生效，并且，上帝还特别为它做了一个记号：彩虹。上帝只要看见彩虹，就会想起这项契约。

这项契约，通常称为挪亚之约。彩虹的登场告诉我们：契约是需要标记物的，比如图章或亲笔签名。整部《旧约》，或者说整部犹太教的《圣经》，最重要的标记物只有一个——割礼。

从这项契约开始，犹太人成为上帝的选民。所谓选民，就是被上帝挑选出来，专门加以保护的民族，上帝也因此成为犹太人专属的上帝。犹太人的选民意识，就是从这里来的。

订立新约，又是用什么做标记呢？旧的标记物还会继续生效吗？

订立新约的标记物，在今天很容易见到。基督教有一个圣餐礼的仪式，基督徒会喝葡萄酒，吃一种特殊的、没有经过发酵的小圆饼，葡萄酒象征耶稣的血，饼象征耶稣的身体。《新约》里的福音书记载了最后的晚餐，那一天是犹太人最重要的宗教节日——逾越节，按照传统，这一天应该杀羊羔给上帝献祭。傍晚，耶稣和十二门徒一同吃饭，耶稣知道犹大已经出卖了自己，自己即将被捕、被杀，于是，他把无酵饼掰开，分给门徒，说这是自己的身体，为众人而舍，饭后又端起葡萄酒杯，说道："这杯酒是用我的血所立的新约，这血是为你们流的。"（《路加福音》22）

在基督教文化里，契约无所不在，古代欧洲的地理局势和封建制度又刚好能让很多世俗势力达到僵持不下的状态，通过契约立规矩。而中国接受的外来宗教，最能开枝散叶的是佛教，而不是基督教。佛教有经、律、论三分法，其中的律，从表面看是戒律，本质其实就是佛教内部的法律，而这套法律完全能够与中国本土的法律精神相呼应，是一整套具有工具属性的管理方法。而且它也和中国本土的世俗法律一样，不断靠打补丁来应对新问题，结果越搞越烦琐，甚至形成了被称为"律宗"的一大宗派。

佛教以律管理僧团，世俗以法治理国家。所谓"以法治国"，"治国"才是法律的目标，个人权益几乎不会受到重视，哪怕牵连无辜者也无所谓。《法经》有的一条禁令——城禁，意思是严禁翻越城墙，违法者死。如果10人以上结伙翻越城墙，那就不仅仅是死罪了，这些罪犯全乡、全族的人都要杀光。

这样的立法初衷，应该是让亲戚和邻居之间彼此监督，彼此约束，降低执法成本。

所以不难理解为什么儒家会看不惯法家，当然，法家也同样看不惯儒家，认为儒家的刑法思想过于理想化，不切实际。所谓法家，即是严刑峻法。

儒家说"刑不上大夫，礼不下庶人"。但到了李克这里，贵族犯法，也要处以肉刑。肉刑是不是就是更有威慑力的惩罚呢？这个问题仍待探讨。

—————— 042 ——————

肉刑一定是重罚吗

法家特别爱用严刑峻法，甚至不惜施以肉刑。既然儒家不认同法家，那么儒家怎么对付犯罪呢？如果不施以肉刑，仅靠教化，能否达到治国的目的呢？

肉刑和象刑

《汉书·刑法志》追溯刑法的历史，说在禹统治时期，社会风气已经不如以前好了，无法沿用尧、舜两位大圣人的统治方式，无奈之下，只好发明了肉刑。后来社会风气越来越坏，肉刑就被沿袭下来。豫让暗杀赵无恤时伪装手法就是"诈为刑人"，即把自己弄残，让自己看上去像是受过肉刑的人。

肉刑共有五类，合称五刑，分别是墨、劓（yì）、刖、宫、大辟。墨，是在脸上刺青；劓，是割掉鼻子；刖，是把脚砍断；宫，是损害生殖器官，对男女罪犯都适用；大辟，就是杀。从考古发现的遗骸来看，杀的手段有砍头、腰斩，也有活埋。

儒家所谓的"刑不上大夫，礼不下庶人"，"刑"就特指肉刑。大夫以上的贵族阶层，无论犯多大的罪，也不能用肉刑惩罚。

也许有人会说，尧舜时代社会风气太好了，肉刑没有存在的意义，甚至根本想不到这样的刑罚。

其实，就算是尧舜时代，也难免会遇到好人犯错的问题，尤其是犯了大错，难道他就可以不受惩罚吗？比如，张三不小心点着了李四家的房子，烧死了李四全家老小，或者因为三角恋爱，平日温良恭俭让的年轻人一时间血气上涌，激情杀人，难道不会被制裁吗？

制裁当然要有，而且制裁手段还是五刑。但不同的是，尧舜时代的五刑，称为"象刑"。

"象"是象征的意思，顾名思义，所有惩罚方式都是象征性的。该处以墨刑的，戴一个黑色的头巾就可以了；该割鼻子的，系上草编的帽带；该砍脚的，穿上特殊的麻鞋；该处以宫刑的，把衣服的前襟剪去一截；该砍头的，穿上红色的、不缝边的、没有衣领的衣服。（《太平御览·刑法部》引"慎子曰"）

可能大家会认为，开玩笑吧，这种惩罚有什么用？荀子在文章里也提到了象刑，并对象刑持怀疑态

度，认为刑罚和罪行相当，社会才能治理好。(《荀子·正论》)

霍桑的《红字》

其实，这种象征性惩罚不光中国有，外国也有。

19世纪的美国小说家霍桑有一部代表作《红字》，故事背景设在北美殖民地新英格兰。女主角海斯特·白兰年轻时嫁给了一个丑陋、伪善，年纪大自己很多的男人。后来丈夫失踪，白兰在寂寞的等待中爱上了一个青年牧师。他们有了爱情的结晶，导致秘密恋情暴露，结果白兰入狱，在狱中生下了一个女儿。那个不近人情的清教徒小镇为了惩罚白兰，让她在胸前佩戴一个红色的 A 字，那是通奸（Adultery）的首字母，她必须终生戴着这个耻辱的标记。

以上概述是站在作者立场来讲的，如果用世俗道德的腔调重新表达一遍的话，应该这样说：海斯特·白兰在丈夫失踪之后，空床难独守，凭着有几分姿色和狐媚子的劲儿，竟然勾搭了一个小白脸儿，啧啧啧，还是一个牧师。这个臭不要脸的女人犯下了通奸大罪，要不是因奸成孕，险些逃脱了正义的制裁。但是，充满基督宽容精神的清教徒小镇并没有把她浸猪笼，而仅仅让她在胸前佩戴了一个红色字母 A，委婉地提醒她曾经铸成的罪孽，希望小镇上的其他人会因为看到这个标志而和这个罪人保持距离，并且引以为戒。天哪，看看这个小蹄子的贱相吧，体面的男人女人可得离她远点儿。

似乎最能体现宽容精神的一点是，女主角胸前的那个红字是由她自己绣的。小说里的描写是："在她衣服的胸部，现出了 A 形的字，那是精美的红布制成的，四周有金线织成的细工刺绣和奇巧花样。这个字做得非常地雅致，具有丰富华美的想象力，真成了她所穿的衣服上最完美的装饰。她那身衣服也十分华美，很合乎当代的趣味，但却是远远地超出了殖民地的节俭法令所许可的限度[1]。"

《红字》虽然是一部小说，但社会背景是真实的，殖民地时代真的有过这样的法律。那么绣在胸前的这个红色的 A，不就是象刑吗？

象刑和肉刑有一个共同点，那就是让罪犯可以被人很容易从外观上识别出来。肉刑当中，最轻的刑罚是墨刑，不过是在脸上刺字，单从痛感上说，比挨一顿鞭子轻松多了。但皮鞭和棍棒都不在五刑系统之内，

1　[美]霍桑：《红字》，侍桁译，上海译文出版社 2002 年版。

因为它们没法起到辨识的作用。五刑当中，无论刺青还是砍脚，都会在犯人的身体上造成永久的、无法修复的伤害，任何人看到一个男人身上有这样的伤，心里会立即把它翻译成三个字：大坏蛋。同样道理，任何人看到一个女人胸前有一个红色的 A，也会立即把它翻译成三个字：小破鞋。于是，"大坏蛋"和"小破鞋"们虽然并没有遭到放逐，但他们的生活已经形同放逐了。

海斯特·白兰生活在一个清教徒小镇，清教徒的道德洁癖注定会让她受尽歧视。白兰虽然有着罕见的倔强，甚至会用上乘的刺绣手艺给自己绣出那个 A 字，以显示自己的不屈服，但在那样的环境里，她也几乎被逼疯了。

荀子的挑战

象刑在古今中外广泛存在，只不过很多实质上的象刑并没有被人们当成象刑来看待。《旧唐书·吐蕃传》记载了吐蕃的风土人情，说吐蕃人特别看重勇士，打仗时，要等到前队的人都死光了，后队才接着上。战死最光荣，病死最窝囊。如果一家人祖祖辈辈的男丁都是战死的，这家就是第一等的高门大户。在这样的风俗下，临阵败逃的人会受到怎样的惩罚呢？吐蕃的做法是，既不杀，也不打，只是在他的头上挂一根狐狸尾巴，表示这个人像狐狸一样胆小，在人多的场合，拉着他走上一圈。在吐蕃人看来，遭这种羞辱，痛苦程度仅次于死。

但荀子作为一个很不纯正的儒家学者，觉得象刑论者都把事情想拧了，重罪轻罚很不合理，如果象刑真的存在，也只能存在于当今乱世，而不可能存在于尧舜时代的太平盛世。真相应该是太平盛世的刑罚重，乱世里的刑罚轻。（《荀子·正论》）

荀子的逻辑还是很清晰的。不难想象，一个社会如果真的重罪轻罚，就等于鼓励大家为非作歹。好比今天的交通法，如果把酒驾和闯红灯的处罚标准改成不扣分，罚款两毛钱，会有什么后果。

但是，荀子的逻辑虽然没什么毛病，前提却错了。象征性的惩罚真的算是重罪轻罚吗？这就能够看出荀子的时代局限性了。

用战国时代的眼光来看象刑，当然会认为这是重罪轻罚。用今天的眼光来看，似乎也是这样。但是，人类学研究告诉我们，在原始的部落生活里，象刑的惩罚力度一点都不轻，受了象刑的人可能真的会感到生不如死。

—— 043 ——

放逐为什么是可怕的惩罚

按理说，象刑确实只是一种象征性惩罚，不必坐牢、不疼不痒，似乎心理强大一点、脸皮厚点，也就过去了，对人造成不了实质性伤害。实际上，象刑可不是不疼不痒的惩罚，它的本质其实是一种变相的内部放逐。

从孤立到放逐

今天的人也许不太能理解放逐的意义，会想放逐有什么了不起，不跟你们混了，换个地方从头来过，我还落得清静。

首先，我们可以通过个人经验来理解放逐。很多人都听说过，甚至经历过校园霸凌现象。校园霸凌不一定表现为暴力形式，最常见的形式是孤立，比如全班多数人，甚至所有人串通起来，不和某个同学说话、交往。成年人当然觉得这无所谓，反而乐得清静，但对于小孩子来说，班级的社交圈几乎就是他社交圈的全部，他会极其在意来自同伴的评价，努力地和同伴们在方方面面保持一致。一旦有什么明显的不一致，就很容易被群嘲、被孤立。如果全班都穿运动鞋，只有一个同学穿布鞋，他要面对的后果将是灾难性的。所以小孩子向家长要钱买东西时，最常见的理由就是"大家都有"，而家长最常用的回答是"凭什么别人有的你就一定得有"。这些家长都忘了自己当初是怎么从小孩子成长起来的了。

荀子如果有机会读到《红字》，一定不会再认为象刑属于重罪轻罚了。至于今天的我们，只要想想在一所小学里，如果同学们都穿着学校规定的干净整洁的校服，只有一个同学每天都穿得肮脏邋遢，他会被排挤和奚落到什么地步。

同样地，在人类社会早期，处罚本族成员，最狠的办法不是杀，而是放逐。这种放逐，不是把人流放到某个特定地点，比如西伯利亚；也不像古希腊，城邦林立，此处不留爷，自有留爷处。放逐，是把人驱逐出族群。对于原始部落来说，外面的世界就是毒蛇猛兽和异族敌人，充满凶险和恐怖。本族人不忍心施加的惩罚，会假手大自然和外族人去做。放逐的本质，就是最彻底的孤立，最残酷的谋杀。

《旧约·创世纪》里，该隐和亚伯的故事就特别有人类学的解读意义。该隐和亚伯是亚当和夏娃的儿子，该隐嫉妒亚伯，谋杀了他。上帝对该隐的惩罚是让他"流离飘荡在大地上"，其实就是放逐的意思。该隐不服气，觉得上帝判得太重，自己吃不消。

如果我们站在上帝的角度，一定会对该隐说："杀人偿命，何况你谋杀了自己的亲弟弟，罪大恶极，没判你死刑就算法外开恩了。现在没打你，没骂你，只是放逐而已，你竟然还嫌判得重？"

但上帝竟然体谅了该隐，被他这么一申诉，还真的变相给他减刑了。

我们也来体谅一下该隐好了：在那样一个蛮荒时代，一个人被同伴们抛弃，独自面对广大而未知的世界，太惨了。**人必须在群居中协作，才能在自然界中生存，单个人几乎谈不上任何生存能力。人之所以特别害怕孤独，是亿万年的进化史牢牢写进基因里的。**

所以，根据《尚书·尧典》的记载，舜的时代有所谓"四恶"，是社会上最坏的四个人，最终被放逐到不同的地方。而象刑，其实就是惩罚程度稍微弱一级的内部放逐。

战国新时代

荀子之所以不能理解象刑的意义，是因为他所生活的战国时代，社会规模已经变大很多，人口流动性特别强，象刑背后的逻辑已经无法适用了。如果荀子做了杀人放火之事，政府对他处以象刑，让他穿上一件没有领子的红衣服，他转身就可以把衣服一换，坐车出国，在崭新的群体里开启崭新的人生。

荀子对象刑的不理解，恰好可以说明战国的时代特色。要管理新时代里的新社会，应对新的国际格局之下的新压力，刑法思路肯定要变。兜了这么大一个圈子，再回头看李克的《法经》，现存的条款里，一切惩罚全是实实在在的大杀大砍，并且还要株连亲人。这就意味着，在新的社会格局里，人们的荣誉感和羞耻心已经淡漠，士大夫并不比平民更有高贵感，大家看重的都是真金白银的利益，惧怕的都是刀砍斧剁的伤害。这时候回看一下豫让，简直是旧时代的最后一片霞光，璀璨得让人伤感。就算他太走极端，就算他多少有一点矫揉造作，我们也更容易宽容，在宽容之外生出欣赏的态度。

那么，李克施行这样的严刑峻法，对于战国这样的时代有没有用呢？

乱世都有一个共通的特点：不怕死的人多了，不怕死的人的成功机会也多了。光脚的不怕穿鞋的，横竖都是烂命一条，为什么不去铤而走险搏一搏呢？

《老子》中有一句名言："民不畏死，奈何以死惧之？"

当时的统治者听到这句话会怎么想？其实，他们不会认为严刑峻法不管用，因而把政策调整得温和一点。相反，他们的真实反应是这样的：不怕死有什么了不起，比死可怕的事多着呢。

于是，战国时代的政策会向着三个方向发展：

第一，让死变得更残忍。五刑已经很残忍了，在五刑的基础上，又发展出了所谓"具五刑"，也就是在犯人身上轮流用五刑，等把他折磨够了，最后才砍头。砍头之后，剩下的身体还要在大庭广众之下被剁成肉酱。后来还有车裂、凌迟、煮刑等。

第二，株连亲属。就算一个人既不怕死，也不怕虐杀，总会心疼父母和老婆孩子，所以株连政策总能把这种人吓住。

第三，如果一个单身汉了无牵挂，株连亲属吓不住他，那还有全乡全族的连坐政策。只要一个人犯法，就杀光他的全乡全族。没错，他是可以不在意这些人的性命，但这些人都会在意自己的性命，所以平日里会有足够的动力来观察本乡本族的异动，发现苗头就立刻制止。

乡是行政区划概念，族是血缘聚居概念。在人口流动性增大之后，一个乡的人未必沾亲带故，即便这样也要被牵连。同族的人未必住在同乡，哪怕走动不多，也要被牵连。李克这是用上了"立体交叉火力"，最大限度地规避百姓犯法的风险。

李克的连坐办法后来被商鞅发扬光大，再往后的两千多年间，历朝历代或多或少都有继承。这当然很野蛮，但即便是很有儒家或道家风格的皇帝，也很难把它废除。

―――――― 044 ――――――

野蛮的连坐制度为什么难以废除

连坐制度为什么废除不了，废除的阻力在哪儿，其实是一个管理问题。某种程度上来说，连坐是一种很有效的预防违法的组织管理方式。

猜忌的用处

统治者总会面临信息不对称的难题，怎样才能让信息的传递过程高效而不失真呢？在古代的科层制管理结构里，信息传递的节点太多，欺上瞒下的事情很难免。最容易想到的对策就是特派员制度，皇帝直接委派一些人亲临一线，考察实际情况，直接向自己汇报。

问题是，就算这些人全都忠心耿耿、尽职尽责，但皇帝毕竟不是超级计算机，很难承受得住这么大的工作量。这种时候，连坐制度的优势就显现出来了：所有人都有双重身份，既是臣民，也是特务，你监督我，我监督你。每个人都要监督很多人，每个人也要被很多人监督。这样一来，皇帝的管理成本当然锐减。

因此，来自皇帝的顶层制度设计通常会有一种拆散团结、鼓励猜忌的倾向，而最有意思的是，在团结和猜忌之间巧妙地拿捏分寸。

比如打仗时，同一个小组的成员应该齐心协力，为战友两肋插刀。但律法规定，如果有人违法，其他人都有检举揭发的义务。否则，案发之后就要连坐。在正常的人类感情里，如果想到自己会因为一点小事情就被战友检举揭发，恐怕很难在战场上生出与他生死与共的心。但战友若不这样做，就会招致严刑峻法的制裁。所以不难理解，假如法律的约束力稍有松动，彼此心存芥蒂的战友不再因为惧怕连坐制度而刻意保持团结，这就导致昨天看上去还众志成城的队伍可能突然就散掉了。

1975 年，湖北云梦县睡虎地秦墓出土了大量竹简，其中很多都是法律条款和行政公文，有一条法律是这样说的：如果有贼人闯进了某甲的房间，打伤了某甲，某甲大声呼叫，那么街坊四邻都有出手相救的义务，否则就要受罚。还有一条：如果有歹徒在路上伤人，那么百步之内的人都必须冲过去救人，否则就要受罚。

这就意味着，见义勇为变成了当时法律规定的硬性义务。我们会发现一个不知道到底算不算严峻的问题：如果道德问题通通变成法律问题，道德也就没有存在的意义了。一个彻底没有道德的社会，到底好不好呢？一个彻底没有道德的社会，能不能维持下去呢？我们不妨推测一种极端情景——战争。

战场上的同生共死

战友如果做不到同生共死，仗当然打不好，这很容易理解，所以连坐制度逼着他们同生共死。在连坐制度出现之前，战场上的同生共死，曾经只是一个道德问题，它并不是法律的硬性规定，而是来自贵族武士心中的道德感、荣誉感。

虽然春秋时代的特点是礼崩乐坏，但其实礼并没有完全崩，乐也并没有完全坏，古老的贵族精神依然随处可见。即便到了春秋时代的末期，贵族的荣誉感依然在社会上发光放彩。

前文在讲到智瑶和韩、魏两家的族长乘坐战车，视察前线的事时说过，一辆战车定员三人，分别是驾驶员、弓箭手和长戈手。这样的组合，近距离可以劈刺，远距离可以射杀，周围的步兵还可以用战车来做掩护。春秋时代的车战充分洋溢着武士道精神，同一辆战车上的三名战友以同生共死为最高追求，一旦有一个人战死，另外两个人如果不想失去贵族荣誉感的话，就必须和敌人拼命，决不能活着回去。

公元前487年，吴国北上进攻鲁国，一战之后，吴王看到鲁国军队里有同车三人一起战死的情况，由此判断出鲁国的武士道精神没垮，就不想再打下去了。三年之后，鲁国又和齐国打仗，鲁国贵族公为有一个宠爱的小男生，名叫汪锜，两个人同车出战，一道战死。汪锜还未成年，依照礼制，葬礼规格低，但鲁国人征求了孔子的意见，专门为汪锜破格，用成年人的葬礼规格安葬了他。(《礼记·檀弓下》)

在道德环境下，对于道德行为并没有硬性要求，同乘一辆战车的战友就算有活着回来的，虽然会被鄙视，但不会被治罪，连象刑也不会有。而如果完成了道德要求，同生共死，就会赢得荣誉，获得表彰。就像今天的社会，对于见义勇为并不强求，但如果有人见义勇为了，就会受人敬佩，甚至获得政府颁发的见义勇为奖励。

但法家治军，对同生共死的问题并不考虑荣誉感，只需要权衡效益。我们可以看一下《商君书》，这部书的主要内容是商鞅写的，其中也掺杂了其他法家人物的手笔。《商君书》中提到了军队编制中最小的组织单位：伍。伍是步兵编制的最小单位，顾名思义，五个人组成一伍。打仗时，这五个人必须全力协作，互相保护，谁都不能死，如果死了一个人，另外四个就要受刑。

规定到了这一步，看上去只是把传统的武士道通过法条硬性规定下来，但商鞅显然觉得这样不划算，所以这条法令还有下文：如果另外四个人能取得一名敌人的首级，就可以免罪。(《商君书·境内》)

车兵和步兵

前边讲到同车作战的战友，最多只有三个人，为什么到了商鞅这里，就变成五个人一组了呢？是战车变大了吗？并不是，车兵都是三人一组，凡是五人一组的，都是步兵。步兵虽然并不是新兵种，但地位一直很低，对于地位低的人，本来就没有那么多荣誉感方面的要求。公元前541年，晋国和狄族人打仗，正式交锋之前，晋国军官魏舒认为必须改变打法，因为对手都是步兵，自己这边是车兵，而战场地形逼仄，车兵施展不开，所以车兵应当下车，组成步兵阵型攻打对方。

具体的改编方式，叫作"五乘为三伍"，五辆战车定员十五人，下车编成三个伍，每伍五个人。这对车兵来说有失身份，所以有的车兵拒不下车。魏舒把抗令的人杀掉示众，这才使车兵变步兵，打赢了这一仗。（《左传·昭公元年》）这位魏舒，就是魏文侯的四世祖。

在魏舒生活的时代，乃至更早的时代，步兵的存在感很弱，甚至都没有独立建制，仅仅作为战车的附属而存在。晋国因为经常要和山区的狄族作战，被迫发展出了独立的步兵建制。而中原诸侯之间的常年征战，车战才是主旋律。

在广袤的平原上，几百上千辆战车像集群坦克一样往来厮杀。考虑到一辆战车由四匹马来拉，冲击面甚至还要超过坦克。屈原的《国殇》这样描写车战场面："操吴戈兮被犀甲，车错毂兮短兵接。"这就是成语"短兵相接"的出处。

这个成语常被误解，认为"短兵"指的是刀剑之类的短兵器，其实刚好相反，它指的是戈这种长兵器。所谓"短"，只是相对于弓箭这种远程攻击武器而言的。

战车有一种特殊的设计，车轴并不是两端连上车轮就好了，而是延伸出去很长一截。延伸出去的这一截，在战车飞驰时，既是两根挥舞如飞的大棒，可以有效地攻击敌人，也是很好的防御武器，避免敌人的战车太过接近。自己的战车和敌人的战车交错而过，就是屈原所谓的"车错毂"，因为双方的战车都有这个延长出来的车轴，所以彼此必须保持一段距离。这个时候，双方战车上的"车右"，也就是右边那个手持长戈的武士，舞动长戈做出近距离的攻防，这才是真正的短兵相接。

车战给我们留下的词汇还不只"短兵相接"这一个，今天仍然常用的"周旋""角逐"等词语，原本都是车战中战术的专有名词。

驾驭战车也好，在奔驰的战车上射箭、搏击也好，都是高难度的动作，战车之间的配合难度就更高了。练习这些本领，原先只有贵族阶层才有这个闲工夫。至于配合战车的那些步兵，并不需要怎么操练，只要在打仗时跟着起起哄，鼓舞一下士气，行军时搬搬扛扛，打打下手，就像桑丘之于堂吉诃德。而到了战国时代，贵族和战车一起没落，步兵的重要性反而与日俱增。对于这些平民出身的步兵，贵族荣誉感根本行不通，为了维持军队的战斗力，连坐一类的法令应运而生，所以我们才会看到《商君书》对"伍"的那种只讲功利而不近人情的严格要求。秦朝以后，随着贵族传统的彻底瓦解，连坐之类的法律也就变得越来越有实用意义了。

从贵族车兵到平民步兵的转变，首先是因为田亩制度的变革。这就像现代经济学常说的"外部性"，一项有着既定目标的经济政策难免会产生意料不到的外部性。李克的变法，除了刑法之外，也有农业方面的内容，车兵的衰落和步兵的崛起也与变法有很大关系。

—————— 045 ——————

农业改革的目的是民生吗

公元前 589 年，《资治通鉴》起始年的 186 年前，齐国在新筑打败了卫国，新筑大夫仲孙于奚救出了卫国的主帅，凭借这份功劳拿到了曲县（xuán）和繁（pán）缨的赏赐，这都是属于诸侯才能有的待遇。这件事还有后续，李克的农业改革就要从这里谈起。

田奎和战车

话说卫国吃了齐国的亏，不服气，找晋国求援：您是江湖大佬，小弟被齐国打了，您可不能不管！晋国想的是：对啊，我是江湖大佬，我要有担当，哪有不平哪有我！走，打齐国去！

但齐国毕竟也是大国，不好打。晋国为此出动了空前的兵力——八百乘，兵车足有 800 辆。春秋时代著名的鞌（ān）之战就这样打响了。作为决战地点的鞌，大约在今天山东济南的西郊。齐国战败求和，晋国提出了两个很苛刻的要求：第一，要齐国国君把亲妈送到晋国做人质；第二，要齐国把国内的田垄都改成东西走向。

第一个要求在当时的社会很常见。但第二个要求就很奇怪了。田垄的走向原本是根据土地情况来的，既有东西向的，也有南北向的。很多人读史书，都不明白晋国为什么偏要改齐国田垄的走向。要解这个迷，得了解山川地理，还得了解当时的社会背景。要知道，晋国和齐国地理位置一西一东，晋国如果想进攻齐国，行军路线是由西向东。那时候打仗主要靠战车，如果晋国的兵车经过南北向的田垄，就必须减速，否则一步一个坎，颠簸起来受不了。如果齐国的田垄改成东西走向，就等于给晋国的战车修了一条超宽的高速公路。可见战车虽然很厉害，但它的机动性会受到田垄走向的影响。

随着时代的发展，田垄对兵车的影响越来越大。

周朝的农业制度是著名的井田制。井田制到底是怎么回事，后世已经无法彻底弄清，但至少可以确定的是，井田的耕作方式很像农村公社。所谓井田，顾名思义，田亩的划分就像"井"字一样，横平竖直，规规整整。在平原地带，不难规划出既广袤又规整的农田，边边角角的地方都可以不要，反正地广人稀，种不过来那么多地。早先国与国之间也没有明确的边界，模糊地带非常多，任凭野草自然生长。广袤的农田上，既有公田，也有私田，私田的收成归自己，公田的收成归领主。可想而知，谁都没有积极性，为了提高公田的收成而多出力。领主通常的办法是派出监工，通过监督来保证收成。

这样的土地格局，可以让战车所向披靡。两军决战，基本上就是编好阵型的战车在旷野上对冲，一天之内就能结束战斗，一战定胜负。

在战车的隆隆声里，世界悄然发生着变化。弱肉强食的厮杀过程中，一方面诸侯国越来越少，一方面存活下来的诸侯国越来越大。要想做大做强，就需要更多的粮食和更多的军队。怎样才能得到更多的粮食？抢地盘和开荒都是办法，但有了土地还不够，还需要提高农业人口的生产积极性。那就不要什么井田了，不如包产到户收租子。另一方面，种地确实比以前轻松，而不大需要集体协作了，因为牛耕在推广，铁器也普及了。铁质的农具不但耐用，而且价格便宜。生产力一提高，人们就想占有更多的生产资料，边边角角的土地都利用起来，见缝插针，开荒的积极性也大大提高。但是这样一来，田垄肯定到处都有，横七竖八。

尽地力之教

李克的农业改革就是在这样的背景下提出来的。

李克对农业的改革有一个核心纲领，叫作"尽地力之教"，意思是说，要把土地的潜力充分开发出来。怎么充分开发呢？首先是精耕细作，其次是杂种五谷，万一哪一种农作物遭受病虫害，至少还有其他几种农作物安然无恙。田垄的空当也必须利用好，多种瓜果，发展副业。住宅旁边也要多种桑树、果树和蔬菜。

李克为什么要"尽地力之教"呢？这显然需要一个前提，那就是能用的土地都用完了，连边角地块都不剩了。实在没有可以开发的新土地之后，精耕细作才会变成当务之急。而当土地已经被开发利用到这种程度，井田制时代的横平竖直的规整田垄所剩无几，未被开垦的模糊地带也消失了。从中我们不难理解战车为什么会走下坡路了。

"尽地力之教"，带动了农业发展。粮产量提高当然是好事，但好事总会伴随着麻烦，那就是谷贱伤农。

价格永远是由供求关系决定的。粮食大丰收了，供大于求，价格卖不起来，农民收入减少，生产积极性受挫，第二年谁还愿意继续精耕细作呢？

粮食属于需求弹性很低的商品，薄利也很难多销，毕竟人的饭量有限，不可能因为粮价腰斩，每天的饭量就能翻倍；如果遇上天灾，粮食减产，就算卖出天价，人也不能不吃。所以李克要让政府干涉市场，利用政府的粮食储备能力来稳定粮价，这就是所谓"平籴法"。

平籴法把丰年和灾年分别分成三等。丰年时，政府按照丰年的相应等级出钱购买余粮，不让农民吃亏；灾年时，政府按照灾年的相应等级平价出售存粮，不让百姓挨饿。

平籴法很有开创意义。后来历朝历代搞的均输平准和常平仓之类的措施，都是从平籴法的思路变化来的。

寓兵于农

从结果上来看，"尽地力之教"和"平籴法"的确促进了魏国百姓的民生，不过李克主导的魏国变法，重点还是在富国强兵。

《淮南子·人间训》里记载了一个故事，主人公名叫解扁，在魏国东部担任地方官。他有一次呈报账目，治下的地方财政收入竟然增加了3倍。于是财政官请求魏文侯嘉奖解扁。国土既没有扩大，人口也没有增加，收入突然增加了这么多，是怎么做到的呢？

财政官说，是解扁让当地百姓利用冬天农闲时间上山砍树，等到春天，再把砍下来的木材顺着河道运出去卖，所以才有了额外的收入。

但魏文侯说："老百姓春天要播种，夏天要耕耘，秋天要收割，只有冬天才能休息。如果连冬天也让他们干活，这是要把他们累死啊，财政收入增加3倍又有什么意义呢？"

这个故事不能简单地解读成魏文侯是个体恤民生的好国君。要知道，在战国时代，冬天的农闲时间可不是休息的时间，而是练兵的时间。随着战车越来越不适应新时代的战争局面，传统的武士道也随战车一起衰落，国际局势的压力又大，诸侯的主要兵源已经从贵族变成农民了。农民的优势在于，一来人数多，二来主要充当步兵，训练成本很低。如果按照解扁的管理方式，农民就变成了职业农民，只搞生产，不管打仗，那么打仗的任务就只能交给职业军人了。

战国诸侯确实都在发展职业军队，军人都是精挑细选出来的，待遇高，福利好，但毕竟人数不能多，道理很容易理解：专职打仗的人越多，就意味着搞生产的人越少，在打仗和生产之间必须找到一个平衡点。所以真到打仗时，职业军人只是一小部分，军队主力还要依靠征兵，让农民放下农具，拿起武器，一起打仗。农民在冬天不但需要休息，还需要搞军事训练，这就叫兵农一体，寓兵于农。

早在礼崩乐坏之前，周朝人就有"三时务农而一时讲武"的传统，冬天就是练兵的季节。不过那时候练兵，主要是贵族武士进行训练，而到了新时代，农民兵的地位急转直上。作为步兵，虽然不需要什么军事技能，但必须训练出组织性、纪律性，因为在战场上，只有令行禁止、动作整齐才是取胜之道，个人武艺无足轻重。李克的《法经》，就是用军政的思路来治理民政，军政和民政在当时可以说是一回事。

—— 046 ——

吴起为什么会杀掉妻子

就在魏国搞兵农一体、寓兵于农的同时，军官却开始走向职业化，文职和武职开始分家。当时魏文侯手下大将中，最强的一位便是吴起。

杀妻求将

其实，吴起最早是卫国人，后来到鲁国做官，立了战功，再后来才来到魏国。

原文：

吴起者，卫人，仕于鲁。齐人伐鲁，鲁人欲以为将，起取齐女为妻，鲁人疑之，起杀妻以求将，大破齐师。

那么问题来了，一个在鲁国立了赫赫战功的人，怎么会投奔魏国呢？这还得从吴起在鲁国的经历讲起。

鲁国的北境紧挨着齐国的南境，两国经常打仗。这一次，齐军队又杀过来。鲁国人知道吴起能打，想让他带兵与齐国作战，但又对他不太放心，因为他的妻子是个齐国女人。

吴起明白鲁国人的疑虑，果断做下了一件青史留名的大事：杀妻求将。吴起杀了妻子，向鲁国表明忠心。从此以后，"吴起杀妻"和"乐羊食子"成为一对可以配套的典故。

吴起终于如愿地做了鲁国将军，大败齐国军队，但他遇到了和乐羊一样的困境：功劳虽然有了，但人品不再被信任。有人到国君那里进谗言，给吴起编排的第一条罪名是：吴起以前在曾子门下学习，母亲去世了却不回家服丧，这还是人吗？所以，曾子跟他断绝了关系。

这件事有个疑点，当时鲁国的情况和晋国差不多，有三大家族，合称"三桓"，早就把国君架空了，所以不管是谁，到国君那里进谗言都没意义。所以最有可能的是，谗言是说给"三桓"听的，"三桓"也真的听进去了。鲁国虽然也已礼崩乐坏，但毕竟是孔子的故乡，在所有诸侯当中，对礼制传统最重视，算是矮子里的将军，所以才会对不给母亲服丧这种事看得格外重。

不过，进谗言的人把吴起的师承关系搞错了。吴起是曾子他儿子的学生。曾子的儿子叫曾申。这一点，从《史记》到《资治通鉴》都搞错了。

曾子，名叫曾参，"参"今天通行的读音是 shēn。前文说过，古人的名和字通常是相关联的，根据曾子的名和字的关系推断，"参"字可能原本读 cān。为什么呢？曾参，字子舆。"舆"就是车的意思。春秋时代，一辆车用几匹马拉，不同的级别有不同的规矩，大夫一级的车有三匹马拉，叫作"参舆"。把"参舆"这个词拆开，就成了名参，字子舆。

而曾子的儿子，名申，字子西。在十二地支当中，"申"在方位上正对应着"西"。"申"和"西"是取名字的一套经典搭配，《左传》里有好几个"名申，字子西"的人物。

吴起的身世

那么问题来了：曾子西分明是一位儒家学者，吴起怎么成了武将呢？而且，作为儒门弟子，吴起为什么拼着断送学业的风险，顶着巨大的舆论压力，就是不回去给母亲送葬呢？

很遗憾，《资治通鉴》对这些事只字未提，所以，我们有必要求助一下《史记》。

在《史记》中，吴起的身世是通过某个讨厌吴起的人讲出来的，不知道有没有添油加醋。大体来说，吴起出生在一个富有的家庭，但他为了求取功名，周游列国，把偌大的家业败得精光。街坊邻居笑话他，他就把人家杀了，杀了三十多人，所以必须出国避难。

和母亲诀别时，吴起咬破手臂发誓，说做不了高官就绝不回国。出国之后，吴起先在曾子西门下进修，没多久就因为不回去给母亲服丧，被老师逐出师门。吴起这才流窜到了鲁国，开始学习兵法，后来就有了杀妻求将的事。（《史记·孙子吴起列传》）

从这段记载来看，吴起的出身虽然富，却不贵，不然单凭血统，就能论资排辈、做上高官了。他的人生目标非常明确，就是想要成就一番事业，为此不惜牺牲一切。不回家给母亲服丧倒也合理，因为一来这时候的他还没有混出名堂，不衣锦，不还乡，二来老家的人基本全是仇人，回家就等于送死。

按理说，吴起被逐出师门，就等于在儒家圈子里坏了名声，肯定混不下去了。但是为什么他偏偏又去了儒家大本营鲁国？更可疑的是在鲁国学兵法，鲁国哪有什么兵法可学呢？

不是兵书的兵书

最有可能的情况是：吴起的兵法是跟曾子西学的，只不过这些兵法通常并不被人们当成兵法，甚至连曾子西也不认为这是兵法。这套不是兵法的兵法，就是儒家经典《左传》。

说起兵法，我们通常只会把《孙子兵法》这种书当成兵法，但如果手边只有一部《孙子兵法》，就算倒背如流，其实也不知道该怎么打仗。**真正带兵打仗，不是只懂谋略就够的，还要懂很多技术性的、具体而微的东西。所以，反而是一些表面上和兵法毫无瓜葛的作品更有实战指导意义。**

古代西方，虽然没有像《孙子兵法》一样的兵书，但有几部书常被当作兵法来参考。比如恺撒写给罗马元老院的年度工作汇报，恺撒叫它《手记》，后人将其改名为《高卢战记》，里面有非常丰富的作战细节，甚至包括如何传递信息，怎么给士兵发放口粮，敌人的武器装备有什么特点等。

这些技术细节都来自亲身的实战经验。举一个小例子，有一次面对强敌高卢军队，恺撒先把自己的战马放走，又命令全军把战马放走，让每个人都没有逃生的希望，必须死战到底，然后再做战前动员，士气高昂地投入战斗。再看对面，高卢人手持盾牌，结成了密集的方阵。罗马军队怎样才能把方阵打散呢？投掷标枪。

如果我们单凭想象，会觉得由盾牌严密防护起来的步兵方阵完全不是标枪能突破的，投过去的标枪反而会被对方捡起来反投。而事实是，高卢人的盾牌很容易就被标枪穿透，但穿透之后，铁质的枪头变弯，没法伤人。这种情况，如果不经过实战，谁也料想不到。还有更想不到的，那就是枪头弯掉之后虽然伤不到人，但也拔不下来，整个标枪会嵌在盾牌上。对于单手持盾的高卢人来说，这是个很大的累赘，最后索性扔掉盾牌，全身毫无防护。这样一来，原本的方阵毫无意义，很容易就被打散了。

和恺撒时代相近的人，如果需要带兵打仗，多读这些内容，显然要比读那些抽象的谋略来得实用。

恺撒从高卢回来，又和庞培打内战，把战争经过写成一部《内战记》。后人把以上两部书和另外三部作者不详的小战记合编，统称《恺撒战记》，内容包括运用谋略、排兵布阵、稳定军心、保障行军速度等，简直就是一部军事百科全书。

还有一部《长征记》值得一提，作者色诺芬是苏格拉底的学生，生活的时代和吴起相近。这部书记载的是色诺芬跟随希腊雇佣军远征，又被推举为指挥官，带领全军长途撤退的经历，充满战术细节，所以经常被军人当作兵书来读。

《恺撒战记》和《长征记》的性质属于工作汇报、见闻笔记、回忆录，在今天又被归入历史类，具有巨大的历史研究价值，但在有心人眼里，它们都是兵书。《左传》也一样，名义上是帮助读者理解《春秋》的辅导书，在分类上既可以归入经，也可以归入史，不同的时代会给它不同的地位，但在有心人看来，这部书里有太多丰富详细、面面俱到的作战描写，对军人来说很有参考价值，所以历代名将有不少都是《左传》爱好者。

按照《史记》里讨厌吴起的人的说法，吴起在曾子西的门下并没有学习多久，但是，在刘向记载的《左传》师承系统里，吴起是曾子西的正统传人，也就是《左传》之学的第三代学术掌门人。吴起大约没有把《左传》当成儒家经典来学，而是当成兵书来学习。后来吴起把《左传》传给了自己的儿子，由此可见他对这部书的在意程度。

清朝学者姚鼐研究了《左传》后，怀疑吴起为魏文侯、魏武侯两父子做事，不惜篡改《左传》，给魏氏家族大说好话。（《左传补注序》）姚鼐是桐城派古文大师，中学语文课本有他的散文游记《登泰山记》，还讲过他的"义理、考据、辞章"三位一体的写作观。但是，姚鼐对吴起和《左传》的判断虽然有义理、有辞章，但考据功夫并不充足，只能说是推测。这个推测是否可信，我们姑且不论，但它至少可以作为一个环境证据，说明直到清朝，像姚鼐这样的学者依然并不怀疑吴起就是《左传》之学的正统传人。

————— 047 —————

吴起为什么投奔魏国

既然吴起不但学过兵法，很能打，而且为了表示效忠，连妻子都杀了，在战国群雄争霸的年代，这样的人应该很吃香才对，为什么他后来会离开鲁国，投奔魏国呢？令人瞠目结舌的是，原因竟然是他打了胜仗。

弱国不该打胜仗

原文：

或谮之鲁候曰："起始事曾参，母死不奔丧，曾参绝之；今又杀妻以求为君将。起，残忍薄行人也！且以鲁国区区而有胜敌之名，则诸侯图鲁矣。"起恐得罪，闻魏文候贤，乃往归之。

那个说吴起坏话的人，除了说吴起人品不好之外，还说了一个政治理由："吴起打仗确实打赢了，但是，鲁国是个弱国，以我们区区鲁国，打败了强大的齐国，这种事在国际社会上传扬出去，恐怕其他国家会对我们不利。"

这话乍听起来很不讲理。按说弱国打败强国，难道不该扬眉吐气、大书特书吗？从此腰杆可以挺直了，说话可以硬气了，再也不会被人小看了。但是，如果说这话有什么合理成分的话，应该就是：强者和弱者各有各的生存法则，弱者的生存法则就是保持低调。如果弱者非要逞强，那就离死不远了。就鲁国的现状来说，虽然打败了齐国，但那是因为吴起厉害，而不是鲁国的国力真的比齐国强。仗如果继续打下去，胜负就很难说了。其他国家如果把鲁国的这次胜利当成鲁国崛起的苗头，肯定想赶紧把这个苗头扼杀在摇篮里。到那时，就算吴起再能打，胳膊毕竟也扭不过大腿。

这种担心之所以成立，是因为历史上确实不乏先例。比如春秋初年，宋国明明是一个弱国，宋襄公偏偏想要称霸，姿态摆得很高，结果被真有实力的楚国狠狠收拾了一顿。

如果吴起有机会为自己辩白的话，应该会这么问："我打了胜仗，难道还打错了吗？难道应该打败仗吗？"

打败仗当然不应该，但弱国苟活的策略是，就算打胜仗，也不能胜得太过分，只要把敌人挡住或者赶走就可以了。吴起大概太渴望建功立业了，难得有一次指挥作战的机会，一定出了死力，下了死手，赢得太漂亮了。

还有一种可能性，不是齐国招惹鲁国，而是吴起为了立功，而主动去招惹齐国。《淮南子》有一段记载，说吴起飞黄腾达之后，被流亡人士屈宜咎批评了一顿。屈宜咎历数吴起的种种不是，其中一条就是太好战，一心只想立战功，当初就是为了立功才去招惹齐国的。一番话吴起听得变颜变色。(《淮南子·道应训》)

从世袭到雇佣

吴起在鲁国坐立不安，不得不寻找新的出路。恰好，一心富国强兵的魏文侯很需要厉害的武将，而李克推行的改革里，包括人力资源改革，其中最重要的一点就是削弱贵族世袭。

刘向的《说苑》记载了魏文侯和李克的一段对话，魏文侯泛泛地请教治国方略，李克泛泛地回答说只要赏罚得当就好。魏文侯说："我的赏罚很得当啊，但老百姓还是不够认同，这是什么情况？"这个问题引出了一个关键性的回答："淫民太多了。"

所谓"淫民"，字面上的意思是放纵、奢侈、浮华的人。那么，哪些人是放纵、奢侈、浮华的人呢？李克明确回答：就是那些享受世袭待遇的人，他们仗着父辈的功劳，成天不做正事，只会吃喝玩乐。政治要想搞得好，就必须"夺淫民"，也就是剥夺他们的待遇，拿这些钱招揽天下人才。（《说苑·政理》）

把李克的意见归纳成一句话，就是取消世袭制。这在当时绝对算是革命性的见解，意味着要把贵族传统连根铲除。在李克的推动下，魏国开始努力甩开世袭制传统，实行雇佣制。这种制度岗位灵活性大，经常可以出现岗位空缺。吴起就在这样的背景下被吸引来了。

话说回来，世袭制也并非一无是处。事实上，世袭制存在着无数变体，一直绵延到现代社会。李克的问题如果放在今天，就会变成版权该不该有年限，遗产税该温和地收还是狠起来收……如果曹雪芹有后人，是不是子子孙孙都可以拥有《红楼梦》的版权，什么都不用干就可以年年收取巨额版税呢？

这种问题即便在自由主义阵营也会引发严重分歧，但从欧洲的历史来看，正是李克所谓的"淫民"，才可以彻底摆脱求生的压力，治无用之学，做无用之事，这才有了很多伟大的创造，推动了社会的进步。

退一步说，就算他们都去花天酒地，那也可以带动很多就业机会。如果让"淫民"把财富都锁在自家地窖里，自己出去打工，挣多少花多少，这虽然精神感人，但对社会的贡献未必会比花天酒地更大。另一方面，从激励作用来讲，如果一个人知道无论自己做出多么伟大的贡献，子女也得不到多少好处的话，那么他的积极性会不会受挫，尤其是对于那些年纪已经很大的人来说？

我们可以换个角度，想象一下传说中的姜太公，在即将入土的年纪，忽然得到重用，从事"造反"事业——这已经不是杀头的买卖，而是灭门的买卖了，如果不是有机会给子孙挣一个可以世袭的封国，他还有动力去折腾吗？

所以，对于李克和魏文侯来说，这种改革方案的最大隐患是：当魏国取消了世袭制，而其他诸侯还愿意慷慨给出可以世袭的封赏时，人才流向就成了问题。在竞争的高压下，员工的待遇在很大程度上并不是由能力和业绩决定的，而是由业内的竞争压力决定的：一分功劳可以给十分回报。等事业做稳了，老板再慢慢收拾那些功臣，把给出去的好处再拿回来。这样的事情在历史上屡见不鲜。

魏文侯的顾虑

原文：

文侯问诸李克，李克曰："起贪而好色，然用兵，司马穰苴弗能过也。"于是文侯以为将，击秦，拔五城。

　　一心富国强兵的魏文侯需要厉害的武将，他费尽心思给自己打造出来的明君形象也很能为他吸引人才。但当吴起跳槽过来时，魏文侯却又有顾虑了。他不确定这个人能不能用，便又去问李克。

　　李克给出的意见里，说吴起这个人"贪而好色"。你会不会觉得诧异？如果只说吴起好色，这有可能，但这样一个志向高远，为达目标不惜割舍一切，又一直都在绝地求生的人，怎么可能会贪？

　　你可能误会了"贪"这个词的意思。"贪"和"好色"组合在一起，很容易让人把"贪"当成"贪财"，其实李克这里指的是欲望高、不满足。"贪"不是贪财，而是贪婪。吴起的贪婪，表现在野心太大，往好处说就是事业心强。假如能从宋朝请一位街头大仙，用紫微斗数给吴起算命的话，演算的结果可能刚好是我们在香港电影里经常看到的"杀破狼"命格：天上的七杀、破军、贪狼三颗星在吴起的命宫内外构成某种排列组合，说明这样的人会从事武职，一生颠沛流离，坎坷蹉跎，六亲疏远。

　　贪狼和狼这种动物并没有任何关系，从词源上看，所谓贪狼，其实就是贪婪。古书里边经常把"贪婪"

写成"贪狼"。在紫微斗数里，贪狼星也是桃花星，主管桃花运。这不难理解，毕竟桃花运也是和欲望有关的事情。吴起的"贪而好色"，刚好把贪狼星的两个特点都占全了。

司马光借着智瑶的失败，探讨才与德的关系，认为"才胜德"很不可取。如果魏文侯能够征求司马光的意见，司马光应该会说："吴起是个才胜德的小人，不可用。"

但李克不一样，他在点明吴起的人格缺陷之后，话锋一转，说缺点归缺点，但说到用兵的本领，就算司马穰苴（ráng jū）也比不上吴起。言下之意是：用人就该用其所长，吴起那点缺点和他的长处一比，完全可以忽略不计。

明末清初的戏剧家李渔写过一出《风筝误》，笑点很多，有一幕写才子趁着夜色和佳人幽会，阴差阳错幽会到了丑女，才子只想谈诗论文把时间敷衍过去，但丑女性急，说出两句至理名言："我今晚难道请你来讲道学么？你既是个道学先生，就不该到这个所在来！"

这两句话，完全可以当作魏文侯的用人风格。于是，魏文侯不再因吴起的道德缺陷而迟疑，任用吴起为将，攻打秦国，在河西争夺战中连拔五城。

—————— 048 ——————

李克为什么想起了司马穰苴

要了解吴起，不能绕过司马穰苴这个人。要知道，吴起可是他的升级版。而后世对于司马穰苴的身份书写，颇值得玩味。

关于司马穰苴的身份争议

司马穰苴的身份是一个很有争议的话题。《史记》专门有一篇他的列传，说他是春秋时代的齐国名将。《战国策》也提到了他，说他是战国时代的齐国总理。《史记》详细地记载了司马穰苴的一生大事，怎么看都不会是司马迁凭空编的，但是，记载春秋历史最详尽的《左传》，竟然对司马穰苴这位大人物只字未提。

宋朝人很有怀疑精神，北宋著名文学家苏轼认为司马迁的《史记》取材于《战国策》，所以这个问题应该以《战国策》为准。（《东坡志林》卷四）苏轼的弟弟苏辙把这个意见进一步发扬光大：既然《史记》如此不严谨，那我就用严谨的态度重写一部《史记》好了。

苏辙做到了，这部新著叫作《古史》，皇皇60卷，专注于先秦史。也就是说，几乎在司马光埋头编写《资治通鉴》的同时，苏辙也在撰写一部带有"资治"意义的历史著作。只是到了今天，苏辙这部《古史》已经很少有人知道了。

《古史》的写作风格，可以从两个例子中窥见一斑："叶公好龙"是我们很熟悉的成语，《史记》没给叶公作传，《古史》专门给他作了传，从《左传》取材，讲述叶公是如何在国家危难之际挺身而出，力挽狂澜的。但是，叶公好龙这件事本身虽然很出名，但并不可靠，因此《古史》只字不提。还有柳下惠坐怀不乱的故事，也是尽人皆知，《史记》没给柳下惠作传，《古史》给他作了传，照旧从《左传》取材，烘托柳下惠的光辉形象。但是，"坐怀不乱"的事情没有牢靠的出处，《古史》同样不提。

《古史》对于《史记》里"可靠"的内容会通篇照抄，最多只是改动一些语句，"孙武吴起列传"就是这么抄来的，却把"司马穰苴列传"通篇删除了，还附了一篇考证文字，认为司马穰苴是战国时代的人，被那些喜欢信口开河的游说之士张冠李戴，安排到春秋时代了。（《古史》卷三十六）但很可惜苏辙并没有讲他为什么要把孙武的传记保留下来，毕竟孙武也像司马穰苴一样，在《左传》里完全隐身。

在苏辙忙着抹杀春秋名将司马穰苴时，司马光正在抹杀战国那位司马穰苴。

《战国策》里的司马穰苴出现在《齐策六》的第一篇，《资治通鉴》在第四卷里照抄了这一篇，唯独把司马穰苴的戏份删掉了。显然在司马光看来，司马穰苴的春秋名将身份不容动摇。

从现实意义上看，司马光的取舍倒可以避免一种尴尬。宋神宗元丰六年（1083 年），官方推出了武学教科书，一共 7 部古代兵书，后来被合称为《武经七书》。《武经七书》当中有一部《司马法》，《司马法》的后半段内容就是《司马穰苴兵法》。如果把司马穰苴"春秋名将"的身份考证没了，《武经七书》的可靠性就会惹来诸多争议。

那么，实事求是地讲，到底谁对谁错呢？

很遗憾，无论是司马光还是苏辙，谁都拿不出铁证，直到今天依然如此。但如果可以大胆推断一下的话，我会站在司马光这边。《史记》里的"孙子吴起列传"，孙武用兵如神，帮助吴王阖闾大破楚国，称霸诸侯。《左传》对吴王阖闾称霸的前前后后都有很详尽的记载，简直到了事无巨细的地步，却偏偏没有孙武的身影，以至于后世有很多人都不相信《孙子兵法》是孙武写的。孙武在《左传》和《史记》里的不同遭遇，和司马穰苴如出一辙，但如果我们相信《左传》的师承谱系，相信吴起就是《左传》之学的第三代传人，那么，可以把一切怀疑锁定在吴起身上：以吴起的脾气秉性，他完全可能从《左传》里删掉孙武和司马穰苴的戏份，这样一来，他自己可就是有史以来第一位兵法大师了。而且，《史记》所描绘的司马穰苴，用兵风格几乎和吴起一模一样，这就意味着，吴起其实只是司马穰苴的翻版，最多也只是做得比司马穰苴更像司马穰苴，这大概会让吴起的自尊心无法承受吧。

晏子与司马穰苴

先提一个问题：司马穰苴姓什么？

如果你的回答是"司马穰苴当然姓司马"，那就错了。"司马"是官职的名字，司马穰苴立下战功之后，齐景公封他做大司马，从此他才被叫作司马穰苴。追溯他的姓氏，可以了解到，他是妫（guī）姓，陈氏。妫是舜的姓，舜的后人被周朝封在陈国，从此以陈为氏。陈国发生内乱时，公子陈完逃到齐国寻求政治避难，从此在齐国定居下来，开枝散叶，并且把自家的氏名从陈改为田。到了战国时代，田氏家族颠覆了原先统治齐国的姜氏家族，变姜齐为田齐，成为货真价实的"窃国大盗"，这是后话。所以，如果用今天的称谓规则称呼司马穰苴，应该叫他田穰苴才对。为了保持前后一贯，下文仍继续称他司马穰苴。

司马穰苴生活在齐景公时代，这个时代之所以著名，是因为齐景公有一位很特别的国家总理：晏婴。在我们熟悉的"南橘北枳"和"二桃杀三士"的典故里，晏婴都是主角。正是在晏婴的推荐下，齐景公才接见了司马穰苴，让他领兵去打晋国和燕国，收复失地。晏婴之所以推荐司马穰苴，理由很单纯，他知道司马穰苴文武双全，能力很强，但这么强的人为什么一直没有出人头地呢？原因也很单纯：他的出身太卑微了。用晏婴的话说，他是"田氏庶孽"。"庶"和"孽"是同一个意思：这孩子是妾生的。但晏婴仍然向齐景公推荐了司马穰苴，说他虽然是"田氏庶孽"，但文武双全，值得重用。

齐景公的时代大约在"三家分晋"的一个世纪以前，难道在那个时候，晏婴就已经有了这种唯才是举、视血统为无物的思想境界了吗？

要解决这个问题，需要借助一部书《晏子春秋》。从内容来看，书名应该叫作《晏子言行录》，生动记录了晏子一生二百多个精彩瞬间，"南橘北枳"的故事就是其中之一。

按照今天的标准，很难把这部书归类。说它是传记作品，它的文学性又过于强了，很多篇章都像是故意编出来的段子；说它是历史小说，它又很逼真，确实有史料价值。那就把它当成纪实文学好了——但到底哪些内容属于纪实，哪些内容属于文学，很难分得清。虽然在先秦文献里，《左传》也好，《国语》也好，不少内容都带有玄幻色彩，《韩非子》和《吕氏春秋》这类书也不太讲究严谨性，但如果要挑一部最有小说感的书，那绝对非《晏子春秋》莫属。

在唐朝以前，人们相信晏婴本人就是《晏子春秋》的作者，后来质疑的声音越来越大，有人甚至怀疑这部书是六朝时代的伪作。1972年，山东临沂银雀山的一座汉墓里出土了一批竹简，其中就有《晏子春秋》的残篇，可以推断出《晏子春秋》的成书至少不会晚于战国时代。（骈宇骞《晏子春秋夜释》序言）

《晏子春秋》所描绘的晏子形象很有一贯性：第一，从头到尾都很维护礼制；第二，对田氏家族的野心早有察觉，而且一直都有着清醒的认识。

那么，假如请你判断晏婴会不会举荐司马穰苴，你最合理的回答，也许就是根据以上两点，说出"不会"两个字。但在《史记》的叙事里，晏婴真的举荐了司马穰苴。也许当时齐国的局面确实很糟糕，逼得晏婴不得不病急乱投医。

齐景公亲自面试司马穰苴，很满意，让他当将军，去攻打燕国和晋国。对司马穰苴来说，这简直是一步登天。放在今天，这大约相当于董事长兼总经理直接把一个小职员提拔成大区经理，要他独当一面。小职员该怎么做呢？是不是应该没有任何借口，闷头完成任务呢？

司马穰苴聪明得多，对齐景公说："您对我的破格提拔，实在太破格了，大家是不会信服我的。所以呢，请您派一位宠臣来做监军，这个人必须有足够的威望才行。"

我们都知道"狐假虎威"是一个贬义词，而在司马穰苴这样的高人那里，竟然可以把这个贬义词化腐朽为神奇。他确实需要狐假虎威，这只"老虎"完全不必做事，只要能露个脸，给自己撑腰，就足够了。自己不缺能力，只缺威望。威望不是一朝一夕就能挣来的，紧要关头必须向"老虎"去借。

齐景公没意见，派宠臣庄贾去当这只老虎。

庄贾的"贾"该怎么读

"贾"是个多音字，既可以读 gǔ，也可以读 jiǎ。

古代的注本通常会用反切法给生僻字注音，我们只要把反切法的注音换算成汉语拼音就可以了。但是，很多在我们看来完全没必要注音的字，古人都会注音，偏偏这个"贾"字到处都找不到注音，也许历代学者都不觉得这个字的读音还会有人读不准。

读古书经常会遇到这种问题，前面说过，我们可以先找出名和字在含义上的关联，当你确定了准确的字义，就可以确定读音。但问题是，庄贾就是一个走过场的角色，他的字根本无从查考。

遇到这种情况，其实还有一个解决办法，那就是从诗词里找线索。根据诗词的平仄规范，如果在诗词里提到过庄贾其人，"贾"又恰好能落在平仄的节点上，貌似就能知道古人是怎么读的。

但问题是，"贾"作为一个多音字，所有读音都是仄声，这个办法对它无效，除非有人提过庄贾，"贾"字还恰好落在韵脚上。真没有这么恰好的事，这种小角色不会有多少人在诗词里提到的。

好在还有一个办法：去找和他同名，但更有名气的人。一方面，可以从名和字的关联上推断读音；另一方面，和他同名的名人在诗词里出现的概率更大，"贾"字恰好落在韵脚上的概率也会更大。

《论语》里真有这样一位名人——王孙贾，虽然不知道他的字，但有一首诗里提到过他，他的名刚好落在韵脚。这就是苏轼的《端砚诗》，其中有这样几句："退然敢摩肩，信矣俱出跨。始知尹公佗，不媚王孙贾。"诗的意思暂且不管，只看韵脚"a"，王孙贾的"贾"应读作 jiǎ，那么庄贾的贾也应该读 jiǎ 才对。

麻烦就麻烦在这里，春秋时代的名人当中，还有一位叫蒍贾。蒍贾的贾也要读 gǔ，因为他的字是伯赢。"伯"表示排行，"赢"有"赚取盈余"的意思，那么"贾"就应该是商贾的"贾"。名贾，字伯赢，名表示做买卖，字表示赚得多。

那么，庄贾的贾到底该怎么读？两个读音 jiǎ 和 gǔ 显然都有依据，似乎后者更靠谱一点，所以，在本书中，我们暂且读作 gǔ 好了。需要注意的是，在陈胜、吴广带领的农民起义中，为陈胜驾车的车夫，最后出卖了陈胜的那个叛徒，也叫庄贾。这是两个不同的人，要分清。

立表下漏

司马穰苴和庄贾的组合应该称得上珠联璧合：一

个有能力，一个有威望，有能力的可以尽情发力，有威望的可以尽情不做事。但是，再不做事，该露的面总是要露的。司马穰苴和庄贾约定了在军营相会的时间，唯一需要的就是庄贾按时露面。

然后，司马穰苴先到军营，等着庄贾。怎么一个等法？《史记》原文是"立表下漏"，给后世贡献了一个不常用的成语。表和漏都是当时的计时器。

所谓表，是立一根木杆，根据太阳投下的影子测量时间，现代汉语里的钟表、手表、水表、电表等之所以叫"表"，就是这么来的。今天"华表"一词还保留着原始含义。"华"在古汉语里就是花的意思，所谓华表，就是雕花的立柱。

所谓漏，是一种根据水流计时的工具，水位匀速下降，人们根据水平面所在的刻度确定时间。后来汉译佛经借用"漏"这个字，代指"烦恼"。人就像一个漏壶，六根，也就是眼、耳、鼻、舌、身、意，就是六个孔洞，不停地流出脏东西，造成新的业，使人在业力牵引下，永远无法摆脱生死轮回。出家人所谓六根清净，形象地理解，就是把漏壶的孔洞全都堵住。

司马穰苴这边"立表下漏"，庄贾那边倒是不慌不忙，毕竟他有身份，又深受齐景公的宠爱，骄纵惯了。亲朋好友纷纷过来给庄贾送行，酒越喝越高兴，哪里还记得时间？司马穰苴在约好的时间没等到庄贾，怎么办呢？他的做法是"仆表决漏"——把测量日影的长杆放倒，把滴水计时的漏壶清空，绝不多等一分钟。然后，司马穰苴进入军营，开始一个人整顿军队。

等到天快黑了，司马穰苴都忙完了，庄贾才姗姗来迟。庄贾解释说："亲朋好友送行，留我多喝几杯，所以耽搁了。"司马穰苴掷地有声地回答："将军接受军令要出征时就该把家忘了，进入军营发号施令时就该把爹妈忘了，临敌指挥时就该把自身的安危忘了。现在敌国深入我们的边境，齐国人心惶惶，国君寝不安席，食不甘味，全国人民的安危都指望着你，你竟然还有闲心跟亲朋好友饮酒饯行？"

这段话给我们贡献了一个成语"寝不安席，食不甘味"，意思是睡觉睡不踏实，吃饭吃不踏实，心里充满了忧虑。

不等庄贾说话，司马穰苴叫来军正，也就是掌管军队法纪的官员，问他迟到的人该受什么处罚。军正回答说："当斩。"

庄贾怕了，赶紧派人去齐景公那里求情。那么，司马穰苴会不会，又该不该，以军法处置庄贾呢？

—— 049 ——

司马穰苴的军威是怎么立起来的

庄贾迟到，司马穰苴该不该以军法处置他，处在这种局面下，不同的人会有不同的思路：目标导向的人会权衡得失利弊，杀掉庄贾等于背水一战，绝了自己的后路，这次出征如果不立一个大功，回来肯定会被整死；原则导向的人就没有那么复杂的思虑，照章办事就行了，既然规章制度清清楚楚，那就照着办，该杀就杀。

司马穰苴应该属于后一种人，即便不是，也要表现出后一种人的样子。

军法如山

司马穰苴要执行军法，庄贾这才知道怕了，赶紧派人通知齐景公救命。所谓兵贵神速，执行军法也要神速，司马穰苴三下五除二就把庄贾杀了，拿着庄贾的人头巡行全军，这样做的效果是：所有人都怕了。

这个时候，齐景公的使者风驰电掣地赶来，但已经来不及了。

在使者面前，司马穰苴说出了一句名言："将在军，君令有所不受。"这话很可能不是司马穰苴的原创，而是军队的某种传统。《孙子兵法》也讲过"君命有所不受"，毕竟将帅带兵在外，要应对瞬息万变的局面，最怕被遥控指挥，束手束脚。

不管君命受与不受，反正庄贾已经救不活了。司马穰苴又问军正："在军营里飙车是什么罪？"军正答道："当斩。"

谁飙车了？当然是那个风驰电掣赶来救庄贾的使者。这位使者不但没救回庄贾，反而把自己搭进去了。

司马穰苴倒也有几分灵活性：虽然飙车是死罪，但国君的使者不能杀，但是，军法也不能取消。那么折中的办法是：把使者的驾驶员杀了，砍掉一根车身立柱，还杀了一匹拉车的马。短短一个晚上，司马穰苴向全军展示了什么叫军法如山。换个角度看，庄贾虽然没起到监军的作用，却用最高效的方式帮司马穰苴在军中立了威。

仅仅立威还不够，拔营起寨之后，司马穰苴对士兵们生活起居的方方面面都亲自关照，把自己的粮食全部拿出来和士兵平分，自己吃的是最低的伙食标准。到了三天之后检阅军队，准备出征时，就连病号都争着上战场。

消息一传出去，晋国不想打了，直接撤兵，燕国的军队也开始后撤，跑着跑着竟然自己跑散了。司马穰苴趁势追击，一举收复全部失地。这种打法，基本算得上《孙子兵法》最推崇的"不战而屈人之兵"，还没打就赢了。

打了胜仗的司马穰苴

取得了这样的战果，一般人都会发飘，但司马穰苴依然严格遵守规章制度：带兵凯旋时，在抵达首都之前，解除军队武装，解除战时法令，结盟，立誓，军队以平民身份进城。

在春秋时代，司马穰苴的这些做法属于标准的军礼。儒家推崇的封建礼制可以分为五大类别，分别是吉礼、凶礼、宾礼、嘉礼、军礼。军礼，也就是军队的礼仪制度，属于礼制当中的重要一项。

军队之所以要在进城之前解除武装和战时法令，是因为传统的《司马法》有规定："军容不入国，国容不入军。"这样规定的原因，是"军容入国则民德废，国容入军则军德弱",也就是说,**军队生活和平民生活各有各的规范,军队的规范只能用于军队,平民的规范只能用于平民社区,一旦搭界搞混了,对谁都不好。**治理民政的温文尔雅那一套如果拿到军队,军队就没有战斗力了。治理军政的雷厉风行的那一套如果拿来治国,老百姓就会变得凶残。所以,李克和西门豹搞的那一套泯灭军政和民政界限的做法,用传统军礼衡量,就叫礼崩乐坏。

军队进城之前的盟誓,也是封建军礼的一部分。出兵之前和用兵之后都要盟誓,前者是为了申明军纪,鼓舞士气,后者是为了申明功绩,论功行赏,立了功的人可以把论功行赏的盟誓永久保存。如果立功的人有点身份,那么论功行赏的内容甚至可以专门做一套青铜器来铭记,前面谈到的骉羌钟就是如此。所谓"铭记",本义就是把想要记下来的内容铸成青铜器上的铭文。

司马法

以上内容,就是司马穰苴的全部战绩。

也就是说,这位名将其实连一场硬仗都没打过,也没有任何围魏救赵、草船借箭之类的奇谋妙计。从整军到出征，他一概照章办事，最多也只是做到了和士兵同甘共苦。如果说他有什么兵法的话，那也只是现成的规章制度，诸如迟到、飙车，当斩。

今天多数人对兵法的理解，主要是从《三国演义》来的，战争好比一场斗智斗勇的游戏，每个人都怀着一肚子的阴谋诡计，想方设法算计别人。所以，当我们看到司马穰苴这种用兵风格，反而不容易接受。这也难怪，如果《三国演义》里都是司马穰苴这种打法的话，估计也没多少人看了。

事实上，司马穰苴的打法可以算作规范型的打法。司马迁有一句总结："自古王者而有司马法，穰苴能申明之。"所谓"司马法"，就是传统的军规军纪，部队里的三令五申，该做什么、不该做什么，做什么会受赏、做什么会受罚，如何赏、怎么罚，诸如此类。但凡带队出征，自然就会涉及军规军纪。"司马"是西周时代就开始设置的军政长官，所以军规军纪统称"司马法"。司马迁的意思是说，司马穰苴所做的，不是创新，不是谋略，而是严格执行了古代的司马法，并将其发扬光大。

如果把齐国的军队想象成一家现代公司，那么司马穰苴就是被董事长空投过来的总经理，这位总经理既没有搞制度改革，也没有搞人事大换血，他所做的，仅仅是解决了执行力的问题。荀子说："有乱君，无乱国；有治人，无治法。"（《荀子·君道》）司马穰苴的例子最适合给这句话做论据。

从执行力的角度来看，只要军纪严明，指挥官能得军心，能调动士气，军队的战斗力就强。在这个基础上，如果再有一些谋略的话，也可以锦上添花，但就算毫无谋略，一路稳扎稳打下来也并不容易吃亏。这就意味着，军纪比战术重要，执行力比锦囊妙计重要。

一旦有了执行力，军规军纪就相当于武术里的硬桥硬马，属于绝对力量。在绝对力量面前，一切权谋、诡计，都只是不堪一击的花拳绣腿。

但是，军规军纪的执行其实很有学问。比如庄贾的情况，如果司马穰苴这样判："判处庄贾死刑，缓期两年执行。"肯定达不到效果。所以《司马法》有这样一句话："赏罚不逾时，欲使民速见善恶之极也。"（徐干《中论·赏罚篇》引《司马法》）赏和罚都不能拖着，否则激励作用就会大打折扣。

《史记》记载，在司马穰苴去世多年后，田氏家族已经成功篡夺了齐国政权，出现了一位很有名的齐威王。齐威王仿效司马穰苴的治军之道，把其他国家打得心服口服。齐威王还命人整理了古代的司马法，把司马穰苴的用兵心得收录进去，所以这部书的书名叫作《司马穰苴兵法》。

在司马迁的时代，《司马穰苴兵法》流传很广，所以司马迁觉得没必要在《史记》里为它多费笔墨。没想到这部书传到唐朝时，已经从155篇（《汉书·艺文志》）变成了几十篇（《李卫公问对》），到北宋把它编进"武经七书"时，只剩下五篇了，书名通常被简化为《司马法》。

今天我们读这五篇本《司马法》，会发现前后内容不太统一。有些内容显然属于春秋以前的作战规范，但也有一些，应该就是司马穰苴本人的见解，比如"非知之难，行之难"，也就是知易行难。站在军队统帅的立场，司马穰苴深知执行力是关键，他是绝对不会赞同王阳明站在个人修身立场上的"知行合一论"的。再比如"凡战，背风背高，右高左险"，这是很朴素的战争经验，顺风打仗要比逆风打仗轻松得多。清军入关打的第一仗，多尔衮就很好地借助了风势，在关键的时间点上一举击垮李自成率领的大顺军队。

—— 050 ——

吴起是怎样的主帅

理解了司马穰苴，再来看吴起就更容易了。简单来说，吴起就是司马穰苴的升级版。作为主帅，司马穰苴严格纪律、树立军威似乎已经做到极致了，还有什么可以升级的余地呢？我们不妨回到《资治通鉴》，看看吴起是怎么升级的。

吴起的带兵风格

原文：

起之为将，与士卒最下者同衣食，卧不设席，行不骑乘，亲裹赢粮，与士卒分劳苦。卒有病疽者，起为吮之。卒母闻而哭之。人曰："子，卒也，而将军自吮其疽，何哭为？"母曰："非然也。往年吴公吮其父疽，其父战不旋踵，遂死于敌。吴公今又吮其子，妾不知其死所矣，是以哭之。"

吴起的带兵风格，看上去和司马穰苴很像，和士兵同甘共苦，一切吃穿用度都比照着最低一级的士兵标准。行军时，吴起既不骑马，也不乘车，还和普通士兵一样背着粮食。

这里需要做一点补充：魏国的精锐部队，称为"武卒"，很可能就是由吴起创建的。《荀子》有一篇"议兵"，讲过武卒的装备和军事素养：身着三件套盔甲，已经不轻了；随身携带一张强弩，箭袋里边装满50支箭，箭袋上面放着长戈；武卒还要戴头盔，佩短剑，背着三天的粮食，半天时间内可以急行军一百里。

也许武卒刚刚创制时，标准还没有这么高，但至少行军时，负重不仅有粮食，还有很重的武器装备。我们可以由此推想吴起的运动量，士兵有多辛苦，他就有多辛苦。

回到《资治通鉴》，吴起还有更加惊人的表现：士兵当中有人生了疮，吴起会亲自为他吮吸伤口的脓血。这名士兵的母亲听说了这件事，忍不住哭起来。有人问她："你儿子只是一名普通士兵，将军大人能亲自为他吮吸伤口的脓血，这是何等的关照，你为什么反倒哭起来了？"这位母亲回答："往年吴将军也给孩子他爹吸过脓血，他爹打起仗来特别能拼命，结果战死了。吴将军如今又这样对待我儿子，我儿子恐怕也要死在战场上了。"

这位母亲形容孩子他爹作战拼命，原文是"战不旋踵"，意思是打起仗来不转脚后跟，也就是说，只知道往前冲，不知道往后逃。

我们站在旁观者的角度，会觉得吴起这不过是在邀买人心，忽悠别人为自己卖命，来成就自己所渴望的功名。吴起打的这些仗也都不是什么正义战争，无非是帮主君抢地盘。所以，吴起给士兵吮吸脓血，本质上和吮痈舐痔没多大区别。

庄子狠狠讽刺过这种为了功名富贵不嫌恶心的人，说秦王有病求医，赏赐吮吸脓血的人一辆车，赏赐舐痔疮的人五辆车，谁干的事更恶心，谁得到的赏赐就更多。（《庄子·列御寇》）

但如果站在士兵的角度，和主帅一起在枪林弹雨下冒险，目睹主帅跟自己同甘共苦，甚至为自己吮吸脓血，要是还不被感动的话，就太不近人情了。就算吴起是装出来的，可能一直在心里骂娘，但能装到底，也就和真的一样了。更重要的是，其他将军没有这么做的。

从兵法角度来看，这是一个稳定军心、调动士气的技术问题。用《武经总要》的概念，叫作"抚士"，意思是抚慰军心。

北宋在整理"武经七书"之前，丁度和曾公亮两位重臣曾主持编撰过一部军事巨著《武经总要》，"抚士"是其中一个单独的主题，列举了历代名君名将是如何抚慰军心，激发士气，让军队在打仗时敢去拼命的。吴起吸吮脓血的事例最突出，在他之前从没有人能做到过这个份上。而在吴起以后，不乏有人学习他的榜样，最突出的就是唐太宗。当然唐太宗受的苦远没有吴起多，但一来他的身份太高贵，只要稍微降低一点姿态就很能激荡人心，二来他的表演能力很强，比吴起更会做样子。

拿破仑与霍去病

放眼世界，有人做得比吴起更感人、更极致，比如横扫欧洲的拿破仑。

今天我们在巴黎的卢浮宫，可以看到一幅超大尺幅的油画，画的是拿破仑亲自去雅法城的隔离点探望一批感染了瘟疫的士兵。从中能够直观地感受这个更感人、更极致的场面。从画面上看，这些士兵的样子被瘟疫折磨得很吓人，有的人趴在地上，好像已经死了。拿破仑的副官躲在主帅背后，小心地用一块布捂住口鼻，神态畏缩而嫌弃。只有伟大的拿破仑若无其事，甚至摘下手套，用赤裸的手直接接触病人的身体。这个场面太令人惊讶了，毕竟当时的瘟疫不但传染性强，而且死亡率高，无药可治。在画家的妙笔之下，拿破仑就这样直接站在死神面前，以战神的姿态挑战死神，所以这幅画在当时给人们带来了无限的勇气和安慰，也大大提升了拿破仑的声望。谁不愿意为这样的统帅卖命呢？

然而，这幅画唯一的缺点是：内容纯属虚构。

事实上，拿破仑非但没有亲自探望那些士兵，反而下令毒死他们。大约有 50 人被强制服下了毒药。而真正神奇的是，其中有 7 个人不但挺过了瘟疫，也扛过了毒药，幸存下来。

拿破仑下毒的事情在社会上传出了一些风言风语，为了打击这些所谓的谣言，挽回自己的光辉形象，拿破仑这才找画家定制了这幅巨型宣传画。拿破仑的所作所为并不是孤例。说回中国历史，汉武帝时期的名将霍去病，自小过着养尊处优的生活，从不懂得体恤下级士兵。霍去病在行军打仗时，不但要吃好喝好，还要玩好，完全不管士兵的死活。汉武帝很疼他，会在他出征前，专门准备很多好米好肉，装满几十辆大车。如果换作司马穰苴和吴起，一定把好东西都拿出来分给士兵。但霍去病根本想不到这些——反正是皇帝给我一个人的，就算我吃不完，也轮不到别人吃。所以等他打完仗回到京城，那些好米好肉会浪费很多，士兵们却还饿着肚子。(《史记·卫将军骠骑列传》)但没办法，若单论打匈奴的战功，霍去病确实可以排在其他名将之上。

以上这些内容并非故意抬杠，至少通过这些历史，**我们可以知道，吴起的治军风格并不是唯一的一条通往成功之路，冷酷而虚伪的统帅其实也可以赢得军心和民意，百战百胜，走上功名利禄的顶峰。**成功之路显然没有一定之规，只不过拿破仑、霍去病的成功无法复制，成功经验也没人学得来，而吴起是可以被拿来效仿的。就像写诗，李白没法学，但杜甫可以学。

如何激励士气

吴起的兵书《吴子》有一篇名为"励士"，顾名思义，谈的是如何激励士气，和《武经总要》的"抚士"是一个意思。其中讲到激励士气的意义，有几句很精彩的话："发布号令而人乐闻，兴师动众而人乐战，交兵接刃而人乐死。"成语"兴师动众"就是从这里来的。

吴起的兵法纲领，一言以蔽之，精华就在"励士"两个字上。一切制度设计也好，赏罚严明也好，同生共死也好，亲力亲为给士兵吮吸脓血也好，都是为了提振士气。只要士气够强，人人都敢拼命，那么可能敌人的阴谋诡计、天时地利就不是无法战胜的。

吴起打过一个比方："一人投命，足惧千夫。"好比上千人围捕一个死刑犯，把他堵住了，但谁也不敢轻易下手去抓，就怕这个人亡命反扑，伤到自己。而兵法的意义就在于，把一支军队变成一个听从指挥的亡命之徒。如果《吴子》里的内容没有夸大其词的话，那么接下来发生的事，就是魏武侯给了吴起一支5万人的军队，吴起带着这5万人，把他们变成亡命之徒，大破50万秦军。

这样的战绩也许会让你觉得吃惊，但这还不算什么，《吴子》一书概述了吴起为魏国立下的战功，他和诸侯打过76场大型战役，全胜64场，平手12场，从没有败过一仗，为魏国拓地千里。可惜当时留下的史料太少，我们很难断定这些内容的真伪。不过，魏国确实是战国初年崛起最快的一个国家，一度成为天下第一强国，吴起当然功不可没。

文武分家

廉颇和蔺相如"将相和"的故事大家肯定不陌生，廉颇是将，蔺相如是相。朝廷里有文官，有武将，在普通人看来理所当然，但"将相和"故事可是发生在战国末期，而文职和武职的分工，在战国初期还属于新生事物。

孔子的教学系统分为六门功课——礼、乐、射、御、书、数，合称"六艺"，其中的"射"是射箭，"御"是驾车，都是武术技能。即便是孔子这位文圣人，也能上阵打仗，武力值还不低。六艺是春秋时期贵族的基本功课，那时候一位贵族可能今天还在朝廷里处理民政，明天就披挂起来带兵打仗去了，打完仗回来脱下盔甲，继续处理民政。无论哪个等级的贵族，包括国君，首先都是武士，贵族精神和武士道是高度重合的。所以被后人尊为"文圣人"的孔子，只能算是"半个孔子"。

在这样的时代，就连审美观都是健美取向的。《左传》里有个特别醒目的例子，郑国贵族徐吾犯的美女妹妹挑选夫婿，公孙黑和公孙楚争相表现，公孙黑彬彬有礼，一副翩翩佳公子的造型，公孙楚一身军装，左右开弓，一跃跳上战车。结果美女爱英雄，果断选了公孙楚。这就是时代的审美特点，没给书生留余地。但是，竞争压力一大，文武分家的趋势也就愈加明显。春秋、战国之交，正处于时代变革的转折点，所以我们还能看到西门豹这样的人物，既搞民政，也搞军政，还能搞水利工程。等到再过些年，廉颇和蔺相如出场时，廉颇就是武职，蔺相如就是文职，各搞各的了。

—————— 051 ——————

《资治通鉴》第一年为什么重要

《资治通鉴》安排给周威烈王二十三年的内容，讲完吴起之后，只有一句话，短短八个字："燕湣公薨，子僖公立。"意思是说，燕国的国君燕湣公死了，儿子燕僖公接班。

话题突然从魏国转到了燕国，让人有点措手不及。而且司马光给了魏国那么多的篇幅，到最后只给了燕国一句话，这是什么奇怪的写法？

《左传》传统

《资治通鉴》历史开局的第一年是周威烈王二十三年（前403年），在这一年，司马光只写了两件事：第一，周威烈王封晋国大夫魏斯、赵籍、韩虔为诸侯，第二，燕湣公死了，儿子燕僖公继位。两句话就讲完了。如果《资治通鉴》在这一年里只写这两句话，那么它和传统的编年史，比如《春秋》《古本竹书纪年》，没有任何不同。

如果编年史只能这样写，那显然太简略，只是一份历史大纲，起不到任何"资治"的作用。所以有人想到了"拓展阅读"的办法，最典型的作品就是《左传》，它沿着《春秋》给出来的历史大纲，写了丰富的内容。到了晋朝，名将杜预酷爱《左传》，很可能他是第一个把《左传》和《春秋》合编在一起的人。这样一来，在每一个历史年份里，通常先有简短的"经"，也就是《春秋》的内容，然后附有详细的"传"，也就是《左传》的内容。在《左传》的部分，往往为了把事情的前因后果交代清楚，需要追叙或者交代一些后话。有时在叙事之外，还要加一段评论，以"君子曰"开头。

《资治通鉴》完全把《春秋》《左传》的编排体例学过来了。周威烈王二十三年发生的两件事，简短两句话，相当于"经"，追叙出来的那些"三家分晋"的风云、魏文侯的政治手段等，相当于"传"，"臣光曰"相当于"君子曰"。

司马光这样安排，在当时的读书人看来很熟悉，很容易接受。每件事都不会孤立存在，总会有前因后果，而周威烈王二十三年既然是《资治通鉴》的起始年，复杂前因也就只能靠追叙来完成了。这一年太特殊，后面就不会这样了。

周朝的远东

至于燕滑公是个怎样的人，做过哪些事，又是怎么死的呢？

很遗憾，我们能够知道的，并不比司马光写出来的更多。

作为"战国七雄"当中的一大强国，燕国在后面的戏份还有很多。燕国其实有两个：北燕和南燕，分别位于今天的河北和河南境内。

南燕是个很小的诸侯国，在历史上几乎没有存在感，仅仅存活了44年。所以史料上提到的燕国，通常指的是北燕。下文凡是讲到北燕，统称燕国。

当初武王伐纣，建立周朝之后，大搞分封，把召公奭（shì）封在燕国。

周朝建国有三大功臣——太公望、周公旦和召公奭。太公望就是民间传说里的姜太公；周公旦就是儒家传说里的礼制发明人，所谓礼崩乐坏，崩坏的就是周公制定的礼乐制度；召公奭在周武王刚死，年幼的周成王接班时，帮助周公旦稳住了政局。

这三巨头的封国位置特别耐人寻味：召公被封在燕国，姜太公被封在齐国，周公被封在鲁国，全在大陆的最东端，再往东就是海了，而西周的中央政府所在地，也是周族的发祥地，在今天的陕西境内。按说元老重臣应该留在身边，为什么反而把他们支到最远的地方去呢？

其实周公和召公确实留在中央了，一辈子都没去过自己的封国。而他们的嫡长子带着人马一路东行，到封国开展统治，只有姜太公是亲自去到齐国的。

当时的分封和后来周朝政权稳定之后的分封很不一样。武王伐纣虽然打得很成功，一战灭国，占领了商朝的国都，但天下还有那么多土地和人口，不是所有人都服气周族人。所以周朝在这时候的分封，基本相当于武装殖民，并不是周天子把自己的地盘划出来一块，和平移交给某位诸侯，而是远远地指着一片自己根本控制不了的土地，告诉被分封的诸侯说："那片地方就归您了，麻烦您自己想办法去建立统治，繁衍生息吧。"

那时候的齐、鲁、燕地区，在周天子眼里都属于远东地区，很难控制，商朝的旧盟友和土著势力又强，周族人想落脚并不容易。但是，只要能在远东地区站稳脚跟，周朝全境基本就算稳了。

燕国自从召公受封，传到燕僖公，大约 32 代。之所以要说"大约"，是因为燕国在战国中期以前的历史非常模糊，就算是司马迁也已经看不到多少史料了，所以《史记》的一系列"世家"里，"燕召公世家"写得很简略。司马光能看到的材料也不多，《资治通鉴》里记载燕潘公死，燕僖公继位，完全是从《史记》抄来的。

唐朝人司马贞写过一部《史记索隐》，援引几百种材料给《史记》作校订，在燕潘公的卒年问题上，找出《竹书纪年》的记载，说这一年是燕简公十三年，和燕潘公、燕僖公都不搭界。到底谁对谁错，司马贞也说不清。

但是今天，我们可以发现，错的是司马贞，因为《竹书纪年》说的并不是燕简公十三年，而是晋烈公十三年，司马贞张冠李戴了。晋烈公这个人前面提到过，是三家分晋时被瓜分了国土的那个国君。

但司马光编写《资治通鉴》时，不一定看得到《竹书纪年》的这条记载，但一定看得到《史记索隐》，相信哪个就是一个很头疼的问题了。司马光选择相信司马迁，而不是司马贞，却没有写下存疑、考异的意见，大约他当时能够读到那部仅存三卷的《竹书纪年》，并且其中刚好有当下这一年的记载吧。

至此，《资治通鉴》记载的第一年，周威烈王二十三年（前403年）的历史已经讲完了。在这一年中发生的两件事里，第一件事尤为重要，因为它为整部《资治通鉴》开宗明义。司马光借着这件事，讲出了儒家政治学的核心纲领。这项纲领如果归结为一个字，那就是"礼"。如果再加上两个字，那就是"礼、名、器"三位一体。儒家之所以也叫礼教、名教，就是从以上的纲领概念来的。

司马迁写《史记》时，其实也意识到了周威烈王封韩、赵、魏为诸侯的意义，所以写下了这样的话："威烈王二十三年，九鼎震，命韩、魏、赵为诸侯。"（《史记·周本纪》）所谓的九鼎，是周天子最重要的礼器，象征着最高权力。这种巨大的青铜器竟然自己震动起来，说明周朝要亡了。从这一点也能看得出，《资治通鉴》比起《史记》来，已经很有现代感了，完全不采信怪力乱神的那一套。

在《资治通鉴》的追叙内容里，第一个重要人物是智瑶智襄子，他是一个"才胜德"的反面教材，才干很高，唯一的缺点就是缺德，导致最后身死族灭。第二个重要人物是赵无恤赵襄子，是他带领赵氏家族挺过了生死存亡的关键点，绝地反击，从此走向强盛。赵无恤和智瑶是同时代的生死冤家，而第三个重要人物，魏斯魏文侯，是几十年后的晚辈，带领魏氏家族化家为国，发展为战国时代的第一强国。

司马光的政治观念，特别强调用人，所以他会把魏文侯塑造为一个擅于用人的典范领袖，为他大书特书。**儒家关于用人的政治哲学，概括起来是"师、友、臣"的和谐组合，统治者身边的人才，既要有老师型的，需要统治者放低姿态去拜访、请教的，也要有朋友型的，彼此可以平等地探讨问题，还要有小弟型的，听指挥，能做事。魏文侯之所以是用人的典范，就是把"师、友、臣"的组合做得十分完美。**

接下来，就该进入周威烈王二十四年了。

知识就在得到

A
Comprehensive
Mirror
to Aid in
Government

Series.I

资治通鉴

第一辑

熊逸版

③

熊逸 著

Xiong Yi
Edition

新 星 出 版 社　NEW STAR PRESS

· 目录 ·

周威烈王二十四年

———————— 052 ————————

谥号是怎么越来越长的

周威烈王二十四年（前402年）发生了两件大事，司马光用短短两句话一带而过，其中隐藏的密码，还需要我们进一步探索。

原文：

（二十四年）

王崩，子安王骄立。盗杀楚声王，国人立其子悼王。

第一件事：周威烈王死了，儿子姬骄继位，这就是周安王。第二件事：盗贼杀了楚声王，楚国人拥立楚声王的儿子继位，这就是楚悼王。

两件事带出了三个疑点：第一，我们熟悉的周代谥号，周安王也好，楚声王、楚悼王也好，谥号都是一个字，为什么周威烈王死了，却搞特殊，弄出两个字的谥号呢？第二，前面我们提到的大夫和诸侯，都只能叫赵襄子、魏文侯，因为还有周天子在，为什么楚声王和楚悼王的名号可以是"王"呢？第三，以楚国的强大，以国君的尊贵，为什么堂堂楚王会被盗贼杀死呢？

死亡的等级

在中国历史上，谥号是一个贯穿了至少 3000 年的制度。

谥号属于儒家礼制里"名"的一种，不是名字的名，而是名分的名。司马光对名分十分重视，不同身份的人，"名"有不同的配套，谁都不该越级。

《资治通鉴》只用了两个字"王崩"来记载周威烈王去世。虽然简单到无以复加，但其中依然体现着礼制之下的名分：只有天子的死才能称为"崩"。

不同身份的人，连死都有名分上的差别：天子之死叫"崩"，诸侯叫"薨"，大夫叫"卒"，士叫"不禄"，平民百姓叫"死"。所以这一年周威烈王的死叫"崩"，上一年燕湣公的死叫"薨"，一丁点都错不得。

这些名目并不是随便安排的。按照儒家的经典解释，天子的死相当于高峻巍峨的大山崩塌，所以叫"崩"。山崩时会发出"薨——"的巨响，所以诸侯的死叫"薨"，只是借用了山崩的音效，但并不等同于山崩本身。大夫的死，是人生的一场庄严谢幕，所以叫"卒"，表示终结。士人领取俸禄，死了就领不到俸禄了，所以叫"不禄"。**平民百姓身份低贱，活着时没有好名声，死了也留不下什么值得纪念的，身与名俱灭，就像冰澌溶泄一样，所以借用"澌"的谐音，叫作"死"。**（《礼记正义·曲礼下》）

以讳事神

不同等级的人，死法有不同的称呼，谥号更要遵从礼制。

在周代，某一任天子或诸侯死后，元老们会根据死者一生的功业，给他挑一个好听的字作为谥号，并得到继任者的认可，从此以后就会按谥号来称呼这位死者，禁止提起死者的名字。

在周朝的贵族传统里，不光是天子或诸侯有谥号，即便一个人没那么高的身份，只要死了，名字就会成为忌讳。这种传统，叫作"以讳事神"，大意是说，死者的名字从此属于鬼神世界，人间不能提。而接下来的情节，并不是"人鬼殊途"，而是"人鬼情未了"：理论上说，每一位去世的长辈都在鬼神世界里以另一种形式继续活着。所以，当一个长辈死了，晚辈就不能再用服侍人类的方式来服侍他了，要换一种方式，把他当作鬼神来服侍。这种服侍方式，就是祭祀。

鬼神要想健康长寿，也要像人类一样摄入营养。鸡鸭鱼肉、油盐酱醋，都不能少。但是，根据礼制，凡是和鬼神有关的事物，称谓都要改变，自成一套话语体系。比如祭祀用的猪，要改叫"刚鬣（liè）"。《西游记》里猪八戒的本名叫猪刚鬣，出处就在于此。

鬼神毕竟和活人不同，活人需要喝酒吃肉，鬼神不吃不喝，只需要摄入酒肉的香气。如果这家人的子孙不孝，或者断子绝孙了，那么变为鬼神的列祖列宗就得不到祭祀，只能忍饥挨饿。鬼神也禁不起饿肚子，如果实在饿得慌，就会化为厉鬼，在人间作祟。

这种观念的存在可以解释两个现象：第一，之所以"不孝有三，无后为大"，是因为绝后意味着断绝祭祀，让历代祖先挨饿，当然是最大的不孝；第二，在佛教传入之前，鬼神的处境是好是坏，是由人间的祭祀品质决定的，而不是鬼神生前是否行善或作恶。也就是说，即便一个人生前作恶多端，只要子孙后代认真祭祀，他也能在另一个世界里过得有滋有味；相反，即便一个人生前积德行善，只要断了祭祀，只能在另一个世界里遭罪受苦。

人死后，会有一系列漫长而复杂的葬礼仪式，等到终于棺椁下葬，入土为安，还有一轮祭祀仪式，称为"卒哭"。"卒哭"仪式结束后，亲人会把死者的牌位按照特定的次序安置在祖庙内，从此进入"以讳事神"阶段。

牌位的正式名称叫"神主"，又因牌位是木制品，也叫"木主"。之后的一切祭祀都是针对牌位来做的，在先秦时代，没人会去墓地扫墓，更没人烧纸钱。扫墓的风俗直到东汉才确定下来，并不是儒家的古礼。

"谥"这个字，右半边是"利益"的"益"，有"增加"的意思，所以"谥号"这个词，从字面上看，就是给死者新取一个名字。

不管是不同等级对死的不同称谓，还是人死后的"以讳事神"，归根结底，最核心的原则有两个，一是对同一件事存在多种称谓，每一种称谓对应一个身份等级，二是活人、死人的世界要分别使用两套称谓系统，绝不能混淆。

谥号与功过

在周朝的传统里，天子和诸侯的谥号原本都是一个字，两个字的谥号是进入春秋时代，随着礼崩乐坏而出现的。在周威烈王之前，历任周天子只有周贞定王的谥号是两个字。以司马光对礼制的强调，本该对周威烈王的谥号问题发表一段"臣光曰"，批评一下给谥号添字的做法。

那么周威烈王死后的新名字，能够实事求是地体现他生前的功业吗？他到底哪里威、哪里烈了？宋神宗的谥号"英文烈武圣孝皇帝"里有个"烈"字，称得上实至名归，毕竟宋神宗大搞改革事业，积极对外作战，可周威烈王被三晋逼得践踏了礼制的底线，被《资治通鉴》点名批评，似乎实在对不起谥号里的"威烈"二字。

最容易想到的原因，是"人死为大"，何必说死人的坏话，何况死的还是至高无上的天子。但是，根据秦朝以前的传统，如果天子真的不成体统，确实有可能背上一个难听的谥号。比如烽火戏诸侯的周幽王，"幽"就是一个贬义词。

那时之所以能够对天子一生的功过评头论足，背后仍然是宗法关系在起作用：商议谥号的人并不是雇佣制度下的大臣，而是与天子同宗的长老。所以，到了秦朝，规矩就该变了。周威烈王之所以得到了一个美谥，大概是因为在他的职业生涯里，真的有过什么略微配得上"威烈"的表现吧。反正只要人不太坏，又确实有些也许微不足道的优点、成绩，据此来确定谥号，也算是宽厚的作风。又或者三晋带着浩浩荡荡的人马来到周天子面前表演献俘大礼，也算是天子"威烈"之风的一种表现吧。

不断变长的谥号

进入战国以后，不光周天子的谥号在加长，诸侯们也开始有样学样，用上了两个字的谥号，比如秦庄襄王、赵武灵王。还有嫌两个字不过瘾，用上三个字的，比如齐桓武灵公。严格来说，这并不会使他显得更加尊贵，因为大夫一级的谥号早就有三个字的了。

无论如何，时代越是前进，统治者们谥号的字数就越多，我们看一下唐朝皇帝的谥号。开创了开元盛世的唐玄宗很喜欢给列祖列宗的谥号添字，风气一起，等到唐肃宗过世，他的谥号是文明武德大圣大宣孝皇帝，竟然多达九个字。再后来的唐宣宗，谥号是元圣至明成武献文睿智章仁神聪懿道大孝皇帝，比唐肃宗的谥号字数翻了一倍，18个字。

在司马光的时代，宋神宗的谥号是英文烈武圣孝皇帝，六个字；继位的宋哲宗又给父亲加了10个字；下一任宋徽宗又嫌这区区16个字不足以彰显宋神宗的伟大，于是，他先改了宋神宗原有的谥号，再新添了四个字，宋神宗的新谥号就变成了体元显道法古立宪帝德王功英文烈武钦仁圣孝皇帝。到了明、清两代，谥号还要更长。

通过前文，我们也可以理解，秦以后，商议谥号的人都是雇佣制度下的大臣，对皇帝的褒贬功过进行客观评价变得不可能，谥号自然就"通货膨胀"起来。

—— 053 ——

楚国国君为什么能越级称王

据《资治通鉴》记载，盗贼杀了楚声王，楚国人拥立楚声王的儿子楚悼王继位。那么问题来了：周威烈王是天子，名号是"王"理所当然，按说"天无二日，民无二王"，为什么楚声王和楚悼王的名号也是"王"呢？

如果按照纯正的儒家标准，司马光这一回确实犯错误了。

楚人心里的刺

在先秦历史上，楚国是一个很特殊的存在。

从地理上看，华夏诸侯从最西边的秦国到居中的三晋，再到最东边的燕国、齐国、鲁国，都在黄河流域，楚国却在长江流域。从文化上看，华夏文化以《诗经》为代表，楚文化以《楚辞》为代表，两者的差异一目了然，天差地别。当然，当时的华夏诸侯会说："这不叫文化差异，这叫有文化和没文化的差异。"

这就导致无论楚国是否归附于周天子，或者和华夏诸侯建交，又无论华夏诸侯在正式场合上如何尊称楚国人，在心里，大家都把楚国当成蛮夷之邦，把楚国人当作野蛮落后的外国人。

《史记》记载，在周文王的时代，楚人首领鬻（yù）熊"子事文王"。这句话可以作两种理解，一是鬻熊以子爵的身份效劳于周文王，二是鬻熊像儿子一样服侍周文王。我更倾向于第二种理解，因为周文王恐怕没资格给鬻熊封爵。

鬻熊死得很早，首领的位置经过三代人传到了熊绎。这时，周朝已经建国，周文王、周武王都已去世，年少的周成王在周公的辅佐下统治着这一片打下来还没多久的江山，非常需要盟友。因此，周成王大举提拔文王、武王时代那些功臣的子孙，熊绎刚好赶上这个机会，受封楚蛮，获得子爵的头衔。（《史记·楚世家》）

周成王搞的这次分封，《国语》里透露过一点信息：那已经是很久以后的春秋时代了，楚国早已经做大做强，要和华夏诸侯里最强的晋国争夺霸主。在一次诸侯盟会上，楚国和晋国激烈争夺礼仪上的排序。晋国人私下商量，觉得仪式上谁先谁后并没有那么重要，楚国发展到今天这一步，难道是凭借仪式上的出场次序得来的么？想当初，周成王在岐山之南大会诸侯，楚国的国君还只是一个"南蛮子"，在会场上连自己的席位都没有，只能和东夷的一个小首领一起搞搞会务工作，其实就是打杂。等天子和诸侯们一一入席之后，这两个打杂的汉子还得去会场前边看守火炬。（《国语·晋语八》）

如果把《国语》《史记》放在一起对照着看，就会发现，那个只配打杂、给会场看守火炬的毫无存在感的小角色，说的就是熊绎。

熊绎受封的子爵，是一个低级爵位。周朝封爵，有所谓五等爵，从高到低依次是公爵、侯爵、伯爵、子爵、男爵。和五等爵相关的还有一个地理区划系统，叫作五服——不是丧服制度里的五服，而是地理区划里的五服。

所谓五服，大体上说，由核心区到蛮荒地带依次为甸服、侯服、宾服、要服、荒服。在五服里的级别越低，对周天子的义务就越少。如果是荒服，要做的事就是朝见天子，表示一下服从的忠心，再进贡一点土特产，仅此而已。位于荒服的诸侯，一来和周王室的关系不深，感情基础不牢，二来距离核心区山远水远，就算周天子想让他们带兵来帮自己打仗，等使者通知到了，仗差不多也该打完了。

给熊绎封子爵，倒不是对他有偏见，而是按照规则，凡是荒服的国君通通都是子爵，无论他的实力有多强。（《礼记·曲礼下》）

《春秋》和《左传》中一提起各国诸侯的行动，经常是各种宋公、齐侯、曹伯，到楚国这里就变成了楚子。这就好比今天开大会，名单上开列出席的首长名单，在宋部长、齐厅长、曹局长中，竟然还夹着一个楚科长。

历任"楚科长"心里都有一根刺：没面子！所以，楚国在和与华夏诸侯争雄时，特别在意礼仪、排名，因为这根刺在心里扎得实在太久了。

当然，熊绎时代的楚国确实没资格和诸侯争短长，因为无论是经济还是文化，都差人家太远了。楚国人后来缅怀这段辛酸岁月，说熊绎"筚路蓝缕，以处草莽"，这就是成语"筚路蓝缕"的出处。"筚路"是柴车，"蓝缕"不是破衣服，而是朴素的、不缝边的衣服。熊绎就这样带领楚国人民，在荆山一带开荒种地，生活状态和野人差不多。（《左传·昭公十二年》）

楚国的"自尊"

好在天道酬勤，经过几代人的积累，楚国终于有了点实力，反而当初不可一世的周王室走起下坡路，华夏诸侯互相攻伐。

这一代的楚国领袖熊渠观察着时局的变化，说出了一句很放肆的话："我蛮夷也，不与中国之号谥。"话里显然带着气：你们总说我们是蛮夷，好，我们就是蛮夷，蛮夷有蛮夷的规矩，我们不用你们中国的规矩。你们那套封号、谥号什么的，跟我们不搭界。

熊渠所谓的中国，指的就是周王室和华夏诸侯。

熊渠有三个儿子，既然"不与中国之号谥"，他就把三个儿子通通封王了。这就意味着，熊渠的每个儿子都能跟周天子平起平坐。但这份张狂没能保持多久，周天子换成了著名的暴君周厉王。熊渠不想惹事，只能忍下一口气，灰头土脸地把儿子们的王号撤销了。

就这样又过了好几代人的时间，进入春秋时代，强大起来的楚国又克制不住名号上的自卑感了，国君熊通决心再努力争取一下。于是，《史记》记载，在熊通执政的第35年，"楚伐随"。

随国是姬姓小国，虽然实力不强，但体内流着蓝血，和周天子同姓。面对来势汹汹的楚国，随国感到莫名其妙，对楚国说："我又没做错什么，你凭什么打我？"

今天我们看随国的说辞，只会感到可笑，但这番话在礼制背景下是可以成立的。楚国打随国，《史记》用的动词是"伐"，以上制下，以正义打不义才叫"伐"。如果哪个诸侯犯了政治错误，周天子就会安排几个诸侯一起去"伐"它。只有天子才有"伐"的权利，这叫"礼乐征伐自天子出"。

即便礼崩乐坏了，礼制的传统也不是一下子就能彻底消失的。诸侯之间的战争，总要找点正义的借口才好意思开打，这时还没人敢直言不讳地说："我就是想抢你的地盘，跟你有没有错无关！"

所以在随国看来，楚国来打自己，总该说出几分理由才行。没想到楚国的理由是这样的："我打你呢，其实真跟你没关系。你看我实力这么强，我就是想请你帮个忙，跟你家亲戚周天子说句话，给我换个好听的头衔。"

随国果然把楚国的意思转达给了周天子，原文是"请尊楚"，意思是请周天子给楚国一个尊贵的头衔。假如周天子真的同意了，那么《资治通鉴》也许就要从这一年开端了。但这位周天子绝不允许乱用名分，断然拒绝了楚国的无礼要求。熊通气坏了，说出了一句名言："我自尊耳。"既然周天子不给我加一个尊贵的头衔，那我就自己加，这就是"自尊"这个词的原始含义。熊通不但给我们贡献了"自尊"这个词，还做出了一个自尊的好榜样。

推想熊通的本意，大约只想请周天子批准，把自己的子爵头衔换成伯爵或者侯爵，但既然周天子不给面子，那就索性撕破脸，自己称王好了。就这样，熊通自立为王，死后谥号也就成了楚武王。熊通死后，儿子继续称王，也就是楚文王，楚国自此开始了世代称王的传统。后来楚王不但称王，甚至"问鼎"，向周天子的使者打听九鼎的大小轻重。九鼎是天子最高权威的象征，哪是旁人可以觊觎的？当然，楚王不在乎，反正自己也是王。

华夏诸侯当然不认可楚王的王位，要么照旧称呼"楚子"，要么连"子"都不讲，称呼为"楚人"。比如《春秋》记载楚成王带着一帮小弟围攻宋国："楚人、陈侯、蔡侯、郑伯、许男围宋"。这里的陈、蔡、郑、许都是小国，许国国君的爵位最低，是男爵，所以叫许男。如果依照爵位的高低排序，楚成王至少还能以"楚子"的身份傲视许男，但《春秋》在这里彻底抹杀了楚成王的爵位，只因他是这支联军的带头大哥，才不得不把他排在最前。

所以说，楚国国君称王，是长期压抑之后"自尊自强"的结果。从这个意义上说，讲究名分的司马光承认了"楚声王""楚悼王"的说法，确实是疏忽了。

―――――― 054 ――――――

楚王怎么会被盗贼杀死

如果按照儒家最严苛的书写方式，《资治通鉴》那一句"盗杀楚声王，国人立其子悼王"应该怎么改才合适？

正确答案是：既不提"王"这个称号，也不提"声"和"悼"这样的谥号，直接叫名字。楚声王名叫熊当，楚悼王名叫熊疑，所以司马光应该这样写："盗杀楚子当，国人立其子疑。"

这样的改写，如果拿到汉朝，很容易赢得儒家学者的称赞，但宋朝人已经不讲究这些了，司马光本人对"春秋学"也没下过多少功夫，所以才会让周王和楚王同框。那么，接下来的问题就是：以楚国的强大，国君的尊贵，为什么堂堂楚王会被盗贼杀死？

楚声王在历史上只是一个过场角色，没留下什么记载，所以，他到底是怎么被杀的，又为什么被杀，是一个无法破解的谜题。要想弄明白"盗杀"这个词，只能借助当时其他的历史事件。

盗杀蔡侯申

幸好，盗贼杀死国君或者其他大人物的事情，在楚声王以前就已经不新奇了。

公元前 491 年，楚声王之死的 89 年前，蔡国发生了一起杀人案。《春秋》有一句很简短的记载，只有五个字："盗杀蔡侯申。"如果用谥号称呼，蔡侯申就是蔡昭侯（一说蔡文侯，据《左传正义》），和周天子同姓，姓姬名申，受封侯爵。《春秋》叫他"蔡侯申"，并不是贬义，而是因为蔡侯申刚刚过世，谥号还没有商量好。

蔡国是中原南部的一个小国，存在感不强，它在历史上最著名的事件，就是和陈国一起困住了孔子，让孔子和随行弟子们险些饿死，给后人留下了"陈蔡绝粮"的典故和"君子固穷"的成语。

"陈蔡绝粮"发生在"盗杀蔡侯申"的两年前，也就是说，孔子挨饿时，蔡国在任的国君就是蔡昭侯。当时孔子途经陈国和蔡国，楚昭王派人请他，陈国和蔡国的大夫们怕楚国得到孔子这位人才，对自己不利，于是联手把孔子困住。从这件事，我们可以看出蔡国和楚国的关系很糟糕，这正是"盗杀蔡侯申"事件的缘起。

以蔡国的国力，在楚国面前只是小弟当中的小弟，根本没资格和楚国搞坏关系，但是，蔡昭侯曾经被楚国扣留，"受够了楚国无情的打击和虐待，为了向楚国发泄怨恨，他什么事都愿意干"。（套用《麦克白》刺客乙的台词）智果劝谏智瑶时，说的也是这个道理："蝼、蚁、蜂、虿皆能害人，况君相乎。"连小小的蚊虫都能伤人，何况一国的国君和总理呢？

蔡国自己当然没有报仇的实力，必须找到强大的盟友才行。于是，蔡昭侯联合吴国，共同伐楚。此时吴国国君就是著名的吴王阖闾，后来成为"春秋五霸"之一，手下的能臣既有传奇的伍子胥，又有兵圣孙武。吴国一出手，真把楚国打惨了，连国都也被打下来了。楚昭王一路逃跑，巧的是，路上竟然也遇到了盗贼的攻击，幸好有惊无险。

吴国并没有吞下楚国的实力，所以打完胜仗就撤兵了。楚昭王复国之后，好好休整了一番。楚国还是当初那个强国，正如蔡国还是当初那个弱国一样。蔡昭侯这回可不好办了，面对楚国的报复，赶紧向吴国求救。吴国的回复是：我们两国相隔实在太远了，我可以救你一次两次，但没法救你三次四次，不如你们搬搬家，把国都搬到靠近吴国的地方好了。

蔡昭侯也不和大夫们商量，直接同意了。就这样，吴国如约派来了援军，顺道帮蔡国把国都迁了。

蔡国贵族们肯定都不愿意，毕竟国都一迁，伤筋动骨。过了两年，蔡昭侯又要去吴国朝见，蔡国贵族、大夫们生怕他又和吴国达成什么私下交易，把国都迁得离吴国更近。大家一商量，索性把蔡昭侯"做掉"。

春秋时代文武不分家，贵族们从小都要练武，尤其是驾车、射箭。所以蔡国的贵族们，都是能上战场、能拉弓射箭的狠角色。蔡昭侯扛不住这些狠人的攻击，中箭受伤，逃进一所民宅。贵族们有勇有谋，精诚协作，杀掉了蔡昭侯的卫士，成功完成了弑君壮举，这就是"盗杀蔡侯申"的全部经过。

那么问题来了："盗"究竟在哪儿？

凶手明明是蔡国的高级贵族，就像一家现代公司的董事会里，董事们不满意董事长的一意孤行，于是联手，并且亲手把董事长杀了。

这明明就是一场政变，凶手都是亲戚、重臣、元老、贵族，并没有真正的盗贼。那么，《春秋》为什么要说"盗杀蔡侯申"呢？只有两种可能：第一，"春秋大义"当真存在，杀害国君的人不配称为大夫，所以《春秋》用"盗"来定义他们，表达十足的蔑视；第二，蔡国大夫们其实并没有亲自出手，而是买通盗贼，杀掉了自己的国君。

《史记》支持了第二种说法，说蔡国大夫们安排了一个叫"利"的盗贼，杀掉了蔡昭侯，然后又把所有脏水泼到利身上，诛杀了他。（《史记·管蔡世家》）历来替大人物做脏事的人，往往会落到这种结局。

反正不管根据哪种说法，"盗杀蔡侯申"都是一场货真价实的政变。

春秋大义

古人相信孔子作《春秋》为万世立法，《春秋》的一字一句莫不饱含着极其深刻的用意，这就是所谓的"微言大义"。解读微言大义的有两部经典：《公羊传》和《穀梁传》，它们和《左传》一起合称"《春秋》三传"。《公羊传》总结说《春秋》对于弑君的大夫一律指名道姓，如果凶手身份卑贱，那就一律称"人"。比如这个身份卑贱的凶手是蔡国人，《春秋》就会写成"蔡人"。如果是大夫杀了大夫，那么对行凶的这位大夫也称"人"。如果是身份卑贱的人杀了大夫，那么凶手就被称为"盗"。（《公羊传·文公十六年》）

显然，当这个规律遇到"盗杀蔡侯申"，就不适用了，该怎么处理呢？《公羊传》很会变通，说孔子的意思是这些弑君的大夫比卑贱的人更卑贱。**在礼制的序列里，士是最低一级的贵族，士以下就是平民百姓，都属于身份卑贱的人。**还有什么人比平民百姓更卑贱呢？《公羊传》说："当然还有，那就是罪人嘛。"（《公羊传·哀公四年》）

所以，按照《公羊传》的解释，"盗杀蔡侯申"的真实含义是"罪人杀蔡侯申"，那些弑君者连贱人的称呼都配不上，只配称为罪人。

如果我们以今天的眼光来看《公羊传》的解读，当然会不以为然。但如果生活在汉朝，掌握《公羊传》的这套逻辑就是掌握了升官发财之道。[1]

盗与非盗

不过，春秋大义这套逻辑并不容易掌握，就拿"盗"的问题来说，当真的有某个身份卑贱的人杀了国君，《春秋》偏偏没用"盗"字。

事情发生在吴国，看门的人杀了国君，《春秋》的记载是："阍杀吴子余祭。"（《春秋·襄公二十九年》）

[1] 参见得到 App 课程《熊逸书院》第 2.3 讲。

"阍"指的是看门人，当时的看门人通常都是受过刖刑的罪人——脚被砍掉了，行动不便，正好适合看门。"吴子"指的是吴国国君，子爵，"余祭"是国君的名字。根据《左传》的记载，这里的"阍"是吴国捕获的楚国俘虏，被派去看船，趁吴王余祭接近时突然行凶。

一个身份卑贱、受过肉刑、货真价实的罪人杀了国君，如果依据《公羊传》的标准，无论如何都该表述成"盗杀吴子余祭"，但《春秋》偏偏写成"阍杀吴子余祭"，这真让公羊学家们大伤脑筋。到底谁是盗，谁不是盗，有没有统一的答案？恰好，《穀梁传》对此做了一个总结。

—————— ○55 ——————

"盗杀"到底是谁出手

史书《春秋》里到底谁是盗，谁不是盗，似乎找不到一个标准，还好，给《春秋》做注释的《穀梁传》给"盗"做出了准确的定义和细致的归类。

《穀梁传》总结《春秋》的行文特点，说《春秋》所谓"盗"共有三种类型：第一，身份卑贱的人杀害大夫；第二，不是自己应得的却据为己有；第三，违背中原诸侯的礼制规范而获取利益。（《穀梁传·哀公四年》）所以，盗不能跟盗贼简单画等号。

用这个标准来做判定的话，蔡国贵族"盗杀蔡侯申"应该属于第三种类型。

郑国盗杀事件

我们再看一个同样类型的"盗杀"事件。

在《春秋·襄公十年》，也就是公元前563年，

《资治通鉴》起始年的 160 年前，有这样一条记载：
"盗杀郑公子骓、公子发、公孙辄。"这是《春秋》对
"盗"的第一次记载，被"盗"杀死的三个人是郑国掌
握着最高权力的三大贵族。如果按照字来称呼的话，公
子骓、公子发、公孙辄就是子驷、子国、子耳，其中子
驷的地位最高，相当于郑国的国家总理。

这三巨头到底是怎么被杀的，《左传》有详细的记
载。简单来讲，公子骓做事不大地道，得罪了郑国的五
家贵族，这五家贵族联合仇恨子驷的其他贵族，发动
了一场武装政变，直接攻进朝廷，杀掉三巨头，还劫
持了国君。政变很快就被镇压下去，暴徒们死走逃亡，
都没有好下场。

发动政变的明明都是贵族，《春秋》却称他们为
"盗"，这是什么道理呢？《左传》给出的解释是："书
曰盗，言无大夫焉。"也就是说，那五家贵族的领头人
只是低级贵族，不值一提，用"盗"字统称一下也就
够了。（《左传·襄公十年》）

清朝学者毛奇龄，人称西河先生，写过一部《春
秋传》，后来被称为《春秋毛氏传》，书里把《春秋》
的内容分门别类，一共 22 门，"盗杀"就是其中之一。

但只要不把《春秋》当成孔子为万世立法的著作，
不相信《春秋》的行文有什么微言大义的话，那么对

于"盗杀郑公子骈、公子发、公孙辄"的事件也可以采信一种朴素的解释：郑国平定了这场暴动之后，按照当时的国际惯例通报其他诸侯国，在外交文件里把暴徒的身份定义为"盗"，免得张扬家丑，鲁国的史官接到这份文件后，直接抄录下来。

卫国盗杀事件

《春秋》中还有一个更著名的事件，发生在公元前522年，郑国"盗杀"事件的41年之后。在卫国，盗贼杀死了卫灵公的哥哥公孟絷。《左传》交代了事情的详细经过，所谓盗贼，其实还是一批贵族，为首的是大贵族齐豹。齐豹一直被公孟絷欺负，不服气，纠集了一批盟友要搞暗杀。动手之前，齐豹想到公孟絷的警卫员宗鲁是自己当初推荐过去的，有感情，就去提醒宗鲁，劝他提前躲开。宗鲁很为难，回答说："你为我宣扬名声，对我好，我很清楚。公孟絷是个坏蛋，我也很清楚。我明知道他是个坏蛋，还给他当差，贪图那点收入，是我的错。如果我现在听说会有危险而提前躲避，那就辜负了你为我宣扬的名声。所以，我既不躲，也不泄密，你该动手就动手，我陪着公孟絷去死就好了。"

宗鲁说到做到，果然和公孟絷一同被杀。卫国一片大乱，连卫灵公都仓皇逃出了国都。

消息传到鲁国，有宗鲁的朋友想去吊唁宗鲁，孔子劝他说："齐豹做了盗贼，公孟絷被杀，宗鲁都有错，你不该去吊唁他。"（《左传·昭公二十年》）

《左传》后来对《春秋》描写坏人坏事的笔法做过一番总结，说有的坏人只想闷声发大财，但《春秋》偏偏把他们的名字记载下来，钉在历史的耻辱柱上，还有的坏人，比如齐豹，觉得自己不畏强权，敢于反抗，应该青史留名，但《春秋》就是不写他的名字，只用一个"盗"字来称呼他。这些坏人"或求名而不得，或欲盖而弥彰"。（《左传·昭公三十一年》）这就是成语"欲盖弥彰"的出处。

《左传》的说法在今天看来多少有点牵强附会，但从孔子的发言来看，齐豹的行为确实被定义为"盗"了，但这更有可能是一种蔑称，而非实事求是。

职业的盗

那么，真正的"盗"到底是什么人？其实是一些占山为王的土匪，或者是盘踞一方的黑社会，是独立于政府之外的江湖势力。

《国语》里有一段记载给出过很明确的线索。

事情的起因是楚国贵族申公子牟犯罪逃亡，他的女婿伍举无端遭受牵连，无奈之下逃到郑国，准备下一步投奔晋国。伍举就是伍子胥的祖父。蔡声子正好路过郑国，和伍举很投缘，愿意帮他想办法回到楚国。

蔡声子办完了自己的事情，就到楚国拜访令尹子木，给他谈了很多楚材晋用的往事，最后把话题落到伍举身上，说伍举被逼出了楚国，一旦投奔晋国，一定会得到重用，这对楚国非常不利。子木越听越焦灼，请蔡声子想办法。蔡声子故意把话反着说："当然有办法，您可以花一点钱，请东阳之盗刺杀伍举，永绝后患。"

蔡声子提到的"东阳"不知具体是什么地方，但那里的盗贼应该很出名，所以子木一听就懂，断然回答说："我堂堂令尹，楚国的国家总理，如果买通大盗到晋国去搞谋杀活动，那也太没体统了，我绝对不会这么做的。还是拜托您帮我请他回来，我会加倍恢复他的家产。"（《国语·楚语上》）

今天还比较常用的一个成语"楚材晋用"，代指人才外流，出处就是这段故事，楚国的人才转而为晋国效力，并且反过来伤害楚国。

由上可见，当时的贵族如果想做脏事，自己不方便的话，难免会借助这些江洋大盗。春秋年间，卫宣公、郑文公谋杀自己的亲生儿子，都是假手于盗来完成的。（《左传·桓公十六年》）

我们熟悉的魏文侯也和盗贼有过一场瓜葛。那时周威烈王还没有册封三晋为诸侯，但韩、赵、魏三家已经实质上瓜分了晋国，国君晋幽公手里只剩下两座城邑了，以至于以国君之尊，反而要朝拜韩、赵、魏三大家族的族长。国君做到这个份上，当然很窝囊，找不到半点成就感，于是晋幽公不再操心权力，转而向往爱情去了。他背着老婆，趁着夜色，甩开随从，偷偷出城和女人幽会，却没想到在爱情的道路上遇到了盗贼，遇刺身亡。

按照《史记》的记载，这是晋幽公在位的第18个年头，也是魏文侯接班成为魏氏家族族长的第三个年头。年轻的魏文侯迅速带兵安定了晋国政局，把晋幽公的儿子姬止扶上了国君的宝座。这位姬止，就是晋烈公。（《史记·晋世家》）再过19年，周威烈王册封三晋为诸侯。

杀死晋幽公的盗贼到底是什么人？这场凶案只是一场意外，还是暗藏着什么阴谋？很遗憾，《史记》完全没讲，而耐人寻味的是，《竹书纪年》对于晋幽公之死竟然给出了完全不同的说法，说他是被妻子秦嬴杀的。

秦嬴，不姓秦，姓嬴。既然姓嬴，她必定是秦国公主。秦、晋两国世代通婚，因此有成语"秦晋之好"，成为婚姻的美称。只是，秦嬴和晋幽公的婚姻对于后者来说，不仅是爱情的坟墓，还是真正的坟墓。秦嬴忍不了丈夫的独自偷欢，终于痛下杀手。如果我们把《竹书纪年》和《史记》的记载联系起来看，那么最合理的推测就是：秦嬴指使盗贼，在晋幽公出城猎艳，防卫单薄时，找机会刺杀了他。

总而言之，在史书里，"盗杀"不能按照今天的字面意思，简单归结为盗贼所为。很多时候，都是在权力争夺中，贵族假手江洋大盗实施的。

周安王

周安王元年至三年

---------------- 056 ----------------

楚国军队为什么会阻止出逃的王子归国

原文:

(元年)

秦伐魏,至阳孤。

进入《资治通鉴》编年的第三年,周安王元年,公元前 401 年。这一年的全部记载只有一件事,六个字:"秦伐魏,至阳孤。"翻译成白话也很简单:秦国进攻魏国,打到阳孤。事情的起因、经过、结尾一概不详。阳孤到底是什么地方,秦国是不是真能打到这个地方,同样搞不清楚。

军礼不伐丧

原文：

（二年）

魏、韩、赵伐楚，至桑丘。

郑围韩阳翟。

韩景侯薨，子烈侯取立。

赵烈侯薨，国人立其弟武侯。

秦简公薨，子惠公立。

周安王二年正好是公元前400年，一个整日子。

放眼世界，正是在这一年里，色诺芬带领希腊雇佣军进行着一场艰苦而伟大的撤退，这就是著名的《长征记》所记载的长征。而同一年的中国，在《资治通鉴》的记载里，总共发生了五件事：第一，三晋联手去打楚国，打到桑丘；第二，郑国围攻韩国的阳翟；第三，韩景侯死了，儿子韩取继位，就是韩烈侯；第四，赵烈侯死了，赵国人拥立了他的弟弟赵武侯；第五，秦简公死了，儿子秦惠公继位。

这五件事里有三件都是丧事，死掉的韩景侯就是韩虔，赵烈侯就是赵籍，分别是韩国和赵国的第一代诸侯。韩虔、赵籍和魏斯的身份从大夫升格为诸侯，到现在仅仅过去了三年。只有魏斯，也就是魏文侯，老当益壮，还会继续活上十几年。

这五件事里最值得留意的，是郑国攻打韩国和韩景侯之死。这两件事如果单独来看，都没有什么特别的，而一旦联系起来，就很有看头了。

按照我们对历史的常规理解，韩国国君去世，韩国正是群龙无首时，郑国应该把握时机，趁乱强攻。但问题是，这种战术太没有贵族范儿了。如果郑国还讲一点传统礼仪的话，遇到韩国的国丧，就应该退兵回国，不管有什么仇、什么恨，都要等人家办完丧事再说。郑国的主帅甚至不用派人向国君请示，直接退兵就可以了，这是礼数，是规矩。如果郑国还要继续打，就属于"非礼"，可以说郑国非礼了韩国。

当时的礼仪分为五大类别，分别是吉礼、凶礼、宾礼、嘉礼、军礼。打仗不能乱打，必须讲军礼，也就是按照军礼所规定的礼仪规范来打。其中有一条就叫"军礼不伐丧"，根据军礼，不能去打正在办国丧的国家。在春秋时代，就连被华夏诸侯当作夷狄看待的楚国也会尊重这条军礼。欺负人可以，但必须用优雅的姿势。

然而进入战国时代，就连郑国这种位于中原腹地的华夏诸侯也不讲究了。为什么会这样？因为郑国内部也像晋国一样，国君被架空了，大夫们在白热化的你争我斗当中，早就失去了底线。

还有两件需要联系来看的事：前一年秦国打魏国，这一年三晋打楚国，看上去都是乱斗，但从新近发现的清华简《系年》中，我们可以了解到，在这些年中，秦国和楚国一直勾勾搭搭，和三晋为敌，这是司马光所不知的。

王子定出逃与归国

原文：

（三年）

王子定奔晋。

虢山崩，壅河。

周安王三年（前399年），是西方历史里的一个重要年份——苏格拉底的卒年。这一年，《资治通鉴》仅仅记录了两件事：第一，王子定跑到晋国去了；第二，虢（guó）山山崩，崩塌的土石堵塞了黄河河道。

王子定，身份是王子，名字叫定，如果按照今天的称谓习惯，应该叫他姬定。在周天子的儿子当中，嫡长子称太子，其他儿子称王子。王子出逃是很常见的事情，说明内部发生了权力斗争，有危险了。理论上说，任何一位太子、王子、公子的出逃首先都属于家务事，反正天下诸侯是一家，比如周天子和晋国国君就是甥舅关系，孩子受了委屈，找舅舅、舅姥爷诉苦、求助，再合理不过，所以出逃并不丢人。

他们出逃时，通常都不会单枪匹马，而是带着自己的整个班底，在各个诸侯那里也通常会得到善待，别看这些"国际流浪汉"现在很窘迫，但身上毕竟流着蓝血，天知道什么时候就能翻身。所以，在他们落难时，就算不帮忙，至少也别结怨。

陈国公子陈完就曾因为躲避陈国的政治迫害，投奔齐国，在齐国受到礼遇。但陈完并没有借助齐国的势力回国夺权，而是在齐国安居乐业，家族越来越大，最后篡夺了齐国的政权。这是一个农夫和蛇的故事。

但这一类农夫和蛇的故事并不多见，有实力的诸侯很愿意接纳流亡者，因为一旦帮助流亡者成功回国夺权，对自己当然很有好处。就算只是单纯地接纳他们，也相当于接纳了一整个班底的能人干将。

那么，王子定到底为什么投奔晋国，投奔的是有名无实的晋国还是三晋当中的哪一家，后续又有怎样的发展，《资治通鉴》一概没提。这不怪司马光，因为传统史料里确实没有更多的记载了。

这就是编写编年史的一大难处，年份既然排出来了，年份对应的内容总不好空着，以至于有些没头没尾、不知所云的历史事件，虽然毫无"资治"的意义，但只要和年份相合，也就只好罗列上去，聊胜于无。

幸好清华简《系年》给我们提供了稍微丰富的细节，尽管还是没交代王子定为何出逃，但至少讲了后续：第二年，晋国和郑国联手，派军队护送王子定回国，却被楚国的军队拦住；就这样过了五年，韩、魏联军大败楚国，大约是借着楚国无力干涉的机会，王子定被安置在了陈地。更多的信息，我们就无从知道了。

为什么要阻止王子定

这段历史最让人疑惑的是，晋国、郑国护送王子定回国，到底关楚国什么事？楚国为什么要出手阻拦？

大胆推测一下，这位王子定也许不是周朝的王子，而是楚国的王子。楚国是一个很特殊的存在，敢自己称王，和周天子分庭抗礼。楚国的国君既然称王，楚国的公子自然也就是王了。如果王子定是楚国的王子，楚国军队干预他回国，似乎更讲得通。

而且，《资治通鉴》的这条记载是从《史记》的《六国年表》抄过来的，而《六国年表》的很多内容从措辞上看，应该是从六国各自的史书里抄过来的，楚国史书把自家公子说成王子当然合情合理。

当然，这只是猜测，事情的真相依然疑云密布。

读历史，辨析史料的来源是一件很重要的事，甚至成为一门学科——史源学。这门学科之所以能够成立，就是因为历朝历代有大量的史料都不可靠。举一个例子，林语堂写《苏东坡传》，用到了很多笔记材料，写出来当然好看，而一旦用史源学的眼光去认真辨析，就会发现很多内容其实并不可靠。再比如历朝的"实录"貌似最可靠不过，其实也会因为作者的立场而歪曲事实。举一个最典型的例子，今天有很多普通读者相信《明实录》真实可信，而《明史》有不少清政府对明朝的抹黑。其实，有相当多内容恰恰是《明实录》颠倒黑白，《明史》的作者努力地拨乱反正，还原历史真相。当然，《明史》也不可避免地有不少为了所谓政治正确而扭曲事实的内容。

—————— 057 ——————

山崩在古人眼中意味着什么

周安王三年发生的第二件大事是虢山山崩，崩塌的土石堵塞了黄河河道。这是《资治通鉴》第一次记载自然灾害——在我们看来，这仅仅是一场自然灾害，而在古人看来，事情远没有那么简单。

大约在宋末元初，有人向退隐在家的大学者王应麟请教，问《资治通鉴》为什么要记一笔虢山崩，王应麟引经据典，给出了一番很精彩的回答。

国主山川

王应麟，字伯厚，号深宁，尊称厚斋先生，家在今天的浙江宁波。他在宋朝末年做过大官，最后对朝政实在看不下去，又无能为力，索性辞官回家，读书写作去了。当时代进入元朝，王应麟更不出山了，和胡三省一样，以宋朝遗民的身份隐居写作。

王应麟是《三字经》的第一作者，除了这部耳熟能详的作品外，他成就最高的是一部学术笔记《困学纪闻》，类似于钱锺书的《管锥编》。王应麟对《资治通鉴》也很有研究，写过一部《通鉴答问》，以问答体解说《资治通鉴》的思想内涵。

既然重点在于解说"思想内涵"，所以经常会有发掘过深的毛病，好在王应麟非常博学，引经据典的内容总是很有魅力。比如，"或问虢山崩何以书？"意思是，有人问《资治通鉴》为什么要把"虢山崩"记录在案？

熟悉儒家"春秋学"的人，一眼就能看出这个句型特别有深意。问某件事"何以书"，是"春秋学"里最常见的提问句型。通常的模式是：学生问老师，《春秋》的某一处，孔圣人为什么要把某件事记载下来，有什么深意，老师就真能解释出一番深意。当然，牵强附会是免不了的。所以，单看《通鉴答问》里提问的方式，就能知道王应麟这是在把《资治通鉴》当成《春秋》来读，要从《资治通鉴》里深入发掘微言大义。

面对提问，王应麟首先抛出了一个经典命题："国主山川。"

这句话出自《左传》，意思是说：高山大河是国家的命脉。

这句话有三层解法。第一，朴素的意思：建立一个国家必须依靠山川形势，不是在平地上画个圈就算完。第二，周朝人的意思：高山大河就是地头蛇一样的存在，很有神秘力量，既可以保佑生活在此的人，也可以惩罚他们。第三，汉朝人的意思：统治者的所作所为，国家的善恶兴衰，会和天地山川发生感应。

周朝人搞祭祀，如果国家有水旱之灾，或者国君生病，都会祭祀本国的名山大川。就算国家很小，境内只有小山小河，也不能去祭祀境外的大山大河，否则就算非礼。

周朝建都镐京，国家的根基在今天的陕西一带，周朝发家的地方就是陕西的岐山地区，所以岐山对他们有着特殊的意义。周朝最著名的一次山崩，就是岐山崩。事情要追溯到周幽王二年（前 780 年），当时发生了一场大地震，一个叫伯阳甫的人因此预言周朝不出 10 年就要亡国。

伯阳甫貌似不是乱讲，而是有一番很缜密的推理，大意是说天地的运行自有其规律，如果规律错乱了，那一定是人类缺德造成的。之所以发生地震，是因为阳气被阴气压制着，不能正常上升，憋久了就爆发了。阳气不能正常上升的话，水源就会堵塞，老百姓因此无法生存，国家当然要亡。当初伊水和洛水枯竭，夏朝很快就亡国了；黄河枯竭时，商朝就亡国了。现在我们周朝政治败坏，和夏朝、商朝的末年没什么两样，地震又把水源断了，一定也要亡国了。山崩川竭是亡国的征兆，现在虽然只是断流，还没遇到山崩，但是，河水断流一定会带来山崩。（《史记·周本纪》）

果然就在当年，岐山发生了山崩。十年之中，周幽王越来越昏庸无道，还搞了一出烽火戏诸侯的闹剧，最后众叛亲离，身死国灭。后来太子继位，镐京没法待了，只好把都城迁到雒邑，今天的河南洛阳，史称"平王东迁"，西周和东周的时间分野就从这里开始。

《诗经》有一首《十月之交》，描写周幽王时代的乱象，王应麟引用了其中四句最有名的诗："百川沸腾，山冢崒崩。高岸为谷，深谷为陵。"大大小小的河水全都沸腾了，高山崩塌，碎石乱滚，原本的高地变成了谷地，原本的谷地变成了高坡。王应麟相信，既然"国主山川"，那么山崩当然是亡国的征兆。

"国主山川"有三层意思，而伯阳甫的那番话显然是汉朝人的意思，不该是周朝人伯阳甫会说的。事实上，伯阳甫的那番话出自《史记》，司马迁是汉朝人，在记录那番话时，掺杂了汉朝人最主流的天人感应思想。

沙鹿崩和梁山崩

平王东迁以后，东周分为两个时段：前一半是春秋，后一半是战国。

春秋时代，晋国发生过两次著名的山崩事件，第一次是沙鹿崩，第二次是梁山崩。

沙鹿山在今天的河北大名附近，在发生山崩时，晋国的卜偃——一个叫偃的占卜官，做出预言说："不出一年，晋国要有大难，甚至濒临亡国。"（《左传·僖公十四年》）结果就在第二年，晋国和秦国打了著名的韩原之战，晋国惨败，连国君都做了俘虏。

沙鹿崩的60年后，梁山崩。晋景公马上派出传车，也就是驿站的专用车辆，去把伯宗接来商量对策。伯宗乘坐传车向国都飞驰，没想到对向开来一辆大货车，道路太窄，没法错车。伯宗身份高贵，又肩负着重要使命，当然要让对方避让，于是发生了一番影响深远的对话。

货车司机说自己就是从国都来的，伯宗向他打听国都的新闻，货车司机说："梁山发生了山崩，国君传召伯宗商量办法。"伯宗问他："你觉得该怎么办？"货车司机说："山体有了腐朽的土壤，所以才会崩塌，很正常。不过，国主山川，国君应该降低饮食、住宿、服装、音乐和乘车的标准，安排有关部门祭祀山川之神。反正照着程序做就是了。就算伯宗来了，难道还能搞出什么新花样不成？"

伯宗没想到一个货车司机竟然这么有见识，于是请他一道去见晋景公，货车司机不干，伯宗就把他的这番话讲给晋景公，晋景公也照着做了。(《左传·成公五年》)

这两场山崩，沙鹿崩预示着国难，梁山崩却只是一场自然灾害，统治集团依照程序做做样子就可以了。这就让人为难了，以后遇到山崩的话，到底该怎么解释呢——是该以沙鹿崩为依据，还是以梁山崩为依据呢？

这个问题让古代学者很伤脑筋，王应麟给出了一个崭新的思路。他说梁山在晋国，《春秋》记载的是"梁山崩"，而不是"晋梁山崩"，这就意味着，《春秋》并不是站在晋国的角度，而是站在天下的角度来记载灾异的。所以，梁山崩所预示的，不是晋国一家小小诸侯的国难，而是整个周朝的灭亡。

王应麟继续发挥：《资治通鉴》记载的虢山崩也是一样的道理。虢山当时属于魏国，山崩预示国难，魏国将来确实会被秦国吞并。而从天下的角度来看，何止一个魏国，所有诸侯国将来都会被秦国吞并，周朝覆灭，秦朝取而代之。战国时代那么乱，人伦纲纪全都毁了，这种状况当然会引发天地的感应，山崩地裂一点都不稀奇。

王应麟应该是在借古伤今，因为他生活的时代就是一个多灾多难的时代。很多宋朝遗民将宋朝的灭亡原因一直追溯到王安石变法，而恰恰就在变法势头最劲的熙宁五年（1072 年），少华山发生了一场很严重的山崩，几百户人家遇难。

反对派相信，这是王安石变法招来的天谴。就是在这一年里，54 岁的司马光离开权力中心，把书局迁到洛阳，默默编修《资治通鉴》。对于"虢山崩"这种历史事件，他只记录，不评论。

周安王四年

—————— 058 ——————

郑国为什么这么难

原文:

(四年)

楚围郑。郑人杀其相驷子阳。

时间来到周安王四年(前 398 年),《资治通鉴》简短记录了两件事:第一,楚国围攻郑国;第二,郑国人杀死了自己的国家总理驷子阳。那么,楚国为什么要打郑国,到底打赢了没有,郑国人为什么要杀自己的国家总理?这些问题《资治通鉴》一概没交代。

这倒不能全怪司马光,因为在他能够看到的史料里,确实看不出以上两件事的前因后果,而我们今天可以借助清华简《系年》,把事情的轮廓大致梳理出来，从而发现夹在晋国和楚国两个大国之间的郑国，处境有多难。

郑国简史

说到郑国在今天的历史遗存，最容易想到的就是河南郑州、新郑，这些地名标志着自己的古老出身。其实"郑"这个地方原本不在河南，而在今天的陕西华县，郑国的第一代诸侯郑桓公就被封在这里。这儿距离周朝首都镐京很近，郑桓公眼看着周朝的政治越搞越糟，觉得自己惹不起，躲得起，就带领全国人民向东迁徙。"郑国"这个名号还继续用，但原先的地盘扔掉不要了。

后来岐山崩，周幽王被杀，在这场大乱中，郑桓公为周朝捐躯，儿子郑武公一方面护送周平王东迁雒邑，一方面带领郑国人民继续向东，建都新郑，意思是"新的郑国"。

郑武公的儿子郑庄公把郑国做大做强，但领袖的能力终究敌不过地理的限制。郑国位于中原腹地，夹在晋、楚两个大国中间。等晋国和楚国强盛起来，参与争霸游戏，郑国就只能受夹板气了。郑国认晋国当大哥时，要被楚国打；认楚国当大哥，又要被晋国打。

打不过就要认大哥，认完新大哥之后又被老大哥打，就这样来回折腾。

根据清华简《系年》记载，晋国和郑国联手，派军队护送王子定回国，却被楚国的军队拦住。可见在这段时间里，郑国投靠了晋国，这自然会惹楚国不高兴。所以楚国去打郑国，完全合情合理。

谁杀死了驷子阳

奇怪的是，郑国人杀死了自己的国家总理驷子阳这件事，几部史书的记载完全不一样。

驷子阳是谁？前文提到郑国的一场内乱，郑国总理子驷做事不大地道，得罪了五家贵族，被他们杀掉了。现在这位郑国总理驷子阳，就是子驷的后人。

根据周朝风俗，国君的儿子称为公子，如果他的名字是"驷"，就称他为公子驷；国君的孙子称为公孙，如果他的名字是"驷"，就称他为公孙驷；公孙的儿子要以祖父的字作为自己的氏，如果祖父的字是子驷，那就取"驷"这个字作为自己的氏，自己的子子孙孙都叫驷某某。今天百家姓里的各个姓，本质上几乎都是氏，真正的姓基本已经消失了。

郑国贵族是周天子的同宗，姓姬。子驷如果按照今天的规则来称呼，应该叫姬騑，因为他的公子身份，当时的人叫他公子騑，子驷是他的字。驷子阳这个名字，表明他是子驷的后人。

关于驷子阳之死，有一种说法是他的执政风格有点像包青天，执法严明，六亲不认，结果倒霉就倒霉在这上面。参照《吕氏春秋》和《淮南子》的零散记载，驷子阳为人"坚毅而好罚"，毫不留情，他的一个随从不小心折断了一张弓，吓坏了，知道子阳一定轻饶不了自己。正在这时，突然一阵大乱，原来是有猛犬受惊，跑了出来。随从一看，机不可失，趁乱把子阳杀了。这完全像一个突发的黑天鹅事件。

不过这只是《吕氏春秋》和《淮南子》的说法，根据《史记》的记载，子阳的死可没这么无厘头，而是被郑国的国君郑繻（xū）公所杀。两年之后，子阳的余党杀掉郑繻公，改立郑康公。

清华简里的子阳之死

对于子阳之死，无论是哪一部书，都交代得太过简略，让人看不出所以然来。幸好现代出土的清华简《系年》交代得比较详细。

事情还要从三家分晋说起。

当初三晋打败齐国，向周威烈王敬献战俘，随行敲边鼓的有鲁、宋、卫、郑的国君。其中郑国国君就是驷子阳在任时期的郑繻公。郑繻公曾经和齐国结盟，这回齐国战败，郑繻公只能向三晋表忠心了。这时的郑国，大约和三晋貌合神离，所以在三晋被册封为诸侯的两年后，就和宋国一起去拜楚国的码头。于是楚国在本国边境修筑武阳城，又在郑国境内的榆关筑城，以此防御三晋，尤其是魏国。

郑国虽然和楚国结盟，但被占用了榆关，郑国难免不太高兴。没过多久，"盗杀楚声王"，楚悼王继位，郑国趁着楚国的国丧，很不地道地发起进攻，想把榆关收回来。难以置信的是，强大的楚国这一次竟然败给了郑国。如果考虑到周安王二年（前400年）《资治通鉴》交代的三晋联手攻打楚国之事，郑国这一次应该不是单独行动，而是找三晋给自己撑腰。楚国虽然败了，但榆关没丢。这件事之后还有转折：第二年，楚国竟然主动把榆关还给郑国了。看来楚国国内不稳，很想拉拢郑国，共同对抗三晋。

但郑国不领情，又和三晋一起为王子定的事情和楚国打了一仗。这下楚国不干了，必须给郑国一点颜色看看才行。第二年，楚国军队向郑国发起进攻，仗打得很顺，节节推进，最后发起围攻，郑国从统帅到士兵全都做了楚国的俘虏，被一路押回楚国的国都。郑国国难当头，统治者应该做点什么呢？郑国的一位高级贵族太宰欣趁机在国都发动政变，杀光了驷子阳全家。

窃国大盗

为什么《系年》的说法更值得采信呢？因为它能跟另一部书《韩非子》互相印证。

按照《系年》的记载，杀掉郑繻公的不是驷子阳的余党，而是太宰欣，而《韩非子》归纳过以臣弑君、篡夺国家的八位人物："田成子取齐，司城子罕取宋，太宰欣取郑，单氏取周，易牙之取卫，韩、魏、赵三子分晋。"（《韩非子·说疑》）"太宰欣取郑"这句话，正好能和《系年》的记载合拍。

非常事业需要非常手段，既然要做窃国大盗，就不能有妇人之仁。搞政变能把政敌灭族，这在战国以前是不敢想象的。春秋时代的政变，很多都是把政敌赶出国就算了，即便把政敌搞死，也会让政敌的后人继续享有爵位和采邑。

从春秋到战国的社会演变，很像是从职业拳手的擂台竞技变成地痞流氓的街头拼命，谁更狠谁就更有赢面。《系年》的记载还有一点后话：楚国虽然抓了郑国上万名战俘，但第二年就把这些人放回去了。看来同胞有时候比敌人更狠。

三晋对待郑国，其实也比楚国狠，郑缭公的前任就是被韩氏家族杀的。以我们今天对战争的理解，擒贼先擒王，杀掉敌国的国君是一个很正常的战术目标，而在战国时代以前，打仗几乎不会打到这一步，甚至见到敌国的国君还得停下来行个礼，并且绕道走。就算要俘虏这位国君，也要有一堆委婉的措辞，比请客都客气，绝对不伤对方面子，这就是贵族打仗的礼数。

随着时代向着战国推进，贵族们开始杀红了眼。韩国和郑国就这样结下了血海深仇，魏国却做了郑国不大可靠的靠山。太宰欣虽然掌控了郑国，但掌控这样一个内忧外患的国家，基本等于给自己添堵。仅仅21年之后，韩国就彻底灭掉了郑国。

周安王五年

―――――― 059 ――――――

日食为什么要说成"日有食之"

原文：

（五年）

日有食之。

周安王五年（前397年）有两件事：第一，发生了日食；第二，又一起"盗杀"事件，这回发生在韩国，被杀的是国家总理侠累。

《资治通鉴》对于这次日食的记载是四个字："日有食之。"

其实，"日食"这个简单明了的词在司马光的奏章中已经有了，（《日食遇阴云不见乞不称贺状》，《温国文正公文集》卷18）但在《资治通鉴》里，却用了又啰唆又别扭的"日有食之"。

明明"日食"两个字就能说清楚，偏偏多用了一倍的字数。这到底是为什么？

日有食之

"日有食之"，很多学者都为这句话大伤脑筋，努力做出各种解释，但至今也没有定论。唯一能够确定的是，古人很早就用它来表达日食了。《诗经》有一篇《十月之交》，前四句是："十月之交，朔日辛卯。日有食之，亦孔之丑。"对日食的记载精确到了月和日，现代天文学家很容易据此推断出，诗里的"日有食之"发生在周幽王六年（前776年），这首诗显然就是在这一年写的。

《春秋》经常记载日食，有所谓"日食必书"的说法：只要有日食发生，就必须记录在案。

不难想象，对于古人来说，在所有怪异的天象里，日食一定最醒目、最震撼，怎么看都是上天对人类的示警。上天之所以示警，当然是因为人间的政治没搞好，所以接下来，做错事的国君或者高级执政官就要受到天罚。

公元前535年发生了一场日食，《春秋》的记载照例很简略，只说某月某日"日有食之"，而《左传》关于这场日食有一段很经典的记载：日食发生之后，晋平公请教专家士文伯："谁将当日食？"日食预示着不祥，马上就会有人倒大霉，但到底谁会受到天罚呢，非专业人士其实看不懂。士文伯根据占星术的分野理论，推算出鲁国和卫国要遭殃。鲁国受罚轻些，遭殃的会是高级执政官；卫国受罚重，国君怕是活不成了。（《左传·昭公七年》）

士文伯的话很快得到了应验，就像《左传》里的绝大多数预言一样。

士文伯的这套占星术很适合春秋战国时代，那时诸侯林立，互不相让，目无天子，所以一旦发生日食，很难说到底针对的是谁。而在大一统时代，通常来说，日食的相关责任人只有皇帝和宰相了。但总不可能每发生一次日食就死一位皇帝和一位宰相，所以新的理论自然应运而生。再发生日食时，皇帝就会下一道《罪己诏》，做出深刻的自我批评，下决心改正错误，尽心尽力把政治搞好。

所以，日食问题依然是一个严肃的政治问题。

古怪的修辞

不过，士文伯生活的时代比三家分晋还早一个世纪，有一点迷信思想很正常，而司马光的生活时代比士文伯足足要晚 15 个世纪。宋朝人对日食成因的理解，远比周朝人高明，大体上已经很接近我们今天的认识了。宋朝人不但理解到位，还有能力做出非常精确的日食预测。

以北宋的发达文化和昌明科学，以及司马光编写《资治通鉴》时能够借用的当时一流天文学家的学术成果，肯定已经知道日食不过是一种正常的自然现象，为什么《资治通鉴》不但还要学《春秋》那样记载日食，而且连《春秋》的古怪修辞都要一道学去呢？

解释这个问题，要联系儒家的"神道设教"思想，统治阶层基本保持着无神论观点，但一定要表现出虔诚的样子，带领人民恭敬地敬神祭祖。

宋代就有这样的例子。宣和元年（1119 年）三月，宋徽宗下了一道关于日食的诏书，开篇就很精彩，几句话把日食现象的科学成因讲得清清楚楚，然后说现在之所以要谈日食，是因为天文学家推算下月初一会发生日食，朝廷需要提前做一点准备。

既然日食只是一种正常的自然现象，朝廷还需要准备什么？诏书接着说，太阳象征皇帝，所以日食对皇帝而言具有警示意义，这是古训，不能废弃，应对日食的各种传统仪式还是要搞。（《宋大诏令集》卷155）

这种态度，显然就是揣着明白装糊涂的"神道设教"。科学虽然扫清了心中的迷信，但既然迷信对政治有好处，为什么不装出迷信的样子呢？

司马光的话术

司马光也是一个假迷信的人，他的假迷信来得特别有必要。

宋神宗熙宁三年（1070年），正是王安石大张旗鼓搞变法之时，翰林学士院安排了一场考试，司马光负责出题，题目出得非常尖锐、敏感，大意是这样的：现在有人认为天地和人完全无关，日食、地震、山崩、日月无光之类的事都只是自然现象，并不是人类社会的政治问题引起的，所以完全不必害怕……各位考生，你们怎么看？（《温国文正公文集》卷72）

司马光之所以要出这样一道试题，是因为坊间传闻王安石在宋神宗面前说过"天命不足畏，祖宗不足法，人言不足恤"，这三句话后来被概括为"三不足"，成为王安石头上摘不掉的标签。

王安石是否说过这番话，其实很可疑，但王安石的变法风格确实很有"三不足"的模样，无所畏惧，敢于冲破一切阻力。司马光就是要用这道试题逼考生表态，做出明确的政治站队。大概率上看，考生们的答卷会以驳斥的论调为主，这样就可以造成舆论声势，煞煞王安石的气焰。

但很遗憾，试题拟好之后，必须送给宋神宗过目。宋神宗当然也听说过"三不足"的传言，不愿意顺应司马光的心，让司马光另外出题。

其实以宋朝知识分子的学识，完全可以从理性上接受"三不足"，为什么要把它当成洪水猛兽呢？在他们看来，人不能胆子太大，必须怕点什么才好。就算明知道一切都不可怕，也要假装可怕。他们应该很想对王安石说："没错，科学昌明了，就拿日食来说吧，谁都知道日食只是一种自然现象，符合自然规律，没有半点可怕，大家的科学常识不比你王安石少。但我们为什么还要做出害怕日食的样子？难道这么多人都比你傻吗？汉朝人搞的那套天人感应的迷信，难道只有你看得穿，我们看不穿吗？你应该想清楚一点：只要我们都能心照不宣地把天人感应当真，那么皇帝就不能无法无天。就算皇帝明知我们都在假装，也不得不有所顾忌——他顾忌的不是日食本身，而是我们借着日食所呈现出来的集体态度。"

天人感应在汉朝是政治真理，在宋朝其实变成了一种话术。做大臣的总不好直接批评皇帝哪里做错了，但只要打着天人感应的旗号，话就变得好说了。**站在皇帝的角度，如果三天两头被大臣指摘自己的各种缺点，那多没面子，但如果变成老天爷批评自己，哪怕批评自己贪财好色呢，都好接受。**所以，虽然古老的迷信大家都已不再相信，但迷信的传统不能丢，这对谁都好。

因此，《资治通鉴》固执地延续着《春秋》的传统，认真记载各个时代的"日有食之"。

─────────── 060 ───────────

司马光为什么简化聂政行刺

周安王五年（前 397 年）发生的第二件事是韩国总理遇刺，刺客就是大名鼎鼎的聂政。

《资治通鉴》简略记载了这件事的来龙去脉。同一个事件，《史记》的记载要详细得多。而对于同一个刺客聂政，不同时代的人也褒贬不一。这到底是怎么回事？

聂政刺侠累

原文：

三月，盗杀韩相侠累。侠累与濮阳严仲子有恶。仲子闻轵人聂政之勇，以黄金百镒为政母寿，欲因以报仇。政不受，曰："老母在，政身未敢以许人也！"及母卒，仲子乃使政刺侠累。侠累方坐府上，兵卫甚众，聂政直入上阶，刺杀侠累，因自皮面抉眼，自屠出肠。韩人暴其尸于市，购问，莫能识。其姊荌闻而往哭之，曰："是轵深井里聂政也。以妾尚在之故，重自刑以绝从。妾奈何畏殁身之诛，终灭贤弟之名！"遂死于政尸之旁。

　　按照《资治通鉴》的说法，严仲子和韩国总理侠累有仇，听说聂政是一位勇士，就带着重金去给聂政的母亲祝寿，想要聂政帮他报仇。但聂政并不接受，理由是："母亲还在世，自己这条命不能许给别人。"等到母亲过世，聂政果然替严仲子杀了侠累。聂政的刺杀方式简单粗暴，就在光天化日之下直闯侠累的公堂，所有卫士都没能拦得住他。杀了侠累之后，聂政立刻给自己毁容，砍花了脸，连肠子都流了出来。韩国政府把聂政暴尸示众，悬赏能够辨认他身份的人，但没人认得出他。聂政的姐姐聂荌（yīng）听说了这件事，赶过来，哭着说："这是轵（zhǐ）地深井里的聂政，为了怕连累我，才会如此自残。我怎么能够为了自己活命而埋没了弟弟的声名呢！"就这样，聂荌死在了弟弟身旁。

　　以上就是《资治通鉴》记载的全部经过。先解释一个细节：聂政的家在轵地深井里，轵在今天的河南济源附近，"里"是"里巷"的意思，这种用法一直延续到今天，比如北京有和平里，天津有建昌里。

现在我们来看一处疑点：聂嫈拼上性命也要给弟弟扬名，但聂政只是一个杀人凶手，国际恐怖分子，哪有什么美名可扬？聂嫈想给聂政扬的名，到底是什么名？

线索要在《史记》里找。《史记》把聂政的事迹写进了"刺客列传"，浓墨重彩，与《资治通鉴》的写法迥然不同。先看最后聂嫈的出场：聂嫈伏在聂政的尸体上痛哭，吐露了聂政的身份。旁边的人都惊住了，不理解这位罪犯家属为什么敢来认尸。聂嫈回答："聂政当初之所以忍受屈辱，混迹于市井苟且偷生，只是因为母亲健在，我也没有嫁人。现在母亲去世，我已嫁人，聂政当然要报严仲子的恩情。士为知己者死，这是应该的。现在聂政怕连累我，不惜自残，我怎么能够为了自己活命，就埋没了弟弟的声名呢！"聂嫈这番话，震惊了在场的韩国群众。聂嫈连呼三声"天啊"，在聂政身旁悲痛而死。

从以上记载来看，聂政原本出身高贵，至少是"士"这个级别的贵族，虽然被迫和市井百姓一起生活，但贵族精神一直都没有泯灭。对于贵族来说，名誉高于一切，聂嫈很清楚这一点，所以宁死也要让弟弟扬名。聂嫈不但把自己豁出去了，也把严仲子豁出去了，其实聂政的自残不仅要保护聂嫈，也要保护严仲子。

但是，严仲子该不该被保护呢？

士为知己者死

虽然同样是"士为知己者死"，但聂政和前边讲过的豫让完全不同。

智瑶在礼遇豫让时，并不想买他的命，而严仲子处心积虑地结交聂政，目的很明确，就是想买聂政的命，替自己杀掉仇人。至于严仲子到底和侠累结了什么仇，根据《战国策》记载，两人都是韩国重臣，在国君面前很得宠，只因一些口角而不和。为这点事实在犯不上杀人，结果聂政杀的还不只侠累一个人。

根据《史记》的记载，聂政闯上朝堂，和侠累的卫士搏斗，连杀几十人。《战国策》记载，当时韩国正在召开"东孟之会"，规模很大，侠累和韩哀侯都在场。侠累为了躲避聂政，抱住了韩哀侯，这要么是慌不择路，要么是赌聂政不敢伤害国君。但聂政哪管那么多，一剑刺过去，把侠累和韩哀侯一道杀了。

那么严仲子对侠累的恨意是不是太过分了？当然，贵族最在意的就是脸面，不要说发生口角，就算用错了一个词，也会引发杀身之祸。欧洲的贵族社会经常有一言不合就约定决斗的事，所以我们自然会想：如果严仲子真有贵族精神的话，应该找侠累公平决斗才对啊。但没办法，中国的贵族社会没有决斗传统。

事实上，即便真有机会决斗，严仲子应该也不会以身犯险。

《史记》记载，严仲子和侠累发生冲突之后，严仲子害怕招致侠累的报复，离开韩国，一是避难，二是物色杀手。

这样一看，聂政的行刺不缺勇气，不缺能力，就是缺乏正当性。这就会让读者产生认知失调：一方面钦佩聂政的勇气和武功，一方面不能接受他的杀人动机。

认知失调一旦发生，人的心理就会遵循省力原则作出调整：如果更钦佩聂政的勇气和武功，那就自动美化他的杀人动机；如果更不能接受聂政的杀人动机，那就贬低他的勇气和武功。

一般人都会选择前者，比如郭沫若有一部很著名的戏剧《棠棣之华》，演的就是聂政刺侠累的故事，剧本里的人物设定，严仲子"年四十以往，正直而有远见，并能谦恭下士"，侠累"年四十以往，阴险、跋扈、粗暴"，陪侠累殉葬的韩哀侯也不是好人，"年五十左右，昏庸、肥胖，愈肥愈为合格"，就连卫士们也不太无辜，两名卫士长"为侠累之党羽，愚昧、刚愎、横暴"。剧中的严仲子对聂政说起和侠累结仇的经过，说自己一心维护祖国统一，侠累狼心狗肺搞分裂，所以请聂政刺杀侠累，不是报私仇，而是除国贼。

如何解读聂政

聂政的故事，不同的时代有不同的解读和改编。早在郭沫若之前大约 17 个世纪，东汉学者蔡邕，蔡文姬的父亲，写过一部《琴操》，详细介绍过古琴的曲目。有一首古琴曲叫《聂政刺韩王》，蔡邕说作曲人就是聂政本人。琴曲背景是这样的：聂政的父亲为韩王铸剑，到了规定期限没能完工，被韩王杀了。那时聂政还没有出生，等聂政长大成人之后，从母亲那里得知了父亲的死因，于是像豫让那样，费尽周折，吃尽苦头，终于找到机会为韩王弹琴。他在琴身里藏了利刃，成功刺杀韩王。

汉朝人特别重视孝道，为父报仇天经地义，所以《琴操》对聂政故事的改写，从汉朝人的角度弥补了聂政刺杀行为正当性的不足。顺便一提，古琴名曲《广陵散》有一个很激越的版本，其实就是《琴操》介绍的这首《聂政刺韩王》，它在流传的过程中和《广陵散》混淆了。

生活在蔡邕之前两个多世纪的司马迁并没有觉得聂政的事迹缺乏正当性，他在"刺客列传"里给五位刺客树碑立传，完全把聂政写成了英雄。在西汉人的价值观里，对"快意恩仇"特别推崇，所谓"一饭之恩必偿，睚眦之仇必报"。在这样的时代来看聂政，当然会觉得聂政"三观很正"。

只是到了宋朝，司马光必须重塑价值观，于是在《资治通鉴》里，聂政刺侠累变成了一起"盗杀"事件，对事情的来龙去脉也改用中性的笔调删繁就简，绝不像司马迁那样做出热情洋溢的颂扬。但人心总是容易钦佩聂政，宋朝初年，人们为聂政墓筑起一座高台，俗称聂政台，至今犹存，就在河南禹县的阳翟故城西墙外大约 200 米的位置。

阳翟曾经是韩国的国都，根据《河南通志》记载，聂嫈就葬在聂政旁边，只是聂嫈墓没能保存下来。韩国人竟然在国都之外安葬聂政姐弟，似乎恨意已经转变为敬意了。严仲子的下场不得而知，按说既然聂嫈泄露了他买凶杀人的隐秘，韩国一定会以举国之力来追杀他。

明朝大诗人谢榛曾经经过聂政墓，写下一首绝句：

"轵里空馀鸟雀愁，依然落日对荒丘。丈夫一诺轻生死，浩叹风前万木秋。"（《聂政墓》）显然在谢榛看来，聂政的正当性问题可以忽略，重诺轻生的丈夫气概才是最值得歌咏的。清朝人严遂成路过《五人墓碑记》所说的五人墓，却写下了"呜呼，荆轲聂政非丈夫，轻生一掷胡为乎。死利于国乃得所，五人髑髅血模糊"（《五人墓》），认为聂政之死轻如鸿毛，只有为国而死才是真正的大丈夫。同一个聂政，后世的评价各不相同。到底哪种价值观才算正确，不同的时代有不同的看法。

周安王六年至九年

———————— 06I ————————

为什么宋国这么特殊

原文：

（六年）

郑驷子阳之党弑繻公，而立其弟乙，是为康公。

宋悼公薨，子休公田立。

周安王六年（前396年），《资治通鉴》一共记载了两件事：第一，郑国驷子阳的余党杀死了郑繻公，拥立郑繻公的弟弟姬乙继位，这就是郑康公；第二，宋悼公去世，儿子子田继位，这就是宋休公。

特殊的宋国

宋国在列国当中是一个很特殊的存在，它是商朝的残余。

在商纣王时代有几个著名的贤人，纣王的哥哥微子启就是其中之一。武王伐纣时，微子启带着祭祀用的礼器来到周武王的军营，赤身裸体，双手在背后捆着，跪下来用膝盖走路，意思是说：我服了，我投降。（《史记·宋微子世家》）

周朝胜利者并没有为难微子启，还将宋国给他做封国，国都在今天的河南商丘，那里至今还留存有故城遗址。因为有宋国的存在，商朝遗民可以在周朝继续过日子，更重要的是，商朝的王族没有绝嗣，还可以繁衍生息，祭祀祖先。

周朝的分封爵位有公、侯、伯、子、男五个级别，宋国得到的爵位竟然是罕见的公爵，地位最尊贵。在周朝人看来，宋国"于周为客"，意思是说，周朝把宋国当成客人来对待，所以礼数给得很足。其他诸侯如果接待宋国国君，规格都会提高，可见周朝人的统战工作做得很好。

孔子的祖辈就是宋国贵族，血缘可以一直追溯到微子启。宋国贵族姓子，传承几代之后，出现一位大夫名嘉字孔父，按照当时的习惯称为孔父嘉，他这一支的后人以孔为氏，别立一族，这才有了孔氏，孔子就是孔父嘉的六世孙。

宋国一方面努力融入周朝文化，一方面还保留着商朝传统，所以孔子说："吾学殷礼，有宋存焉。"可以从宋国学习商朝的礼制。但也正缘于此，宋国虽然地处中原腹地，却常被华夏诸侯看成另类，尤其是礼崩乐坏之后，实力为王，宋国再也不可能单从身份和爵位上赢得尊重了。

更何况宋国内部也在礼崩乐坏，毕竟这是时代的浪潮。所以一路发展下来，宋国也演变成权贵架空国君的局面。春秋末年，宋国三大家族结盟，约定"三族共政，无相害也"，大家一同把持政局，和平共处。（《左传·哀公二十六年》）

当然，这不可能。

结盟的三大家族，分别是皇氏、灵氏和戴氏（乐氏），都属于宋国的"同姓贵族"，和国君算是一家人，只不过在宗法关系上，国君一系是大宗，三大家族都是小宗。将来戴氏会篡夺国政，但和三家分晋、田氏篡齐不同的是，后者属于外姓夺权，前者属于小宗篡夺了大宗。

在司马光能够看到的史料里，几乎没有任何关于宋悼公的记载，只知道他的继位和过世。而我们可以从清华简《系年》里看到，宋悼公曾经很努力地试图挽回自己的权力。

宋悼公向楚国求援，楚国也确实施以援手，出兵帮助宋悼公巩固权力，这是宋悼公18年执政生涯里的一桩大事，另一桩大事就是做了韩国的俘虏。(《史记·韩世家》) 所以有学者怀疑，宋悼公很可能死于韩国之手。

宋悼公死后，宋休公继位。我们对宋休公的情况所知更少，在此不再赘述。

负黍的叛变

按照年代次序，接下来应该是周安王七年 (前395年)，但《资治通鉴》空过了这一年，直接跳到周安王八年 (前394年)。这样的情况后面还有，这不怪司马光做事马虎，而是因为战国时代的史料单薄、混乱，很难做到准确地编年纪事。

原文：

(八年)

齐伐鲁，取最。

郑负黍叛，复归韩。

周安王八年一共有两件事：第一，齐国攻打鲁国，夺取了最地；第二，郑国一处叫负黍的城市背叛了郑国，归附于韩国。

战国时代年年都是这些事，你打我，我打你，你篡位，我叛变……

负黍城在今天的河南登封附近，至今还有遗址留存。城墙是夯土打造的，大约呈正方形，东西宽约 400 米，南北长约 800 米，靠山临河，是一座军事据点。负黍原本属于周王室的直辖区域，在公元前 504 年，郑国借着周王室的一场内乱，抢来好几处地盘，负黍就是其中之一。（《左传·定公六年》）

后来韩国常常和郑国作对，不断攻城略地，夺走了负黍。公元前 407 年，郑国反攻韩国，总算把负黍夺了回来，没想到才过了 13 年，负黍叛变，再一次归附韩国。（《史记·郑世家》）

负黍的叛变并不是一个孤立事件，它意味着这个时间的郑国大势已去，众叛亲离，距离亡国的日子已经不远了。不过韩国也没能守住负黍，仅仅过了一年，楚国伐韩，从韩国手里抢走了负黍。各国攻伐的脚步越来越快，战争的规模也越来越大了。

集体认同感的天性与技术

原文：

（九年）

魏伐郑。

晋烈公薨，子孝公倾立。

时间又过了一年，周安王九年（前 393 年），还是两件事：第一，魏国攻打郑国；第二，晋烈公过世，儿子姬倾继位，这就是晋孝公。

其实这时交代晋国国君的世系已经没有多大意义了，无论怎么传承，国君都只是三晋的傀儡，没有半点翻身的资本。三晋倒是都很令人惊奇：在瓜分晋国之前，几乎所有精力都用在内耗上，你给我打闷棍，我给你使绊子，你防着我，我防着你，等到瓜分晋国之后，三大家族仿佛同时获得了新生，一个比一个发展快，一个比一个能打。三晋无论哪一家单独拎出来，都比先前一个完整的晋国更耀眼。这其实不难理解，虽然团结力量大，但以当时的管理技术和社会风俗，要在一个大国内部保持团结，实在难上加难。

人类最天然的团结能力，只能维系在几十个人的范畴，原始社会的人类组织通常都不会超过这个规模。

我们可以看下自己的微信朋友圈，主要联系人通常不会超过几十个。我们今天之所以能有国家认同感，对十几亿同胞产生认同，是因为技术条件远超古代，十几亿人可以在同一时间观看同一个电视节目，在社交媒体上讨论同一件事情。即便如此，很多人还是会有很强烈的地域认同，因此产生各种地域歧视。

由此，古人很难产生国家认同感，即便在大一统时代，在广土众民的庞大帝国，乡土情怀也往往会高于国家认同。因此，我们就更不难理解，在宗法制度还没有完全瓦解的战国初年，家族认同高于国家认同，在国家层面团结一心实在很难实现。天下人不要说对周朝缺乏认同感，就算对自己所在的诸侯国也很难产生强烈的认同感。家族认同总会高于国家认同，在家族范围里最容易产生齐心协力的效果。

周朝人很精通集体认同的技巧，其中最重要的技巧就是祭祀活动。

祭祀的社会功能就是发挥强大的仪式力量，增进集体认同感。但搞仪式，最大规模也无非几百上千人，没有今天的电视直播、网络传播技术，凝聚力很难超出一个家族。

当然，家族的规模既不能太大，也不能太小。太小的话，实力不强，太大的话，正像俗话说的"一代亲，二代表，三代四代认不到"。周朝这个大家族繁衍到战国初年，早就超过三代四代了。这样的亲属关系，已经不可能产生任何凝聚力了。而单飞之后的韩、赵、魏三大家族，恰恰拥有这个时代最适宜的家族规模，可以发挥出最大限度的协作力量。所谓"天下大势，分久必合，合久必分"，在分分合合之中，集体凝聚力的技术手段无时无刻不在发挥着至关重要的作用。借用与谢芜村的一首俳句："秋风中扬起的——是／秋天的风哪……"[1]

---

[1] 陈黎、张芳龄译。

周安王十一年

062

田氏篡齐是怎么走出第一步的

原文：

（十一年）

秦伐韩宜阳，取六邑。

初，田常生襄子盘，盘生庄子白，白生太公和。是岁，齐田和迁齐康公于海上，使食一城，以奉其先祀。

周安王十一年（前391年），这一年又是两件事：第一，秦国进攻韩国的宜阳，夺取了六个大型村镇；第二，齐国的田和把国君齐康公迁到海滨，让他享受一座城市的赋税，用来供奉祖先。

第一件事无足为奇，但第二件事意义深远，而且在这件事上，司马光和司马迁又出现了分歧。

秦国伐韩的前因后果

《资治通鉴》对秦国伐韩之事一笔带过，也未提及此事的前因后果。秦国伐韩的起因，是三晋再一次联手进攻楚国，拿下了大梁和榆关。

大梁是今天的河南开封，榆关是今天的河南中牟。这场战争最有影响力的事件，就是魏国占据了大梁。大梁无论对于魏国还是整个中国都意义深远。后来魏惠王迫于秦国的军事压力，不得已迁都大梁。大梁作为八朝古都，第一次定都就是作为魏国的国都。《孟子》开篇就是"孟子见梁惠王"，梁惠王其实就是魏惠王，因为定都大梁而被称为梁惠王，而魏国夺取大梁，发生在周安王十年（前 392 年）。

这一年，楚国在大梁、榆关吃了败仗之后，花重金请秦国帮忙，这才有秦国进攻韩国宜阳。《资治通鉴》完全没把前因后果交代清楚。因为秦国出手，三晋不得不掉转兵锋，让楚国有了喘息之机。

之所以三晋联手伐楚，却只有魏国夺取了大梁和榆关，是因为魏国在三晋之中实力最强，扮演着盟主的角色，而且魏国、韩国都和楚国有接壤，魏国吞掉楚国的地盘相当方便。最吃亏的是赵国，位于三晋的最北端，根本就和楚国挨不着，打赢了楚国也讨不到多少便宜。所以没过多久，吃不起亏的赵国反而找楚国结盟，一起对抗魏国。至于韩国，也不愿意为魏国作嫁衣，所以趁着魏国和秦国、楚国胶着之时，灭掉了郑国，把国都从阳翟迁到了郑国的国都新郑。

田氏篡齐的关键一步

回到周安王十一年（前391年），田和把齐康公迁到海滨。这到底意味着什么？

三晋伐齐，胁迫齐康公朝见周威烈王，在周威烈王面前举行献俘礼，拿这份所谓的功劳让自己从大夫升级为诸侯。齐康公只是一位傀儡国君，在外受三晋摆布，在内受田氏家族控制，生活只有眼前的苟且，马上又要被扔到没有诗的远方。

依照《史记》记载，齐康公嗜酒好色，不理朝政，因此才被田和放逐。（《史记·田敬仲完世家》）《墨子》也说过，齐康公爱看舞蹈，为了让舞蹈演员形象更美，给他们安排了奢华的饮食、服装。（《墨子·非乐上》）但问题是，朝政早就被田家把持了，齐康公就算想理朝政也不可能，除了声色犬马，还能做什么呢？

但是，齐康公这些"荒淫无道"的表现正好给了田家借口，族长田和终于越过了底线。所谓把齐康公迁到海滨，实际上等于废黜了他，然后遵循周朝对待商朝遗民的传统，不让统治齐国几百年的姜姓家族断了香火，给了齐康公一座城市的赋税收入，让他可以保持祭祀，传宗接代。

但这真的是周朝人的传统吗？武王伐纣之后，周朝对待商朝遗民的政策，是把纣王的哥哥微子启封在宋国，让商朝王族可以保持祭祀，传宗接代。按照今天的概念，宋国基本上是一个独立的主权国家，而齐康公得到的待遇，只是一座城市的赋税收入，对这座城市的民政、军政毫无管理权。没有权力，就意味着没有翻盘的机会。没办法，时代变了，竞争严峻了，胜利者的宽容度变低了。田氏家族对姜氏家族没有半点仁慈，恨不得赶尽杀绝，这一次之所以能给齐康公一个还算体面的活命机会，大概仅仅是想在正式篡位之前给自己留一点体面罢了。

齐国名将司马穰苴就是田氏家族的人，在他立下赫赫战功之后，田氏家族在齐国越发受到尊重，这招来了齐国根正苗红的鲍氏、国氏、高氏三大家族的妒忌。三大家族，尤其是国氏和高氏家族，在齐景公面前不知说了什么坏话，这些坏话很奏效，齐景公罢免了司马穰苴。司马穰苴大约因此悲愤交加，生病死了。

所以田家恨透了国氏和高氏。后来田家的族长田常杀掉齐简公，立齐简公的弟弟齐平公为王。田常名义上是齐平公的丞相，实际上齐平公只是田常手里的傀儡。在田常这一代，田氏家族已经基本控制了齐国，所以一方面为了泄愤，一方面为了彻底铲除齐国国君的助力，田氏家族把国氏和高氏彻底斩草除根，永绝后患。

《资治通鉴》对这段历史做出一番追叙，说当初田常生了田盘，田盘生了田白，田白生了田和。到了田和这一代，终于水到渠成，可以放逐国君了。两年之后，田和就会踩着三晋的步伐，升级成为齐国的正式国君。这一点，周安王并没有比他的父亲周威烈王做得更好。

在传世的青铜器里，有一套齐康公给女儿的陪嫁，有盘有鼎，铭文写着这些器皿给孟姜使用，希望她健康长寿，多子多孙。"孟姜"是齐国公主很常见的称呼，"孟"表示排行，说明她是国君所有女儿当中的老大，"姜"是她的姓。

《诗经》里有一首《衡门》，大约是一位落魄贵族的作品，大意是说自己如何安贫乐道，其中有一句"岂其食鱼，必河之鲂。岂其取妻，必齐之姜"，对生活不必奢求，吃鱼不一定非要吃昂贵的鲂鱼，讨老婆也不一定非要讨齐国的姜姓女子。显然在那时的人们心里，姜姓女子是何等的高贵、美丽，更不用提姜姓女子中最尊贵的公主了。

但是，齐康公虽然还是可以延续诸侯嫁女的惯例，用一套青铜器给女儿陪嫁，可女儿的地位已经随着父亲的地位一落千丈了，这毕竟不是任何华贵的器具可以挽回的。

这位孟姜远嫁他乡，只能凭借自己那一点单薄的力量去博取婚后的幸福生活了，在那个婚姻即政治的年代里，显得何等无望，何等可悲。

依照日本学者白川静的考证，这位孟姜要嫁去的地方是中山国。中山国先是被魏文侯灭掉一次，复国之后，又将在公元前296年被赵武灵王灭掉。幸好推算下来，孟姜应该活不到那一年，看不到自己的儿孙亡国时的下场。

司马迁和司马光的不同态度

遥想当初，将近三个世纪以前，陈国公子陈完出国避难，来到齐国，当时齐国在位的国君正是"春秋五霸"当中的第一位霸主齐桓公。齐桓公给了陈完很高的礼遇，甚至请他为卿。卿是最高的职务级别，大约相当于国务院副总理。陈完很委婉，也很坚定地拒绝了，说自己在齐国能有一个容身之所就已经感激不尽了，不敢奢求更多。最后齐桓公还是给陈完安排了一个不错的职位，就这样，陈完在齐国安心扎根，连姓氏都改了，改陈为田，大约是想和过去划清界限，借此表达不想再回陈国的意思吧。

《史记》记载各大诸侯国的兴亡成败，把每一国的历史写成一篇"世家"，但齐国有两篇"世家"，一是《齐太公世家》，记载姜姓家族统治齐国的历史，二是《田敬仲完世家》，记载田姓家族从始祖陈完到他的子子孙孙，一步步在齐国把家业做大，执掌齐国政权，到最后名正言顺统治齐国的历史。

关于陈完的生平，司马迁的材料来自《左传》。《左传》记载，陈完年少之时，一位来自周王室的太史官拿《周易》给他算卦，预言他的子孙将来会统治一个姜姓国家。（《左传·庄公二十二年》）

这一卦算得相当精彩，预言讲得神乎其神，这是《左传》的一贯风格。司马迁把这段内容照搬到《史记》，这就意味着，田氏家族篡夺齐国完全出于天意，不能因为顺应了天意而骂人家是窃国大盗。

在《田敬仲完世家》的结尾部分，还有一段"太史公曰"，大意是说，《周易》真的很厉害，但也很深奥，一般人搞不明白。给陈完算卦的那位太史官就是一位高人，能够预见到十代人以后的事情。所以田氏家族篡夺齐国，不一定是事情自己发展成这样的，而只是应验了《周易》的预兆吧。

司马光其实也算易学专家，还专门写过一部《易说》，但他只谈哲理，不讲预测，更不愿强行洗白窃国篡权之事。所以《资治通鉴》完全抹去了田氏家族头上的天意光环，但也没有多发议论，对这类事情该发的议论早已在全书第一篇"臣光曰"里说尽了。战国乱世，三家分晋的事情还会重演。

周安王十二年

―――――― 063 ――――――
秦国设陕县有什么好处

原文：

（十二年）

秦、晋战于武城。

齐伐魏，取襄阳。

鲁败齐师于平陆。

时间进入周安王十二年（前390年），《资治通鉴》一共记载了三件事：第一，秦国和晋国在武城交战；第二，齐国进攻魏国，夺取了襄阳；第三，鲁国在平陆打败了齐国。这三件事各有各的疑点，我们逐个来说。

秦、晋战于武城

先看第一件事："秦、晋战于武城。"

秦国和晋国在武城交战，问题是，这时候已经被韩、赵、魏瓜分，只剩下一点点自留地的晋国，哪还有实力和秦国打呢？能打的只有韩、赵、魏，而从作战地点武城判断，韩国和赵国恐怕都没参与，只有魏国和秦国打，照旧为了争夺河西之地。虽然已经三家分晋，但其他诸侯还是习惯把三晋统称为晋。《资治通鉴》沿用旧史料的说法，没作辨别而已。

这一仗到底谁输谁赢，《资治通鉴》没交代，《史记》也只是多交代了一句话，说秦国在陕这个地方设置了一个县。我们从地理关系来看，武城在今天的陕西省渭南市华州区东郊，陕在今天的河南省三门峡市以西，两地一西一东，距离大约 200 公里。武城一战，秦国应该占了很大的便宜，乘胜东进 200 公里，设置陕县。

秦国地盘上有一座至关紧要的要塞，那就是大名鼎鼎的函谷关，是秦国向东进兵的出口，如果东方强国向西进攻秦国，秦国只要守住函谷关，对方就无可奈何。陕县在函谷关的东北，也就是在函谷关外，两地距离大约只有 30 公里。所以秦国在陕设县，等于在函谷关外设置了一处要塞，进可攻，退可守，向东扩张的野心昭然若揭。

为什么说秦国在陕设县，等于在函谷关外设置了一处要塞？今天的县无非是一个行政单位，和打仗、要塞都没关系。即便是古代的郡县制，情况也一样。郡和县都是春秋时代才出现的，强国开疆拓土，不想对新得来的地盘搞分封，于是有的诸侯设郡，比如晋国，有的诸侯设县，比如秦国，国君派官员对郡或县进行管理，职位不会世袭。郡和县的位置都在边境，尤其需要注意边防。所以郡和县的出现有两层意义，一是加强中央集权，二是加强边防。

魏文侯和秦国争夺河西之地，夺过来之后就设置了西河郡，派吴起担任西河守，兼管军政和民政。如果魏文侯对吴起的工作不满意，可以随时撤换。如果依据宗法传统，把西河郡分封给吴起，那么即便魏文侯看不惯吴起，把他赶走，也要把西河郡留给吴起的儿子。

封建制可以说是贵族内部的一种共和制，充满民主色彩，国君必须受到强大传统和众多贵族的制约，没法我行我素。如果岁月静好，这种制度倒也温情脉脉，虽然立不了大功，但也犯不了大错，但如果国际竞争压力变大，时代就会开始呼唤中央集权，因为只有集权，才能高效，才能集中人力、物力来办大事，谁的效率高，谁办的事情大，谁才能活下来。大敌当前，没人等得及一群贵族开会、讨论、表决。

古罗马的贵族民主制里有一项特殊的独裁官制度，专门应对这种情况。大敌当前，独裁官可以合法地拥有全权，做任何决策都可以独断专行，和中国的皇帝一样。罗马元老院对独裁官仅有的制约就是：独裁官的任期不能超过一年。这种制度貌似很智慧，其实也经不起时代和人性的检验，如果放到战国时代的中国，最大的难题就是：年年大敌当前，完全没有岁月静好时。所以战国时代的生存法则，以中央集权为第一。

在设置陕县时，秦国的县并不太多，后来商鞅变法，很重要的一项内容就是四处设县。县设得越多，中央集权的程度就越高。

齐伐魏，取襄阳

再看这一年的第二件事："齐伐魏，取襄阳。"

这句话说的是齐国从魏国手里夺走了襄阳。但是，襄阳作为地名，要到西汉才出现。西汉初年设置襄阳县，县城位于襄水北岸，山南水北为阳，所以称为襄阳。襄阳在今天的湖北省，不在战国时代魏国的疆域之内。所以，司马光搞错了，所谓襄阳，其实应该是襄陵。

襄陵是今天的河南睢县，因为春秋时代宋襄公的陵墓建在这里，所以称为襄陵。显然襄陵原本是宋国的地盘，却被魏国夺走了，这一回又从魏国手里被齐国夺走了。

司马光之所以搞错，是因为《资治通鉴》那段话来自《史记》里的"六国年表"，"六国年表"先搞错了，司马光没察觉，直接把"六国年表"犯的错抄下来，这是写书很容易犯的错误。

那么，《史记》是不是真的错了呢？

不完全是，因为《史记·魏世家》里就正确地写成襄陵。

《史记》常有这种情况，同一件事或同一个名字，在不同篇章里有不同的写法。一是因为司马迁拿到的原始材料错综复杂，内容本来就有冲突，《史记》篇幅又大，难免顾不上全书的统一；二是因为司马迁会有意识地把自己辨别不清的不同说法一并保留下来；三是因为《史记》不像《资治通鉴》一成书就刻版印刷，而是以手抄本的形式流传很久，难免你有这里抄错的，我有那里抄错的。这些问题，都需要我们在读书时格外留心。以司马光这样既博学又严谨的人，援引《史记》时也难免会犯这种错误。

襄陵后来几番易手，被魏国夺回来，又被楚国夺走。邦国无定交，江山无定主，这正是战国年间的时代特色。

鲁败齐师于平陆

再看第三件事："鲁败齐师于平陆。"

《淮南子·人间训》说三晋联军包围了齐国的平陆。其实，这里的平陆，应该是平阴。在古文字里，"陆"和"阴"写法很像，所以平阴才被误写为平陆。

平阴是齐国长城最西端的要塞，从平阴一路向南，跨过汶水，就是平陆，齐国西南的边陲重镇。平陆大约在今天山东省济宁市汶上县西北，距离鲁国国都曲阜只有六十多公里。只要看看地理关系，就会发现平陆几乎压着鲁国国都，但距离齐国国都远着呢，甚至远在齐国长城之外。谁欺负谁，一目了然。

鲁国竟然能够把齐国打败，很不容易，但齐国的战败倒也不难理解。前一年，齐国的权臣田和刚刚放逐了齐康公，既然做下这种大逆不道之事，肯定要耗费不少时间、精力来稳定内政，至于对外战争是输是赢，只要不到伤筋动骨的程度，其实不那么重要。

事实上，在田氏家族扩张势力的很多年里，齐国的对外战争始终都不太积极。田氏家族不愿得罪各大诸侯，想要和他们搞好关系，因为自己主要的对头都在国内。后来齐国的国君正式由姜姓变为田姓，齐国马上就开始崛起，大杀四方，威风八面。对外战争的胜与败，在普通百姓心里的意义和在大人物心里完全不同。

田姓齐国崛起之后，平陆这个让齐国吃过败仗的地方也开始扬眉吐气，成为齐国的"五都"之一。所谓五都，除了国都临淄之外，另外四都都是边防重镇。齐国的主力部队，也就是荀子提到过的"技击"，就集中部署在五都，这是后话。

周安王十三年

————— 064 —————

齐国人为什么爱戴田家

原文：

（十三年）

秦侵晋。

齐田和会魏文侯、楚人、卫人于浊泽，求为诸侯。魏文侯为之请于王及诸侯，王许之。

根据《资治通鉴》记载，周安王十三年（前389年）一共有两件事：第一，秦国侵犯晋国；第二，齐国田和在浊泽约见了魏文侯、楚国人和卫国人——请大家帮忙，让自己升级为诸侯，魏文侯很给力，为田和向周安王和其他诸侯说好话，周安王同意了。

《资治通鉴》不准确

以上两件事，《资治通鉴》的记载都不准确。

先说第一件事，"秦侵晋"是司马光从《史记》直接抄来的，但不小心漏了一个字，秦国真正入侵的地方不是"晋"，而是魏国的阴晋。吴起这时应该已经离开了魏国，魏文侯也已经过世，所以秦国打魏国常常都能得手。前一年刚进行过武城之战，秦国在陕地置县，这一年又夺取了魏国的阴晋。

再说第二件事，田和在前一年放逐了齐康公之后，显然想要趁热打铁，撕下最后一块遮羞布，学三晋那样化家为国。要做这种勾当，魏国当然是前辈，也最容易感同身受。但同样就在前一年，齐国才去打了魏国，还夺取了襄陵，现在真不知道是怎么求得魏国帮助的。很遗憾，史料没能告诉我们其中的内情。

不管内情如何，此时在魏国执政的已经不是魏文侯，而是魏武侯了。

姜齐的绝祀

田和的自我升级远不像当初三晋那样搞出那么大的阵仗，似乎轻而易举就成功了。这就体现出了先例的重要性：不管好事坏事，一旦开了先例，接下来就会容易很多。坏事尤其如此，最常见的例子就是行人过马路等红灯，只要有一个人跨出闯红灯的第一步，马上就接二连三，成群结队，连番闯过去了。

儒家礼制严防死守的，就是闯红灯的第一个人。儒家典籍里，《春秋》编年开始于鲁隐公元年，为什么要从这一年开始，历代学者给出过各种各样的阐释说明，核心意思都是"慎始"，对事物的开端必须慎之又慎。《易经》以乾卦开端，也被无数学者用无数篇幅解读出"慎始"的重要意义。《资治通鉴》的第一篇"臣光曰"批评周威烈王给三晋升级是开了一个很坏的先例，同样是在讲这个道理。

正因为周威烈王开过这个先例，同样的问题拿到周安王面前，就不再是什么棘手问题，照方抓药就是了，反正破罐子就容易破摔。

就这样，田和从齐国的国家总理升级为齐国的国君，名正而言顺。至于那位齐康公，从此断了希望，继续在海滨生活了几年。齐康公一死，田家就不再给姜家留面子了，齐康公的儿孙不是死了，就是被贬为平民，史料没有任何交代，只说随着齐康公的死，姜家的祭祀彻底断绝。用老百姓的话讲，就叫断了香火。

断人香火在当时属于缺大德的事，但田家一向都有以德服人的名声，齐国人民爱戴田家甚于爱戴姜家。这又是为什么？

齐国是怎么失去人心的

赵氏家族治理晋阳，统治风格完全符合《礼记·大学》讲的道理："财聚则民散，财散则民聚。"统治者也像普通人一样喜欢积聚财富，但和普通人不同的是，民心才是他们最大的财富。春秋战国时代，技术手段落后，统治者很难通过连篇累牍的虚假宣传来赢得民心，只能实打实地给人好处。

但这种事说来容易做来难，因为它实在太反人性了。

统治者也是人，也喜欢锦衣玉食、豪宅美女，而这一切都意味着惊人的开销。要满足这样的开销，与民争利就必不可免。

齐国原本就是一个富庶的国家，大力发展工商业，捕鱼制盐，蓬勃兴旺，完全不同于我们对古代的刻板印象里的小农经济。贸易的发达催生了关税，商人过几个关卡就要交几次税。这其实已经有点礼崩乐坏的意思了，因为从东汉大学者郑玄的考证来看，按照正经的礼制，诸侯可以在边境设置关卡，而一旦跨过边境，就不能再有任何关卡了。

边境的关卡到底征不征税？按照孟子的说法，以前是不征税的，只做例行检查。但国君总不会眼睁睁看着商人赚钱，自己却分不到一杯羹。所以很自然地，齐国除了在边境设关卡，在境内也设关卡，通通征税。

在管仲做齐国总理的时代，关税的税率还是很低的，在管仲死后，关卡越设越多，税率越来越高。到了齐景公时代，关卡都设到国都临淄旁边了，横征暴敛，毫无限度。齐国总理晏婴实在看不下去，劝齐景公把关卡撤销，不然就要"财聚则民散"，连统治权都保不住了。齐景公认真听取了晏婴的意见，果断撤销关卡，但只是象征性地撤销了一个最为臭名昭著的关卡，其他一切照旧。

田氏家族的崛起

和齐景公恰恰相反的是，田氏家族对齐国人民广施恩惠，既接济落魄贵族，也善待普通百姓。

公元前 539 年，齐国和晋国联姻，晏婴因此有机会和晋国贤臣叔向对话。叔向打探齐国的状况，晏婴狠狠发了一通牢骚，大意是齐景公抛弃了齐国的人民，把齐国人推向田氏家族的怀抱。晏婴讲了田氏家族是如何收买人心的，这段话涉及齐国的度量衡制度，大意是说田家开展金融事业，向齐国人放贷。

在古代社会，无论东方还是西方，放贷都是为贵族传统所不齿的。法国启蒙思想家孟德斯鸠有一句名言："如果金融家这个赚钱的职业也能变得受人尊敬，那么一切都将失去。"这句话在今天听起来实在让人心情复杂，但回到两千多年前，田氏家族的金融业不但不能赚钱，反而相当赔钱，所以业绩做得越大，也就越发受人尊敬。

当时的度量衡并没有统一规范，田家人放贷时，用齐国官方的度量衡，收贷时，用自家的度量衡。最为关键的是，如果借出一斗米，收回一斗米，不要利息，看上去收支平衡，但田家的一斗比齐国的一斗容量要小，这就相当于今天你去银行借钱，借一块钱人民币，只需要还一块钱港币，不但没有多支出利息，反而赚了汇率的差价。

除此之外，田家在商品经济领域里到处赔本赚吆喝：木材在山上卖多少钱，运到市场还卖多少钱；海鲜和海盐在海边卖多少钱，运到市场还卖多少钱。再看一下国库，财富堆积如山，甚至都烂掉了；国家的刑法严苛，很多人因为犯罪被施加刖刑，砍掉了脚，导致假肢的需求量暴涨，被卖出高价，鞋子反而卖不出去。这种情况下，齐国人自然痛恨国君，反过来对田氏家族感恩戴德。(《左传·昭公三年》)

田家经过几代人的邀买人心，到了田和这一代，已经完全掌握了齐国的话语权。不难想见，如果总是赔本赚吆喝，就算家里有金山银山，也撑不了多久，所以温和而合理的税收制度才是长治久安之道。田和很明白这个道理，严格执行关税标准，既不允许偷税漏税，也绝不横征暴敛。在齐国遗址出土的青铜器里，可以从铭文看到田和对关税的征收标准有多严格，对营私舞弊的人又有着多么严厉的处罚。

清朝咸丰七年（1857年），在今天的山东省青岛市内，出土了齐国青铜器子禾子釜、陈纯釜和左关𬥻，铭文都是比白纸黑字更加牢靠的关税政策。子禾子就是田和（吴大澂《愙（kè）斋集古录》第二十四册）。今天子禾子釜收藏在中国国家博物馆，陈纯釜和左关𬥻（zhī）收藏在上海博物馆。

田和在升级为诸侯的第二年就过世了，没能好好享受国君的威与福。但他应该并不在意，因为在全世界任何一个可以称之为古典的时代里，个人的短暂一生总是微不足道的，至关重要的是家族的长远发展。"我死后哪管洪水滔天"的个人主义人生哲学意味着现代性的出现，而从田氏家族的发展史上，我们看到的是一代代人的辛苦接力，终于到田和这一棒才水到渠成。齐国人毫不介意被窃国大盗窃取了国家，他们很可能早就盼着这一天呢。

周安王十五年

---------— 065 —---------

蜀国为什么面目模糊

原文：

（十五年）

秦伐蜀，取南郑。

魏文侯薨，太子击立，是为武侯。

周安王十五年（前387年），《资治通鉴》写了五件事，但前两件——秦国攻打蜀国、占领南郑，以及魏文侯去世、魏武侯继位，《资治通鉴》很可能都说错了。

南郑在哪儿

按照今天的行政区划，大体上说，秦国位于陕西，蜀国位于四川。从地理方位上看，秦国在蜀国的东北，蜀国在秦国的西南。秦国要想开疆拓土，有两条路，一条是出函谷关向东，去打中原诸侯，另一条是向南，西南去打蜀国，向东南去打楚国。

楚国是南方强国，幅员辽阔，兵强马壮，并不好打，而蜀国相对来说弱小得多。秦国如果可以吞并蜀国的话，一来可以拥有成都平原的良田万顷，二来可以从长江上游顺流而下，打起楚国来事半功倍。所以秦国后来有一个战略性的基本国策，把吞并蜀国作为当务之急，这是后话。周安王十五年前后，秦国和蜀国的战争还仅仅是一般意义上的边境战争，你来我往，互有攻防。

关于南郑之战，《资治通鉴》的记载来自《史记》，而《史记》的记载偏偏前后矛盾，有的地方说秦国夺取了蜀国的南郑，有的地方又说蜀国夺取了秦国的南郑，到底谁抢了谁的地盘，南郑原先属于谁，后来又属于谁，很难判断清楚。《资治通鉴》只是从《史记》前后矛盾的记载里选择了一种说法而已。

南郑的历史为什么说不清呢？

南郑，对应今天的地理，大约就是陕西汉中。三国年间，黄忠斩杀夏侯渊，打赢了定军山之战，刘备这才占据汉中，保住了自己在四川的统治。刘备借荆州，有借无还，孙权很生气，和驻守荆州的关羽开战，等到曹操兵临汉中，刘备生怕丢掉四川，赶紧和孙权讲和。后来关羽败走麦城，孙权想趁机入蜀，部署的第一件事就是拜大将周泰为汉中太守、奋威将军。三国这段故事想必大家都很熟悉，由此也可以反向推断出南郑在秦、蜀关系上的战略地位。

在当时的华夏诸侯看来，秦国和蜀国的纠缠颇有一点狗咬狗的味道，因为秦国的地理位置太偏僻，民风粗野，既不像纯粹的华夏，也不像纯粹的夷狄，至于蜀国，那就是百分百的夷狄了。

华夏称呼夷狄，单从名称就能看出鄙视感来，如东夷、西戎、南蛮、北狄，再比如大家不太熟悉的獽（ráng）、蜑（dàn）、蜓、獠……好多字不是反犬旁就是虫字旁，不像是用来形容人类的。这些所谓夷狄，主要吃了不识字的亏，只能任由华夏人士用那些极具侮辱性的字眼来称呼自己。蜀国也是这种情况。"蜀"字下半部分有一个"虫"字，本义是飞蛾、蝴蝶之类的昆虫的幼虫。大约蜀国人在称呼自己时，只有 shǔ 这个发音，没有对应的文字，就被华夏人用很有侮辱意味的"蜀"字来标记他们。

两本关于蜀国的史书

严格来说，蜀国只能算是一个大型部落或部落联盟，而不是一个诸侯国。为了叙述简便，在此就继续称它为蜀国。蜀国的资历很老，近几十年不断有古蜀遗址被发掘出来，比如著名的三星堆遗址，很有些让人惊心动魄的地方。在传统文献里，蜀国的登场也算闪亮。《尚书》有一篇《牧誓》，是周武王在牧野会盟诸侯，为讨伐商纣王所做的一场战前动员演说。在周武王点名点到的盟友里，就有蜀国的身影。

但蜀国历史到底如何发展，文献记载相当欠缺。最直接的文献材料只有两部，一是汉朝扬雄编写的《蜀王本纪》，流传到今天，只剩下了一千多字，二是东晋常璩（qú）编写的《华阳国志》，记载蜀地——这个华山之南的国度——从远古到东晋的全部历史，是中国第一部地方志。扬雄和常璩都是四川人，有热情为家乡树碑立传。李白那首著名的长诗《蜀道难》中的诗句"蚕丛及鱼凫，开国何茫然。尔来四万八千岁，不与秦塞通人烟"，就借用了《蜀王本纪》和《华阳国志》的记载。

　　蚕丛和鱼凫，是传说中古蜀五帝当中的两位。华夏的远古史有所谓五帝，古蜀国竟然也有一个五帝系统，这如果不是巧合，就只能是后者对前者的模仿了。蚕丛和鱼凫的统治时间据说都有几百年之久。但即便我们信以为真，古蜀国的历史也远不像李白说的那样"尔来四万八千岁"，诗人只是用一个夸张的数字表达久远、古老的意思而已。

　　不过，李白至少说对了一件事，那就是"开国何茫然"，古蜀国的历史真的是一片"茫然"。蜀文化真正融入华夏系统，是汉朝才发生的。无论《蜀王本纪》还是《华阳国志》，都显示出汉朝以后蜀地文人的一种努力：既要拔高蜀文化的地位，又要让蜀文化和华夏文明融合无间。所以华夏文明有的五帝系统，蜀文化也必须有；华夏有圣人，古蜀也必须有；华夏有禅让制，古蜀也必须有……其实以扬雄和常璩生活的时代，谁还搞得清古蜀国的状况呢。

　　但如果完全采信《蜀王本纪》和《华阳国志》，就会发现这两位作者不但把古蜀国的状况搞得很清楚，甚至连细枝末节也能交代得明明白白。《蜀王本纪》说大禹是汶山郡广柔县人，生于石纽，详细地址叫痢儿畔，就差交代门牌号了。这个地方就是今天的四川汶川。如今去汶川县城，还能看到大禹的雕像。

《华阳国志》把蜀国的渊源一直追溯到了黄帝，说黄帝的儿子昌意娶了蜀山氏的女子，生下帝喾，帝喾继位之后，把家族旁支分封到蜀国。

胡三省的《资治通鉴音注》就采信了这个说法，既不管三皇五帝本来就是神话传说，也不管在那么远古的时代根本就不可能存在分封制。这种看似荒诞不经的传说，向我们透露了一种常见的文化融合模式：**古今中外，要么把你家祖先说成我家祖先的支系，要么把我家祖先说成你家祖先的变体，总而言之，你我同宗同源，血浓于水，一家人不说两家话。**

但是想象的共同体很难禁得起认真的考证。如果古蜀国真的璀璨夺目的话，为什么它在《左传》里竟然会完全隐身呢？

《左传》详细记载了春秋时代的历史，包括当时的无数诸侯、蛮夷，以及无数次的盟会和战争，就连蜀国的近邻巴国都有很多次出场机会，为什么偏偏不见蜀国的身影？

巴国和蜀国距离很近，汉朝以后，人们一提到蜀，经常关联着巴，合称巴蜀。对应今天的地理，大体上说，巴是重庆一带，蜀是成都一带。但《左传》里只有巴，没有蜀，就显得十分蹊跷。这不得不让人怀疑，那时蜀国可能只是一个小部落，过于不活跃，也过于闭塞，也许进入战国以后才开始强大起来，被人关注。若果真如此，大禹、五帝，古蜀国种种辉煌的历史也就没了着落。

所以，蜀国在战国以前的存在感，就是《蜀王本纪》和《华阳国志》必须要解决的问题。这个问题一天不解决，蜀文化就一天不能扬眉吐气。

《华阳国志》是这么解释的：巴国和蜀国不同，蜀国国君并不是周天子分封的诸侯，而是和周天子分庭抗礼的王。而巴国是周朝的同姓诸侯，受封子爵，所以巴国的国君称为巴子。巴子和蜀王，单从头衔上看就不在一个级别。不过，蜀国虽然地位超然，但还是心甘情愿为周天子效力，只是活动范围被限制在秦国以南和巴国以西，所以蜀国没有参加诸侯之间盟会活动。这就导致蜀国即便一度攻入秦国腹地，也得不到任何记载。但这样的解释，怎么看都像是在煞费苦心地圆谎。没办法，这就是文化融合时难免发生的尴尬。

无论如何，进入战国时代以后，蜀国的活动常常见诸历史，但即便时隔多年，在蜀国被秦国彻底吞并，成为秦国的后方大粮仓之后，蜀地也没能摆脱蛮荒感，被秦政府当成流放罪犯的地方，一路发展成为大秦帝国的西伯利亚。直到汉朝，一位位巴蜀英才努力为家乡争地位，才使古蜀之地真正开始成为华夏一员。

———— 066 ————

法家吴起为什么会大谈"德"

周安王十五年（前 387 年）的第二件事：魏文侯去世，魏武侯继位。

学者们考证过，司马光把时间搞错了。周安王十五年，魏文侯其实已经去世多年，魏武侯也继位好几年了，吴起已经离开魏国，投奔了楚国。

不过比起"资治"的意义，具体的年份并不重要，至少不如魏武侯和吴起的一段对话来得重要。法家代表人物吴起，居然大谈儒家的热门词汇"德"。

《资治通鉴》已经连续好多年都是浮光掠影的写法，这一回终于又给了一笔浓墨重彩。司马光之所以这样写，是因为魏武侯和吴起的这段对话在他而言，既有传之久远的资治精神，也有迫在眉睫的现实意义。

西河对话

司马光把魏武侯和吴起的一段著名对话安排在了周安王十五年，假如魏武侯在这一年确实刚刚继位的话，的确应该找机会和吴起这样的资深干部拉近一下感情。

原文：

武侯浮西河而下，中流顾谓吴起曰："美哉山河之固，此魏国之宝也！"对曰："在德不在险。"

当时魏武侯泛舟西河，沿途欣赏着自己刚刚继承下来的这一片大好山川，抑制不住小激动，对同舟的吴起说："这样的高山大河真是坚固的天险啊，太美了，堪称魏国之宝。"

吴起不以为然，说出了一句流传千古的名言："在德不在险。"意思是说，只有"德"才配称为国家宝藏，天险没那么重要。接下来吴起援引历史经验，论证这个命题。这是一段优美、雄辩的古文，特别激荡人心。

原文：

昔三苗氏，左洞庭，右彭蠡，德义不修，禹灭之；夏桀之居，左河济，右泰华，伊阙在其南，羊肠在其北，修政不仁，汤放之；商纣之国，左孟门，右太行，常山在其北，大河经其南，修政不德，武王杀之。由此观之，在德不在险。若君不修德，舟中之人皆敌国也。"武侯曰："善。"

吴起一连举出三个例子：第一，古代的三苗氏，西边有洞庭湖，东边有彭蠡泽，天险很够用，但不修德义，政治败坏，结果被大禹灭掉了；第二，大禹的后人夏桀统治着辽阔的疆域，东有黄河、济水，西有华山，南有伊阙山，北有羊肠坂，天险很够用，但不修德义，政治败坏，被商汤放逐了；第三，商汤的后人纣王也拥有辽阔的版图，西有孟门山，东有太行山，南有黄河，北有常山，天险很够用，但不修德义，政治败坏，结果被周武王灭掉了。由此看来，国家宝藏是"德"而不是天险。吴起最后总结陈词："如果主君您不修德政，那么别说远方的外国了，就连眼前和您同船的人都能变成您的敌人。"

虽然魏武侯认同吴起的观点，但这段对话的真实性其实特别让人怀疑，因为吴起明明是一个法家人物，为达目的不择手段，个人品德绝对为当时的主流社会所不耻。这样一个人，竟然大谈德政，这不是自讨没趣吗？就算说得无比在理，但从吴起的嘴里说出，恐怕只会惹人反感。难道是因为吴起这些年功成名就、顺风顺水，所以儒家的高姿态开始回归了？

如果这些话真是吴起说的，那么他所理解的"德"肯定和纯粹的儒家不同。

儒家讲"德"，是把"德"作为目的本身，所以杀身成仁也好，舍生取义也好，都不在话下，而吴起讲"德"，"德"不是目的，只是手段。我们可以这样翻译吴起的话：要想保持基业长青，"德"是最重要的因素，甚至是唯一重要的因素。

也就是说，在吴起看来，基业长青才是目的，"德"是通往这个目的的必要手段。"德"的意义不是道德意义，而是工具意义。

作为凝聚力的"德"

在工具意义上讲，吴起所谓的"德"应该只是一个单纯的技术因素，一言以蔽之，就是凝聚力，和道德的"德"没有必然关联。任何一个家族、国家、企业，凝聚力越强，生命力也就越强。这样的"德"，基本等同于孟子所谓的"人和"。"在德不在险"这个命题同样也可以呼应孟子的名言："天时不如地利，地利不如人和。"

那么，如何提高"人和"的强度，或者说提高凝聚力呢？

最推崇德政的儒家有一项经典原则："财散则民聚，财聚则民散。"意思是说，统治者绝对不要与民争利，而要藏富于民，多给大家好处。

当然，这只是高度概括之后的原则，具体施行起来并不简单。如果单纯散财就可以提高凝聚力的话，那么基业长青的人一定都是最大方的人。事实上，统治者倘若仅仅做一个"散财童子"，反而会平添很多不必要的麻烦。

比如一位很想以德服人的公司老板给员工增发福利，原本对员工来说，这是天上掉下来的馅饼，有比没有强，但人心偏偏不是这样运作的，张三会嫉妒李四拿的比自己多，李四觉得自己明明劳苦功高，凭什么拿到的只比张三多一点点……总而言之，大家各有各的不服气，就算福利平均分配，也会有不少人抱怨老板不公平。所以，就算老板真有金山银山，单靠散财也无法获得凝聚力，反而容易搞得离心离德。

这就意味着，在散财的同时还必须保障公平，而所谓公平，主观性实在太强，你以为的公平未必就是我以为的公平。这就对统治者提出了一个更加严峻的要求：必须调动一切宣传资源，统一价值观。这还远远不够，还要建设申诉渠道、评审体系。

我们假定这一切都做到了尽善尽美，凝聚力就会因此增强吗？

当然不可能，正如民间谚语里的智慧："升米恩，斗米仇。"恩惠给得太多了，对方往往不会感恩，反而怨你没有给得更多。古罗马历史学家塔西佗早就发现了这个规律，说人们宁愿因为伤害了别人而支付补偿，**也不愿因为受过别人的恩惠而给予报答，因为报复别人可以带来快感，是正面情绪，而感恩反而容易造成心理负担，是负面情绪。**

当我们看清了这一层，再来回顾那句"财散则民聚"，就会发现从"财散"到"民聚"其实还有太远的路要走，有太多的不确定性要担心。那么，统治者到底应该怎么修德，远不是一句"在德不在险"这么简单。

宽泛的"德"的概念，其实涵盖了无穷多内容，也隐藏着无穷多矛盾。唯一不变的是，统治者对"德"的需求，本质上就是对凝聚力的需求。

任何一名封建王朝统治者或管理者，都能够切身体会到凝聚力的意义，周朝人当然也不例外。我们看周朝的那些核心政治手段，即便貌似和凝聚力无关，其实也都在暗中指向了凝聚力。最典型的例子就是，周朝有所谓"国之大事，在祀与戎"，国家大事只有两件：一是祭祀，二是打仗。

祭祀之所以至关重要，是因为祭祀可以借助强大的仪式感制造凝聚力，但打仗为什么也有同样的功效？

当然，战争确实属于国之大事，没人否认这一点。《孙子兵法》一开篇就说："兵者，国之大事。死生之地，存亡之道，不可不察也。"一旦关键性的战争打败了，就有可能国破家亡。但这只是军事家的算法，不是政治家的算法。在政治家看来，就算太平无事，或者敌人和潜在的敌人都被消灭了，仗还是要打。

政治账之所以要这样算，是因为人永远都是通过别人来界定自己的。借用黑格尔的话说，必须先有"你"的概念，然后才会相应地产生"我"的概念，继而通过"你们"来定义"我们"，这就是人的心理定式。周朝人早早就意识到"生于忧患，死于安乐"的道理，忧患从何而来？显然，最好的忧患就是身边有敌人虎视眈眈。

这就意味着，就算有能力消灭敌人，也不该这么做，怕就怕敌人一旦没了，人也随之"死于安乐"。而且斗争是人的天性，一旦没了外敌，自然会起内讧。

所以，就算没有敌人，也有必要制造敌人。于是打仗就变成一件必不可少的社会活动——有敌人时当然要打仗，没有敌人时，为了"生于忧患"，维系组织内部的凝聚力，也应该制造敌人来提升团结紧张的气氛。盟友可以没有，但敌人不可或缺。

共同的恨，永远都比共同的爱更容易凝聚人心。借用美国社会学家霍弗的话："在所有可以促成团结的催化剂当中，最容易运用，也最容易得到理解的一项，就是仇恨……海涅说过，共同的仇恨所能做到的事情，就连基督教所宣扬的爱都无能为力。"[1]

_1_ ［美］埃里克·霍弗：《狂热分子》，梁永安译，广西师范大学出版社 2011 年版。

—————— 067 ——————

德与险真的不相容吗

"在德不在险"这句名言在后世发挥了怎样的影响力？对于司马光时代的知识分子来说，"德"和"险"的关系到底意味着什么？

在德不在险

在中国历史上，长久以来，"德"都占据着至高无上的政治地位，不仅压倒山河天险，甚至会压倒一切。所以我们会在古书里反复看到"在德不在险"的各种变体。

比如《史记》，楚庄王打听九鼎的大小轻重，王孙满看出他的野心，回答："在德不在鼎。"再比如东汉王充的《论衡》，其中有一章批判当时社会上流行的鬼神迷信，结论只有一句话："在德不在祀。"想靠祭祀鬼神来消灾求福毫无作用，只有好好修德才是正途。

类似的说法还有很多，比如"在德不在瑞"，祥瑞没多大意义，修德才是第一位的。（《北史·周本纪下》）甚至"在德不在星"，占星术在"德"的面前毫无意义。（《扬子法言·五百》）

所有这些说法里，最能够把西河对话的精神发扬光大的，是《盐铁论》的第50章，题目叫作《险固》。

《盐铁论》可以说是一部会议纪要。汉武帝时代，经济学家桑弘羊大搞改革，增加朝廷的财政收入。问题是，怎样才能实现增收？最主要的办法，一是盐、铁、酒实行国家专卖，禁止私营，依靠垄断榨取财富；二是给民间经济加税，反正民间经济实体在皇权面前毫无议价权，只能任人宰割。

在支持者看来，这是富国强兵之道；而在反对者看来，这就是与民争利，结局注定会是"财聚则民散"。

等到汉武帝驾崩，汉昭帝继位，还要不要继续执行桑弘羊的改革政策，正反双方已经争得剑拔弩张、不可开交了。于是，在汉昭帝始元六年（前81年），在京城长安召开了一场盐铁会议，让两派进行充分的大辩论，希望真理可以越辩越明。改革派以桑弘羊为首，保守派是一群儒家知识分子，双方激烈辩论了政治、经济方面的几十个主题，火药味十足。

到了汉宣帝时代，桓宽整理档案，总结盐铁会议的会议精神，写成名著《盐铁论》。但桓宽本人是儒家出身，无法做到不偏不倚，明显在帮保守派拉偏架。

只看《盐铁论》的《险固》这一章，先是桑弘羊发言，陈述富国强兵的重要性，大意是说，只有加强边防，才能国泰民安，这是很简单的道理，就像普通人家的住宅总要修缮院墙一样。反对这个道理的人，一定缺乏常识。

保守派大张旗鼓反驳，内容和西河对话高度一致，先是拿秦朝的灭亡作为历史教训，认为金城汤池也好，兵强马壮也好，都没多大用处，也就是说，修缮院墙确实没啥用，如果真想防备敌人，就应该以正义为险阻，以道德为堡垒，国家有贤人就相当于拥有重兵，有圣人就相当于拥有守备，任谁也打不进来。

桑弘羊不服气，继续辩解说：自古以来，建立国家必须依傍山河险阻，占据天时地利，还要建城墙，挖壕沟。

保守派对此不屑一顾，反驳说：地利不如人和，武力不如文德。看人家周朝建国，靠的就不是地利，而是人和。再看那些徒然倚仗地利的国家，一个个都灭亡了，都是反面教材，历史教训。

桑弘羊这一方也会引述儒家经典，马上搬出《易经》的名言，"重（chóng）门击柝（tuò），以待暴客"，说的不就是加强城防，以备坏人入侵吗？

保守派为了捍卫立场，连《易经》的话都敢反驳，说诸侯有城防建设，就像平民百姓有爵位和俸禄，都是从战国时代才兴起的新鲜事，是乱世的征兆，而不是太平盛世的景象。

就这样你来我往几个回合，谁也没说服谁。

其实只要心平气和地看问题，很容易发现双方都因为胜负心太重，分别走上了两个极端。地利和人和并不矛盾，完全应该是互补的关系。

这个问题之所以在司马光的时代还有意义，甚至依然不能被心平气和地看待，就是因为宋朝的保守派一向把王安石当成桑弘羊第二，那么桑弘羊所支持的，当然就应该是正人君子所反对的。

仔细体会一下桑弘羊表达的那些观点：在他看来，地利不仅意味着山河险阻，还必须辅以人工，修建防御工事。这当然是劳民伤财的事，但没办法，必须这么做，所以朝廷必须认真理财，增加收入。

范祖禹和司马光的意见

在司马光的时代，要反驳以上观点，思想武器依然是"在德不在险"的那套逻辑。前有吴起的立论，后有《盐铁论》里那些儒家知识分子的发挥。对于这些历史经验，宋朝人完全可以信手拈来。比如在筹备修缮首都城墙时，就不断有人搬出"在德不在险"的论调提出反对意见，尤其是修缮瓮城时，反对声浪就更大了。

所谓瓮城，是围绕城门修建的一段半圆形的防御工事，形状像瓮，作用是增强城门一带的防御力。宋代官员范祖禹很看不惯，说瓮城是边境城防才有的，如果把堂堂首都开封的城墙修出好几个瓮城来，也太失体统了。开封新城是当初周世宗柴荣修的，宋太祖在此建都，已经一百三十多年。这里没有山河险阻，国家仰仗的只有修德、用人、得民心这三件事。（《续资治通鉴长编》卷 428）

这位提意见的范祖禹，不是随便一个食古不化的儒生，而是司马光编修《资治通鉴》最重要的一位助手，在书局里默默奉献 15 年。《资治通鉴》的唐史和五代史部分，范祖禹要居首功。范祖禹后来又单独写成一部《唐鉴》，顾名思义，以唐朝的历史为鉴，深入探讨唐朝 300 年间的成败得失，笔力雄浑，很受推崇，范祖禹甚至因为这部书被人尊称为"唐鉴公"。就是这位第一流的历史学家，在以史为鉴的意义上搬出吴起"在德不在险"的观点，不建议宋朝政府修城墙。

其实就在宋朝开国之初，当真就以晚唐和五代的历史为鉴，主动拆毁了不少城墙。现成的城墙为什么要拆？原来是害怕藩镇割据的局面重演。

宋朝并不是第一个这么干的，早在秦朝，统一天下之后就开始到处拆毁城墙，这就是贾谊在《过秦论》里说的"隳（huī）名城"。这里可以看出一条规律：**凡是想要加强中央集权的王朝，在城市建设上都会有这种强干弱枝的意识。宋朝之所以要重修首都的城墙，加强瓮城，目的就是"强干"；之所以要拆毁全国各地的城墙，目的就是"弱枝"。**到底是修还是拆，考虑的其实都很实际，并不像范祖禹那样只是被政治哲学里的理想主义冲昏头脑。宋朝边防力量薄弱，或多或少就和这种政治纲领有关，结果在边境地带，拆掉的城墙又要重修，来回折腾。

范祖禹虽然是当时第一流的史学家，但毕竟缺乏实际政务的历练，议论时政难免纸上谈兵。所谓"在德不在险"，当内地城市城墙尽毁，无险可守时，虽然最大限度避免了地方割据的风险，却很容易产生治安隐患。

《水浒传》里，水泊梁山的第一任寨主白衣秀士王伦在宋朝历史上是有原型的，这位真实的王伦在山东作乱，带领兄弟们横行天下，到处劫掠州城府县。而且，像王伦这样的强盗头子远不止一个。他们之所以能够横行霸道，就是因为大宋王朝对于内地"在德不在险"，城墙几乎都拆光了，兵力配备也很单薄。

不过司马光和范祖禹不同，他有过丰富的实际政务的历练，所以建议朝廷恢复在内地筑城，只是城不必大，够高就好，这样既不至于劳民伤财，也便于防御盗匪。(《续资治通鉴长编》卷255)

从司马光的奏章里，我们很容易体会到他对"在德不在险"这种观点的心态非常复杂。

其实只要抛开对王安石变法的厌恶感，"德"与"险"的关系原本可以相当简单。明朝人李濂写过一篇《宋都汴论》，探讨宋代这段历史，认为"德"与"险"本是相辅相成，没必要搞成水火不相容的样子。在儒家经典中，《易经》讲过"王公设险以守其国"，山河与城池都是国防的必要，《周礼》有"司险"的岗位，专门掌握山川险阻。这是儒家知识分子都应该读过的内容，也是很简单的道理，却争论了那么多年，是不是有点荒唐呢？

068

吴起为什么没当上丞相

西河对话之后，《资治通鉴》继续给足吴起戏份，一共记载了三件事：第一，吴起和田文争功；第二，吴起是怎么离开魏国的；第三，吴起在楚国的作为。

三件事一脉相承，换成今天的情境，类似于一家大公司的高管是如何上位、被同事算计，又如何跳槽的。

资历为什么比能力优先

《资治通鉴》的编年错误，我们就不再计较了。沿着司马光的说法，现在魏文侯刚刚过世，魏武侯继位不久，魏国国家总理的岗位出现空缺，这可是一人之下、万人之上的位子，很多双眼睛都在盯着。当初魏文侯手下所有能臣干将，诸如魏成、翟璜、李克、吴起、西门豹皆是如此，但这一次上位的是一个前所未见的人物：田文。

原文：

魏置相，相田文。吴起不悦，谓田文曰："请与子论功，可乎？"

田文曰："可。"

起曰："将三军，使士卒乐死，敌国不敢谋，子孰与起？"文曰："不如子。"

起曰："治百官，亲万民，实府库，子孰与起？""文曰："不如子。"

起曰："守西河，秦兵不敢东乡，韩、赵宾从，子孰与起？"文曰："不如子。

起曰："此三者子皆出吾下，而位加吾上，何也？"文曰："主少国疑，大臣未附，百姓不信，方是之时，属之子乎，属之我乎？"

起默然良久，曰："属之子矣。"

这位田文，并不是著名的孟尝君田文。我们对这位田文的履历一无所知，自然不知道他为什么有上位的资格。但吴起显然清楚得很，所以直接去找田文，当面和他比业绩、比能力，各种不服气。

吴起问道："统帅三军，让士兵敢拼敢打，让外国不敢打我们魏国的主意，这方面到底是您更厉害，还是我更厉害？"

田文坦率回答："我比不上您。"

吴起又问："统领各级干部，安定魏国百姓，充实国家储备，这方面到底是您更厉害，还是我更厉害？"

田文依旧坦率回答："我比不上您。"

吴起又问："镇守河西，让秦国不敢东进，让韩国和赵国把我们魏国当大哥，这方面到底是您更厉害，还是我更厉害？"

田文还是那句话："我比不上您。"

吴起的三个问题，涵盖了军政、民政、财政、外交。所谓国家大事，也不外如此。所以吴起很不服气，继续问田文："您既然样样都不如我，凭什么是您做了总理，而不是我？"

问题问得很直接，很在理，也很尖锐。在我们的常规认识里，田文应该被这一连串问题问得哑口无言、恼羞成怒才对，但恰恰相反，田文竟然好整以暇，反问吴起："现在主少国疑，大臣们心思活络，老百姓对新政府缺乏信任。这种特殊时期，您觉得，国家总理的位子，是给您更合适，还是给我更合适？"

这层道理是吴起完全没有想到的，所以吴起沉默了好半天，终于接受了现实。

魏国一向用人唯贤，谁有能力谁上，不搞论资排辈和裙带关系，所以吴起原先的不服气在魏国的传统里完全合情合理。田文并不否认这一点，只是提醒吴起一个道理：特殊阶段需要变通。

这个特殊阶段，就是所谓的"主少国疑"。

在人类的全部历史上，主少国疑是一个特别常见的政治困境，年纪太小的接班人镇不住场面，这种时候很容易发生政变和叛乱，稍有疏忽就会改朝换代。

其实不要说一个王朝发生新旧权力交替，就算是今天一家小公司的某个部门更换领导，也会引发类似于"主少国疑"的局面，人心不稳，每个人都不确定自己的未来会因此变得更好还是更坏。

喜欢确定性，厌恶不确定性，这是亿万年进化史写进人类基因里的心理定式，很难改变，所以熟悉的永远都是好的，陌生的永远都是坏的，所以金窝银窝不如自己的草窝，所以故土难离，安土重迁，所以人很难跳出舒适区……

举凡这种时刻，最重要的事情莫过于迅速把陌生转换为熟悉，制造平稳过渡。先求稳定，再求发展。这时，如果在人事安排上搞所谓的"新官上任三把火"，就很容易引发崩盘。

过渡期的重点，不是"做什么"，而是"不做什么"。

所以不难理解，以吴起这种上进心爆棚的人，一旦上位，肯定要大刀阔斧搞改革，以期在最短的时间内做出最大的业绩。这就必然导致人心惶惶，导致原本就已经不稳定的局面变得越发不稳定。人们还会担忧吴起这种为达目的不择手段的狠角色，一有机会就会篡位。

所以在这种敏感的过渡时期，稳定，而非发展，会成为政治的第一要务，必须有老成持重、德高望重的人来镇住场面，因此资历绝对比能力更重要。吴起只是过于急功近利了，其实他只要多一点耐心，熬过这段过渡期，就不难凭能力说话，最终取代田文。

金匮之盟

主少国疑，可不光是吴起面临的局面，这在宋朝也是一个有点敏感的话题。因为宋朝的开国皇帝赵匡胤正是利用了后周主少国疑的局面，发动武装政变，完成了改朝换代。而等到临终时，赵匡胤似乎又是因为主少国疑的局面，让弟弟赵光义夺去了本该属于自己儿子的江山。这段历史疑云密布，历代史学家们各有各的猜测。

司马光并没有回避自己时代的"当代史"。虽然《资治通鉴》的内容截止于后周，但司马光也利用零散时间整理过很多本朝史料，准备写一部《资治通鉴后记》。这部书虽然终于没写出来，但司马光为此准备的材料一直保存下来。

到了南宋，宋高宗安排范祖禹的儿子范冲把这些材料整理出来，准备刻版印刷，书名叫作《记闻》，就是"记录所见所闻"的意思。不巧赶上秦桧出台新政策，严禁私家史书，《记闻》自然也在被禁之列。不幸中的万幸是，手抄本和私刻本还是流传出来，后来定名为《涑水记闻》。涑水是司马光的祖籍，人们尊称司马光"涑水先生"。

《涑水记闻》提到过宋太祖赵匡胤和母亲杜太后的一段对话，大意是：

杜太后对儿子说："你之所以能够当上皇帝，都是因为周世宗柴荣死后，孩子太小，孤儿寡母没能力，这才给了你抢班夺权的机会。所以等你死后，皇位不要传给你儿子，要传给你弟弟。只有这样安排，赵家的江山才稳得住，你的儿子才能平安无事。"

赵匡胤一边哭，一边答应。杜太后找来自己信任的大臣赵普，把刚刚讲过的皇位继承事宜写成文件，藏进金匮。这份文件和这桩秘事，就是宋史上著名的"金匮之盟"。

金匮之盟到底是真是假，让后来的历史学家们争议不休。我倾向于相信它的真实性，不过在此就不做考据了。重要的是，司马光相信这是真的，这在当时的政局里也很合理，毕竟只有兄终弟及才最容易免于主少国疑。

主少国疑大概要算是古代历史上第一等的政治难题，这首先要怪古代的医疗水平，即便贵为皇帝，也很容易沾病就死，生死祸福因此显得特别无常。统治者如果死得太突然，或者太年轻，继承人的位子就不大稳当。其次要怪人心隔肚皮，能在权力场上打拼到顶层的角色，多是人精兼戏精，伪装本领高超，就算是正人君子，有时也抵抗不住权力的诱惑，野心会在不知不觉当中滋长、蔓延。

杜太后以后周历史为鉴，让赵匡胤变"父死子继"为"兄终弟及"，这算是针对主少国疑的最极端的解决方案了。这倒不能怪杜太后反应过度，因为只要看看后周，周世宗柴荣一代英主，为了让儿子柴宗训顺利继位，在人事安排上真可以说机关算尽：内有顾命大臣和禁军将领，外有藩镇大员，既可以互相配合，又可以彼此牵制，没想到还是防不胜防，被赵匡胤篡了权。柴荣最主要的失策，就是没考虑到作为顾命大臣的中央文官，没有一个人能像田文那样镇得住场面，而军队系统在五代乱世里早就把武装政变当成了家常便饭。

赵匡胤既然是借着后周主少国疑的破绽成功篡位的，在自己的继承人问题上也确实有必要格外小心。父死子继当然比兄终弟及更符合人之常情，儿子总比兄弟更亲，但以当时的局势而论，兄终弟及也算是没办法之下的办法了。

最后交代一点后话：杜太后一席话确实保全了立国未稳的赵宋王朝，却没能保全赵匡胤的亲生骨肉。赵匡胤在世的有两个儿子，赵德昭被赵光义继位之后逼死，赵德芳才 20 岁出头就在睡梦中莫名其妙地死掉了。

毕竟没有两全其美的方案，只有两害相权取其轻的无奈。

—————— 069 ——————

吴起为什么会离开魏国

按理说，新旧权力平稳过渡之后，资历就该让位给能力，田文完成使命，吴起取而代之，当上魏国的国家总理。但是，田文之后的总理并不是吴起，而是一个叫公叔的人。

公叔做了总理之后，心里最紧迫的事就是除掉吴起。道理不难理解：吴起既有能力，又有业绩，更有野心，迟早会威胁自己的地位。这种状况正是管理学上的又一大经典难题：一山不容二虎。吴起的命运会如何呢？

针对吴起的一场阴谋

原文：

久之，魏相公叔尚魏公主而害吴起。公叔之仆曰："起易去也。起为人刚劲自喜，子先言于君曰：'吴起，贤人也，而君之国小，臣恐起之无留心也，君盍试延以女？起无留心，则必辞矣。'子因与起归而使公主辱子，起见公主之贱子也，必辞，则子之计中矣。"

如果从现有的材料来判断公叔和吴起的能力，那么毋庸置疑，公叔实在乏善可陈。而吴起是当时第一流的人才，一旦没了吴起，魏国的实力一定会严重减损。那么，国家利益和个人权位孰轻孰重？公叔像那个时代里的多数人一样，果断选择了个人权位。

和吴起公开翻脸显然并不明智，所以公叔要做的，是不着痕迹地离间吴起和魏武侯的关系，让吴起主动离开魏国。这个目标听上去很难实现，但公叔身边有一个富于心计的仆人，帮主人想出了一条妙计。

人类的一切阴谋诡计，基本要满足以下三个条件：第一，针对特定的局面；第二，针对特定的性格；第三，利用特定的资源。

当下的特定局面，又可以分成三点：第一，人才流动性极高，不但外国的人才会来魏国效力，魏国的人才也不难跳槽到外国去；第二，吴起虽然是魏文侯手下的能臣干将，但魏文侯从一开始就对他不太放心，现在政权交接，吴起和魏武侯之间更不存在多少信任基础；第三，当初吴起去找田文比功劳，这件事应该没法保密，所以吴起对自己的待遇有相当多的不满，魏武侯不会不知道。

再看吴起的性格，公叔的仆人有一句概括："吴起为人，节廉而自喜名也。"大意是说，吴起廉洁自律，珍惜名声。这两点明明都是优点，但优点也可以转化为劣势。怎么转化，那就需要有针对性地利用特定资源了。

这个资源，就是公叔的妻子。

公叔的妻子是魏国公主。既然公叔可以娶魏国公主，吴起为什么不可以？貌似不但可以，而且很应该、很必要。于是公叔跟魏武侯说："吴起是个能人，但我们魏国太小，我担心吴起不会死心塌地为魏国效力。我看，主君不妨提议和吴起结亲，把公主嫁给他，试探他的反应。如果他的心思不在魏国，不想留下来，一定会推辞这门婚事的。"接下来还要再设一个圈套：公叔和妻子商量好，在吴起面前做一场戏，让妻子当着吴起的面狠狠羞辱自己。

原文：

公叔从之，吴起果辞公主。魏武侯疑之而未信，起惧诛，遂奔楚。

吴起看到公主骄横跋扈，当着外人的面都可以不管不顾地羞辱丈夫，这种婚姻生活简直就是人间地狱，你公叔受得了，我吴起受不了。所以，等吴起听到魏武侯提亲的建议，说要把公主嫁给自己时，果然心里发怵，推辞不干。

就这样，魏武侯认为吴起心思活络想跳槽，对他的态度自然变了。吴起感受到魏武侯的态度变化，生怕再待下去会遭遇不测，真的离开魏国，投奔楚国去了。《资治通鉴》没有记载的是，吴起在离开西河郡时，忍不住边哭边说："这片土地不久之后就要被秦国夺去了。"（《吕氏春秋·长见》）后来果然如他所言。对于吴起来说，西河郡是他建功立业的地方，难免割舍不下。

从管理学的角度来看，在这件事上，最失策的人不是吴起，而是魏武侯。

魏武侯就算中了公叔的计，怀疑吴起的忠诚度，至少也应该在联姻不成之后另想办法留住吴起。办法总是有的，既然吴起渴望功名，那就给他足够的尊荣好了。

后世的君主想通了这层道理，所以才会在实权职位之外设置荣衔——其实魏文侯对卜子夏、田子方、段干木的礼遇，就相当于给了他们荣衔，他们虽然在政府里没有任何职位，更没有任何实权，却是魏文侯的老师和朋友，谁也不敢小看他们。吴起作为前朝老臣，完全可以被魏武侯尊为师长，给予至尊无上的礼遇，这样既可以安吴起的心，又可以避免吴起和田文、公叔争夺实权，何乐而不为呢。吴起想要满足的，不过是自己的虚荣心。这样的话，即便魏武侯始终猜忌吴起，怀疑吴起的忠诚，至少也能保证吴起这样的顶级人才一直被困在魏国，不会被其他国家所用。

有人会说，既然不能重用吴起，杀掉他岂不是一了百了？就像后来商鞅在魏国，魏国总理在国君面前举荐他，还郑重叮嘱说："如果不能重用他，一定要杀掉他，以免这样的人才为外国所用。"

但吴起跟商鞅可不一样，当时的商鞅既没有名声，也没有业绩，杀就杀了，没人会在意，而这时的吴起已经名满天下，一旦被杀，哪还有人才会投奔魏国呢？

不过，在苛责魏武侯之前，我们必须想到的是：人类的每一点知识、经验和智慧的积累，往往都要付出惨痛的代价。在魏武侯所能够掌握的政治经验里，联姻几乎是笼络外姓人的唯一办法。整个周朝就是这样，同姓都是一家人，可以不说两家话，但对于异姓的功臣和有实力的人，第一个想到的方式就是联姻。

一个王朝也好，一个诸侯国也好，本质上就是一个家族企业，只有成为一家人，才不会说两家话。

今天的管理学其实依然延续着这个思路，只不过换了一种方式，通过股份制让两家人变成一家人。企业的所有者甘愿出让一部分股权，以此换来外人的尽心尽力。而所谓尽心尽力，换到古代社会的话，当然就是效忠。

外臣的生存之道

吴起的困境还给我们揭示了一个道理：作为外臣，必要的生存和发展之道，就是勾结内臣。这样一种行为模式，在秦汉以后的政治生态里比比皆是。

何谓外臣，何谓内臣？这就有必要介绍曹魏年间的一部经典著作：桓范的《世要论》。

三国历史爱好者应该对桓范这个名字并不陌生。曹丕篡位以后，传到魏明帝，安排司马懿和曹爽作为托孤重臣，辅佐下一任小皇帝曹芳，桓范就是曹爽一派的核心人物。后来司马懿灭了曹爽，桓范也遭池鱼之殃，被灭了门。

《世要论》的书名直译过来，就是"论这个世界上最重要的那些事"，意译的话，可以翻译成"政治学纲要"。这部书把臣子分为几类，分别是大臣、小臣、内臣、外臣，每一种类型都有特定的行为规范。内臣就是中央官，侍奉在皇帝身边；外臣就是地方官，尤其是那些镇守边境、带兵打仗的武官。桓范认为，外臣的最大风险，就是被皇帝身边的人挑拨离间。那么，外臣怎样才能防范这种风险呢——桓范竟然没提。这也难怪，一旦明确提出来，就显得权谋色彩过重，为正人君子所不齿，倒不如留个悬念，让读者自己去悟。

办法当然并不难悟。事实上，随着历史经验越来越丰富，外臣也越来越会保护自己。经典的做法就是利用自己天高皇帝远的优势，盘剥百姓，聚敛财货，拿这些财货去贿赂高官和皇帝身边的近臣，就算不请他们在皇帝耳边为自己美言，至少也能做足人情，让他们不至于难为自己。

吴起的身份就是外臣，假如他有足够的历史经验，就该知道单靠业绩不足以自我保全，必须打通朝中的人脉才行。今天的大型企业也会遇到同样的问题，分区经理就算做出很好的业绩，但总裁看到的只是冷冰冰的数字，看不到具体的人是如何顶住高压，浴血奋战的，所以就算数字足够让他满意，也很难让他在情感上产生认同，稍有风吹草动就容易引发猜忌。亿万年的进化史已经把我们打造成不可救药的情感动物，就算有意识地强化理性，也很难抵消那强悍而不自觉的情感力量。

吴起就这样走了，到楚国去开展另一段人生，另一场战斗。

—————— 070 ——————

楚悼王为什么急于任用吴起

吴起被公叔陷害，被迫离开魏国，投奔楚国。他在魏国想做却始终做不成的国家总理，在楚国一下子就做到了。重要的是，成为国家总理的吴起，展现出了和名将吴起、兵法大师吴起截然不同的面貌——他忽然变成了一个改革家，大刀阔斧地引领楚国走向变法图强之路，但也因此把自己带上了人生末路。

吴起入楚

原文：

楚悼王素闻其贤，至则任之为相。起明法审令，捐不急之官，废公族疏远者，以抚养战斗之士，要在强兵，破游说之言从横者。

周威烈王二十四年（前 404 年），"盗杀楚声王"，楚悼王继位。吴起投奔楚国，正是在楚悼王当政时期。

《资治通鉴》的记载相当简略，说楚悼王早就听说过吴起的本事，所以吴起刚到楚国，楚悼王就让他当上了国家总理。在楚悼王的倾力支持下，吴起大刀阔斧开展变法事业，总目标是富国强兵，具体措施有精简机构，申明法令，统一思想，夺取贵族的爵禄分给打仗的士兵……这场改革成效显著，楚国向南平定了百越，向北打退了三晋，向西攻伐秦国。

天下诸侯看到了楚国的崛起，都为自家担忧，而最该为自家担忧的人其实正是吴起，因为楚国的贵族元老们被他折腾惨了，全都恨透了他。

《资治通鉴》的上述记载直接采自《史记》，对其他史料一概没用。这相当可惜，因为吴起在楚国的变法是战国历史上值得大书特书的一段内容，吴起的成与败对后人，尤其对于司马光时代的人，很有借鉴意义。吴起想要解决的问题，同样是宋朝想要解决的问题。但司马光对变法事业感情复杂，变法这个话题又太敏感，《资治通鉴》吝惜一点笔墨也算情有可原。

如果用高分辨率来看吴起在楚国的经历，不禁令人产生怀疑：吴起再怎么名满天下，但对于楚国来说，毕竟是一个外来的新人，会不会盛名之下，其实难副，又会不会南橘北枳，水土不服？一切都很难讲。上来就让他做国家总理，是不是太唐突了？就算楚悼王本人想得开，敢冒险，但这样的安排显然很难服众，会平添很多不必要的阻力。

所以最有可能的是，吴起并不是刚到楚国就当上总理的。依据《说苑》记载，吴起先被楚悼王任命为宛（yuān）守。这个职位和吴起在魏国做过的西河守性质相同。宛，在今天的河南南阳，原先并不属于楚国，春秋时代被楚文王吞并，废国置县，才有了宛县。《说苑》记载："吴起为宛守，行县适息。"息县归宛管辖，所以大概到了楚悼王时代，宛县已经升级为宛郡，下辖若干个县了。（《说苑·指武》）

宛郡位于楚国北境，北部和韩国接壤。三晋要想南下进攻楚国的话，宛郡首当其冲。所以楚悼王安排吴起镇守宛郡，大约一方面是给他一个考察过渡期，只要业绩好，就能上位当总理，另一方面是试探他的心意，看他能不能对老东家魏国下狠手。当然，吴起这样的人一旦和魏国决绝，就不会再留情面。

一年之后，吴起得到了楚悼王的充分信任，从宛守被提升为令尹，这个职位就是楚国的总理。

隔着两千多年的时光回看历史，吴起似乎终于登上了人生巅峰，得到了他在魏国苦求而不得的位子，应该心满意足了。但仔细推想当时的情境，也许对吴起来说，在楚国当总理可能多少还是有点不甘。楚国是一个很特殊的存在，虽然是个大国，也是强国，但出身太低，文化传统又和华夏不同，一直都被华夏诸侯看不起。

儒家经典《公羊传》对楚国有一句很恶毒的形容："有王者则后服，无王者则先叛。"所谓"王者"，就是德才兼备、天下归心的最高统治者。当天下出现王者时，别人都紧赶慢赶，聚拢到王者身边，楚国一定是腿脚最慢的，而当天下没有王者，也就是天子失德时，楚国绝不可能等到天子众叛亲离时才跟风造反，一准儿是第一个叛变的。(《公羊传·僖公四年》)

楚国和夷狄一样，总爱欺负华夏诸侯。早在春秋时代，楚国灭掉的华夏诸侯就有几十个之多。其他强国虽然也打灭国之战，但谁都比不上楚国这么狠辣。所以华夏诸侯看楚国，怎么看怎么野蛮。

吴起初到楚国时受命镇守的宛郡，原本是和周王室很亲近的申国，是一个华夏诸侯国。申国是姜姓诸侯，姜姓经常和姬姓通婚。在古史传说里，黄帝姓姬，炎帝姓姜，所谓炎黄子孙，这个名目映射出来的真实历史就是姬姓和姜姓两大部族的世代联姻。

早在西周时期，姜姓的申国就和姬姓的周王室长期通婚。著名的周宣王就是申国公主生的，在他执政时，申国国君，也就是他的舅舅来首都朝见，周宣王很喜欢他，特地给他改封了一片更大更好的地方，还派人帮他筑城。周宣王的大臣尹吉甫为这件事专门写了一首诗《崧高》，《诗经》中还能看到全文。《崧高》赞美这位申国国君"南国是式"，说他是南方诸侯的好榜样。

周宣王给申国改封的地方，就是后来吴起镇守的楚国宛郡。

申国、申县到宛郡

周宣王以后，申国继续和周王室保持联姻，到了西周末年，周幽王的王后也是申国公主。根据《史记》记载，后来周幽王宠爱美女褒姒，玩了一出烽火戏诸侯的闹剧，还要废掉申国公主，改立褒姒为王后，把岳父大人气得不轻。岳父大人为了给女儿和外孙撑腰，不惜联合蛮族，灭了周幽王。这是一场杀敌一千，自损八百的苦斗，虽然外孙的继承权保住了，但周朝的大本营被蛮族毁得不成样子，没法再住人。于是，这个外孙，也就是周平王，只好打道向东，迁都雒邑，历史从此进入了东周时代。

宛郡和雒邑的位置大约就是今天的河南南阳和洛阳。从洛阳向南，大约 300 公里就是南阳。所以，对周天子来说，申国就是自己的南部要塞。而楚国开疆拓土，一路向北，总有一天会打到申国。这就导致周天子必须调用自己的人手，来帮助申国和申国旁边的吕国、许国加强防御。周平王就这么做过，结果大约因为王室能够调动的人力实在过于单薄，派出的士兵得不到及时换岗，导致士兵们怨声载道。这些怨声写成了诗，就是《诗经》里的《王风·扬之水》："扬之水，不流束薪。彼其之子，不与我戍申。"意思是"小河沟泛着浅波，漂不走一捆柴火。我心中想念的人，没跟我一同守卫申国。"诗句里边提到的"戍申"，就是戍守申国，防御楚国。

当然，怎么防都防不住。从"自尊"的楚武王熊通开始，楚国军队就已经北进南阳盆地了。到了楚文王时代，申国被楚国吞并，成为楚国的申县。1975 年，在南阳市的西关煤厂发现了一座春秋时期的古墓，出土的青铜器上有"申公彭宇"的落款。所谓申公，就是申县的县公，是楚国为申县指派的最高长官。这座古墓向东大约一千米，就是古宛城遗址。

楚国不断灭国置县，县越来越多，逐渐形成了郡、县二级制，一个郡统辖若干个县，有点像今天省和市的关系，不同的是，战国年间的郡都设在边境一带，郡守既抓民政，也管军政，并且以军政为主，大约相当于军区司令兼边疆省长。宛的级别是郡，统辖着申、吕几个大县。吴起做了楚国的宛守，军事目标的重点就是三晋，尤其是自己的老东家魏国。当好宛守，对吴起来说，不但是对个人能力的证明，也相当于向新东家纳投名状，表示自己真的和魏国一刀两断了。

从楚悼王急于任用吴起来看，楚悼王本人应该很想借助外来的新鲜血液来解决楚国的陈年痼疾。**任何一个组织，无论效能高低，运行久了，自然会出现很多毛病，而要想治好这些毛病往往很不容易，牵一发难免动全局，就像收拾一间已经使用多年，堆满杂物的储藏室一样。**吴起要做的，是推进楚国的全面改革，啃硬骨头打硬仗，无论阵痛有多痛，无论要冒犯多少旧制度下的既得利益者，也必须让改革迅速到位。

对于这样一位在楚国毫无背景的外来者来说，做事只有立竿见影求速效，才能让自己立得住脚。如果搞温和的渐进式改革，阻力虽然小得多，社会动荡也不会太大，但吴起本人恐怕很快就会下台。这就是竞争压力带来的行为模式，回看春秋时代，这种雷厉风行的做派相当罕见。

—— 071 ——

吴起为什么会犯众怒

吴起在楚国先做宛守，获取了楚悼王的信任，升级为令尹，开始为楚国改革变法。所谓改革变法，本质上就是改变资源配置方式，让新的配置方案把全社会的资源指向改革者想要的目标。

资源是固定的，短时间内改变不了——土地还是那些，人口也还是那些，如果以社会稳定为目标，那就搞宗法制度那一套，任人唯亲，论资排辈；如果以富国强兵为目标，那就必须破除宗法传统，加强中央集权，刺激生产和打仗的积极性。吴起要走的，就是后一条路。但这条路可不好走。

向世袭制开刀

人是习惯的动物，凡是习惯的总是好的，改变习惯总是难上加难，代价惨痛，所以很少有人自觉自愿地改变习惯。对于一个古代国家而言，制度带来的惯性更是积重难返，所以才会有"利不十，不变法"的说法，除非变法能够带来 10 倍以上的好处，否则就不要轻举妄动。其实即便真能看到 10 倍以上的好处，人们还是不愿改变，所以《易经》有一句名言："穷则变，变则通，通则久。"从社会学角度理解这句话，它意味着真正促成转变的是"穷"，不是"贫穷"的"穷"，而是"穷途末路"的"穷"——实在没办法了，迫于压力，才不得不做出改变，一切改革变法都是被环境压力逼出来的。

这一时期的楚国，正在承受着环境压力的逼迫，北方三晋如日中天，还很喜欢联合行动，让楚国的北境很不安宁。三晋当中，尤其是魏国，变法搞得最早，所以实力最强，隐隐然成为三晋盟主，世界第一强国。其他诸侯也很快领会到变法的意义。既然早晚都要变法，那么迟不如速；既然早晚都要承受改革的阵痛，那么长痛不如短痛。

这些道理虽然一讲就透，但改革方案一旦落实到具体的每个人的头上，侵犯到这个人或那个人的具体的利益，这些被侮辱或被损害的人，很难为了楚国的长远利益，心甘情愿拿自家的真金白银去承受吴起改革的代价。既然改革意味着资源的重新配置，那么资源明显就那么多，无论怎么配置，配置本身都属于零和博弈，必然会损害某些人的利益，不损害甲就损害乙。所以，损害谁，不损害谁，先损害谁，后损害谁，这是非常敏感的问题，也往往是决定改革成败的首要问题。

通常的策略就是吃柿子——先拣软的捏。但吴起当时可以参照的历史经验实在太少，靠他自己还真没想透这个道理，所以吴起的改革，一出手就直奔要害，不拣软柿子，偏啃硬骨头，直接剥夺贵族阶层的正当权益。

李克在魏国搞改革时，有一个"夺淫民"主张。所谓"淫民"，就是那些享受世袭待遇的人。那些人仗着父辈的功劳，一辈子都可以不劳而获，于是成天不做正事，只会吃喝玩乐。所以政治要想搞得好，国家要想富强，就必须"夺淫民"，也就是剥夺他们的待遇，拿这些钱招揽天下人才。（《说苑·政理》）

把李克的意见归纳成一句话，就是取消世袭制。

不过，一来李克的改革重点并不在这里，二来当时魏国的世袭制传统已经明显减弱了。而这一回，李克在魏国没能做的事，吴起在楚国大刀阔斧地做了起来，公然向世袭制开刀。吴起的方案是：那些享受世袭的封君，不应该子子孙孙世袭下去，必须"三世而收爵禄"，继承权只有三代，传到孙辈为止，下一代人不能再坐享其成了，必须出去自食其力。除此之外，官员必须精简，该撤就撤，国家不养闲人。精简之后，按说剩下来的应该都是精兵强将了，但对这些人，吴起竟然也没手软，还要给他们统一降薪。这套组合拳一出手，当然会节约下来大量财富，把这些财富用来养兵、练兵，一个强大的楚国指日可待。(《韩非子·和氏》)

啃硬骨头也有啃硬骨头的办法：分化瓦解，拉一派打一派，打完一派之后，再把原先拉拢的那一派分化瓦解，重复拉一派打一派的手段，然后不断重复这个模式。自己必须始终保持在既有盟友，又有敌人的状态。拉拢盟友，才能共同对敌；制造敌人，才能把盟友拉向自己。

今天我们以史为鉴，很容易明白这些道理，所以回头再看吴起的方案，就会很惊叹他的勇气，他的方案不但打击面实在太大，而且开罪的是全国最有实力和地位的阶层，也只有吴起这样的外来者才能下得去手。

但这还不算完，吴起还有更犯众怒的做法。

损有余而补不足

《老子》有一句名言："天之道，损有余而补不足；人之道则不然，损不足以奉有余。"这是拿自然现象和社会现象对比：在自然现象里，一切都会向着均衡状态发展，好比河水，到了雨季，涨水了，水就会溢出来，流向旁边的低洼地带，而人类社会刚好相反，马太效应主导一切，富者愈富，贫者愈贫，穷人反而吃苦受累、节衣缩食地供养富人。

城市发展也遵循同样的规律，今天我们可以看到，全国人口都往一线城市挤，结果一线城市规模越来越大，房价水涨船高，而原本就不发达的城市，人口越来越少。这种现象并不是进入现代社会才出现的。

吴起的改革精神，就是用"天之道"来逆转"人之道"，但他并不关心穷人，关心的是国家层面上的"不足"。发现有哪些"不足"，就想办法用"有余"去弥补。通观楚国，土地有余，人口不足，而楚国的一贯做法正是"损不足以奉有余"，大量人口往少数土地集中，导致各地发展很不均衡。

问题找到了，办法自然就有了：只要反过来做就可以了——损有余而补不足，把大量贵族从一线城市迁到蛮荒之地。（《吕氏春秋·贵卒》）这些贵族的特点是家大业大，单是自己宗族的人口就有不少，再加上仆役、奴婢，浩浩荡荡，一大家人就等于一个开荒团。把他们从一线城市分流出去，能够一举两得：除了可以加强土地开发，促进农业生产之外，还能狠狠削弱贵族和官僚集团的势力，进一步强化中央集权。

这一招实在太狠了，在"盗杀蔡侯申"事件中，因为蔡国国君要迁都，惹恼了整个贵族集团，贵族们联手把国君杀掉了。迁都毕竟只是从旧的国都迁到新的国都，而吴起的做法，是把一大批贵族从一线城市迁到蛮荒之地，充实当地人口，发展当地经济。楚国贵族当然没有那么高的觉悟，没人愿意为了国家利益离开大城市，去穷乡僻壤搞建设。

有人会想，吴起的改革方案既然严重损害了贵族和官僚阶层的利益，至少应该能得到劳苦大众的拥护吧？事实上，劳苦大众叫苦连天，因为吴起大事小事一把抓，甚至小到国都城墙的建筑标准都改了，让干活的人很为难。

当时的筑造技术是所谓的"版筑法"，用木版固定夯土，所以"版"也是一个长度计量单位。智瑶联合韩、魏两家水灌晋阳城时，晋阳"城不浸者三版"，就是用"三版"来表达水平面到城头的距离。而楚国人的传统筑墙方式是所谓的"两版垣"，今天已经考证不清这到底是什么标准了，也不知道吴起到底把这个标准改成了什么样。

总而言之，吴起废除旧标准，实行新标准。问题在于，就算新标准更好，强行让大家改变习惯总是很难的，这就搞得参与筑墙工程的劳动者也跟贵族和官僚们一样怨恨吴起。(《吕氏春秋·义赏》)

谁对吴起的批评最致命

　　吴起在楚国大刀阔斧搞改革，侵犯了太多人的利益。如果参照宋神宗时代的王安石变法，就会发现王安石虽然并不比吴起更激进，但每一步改革都遭遇了强大的舆论压力，可想而知，吴起遇到的批评声浪也不会小。可惜史料竟然缺乏记载，只有《淮南子》和《说苑》让吴起的反对派发出过一次声音，两者记载大同小异。反对派的意见中有一个人的批评最为致命，而且这个人跟屈原还有点关系。

屈宜咎的批评

　　出于人之常情，反对派就算仅仅因为私利被侵犯而反对改革，也不会心直口快地说："虽然我明白搞改革是为了国家的长远利益，是为了我们伟大楚国的繁荣富强，但只要侵犯了我的利益，我就要反对到底！"

即便有人心里真的这么想，也会搬出冠冕堂皇的帽子，更何况有人真心认为吴起的改革并不会利国利民。

屈宜咎就是这样一个人。他和楚王同姓，一家人，国家责任感自然会强一些。楚国王族姓芈，由芈姓分化出若干个氏，国君嫡长子一脉以熊为氏，比如前面讲过的熊绎、熊通。其他芈姓贵族里，势力最强的有屈氏、景氏、昭氏三大家族，屈原就属于屈氏家族，是屈宜咎的晚辈。有一句不太吉利的成语"福无双至，祸不单行"，就是屈宜咎留给后人的[1]。

屈宜咎对吴起那一套改革方案非常不以为然，当着吴起的面，直言不讳地说了一番道理，核心原则只有一句话："不变故，不易常。"意思是说，擅于治国的人，既不去更改制度，也不去变换常规。

这显然是保守主义的经典论调，但说得对不对呢？还真没法一概而论，至少像英国这种老牌保守主义国家，就是靠着让外国人难以置信的保守主义原则一路发展下来的。而反对意见会说：屈宜咎没看到时代的变迁，不懂得时移世易的道理。我们熟悉的成语"刻舟求剑"原本就是用来嘲讽楚国政治的，（《吕氏春秋·察

1　原话是"福不重至，祸必重来"，见《史记·韩世家》，《说苑·权谋》。

今》）屈宜咎显然就是那个只晓得刻舟求剑的笨蛋。

此外，屈宜咎还谈了两个要点：第一，军队是凶器；第二，争斗是坏事。如果这两点都是正理，那么吴起的改革就是倒行逆施，因为吴起要做的，就是集合全国之力，增强军事实力，然后开疆拓土，称王称霸。

但是在吴起到楚国之前，楚国没少开疆拓土，称王称霸，为什么屈宜咎放过了历代搞霸权主义的国君，唯独责怪吴起呢？屈宜咎还有一番道理，是一句老话："非祸人不能成祸。"意思是说，只有出现了招灾惹祸的人，才能真正造成灾祸。最后屈宜咎总结陈词："我一直奇怪，为什么我们楚国的国君接连违背天道和人伦，楚国到了今天却还能平安无事，看来是在等着你来啊！"言下之意，吴起就是那个"祸人"。

一番话说得吴起变颜变色，赶紧向屈宜咎请教："那我改还不行吗？我现在就改，还来得及吗？"

屈宜咎说："已经来不及了，你就踏踏实实、低调做事好了，我们楚国并不看重举贤任能。"

所谓"楚国并不看重举贤任能"，在今天看来相当费解，毕竟任何一个国家或公司，都应该重视人才，这是今天的常识。但屈宜咎自有他的道理。早在周朝初年，齐国刚得到分封时，周公问姜太公会怎样治理齐国，姜太公回答："举贤而上功。"重视人才，谁有才干、有功劳，就提拔谁。这有什么不对吗？但周公不以为然，认为按这样的政策搞下去，齐国将来一定会被外人篡夺。预言应验了，后来姜姓齐国果然被田姓齐国取代。（《汉书·地理志下》）

周公和屈宜咎的观点意味着：**国家繁荣富强是一回事，政权稳定是另一回事，重视人才确实会带来繁荣富强，但风险就是人才会篡夺政权。**所以屈宜咎最后那番话，话里有话，足以让吴起脊背发冷。

在《淮南子》的版本里，故事的最后还援引《老子》的一句名言来做总结："挫其锐，解其纷，和其光，同其尘。"这就是成语"和光同尘"的出处。显然《淮南子》认为，吴起无论做人还是做事，都太高调、太张扬，也太激进了，必须依照《老子》的教诲，把自己的锐气磨掉，让心态纾缓下来，心静自然无事，然后和光同尘，如一滴水般流入大海。

不过，很难相信吴起会被屈宜咎说服。在《淮南子》中，吴起和屈宜咎的对话更像是法家哲学和道家哲学的一场辩论，最后以道家哲学的胜利告终。这并不令人意外，因为《淮南子》这部书就是旗帜鲜明的道家立场，代表着汉武帝之前的政治主旋律。

汉朝建国以后，出现过著名的"文景之治"，所谓

"治"，其实就是不治或者少治：政府尽量不生事，听任民间经济自由发展，同时减免赋税，也就是所谓的休养生息。道家哲学，尤其是道家当中的黄老学派，就持这种立场。直到今天，西方经济学里的自由主义一派还很喜欢拿老子和亚当·斯密相提并论。

淮南王刘安和他延揽的那些门客都是亲身经历过文景之治的人，亲眼见证过小政府、大社会带来的经济复兴的奇迹，所以在编写《淮南子》这部大书时，有黄老哲学的立场实在再自然不过。当刘安把这部书献给刚刚即位不久的汉武帝时，肯定想不到汉武帝将来要学的会是楚悼王和吴起。

楚国确实变强了

屈宜咎对吴起的抨击应该只是吴起所遇到的无数抨击当中的一种，这是任何一位改革家都必然会面对的舆论压力。那么，改革家该怎么应对呢？吴起真的会在屈宜咎面前诚惶诚恐，自我检讨吗？

历代改革家一致的做法是：一统思想、风俗和言论。吴起也不例外。

既然改革的大政方针已经定下来了，社会上一时的混乱、短暂的阵痛，忍一忍都会过去。历代改革家都有一个共识"民不可与虑始，而可与乐成"，因此"论至德者不和于俗，成大功者不谋于众"。（《商君书·更法》）这是商鞅变法时对秦孝公说过的话，大意是说普通人见识短浅，如果要做高瞻远瞩型的大事业，千万不能听取庸众的意见，等我们把事情做成了，他们自然就会安心享受好处，并且拍手支持，歌功颂德。

从这层意义上看，吴起改革的性质就相当于一两个明白人调理成千上万个傻瓜。难点就在于，傻瓜并不觉得自己傻，反而觉得自己很聪明，稍有不满就喜欢站出来指手画脚。而且，傻瓜们的意见往往高度一致，所以傻瓜之间很容易唤起共鸣。人一多，胆子就大；胆子一大，就敢和聪明人作对。聪明人要想省心，就必须堵住傻瓜的嘴。

李克在魏国搞改革时推出一部《法经》。《法经》明文规定禁止聚众，聚众一天以上就要接受审讯，聚众三天以上就是死罪。只要取消了聚众活动，大家根本没机会交流意见，更没机会酝酿不满情绪了。吴起虽然学了不少李克的精髓，偏偏没学到这一点。假如是李克来指导楚国变法，根本就不会给屈宜咎这种人发言的机会。

吴起的改革如果可以立竿见影，让那些承受过改革阵痛的人很快就分享到改革的红利，矛盾倒也不难化解，但问题是，吴起要操纵的是一部国家机器，他只在意国家机器的巨大齿轮发出隆隆巨响，只想让齿轮高速运转，根本就不会在意被齿轮碾碎的细小沙尘。

原文：

于是南平百越，北却三晋，西伐秦，诸侯皆患楚之强，而楚之贵戚大臣多怨吴起者。

在吴起的改革下，楚国确实变强了，至少军事力量变强了，接二连三地开疆拓土，南平百越，北进中原，饮马黄河。这对于楚王来说，当然都是改革的红利，而对于楚国的旧贵族而言，却根本不是好事。每一次开疆拓土，都意味着楚国的土地变多了，而根据吴起的改革方案，总要稀释核心地区的人口，把他们分流到边缘地带，又有几个人愿意从大城市迁居到小农村呢？既然改革带来的每一笔红利对很多楚国人来说反而成为负担，那么吴起也就离死不远了。

—————— 073 ——————

赵敬侯为什么让司马光尴尬

原文：

秦惠公薨，子出公立。

赵武侯薨，国人复立烈侯之太子章，是为敬侯。

韩烈侯薨，子文侯立。

周安王十五年（前387年），三个大国都有国丧发生，新旧权力交接随之而来：秦惠公去世，儿子秦出公继位；韩烈侯去世，儿子韩文侯继位；赵武侯去世，赵国人拥立赵烈侯的太子赵章继位，这就是赵敬侯。这个赵敬侯尤其是个让司马光尴尬的国君。

秦出公继位

秦出公，《史记》称为秦出子。称"子"而不称"公"，意味着司马迁并没有把他当成秦国世系里的一位正统国君看待。事实上，"出"这个字并不属于谥号，凡是称为"出公"或"出子"的国君，都有一个共同点——没能守住权位。其中最著名的，就是春秋时代的卫出公。当时卫灵公去世，卫出公继位，卫出公的父亲蒯聩发动政变，卫出公被迫逃到鲁国避难，孔子的高徒子路就是在这场政变里被砍成肉酱的。

晋国也有一位出公，根据《史记》记载，在晋出公执政的第17年[1]，智瑶连同韩、赵、魏三家瓜分了晋国另外两大家族范氏和中行氏的土地。晋出公很生气，知会了齐国和鲁国，要联手讨伐国内的四大家族，结果反被四大家族赶出晋国，死在了去齐国避难的路上。

当下这位秦出公或秦出子，命运更加不幸，继位的第二年或第三年就死于政变，亲生母亲也一道被杀了，尸体被扔进水里，不能入土为安。

公子朝之乱与迁都邯郸

接下来我们重点说说发生在赵国的国丧：赵武侯去世，赵国人拥立赵烈侯的太子赵章继位。

1 一说为晋出公执政的第20年。

13 年前，也就是周安王二年（前 400 年），《资治通鉴》记载：赵烈侯去世，赵国人拥立了他的弟弟赵武侯。赵武侯当政 13 年，去世之后，位子没能传给亲生儿子，又回到了赵烈侯的直系骨肉赵敬侯。

但这件事有可能被《资治通鉴》搞错了。有一种说法是，在赵烈侯和赵敬侯之间，并不存在赵武侯。之所以出现这个错误，是《史记》先搞错了，《资治通鉴》照抄《史记》，跟着一起错了。(杨宽《战国史料编年辑证》) 如果刨去赵武侯这一代，在这一年去世的应该是赵烈侯。赵烈侯就是"三家分晋"时期的赵氏家族的族长赵籍，赵氏家族化家为国就是从他开始的。

但这只是一种推测，证据并不算十分扎实。如果沿着《史记》和《资治通鉴》的记载来理解赵国的这段历史，有一个好处，就是容易想通赵敬侯为什么要迁都。

赵敬侯是一个值得大书特书的人物，但很遗憾的是，《资治通鉴》完全略去了他的生平事迹。可能从"资治"的意义上讲，赵敬侯太让人尴尬了：他是一个通常意义上的昏君，纵酒好色，胡乱杀人，但是，他竟然过了十几年安稳的好日子，对外既没有丧权辱国，挨其他诸侯的痛打，对内也没有大臣作乱，阴谋颠覆政权。这样一个昏君竟然没遭报应，实在没天理。

不过，在赵敬侯刚继位的这一年，确实发生了一桩变故，那就是赵武侯的儿子公子朝发动叛乱。公子朝的心态可以理解：毕竟刚刚过世的国君就是自己的父亲，父死子继，天经地义。但很可能赵烈侯的威望太高，以至于赵国元老们宁愿让赵烈侯的儿子继位。人心所向之下，公子朝夺权不利，被迫逃到魏国。（《史记·赵世家》）

《资治通鉴》将这件事记在下一年里，还讲到公子朝联合魏国，袭击赵国邯郸，但没能得手。

这里有两件事值得留意：第一，公子朝逃到魏国，这很可能说明他的叛乱背后有魏国撑腰；第二，叛乱发生在赵国国都——当时赵国以中牟为国都，这个地方距离魏国太近。所以，大约正是公子朝之乱让赵敬侯生出了迁都的念头，当年就把国都从中牟迁到邯郸，所以第二年才有公子朝带着魏国后援袭击邯郸之事。

邯郸位于中牟正北略微偏东的方向，距离大约 250公里，和魏国拉开了比较适度的战略纵深。邯郸这个地名看上去比较奇怪，乍一看不明白是什么意思。唐朝地理学名著《元和郡县志》对此解释说"邯"是山名，当地有一座邯山，而"郸"字形左半边的"单"意思是"尽"，"邯"加上"单"，表示邯山的尽头。凡是城市的名字，通常会在字的右边加一个耳刀旁，右耳刀是从城邑的"邑"变化而来，所以和城市、地名有关的字很多都带右耳刀，比如首都的"都"，城郭的"郭"。于是，"单"加上一个右耳刀，和"邯"一起，组成了"邯郸"，顺理成章变成了城市名称。

赵无恤挡不住智瑶的进攻，准备找一处地方退守，当时就有人推荐邯郸，说邯郸物资储备充足，但赵无恤最终选择了晋阳。赵家经过几代人的经营之后，战略目标已经变了，和魏国的关系由盟友逐渐转变为竞争对手，所以迁都邯郸更有利于对付魏国。自从这次迁都，邯郸一直都是赵国的国都，经历八代国君，历时 158 年。

今天邯郸故城遗址和赵王陵墓都已经被充分发掘过了，今天在邯郸市邯山区可以看到赵王城遗址公园，还有一座廉颇墓。赵王陵遗址也已经变成了赵王陵遗址公园，坐落在邯郸郊外，其中一号陵就是赵敬侯的陵墓，赵敬侯以后的历代国君依次在一号陵两侧埋葬。

模范昏君赵敬侯

很难说赵国人对赵敬侯有没有爱戴之情，因为《韩非子》概述赵敬侯的一生，完全是荒淫无道的一生，和传说中的两位末代昏君夏桀王、商纣王并无二致。赵敬侯是一个彻底脱离了高级趣味的人，既贪杯，又好色，喜欢打猎和到处游玩。他最大的爱好就是喝酒，夜以继日，通宵达旦。国君当然不会自己喝闷酒，必须有人陪着。作陪的人如果不能喝酒，赵敬侯就要硬灌。更加恶劣的是，他只要看谁不顺眼，就直接在酒席上把他杀掉。这样一个昏君为什么可以得享太平呢？韩非子总结原因，说赵敬侯虽然有各种各样的缺点，但也有一大优点，那就是很会任用臣子。正因为这个优点，导致再多的缺点都没能让他垮台。

韩非子借赵敬侯的例子阐述了一个道理：**一名合格的统治者，只要懂得用人，又能洞察臣子说话的真伪，就算荒淫无道，国家也能够屹立不倒；相反，如果统治者缺乏这种禀赋，就算节俭勤劳，严于律己，国家照样灭亡。**（《韩非子·说疑》）

也难怪《韩非子》这部书经常被人咒骂，它讲的都是实打实的管理技术，对仁义道德完全不屑一顾。不做场面事，不说场面话，对于被统治的芸芸众生毫无恻隐之心，所以除了统治者，任谁看了这部书都会感受到冒犯。

赵敬侯作为一位"楷模型昏君"，执政十几年间，让赵国在国际舞台上相当活跃，风头甚至压过了先前的老大哥魏国——这当然也要怪魏武侯，谁让他中了圈套，逼走吴起呢。楚国在吴起的带领下也有过几年的高光时刻，还和赵国联手对付过魏国，只是吴起的改革迅速破产，楚国终于没能盖过赵国的风头。

周安王十六年至十七年

——————— 074 ———————

为什么不能重赏帮自已夺位的功臣

原文：

（十六年）

初命齐大夫田和为诸侯。

赵公子朝作乱，出奔魏，与魏袭邯郸，不克。

周安王十六年（前386年），《资治通鉴》简单记录了两件大事：第一，齐国大夫田和被周安王封为诸侯；第二，赵国公子朝叛乱，投奔魏国，和魏国联手袭击赵国邯郸，但没能得手。

公子连的篡位

三年前，田和发起了浊泽之会，请诸侯们在周安王面前帮自己说话，让自己可以紧跟三晋，升级诸侯。周安王当时就答应了，但流程走得比较慢，到了这一年才有正式的册命下来。实际上，田和在三年前就已经取代了姜姓齐国，但从规范的流程上讲，现在才是田姓齐国的元年。田和没有谥号，被尊称为齐太公。这位老人家在几代人接力的篡位战争里完美跑完了最后一棒，下一年就要心满意足地撒手人寰了，而人们很快就会看到田姓齐国的崛起。

原文：

（十七年）

秦庶长改逆献公于河西而立之；杀出子及其母，沉之渊旁。

周安王十七年（前385年），《资治通鉴》记载了四件大事。秦国发生政变，一个叫"改"，级别是庶长（也就是秦国的执政官之一）的人，到河西迎接秦献公归国，把他立为国君，还杀掉了秦出公和秦出公的母亲，将尸体丢进深渊。这两件事，乍一看都很难理解。

按照《史记》的说法，秦献公是秦灵公的儿子，当初秦灵公去世时，秦献公没能顺利继位，继位的是秦灵公的叔父秦简公。秦简公去世以后，儿子秦惠公继位，等到秦惠公去世，父死子继，儿子秦出公继位，却被秦灵公一系夺回政权。秦国高层屡屡发生政变，不能安内也就无力攘外，乃至长期被三晋压着打，还被魏国夺取了河西之地。（《史记·秦本纪》）

但是，《史记》的记载仍然留有疑点：首先，庶长是秦国的一个爵位，等级并不算很高，发动政变的这位庶长改不可能是什么只手遮天的权臣，怎么会有能力废立国君？第二，杀掉秦出公也就罢了，为什么要连秦出公的母亲也一道杀死？

幸好《吕氏春秋》记载了这起政变的详情，可以完美解答以上两个疑问。

话说秦出公继位时还只是一个孩子，所以被称为小主。小孩子没法当政，于是母亲出来弄权。女人长居后宫，最亲近的人就是宦官，所以这位太后重用宦官，女人和阉人就这样一道走上前台。

秦国的贤人们当然不愿意接受女人和阉人的指手画脚，于是纷纷退到后台，不肯做事，平民百姓也因此充满怨气。秦灵公之子公子连，也就是后来的秦献公，当时流亡魏国，听说国内政局不稳，就想趁机回国夺权。但入关并不容易，公子连先是在一座名叫郑所的要塞被拦住，守卫要塞的长官右主然对他说："我们做臣子的要守本分，不能同时侍奉两位主君，我不能放您进来。"公子连只好换了一条路，想从焉氏要塞入关。守卫焉氏要塞的长官名叫菌改，应该就是《资治通鉴》和《史记》里的那位庶长改，菌改和右主然不一样，直接把公子连放进来了。

秦出公的母亲听说公子连已经入关，连忙调兵遣将，但没想到将士们阳奉阴违，在出发时都说这一次是去边境迎敌，走到半路，忽然改口说："不是去迎敌，而是去迎接主君。"这支本该去对付公子连的军队反而成为公子连的帮手，倒戈杀向国都。秦出公的母亲眼见大势已去，被迫自杀，于是秦国人拥立公子连登基，这就是秦献公。

这件事还有后话：秦献公继位后，想起自己这一路的艰辛，准备好好算算旧账，重罚右主然，重赏菌改。这个时候，监突，一个叫"突"的宦官，劝阻他说："您可不能这么做。秦国公子流亡在外的很多，您如果这样赏罚的话，臣子们会争相接纳流亡公子回国，您的位子也就坐不稳了。"这话确实很在理，结果秦献公赦免了右主然，赐给菌改官大夫的爵位，赏赐守塞士兵每人20石米。（《吕氏春秋·当赏》）

在秦国的爵位体系里，庶长有左庶长、右庶长、驷车庶长、大庶长，按照菌改的职位来推测，他的爵位应该是左庶长或右庶长，也就是第10级或第11级，而官大夫只是第 6 级，所以从庶长改为官大夫，是连降几级。

菌改应该很不服气，但没办法，他这样的遭遇在后来的历史当中还会不断重演。**这也不难理解，毕竟站在秦献公的角度，流亡期间不妨漫天许愿，寻求助力，而在篡位之后，身份变了，考虑问题的出发点也就跟着变了，对得失的衡量标准同样变了。**古往今来无数个菌改都没想通这一层道理，结果冒着天大的风险，拿身家性命做一场豪赌，赌赢了反而不得好报。

也不能全怪秦献公恩将仇报，他也有着不得不如此的理由，因为监突的话确实切中了一个要害，那就是秦国常年内乱，流亡公子经常跑到和秦国既接壤又敌对的魏国，总想找机会回国夺权，事实上也确实有过好几次夺权成功的先例。秦国今后要想安定下来，就必须杜绝这种机会。

秦献公确实杜绝了这种机会，并且开始变法图强，从此一改在三晋面前被动挨打的局面。

从睢阳到彭城

原文：

齐伐鲁。

韩伐郑，取阳城；伐宋，执宋公。

齐太公薨，子桓公午立。

周安王十七年里还发生了其他几件事，包括齐国攻打鲁国；韩国攻打郑国，夺取阳城，继而攻打宋国，俘虏了宋国国君；还有齐太公田和去世，儿子田午继位，这就是齐桓公。

攘外必先安内，这个道理同样体现在齐国身上。这个时期的齐国，论实力依然不是三晋的对手，只能欺负一下南边的鲁国。按照《史记》的说法，齐国这一回打赢了。（《史记·六国年表》）不过田氏家族刚刚篡位成功，整顿内务才是第一位的，对外战争必须把握限度。齐国还要再等些年，等到著名的齐威王出场，才终于让列强刮目相看。

此时的中原腹地，韩国正值当打之年，才从郑国手上夺取了阳城，转身又去进攻宋国，打到宋国首都彭城，把宋悼公抓了俘虏。

宋国原先的首都不在彭城，而在睢阳。睢阳，顾名思义，位于睢水之阳，也就是睢水的北岸，在今天的河南商丘。睢阳东边就是郑国。早在春秋时代，郑国就在晋国和楚国的夹缝之间辛苦求存，经常挨打，连累着旁边的宋国也不太平。大约是出于惹不起、躲

得起的考虑，宋国将都城从睢水流域的睢阳迁到了泗水流域的彭城，今天的江苏徐州。（钱穆《先秦诸子系年·战国时宋都彭城证》）

彭城在睢阳东边略微偏南，两地相距大约 150 公里。从此以后，宋国和泗水流域的其他 11 个诸侯国被合称为"泗上十二诸侯"。后来苏秦、张仪纵横天下时，张仪劝说楚王北上攻下宋国，然后就可以一路向东，尽收泗上十二诸侯。不过在周安王时代，宋国最大的敌人不是楚国，而是韩国。韩国这一回和宋国结下了血海深仇，宋悼公就死在韩国手里。

这一年里的最后一桩大事是齐太公田和去世，儿子田午继位。《资治通鉴》很可能搞错了，田和确实是在这一年去世的，但继位的不是田午，而是田剡（yǎn），还要等到 10 年之后，田午弑君篡位，才成为齐国的国君。这段历史，钱穆先生有过很详细的考证。（钱穆《先秦诸子系年·田桓公在位十八年非六年其弑君自立在魏武侯二十一年非二十二年辨》）田氏家族刚刚完成了窃国大业，这么快就发生了家族内部的权力火拼，实在让人感慨。

周安王十九年至二十一年

———— ○75 ————

吴起的人生终局是怎样的

周安王十八年（前384年），《资治通鉴》直接跳过，进入周安王十九年（前383年）。

原文：

（十九年）

魏败赵师于兔台。

本年度只有一件大事：魏国在兔台打败了赵国。

《资治通鉴》并没有交代任何细节，我们不知道这一仗为什么要打，后果又是什么，但从这些年的国际关系里可以看出，曾经同气连枝的三晋爆发出越来越多的矛盾，各有各的小算盘。

兔台之战

前两年赵敬侯继位时，赵国爆发了公子朝之乱，公子朝投奔的就是魏国，还带着魏国军队袭击赵国的邯郸。如果说赵国有心报复魏国的话，当然完全可以理解。然而就在上一年，也就是被《资治通鉴》跳过去的周安王十八年（前384年），赵国还帮过魏国一次：当时魏国和齐国在廪丘交战，魏国眼看要败，赵国援军及时赶到，大败齐国。（《史记·赵世家》）

廪丘，大约在今天的山东郓城一带。公元前405年，也就是周威烈王封韩、赵、魏为诸侯的两年前，齐国发生了两件大事：一是田氏家族的族长田悼子过世，田和接班，二是田会在廪丘发动叛乱。田会把廪丘献给了赵家，引来田布围攻廪丘，结果三晋联军一起把田布打跑了。

后来廪丘是否再次回到齐国手里，或者被魏国占有了，如今不得而知。无论如何，当这一次魏国要吃败仗时，赵国既没有隔岸观火，更没有趁火打劫，反而以德报怨，也不知图的是什么。

显然赵国和魏国的关系并没有因此得到半点改善，这才有了周安王十九年的兔台之战。兔台在今天的邯郸市成安县西，从今天的地理反推，魏国在兔台击败赵国，已经直接威胁到赵国的首都邯郸了。

兔台之战为接下来的一场"世界大战"埋下伏笔，赵国和魏国将会彻底把脸撕破，赵敬侯这名新锐将要和已经成长为政坛老手的魏武侯一决高下，场面相当可观。

日全食的占星术解读

原文：

（二十年）

日有食之，既。

时间又过了一年，进入周安王二十年（前382年），《资治通鉴》仅记载了一次日食："日有食之，既。""既"的意思是日全食。

在传统的占星术里，日全食是所有日食类型当中最严重的一种，预示着帝王之死。又因为天空的分区和地理的分区有着一一对应的关系，所以日全食在哪个天区发生，就预示着对应国家的国君要死。

在中国的天文学专著里，《开元占经》是很著名的一部，成书于唐朝开元六年（718年），作者瞿昙悉达是一名印度裔的唐朝人。《开元占经》引述《天文洪范日月变》，谈到历史上的三起日全食，全都验证了上面这个理论。根据《春秋》记载，第一起日全食发生在鲁襄公二十四年（前549年）。日食对应的地理区域是秦国和晋国，结果当年年底秦景公就死了，他的弟弟，曾经流亡到晋国的后子鍼（qián）回国。

似乎这起日全食的预兆非常灵验，但根据《春秋》记载，秦景公的死在这起日全食发生的12年之后，显然这位占星学家并没有认真读过历史。

再看周安王二十年的这起日全食，根据《史记》记载推测，对应的地理区域正是秦国。秦国在位的国君秦献公，就是三年前在庶长改的帮助下从魏国回到秦国，发动政变，逼死秦出公的母亲，又杀掉秦出公的狠角色，在日全食之后好端端地活着，并且还要好端端地活上很久。因此，《资治通鉴》对于这起日全食，照例只记载，不引申，不评论。

吴起之死及其余波

时间再过一年，到了周安王二十一年（前381年），终于要交代吴起的人生终局了。

原文：

（二十一年）

楚悼王薨，贵戚大臣作乱，攻吴起，起走之王尸而伏之。击起之徒因射刺起，并中王尸。既葬，肃王即位。使令尹尽诛为乱者，坐起夷宗者七十馀家。

吴起在楚国四面树敌，之所以还能活下来，并且大展拳脚，全靠楚悼王的通力支持。而在这一年，楚悼王死了。

《资治通鉴》记载，楚悼王刚死，贵族们马上作乱，追杀吴起。吴起无处可逃，就趴在了楚悼王的遗体上。叛乱分子在射死吴起时，免不了射中楚悼王的遗体。等到楚悼王下葬，楚肃王继位，尽数诛灭叛乱分子，有七十多家贵族被满门抄斩。

按照《吕氏春秋》的说法，吴起在遭遇袭击时中箭，明知必死，就向叛乱分子高声喊道："让你们见识一下我的兵法！"然后拔出射在身上的箭，插在楚悼王的尸体上，栽赃给叛乱分子。损伤国君尸体，这是灭族重罪，所以《吕氏春秋》很欣赏吴起的急中生智，死到临头还能布下这个局，给自己报仇雪恨。

楚肃王，这位新任的国君，貌似只想处理楚悼王遗体受损事件，并不想给吴起报仇，甚至和那些叛乱分子一样对吴起怀有恨意。《韩非子》《墨子》和《淮南子》透露了一点信息，说吴起遭受了车裂的酷刑。

所谓车裂，就是俗话说的五马分尸。但这应该是吴起被射死之后的尸体得到的待遇。果真如此的话，吴起真该感谢那些叛乱分子，也真该庆幸自己没能活到楚肃王的时代。

吴起一死，人亡政息，短短几年的改革事业轰然破产。从楚肃王继位之后的情形来看，楚国的军事力量确实有了明显的提高，连败赵国、魏国两大强敌，作为一个南方诸侯，实现了饮马黄河的军事壮举，应该有吴起很大一部分功劳。

而在刺杀吴起的那些叛乱分子里，有一位阳城君成功脱身，由此也引出了一段传奇。这是《资治通鉴》以外的故事了。

阳城君逃亡，楚国抓不到他，就没收了他的封地。替阳城君管理封地的人叫孟胜，他可不是普通人，而是一位墨家巨子。

在诸子百家里，墨家别具一格，既是一个学派，也是一个帮派。墨家组织内部实行严格的帮派纪律，还形成了一整套帮派伦理。正因为有帮派属性，墨家才能在战国乱世里到处扶危解难，敢于挑战国家权威。

在墨家组织里，帮派大哥称为巨子，相当于黑手党教父、天地会总舵主。根据钱穆的考订，吴起之死距离墨子去世不过十年，所以孟胜很可能是墨子亲自指定的巨子。

　　孟胜对阳城君不仅有情有义，而且守土有责。阳城君逃亡之后，孟胜眼睁睁看着楚国从自己手里收回阳城君的封地，却无能为力。自己还能怎么办？既然没办法，那就去死好了。道义所在，必须以身殉职。弟子徐弱劝谏说："如果您的死能对阳城君有益，那我不拦着您，可您要是就这么死了，不但对阳城君无益，还让咱们墨家断了传承，这怎么行呢！"

　　孟胜说道："我对于阳城君，既是老师，也是朋友，更是臣子，如果我不死，以后求访严师、益友和贤臣的人就不会来找咱们墨家的人了。至于墨家的传承，这好办，我要把巨子之位传给宋国的田襄子，他一定会继承墨家的伟大事业和高尚情操的。"

　　徐弱说道："您的话在理。既然您执意要死，我就先死一步给您开路吧。"

　　徐弱就这么死了。孟胜又派了两个弟子去宋国，传巨子之位给田襄子，然后慷慨自杀。这不是个人事件，还有180名弟子追随他一道死了。那两名送信的弟子在完成使命之后，回到楚国向孟胜的亡魂交差，随即也自杀了。（《吕氏春秋·上德》）

　　很难说这个群体自杀事件到底有多少夸大成分——也许并没有任何夸大，毕竟墨家组织一直都有重义轻生的传统，强大的精神感召力当然会激发信徒们赴汤蹈火的使命感。有一个细节值得留意：孟胜为阳城君守城，只对阳城君效忠，并不对楚国效忠，这既是封建伦理的延续，也体现出墨家组织是一个国际主义组织，弟子来自天下各地，对墨家的道义有义务，对自己的国家没义务。当他们心中的正义和某个国家的利益发生冲突时，他们会拿出国际主义情怀，果断选择前者。再看社会上的其他人，通常只有国君才把国家利益放在首位，贵族们更在意家族利益，吴起这样的职业经理人更在意个人的功成名就，并不介意服务于哪个国家。**各种价值观碰撞在一起，催生出各式各样的血雨腥风，这也正是战国时代的一大奇观。**

周安王二十二年至二十三年

―――――――― 076 ――――――――
诸侯混战是怎么回事

周安王二十二年（前 380 年）和二十三年（前 379
年），战国新贵崛起，尤其是后一年，发生了一场诸侯
混战。

原文：

（二十二年）

齐伐燕，取桑丘。魏、韩、赵伐齐，至桑丘。

从这一年开始，几大强国你征我伐，既有联盟又
有背叛，开启了战国时代的一场"世界大战"。但是，
《资治通鉴》的记载再一次过分简略，通通一笔带过，

让人看不懂前因后果。

这一年,《资治通鉴》一共记载了两件大事:第一,齐国攻打燕国,占领桑丘;第二,三晋联合伐齐,兵临桑丘。周安王二年(前400年),同样是三晋联手,但不是向东去打齐国,而是南下去打楚国,一路打到桑丘。这就让人奇怪了:桑丘到底在哪儿?

新贵崛起

首先需要澄清的是,这两个桑丘并不是同一个地方。

周安王二年,三晋伐楚的那个桑丘,在今天的河南新蔡附近,而周安王二十二年,三晋和齐国交战的那个桑丘,在今天的河北保定附近,大约在保定下辖的徐水区或易县一带,是当时燕国的南方边城。如果按照今天的路网,齐国军队从国都临淄出发去打燕国桑丘,可以走黄石高速向西北挺进,一共四百多公里。

为了救援燕国,三晋再度联手,这真是得来不易。三晋蜜月期的领袖们已经相继过世,新一代领袖并没有老一辈的交情,更不像老一辈那样心里认定了共同的敌人。新一代三巨头里,当年被父亲魏文侯分封到中山国,险些没能继位的魏武侯如今已经是个成熟的政治家,资历最老,执政已经16个年头。赵敬侯自从刚一上台就粉碎了公子朝的阴谋，做出了迁都邯郸这等影响国本的大事，这时也已经执政七年了。韩文侯和赵敬侯资历相当，也有着七年的执政经验。在齐国，篡位上台的田剡经过五年，也算稳定下了齐国的局面，可以出来搞搞事情了。南方还有一位楚肃王刚刚继位，和上述各位领袖一样，一派生龙活虎的气势。而燕国的国君燕简公已经垂垂老矣——他执政的第12年，正是三晋升级为诸侯的那一年，到此时已经过去了23年。在这样一个混乱多变的国际社会，燕简公一年年看着老成凋零，新贵崛起，自己这位老人家要开始被后生小子欺负了。

卫国简史

三晋联手，遏止了齐国北上的野心。转过年来，周安王二十三年（前379年），赵国南下，袭击卫国，没能得手。

接下来的几年，"世界大战"爆发，卫国则成为国际关系的枢纽。

卫国，是一个根正苗红的诸侯国。早在周朝开国时，周武王灭掉了商纣王，让纣王的儿子武庚继续治理商朝族人，延续商朝祭祀。周武王担心武庚会生事，就派自己的两个弟弟管叔和蔡叔辅佐武庚。当然，名义上是辅佐，实际上是监视。

等周武王过世，儿子周成王继位，主少国疑，周武王的另一个弟弟周公旦，也就是传说中制定周礼，后来让孔子魂牵梦萦的那位儒家圣人，以周成王代理人的身份处理国政。管叔和蔡叔一则怀疑周公要篡位，二则对周公不服，便伙同武庚发动叛乱。

叛乱没成功，周公杀了武庚和管叔，放逐了蔡叔。那么，原本归武庚和管叔、蔡叔治理的那一片土地和人民该怎么处置呢？很简单，周公把弟弟康叔分封过去。这片土地就是卫国，康叔就是卫国的第一任国君。武庚既然死了，延续商朝祭祀的事情没法交给康叔，就转交给了微子启所在的宋国，毕竟微子启是正统的殷商王族。

康叔受封时还很年轻，周公担心他不懂政治，特地给了他三大训诫，这就是《尚书》里的《康诰》《酒诰》和《梓材》，都是些政治大道理。

卫国所在的地方，就是原先商朝的首都朝歌，在今天的河南鹤壁市淇县。卫国一度强盛过，但进入春秋时代以后，昏君接二连三，而且变着花样地荒淫无道，险些亡了国，以后再也没能崛起。

虽然变成了一个小国、弱国，但卫国的存在感依然很强。这首先要归功于卫国的风气开化，很能引领时尚前沿。卫国的男男女女喜欢在濮水边的桑间幽会，大概还有互唱情歌的风俗，留下了成语"桑间濮上"。**"桑间濮上"通常会和"靡靡之音"配对来用，儒家经典《礼记》直接把桑间濮上的爱情小调定性为"亡国之音"。（《礼记·乐记》）**

也不能全怪儒家学究不懂风情，夸大其词，因为淫乱一直是卫国政坛的主要画风，卫国确实常常闹出丑闻，国都也被迫一迁再迁，一路向西，卫国人总也过不成安稳日子。但说来也怪，当"秦王扫六合"时，卫国偏偏是最后亡国的一个，一直熬到了秦二世的时代。就像一个被酒色掏空了身子的人，在一堆药罐子中间苟延残喘，随时都有可能断气，但是，他偏偏活得比谁都长，尽管活得很没质量。

诸侯混战

原文：

（二十三年）

赵袭卫，不克。

周安王二十三年（前 379 年），卫国的国都已经迁到了濮阳。

濮阳，顾名思义，位于濮水之阳，也就是濮水北岸。卫国这个时候的地缘政治，大体上看，西边是魏国，东边是鲁国，南边是宋国，东北是齐国，西北是赵国。如果站在赵国的角度来看，自己位于三晋的最北端，历年来三晋联手作战，魏国和韩国都很方便抢地盘，自己却没法跨过魏国和韩国去捞什么好处，费了力却占不到便宜，这种买卖不划算。要想实实在在地抢地盘，周边够得着的软柿子也就是东南方向的卫国了。

为了实现这个战略意图，赵国先在刚平这个地方修建军事要塞，压着卫国北境。等一切准备就绪，赵国便发起强攻。

《资治通鉴》里只有简简单单的一句"赵袭卫，不克"，没打下来。其实，这是一场卷入了赵国、卫国、魏国、楚国的大混战。《战国策》里还有一点线索：多年之后，秦国如日中天，有人为了劝说秦王别太霸道，就拿赵、卫之战来作例证，说赵国当时兵锋正盛，卫国危于累卵——这里为我们贡献了一个成语"危于累卵"——天下英才都在议论去投奔赵国。（《战国策·秦策四》）

《战国策》还有一段文字，内容是苏秦或苏秦的弟弟苏代游说齐闵王，其中也拿赵、卫之战举例，说赵国的攻势极其凶狠，卫国首都已有八座城门被堵死，两座城门被攻塌，眼看就要亡国。卫国国君——这一时期的国君应当是卫慎侯，一位老人家——光着脚跑去向魏武侯求救。魏武侯很仗义，不但派出了援军，甚至亲自披甲持剑，向赵国挑战。

按照《史记》的说法，齐国也加入了战团，齐侯剡和魏武侯、卫慎侯一起，合力对抗赵国。（《史记·赵世家》）

回到《战国策》，在国际联军的强攻之下，战火迅速烧到了赵国本土，邯郸城里战马狂奔，黄河与太行山之间一片混乱。卫慎侯这边总算可以喘口气了，虽然积贫积弱这么多年，但这回大约是被赵国打冒火了，惊魂初定就立即整顿军队发起反攻，不但摧毁了赵国辛辛苦苦修建起来的刚平要塞，还把赵国旧都中牟的外城给攻破了。

赵烈侯有点被打蒙了，眼看着双拳难敌四手，赶紧去找楚国帮忙。楚肃王倒很乐于浑水摸鱼，没有直接去救赵烈侯，而是打进魏武侯的国境，一直深入到黄河沿岸。虽然"围魏救赵"的典故并不出自这一战，但这一战才是历史上第一次"围魏救赵"。

赵烈侯得到楚肃王援手，马上生龙活虎起来，反攻魏武侯，在魏武侯的疆域内先烧掉了棘沟，又毁掉

了黄城。(《战国策·齐策五》)

以上这场"世界大战"的经过，主要来自《战国策》里两位游说之士的说辞。战国时代的游说之士有一个共同的缺点：为了论证自己的观点，论据经常信手拈来，夸大其词。以上两段说辞，原文有些细节十分经不起考究，但明显可疑的内容在此都略去没谈，至于筛选之后的这些内容到底有没有被夸大过，这就无从考证了，这场混战到底起于哪一年，终于哪一年，同样考证不清。大致可以判断的是，各大诸侯纷纷加入战团，乱战一气，时间持续得并不太久，谁也没能捡到多大便宜。

原文：

齐康公薨，无子，田氏遂并齐而有之。

是岁，齐桓公亦薨，子威王因齐立。

而就在混战开始的这一年，齐康公，齐国姜姓国君的最后一代过世了，没有留下继承人，齐国从此彻底落进了田氏家族的掌控之中。

《资治通鉴》的下一条记载是：田氏家族的齐桓公也在这一年过世，他的儿子田因齐继位。司马光搞错了史料，事实上，这一年的齐国还是齐侯剡的天下。

周安王二十四年至二十五年

———————— 077 ————————

小国如何在夹缝中求生存

原文：

（二十四年）

狄败魏师于浍。

魏、韩、赵伐齐，至灵丘。

晋孝公薨，子靖公俱酒立。

周安王二十四年（前378年），《资治通鉴》简略交代三件事：第一，狄族人在浍地打败了魏国；第二，三晋伐齐，打到灵丘；第三，晋孝公过世，儿子俱酒继位，这就是晋靖公。

在这三件事里，最后一件事最没意义，晋国的国君一脉只是在三晋的夹缝当中苟延残喘，无论死活都已经掀不起任何波澜，也不会有人关心了。第二件事，前因后果很不明朗，明明赵国和魏国已经撕破脸了，不知道为什么还能联手。最要紧的是第一件事，因为在这件事的背后，《资治通鉴》忽略了一桩大事：中山国复国了。这件事非常重要，不可不谈。

中山复国

狄族人和魏国交战的浍地，大约就是今天的山西省临汾市翼城县。浍这个名称来自浍水，今天叫浍河。浍河西岸就是翼城县城，城里的地名尽是和晋文化有关的，比如绛源路让人想到绛水之源，桐封公园来自晋国开国"桐叶封弟"的典故。

晋国开国时，当地的少数民族部落很多，华夏诸侯懒得对他们一一区分，统称为狄，有时候也写成墨子的名字"墨翟"的"翟"。在文字不规范的时代，同音字经常通用。

在晋国的发展历程中，对周边的狄族人既有合作，也有对抗。三家分晋之后，三晋周边依然活跃着很多狄族部落。当然，把他们统称为狄族，只是站在华夏诸侯的角度，这就像换到狄族的角度来看华夏，可以统称为华夏诸侯，但华夏诸侯各有各的组织，各有各的盘算，彼此之间的敌意往往会比华夏和夷狄之间的敌意更深。

上一年魏国和赵国打得不可开交时，大约浍地附近的狄族部落看到了机会，趁火打劫，狠狠洗劫了魏国一回。然而对魏国来说，最糟糕的事情并不是《资治通鉴》提到的浍地之败，而是《资治通鉴》没提到的中山复国。

大约在29年前，魏文侯派乐羊灭掉了中山国，封太子魏击为中山君，后来魏击想方设法回到朝廷，成功接了父亲的班，成为魏武侯，而代替魏击去当中山君的，是魏击的弟弟魏挚。镇守中山国很不容易，因为中山国并不和魏国的本土接壤，中间隔着一个赵国。中山对于魏国而言，只是一块飞地。

在魏国和赵国关系好时，矛盾还显现不出来，而在上一年，魏武侯和赵烈侯斗得不可开交，中山国的旧势力敏锐地抓住了这个机会，发动叛乱，赶走魏挚，成功复国。魏武侯对这些分裂分子束手无策，毕竟已经不可能再向赵国借道去打中山国了。

中山复国之后，把首都从原先的顾城迁到了灵寿，今天河北平山的灵寿故城遗址，大约就是中山迁都之后修建起来的。对于刚刚恢复了独立地位的中山国来说，魏国毕竟和自己隔着一个赵国，以当下的赵、魏关系判断，魏国已经不太可能跨过赵国来威胁自己了，相反的是，和自己直接接壤的赵国才是将来最大的威胁。赵国以前不来招惹自己，那是因为自己是魏国的飞地，有魏国的全部国力给自己撑腰。现在自己独立，没人撑腰了，论实力又确实不是赵国的对手，不用问，赵国一定很想把自己吞掉。中山国很快就发现了：亡国虽然苦，但独立的日子也不好过。

果然，就在中山复国的第二年，也就是周安王二十五年（前377年），赵国打过来了。局势一变，中山国充分意识到：必须和过去的仇家魏国搞好关系，借助魏国的力量来制衡赵国。

中山国的这一小段历史在战国时代的大舞台上虽然只是一朵小小的浪花，但是这种国际关系模式，在之后两千多年来的世界各地反复上演，特别耐人寻味。

中山国复国之后，之所以还能够放下仇恨，和魏国建交，一个重要的前提是：亡国的仇恨已经被冲淡了不少。魏国攻取中山国，属于经典的"逆取顺守"的模式。所谓逆取顺守，意思是灭亡人家的国家，强占人家的地盘，这不道德，属于倒行逆施，占了一个"逆"字；而在灭国之后，治理中山国时，政治手段既温和又讲理，顺应当地民心，让当地人感觉当亡国奴的日子并没有想象中的那么糟糕，这就占了一个

"顺"字。

打一个通俗的比方，魏国对待中山国，近乎"先奸后娶"，中山国对待魏国，近乎"奸久生情"。一个明显的证据是，乐羊的家族就在中山国定居下来，繁衍生息，在中山复国之后并没有被中山国人当成战犯来清算历史旧账。

所以，当新的主要矛盾变成了中山国和赵国的矛盾之后，中山国和魏国很容易冰释前嫌，联合起来应付赵国。

蜀国伐楚

原文：

（二十五年）

蜀伐楚，取兹方。

鲁穆公薨，子共公奋立。

韩文侯薨，子哀侯立。

周安王二十五年（前377年），中山国和赵国的战争被司马光彻底忽视，《资治通鉴》简略记载了三件事：第一，蜀国伐楚，攻占兹方；第二，鲁穆公过世，儿子鲁共公姬奋继位；第三，韩文侯过世，儿子韩哀侯继位。这三件事里，只有第一件事值得一谈。

蜀国伐楚，攻占兹方。这件事的史料来源是《史记·楚世家》。

《史记》的记载稍微详细一点，说楚肃王执政的第四年，蜀国攻打楚国，占领兹方，于是楚国修筑扞关来防御蜀国。

这件事情疑窦重重，因为在楚国和蜀国之间，还夹着一个巴国，蜀国如何越过巴国，攻占楚地，很让人想不通。学者们各有各的猜测，有人认为这场战争里，进攻的一方不是仅有蜀国，而是巴国和蜀国的联军（蒙文通《巴蜀史的问题》），也有人认为《史记》搞错了，把巴国写成了蜀国，真正进攻楚国的其实是和楚国接壤的巴国（邓少琴《巴蜀史迹探索》）。

《蜀王本纪》流传到今天，只剩下一千多字，但就在这一千多字里，讲到了古蜀国的传承谱系，有一位蜀王鳖灵，号为开明帝。开明帝统治全部巴蜀之地，逐渐把政治重心迁到了蜀地。

蜀国占领兹方的这一年，应该正值开明帝统治时期。如果《蜀王本纪》的这条史料可靠的话，那就意味着，这时的蜀国相当强盛，势力范围已经囊括了巴地。以今天的地理来说，从成都到重庆都在开明帝的统辖之下。实力一强大，难免就想搞扩张，向东招惹一下楚国也算合情合理。

兹方到底在哪儿，今天已经很难指认了。至于楚国为了防御蜀国而修筑的扞关，并不是一个具体的地名，而是泛指防御性质的要塞。所以先秦史料里提到扞关，未必是指同一个地点。而蜀国攻占兹方这件事之所以重要，是因为它关系着后来秦国的对楚战略。

秦国早就想对付楚国了，但楚国一来国力强，幅员广，二来有长江天险，很不好打。所以秦国的策略是先把巴蜀打下来，再以巴蜀为根据地，沿长江顺流而下，再打楚国就不难了。

——————— 078 ———————

污点干部能不能用

在《资治通鉴》对周安王二十五年的记载里，还用了较大的篇幅，详细记载儒家大学者子思在卫国对国君的一些劝告和对政治的一些议论。显然在司马光看来，这些劝告和议论很有"资治"的意义，值得花费笔墨。

污点干部问题

原文：

子思言苟变于卫侯曰："其材可将五百乘。"公曰："吾知其可将。然变也尝为吏，赋于民而食人二鸡子，故弗用也。"

子思曰："夫圣人之官人，犹匠之用木也，取其所长，弃其所短。故杞梓连抱而有数尺之朽，良工不弃。今君处战国之世，选爪牙之士，而以二卵弃干城之将，此不可使闻于邻国也。"

公再拜曰："谨受教矣。"

《资治通鉴》记载了子思的三段言论，先是在卫侯面前夸奖一个叫苟变的人，说以苟变的才干，足以统率一支有 500 辆兵车的军队。子思的意思是，苟变可以当一名称职的军长。

这里提到的卫侯，不知是卫国的哪一任国君。《资治通鉴》把这些对话安排在周安王二十五年，对应的卫国国君应该就是刚刚参与了"世界大战"的卫慎侯。但是，司马光其实并没有可靠的编年依据，更像是出于"资治"的考虑而把这段内容硬塞进来。

卫侯回答："我知道苟变是个军事人才，但他以前做过基层公务员，在征收赋税时，竟然吃了老百姓家里的两只鸡蛋，所以我才一直没有重用他。"

卫侯大概很欣赏自己既明察秋毫，又见微知著的能力，但子思说："圣人任用官员，好比木匠挑选木料，原则就是扬长避短。所以树干就算有一点腐朽的部分，木匠也不会弃而不用。如今国君您身处战国乱世，在挑选精兵强将时竟然因为区区两只鸡蛋就丢掉一个将才，这种事情可千万不能传扬到邻国那里。"

卫侯被这一席话点醒，认真接受了子思的忠告。

这段对话里出现的是管理学上的一个经典问题：

污点干部到底能不能用？卫侯的考虑，在常规状态下，其实正是最有常规意义的方案。如果世界和平，政治稳定，那么制度的稳定性往往比个人能力更重要，一切都有规章制度，就算没有明文规定，至少也有沿袭多年的牢固传统。任何人只要有出格的地方，都会受到相应的惩罚。

在这样的社会模式里，任何一个人，都像是被链子拴住的一只狗，链子的长度决定了这只狗的自由活动的范围，也决定这个人个人能力的施展空间。通常来说，社会越稳定，链子的长度就越短，同时链子也越结实，很难被挣脱。于是最基础的生存逻辑就是：不求有大功，但求没大过。

在这种社会模式里，没有任何一个人是不可或缺的，能力再强的人也只能在链子锁定的范围里活动，很多能力就变成了冗余。试想一下，同一个汉武帝，如果让他当总统，他翻不出多大的浪花，但如果让他当皇帝，他可以翻天覆地。

而在非常时期，原则性总会让位给灵活性，所以链子必须加长，甚至铁链可以变成纸链，稍一用力就可以挣脱。最极端的境况，就是打破一切规矩，孤注一掷，铤而走险。好比一个日常的城市交通，到处都有红绿灯，每条路都有严格的限速，所以法拉利也没法比五菱宏光开得更快，但如果遇上电影《速度与激情》中的状况，为了活命或者救人，必须违反交通规则时，法拉利就比五菱宏光有优势得多。

除了竞争压力的不同会导致用人策略的不同外，对于卫侯这样的管理者，还有一种很常见的情况，叫作"使功不如使过"，意思是，**对于领导者而言，污点干部比没有污点的干部用起来更顺手。因为污点干部有把柄被自己抓着，会出于将功补过和感恩的心理，工作起来格外卖力。**更妙的是，当国君想要搞掉某个干部时，随时拿得出把柄，名正而言顺，这就是为什么历朝历代很多帝王对贪官都会睁一只眼闭一只眼。

当然，卫侯和子思都没有从这个角度考虑对苟变的任用问题。

子思和《中庸》

原文：

卫侯言计非是，而群臣和者如出一口。

子思曰："以吾观卫，所谓'君不君，臣不臣'者也。"

公丘懿子曰："何乃若是？"

子思曰："人主自臧，则众谋不进。事是而臧之，犹却众谋，况和非以长恶乎！夫不察事之是非而悦人赞己，间莫甚焉；不度理之所在而阿谀求容，谄莫甚焉。君闻臣谄，以居百姓之上，民不与也。若此不已，国无类矣！"

子思的第二次发言是对公丘懿子讲的。当时卫国政坛有一种很糟糕的现象，无论卫侯说什么，说的是对是错，臣子们都只会随声附和。所以子思说："在我看来，卫国就是所谓'君不君，臣不臣'的样子。"

公丘懿子不以为然，于是子思细加分析："如果君主自以为自己的谋略最高明，那么其他人就不会向君主出谋划策。就算君主真的事事都很英明，这种自以为是的态度也会挡住很多好的意见，更何况君主并没有那么英明。君主不去考察是非对错，一味地爱听恭维，这是昏庸的极致；群臣也不管是非对错，一味地阿谀奉承，这是谄媚的极致。君主昏庸，群臣谄媚，就不可能得到民众的支持。这种情况如果继续下去，国家注定灭亡。"

子思如果只是私下里和朋友这样议论国政，在传统的政治伦理上不太站得住脚，所以同样的意见，子思必须向卫侯当面再说一遍，这就是子思的第三次发言。

原文：

子思言于卫侯曰："君之国事将日非矣！"

公曰："何故？"

对曰："有由然焉。君出言自以为是，而卿大夫莫敢矫其非；卿大夫出言亦自以为是，而士庶人莫敢矫其非。君臣既自贤矣，而群下同声贤之，贤之则顺而有福，矫之则逆而有祸，如此则善安从生！《诗》曰：'具曰予圣，谁知乌之雌雄？'抑亦似君之君臣乎？"

卫侯对国际局势的变化似乎毫无察觉，但不合理的是，如果卫侯真的对国际局势不敏感，那就意味着卫国仍然延续着古老的宗法传统。而在古老的宗法传统里，贵族大臣等同于宗族长老，对国君完全不必阿谀奉承。如果群臣清一色地对国君阿谀奉承，那只能说明一件事：卫国已经发展到君主集权的阶段，国君对任何人都可以予取予求。

这样一种矛盾，叫人不得不怀疑《资治通鉴》这段记载的真实性。考察这段史料的原始出处，发现这段史料出自《孔丛子》这本书，而《孔丛子》的真伪一直都是学术史上一个很有争议的问题。

《孔丛子》总共七卷，二十三篇，记载孔子、子思和孔氏其他几代子弟的言行，可以看出孔氏家学的传承脉络。这部书很像是《论语》的扩充版，那为什么《论语》可以从子书升格成为经书，《孔丛子》却很少被人关注呢？原因主要有两个，一是《孔丛子》来历不明，长久以来都被怀疑是伪书，直到今天也没有定论；二是韩非子说过，孔子死后，儒家发生大分裂，分成了八大派，子思只是其中一派（《韩非子·显学》），没资格代表孔子学说。

无论如何，《孔丛子》里最耀眼的人物就是子思。子思是孔子的孙子，在他很小的时候，父亲伯鱼就过世了。子思的母亲是卫国人，吴起的老乡，丧偶之后就回了娘家，子思从此被祖父孔子抚养。孔子去世之后，子思继续在鲁国生活了几年，大约16岁开始周游列国。《孔丛子》里最关键的一段记载就是16岁的子思在宋国和老贵族乐朔探讨学术，子思初生牛犊不怕虎，没给老人家留面子，让乐朔十分下不来台。乐朔身边的人不但不劝架，反而来挑事，说孔氏家族虽然是宋国贵族的一支，但和咱们有世仇，可不能轻饶了子思。

世仇确实是真的，只不过孔氏的先辈是受迫害的一方，为了避祸才逃离祖国，到鲁国生根发芽去了。在乐朔看来，子思对仇恨念念不忘，所以才会对自己不客气。结果乐朔真的动了手，派兵围住子思，幸好国君及时出面，子思才逃过一劫。

如果子思只是普通人，挨过一次社会的毒打，就该吸取教训，从此低调做人。但子思毕竟不是普通人，他的反思是："当初周文王被囚禁在羑里，写出了《周易》，我祖父被困于陈蔡之间，发奋而作《春秋》，我在宋国也有了同样的遭遇，必须写出作品才行。"就这样，16岁的子思写出了一部《中庸》。（《孔丛子·居卫》）

很难想象，儒家经典里被收进"四书"的大名鼎鼎的《中庸》，竟然出自一个16岁少年之手，还是这位少年的处女作。但不管子思有多高明，现在的问题是：对子思的生平几乎做不出准确的编年，即便司马光对《孔丛子》的可靠性毫不怀疑，但凭什么会无凭无据地把子思的三段言论编进《资治通鉴》周安王二十五年的内容里呢，这会不会太草率了？从现有的材料里找不到任何线索，但可以确知的是，司马光确实对《中庸》情有独钟。

《中庸》的重要性通常都和朱熹挂钩，因为正是朱熹把《大学》和《中庸》从《礼记》当中挑了出来，详细注释，独立成书，后来《中庸》才和《大学》《论语》《孟子》一道构成儒家"四书"。但很少有人知道的是，在宋朝的学者当中，司马光早就开始重视《大学》和《中庸》了，专门写过《大学广义》和《中庸广义》，只可惜这两部书没能流传下来。也许司马光爱屋及乌，很想在《资治通鉴》里多给《中庸》的作者子思一点篇幅吧。

周安王二十六年

----------- 079 -----------
唐朝的国号是怎么来的

原文:

（二十六年）

王崩，子烈王喜立。

魏、韩、赵共废晋靖公为家人而分其地。

周安王二十六年（前376年），发生了两件大事：第一，周安王驾崩，儿子周烈王继位；第二，三晋把晋靖公废为庶人，瓜分了晋靖公手里最后一点地盘。这两件事的象征意义都远大于实际意义。这里的晋国，还跟后来大唐王朝国号唐的来历有关。

"唐叔不祀矣"

此时周天子早已失去控制诸侯的实力，所以谁驾崩，谁继位，都只是走个过场，对国际局势毫无影响。至于晋国，名存实亡多年，终于连名也不能延续下去了。晋靖公作为晋国的末代国君，有幸保全了性命，这是三晋给自己的老东家留下的最后一点仁慈。但是从贵族伦理来看，这一点都不仁慈，因为晋靖公被废为庶人，而庶人，也就是平民百姓，是没资格拥有宗庙的。没有了宗庙，也就无法再搞祭祀仪式来供养死去的列祖列宗了。

中国古代之所以强调"不孝有三，无后为大"，是为了让家族的祭祀永远延续下去，让列祖列宗在另一个世界里不至于挨饿受苦。而一旦祭祀中断，列祖列宗就要一起挨饿受苦了，这当然是最大的不孝。所以在三晋废黜晋靖公这件事上，胡三省有一句简单扼要的注释："唐叔不祀矣。"意思是说，晋国的第一代国君唐叔虞，以及唐叔虞血脉里的历代晋国国君，从此都得不到祭祀了。

既然唐叔虞是晋国的第一任诸侯，那应该叫晋叔虞才对，为什么叫唐叔虞呢？唐和晋到底是什么关系？

还真有很重要的关系，而且影响深远，唐朝的

"唐"就是从这段关系里衍生出来的。唐高祖李渊在隋朝受封唐国公，等建国时就以"唐"为国号，而唐国公的唐，地理上对应的就是唐叔虞的唐，其实也就是晋。

曲沃篡晋

唐叔虞是周武王的儿子，周成王的弟弟，姓姬，名虞。依照今天的称谓习惯，应该叫他姬虞。唐叔虞的"叔"表示排行，古人以伯、仲、叔、季表示兄弟之间的行辈，老大叫伯，老二叫仲，老幺叫季，老二和老幺之间的所有兄弟通通叫叔。

唐叔虞的母亲是姜太公的女儿，依照《史记》的说法，她在怀唐叔虞时，梦见上天对周武王发话："我要你生个孩子，名叫虞，我会把唐这个地方给他。"等到孩子降生时，掌纹形成了一个"虞"字，看来这果然是天意，于是顺理成章地给这个孩子取名叫虞。当然，这种神话，且姑妄听之。

后来周武王驾崩，长子周成王继位，唐国发生了叛乱，周公旦发兵把唐国灭了。唐国是个历史悠久的古国，传说这里是尧圣人嫡系子孙的封国。"唐"这个字，传说是尧圣人的号，所以尧圣人也被称为唐尧。

所谓唐尧，并不是姓唐名尧，类似于西方的一种称谓习惯，比如我们熟悉的 Alexander the Great（亚历山大大帝）和 Richard the Lionheart（狮心王理查）。我们只有从英文的语法关系上才能正确体会到它们的含义。Alexander the Great，直译过来应该是"了不起的那个亚历山大"。因为叫亚历山大的人很多，所以要靠外号来做区分。于是，当了马其顿国王，特别能征善战的那个亚历山大，就被称为"了不起的那个亚历山大"。叫理查的人很多，Richard the Lionheart 指的是那个像狮子一样勇敢的理查。"唐尧"也是一样的道理，叫尧的人应该不止一个，那个当了天子和圣人的尧被加上了"唐"这个外号。于是，当人们提到唐尧时，指的不是随便哪一个叫尧的人，而是那个很"唐"的尧。"唐"作为形容词的含义是"道德至大之貌"。（《白虎通义·号》）所以"唐尧"如果翻译成英文，就是 Yao the Great。

今天山西的很多地名都带"唐"字，唐尧就是它们最原始的出处。

周公灭掉唐国时，周成王年纪还小，有点贪玩。有一天周成王和弟弟叔虞开玩笑，把一片桐叶剪成玉圭的形状，交给叔虞，说要封他为诸侯。史佚，一个叫佚的史官，请周成王选一个日子，完成分封仪式。

周成王说:"我只是和弟弟开玩笑,不是真要封他。"史佚说了一句名言:"天子无戏言。言则史书之,礼成之,乐歌之。"意思是说,天子不能乱说话,因为每说一句话都会被史官记录在案,还会有配套的礼仪和音乐,无比地郑重其事。周成王只好将错就错,正好新近灭掉了唐国,就把叔虞封到唐国好了。就这样,叔虞变成了唐叔虞。(《史记·晋世家》)

唐叔虞到封国就任不久,当地发现了一株奇怪的禾苗,大约像连理枝的样子,显然是个祥瑞。唐叔虞把这个奇珍异种献给了周成王,周成王又把它转赠给正在东方平叛的周公,还作了一篇文字《归禾》。周公收到礼物后,写了一篇《嘉禾》,感谢周成王,同时向大家传达来自周成王的关怀。(《史记·鲁周公世家》)

《归禾》和《嘉禾》在《尚书》里还保存着篇目,只是正文已经看不到了。今天的香港老电影,比如李小龙的作品,片头出现的电影公司的名字"嘉禾",可以一直追溯到唐国和唐叔虞身上。

唐国临近晋水,所以唐叔虞的儿子继位时,把唐国改称晋国。(《史记索隐·晋世家》,《史记正义·晋世家》引《毛诗谱》)《诗经》中《国风》部分有各个国家的诗歌,但找不到《晋风》,因为晋国的诗歌都收录在《唐风》里。朱熹解读《唐风》,说当地"土瘠民贫"，当地人"勤俭质朴"，当地的诗歌"忧思深远"。
(《诗集传》)

唐国到底在哪儿，或者说晋国最开始是在哪里建国的，一直没有定论。传统上最主流的说法认为唐国就是晋阳一带，在今天的山西太原。近年来有很多考古新发现，虽然还没能解决争议，但大体上可以把地理范围圈定在山西南部的翼城、曲沃和临汾一带。

晋国建国之后，唐叔虞的嫡系子孙世代传承，传到晋昭侯这一代时出了麻烦：当时晋国的国都设在翼城，旁边有一座曲沃城，规模比翼城还大，晋昭侯把自己的叔父成师分封在曲沃，成师因此被称为曲沃桓叔。有识之士敏锐地预见到：将来晋国要乱。

这样的预见力，来自一种朴素的哲学观念，用古话说叫"物莫能两大"，用俗话说叫"一山不容二虎"。在天下范围里，天子只能有一个；在诸侯国里，诸侯只能有一个；哪怕只是在一个小家庭里，传统观念认为，丈夫和妻子也必须男尊女卑，一旦妻子主张女权，那就叫"牝鸡司晨"，母鸡要代替公鸡打鸣，结果就是"惟家之索"，这个家一定会败。(《尚书·牧誓》)传统的城市建设也遵循同样的哲学，首都一定最大最强，如果有其他城市的规模可以和首都相当，那就和小家庭里男女平权一样，谁都不服谁，非要争出高下不可。

于是，从曲沃桓叔开始，曲沃一脉总在酝酿颠覆活动，掀起一场接一场的内乱，经过了几代人的不懈努力，到了曲沃武公这一代，终于成功杀掉了国君。然后，曲沃武公把抢来的宝贝一股脑送给了周天子。

这一代周天子是周釐（xī）王，周釐王反正也拿曲沃武公没办法，索性把他封为诸侯，认可他在晋国的国君身份。就这样，曲沃武公升级成为晋武公。以后的晋国世系，直到被三晋废掉的末代国君晋靖公，血统上都属于曲沃一脉。

周代社会的政治基础是宗法结构，大宗、小宗泾渭分明。唐叔虞这一脉的国君是晋国的大宗，曲沃一脉对于晋国是小宗，在曲沃是大宗，所以曲沃武公的篡位，等于小宗篡夺了大宗，罪行很严重。

所以，胡三省在评价三晋废掉晋靖公时，说的那句"唐叔不祀矣"并不全对，因为晋国大宗的规范祭祀在曲沃武公代就已经被破坏了。司马光如果以周釐王封曲沃武公为诸侯这一年作为《资治通鉴》的开端，意义其实完全可以和周威烈王封三晋为诸侯等量齐观。只不过宋朝的皇帝世系，宋太宗继承了宋太祖，属于兄终弟及，从此北宋历代皇帝都是宋太宗的嫡传，这也属于小宗篡了大宗。这种敏感的话题，当然还是不提为好。

知识就在得到

A
Comprehensive
Mirror
to Aid in
Government

Series. I

资治通鉴

第一辑

熊逸版

④

熊逸 著

Xiong Yi
Edition

新 星 出 版 社　NEW STAR PRESS

目录

周烈王

周烈王元年

资瘠的成皋为什么很抢手

《资治通鉴》起始于周威烈王二十三年，周威烈王在位时间只有 24 年。周威烈王驾崩之后，其子周安王继位，在位 26 年。周安王驾崩之后，继位的是他的儿子周烈王。

一里之厚而动千里之权

原文：

（元年）

日有食之。

韩灭郑，因徙都之。

赵敬侯薨，子成侯种立。

周烈王元年（前375年），《资治通鉴》简要记载了三件事：第一，日食；第二，韩国灭掉郑国，迁都，把郑国的国都新郑作为自己的国都；第三，赵敬侯去世，儿子赵成侯继位。

这三件事里，最重要的是第二件。从《资治通鉴》开篇以来，我们已经见识了各种混战和篡位，而灭国，尤其是灭掉一个老牌的华夏强国，这还是第一次。

"冰冻三尺，非一日之寒"，韩国灭掉郑国，绝非一蹴而就，而是经过了几代人的殚精竭虑。我们读春秋战国的历史，会对"传承"两个字特别有体会：**任何一件大事，都不是个人行为，也不是单凭一代人就能完成的，而是以家族为单位，以蚂蚁吃大象的精神，每一代人都为下一代人用心铺路，熬死了好几代人之后才终于功德圆满。**三家分晋如此，田氏家族篡夺齐国政权如此，曲沃小宗篡夺晋国大宗也如此。在今天这个短平快，几乎见不到真正的百年老店的时代，很难感受古人这种家族传承、缓慢积淀的力量。

早在三家分晋之初，韩氏家族就酝酿着吞并郑国的计划了。正所谓不怕贼偷，就怕贼惦记，韩家一直对郑国心心念念。周贞定王十二年（前457年），赵无恤刚刚接班，执掌赵氏家族的那一年，智瑶和韩康子、魏桓子在蓝台举行宴会，席间智瑶出言不逊，戏弄了韩康子，还侮辱了韩康子的家相段规。

段规是韩康子的家相，也就是韩氏家族的大管家。等三晋灭掉智瑶，准备瓜分智氏家族的土地时，段规劝韩康子一定要争取分到成皋。

成皋，大约在今天河南省荥阳市郊的汜水镇。成皋这个地名现在或许很少听到，但提到它的另一个名字虎牢关，那就尽人皆知了。《三国演义》里最激动人心的战斗场面"虎牢关三英战吕布"就发生在这里。相传在西周年间，这里曾是周穆王圈养猛虎的地方，所以得名虎牢。春秋年间，这个地方属于郑国，被称为"制"。今天的中学语文课本有一篇《郑伯克段于鄢》，是从《左传》摘录来的，大意是说：段是郑庄公的同胞兄弟，很受母亲宠爱，结果恃宠而骄，生出野心，想让哥哥把制地封给自己。郑庄公硬是顶住了亲情压力，没答应，但其他地方任凭弟弟挑选。（《左传·隐公元年》）

由此看来，制地，也就是后来的成皋，应该是郑国的一块宝地，土地肥沃，人口众多，经济繁荣……但事实刚好相反。当段规建议韩康子一定要争取成皋时，韩康子非常不理解，说成皋那个地方尽是石头，水落在地上都能滑走，根本没法种粮食，这种地方要过来能有什么用？

成皋确实是一个寸草不生的贫瘠之地，但它真的很抢手。之前有郑庄公的弟弟处心积虑想得到它，现在是段规铁了心要争取它，后来张仪为秦国搞连横，到楚国搞外交，还拿成皋来吓唬过楚怀王。（《战国策·楚策一》）成皋之所以这么抢手，就是因为它的地理位置十分重要，战略意义惊人。

成皋的北面和西面都临着黄河，南面和东面都有山涧。如果在这里构筑要塞，真称得上一夫当关，万夫莫开。郑庄公当时不肯把成皋封给弟弟，就是担心弟弟一旦据成皋发动叛乱，等于扼住了郑国的咽喉，自己只有挨打的份。后来世易时移，成皋落到了智氏家族的手里。智瑶忙着搞内斗，没来得及利用成皋来夺取郑国。韩康子也没能看懂这层道理，由此引出了段规的一句名言："一里之厚而动千里之权者，地利也；万人之众而破三军者，不意也。"意思是说，弹丸之地之所以能够牵动国际局势，是因为这个弹丸之地有很特殊的战略意义；打仗之所以能够以少胜多，是因为出其不意，让对方措手不及。

"千里之权"的"权"是"秤砣"的意思，这是一个很形象的比喻，秤砣虽小，但四两能拨千斤。段规最后总结陈词："您要是肯听我的话，拿下成皋，将来韩家一定能够夺取郑国。"（《战国策·韩策一》）

韩国的家族事业

韩康子后来果然拿到了成皋，完成了谋夺郑国的第一步，但接下来的很多年，一直到韩康子去世，都没有对郑国下手。这就是家族事业的特点，稳扎稳打，成功不必在我。要想拿下郑国，还有一个大的部署要做：迁都。

三家分晋，赵国在北端，魏国在中间，韩国在南端。韩国的疆域，大约占有今天山西省的东南部和河南省的中部，南边和楚国接壤，东南和郑国接壤，东边和宋国是近邻，西边和秦国接壤，中间还包着周天子的直辖区。韩国要想搞扩张，向北不行，魏国是江湖大哥；向南、向西也不行，楚国和秦国都不好惹；向东的话，宋国有点大，不好吞。如果向内，把周天子灭掉呢？虽然有这个实力，但绝对没这个胆魄，最后一块遮羞布还不能扯。看来看去，最便利的方案就是夺取郑国。

在韩康子时代，首都建在平阳，今天的山西临汾附近。韩康子去世后，儿子韩武子继位，继位的第二年就发起了对郑国的侵略战争，打得很顺手，甚至把郑国的国君郑幽公杀了。几年之后，韩武子把首都从平阳迁到宜阳，今天的洛阳市宜阳县附近，距离郑国一下子近了好多，军事意图明显。

韩武子去世，儿子韩景侯继位，这就是我们已经熟悉的韩虔。他接受周威烈王的册封，化家为国。韩景侯继续执行祖父和父亲定下来的对郑战略，再一次迁都，从宜阳迁到阳翟，今天的河南禹县附近，距离郑国的首都更近，进一步对郑国施压。通过考古发现，我们可以看到，宜阳是一个用心经营的新都，规模很大，而阳翟更像一个军事据点，规模明显小于宜阳。如果单纯从政治和经济的角度考虑问题，从宜阳迁都到阳翟显然很不明智，所以可以推想一下，韩景侯为了加速灭郑的步伐，不惜让政治和经济为军事目标让位。

韩景侯去世之后，先后接班的韩烈侯、韩文侯不断对郑作战。到了韩哀侯的时代，终于吞并了郑国，把郑国的都城新郑作为自己的新都，这是韩国家族史上的高光时刻。

反观郑国，虽然内部的权力斗争相当激烈，但为了保种图存，也算尽了最大的努力。尤其在外交政策上，积极和魏国搞好关系，借助魏国的力量来制衡韩国。这确实是当时最佳的外交策略，毕竟魏国是三晋当中的老大哥，实力最强，威望最高，也不愿意看到韩国的崛起。但如果把自己的存亡都寄托在别人身上，这个别人就算是猛虎，迟早也会有打盹的时候。

果然，趁着魏国忙着和楚国开战，无暇他顾的时机，韩国果断出击，一举灭掉了郑国。既然郑国的亡国已经变成既成事实，魏国也就只有默认了，没必要为了一个不可能复国的郑国去和韩国翻脸。成熟的政治，往往既冷酷又现实，没有半点温度。

—————— 081 ——————

为什么说周与秦曾经是一家

《资治通鉴》略过了周烈王二年（前374年），直接跳进了周烈王三年。这其实不大应该，因为在周烈王二年，有件大事很值得一提：那就是周太史儋出访秦国，向秦献公做出一番预言。司马光之所以不提，可能是因为这件事太有怪力乱神色彩，所以故意无视吧。

疑似老子的太史儋

《史记》记载，周烈王继位的第二年，周太史儋来到秦国，对秦献公说了一番话，大意是周和秦以前是一家，后来分家了，分家500年之后又合并在一起，合并之后的第17年，将会有霸王出现。

俗话说的"五百年前是一家"，最原始的出处就在这里。

所谓周太史儋，"周"表示他是周天子直辖区的人，"太史"是他的官职，主要职责是管理档案。凡是做这种工作的人，看过的文字材料远比普通人多，对典章制度、历史源流等都很在行，是当之无愧的知识精英。"儋"读 dān，是他的名字，严格来说是他的"名"，至于他姓什么则不得而知。

曾经有位周王室的史官，名字的读音也是 dān，也很有学问，也去过秦国，还写了一本 5000 字左右的书，最后不知所踪。没错，他就是著名的老聃，尊称老子。那么，周烈王二年来到秦国的这位太史儋，会不会就是老子本人呢？

早在司马迁的时代，就流行着这种说法。但司马迁看不清真相，我们今天同样看不清真相。所以，省去烦琐的考据，只要把太史儋想象成一位像老子一样的智者就好。

那么太史儋为什么要去秦国？

根据周朝的传统，到诸侯国进行实地考察，记载诸侯国新近颁布的法令，这是中央史官的职责。当然，这时的周王室已经惹不起任何一个诸侯国了，就算还保留着这样的传统，也仅仅是例行公事，走个过场而已。而在秦国那边，秦献公，也就是当年那个从魏国回来夺权，逼死秦出公母子的公子连，一直在搞改革。毕竟改革是战国时代的主旋律，秦献公也不甘人后，所以还真有不少新的规章制度值得让史官记下来。

秦献公的改革，以今天的眼光来看，确实很有进步色彩，最典型的就是"止从死"，即废除活人殉葬制度。在此之前，秦国一直都有活人殉葬的传统，"春秋五霸"之一的秦穆公去世时，殉葬人数有明确记载，多达177人，这些人并不都是奴婢。《诗经》有一首《黄鸟》，讲的就是秦穆公死后，秦国三位栋梁之材为他殉葬，这让秦国人非常惋惜："彼苍者天，歼我良人。如可赎兮，人百其身。"一句句沉痛的嘶吼，埋怨老天爷不睁眼。

殉葬不但特别浪费国家财富，还特别浪费人力资源，而且从《黄鸟》这首诗来看，秦国人已经对殉葬传统很有意见了，不觉得这是很崇高、很应该的事情。既然民意已经形成，那么废除活人殉葬的改革也就顺理成章了。这就是秦献公的改革风格：不和大家拧着干，不像楚悼王和吴起那样。

秦献公的改革，还有加强县制，推行所谓"户籍相伍"，简单讲就是对老百姓实行准军事化管理，再有就是迁都栎（lì）阳。（《史记集解·秦本纪》）秦国的栎阳在今天陕西西安阎良区武屯镇附近，当地至今还看得到秦国故城遗址，城址附近有大片墓葬，从战国时代历任秦国国君的陵墓到汉朝的皇陵，浩浩荡荡地排布着，其中就有秦献公的墓葬。

当时国际社会有一个共性：大家好像都在迁都。

首都这样变来变去，真的好吗？对比一下今天的世界，各个国家的首都基本上都是稳稳当当的，中国一直是北京，英国一直是伦敦，法国一直是巴黎。最大的事件无非就是韩国的首都汉城改名首尔，只是改个名字而已。

而在战国时代，诸侯们的频繁迁都，一方面看得出国际局势的高度紧张，另一方面，迁都其实也是搞改革的一种辅助手段。**试想一下，一个大型机构，政府也好，公司也好，时间久了，人事关系盘根错节，牵一发也许就会动全局。要想重新整顿班底，通过迁都或者类似的办法，就会不着痕迹地把想弄掉的人弄掉，把想扶植的人扶植起来。**

无论如何，秦献公的一系列改革，值得周王室的太史官来走访一下，记录一下，至少多和秦国联络，增进一点感情也是好的。

血统传说

太史儋对秦献公讲出的预言到底应该怎么解读，历代学者各执一词，到今天也没有定论。大体可以确定的是，周和秦原本是一家人，理应血浓于水。这好像很难理解，周朝是姬姓，秦国是嬴姓，姓都不一样，怎么会是一家人呢？

按照《史记》和《国语》的说法，姬姓和嬴姓都可以追溯到黄帝身上。黄帝生了 25 个儿子，其中 14 个儿子得到了姓，一共有 12 个姓。一个姓就是一个部族的名号，也就是说，黄帝的 14 个儿子分别统治 12 个部族。姬姓就是这 12 姓之一。这话有点乱，为什么有人有姓，有人没姓，为什么还有两个儿子共用一个姓的情况，其用一个姓又是不是意味着共同管理一个部族……谁也说不清，姑妄听之即可。

黄帝有这么多儿子，显然不是同一个女人生的。黄帝的正妃只生了两个儿子，老大叫玄嚣，老二叫昌意。昌意的儿子高阳很有出息，所以在黄帝驾崩以后，高阳继位，成为五帝系统里的颛顼（zhuān xū）帝。等到颛顼驾崩，继位的是伯父玄嚣的孙子高辛，这就是五帝系统里的帝喾（kù）。帝喾驾崩以后，儿子挚继位。挚的能力不足，禅让给同父异母的兄弟放勋。放勋就是帝尧，"尧舜禹"里打头的尧圣人。

如果按照嫡长子继承制，那么挚和放勋其实都没有继承权，因为他们的母亲都不是帝喾的大老婆。帝喾的大老婆名叫姜原，有的史书也写成嫄，都是指这个女人。

姜原的儿子之所以没能继承帝位，是因为他的父亲并不是帝喾。这倒不是因为姜原出轨，而是有一次在野外，姜原很偶然地踩到了一个巨人的脚印，没想到就这样怀孕了。等孩子降生，姜原不敢要，就把他扔了。但神奇的事情发生了，不管把孩子扔在哪儿，鸟兽都会小心翼翼地保护着他。姜原明白这孩子不同凡响，那就好好养活吧。因为原本要扔掉他，所以给他取名为弃，也就是"弃婴"的意思。

弃长大以后成为种田的一把好手，大家都来找他学习耕种技巧，家家户户的粮食产量因此提高了很多。于是，尧圣人把弃提拔为农业最高长官。在弃的指导下，毫无悬念地，全天下粮食增产。到了舜执政的时代，弃被尊称为后稷，翻译过来就是"粮食之神"，而且"别姓姬氏"，继承姬姓，这就等于没人再追究他的亲生父亲到底是谁了，直接把他的血统认定为黄帝的直系。

后稷后来被周族人奉为始祖。相传后稷的后代率领族人迁徙至陕西岐山下周原，从此称为周族。周王室之所以姓姬，就是这么来的。如果我们相信《史记》对于古史的记载，并且严格根据 DNA 追溯血脉的话，那么周族人显然并不真的是黄帝的后人，换句话说，他们不是炎黄子孙，而是留下了大脚印的那个不知从何而来的巨人的子孙。

再看秦国的先祖，貌似也是黄帝的血脉。当帝位从黄帝传到颛顼之后，颛顼有个孙女叫女修。有一天她正在织布，天上飞过一只玄鸟，下了一个蛋，鸟蛋掉下来，被女修吞掉了。女修就这样怀了孕，生的儿子取名大业，大业又生儿子，取名大费。大费追随大禹治水，功勋卓著，后来又帮舜驯化鸟兽，把野生动物驯化成家禽、家畜。因为这些功劳，大费被称为伯益，大概是称赞他能让家禽、家畜多生多育的意思。舜还赐给他一个姓"嬴"。这就是秦国嬴姓的来历。

如果追溯父系血缘的话，嬴姓的始祖应该是玄鸟，一只黑色的、神秘的燕子。但从母系的血缘追溯，确实可以追溯到黄帝身上，比姬姓来得还要根正苗红。

周族奉后稷为始祖，但后稷无论从父系还是母系来看，都和黄帝无关，只是被舜赐给了黄帝族裔 12 姓当中的姬姓，这才变成了黄帝名义上的后裔。秦族从母系追溯，身上确实流着黄帝的血液，但在古人的观念里，父系才是最要紧的，母系无关紧要。

简单讲，相对于黄帝的血统，秦族相当于外孙，虽然血脉相承，但毕竟是外姓；周族相当于过继来的孩子，虽然血脉不搭界，但毕竟进了父系的家谱，也就不算外姓人了。

后稷因为农业上的功劳，被舜赐姓"姬"；伯益因为驯养家禽、家畜的功劳，被舜赐姓"嬴"。这意味着在舜的时代，周族始祖和秦族始祖各展所长，造福天下，都是舜的好帮手，这就是太史儋所谓的周和秦以前是一家。

—————— 082 ——————

为什么说五帝谱系有漫威风格

　　既然周和秦以前是一家，那么周族和秦族又是怎么分裂的呢？更重要的是，无论是合是分，这些古老的家族谱系又是巨人，又是玄鸟，怎么看都像是神话传说，到底有几分可信度？这些事情通通出自《史记》的记载，那么司马迁作为汉朝人，是从哪里找来这些史前时代的材料的？

五帝的传说与历史的捏造

　　司马迁亲口交代过，他自己所在的时代里有很多人讨论五帝的事迹，但各说各话，也不知道哪些是真，哪些是假。在可靠的材料里，《尚书》没讲过尧以前的事，孔子传下来的《五帝德》和《帝系姓》倒是讲到了黄帝，但有些儒生竟然并不学习这两本书，是不是不以为然呢？最后，司马迁综合五花八门的说法，尽可能地去伪存真，这才写成了《史记》的第一篇《五帝本纪》。

其实以今天的学术标准来看，司马迁的去伪存真有点简单粗暴。

在《五帝本纪》里，五帝的前三位——黄帝、颛顼、帝喾——的历史，全部根据《五帝德》和《帝系姓》；五帝的后两位——尧和舜——的历史，主要从《尚书·尧典》照抄过来。显然司马迁很相信《尚书》和孔子的权威性，但他失察的是，《尧典》晚到战国时代才成文，而《五帝德》和《帝系姓》也很可能只是假托孔子的名义，并没有经过孔子的整理。

《五帝德》和《帝系姓》在汉朝被编进《大戴礼记》。所谓"大戴礼记"，是一个被称为大戴的人对儒家礼仪的材料所做的整理汇编，内容小到穿衣戴帽，大到国家大典，这是儒家最烦琐的学问。因为太烦琐，所以文献材料特别多。这些文献虽然先被秦始皇禁了一次，又被项羽烧了一次，连年战火肯定又造成了不小的损毁和流失，但剩下来的还是不少，只是在历经劫难之后残缺不全，需要认真整理。西汉时期的礼学名家有戴德和戴圣两位，论血缘是叔侄，论师承是同门，人们称戴德为大戴，戴圣为小戴。大戴和小戴各自整理出一批礼学文献，由大戴整理出来的称为《大戴礼记》，由小戴整理出来的称为《小戴礼记》。儒家十三经里的《礼记》就是《小戴礼记》，地位崇高，"四书"里的《大学》和《中庸》也是从《小戴礼记》里抽出来的。而《大戴礼记》一直没人重视，被儒家的经典系统排除在外，坐了两千年的冷板凳。这份冷遇是有原因的：《大戴礼记》的不少内容让人越看越不敢信，甚至有人怀疑这部书根本不是戴德编的。

今天我们有了更多的出土文献来做佐证，可以断定《大戴礼记》收录的篇章确实是流传在战国到西汉年间的儒家文献——这个时间段足以让人怀疑《五帝德》和《帝系姓》的可靠性，因为它们的内容太有战国人典型的捏造风格了。

战国时代的人为什么喜欢捏造历史？因为战国时代的历史首先要为现实服务。如果服务水准不达标，就得认真改正。所以，现实的需求越强，战国人捏造历史的动力也就越大。战国时代的主旋律，一是冲突，二是融合。就冲突而言，证明我爸爸比你爸爸厉害就显得尤其必要；其次重要的，是证明你爸爸亏待过我爸爸。就融合而言，证明我爸爸和你爸爸曾经是一家，所以你现在虽然归我管，但我不是你的敌人，你应该把我当成家人来看，或者反过来，我现在虽然归你管，但不证明我向你屈服了，而仅仅是因为你爸爸和我爸爸本是一家人，我爱你，不跟你计较。

战国历史就自然变成了不自觉的心理策略，既能帮赢家赢得轻松，也能帮输家输得心安理得。

无论冲突一途还是融合一途，都会导致历史被打扮得越来越古老。在冲突一途上，如果爸爸没能比得过，那就比爷爷，这边刚搬出厉害的爷爷，那边又搬出来更厉害的祖爷爷。在融合一途上，如果你我300年前不是一家，那就400年前是一家，还不行的话，那就500年前是一家。同样的模式在很多领域都会出现，最典型的比如宗教界：古代中国的儒、释、道三家，一面要抢夺信仰的地盘，一面要想方设法把对方收归己有，结果教派祖师爷越变越古老，真正的祖师爷反而辈分越来越低。

战国时代历史服务现实的需求，还有一种表现，就是人际关系网被越拉越大，原本不相干的人物逐渐被好事者们牵线搭桥。这就像今天我们看漫威的英雄故事，最先看到的是钢铁侠、蜘蛛侠、绿巨人……每个角色独立成章，各有各的人生，各有各的传奇，不知道从哪天起，钢铁侠和蜘蛛侠变成了师生关系，后来又出现了复仇者联盟。

尧、舜、禹传承谱系的确立就很有漫威风格。禹的传说故事最先出现，大禹被上天指派，来人间治水，造福世界。这样一位光荣天使，和尧、舜并没有任何瓜葛，当然也就不曾在他们的朝廷里做过臣子，这三位圣王的关系网显然是被后人附会出来的。至于尧以前的那些更加复杂的关系网，可想而知，可信度就更低了。

战国人对远古历史的打造还很有系统工程的感觉：先有一整套抽象的理论框架，再拿所谓历史事实去填充。战国流行五德理论，用金、木、水、火、土对应五种德行。五德理论的盛行，导致了凡事非五则不成套。所以远古的天子必须有五个，合称五帝，而讲论五帝的人，你有你的五帝，我有我的五帝，让司马迁很头疼。《史记》最后采纳了《五帝德》和《帝系姓》的版本，这样一来，以黄帝、颛顼、帝喾、尧、舜为五帝的说法才算最终成型，然后随着《史记》地位的上升，《史记》的五帝版本才成为最后的赢家。

那么，我们用《史记》的五帝版本来理解太史儋对秦献公的预言，到底合不合适呢？不一定合适，因为我们并不知道太史儋对周、秦两族的缘起到底是怎么理解，或者说是怎么捏造的。也正是这个缘故，历代学者对于太史儋预言的解读照例陷入了各说各话、莫衷一是的境地，谁也说服不了谁。但没办法，现在除了《史记》，我们也没有更合适的材料了。

周族和秦族由合变分

《史记·秦本纪》记载，伯益被舜赐予嬴姓之后，生儿育女，开枝散叶。后来进入夏朝，到了夏朝末叶，也就是暴君夏桀统治的时代，有一支嬴姓子孙背叛了夏朝，投靠商族，帮助商汤王灭掉了夏朝。从此以后，嬴氏家族作为商朝的开国元勋，地位尊崇，成为商朝的重要诸侯。

而周族人在夏朝灭亡之后，和商朝若即若离，后来虽然臣服于商朝，但地位和忠诚度都远不如嬴姓诸侯。

到了商朝末叶，也就是暴君纣王统治的时代，嬴氏家族出了两个能人：蜚廉和他的儿子恶来[1]。这对父子各有各的特长：蜚廉是飞毛腿，恶来是大力士，全靠一身本领为纣王效力，这真是字面意义上的"助纣为虐"啊。

然后周族兴起，武王伐纣，顺手也把恶来杀了。蜚廉当时正在外地出差，听到噩耗，大约准备找周武王去报国仇家恨，却被制止了。蜚廉一直没能回家，

1　"恶"，据于省吾考证，当为"亚"的讹误，是官职的名字，可备一说。

死后被葬在霍泰山。在三家分晋的前史里，霍泰山的山神为赵无恤出过一番力。这座霍泰山，就是今天的霍山，主峰在山西霍州一带，东北偏北大约 200 公里就是晋阳，今天的太原。

从商朝开国到蜚廉之死，这段时期，大约就是太史儋所谓的周族和秦族由合变分的时期。

蜚廉还有一个儿子，名叫季胜，季胜的儿子孟增不在意祖上的血仇，甘心为周朝效力，很得周成王的宠信，还得到了宅皋狼[1] 这个地方作为采邑，所以孟增也被称为宅皋狼。三家分晋前，智瑶狮子大开口，分别向韩、赵、魏三家索要土地。如果采信《战国策》的记载，智瑶向赵无恤要的就是宅皋狼，大约在今天山西吕梁市离石区附近。(《战国策·赵策一》)

住在宅皋狼的孟增有一个很厉害的孙子，名叫造父，他会成为赵国人的先祖。也就是说，在这张越织越大的人际关系网里，赵国也被加进来了。

_1_　"宅皋狼"，又作"蔡皋狼"。

——————— 083 ———————

周与秦是怎么复合的

孟增的孙子造父是一个很有传奇色彩的人物，更重要的是，他是联结秦国和赵国的关键枢纽。

秦国的建立

英雄豪杰有一个共同特点：都有自己的一技之长。周族的先祖后稷擅长农业生产，秦族的先祖伯益擅长驯化鸟兽，伯益的后人蜚廉和恶来一个是飞毛腿，一个是大力士。造父也有特殊的本领：驾车。

驾车是一项高难度的技术，以四匹马规格的车子来看，每一匹马由两根缰绳控制，车手总共需要同时控制八根缰绳。当时的天子周穆王很喜欢周游世界，当然，周游世界由周穆王本人负责，喂马劈柴交给手下人去办，造父就是专门给周穆王驾车的。

周穆王越玩越远，没想到国内发生了叛乱，必须马上回国平叛。

在这个紧要关头，造父拿出了全副本领，上演速度与激情，驾车带着周穆王在一天之内疾驰千里，及时赶回国都。造父因为这份功劳，得到赵城作为采邑。赵城就在今天的山西省洪洞县赵城镇。造父就在赵城生儿育女，这一支嬴姓子孙以赵为氏，而恶来的后人来赵城投奔富裕亲戚，也随造父的后人以赵为氏。这两支嬴姓子孙合二为一，一路发展为晋国的赵氏家族，建立赵国。从这一段家谱来看，赵国和秦国原本也是一家人。

在恶来的子孙里，有一个人叫非子，离开赵城，到犬丘定居。今天我们很难确指犬丘到底是什么地方，推测是甘肃天水附近，那里水草丰茂，很适合发展畜牧业。非子身上毕竟有着祖先伯益的基因，养马养得尤其好。当时在位的天子是周孝王，听说了非子的名声，就委任他给周王室养马。非子因为养马有功，被周孝王赐给秦地作为采邑，还让他继承了嬴氏家族的祭祀权，所以非子被称为秦嬴，可以理解为"秦地的嬴姓大宗"。

宗法结构是周朝社会的基本结构，宗法要区分大宗和小宗，小宗要服大宗管。周孝王让非子，也就是秦嬴继承嬴姓家族的祭祀权，就等于认可了他在嬴氏家族里的大宗身份。秦嬴从此就是嬴姓大宗的宗子，是天下嬴姓人的族长。这个身份是可以由嫡长子一脉相传下去的。所以从秦嬴开始，可以看作太史儋所谓的周与秦的分而复合。

这时候的秦嬴，虽然有采邑，但还不是诸侯，只是"附庸"。所谓附庸，是指够不上诸侯的级别，没资格单独朝见周天子，只能做某个诸侯的小跟班。秦正式成为诸侯，还要再等上大约 200 年。

大约 200 年后，西周末代天子周幽王烽火戏诸侯，自取灭亡。没什么人愿意帮一下周幽王，而秦国的当家人秦襄公挺身而出，作战很卖力。但周幽王还是被杀了，继任的周平王迁都雒邑，从此历史进入东周时代。周平王迁都时，秦襄公派兵一路护送，继续为周王室效力。所以周平王封秦襄公为诸侯，赐给他岐山以西的大片土地，秦国至此才算正式建国。

周朝的诸侯国几乎都是周朝初年分封下来的，所以秦国显得格外特殊，资历比谁都浅。秦襄公得到的封地也很烫手，因为岐山以西的地方是周王室的故土，在中国和犬戎联军攻杀周幽王时，犬戎毕竟是蛮族，一路烧杀抢掠，岐山附近的地盘要么被毁，要么被占。周平王回不了家，没办法才要迁都。周平王没信心把被犬戎毁掉、抢走的地方夺回来，便做了一个顺水人情，把那片地方分封给秦襄公了。

秦襄公要想拿到封地，必须靠抢。秦襄公就这样回去与犬戎抢地盘，到了儿子秦文公这一代才算把犬戎赶走。但无论如何，从名义上讲，周平王封秦襄公为诸侯，这是正式册命。太史儋所谓的周与秦的分而复合，也许不是指秦嬴受封为附庸，而是指秦襄公受封为诸侯。

至于太史儋所谓的周与秦在分家500年之后又合并在一起，这500年到底怎么算，其实根本算不清楚。反正五德理论流行时，什么事情都爱扯上"五"这个数字，只要沾上"五"就有某种神秘力量。所以孟子才有那句"五百年必有王者兴"的名言，然后自己算算日子，觉得"王者"早就应该出现了，推行仁政的机会就在眼前，为此自信爆棚。（《孟子·公孙丑下》）

霸王和霸主

太史儋的预言说："周和秦以前是一家，后来分家了，分家500年之后又合并在一起，等到合并之后的第17年，将会有霸王出现。"预言虽然很含混，但至少可以让我们知道两个要点：第一，太史儋在和秦献公努力拉近关系，强调彼此同根同源；第二，周、秦复合之后，将会出现一位天命所归的英雄领袖。

这位领袖的身份，太史儋的用词是"霸王"，但这很可能是把"霸主"误写成了"霸王"，因为当时还不可能把"霸"和"王"连起来用——那时候"霸"就是"霸"，"王"就是"王"，周天子是永远的"王"，只有其他诸侯服气的、被当成老大哥看待的诸侯才是"霸"。"霸"这个字并没有负面含义。

如果我们把周朝想象成一个大家庭，那么周天子作为"王"，相当于父亲的角色，称"霸"的诸侯就是父亲的大儿子，所有兄弟们的大哥。后来秦朝灭亡，项羽分封了 18 个诸侯王，那时候的诸侯已经正式称"王"了，项羽本人是所有诸侯王的大哥，所以头衔不是"王"，而是"霸王"。

"霸王"是所有诸侯王的大哥，虽然身份高，威望也高，但毕竟和大家还算平辈，而所有诸侯，包括霸王，头上还有一个"义帝"扮演着父亲的角色。

太史儋所谓的霸王，很可能就是霸主，是诸侯们的老大哥，就像"春秋五霸"那样。"春秋五霸"当中的第一位霸主齐桓公，称霸江湖时打的是"尊王攘夷"的旗号，带着兄弟们一起尊崇周天子，就像家里的大哥带着兄弟们一起孝顺老父亲，这就给后来的霸主们设置了一个政治基调。从这里推想太史儋的意思，大约是暗示秦献公就是那个天命所归的霸主，可不能去学三晋和齐国那种只想篡权谋私，不把周天子放在眼里的坏榜样，而应该负起老大哥的责任，带领天下诸侯一起尊奉周天子。这样对周王室也好，对秦国也好。反正大家五百年前是一家，历史已经证明了我们分则两害，合则两利，为什么不能重续旧好，争取双赢呢？

如果事情当真如此，我们可以推断的是：刚刚继位的周烈王很有忧患意识，通过太史儋向秦献公抛出橄榄枝，想要拉拢秦国作为自己的忠实盟友。至于周、秦在远古时代到底是不是一家人，反正无从查证，太史儋这样的高级知识分子大可以仗着自己的权威地位尽情忽悠。

周烈王三年至四年

———————— 084 ————————

燕鲁魏为什么会联手欺负齐国

原文：

（三年）

燕败齐师于林狐。

鲁伐齐，入阳关。

魏伐齐，至博陵。

燕僖公薨，子桓公立。

宋休公薨，子辟公立。

卫慎公薨，子声公训立。

周烈王三年（前373年），《资治通鉴》过于言简意赅地交代了六件大事：第一，燕国在林狐打败了齐国；第二，鲁国进攻齐国，攻进阳关；第三，魏国进攻齐国，打到博陵；第四，燕僖公过世，儿子燕桓公继位；第五，宋休公过世，儿子宋辟公继位；第六，卫慎公过世，儿子卫声公继位。

前三件事可以归结为一句话：燕国、鲁国、魏国联手欺负齐国。

为什么会这样？因为《资治通鉴》没交代齐国的一场政变：就在不久前，又有人篡位了。

两位齐桓公

《资治通鉴》在周安王十七年（前385年）的记载里，提到齐太公田和去世，儿子田午继位，但司马光漏记了一代人：田和确实是在这一年去世的，但继位的不是田午，而是田剡。田午还要等到十年之后，弑君篡位，才成为齐国国君。田氏家族刚刚完成了窃国大业，这么快就发生了家族内部的权力火并。田午不但杀了田剡，还把田剡的儿子，只是个小孩子的田喜也一道杀了，斩草除根，继位成为齐桓公。

齐桓公继位之后到底做了什么，史料并没有给我们任何线索，但从常理上看，凡是用血腥手段政变上台的统治者，总要用非常手段来稳定内政，也就是说，总会经历一个暗流汹涌的磨合期，过得来就能站稳脚跟，过不来就会迅速倒台。

那些旧势力的残余，通常的做法都是流亡国外。外国君主也乐于浑水摸鱼，打着维护国际和平的旗号攻城略地，捡捡便宜。所以，燕、鲁、魏联手讨伐齐国，很可能就是出于以上这些原因。从地理关系上看，燕国和鲁国对齐国形成南北夹击，魏国从西边进攻，东边之所以没人打过来，因为那是大海。面对三面夹击，齐国确实不好应付。

齐桓公竟然应付了下来，虽然在地盘上吃了亏，但这一点都不重要，自己的政权毕竟保住了。这也是国际关系当中的一个常态：对于刚刚篡位的国君来说，保住政权是唯一重要的事。至于什么丧权辱国、割地赔款，都不太有所谓。这就像一个强盗抢了一笔巨款，胡乱散出去一些又何妨，只要主体部分能保住，自己还能安心享用，这就够了。战国列强都明白这个道理，所以不论谁家遭遇政变，别家都想去打打秋风。

齐桓公篡位在公元前 375 年，按照规矩，第二年才会改元，也就是说公元前 374 年才是齐桓公元年。再下一年，才是燕、鲁、魏联手讨伐齐国的周烈王三年（前 373 年）。齐桓公用了大约两年时间，基本算把局面稳下来了。

时隔多年，今天已经没人在意齐桓公是不是得位不正，还杀过小孩子了，在意的只是他留给中国的一项文化遗产：稷下学宫。从行政级别上说，它在当时是国家级的学术中心；从文化意义上说，它在当时是世界级的学术中心。正是有了齐桓公创立稷下学宫，才有了后来的百家争鸣。这是后话。

有一个细节需要澄清：说起齐桓公，人们首先想到的一定是春秋时代"五霸"之一的齐桓公，他任用管仲为相，奉行尊王攘夷的基本国策，义无反顾地充当国际警察，满世界维护和平，实至名归地被诸侯当成老大哥。那位齐桓公是春秋时代的齐桓公，在他死后大约 300 年，才是创建稷下学宫的这位齐桓公。前一位齐桓公姓姜，名叫小白，后一位齐桓公姓田名午。

还有一个细节需要留意：两位齐桓公之所以称"公"，并不是五等爵意义上的公爵。不管国君在五等爵里到底是什么爵位，国人都会用"公"来尊称他。齐国是五等爵里的侯爵国，所以在国际活动里，齐国的国君会被称为齐侯，这才是五等爵里的规范称谓。同一个人这里称公，那里称侯，原因就是内外有别，用的并不是同一套称谓系统。

都鄙七十三

原文：

（四年）

赵伐卫，取都鄙七十三。

魏败赵师于北蔺。

周烈王四年（前 372 年），《资治通鉴》有两条记载：第一，赵国攻打卫国，夺取了 73 座城镇；第二，魏国在北蔺打败了赵国。

第二件事可以不提，但第一件事值得稍微探究一下：赵国攻打卫国，这属于以大欺小，以强凌弱。赵国国君赵成侯刚刚继位三年，看来很有朝气和野心，一举夺取卫国 73 座城镇。但问题是，卫国总共也没有那么大。

所谓 73 座城镇，原文是"都鄙七十三"。大体上说，"都"的意思是大城市，"鄙"的意思是郊区和农村。这两个字的原始含义在今天还有痕迹，比如我们说的"首都"，顾名思义，就是排在首位的大城市；一个人在自谦时自称"鄙人"，顾名思义，说自己只是一个在鄙生活的人，乡巴佬而已，见识短浅。

在都鄙结构里，城外有郊区，郊外有农村，和今天差不多。当时的卫国远没有"都鄙七十三"的规模，所以这条记载肯定有错。错误从何而来？还是从《史记》来的。

《史记》的错误很多，《资治通鉴》又经常照抄《史记》，把《史记》的错误一道抄过来。不过这一次有点不同，《史记》的错误应该不是司马迁写错了，而是《史记》在抄写、流传的过程里抄错了。《史记》的不同版本里，在这一条内容上，有的说赵成侯打的是卫国，有的说赵成侯打的是郑国，有的说"都鄙七十三"，有的说"乡邑七十三"。到底哪个才是对的？最靠谱、最合理的，应该是赵成侯从卫国那里夺取了"乡邑七十三"，也就是说，占领的只是 73 个乡镇而已。

那为什么可以断言赵国打的是卫国而不是郑国？原因很简单，郑国在三年前就被韩国灭掉，这时候已经不存在了。

当初齐景公突然变得很能打，是因为任用了司马穰苴；魏文侯很能打，是因为任用了吴起；后来楚悼王很能打，也是因为任用了吴起。那么，赵成侯这么能打，是不是手下也有什么高人？

真的有，但很遗憾《资治通鉴》没有交代。这位高人叫作大成午，他刚被任命为赵国总理，就对卫国发动了侵略战争，抢来好大一片地盘。

这里有一个细节需要留意：大成午的职位是"相"，大体上就是我们熟悉的丞相、宰相，相当于今天的国家总理。文职和武职原本是一体的，贵族必须文武兼修，后来随着竞争的加剧，对效率的要求越来越高，如何做才能保障效率呢？亚当·斯密的《国富论》在一开篇就用生产缝衣针的流水线作业生动地展现出来：分工越细，效率越高。所以在战国时代，文职和武职必然会同源而殊途，专业壁垒越来越高。

同样在赵国，廉颇和蔺相如的"将相和"，廉颇是将，不管民政，蔺相如是相，不管军政。而在赵成侯时代，大成午的表现仍然有着传统味道：既能治民，也能治兵，出则为将，入则为相，国家总理也能带兵打仗。

看起来大成午新官上任三把火，为了国家利益不惜亲临一线。但实际上在那个血统逐渐被能力压倒的时代，高官厚禄变得很不牢靠——立功时可以升官发财，犯错时马上就被剥夺一切。**所以，越是背景单薄的能人，就越是有动力来巩固自己的高官厚禄，为此可以完全不惜损害诸侯国的国家利益。**

大成午先后为赵成侯、赵肃侯两代赵国国君担任总理，很有一套巩固权力的手腕。《战国策》里有他的一句精辟观点。当时他到韩国访问，对韩国总理申不害说："您可以拿韩国给我做后盾，巩固我在赵国的地位，我也相应地拿赵国给您做后盾，巩固您在韩国的地位。这样一来，您相当于握有两个韩国，我则相当于握有两个赵国。"(《战国策·韩策一》)

战国时代，即便是国家总理，三军统帅，个人利益未必总是和诸侯国的国家利益相一致，这才让弱国和强国之间的外交成为可能。这类事情在战国时代屡见不鲜，而今天很多人之所以会迷信"弱国无外交"，是因为我们天然的心理模式总会把一个无论多么庞大、复杂的组织当成一个独立个体，或者说当成一个人来看待。

周烈王五年

———— 085 ————

鲁阳之战到底是怎么回事

原文：

（五年）

魏伐楚，取鲁阳。

韩严遂弑哀侯，国人立其子懿侯。初，哀侯以韩廆为相而爱严遂，二人甚相害也。严遂令人刺韩廆于朝，廆走哀侯，哀侯抱之。人刺韩廆，兼及哀侯。

魏武侯薨，不立太子，子䓕与公中缓争立，国内乱。

周烈王五年（前 371 年），《资治通鉴》记载了三件大事：第一，魏国攻打楚国，占领鲁阳；第二，韩国权臣严遂杀掉国君韩哀侯，韩哀侯之子韩懿侯继位。事情的起因是韩哀侯任用韩廆（wěi）为相，又宠爱严遂，结果韩廆和严遂为了争宠，搞得势不两立，严遂先下手为强，派刺客在朝堂上刺杀韩廆，而韩廆在逃命时韩哀侯抱住了他，连累韩哀侯被杀；第三，魏武侯过世，因为生前没有指定接班人，所以两个儿子开始内斗，国家大乱。

这三件事里，第一件鲁阳之战，司马光没能把前因后果交代清楚。第二件韩国政变，和 26 年前（前 397 年）发生的聂政刺侠累事件很可能是同一件事被误记成了两件事，严遂就是严仲子，韩廆就是侠累，刺客就是聂政。第三件魏国内乱，事情虽然没有记错，但司马光把时间搞错了，这应该是一年之后的事，到时候再谈。

首先来看司马光没讲清楚的鲁阳之战。我们借助其他史料，还原一下鲁阳之战的原貌。

吴起之死的罪魁祸首

鲁阳，顾名思义，地处鲁山之阳。这是一个很有传奇色彩的地方，大约就是今天河南省平顶山市鲁山县一带。今天鲁山县城的几条主干道叫向阳路、人民路、花园路，名字很普通，也好理解，但还有一条主干道特别另类，叫墨公路。墨公路的"墨公"，指的就是诸子百家里的墨家祖师爷——墨子。鲁山县，也就是当年的鲁阳，很可能就是墨子的老家。

墨子到底是哪里人，其实早就搞不清了。主要有三种说法——鲁国人、宋国人，或者楚国人。在最后一种说法里，正因为墨子是鲁阳人，鲁阳当时属于楚国，所以才说墨子是楚国人。无论墨子到底是不是鲁阳人，鲁阳和鲁阳附近的阳城都是墨子活跃的地方。

阳城也在楚国，宋玉的名文《登徒子好色赋》形容邻家美女"嫣然一笑，惑阳城，迷下蔡"，说的就是它。阳城的具体位置很难确认，推测的话，大概就是今天河南省南阳市方城县一带。从鲁山县出发，沿233省道一路南下大约80公里，就是方城县。

楚悼王死后，楚国贵族发动政变，刺杀吴起，没想到损伤了楚悼王的尸身，等楚肃王继位，清算乱党，阳城君畏罪潜逃，替阳城君镇守阳城的墨家巨子孟胜因此上演了一出集体自杀的悲壮戏码。

阳城君很可能是发动政变的主犯之一，而他的邻居，当时管辖鲁阳的长官鲁阳公骐期正是他的死党。了解这段历史，我们需要参考晚唐文人余知古的一部书《渚宫旧事》。书名里的渚宫是楚国一座行宫的名称。余知古花了很大精力搜罗楚地的历史旧闻，《渚宫旧事》相当于一部从先秦到晚唐的楚地地方志。关于吴起之死，《渚宫旧事》这样写道：楚悼王一死，鲁阳公骐期就和阳城君一起杀掉了楚悼王的母亲，又去攻杀吴起。大约楚悼王的母亲正是吴起的保护伞。最耐人寻味的是，《渚宫旧事》在全部叛乱分子里只提到了鲁阳公骐期和阳城君两个人，看来这两个人就是主谋，而其他人都是帮凶。

这位鲁阳公骐期，"鲁阳公"是他的身份，"骐期"是他的名字。所谓鲁阳公，顾名思义，就是鲁阳的县公。但是阳城显然是被分封出去的，所以才有所谓的阳城君，顾名思义，阳城君就是阳城的封君，不但有资格享受阳城的税收，还可以世袭。所以阳城君有充分的理由痛恨吴起，吴起的改革项目之一就是限制封君世袭资格。

阳城君要杀吴起，这很好理解，可鲁阳公只是一个聘任制下的地方官而已，镇守的又是楚国北部边防重镇，按说应该是吴起改革的受益者才对，为什么要跟着阳城君一起发动叛乱呢？合乎情理的推测是：也许这位鲁阳公并不是县公，而是封君，应该称他为鲁阳君才对。

鲁阳原本就是有封君的。事情还要追溯到春秋时代，楚惠王想把梁地分封给公孙宽，没想到公孙宽担心梁地太险要，虽然自己对国王忠诚，但难保子孙后代不会凭借梁地闹独立，到时候打起来，可能全族都会被灭，那就再也没人祭祀自己这位祖先了。楚惠王很能体谅公孙宽的良苦用心，就把险要的梁地换成了不那么险要的，稍微靠南一点的鲁阳。于是，公孙宽成为鲁阳的第一代封君，在文献里被称为鲁阳文子或者鲁阳文君。

如果我们以小人之心度公孙宽之腹，推测一下，他可能是嫌梁地过于靠近边境，担心子孙守不住。

墨子的雄辩及其代价

鲁阳虽然比梁地稍微靠近内地，但毕竟还是楚国的北境重镇，军事压力大，和邻近的郑国关系微妙。鲁阳文君很想攻打郑国，而这正是墨子最活跃的时代。墨子总是带着弟子们四处奔波，努力维护世界和平，实现"非攻"的理想。就这样，墨子回到老家，试图打消鲁阳文君的侵略野心。墨子的逻辑非常有趣，先是问鲁阳文君："假使现在鲁阳境内发生了众暴寡、强凌弱的事情，您会怎么处置？"

鲁阳文君说："鲁阳人都是我的臣民，我当然要管。欺负人的那些家伙，我一定会从严处罚。"

墨子说："天下人都归老天爷管，就像鲁阳人都归您管一样。您如果去打郑国，老天爷当然也会惩罚您啊。"

鲁阳文君不服气："我攻打郑国，分明就是顺从天意。郑国人太不像话，先后杀死了本国的三代国君。老天爷惩罚他们，已经让郑国三年没有收成了，我为什么就不能帮老天爷一把？"

墨子说："郑国人确实不像话，但老天爷让他们歉收三年，已经惩罚过了，您如果再去插手，就好比父亲鞭打不成器的孩子，邻居也抢着棍子过来一起打，说自己是顺应那位父亲的心意。天下哪有这种道理？"

墨子又说："攻打邻国，杀死邻国的人，抢夺他们的财富，回来还要把这些事当成功劳记载下来，向子孙后代炫耀自己的战功，这合理吗？如果有一个平民百姓杀了他的邻居，抢了邻居的财产，把这些事记载下来向子孙后代炫耀，您觉得这讲得通吗？"

鲁阳文君说："照您这么一说，天下都认为正确的事，看来也未必真的正确啊。"

墨子总结说："世俗的君子都只知道小道理，不明白大道理。如果看到有人偷了别人家的一只狗或一头猪，就会说他不对，但如果看到有人窃取了一个国家或一座都市，反而称赞他合乎道义。这就好比看到一点白色时就把它叫作白色，看到大片白色时反而叫它

黑色。"（《墨子·鲁问》）

墨子的这番话，约等于庄子那句名言"彼窃钩者诛，窃国者为诸侯"。（《庄子·胠箧》）

鲁阳文君貌似听得进墨子的道理，但总也按捺不住想去侵略郑国的雄心，所以墨子还要接二连三地劝诫。最有意思的一次劝诫，出自《墨子·耕柱篇》。墨子对鲁阳文君说："如果有这么一个人，自家的山珍海味吃不完，看见别人家在烙饼就去偷吃，这是不是有病？"

鲁阳文君说："真是有病，这不就是盗窃狂嘛。"

墨子说："楚国幅员辽阔，地大物博，土地用之不尽，明明那么多地方都还荒着，却总是对宋国、郑国的一点点土地垂涎三尺，这和那个盗窃狂有什么不同？"

显然，墨子在楚国看到的现象，和吴起看到的一样，但两个人的对策截然相反。吴起要做的，是把更多的人赶出去开荒，墨子要做的，是让鲁阳文君乃至楚王知足常乐，反正碗里的都吃不完，没必要去盯着锅里的。

在旁观者看来，虽然吴起和墨子的考虑都不周详，但吴起的大方向至少对了，墨子错在没有发展观和全局观。我们都知道"学如逆水行舟，不进则退"这句格言，没有哪个老师和家长会教孩子在学习上知足常乐。**治国也是同样的道理，国力就像小学生的学习成**

绩，绝对值并不重要，重要的是相对值，是排名。考95 分排全班倒数第二，不如考 30 分排全班第一。楚国要争的是国际排名，而不是单纯的土地、人口、财富。墨子很雄辩，鲁阳文君完全无力反驳，但在鲁阳文君心里，本能的力量永远在蠢蠢欲动，不然墨子也不至于接二连三地大费唇舌了。

墨子的努力很见成效，鲁阳文君终于还是放过了郑国，结果韩国却没放过郑国。周烈王元年（前 375 年），韩国灭掉郑国，把郑国的故都作为自己的新都，实力因此大增。没有了郑国这个缓冲地带，强悍的韩国和威猛的魏国直接威胁着楚国的北境。

鲁阳最著名的典故出自《淮南子》：不清楚到底是哪一代鲁阳公和韩国作战，打到天快黑了还没分出胜负，鲁阳公急眼了，向着太阳挥舞长戈，太阳竟然逆行，天又亮了，仗继续打。（《淮南子·览冥训》）诗歌里常用这个典故，朱德就有这样两句诗："自信挥戈能退日，河山依旧战旗红。"（《赠友人》）"挥戈""退日"，一语双关，兼指打退日本鬼子。

但楚肃王时代的鲁阳公没能打退魏国的入侵，从此鲁阳易手，被楚国据有 300 年之久的一座名城就这样被魏武侯收入囊中。如果鲁阳文君泉下有知，能够看到这一幕的话，不知道会不会埋怨墨子呢。

周烈王六年

086

司马光为什么总是出编年错误

周烈王六年（前 370 年），齐威王隆重登场，但是登场登错了。

原文：

（六年）

齐威王来朝。是时周室微弱，诸侯莫朝，而齐独朝之，天下以此益贤威王。

《资治通鉴》重点谈到齐威王即位之后的两件事：第一，朝见周天子，给自己挣来了好名声；第二，慧眼识人，有自己的一套人事鉴别方法。

齐威王的事迹确实值得特殊对待，但问题是，司马光又把时间搞错了。这一年还没有齐威王的戏份，执掌齐国政权的还是我们熟悉的齐桓公，并且齐桓公还要继续执政十几年，直到把周烈王熬死，然后才有齐威王的登场。《资治通鉴》从一开篇的周威烈王二十三年到现在的周烈王六年，才短短33年，编年错误就已经发生很多次了，司马光是不是太不严谨了？

司马光和司马迁的为难处

接二连三的编年错误，不能苛责司马光，因为他能够采信的编年材料主要就是《史记》，只要司马迁在前边错了，司马光通常就会在后边跟着错。但我们也不好因此就怪司马迁，因为他已经很努力了，只不过关于战国时代的历史，他能够掌握的原始材料不但单薄，而且十分凌乱。

战国是中国历史上一个极其特殊的时代。在它以前，春秋时代的历史靠着一部完整的编年史《左传》，就可以让人看得一清二楚；在它以后，每个朝代都有官修正史，就算有粉饰和疏漏，至少有一个大差不差的基本面。唯独战国历史，一片混沌。

这种情形原本不该出现，因为当时各国都有自己的历史档案，但坏就坏在秦始皇一统天下之后，执行了全国范围的焚书政策，不但要烧光儒家经典，更要烧光战国时代各个诸侯国的历史档案。动机倒也充分：当历史档案烧光了，秦国当年干的各种丑事很快也就没人记得了，六国人民就更容易认同大秦帝国，那些对秦始皇不满的人，也别想拿六国历史来煽动仇恨。

天下诸侯的历史档案就这样被秦始皇大规模、系统性地销毁了，后来司马迁能看到的只是劫后余生的一鳞半爪。秦始皇焚书倒也不是什么书都烧，秦国自己的历史档案当然可以名正言顺地保存下来。后人稽考历史的话，一切以秦国档案为准。

秦国档案就算再怎么有立场，有偏见，但有终归就比没有强。真正的麻烦是，秦国并不算真正意义上的华夏诸侯，不完全在华夏文化圈里，而是一个半华夏、半夷狄的诸侯国，文化层次低。文化越低，历史档案当然就越简略，简略到连时间都不写清楚。就算司马迁本领大，毕竟巧妇难为无米之炊。

司马迁能够掌握的材料，就是这么一个烂摊子。关于战国七雄，谁家劫后余生的材料多一点，完备一点，《史记》的记载就能准确一点。所以，《史记》的战国部分，各个国家的内容有详有略，有多少米就煮多少饭。

齐国的米最少，所以齐国历史的错误最严重，严重到田姓齐国到底有几代国君都搞错了。比如田剡这一代完全被《史记》抹掉了，连带着《资治通鉴》一起错。田剡的下一代国君是齐桓公田午，在位一共十八年，《史记》算成了六年，一下子就少算了十二年。

这下麻烦大了：先是田剡被抹掉，然后田午被少算了十二年，错误积累下来，齐威王的继位时间就这样被提前了二十多年。

依据杨宽先生的考据，这段历史的正确编年是：

齐侯田剡：前384～前375

齐桓公田午：前374～前357

齐威王田因齐：前356～前320

而《资治通鉴》的编年是：

齐侯田剡：无

齐桓公田午：前385～前379

齐威王田因齐：前378～前310

这个错误一犯，后面的齐国君主世系自然也会一步错，步步错。齐国历史的麻烦就是这样，因为毕竟还有一些书籍、档案没被烧掉，流传了下来，那些事关齐国的记载怎么都和齐国的档案合不上拍。比如《孟子》这部书就很妥善地存下来了，孟子本人在齐国生活过很长时间，和齐国君臣没少讨论当时的国际局势，还正巧赶上了齐国攻伐燕国，那场几乎把燕国灭国的大战，而《孟子》记载的齐国时局和《史记》记载的齐国历史就有不少不合拍的地方。

大概司马光隐约感觉到了这里边有什么不对头的地方，但以他当时能够掌握的材料，毕竟很难把时间线真正梳理清楚。如果依照《资治通鉴》开篇以来的一贯体例，这里应该先交代齐国的某位国君过世，然后齐威王继位。但司马光竟然对于齐威王的继位只字未提，让他一出场就已经是一个成熟国君的形象。这不算完，司马光接下来还给齐威王的在位时间多加了 10 年，给下一任国君齐宣王的继位时间向后挪了 10 年，这样一改，齐国的这段历史就能和《孟子》的记载勉强能合上了。

但是，司马光的这份努力来得实在勉强。这也难怪，在司马光的时代里，《孟子》的地位已经开始高起来了，所以对《孟子》的内容必须给予更多的重视。当初司马迁可没有这个思想包袱——他读过《孟子》，在《史记》里也给孟子写过传记，只是简短得不像话，只有 100 字出头，所以《史记》对《孟子》这部书和齐国史料的各种矛盾就草草糊弄过去了。

我们之所以能确定《史记》和《资治通鉴》存在这些错误，还能给这些错误做出比较准确的订正，一来是因为不断有新材料出土，二来是因为古往今来无数学者把书读到了字缝里，根据蛛丝马迹小心求证。所以才能够确定，周烈王六年还没有齐威王什么事。

总之，战国历史，是中国历史上编年最乱的一段历史，这与秦始皇统一中国后，大规模、系统性地销毁天下诸侯的历史档案有关。

魏国内战

回到周烈王六年，这一年魏国发生了一件大事，就是魏武侯的丧事。

《资治通鉴》把它提前了一年，记在周烈王五年的账上。所以让我们回头看《资治通鉴》在上一年的相关记载：魏武侯去世，生前没有确立太子，导致两个儿子——魏䓨（yīng）和公中缓——争夺继承权，魏国大乱。

今天我们很难确定魏䓨的血统，推测他有可能是魏武侯的嫡长子。公中缓，这个名字是把"公子缓"和"仲缓"合并在一起了。公中缓按照现代的称谓习惯，应该叫魏缓，这样看起来和魏䓨才是兄弟。按照先秦的称谓习惯，因为他是魏武侯的儿子，魏国的公子，所以被称为公子缓。因为他排行第二，所以被称为仲缓。表示排行的"仲"和"中"通假，因此"中"读音为四声。

公中缓显然排行第二，在嫡长子继承制里天生就没有继承权。在嫡长子继承制里，太子的身份是与生俱来的，只要你是嫡长子，天然就有继承权。这套继承法已经在几百年的历史舞台上磨合得很成熟了，没什么需要担心的意外情况，除非……除非大家已经不守这套规矩了。

在春秋战国之交，竞争的高压之下，嫡长子继承制已经不再适应时代了，继承人必须是所有候选人当中最有能力的那个。**既然看能力，就要做考核。谁考核达标，谁在所有候选人当中脱颖而出，继承权就归谁。** 这样一来，只有现任君主才有资格选定自己的继承人，一旦选出来，继承关系就算确定下来了，哪怕自己暴毙，臣子自然会拥戴已经指定好的继承人，政局也不会乱。

道理说起来好像很简单，那为什么魏武侯已经执政了那么多年，还是没有选定自己的继承人？假如他早就做好了政治遗嘱，当然可以最大限度地避免自己死后同室操戈。但是，在我们准备责怪魏武侯有欠明智之前，必须还要看到，历史上有太多君主都犯了和魏武侯同样的错误。为什么就没人认真吸取历史教训呢？这显得太不合理了。

考虑到古代的医疗水平问题，任凭你是怎样的帝王将相，掌握着怎样优质的医疗资源，治病可以怎样不计成本，但死亡总是说来就来。所以，无论是贵族、大臣还是平民百姓，统治者的继承人选一天不能确定，他们就一天不能安心。凡是诸侯的政权交替，或多或少都会引发社会震荡，选定了继承人才可以实现软着陆，没选定继承人就只能硬着陆了。

那么，为什么魏武侯，乃至那么多的诸侯国领导人，明知道硬着陆的风险，也迟迟不肯确立继承人？魏武侯这两个儿子又掀起了怎样的腥风血雨？

———— 087 ————

为什么立储这么难

魏国内乱，起因是魏武侯生前没立太子，导致两个儿子魏罃和公中缓在他死后争夺继承权，打得不可开交。《资治通鉴》在周烈王五年简要记载了这场内乱，又跨过一年，在周烈王七年的内容里不但交代了内乱的细节，还引述了司马迁在《史记》当中的评论，其中最关键的一句结论是："君终，无适子 [1]，其国可破也。"意思是说，国君去世时，如果国内还没有合法继承人的话，就会面临亡国的风险。

司马迁和司马光都没有夸大其词，因为继承人问题在古代属于"国本"问题，顾名思义，是国家的根本。治理国家，到底是仁慈还是暴虐，选择扩张政策还是保守政策，搞分封制还是郡县制……这些问题虽然都很重要，关乎国家的兴亡成败，但在继承人的问

---

[1] 适子，同"嫡子"。

题面前，这些都不是事儿。所以《资治通鉴》才要重点讲述魏罃和公中缓的权力争夺战。

国本

魏武侯执政长达 26 年，是个老江湖了，虽然在吴起问题上严重失策，但仍不失为一代英明神武的国家统帅。他怎么可能不晓得继承人问题的严重性，以至于在生前迟迟没有确立太子呢？这倒不是特例，实在有太多君王都和他做过同样的选择。人之常情，就是这么难以扭转。

司马光之所以会重点提出这个问题，是因为宋朝的国本问题几乎一模一样。宋太祖赵匡胤开创宋朝，然后兄终弟及，接班的是已经成年的弟弟宋太宗赵光义。赵光义当上皇帝以后，嫡长子赵元佐成年，按说可以顺理成章地成为太子，但赵元佐一来失了宠，二来发了疯，最终被废为庶人，别说继承皇位了，就连当个王爷的资格都没有了。

皇储的位子就这样一直空着，大臣们看不过去，时不时就有人上书请皇帝赶紧立储。最合适的人选就是赵元佐的二弟赵元佑，一来他是自然的顺位继承人，二来他的人品看上去也不太坏。无论如何，立储总比不立好，就算立个坏孩子也比把位子空着好。大臣们的良苦用心就像今天的很多父母一样，催婚催育，好歹都要结个婚，好歹都要生个娃。理由很简单：只有结婚生子的人生才是正常的人生，只有结婚生子的家庭才是完整的家庭。反过来看，如果不结婚生子，就很难抵御风险。无论配偶是渣男还是渣女，无论孩子是窝囊废还是败家子，有就比没有强。

古代国家也是一样的道理。虽然在老百姓看来，国家可以有各种神圣意义，但在古代帝王眼里，国家和人民无非都是自家的产业。国土再大，人口再多，本质上也无非是一份家产，所谓国家大事，底层逻辑也只是家族逻辑而已。在家族逻辑里，指定继承人，或者说立储，最核心的意义就是抗风险。宋太宗当然明白这个道理，但就是不立储，后来被大臣们磨得烦了，才说出了心里话，大意是：一旦我指定了太子，你们就会向他称臣。弦外之音是：最高权力的唯一性必须保持好。

那怎么应付大臣们没完没了的劝谏呢？宋太宗的办法是：以"孩子们还小，过些年再说"为借口敷衍过去，然后杀鸡儆猴，把几位提议立储的大臣贬出京城。

宋太宗的顾虑很有道理：一旦立储，名分定了，大臣们的心里就会打起小算盘，盘算现任皇帝和下一任皇帝哪个更有投资价值。那些野心很大，却在现任皇帝这里不太得志的人，肯定会在皇储那边下重注，原先巴结皇帝的人不知道又会有多少转头巴结皇储，没有哪个皇帝会甘心看到这样的局面。

皇权带给人的快感大概很像爱情，只能独占，不能分享。

更大的风险是：如果有权臣、武将和太子结交，谁知道哪天会不会谋朝篡位，逼自己去当太上皇呢？所以劝皇帝立储这种事，文官可以壮起胆子去做，武将绝对不能去做。岳飞就因为犯过这个忌讳，被宋高宗狠狠猜忌上了。

就这样，宋太宗的立储事宜一拖再拖。后来年纪实在太大，眼看着拖不下去了，这才终于立了皇储，就是后来的宋真宗。宋真宗继位以后，同样要解决立储问题，但他的立储经过还算一帆风顺。这主要缘于当时医疗条件的落后：宋真宗的后妃一共生过六个儿子，但只活下来一个。这就意味着，不管册立皇储的典礼搞不搞，反正人人心知肚明，候选人只有一个。这个唯一的候选人后来顺利继位，就是宋仁宗。

宋仁宗遇到了新形式的立储危机：并不是皇子太多，刚好相反，他总共有三个儿子，但先后都夭折了。眼看着自己过了生育年龄，身体也越来越差了，怎么办呢？

常规的办法就是从叔伯或者兄弟那里过继一个男孩子。这当然违背人之常情，谁不想把家产传给亲生骨肉呢？所以宋仁宗每当病重时，就同意过继，每次病一好，就马上反悔。

这种事，真的是皇帝不急急太监。当然，最着急的是大臣们。从公心上讲，国家不立储就相当于埋了一颗定时炸弹，不知道哪天会炸，更不知道爆炸的威力有多大，所以立储就是国本，皇帝就应该克服私心，赶紧立储；从私心上讲，一朝天子一朝臣，只有立了储，大臣们的心才能安稳，不然难免会忧虑自己的政坛后半生。

司马光的良苦用心

宋仁宗时代，正是所谓"君子盈朝"的时代，我们熟悉的欧阳修、包拯、文彦博、韩琦、富弼、范镇，当然也包括司马光，大家苦口婆心、声泪俱下，轮流在宋仁宗耳边唠叨。

这个话题毕竟太敏感，稍不小心就会给自己招灾惹祸。比如包拯劝说宋仁宗时，宋仁宗就反问了这么一句："你想立谁当皇储？"如果换在其他朝代，这句话后边跟着的就该是包拯的人头落地了。为了打赢这场持久战，大臣们还会互相打气。司马光就给翰林学士范镇打气说："这种大事不说则已，只要一说出来，必须怀着义无反顾的决心，我希望您能拼上老命去说服皇上。"（《续资治通鉴长编》卷182）

这些大臣很懂得利用一切机会，把一切事情想方设法往立储上扯。京城下大雨，是没立皇储的错；外地发大水，是没立皇储的错；彗星来了，是没立皇储的错；日食，当然更是没立皇储的错。在《资治通鉴》当中"不语怪力乱神"的司马光也跟群臣一起请宋仁宗认真对待天变——怎么才叫认真呢？当然就是立储。（《续资治通鉴长编》卷183）

大家的策略，可以总结为一个字：磨。相信总有一天能把宋仁宗磨烦了，向天下正道做出早就该做的让步。

就这样折腾了好多年。宋仁宗脾气特别好，还真是耐得住大家的磨，但耐不住的是自己的身体。后来他终于认了命，把侄儿赵宗实过继过来，作为自己的养子、国家的皇储。赵宗实当时已经32岁，显然不可能再和养父培养任何感情了。

赵宗实自己肯定也想不通，他在4岁那年就曾经被抱进皇宫，准备过继给宋仁宗，结果宋仁宗一生出亲儿子，就把他送回去了。更可气的是，他的父亲小时候就曾经被宋真宗接进皇宫，准备过继，结果宋仁宗降生，赵宗实的父亲就被送回家了。当备胎的辛酸，父子两代都尝尽了。

但赵宗实比父亲幸运，宋仁宗这一次没机会反悔了——刚刚立储一年就暴病而死，赵宗实顺利继位，改名赵曙，这就是宋英宗。

不幸的是，宋英宗大约有精神方面的疾病，体质也不太好，才当皇帝没两年就说不出话了。立储问题再次变得迫在眉睫，宋英宗也像他的历代先辈一样，能拖就拖。等到实在病重，拖不下去了，不得已立长子为皇储，选定良辰吉日，准备在第二年正月十九日举行册立典礼。没想到宋英宗的身体没能熬到典礼那天，这真让人后怕：幸亏已经定好了继承人，不然等他这匆匆一死，不知道会闹出什么乱子。就这样，宋英宗的太子虽然没有经过正式册立，但也顺利继位，这就是宋神宗。

简单梳理一下北宋的帝王谱系，从宋太祖到宋太宗，这是兄终弟及，接下来都是父死子继：太宗传真宗，真宗传仁宗，仁宗传英宗，英宗传神宗，其中只有真宗传仁宗称得上顺利，除此之外的每一代传承都有无穷的麻烦和无尽的拖延。所以，皇帝迟迟不立储的问题，是司马光的时代里一个特别严峻的问题，《资治通鉴》因此才要把因魏武侯没立储而带来的几乎亡国的变故突出出来，让它发挥"资治"的意义。

088

爱与怕，哪个更重要

周烈王六年（前 370 年），魏武侯过世的那一年，《资治通鉴》还记载了以下四件事：

原文：

赵伐齐，至鄄。

魏败赵师于怀。

楚肃王薨，无子，立其弟良夫，是为宣王。

宋辟公薨，子剔成立。

第一，赵国攻打齐国，进兵鄄（juàn）地；第二，魏国在怀地打败了赵国；第三，楚肃王过世，没有儿子，弟弟熊良夫继位，这就是楚宣王；第四，宋辟公过世，儿子剔成继位。这四件事里，最后一件意义特殊，这并不是一场常规的政权交替，值得仔细讲讲。

两位司城子罕

《史记·宋世家》记载宋国从昭公去世到剔成继位，五代人的权力交接，只是一部简单的流水账。讲到宋辟公时，只说他接了父亲宋休公的班，在位三年就死了，儿子剔成接了他的班。内容唯一比《资治通鉴》详细的，就是交代了宋辟公的名字——辟兵。

可是国君的名字里已经有了一个"辟"字，总不能死了以后，谥号还用同一个字吧，这也太没规矩了。幸好《史记索隐》引述《竹书纪年》，给出了一个合理答案：这位宋国国君名叫璧兵，谥号为桓，应该称为宋桓公。

《史记索隐》还引述《庄子》的一段记载，说宋桓公出行，还没出城门时，在前边负责开道的人高声呼唤，让闲杂人等通通让开，喊的话是"辟"，估计会拖着长音，让大家避让。有人以为喊话的人疯了，赶紧过去制止，不让他再喊了。

为什么要去制止呢？《庄子》虽然没讲，但从《竹书纪年》给出的线索来看，让人避让喊的是"辟"，宋桓公的名字叫璧兵，发音相同，冒犯了国君的名讳，十分失礼。《庄子》的这段记载刚好可以和《竹书纪年》的内容相互印证[1]。

1　《庄子》这段记载属于佚文，并不见于今本《庄子》。

如果《竹书纪年》在这件事上比《史记》更可靠的话，当我们继续循着《竹书纪年》的线索，就会看到宋桓公并不是因为正常死亡退位的，而是被剔成废黜的。再结合《韩非子》《说苑》《淮南子》这些材料，还可以推断的是，宋桓公和剔成虽然沾亲带故，但并不是父子关系。"剔成"这个古怪的名字其实并不是人名，而是官名，标准写法是"司城"。

宋国的官制有所谓六卿，大约相当于一个国家总理加五个副总理。司城就是五个副总理职位之一，主要掌管土地和土木工程。司城原先叫作司空，后来宋国出了一位宋武公，名字就叫司空，出于避讳，作为官职的司空从此就改称司城了。

在宋国历史上担任过司城职位的有两位名人，第一位是春秋时代的乐喜，字子罕，被称为司城子罕，是宋国的一代贤臣；第二位是战国时代的皇喜，字子罕，也被称为司城子罕，是宋国的一代奸臣。废黜宋桓公的剔成，就是第二位司城子罕。古人的名和字往往有关联，先秦年间的人，名取"喜"的，字经常用"罕"。乐喜字子罕，皇喜也字子罕，可见，"喜"跟"罕"是有某种关系的。只是，我们今天已经看不出这两个字的含义到底有什么相关了。

在宋国的家族谱系中，宋国是商朝的后裔，姓子，从子姓分化出若干个氏，比如我们熟悉的孔子就属于孔氏。在宋国的各大氏族里，戴氏势力很强。所谓戴氏，顾名思义，是宋戴公的后代，以宋戴公的谥号作为自己这个分支的氏族名号。戴氏开枝散叶，继续分化出了华氏、皇氏、乐氏等支系。第一位司城子罕乐喜和第二位司城子罕皇喜分别属于乐氏和皇氏，而归根结底，他们都属于戴氏。

春秋末期，三大家族联合把持宋国国政，其中又以皇氏和乐氏实力最强。后来皇氏出了能人，就是第二位司城子罕。后文所说的司城子罕，指的即是他。司城子罕的高明，《韩非子》有过很详细的描写。

爱与怕

韩非独创了一种文体，叫作"储说"。在文章结构上，储说分成"经"和"说"两个部分，"经"是简明扼要的论点，"说"是论据素材的罗列。在《韩非子》这部书里，储说体的文章一共有六篇，《内储说》两篇，上下《外储说》四篇，上下《外储说》又分为左上、左下、右上、右下。现在我们要说的是《外储说右下》。韩非要借司城子罕篡位的事情探讨一个管理学难题：爱与怕，哪个更重要。

司城子罕给宋桓公出主意说，人都是趋利避害的，只喜欢得到赏赐，不喜欢受到惩罚。所以，自己甘愿为国君分忧，以后国君只负责赏赐就好了，尽情享受全国人民的爱戴，至于刑罚这种脏事，就由自己来做，自己甘愿代替国君承受全国人民的恨意。

宋桓公被司城子罕伟大的自我牺牲精神所打动，爽快地交出了刑罚的权柄。从此以后，凡是发布禁令、诛杀大臣之类的事情，问到宋桓公头上时，宋桓公只有一句话："去问子罕。"于是，大臣们惧怕子罕，平民百姓归附子罕。才一年的光景，子罕就杀掉了宋桓公，夺取了宋国的政权。《韩非子》把司城子罕的篡位比作"出彘"，"彘"就是野猪，"出彘"就是突然窜出来的野猪。这个比喻的意思是，司城子罕的夺权就像一头突然窜出来的野猪抢去了食物一样，穷凶极恶，干脆利落，让人猝不及防。

"出彘"从此成为一个典故，形容大臣专权。《五人墓碑记》开篇第一句是："五人者，盖当蓼洲周公之被逮，激于义而死焉者也。"牵动民变的蓼洲周公，名叫周顺昌，被魏忠贤一党迫害，最后死在牢里。后来崇祯帝继位，给周顺昌平反，圣旨里有这样一组对仗："指鹿之恶，浮于望夷；出彘之威，极于北寺。"上联的典故是赵高指鹿为马，终于在望夷宫逼死了秦二世，下联就是用"出彘"形容魏忠贤，说他垄断了国家威权，随便监禁朝廷大臣。（《倪文贞集》卷一《制诰·原任吏部文选司员外郎赠太常寺卿周顺昌》）

怎样避免"出彘"的悲剧呢？《尚书》里早就有过明确的教导。

《尚书》有一篇《洪范》，内容是商朝贤人箕子献给周武王的治国箴言，其中有这样一句名言："惟辟作福，惟辟作威，惟辟玉食，臣无有作福作威玉食。"意思是说，福和威，也就是赏和罚，还有美食，都是君王专享的，绝对不能给臣子这些权利。一旦臣子拥有了这些权利，君王就危险了，国家就有祸了。

"惟辟作福，惟辟作威"后来演变为成语"作威作福"。**威和福必须相辅相成，在管理学意义上，威就是大棒，福就是胡萝卜，管理者必须一手大棒，一手胡萝卜，这样才能管得住人。《韩非子》把这个道理推进了一步：如果只能二选一，那就看看"出彘"的教训吧，胡萝卜可以不要，但大棒必须有。**

胡萝卜和大棒的重要性倒还容易理解，问题是，《尚书·洪范》的那句话里，为什么把美食拿出来和胡萝卜、大棒相提并论呢？难道大臣们吃好一点还会危害国家安全吗？也许是因为商朝的烹饪水平太低，吃一顿美食太难，以至于美食足以成为特权的象征吧。

周烈王七年

———————— ○89 ————————

为什么说魏惠王赢得非常侥幸

周烈王六年就这样过去了，《资治通鉴》对周烈王七年（前369年）的记载，一共三件事：

第一，日食；第二，周烈王驾崩，他的兄弟周显王继位；第三，魏罃和公中缓内战。

接下来，我们正式谈谈魏武侯死后的魏国内乱。《资治通鉴》关于魏罃和公中缓争位的这段记载，完全采自《史记·魏世家》，只是修改了个别字句，让叙事变得更加清晰明快。

原文：

（七年）

日有食之。

王崩，弟扁立，是为显王。

魏大夫王错出奔韩。公孙颀谓韩懿侯曰："魏乱，可取也。"懿侯乃与赵成侯合兵伐魏，战于浊泽，大破之，遂围魏。

浊泽之战

魏国作为战国初期的第一强国，经过魏文侯、魏武侯父子两代的经营，早已经树大根深，江湖地位似乎牢不可破。但魏武侯一死，局面竟然马上就变。魏䓨和公中缓同室操戈，打得不可开交。

凡是诸侯国内乱，通常都会有一个经典模式——内外勾结，内乱必请外援，外援也特别愿意插手内乱。请外援的人都很舍得开价，这当然不奇怪，毕竟赌注太大，赢了就能继承巨额家产，输了要么只能过流亡的日子，要么连命都丢了。对于外援来说，邻国的内乱相当于风险投资的机会，投资一旦对了，就能一本万利。所以，押宝押在实力较弱的一方，联盟才能牢靠，预期收益才会最大。从这个思路来看魏䓨和公中缓，公中缓最可能去请外援，也最有风险投资的价值。

一来魏武侯虽然没有指定继承人，但只要按照自然顺位，魏䓨应该比公中缓更有资格，二来魏䓨在内战当中迅速占了上风。在这段时间，魏国大夫王错逃亡到韩国，虽然史料并没有交代王错在这场内乱里到底扮演什么角色，但他的出逃至少可以让韩国得到第一手情报。有一个叫公孙颀的人，大约是韩国的贵族，劝韩懿侯趁火打劫，拿下魏国。于是，韩懿侯和赵成侯联手进攻魏国，在浊泽会战，大破魏军，包围了魏国的国都。

按照《史记》的说法，魏罃陷入了韩、赵联军的包围圈里，那么公中缓距离大位也就只有一步之遥了。

会战地点浊泽，早在周安王十三年（前389年），齐国田氏家族的族长田和就是在这里约见诸侯，请大家帮自己说话，升级为诸侯。当时魏国的国君就是魏武侯，但《资治通鉴》误记成了魏文侯。

浊泽，顾名思义是一座湖泊，属于山西南部的涑水流域。司马光祖籍涑水，所以人们尊称司马光为涑水先生，司马光记录的宋朝史料刻版成书时叫作《涑水记闻》。涑水流域曾经有过很多湖泊，但随着地质变迁，大多都已经消失了，浊泽也不例外。根据文献推测，浊泽大约在今天山西省运城市解州镇附近。这个地方也是关羽的故里。今天当我们站在解州，虽然看不到浊泽的任何痕迹，但只要想想从魏武侯赢得一场重要外交胜利的浊泽之会，到魏武侯刚刚过世就引发的这场浊泽之战，不过短短20年的时光，多少还是能够生出一点苍凉的历史情怀。

当初韩国为什么要联合赵国,《资治通鉴》没讲。《竹书纪年》记载说公中缓跑到赵国首都邯郸,应该是直接去向赵国求援了。即便公中缓没去邯郸,我们也不难推测:身边既然有这样一个机会,赵国不会甘心让韩国独自捞好处的。何况瘦死的骆驼比马大,魏国就算内乱,好歹有魏文侯、魏武侯两代英主打下来的家底,不会太好对付。而且韩、赵两国的国内形势也不那么稳当。韩懿侯和赵成侯执政不过短短几年,资历尚浅。赵成侯刚一继位,就热衷于搞扩张,任用大成午,激进地攻城略地。至于韩国,这些年灭掉了郑国,迁都到郑国原先的国都,虽然国力大增,但也伤筋动骨,不久前还发生过弑君事件,被杀的就是韩懿侯的父亲韩哀侯。

韩、赵分赃

明朝人刘元卿编选过一部笑话书,叫作《应谐录》,其中有一则"争雁"的故事流传很广,说两兄弟看到大雁从天空飞过,哥哥张弓搭箭,说如果能把大雁射下来,就煮来吃了。弟弟反对,说这种雁只适合烧着吃,不适合煮着吃。两个人争议不决,就去找人仲裁，结论是把大雁一分为二，一半煮着吃，一半烧着吃。但这时那只大雁早就飞得没影了。

通常我们只把这个故事当成笑话来看，会觉得现实生活当中不会真有这么愚蠢的人，这只是文学艺术的夸张而已，但是，韩国和赵国的联军就好比那两兄弟，魏国就好比那只大雁。当浊泽会战结束，联军胜利在望时，分赃的方案就必须提上日程了。

原文：

成侯曰："杀䓬，立公中缓，割地而退，我二国之利也。"懿侯曰："不可。杀魏君，暴也；割地而退，贪也。不如两分之。魏分为两，不强于宋、卫，则我终无魏患矣。"

赵国的方案是："杀掉魏䓬，立公中缓当魏国国君，让魏国割地给我们，我们就可以退兵了。"韩国却不同意，反驳说："如果杀掉魏䓬，别人会骂咱们暴虐。如果让魏国割地，别人会骂咱们贪婪。不如人也不杀，地也不要，只是把魏国一分为二：一半归魏䓬，一半归公中缓。这样一来，魏国就从一个大国变成了两个小国，不可能再对赵国和韩国构成任何威胁了。"

显然韩、赵两国考虑处理战败国魏国的出发点不同。赵国的出发点是"获得利益",韩国的出发点是"消除隐患"。当时的列强,无论国际还是国内的局势,无论国家还是个人的安危,都陷在错综复杂的利益网里,所以因与果、利与弊,往往很难看清。韩国和赵国的方案都能言之成理,很难说谁比谁更高明。今天我们站在旁观者的角度给历史复盘,大体可以推测的是:韩国的内政不如赵国稳当,所以不愿意给其他诸侯以口实,更不愿意贸然吞并新的领土,就好像肠胃虚弱的人不敢放肆地吃东西一样。所以韩国的态度偏于保守,而赵国的态度偏于激进。

原文:

赵人不听。懿侯不悦,以其兵夜去。赵成侯亦去。罃遂杀公中缓而立,是为惠王。

分赃方案没谈拢,韩、赵联军竟然就这样闹掰了。先是韩懿侯不高兴,连夜撤军。《史记》原文是:"以其少卒夜去。"这里的"少"应该是"少校""少将"的意思,"少卒"大约相当于偏师[1]。但这只是推测。从这里就看得出司马光是怎么修订材料的,他把这句话

---

[1] 偏师,主力军翼侧协助作战的部队。

直接改成："以其兵夜去。"把含义不清的"少卒"改成了含义明确的"兵"。至于"少卒"到底是什么意思，司马光并不关心，他只看重"资治"意义，对文字训诂不是很有所谓。改写一下，只要大致意思不变，文从字顺就可以了。

韩国连夜撤军，赵成侯一看韩懿侯撂挑子，索性也跟着撤军了。包围圈里的魏罃应该想不到强敌就这样莫名其妙地消失了，自己就这样莫名其妙地绝处逢生了。公中缓应该更想不到，眼看着就要摘取胜利果实了，两支外援怎么不明不白地就甩手不干了？

变局来得太突然，魏罃抓住机会做出反扑，杀掉了公中缓，成为实至名归的魏国国君，也就是后来大名鼎鼎的魏惠王。他把国都从安邑迁到大梁，所以也被称为梁惠王。《孟子》开篇"孟子见梁惠王"，引出一番影响深远的义利之辨，中国思想史上有一些经典命题都和这位魏惠王直接相关。

魏惠王的上位对于三晋关系有着里程碑式的意义：从此以后，祖辈和父辈在战火当中结下的情谊荡然无存，大家可以彻底撕破脸了。这种结果对于韩国和赵国来说，算得上偷鸡不成蚀把米。如果不是秦国迅速崛起，给三晋造成高压的话，三晋恐怕不容易再有联合作战的可能性了。

魏惠王应该感到侥幸的是，假如韩国和赵国在分赃方案上可以达成妥协，那么魏国要么就归了公中缓，领土还要削减不知多少，要么一分为二，从此再也没有实力去和诸侯争雄。《史记》有一段"太史公曰"，大意就是感叹魏惠王赢得侥幸，魏国保全下来同样实属侥幸。这段话被《资治通鉴》原文照录，和"臣光曰"有着同样的分量。

关键性的历史教训归结为一句话："君终，无适子，其国可破也。"任凭魏国是当时的天下第一强国，仅仅因为魏武侯生前没能落实继承人问题，就险些落到这样的结局。

对司马光来说，在所有最严峻的历史教训里，继承人缺位的教训名列前茅。以常情常理而论，魏武侯当初也年轻过，费尽心血才保住太子的位子，假如他在晚年还记得起自己年轻时候的经历，无论如何也应该早早把继承人指定下来。也许时位移人，权力和地位总能让人忘记历史和教训吧。

090

魏武侯是怎么上位的

回到魏武侯的上位史，时间要追溯到乐羊刚刚攻克中山国时。

魏文侯把这块新地盘分封给了魏击，也就是后来的魏武侯。为此一个叫任座的大臣当面批评魏文侯，说仁君应该把地盘优先分封给兄弟，而不是儿子。但任座并没有抓到重点，因为根据传统，魏击作为魏文侯的嫡长子，是魏文侯的唯一合法继承人。他必须留在父亲身边等待接班，只有其他儿子才可以被分封到朝廷以外。可见礼崩乐坏的时间已经太久，连守旧派也搞不清到底该守哪个旧了。

虽然魏文侯后来在翟璜的劝说下，认识到自己不该对任座发火，但最终还是把魏击分封到了中山。中山相当于魏国的一块飞地，中间隔着赵国。这样的分封释放了一个不算很隐晦的政治讯号——魏击的继承权就要被剥夺了。魏击这一走，从此和父亲、朝廷山遥水远。

眼见得自己越来越被疏远，失去了继位的希望，魏击该怎样夺回自己的合法权益呢？我们可以借助《说苑》和《韩诗外传》，看看当时贵族世界的社交礼仪和文学应用，并从司马光没讲的内容里，谈谈司马光在编修《资治通鉴》时的一种隐含态度。

赵仓唐的出场

《说苑》和《韩诗外传》都是汉朝的著作。《说苑》可以翻译成"有政治教育意义，充满正能量的历史故事汇编"，编者刘向是汉朝的宗室子弟，把皇帝当成目标读者，但显然没起到作用，因为王莽很快就成功篡位了。《韩诗外传》可以翻译成"韩婴学派的《诗经》讲义番外篇"，和它配套的原本还有一部《韩诗内传》，到宋朝就失传了。韩婴是西汉中叶的人，在汉文帝时代做过博士官。汉朝传授《诗经》的有三大官方学派，韩婴学派就是其中之一。

《说苑》和《韩诗外传》都记载有魏击到了中山之后的经历，两个版本的内容基本一致，只在细节上有些出入。也许它们有同样的史料来源，也许刘向抄了韩婴。

魏击来到中山国后，一连三年，朝廷没有派来过一名使者。魏击身边有一位家臣，名叫赵仓唐，拿孝道来劝说魏击："父亲可以忘记儿子，但儿子不该忘记父亲。就算您父亲不派人来，您也应该派人去啊。"

这话说到了魏击的心坎上。魏击回答说："我早就想派人去，只是一直没物色到合适的人选。"

赵仓唐说："我愿意去。您只要告诉我，您父亲都喜欢什么。"

魏击说："他老人家爱吃野鸭子，还喜欢北方血统的猎犬。"

就这样，赵仓唐带着鸭子，牵着狗，给魏文侯送礼去了。在求见时，赵仓唐说话特别客气："孽子击之使者，不敢当大夫之朝，请以燕闲，奉晨凫，敬献庖厨，绁（xiè）北犬，敬上涓人。"大意是说："我是您小老婆生的孩子魏击派来的使者，不配在朝廷上当着大臣们的面被您接见，请允许我在您休息时，把鸭子送到您的厨房，把狗送给您的保洁员。"这是上流社会标准的客气话，他们不觉得这种自贬有什么过分的。就像今天少数社交场合还会用到"犬子""贱内"这些谦称。

赵仓唐的话很得体，送的礼物也算投魏文侯之所好。魏文侯很高兴，召见赵仓唐，问道："击还好吧？"

赵仓唐回答说："唯唯。""唯唯"并不表达任何意思，仅表示"听到了"，大约相当于今天的"嗯嗯"。

上流社会的语言规范，有所谓"必慎唯诺"，在应声时，"唯"和"诺"虽然都可以表示"听到了"，但什么场合用"唯"，什么场合用"诺"，有严格的规矩。（《礼记·曲礼上》）当赵仓唐自告奋勇，要给魏击当使者去见魏文侯时，魏击的答复是"诺"。"诺"的音量高，"唯"的音量低，两个人如果身份相当，或者甲的身份高于乙，可以用"诺"，相反的情况下就只能用"唯"。如果一个人只会应声，从不发表意见，那就是"唯唯诺诺"。

以诗歌为武器

魏文侯的身份比赵仓唐高得多，所以赵仓唐的应声就是"唯唯"，但是，对于魏文侯的问题，赵仓唐只应声，并不正面回答。不论魏文侯把问题重复几遍，赵仓唐只是一个劲地"唯唯"。

魏文侯大概着急了，问道："你怎么就不能正面回答我的问题呢？"

赵仓唐当然有一番道理："您已经把太子分封为中山国君了，直呼他的名字不合礼数。所以您那么问时，我不敢回答。"

魏文侯赶紧改口："中山之君还好吗？"

赵仓唐这才回答："我出发时，他行了很正式的送行礼仪。"言下之意是他好好的，活蹦乱跳的。

魏文侯又指了指身边的人，继续问："中山之君又长高了没有？你看看和这里哪个人差不多高？"

赵仓唐答道："拟人必于其伦。"意思是，按照礼数，只有身份相当的人才能比量身高。

这是很重要的社交礼仪。《红楼梦》有一个桥段，史湘云心直口快地说一个唱戏的孩子长得像林黛玉，慌得贾宝玉连忙使眼色，怕林黛玉生气。**这种礼仪规范的根源，就是人在心理上的认知一致性：凡是我爱的，一定方方面面都好；凡是我恨的，一定方方面面都坏。一分为二地看问题需要调动强悍的理性，不是一般人能做到的。**

魏文侯没能"拟人必于其伦"，这也很自然，毕竟在他心里，魏击只是自己的孩子。但赵仓唐处处严守礼数，魏文侯只能检讨自己的失言，赶紧改口："那就和我比吧。"

如果赵仓唐真的拿魏击和魏文侯比身高，那就太直接了。贵族礼仪有一个普世法则——避免直截了当，必须多绕弯子。所以赵仓唐答道："您赐给他的衣服都很合身，您赐给他的腰带也不必调整尺寸。"这就把高矮胖瘦一起讲清楚了。

魏文侯继续问："你的国君在学什么功课吗？"

赵仓唐答："在学诗。"

魏文侯问："他喜欢哪些诗？"

重点来了，赵仓唐答："他最喜欢《晨风》和《黍离》这两首诗。"

魏文侯应该很有文化素养，听赵仓唐一讲，就吟诵起了《晨风》："鴥（yù）彼晨风，郁彼北林。未见君子，忧心钦钦。如何如何，忘我实多。"这首诗是秦国的诗，"晨风"并不是早晨的风，而是一种鸟的名字。诗人从晨风鸟起兴，感叹自己见不到想见的人，心里很难受，责怪对方竟然想不起自己。

吟诵到这里，魏文侯显然感到话里有话，问赵仓唐："你家国君是不是埋怨我把他忘在外面了？"

赵仓唐提到这首诗，显然就是要表达这个意思，但话还是不能明说，所以赵仓唐很合礼数地睁眼说瞎话："怎么敢埋怨您呢？我家国君只是时常记挂您罢了。"

好吧，这话就先当真的听，魏文侯放下《晨风》，开始吟诵《黍离》："彼黍离离，彼稷之苗。行迈靡靡，中心摇摇。知我者，谓我心忧，不知我者，谓我何求。"吟罢，魏文侯说："你们国君这不明摆着就是在埋怨我嘛！"

赵仓唐肯定不能说是，但也不能说不是，他会怎么回答呢？

——— 091 ———

司马光为什么回避文学事件

魏文侯吟诵《黍离》，实实在在地感受到了魏击对自己的怨念，为此再度质问赵仓唐。赵仓唐会怎么回答？这次的回答，可以看出赵仓唐的功力。

魏文侯密码

按说赵仓唐这次没法再做托词了，如果可以吐露心声的话，应该会说："当然，他难道不应该埋怨你吗？有你这样当爹的吗？有你这样当国君的吗？"但是，赵仓唐还是客客气气地说："怎么敢埋怨您呢，我家国君只是时常记挂您罢了。"

如果说魏文侯吟诵《晨风》时，赵仓唐这样解释，勉强可以打消魏文侯的疑虑，但当魏文侯吟诵了《黍离》，魏击的怨念已经板上钉钉了。赵仓唐等于直言不讳地告诉魏文侯："你儿子恨你，天天都恨。"意思虽然以明白无误的形式传达到了，但说出来的话还是得含蓄、委婉、遮遮掩掩。这也算是一种指鹿为马：彼此心知肚明站在面前的是一匹马，也同样对对方心知肚明，但还是要客客气气地说这是鹿，不撕破脸。

魏文侯心里有了数，什么话也没说，只是准备了一些衣服赐给魏击，让赵仓唐带回去。蹊跷的是，魏文侯对赵仓唐有一个很特殊的要求：这些衣服必须在清早鸡叫时送到魏击手里。

赵仓唐带着一肚子的莫名其妙回到中山国，准时准点把衣服交给魏击。这毕竟是来自魏文侯的赏赐，魏击先要答拜，完成必要的礼仪，然后打开箱子一看，衣服全都乱套了。

如果是普通人站在魏击的位置上，八成要骂赵仓唐保管不善，竟然对魏文侯的赏赐一点都不恭敬。但魏击的反应很异常，立刻安排车马，说父亲在召见自己。

赵仓唐一头雾水，对魏击说："我回来时，可没接到召见您的命令啊。"

魏击说："父亲叮嘱你必须在早晨鸡叫时把衣服送到，这是有深意的。不是有这样几句诗吗：'东方未明，颠倒衣裳。颠之倒之，自公召之。'这些颠三倒四的衣服，就是要召见我的讯号。"

　　魏击说的这首诗，是齐国的诗，叫作《东方未明》，说的是一名国家公职人员忙于公务，整天早出晚归，天还没亮就要起床准备上班，因为太匆忙，连衣服都搞得颠三倒四。为什么会这么匆忙呢？因为"自公召之"，领导要召见自己。

　　魏击准确解读出了魏文侯密码，当即出发，赶赴国都。魏文侯非常高兴，恢复了魏击的太子身份，转而把魏击的弟弟魏挚派去中山国，代替魏击。魏挚大概很不愉快，因为原先把魏击分封到中山国，自己是最有希望成为太子的。

　　魏击如愿以偿，又开始吟诗了："凤凰于飞，翙（huì）翙其羽，亦集爰（yuán）止。蔼蔼王多吉士，维君子使，媚于天子。"这首诗的题目叫作《卷阿》，主题是周天子出游，诗人写诗歌颂，不断变换角度吹牛拍马。魏击吟咏的这几句，原始含义是把被群臣簇拥的周天子比喻成被百鸟环绕的凤凰，所有的贤人都衷心爱戴周天子，甘心被周天子差遣。魏击应该是在宴会上吟咏这几句诗的，歌颂父亲魏文侯，也向朝廷里的群臣示好，诗句显得特别贴切、应景。

　　这件事前前后后涉及的所有诗歌，在《诗经》里都能读到。今天我们读《诗经》，是把它当成文学作品来欣赏的，而先秦贵族运用这些诗歌，是把它们当成优雅、含蓄的社交语言。所以孔子才讲"不学诗，无以言"，如果不能把这些诗篇背得滚瓜烂熟，活学活用的话，就很难融进上流社会的社交圈。

赵仓唐就是一个活学活用的典范。如果他没有这份诗学功力，在魏文侯面前用白话表达《晨风》和《黍离》的意思，一来就等于撕破了脸，直接埋怨魏文侯对魏击太无情，二来想用讲道理的方式说服一个地位远远高于自己的成年人，往往事倍功半，费力不讨好，反而容易激怒对方，把原本就已经很糟糕的局面搞得更糟。

而借助诗歌语言的话，一来够含蓄，给对方留足面子，二来也是最重要的，这两首诗都是魏文侯熟悉的作品。换句话说，魏文侯早年就学过、背过这两首诗，心里早已经形成了认同感。

当赵仓唐搬出这两首诗时，不再是"说服"魏文侯改变固有观点，而变成了"唤醒"魏文侯心里早就已经存在的认同意识。魏文侯正因为心里早就对这两首诗存在认同，所以才会对魏击的怨念迅速产生了同情的理解，而不是下意识地进入心理防御状态，调动一切心理资源去和赵仓唐对抗。

就这样，赵仓唐在魏文侯面前的一切表达看上去仅仅是在陈述事实，没有半点想要说服魏文侯的意思，却在不经意间产生了惊人的说服力，这足以当得起《老子》所谓的"大音希声"了。

司马光的取舍

魏击成功赢回太子地位的这段经过，既有资治意义，又有社会学研究价值，即便有虚构成分也无伤大雅，但《资治通鉴》竟然完全筛掉了这些史料，只字未提。明朝学者严衍和弟子谈允厚花了 30 年时间为《资治通鉴》拾遗补阙，订正胡三省的注释，写成一部《资治通鉴补》。就在这部书里，上述内容被完整地"补"了进去，放在周安王十五年（前 387 年），也就是《资治通鉴》编定为魏武侯继位的那一年，作为追叙。

假如司马光看得到这部《资治通鉴补》，应该不太高兴，还会声讨严衍和谈允厚的这种做派破坏了自己原著的精炼性。《资治通鉴补》确实太不精炼，篇幅几乎是《资治通鉴》的四倍。

司马光的精炼，当然来自明确的取舍标准。在"舍"的方面，文学首当其冲。所以在《资治通鉴》里，和文学——甚至还可以把概念再放宽一点，文化——有关的内容很少。诗歌作为古代最主流的文学类型，不大被司马光看得上。

唐诗的繁荣在很大程度上来自唐朝诗赋取士的制度，诗写得好就更容易金榜题名，从此走上仕途。宋朝虽然延续了这个传统，但时不时就会有人提意见，意见当然也很在理：国家明明是要通过科举考试来选拔政府官员，文学才华和政务能力有多大关系？而且诗歌这种东西，文学性越强，花架子的感觉就越重。科举标准是指引天下读书人的风向标，如果注重诗歌艺术，就会牵引天下读书人都把时间、精力耗费在毫无实用价值的诗歌技巧上去，这岂不是很荒唐？

在反对诗赋取士的阵营里，司马光也是其中一员。

在王安石变法时，司马光虽然是保守派里的中坚力量，却在反对诗赋取士这件事上和王安石看法一致，这算是很难得了。司马光的意见是：**选拔人才，对思想品德的考察才应该是第一位的，其次是对儒家经义的掌握，再其次是实际政务能力，最末才是文学技巧之类的东西。**

至于科举应该怎么改革，司马光和王安石的看法就不一样了。但无论如何，司马光对文学都表达了足够的轻蔑。司马光本人的诗写得就不太好，不过这种不好有时候更像是故意的，明明可以写得有点文采，偏要写得朴实无华。当这种态度表现在编写《资治通鉴》时，魏击那一段很有文学色彩的上位经历就被彻底无视了。

赵仓唐虽然有这样闪光的表现，却没能在中国古典文学里成为一个文学语码，反而"墙里开花墙外香"，在古代高丽特别受推崇。

高丽王朝末期，即中国的元朝时期，出过一位用汉语写诗的大诗人李齐贤，被誉为"东国杜子美"，也就是"朝鲜半岛的杜甫"。

李齐贤经常来中国走动，一次他途经中山国故地，写诗怀古，赞美赵仓唐，把他和春秋年间以孝道闻名的颍考叔和唐朝的狄仁杰一道称为"三仁"，认为他们三个是历史上最能代表仁爱精神的楷模，所以"愿令四海民，共祠此三仁"（《过中山府感仓唐事》），全世界的人都应该建祠堂来祭拜他们。

因为李齐贤的诗，赵仓唐在朝鲜半岛永垂不朽。

《资治通鉴》的第一卷《周纪一》，从周威烈王二十三年（前 403 年）开始，到周烈王七年（前 369 年）截止，总共三十五年的历史。古人过的显然并不都是慢生活，这三十五年间，实在有太多兴亡成败，天翻地覆。

周
纪
二

公元前 368 年
至
公元前 321 年

周显王

周显王元年

———————— 092 ————————

司马光为什么忽略了秦国的金雨

原文:

起昭阳赤奋若,尽上章困敦,凡四十八年。

依照太岁纪年,这一卷起始于昭阳赤奋若,截止于上章困敦,换算成公元纪年,起始于公元前368年,截止于公元前321年,一共48年。这48年,就是周显王在位的全部时间,从周显王元年到周显王四十八年。这段时间里,世界继续风起云涌,天翻地覆。最醒目的大事,就是商鞅开始在秦国变法,中原诸侯纷纷称王,纵横家纵横天下,兵法名家孙膑出场,上演著名大戏"孙庞斗智"。

魏国内战余波

原文：

（元年）

齐伐魏，取观津。

赵侵齐，取长城。

周显王元年（前 368 年），《资治通鉴》的记载只有两件事：第一，齐国攻打魏国，夺取观津；第二，赵国攻打齐国，攻陷了齐国长城。这两件事可以看作魏国内战的延续。前两年，魏莹和公中缓内斗，赵国和韩国扶植公中缓，围攻魏莹，结果因为意见不合，先后撤军，反而让魏莹绝处逢生，赢家通吃。三晋的乱象本来不干齐国什么事，但以战国的风气，隔岸观火不如趁火打劫，把水搅浑才好浑水摸鱼。

齐国这一次攻打魏国，显然是来捡便宜的。如果依照传统的军礼，魏武侯刚死，魏国正值国丧，趁人家办丧事去抢地盘，纯属非礼，为君子所不齿。但没办法，谁让礼崩乐坏了呢，在鳄鱼潭里的幸存者看来，活着当流氓总比死了当君子好。反正大家都开始耍流氓了，自己当君子的话，反而显得格格不入。

在道德操守的问题上，一旦突破了底线，哪怕只是突破了一点点底线，也会一发而不可收。所以维护礼制必须严防死守，而"道学先生"总是格外不近人情。看看周显王元年前后的天下大势，明显已经没有当初的贵族气质了。

根据《史记》的记载，魏罃，也就是魏惠王，大概不想和齐国恋战，索性把观津送给了齐国，以和为贵，毕竟这时候巩固内政才是最要紧的。赵国很可能因为没在魏国这边捞到便宜，所以趁着齐国攻打魏国的当口去打齐国，攻进了齐长城，后来因为看到齐国占领观津，结束对魏战争的进度太快，自己又有别的事情要忙，所以主动撤军。赵国要忙的"别的事情"，是再次和韩国联手，武装干涉周天子的家务事。这是后话，先按下不表。

秦国的一场金雨

周显王元年还发生了一件大事，但《资治通鉴》只字未提。

事情发生在秦国，栎阳下了一场金雨。

秦献公回国发动政变，在庶长改的帮助下夺位成功，很快迁都栎阳。到周显王元年，秦献公在秦国已经执政 17 年了，栎阳是他的福地。

栎阳的这场金雨到底什么样，是漫天飘洒金粉还是有很多金属物品从天而降，我们不得而知。但无论如何，这场金雨对于当时的秦国人来说，肯定属于异常现象，传递着某种神秘信息，需要用心领会。

依照《史记》的说法，秦献公领会到：这是"金瑞"。"瑞"就是"祥瑞"，"金瑞"就是在五德系统里处于"金"这个类别之下的祥瑞。

战国年间，五德理论正在萌芽、生长、流行，在五德系统里，有很多五个一组的事物一一对应，比如五行分别对应五色，五行当中的金对应五色当中的白色。天上最高级别的神也有五位，同样和五行、五色一一配对，金和白色所对应的就是白帝。于是在秦献公的理解里，既然天降祥瑞，这份祥瑞又明显属于金瑞，那么自己该做的就是修建祭坛，祭祀白帝，白帝当然就是秦国的保护神。因为秦国是西部诸侯，五行对应五方，金对应的恰好就是西方。所有细节都合得上，这份祥瑞实在来得明明白白。

《资治通鉴》之所以忽略这件事，当然因为它是"怪力乱神"。

虽然"怪力乱神"本身并不重要，但秦献公因为这场"怪力乱神"事件而做出的反应，也就是修筑祭坛、祭祀白帝，却是很有意义的事情。

在五德系统里，白帝是五位天帝之一，而天帝作为最高等级的神，只有天子才有祭祀资格。诸侯只有祭祀名山大川的资格，而且这些名山大川必须是自己境内的，否则就算非礼。所谓"国之大事，在祀与戎"，祭祀和打仗是最重要的国家大事，半点都疏忽不得。秦献公竟敢公然祭祀白帝，这就和楚国国君公然称王一样，对周天子连名义上的尊重都不给了。

秦献公虽然挑战了周朝的传统，但并没有违背秦国的传统。早在周平王东迁，秦国刚刚建国时，秦襄公就修建了一座祭坛祭祀天帝。当时还没有五德理论，所以天帝只是天帝，并没有一分为五。这件事被秦国史官记录在案，后来司马迁读到这些档案，感慨万千，说秦国在那个时候就已经显露出僭越的苗头了。（《史记·六国年表序》）

秦献公的父亲秦灵公也搞过新式祭祀活动，祭祀对象是黄帝和炎帝。把黄帝和炎帝放到秦国的祭祀背景下，就会发现：炎，是火，是红色，黄当然就是黄色，炎帝和黄帝看来就是五德系统里的两位天帝。再看《史记·五帝本纪》，黄帝之所以叫黄帝，是因为有"土德之瑞"，也就是土瑞。既然金瑞对应白帝，那么土瑞对应黄帝也就很容易理解了。这样看来，应该是先有五德理论，才有五帝的传说，五帝才与五色对应。

最后五德理论没人信了，烦琐的五帝系统被简化为炎帝和黄帝两位，成为天下人的共同祖先。

秦国祭祀的天帝，除了炎帝、黄帝、白帝之外，还有青帝，只差一个黑帝。祭祀天帝的祭坛叫作畤。既然有这么多位天帝关照秦国，对应着天下四方的各位天帝都来秦国显灵，明眼人自然看得出来，秦国取代周朝也就是迟早的事情。这就是天命，人力不能和天命抗争。

司马迁作为汉朝人，最没能摆脱的时代局限性就是迷信天命，所以《史记》对秦国的祥瑞格外重视。正是这些祥瑞让司马迁得出一个结论：秦国面积小，位置偏，兵力不如三晋强，一向都被华夏诸侯当野蛮的夷狄看待，还特别缺德，集这么多弱点、缺点于一身，按说苟活下来就算走运了，却能够一统天下，看来真是有老天爷在拉偏架啊。（《史记·六国年表序》）

今天我们谈到秦国的崛起，通常都会把主因归于商鞅变法，强调制度的力量，制度才是第一生产力。但这只是主流解读，是很多彼此相左的意见当中最后胜出的一种意见。司马迁还谈到了一种意见，也是他自己很认可的意见。这种意见貌似客观，带有地理决定论的色彩，说东方是万物萌生的地方，西方是万物成熟的地方。人要想博个开门红，一定要去东南，而收获成功果实的人一定都在西北。如果今天的创业者还相信这个道理的话，那么注册、开张可以选在上海，然后再把主场迁到兰州去。这当然是句玩笑话。

在司马迁看来，秦国无论从地理位置，还是从上天降下的启示来看，都注定着将来的不凡。所以《史记》中记载从西周到春秋时代的《十二诸侯年表》把秦国排在诸侯的第四位，到了记载战国大事的《六国年表》，秦国就升格为诸侯的第一位。显然司马迁认为，秦朝取代周朝不但是大势所趋，更是天命所归。

司马光当然不信这一套。虽然他也会高谈天命，但那只是套话。司马光有一封劝谏皇帝谨慎守护祖宗基业的奏章，里面就提到宋太祖受命于天帝。其实他在上下文里清清楚楚地分析说，开国帝王创业时，全凭智力和武力跟旁人争胜负，只有最聪明又最能打的人才能一统天下。(《温国文正公文集》卷18《保业》)这话实在太朴实，连儒家底线都不顾了，当然更没把天帝当回事。

就这样，在司马迁眼里意义深远的一场金雨，在司马光眼里约等于零，乃至《资治通鉴》连深挖一下这场灵异事件背后所彰显的政治野心的念头都没有。

─────── 093 ───────

周到底在哪一年结束

《资治通鉴》对周显王二年（前 367 年）的记载完全空白，直接跳到了下一年。这不太应该，因为这一年发生了一件无论如何都不容忽视的事情：虽然很缺乏存在感，却依然不失存在意义的周王室发生内乱，陷入分裂，在某种程度上甚至可以说周朝就此亡国。韩国是这桩丑闻背后最大的推手，赵国做了韩国的帮凶。不过，这件事的前因后果过于扑朔迷离，倒不能全怪司马光疏忽。

崔述的《考古续说》

民国年间，兴起过疑古思潮，严格审视古代历史文献，去伪存真，颠覆了当时人们心里不少历史常识，连带伤害就是沉重打击了民族自信，所以很多人都对疑古派咬牙切齿。在疑古派学者里，扛大旗的就是因疑古而爆红的顾颉刚。但顾颉刚自己并不认为疑古派的观点和态度有多么地前无古人、惊世骇俗，因为前辈疑古高人就很强悍、很尖锐，疑古派不过是站在巨人的肩膀上更上一层楼。

顾颉刚最推崇的一位前辈，就是清朝的辨伪大师崔述。崔述，字武承，号东壁，毕生致力于历史考订，著作很多，但知名度很低。这不奇怪，大家读书是要考科举的，而崔述的书既不适合科举，又没有休闲娱乐价值，没人看也就不奇怪了。后来崔述的作品在日本整理出版，传回中国，被胡适和顾颉刚等新潮学者奉为至宝。

崔述最著名的作品是《考信录》系列，主要考订夏、商、周三代历史，写完之后感觉意犹未尽，对东周历史还想再用用力，于是写成一部《考古续说》。在这部《考古续说》里，崔述揭露了一个大秘密，那就是当周朝传到周显王时，具体来说就是周显王二年（前367年），其实已经亡国了。

亡国的标志，就是周天子的直辖区一分为二。崔述说：这么大一件事，《资治通鉴》竟然根本没提过，后来朱熹把《资治通鉴》改编、删削，编成《资治通鉴纲目》，也没提过这件事。想来是司马光处理不来战国时代的杂乱史料，出了纰漏。至于朱熹，只是拿《资治通鉴》的原文做做剪裁而已，更不曾仔细考订。

（《考古续说·崔东壁遗书》）

崔述发现的蛛丝马迹很有意思，首先是《左传》的一段记载：公元前606年，楚庄王去打一个叫作陆浑之戎的夷狄部落，军队驻扎在洛水岸边，这里已经很靠近周天子直辖区的边境了。楚庄王有点发飘，举办了一场盛大的阅兵式，在周定王眼皮底下耀武扬威。周定王派王孙满到楚国军营劳军，楚庄王竟然很没分寸地向王孙满打听九鼎的大小轻重，给我们留下了"问鼎"的典故。九鼎是至高权力的象征，大小轻重绝不是楚庄王应该打听的。王孙满看出楚庄王的野心，讲出一番"在德不在鼎"的道理，大意是说只要君王有德，天命自然就会向着他。王孙满有一个观点特别有意思，说**无论君王的德行有多高，天命也不可能永远眷顾他和他的子孙后代，这份眷顾必然会有一个截止日期**。当初周成王"定鼎"在雒邑，也就是把九鼎安顿在雒邑时，是占卜过的，得到的结果是："卜世三十，卜年七百。"也就是说，上天把周朝的未来都安排好了，周天子可以传承30代，周朝可以延续700年。在楚庄王的时代，周朝距离上天指定的截止日期还早呢。（《左传·宣公三年》）

《左传》有一个很突出的行文风格——预言特别多，绝大多数预言不管看上去有多离奇，在后文当中都能应验。这就让那些有无神论立场的历史学家可以通过这些预言来判断《左传》成书的大致时间。逻辑很简单：好比有一篇文章提到 1920 年有个算命大师做出预言，说 100 年后会有一场由新冠病毒引发的传染病席卷全世界。那么，不信邪的人就会断言：这篇文章的写作时间肯定不会早于 2020 年。

用这个逻辑来看"卜世三十，卜年七百"，问题就来了：《汉书·律历志》早就算过这笔账，周朝明明传承了 36 代天子，延续了 867 年，大大超出了占卜结果。这个错误是怎么形成的？崔述讲，如果不把周显王和周显王以后的天子算进去，那么从周朝开国的周武王数到周显王的前任周烈王，刚好 30 代，差不多也刚好是 700 年。所以，《左传》的作者作为战国年间的人，显然不把周显王时代和周显王以后的时代当成周朝的延续。

《孟子》和《战国策》的疑点

《孟子》被奉为经典之后，有人越读越觉得不对劲，就写了一首诗来讽刺，最后两句很有名："当时尚有周天子，何事纷纷说魏齐。"意思是说，孟子周游列国，劝说魏国、齐国这些大国的国君施行仁政，一统天下，而孟子作为一代儒家楷模，竟然无视周天子的

存在，到处怂恿大国诸侯改朝换代，这是不是不太地道？（《古今谭概·骂孟诗》，《宋稗类钞》卷25）

这首诗的来历，和北宋学者李觏（gòu）有关。李觏讨厌佛教和孟子，爱喝酒，某天有达官送给他几斗酒，他家自己酿的酒也恰好酿熟了。一名士人想讨酒喝，就写了几首诗骂孟子，"当时尚有周天子"云云就是其中之一。李觏看到这几首诗，把这名士人引为知音，留他在家做客，拿好酒款待，边喝酒边一道骂孟子。（《古今谭概·骂孟诗》文戏部卷27）。

李觏生活的时代基本和司马光重合，那时疑古思潮已经蔚然成风，以至于司马光气急败坏地批判过这种不良风尚，说疑古本身没问题，质疑一下史料里的疑点也好，探讨一下儒家经典的可靠性也好，都是正常的学术做派，但最近有些年轻人太不像话，书还没读过几页，就人云亦云地怀疑这个，讥笑那个。（《温国文正公文集》卷45《论风俗劄子》）

司马光本人在疑古方面很有建树。他写过一部《疑孟》，质疑的对象就是《孟子》。想必如果司马光看到这首嘲讽孟子的诗，不但不会恼羞成怒，反而会心有戚戚焉。

孟子真有这么不地道吗？崔述的意见是：当然没有。误会之所以发生，就是因为从周显王开始，周天子不但失去了政治权柄，就连土地和人口也都失去了，所谓"当时尚有周天子"根本就不成立。当时确实还有"周"的存在，但这个"周"已经不再是周朝的"周"，而是"周国"的"周"。论级别的话，周国并不比魏国、齐国等诸侯国更高。

再看一个疑点：《战国策》按照国别分门别类，有齐策、赵策、韩策等，而排在最前边的，是东周策和西周策，表明在战国时代，周已经一分为二，分为东周和西周。具体内容上，《战国策》只提到"周君"，而不提"周王"或者"周天子"。所谓"周君"，东周有东周君，西周有西周君，身份并不比诸侯更高。所以崔述认为，《战国策》的这些线索同样在告诉我们：周朝已经亡了。

崔述推测，司马光大约误把周显王的继任者周赧王当成了《战国策》里的西周君，结果把西周君的事情都安排到了周赧王身上。《史记》其实已经给出了线索，只不过这些线索太零碎，看上去不太搭界，必须细品才能看出端倪。

至此，我们必须重新梳理一下时间线了：周显王二年是公元前 367 年，秦朝的起始年是公元前 221 年，按照崔述的推断，虽然周显王在位时间很长，继任的周赧王在位时间更长，但这些年份都已经不能算是真正意义上的周朝了。

—— 094 ——

西周国是怎么来的

周显王的直辖区发生分裂，周朝可以说从此亡国。可这么大的事，为什么司马迁没发现，司马光没发现，历朝历代那么多知识精英都没发现，一直要等到清朝乾隆年间才被崔述发现？

西周和东周

事实上，在崔述以前，已经陆续有人怀疑过了，只是没能像崔述这样论述清楚。多数人不怀疑也不奇怪，因为这段历史实在太乱了，史料缺失的环节实在太多。先看西周和东周这一组概念，本身就很容易让人混淆。

我们在初中历史课都背过朝代歌诀，一开头就是"夏商与西周，东周分两段；春秋和战国，一统秦两汉"。古人把夏、商、周三个朝代合称为三代，周朝分成前后两段，前半段从武王伐纣开始，周武王推翻了商朝，建立了周朝，把首都从周文王时代的丰邑迁到了镐京，今天陕西西安沣河东岸。《诗经·大雅》有一首诗《文王有声》，通篇都在歌颂周文王、周武王先后在丰邑和镐京建都的丰功伟绩。

无论丰邑还是镐京，站在当时的天下视角来看，都太偏了。在那个交通和通讯都很落后的时代，把政治中心定在这种边边角角的地方，并不容易搞管理。所以，周武王的弟弟，周成王的叔父，也是孔子偶像的周公旦着手在雒邑，今天的洛阳一带，营建第二个政治中心。雒邑的地理位置，在当时来看属于天下正中，便利性很强。

雒邑的得名来自雒水，今天称为洛河。古代河流的名字通常都是三点水旁，但雒水很特殊，偏旁是表示鸟类的"隹"（zhuī），很可能当地沿河两岸常见一种被称为雒的鸟类，所以这条河就被称为雒，后来才改成了"洛"。

洛水在雒邑这一段是东西走向，雒邑位于洛水北岸。山南水北为阳，所以雒邑后来被称为洛阳。洛水有一段支流，叫作瀍水，南北走向。周公旦营建的雒邑，是由王城和成周两座城构成的一个建筑群，王城在瀍水西岸，成周在瀍水东岸。雒邑有时也被称为成周，用来和宗周镐京相对。从字面上简单理解，宗周的意思是老首都，成周的意思是大首都。

搞清楚成周、王城和雒邑的关系，主要依靠的是新中国成立以后的考古发现。但考古给出的线索并不是很明确，所以争议依然很大。古人没看过这些考古发掘报告，被各种文献里扑朔迷离的记载折磨得更惨，搞不清或者搞错其实可以理解。

从宗周和成周的相对位置来看，宗周在西边，所以也叫西都；成周在东边，所以也叫东都。周朝从周武王建国开始，大本营都在宗周，成周相当于陪都。传到周幽王时，发生动乱，宗周被毁，周幽王的太子，也就是后来接班的周平王只好东迁雒邑，住进王城。这件事，史称"平王东迁"，是周朝历史的分水岭。

平王东迁之前，政治中心一直都在宗周，这段时期称为西周；平王东迁之后，政治中心转移到了雒邑，这段时期称为东周。东周又可以分为春秋和战国两个时间段。换句话说，西周和东周是时间概念，西周指的是周朝的上半场，东周指的是周朝的下半场。

但是，麻烦来了：西周和东周不仅可以是时间概念，也可以是政权概念：从周显王二年（前367年）开始，周天子的直辖区里发生了一场分裂，分成了西周和东周两个诸侯国，在史料里，它们也叫西周和东周。

那段时间的史料本来就又少又乱，再加上这种同名异实的情况，很容易让人混淆。雪上加霜的是：明明说的是周天子的直辖区，为什么还有诸侯存在？为了把脉络理清楚，我们还需要掌握两个概念：王畿(jī) 和畿内诸侯。

王畿

王畿，简单讲就是天子的自留地。这片自留地以首都为中心，向四周辐射相当的范围。范围有多大呢？理论上讲，称为"邦畿方千里"(《周礼·大行人》)。所谓"方千里"，按照古代注释家的说法，并不是说方圆一千里，而是指边长一千里，面积约一百万平方里。当然，这种规整的安排纯粹出于想象。在周朝建国之初，虽然王畿不是一个规整的正方形，当时的里也比现在的里略短一些，但王畿的面积有可能超过了一百万平方里。

周朝，西边以镐京为中心，向四周辐射；东边以雒邑为中心，向四周辐射。镐京王畿的东部和雒邑王畿的西部接壤，从镐京到雒邑连成一片广袤的领土。对应今天的地理，大约相当于从陕西到河南，东西向的距离很长，南北向的距离偏短，这样一个近似于长方形的疆域，就是全部的王畿。

很显然，这片地方有点大，周天子本人就算想管也管不过来。该怎么办呢？传统的办法当然只有分封。可问题是，一旦把土地分封出去，那片土地不就变成诸侯的自留地，而不再是天子的自留地了吗？

天子必须保有大片自留地，否则就不会有足够的收入，也就过不上体面的生活。在分封制度下，诸侯虽然要向天子进贡，但贡品的礼仪意义远远大于实用意义，周天子是没法依靠诸侯的供养活下去的。更要命的是，诸侯来进贡时，天子必须给出体面的接待，每一次接待都意味着不菲的开销。**所以孟子说："天子之地方千里，不千里不足以待诸侯。"大意是说，天子的自留地如果达不到百万平方里的规模，单是接待诸侯就能把天子的财政拖垮。**（《孟子·告子下》）

所以，王畿作为天子的自留地，虽然受限于当时落后的管理水平，只能分封出去，但这种分封必须和通常意义上的分封不同，换言之，这样的诸侯必须和通常意义上的诸侯不同。

王畿之内，天子作为最高统治者，手下自然要有各级干部，怎么养活这些干部呢？天子不会开薪水，只会根据级别分封王畿以内的土地。这些干部在朝廷里受天子的直接指挥，下班时间可以在自己的领地里作威作福，享受劳动人民贡献的劳动成果。但是，天子只要对谁不满意，就有权收回他的领地另行分配。而对王畿之外的诸侯，比如晋国、齐国、秦国，虽然可以兴师问罪，甚至可以处死诸侯，但即便把诸侯处决了，也还是要从这个诸侯的近亲里指定死者的继承人，而不能就这么把封国收回来。

根据上面的标准，诸侯可以分为两种类型：一类叫作畿外诸侯或者寰外诸侯，封国地处王畿之外，基本不参与王室内政，享有高度自治权；另一类叫作畿内诸侯或者寰内诸侯，封国地处王畿之内，为王室的内政服务，被天子控制得死死的。

孔子的偶像周公旦就是一位典型的畿内诸侯。当初周武王建立周朝，分封诸侯，把周公旦封在鲁国，但周公没去，留在周武王身边帮忙，让长子伯禽到鲁国安顿，所以实际上鲁国的第一任国君不是周公旦，而是伯禽。周公旦自始至终都在中央政府为天子效力，从没去过鲁国。那么周公的开销怎么解决呢？如果把他当成鲁国的国君，他的开销就该由鲁国人负责。但他只是名义上受封鲁国，鲁国就算想供养周公旦，也架不住山长水远。所以周公旦在王畿之内还有自己的采邑，后来也还有子孙继续在天子身边任职，继承周公名下的采邑、封号和职责。

时光荏苒，不知道从什么时间开始，周公一系从王畿之内彻底消失了。三晋联手杀掉智瑶时，在位的周天子是周定王。等到周定王驾崩，马上开始了一连串的政变：周定王的四个儿子，先是老大继位，然后老二杀掉老大篡位，然后老三杀掉老二篡位，老三大概担心老四照方抓药，就把老四分封到河南，接续周公的官职。老四受封的就是王城。老四就是周桓公，是周国的国君，谥号为桓。为了和后来出现的另一个周国相区别，周桓公的周国史称西周国，周桓公因此被称为西周桓公，他是西周国的第一代国君。

这次分封，手笔实在大得不可思议。王畿早已经一减再减，周天子自留地所剩无几，而分封王城，几乎等于把自己的家宅让了出来，以后周天子只能到成周安家了。成周的规模明显不如王城，这样一来，天子的居所反而不如畿内诸侯。篡权上位的周考王为了坐稳王位，不惜付出极其高昂的代价，把王城分封给兄弟西周桓公，从此东周时代里出现了一个西周国。

095

东周国是怎么来的

西周国，顾名思义，一定是为了和东周国区分。也就是说，要等到另一个周国出现，人们为了区别，才会分别称它们为西周国和东周国。

重温屠黍的预言

话说西周桓公坐镇王城，日子应该过得比他的哥哥周考王还好，既然如此，也就没有必要继承二哥和三哥的传统去弑君篡位了。从此以后，西周桓公在史料当中彻底隐身，大约风平浪静地过完了自己的一生，直到第二代西周国君周威公出场，西周国的历史才开始丰富起来。

当初晋国的史官屠黍预见到晋国将要发生动乱，就带着一批图书档案出国投奔周威公，周威公和屠黍由此产生一番意义深远的对话。屠黍以敏锐的观察力准确预言出晋国、中山国和周威公的封国西周国将要先后灭亡。周威公被吓得不轻,从此努力多做好事,不做坏事,礼敬贤人君子,用心治理自己的采邑,总算在有生之年没看到西周亡国。(《吕氏春秋·先识》)

但是,随着周威公的过世,屠黍的预言开始应验:九个月过去,周威公的遗体都没能得到正式安葬。这不奇怪,因为周威公的两个儿子正在忙着内讧,谁也顾不上父亲的丧事。

大儿子公子朝虽然是周威公名正言顺的继承人,但小儿子公子根就是不服气。这件事就发生在《资治通鉴》空缺的周显王二年(前 367 年)。韩国和赵国趁机拉偏架。**拉偏架有一贯的逻辑:要去帮实力弱的,名不正、言不顺的那一方,这才能给自己捞到最大的好处。**

韩国悍然干涉西周国的内政,既方便,又在理。说方便,是因为王畿完全被韩国领土包围着,西周国自然也在其内;说在理,是因为一来诸侯之间本来就有互爱互助的义务,扶危解困属于人间正道,二来从私心上说,韩国很可能怀疑周威公生前参与过一场针对韩国的阴谋。

《战国策》有记载说,有两个人,其中一个姓严,在韩国策划政治暗杀,他们途经周国时,周国国君留了他们 14 天，然后用豪华马车把他们送走了。韩国听到了风声，派人发出严正的外交谴责。周国国君很头疼，不知道该怎么办。有人出主意说："您就这样去跟韩国使臣讲，说您知道那两个坏人做了什么坏事，所以才故意绊住他们 14 天，为的就是等候韩国的指示。可韩国的指示迟迟不来，周国毕竟只是一个小国，没有能力长时间扣住那两个坏蛋，最后实在没办法，只好把他们送走了。"

《战国策》将这段记载归入《东周策》。按说东周策的内容都是东周国的事，但韩国发生的那场暗杀，应该就是聂政刺侠累事件，要么发生在周安王五年（前 397 年），要么发生在周烈王五年（前 371 年）。那个姓严的人，就是事件的主谋严遂。问题是，韩国这场暗杀事件，无论发生在周安王五年还是周烈王五年，东周国都还不存在，所以《战国策》这一段里提到的周国国君只能是西周国的国君周威公。刘向在编订《战国策》时，对《东周策》和《西周策》的编排完全没搞清楚，错误也不止这一处。

两个周国和两位周惠公

至于周威公是不是用了上述那番话去打发韩国的

使臣，韩国到底有没有继续怀疑周威公，完全缺乏史料记载。但如果这件事悬而未决，就相当于在韩国心里埋下一根刺。那么短短几年之后，韩国想要整治一下西周国，倒也在情在理。更有战略意义的是，周王室虽然沉沦了这么多年，每况愈下，看上去也不存在什么翻身的希望，但好像就是不肯认命，周烈王二年还派太史儋出访过秦国。太史儋仗着自己官方学术权威的身份，拿一大套历史和预言去忽悠文化落后的秦国，看上去似乎有拉拢秦国给自己撑腰的意思。君子见微知著、曲突徙薪，再小的隐患也应该找机会尽早消除。所以，扶植公子根，既能瓦解西周国，也能削弱周王室，搂草打兔子，一举两得。

具体的做法就简单了：韩国的对外政策很有连贯性，先前想要趁着魏国内乱，把魏国一分为二，只因为和赵国谈不拢才没能得手。这一回西周国的情形和魏国那场内乱如出一辙，西周国的国力又远不能和魏国相提并论，所以韩国故技重施，悍然分裂西周国，和赵国一起帮助公子根自立门户。

赵国这一回没有再给韩国掣肘，公子朝也没能力和韩国抗衡，周显王说话更不管用。按照《韩非子》的说法，西周国内还有一个名叫滑之的大奸臣兴风作浪，大约和公子根是一伙的。（《韩非子·说疑》）所以公子根要想在韩国的扶持下自立门户，看起来简直不费吹灰之力。

但事情没有那么简单，因为王畿一年年被蚕食，到这个时期已经所剩无几了。诸侯之间虽然你争我夺，大鱼吃小鱼，但谁也不好意思直接去抢周天子的地盘。不过，贪婪永远都能激发人的创新意识。比如当年晋国霸占王畿，就用了很高明的手段。

那是春秋时代的上半叶，晋国忽悠陆浑之戎——一支被称为陆浑的夷狄部落——说要带他们去一个好地段落脚。然后晋国就帮着陆浑之戎迁徙到伊川。伊川就在洛阳旁边，当然在王畿的疆域以内。陆浑之戎来到这个富饶之所，繁衍生息，这让周王室很吃不消。晋国这个伏笔埋得很深，多年之后，当陆浑之戎在王畿之内发展到一定规模时，晋国派兵奇袭，一举消灭这支威胁华夏文明的蛮族，当然，连带着占领了这支蛮族的地盘。占领蛮族的地盘，不但顺理成章，而且值得歌颂。至于这个地盘原本是不是属于周天子的王畿，反正时间太久了，没人记得。（《左传·僖公二十二年》）

早在平王东迁时，镐京那边的王畿就已经全部失去了，雒邑这边的王畿又在时光的冲刷下不断萎缩。到了公子根叛乱的当口，公子朝占据着王城，周显王住在成周，眼看着拿不出多余的地方给公子根了。但最后公子根还是拿到了一片采邑，地名叫巩，紧邻成周，在今天河南省巩义市附近。

这个小地方当然不足以和公子朝合法占有的王城相提并论，不过，公子根在名义上是以巩为采邑侍奉周天子，所以最有可能的是，周显王所住的成周事实上已经归了公子根，周显王虽然原地没动，但居住性质变了，等于寄宿在公子根的领地上，大约相当于从业主变成了租客。

崔述正是因为这个缘故，推断周朝到了这一年虽然还有名义上的天子在，但实际上已经亡国了。周朝的"卜世三十，卜年七百"，就到这一年截止。

公子根自立门户以后，以父亲周威公的合法继承人自居，所以身份也叫周公，采邑也叫周国。西边的公子朝本来就是名正言顺的周公，拥有名正言顺的周国。他们彼此大概会称呼对方为伪周公、伪周国吧。但旁人为了区别，依照地理方位，把公子朝的地盘称为西周国，公子根的地盘称为东周国。

既然周天子变成了租客，所谓王畿也就失去了意义。东周国和西周国虽然名义上还是畿内诸侯，但实际上已经等同于畿外诸侯，和秦国、齐国等传统的畿外诸侯没有什么区别，除了实力远不能和这些大国诸侯相抗衡。

东周国和西周国很容易混淆，不但因为两者的自称和简称都是周，而且公子朝和公子根还是在同一年上任的。除此之外，两人还有一模一样的谥号——周惠公。这就导致这段史料如同一团乱麻，总是让人看得一头雾水。《资治通鉴》对这桩大事的缺载，倒也值得原谅。

周显王三年

096

黄河变红是灵异现象吗

原文：

（三年）

魏、韩会于宅阳。

秦败魏师、韩师于洛阳。

周显王三年（前366年），《资治通鉴》记载了两件大事：第一，魏国和韩国在宅阳会见；第二，秦国在洛阳打败了魏、韩联军。

因为记载过于简单，我们只能推测，大约是秦国向东扩张，给三晋造成了很大压力，才使得原本已经反目成仇的魏国和韩国勉强联手，共御强敌。宅阳会见应该就是双方一起商量此事，谋求协作，但结局有点出人意料：魏、韩两大强国联手都能被秦国打败，看来老皇历该换了。这一年还有一个灵异现象司马光没有提到，那就是黄河水突然变红了。

河水变红意味着什么

宅阳是魏国的一座城，位置大约在今天的河南荥阳，原本是智瑶营建起来的。山河易主，物是人非，智瑶当年的苦心经营，到头来为他人作了嫁衣裳。韩、魏联手阻挡秦国东进，而秦国军队虽然来势汹汹，但也不可能长驱直入一路打到洛阳。《资治通鉴》大约把洛阴错写成了洛阳。洛阴和洛阳的关系并不像字面看上去的那样可以隔着一条洛水对望——毕竟洛水源远流长，洛阳在今天的河南境内，洛阴却在今天的陕西境内。洛阴当时属于魏国的西河郡，是吴起曾经扬名立万的地方。《资治通鉴》这段史料出自《史记》，《史记》写的就是洛阴，司马光应该是不小心抄错了字。（《史记·六国年表》）

参考《竹书纪年》，这一年还发生了一桩灵异事件：在龙门一带，黄河水变成红色，持续了整整三天。当然，《资治通鉴》照例"不语怪力乱神"，只是以今天的学术标准来看，"不语怪力乱神"未必就是好事。

《竹书纪年》先后有过两次关于黄河变红的记载。黄河的河水怎么可能变成红色呢？是不是上游发生了大屠杀，人血把河水染红了？这并不奇怪，商鞅变法时就发生过这种事。但问题是，《竹书纪年》的两次记载都只谈到河水变红，完全没有提及相关的屠杀或者战争，更没说过有尸体顺流而下。所以，在当时的人看来，这种灵异现象也许是上天的一种示警。

上天想说什么，普通人根本搞不懂，必须求助翻译专家。但是战国时代还没有人能翻译出河水变红的含义，要等到汉朝，易学大师京房出场，才斩钉截铁地说：凡是河水变红，都是老百姓对统治者满腹怨念，预示着战争迫在眉睫。（《水经注》）

直到今天，很多江湖术士还在拿京房的名头招摇撞骗，把京房的易学渲染得神乎其神。其实京房的易学有一套很清晰的标准，演算结果是可以经受证伪的。可以经受证伪，就等于从玄学走向了科学。

《后汉书》有记载说，东汉安帝永初六年（112年），河东郡池水突然变成红色，这一时期邓太后专政。显然，《后汉书》是把池水变红和太后专政之间绑定了因果关系，如果我们再看一下邓太后专政期间的天下大势，就会发现天灾人祸不断，外有夷狄入侵，内有盗贼作乱，完全可以验证京房的易学理论。

既然水变红是灾异，水变清应该就是祥瑞了吧？不是有个成语叫河清海晏吗？等哪天黄河水变得清澈，总该天下太平了吧？

这还真不一定。汉桓帝延熹九年（166年），黄河水真的变清了。大臣襄楷上书说："黄河是诸侯的象征，水清是阳气清明的征兆，估计有诸侯正在图谋皇帝的宝座。"（《后汉书·五行志三》）果然就在第二年，汉桓帝驾崩，没有儿子，窦太后找父亲商量，从皇亲里挑了年仅12岁的解犊亭侯刘宏继位，这就是汉灵帝。诸葛亮在《出师表》里说刘备当年"未尝不叹息痛恨于桓、灵也"，刘备叹息痛恨的就是汉桓帝、汉灵帝这两位末代昏君。襄楷的预言，同样十分灵验。

但是，灵异现象也许只是比较罕见的自然现象，"天何言哉"，上天并没有向人间传达什么旨意。如果我们向生物学家而不是占卜大师征求意见的话，得到的解读会是：所谓河水变红，只是因为一个众所周知的现象——鲤鱼跃龙门。

鲤鱼跃龙门

鲤鱼所跃的龙门，就是《竹书纪年》记载的魏国龙门，今天叫作禹门口，位于山西河津和陕西韩城之间。龙门两岸是悬崖峭壁，中间是黄河奔流。黄河自北向南，越靠近龙门，河道就被两岸的峭壁约束得越窄，所以当河水冲出龙门时，真有雷霆万钧之势。可如果远眺龙门，再回想水产市场里卖的鲤鱼，就会发现传说终究只是传说。别说鲤鱼了，就算是现代的鱼雷都跃不上龙门。

那么，到底是谁布下的鲤鱼跃龙门这个骗局呢？

罪魁祸首是汉朝一个姓辛的人，名字已经不得而知了，后人通常称他辛氏。辛氏写过一本书《三秦记》。项羽曾经把秦国故地一分为三，分封给三名秦朝降将，从此秦国故地，也就是今天的陕西一带，统称三秦。所以辛氏的《三秦记》，相当于一部陕西地方志。龙门位于陕西和山西之交，也在《三秦记》的描述之列。

《三秦记》原书早就失传了，清朝学者从各种古书里搜集《三秦记》的引文，辑录成书，内容当然会很单薄。而就在这些单薄的内容里，辛氏好几次提到龙门，说那里水势凶险，鱼鳖游不上去，所以江海大鱼越聚越多，但凡有哪条鱼能逆流冲过龙门，就会变成龙。这些发奋改变命运的大鱼，主要是黄鲤鱼。每年暮春时节，无数黄鲤鱼从大海和各条大河云集龙门，挑战极限，但一年当中能够挑战成功的黄鲤鱼不会超过 72 条。黄鲤鱼只要刚刚跃过龙门，马上就会云行雨施。然后，黄鲤鱼一边游，一边有天火从身后降下来，烧掉它的尾巴。等尾巴烧完了，黄鲤鱼就变成龙了。

这样荒唐的事，还真不怪《三秦记》乱说，要怪就先怪"黄鲤鱼"这个名号把人们骗住了。所谓黄鲤鱼，并不是今天水产市场里卖的鲤鱼，而是两种外形相近的鱼：鲟鱼和鳇鱼。它们在今天的生物分类里都属于鱼纲，鲟科。成年鲟鱼通常能长到两三米长，鳇鱼还要大得多，可以长到五米。

先秦年间，鲟鱼通常被称为鲔（wěi）鱼，鳇鱼通常被称为鳣（zhān）鱼，它们的身影在《诗经》里频繁出现。而《诗经》作为儒家经典，衍生出了好几种专门的学问，其中之一就是博物学，目标是把《诗经》里提到的各种花草树木、鸟兽鱼虫辨别清楚。这个领域里有一部名著，是三国时代吴国学者陆玑写的《毛诗草木鸟兽鱼虫疏》，书里介绍了鳣鱼和鲔鱼，说鳣鱼身形像龙，而鲔鱼长得和鳣鱼很像。当然，依据中国人的传统，总少不了点评一下这两种鱼的味道——陆玑认为鳣鱼的味道更好，他甚至把烹饪方法都写清楚了：既可以蒸着吃，也可以做成鱼羹，鱼子还能做成鱼子酱。

实际上，鳣鱼和鲔鱼都在海里成长，成年之后，会成群结队地涌进江河，逆流而上，游到上游水温低、流速大、水流复杂的地方产卵。龙门一带正是鳣鱼和鲔鱼的理想产卵场所。在产卵之前，雌鱼和雄鱼热烈追逐，时常跃出水面。这些热恋中的大鱼，鱼鳍总会充血发红，就像初恋的少女娇羞的脸颊，所以当大批鳣鱼和鲔鱼聚集在龙门水域时，长达数里的河段都会呈现出火红的颜色，蔚为壮观。周显王三年的龙门，大约鳣鱼和鲔鱼的活动格外活跃，所以史官才会把它当成灵异现象记录在案，这种现象后来又频繁出现，于是就衍生出了鲤鱼跃龙门的传说。

但令人失望的是，鳣鱼和鲔鱼并不会真的跃过龙门。一来即便以它们的壮硕体魄，也无法对抗龙门的湍流，二来龙门已经是它们的理想产卵地了，跃龙门其实毫无意义。事情就这样升华出了哲学高度：**当我们对鲤鱼跃龙门充满期盼时，那些所谓的鲤鱼，它们表现出来的努力、热切和拼搏精神，只是为了留在龙门，而不是为了跃过龙门。**

对待古书里的灵异现象，我们不能像司马光那样一味"不语怪力乱神"，非常之事，总是事出有因。

周显王四年至五年

097

赐给秦献公黼黻是礼还是非礼

原文：

（四年）

魏伐宋。

（五年）

秦献公败三晋之师于石门，斩首六万。王赐以黼黻之服。

周显王四年（前 365 年），《资治通鉴》只写了三个字："魏伐宋。"只说魏国攻打宋国，却完全没提前因后果。《史记》的记载稍微详细一点，说这一仗魏国打赢了，抢了一点地盘。

周显王五年（前364年），《资治通鉴》的记载虽然只有一件事，但这件事相当醒目——秦献公在石门打败了三晋联军，斩首六万，周显王因此赐给秦献公一身高规格的礼服。

记载虽然简略，但含义很丰富，在人口、战术和服装这三大主题上都有着值得深挖的价值。我们先从最简单的话题谈起：服装。

黼黻之服与十二华章

周显王送给秦献公一身高规格的礼服，原文是"黼黻（fǔfú）之服"，指绣着黼和黻两种高级图案的礼服。黼的图案很像斧头，黻的图案像是两个"弓"字背靠背。先秦的服装分成上下两部分，上身穿的叫衣，下身穿的叫裳（cháng）。后来这种穿法不流行了，但叫法保留了下来，只是"裳"不再读 cháng，而是跟在"衣"后读轻声，称为"衣裳（shang）"。

先秦时代，上衣和下裳各有各的纹样。《尚书》有一篇《益稷》，提到大舜想要安邦定国，政治手段之一就是设计礼服的图案：上衣的图案有六种，分别是日、月、星、山、龙、华虫；下裳的图案也有六种，分别是宗彝、水藻、火焰、粉米、黼和黻。其中华虫、宗彝和粉米至今不知是什么东西，专家们各有各的解释。总而言之，这十二种图案，后来被统称为十二华章。这十二华章，就是中国历朝历代官僚体系的服饰基准。

为什么是十二华章，而不是十一或者十三华章呢？这个问题并不无聊，因为十二这个数字是所谓的"天之大数"。如果说上天创造宇宙有一个数学模型的话，那么十二就是上天显示的所有数字密码里最大的一个数字。这很好理解，木星纪年和太岁纪年，都是十二年一个轮回。所以在周朝的礼制规范里，送礼的最高标准就是一套十二个，不能再多了。再看《春秋》和《左传》，记载的是鲁国十二公，《史记》里的"本纪"部分，一共十二篇。凡此种种，未必都是巧合。

"华章"的意思是漂亮的花纹。"章"从花纹的意思可以引申为条目、条理。我们读书时看到的"第一章""第二章"，就是这么来的。十二华章也分第一章、第二章……其中前三章日、月、星，通常是天子的专属，主要在祭天大典上用，后面九章以山和龙开头，所以统称"山龙九章"，属于诸侯一级的纹样。华虫以下的七章统称"华虫七章"，是中下级官员的专属。按照礼制，身份高的人可以穿低等级的纹样，但反过来不行。

其实周朝的纹样使用规范早就搞不太清了，秦汉以后，谁掌握了经典文献的解释权，谁就能给纹样确立标准。东汉的儒学大权威郑玄给过一个标准：十二华章，天子都能用，而在五等爵里，公爵能用山龙九章，侯爵和伯爵能用华虫七章，子爵和男爵能用水藻和火焰五章，卿大夫用粉米以下三章。

这样一看，黼和黻的地位并不太高，只是十二华章的最后两章而已。让人感到意外的是，龙的地位其实也不算高，仅仅排行第五，并不是天子的专属。

不过，郑玄的老师，同样在东汉名动天下的儒学权威马融，对十二华章另有看法，把黼黻的地位抬得很高，把它们提到了水藻和火焰之前。道理何在，我们不得而知，但唐朝的儒学权威孔颖达推测说十二华章分为前六章和后六章两个部分，前六章是正序，后六章是逆序。后六章既然是逆序，那么排在最后的当然级别最高。（《尚书正义·益稷》）

黼黻之服的策略意义

孔颖达给出的理由虽然未必站得住脚，但从先秦的文献和出土文物来推断的，黼黻的地位恐怕要比郑玄构想的更高一些。根据《史记》的记载，周显王送给秦献公一身黼黻纹样的礼服，是向秦献公道贺，祝贺他打败三晋。但《史记》有一点语焉不详的是，很可能周显王通过这种方式，承认了秦献公的霸主地位。也就是说，从此以后，秦献公就变成诸侯们的老大哥了。言下之意是，既然当了老大哥，就应该肩负起老大哥的义务，尊王攘夷，至少给大家做个表率，稍微尊重一下周天子。(《史记·周本纪》，《楚世家》)

当然，这未必是周显王的意思，有可能是东周惠公的意思，毕竟周显王已经没有什么发言权了。东周惠公虽然一度受惠于三晋，但如今确实也有理由借秦国的力量来制约三晋——秦国和三晋一样都是饿狼，但秦国这条狼毕竟离自己还有点距离。大家只要还愿意给周天子留最后一点面子，东周国这个弹丸之地就能风平浪静地再熬一些时候。而这次秦国的胜利，刚好可以呼应上周烈王二年（前374年）太史儋向秦献公做出的那番别有用心的预言。即使秦国接受了周显王的"黼黻之服"以后，无动于衷，并不因此就对周显王，乃至周显王所寄居的东周国多留几分情面，那也无妨。因为站在周显王和东周国的角度，只要自己把这个姿态做出来，至少就能让三晋忌惮几分。这是杀鸡给猴看的相反策略：巴结黄鼠狼，为的是让鸡看见。

衣服的纹样为什么重要，或者说，为什么会有敏感的政治意义，这并不难理解。**穿着打扮是一个人所有特征里最外显的一项。如果想让陌生人一望之下就能知道你的身份地位，最简单的办法就是穿能够显示身份地位的衣服，正所谓"人靠衣装，佛靠金装"。**

穿着打扮就是这样，越不实用，越反实用，高级感就越强。背后起作用的，是人类在亿万年进化史里固化下来的心理认知，即便是宣扬四大皆空的佛教，越是金碧辉煌的寺庙就越有旺盛的香火。

所以全世界的古代文明，不约而同地发展出了在穿衣打扮上的等级标准。只有古希腊一度很另类，随着古典民主制的兴起，服装也跟着改头换面，迎合新的政治正确，无论贵族还是平民，无论富豪还是穷人，都穿着同样款式的白色长袍，甚至连男装和女装的差别都取消了。当然，这种反人性的时尚注定不会长久。

周朝作为礼仪之邦，既用服装标准去顺应人性，也用同样一套服装标准压抑人性。在繁文缛节的礼仪规范里，有不少内容都和穿着打扮相关，而且格外关注细节。但衣服终归只是衣服，恐怕连周显王自己也不相信，送这么一套衣服给秦献公，就能对传统礼仪秩序有一丁点维护意义。而且，这样做本身就已经非礼了。

宋朝学者王应麟的《通鉴答问》抓到了问题的重

点：石门之战，秦国军队从三晋子弟那里收获了六万颗人头，打仗什么时候变得这么残酷了？秦国的这种打法，简直就像猎人打猎，农人锄草，太不把人当人了。不把人当人的人，根本就不配叫人。秦献公做出这种事，明明应该遭天谴，周显王反而送给他黼黻之服作为奖励，这成何体统。华夏礼服本该是上天赐予有德之人的，怎么能送给缺德的、不是人的败类呢？

　　王应麟的说法，透露出一个时代转折的关键：战争的规模变了，打法也变了，传统的兵法——包括著名的《孙子兵法》——已经落后于时代了。

—————— 098 ——————
为什么说石门之战有里程碑意义

周显王五年（前364年），秦献公在石门打败了三晋联军，斩首六万，周显王赐给秦献公一身高规格礼服，意味非凡。但值得怀疑的是，秦国这一次的战果，大得有点惊人，会不会被夸大了呢？

这是一个合理的怀疑，因为在历史上，和战争相关的数字经常都会夸张，动不动百万雄师，实际兵力恐怕要连打好几个折扣。但是，夸大兵力出于虚张声势的必要，争取还没开打就先把对手吓破胆，而斩首的数字通常缺乏造假的意义。原因在于，斩首的目的是计件提成——多劳多得，少劳少得。必须有实实在在的人头清点出来，才能拿到相应的奖励。所以，杀良冒功的事情很常见，拿老百姓的人头冒充敌军的人头。这就意味着，就算秦国军队杀良冒功，六万颗人头里有一多半是从老百姓的脖子上砍下来的，但无论如何都杀满了六万人。

这就很让人吃惊了：打仗不稀奇，打仗死这么多人就太稀奇了。所以石门之战具有十分重要的里程碑的意义，事件背后的战术逻辑和人口逻辑值得深入探讨。

高级战略输给低级算法

历来最受人推崇的打法，就是《孙子兵法》所谓的"不战而屈人之兵"，不打就能赢。

如果实在做不到这种高标准，那么退而求其次，至少要争取以最小的代价换取最大的胜利。所以一旦动起手来，"全国为上，破国次之；全军为上，破军次之……"（《孙子兵法·谋攻》）以此类推，反正最好是让成建制的敌人直接投降我们，而不是拿真刀真枪打败他们。

问题是，这样的战术原则，有一个很难解决的内在矛盾。假定某位将军出征，通过缜密的谋略，成功实现了"不战而屈人之兵"。这份伟大的功劳，当然值得重赏。但是，他手下那么多谋臣、武将、士兵也需要立功受赏，跟着主帅耗时耗力跑这一趟可不是为了完成集训。这就意味着，要让军队有旺盛的士气，就得给足将士们立功的机会，而最直接、最明确、最不容易产生纠纷的方式，就是拿人头计件提成。当然，不一定是人头，耳朵也行，只要能表明自己取走了敌人的一条命就行。

即便是现代管理学，也在处心积虑地研究计件提成的手法。无数事实证明，只有标准明确的计件提成制度，才是最能激发人的主观能动性的管理制度。管理学家想出各种办法，尽可能把所有工作项目都变成可以量化考核的项目，这就有了今天的各种 KPI 模板。

拿人头计件，就是现代 KPI 的原初版本。在早先的贵族战争中，士气在很大程度上取决于荣誉感，但战争规模越来越大，贵族不够用了，必须让平民百姓参军打仗。平民百姓，也就是传统意义上的"小人"，没什么荣誉感，只会计较蝇头小利。指挥这样一群"小人"去打仗，给他们讲旧贵族的大道理也好，激发他们的国家认同感也好，都远不如计件提成来得直接有效。这样一来，战争当中就很容易杀人过量。原本杀敌一千就能打赢的仗，士兵们为了多拿提成，最后能杀到一万人。而提成拿得越多，激励意义也就越大，很容易把全国人民的杀敌热情调动起来。

春秋后期，算首级计军功的做法就已经正常化了，但激励机制也许还不够完善。公元前 484 年，波澜壮阔的艾陵之战，吴国击溃齐国，缴获兵车 800 辆，斩首 3000 人。这在春秋时代堪称惊人，所以《左传》的记载浓墨重彩，巨细靡遗。但进入战国时代，秦献公一场石门之战，斩首六万，史书竟然只是轻描淡写，因为以后"万"级，甚至"10万"级的死亡数字还多着呢。

石门之战的战果，说明秦献公很可能优化了斩首记功的政策。秦国在不久之后的商鞅变法里就特别重视斩首记功，计件提成，搞得秦国人一听说要出去打仗，就好像要过年一样。石门之战虽然发生在商鞅变法之前，但秦献公的改革应该已经在计件提成的项目上强过其他诸侯了。所以清朝学者刘体仁认为，秦国的强大早在商鞅变法之前就显现出来了，商鞅变法并不是秦国成功的决定性要素。（《通鉴札记·秦之强不由于卫鞅》）

王应麟的《通鉴答问》里有一个统计，从石门之战到周赧王末年，也就是秦朝即将建立时，史料上记载的各种斩首数字，累计起来竟然超过140万。这种打法，以前从没有过。（《通鉴答问·显王》）

《孙子兵法》完全没能预见到这样的时代变局，在孙武的印象里，打仗从征兵开始就不容易，因为老百姓天然不爱打仗，之所以应征入伍，只是没能力和国家权力抗衡。孙武很能体会这份勉强，所以《孙子兵法》有一个重要命题"役不再籍"，意思是说，不能频繁地征兵打仗，真要打仗的话，最好只征一次兵，赶紧把仗打完。

这个道理到秦国人身上就讲不通了，多少人都想靠人头改变命运呢。

鼓舞士气的两种方案

在管理学意义上，个人的主观能动性从来都是最难能可贵的东西。套用孔子的名言："知之者不如好之者，好之者不如乐之者。"打仗也是一个道理，会打仗不如爱打仗。有了这份激情，也就有了士气，而士气的高低直接决定战争的胜负。当一群疯狗不顾死活地冲过来时，任凭你施展三十六计，最后也只有走为上计。**所以在一切兵法当中，各种阴谋诡计都是次要的，最核心的兵法就是鼓舞士气。只要士气旺，乱拳打死老师傅。**

孙武当然也明白士气的意义，《孙子兵法》给出的激励士气的办法，就是置之死地而后生。也就是说，要把士兵置于绝境，不留退路，让他们明白，不拼命就会死。做到这一步，当指挥官发号施令，准备作战时，士兵们就会泪流满面，人人都有拼命的觉悟。（《孙子兵法·九地》）《孙子兵法》还提到了具体的做法——焚舟破釜，后来被项羽学去，打赢了巨鹿之战，给我们留下了"破釜沉舟"的成语。

但是，这种策略在战国时代会遇到两个麻烦：一是战国诸侯频繁打仗，主要是为了抢地盘，很难说谁比谁更有正义性，抢劫之战不至于你死我活，势不两立；二是大家打得越频繁，彼此就越了解，也就很难把敌人想成恶魔，大家都知道自己和家人就算落在敌人手里，也不至于被剥皮抽筋下油锅，无非是换个主子而已。

在这种局面下，要想让军队永远保持斗志昂扬，计件提成制度的出现就不令人意外了。推行这种制度，技术上简单易行，唯一的难度就是跨过心理上的障碍：不再把人当成人看——敌人不是人，只是猎物。对于文明程度低的地方，这倒并不难，因为人类天生就是猎手，农耕才是反人性的事情。放下锄头，拿起武器，集体狩猎，天性因此得到释放。砍人头拿提成，相当于打游戏还能赚钱。

对主帅而言，升官发财靠的是把仗打赢；对士兵而言，改变命运靠的是多割人头。回顾一下春秋年间战争的主流打法，决胜负不必分生死，而在石门之战以后，既要决胜负，也要分生死。

当然，春秋年间战场上的"做人留一线"，不仅出于贵族道德，同样也有利益诉求：在战场上只有抓活的，才能拿到赎金，这是全世界贵族打法的通例。莎士比亚的历史剧和欧洲古典小说中有很多类似的情节，完全来源于生活。在这种打法里，俘虏的身份越高贵，赎金就越丰厚。反正军队里的主力都是大大小小的贵族，多少都能换来赎金，所以活的就比死的好。当然，就算只有死的，也可以拿尸体换赎金，没必要把人家的脑袋割下来。还有一个通例是：谁抓的俘虏，谁去要赎金。所以打败的那一方有时候还可以选择：反正败了，要被抓俘虏，是向张三投降还是向李四投降，这就值得斟酌了。他们通常会向更有威望的贵族投降，一来不丢脸，二来当俘虏也能当得舒服点。

不过，仗如果这么打，军队里的纪律性不可能很高。随着战争越来越残酷，也越来越需要整齐划一的纪律性。就算抓俘虏，俘虏们也应该被统一安置，集中管理。这也是因为，当军队里的贵族少了，平民多了，抓俘虏的潜在利益也就微乎其微了。任何一名士兵都不会算错这道简单的数学题：一颗人头比一个俘虏值钱。

以人头数量来计算功劳，叫"首功"，"首"就是首级、人头。后来正义之士看不惯秦国的做派，给秦国贴上了一张著名的标签："弃仁义而上首功。"说秦国人完全不讲礼义廉耻，和禽兽没什么两样，只知道割人头拿提成。但没办法，战国乱世，竞争就是如此残酷，高尚终归只是高尚者的墓志铭。

—————— 099 ——————

战国是怎么提高人口规模的

石门之战关涉的第三个主题是人口。

石门一战，韩、魏联军付出的人口代价是六万名成年男子，秦国虽然是胜利的一方，但斩首六万，自己总不可能毫发无伤。如果仗这么打下去，战国时代到底有多少人口才禁得起这种规模的战斗减员？

皇甫谧的《帝王世纪》

先秦时代的人口规模，当时的史料并没有给我们留下什么可靠的记载，不过，魏晋年间，民间学者皇甫谧写了一部《帝王世纪》，把大禹以来历代的国土面积、耕地面积和人口规模考证得一清二楚。皇甫谧在当时以道德文章名满天下，除了文学创作和历史研究之外，还精通医术，中国现存最早的一部针灸学专著《针灸甲乙经》就是他写的。

单看皇甫谧的史学贡献，《帝王世纪》填补了太多的学术空白，所以后代学者写书，很喜欢援引《帝王世纪》的研究成果。中国史学专著当中，研究历代典章制度的有三部：唐朝杜佑的《通典》，宋朝郑樵的《通志》和元朝马端临的《文献通考》，合称"三通"。"三通"无一例外照抄了《帝王世纪》，还没标注出处。"三通"的名头太响亮，以至于读者通常不会怀疑书中数据的真实性。当然，那些数据本身已经非常精确，显得特别有可信度，有的甚至精确到了个位数。

《帝王世纪》原书虽然已经失传，但因为历代著述经常引用这部书的内容，所以到了清朝，辑佚风气流行，有好几位学者不约而同地从众多古籍当中辑录引文，编成《帝王世纪》的辑佚本，其中最有名的是由宋翔凤集校的版本。我们可以从这部书看一下先秦时代的人口变迁：大禹时代的总人口是 13553923 人，到了商朝，皇甫谧很严谨地承认史料缺失，无从考证，然后周朝开国之初，周公旦辅佐周成王时，人口总数是 13714923 人，比大禹时代的人口整整增加了 161000 人，这是周朝的鼎盛时期。进入东周时代，周庄王十三年，也就是"春秋五霸"的第一位霸主齐桓公继位的第二年，公元前 684 年，全国人口总数——不含周庄王和他的后宫妃嫔——是 11847000 人。战国和秦朝缺乏数据，到了汉朝，汉平帝元始二年，公元 2 年，人口总数是 59194978 人。

皇甫谧怎么可能把数字搞得这么精确？他还真有依据，汉朝的数字是从《汉书·地理志》抄来的，《汉书·地理志》对全国各个行政区划都有耕地面积、户口和人口统计，最后再做汇总，确实精确到了个位数。《汉书·地理志》给出的全国人口总数是 59594978 人，皇甫谧抄错了一位数。

对于战国时代的人口，皇甫谧有一个推断，估计在一千多万人。虽然他的依据既不充分，也不牢靠。**人的心理天然需要稳定感，有答案总比没答案好，错误的答案也比没答案好，所以在古人的著作里，《帝王世纪》的数据被到处引用。引用的次数越多，给人的感觉就越真。**从另一方面来看，如果西汉鼎盛时期的人口接近六千万的话，战国时期的人口规模大约一两千万左右，倒也可信。

以这样的人口规模，再考虑到其中占相当比例的老弱妇孺，如果每打一仗就减员几万、十几万人，显然谁都扛不住。怎么办呢？必须重视人力资源才行。每一个老百姓，在自己眼里是人，在诸侯眼里是人力资源。人力资源的"力"分为两类：生产力和战斗力。力大来自人多。怎么保障人多？最有效的办法是休养生息，不打仗。

这当然不可能，因为诸侯们渴望人丁兴旺，为的就是打仗。如果不打仗，要那么多人还有什么意义？战争就好比一台高速运转，永不停歇的绞肉机，要不断拿大量的人命往里填，这就意味着，每一位诸侯都会面临这样一个紧迫问题：人口增速必须足够大，至少要供得上"绞肉机"的消耗。这时再回顾秦献公改革里的废除殉葬制度，就会发现这项改革节约人力资源的意义——那么多活蹦乱跳的人，与其杀掉殉葬，还不如扔到战场上当炮灰呢。

催婚催育

提高人口增速，主要有两个办法：一是实行惠民政策，吸引外国移民，这就是孔子说的"近者悦，远者来"；二是鼓励生育，甚至强迫早婚早育，优生优育。

这两个办法中，第一个办法越来越难了。既然各国都开始重视人口问题，自然会给人口外流设置重重阻碍。所以第二个办法成为主流，早在春秋后期就已经很有势头了。越王勾践被吴王夫差打败以后，卧薪尝胆，有所谓"十年生聚，十年教训"，意思是说，用了 10 年时间让老百姓多生多养多生产，又用了 10 年时间推行军事训练。父母眼里的心头肉，都是国君眼里的士兵胚子。

正所谓"巧妇难为无米之炊"，诸侯们把自己当成巧妇，人口自然是米。所以其他生产、分配、军事、徭役等政策都必须以人口为基础。

《国语》记载，勾践很坦率地跟全国人民说："古代贤君特别有感召力，天下四方的人民都会归附到他身边，国家不会缺少人口，可我没这个本事，所以你们必须给我多生多养。"不但要多生，还要优生。无论男女，只要到了生育年龄就必须结婚，否则就是犯罪，他们的父母要被治罪。为什么不对当事人治罪，而要治罪他们的父母呢？道理很简单：当事人还要留着生孩子呢。

在这样的时代呼声里，我们就很容易理解为什么儒家处处碰壁。因为儒家最核心，也是最烦琐、最难学的学问就是丧葬礼仪。简单来说，父或母死后，子女需要根据不同情况，服丧一年或三年。在此期间，生活有很多禁忌，至少需要禁欲。站在国家的角度来看，这虽然是古礼，但也太影响生育率了。就算"礼不下庶人"，但贵族阶层也需要多生多养啊。再说了，"君子之德风，小人之德草"，下层社会总会模仿上层社会，就算不让老百姓服丧，老百姓也会有样学样，所以服丧之风不可长。

到了战国末年，大型战役已经不知打过多少次了，到处都是孟子所谓的"杀人盈野""杀人盈城"，死人以几万、十几万、几十万计。当我们翻看战国晚期成书的《韩非子》时，会很惊奇地发现书里竟然感叹当时的人口太多了。

这段感叹，来自《韩非子·五蠹》。韩非子解释为什么以前的社会很安定，现在的社会很混乱，其根本原因就在于人口的差异：古时候人很少，资源很丰富，活着很容易，没什么竞争压力。现在可不同了，一个人生五个孩子并不算多，这五个孩子每人再生五个孩子，这样一来，祖父还没死，孙子就有 25 个。韩非子认为人口繁殖率太高了，资源不够用，竞争压力大，社会也就乱了。

这段推理显然有着不小的瑕疵，不过这不重要，重要的是他的论据来自对现实生活的观察，很有可信度。它充分说明了，即便以战国时代如此惊人的死亡率，竟然也输给了出生率，输给了各国鼓励生育的政策。

石门大约在今天陕西三原石门山一带，当时属于著名的河西之地。当初吴起离开魏国时，痛惜河西之地将来又要被秦国夺去，果然秦国后来不断反攻魏国，争夺河西，把魏国打得只有招架之功，没有还手之力，最后只好修筑长城，彻底采取守势。

周显王七年

---— 100 ——---

公叔痤为什么名字这么怪

原文：

（七年）

魏败韩师、赵师于浍。

秦、魏战于少梁，魏师败绩，获魏公孙痤。

《资治通鉴》空过了周显王六年（前363年），直接跳到了周显王七年（前362年）。但周显王六年还有一件事值得稍微提一下，那就是秦国又来欺负魏国，攻打少梁，赵国派兵来救。看来救兵起到了作用，秦国果然没能拿下少梁，所以这一仗没打完，第二年还要接着打。于是，周显王七年，秦国再度出击。《资治通鉴》在这一年一共交代了五件大事，我们先看前两件：第一，魏国在浍地打败了韩、赵联军；第二，秦国和魏国又一次在少梁开战，魏国溃败，公孙痤被俘。

浍之战

前年刚刚打过石门之战，三晋联手抗秦，去年秦国进攻魏国，赵国挺身而出，怎么今年魏国就对韩国和赵国下手了呢？更何况来自秦国的威胁还远远没有消失，三晋竟然这么快就起了内讧，原因实在让人费解。我们不知道其间到底发生了什么，但可以断言一定发生了什么。

关于三晋之间的浍地之战，《战国策》的记载稍微丰富一些，魏国的主将公叔痤和韩、赵联军在浍水北岸决战，擒获对方主将乐祚。浍水是汾河的一条支流，源出山西翼城，自东向西流经曲沃、侯马等地，最后汇入汾河。这一仗应该赢得很漂亮，所以魏惠王举行"郊迎"典礼——亲自出城，到郊外迎接公叔痤凯旋，这是传统的军礼。前文提过，儒家推崇的封建礼制可以分为五大类别，分别是吉礼、凶礼、宾礼、嘉礼、军礼。军礼，也就是军队的礼仪制度，属于礼制当中的重要一项。当初齐国名将司马穰苴带兵凯旋，在抵达首都之前，解除军队武装，解除战时法令，结盟，立誓，然后军队以平民身份进城。这是军礼对军队的要求，而对国君的要求就是"郊迎"，当时齐景公也做到了。这样的仪式感，除了奖励战功的意义之外，还意味着对军政和民政的严格划界——《司马法》规定："军容不入国，国容不入军。"

魏惠王在郊迎典礼上重赏公叔痤，划出百万亩良田，所有粮食产量都归公叔痤。公叔痤连忙推辞，但他不是假客气，而是真心实意地把功劳一分为四，说："能让士兵勇往直前，不惧强敌的，是吴起的遗教，我可做不到；走在主力部队前边侦察地形，判断利弊，让大家心里有谱的，是巴宁和爨（cuàn）襄；在战前申明赏罚，战后使军民信服的，是大王您颁布的法律；看准进攻的时机，击鼓冲锋不敢懈怠，这才是我干的。"

魏惠王很欣赏公叔痤的回答，于是重新分配赏赐：寻找吴起的后人，赏田 20 万亩，又给巴宁、爨襄各自赏田 10 万亩。至于公叔痤，不但照旧赏赐给他 100 万亩良田，又因为他不遗忘贤者的后代，不掩盖将士的功劳，额外赏田 40 万亩。（《战国策·魏策一》）

这段记载相当引人伤感，一来吴起虽然早已经离开魏国，死在了楚国，但他的流风余韵依然影响着魏国的战斗力，二来吴起去楚国去得太仓促，死得又太快，看来还没来得及把家眷接过去，而他的后人在魏国竟然籍籍无名，以至于魏惠王竟然要努力去找才找得到。

再看公叔痤把功劳一分为四，这个划分方法成为一种经典模板：**先贤的那一份功劳有则更好，没有也不太妨事，重要的是上级领导的功劳必须有，下级兄弟的功劳也必须有**。这两份是无论如何都不能省的。

公叔痤看来既有能力，又有情商，品德也很不错，那么问题来了：当年吴起在魏国遭到陷害，罪魁祸首是"公叔"。那个公叔阴险狡诈，绝对不是好人。《吕氏春秋》还有一段记载，说陷害吴起的人名叫王错。先秦文字经常同音通假，王错会不会就是公叔痤呢？可是，魏罃和公中缓争位时，有一个名叫王错的魏国大夫逃亡到了韩国。浍地之战的同年，秦国再度进攻少梁，击溃魏国的军队，擒获主将公孙痤，这个公孙痤会不会就是公叔痤，在文献传抄的过程中"公叔"被写成了"公孙"？在《资治通鉴》后面的记载里，还会提到来自吴起故乡的公孙鞅投奔魏国总理公叔痤，被公叔痤惊为天人，临死还向魏惠王极力推荐。魏惠王不以为然，导致公孙鞅转投秦国，成为以变法出名的商鞅。那么，商鞅遇到的人生中第一位伯乐公叔痤，会不会就是打赢了浍地之战的公叔痤呢？

各种推测都有道理，但也都没有十足的道理。在合并公约数方面最有可能成立的是，打赢了浍地之战的公叔痤，就是后来在魏惠王面前举荐公孙鞅的魏国总理公叔痤。

取名的方式和禁忌

还有一处小细节特别古怪，就是公叔痤的名字。先秦时代给孩子取名是有一定方式和禁忌的。

公叔痤，"公叔"既不是姓，也不是氏，意思是国君的兄弟，"痤"才是名。

"痤"的意思是疖子，皮肤病的一种。今天我们说的青春痘，有个医学名词叫痤疮，用的就是"痤"字。那么问题来了：谁家父母给孩子取名会选这样的字呢？

这确实很不合理。周朝人取名字，有一套很复杂的讲究，其中包括六大禁忌，凡是国家、官职、山川、疾病、牲畜、礼器的名字，都不能拿来当人名。理由其实很实际：主要是不想给自己找麻烦。前文提过宋国司城子罕篡位的事，"司城"就是官名，原本叫"司空"，因为宋武公的名字叫司空，作为官职的司空就改叫司城了。

疾病的名称也属于六大禁忌，当然更好理解。人的心理天然遵循认知一致性，谁也不会给心爱的孩子取一个让自己讨厌，也让所有人讨厌的名字。这种心理是跨时间、跨文化的，今天恐怕不会有人给孩子取名"非典"或"新冠"。

那么，会不会是"痤"这个字写错了？应该不会，因为《春秋》里记载了一位宋国太子，名字也是"痤"。在公叔痤之后，魏国还有一位总理名叫范痤。

古人也注意过这个小难题，清朝文字学专家段玉裁给东汉许慎的《说文解字》做注释，注到"痤"这个字时，就拿《春秋》记载的宋国太子痤举例，首先论证这个字没写错，因为"春秋三传"都是这么写的——其实段玉裁没看仔细，《穀梁传》写的是"座"，不过这不重要。其次，段玉裁坦率承认，这位太子的父亲确实犯了忌讳，用疾病的名字来给儿子取名。

但是，段玉裁很可能说错了。儒家十三经里有一部《尔雅》，作者不详，成书时间大约在战国末年到西汉年间，是一部小型百科全书。《尔雅》有一篇《释木》，讲解各种植物名称，在一堆木字旁的字里竟然藏着这个病字边的"痤"，说它是李子树的一种。

这就解释通了。周朝人给孩子取名，可以归纳为五种方式，分别叫作信、义、象、假、类。"信"是用孩子出生时的生理特征命名，"义"是用吉祥字眼命名，"象"是看孩子的某个生理特征与什么东西类似，就用那个东西的名字给孩子命名，"假"就是假借万物之名给孩子命名，"类"就是根据孩子和父亲的相似之处来命名。(《左传·桓公六年》) 所以，"痤"至少符合"假"的取名方式。这类名字很多，比如孔子的儿子孔鲤。至于五行、笔画、八字方面的讲究，这个时期还完全没有呢。李子树是黄河流域很常见的树种，用代表李子树的"痤"来给孩子起名字，是很好理解的事情。

—————— IOI ——————

少梁城为什么是战略重镇

周显王七年（前362年），秦国和魏国之间进行了少梁之战。魏国经此一败，虽然暂时没有丢失少梁，但与秦国的强弱关系就此发生逆转。少梁之战看上去好像是秦国虎狼之师悍然发动了侵略战争，其实有点复杂，因为少梁原先既不属于魏国，也不属于秦国，甚至不属于三家分晋之前的晋国。那少梁这个战略重镇到底从何而来呢？

少梁与梁国的兴废

少梁位于今天陕西韩城城南大约10公里，那里还保存着秦汉故城遗址。

之所以叫韩城，是因为周朝初年分封诸侯，在这里分封了一个侯爵级别的韩国。韩国虽然地盘不大，却是根正苗红的姬姓诸侯，旁边还有芮国、梁国两个迷你诸侯国。

《诗经·大雅》有一首长诗《韩奕》，描写韩国国君得到周天子的册命和赏赐，还娶了一个漂亮媳妇，各种喜气洋洋、志得意满。诗的开头两句说："奕奕梁山，维禹甸之。"梁山是当地的一座名山[1]，从命名的逻辑上看，有梁山所以有梁国，有梁国所以有少梁。

从地缘关系上看，韩国、芮国、梁国这三个小国夹在秦、晋两个大国之间，将来的日子一定不会好过。**小国要想求生存，独立自强只能加速灭亡，标准战略就是"事大主义"，说白了就是拜码头、认大哥。**芮国和梁国认了秦国当大哥，每逢重要的日子，两家国君都要去秦国拜码头。韩国的情况很不明朗，根据《今本竹书纪年》记载，周平王十四年（前757年），晋国灭韩。虽然这不是可靠的文献出处，但总归是晋国吞并了韩国。后来晋国把韩国故地分封出去，才有了后来的韩氏家族和"三家分晋"里的韩国。

春秋时代，秦国和晋国打了一场著名的韩原之战，韩原就是韩国故地。晋国吃了败仗，把韩原，连同广袤的河西之地一道输给秦国。指挥韩原之战的秦国国

---

1 一说韩有两处，梁山也有两处。《韩奕》所谓的韩与梁山都在今天的河北省境内，可备一说。

君，就是"春秋五霸"之一的秦穆公。大约就在韩原之战结束的几年之后，秦穆公把芮国和梁国通通灭掉了。根据《左传》记载，梁国的灭亡纯属咎由自取：梁国国君很喜欢搞土木工程，但建好了城却安排不出人口去住。老百姓疲于奔命，对国君离心离德，秦国看到机会，顺手就把梁国占领了，得来全不费工夫，这是公元前 641 年的事情 [1]。

秦国灭掉梁国和晋国灭掉韩国一样，都属于同室操戈，因为梁国和秦国都是嬴姓诸侯，有着血浓于水的亲戚关系。人们从情感上更愿意相信"非我族类，其心必异"，而历史更常上演的却是"同室操戈，相煎何急"。

梁国国都就是少梁，被秦国置县，成为少梁邑。20 年后，秦穆公去世，秦康公继位。晋国这边也有国丧，晋襄公去世，但该由谁来接班，这件事惹出了天大的乱子。晋国总理赵盾——他是赵无恤的先人——提议去秦国迎接公子雍回国继位，两位贵族——士会和先蔑接了这个任务，出使秦国。但他们前脚刚走，赵盾后脚就反悔了。结果就在第二年，当士会和先蔑引导着秦国军队护送公子雍回国时，万没想到竟然在祖国的土地上遭

1　据《史记·秦本纪》，秦穆公二十年（公元前 640 年），秦灭梁。

到了凶狠伏击。士会和先蔑气不打一处来，索性跟着败军一道回了秦国。（《左传·文公七年》）

这件事和司马迁的家族颇有渊源。《史记》全书的最后一篇是《太史公自序》，司马迁讲述自己的家族历史，说司马氏原先在周王室担任史官，后来去了晋国，然后分散到各地，留在晋国的这一支，在士会投奔秦国时，一起去了秦国，在少梁定居下来。

司马迁说自己出生在龙门，龙门通常的说法就是今天山西河津和陕西韩城之间的禹门口。这个说法未必可靠，但至少可以确定的是，司马迁的故里就在少梁，祖坟就在少梁旁边的高门原。如果今天我们去韩城，城西是梁山，城东是黄河，向南走的话，会经过东少梁村和西少梁村，然后就是司马迁的祠墓了。

地缘政治里的河西之地

很难想象司马迁的先人举家移民，把家安在少梁的原因。这里毕竟是秦国和晋国常年较劲的前线地带，不容易过上安生日子。果然，魏文侯崛起后，从秦国手里抢回了少梁，在那里加固城防，当作守卫河西地带的要塞和进攻秦国的桥头堡。那是吴起的风光年代，秦国一直被压着打，被迫退到洛水沿线驻防。

少梁东临黄河，这一段黄河是南北走向，如果乘船沿着黄河向南，途经鹳雀楼——战国时代当然还没有鹳雀楼，但假如已经有了，就会在这一段黄河的东岸，如果在黄昏时分登楼眺望黄河，看到的景象正好就是"白日依山尽"。下楼，上船，继续向南，到达风陵渡，黄河在这里和西边过来的渭水合流，然后一路向东。元朝人赵子贞有几句诗描写这里的景色："一水分南北，中原气自全。云山连晋壤，烟树入秦川。"（《风陵渡》）诗写得很磅礴，意思一点都不牵强，因为从此向西就是秦国故地，向东就是晋国故地。

大体上说，从少梁到风陵渡是一段南北走向的黄河，这段黄河以西，直到洛水沿岸的土地，就是秦、晋争锋的河西之地，魏国占据河西之地以后，在这里设置西河郡。也就是说，从地理上说，这里叫河西，从行政上说，这里叫西河。秦国守不住河西时，就退而守卫洛水，当然，只能守卫洛水西岸，东岸是魏国的，而秦国等有机会出击魏国时，就会渡过洛水，一路向东，打到黄河西岸。如果渡过黄河继续东进，魏国就危险了。少梁和它旁边的几座重镇，都在黄河西岸，背靠黄河。吴起在少梁修筑要塞，大概要的就是背城借一的感觉，让魏国军队在面对强敌时，背水一战，置之死地而后生。

时光荏苒，物是人非，秦国总算是把魏文侯和魏武侯都熬死了，把吴起也熬没了，于是秦献公反攻魏惠王，这将是一场老将对新兵的战争。《资治通鉴》记载的魏国公孙痤被俘，史料来源是《史记·秦本纪》，而在《史记·六国年表》里说魏国太子被俘。太子和公孙痤是不是同一个人？《史记·赵世家》说被俘的是"太子痤"，看来真是同一个人。可是魏惠王的太子明明叫作魏申，不知是太子换过人还是别的什么缘故。先秦历史经常会有这些问题，我们就不去考据了，只需要知道，魏国输得很惨。

关于少梁之战，《史记》透露了更多线索，一是赵国不计前嫌，竟然又一次赶过来救了魏国，保住了少梁；（《史记·赵世家》）二是少梁虽然保住了，旁边的重镇繁庞却被秦国夺去。（《史记·魏世家》）

司马光大概没看到《竹书纪年》的相关记载，否则一定会很疑惑：赵国对魏国忽好忽坏，虽然连番帮了魏国的大忙，但魏国同样连番去打赵国，不断从赵国手里攻城略地。

到底发生了什么，史料太简略，我们已经无从知道。至于魏国被秦国夺去的繁庞，在今天陕西韩城东南。当初魏武侯做太子时，从秦国手里夺取了繁庞，但只要土地不要人，把当地土著通通遣散了。这种手段，将来在秦国和魏国之间的战争里时有发生。现在只看土地的得失：繁庞的失守对魏国来说是一个危险的信号。少梁又被魏国守了很久，后来一度被秦国攻占，但魏国似乎又把它夺了回来。直到少梁之战的 32 年之后，魏国实在撑不住了，把少梁连同仅余的河西之地拱手送给了秦国。后来秦国把少梁改称夏阳，夏阳的名字直到现在还在使用。

1987 年，陕西考古所在韩城西南 11 公里处发现了一座古城遗址，推定这里就是少梁故城的残存。今天在韩城市南，西少梁村和东少梁村以北，还有一个村子名叫夏阳。单是这些地名，就很能让人发一发怀古之幽情。

―――――― 102 ――――――

司马光是如何辨别史料的

原文：

卫声公薨，子成侯速立。

燕桓公薨，子文公立。

秦献公薨，子孝公立。

周显王七年（前 362 年），《资治通鉴》还记录了
三起政权交接：第一，卫声公过世，卫成侯继位；第
二，燕桓公过世，燕文公继位；第三，秦献公过世，
秦孝公继位。这三起政权交接，都是正常的父死子继。
这里值得注意的是，司马光在编撰《资治通鉴》的过
程中，是如何辨析史料的呢？

司马光的《通鉴考异》
和冯继先的《春秋名号归一图》

　　卫国死掉的是卫声公，继位的是卫成侯，为什么一个是"公"，一个是"侯"？对照另外两个国家，燕文公继承燕桓公，秦孝公继承秦献公，父亲和儿子的头衔都是一样的，为什么偏偏卫国这么特殊？

　　《史记》给出过线索，说继位的卫成侯在执政的第16年自贬身份，把爵位从"公"变成了"侯"。事情还有下文：若干年后，卫成侯的儿子继位以后，再一次自贬身份为"君"，就像平原君、孟尝君一样，主动退出了五等爵的系统。这是国际外交关系上的常态，弱小政权会用这种策略向强大的政权示弱，以一副俯首帖耳的姿态，表示自己绝对不敢和大哥分庭抗礼。李煜之所以叫南唐后主，而不是末代南唐皇帝，就是因为从他父亲开始就在强大的后周政权面前自贬身份，不敢称帝，只称国主。

　　虽然这样的逻辑成立，但具体到卫成侯的问题上，究竟是不是自贬身份，倒也未必。《春秋》里提到卫国的国君，都称呼为"卫侯"，显然卫国的级别就是侯爵。至于卫声公称"公"，应该就像齐桓公称"公"一样，只是国内对他的尊称，并不是公爵的意思。

如果真的是司马迁搞错了，这个错倒也犯得在理，因为卫国确实一直都在走下坡路，在国际社会上越来越不敢出大气，后来也确实有过自贬身份的举动。如果司马迁并没有搞错，那么最合理的推测就是：战国年间各个诸侯都在拔高自己的头衔，反正只是举手之劳，并不花费什么，而五等爵里最高一级头衔既然是公爵，那自己就当公爵好了。所以我们才会看到燕国的国君也称公，秦国的国君也称公，而他们原本都是没有资格称公的。

在燕国的政权交接上，继任的燕文公为什么要称"公"，司马光还做过一番考证，这就要谈到《资治通鉴》的一部衍生书《通鉴考异》。司马光在编写《资治通鉴》时，对史料当中的各种矛盾和不合理之处仔细甄别、取舍，并把一些思考过程记录下来，最后汇集成书，就是《通鉴考异》。《通鉴考异》一共 30 卷，原本独立成书，后来被胡三省拆散，逐条安排在《资治通鉴》相应的正文下。今天我们看胡三省注本的《资治通鉴》，会在有些注释内容里看到"考异曰"的文字，就是胡三省从《通鉴考异》里拆出来的内容。

《通鉴考异》里，和《周纪》——也就是周朝历史部分——相关的内容一共只有五条。关于燕文公的头衔问题，司马光注意到《史记》里的矛盾：一会儿说燕文公，一会儿说燕文侯。到底是公还是侯？司马光的推测是：春秋时期北燕国的国君燕简公就已经称公了，燕文公的儿子燕易王甚至称了王，所以对于《史记》里的矛盾记载，《资治通鉴》采信"燕文公"，抛弃"燕文侯"。

司马光提到的燕简公，出处应该就是《左传》。司马光从小就爱《左传》，成年以后编写《资治通鉴》，也继承了《左传》的编年史传统，不过，《左传》要配合《春秋》来读。《左传》提到燕简公的内容，对应的《春秋》记载里，就把燕简公称为"北燕伯款"——顾名思义，他是北燕国国君，名字叫款，爵位是伯。也就是说，"燕简公"并不是正式称谓，"燕伯"才是。司马光竟然漏看了这条记载，不知是什么缘故。

大体上说，在《通鉴考异》里，对燕文公称谓的考订很能代表司马光的治史风格：虽然读书很细致，但远没到清朝考据大师们那种竭泽而渔、死缠烂打式的"恐怖"手段。

司马光的这点疏漏，其实也很可以理解，因为《春秋》和《左传》的人名称谓非常混乱，以至于有人专门为此做了索引。比如五代年间一位不知名学者冯继先写过一部《春秋名字同异录》，帮助读者辨别春秋时代的那些人名。

这部书现在已经失传，好在冯继先还有一部《春秋名号归一图》，用途差不多，但流传很广。宋元以来，印刷术也为科举考试提供了很多服务，儒家"四书五经"经常在卷首或卷末增加很多配套内容，比如《春秋》的配套内容就有《春秋名号归一图》《周王族诸氏》《春秋总例》等。正所谓太阳底下没有新鲜事，这些配套读物就是科举时代的思维导图。在《春秋名号归一图》简单一查，就能发现所谓北燕伯、北燕伯款和燕简公指的都是同一个人。司马光应该不屑于去看这种低端读物，结果还真的犯了一个低级错误。**这也正是史学研究的一大特点：细节千头万绪，再大牌的学者，也做不到滴水不漏。**燕文公的称谓问题虽然只是一桩微不足道的小事，但从历史书写方法的角度来看，可以让我们了解司马光在编写《资治通鉴》时是如何辨别史料的。

秦孝公接手的秦国

发生在周显王七年的大事件里，真正在历史上至关重要的，并不是燕文公的继位，而是秦孝公的继位，正是在秦孝公的执政生涯里，重用商鞅，推行变法，把秦国推向了一往无前的富国强兵之路。

秦孝公之所以这样发狠改革，是因为心里憋了一口气。

《资治通鉴》花了大量篇幅来讲述秦孝公继位之初的国际局势和秦国的国际地位，这些内容照例是从《史记》抄过来的。

原文：

孝公生二十一年矣。是时河、山以东强国六，淮、泗之间小国十馀，楚、魏与秦接界。魏筑长城，自郑滨洛以北有上郡；楚自汉中，南有巴、黔中；皆以夷翟遇秦，摈斥之，不得与中国之会盟。于是孝公发愤，布德修政，欲以强秦。

秦孝公继位时，年仅 21 岁。按照周朝传统，贵族家庭的男孩子要在 20 岁时举行冠礼，这是进入成年的标志，冠礼本质上就是成人礼。在举行冠礼时，父亲要请贵宾给孩子取字，有字同样是进入成年的标志。通常国君的成人礼会提前举行，无论如何，21 岁的秦孝公刚进入成年不久，正是年轻气盛时。而他接手的秦国，国际地位偏偏很不能让人气盛，《资治通鉴》原文是："是时河、山以东强国六，淮、泗之间小国十馀。"

先秦年间所谓的河，特指黄河。要等到汉朝，"黄河"这个名词才正式出现。稍微引申一下，"黄河"未必是说河水发黄，更有可能是形容这条河又大又好。刘邦分封功臣时，立下誓言："使黄河如带，泰山若厉，国以永存，爰及苗裔。"（《史记·高祖功臣侯者年表》）意思是说，就算黄河干了，泰山没了，我今天赐给你们的封国也会永存，让你们的子孙代代传承。"黄河"和"泰山"构成了一组工整的对仗，这里的"黄河"，意思应该不是浑浊、黄色的河，而是又大又好的河。"黄"的义项里，确实存在"又大又好"的意思。

话说回来，《资治通鉴》所谓"河山以东"，指的是黄河、华山以东。而这里的黄河，特指黄河河套的东段，也就是从少梁一路向南，到风陵渡为止的这一段南北走向的黄河。这段黄河以西就是秦国和魏国你争我抢的河西地带。秦国就算夺取了河西地带，仍然只是一个西部国家。而这段黄河以东，分布着齐、楚、燕、韩、赵、魏六大强国，淮水和泗水之间还分布着十几个小国，也就是"泗上十二诸侯"。

六大强国当中，楚国、魏国和秦国接壤。那时候没人相信"远亲不如近邻"的道理，楚国和魏国都在小心提防着"隔壁老秦"。魏国在河西地带修筑长城，又在北部设置上郡，要从斜上方压秦国一头，摆明了对秦国严防死守。楚国占据着汉中、巴地和黔中，压着秦国的南疆。所有国家，包括楚国，都把秦国当成夷狄看待，各种排斥，开国际会议时从来都不愿意邀请秦国。

这样一个秦国，就是秦孝公接手的家业，实在算不得优质资产。

———————— 103 ————————

为什么要给秦孝公披一件儒家外衣

《资治通鉴》记载秦孝公继位时候的国际局势和秦国的国际地位，整段内容都是从《史记》抄过来的，唯独在谈到秦孝公憋着一口气，想要发愤图强时，司马光忽然抛开了《史记》，给出了"布德修政"四个字的概括，这到底是怎么回事呢？

"布德修政"的疑点

《史记》的原文是："孝公于是布惠，振孤寡，招战士，明功赏。"一共四项国策，绝不是"布德修政"四个字所能概括的。所谓"布惠"，意思是广布恩惠，给人民各种好处。"振孤寡"，是说救济那些无依无靠的人。这两点为的是凝聚人心，斩获更高的支持率，接下来的两项才是重点：先是扩军，但军队不仅要人多，更要有战斗力，战斗力从何而来，要从"明功赏"

而来，有功必赏，功劳的大小和赏赐的轻重必须有明确、合理的对应关系。(《史记·秦本纪》)

《史记》的版本，描绘了一个积极变革，意在富国强兵的秦孝公，并且在商鞅变法之前，秦孝公已经在努力改变秦国了。而《资治通鉴》的版本，用"布德修政"四个字把秦孝公的具体做法做了模糊处理。好像秦孝公在搞的无非还是儒家德政的那一套，只因为心里这口气憋得太委屈，这才在不久之后让商鞅钻了空子，被商鞅把原本好好的一个"布德修政"的秦国打造成了法家风范的冷酷秦国。

这种小改动的背后，隐约可以看出司马光的现实考虑：当时王安石变法轰轰烈烈，王安石不但高度推崇商鞅，而且自比于商鞅，那么相应地，既然王安石是新时代的商鞅，宋神宗就该是新时代的秦孝公了。偏巧秦孝公和宋神宗的相似点真的很多，就连继位的年纪都相仿：秦孝公21岁继位，宋神宗20岁继位，都属于刚刚成年；秦孝公想着当代史上的屈辱，尤其是魏国和楚国没少欺负秦国，所以心里憋着气，宋神宗同样想着当代史上辽国和西夏没少欺负宋朝，心里也憋着气。

那么问题来了：商鞅变法到底是好是坏，在宋朝人的主流意见里，显然是坏的，虽然能见一时之效，但就像胡庸医滥用虎狼药一样，贻害无穷。后来秦朝短短两代就亡国，商鞅要算罪魁祸首。既然商鞅是亡国的罪魁祸首，那么任用商鞅的秦孝公又算什么呢？这个问题的现实版是：如果王安石是罪魁祸首的话，宋神宗又算什么呢？谁都懂得以史为鉴，骂商鞅就是骂王安石，那么可想而知，骂秦孝公也就等于骂宋神宗了。

在历史问题上，秦孝公和商鞅配成了一套，谁也没法单独择出来；在现实问题上，宋神宗和王安石配成了一套，但大家只能攻击王安石，不能对宋神宗失礼。如果秦孝公在遇到商鞅以前只是"布德修政"的话，当然完美无瑕，他犯的错只是富国强兵的意愿太强，以至于被阴险狡诈的商鞅利用而已。坏人是商鞅，不是秦孝公。

司马光还编过一部简明版的历史读本，叫作《稽古录》，前半部分从远古写到周威烈王二十二年，结尾刚好可以接上《资治通鉴》的开头，这部分是司马光的亲笔，后半部分是《资治通鉴》的浓缩版，这部分很可能是黄庭坚代写的。就在《稽古录》的后半部分里，提到秦孝公继位时，措辞是"孝公乃发愤修政，欲兴穆公之业"，对《资治通鉴》那句"布德修政"的原文只保留了后半段的"修政"，删掉了前半段的"布德"。(《稽古录·显王》)黄庭坚作为当时顶尖的学者，一个以博学见长的人，大概也觉得说秦孝公"布德"实在有点亏心吧。

但秦孝公的"发愤"是毋庸置疑的，因为发愤，所以图强，这一点和宋神宗并无二致。人被轻视，被欺负，心里自然会有不平之气，这股气到底是发出来还是憋回去，不同的选择造就了不同的人生。发出来的话，当然也存在不同的发泄渠道：多数人会选择侧面发泄，这就是韩愈的名言所谓"物不得其平则鸣"（《送孟东野序》），于是音乐也好，诗歌也好，都是很好的侧面发泄渠道。但秦孝公毕竟是一国之君，手里有的是资源可以利用，宁愿努一努力，选择正面发泄，和轻视并且欺负自己的诸侯硬碰硬，为秦国搞一场伟大复兴。

清朝学者易佩绅有一个观点，说圣贤豪杰的发愤，都只是自我激励，而奸雄的发愤，势必荼毒天下。这番话出自易佩绅的《通鉴触绪》，书名翻译过来，就是"《资治通鉴》读后感"。清朝人很爱写《资治通鉴》读后感，易佩绅的《通鉴触绪》只是其中名气很低的一部。但这部书很有几分算得上别致的优点，那就是坦率承认在传说中无限美好的三代以后，**圣贤之学和英雄谋略不能两全，以至于道德和功业必然分道扬镳，**

讲道德就别想建功立业，想建功立业就得果断把道德
抛诸脑后。

如果司马光看到易佩绅的《通鉴触绪》，应该会
气急败坏地说："我辛辛苦苦编写《资治通鉴》，苦口
婆心地劝告各位道德对于政治的意义高于一切，你怎
么就把我的书给读反了呢？"当然，秦孝公也有同样
的理由质问司马光："我明明想的只是富国强兵，我
的一切努力都是为了把天下列强打趴下，你凭什么说
我'布德修政'呢，搞得我好像披上了一件儒家外衣
似的。"

"逾年改元"的意义

《资治通鉴》讲完了秦孝公"布德修政"之后，就
结束了周显王七年的记载，然后进入周显王八年（前
361 年），并且一开篇就继续上文，说秦孝公在国内发
布重要讲话。司马光在这里的写法有点特殊，因为他
所采用的原始材料《史记·秦本纪》里，秦孝公布德
修政的内容和发布讲话的内容是完整的一段，而到了
司马光手里，从中间一刀两断，把一段完整的记载拆
分成前后两年的内容，这到底是为什么呢？

司马光并没有解释，但这个改动倒也合理，因为

古代的继位，有所谓"逾年改元"的传统。假如老国君是 6 月份过世的，国君的位置不能一直空着，新国君需要赶快继位，但继位之后，理论上国家和新君都还停留在痛失老国君的悲伤气氛里，所以年号还要沿用老国君的年号，政策也不要轻易改变，等把这一年熬完了，进入崭新的一年，这才开始改元，开始改元的这一年才算作新国君的元年。新国君想要搞什么新政策的话，最好从自己的元年开始。

"元"的本义是"头"。根据古代的造字法，"元"是一个会意字，上半部分的"二"在甲骨文里并不表示"二"，而是表示"上"，下半部分也不是"儿"，而是"人"。"人"的"上"面的部位，就是"头"。所以先秦文献里说把"元"如何如何的，经常表示把"人头"如何如何。从"头"的义项出发，"元"逐渐有了"第一""开始"这些引申义。所以"元年"表示的就是某位国君执政纪年的第一年。今天我们的常用词里，比如元旦、元首，其中的"元"字还是这个古老的含义。儒家给"元"字赋予了极其丰富的政治含义，这些含义虽然都不靠谱，但至少有一件事是靠谱的，那就是元年特别重要，必须慎重对待，善始才能善终。

逾年改元当然只是常规做法，特例永远存在：越是政局不稳时，"逾年改元"的传统就越是容易被打破。道理不难理解：新国君的当务之急，就是马上证明自己的合法性，所以才会刚刚登上宝座之后就迫不及待地改元，向天下人昭告新政权的建立，赶紧安定人心，获取支持。历史上如果有谁没等到逾年就改元，我们就能大体推断这个时间的政局并不稳定，这位国君的地位并不牢固，他的旁边多半会是暗潮汹涌。

秦孝公的继位，应该是在稳定局面里的正常继位，所以逾年改元，改元以后推行新政，这确实是合情合理的做法。

周显王八年

——— 104 ———

河西到底是谁家的地盘

周显王八年（前361年），也就是秦孝公元年，年轻的秦孝公继承了父亲秦献公传下来的家业，怀着对秦国国际地位的愤愤不平，开启了富国强兵之路。

改元之后的第一件事，就是昭告全国。秦孝公说了一番很雄辩、很有煽动力的宣言，对秦国父老晓之以理，动之以情，谈自己为什么要富国强兵。

秦孝公的话术

原文：

（八年）

孝公下令国中曰："昔我穆公，自岐、雍之间修德行武，东平晋乱，以河为界，西霸戎翟，广地千里，天子致伯，诸侯毕贺，为后世开业甚光美。会往者厉、躁、简公、出子之不宁，国家内忧，未遑外事。三晋攻夺我先君河西地，丑莫大焉。献公即位，镇抚边境，徙治栎阳，且欲东伐，复穆公之故地，修穆公之政令。寡人思念先君之意，常痛于心。宾客群臣有能出奇计强秦者，吾且尊官，与之分土。"

秦孝公首先追溯秦国的光荣历史，从秦穆公说起。

秦国历代那么多国君，之所以要挑这位不前不后的秦穆公，是因为秦穆公在春秋时代带领秦国成就过一番辉煌霸业，并且称为赫赫扬名的"春秋五霸"之一。

秦孝公说："当年我们的先祖秦穆公，在岐山和雍都一带一方面开展德政，一方面发展武装力量，向东出兵，帮助晋国平定了内乱，和晋国以黄河为界，秦国从此在西部世界蓬勃发展，周边那么多戎狄部落都听秦国的。周天子请秦穆公来当诸侯的老大哥，天下诸侯都来向秦穆公道贺。正是秦穆公，为秦国后来的发展奠定了极好的根基。但不幸的是，秦国后来的厉公、躁公、简公、出子，一连几代内乱频仍，导致秦国完全腾不出手来和天下诸侯争雄，被三晋抢走了自秦穆公以来就是秦国领土的河西之地，让秦国人丢尽了脸。秦献公即位之后，用心经营边境，迁都到栎阳，打算向东出击，收复秦穆公时代的旧河山，再现秦穆公时代的霸业。我每每想到先君想要收复失地，重振国威的良苦用心，惭愧和悲伤的情感就会交替折磨着我。所以，不论是本国的臣子还是外国来的客人，只要能贡献奇谋妙计，让我们秦国强大起来，我一定会拿高官、封地来重奖他的。"

秦孝公的话术，是先夸祖宗富过，激发集体自豪感，再讲丧权辱国的历史，激发同仇敌忾的热血，但如果读者里有来自三晋的人，心里多半会骂："你说这些话亏心不亏心？！"

河西之地的历史旧账

遥想当初，秦穆公刚刚登上政治舞台，"春秋五霸"的第一位霸主齐桓公正在东部世界里兴旺发达，而在中部世界，晋献公国力雄厚，不是秦国能够抗衡的。秦穆公娶了晋献公的女儿，晋国太子申生的妹妹，缔结了字面意义上的秦晋之好。

晋国好景不长，在一场宫廷阴谋里，太子申生遭到诬陷，被父亲晋献公逼死，申生的两个弟弟重耳和夷吾被迫逃亡国外。晋献公一死，晋国马上因为继承人问题又掀起一场血雨腥风。齐桓公作为诸侯们的老大哥，这件事必须管。

于是，齐桓公带着浩浩荡荡的诸侯联军，直奔晋国，准备好好干涉一下晋国内政，消灭晋国的坏人坏事。但是，联军从东边进入晋国没多久，就发现秦国的军队从西边来了。过去一打听，才知道秦国军队是护送晋国公子夷吾回国继位的。既然秦国占了先机，在尽兄弟之国应尽的义务，齐桓公就做了一个顺水人情，帮秦国一起送夷吾继位。但齐桓公没想到，秦国不是来尽义务的，而是来讨便宜的。

当初夷吾一听说晋国又发生了内乱，国君缺位，马上联系秦国，请秦国帮自己回国继位。夷吾开出了一个极其诱人的条件：只要秦国肯出手，等自己继位掌权后，就把河西之地五座城邑送给秦国作为报答。

站在夷吾的立场，如果自己不把条件开得够高，秦穆公很可能就去帮重耳夺权了，毕竟重耳比自己名望更高，也更得晋国人的好感。而站在秦穆公的立场，这个时候帮重耳也行，帮夷吾也行，到底怎么做这道选择题，思路很简单，那就是只选坏的，不选好的，因为一个品格和性情有缺陷的晋国国君不可能带领晋国走向强大，这样才对秦国有利。夷吾就是那个坏的，更何况最没资格继位的那个，才愿意开出来最高的价钱。

秦穆公没想到的是，品行差的人对于出尔反尔这种事没什么心理障碍。夷吾坐稳了晋国国君的位子，对先前的承诺就不认账了。秦穆公只能生闷气，虽然有人建议他搞颠覆活动，把夷吾赶下台，但秦穆公终究让自己的理智占了上风，硬是吃下了这个哑巴亏。

这一段历史的重点是：河西之地这时候是人家晋国的，不是你秦国的。

时光荏苒，晋国爆发了饥荒，秦国虽然痛恨夷吾，但本着人道主义精神，还是不计前嫌，运送大批的粮食来援助晋国百姓。没过两年，风水轮流转，秦国闹起了灾荒，向晋国求粮，晋国却不予理睬，两国恩怨加深，最终爆发了春秋历史上著名的韩原之战。

前文提过沙鹿崩和梁山崩，沙鹿山发生山崩，晋国的卜偃，即一个叫偃的占卜官做出预言说："不出一年，晋国要有大难，濒临亡国的那种大难。"（《左传·僖公十四年》）结果第二年就爆发了韩原之战，晋国惨败，连国君夷吾都做了俘虏。

夷吾被俘以后，虽然受了一点惊吓，但还是被秦穆公盛情款待，恭送回国。秦穆公的目的当然不是做老好人，这一回，夷吾不但献出了原先就许给了秦国的河西地带，还把太子送到秦国当人质。这一时期，秦国的东部疆域已经抵达了从少梁到风陵渡那一段南北走向的黄河。换句话说，河西地带基本都归秦国了。所以多年之后，秦孝公缅怀往事时，才会把这片地方当成秦国的固有领土。在他看来，这片领土不存在什么正当性问题，因为那是夷吾——按谥号称呼就是晋惠公——承诺过，送给秦国作为谢礼的。

站在三晋的立场，当然有理由质问："国家领土私相授受，这本身就成问题，何况这还是不平等条约，再说秦穆公虽然帮助我们先代国君晋惠公回国继位，但他的动机纯属为了削弱晋国，否则为什么不选人望更高、品行更好的重耳？"这里稍微交代一下后话：晋惠公死后，秦穆公有鉴于新的国际局势，真的帮助重耳回国夺了权。重耳就是晋文公，后来也成为"春秋五霸"之一。《资治通鉴》第一段"臣光曰"提到晋文公"请隧"的典故，说的就是重耳。

话说回来，战国时代无论是谁，如果拿所谓固有领土说事，一概缺乏说服力，得不到任何人的同情。因为早在分封的初期，各个诸侯国基本都呈点状分布，彼此之间根本不存在明确的边界，而到了春秋年间，虽然边界逐渐清晰，但各个国家在丛林法则里大鱼吃小鱼，固有领土早就乱套了。

公元前 541 年，晋国和楚国两个超级大国一起充当世界警察，维护国际秩序，在一起领土纠纷里，晋国总理赵文子说过两句名言，第一句是："疆埸之邑，一彼一此，何常之有。"大意是边界附近的城邑有时归这家，有时归那家，从来不是一成不变的。第二句是："封疆之削，何国蔑有；主齐（zhāi）盟者，谁能辨焉。"大意是国土被侵占是寻常事，哪个国家没有过呢，到底边界该怎么定，历届诸侯盟主谁也辨别不清。（《左传·昭公元年》）言下之意是：咱们就尊重既成事实好了，别去较真，历史旧账根本算不清楚。

这两句话如果放到秦国和晋国的领土关系上，同样很适用。秦国可以这样质问晋国："你们说河西之地是你们的固有领土，真是固有的吗？"老大不说老二，还是赵文子的方针最有指导意义。

还有一个细节值得关注：秦孝公说自己要继承先父秦献公的遗志："复穆公之故地，修穆公之政令。"所谓"布德修政"的"修政"，修的是秦穆公的称霸政策。消息传扬出去，果真吸引了不少人才，卫国一个叫公孙鞅的人一路西行，"看试手，补天裂"，要让秦国从此不同。

—————— 105 ——————

刑名之学是怎么回事

秦孝公昭告全国，准备复兴秦穆公的霸业，为此愿意拿出优厚的待遇招揽人才。消息不胫而走，卫国青年公孙鞅因此一路西行，准备到秦国碰碰自己的运气。公孙鞅就是后来大名鼎鼎的商鞅，现在还是叫他公孙鞅好了。

公孙鞅的出身

原文：

于是卫公孙鞅闻是令下，乃西入秦。公孙鞅者，卫之庶孙也，好刑名之学。

《资治通鉴》对公孙鞅的介绍很简单："公孙鞅者，卫之庶孙也。"这段内容来自《史记》，文字略有改动。《史记》专门有商鞅的一篇传记《商君列传》，对他的介绍比较详细："商君者，卫之诸庶孽公子也，名鞅，姓公孙氏，其祖本姬姓也。"秦孝公把商地分封给公孙鞅，公孙鞅跃身成为商地的封君，所以叫商君。我们习惯称他商鞅，意思是"商地的鞅"。

《史记》既说商鞅姓公孙，又说他的祖先原本姓姬。貌似自相矛盾，其实姓和氏在汉朝已经合二为一，司马迁作为汉朝人，已经搞不清先秦年间姓和氏的区别了。实际上"公孙"不是姓，按照字面理解，所谓"公孙"，就是公的孙子。同理，"公子"就是"公"的儿子。《资治通鉴》的改动十分合理，把《史记》里啰唆矛盾的话缩略成简单明快的短句："公孙鞅者，卫之庶孙也。"

公孙鞅作为卫国的公孙，自然和卫国国君同姓。卫国是周天子的同姓诸侯，第一代国君是周武王的弟弟康叔，当然姓姬。这样说来，公孙鞅是卫国根正苗红的贵族子弟，没必要背井离乡去打拼事业。但是，并不是所有的贵族子弟都值钱。公孙鞅属于"庶孽"，"庶"的意思是"小老婆生的"，"孽"的本义是树木萌生的旁支，引申义同样是"小老婆生的"。这样的孩子在家乡没出路，也很容易被歧视，不如外出发展。

另一方面，当时的卫国又小又弱，即便有高贵的血统和过人的能力，在这里也很难施展得开。卫国的困境，就像今天很多小公司的困境一样：天花板太低，留不住人才，好容易培养出来一个人才，转眼就去大公司谋职了，就算还没去，也被猎头盯上了。在充满竞争的环境里，马太效应经常显现，强者愈强，弱者愈弱。卫国这边，先前已经走了一个吴起，现在又要走一个公孙鞅。**弱国就算有人才，也没多大意义，反正也留不住；强国就算没有人才，也无所谓，反正天下人才都能为我所用。**秦国当时虽然还不算很强，但一来有成为强国的潜力，二来秦孝公开得出小国开不出的高价。

要想赚高官厚禄，自己首先要有特长。公孙鞅的特长是：对"刑名之学"浸淫很深。这里的"刑"是通假字，通"形"。如果地上有一个圆形的东西，从各个角度看它都呈现出圆形，那么所有这些圆形都是它的"形"。可以根据这些"形"做出判断：这东西应该是一个球。"球"就是它的"名"。然后来了一群人用脚踢这只球，那么把"脚"，也就是"足"，和这只球联系在一起，赋予这只球一个新的"名"——足球。

探究"形"和"名"之间关系的学问，就叫"刑名之学"，意思是考察概念和概念所对应的内容之间的关系的学问。还拿足球举例，刑名之学如果用来研究足球，具体要做的就是考察"足球"这个概念和"足球"这个东西本身到底是什么关系。

刑名之学

如果用一句话来理解刑名之学，可以看看伏尔泰调侃神圣罗马帝国的名言："神圣罗马帝国既不神圣，又非罗马，更非帝国。"

有人可能会疑惑，这么简单的事情，怎么就能形成一门学问？

刑名之学当然不会只有这么简单。以"马路"为例，我们几乎天天都要出门，出门就要上马路，但我们明明是人，坐的明明是汽车，路上明明也没有马，为什么叫"马路"呢？这种追问方式，就是刑名之学的核心方法论——循名责实，意思是说，要根据事物的"名"，去考察事物的"实"，不容许名不副实的情况。具体到"马路"，在发现名不副实后，要么把路上的汽车改成马车，要么把马路改名，叫作车行道。

用今天的眼光来看，会觉得这样的较真很无聊，但是，在语言发展到一定阶段后，由语言带来的很多困惑都会显形，容易让人手足无措。这是全世界的通例，和诸子百家同样生活在轴心时代的古希腊哲学家们也在纠结这些语言现象，只不过他们意识不到这只是语言现象而已，越琢磨越深刻，竟然把语言问题升华到了哲学高度。后来进入中世纪经院哲学时代，唯名论和唯实论因此打得不可开交。直到进入现代，维特根斯坦那一批哲学家才把很多哲学问题化约[1]回了语言问题。同样地，佛学里一些引发过激烈而烦琐的理论思辨的问题，本质上只是语言问题，一点都不深刻。

举个例子：佛法认为，人在修行之后会"六根清净"。"六根"是佛学的一个基础概念，指的是眼、耳、鼻、舌、身、意，那么问题来了，前五项是五种感官，最后的"意"并不是某种感官，如果它能和前五项并列，就意味着它也是一种感官，至少是一个实体。古代高僧们越琢磨越觉得有问题，所以不断给"六根"理论打补丁，把前五根归为一组，最后的意根单独算一组，再进一步区分可见部分和不可见部分，理论越搞越烦琐。但如果请一位刑名学家来循名责实，很轻松就会发现意根这个概念下并没有对应的实体，用今天的话说，所谓意识只是大脑的功能，或者说大脑的运作状态，同理还可以消解哲学史上"物质和意识谁是第一性"这种老生常谈的问题。由此我们可以总结

---

[1] 化约，指将表面上错综复杂的东西还原为简单明了的东西。

出一个规律：当我们发明一个概念之后，天然就会以为这个概念对应着某个实体，但这只是幻觉，是语言给我们的误导。

语言是一种很有效的沟通工具，同时也是一种很模糊的沟通工具。正因为够模糊，才会够有效。好比两个人打招呼，一个人说"你好"，另一个人会点个头，回一声"你好"，而绝对不会揪住对方追问："你怎么知道我好？我哪里好了？你有什么资格判断我好还是不好？你所谓的好，是指我的健康状况还是事业和生活状况，又或者是对我的道德认同？"当他真的这么追问，而对方又真的认真回答时，估计两个人得原地面对面耗一辈子了。

战国时代有一个著名的刑名命题——公孙龙的"白马非马"。白马竟然不是马，这不是很荒谬吗？提出这种命题的人，按说应该被当成"傻子"，但公孙龙是当时第一流的学者，权贵门下的红人，身份是他最好的铠甲，更何况他真的凭着三寸不烂之舌把天下知名学者驳得哑口无言。公孙龙对这个貌似荒诞的命题相当自负，说自己的全部学问和名望全都来自"白马非马"。（《公孙龙子·迹府》）

公孙龙是当时首屈一指的刑名专家，同时代的刑名专家还有墨子学派的人物，《墨子》这部书里有相当大篇幅在辨析刑名问题，有些内容正好和公孙龙针锋相对。

　　墨子和墨家学派前文已提到很多次了，他们又是研究作战工程技术，又是成立帮派组织，以"黑社会"的身份满世界扶危解困，维护和平，作风特别务实。但即便是如此具有务实精神的墨家学派，竟然也在深入探究刑名之学。比如公孙龙在"白马非马"之外还有一个著名命题——离坚白。常识认为，一块白色的石头既是坚硬的，也是白色的，但公孙龙通过烦琐的论证，证明了"坚"和"白"既独立于石头，也独立于人的感官和思维。（《公孙龙子·坚白论》）墨家运用归谬法证明公孙龙犯了错，如果"坚"和"白"真有这种独立性的话，就会彼此排斥，无法形成一块既白又坚的石头。（《墨子·经说上》）

　　双方用古汉语讨论这种复杂的思辨问题，实在勉为其难，我的理解也同样勉为其难。不过这不重要，重要的是，公孙鞅再怎么精通这门学问，就算他厉害到可以把公孙龙都驳到哑口无言，难道就能因此帮秦孝公富国强兵吗？换句话说，语言学和逻辑学的高深知识怎么能拿来指导一个国家搞改革呢？

────── 106 ──────

刑名之学是怎么变成管理学的

公孙鞅是怎么凭着刑名之学这种纯属概念思辨的象牙塔上的学问去帮秦孝公富国强兵的呢？其实，刑名之学完全可以走下象牙塔，变成很实用的管理学。

循名责实的古与今

只要把时间稍微往前追溯一下，我们就会发现，孔子简直就是刑名之学的先驱者，尽管那时还没有出现"刑名之学"这个名目。

《资治通鉴》的第一段"臣光曰"探讨名分的意义，观点可以追溯到孔子著名的"正名"主张。孔子认为，治国的第一要务就是"正名"，学生子路认为老师的观点太迂腐，由此引出了孔子的那段名言："名不正则言不顺，言不顺则事不成……"（《论语·子路》）正是因为儒家把名分问题摆在了政治学的制高点，所以儒家还有一个别称叫"名教"，那些扰乱名分规则的人就被称为"名教罪人"。

怎样正名呢？孔子还有一句名言："君君，臣臣，父父，子子。"君主要有君主的样，臣子要有臣子的样，父亲要有父亲的样，儿子要有儿子的样。一旦"名不正"，那就是"君不君，臣不臣，父不父，子不子"。如果这个社会已经礼崩乐坏，变成"君不君，臣不臣，父不父，子不子"的局面，该怎么办？很简单，办法就是正名。如果一个人是一位父亲，那就按照传统对父亲的要求，扮演好父亲这个角色；如果这个人既是一位父亲，又是一个臣子，那么除了扮演好父亲的角色外，还要按照传统对臣子的要求，扮演好臣子的角色。

一言以蔽之，一个人有怎样的名分，就应该做到这些名分所规定的内容。换句话说，名和实必须相副。儒家的基本观点是：只有名实相副，社会才能正常有序，相反，名不副实的情形越多，社会就会越乱。这种观点，可以看作王阳明"知行合一"的原始版本。

回顾几千年的历史，我们会发现名不副实的现象实在是社会发展的常态，不足为奇。社会的发展越快，名和实的分裂也就越快。只要看看我们生活当中的名实分裂，比如居民小区，明明只是用钢筋混凝土建造的一群高楼，偏偏取名某某花园；再看商场，明明只是商场，门前也没有多大的空地，偏偏取名某某广场。花园不是花园，广场不是广场，但我们已经习以为常，不会有人追着开发商问："花园呢？"一些居民小区名叫凡尔赛、约克郡，就更加名不副实了。有很多楼盘取名"某某国际"，其实业主全是土著，但大家习以为常，谁也不会举着一份世界地图去找开发商讨说法。

现实生活里的普通词汇尚且如此，更别提稍微高深一点的概念了。比如"资本主义"，谁都知道它是什么意思，不会觉得有任何名不副实，但作为顶尖经济学家，哈耶克就很讨厌这个概念，说它既很有误导性，又饱含政治偏见。

哈耶克有一本书叫《致命的自负》（*The Fatal Conceit: The Errors of Socialism*, 1988），其中有一章为"被毒化的语言"，题记用到的引文就是孔子那句"言不顺则事不成"。哈耶克说，马克思在 1867 年根本不知道"资本主义"这个概念。

1867 年，《资本论》第一卷在汉堡发表。哈耶克的意思是，《资本论》论的是资本，而不是资本主义，"资本主义"这个名词来自桑巴特在 1902 年出版的《现代资本主义》（*Der moderne Kapitalismus, Werner Sombart*, 1902），在当时引起了巨大轰动。哈耶克认为，人们对"资本主义"的很多批判都来自"资本主义"这个名词本身。

如果采取中国古代学术标准，那么哈耶克在这一段内容里所研究的，正是标准的刑名之学，而且他对名实背离现象的恼火，和孔子对"君不君，臣不臣，父不父，子不子"现象的恼火如出一辙。

从哈耶克的论述中能够得出一个结论：既然很多纷争都是语言被毒化的结果，那么只要给语言解毒，这些纷争也就自行消失了。所以哈耶克的办法，是在调整语词方面下功夫，而孔子的办法刚好相反，语词不能动，应该调整的是现实社会，是社会里的人。

孔子生活在春秋战国时代，可供借鉴的历史毕竟太短促，还很难意识到用现实去屈就语词，纯属刻舟求剑，不可能有好结果。这种觉悟是需要更加丰富的历史教训才能启发出来的。但是，用现实屈就语词的方式，只要稍加修改，就可以变成管理学策略。刑名之学正是从这一点上发生了分化：公孙龙和墨家学派继续玩他们的语词游戏，另外一些具有务实精神的人走上了"循名责实"的管理学研究。

作为管理学的刑名之学

所谓循名责实，就是根据"名"来要求"实"。比如一个足球，它确实是一个球体，而且被人用脚踢，名实相副，没问题，足球在循名责实的考核里完美达标。再比如小区的名字某某花园，这个地方明明只是几栋钢筋混凝土建造的筒子楼，根本不是花园，名不副实，所以，必须把楼拆除，相关责任人要被严肃处分。

在管理学意义上，循名责实意味着根据"名"来考核"实"，根据职位的要求来考核在职的人是否称职。比如"司马"原本是个官名，"司"的意思是掌管，顾名思义，"司马"就是管马的。但是，司马和弼马温天差地别，这是因为车战一度是中国古代作战的主流形式，战车要靠马拉，管马就相当于管战车，因此司马就是最高军事长官。在周朝做过司马的人，他的子孙后代把"司马"这个词用作自家的氏，所以就有了司马氏，也就有了司马迁。司马迁本人都没搞懂"司马"的来龙去脉，硬说自家祖先是史官。（《史记·太史公自序》）

司马作为最高军事长官，当然会有副手，叫少司马，"少"字的这种用法今天还有，比如少将、少校，只是含义略有改变。国君如果循名责实，就会拿军事上的事情来考核司马，一旦发现军容不整，开小差的士兵很多，马不是病了就是死了，那这位司马大人就该被撤职查办了。如果发现少司马没能尽职地辅佐司马大人，这位少司马也会被撤职查办。

以现在的眼光来看，有的人会觉得这不是废话吗，有什么新奇的。事实是，这在当时真的很新奇。最新奇的地方，就在于所谓循名责实，本质就是建立考核制度，而考核制度完全反传统而为，是标新立异的邪恶新事物。

在宗法传统里，天下就是一个大家庭，诸侯国就是一个中等大小的家庭，所以再大的政治问题，归根结底都是家务事。家务事的解决思路是帮亲不帮理，用亲情去包容过错。管理家务事的各级贵族长老，通通是靠论资排辈上位的，有事大家商量着来，谁也不可能考核谁，就算是国君，也不可能拿着 KPI 去考核各级贵族。不论干得好坏，大家都"对人不对事"。而**建立考核标准就意味着把"对人不对事"变成了"对事不对人"，不管是亲爹还是亲哥，只要考核不达标，就按规章制度处罚，无论他有什么特殊缘由，是不是情有可原，反正作为管理者，就应该铁面无私，法无可赦。**

———— 107 ————
刑名学家的进步性在哪里

刑名之学分化出的管理学分支实用意义很强，讲究循名责实，建立考核制度，从此可以"对事不对人"，在历史上具有里程碑意义。相应地，管理者应当铁面无私，无论是谁，不管是什么缘故，只要名不副实，就应该用配套的处罚办法。那么，这真的合适吗？

刑名之学的敌人们

我们今天总以为"对事不对人"是为人处世的正确态度，但在儒家看来，这太没人情味了，如果亲爹和陌生人犯了同样的错，难道还要一视同仁不成？同理，我们今天总以为"铁面无私"是个褒义词，其实历史上那些以铁面无私著称的官员，最著名的就是包青天，在儒家阵营里很受非议。凡是铁面无私的官员，在儒家的评价体系里，距离"酷吏"只差一步。所以，管理学分支里的刑名学家，通常都会被儒家贴上"刻薄寡恩"的标签。

公孙鞅身上就有这个标签，韩国总理申不害和韩国公子韩非身上也有这个标签。所以后人提到这一派的刑名之学，会说"申商刑名之学"或"申韩刑名之学"。还有一种说法是"黄老刑名之学"，"黄"指黄帝，"老"指老子，但这只是假托而已，内容大体还是申商、申韩那一套。这是汉朝人的命名风格，所谓"黄老刑名之学"，就像《黄帝内经》一样，和黄帝半点关系都没有。

申不害、韩非、商鞅，这三个人在诸子百家的分类里，都属于法家，而且是先秦法家的代表人物。在管理学意义上，法家和刑名家就这样画上了等号。前文在讲李克编写的《法经》时说过，东汉文字学家许慎的《说文解字》就是把"法"和"刑"画了等号。

循名责实，这在当时太有激进色彩，它意味着在给定的名目和配套的赏罚规则下，无论被考核的人是亲爹还是杀父仇人，只要成绩相同，赏罚措施就一定相同。而且，只看成绩，不看理由，更不看身份地位。循名责实这套办法也只有在礼崩乐坏之后的社会，在竞争加剧、人事结构相应地发生剧变之后，才能在铺天盖地的批判声里破茧而出。

战国末年有一部书流传很广，书名叫《管子》，假托春秋时代齐国传奇总理管仲的作品。其中有一章叫"九守"，意思是君主治国的九项核心技巧，其中之一就是"督名"，内容是"修名而督实，按实而定名"，本质也是循名责实。

任何一种思潮的诞生，都是有所针对的。管理学这一支的刑名之学处处针对着从旧时代过来的宗法遗存，但它还有一个距离更近的敌人，那就是讲语言学和逻辑学的那一支刑名学派。

《韩非子》用了很大篇幅来奚落公孙龙那种人，最典型的一笔就是编了一个兒说（ní yuè）过关的故事：兒说是一位雄辩大师，擅于论证"白马非马"，令齐国稷下学宫里的众多学术大师折服。但有一天兒说骑着白马通关，关卡规定，凡是马通关都要交税。兒说竟然老老实实交了税，完全没拿"白马非马"的论证来给自己争取免税的机会。《韩非子》的结论是："籍之虚辞，则能胜一国；考实按形，不能谩于一人。"意思是说，靠着夸夸其谈虽然可以说遍全国无敌手，而一旦拿实际情况去检验，那些大话马上就会露馅，连一个人都蒙不住。（《韩非子·外储说左上》）

"考实按形"，其实就是循名责实，而这样做之所以重要，不仅因为这是顺应时代呼声的管理技巧，还因为在同一种时代呼声里，人才流动太频繁，各位君主都很热心地延揽人才，却不知道该怎么辨认人才，这就使得口才成为决定性因素，有太多像儿说那样的绣花枕头满世界骗吃骗喝。

怎样才能把儿说这种人淘汰出局，让真正管用的人留下来呢？《韩非子》的办法很简单：只要设置明确的目标，能实现目标的就算合格，实现不了的就出局。这就像射箭，高手就算闭着眼睛乱射，箭尖也能射中秋毫之末，难就难在不可能两次射中同一个位置。只有指定一个位置让箭手去射，才能考查出箭手的真实水平。（《韩非子·外储说左上》）

今天的管理学已经比韩非子的管理学细致多了，不但要设计目标，还要分解目标，再为每一个分解目标设计控制手段，但本质上仍然没出韩非子画出来的圆圈。

量化考核与成文法

《资治通鉴》第一段"臣光曰"引用过孔子的话："故君子名之必可言也，言之必可行也。君子于其言，无所苟而已矣。"这话的含义可以一言以蔽之，搞政治必须光明正大，脚踏实地。孔子也讲"名"必须能"言"，"言"必须"可行"，和韩非子的差别在哪儿呢？差别就在于孔子仅仅关注正当性，缺乏考核意识。

好比我现在说一句豪言壮语："我要造福全人类！"我可以讲得声泪俱下，并且当即踏上实干的荆棘路。但如果让管理学一派的刑名学家来挑刺儿的话，他们会说："首先，'造福全人类'这个目标过于宽泛，尧舜禹也是造福全人类，希特勒也说自己在造福全人类，到底取哪个标准呢？其次，就算有了明确的标准，具体什么时间完成到哪一步，你也没讲，这就让人没法拿任何标准来考核你啊。没法考核的目标，都是没有意义的目标。"

今天我们在职场打拼，早已把目标、考核、计划、控制等概念搞得滚瓜烂熟，每一步都是家常便饭。换句话说，我们已经被打造成职场动物了，所以回望两千多年前的管理学雏形，自然会觉得幼稚，还会生出一种不可置信的心态：难道这么简单的常识还会有人不懂吗？但这些人是一群刚从宗法传统里解放出来的古人，他们真的不懂。将"循名责实"的原则和孔子讲的"故君子名之必可言也，言之必可行也"对照来看，就容易体会到刑名学家的进步性到底何在了。**有很多被我们当成家常便饭、与生俱来的知识，其实都**

是前人经过无数次头破血流才艰难得到的。

　　循名责实在当时社会上的实践意义是用精确性取代模糊性，用量化标准取代弹性标准。这种思路表现在管理上就是量化考核，表现在法律上就是成文法，一刀切。

　　如果有人问哪一种选择更好，刑名学家首先会这样来挑毛病："什么叫'更好'，这种概念是空泛的、没有标准的，所以也就没法衡量、判断。所以我们先要确定标准：如果以家庭温情指标作为判断好坏的标准，那么模糊性和弹性就更好；如果以效率的高低作为判断好坏的标准，那么精确性和成文法就更好。"

　　假设某一位刑名学家制定成文法，内容是"杀人偿命"，那么只要杀了人，无论是谋杀、斗杀、误杀还是正当防卫，一概判处死刑。至于是否合情合理，通通不在考虑范围内，反正只要立了法，就等于确定了行为规范。如果要针对现实世界里千差万别的复杂情况逐一立法的话，一来做不到，二来不划算。

　　如果仔细甄别每一个杀人犯是否情有可原，应该减刑，就太耗费国家资源了，绝对不可以。而且，刑名学家对管理学有一项核心追求，那就是一切标准和考核都必须简单明确。如果请公孙鞅和韩非参加今天的司法考试，他们一定会在考场破口大骂，说这么烦琐的法律条款怎么可能让每个老百姓都搞清楚呢，任凭条文再多，也永远追不上现实状况的千变万化，更何况这会极大降低司法效率。

这还真没办法，因为文明社会里的成文法为了保障公平，必然会叠床架屋，内容量以几何级数增长。儒家正因为早就预见到了这个结果，早在春秋时代就极力抵制成文法。儒家理想的司法，就是不存在任何法律条文，遇到事情时，只需要家族长老们围坐一圈，和颜悦色地商量出一个结果。这倒很贴合李小龙的功夫哲学："以无法为有法，以无限为有限。"而刑名之学要反着来，以有法破无法，以有限破无限。

公孙鞅初入职场境遇如何

《资治通鉴》说公孙鞅喜好刑名之学，这个描述基本可以反映公孙鞅的性格特点和价值偏好。

理解一个人最简便、直接的方法不是看他声称什么，而是看他反对什么。《晋书》讲到晋朝文人李充，说他"幼好刑名之学，深抑虚浮之士"，李充从小就喜好刑名之学，最讨厌的就是满嘴大话、不干实事的人。（《晋书·文苑列传》）这个说法很有代表意义——凡是喜好刑名之学的人，都有实干主义倾向。而公孙鞅的实干，是从出国打工做起。

公孙鞅初入职场

原文：

（公孙鞅）事魏相公叔痤，痤知其贤，未及进。

公孙鞅的祖父虽然是一代国君，但公孙鞅本人毕竟只是庶出，在家乡不容易熬出头，更何况卫国只是一个小池塘，任你有天大的本事，也翻不出多大的浪花。于是，公孙鞅就像当年的吴起一样，毅然跨出国门，到大国、强国寻找机会。

公孙鞅首先选择了三晋当中的魏国，这很合理，因为魏国是战国初年的头号强国。但和吴起不同的是，公孙鞅并没有直接投奔国君，而是在魏国总理公叔痤门下做了一名家臣，职位叫中庶子。这不奇怪，毕竟吴起来魏国时已经有深厚的职场资历了，这可不是公孙鞅能比的。

公孙鞅投奔的这位公叔痤，就是周显王七年（前362年）浍之战时魏国军队的指挥官。以公叔痤的身份，家大业大，需要不少人手来打理。人一多，势必会形成管理层级，就好比《唐顿庄园》中贵族家庭里庞大的家政管理体系。

给贵族做家臣，应该是春秋战国时代很多庶出子弟的出路。他们来做这个行当确实比平民子弟更有先天优势，毕竟他们从小就生长在贵族家庭，对贵族的生活习惯非常熟悉，上岗基本不需要培训。另一方面，他们在自己的原生家庭里不可能有什么出路，外出谋生的话，也不可能放下身段去做贩夫走卒，还有什么比做贵族的家臣更好的出路呢?

大概正因为这个缘故,"庶子"这个词也会被用来指称家臣,后来逐渐演变为正式的职位,秦汉以后甚至进入了政府的职官系统。公孙鞅在公叔痤的家里担任中庶子,"中"表示这个职位是主君的近臣,大约相当于领导的秘书、司机这一类,和领导很贴身,能有很多拉家常的机会,将来比较容易得到提拔。大约正是因为常有这种近距离接触的机会,公叔痤才会充分了解公孙鞅的才干。

原文:

会病,魏惠王往问之曰:"公叔病如有不可讳,将奈社稷何?"公叔曰:"痤之中庶子卫鞅,年虽少,有奇才,愿君举国而听之!"王嘿然。公叔曰:"君即不听用鞅,必杀之,无令出境。"王许诺而去。

不幸的是,公叔痤还没来得及把公孙鞅引荐到朝廷,自己就病倒了。在魏惠王来探望时,公叔痤拼着最后一点气力做出了最后的政治嘱托,说自己有个叫公孙鞅的家臣,年纪虽轻,但有奇才,魏国的国政可以完全交付给他。翻译一下,公叔痤的意思是,自己这个现任总理马上就要死了,公孙鞅是继任总理的最佳人选。

但魏惠王不吱声，明显不以为然。公叔痤只好提出次优方案："您如果不肯用他，一定要杀掉他，千万不能让他活着走出我们魏国。"

原文：

公叔召鞅谢曰："吾先君而后臣，故先为君谋，后以告子。子必速行矣！"鞅曰："君不能用子之言任臣，又安能用子之言杀臣乎？"卒不去。

这回魏惠王答应了。等魏惠王一走，公叔痤马上找来公孙鞅，向他道歉，说自己必须"先君而后臣"，对国君的义务优先于对家臣的义务，必须先为国君做打算，然后才能考虑私人关系。现在为国君做完打算了，该讲的话都讲了，接下来就该忠告公孙鞅了。公叔痤把前后经过讲完，催公孙鞅赶紧逃命。

公叔痤的做法，是对道德两难问题的一种经典解法。豫让行刺赵无恤时，赵无恤的家臣，也是豫让的好友青荓发现了藏在桥下正准备作案的豫让。青荓很为难，对豫让说："我跟你是多年的好朋友，如果我上去向主君如实汇报，那就有违交友之道，太不够朋友了，如果我装聋作哑，那就有失为臣之道，对不起主君。真是左右为难啊，我该怎么办呢？看来唯一的办

法就是死了。"就这样，青荓"乃退而自杀"。(《吕氏春秋·序意》)

如果把公叔痤换到青荓的位置，问题就有解了：凡事都有优先级，既然对君主的义务占有最高的优先级，那就先尽这项义务，果断把豫让逮捕，等交了差，再尽对朋友的义务，赡养豫让的家人也好，自杀追随豫让也好，不会纠结。人如果不想纠结，就有必要像公叔痤那样，把优先级的问题搞清楚。公叔痤显然也不觉得通知公孙鞅逃命有什么对不起魏惠王的，因为在优先级的序列里，他的做法毫无道德瑕疵，至于魏惠王能不能抓得到逃命的公孙鞅，那就不是自己该操心的了。**这就是优先级方案里最反人性的地方：只考虑对错，不操心结果。这很像儒家伦理，而普通人总要考虑结果，甚至认为结果才是唯一重要的。**

公孙鞅的出走

原文：

王出，谓左右曰："公叔病甚，悲乎！欲令寡人以国听卫鞅也，既又劝寡人杀之，岂不悖哉！"

公孙鞅得知杀身之祸已经迫在眉睫，却表现得相当淡定，对公叔痤说："国君既然不听从您的意见任用我，又怎么可能听从您的意见杀掉我呢？"魏惠王确实没有把公叔痤的意见放在心上，在离开公叔痤的病榻之后，对旁边的人说："咱们的老总理太可怜了，生病都生糊涂了，先让我把国政交给他的一个家臣，又让我杀了这个家臣，真是糊涂透顶。"

这段记载，为的是突出魏惠王的昏聩和公孙鞅的灵醒，但捏造的可能性比较高，因为它太不合情理了。在当时政治传统上，老总理临终指定继承人，这很正常，而继承人不但要被自己认可，还要被大家服气，也就是说，足够的资历是不可或缺的条件。所以公叔痤推荐自己身边一个年轻家臣，魏惠王的不以为然再正常不过。公叔痤既然要推荐非常之人，就该做出非常之举，否则任何人都不会信任他。而站在魏惠王的角度，不想重用公孙鞅也很合理，即便真想重用，也必须冲破重重阻力；而杀掉公孙鞅简直是举手之劳，哪怕只是为了让临终的老总理安心，也不妨碾死这样一个小人物。换句话说，无论魏惠王重用公孙鞅还是杀掉公孙鞅，都可以让老总理安心，而重用公孙鞅难上加难，杀掉公孙鞅轻而易举。正常人都会选择杀掉公孙鞅，公孙鞅本人更没道理算错这道简单的数学题。

所以在这件事上，反而是一向以夸张和捏造著称的《战国策》朴实得多，说公叔痤只是叮嘱魏惠王，就算不能重用公孙鞅，也不能让他离开魏国，没说要杀他，更没有随后和他发生的那段对话。根据《战国策》的说法，这段时间里，公孙鞅应该没在公叔痤身边，等他接到公叔痤去世的消息，公叔痤已经下葬了，所以公孙鞅才西去秦国，寻找新的就业机会去了。（《战国策·魏策一》）

按照礼制传统，贵族的级别不同，从死亡到下葬的间隔时间也不同。天子的间隔时间是七个月，诸侯五个月，大夫三个月。即便礼崩乐坏，也总是低级别的人去僭越高级别的标准。所以公叔痤从死亡到下葬，至少会有三个月的时间间隔。如果我们采信《战国策》的记载，那就意味着在公叔痤死后，魏惠王确实一直没有对公孙鞅下手。

老东家死了，年轻的公孙鞅应该何去何从？听说秦孝公正在招贤纳士，那就去秦国闯闯看吧。秦国一直和魏国为敌，前不久还与魏国抢夺河西之地，对于如此深刻的国仇，公孙鞅当然一点都不介意，反正他本来就不是魏国人。就算魏国真是他的祖国，他应该也不会介意，毕竟如果循名责实的话，一个人只对理性选择的结果有责任和义务可言，而人的出生是无法选择的。

———— 109 ————

公孙鞅真的被面试了四次吗

老东家公叔痤去世之后，年轻的公孙鞅离开魏国，到秦国去碰运气。秦孝公正在招贤纳士，按说在秦国求职会很容易，但没想到，公孙鞅在求职路上竟然还要拉关系，走后门。

原文：

卫鞅既至秦，因嬖臣景监以求见孝公，说以富国强兵之术。公大悦，与议国事。

《资治通鉴》的记载很简略，说公孙鞅到了秦国以后，通过秦孝公的宠臣景监见到了秦孝公，讲了一套富国强兵的办法，秦孝公很兴奋，向他咨询国家大事。有了秦孝公的信任，公孙鞅就要在秦国大展拳脚了。

作为中间人的这位景监到底是何方神圣，司马光为什么要安排这样一个角色，其中有很耐人寻味的地方。

公孙鞅的四次面试

《战国策》的版本讲得比《资治通鉴》更简略，只说公孙鞅去了秦国，得到了秦孝公重用，从此秦国日益强大，魏国日益衰败，可见糊涂的不是公叔痤，而是魏惠王。（《战国策·魏策一》）

《史记》的版本就详细多了，先来说说公孙鞅通过秦孝公的宠臣景监求见秦孝公。"景"是景监的氏，景氏出自楚国王族，是芈姓分流出来的几个大氏之一。景监可以跟屈原论本家。景监的身份是"嬖（bì）臣"。凡是嬖臣，重点都是说他们通过阿谀奉承、男色等小人手段获得国君的宠爱，为士大夫所不齿。嬖臣的职位有可能是现在所谓的太监，但当时还不叫太监，而是叫寺人、阍、竖、小臣等。春秋时代出了几位很有本事的太监，如竖貂、寺人柳——按照先秦的称谓习惯，职位在前，名字在后。"竖"和"寺人"表示身份，"貂"和"柳"是名字。如此说来，景监应该不是太监，但不巧的是，因为他的名字里有一个"监"字，又因为他是"嬖臣"，所以后人很容易把他当成太监。

《史记》记载，秦孝公因为景监，召见了公孙鞅，结果被公孙鞅的高谈阔论搞得直打瞌睡。等把公孙鞅打发走，秦孝公对景监发了好一通火。景监当然不能白受这份委屈，就去找公孙鞅泄愤。

公孙鞅解释说："我跟国君谈的是'帝道'，帝王之道，他不开窍，怎么能怪我呢？拜托您再帮我引荐一次吧。"

景监被说动了，又给公孙鞅争取到一次面试机会。这一次，公孙鞅又是好一番高谈阔论，比上次更卖力，但结果还是和上次一样。面试结束，秦孝公又去骂景监，景监转头又去骂公孙鞅，公孙鞅继续辩解说："我这次给国君谈的是'王道'，王者之道，他听不进去而已，并不是我的道理不对。拜托您再帮我引荐一次。"

不知为什么，景监又被说通了，给公孙鞅争取到了第三次面试机会。按说公孙鞅如果真有这么神奇的说服力，第一次面试就能拿下秦孝公了。反正无论如何，第三次面试终于初见成效，秦孝公虽然还是不觉得公孙鞅的策略合用，但至少听得下去。公孙鞅对景监说："我这回跟国君谈的是'霸道'，称霸之道，国君动心了。所以还得麻烦您再帮我引荐一次。"

第四次面试终于大功告成。当时人们的生活起居没有椅子，人要跪坐在席子上。秦孝公听得着迷，膝盖不自觉地往公孙鞅跟前靠近，一连听了好几天还不过瘾。

秦孝公态度陡变，景监非常惊奇，问公孙鞅到底是怎么回事。公孙鞅回答说："一开始我给国君讲的是帝道和王道，那是夏、商、周三代的成功之道，但国君嫌这条路见效太慢，他说贤明的君主都应该趁自己有生之年扬名天下，哪可能一代代人慢慢积淀，最后才熬出来一个帝王事业呢？国君既然有这种要求，那我就不讲帝道和王道了，只讲强国之术，所以国君才会特别兴奋。当然，这条路虽然走得通，见效也快，但毕竟达不到商朝和周朝鼎盛时期的那种高度。"

"非其人弗自"

《史记》的这段记载太像小说了，也很不合情理，很难想象一个毫无资历的年轻求职者这样不珍惜面试机会，HR 和公司老板竟然还会一而再、再而三地给他机会。秦孝公在昭告天下时明明就讲清楚了自己的人才诉求，公孙鞅怎么可能还会傻到先拿帝道、王道去试探呢？本该是一拍即合的事情，偏要设置阻碍，一波三折，这是小说家的笔法。所以，《资治通鉴》大删大减，只保留了公孙鞅通过景监求见秦孝公，用富国强兵之术打动了秦孝公的内容。那么问题来了：既然司马光不相信《史记》这段故事化的记载，为什么不把景监这个角色一起删掉呢？景监的存在确实很多余，因为秦孝公既然招贤纳士，自然会开辟人才面试的规范渠道，哪还需要拉关系、走后门才能争取到一次面试机会呢？

儒家有一项行为准则，叫"行不由径"（《论语·雍也》），意思是不抄近路。不能抄近路，那就只能走大路，远一点也无妨。找中间人倒不算抄近路，儒家是很提倡事事都要有中介的，这种礼数今天还能在日本看到。公孙鞅错就错在找景监做中介。景监是"嬖臣"，换言之，是个不折不扣的小人。**君子应该洁身自好，不能找小人帮忙。一旦晋身的门径有瑕疵，后面就怕一步错，步步错了。**

儒家经典《礼记》给出过一条明确的行为规范："事君不下达，不尚辞，非其人弗自。"（《礼记·表记》）公孙鞅违反的就是"非其人弗自"，找了不该找的人来引荐自己。清朝学者朱彬写过一部《礼记训纂》，在解释这段话时，拿公孙鞅举例子，说他拜托景监属于"非其人"，找了不该找的人。

当然，公孙鞅本人对自己是不是违反儒家的行为规范一定不会在意，但重要的是，王安石之所以得到宋神宗的信任，一个叫蓝元震[1]的宦官起了很大的作用。

1　一作蓝元振。

讨厌王安石的人总是把他比作公孙鞅，给这两位改革家找出各种相同点，偏巧这两个人连"不正当"的晋身之阶都如出一辙。

不只是宋朝人这么做，宋朝以后的人一样这么做。比如在明朝学者杨慎——"滚滚长江东逝水，浪花淘尽英雄"这首词的作者——看来，王安石是当之无愧的"古今第一小人"，和公孙鞅尽是共同点，公孙鞅晋身是通过阉人景监，王安石晋身是通过阉人蓝元震。（《升庵集》卷 51《宋人议论不公不明》）

杨慎痛恨自己时代里的宦官，和他们结过深仇，以至于以他那么大的学问，竟然也会意气用事，把景监当成了阉人。至于蓝元震，虽然他在历史上不太有名，却和两篇著名古文有关。这两篇名文，一篇是欧阳修的《朋党论》，欧阳修之所以要写这篇文章为"朋党"概念洗白，就是因为蓝元震向宋仁宗上疏，指责欧阳修和范仲淹等人结党；另一篇是范仲淹的《岳阳楼记》，你也许还记得开头那句"庆历四年春"，蓝元震攻击范仲淹一党正是在庆历四年，范仲淹被搞得焦头烂额，只好请求外任。庆历五年，庆历新政失败。到了庆历六年，在失败的阴影里不断给自己打气的范仲淹，提笔为同是天涯沦落人的滕子京写下了《岳阳楼记》。写到"忧谗畏讥"这一句时，范仲淹很可能就想到了蓝元震。

蓝元震并不只是讨厌改革派，司马光在日记里提到，赵悦道说王安石秘密结交宦官，尤其是张若水和蓝元震，所以皇帝才被蒙蔽，一直信任着他。有一次皇帝暗中派出两名宦官，考察王安石搞的青苗法改革到底好不好，宦官回来使劲说好，所以皇帝对王安石更加信任，改革的力度也更强了。（《温公日记》）

宋神宗之所以要派宦官暗中考察青苗法，《宋会要》和《宋史》交代过前因后果，说青苗法刚推行时，反对的声浪很高，带头人是老臣韩琦。宋神宗派出密使张若水和蓝元震到民间考察实情，得到的消息是：青苗法很受老百姓的欢迎。宋神宗拿这个暗访结论堵大家的嘴，结果文彦博愤愤不平，说韩琦是三朝宰相，他的话您不信，却轻信两个阉人！（《宋会要辑稿·食货四·青苗》）

王安石到底有没有结交蓝元震，是不是被冤枉，这不重要，重要的是大家都愿意这么相信。在他们看来，蓝元震是阉人，更是嬖臣，王安石走通蓝元震的关系，和公孙鞅走通景监的关系没什么不同。所以，很可能在司马光看来，公孙鞅四次面试的故事太假，该删，但作为面试中介的嬖臣景监具有资治意义，他的存在，会让后世的所有帝王引以为戒。

知识就在得到

A
Comprehensive
Mirror
to Aid in
Government

Series.I

资治通鉴

第一辑

熊逸版

⑤

熊逸 著

Xiong Yi
Edition

新 星 出 版 社　NEW STAR PRESS

目录

周显王十年

―――――――― **110** ――――――――

什么样的金句更有说服力

公孙鞅得到秦孝公的赏识，是在周显王八年（前 361 年），秦孝公执政的元年，《资治通鉴》接下来的记载跳过了周显王九年，进入周显王十年（前 359 年），但内容还是接着讲公孙鞅在秦国的经历。一个完整的故事中间空缺了一年，却完全没有影响故事的连贯性，这到底是怎么回事？

公孙鞅的金句攻势

《资治通鉴》的这段记载是从《史记·商君列传》改编来的，《商君列传》是人物传记，把公孙鞅一生的经历写得很流畅，但并没有给公孙鞅一生的大事编年。司马光要把公孙鞅的生平大事分别纳入编年系统，这很难办，必须到其他地方找线索。

能做编年依据的材料还是《史记》，《史记·秦本纪》说秦孝公三年（前359年），公孙鞅提议变法，和甘龙、杜挚发生争论。秦孝公三年所对应的，就是周显王十年，大约司马光为了顺畅讲完秦国变法的大事件，跳过了周显王九年，直接在周显王十年的内容里继续改编《史记·商君列传》的记载，描写公孙鞅和甘龙、杜挚的路线之争。

原文：

（十年）

卫鞅欲变法，秦人不悦。卫鞅言于秦孝公曰："夫民不可与虑始，而可与乐成。论至德者不和于俗，成大功者不谋于众。是以圣人苟可以强国，不法其故。"甘龙曰："不然，缘法而治者，吏习而民安之。"

公孙鞅得到秦孝公的器重之后，准备开展变法大业，这让秦国人很不高兴。民意汹汹，该怎么办呢？公孙鞅对秦孝公讲了三句话，每一句都是格言警句。

第一句是："民不可与虑始，而可与乐成。"意思是说，老百姓啥都不懂，凡是开创性的工作，都没必要考虑他们的意见，等事情办成了，咱们有好处，他们也有好处，大家一起享受工作果实，他们自然就没话说了。

第二句是："论至德者不和于俗，成大功者不谋于众。"这句话的逻辑和《老子》"大音希声""大象无形"的逻辑很像：当事情的规模大到一定程度后，做法就要反着来。以德治国的话，当然要顺应民意，但如果以"大德"治国，那就不该考虑民意。同理，要想成功，应该集思广益，三个臭皮匠赛过诸葛亮，刚愎自用注定会失败，但如果要"成大功"，就不该和别人商量，必须独断专行，一个诸葛亮胜过所有臭皮匠。

这个逻辑确实在理，用今天的概念来说，公孙鞅看出了量变和质变的转换关系，当量变达到一定程度，发生了质变之后，质变前和质变后就不再是同一种东西了，也就不再适用同一种方法。这就像今天经营一家皮包公司的成功经验并不能等比例放大，应用在一家跨国公司身上。同理，封闭的熟人社会里的社交规范也没法用在大都市里。这就是为什么传统的儒家伦理在很多县城、村镇里还有遗存，但在一线城市很少能看到，再怎么提倡也很难复兴，注定让位给冷漠的经济规则。

再看第三句："圣人苟可以强国，不法其故。"意思是说，君主以强国为目的，能达到目的的办法就是好办法，如果旧的政策不能强国，当然应该舍旧用新。这里有一个细节需要留意：主语是"圣人"。今天我们提起圣人，想到的是孔子、孟子这些人物，但这是秦汉以后的传统，在先秦时代，圣人指的就是圣明的统治者。也就是说，"圣明"和"统治者"两个要素缺一不可。但"圣明"只是一个主观评价，只要不介意阿谀奉承的话，昏君也可以被称为圣明之君，所以，只有"统治者"这个要素才是决定性的。

这就意味着，一个人无论再怎么圣明，只要他不是统治者，就只能被形容为"圣"，而不能被称为"圣人"。所以，孔子的"圣人"头衔是好不容易才被儒家学者们争取来的，为此还给孔子设计过一个虚拟的统治权。后来孟子和朱熹就没这个待遇了，有德无位也无妨，而孔子以前的圣人——尧、舜、禹、汤、文、武、周公，无一例外都是统治者，可见古代文献里的"圣人"头衔在不同的时代有不同的含义。

公孙鞅这三句掷地有声的金句，修辞水平令人叹服，但这还不是全部，《史记》还让公孙鞅讲出了更多金句。大约司马光不想让公孙鞅的形象显得太光辉，才大刀阔斧地删减掉了。

我们不妨参照《史记》，看看被司马光删掉的话。第一句是："疑行无名，疑事无功。"意思是说，做事必须果决，因为只要心里有纠结、有疑惑，事情就办不成。第二句是："有高人之行者，固见非于世；有独知之虑者，必见敖于民。"如果你比大家都高明、有远见，就注定被大家排斥。第三句是："愚者暗于成事，知者见于未萌。"愚蠢的人连已经完成的事情都理解不来，智者对于还没开始的事情就有足够的预见力。那句"圣人苟可以强国，不法其故"，在《史记》里还有后半句："苟可以利民，不循其礼。"意思是说，只要对老百姓有好处，不见得非要固守传统习俗。

这一句句抛出来的格言，对仗工整，音律铿锵，就算听不懂，也很容易被这股气势震慑住。这种修辞，发展到后来就形成了骈文，整篇文章都是由长长短短的对联组合起来的。整体看是一篇文章，拆开看就是好多副对联。这就说明人们充分认识到了对仗作为一种修辞手法，本身自带的说服力。这种特点确实有现代心理学的支持：韵律感和说服力成正比，我们天生就对那些富于韵律感的语言缺乏免疫力。这也正是为什么有诗人气质的文艺青年更容易吸引异性，广告语也总是会设计出韵律感来。

一句句铿锵有力的对仗排山倒海一样地压过来，

反对派该怎么办呢？

甘龙的金句反攻

反对派当然不能示弱，不就是对仗么，我们也会。甘龙率先出面反驳，给出两组对仗。第一组是："圣人不易民而教，知者不变法而治。"这是说圣明的统治者都会因势利导，既不会移风易俗，也不会革新变法。第二组对仗是接着第一组说的："因民而教，不劳而成功；缘法而治者，吏习而民安之。"意思是说，因势利导才能事半功倍，谁都不费力，不会把社会搞得鸡犬不宁。《资治通鉴》只保留了第二组不太工整的对仗的后半段，这让我们失去了理解古代文体演变的一大关键。当然，这不怪司马光，因为这和"资治"的关系确实不大。

甘龙的修辞手法特别值得我们关注，因为他讲的两组对仗已经构成了最基础的骈文结构。我们用现代汉语写文章，可以很自然地跟着思路走，一步步承接、展开、引申，但骈文做不到。所以，怎样才能用对仗的句子把意思展开、引申，这是一个很重要的问题。如果跨不过这一关，骈文就不会出现。甘龙的句式就很巧妙，第一组对仗抛出两个命题，上联是命题甲，下联是命题乙。到了第二组对仗，上联承接命题甲，下联承接命题乙。在先秦文献中，出现这种句式最多的是《老子》，德国汉学家鲁道夫·瓦格纳把这种句式称为"链体"，很形象。（《王弼 < 老子注 > 研究》）一旦有了链体结构，对仗句就能连缀成议论文了，否则，发展到对联和近体诗就会触到它的极限了。

第一回合辩论结束。简单总结一下，公孙鞅的论点是：只要自己和秦孝公达成一致就够了，咱们要做的是划时代的、高瞻远瞩的大事业，普通人根本理解不了，又何必去征求什么意见呢？像甘龙那种人，赶紧让他滚蛋。甘龙的论点是：因势利导才是人间正道，社会是如此庞大的东西，运行了这么久，惯性很强大，如果逆着社会的惯性硬来，注定没有好果子吃。

这两种观点的对立，在世界范围内还会不断重现，表现在近代史上，就是轰轰烈烈的大陆理性主义和英国保守主义之争，硝烟直到今天依然没有散尽。

—————— III ——————

变法需要考虑成本吗

公孙鞅迎战反对派，和甘龙打完第一回合后，《资治通鉴》只给公孙鞅安排了结辩陈词，没给甘龙再次发言的机会。

原文：

卫鞅曰："常人安于故俗，学者溺于所闻，以此两者，居官守法可也，非所与论于法之外也。智者作法，愚者制焉；贤者更礼，不肖者拘焉。"公曰："善。"

接着，公孙鞅又抛出了一组对仗："常人安于故俗，学者溺于所闻。"意思是说，普通人都是习惯的奴隶，习惯了就不想改变，学者也不比普通人更高明，会陷进自己熟悉的知识里跳不出来。进一步的推论就是：让这些人照章办事，安分守己，都没问题，但如果要拿他们舒适区以外的问题和他们商量，显然商量不通。紧接着公孙鞅又来了一段对仗："智者作法，愚者制焉；贤者更礼，不肖者拘焉。"聪明人规划蓝图，笨蛋亦步亦趋。秦孝公作为这场辩论大赛的唯一裁判，宣布公孙鞅获胜，随即委派公孙鞅指导秦国的变法大业。但是，《史记》的版本并没有这么简单。

"龙挚"

在《史记》的版本里，公孙鞅还有一句对仗，特别在理："三代不同礼而王，五伯不同法而霸。"这番话的含义是，如果法不能变，就意味着古往今来治国的正确路线只有一种，但这明显和事实不符。夏、商、周三代各有各的治国之道，也各有各的成功，"春秋五霸"属于近代史，可以看得更清楚，每一位霸主都有自己的成功之路，并不是同一个模子里刻出来的。

历代想搞变法的人都很喜欢这个逻辑，而且事实清晰，无可辩驳，反对派要想下嘴，很难找到破绽。但这句话的破绽其实很大，因为无论是传说中的三代也好，还是"春秋五霸"也好，所有改变都是顺着社会惯性，而不是逆着来的。没有人会僵化到否定一切变革，就连以保守主义色彩著称的儒家也不否认变革。儒家经典《易经》就是一部著名的变革之书，"穷则变，变则通，通则久"的道理大家并不陌生，关键在于，要顺着时代浪潮做改变。该变而不变，错在拘泥守旧；不该变而变，错在无事生非。所以儒家也讲过和公孙鞅类似的话："五帝不同乐而治，三代不同礼而王。"（《礼记集说》卷10）假如甘龙能想通这一层，就能以子之矛攻子之盾，把公孙鞅逼到一个难堪的角落。但很遗憾，甘龙不出声了。

《资治通鉴》只保留了甘龙这一个角色作为公孙鞅的反对派，其实还有一位杜挚。无论甘龙还是杜挚，生平事迹一概不详，似乎他们的存在意义就是给公孙鞅当靶子。

清朝康熙年间，官方编纂了一部"类书"，也就是辞典类的工具书，叫《骈字类编》，分门别类收录骈字——由两个字以并列关系组成的词。这部书收录的几十万个词条里就有"龙挚"这个奇怪的词，其实"龙"指的是甘龙，"挚"指的是杜挚。

甘龙跟杜挚以外的人没有交集，杜挚跟甘龙以外的人也没有交集，这就让人怀疑甘龙和杜挚也许只是虚构出来的人物，把他们的名字替换成张三、李四也可以的，反正当时秦国对变法全是反对意见，这些意见究竟由谁提出，倒也无关紧要。

杜挚的发言也是满嘴对仗："利不百，不变法；功不十，不易器。法古无过，循礼无邪。"杜挚的意思貌似比甘龙退了一步，说变法不是不可以，但只有变法带来的好处百倍于以前，这个法才值得变。**这就像使用工具，旧的工具用顺手了，并不是绝对不能换成新工具，但新工具带来的好处必须足够大，才值得换。**就像今天我们换手机，安卓系统用惯了，就算明知苹果系统很好用，很多人也懒得换，毕竟学习成本太高。但如果苹果手机免费送，那些懒得换的人恐怕绝大部分就愿意换了。

杜挚的这番话体现出了很强的成本意识，不能只盯着变法带来的收益，还必须考虑变法需要的成本。让全国人民改变多年形成的习俗，势必要付出高昂的成本。变法的收益到底能不能覆盖变法的成本，这笔账是要认真算的。

"利不百，不变法"从此成为保守派的思想利器。王安石变法期间，旧党没少拿这个道理发出攻击，仿佛甘龙、杜挚重出江湖。在保守派看来，一个国家搞改革，就像一个中年人改行一样，稍微一个不小心，结局就如同邯郸学步，新行业久久摸不清门道，旧资源和老经验也都荒废了。这是普通百姓都明白而不敢轻举妄动的市井智慧，偌大一个国家难道就可以轻举妄动吗？（《上神宗论新法》）

"利不百，不变法"

"利不百，不变法"，这句话有很多变体，如"利不十者不易业，功不百者不变常""利不十，不变常；利不百，不易业"，总之就是对改变必须慎之又慎，因为真的输不起。我们很难因此批评古人循规蹈矩，故步自封，因为这个貌似过度保守的道理直到今天依然可以成立。只不过事实会证明，公孙鞅的变法给秦国带来的利益何止十倍，所以公孙鞅完全可以认同杜挚的道理。

但公孙鞅没这么讲，也许是不敢夸下海口，免得将来万一改革成效不及预期，秦孝公循名责实，自己就要倒霉了。所以公孙鞅接下来只是变着花样重申自己的观点，最后秦孝公拍板，就听公孙鞅的，还任命公孙鞅为左庶长，在秦国全面推行改革。

想来就算没有这场辩论，秦孝公也会重用公孙鞅，推行改革，所以这场辩论的意义并不是辩明真理，帮秦孝公下决心，而是给全国确定思想基调，制造舆论声势，让反对派住嘴。凡是需要逆潮流而动的事，尤其有必要抢占舆论制高点。

原文：

以卫鞅为左庶长，卒定变法之令。

论战结束之后，公孙鞅受封为左庶长。战国年间，庶长是秦国特有的名号，除了庶长之外，还有左庶长、右庶长、大庶长等，这些称谓到底是什么含义，似乎一直含混不清。直到公孙鞅变法以后，确定爵位制度，庶长的身份才明晰起来。

从字源上看，"庶"的本义是"煮"，四点水这个偏旁原本叫四点火，很形象地表示火在烧，后来"庶"字经常被假借为"众庶"，意思是"众多"，"煮"的义项就用我们今天熟悉的"煮"字替代了。（于省吾《甲骨文字释林》）

庶子之所以这么叫，就是因为在一夫多妻的贵族家庭里，正室夫人只有一个，而姨太太众多。正式夫人生的孩子再多，恐怕也无法超过姨太太们加起来生的儿子。也许是因为姨太太生的儿子太多，根据"庶"字"众多"的义项，这些孩子才被称为庶子。顾名思义，"庶长"的手下管着很多人，他是这些人的领导。不管左庶长是什么级别，反正公孙鞅在秦国正式上岗，今后能不能混得风生水起，全靠自己的本事。

公孙鞅在秦国作为一个外人，又是被全国上上下下一致讨厌的人，要想站稳脚跟，必须新官上任三把火，以求速效。一旦见效慢了，就会让秦孝公失去信心，就算秦孝公信心还在，到了扛不住压力时，很可能会丢车保帅。公孙鞅应该明白这个道理，但是，要办变法这么大的一件事，怎样才能立竿见影呢？

—————— 112 ——————

谁在拔高公孙鞅的形象

在《史记》的版本里，公孙鞅刚到秦国时，先后用帝道、王道、霸道劝说秦孝公，又让公孙鞅扮演福尔摩斯，让景监扮演华生，向读者解释说正因为秦孝公一心想要强国，所以公孙鞅在秦国只能选用次优方案，施展强国之道，这条路虽然也走得通，见效快，但毕竟不如帝道和王道来得扎实，所以秦国注定达不到商朝和周朝鼎盛时期的那种高度。

这段记载太有小说的味道。如果我们真的把它当成小说来看，就要提一个问题了：这篇小说的立意是什么？

《商君书》

这篇小说的立意，很明显是在拔高公孙鞅的形象，说公孙鞅并不是只会用急功近利的小手段，而是无所不通，可上九天揽月，可下五洋捉鳖。无奈秦孝公等不及九天揽月，非要捉鳖不可，公孙鞅只能顺着他了。这就可以解释一个现象——变法之后，秦国的社会状况确实达不到传说中三代的标准。所以，如果有人非要拿变法之后的秦国跟传说中的三代比，再拿其中的差距攻击公孙鞅的水平，那就是"耍流氓"了。

对公孙鞅的这种辩护和拔高，在今天看来一点都不陌生，这是门生拔高老师、徒子徒孙拔高祖师爷的经典模式。拔高模式出现在公孙鞅的生平事迹里，只能说明一件事：公孙鞅出现追随者了。

可能是在变法之后，甚至在公孙鞅死后，追随者们精心为他打造光环，封神封圣。经过美颜滤镜的处理之后，公孙鞅的形象被司马迁皱皱眉、打打折，采进了《史记》，又被司马光皱皱眉、打打折，采进了《资治通鉴》。

之所以推测连司马迁都对原材料打过折，是因为他当初看到的主要原材料，很可能就是《商君书》。在《韩非子》记载的年代，很多人家都收藏有"管、商之法"，也就是管仲和公孙鞅的著作。所谓管仲的著作，就是《管子》，并不是由管仲亲笔写的。同理，公孙鞅的著作也是由他的追随者、仰慕者记录、整理，甚至创作出来的。

公孙鞅的这部书叫《商君书》。司马迁说自己读过公孙鞅的《开塞》和《耕战》，这两篇文章就是《商君书》里的两篇。汉朝人看到的《商君书》一共 29 篇，辗转流传到今天，还剩下 24 篇，这已经算是难能可贵了。

公孙鞅力辩甘龙、杜挚的那段内容，出现在《商君书》第 1 卷，题目是《更法》，就是"变法"的意思，内容比《史记》的版本详尽。最有意思的是，辩论结束时，秦孝公作为裁判，还有一段总结陈词，照例是成套的对仗："吾闻穷巷多怪，曲学多辨；愚者之笑，智者哀焉；狂夫之乐，贤者丧焉。拘世以议，寡人不疑矣。"大意是说，人的见识越浅，越容易大惊小怪，学问越浅，越容易胡搅蛮缠，笨蛋和智者自然说不到一处，我再也不想听那些拘泥于世俗之见的肤浅议论了。

有了秦孝公这段评语，辩论赛的政治意义才算完整。

公孙鞅虽然批倒了甘龙、杜挚，但仅仅批倒是不够的，还必须彻底丑化他们。公孙鞅当然没有这个能力，但秦孝公有。秦孝公要想全力支持公孙鞅，必须明确表态，让全国人民知道，那些反对变法的带头人不仅是错误的，更是愚蠢的、丑陋的、不值一顾的，让人看了就想打。

这种经典的政治手腕，依然是以心理上的认知一致性为出发点的：如果只是纯粹的学术讨论，就有必要对事不对人，把人和事彻底区分，无论发言人是大权威还是小学生，是道德标兵还是流氓无赖，都不重要，重要的是他的发言内容；而政治斗争的策略刚好相反，必须顺应人性，把人和事混在一起。

所以，经过秦孝公的最终定性，从此以后，凡是同情甘龙和杜挚的人，不仅在政治上是错误的，而且在智力上是可疑的，在见识上是可笑的，在道德上是可耻的。

作为政治策略的"对人不对事"

我们之所以形成这种认知模式，是因为我们作为群居动物，在亿万年的进化史上，个体和群体的关系问题永远都是生死攸关的头等大事。**人要想幸存下来，必须有能力高效解决人际关系问题，迅速界定群体边界，既给自己定位，也给别人定位，那么"对人不对事"显然要比"对事不对人"高效很多。甚至可以说，"事"对于我们的生存，远不如"人"来得重要。**

后人评价公孙鞅，也往往难逃"对人不对事"的心理陷阱。晚明学者朱之瑜，也就是广为人知的抗清志士朱舜水，很冷静地议论过秦国的两场国策大辩论，一是张仪和司马错的交锋，二是公孙鞅和甘龙、杜挚的交锋。他认为单看观点本身，张仪不如司马错高明，但公孙鞅确实比甘龙、杜挚高明，只是现在的人不会就事论事，拿公孙鞅的惨烈收场来证明他的观点有问题，就像矮子看戏，人云亦云而已。（《舜水先生文集》卷 24）

朱之瑜作为一代儒者楷模，竟然能对公孙鞅做出这样的冷静评价，相当让人惊叹。如果追究一下原因，就会发现在明朝灭亡以后，很多儒家学者都把王阳明当成罪魁祸首，说他所倡导的阳明心学彻底败坏了社会风气，搞得大家只爱空谈，不肯读书，结果风气败坏，国将不国。朱之瑜对王阳明的评价一分为二，一方面推崇他的本领，一方面贬低他的学术。朱之瑜在抗清失败、流亡日本后，到处给日本人讲学，特意提醒日本人可别去学王阳明那套歪理邪说。（《舜水先生文集》卷 12，卷 22）

要扭转阳明心学的不良影响，办法自然就是重视学习和实践，学以致用，用实干精神扫除空谈习气。在这种局面下来看公孙鞅，务实得十分彻底，那份行动力简直可以把人感动到哭。

公孙鞅的变法到底有多务实？一个国家，事务自然千头万绪，但公孙鞅可以删繁就简，把千头万绪化约成两件事：吃饭和打仗。按照刑名学家的思路，有了目的，还要给目的设置标准。吃饭的标准就是吃饱，打仗的标准就是打赢。既然吃饭仅仅以吃饱为标准，那么和吃饱无关的项目就可以排除掉了。

这就意味着，单靠粮食就已经足以把人喂饱，酒和肉的存在就没必要，凡是没必要的东西，就不该让它们继续浪费资源。再看打仗，既然打仗仅仅以打赢为目标，那么手段自然可以无所不用其极，踢裆插眼也可以，烧杀抢掠也无妨。目标越简单，标准越清晰，执行和考核也就越轻松。

如果把目标和标准搞复杂，比如吃饭，既要吃饱，又要吃好，不但要味道好，还要营养均衡，摆盘讲究，每天还不能重样……这套标准当然很好，但问题是，拿这套标准去照顾一两个人，虽然辛苦，倒也可行，但施行到全国的话，绝对要搞砸。

政治方案就是这样，稍不小心就容易复杂，而只要稍稍复杂一点，就很难大范围地推行成功。公孙鞅最高明的地方就在这里，他很明白简明扼要一刀切有多重要。至于这样做是否公平，会不会让很多人吃亏受委屈，那都不重要，只要吃亏受委屈的人翻不了天，那就让他们继续忍着。要把一架巨大的国家机器运转如飞，哪能操心每一颗螺丝钉呢？

那么，对于吃饭和打仗又该做哪些具体的标准和考核呢？这就必须先定规矩，从立法方面入手。

——— 113 ———
"法"和"律"到底有什么区别

公孙鞅在秦国实行变法，有三个很便利的条件：一是秦国建国时间短，文化底蕴低，传统的力量不像中原诸侯那么根深蒂固；二是秦孝公接下来的是父亲秦献公的家业，秦献公本人就是一位改革家，大大减小了秦孝公的改革阻力；三是公孙鞅有一段在魏国镀金的经历，魏国堪称战国初年的变法大本营，公孙鞅这样的有心人到了魏国，不可能不留意李克和吴起的政治遗产，而且，公孙鞅还弄到了一套李克的《法经》，去秦国时随身带着。在那个印刷术还没有发明，制作书本还需要笨重的竹简的时代，弄一套代表着学术前沿的名家专著实在很不容易。

前面已经讲过李克的《法经》，公孙鞅有了这套书，到秦国几乎可以现炒现卖。他也确实在这么做：要变法，先立法，但他把《法经》做了一点修改，"改法为律"。（《唐律疏议》卷1）也就是说，李克原先称为"法"的东西，公孙鞅改称为"律"。"法律"这个词就是这么来的，我们至今仍在使用。

这不就是玩文字游戏吗，实干家为什么要抠字眼呢？实干家抠字眼，当然有实干意义。

从法到律

从最宽泛的意义上说，一切治国的方法都是"法"。明朝学者，做过万历皇帝内阁首辅的沈一贯，写过一篇法律论文《法行》，说三代时期，礼、乐、刑、政都是法。(《喙鸣诗文集》文集卷6) 这个说法虽然失之过宽，但打个折来听就合理了。而从狭义上看，"法"原本就是礼、乐、刑、政当中的刑。从"刑"到"法"，是一个很有意义的演变。

从狭义上看"法"，"法"字偏旁是三点水，从某种意义上说，"法"强调的是公平，就是要把一碗水端平。儒家反对成文法，原因之一就是反对这种公平观念。儒家讲的是家族伦理，一家人要相亲相爱，互相包容，绝对不能谈公平。谈公平，就注定会伤感情。当宗法纽带断裂，人口流动性增强之后，儒家伦理显然跟不上时代的变化，"法"的观念注定应运而生。

但是，"法"的公平观念也有致命的缺陷，那就是很不利于管理。越是竞争环境下的管理，就越是追求效率，而公平十分破坏效率。这个道理直到今天依然成立，比如很多公司的薪酬都不透明，员工只知道自己拿多少钱，不知道同事拿多少钱。也许你的某个同事做的工作和你做的一模一样，还没你做得漂亮，但薪水竟然比你高，只是你们两个全被蒙在鼓里。这样的公司通常还会存在一种硬性规定：员工之间严禁透露薪酬，凡是因为薪酬的不公找上级讨说法的，一律开除。这当然不公平，老板心里也很清楚这不公平，并且很清楚如果把薪酬弄得公平、透明，对提高士气很有帮助。但之所以不这么做，就是因为这会极大增加管理成本，得不偿失。

那么，谁会不计成本地为解决矛盾寻求公平呢？只有文明社会里的政府了，政府有义务保障每个公民至少在法律问题上都能得到公平对待。但问题是，今天的政府扮演的是服务机构的角色，理论上说，政府提供的服务是公民用纳税购买来的公共服务；古代政府扮演的角色完全相反，国家是国君的，从土地到人口都是国君的家产，政府存在的意义就是帮助国君这位大家长管理家产，实现家产的保值和增值。所以，这样的政府并不能类比今天的政府，但大体上可以类比今天的私营企业。既然今天有些私企为了追求效率可以放弃公平，古代政府就更有这个动力了。

所以，强调公平的"法"注定会让位给不讲公平的"律"。这样来看法律史，就会看到一个从刑到法，再从法到律的演变。李克制定《法经》时，初衷应该更接近"律"，只是没选到这个最合适的字眼。

律吕与听风

"律"的本义和法律没有半点关系，而是指一种像管子一样的定音设备，专业人士用它来确定绝对音高。后来音乐水准越来越高，律也逐渐细化，十二律出现了：古代调音师用十二个长短不一的管子——通常是竹管，就像没有孔的笛子一样——确定一个完整音阶里的十二个音符。从低音管开始数，奇数的六个管子叫律，偶数的六个管子叫吕或同，统称十二律，也叫十二律吕。今天我们还在用成语"黄钟大吕"来形容音乐或文章很恢宏，很庄严。黄钟和大吕就是十二律里排在第一、第二位的两个律名。

律管除了能用来确定绝对音高外，还能通过一种很复杂、很微妙的方式确定节气，准不准就另说了，于是十二个律管就可以对应一年当中的十二个月份。所以不难理解，"律"会出现规范、标准的引申义。比如"牛顿第一定律",指的就是牛顿力学里的第一条绝对规范,在它的应用范畴里是真理一般的存在,凡是和它相悖的,一定都是错的。唐朝兴起的近体诗,也叫格律诗,简称律诗,可以理解成"有严格规范的诗"。凡是违反规范的,比如该用平声字的地方用了仄声字,今天的非专业读者根本察觉不出这种错误,但在写律诗的古人看来,这就叫"出律",是诗歌领域里的违法乱纪行为。

公孙鞅为什么要"改法为律"呢?

一方面,在此之前,法律意义上的"律"已经悄然出现,但"法"还是绝对的主流,这在讲究循名责实的刑名学家看来显然有问题。以法治国当然没错,但对刑名学家来说,"法"不应该以公平为主导,而应该以效率为主导。"法"的存在意义是向全国人民颁布行为规范,引导人们的价值取向,所以,只有"律"才是唯一合适的字眼。

另一方面,司法需要明确的标准,公平只是主观感受,是个高度主观化的指标,你以为的公平,也许就是我以为的不公平,而"律"是规范,是绝对明晰的客观标准,根本就不给人的主观能动性留余地。就像十二律吕,吹出来的任何一个音符都表示绝对音高,所有乐器,大到挂满庭院的一组编钟,小到握在手里的一只埙，都要拿十二律吕校订音准，谁不服气都没用。

"律"在当时还有一种用法。《易经》的"师"卦有一句爻辞："师出以律。"到底什么意思，注释家们各有各的解释，我认为这句话很有可能透露出上古时代的作战方式：军队行动之前，先用律管占卜，预知吉凶。这个解释是否成立虽然还有待商榷，但行军打仗用律管听风，探知敌情，预测胜败，至少是春秋时代真实存在过的，属于古代预测技术里的风角术。

儒家经典《周礼》是王安石最爱的书，书里提到大师在军队里会拿着律管辨别声音，然后向大家宣布预测结果。(《周礼·春官宗伯·大师》) 相信公布的结果一定是"此战必胜"，否则仗就打不起来了。

有人或许会以为这种迷信手段早被扔进历史的垃圾堆了，而事实是很多不靠谱的预测技术都得到了很好的传承。比如直到明朝，军事巨著《武备志》还用惊人的篇幅收录了各种听风观日的理论，律管听风当然在列。

渐渐地，有着预测作用的乐律的"律"被用来指称军律的"律"，因为古代打仗会用乐器传达军令，比如击鼓冲锋，鸣金收兵，每一个音符都意味着军令如山。所以，公孙鞅的"改法为律"很可能还意味着借用军事化的管理规范来管理民政，把军政和民政一并整合到军政之下。事实上，公孙鞅的变法确实是这么做的。

—————— 114 ——————

公孙鞅为什么要实行什伍制

公孙鞅"改法为律",把秦国带上了穷兵黩武的道路。这一套全新的法律,导向性实在太强了。

原文:

令民为什伍而相收司、连坐,告奸者与斩敌首同赏,不告奸者与降敌同罚。有军功者,各以率受上爵;为私斗者,各以轻重被刑大小。僇力本业,耕织致粟帛多者,复其身;事末利及怠而贫者,举以为收孥。宗室非有军功论,不得为属籍。明尊卑爵秩等级,各以差次名田宅、臣妾、衣服。有功者显荣,无功者虽富无所芬华。

按照《资治通鉴》的记载,新法可以归结为四点:第一,建立什伍制,连保连坐;第二,奖励军功,严禁私斗;第三,奖励农桑,严禁工商末业;第四,设置新的爵位系统。

"必也使无讼乎"

孔子有一个追求："必也使无讼乎。"（《论语·颜渊》）意思是，与其断案断得好，不如没有案子可断。没人来打官司、当原告，才是好社会该有的样子。所以后世的儒家政治在法律方面一直都在做这种努力。公孙鞅作为法家名人，竟然也和孔子一样，把"无讼"——没人来打官司——当成国家法律该有的目标。当然，毕竟是水火不容的两大学派，目标就算一致，出发点和手段绝对不同。

儒家的出发点是让全天下变成一个既尊卑有序，又相亲相爱的大家庭。法家的出发点是帮助君主管理家产，让家产迅速增值，在竞争当中立于不败之地。儒家要照顾到所有人，法家只服务于一个人。

再看手段上的差别。**儒家的手段是领导人以身作则，不停地散发道德感召力，先影响身边的人，身边的人在道德境界得到升华之后，再去感召自己身边的人。就这样，道德像病毒一样飞速传播，总有一天，全天下人都会被感染到。**这个时候，就算发生了什么纠纷，肯定你让一步，我让一步，你宽恕我的无心，我体谅你的难处，一笑泯恩仇，最后很可能还交上了朋友。这样的社会，何其美好。

但是，法家根本不信这一套，即便他们相信这样的道德生态是可以达到的，也认为并不值得为此付出努力，因为成本太高，见效太慢。法家格外重视效率，受不了儒家那种动辄就搞百年大计的慢性子。

法家并没有因为叫法家而喜欢打官司，恰恰相反，法家很敏锐地注意到，打官司是一件太耗时耗力的事情，成本超高，怎么都不划算。这种思路，在今天的一些公司里依然存在。这些公司会规定严禁员工起纠纷，一旦有了纠纷，领导不会去调查谁对谁错，而是直接把纠纷的双方一起开除。这就是成本意识在起作用：调查纠纷期间，当事双方肯定没法工作，领导的时间精力也要搭进去不少，还会打乱其他员工的正常工作流程。所以，要么忍，要么滚，反正就是不能打官司。

在晚清第一批"睁眼看世界"的知识分子当中，严复留学英国，到法庭旁听庭审，受到了极大的震撼，那种控辩双方你来我往的法庭大戏是清朝人不敢想象的。后来严复对郭嵩焘讲起这段经历，说英国之所以富强，从法庭上就能看得出端倪：公理每天都在伸张，长此以往，国家想不富强都难。(严复译孟德斯鸠《法意》卷11按语)

但严复只看到了正面，没看到反面。为了英国法庭上的"公理日伸"，英国人自己实在吃够了苦头。英国小说经常会有这类描写，最著名的应该就是狄更斯的《荒凉山庄》，一场旷日持久的法律诉讼把几代人的青春、健康和金钱都耗尽了，最后好容易出了结果，而官司的"标的物"——原本账面上的巨额财富——已经被官司磨没了。狄更斯的故事是有生活原型的，原型之一就是特鲁森诉伍德福德案（Thellusson v Woodford），从 1797 年打到 1859 年。《荒凉山庄》都写完了，这案子还没结呢。

严复所谓的"公理日伸"倒也没错，特鲁森诉伍德福德案让英国人意识到，相关法律必须修订，所以早在 1800 年就通过了一项新的法案，通常被称为《特鲁森法案》（Thellusson Act），而《荒凉山庄》还促成了 20 世纪 70 年代的司法改革。这充分体现了英国社会的一个核心特点：慢。英国路线虽然也能富国强兵，这正是严复看到的，但可想而知，公孙鞅和秦孝公一定都等不及。

公孙鞅和秦孝公如果读到《荒凉山庄》，应该会把狄更斯引为知己：看，仅仅打一场官司都这么熬人，如果多打几场，别说那几个当事人了，就算国家也熬不住啊。人的一大半精力如果都拿去磨官司，还怎么搞生产？不搞生产的话，社会财富从何而来？国家要想富强，全国人民都不能闲着，不能被无谓的事情消耗时间和精力。打官司，当然就是无谓的事情。

那该怎么办？官府直接拒绝受理案件吗？国家在这一点上还真不如公司灵活，不方便开除人。就算把原告和被告一起剥夺秦国国民的身份，总不好杀了他们或把他们驱逐出境吧。所以最好的办法，就是让纠纷在民间自行消化，而要做到这一点，首先需要统一秦国的价值观，禁止多元化。

"断家王，断官强，断君弱"

只要秦国人的价值观高度统一，那么不管遇到什么事，任何人都可以马上辨明对错，而且所有人的判断高度一致。比如张三在大街上杀了自己的杀父仇人，这事到底是对是错？儒家认为这没问题，杀父之仇不共戴天，杀得好，要表彰；法家认为私人执法不可以，执法权必须全部让渡给国家。你说我三观不正，我还说你三观不正呢。思想不统一，是非就没标准。这就需要有"律"的意识，绝对音高就是绝对的标准，每个人都好比一件乐器，必须根据绝对音高做校准。

只要校准工作做到位，国家就能上正轨。正如《商君书》所说："断家王，断官强，断君弱。"意思是说，是非能在老百姓家里自行解决的，这样的国家可以一统天下；纠纷需要由官吏来决断的，这样的国家有机会变强大；纠纷必须由国君决断的，这样的国家肯定是弱国。(《商君书·说民》) 今天的管理学也有这种讲究，如果连保洁阿姨的调班问题都要由总经理拍板，那么这家公司就离破产不远了。

当全国人民的价值观高度统一，很多问题直接就能在基层解决。比如发现有人想闹事，邻居们一致判断：这是坏事，不应该做。有了判断，该怎么行动呢？人的正常反应会是：多一事不如少一事，别给自己找麻烦。所以法律必须扭转这种心态，让大家有揭发检举的欲望才行。于是，什伍制度应运而生。

顾名思义，什是十户人家，伍是五户人家。具体几户并不重要，重要的是，这是把军队里的组织形式用到了民政上。一个伍就好比一个班，一个什就好比一个排。这倒不算多大的创举，毕竟李克已经在魏国开过先河，管仲更是早在春秋时代就在齐国搞过，只是公孙鞅做得更狠，更整齐划一。

现在，价值观统一了，组织结构成型了，每个秦国人应该承担的义务和对应的赏罚也就可以有明确的标准了。如果发现坏人坏事，当地的伍或什必须检举揭发，揭发了就有赏，赏额和上交一颗敌人的头颅相同，如果没揭发，不论有意还是无意，这个伍或什里的所有人全部重罚。

重罚有多重？腰斩，拦腰把人砍成两截。

所以，作为一个有正常生存欲望的秦国百姓，不但要做好自己，还要盯紧邻居。对照一下周厉王为了防民之口，安排巫师充当特务那段历史，结果"防民之口甚于防川"，国人暴动，把他赶下台。毕竟周厉王安排再多的特务，也监视不了所有人，但只要让大家互相监视，而且让每个人都清楚自己时刻都被邻居们盯着，那么麻烦和潜在的麻烦就能被解决掉一多半，秦孝公真是太省心了。

但是，这会不会败坏社会风气呢？都说远亲不如近邻，如果所有的近邻每天都在监视自己，同时也是被自己监视的对象，那么平日里再想找邻居借一碟醋，恐怕就不好张口了。久而久之，人一定会越变越奸，这真的好吗？

公孙鞅说："这真的好。"道理是这样的：邻里关系融洽了，就容易互相包庇。隔壁二婶帮你看过娃，喂过奶，堪称模范邻居，大大的良民，你总不好意思转脸就举报她偷鸡吧？所以，公孙鞅说，表彰良民会对国家不利，只有奸民才能利国。邻里关系越是疏远、冷漠，监督和检举时就越是没有心理障碍。奸民治国，才是富国强兵之路。

公孙鞅这套连坐的办法虽然不中听，但确实管用，而且见效超快，以至于后来儒家学者需要解决实际问题时，也会先把儒家教条放在一边，拿着公孙鞅的药方抓药。王阳明就做过这种事，一方面告诫老百姓要温良恭俭让，和睦相处，别打官司，另一方面执行著名的十家牌法：一家犯错，十家同罪。（《王阳明全集·案行各分巡道督编十家牌》）

但王阳明的十家牌法，好歹可以说是战时紧急办法，而公孙鞅的什伍制度却要成为秦国人民的日常。这就意味着公孙鞅不但把民政完全向军政统一，还把全国人民的日常生活纳入了战时紧急状态。

———————— 115 ————————

耕战为什么是公孙鞅的国家大计

　　四个要点里的第二点是奖励军功，严禁私斗，第三点是奖励农桑，严格限制工商末业。这两点是一体两面，因此一道来谈。

耕战

　　公孙鞅的变法思路很像今天的即时策略类游戏，玩家要做的，首先是在有限的资源里搞平衡——哪些资源用来生产，哪些资源用来作战。电脑游戏的特点是，你只要安排了农民去种地，这些农民就会昼夜不停地一直劳作下去，你的粮食储备就会不断增长。打仗也简单，不管是骑士还是坦克，玩家只要拿鼠标画一个圈，就能指挥他们向前冲。他们会打得不死不休，无论局势有多么惨烈，也没一个人退后一步。

　　现实生活中的生产和打仗当然不可能这样，但是，假如公孙鞅有机会玩即时策略类游戏，一定深受感动，觉得这就是他理想中的政治蓝图。

在公孙鞅的国家规划里，偌大一个国家，千头万绪的事情被化约为两件事：耕战，也就是种田和打仗。要问为什么非要化约成这两个项目，就需要先搞清楚国家财富从何而来。这个问题如果丢给经济学家，答案一定会五花八门，但公孙鞅看得很简单：所谓国家财富，来源无非两个渠道，要么是生产出来的，要么是掠夺过来的。生产主要靠种田，掠夺主要靠打仗。所以，耕战就是富国之本。耕战以外的事情只可以保留很小一部分，其他部分必须大刀阔斧删除干净。

当国家大计化约为耕战两项之后，治国就和玩即时策略游戏很像了。统治者该操心的，是怎么协调资源，比如在某个时间段，政策是往农民方向倾斜，还是往战士方向倾斜。和游戏不同的，也更重要的，就是充分调动生产和作战的积极性，种田就该不眠不休，打仗就该一往无前。难点就在这儿，毕竟真人不是 AI，人性充满着弱点，干活的人会好吃懒做，打仗的人会贪生怕死。

就像运营一家企业，如果站在管理层的高度往下看，那就恨不得员工无时无刻不在干活，甚至为了节约上厕所的时间，把水戒掉。一旦看见有人抽烟、喝茶、看报、聊天，马上连杀人的心都有。更可恨的是，员工们的追求和偏好千差万别，有忙着谈恋爱的，也有下班就凑一桌麻将的。

按照公孙鞅的思路，任他千差万别，我只删繁就简。在不断删繁就简之后，员工们的共性就浮出水面了：几乎所有人都有好逸恶劳的倾向。烈日当头，如果只能在下地种田和乘凉聊天之间二选一，相信没人愿意下地。

当然，受苦受累的人永远都有很多，他们当然不喜欢受苦受累，只是没有更好的选择。看看别人，有的倒买倒卖，没几年就赚了大钱，还有人读了几本书，耍耍嘴皮子就能做官受赏。自己能怎么样呢？也去投机倒把吗？既没那个头脑，也没那个本钱，更没那个心态。也去游说诸侯，靠口才和知识换钱吗？认字不容易，不想念书。看过一圈之后，发现自己就是种地的命。

即便是这样，只要身边有那些经商赚钱和读书发达的例子，种地的人就没法安心种地。认命归认命，但怨气和嫉妒心永远消除不掉，更何况有人真的放下锄头，去找那些更轻松、更体面，也更赚钱的工作去做了。

在公孙鞅看来，这就是秦国的政策导向出了问题。

无论朝廷怎么宣传耕战的重要性，只要种地和打仗不比其他行业来得有钱、有荣誉，宣传就没法落地。要想驱使全国人民把干劲自觉自愿地用在耕战上，首先就要给耕战设置足够吸引人的奖励机制，重赏之下必有勇夫。

这还远远不够，因为耕战涉及的人口实在太多，边际收益递减的曲线太陡，一个人再怎么努力种地，奋勇杀敌，收益也不可能比得上商人和明星，一辈子赚的也不如直播带货一天赚的多。怎么办？公孙鞅的办法特别简单直接：耕战之外，所有那些赚钱的营生，要么严令禁止，要么征收重税。你眼红那些主播，想开直播间？不行，违法。你眼红那些商人，想去经商？这倒不违法，不过 10 倍的税额，让你赚的钱还不够交税。然后你会发现，各行各业要么违法，要么赔钱，种地和打仗竟然变成了最好的职业。

提高农民和军人的地位，办法竟然如此简单。

但是，每解决一个旧问题，难免会有新问题如影随形。正在你已经安心务农时，村口的王木匠从齐国打工回来了，和你聊起一路上的见闻，说齐国搞了一个稷下学宫，天下人只要会耍几下嘴皮子，就可以到那里当客座教授，吃香喝辣，使奴唤婢，享不尽的荣华富贵。一番话直说得你心猿意马，再也没法安心扛锄头了。

法家的"愚民"

没办法，人的流动性越强，信息的获得就越便捷。在今天，越是欧洲的小国家，逛个街就能跨境的地方，价值观就越是多元化，国家向心力就越弱。公孙鞅面临的问题是，就算耕战能在秦国本地通杀一切，外来的信息还是很容易蛊惑人心。

要想安定人心，就必须缩窄人的眼界。如果严复不曾去英国留学，没机会到英国法庭上旁听庭审，很可能就在大清国踏踏实实地留着辫子，做一介温顺良民，茶余饭后和父老乡亲们一道痛骂洋鬼子和所谓"睁眼看世界"的假洋鬼子。如果严复生活在公孙鞅时代的秦国，也就不会有"睁眼看世界"的机会了。

公孙鞅敏锐地意识到，隔绝六国的信息至关重要。王木匠之所以了解稷下学宫的事情，就是因为去过齐国。只要不给他出门的机会，他也就是个普普通通的乡巴佬，只会闷头干活，不可能有什么见识。

那么，哪些人最容易四处乱窜呢？《商君书》罗列了五种人：游士，只要带着一张嘴，就能满世界混饭吃；隐士，他们心志高洁，有了这份境界，就无所谓在哪里安身；勇士，胆色随身带，到处都可以逞英雄；手艺人，有一技傍身，走遍天下都不怕；商人，流动资金随身带着，哪里有腥味就扑到哪里赚钱。最可恨的是，这些人很容易投靠国外势力，或者投靠到贵族的门下。这种人多了，就算请尧、舜来治国，也无能为力。(《商君书·算地》)

那该怎么办呢？很简单，严令禁止。

人口只要不流动了，就会眼界变窄，见识变浅，无知无识，和国家的唯一价值观保持高度一致，除了耕战之外，不知道世界上还有别的工作。

这样的百姓，才是秦国最需要的。

他们足够愚蠢，以至于对各种蛊惑人心的说辞彻底免疫，而当绝大多数人都生出这种免疫力后，那些耍嘴皮子的人再怎么巧舌如簧，也达不到任何效果。这样一来，即便是那些靠嘴皮子吃饭的游士也不得不闭上嘴，扛起锄头，老老实实去种地。这就意味着，一个人要想在秦国生存下来，要么努力种地，要么拼命打仗，否则几乎找不到活路。

今天我们总说人要有一技傍身，技能是一切轻资产里最轻的。公孙鞅的思路刚好相反，严禁轻资产，要搞重资产，所谓"资重则不可负而逃"，重资产没法随身带走，只会把人拴牢。

什么资产最重呢？当然是土地。越是能耕善战的，就奖励他们越多的土地。土地不要说带到外国，就连

移动半分都不可能。人被土地拴得越牢，也就越淳朴，不容易做非分之想。(《商君书·算地》)

公孙鞅应该很想把人变成机器，农民是生产机器，战士是打仗机器，两者最好可以互通：同一架机器，农忙季节去种地，农闲季节去打仗。每个机器都清楚，只有种地和打仗才有计件提成，才能拿积分换奖品。这是秦国唯一正确的，也是唯一可行的生活方式。

—— 116 ——

公孙鞅为什么要下放爵位

公孙鞅变法四个要点里的最后一点：设置新的爵位系统。周朝传统的五等爵都是高级贵族才有的，但公孙鞅做了一件礼崩乐坏的大事：把爵位下放，让全国人民都可以有爵位。

为什么要这样做？因为它和计件提成的改革思路是配套的。从此以后，平民也可以有爵位了。

卖官鬻爵：这是两码事

平民有爵位在当时并不算首创，但大规模、系统性地实施应该就是从公孙鞅开始的。这种办法也并不是中国历史上独有的。比如英国，传统贵族有五个爵位等级，因为刚好和中国的五等爵数目相同，所以中文就用五等爵的名称来翻译英国的五级爵位，其实两者的含义完全不同。英国在五等爵以下还有两个平民爵位：准男爵（Baronet）和骑士（Knight），骑士又分出九个等级。人们对准男爵和骑士的尊称只能是Sir，而不能像称呼真正的贵族那样说 Your Grace 或 Your Lordship。

为什么会出现平民爵位？"平民"和"爵位"这两个词本身不是有冲突吗？

参照一下英国历史：国王詹姆士一世缺钱了，怎么才能让有钱人给自己主动送钱呢？他的办法是搞一个"准男爵"的爵位，身家清白的人可以花钱申请。只要钱到位了，国王就可以签署特许状。于是，1611年，200名身家清白的绅士成为英国第一批准男爵。

有个成语叫"卖官鬻爵"，在使用这个成语时，我们通常对"卖官"和"鬻爵"不加区分，其实这是两回事，"卖官"的危害比"鬻爵"大得多。因为官职对应着公权力，权力越大就越能呼风唤雨，而爵位仅仅对应特权和义务。特权要么意味着财产权，比如有一块采邑，采邑的收入可以归自己所有；要么意味着可以免于某些义务，比如不用服徭役或兵役。所以，如果一个人只有爵位而没有官位，通常是没有实权的，一个九品芝麻官也能轻易将他拿捏。如果统治者实在有什么燃眉之急，只能硬上非常手段的话，但凡能"鬻爵"就不要"卖官"。詹姆士一世做的就是"鬻爵"，收效相当不错，他的老前辈公孙鞅所做的，本质上也是"鬻爵"。

公孙鞅希望全国人民不读书、不娱乐、不经商，一门心思种地、打仗，这种反人性的操作，必须前有足够甜的胡萝卜，后有足够粗的大棒才行。新的爵位体系，就是一筐超甜的胡萝卜。

职称的意义

如何鼓励多劳多得，这是管理学上的又一个难题。常规的做法是，谁干得多、干得好，就让谁升迁。小兵可以一路升迁到将军，由此诞生了著名的励志口号：不想当将军的士兵不是好士兵。但问题是，优秀的士兵和优秀的将军需要的是完全不同的素质，士兵当得好，未必将军也能当好。不要说将军，可能连班长都当不好。如果军队的激励机制是谁表现好就给谁升迁，很容易造成大范围的不称职局面。

今天很多公司也是这样，技术出色的基层员工被提拔到管理岗，结果发现他完全搞不来管理。但偏偏他又如此优秀，难道一直让他在基层当普通员工吗？这不但对他本人不公平，也让全公司的人失去了拼搏意志。左右为难，该怎么办？

现代管理学很好地解决了这个问题，建立了职称体系，把职称和职位分开。一名基层员工，可能一辈子都在基层工作，干到退休也只是普通一员，但职称可以不断提高，从中级职称评到高级职称，从副高评到正高，实际到手的工资和福利可能比总经理还高。公孙鞅搞的爵位制度，本质上就是秦国的职称体系。试想一下，全国人民都努力耕战，业绩出色的人当然不是少数，而官职没有那么多——即便真有那么多，这些人也未必都适合做官，很可能还会有人因为不想做官，故意不好好表现，那就和改革初衷相悖了。

二十等爵

接下来的问题就是：职称的级别应该怎么设置？

如果套用传统贵族的五等爵，好像级别太少了。设想一下，上交一颗人头换爵位升一级的话，五颗人头就顶格了，显然不合适。但如果每上交五颗人头换一级爵位，很多人也许会觉得升级太难，冒的风险太高，索性人浮于事。如果等级设置得过多，让人一眼望不到头，也很容易让人丧失斗志。

所以，设计出一个合适的梯度就显得至关重要。

公孙鞅设计出了怎样的梯度？古代学者研究这个

问题，最重要的一篇论文就是三国年间曹魏学者刘劭（shào）的《爵制》，顾名思义，研究对象是爵位制度。刘劭写过一部特别出名的书《人物志》，研究的是怎么看人，怎么从"知人知面"达到"知心"。《爵制》相对而言冷门得多，但在这个冷门小领域里，它是绝对的权威。胡三省给《资治通鉴》这部分内容做注时，就大段抄录了《爵制》，只是有抄错的地方。

胡三省当然看不到今天才出土不久的各种秦国简牍，这些海量的新材料在相当程度上印证了刘劭在《爵制》里的说法。

《爵制》统计，公孙鞅设计的爵位梯度一共有十八个级别，如果加上关内侯和列侯，就是二十级。刘劭没讲为什么要把关内侯和列侯单算，最有可能的原因是，这两个等级称为"侯"，借用了五等爵里"侯爵"的名义，而在公孙鞅的时代，秦国国君还没有称王，名义上还是周天子下面的诸侯，根本没资格给别人封侯。要等到后来礼崩乐坏得更彻底一些了，秦国才在原有的十八级爵位系统里增设了关内侯和列侯。

列侯的原名应该叫彻侯，为了避汉武帝刘彻的讳，才改称列侯。（《汉书·百官公卿表》）但各种古代文献里已经习惯称列侯了，在此继续沿用这一名称。

秦国的二十级爵位，数字越小，级别越低。

第一级公士，第二级上造，第三级簪袅，第四级不更；

第五级大夫，第六级官大夫，第七级公大夫，第八级公乘；

第九级五大夫，第十级左庶长，第十一级右庶长，第十二级左更；

第十三级中更，第十四级右更，第十五级少上造，第十六级大上造；

第十七级驷车庶长，第十八级大庶长，第十九级关内侯，第二十级列侯。

这个爵位系统在秦朝以后继续沿用了很久，刘劭自己就有关内侯的爵位，那时已是三国曹魏年间了。

二十级是一个相当合理的阶梯设计，我们可以比照一下今天的公务员职称系统，从办事员到国家级正职，一共二十七级，只不过排序相反，数字越小级别越高，级别越高，升级难度越大。

具体怎样计件提成搞升级，史料给出的线索并不明确。大概的情况是：在常规作战当中，普通士兵斩获一颗敌军头颅就可以得到一级爵位，但爵位有上限，不可能拿二十颗人头就升级到列侯；军官有另外的考核标准，不看个人绩效，看的是整个部门的绩效。不同战况有不同的考核标准，比如攻城难度远大于野战，一支十八人的敢死队只要拿到五颗人头，就可以每人授爵一级。

人头交上来之后，必须经受严格的检验，检验无误就可以授爵，如果在规定期限内没能完成检验工作，以至于耽搁了功臣授爵，相关责任人一概要被罢免。

现在，一个貌似奇怪的现象出现了：所谓二十等爵，不就是尊卑有序、严禁僭越的等级制度吗？这不就是儒家想要恢复的旧秩序吗？儒家的尊卑等级和法家的尊卑等级到底有什么不同呢？

―――――― 117 ――――――

爵位能带来哪些好处

公孙鞅给秦国设计了一整套爵位新制度，乍看上去，尊卑有序，等级森严，好像儒家想要恢复的旧秩序就这样在公孙鞅手里恢复了。至于到底是五等爵还是二十等爵，只是枝节问题，技术层面的小事而已。

那么，两者的本质区别到底在哪儿？

很简单，儒家的等级是天生的，法家的等级是挣来的。

如果等级从血统中来，那么最好人人各安其位，不做非分之想。但如果等级可以挣来，人人都会奋勇争先，就像今天的高考一样。公孙鞅的"高考"设计不但没有年龄限制，而且几乎取消了一切限制，敌人的首级就是考分，错过这次考试还有下次，一生当中有的是考试机会。那么，爵位到底能够带来哪些好处？

需要说明的是，有些史料显示的虽然是秦国后期的情况，但我们不难推断它们和公孙鞅最初的设计一脉相承。

爵位的好处

爵位的好处可以分成两类：一是积极的好处，获得收益；二是消极的好处，减免损害。

先看积极的好处。参照《商君书》，一个秦国平民拿着一颗敌人的首级换来了一级爵位，有了这个爵位，当地政府就要分配给他相应的田宅，他还能得到一名兼职仆人。平时不打仗时，这名仆人每个月必须给这位爵爷服役六天，打仗时，仆人要跟在爵爷身边服侍。（《商君书·境内》）《韩非子》也说过一颗人头可以换来一级爵位，两颗人头可以换来两级爵位，有了一级爵位之后，如果想做官，就可以做年薪五十石粮食的小官，有两级爵位的人可以做年薪一百石粮食的小官。

《韩非子》讲这件事的目的是批评公孙鞅的政策存在缺陷，因为能打仗杀敌的人未必适合做官。（《韩非子·定法》）但公孙鞅应该也考虑到了这个问题，所以设计了爵位体系，而没有直接让立功的人升官。对于拿到爵位的人，只是多了一个选择而已，可以做官，也可以不做。如果真的申请做官，以公孙鞅的风格，一定会设计严格的考试标准，不是有资格做官就能做的。

做官之后，如果因公外出，不同的爵位有不同的伙食标准。睡虎地秦简提供了这方面的材料。1975 年，湖北云梦县睡虎地发现了 12 座秦国墓葬，其中第 11 号墓葬里出土了一批秦国简牍，墓主是一名基层公务员，随葬品既有家书、占卜书，也有不少和本职工作相关的法律文件。其中有一篇《传食律》，记载了公务员差旅期间的伙食标准：有饭有菜有调味品，但没有肉，重要的是，伙食标准和爵位挂钩，爵位越高，吃得越好。

人不仅有物质欲望，还有精神追求。古往今来永恒不变的精神追求只有一个：面子。公孙鞅的爵位设计充分考虑到了面子问题。

人死以后，大夫以下的爵位，死者只要有一级爵位，就有资格在墓地种一棵树。乡里乡亲远远一看，谁家爵位低，谁家爵位高，一目了然。但当时还没有清明扫墓的风俗，那是东汉以后的事。公孙鞅的这个思路，用《资治通鉴》的话来说就是："有功者显荣，无功者虽富无所芬华。"这就是说，荣誉必须和功劳挂钩，而那些树大根深的贵族就算还能再过一段富裕生活，但只要没有功劳，就不配拥有面子。更何况在公孙鞅设计的社会蓝图里，金钱不是硬通货，军功才是。

平等观念的激励意义

假如某个秦国人就是无欲无求，各种好处都没法打动他，他也会和大家一样渴望升级，因为爵位还能带来消极的好处。当他不小心触犯了法律——这在公孙鞅变法之后的秦国当然很难免——爵位就可以帮他抵消一部分法律的惩罚。

睡虎地秦简的法律文书里，有一篇《游士律》，针对的就是那些不务正业，在诸侯和贵族之间往来奔走，靠耍嘴皮子混饭吃的人。像孟子、荀子这些人，如果放在秦国，都是游士。这些外来的游士必须拿到通行证才能留在秦国，而秦国本土的人不许做游士，严禁出国，否则就要削除户籍，罚做苦工，地位大概会像奴隶一样。但是，同罪不同罚，爵位越高，处罚越轻。

就算同样做苦力，待遇竟然也不一样。睡虎地秦简有一篇《司空律》，同时可以参照2007年湖南岳麓书院从海外收购的一批秦简，大致的书写时间是秦始皇吞并六国前后，其中也有一篇《司空律》。从两篇《司空律》措辞的变化来看，岳麓书院秦简的《司空律》是睡虎地秦简《司空律》的修订版，虽然一些称谓有改动，但意思没变。这部法律规定了被罚做苦役的人要穿红色的囚服，披枷带锁，但如果犯人有爵位，囚服和枷锁就可以免除。

爵位还能抵消亲人该受的苦。睡虎地秦简有一篇《军爵律》，有些规定特别能给底层人民以希望。比如，如果某人的亲生父母是奴隶身份，他就可以通过放弃两级爵位换回父母当中一个人的人身自由。如果某人立了军功，凭着一颗首级得到了公士的爵位，就可以放弃这个爵位来免除妻子的奴隶身份。

不仅如此，只要自己有爵位，还能把没有爵位的人当成奴隶来用。每月要给有低级爵位的人服役六天的人，被称为"庶子"，就是没有爵位的可怜人。五颗敌人的首级能换来的爵位，有资格享受五家庶子给自己服役。(《荀子·议兵》)

所以，一个生活在秦国的普通百姓，再怎么无欲无求，至少为了不给邻居服役，也要努力捞个爵位才行。好在机会总是有的，就算真的沦为奴隶，只要去立军功，就不愁翻不了身。

军功面前人人平等，即便是奴隶，也能凭军功让全家翻身。这在当时，真是难能可贵的平等意识。

当一个国家出现了恰如其分的平等意识和平等机制，活力就很容易焕发出来。现代市场经济的标准是金钱：在金钱面前人人平等。也就是说，一件商品摆在橱窗里，明码标价，无论是谁，无论他是国家元首还是贩夫走卒，只要出得起这个价，就能把这件商品买走。各种东西都在市场上明码标价，想得到的话，就努力去赚钱吧。而在宗法社会，有钱也没多大用，只要身份不达标，就算买得起也没法买。

在什么面前人人平等，什么就至关重要，你争我抢。

学生的世界里，分数面前人人平等，所有人都要拼分数。同理，在金钱面前人人平等，人人就都想多赚钱；在军功面前人人平等，人人就都想多挣军功。

量化管理

秦国把法治建设做到这种高度，一定意味着当时已经有了数字化管理的基础，至少像户籍、新生人口登记和死亡人口注销等各种烦琐的，在今天应该由街道办事处掌握的基层一手数据，基本都能掌握清楚。但以当时的管理水平，这真的可能吗？

据《商君书》记载，要想强国，政府必须掌握 13 项数据，分别是粮仓数、金库数、成年男子、成年女子、老人、体弱的人、官员、吏员、游士、商人的人数，还有牛、马、饲料的数目。

但说来容易做来难。就说成年男女的人数问题吧，要区分是否成年，首先要知道出生日期。即便在今天，很多老年人身份证上的出生日期其实并不是真实的出生日期，因为他们不知道自己的出生日期，在做登记时只能大致估算一个时间，连精确到年都做不到。很难想象两千多年前的秦国，基层政府能给每个新生儿做好登记。如果政府掌握不到老百姓的年龄数据，诸如年满多少岁就要服役这种事就不好办了。

现有的材料显示，秦国在很长时间都是按照身高确定一个人是否成年的，而到了秦王嬴政——也就是后来的秦始皇——执政的第16年，这个标准才从身高改成了年龄，说明经过多年的辛苦经营，秦国政府的大工程终于初具规模了。如果追本溯源，我们会发现公孙鞅的变法正是以量化管理的思路作为出发点的，为了量化考核，就算搞一刀切也无所谓。

118

怎么理解公孙鞅的量化管理

公孙鞅的变法是从量化管理的思路出发的，这样做除了追求效率之外，还有其他的考虑吗？要理解这个问题，我们有必要先来看看《庄子》中的一则寓言故事。

妙悟

故事的主人公名叫轮扁，"轮"表示职业，他是一名制作车轮的工匠，"扁"是他的名字。某一天，国君正在读书，轮扁在不远的地方干活，身份悬殊的两个人竟然搭上话了。轮扁听说国君读的是圣人的书，非常不以为然，说这种书完全不值得看，书里的内容无非是圣人死后留下来的糟粕。

这话似乎太武断了，怎么能对一部自己没看过的书妄下断语呢？更何况书里写的是圣人传下来的治国宝训，供起来读都嫌不够恭敬呢。所以国君很气愤，要杀轮扁。但轮扁说了一番道理，以同理心做基础，应该能把任何一位国君都说到哑口无言。

轮扁先从自己的老本行说起："制作车轮，最难处理的就是接合不同的零部件，必须不松不紧刚刚好，妙在毫巅。但是，别看我这么有经验，手艺这么棒，这门手艺里最精妙的部分我却没法教给我儿子，我儿子也没法学。因为真正的精髓都是无法言传的。圣人的精髓也是同样的道理，圣人死了，他的思想精髓也就跟着他一道消失了，那些能够被记载成文字的内容，当然只是糟粕。"（《庄子·外篇·天道》）

这个故事后来被《淮南子》抄去，用来论证《老子》的名言："道可道，非常道；名可名，非常名。"不过老庄哲学的后辈们倒也没有把这个意思理解得太极端，他们当中的一些人相信，思想的精髓还是可以传承的，虽然语言文字不足以作为载体，但我们可以拈花一笑，莫逆于心。这就是所谓的"妙悟"，就像西门庆被窗上掉下来的竿子砸到了头，有一种被禅师当头棒喝的感觉，猛抬头，眼神对上的一刹那，背景音乐突然响起："一个是阆苑仙葩，一个是美玉无瑕。"一切都懂了。

这样的妙悟，显然是亿万年进化史在淘汰了无数个柳下惠之后才打磨出来的，但是，理性建构的传承完全没有这样的生物学基础。这样一想，越发觉得轮扁说得在理。

今天市面上形形色色的成功人士谈成功经验的书籍、讲座，读者和听众当中又有几个人成功复制了他们的经验呢？有人会觉得，他们谈经验时难免有撒谎的情况，要么多给自己脸上贴了金，要么做过的丑事实在说不出口，所以讲出来的经验才会是片面的。但是，他们培养子女时总该倾囊相授吧，为什么他们的子女通常也很难复制他们的成功经验呢？真的是因为精髓无法言传吗？

在公孙鞅这里，问题一下子就会从哲学高度拉回现实世界。精髓到底能不能言传，不重要，即便可以言传，复制起来成本太高，也不划算。尤其是成功人士的某些先天禀赋，别人就算可以通过后天努力来弥补，但这真的值得吗？

《商君书》有一篇"错法"，意思是"法的举措"，其中就谈到了这个问题。离朱先生是一位著名的千里眼，能在百步之外看清楚小鸟身上的绒毛，但这样的眼力只能自己用，没法传给别人；乌获先生是一位著名的大力士，力拔千钧，但这样的力气同样只能自己用，没法传给别人。而那些伟大的领导者，也像离朱和乌获一样天赋异禀，他们的管理能力既没法传授给别人，也不是别人能够学得来的。

《商君书》竟然和《庄子》讲出了一样的腔调，这简直比无神论者和有神论者达成共识还要让人大跌眼镜。不过，虽然两家的意见基本一致，一旦问到针对这种状况应该怎么应对时，两家马上就分道扬镳了。

刻薄

《庄子》的办法看上去既很聪明，又很懒惰：既然教不出，学不会，那就不教不学了。学习有什么意义呢，反正学的内容无非都是糟粕，学得越多，烦恼越多，人为什么不能回归原始状态，像动物一样既无知无识，也无忧无虑地过生活呢？

《商君书》的办法是不求最好，但求最可行。为了可行性，不妨退而求其次。次优方案就是量化管理，一切都有清清楚楚的量化标准，也有相应的奖励制度和惩罚制度。就像一颗人头能换一级爵位，不管是铁打的营盘流水的兵，还是铁打的衙门流水的官，谁交人头都一样换爵位，谁收人头都一样给爵位。

笨蛋在这个位置上做的事，换成圣人来做也翻不出花样来。每一个人都是国家这个大机器上的一颗螺丝钉，把这台大机器上的一切接口都搞成标准化，让绝大多数人都可以无缝替代。这套制度，公孙鞅在时可以行得通，公孙鞅不在时照样行得通。只要按照标准做，虽然达不到轮扁的高度，但大差不差，结果总是可以接受的。

这就体现出了儒家和法家的一个重要区别。儒家推崇贤人政治，理想状态就是所谓的"君子盈朝"，满朝官员都是贤人君子，皇帝当然也是圣明天子。治理百姓就像明智而充满爱心的父母调教顽劣的孩子一样。法家不要贤人君子，只要奸诈小人。人只有够奸够狠，才能勇于监视并检举亲朋好友、左邻右舍；只有够贪婪，才容易被国家的赏罚政策控制；只有够无知，才不会多想乱想，只会一门心思搞耕战。

只要耕战，不要其他。如果有人胆敢去搞工商业，或者甘心在清贫生活里做一名佛系青年，朝廷就会把他和他的老婆孩子一起变成奴隶，强迫他们卖力干活。

任何贤人君子，任何诗书礼乐，任何琴棋书画乃至吃喝嫖赌，在这样的社会里都是多余的。人生在世，耕战二字。

所以在后人给公孙鞅贴的各种标签里，"刻薄"尤其醒目。公孙鞅的刻薄，不是对身边的人刻薄，而是把全社会打造成刻薄的模样：不仅人对人是狼，而且人对人是贼。

不过我们也没必要把情况想得太糟糕。比如没爵位的人稍不小心就会给有爵位的人为奴，这听上去确实很残酷，但是主奴关系未必都很可怕。

主奴

今天提到奴隶和奴隶制，我们最容易想到的是《汤姆叔叔的小屋》、《被解放的姜戈》、西班牙人在秘鲁开采银矿……好像奴隶主的监工每天都要拿着皮鞭把奴隶往死里整。事实上，奴隶生活多种多样，既有卖命挨打的，也有温情脉脉的，后者所占的比例很可能更大些，因为在某种意义上，主奴关系其实高度顺应人性。

群居动物的天性就是弱者顺服强者，强者自带光环，人类也不例外。如果觉得部族头领还不够强大，那就造一个神来膜拜。在神的面前，人会下跪，会奉献，甚至会牺牲，一切都来得自觉自愿。正是因为有这样的天性，人类才能过上人多势众的族群生活。

神当然也可以被其他概念替代，反正人总是能够想象出一个强有力的实体让自己有依靠感。主奴关系刚好可以实实在在地满足这种心理，只要主奴之间实力对比足够大就可以。另一方面，主奴关系也可以很亲昵，国君和嬖臣的关系其实就是主奴关系的一种变体，所以才会为儒家君子所不齿。

——— 119 ———

秦国人为什么好战

现在我们会遇到一个新问题：无论是得到"庶子"给自己服役也好，得到更多的良田也好，还是仅仅想在自己死后的墓地上多种两棵树也好，一切的来源都是爵位，而爵位的来源主要是战功，但仗总不可能天天打。如果哪天把周边国家都打服了，割地求和，短期内没仗可打，那可怎么办？失去了立功获赏的机会，秦国的人心会不会散？

这个问题公孙鞅在设计改革蓝图时已经想到了，好几项变法原则都有涉及。

"利出一孔"

今天我们有一个常用成语"利出一孔"，出处就是《商君书》的"弱民"一节，顾名思义，要想办法把百姓变弱。

在公孙鞅看来，利益的来源只有唯一的渠道是最好的，渠道越多越不好。所以，政府必须有意识地追求"利出一孔"，千万不能"利出十孔"。

今天的社会就是"利出十孔"，不但三百六十行，行行出状元，而且新行业层出不穷，一会儿共享经济，一会儿直播带货，这种现象一定会让先秦法家痛心疾首的。他们会说："如果在家打开摄像头就能赚大钱，谁还去卖力种田，谁还去玩命打仗？"所以政府必须实行强制手段，要想过上好日子，只有耕和战这两个选项。严格来说，种田带来的好处远不能和打仗比，所以军功才是"利出一孔"的那一孔。

如果"利出十孔"，和平时期老百姓依然会有改善生活的办法，但既然"利出一孔"，每个人改善生活的希望势必完全寄托在打仗上，"赶紧去打仗"就是秦国老百姓最真实的呼声。这种时候，如果继续和平下去，国内就容易生乱子。站在秦国的层面来看，和平是一种很不健康的状态，就像一个人久坐不动，很快就会有颈椎病、腰椎病，甚至高血脂、高血糖，每况愈下。打仗就像健身，健身的关键在于坚持，三天打鱼、两天晒网是不行的，要靠毅力持之以恒。只有运动充足了，才能排毒养颜，百病不生。

这就关乎管理学要解决的一个经典难题：饱暖思

淫欲，人闲是非多。

比如今天有些行业淡旺季分明，淡季闲死，旺季忙死，但老板总不能旺季一过就裁员，淡季一过再招人，所以淡季也要忙起来，没事也要找事——抄文件也好，做调研也好，总之谁也不能闲着。一旦闲下来，就不知道会惹来多大的麻烦。

秦国的问题有点特殊，不但政府不能让老百姓闲着，老百姓自己也不想闲着。既然你情我愿，一拍即合，那就打仗去吧。

如果看不透这层道理，我们就很容易相信那种老生常谈，认为秦国老百姓都是热爱和平的，不愿给统治阶层里的好战分子当炮灰，只是迫于无奈才去打仗，自己也是战争受害者。然而事实是，秦国老百姓很快被改造成好战分子的样子，谁让"利出一孔"了呢。

人类天生就是狼一样的群居掠食性动物，集体捕猎是天性，春种秋收才是违背天性的事。如果想让游牧民族爱好种田，很难，但如果想让农耕民族爱好打仗，就正应了"学好三年，学坏三天"的老话。之所以学坏比学好容易得多，是因为各种"坏"都是天性使然，而"好"来自后天努力对天性的压制。

就这样，让一个农耕国家变得好战，并不困难。

"国弱民强，国强民弱"

《商君书》的下一个经典命题是"国弱民强，国强民弱。"（《商君书·弱民》）这是把国家和民众放在对立面上，要想国家强大，就必须把民众变弱。这个弱当然不是"东亚病夫"意义上的弱，否则就没法种田、打仗了，而是指良好的顺服性，不要有什么"独立之精神，自由之思想"，否则，秦国人不服管教，朝廷指东，他非要往西，还说出一大套理由，连带着把周围的人都蛊惑了。看一下在瓦尔登湖畔离群索居的梭罗，不交税也就罢了，还放胆写了一篇《论公民的不服从》，明火执仗地和政府唱反调。这种人就属于"强民"，个人主义太强了。这种人越多，管理难度越高，国家当然就越弱。

把秦国人变弱，就是削弱他们的独立思考能力，封闭他们的信息渠道，不让他们读书学习，一言以蔽之，就是把老百姓都变成听话的傻大个儿。当然，也并不是什么都不学，国家法律是一定要学的，这就是后来秦朝"以吏为师"的政策。

什么方法最能训练人的服从性？当然就是军队了。

军队是所有组织结构里最强调服从纪律听指挥的，服从是军人的天职。人的一生如果永远都离不开军队，服从性当然会被训练得最好。所以，哪怕只是为了保持秦国老百姓的服从性，时不时也应该出去打打仗。

从目的性来看，打仗似乎只是为了掠夺：抢人口，抢物资，抢地盘。如果抢够了，国家富强起来，也就没有继续打仗的必要了。但是，《商君书》很敏锐地预见到，国家富强之后，如果不去打仗，就会生闲事，儒家礼乐那套东西又要死灰复燃，礼义廉耻又会有人提倡。这怎么行呢？这些"祸国殃民"的毒素一定要在本国根除，而只有打仗才能排毒，只有把毒素排到外国，自己的国家才能保持强大。

政策的改变很快就可以重塑秦国的国民性，就像自然环境的改变很快就可以筛选幸存者一样。不难想见，秦国人如果被这样调教出来，就是一群狼。《商君书》还有一个很关键的说法："兵行敌所不敢行，强；事兴敌所羞为，利。"（《商君书·去强》）**只要敌人不敢做的我们敢做，敌人没脸做的我们拉得下脸做，我们就能赢。这个道理可以归结为两句俗话：第一，无知者无畏；第二，人不要脸，天下无敌。**这样的兵法，显得公孙鞅比孙子还要高明。

这个思路很好地解决了管理学上稳定性和积极性的两难选择。通常来说，在一个组织里，要稳定性就只能牺牲积极性，反之亦然。如果所有国民，或者说所有员工，都是既无知无识，也不敢反抗的奴隶，貌似管理者可以很省心，甚至为所欲为，但实际上，这样的奴隶就像牲畜一样，能干活，任劳任怨，但不可能发挥多少主动性和创造力。在美国南北战争之前，北方一度并不觉得有强行推翻南方奴隶制的必要，他们觉得奴隶制过于制约人的工作积极性，注定没有什么经济效率，一旦南北经济发展悬殊，南方的奴隶制自然就会瓦解。这个思路并没有错，然而谁都没想到南方的奴隶开始操作机械了，生产效率一下子提高了不少。

在公孙鞅的蓝图里，一方面要把秦国百姓调教成牲畜，另一方面还要让这些牲畜自动自发、充满积极性地种地和杀敌。后来的事实表明，这一点确实做到了。

比如著名的长平之战，赵国 40 万大军向秦国投降，秦国放走了 240 个年纪小的士兵，余下的全部坑杀，连上之前的斩首记录，"前后斩首虏四十五万人"。（《史记·白起王翦列传》）不难想见，秦国士兵看着赵国的 40 万名俘虏，眼里映出来的是不知多少级的爵位。至于《史记》为什么又说坑杀又说斩首，想来反正都要杀，40 万颗人头可不能浪费在土里。就算指挥官不想杀降，也不能挡了三军将士的财路。

经常有人怀疑以当时的人力物力水平，杀掉 40 万人不大可能。但试着代入秦国人的视角，那 40 万赵国俘虏，每个人脖子以上的部位不是头颅，而是"大额钞票"。在这种激励面前，别说 40 万人，400 万人恐怕也不在话下。

卢梭会怎么质疑公孙鞅

公孙鞅的改革蓝图已经画好，但要不要马上颁布实施呢？

让人担心的是，政府缺乏公信力，公孙鞅又是个政坛新人，不但年纪轻轻，还是从外国来的，一切都透着不可信。思路和方案不管有多好，一旦颁布下去，大家不当回事，就太尴尬了。所以，在正式颁布改革方案之前，很有必要先让大家明白，这次是动真格的。当务之急，是解决公信力的问题，于是就有了"徙木立信"的一段传奇。

徙木立信

原文：

令既具未布，恐民之不信，乃立三丈之木于国都市南门，募民有能徙置北门者予十金。民怪之，莫敢徙。复曰：

"能徙者予五十金！"有一人徙之，辄予五十金。乃下令。

"徙木立信"，顾名思义，"徙木"就是把木头挪地方，"立信"就是建立信任度。公孙鞅把"三丈之木"，大约是一根完整的树干，立在首都市场的南门，说谁能把它搬到北门，就重赏"十金"。

"十金"到底是多少钱，很难确定，但可以肯定的是，这是一笔不合常理的重赏。故意做得不合常理，就是为了引起大家的怀疑和关注。做这么一点事就能得到这么多钱，谁能相信这是真的呢？

有的人大眼一看，也许会觉得匪夷所思，扛一根树干，从首都的北门走到南门，一般人似乎做不到啊。这就需要读书细致一些：这里的门并不是城门，而是市门，市场的大门。

当时的市场通常都是封闭结构，由围墙围起来一个正方形或长方形，每一面围墙中间都会开一个门，也就是市门。市场的规模有多大？考古专家在秦国故都雍城遗址中发现了当时的市场，很接近正方形，东西长180米，南北长160米，如果就在这座市场里扛树干，只需要走160米。而且，"徙木立信"时，秦国的首都早已从雍城迁到了栎阳，栎阳规模不大，推测栎阳市场的规模应该会小于雍城的市场，那么这根树干扛起来就更轻松了。

正是因为事情太轻松而赏格太高，没人肯信，于是迟迟无人应征。

没关系，公孙鞅加大筹码，奖金翻了五倍。终于有人可能抱着试一试也不吃亏的心理，按照要求，把这根木头从北门搬到了南门。意外的是，马上就拿到了约定好的"五十金"。做完了这件事，改革法令才正式公布。

徙木立信造成的影响远远超出了公孙鞅的时代。王安石有一首七言绝句《商鞅》，是这么说的：

> 自古驱民在信诚，一言为重百金轻。
>
> 今人未可非商鞅，商鞅能令政必行。

从文学角度来看，这首诗失去了王安石的一贯水准，想必王安石在评论公孙鞅时已经无所谓文采了。在他看来，给社会规划蓝图并不难，难就难在冲破重重阻力，把蓝图不打折扣地实现。要想达到这个目的，就必须用非常手段建立政府的公信力。当初公孙鞅能把一群愚民调教得服服帖帖，太了不起了，十分让人羡慕。

一方面是执政者高瞻远瞩，把一切都安排好，一方面是老百姓浑浑噩噩，对执政者的远见和苦心通通不领情，以至于执政者被逼着通过"徙木"来"立信"。

一个人的习惯叫作习惯，所有人的习惯叫作习俗。立法到底应该移风易俗还是顺应习俗，在全世界法制史上都是一个核心的争议问题。为什么王安石的各种条件貌似和公孙鞅一样，却只能在坎坷难行的改革路上羡慕公孙鞅呢？为什么王安石不能复制徙木立信的成功经验呢？一个很重要的原因是：秦国和宋朝习俗不同，复杂度不同。

我们可以请一位外援——卢梭。卢梭在《社会契约论》里有一段经典论述，把习俗等同于法律，并且认为习俗是所有法律当中最重要的。虽然习俗既不被刻在大理石上，也不被刻在铜表上，却深深铭刻在公民的心里，形成国家的真正宪法。那些伟大的立法家虽然貌似在制定具体的规章，但正如卢梭自己说的："其实这些规章都不过是穹顶之上的拱梁，只有缓慢成型的习俗才最终构成那穹顶上不可动摇的拱心石。"

卢梭讨论的法律虽然只是"公民"的法律，并没有考虑到"臣民"的法律，但在习俗的惯性力量的表现上，两者的差别几乎可以忽略不计。卢梭甚至可以援引亚里士多德的著作和自己同声相应，毕竟亚里士多德和公孙鞅生活在同一个时代——公孙鞅徙木立信时，亚里士多德正在雅典学园里跟老师柏拉图学习哲学呢。

机械团结和有机团结

假如公孙鞅读过《社会契约论》，相信他一定不会被卢梭说服。他会告诉卢梭："社会结构越复杂，惯性的力量才越可怕，就像一块有着精妙的陀飞轮结构的手表，哪怕只是拆开后盖，小小地摆弄某个毫不起眼的齿轮，也会带来灾难性的后果，但如果把手表换成日晷，随便你怎么摆弄也不容易把它弄坏。"

卢梭会质疑说："你们秦国好歹也是一个大国，至少比我最喜欢的日内瓦共和国大多了，怎么可能结构简单呢？难道你以为靠一次徙木立信，赢得公信力，就能移风易俗了吗？"

公孙鞅会说："秦国的社会结构就算原先不太简单，我也会想办法把它弄简单。简单的社会结构和复杂的社会结构所对应的是截然不同的政治体制，不可以一概而论。当社会结构被简化到一定规模后，移风易俗自然轻而易举。"

这种观点确实有社会学依据。1893 年，涂尔干的博士论文《社会分工论》（*The Division of Labour in Society*）在巴黎出版，成为早期社会学的经典名著。在这部书里，涂尔干区分了两种社会形态，一是所谓机械团结（mechanical solidarity），社会成员高度同质化，有着共同的归属感，就像同样规格的螺丝钉组成了一个社会机器，二是所谓有机团结（organic solidarity），社会成员高度异质化，信什么的都有，干什么的都有，通过七拐八弯的分工协作联结成一个社会。

简化一下来理解，第一种社会是一个机械系统，第二种社会是一个生态系统。现代社会就属于生态系统社会，即便只是一根铅笔，也许就是由世界各地很多素不相识的人，在彼此并不知情的分工协作当中制作出来的。在这种社会结构里，因为协作关系过于错综复杂，很容易牵一发动全局，**蝴蝶效应特别明显**，任何一种全盘变法都会导致天翻地覆。这就见出公孙鞅聪明的地方：战国年间的秦国本来就接近于机械系统的传统社会，公孙鞅还要继续把这套机械系统删繁就简，简化到几乎只留下耕和战两件事。这很像我们今天买家电的经验：功能越单一，就越不容易出故障。

所以"徙木立信"事件是公孙鞅改革方案的一个缩影，可以小中见大。**这个小小的缩影，已经完全涵盖了公孙鞅改革的三大要点：第一，目标简单；第二，规则明确；第三，赏罚及时。**唯其如此，才能迅速在全国推广。

这个要领完全被王安石看明白了。王安石对宋神宗说："您看商鞅变法，奖励耕战，司马迁只用几句话就能把变法内容归纳完整。所以说，法令简明扼要，全国人民就很容易遵行，而法令烦琐的话，不但底下的人很难遵行，执政的人也很难考查。"（《四明尊尧集》卷3引《神宗实录》）

王安石虽然能看明白这一点，却没看明白宋朝的社会复杂度远不是战国时期的秦国能比的。一方面，当时的宋朝，已经很有涂尔干所谓的"有机团结"的味道了，而且随着印刷术的兴起，文教普及，培养出好多《商君书》所痛恨的所谓"强民"。另一方面，王安石也好，宋神宗也好，到底不能脱尽儒家本色，就算再想学公孙鞅和秦孝公那一对好搭档，终归身上没有那股狠劲。这就导致一个结果，王安石虽然明白简明扼要的重要性，但他的改革方案终归比公孙鞅的方案复杂得多，他没法把宋朝人当成秦国人来管理。

I2I

秦太子违法事件是真的吗

原文:

令行期年,秦民之国都言新令之不便者以千数。

当然,公孙鞅的变法不可能一帆风顺,尤其是在起步阶段。改革进行了一年,民怨沸腾,前后有上千人到首都请愿,抨击新法。面对这样的舆论压力,公孙鞅怎么才能顶住呢?

更重要的是,秦孝公也要承受同等的压力。在这种压力之下,君和臣的自然反应会很不一样。这就像今天管理一家企业,董事长力排众议,扶持了一位总经理,结果一年的时间里,公司里不少人来董事长面前说这位总经理的坏话,抱怨他管理无方。总经理就算心里发怵,认为自己做错了,这时也只能硬着头皮将错就错,甚至还要变本加厉,搏一下运气,否则就彻底输了。而站在董事长的立场,自然反应会是及时止损,撤换总经理，赶紧把局面稳下来。所以，总经理通常要继续争取董事长的支持，给自己争取更多的时间。

这是权力场上很经典的博弈模式，古往今来不断重演。多数情况都是董事长顶不住压力，撤换总经理，因此公孙鞅的应变之计和秦孝公的鼎力支持才显得尤其难能可贵。

高大罂粟花综合征

按照《资治通鉴》的记载，就在这个压力与日俱增的当口，有一件事似乎成为压在骆驼背上的最后一根稻草：太子犯法了。改革的防线很可能就这样被冲垮，但是，公孙鞅看到的既是危机，也是转机。

原文：

于是太子犯法。卫鞅曰："法之不行，自上犯之。太子，君嗣也，不可施刑。刑其傅公子虔，黥其师公孙贾。"明日，秦人皆趋令。行之十年，秦国道不拾遗，山无盗贼，民勇于公战，怯于私斗，乡邑大治。

公孙鞅的做法是，首先向大家说明：改革之所以阻力重重，就是因为身居高位的人带头违法，给全国人民做出了很坏的表率，必须严惩。但是，太子是国君的继承人，不能真的对他用刑，那就让太子的两位老师代为受刑吧。

这里所谓的"刑"，特指肉刑，也就是能对身体造成永久性伤害的刑罚。

这两位老师，一个叫公子虔，不知道被用了什么刑，一个叫公孙贾，受了黥（qíng）刑，脸上被刺了字。儒家那种"刑不上大夫"的传统在公孙鞅这里完全没意义。

就这样，公子虔和公孙贾成为公孙鞅变法事业的第一批祭品。就在他们受刑的第二天，秦国人民全都老实了，法律怎么说，他们就怎么做。如此过了 10 年，秦国焕然一新，不但路不拾遗，就连山里都没有盗贼的影子，人民群众"勇于公战，怯于私斗"，为国家打仗特别勇猛，为私人矛盾绝对不敢动粗。

公孙鞅的策略，充分利用了人类的群居天性。**所谓群居动物，多数人的意见和胆色都是被少数精英分子引领的，所以擒贼擒王的策略特别有效。**在比公孙鞅还早两个世纪的古罗马王政时代，有一位国王人称"荣耀者塔克文"，是一个很干练的老狐狸。某一次王子赛克斯图斯征服了一座敌对的城市，派使者返回罗马，向父亲请示该怎么稳定局面。塔克文正在花园休息，听完使者的汇报，忽然举起一根棍子向罂粟花丛横扫过去，扫落了几株最高的罂粟花的花冠，然后一言不发地走了。使者被搞得一头雾水，回去一五一十地向王子汇报。王子心领神会，明白父亲的意思是要自己杀掉城里那些有声望、有地位的人，这样一来，就不会有人还敢轻举妄动。

这件事出自古罗马史学家李维的《罗马史》，后来衍生出一个专有名词，叫"高大罂粟花综合征"（Tall Poppy Syndrome），这是既不会过时，也不受地域限制的古老智慧。

简单交代一下后话，那位聪慧又有决断力的王子后来因为强暴了一名将军的妻子，著名的贤淑女子卢克丽霞，激发了政变，罗马从此结束王政时代，进入共和国时代。后来很多文人、画家以此为题材进行创作。如果我们拿这段历史来对照公孙鞅时代的秦国，会感觉公子虔和公孙贾所受的羞辱并不亚于卢克丽霞的遭遇，公孙鞅的刚愎自用和不得人心不亚于罗马王子赛克斯图斯，秦国贵族们和秦国民众的集体怨念高度合拍，足以发动政变，推翻公孙鞅和秦孝公这两个孤家寡人，至少可以打着"清君侧"的旗号，避开和秦孝公的正面冲突，直接把公孙鞅解决掉。这样想来，公孙鞅当时面对的局面相当凶险。

不过，我们也不能轻信司马光，因为秦国太子犯法这件事也许并不是真的。

被虚构的太子违法事件

《资治通鉴》的这段记载是从《史记·商君列传》抄过来的。而《史记》有一个很突出的特点，就是整部书经常前后矛盾。司马迁当时需要处理很多来源各异的材料，有矛盾很难免，有些矛盾应该属于司马迁明知讲不通，但没办法辨别孰是孰非，索性把不同的说法一并保留了，有些矛盾恐怕司马迁也没发现，直到《史记》流传下来，才被后世一代代细心的读者揪了出来。

具体到秦国太子的问题上，这位太子就是后来继承了秦孝公衣钵的秦惠文王。关于秦惠文王的年纪，《史记》并没有明确的记载，但是在《史记》的"秦本纪"和"六国年表"里记载了秦惠文王行冠礼的时间。

冠礼是贵族的成人礼，头上戴了冠，嘉宾给取了字，从此就是成年人了。常规的冠礼在 20 岁举行，虽说国君的冠礼有点特殊，规则也会随着时间而变化，但是，从合理的年龄段里选择任何一种年龄做出反推，都会发现在公孙鞅处置公子虔、公孙贾的那一年，太子要么还没出生，要么还是一个毫无违法能力的幼儿。

提出"太子违法"，会让改革派和保守派的冲突更有戏剧张力，人们对历史的添枝加叶总会很自然地朝这个方向发展。但无论如何，公孙鞅严惩了违法的高级贵族，这应该是真实有据的。公子虔后来又犯了法，被公孙鞅处以劓刑，把鼻子割掉了。公子虔从此再也没脸出门，多年足不出户，当然不是闭门思过，而是处心积虑地给公孙鞅使坏。

这段历史抛出了一个很敏感的政治学问题，同时也是一个并不敏感的管理学问题——民意到底值不值得尊重。

这个问题之所以在管理学上并不敏感，是因为管理学可以抛开正当性，只谈效率。如果是一家独资的私企，哪怕所有员工的意见都和老板相悖，老板也完全可以一意孤行。毕竟公司是他的全资，就该由他一个人说了算，当然后果也完全由他一个人承担，所有员工的意见对他而言都是参考性的，在决策层面上没有半点权重。

而在政治学上，这个问题就变得复杂了。比如，能说秦国是秦孝公一个人的产业吗，难道叔叔大爷们没有一点股权吗？到了秦始皇时，还真可以说全天下都是皇帝的私有财产，问题因此变简单了。可是秦朝之后的朝代，尤其是宋朝这种政治开明、文化发达的朝代，还能说全国的土地和人口都是皇帝的私有财产吗？

当然不能这么说，但问题是，嘴上该不该这么说是一回事，心里该不该这么认为是另一回事。如果知识分子们真的相信皇帝应该与士大夫共治天下，自己也真的拿起担当精神，以天下国家为己任，那就意味着民意，至少是士大夫们所代表的民意，必须得到尊重，否则就不符合政治正当性。而失去了正当性的王朝当然就是该被推翻的王朝。

那么，天下到底是皇帝一个人的天下，还是天下人的天下？

如果后者成立，那就可以再次搬出卢梭的《社会契约论》，看看这段文字："无论在何种情况下，人民永远都可以自己做主改变自己的法律，哪怕是最好的法律，因为人民如果喜欢自己伤害自己的话，谁又有权禁止他们呢？"（《社会契约论》第2卷）

这就意味着，即便全国人民都是笨蛋，理解不了执政者的良苦用心，但他们的意见必须被尊重，必须被遵行。即便他们集体要去作死，执政者也只能劝说，不该拦着。儒家哲学在这个时候倒可以发挥作用，毕竟亲人是有资格伸手阻拦的。但宗法社会毕竟已经瓦解了，八竿子打不着的亲人能有多亲，这同样是个问题。

———————— I 2 2 ————————

王安石怎么应对民众反对

王安石也像公孙鞅一样，变法政策遭到了全国人民的反对，但和公孙鞅不同的是，王安石既不能割掉反对派领袖的鼻子，也没法公然否定民意的政治正当性，实在太难了。他该怎么办呢？

"国之有是，众之所恶"

司马光在日记里谈到一件事，说某天自己给神宗皇帝讲读《资治通鉴》，当然，那时候《资治通鉴》还远没有完稿，讲完之后，神宗留住司马光，要和他聊聊时政，说王安石既没有升官的野心，也不贪图个人享受，是个贤者。

司马光说："王安石确实是个贤者，只是不明事理，还听不进意见，这是他的短板。而且，王安石不该重用吕惠卿，吕惠卿是个奸佞小人，正是因为他在背后给王安石出谋划策，王安石跑到前面冲锋陷阵，才搞得天下人都说王安石是奸臣。"

这话当然让神宗皇帝不太高兴，耐人寻味的是，宋神宗马上拿出了一套有力的反驳意见，说当今天下群情汹涌，正应了孙叔敖说的"国之有是，众之所恶"。

宋神宗援引孙叔敖的这句话，是宋朝历史上影响力极大的一句名言，出自刘向编写的《新序》。《新序》采取儒家立场，选编历史上许多具有"资治"意义的片段，有一段说的是"春秋五霸"之一的楚庄王和楚国著名总理孙叔敖之间的对话。

楚庄王问："我不知道该怎么确定'国是'。"

"国是"意思是基本国策，但"是"这个字已经蕴含了肯定色彩，意味着这些基本国策都是对的，占据了意识形态制高点。

孙叔敖回答："群众肯定反对'国是'，因为'国是'的内容都是他们讨厌的。"这番话后来经过宋神宗的转述，成为前边提到的那句"国之有是，众之所恶"。孙叔敖还说，夏桀王和商纣王这样的昏君都不确定国是，政治标准仅仅是个人好恶，所以招来了亡国之祸。

孙叔敖的建议是让楚庄王多和大家商量，君臣和谐，共商国是。但宋神宗有点断章取义，把国是和民意放在了对立面，他认为，以孙叔敖这样的厉害人物，早已经敏锐地发现了一个道理——正确的国家大计一定会被全国人民讨厌。

孙叔敖到底有没有这个意思？也许《新序》的记载太简略，我们应该求助于原始材料。但麻烦马上就来了：刘向当初是从哪里撷取了这段史料，完全无法求证。宋神宗当然不是考据派，《新序》有此一说，正好为我所用。宋朝朝野上下一起反对王安石的新法，不就像楚国人反对"国是"吗？大家之所以反对，仅仅是因为讨厌新法，被新法触犯了利益，而并不意味着新法错了。所以后来有人怀疑，《新序》里的这件理论武器应该是王安石替宋神宗找出来的。

宋神宗搬出这件理论武器，司马光不好否定，先承认孙叔敖说得对，然后叮嘱宋神宗说："是非对错，陛下您需要仔细辨别，看清楚之后再坚持，不能盲目地坚持一个自以为正确的'国是'。现在变法弄出来的这些新花样，真的是'国是'吗？我看只有王安石、韩绛和吕惠卿他们三个人以为是对的，天下人都知道是错的。"

话如果只说到这个份上，还算不得高明，因为历史无数次证明，真理确实总会掌握在少数人手里。就像王安石那首《登飞来峰》说的："不畏浮云遮望眼，自缘身在最高层。"芸芸众生都在浮云以下,眼界太低,只有他自己站在云端,站得高看得远,当然比所有人都正确。如果宋神宗搬出这两句诗来,估计司马光就无话可说了。但是,司马光最后一句话很高明,他说:"难道陛下就只和王安石他们三个人一起过日子吗?"(《温公日记》)

这句话暗含了一个政治哲学的经典问题:价值观上的对与错,属性到底是什么?

全国人民喜欢什么,讨厌什么,很大程度上属于价值观问题。**人们判断是非对错,有两大类型:一是事实判断,比如昨天下没下雨;二是价值判断,比如你喜不喜欢下雨。事实判断当然存在明确标准,而价值判断应该以什么为标准,这个问题深深折磨过古往今来的无数思想家。**

一言丧邦

宋徽宗刚继位时,经历过王安石时代的大臣陈瓘有一次谈到"国是"问题,有这样一番见解:是非之心,人皆有之,圣人以百姓之心为心,所以朝廷的是非,是天下的"公是非"。"国是"的说法既不见于圣贤典籍,也不出于三代盛世,只是楚庄王和孙叔敖当时当地的具体问题而已，太平盛世并不适合照搬。

陈瓘的话是以同理心作为逻辑原点的。孟子说："是非之心，人皆有之。"孟子对人的同情心和同理心有一套著名的"四端"理论："恻隐之心，仁之端也；羞恶之心，义之端也；辞让之心，礼之端也；是非之心，智之端也。"他认为每个人都能共情，也能同理，这是天生的潜力，只要把这些潜力彻底开发出来，儒家所向往的仁政就能实现。

"北宋五子"之一的张载所说的"为天地立心"也是这么来的，人之所以能为天地立心，前提就是所有人的心理结构都是一样的，能够产生同情和同理心。既然如此，天下人的价值观就应该是共通的，也是唯一正确的。那么，具有政治正当性的统治者，他们的价值观就应该和天下人价值观相一致。所以，"国是"不可能和公议相违背。反过来说，和公议相违背的所谓"国是"，一定是奸人编造出来的谎言。

那么，到底是谁编造了这个谎言？陈瓘那番话出自南宋人吕中的《类编皇朝大事记讲义》，简称《宋大事记讲义》或《大事记讲义》。吕中在记录了陈瓘的议论之后，写了一段很长的评语，痛批"国是"，说这本来就是孙叔敖的妄论，从秦汉到五代一直不招人待见，宋朝原本也没人提它，结果到了宋神宗熙宁年间，王安石把它翻了出来，后来继王安石之后搞新法的大奸臣蔡卞、蔡京把这套说辞发扬光大，不知害了多少人。所谓"一言可以丧邦"，"国是"论完全当得起。(《大事记讲义》卷21)

王安石从《新序》里发掘出"国是"论，其实也很无奈，公孙鞅那套雷厉风行的办法毕竟在宋朝行不通。所以，王安石把新法定为"国是"，让它的真理性不容置疑，把反对派描画成被孙叔敖抨击过的自私愚昧的群氓，倒也不失为减少改革阻力的一个办法。在"国是"确定之前，反对派阻挠改革还可以被解释为政见不同，而一旦"国是"确定，质疑"国是"可就不再是政见不同那么简单了，而变成了真理和谬论的路线斗争，变成了势不两立的正邪斗争。

—————— 123 ——————

始谤终诵是谁的理论武器

王安石已经尽最大所能去压制舆论了，一方面在京城设置巡逻士兵，专门抓捕议论时政的人（《大事记讲义》卷17），另一方面请宋神宗以秦孝公为榜样，关键时刻千万不能怂。（陈瓒《四明尊尧集》卷3）实际上，王安石面临的困境，儒家文献库里已经有助他解围的理论武器，子产的故事就是现成的例子。

始谤终诵

子产是春秋时代郑国的贤人总理，是整部《左传》中最光彩照人的几位总理级国家干部之一。更重要的是，他是孔子的偶像，得到过孔子的高度赞颂，这就完美解决了政治正当性问题。

前文提过春秋时代的"盗杀"事件，即"盗杀郑公子騑、公子发、公孙辄"，是《春秋》对"盗"的第一次记载。事情发生在公元前 563 年，被"盗"杀死的三个人是郑国掌握最高权力的三大贵族，按照字来称呼的话，公子騑、公子发、公孙辄就是子驷、子国、子耳。其中公子发，或者叫他子国，就是子产的父亲。

子产就任郑国总理，努力恢复秩序，结果怨声载道。

子产执政的第一年，郑国人编歌谣骂他，呼唤正义之士替天行道，杀掉子产。可是到了第三年，歌谣的内容迥然不同，用足了力气歌颂子产，生怕子产死了没人能继承他的政策。（《左传·襄公三十年》）这件事后来被总结为一个现在不太常用的成语"始谤终诵"，表示态度经历了从骂到夸的转变。

王安石很熟悉子产的故事，却没有拿始谤终诵的道理来给自己当说辞。有趣的是，保守派在攻击王安石时，反而举过这个例子。

那是宋神宗熙宁八年（1075 年），彗星出现，上天示警。

在古代占星术里，彗星占了一个很大的门类。普通人心里只有一个很简单的彗星概念，而在占星家的眼里，根据彗星出现的位置不同，尾巴的样式不同，可以分出很多名目，各有各的解释。这种细腻的知识，为占星家构建起了极高的专业壁垒，非专业人士很难看懂。宋朝文化发达，科技进步，迷信氛围不重，好多知识分子心里根本不把占星术当回事，但嘴上怎么表态，就是另外的问题了。多数人还是很愿意维系占星术的神秘感，因为至少可以用这个由头来规劝或批评皇帝。宋朝立储时，大臣们把各种异常天象通通当成没立储的错，彗星就在其中扮演过角色。当下正是王安石变法的热点年份，既然出现了彗星，锅正好让新法来背。

宋神宗也很无奈，毕竟占星术的传统一直都在，凡是异常天象出现，至少应该广开言路。于是，保守派大将吕公著出来提意见了。吕公著并不是占星术专家，他对占星术的细节对错当然也无所谓，只是摆出了彗星在占星术里最基础的含义：除旧布新。有这个名目其实就足够了，王安石已经当权 7 年，够旧了，朝廷也该借着扫把星的大扫除功能把新法肃清了。

吕公著在奏章里举了子产"始谤终诵"的例子，重点在于，子产执政三年，舆论从诅咒变成了颂扬，而王安石主持下的变法已经七年了，舆论竟然一直都没变过，当初天下人怎么抱怨和谩骂，今天还是怎么抱怨和谩骂。吕公著接着说："陛下您一定已经想到这一层了，但之所以没有幡然悔改，原因只有一个：您被身边的人蒙蔽了。"（《续资治通鉴长编》卷 269）

皇帝身边的人都是谁？一定是王安石和被王安石收买的宦官了。

可见读书的活学活用有多重要，谁能想到，吕公著能把子产的"始谤终诵"往这个方向解读，把一个明明可以维护王安石的盾牌变成了刺向王安石的长矛。

但是，王安石如果有机会反驳的话，应该会这么说："就你会引《左传》吗？你敢不敢把《左传》往后翻，翻到19年以后的内容。你如果真的尊重历史的话，就该看到，同样是子产，在19年后彗星出现时表现出了坚定的无神论立场。当时有三位占星术专家通过深奥的理论推演，预言了郑国将会发生火灾。其中有一位名叫裨灶的，还给出了禳灾的方案：只要把几件贵重的玉器交给他，让他搞一个什么仪式，火灾就不会发生了。但子产顶住了巨大的舆论压力，死活不给。他的说法是：'天道远，人道迩，天上的事情谁也搞不清，我就不信裨灶能搞清。他只是预言讲得多了，总有让他蒙对的时候。'（《左传·昭公十八年》）"

"天道远，人道迩"特别符合孔子的精神。**孔子认为，虽然执政者以神道设教，揣着明白装糊涂去糊弄老百姓不仅可以，而且应该，但不能让江湖骗子借此机会招摇撞骗。**

子顺的改革

当然还有其他理论武器。《资治通鉴》第5卷，周赧王五十六年（前259年），是战国后期长平之战刚刚结束之后的第二年。那时候的魏国，从魏惠王以后又经历了魏襄王、魏昭王，来到了魏安釐王的时代。此时魏国的总理名叫孔谦，字子顺，是孔子的后代，魏安釐王好不容易才请他出山。

子顺是个认真做事的人，上任伊始就搞改革，把魏安釐王的宠臣罢免了，改任贤臣，把吃干俸的人罢免了，省出钱来赏赐功臣。当年李克、吴起都这么搞过，公孙鞅也这么搞过。子顺虽是孔子后代，竟然和这些法家前辈不谋而合，真是匪夷所思。但是，后面还有更加匪夷所思的事情。

那些蒙受了损害的既得利益者当然对子顺很不满，群情汹汹，说子顺的坏话。一个叫文咎的人把这个情况告诉子顺，大约是批评他的改革策略犯了众怒，不合适。子顺说了一句掷地有声的名言："民之不可与虑始久矣。"

是不是很耳熟？西门豹治理邺城时，逆民意做事，理由是"民可以乐成，不可与虑始"，公孙鞅在舌战甘龙、杜挚时也说过"民不可与虑始，而可与乐成"。

到了子顺，"民"不但照旧"不可与虑始"，而且"久矣"，人民群众从来都如此，别期待他们能提高觉悟，谁尊重民意谁就治理不好魏国。

为了说明这个论点，子顺举出了两个例子。第一个例子就是子产的始谤终诵，第二个例子更有意思，竟然发生在孔子身上。子顺说："我祖上在鲁国当总理时，一开始舆情也很对他不利，但三个月之后，反对的声音就消失了。"

这显然比子产更厉害。子产的始谤终诵用了三年，孔子的始谤终诵只用了三个月。

文咨很好奇，追问当时的情况。子顺回答："当初他老人家刚上任时，大家编排歌谣攻击他，要赶他下台，结果只过了三个月的时间，歌谣的内容就变成歌颂他老人家了。"

文咨被这番话打动了，兴奋地说："我现在才知道您和圣贤一样啊。"

—————————— **124** ——————————

司马光为什么会采信《孔丛子》

孔子的后代、在魏国做总理的子顺讲出了一段和法家高度一致的观点。这番话在宋朝分明可以成为一件理论利器，当时为什么没人用呢？这个问题，要从《资治通鉴》的史料来源说起。

没人读的《孔丛子》

子顺的这段经历和言论，司马光是从《孔丛子》抄过来的。

《孔丛子》这部书所对应的人名"孔丛子"，被认为是孔子的八世孙孔鲋，投奔过陈胜起义军，在陈胜的阵营里当过博士。前文提过，《孔丛子》全书共七卷，23篇，记载孔子、子思和孔氏其他几代子弟的言行，可以看出孔氏家学的传承脉络，读起来很像《论语》的扩充版。但《孔丛子》来历不明，长久以来都被怀疑是伪书，直到今天也没有定论。

宋朝人文化发达，所以特别有怀疑精神，连真金白银的儒家经典都敢怀疑，就更别提《孔丛子》了。只有少数人特立独行，比如苏轼门下的张耒，著名的"苏门六君子"之一，说当年孔子的高徒把老师的高明言论记录下来，成为一部《论语》；不那么高明的弟子胡乱做了一些课堂笔记，结集成书，就是《孔子家语》；孔子的子孙记录了几代传承的家学，结集成书，就是《孔丛子》。这三部书的真实性并不可疑，都能看出孔子的教诲，但《孔子家语》和《孔丛子》基本没人读，这太可惜了。(《苏门六君子文粹》卷11)

从张耒大呼可惜来看，真实情况就是《孔丛子》没人读。

这种局面一直延续，《孔丛子》的地位一直起不来。南宋晚期有一位学者叫车若水，写过一本小册子《脚气集》。这个书名确实像是开玩笑，因为车若水正是在得脚气时写这本书来打发时间的。书里的内容五花八门，有一段论到《孔丛子》和《孔子家语》，说《孔子家语》虽然是不着调的人乱编的，但好歹靠一点谱，《孔丛子》就差得多了，每句话都是假的。(《脚气集》卷上)

《孔丛子》到底是真是假，现在已经不重要了，重要的是，在宋朝人对待《孔丛子》的主流态度里，司马光显得相当特立独行。当时真要有十足的底气，才敢把《孔丛子》的内容采录到《资治通鉴》里边。但是，相关内容，司马光并没有全文照录，而是删掉了几句话——这才是问题的关键，这几句话删得相当巧妙。

司马光的删改

我们看看司马光到底删了什么内容。首先是文咨来找子顺时，劝了子顺一句话："如果不改变以前的政策，在这个基础上做出成绩多好，何必改变以前的政策而给自己招来诽谤呢？"

显然，这是一个关乎变法必要性的问题。文咨对子顺的建议其实和司马光对王安石的建议高度一致。在司马光给王安石提了这些意见后，王安石写了一封著名的回信，就是今天的古文选本里经常收录的《答司马谏议书》。

王安石的答复，其实就是反驳，和子顺答复文咨的意见高度一致，只不过王安石援引的例证不是子产和孔子的"始谤终诵"，而是商朝明君盘庚力排众议迁都的典故，事实证明了盘庚的英明和群众的无知。看过王安石这篇《答司马谏议书》，再回过头来看文咨和子顺的对话，会生出历史重演的感觉，王安石就是高瞻远瞩、信心满满的子顺的翻版，司马光就是因循守旧、不明事理的文咨的翻版。文咨后来对子顺的拜服，应该会让司马光感到尴尬吧？

再看第二处删节：当子顺提到子产和孔子始谤终诵的先例后，这样说道："我现在执政，魏国每天都有新气象。我虽然比不上两位先贤，但谁敢说针对我的那些诽谤之言就不会有消失的那一天呢？"对这句话，司马光只是小小地删改了一下，改为："我虽然比不上两位先贤，但难道会在意诽谤吗？"经过这样一改，原本对诽谤必定消失的自信，就变成对诽谤置之不理的态度了。

那么，会不会是司马光当时看到的《孔丛子》和我们今天看到的版本不一样呢？这确实是合理的怀疑，但可能性不太高。在宋仁宗嘉祐年间，宋咸汇校各种版本，连编校带注释，做了一个很精当的版本，在嘉祐八年（1063年），宋仁宗驾崩的那年刻版印刷，称为嘉祐本。司马光要看《孔丛子》的话，嘉祐本就是这个领域里的学术最前沿。嘉祐本一直流传到今天，我拿来和《资治通鉴》对照的就是这个版本。

司马光这种小小的删改，虽然也可以理解为行文需要，删繁就简，但越是细品，越觉得滋味不对。司马光当然有他的良苦用心，毕竟任何一部严肃的历史著作都应该传递正确的价值观，不该教人歪门邪道。但是，王安石肯定不服气："凭什么你的价值观就是正确的价值观，我的就不是？"

《神宗实录》风波

谁的价值观才是正确的价值观，这个问题往往关乎谁表述的事实才是正确的事实，更进一步，还会关乎谁表述的历史才是正确的历史。《资治通鉴》虽然难免带着司马光本人的主观性，但已经算是十分厚道、公允了。把这个话题稍微引申一下，我们可以看看司马光在更敏感的问题上是怎么表达历史的。

宋神宗驾崩，宋哲宗刚继位时，依照惯例，要给神宗一朝编修实录。在我们通常的认识里，中国历代的正史，也就是"二十四史"，基本都是后一个朝代给前一个朝代编写的，立场可疑，天然会给前一个朝代泼脏水。比如《明史》是清朝人写的，按理说一定会给明朝抹黑，但《明实录》是明朝人自己编的，名字又叫"实录"，听上去就十分可靠。不过，如果深究一下，就会发现"实录"这个体裁远没有想象中那么可靠。

宋朝主持编修《神宗实录》的人，通通都是旧党，其中就有司马光和协助司马光编写《资治通鉴》的骨干人物范祖禹。六年时间，200卷的《神宗实录》宣告完工。主编们煞费苦心要做的一件事，就是把宋神宗和王安石的关系撇清，坏事都怪王安石，和宋神宗没关系。在史料的取舍问题上，他们对司马光的日记特别有好感，拿来就用，也不管里面记载了多少未经考察的传闻，对新党那边的好多一手资料反而大刀阔斧地删减。

这一时期的年号叫作元祐，旧党努力消除王安石的影响，把政治轨道往回拉，史称"元祐更化"。元祐元年（1086年），苏轼写过一篇《论商鞅》，彻底把商鞅打倒，说商鞅变法导致国富民强是战国游士的邪说诡论，司马迁误信了这些话，写进《史记》，后人又误信了司马迁。苏轼的这篇文章，就是元祐更化年间时代风气的一个缩影。

———— 125 ————

聪明人为什么会说蠢话

《神宗实录》完工没过几年，宋哲宗亲政，改元绍圣。"绍"的意思是继承，"圣"指的就是宋神宗。绍圣时代还有一个政治口号——绍述，"绍"的意思还是继承，"述"的用法相当于孔子的"述而不作"，意味着哲宗并不想别出心裁，要完全彻底地恢复宋神宗时代的改革路线。

这就意味着刚刚完工的《神宗实录》很有问题，颠倒黑白，指鹿为马，向天下人传递错误的价值观。怎么办呢？当然必须推倒重来。新党出身的主编们提枪上马，司马光日记的内容当然该删，用什么来补呢？好办，王安石也写日记啊。

政治风向忽然逆转，导致《神宗实录》必须重修，主编从旧党全部替换为新党，原本采自司马光日记里的内容被大段删节，而王安石的日记被请了出来，作为《神宗实录》的重要依据。那么，如果本着实事求是的态度，王安石的日记会比司马光的日记可靠吗？这段经过，对我们理解《资治通鉴》，乃至任何一部史书，都很有参考价值。

今天很多人养成了一种习惯，那就是拿到一本书之后直接看内容。但是，书毕竟是人写的，是什么人在什么时期写的，为什么写，又是怎么写出来的，这些天然会被忽略的知识点往往暗藏天机。

《资治通鉴》毁版风波

王安石的日记按说特别有史料价值，里面很多内容都是宋神宗和王安石两个人讨论改革方案的事情。但这种由当事人直接记录的一手资料就真的可靠吗？到了宋徽宗时代，陈瓘写了一部《四明尊尧集》，把王安石和他的日记骂了个狗血淋头。

"四明"是明州的四明山，陈瓘当时正被贬官明州，今天的宁波，"尧"指代宋神宗，"尊尧"就是把宋神宗当尧圣人一样捧着。既然把宋神宗捧起来了，那锅由谁背？当然就是王安石了。陈瓘指着王安石日记里的一段话说："看，神宗皇帝对王安石寄予厚望，但王安石竟然自比于区区商鞅，让神宗去效法区区秦孝公，实在太辜负神宗的期待了，难怪神宗在改革进行了九年之后就把王安石赶出京城，不再任用了。"
（《四明尊尧集》卷 3）

陈瓘并不是什么见风使舵的小人，他在当时以有骨气、敢说话著称。但就是这样一个人，曾经把王安石当成偶像，把他和传说中的伟大总理伊尹相提并论，现在忽然踩王安石踩得比谁都狠。这到底是怎么回事？这件事背后的问题是：历史文献的可信度到底从何而来？

旧党精英开始编修《神宗实录》时，其中一个指导方针是把宋神宗和王安石撇清关系，锅都让王安石背，宋神宗就算有什么错，最多也只是被王安石蒙蔽了，后来醒过味来，就不再信任王安石了。进入绍圣时代，新党重修《神宗实录》，蔡京和蔡卞两兄弟继承了王安石的衣钵，一切都和先前反着来，表现在《神宗实录》上，就是让宋神宗和王安石破镜重圆，把他们重新打造成明君和贤相的完美搭档。

《水浒传》描写的四大奸臣，蔡京排在榜首。蔡卞在文学作品里戏份不多，所以在后世的知名度不高，其实他在历史上也是个呼风唤雨的人物。蔡卞在新党阵营里的地位大致相当于苏轼在旧党阵营里的地位，所以新旧两党在搞政治妥协时，这边蔡卞退一步，那边苏轼就要退一步。历朝历代给文官的谥号里，"文正"特别尊贵，今天名气最大的就是曾国藩曾文正公，而在宋朝，蔡卞的谥号就是"文正"，和司马光相当。

新党眼里英明神武的蔡氏兄弟，在旧党眼里纯属祸乱朝纲的大奸贼。

大奸贼主持重修《神宗实录》，目的当然不外乎抢占意识形态制高点，借此拔高自己，打击异己。在蔡氏兄弟的精心打造下，王安石是大圣人，他的日记不但真实可信，而且字字珠玑，相反，司马光是大奸臣，大奸臣的日记有什么资格被采录到《神宗实录》里呢？

这还不算完，司马光作为反动派大佬，虽然已经死了，但思想遗产还在，他的东西可不能留，免得蛊惑人心，荼毒天下。严峻的问题出现了：司马光最重要的思想遗产不是他的日记，甚至不是同样曾被《神宗实录》采信过的《涑水记闻》，而是《资治通鉴》。

新党政策很快就出台了：《资治通鉴》不但书要禁，而且版要毁。

当时的印刷术是雕版印刷，雕版一旦被毁，书就再也没法印了。这个时候，假如不是陈瓘出手的话，今天可能就看不到《资治通鉴》了。

陈瓘人微言轻，根本没能力和新党大佬硬抗，但他搬出来一位更大的大佬——宋神宗本人。被新党顶礼膜拜的宋神宗虽然已经仙去，但他生前给《资治通鉴》写的序言还在。难道有谁胆敢违拗神宗皇帝的御笔亲书不成？

这一招打得新党阵营毫无还手之力，终于有人勉强发出了一计反击："这个序言只是神宗皇帝青葱时代的文章嘛。"

陈瓘当即反击："圣人之学得于天性，只有开始和完成之别，哪有年少和年长的区别？"

如果单看含义本身，这话当然只是一句蠢话，但妙就妙在就算人人都知道这是蠢话，却只能在心里骂它蠢，嘴上必须附和。后来蔡卞只好秘密下令，把《资治通鉴》的雕版束之高阁，别再拿出来印书，毁版的事确实不方便再提了。(《三朝名臣言行录》卷13)

聪明人怎样说蠢话

这件事特别能体现陈瓘的机灵。假如不晓得这件事，就很容易把陈瓘当成腐儒。当初我看陈瓘的《四明尊尧集》，感觉整部书从头到尾几乎都是蠢话，作者如果不是天生把脑筋长歪了，就一定是读书读傻了。这部书把王安石的日记逐条摘录，逐条批驳，总体意见就是王安石包藏祸心，捏造自己和宋神宗的对话，靠贬低宋神宗来抬高自己。王安石后来被贬官，退出了政治中心，从此更加心怀不满，拿日记当成泄愤工具。

王安石到底是怎么通过贬低神宗来抬高自己的呢？其实无非是王安石在日记里记载了自己和宋神宗的对话，宋神宗很谦虚地自贬，那些自谦的话如果直译过来，大约就是"我是个大笨蛋""我比以前的好皇帝差远了"，诸如此类。明明可以往好处理解，说明宋神宗把王安石当老师看待，就像魏文侯对待卜子夏。儒家的理想君主并不是自己高高在上，底下全是臣子，而是身边既有老师，又有平等交往的朋友，除此之外才是臣子。师、友、臣三者缺一不可，宋神宗完全做到了。但陈瓘偏要往坏处理解，和新版《神宗实录》对着干，把宋神宗和王安石的关系再次撇清，把宋神宗捧为圣人，把王安石贬为奸贼。

说蠢话的人不一定真蠢，做蠢事的人才是真蠢。那应该怎么理解《四明尊尧集》里的蠢话呢？比陈瓘年轻一辈的邵博在他的《邵氏闻见后录》里做过一番合情合理的推测。

邵博大家也许不太熟悉，但他的祖父鼎鼎大名，就是"北宋五子"之一的邵雍。司马光在洛阳闭门编写《资治通鉴》时，很喜欢和邵雍一起玩。老成凋谢之后，邵雍的儿子邵伯温极力避免和新党人士往来，以旧党立场把见闻记录成《邵氏闻见录》。邵伯温的儿子邵博继续记录见闻，接续父亲的《邵氏闻见录》，所以他的书叫作《邵氏闻见后录》。

在《邵氏闻见后录》里，邵博谈到宋哲宗绍圣年间，新党那些当权的奸臣拿宋神宗和王安石做旗帜和挡箭牌，把这一对君臣硬拉在一起，天下正论只要一批评王安石，蔡氏兄弟一党就会给人家扣帽子，说他们明面上批评王安石，实际上诋毁宋神宗。就这样，正确的价值观发不出自己的声音，奸党的势力越来越大，将来必定酿成大祸。正人君子们急坏了，想要救亡图存，却不知道从哪里下手。陈瓘哭着去向刘安世讨主意。刘安世是司马光的学术传人，有胆有识，给陈瓘出主意说："只有从神宗皇帝和王安石身上下手，国家才有救。"就这样，陈瓘写出了《四明尊尧集》。这部书的中心思想可以归结为一句话：神宗皇帝早就对王安石不满了。只要这个中心思想立稳了，蔡氏兄弟的理论防线就有了缺口，正确的价值观就可以重出江湖，国家就不至于有后来的悲剧了。（《邵氏闻见后录》卷23）

每个人都有自己心里的正确价值观，人间正道就是自己认定的道，事实本身反而无足轻重，至少远不如态度来得重要。如果只是奸人篡改历史，倒也不足为奇，反正奸人总要使坏嘛，但一个个正人君子、忠义之士，也在煞费苦心地给历史装扮新面貌，这就让千年之后的读者很无语了。

当陈瓘口口声声"尊尧"时，所尊的到底是什么？当"尊重历史"成为不言而喻的常识性态度时，所尊重的到底又是什么？

在这个意义上，我们看到的历史远不只是事实的堆叠，更是观念和态度的堆叠，是真理和谬误的堆叠。

—————— I26 ——————

为什么改革家会对皇亲国戚下狠手

在历代改革事业当中有一个最经典，也最有共性的难题：亲戚。

吴起和公孙鞅都死在这一关，王安石和司马光在这个问题上竟然罕见地达成一致，只是王安石想要快刀斩乱麻，司马光想要悠着来。当然，急有急的道理，慢有慢的道理，很难说孰是孰非。但我们必须考虑一个问题：为什么这么多改革家都要对最高统治者的亲戚下狠手，难道真把皇帝当成孤家寡人来打造吗？

亲情的成本

凡是改革，总会伤害某些人的利益，利益受到伤害的人必然会有各种不满，想要把社会的轨道拽回美好的旧时光去。也许有人会想：难道就没有皆大欢喜的方案吗？如果改革的着眼点是增量而不是存量，在不损害任何人的利益的前提下使全社会的财富增加，使某些人的境况变好，这样不是更好吗？

现实情况是，即便真的在不改变对存量的分配方式的前提下做出了很大的增量，反对的声浪也不会低下来的，因为他们的财富虽然没有被损害，社会排名却被推后了，这种伤害绝不亚于财富的损失给人带来的伤害。有一句无论在古今中外都特别容易引发共鸣的灵魂的呐喊："凭什么某某某过得比我好！"

人的心理特别厌恶损失，所以心理学总会教育我们，强调损失比强调利益更容易打动别人。在战国历史上，从李克、吴起，到公孙鞅、子顺，所有人的改革都有一个共同点——剥夺某个既得利益集团的权力，因此引发对方的凶猛反扑。这就是你死我活的局面，顶得住就能活，顶不住就得死。同样的局面也发生在王安石变法，所有的改革家都要开罪同一个群体，那就是国君的三亲六戚。

所以，国君就算自己有能力，也有魄力搞改革，但都有必要假手于人。开罪亲戚的事，最好让外人去做。这样的话，就算做过了火，或者闹出了什么大事，自己还能出来装装样子协调一下。如果失败了，就把替罪羊搞掉，说自己被坏人蒙蔽了。这番论调就算亲戚不信，但只要他们还不想造反，就会接受这个理由，双方都有台阶可下。

亲戚问题明明已经被李克、公孙鞅他们解决过无数遍了，为什么历史还会不断重演？没办法，这确实是政治学和管理学上的经典难题。

公孙鞅开始变法时，对秦孝公的亲戚相当严厉，给出的政策是：如果没有军功，管你是什么亲戚，不让你上族谱。上不了族谱，就意味着不再把你当亲戚了。

这招确实太狠了，势必引来激烈的反抗。为什么要下这么重的狠手？《资治通鉴》虽然没讲，但在其他改革案例里边已经多次讲过，宗室，也就是国君的大家族，对任何一个国家都会形成严峻的财政负担。

国君该不该养亲戚

事情要从婚姻制度说起。今天被我们当成天经地义的一夫一妻制，只是相当晚近才传入中国的舶来品，古代中国并没有这种限制。那时候的婚姻，从人类学概念上说，叫一夫多妻制，从社会学意义上说，叫一夫一妻多妾制。

男人只要有条件，就可以尽可能多地占有女性，这当然会造成严重的社会不公：富人三妻四妾，人丁兴旺，穷人倾尽所能也只能讨一个老婆，甚至孤独终老。

穷人家虽然也想多生多养，毕竟多一个孩子就多一个劳动力，几岁大的孩子就可以下地帮工，大娃还能带小娃，让父母省心，但一夫一妻的生育力毕竟太有限，远不能和一夫多妻相比。最有条件多娶多生的人，当然就是一个国家里有权有势的人，从国君到高级贵族。更何况古代社会早婚早育，就像《韩非子》说的，一个人生五个孩子并不算多，这五个孩子每人再生五个孩子，祖父还没死，孙子就有了 25 个。（《韩非子·五蠹》）这还只是普通人家的生育率，富贵人家不知道要翻几倍，人口呈几何级数增长。一变十，十变百，只要三四代的工夫，宗室的人口规模就会变得相当惊人。往后每增加一代人，财政负担就要翻几番。如此庞大的一支队伍，说起来全是国君的亲戚，享受着各种特权，过着极尽优渥的日子，消耗很大，贡献很少。

国君真会对这些亲戚有感情吗？这种可能性不但很低，还会越来越低，毕竟人的天性严重限制着情感羁绊的范围，谁也不可能真正做到博爱。国君看着成百上千连名字都叫不出的亲戚，一个个吃不完、要不完的，心里应该有太多脏话想骂。

这么多亲戚里，肯定有人很想建功立业，不愿混吃等死，但国君又不敢真让他们建功立业，因为功业一定伴随着权势，而有功业、有权势，又有血统，这就离篡位不远了。所以国君也很为难，既不想亲戚们吃白食，又不想他们立大功。这就是为什么公孙鞅的改革方案里鼓励秦国宗室立军功的政策后来并没有被执行到底，也没有被后来的改革家照方抓药。但至少公孙鞅的初衷切中时弊，也特别能够引起后来的改革家的共鸣，宗室对于政府来说，是一个越滚越大的财政负担，政府必须给自己减负。

这当然不符合儒家的价值观，毕竟儒家推崇的周礼特别重视亲戚关系，而且儒家偶像周武王和周公旦都把分封制作为政治基础，接受分封的诸侯们好多都是周天子的亲戚。那时候一来地广人稀，反正土地分不完，二来管理水平低，中央政府管理不了那么大的地盘，不如交给亲戚打理。

当然，让亲戚们多给国家做贡献，这是应当的。在这一点上，儒家的态度倒是能和公孙鞅的方案取得一致，而偏偏是这个难得的一致，在周朝以后被百般压制，以至于历朝历代，只有唐朝把政府职位向宗室开放，宗室子弟甚至可以做到宰相。

北宋欧阳修和宋祁重写唐史，编成《新唐书》，书中专设一篇"宗室宰相列传"，在结尾的评语里狠狠赞美了唐朝的这种胸襟，说唐朝"任人不疑，得亲亲用贤之道"，深得周朝的治国精髓，所以享国长久，反例就是秦朝和隋朝，他们抛弃亲戚，压制贤才，结果这对难兄难弟只传了两代就亡国了。

那么，唐朝如何解决宗室带来的财政负担问题？办法不但很简单，也很有儒家的传统——给亲戚们根据血缘和亲疏关系排序，五等以内算是宗室，超出五等就不算宗室了。这就像儒家礼仪当中的五服制度，一旦出了五服，就不再是亲戚了，至少不用再承担亲戚之间应该承担的义务。这套方案可以算是公孙鞅激进方案的温和版，和儒家有所折中。当然，武则天对李唐宗室挥舞的屠刀也要居一份功。

日本处处学习唐朝，把这套办法也学了去，天皇把五等以外的亲戚全都降级，给他们赐姓源氏，不再拿他们当亲戚。《源氏物语》的"源氏"就是这么来的。但和中国不同的是，日本天皇没有姓，当然，天皇号称"万世一系"，确实也不需要姓。天皇子孙一旦有了姓，就不属于皇族了。这些被推出门的天潢贵胄当然心有不甘，《源氏物语》的故事暗含的历史线索就是：源氏不甘心被皇室抛弃，又把自己折腾回来了。

在源氏出现以后，天皇家族还分出了一个平氏。以平氏为主题也有一部著名物语，叫《平家物语》，站在平氏的立场描写平氏和源氏的权力斗争。用中国古典文学类比的话，《源氏物语》相当于《红楼梦》，《平家物语》相当于《三国演义》。这两部日本文学经典的历史起点，就是天皇养不起那么多亲戚，学习唐朝的手段。

既然连日本都学了唐朝这套办法，宋朝编的《新唐书》又给出了高度赞扬，那么宋朝有没有学呢？竟然没有，宋朝以后也没有，唐朝因此成为中国历史上的孤例。

宋朝没有把公职向宗室开放，并且不搞五服、五等之类的限制，以至于宗室人口激增，财政负担暴涨。宋朝的历史档案给我们提供了相当丰富的数据，我们可以清楚地看到，在宋神宗刚刚登基时，供养宗室的常规支出竟然相当于首都军费开支的六成，是首都全部官僚集团收入的两倍。要知道宋朝执行的是强干弱枝的基本国策，首都驻军的规模很大，军队里已经养着不少闲人了。而且宋朝的官员待遇超高，历代排名第一。

这种局面连司马光都看不下去了，必须做改变。王安石当然更不能忍，果断实施断舍离的方案，为此还和宗室子弟发生过很直接的冲突。和公孙鞅不同的是，王安石没能得到始谤终诵的待遇。

司马光为什么给公孙鞅好评

公孙鞅强力推行新政，10 年时间让秦国大治，当初那些说新法坏话的人特意来首都唱颂歌。那么，始谤终诵的"终诵"部分算不算一个美好的结局？执政者从此就可以享受来自民众的掌声了吗？

这种事情只能说因人而异，子产可以有，但公孙鞅不能有。出人意料的是，不喜欢变法的司马光，竟然给了公孙鞅好评。这又是怎么回事？

司马光对公孙鞅的好评

原文：

秦民初言令不便者，有来言令便。卫鞅曰："此皆乱法之民也！"尽迁之于边。其后民莫敢议令。

公孙鞅变法 10 年，好容易等来了舆论的扭转，但他表现出了冷峻的一面，认为这些唱颂歌的人都是干扰法纪的人。怎么处理这些人？简单，把他们全部放逐到边境地带。从此以后，秦国人再也不敢点评法律的好坏了。

公孙鞅的意图很明确，要的就是令行禁止。

作为秦国人，政府颁布什么法令，你就遵守什么法令。任何人都只有遵纪守法的义务，而没有点评法律的资格。无论你觉得法律是善法还是恶法，都无所谓，唯一要做的就是低头遵守。

原文：

韩懿侯薨，子昭侯立。

在《资治通鉴》给周显王十年安排的内容里，公孙鞅的变法是绝对的重头戏。除此之外，只有一句交待韩国的事情："韩懿侯死了，儿子韩昭侯继位。"接下来，是一段新的"臣光曰"，司马光要对公孙鞅做出评价了。

原文：

臣光曰：夫信者，人君之大宝也。国保于民，民保于信。非信无以使民，非民无以守国。是故古之王者不欺四海，霸者不欺四邻，善为国者不欺其民，善为家者不欺其亲。不善者反之，欺其邻国，欺其百姓，甚者欺其兄弟，欺其父子。

我们想当然地以为司马光不会给公孙鞅任何好脸色，一定会拿出好多厉害的排比句批判他，让后人千万引以为戒。但是，司马光作为一位忠厚长者，偏偏从公孙鞅身上找出了一个优点来夸，用一个字来说，就是"信"。

在司马光看来，执政者必须讲诚信。只有讲诚信，才管得住老百姓，而只有管得住老百姓，才保得住国家。这个道理对于任何规模的统治者来说都很适用，看看古老的榜样吧：善于治家的人不会欺骗亲人，善于治国的人不会欺骗国内的老百姓，霸主不会欺骗邻国，王者不会欺骗天下任何人。

这番话，可谓话里有话，因为司马光时代的宋朝政府没少做背信弃义的事，对国内骗过老百姓，对国外骗过不那么友好的邻邦。其实很多时候也不是存心欺骗，而是统治集团里各有各的意见，张三刚刚作出了什么真心的承诺，没想到李四的意见又占了上风，张三的承诺也就没法作数了。当时的政治风气十分开明，在开明专制的局面里最容易出现这种情况。如果皇帝真的乾纲独断，反而不至于一会儿一个主意。又或者是成熟的共和制、民主制，意见虽然纷杂，但一切都有规范流程制约着。

原文：

上不信下，下不信上，上下离心，以至于败。所利不能药其所伤，所获不能补其所亡，岂不哀哉！昔齐桓公不背曹沫之盟，晋文公不贪伐原之利，魏文侯不弃虞人之期，秦孝公不废徙木之赏。此四君者，道非粹白，而商君尤称刻薄，又处战攻之世，天下趋于诈力，犹且不敢忘信以畜其民，况为四海治平之政者哉！

司马光含蓄地批判了背信弃义的作风，说信任都是相互的，一个潜伏着信任危机的社会存续不了多久，靠背信弃义虽然可以获得一时的利益，但这点利益并不能弥补离心离德所带来的损失。司马光列举了四则掌故，一是齐桓公对曹沫守信，二是晋文公对原人守信，三是魏文侯对虞人守信，四就是秦孝公和公孙鞅的徙木立信。

司马光说：以上四位君主都不属于爱走正道的人，公孙鞅更以刻薄著称，他所处的时代又是战国乱世，天下人纷纷背弃道德，尔虞我诈，你争我抢，但即便这样，公孙鞅依然以守信的风格治理国民，可见太平时代的天子更不应该丢掉信用。

前文提过，司马光尤其看重信用，站在朝廷大臣的立场呼吁皇帝重视国家信用。儒家和法家一样重视信用，只不过立意不同：儒家把信用当成立国之本，法家把信用当成权谋手段。

作为成本问题的信用问题

从经济学知识来看，信用问题本质上是一个成本问题。

不妨想象两种极端情况，在一个信用值满分的社会，交易成本一定锐减，哪怕只是上菜市场买菜，卖家不会漫天要价，买家不会坐地还钱，连货比三家的必要都没有，实在太省心了；而在一个信用值为零的社会，当然我们很快就会发现，这样的社会不会存在，因为交易成本太高，连买菜都要担心：一旦买家先付了钱，卖家会不会不认账，而反过来，一旦卖家先给了菜，买家会不会拔腿就跑？于是买卖双方都请人来协助监督，但这些负责监督的人可不可靠呢？不放心，必须把他们的孩子抓起来当人质才行。新问题又来了：看守人质的人可不可靠呢？各种制约机制因此叠床架屋，人类甚至会因此没法再过群居生活。

我们的真实处境永远在这两极之间摇摆不定。孔子有过"无信不立"的命题，把信用排在粮食和军需储备之前。这个道理到了今天不但依然成立，而且必要性比孔子的时代更高。

最简单的例子就是：人类今天花的钱并不是真金白银，纸币也好，银行卡里的余额也好，都是信用值。这个信用值是政府的信用值。一旦政府不讲信用，所有人的存款余额可以瞬间清零。

政府普遍都有增发货币，制造通货膨胀的冲动，因为这是来钱最快、最方便，也最不容易遇到阻力的办法。适度地增发纸币，纸币贬值的损失无声无息地平摊到每个人头上，大家往往还没反应过来就已经习惯了新的物价。但如果政府把这招用上瘾了，就彻底失信于民了。

津巴布韦的纸币面额曾一度高达 100 万亿，比我们常见的冥币面额都高。纸币还不如废纸值钱，结果人口大量外流。这就是信用体制的垮台导致的国家崩盘。

津巴布韦政府当然不是第一个这么干的。中国历史上，早在西周时代，就已经有过超发货币的案例了。当时虽然还没有纸币，但天子很聪明，"铸大钱"，把钱币的个头加大，但面值加得更大。"铸大钱"从此成为中国货币史上的一个常见伎俩，隔三岔五就会现身，司马光的时代也不例外。而且，宋朝经济、文化、科技都很发达，连纸币都出现了。宋朝发明的"交子"是中国历史上最早的纸币，严格来说是有价证券。但是在交子之外，还有好几种纸币，严格来说是纸制票据，可以当钱用。宋神宗就搞过纸币增发，当时虽然没多大影响，但过些年之后，负面影响就排山倒海而来，轮到宋哲宗来吞这个苦果。宋神宗当然也冤，因为从前宋仁宗就搞过大规模增发，完全不管有多少对应的储备金，结果那时候欠的债，到了宋神宗时代还是没有能力兑现。

信用问题既然关乎国本，那该怎么保持信用呢？

儒家经常把信用问题当成道德问题，道德问题自然该用道德手段解决。换成经济学的思路，这不是道德问题，而是成本问题，要用成本思路解决。而在博弈论看来，这是一个博弈关系问题，该做的是把信用问题的相关人员调整到相应的博弈关系里去。

博弈论的思路其实非常朴素，好比同样的小餐馆，开在旅游景点的通常质次价高，这不是因为店家缺德，而是因为每一单生意都是一锤子买卖，能多坑就别少坑，以前就算有过心慈手软的店家，也早在残酷的竞争里被淘汰了，只有够黑够狠的店家才能存活下来；居民小区的店家刚好相反，做的全是回头客的生意，必须物美价廉服务好，以前就算有过黑心店家，也一定在残酷的竞争里被淘汰了。在博弈关系上，前者属于单次博弈，无论做多少单生意，每一单都是独立的，和其他单毫不相关；后者属于重复博弈，和同样一批人反复打交道，坑了别人一次就不会有第二次机会。

这样一看，建立信用其实很简单，只要把单次博弈变成重复博弈就可以了。

今天旅游景点的商店已经比多年前的商店好多了，因为智能手机的普及，网络评价体系出现了，被坑过的顾客可以给店家差评，潜在顾客很轻松就能看到各种评价。这样一个古人眼里的道德问题，在今天被科技手段无心插柳地解决了。

社会越发达，规模越大，分工越复杂，信用就越重要。

宋朝已经是一个很发达的朝代了，高度仰赖信用。但也正是因为信用在宋朝关涉的利益特别巨大，导致践踏信用可以带来很可观的短期利益，可以轻易化解燃眉之急。即便明眼人看出了重复博弈的意义，但有一个难题不容易克服，那就是博弈双方的实力不对等。每次朝廷耍了流氓，来自民间的报复要么不容易成型，要么来得太慢，要么被镇压住。镇压虽然也花成本，但那毕竟是以后才会发生的，就像借钱要付利息一样，先把眼前的难关糊弄过去再说。

所以一个朝代的结束未必就是一两个昏君的错，而是积重难返的结果。再怎么不对等的博弈关系，只要强势的一方频繁失信，就难免会有自食其果的一天，而且报复会来得很致命。

——— 128 ———

演义体是怎么来的

对公孙鞅的评价，夏良胜的《中庸衍义》记载了一个和司马光不同的意见。这个意见的出处同样值得一谈，因为它涉及一种重要文体——"衍义"的由来。我们先看一个小问题：《三国演义》为什么叫"演义"？

演义的由来

说书先生开讲三国的故事，在宋朝就已经很流行了，而相关的文本，在宋朝还不叫"演义"，而叫"平话"。鲁迅在日本见过元朝印刷的一部《全相三国志平话》，"平话"加上"全相"，有点儿像今天的绘本，每一页分成上下两栏，上栏是画，下栏是相关的文字。

罗贯中的《三国演义》，鲁迅见到的最早的版本是明朝弘治年间的版本，书名《三国志演义》，作者署名是"晋平阳侯陈寿史传，后学罗本贯中编次"。照这么看，罗贯中应该是姓罗，名本，字贯中。重要的是，罗贯中没说这书是自己写的，而是把著作权归于《三国志》的作者陈寿，自己只有改编权。也就是说，《三国志演义》是一部由陈寿创作，罗贯中编辑整理，对《三国志》所做的演义。

"演义"是怎么回事？鲁迅的说法是：全书主体部分是把陈寿的《三国志》和裴松之为《三国志》作的注释编排整理，夹杂一些平话，又加上一些推演，还引用了很多所谓"史官"和"后人"的诗。

当初我读鲁迅的《中国小说史略》，看到这个说法时，忽然想到儒家的"衍义"不就是这种写法吗？"衍"和"演"在"延伸发挥"这个义项上完全可以通用。所以"演义"有可能就是从儒家的"衍义"体裁发展来的。

儒家的"衍义"体裁，创始人是南宋学者真德秀，开创性的著作就是他的代表作《大学衍义》，顾名思义，就是对儒家"四书"的第一部《大学》做出丰富的解说、编排和发挥。

儒家最高级别的经典，在不同的时代有不同的认定。《大学》原本并不是单独的一部经典，只是《礼记》当中的一章，很简短。后来朱熹把《大学》特别标榜出来，作为儒学纲领，读书人入门的第一本书。今天我们耳熟能详的"格物致知""修齐治平"这些纲领性概念，都是从《大学》来的。

在朱熹的认识里，《大学》提纲挈领，高度凝练，读书人在入门时虽然要靠《大学》搭好学问的框架，但只有框架当然远远不够，接下来还要用很多书去充实、填补这个框架。真德秀的《大学衍义》就是从很多书里撷取内容给《大学》的框架填缝。别看《大学》篇幅那么短，印成单行本都嫌太薄，但《大学衍义》旁征博引，长达 43 卷。这还不算多，明朝学者丘濬的《大学衍义补》，给《大学衍义》做补充，篇幅足有160 卷。

"衍义"体有一个好处，就是很有务实精神。《大学》通篇都是大道理，无法联系实际。"衍义"一来可以帮你深化理解那些大道理，二来会拿很多历史实例做案例复盘。这就像学数学，《大学》相当于一张纸上写了几个公式和定理，《大学衍义》相当于一本厚厚的例题讲解。

在儒家"四书"里，《中庸》的情况和《大学》类似，原本也是《礼记》当中的一章，篇幅很短，都是提纲挈领的大道理。所以我们不难想见，当真德秀用一部《大学衍义》开创了"衍义"体之后，《中庸衍义》一定会应运而生。果然，明朝学者夏良胜做成了这件事，在被嘉靖皇帝贬到辽东的日子里，他写成了《中庸衍义》。

因果

《中庸》有一段话，分析"诚"的意义。《中庸衍义》讲到这部分时，已经是第 13 卷了。夏良胜先是援引《周易》关于诚信问题的卦爻辞，再援引程颐的解释，再加上自己很长的评论，然后又援引《大学》《诗经》里的相关内容，对于这些内容，又加上了孟子、朱熹、周敦颐、柳宗元、司马光和自己的评论，以及相关的历史掌故，凡此种种……这本书里就有司马光评价公孙鞅的内容。在《资治通鉴》中，司马光列举了诚信的四位榜样，一语带过，但夏良胜把每个人的相关事迹都讲了一遍。这让人越看越奇怪：怎么连讲述的顺序都和"臣光曰"一样？因为夏良胜接下来摘引的内容，正是那一段"臣光曰"的全文，这就是"衍义体"的写法。

"臣光曰"刚刚引述完毕，夏良胜又摘引了吴养心的一段话，看法和司马光完全不同，说秦朝之所以灭亡，根源大概就在公孙鞅这里。公孙鞅把称赞新法的人全部发配，等到时隔几代之后的吕不韦做总理，招揽门客编写《吕氏春秋》，把书稿张贴在咸阳城门上，说只要有人能把书稿增减一个字，就给千金重赏。今天来看这部《吕氏春秋》，哪有那么完美无缺，想来秦国人在公孙鞅的积威之下，就算想提意见，也终究不敢提。到了秦二世时，赵高指鹿为马，明明鹿和马的差异一目了然，但那么多大臣都不敢发表意见，可见公孙鞅的影响力有多么深远。

这样说来，公孙鞅之所以要惩处那些给新法唱赞歌的人，用意和徙木立信一样，是为了树立政府的信用。这种信用的内涵是：朝廷是高瞻远瞩的，在下一盘大棋，你们这些鼠目寸光的小民只要闭着眼睛，照着朝廷的安排去做，自然会有好处，你们当下的不满，将来总会变成满意。总而言之，一个诸葛亮，能顶无数个臭皮匠。和孔子的"无信不立"不同，朝廷要塑造的，是民众无怨无悔的盲从。

盲从其实是一种天赋的能力，是我们的生存优势。想象一下，在一个原始部落里，部落成员对首领的盲从度越高，生存优势也就越大。但问题在于，当社会规模从几十人的部落扩展到几十万人的国家之后，决策很难照顾到每一个个体的权益，让素不相识的一群人做出牺牲，也很难再让决策者产生多少情感压力。

最要命的是，万一某个重要决策发生失误，所有人的盲从就会把整个国家推进深渊。

这是历代君主集权总要面对的难题。一方面意见越少，效率越高，只有高效才能应对竞争的高压，另一方面意见越少，纠错能力也就越弱，一旦失误往往就会万劫不复。所以在历史上的各种政体里，走向穷兵黩武的军国主义可以作为应急手段，而很难作为长久国策。吴养心的意见已经点穿了这层道理，这并不是他的独见，很多人早有探讨"逆取顺守"的道理。事实上，吕不韦在担任总理的时代就已经在着手努力弱化秦国的穷兵黩武调性了，但毕竟积重难返。

I29

司马光是怎么夸桓文之事的

司马光在这一段"臣光曰"里，把齐桓公和晋文公作为信用楷模的前两位榜样。

春秋时代所谓"五霸"，存在不同的说法，但无论哪一种说法，齐桓公和晋文公都不会缺席。甚至可以说，如果把"春秋五霸"删繁就简，只保留两位代表人物的话，高票当选的一定就是他们两个。后人谈论霸业，通常都会将齐桓公和晋文公合称，叫作"齐桓晋文之事"或"桓文之事"。对于这样两位霸主，司马光对他们的态度如何呢？

曹沫劫齐桓公

据《孟子》记载，孟子周游列国，来到齐国时，受到齐宣王的热情款待。齐宣王向这位名满天下的大学者请教"齐桓晋文之事"，没想到孟子的回答是：

"孔子的门徒没有谈论'桓文之事'的，所以那些事迹没能流传下来，我当然也没听说过。"

孟子当然没说实话，因为一部《左传》满满都是"齐桓晋文之事"，孟子没听说才怪。但孟子之所以揣着明白装糊涂，是因为"桓文之事"属于"霸道"，而孟子的政治理想是推行"王道"。

所谓"霸道"，在当时并没有贬义，也是一种良好的政治模式，只是比王道低一级，后来才演变出"横行霸道"的意思。孟子的主张是理想主义者的追求，理想不能打折，既然存在最优选择，就不要屈就次优方案。所以孟子才会借口没听说过"桓文之事"，要给齐宣王讲讲王道。（《孟子·梁惠王上》）

王道的原理，简单讲就是四个字：以德服人。

如果对方就是不服气，怎么办？没关系，只要你有以德服人的本钱，天下有的是人愿意为你效力，用武力拿下个别死硬分子完全不在话下。

以德服人的道理听上去很美，但一来不现实，二来就算可行，一般人也熬不起，可能还没让几个人服气呢，就先被人灭掉了。孟子和其他许许多多儒家学者都没看懂，所谓王道只是一个美好的传说，只有道德而没有实力的话，根本不可能赢得多少人的归附。**所有群居动物都只会归向强者，人类也不例外。道德**

只能为实力锦上添花，没有实力匹配的道德只能作为个人修养。

齐宣王就算和孟子一样想不通这个道理，但至少可以凭直觉知道：战国时代的生存策略，必须以短平快为主，公孙鞅赢就赢在这点。那么相比王道，霸道就比较短平快，齐桓公和晋文公没有靠上几代人的积淀，在自己当政之后才搞改革，最终在当政之年就完成霸业，成为天子钦定的诸侯盟主。

一提王道，首先想到的榜样就是商汤王、周武王，然而这对于战国年间的人来说也是遥远的古代史，细节早已经渺茫难求，而"桓文之事"只是春秋时代的近代史，属于近在眼前的成功典范，他们的成功经验貌似更有被复制的潜力。

荀子在赵国时，给孝成王和临武君讲兵法，说当时齐国的精锐部队打不过魏国的精锐部队，魏国的精锐部队打不过秦国的精锐部队，显然秦国是当代最强，但荀子又说，秦国打不过齐桓公和晋文公，齐桓公和晋文公打不过商汤王和周武王。（《荀子·议兵》）

其实以今天的眼光来看，"战国七雄"的战斗力远高于"春秋五霸"，对于久远的商汤王和周武王更有碾压性的优势，不过儒家总有夸大古人的习气，反正死无对证，死人才是无敌的高手。类似言论说得多了，大国诸侯们或多或少都会相信一些，就算学不来商汤王和周武王，至少也觉得齐桓公和晋文公真的很能打，值得一学。

司马光比孟子和荀子更有务实精神，不介意多夸一夸"桓文之事"，但也不能夸得太猛。他的意思是：即便连齐桓公、晋文公这样不太入流的政治家都知道诚信的意义，追求王道的政治家就更不该轻视诚信了。儒家谈"桓文之事"，就是要这样小心拿捏分寸。

齐桓公讲诚信的事情，《史记·刺客列传》有详细记载。"刺客列传"里的第一位刺客名叫曹沫，很可能就是"曹刿论战"里的曹刿。曹沫作为鲁国将军，和齐国打仗三连败，鲁庄公只好割地求和。在和谈仪式上，曹沫手持匕首，劫持了齐桓公，逼得齐桓公做出承诺，尽数归还鲁国失地。曹沫得到了齐桓公的口头承诺，就扔掉匕首，退了下去。齐桓公气坏了，当场就要反悔。这件事如果请孔子评理，估计孔子也会支持齐桓公反悔，因为孔子自己就做过这种事，先是在胁迫之下做出承诺，危险一消失，转脸就反悔，还告诉弟子说反悔是应该的。但是，管仲及时拦住齐桓公，劝他遵守诺言。齐桓公照做了，把好容易打下来的地盘全都还给了鲁国。

"刺客列传"为了突出曹沫的形象，事情讲到这里就收尾了，而在"齐太公世家"里，齐桓公虽然失去了土地，但赚得了名声，天下诸侯都愿意追随他，齐桓公的霸业就此开始。在"管晏列传"里——这是司马迁为管仲和晏婴先后两位齐国著名总理所作的合传——最后还有一句评语："知与之为取，政之宝也。"这正是老子哲学的体现，付出意味着获得，这是高明的政治手腕。

晋文公伐原

晋文公的诚信故事，在《左传》《国语》和《史记》里都有详细记载。当时晋文公刚执政不久，很聪明地打出了"尊王"的旗号，帮助周襄王平定了一场王室内乱，"晋文公请隧"的事情就是这么来的。在周襄王看来，"请隧"是名分问题，不能让步，但地盘可以给。就这样，周襄王把王畿里的若干城邑赐给了晋文公。我们很容易以为既然周襄王都发话了，晋文公只要派人到那些城邑做个简单的交接就可以了。但事情没那么简单。那些城邑里尽是和周天子沾亲带故的人，原本上级单位是中央政府，划给晋国，等于降了级。人天生厌恶损失，哪怕只是名义上的损失，所以大家纷纷关上城门，不接待晋文公。

晋文公的办法很简单：既然不接待，那就打进去。但毕竟大家论起来都是远房亲戚，不至于下死手。在围攻其中一个城邑原地时，晋文公只让军队准备了三天粮食，如果三天打不下来，那就不打了。三天转眼就过去了，真没打下来，晋文公果断下令撤军。这个时候，事先安插的间谍出城报信，说城里已经撑不住，准备投降了。这个消息鼓舞了晋文公身边的军官，他们都建议先别撤军，胜利果实唾手可得。但晋文公说诚信是国家的珍宝、民众的依靠，如果为了得到原这个地方而失去了诚信，那就太得不偿失了。

晋文公就这样撤军了，原地人民被晋文公诚信精神所感动，竟然出城投降了。这个传奇的原地就在今天的河南省济源市，这里也是传说中移山的愚公的故乡。

---------- I30 ----------

公孙鞅为什么要惩罚唱赞歌的人

"昔齐桓公不背曹沫之盟,晋文公不贪伐原之利,魏文侯不弃虞人之期,秦孝公不废徙木之赏。"这是一段很漂亮的排比句,但其中也隐隐蕴含着一个管理学上的难题:假如统治者真的做到了面面俱到、无懈可击的诚信,会不会使国民丧失了对他的畏惧感呢?一旦有人公然表态:"我没犯法,谁也不能把我怎么样!"统治者是不是真就不能把他怎么样呢?统治者真的想要这样的管理局面吗?

公孙鞅惩治那些给新法唱赞歌的人,虽然传递了令行禁止的信号,但这件事本身却一点都不能算是令行禁止,因为事先没有任何禁令不许大家称赞新法,谁也不知道那一张张洋溢着喜悦的热脸竟然能贴到这么冷的屁股上。那么,公孙鞅这样做,是不是违背了法家的根本精神,又算不算不讲诚信呢?

法律之上

我们可以分别设想一下诚信的两个极端情况：一是彻底没诚信，出尔反尔，那么一旦名声传开，就不再有人愿意跟你合作，谋求合作的成本会变得异常高昂；二是十足讲诚信，说一不二，于是你的行为完全可以被人准确预测，如果你是一名管理者，这就意味着手下对你的畏惧感会严重淡化，然后你会发现，当大家不再怕你之后，你的管理难度无形中增加了很多。

法家最典型的主张就是以法治国，不管是谁，只要触犯了某一条法律，就必须接受相应的处罚。**虽然有限的法律条文无法囊括复杂万变的现实状况，注定会造成大量的司法不公，但通常来说，国君并不很有所谓，毕竟拘泥小节就没法成就大事，为了效率难免会牺牲一些公平。**但国君有所谓的是，自己必须凌驾于法律之上，对一切法律结果都有最终定夺权。当然，自己管不过来那么多事，也懒得管，但重要的是，只要自己想管，就一定得管得了。

比如北宋著名的"乌台诗案"，在那一整套完备的司法流程里，各个部门既有协作，又有制约，每个环节都十分严密，不留破绽，几乎看不到任何可以徇私舞弊的余地。当时的法律文明竟然可以发达到这种程度，相当让人惊叹，然而到了最后环节，当宋神宗不满意司法结果，不想轻饶苏轼时，只要轻轻巧巧地做出一纸特批，就能扭转整个判决结果。

皇帝自己怎么能够凌驾于法律之上呢？这太不公平了。但是如果先放下道德和政治正当性的考虑，只从当时的管理技术来看这个现象，就会发现这种安排其实很有管理优势：皇帝作为全国的最高管理者，只有天威难测，才能让人害怕。必须有怕，才能有高效的管理。

前文讲过，宋国的司城子罕掌握了"罚"的权柄，留给宋桓公"赏"的权柄，结果只用了一年光景就成功篡位。这件事所关涉的管理学难题就是：爱与怕，哪个更重要？答案很简单：怕比爱重要得多。

严刑峻法不足以激发人们的恐惧心理。因为即便法网再密，惩罚再严，但只要一切都按规则来办，人们就知道如何趋避刑罚，明白自己只要不犯规就没有任何人能够奈何自己，畏惧感自然就弱了。对于各种各样的禁忌，时间久了，自然习以为常，因为规则已经被内化为自我的一部分了，就像孔子 70 岁时就到了可以随心所欲，但不管怎么做都不会出格的境界。

一切可以被准确预期的后果都会促使人们精心计算付出和回报，争取以最小的成本换来最大的收益，敬畏心就相应地衰减了。试想如果神真的有求必应，人们的宗教热情是会更高，还是会更低？

很有可能会更低，因为一旦有求必应，那么临时抱佛脚就够用了，神佛只有时灵时不灵，才能让人不断地烧香、磕头、供奉。

天意从来高难问

这不仅是人类的共通性，甚至是动物界的共通性。在行为主义者的各项实验里，有一个实验让人印象特别深刻：一个特殊的箱子里有一只老鼠，要想吃东西，它就得去压一下箱子里的杠杆。而食物其实是定时提供的，时间间隔1分钟。也就是说，不管老鼠压多少次杠杆，只要1分钟没过完，食物是不会掉进箱子的。只有在等满1分钟时去压杠杆，食物才会掉进来。

一段时间之后，老鼠长经验了，它虽然没有手表，却也掌握了1分钟的时间规律，于是，它只会在1分钟将至时集中作出反应，不会再胡乱去做无用功了。

另外一只箱子里还有一只老鼠，也是靠压杠杆来获得食物，与前一只老鼠情况不同的是：提供食物的时间间隔很不规律，有时候只过30秒就有食物，有时候要等3分钟才有，平均值是1分钟。一段时间之后，这只老鼠也长经验了——它比前一只老鼠更加频繁地压杠杆，而且，虽然食物出现的时间不规律，但老鼠压杠杆的活动却变得更加频繁、均匀了，有事没事就压几下。

这个实验报告当初给了我很大的震撼，"天威难测"对于凝聚力的塑造竟然会有这样的意义，这也就解释了为什么各种打着"有求必应"的旗号却做不到有求必应的宗教，甚至迷信，可以兴旺发达。《圣经》里，耶稣甚至明确回答过为什么人的所作所为并不是赢得神恩的决定性因素。耶稣用葡萄园打比方，说葡萄园的主人找人打工，讲好了只做当天，每人 1 个银币。但园主在这一天陆续请了好几批工人，显然来得越晚的人干的活儿就越少，等到一天的工作结束，结算工钱，每人 1 个银币。先来的工人不满意，抱怨园主不公平。园主的回答理直气壮："朋友，我亏待你了吗？我们不是讲好了 1 个银币吗？至于我给后来的工人同样 1 个银币，那只是因为我愿意。难道我还不能依照自己的意愿支配我自己的财物吗？难道因为我的仁慈，你就生出嫉妒了吗？"（《马太福音》第 20 章）

在葡萄园比喻的背后，有着两大神学体系旷日持久的斗争。大体上说，从字面上接受耶稣这番解释的，就是预定论者，他们相信无论人信或不信，行善或者作恶，对死后能不能上天堂、得永生都没有决定性的影响，一切拯救仅仅来自神的恩典；更有常识感的人会成为善功论者，相信善恶有报，只有好好表现才能赢得神的恩典，行善上天堂，作恶下地狱。

非常背离常识感的预定论就是我们熟悉的所谓新教伦理的核心，马克斯·韦伯把它当成催生出资本主义的源动力。韦伯的结论不是很能站得住脚，但影响力惊人，就算从来不读社会学的人也有所耳闻。

从神学的角度来看，上帝身上原先既有"至善"的属性，也有"至公"的属性，预定论和善功论的矛盾本质上就是至善和至公的矛盾，因为所谓至善意味着慈悲，慈悲意味着恩典。我们不配得到恩典，但上帝还是给了我们恩典，所以我们应当感激上帝的至善，而不要以为我们得到的恩典全是自己凭努力挣来的。而至公意味着上帝会对人的一言一行当中所体现出来的善或恶给予等值的回报，上帝因此就变成了一架超级机器，上帝的心思和行为因此也就可以被渺小的人类所预测了。

上帝身上还有一个"无限"的属性，既然无限，就不该被任何事物或任何规则限制，这一点也和"至公"相矛盾，因为"至公"意味着一切赏罚都来自理性的精密计算，那么上帝也就受限于理性了。这怎么可以呢？所以，如果一定要满足上帝身上"无限"这个属性的话，就有必要让他不按理性做事，有善未必赏，有恶未必罚，天意从来高难问，渺小的人类无从揣摩，只能膜拜，膜拜上帝的"不测之威"。

人间统治者要想模仿上帝或者任何至高无上的神灵，就有必要把自己打扮成恩威难测的样子，让谁都猜不透自己的心，谁在自己手下都会产生"伴君如伴虎"的恐惧感。公孙鞅之所以严厉惩办那些给新法唱赞歌的人，除了禁言、愚民的意义外，另一个意义就是树立自己的不测之威，在规则之上安置一个任意性，这是法家管理哲学的精髓，画龙点睛之笔。

—————— 131 ——————

规则性和任意性如何平衡

既然任意性这么好，那么只要任意性，不要规则性行不行？当然不行，就像既然画龙点睛这么厉害，能不能只点睛，不画龙呢？

历史上还真的有人只点睛，不画龙，不过后果很严重。

《读通鉴论》论张纾

《资治通鉴》第 47 卷讲了这样一件事：东汉时期，军事长官张纾在西北和羌人作战，擒获了羌人首领号吾，随即就把他放了，后来又和羌人作战，号吾的哥哥迷吾兵败请降，张纾在受降仪式上安排了毒酒和伏兵，一举杀了迷吾和羌族首领八百多人，然后纵兵出击，又杀了几千羌人。这就有些让人摸不着头脑了：怎么战场上擒获的释放了，主动投降的反而要杀，张纡做事为什么没有逻辑一贯性？

在这个问题上，我们有必要听听王夫之的意见。

王夫之是明末清初的大学者，和黄宗羲、顾炎武合称"清初三大家"。王夫之读《资治通鉴》，品评历史上的得失成败，写了一部《读通鉴论》。那个时代的学者很喜欢写这种书，以王夫之的《读通鉴论》水准最高，名气最响。王夫之经历过明朝的灭亡，目睹过清朝的勃兴，不但跨越了新旧两个王朝，还见证了文明的剧变和民族的冲突。有这种背景的学者，写出来的历史评论类著作别有一种深刻感。

王夫之评论说，这是张纡故意的，目的是展现"不测之恩威"。

王夫之很不满地说：谋略之士就喜欢搞这一套，认为这样做可以制造出人意表的效果，很有震慑力，别人不敢不服。但这真的可靠吗？张纡就是一个反面典型，这样做确实很有"不测之恩威"，但给羌族人传递的信号是：顺服未必有好处，反抗未必有坏处，到底应该顺服还是该反抗？搞不清，反正张纡没诚信，还是拿他当敌人最好。就这样，张纡种下的祸根，结下了绵延几百年的恶果。（《读通鉴论》卷7）

王夫之批评的"谋略之士"，祖师爷就是和公孙鞅大致同时代的法家名人——韩国总理申不害。申不害的出发点其实很单纯，无非是君主需要自保之道。从这个角度来看，张纡的做法虽然对国家有害，但对自己是有好处的。

从中可以看出，儒家之所以不受待见，是因为他们很少考虑君主本人的安危和福利问题。一般人确实不容易想到这一层，毕竟君主看上去总是高高在上，作威作福，呼风唤雨，而事实上，君主也是人，和普通人一样有七情六欲和各种弱点，会谋私利，会犯错误。

更要命的是，在礼崩乐坏之后，大家逐渐认识到原先只能由血统来确保的地位其实是可以由竞争得来的。像公孙鞅这样，昨天只是一个不起眼的家臣，今天摇身一变成为秦国变法的主导者，更别提国际社会上那么多权臣篡位的例子：三家瓜分了晋国，田氏霸占了齐国，司城子罕夺得了宋国，诸如此类，就连国君的地位也是可以被巧取豪夺来的。

这样一个世界，给了野心家无限的希望。

相应地，站在国君的位置上，民众的安居乐业问题再怎么重要，至少比不得富国强兵的重要性；而富国强兵再怎么重要，如果自己连地位都保不住，富的又是谁的国，强的又是谁的兵呢，一切付出岂不都变成为人作嫁？

所以，保住自己的地位，永远都是头等大事。怎么做？权柄必须牢牢抓在手里。但这显然还不够，因为权柄就算在自己手里，如果有坏人摸得准自己的心思，巧加利用，那么自己的权柄就会变成为别人办事的工具，最后甚至会被反施己身。为了避免这个风险，君主要做的，就是保持神秘感，就算最亲近的臣子也不能看懂自己。

申不害的观点很直白，先不管什么国计民生的大道理和大规划，把地位保住才是最要紧的。

这种观念的背后，是强悍的务实精神和彻底的无神论哲学。以前周朝统治者神道设教，编造了一整套天命、德政之类的说辞来证明自家统治的正当性，这就是社会学所谓的"合法性神话"。到了申不害这里，一切伪装通通扯掉，直接拿强存弱亡的道理说事，统治和被统治的关系变成了赤裸裸的权力游戏。

人君之大宝

"夫信者，人君之大宝也"，这个道理当然是国君必须搞懂的，政治家也好，政客也好，想要打动国君的心，从这里入手其实最有效果。但话题毕竟过于敏感，由谁来讲，怎么讲，就变得很要紧了。

司马光的《涑水记闻》讲过，宋太祖赵匡胤的母亲杜太后曾经问过儿子："你以为你是凭什么当上皇帝的？"赵匡胤一开口就是冠冕堂皇的大道理，结果杜太后直截了当地说："你之所以能够当上皇帝，都是因为周世宗柴荣死后，孩子太小，孤儿寡母没能力，这才给了你抢班夺权的机会。"如此直白的话，也就是亲妈对儿子说可以，换旁人来说，八成会惹得龙颜大怒。

但这个道理毕竟是要讲出来的，尤其是像《资治通鉴》这样想让皇帝真心听进去，并且以史为鉴的皇皇巨著。所以在分析诚信问题的那一段"臣光曰"里，第一句话就很耐人寻味："夫信者，人君之大宝也。"意思是说，诚信，是国君的大宝。

"大宝"这个词在今天听上去像是土话，其实来历非凡，出自《易经·系辞下》。《系辞下》开头是一段经常被引用的名言："天地之大德曰生，圣人之大宝曰位，何以守位曰仁，何以聚人曰财，理财正辞、禁民为非曰义。"这几句话全是儒家的核心概念，今天我们常用的"理财"这个词就是从这里来的。

"圣人"指的就是最高统治者。"位"，也就是最高统治权，对于最高统治者来说是最值得珍视的东西，所以叫"大宝"。后来"大宝"用来代指皇位，一个皇帝刚刚登基，就可以说他"初登大宝"。古代如果有商家用"大宝"给护肤品当商标，那可是天大的罪过。

如何保护"大宝"，《系辞下》给的办法是"仁"。孔子对"仁"有过一个很简明的解释："仁者，爱人。"

只有你给了别人足够的爱，别人才会爱你，才会拥戴你的统治。拥戴你的人越多，你的统治权就越安稳。

那你应该怎么去爱别人，来赢得别人对你的拥戴呢？《系辞下》给出的办法很朴实：多花钱。

这就是"财聚则民散，财散则民聚"的道理。**作为统治者，就得舍得给大家分好处。等量代换做下来，我们会发现所谓"仁"，所谓"爱人"，就是舍得给大家分好处**。所以"理财"的核心精神应该是分配，而不是聚敛，这就是为什么王安石大谈理财，司马光却不以为然。在《易经·系辞下》的逻辑里，集体的拥戴才是"大宝"得以保全的基础。司马光把《系辞下》的逻辑推演了一步，皇帝必须支使得动全国的老百姓，这样才能保住皇位，一旦没了诚信，也就支使不动老百姓了，皇位也就保不住了。

这个道理是对是错我们不必纠结，至少从这里可以看出司马光绝不"腐儒"的一面。

当然，如果道理只说到这一层，难免会有质疑的声音：公孙鞅明明从徙木立信开始，将计件提成贯穿始终，这么讲诚信，为什么秦朝才经历了两代皇帝就土崩瓦解了？面对这种质疑，司马光大概会说，公孙鞅玩的是"小信"，"小信"只是诈术，我们儒家讲的是"大信"，两者怎么能够同日而语？

—————— 132 ——————

国君为什么不能随便开放山林

回到周显王八年（前361年），也就是秦孝公逾年改元，梧桐树招来了公孙鞅的那一年。这一年在魏国是魏惠王九年，根据《竹书纪年》记载，魏惠王在当年办了两件大事，一是迁都大梁，二是把逢忌之薮这个地方赐给了百姓。（一说事情发生在魏惠王六年，当以九年为是。）这在古代政治中是个很不寻常的举动，值得注意。

土地是可以交换的

魏国迁都，这么大的事《资治通鉴》竟然只字未提，明显不合情理。但这不怪司马光，因为他依据的原始材料是《史记》。《史记·魏世家》把迁都大梁的事情定在二十多年之后的魏惠王三十一年，这就让相关年份里的很多事情解释不通。

这应该让司马光相当纠结，他最终基本依据《史记·魏世家》的时间节点，把迁都大梁定在了周显王三十年（前339年），相当于魏惠王三十一年。这样一来，和这个时间节点有矛盾的历史事件就只好删掉了。

魏国的旧都是安邑。三家分晋之后，安邑就从魏氏的家族政治中心升级为魏国的首都。

安邑在今天的山西运城市夏县附近，正好是司马光的老家。当地现在还有一条路叫作安邑路，保留着两千多年前的古风。从安邑一路向东，大约400公里，就是今天的河南开封，当年的魏国新都大梁。魏惠王之所以要迁都，有可能是因为安邑离秦国太近，魏惠王过得并不安逸，想离秦国远一点，也有可能是想为中原争雄做好战略布局。

战国年间，大小诸侯不断迁都，疆域也会经常变化，导致魏国的地理和赵国犬牙交错，既有你的城镇深入我的边境，也有我的城镇深入你的边境，双方都不舒服。反正已经迁了都，索性把疆界问题一道解决。于是魏国和赵国开启了一个土地交换程序，魏国把榆次、阳邑给了赵国，从赵国那里拿回了泫氏。（陈逢衡《竹书纪年辑证》）

榆次大约在今天的山西晋中市榆次区。阳邑大约在今天的晋中市阳邑村，离榆次区不远。泫氏在今天的山西高平市，当地有一条东西走向的泫氏街，还保留着"泫氏"这个古老的地名。最气派的是，泫氏街西边和神农路垂直交叉，东边和炎帝大道垂直交叉，向南步行不远有一座炎帝公园，因为这里正是传说中的炎帝故里。名号一个比一个响亮，反而显得泫氏街像个新生代了。沿泫氏街走上北环路，向北大约 12 公里，就是长平之战遗址，有一座小小的长平之战纪念馆。光看地名就可以想见这里曾经是一个何等风起云涌的地方。

土地经过这样的交换之后，魏国和赵国的边界都显得更规整了。魏惠王还去会见了刚刚继位的韩昭侯，看样子似乎很想和韩、赵两国搞好关系。

驰山泽之利

迁都大梁以后，魏惠王把大梁郊外的逢忌之薮赐给了百姓。逢忌之薮在春秋时代属于宋国，是个打猎的好去处。

魏晋年间，"竹林七贤"之一的阮籍写过一组著名的《咏怀》诗，其中提到的"蓬池"，指的也是逢忌之薮。诗句"徘徊蓬池上，还顾望大梁"，说明当时这里可以远眺大梁，而眼前的风景"绿水扬洪波，旷野莽茫茫。走兽交横驰，飞鸟相随翔"，可见这里风景宜人，野趣盎然。

因为有阮籍的题咏，"蓬池"和"蓬池咏"从此成为一个文化语码，被后世诗人反复提起。李白路经此地，写过"却忆蓬池阮公咏，因吟渌水扬洪波"（《梁园吟》）。其实在李白的时代，蓬池刚刚改名"福源池"，变成一个专门的游览胜地，严禁渔猎。

当然，作为黄河水系的湖泊，逢忌之薮注定不会长久。随着淤泥不断堆积，今天已经看不到它的任何痕迹了。

在魏惠王时代，逢忌之薮作为首都近旁的湖区，水里有水产资源，岸上有林木资源，如果开放给老百姓，自然可以养活很多人。但是，传统上，凡是山泽地带，都属于国家禁区，这些地方的产出称为"山泽之利"，通通归国君所有——要么成为国君的私人收入，要么成为政府的财政收入。所以，虽然俗话说"靠山吃山，靠水吃水"，其实那时候的老百姓未必真的能做到。就算住在山脚、水边，也不敢触犯禁令去砍树、捕鱼。

历朝历代，如果遇到什么特殊局面，统治者会解除一部分禁令，叫"驰山泽之禁"，把山林池泽的禁令放松一些，让老百姓可以进去砍树、捕猎，有时候政府对这部分收入还会予以免税。魏惠王把逢忌之薮赐给百姓，就是这种情况。

魏惠王打开私人钱包给老百姓发福利，这当然是儒家最喜欢的仁君形象。今天我们觉得像打猎、捕鱼、砍树这些营生做起来并不轻松，好歹也是体力活儿，但在当时，如果跟种地比起来，那真是舒服太多了，而且收益也高。

那么，老百姓一旦有资格分享"山泽之利"，谁还愿意种地？那些因为离逢忌之薮太远而只能埋头种地的人，心里会不会失衡？接受了公孙鞅改革思路的洗礼之后，你会不会对魏惠王开放逢忌之薮有什么特殊感受？

《商君书》有一篇《垦令》，讲的是开垦荒地的政策，其中有一项措施叫"壹山泽"，意思是说，政府要把山泽之利垄断起来，绝不能向老百姓开放，这样的话，老百姓没有别的生计，懒汉们也不可能随随便便摘个果子、钓个鱼就能苟且偷生，要想活下去就只能种地。等大家被逼得都去种地，对土地的需求提高了，才会产生开垦荒地的积极性。

这段话特别能够代表中国历朝历代的一项基本国策：以农为本。

这里的"农"特指农业。公孙鞅的基本思路是：

必须断绝农民的其他活路，才能提升农业。这种政策还会严重削减隐士的生存空间，谁都别想"遗世而独立"，必须出来务农、参军。

所以说，开放逢忌之薮这类事情只能作为政治上的一个点缀，或者临时性的措施，魏惠王迟早也得走上"壹山泽"这一步。

魏惠王的水利工程

在开放逢忌之薮的第二年，魏惠王在新都大梁周边兴修水利工程，首先开凿了一条运河，把黄河水引进圃田泽，然后又挖了一条大型灌溉渠，引圃田泽的水来浇灌农田。不过，这个工程最后竟然导致了魏国的覆灭，这到底是怎么回事？

圃田泽位于大梁以西，紧邻中牟，原本是郑国的地盘。今天的郑州市还有一条路叫圃田泽路，但圃田泽也像逢忌之薮一样看不到踪迹了。魏惠王搞的这一部分水利工程，就是著名的鸿沟的雏形。

"鸿"的意思是"大"，"鸿沟"顾名思义，就是"大沟"。魏惠王三十一年，挖大沟，引圃田泽的水，连接起济水、汴水、泗水、睢水等中原河流，使大梁周边不但粮产量提高，而且航道密布，水运发达。

但魏惠王当时一定没有想到，自己苦心经营的鸿沟水系，最后竟然会成为压垮魏国的最后一根稻草。那是公元前 225 年——只要再过四年，历史就进入秦朝了——秦国大将王贲攻打魏国，引鸿沟之水猛灌大梁城。大梁城勉强坚持了三个月，城墙就被冲垮了，执政仅仅三年的魏王假无奈投降，魏国就此亡国。遥想三家分晋前夕，智瑶水灌晋阳城，魏桓子担心智瑶将来会引汾水淹掉自家的安邑，这个危机虽然很快就解除了，但谁又想得到悲剧终于没能避免，只不过智瑶换成了王贲，汾水换成了鸿沟，安邑换成了大梁。

133

东西方继承方案有什么不同

大约就在魏惠王迁都大梁的这一年，南方的越国也发生了一件大事。《竹书纪年》给出的记载相当模糊，大意是越国有人杀了国君，一个叫无颛的人顺位继承。这件事不但《资治通鉴》毫无记载，就连《史记》也只字未提。

东方继承模式 vs. 西方继承模式

《史记》有专门的一篇《越王勾践世家》来记载越国历史，全篇的重点就是越王勾践和吴王夫差争霸的历史，勾践一个人就占去了越国历史的绝大部分篇幅。勾践去世后，司马迁惜墨如金，流水账式地记载了后面若干代国君的名字，每一代继位都是正常的父死子继。根据《史记》记载，越王翳死后是儿子越王之侯继位，越王之侯死后是儿子越王无彊继位。但是，从

《竹书纪年》的记载来看，越王翳不是正常死亡，而是被太子诸咎谋杀的。诸咎很快也被杀了，然后伴随着一连串的政变，最后好容易才轮到无颛继位。

即便仅从常识推断，也不敢相信《史记》里那段干净得不像话的越国世系。王子们的普遍心态应该是这样的：大家都是兄弟，凭什么赢家通吃？这种自然而然的不满，注定会引发流血事件。

今天生了二胎的父母可能会想：手心手背都是肉，将来给两个孩子留遗产，就算不能一碗水端平，至少也要大差不差。国君为什么不能这样做？反正家业那么大，每个孩子分一份有什么不可以？

其实宗法封建制正是这种思路，只不过中国历史的特殊性在于：随着宗法社会的解体，无论是嫡长子继承制还是国君指定继承人，合法继承人只有一个，继承的是全部家业，也就是整个国家，兄弟姐妹们谁都没资格分一杯羹，最多也就是仗着皇帝的宠爱，被好吃好喝地供养起来。

这种传统在战国时代特别能够体现优势，它保障了一个国家不管传了几代人，只要没有发生太大变故，国家规模差不多还是那么大。如果哪一代国君很有本事，把国家规模扩大了，那么这部分收益可以被完整地传给下一代。

鉴于这个优势，可以想象，分封模式注定灭亡。

试想一下，魏文侯、魏武侯辛辛苦苦打下来的家业，如果到了魏惠王这一代被分封给一堆兄弟，那就基本等于一个强大的魏国一下子分裂成了若干个小国，虽然大家名义上都要效忠魏王，但毕竟各自的自治权很高，独立性很强，也就很容易被旁边的强国各个击破。在战国严峻的国际竞争压力下，谁不搞集权，谁就注定先死。

古代这种集权模式造成的路径依赖就是历朝历代对大一统的重视。在地理上没能达到统一标准的朝代甚至会被相当多学者排除到正统中国之外。没统一怎么办？那就打仗，打到统一为止。这种状况如果让古代欧洲人看到，一定很不理解，因为他们的政治传统恰恰相反，不是导向统一，而是导向分裂。

在古代欧洲，一个能征惯战的英雄国王打下了广袤的疆土，创建了一个幅员辽阔的帝国，只要他一死，子女分完家产，各自占有领地，一个大国转眼就被分裂成好几个小国。女儿的继承权让事情变得更加复杂，这就导致结婚比打仗更容易开疆拓土。

欧洲最大牌的皇室，以奥地利为大本营的哈布斯堡家族（House of Habsburg）就有这样一句著名的家训："战争和我们无关。幸运的奥地利人，结婚去吧，因为战神奖赏给他人的领土，都会由爱神转交给你。"（Leave the waging of wars to others! But you, happy Austria, marry; for the realms which Mars awards to others, Venus transfers to you.）所以古代欧洲国家的领土归属，是真正意义上的朝秦暮楚。除了极少数标志性的地点之外，谁跟谁都谈不上什么固有领土的问题。而且重要的是，欧洲人习以为常，觉得这才是天经地义的。

都德的《最后一课》说了什么谎

路径依赖的不同造成了意识形态的迥异，彼此很难理解。有人会觉得不分古今中外，"人同此心，心同此理"，都德那篇《最后一课》不就是个很好的例子吗？

是的，我们在中学语文课上都学过都德的《最后一课》，很容易被这篇小说骗到。小说以普法战争为背景，作为战败国的法国被迫割让阿尔萨斯和洛林给普鲁士，普鲁士禁止当地学校教授法语，所以主人公"我"，一个懵懂的小学生，上了他的最后一堂法语课。

问题是，历史上的阿尔萨斯地区根本就不属于法国，当地人讲的是德语系的方言，奉行新教，而法国是个十足的天主教国家，当时新教和天主教势同水火。

所以，真正的阿尔萨斯居民可不容易被都德的《最后一课》感动。都德在这篇小说里的立场，一是法国本位，二是刚刚萌生的现代国家意识。这在当时算是新思想，毕竟当时欧洲历史的主旋律是分裂、独立和自治，在分分合合当中，遗产和嫁妆构成了推动文明发展的两大核心力量。所以欧洲的王朝更迭，没有中国这样血腥和震荡，相应的代价就是国家很容易越分越碎，没法长久地维系一个广袤帝国的盛大局面。

中国的传统是财产不分，最好越滚越大，滚得越大，竞争力就越强，相应的代价就是骨肉相残。所以我们今天看欧洲的宫斗戏，总觉得不过瘾。

战国时代的越国政变表现出来的正是典型的中国模式，既然赢家通吃，那么有点潜力的人都想放手一搏。《吕氏春秋》和《庄子》都讲过越国继承问题的动荡，听上去都像段子，但结合《竹书纪年》的记载来看，段子很有可能是真事。

《吕氏春秋》说越王授，也就是越王翳，有一个弟弟叫豫，很有谋朝篡位的野心。他的想法是：只要除掉哥哥的儿子，自己就可以顺位继承。挑拨离间进行得很顺利，越王授接连杀掉了三个儿子，只剩老四了。豫继续在哥哥面前进献谗言，说老四要造反。越王授这一回迟疑了，倒不是因为顾念父子之情，而是因为接连杀了三个王子，舆论压力太大。

越国人看不下去了，簇拥着老四把豫驱逐出境，然后包围了王宫。看到老四果然造了反，越王授非常懊悔，恨自己没听兄弟的忠言，才酿成今天的局面。（《吕氏春秋·审己》）

这件事如果放在古代欧洲，倒可以有不流血的解决方案。欧洲的哈布斯堡家族出过一个历史上头衔最多的皇帝：作为神圣罗马帝国的皇帝，他是查理五世；作为西班牙国王，他是卡洛斯一世。其实卡洛斯（Carlos）就是查理（Charles）的西班牙语拼写方式。他从不同的渠道继承了不同的头衔和领土，超过七十个。在56岁那年，查理五世宣布退位，把西班牙方面的头衔和领土传给了儿子腓力二世，把神圣罗马帝国方面的头衔和领土传给了弟弟斐迪南一世，从此哈布斯堡家族一分为二，这在中国人看来实在不可思议。

战国年间的越国当然不存在这种继承方案，所以《庄子》的版本更有意思，说越国已经有三位国君接连被杀，王子搜大概是顺位继承人，他觉得保命要紧，王位不重要，于是逃进山洞躲了起来。国不能一日无君，越国人找到了山洞洞口，烧起艾草，硬是把王子搜从洞里熏了出来，然后架着他上了马车，返回国都继位。王子搜仰天长啸："天啊，为什么就不肯放过我！"

（《庄子·杂篇·让王》）

《吕氏春秋》和《庄子》都想用小故事说明大道理。《吕氏春秋》想说的是，越王授陷入了今天所谓自证预言的陷阱，把因果关系搞错了。《庄子》想说的是，王子搜很清楚国君是一个超高风险的职业，很容易送命，所以死活不愿意做，而正是因为他有这种觉悟，越国人才非要他来做国君。最不愿意做国君的人，反而才是最适合做国君的人。

《资治通鉴》第 155 卷，讲南北朝时期南朝萧梁的历史，讲到昭明太子萧统，他主持编修的《昭明文选》是中国文学史上的一座里程碑。萧统一死，皇位继承人出现空缺，梁武帝萧衍选了萧统的同母兄弟萧纲做太子。很多人都认为这不合理，曾经在萧纲手下做官的司议侍郎周弘正向萧纲上书劝谏，让他发扬谦虚精神，拒绝父皇的好意。周弘正的上疏里有一句"逃王舆而弗乘"，用的就是王子搜死活不肯上车回去继位的典故。但皇位毕竟太诱人，萧纲根本不想学王子搜的榜样。他如果能够预知后事的话，一定会听周弘正的劝，做得比王子搜还要决绝。

我猜测，《庄子》版本里的王子搜很可能就是《吕氏春秋》版本里的老四，也很可能就是《竹书纪年》里的无颛。1983 年，湖北省江陵县马山挖掘了一批战国墓葬，著名的吴王夫差矛就是从这批墓葬里的 5 号墓出土的，而就在毗邻的 6 号墓里，出土了一件铜戈，刻有六个字的铭文，字体称为鸟篆书，也叫鸟书，样子有点像线描的鸟，又像道士画的符，这是春秋战国时代越国最常用的文字。铜戈铭文的意思是：这是无颛用掺了铅的上好金属打造的戈。

无颛在位一共八年，还留下了刻有自己名号的兵器，看来命运不算很坏，至少没有刚一继位就被谋杀。

不过，马山的这片墓葬并不是越国的墓葬，而是楚国的墓葬，显然无论是吴王夫差矛还是越王无颛戈，都做了楚国人的战利品。

周显王十一年

134

国君该不该亲自迎亲

沿着《资治通鉴》的编年次序继续向前，接下来是周显王十一年（前 358 年）。

原文：

（十一年）

秦败韩师于西山。

司马光仅记载了一件事：秦国在西山打败了韩国。当然，这一年的国际局势不可能这么单纯，《竹书纪年》给了我们更多的线索。

秦国的东侵

首先，魏国和韩国交换土地，你情我愿，彼此方便。

秦国在西边虎视眈眈，魏惠王过得不踏实，派大将龙贾到西边修长城。魏国的长城修在西河以西，北起少梁，南到大荔。今天在陕西境内还能看到魏国长城的遗址，只是基本都在荒郊野岭，不容易看得到。就算走近了，一般人也不会觉得好看，因为城墙和烽火台都是由黄土夯筑的，完全不是北京八达岭长城那种样子。宜君县的魏国长城曾经被当地村民挖得只剩下一个电线杆的基座，假如不是因为那里立着一根电线杆，所有墙体都会被挖得一干二净。这也不怪村民，因为夯土城墙经过两千多年的风吹雨打，除了专家没人看得出它是个什么正经的古迹。

秦国任由魏国修长城，从南边出兵，在西山打败了韩国。按照胡三省的说法，从华山到熊耳山，从宜阳到鲁阳，好大一片地区都属于韩国的"西山"地带。

前文提过，在三家分晋，和智瑶斗智斗勇时，韩氏家族的族长是韩康子，政治中心设在平阳，今天的山西临汾附近。韩康子去世，儿子韩武子继位，继位的第二年就发起了对郑国的侵略战争，打得很顺手，甚至把郑国国君郑幽公杀了。几年之后，韩武子把首都从平阳南迁到宜阳，今天的洛阳市宜阳县附近，距离郑国一下子近了好多，军事意图明显。后来韩国终于吞并了郑国，把首都迁到郑国的国都新郑，今天的河南新郑，从此人们把韩国称为郑国，把韩国国君称为郑君，就像魏惠王迁都大梁之后，人们称他为梁王一样。新郑位于宜阳的正东，大约相距170公里。韩国才在东边用力吞掉了郑国，迁到了郑国的旧都，秦国就从西边杀了过来，威胁着韩国的旧都。

南方的楚国也开始北上给中原添乱，决堤引黄河水来淹魏国的长垣，今天的河南省长垣市。后来孙膑和庞涓斗智时，围魏救赵的最后一战桂陵之战很可能就是在这一带打的，今天长垣市还有一条街叫桂陵大道。春秋时代，在一个叫"匡"的地方，孔子被当地人误认为坏蛋阳虎，遭到围攻，险些送命。"匡"也在长垣，长垣市还有一条路叫匡城路，刚好和桂陵大道交叉。

楚国的亲迎礼

楚国的这次北上，也许并不是孤立事件，而是给秦国打配合。

《史记》记载，这一年楚国发生了一件事："君尹黑迎女秦。""君尹"应该是"右尹"，抄错了字，右尹是楚国的总理级高官。这位右尹名字叫黑，到秦国迎亲。问题是，他是给自己迎亲，还是替别人迎亲？

贵族阶层传统的婚姻流程，有所谓"六礼"，分别是纳彩、问名、纳吉、纳征、请期、亲迎。严格来说，在亲迎之前还有一项告庙礼。从先秦史料来看，真实的婚姻流程里，六礼未必齐备，但最后一步"亲迎"，也就是新郎到岳父家里亲自迎接新娘，总是有的。

亲迎的风俗一直保持到今天，很多地方都会在结婚当天由新郎带着浩浩荡荡的车队去新娘家里接新娘，接到新郎家或酒店举行婚礼。按说接一个新娘而已，两三辆车就够用了，为什么要带着车队去？因为要拉新娘陪嫁的嫁妆。《诗经》里的"以尔车来，以我贿迁"，说的就是这回事。今天的婚礼车队只是摆摆样子，几乎不拉陪嫁物品，但车队的习俗还是保存了下来。那么问题来了：如果新郎是一国之君，一举一动牵涉太大，难道也要亲迎吗？

不要小看这个问题，这可是儒学史上的一个经典难题。

今天我们通常觉得，了解儒学只要熟读《论语》就很不错了，但古代的儒学比《论语》复杂百倍，充满了今天看起来莫名其妙，但一入门就发现钻之弥深的问题，国君的亲迎礼就是其中之一。这属于很具体的礼仪技术，如果你回到古代当一名儒家学者，对这种问题应该给出明确的指导性意见。当然，到这一步还仅仅流于技术层面，如果遇到论敌发出非难——这是难免的事——你还必须打得出一整套有理有据的意识形态组合拳，给技术性的结论做出理论支撑。

《春秋》开篇不久，记载纪国大夫来鲁国迎亲。这段简单的记载让后世学者们没少做文章，发议论。**在所有的儒家经典里，《春秋》的地位特别崇高，被认为是孔子为千秋万世设计的一部"宪法"**。《春秋》有三部阐释性的专著，分别是《左传》《公羊传》《穀梁传》，合称"《春秋》三传"。对于《春秋》的记载，"三传"总是给出不同的解读，导致"三传"各自形成一大学派，互不服气。

在纪国大夫迎亲这件事上，《公羊传》和《穀梁传》的意见基本一致，按道理应该由纪国国君亲自来鲁国迎亲，这才是规范的亲迎礼，但纪国仅仅派了一位大夫过来，太失礼了，所以孔子记载这件事，是为了批判这种做法。

《左传》的看法不同，认为这位纪国大夫并不是普通的大夫，而是卿，也就是总理一级的高官，由总理

级的高官代表国君完成亲迎礼非但不失礼，反而正是合乎礼仪的做法。（《春秋·隐公二年》）

到底谁对谁错？如果搬来《礼记》做参考，那么《公羊传》和《榖梁传》完全正确。《礼记》有一篇《哀公问》，内容是鲁哀公向孔子请教政治方针。孔子把国君的婚礼摆在了政治的第一位，说国君结婚时必须穿着最高级别的礼服亲自去妻子的娘家迎亲。

鲁哀公不理解，问这是不是过于隆重了，于是孔子长篇大论地阐述了一番国君婚姻的重要意义。不知这些话真是孔子说的，还是儒家学者假借孔子的名义说的。就算真是孔子说的，显然他只强调政治理想，但并没有尊重历史，因为《左传》记载了春秋时代非常丰富的历史细节，从中我们可以知道，国君派总理一级的高官代替自己去迎亲，是国际社会上的常态。

把问题拉回到右尹黑的迎亲事件：他到底是给自己迎亲，还是替当时的楚国国君楚宣王迎亲？

西晋年间的《左传》专家杜预有过一个修辞方面的发现：在亲迎礼的记载中，如果新郎是国君，新娘就称"女"，如果新郎是大夫，新娘就称字。（《左传·宣公五年》杜预注）所以，右尹黑"迎女秦"，说明这位秦国女子不是右尹黑的新娘，而是楚宣王的新娘。

秦国和楚国在春秋时代就有联姻关系，秦孝公以后，秦国不断和六国联姻，唯独少了赵国。这是有原因的，赵国和秦国都是嬴姓诸侯，当时的婚姻传统是"同姓不婚"，同一个姓的男人和女人是不能结婚的。

结婚虽然是为了结盟，但并不总能保证两大家族的和睦。若干年后，秦国和楚国翻脸，开战之前，秦国首先在国内发布了一篇动员令《诅楚文》，向天下昭告楚国人的不地道。这篇动员令的文字刻在石头上，被宋朝人发现，其中提到秦国在秦穆公时代曾经和楚国"两邦若一，绊以婚姻"，也就是维系着良好的婚姻关系，亲密得就像一家人一样。这话肯定亏心，但秦国人继续理直气壮地说，楚国人如今竟然翻脸不认人，联合诸侯来打秦国，是可忍孰不可忍。至于这些婚姻里的女人是否生活幸福，从来都不重要，完全不值一提。

周显王十二年

—————— **135** ——————

为什么说今天的《资治通鉴》来之不易

今天我们要读《资治通鉴》并不困难，书店或网上很容易就能买到中华书局版的《资治通鉴》纸书，也很容易找到《资治通鉴》电子书。但容易忽视的是，这部书成为我们今天见到的样子，其实何其不易。

原文：

（十二年）

魏、韩会于鄗。

以周显王十二年的历史为例。周显王十二年（前357年），《资治通鉴》的记载又很简略，只有一件事：魏国和韩国在鄗地会见。这大概是魏惠王和韩昭侯的一次外交会晤，他们确实有不少事情需要商量，一是交换土地的问题，二是来自秦国的威胁。

从地理问题发现《资治通鉴》的错误

鄗的位置大约在今天的石家庄市高邑县，东汉的开国皇帝刘秀就是在这里称帝的，今天高邑县最主要的一处景点就是刘秀公园。《资治通鉴》第40卷会讲到将士们如何再三劝进，儒生又如何装神弄鬼造势，让刘秀"不得已"，只能顺应天心民意，即皇帝位，改元建武，大赦天下。但这是六月份，改元的传统是"逾年改元"，第二年年初才是正常的改元时间，凡是在不当不正的时间里改元的，一定有特殊情况。刘秀就属于特殊情况，需要立刻昭告天下：改元啦，现在刘秀当皇帝啦，大家快来归顺真命天子吧！

大约就是在这一年，鄗改名高邑。这个名字改得特别省心，因为"鄗"字左边一个"高"，右边一个耳刀旁。右耳刀是从"邑"字变化来的，所以和城市、地名有关的字很多都带右耳刀。这样一看，把"鄗"字拆开，自然就变成了"高邑"。

留意一下刘秀当时的行军路线：先是到了中山，大家来劝进，刘秀不答应；又到了南平棘，大家再来劝进，刘秀还不答应；然后到了鄗，大家强烈劝进，刘秀这才称帝。中山的得名来自当年乐羊给魏文侯打下来的中山国，而南平棘是今天的河北赵县，北齐时改名为赵州，隋朝时修建了著名的赵州桥。这几个地方都在今天的河北省，彼此紧挨着，显然鄗地在周显王十二年绝不会是魏国的地盘，而应该是赵国的地盘。那么，魏惠王和韩昭侯怎么跑到赵国的地盘去会面了？

最有可能的答案是：魏惠王去见的并不是韩昭侯，而是赵国国君赵成侯，因为在宋朝的《资治通鉴》各种版本当中，有的版本并不是"魏、韩会于鄗"，而是"魏、赵会于鄗"。这是读历史特别头疼的问题，你以为的白纸黑字的证据很可能存在抄写和印刷错误。所以才会有校勘学应运而生，做校对也是一门大学问。

章钰校勘《资治通鉴》

很多人最早遇到校勘问题，是在读诗词时：自己从小背熟的诗词竟然还存在另外的版本。第一反应是：这肯定是错别字的问题。深究一下，发现人家的写法也有凭有据。尤其是词，本来就是口头流传，在娱乐场所被文化程度不高的娱乐从业者辗转传抄，能抄出好多版本。这就需要有人坐足冷板凳，搜罗所有版本，一个字一个字地比对，注明某个字或某句话在某个版本里有什么不同的讲法，但并不考证谁对谁错，这在专业术语里叫"对校"。"对校"到最后，搞出一部校勘记，烦琐的程度足以把所有的非专业读者拒之门外。

但校勘工作是必须要做的，在职业校勘专家出现之前，这些事会由藏书家来做。藏书家做校勘很有优势，一来爱书才能成为藏书家，二来有钱有闲——至少要有闲——才能成为藏书家，有了这两点保障才做得来耗时耗力却无利可图的事情。最后还有第三点：有足够多的藏书才有做校勘的基础。

清末民初出过两位顶级的藏书家兼校勘家，一位是傅增湘（字叔和，号沅叔），四川江安人，一位是章钰（字式之，又字坚孟、茗簃，晚年自号霜根老人），江苏长洲人，按今天的区划要算苏州人。

傅增湘家境很好，仕途也很顺遂，进入民国还做过北洋政府的教育总长。傅增湘的藏书楼叫"双鉴楼"，所谓"双鉴"，就是两部《资治通鉴》，其中一部是先人传下来的元刻本《资治通鉴音注》，另一部是他自己从端方手里收来的宋刻本《资治通鉴》。这位端方也算一位藏书家，满洲正白旗人，留洋开过眼界，是当时著名的开明官僚，还是章钰的老上级，章钰没少得到他的关照。

虽然傅增湘有了这一宋一元两版《资治通鉴》，视若珍宝，但真正把这两部书用起来，为《资治通鉴》做了完整校勘工作的，却是章钰。

章钰出身贫寒，为了买书节衣缩食，后来虽然步入仕途，但主要精力都花在藏书和校书上。章钰的藏书楼叫"四当斋"，名字出自南宋藏书家尤袤的一段名言："饥读之以当肉，寒读之以当裘，孤寂而读之以当友朋，幽忧而读之以当金石琴瑟。"大意是说，书特别好，无所不能，可以当肉来充饥，可以当皮袄来御寒，可以当朋友来排遣寂寞，可以当音乐来排忧解闷。不过，作为一个同样很爱读书的人，我可以负责任地说：这"四当"里只有"孤寂而读之以当友朋"靠得住，其他三句都是夸大其词。

但我相信，章钰的读书热情应该比我高很多。他没有傅增湘那样的财力，藏书藏不过傅增湘，但校书成果很高，代表作就是《胡刻通鉴正文校宋记》。所谓胡刻，指的是清朝人胡克家根据元朝《资治通鉴音注》翻刻的版本，章钰拿它当底本，参照自己所能看到的全部《资治通鉴》版本来做校勘。章钰参考的版本当中，就有从傅增湘手里借来的版本。

傅增湘的宋版《资治通鉴》的主体部分是南宋高

宗绍兴二年（1132年）绍兴府余姚县刻版印刷的版本，称为余姚本，但内容不全，只有176卷，其余部分就用了七种宋刻本来补充，就像打了好多补丁一样，所以又叫百衲本。章钰借来了这部百衲本，等于可以用余姚本和七种宋刻本来对校胡刻本。章钰给七种宋刻本分别取了代号。在校勘进行到"魏、韩会于鄗"这一句时，章钰发现代号为"十二行本"和"乙十一行本"的版本里，写的都是"魏、赵会于鄗"。

全书这样校完一遍，今天光想一想都觉得头昏眼花，但章钰又拿上海涵芬楼影印的一部宋刻本从头校勘第二遍。完工之后还有第三遍，从傅增湘那里借来明朝人孔天胤刊刻的《资治通鉴》，再校一个来回。前后共三校，历时十余年，校出了《资治通鉴》各种脱字、错字等文字问题七千多处，这种事恐怕没几个人做得下来。

章钰校勘《资治通鉴》的底本既然是《资治通鉴音注》的翻刻版，天然就多了一个任务——查出给《资治通鉴》做音注的胡三省——书上的署名是胡身之——到底是何方神圣。

胡三省不是名人，《宋史》没有他的传记，章钰最后查到袁桷的《清容居士集》，才找到了关于胡三省生平事迹的只言片语。袁桷是王应麟的弟子。王应麟和胡三省一样都是由宋入元的遗民，但他的名气大得多。前文提过，王应麟写过一部《通鉴答问》，以问答体解说《资治通鉴》的思想内涵。

按照今天的地理区划，王应麟是浙江宁波人，而袁桷记载胡三省的事迹，说他是天台人。今天我们已经知道胡三省是宁海县人，当地现在还有一座陵园叫胡三省文化陵园。宁海县以前属于台州，现在是宁波市的下辖县，所以论起来胡三省和王应麟算是老乡。

参照袁桷的记载和胡三省自己写的《新注资治通鉴序》，我们知道胡三省起初被贾似道聘请，注释《资治通鉴》，后来天下动荡，书稿和手稿全搞丢了，胡三省变卖家产，买来另外版本的《资治通鉴》重新作注。折腾了好几次，最后总算定稿。胡三省晚年借住在袁桷家，手稿藏在袁桷家的地窖，才终于保全下来。到了清朝，大学者全祖望路过袁桷故居，还亲眼见过这座地窖，因此写下一篇《胡梅磵藏书窖记》，题目里的胡梅磵就是胡三省。

所以历史上不但要有司马光，还要不断出现胡三省和章钰这样的人，才能有我们今天看到的这部《资治通鉴》。点点滴滴，得来何其不易。

知识就在得到

A
Comprehensive
Mirror
to Aid in
Government

Series. I

资治
通鉴

第一辑

熊逸版

⑥

熊逸 著

Xiong Yi
Edition

新 星 出 版 社　NEW STAR PRESS

目录

周显王十三年

—— 136 ——
齐国为什么能容许南郭先生存在

战国时期，齐国通过设立稷下学宫，广揽天下贤才，形成百家争鸣的盛况。当然，招来的人也不都是精英，这里还会涉及一个大家很熟悉的成语"滥竽充数"，也许我们可以换个角度看这个故事。

平陆 vs. 平阴

原文：

（十三年）

赵、燕会于阿。

赵、齐、宋会于平陆。

周显王十三年（前 356 年），《资治通鉴》简略记载了两件事：一是赵国和燕国进行了一次外交会晤，地点在燕国的阿；二是赵国和齐国、宋国又进行了一次外交会晤，地点在齐国的平陆。

《淮南子·人间训》说三晋联军包围了齐国的平陆，实际上，在古文字里"陆"和"阴"写法很像，平阴被误写为平陆。平阴是齐国长城最西端的要塞，从平阴一路向南，跨过汶水，就是平陆，齐国西南的边陲重镇。平陆在今天大约是山东济宁市汶上县的西北，距离鲁国的国都曲阜，今天的山东曲阜，只有六十多公里。

稷下学宫

前文 [1] 说过，齐国历史的编年错误频出。根据《资治通鉴》记载，周烈王六年（前 370 年），齐威王隆重登场。但实际上周显王十三年（前 356 年）才是齐威王元年。

1 详见第86讲。

在《资治通鉴》空缺的这段齐国历史里，齐威王的前任——齐桓公田午——还办了一件大事：兴建稷下学宫。正是有了稷下学宫，才有了后来的百家争鸣。

所谓稷下，意思是稷门之下。稷门是齐国首都临淄的一座城门，稷门外有一条河叫系水，系水两岸建有很多教室，古人称为讲室或讲堂，这就是稷下学宫。在东晋十六国南北大分裂时期，北方有一位学者伏琛考察齐地的地理和历史，写出一部《齐记》，也叫《齐地记》，用今天的话说就是山东地区的地方志。伏琛当时还能看到系水两岸稷下学宫的讲堂遗址，于是把遗址的状况写进《齐记》。

1964 年以来，临淄故城勘察工作大规模开展，多年下来，已经能够展现当年临淄城的轮廓了。今天去山东淄博，在临淄区还能找到稷下学宫遗址，但只能看到临淄区文物管理委员会在 2002 年立起来的一座石碑。石碑的所在地，曾经是"天下"的文化中心，大大小小的知识精英和投机分子纷纷从五湖四海被吸引过来。

开创稷下学宫的是齐国的第二位桓公。齐国有两位桓公，第一位是春秋年间的姜小白，"春秋五霸"的第一人，第二位是战国年间的田午，因为他是田家人，所以史书上为了和姜小白区别，有时候会叫他田桓公。

战国时代竞争压力巨大，国君们认识到人才是第一生产力，于是不计成本地延揽天下人才。稷下学宫的开创就是延揽人才的一个手段。高等学府建起来，优厚条件摆出来，人才赶紧涌进来，到了齐国就可以吃香喝辣，享不尽的荣华富贵。

齐国有工商业传统，经济发达，家底厚，养得起闲人，这恰好是秦国不容易做到的。天下熙熙，皆为利来，人才也不例外。当然，顶级人才更看重稷下学宫的良好平台，希望可以借助这个平台施展抱负，让自己的学术理论成为国策，从此治国安天下，一旦发现才能施展不开，就算待遇再高，终归还是要走。

稷下学宫的核心特质可以归结为两点：一是自由，不但来者不拒，而且讲什么都行；二是专业，所谓"不治而议论"，搞学术就是单纯地搞学术，身为管理学专家并不需要亲自去搞管理。

因为自由，各大学派的顶尖高手面对面辩论，针锋相对，纵横捭阖，理越辩越明；因为专业，把讲学当专业，不必学以致用，所以发言可以天马行空，云山雾罩，反正是对是错都没法检验。就这样，逐渐出现了百家争鸣的盛况。

此时稷下学宫吸引来的人才，正是公孙鞅最讨厌的那拨人。

齐桓公搞稷下学宫，当然不是为了满足纯粹的求知欲，只是因为延揽人才很有难度，所谓"试玉要烧三日满，辨材须待七年期"（白居易《放言五首·其三》），又所谓"疾风知劲草，板荡识诚臣"（李世民《赠萧瑀》）。太多的格言警句和俗话、谚语都在强调认清一个人有多难，齐桓公这才拿出一个简单粗暴的办法：广撒网。

这个策略也算因地制宜，因为齐国有一个很强的优势：有钱。

只要肯花钱，自然养得起闲人，管他是人才还是庸才，养错了也没关系。宁错过，不放过。人才就算一时没被识别出来，没能给齐国派上用场，那也没关系，只要他们安心在齐国好吃好喝，就不会去给其他诸侯效力。这种策略在今天互联网大厂的投资中也能看出踪迹——宁可投错，不能错过，什么类型的项目都投一点。

我们都熟悉滥竽充数的寓言，它的出处是《韩非子》，齐宣王爱听吹竽，300人一起吹，南郭先生只是滥竽充数，就能好吃好喝被齐宣王养着。故事的背景之所以设在齐国，主人公之所以设置为齐宣王，并不是随便编的。齐国的稷下学宫经过几代国君的建设，到了齐宣王时代尤其红火。孟子就活跃在这个时期，齐宣王曾向孟子请教"齐桓晋文之事"。这就是稷下学宫的现实意义——被国君当成智囊团，有事没事就去咨询。稷下学宫红红火火的代价，必然是良莠不齐，好多人靠耍嘴皮子混吃混喝。"滥竽充数"影射的社会现实，很可能正是稷下学宫的真实景象。

那么，齐国国君，不管是齐宣王也好，还是创立稷下学宫的齐桓公也好，难道真不知道自己的学术政策必然会导致滥竽充数的现象吗？就算一开始没想到，迟早也会察觉。但重点是，即便察觉了，应该也无所谓，因为这就是广撒网的方式必然会有的代价。无论是秦国那种穷国还是宋国那种小国，都承受不起这种代价，如果有样学样，一定会被巨额成本拖垮。所以，齐国容许滥竽充数的存在，正是在充分考虑到自己的优势和对手的劣势之后，做出来的正确选择。

不知道是不是因为稷下学宫，齐国后来走上了富国强兵之路，把其他诸侯甩在身后，和秦国成为一东一西两个超级大国。这就是历史的有趣之处，秦国以高度的学术专制、反智主义和绝不养闲人的政策所达到的高度，齐国以高度的学术自由、文化繁荣和拼命养闲人的政策，竟然也达到了。

137

齐威王是怎么对付欺上瞒下的

接下来齐威王正式登场。从谥号来看，齐威王的人生履历完全当得起"威"字，不像周威烈王和周烈王那样徒有虚名。

按照《资治通鉴》的一贯体例，政权交接时总要写明某某国君死了，某某继位，但司马光搞不清齐威王的继位时间，索性不提，直接让他以一名成熟国君的形象出场，编年在周烈王六年（前370年），时间虽然严重提前了，事情还是值得一说。

林之奇《拙斋文集》论齐威王

推算起来，齐威王继位应该在周显王十二年（前357年），逾年改元，周显王十三年（前356年）就是齐威王的元年。被司马光安排在周烈王六年的齐威王登场事迹，看上去更像是齐威王执政若干年后的表现。

司马光记载的第一件事，是齐威王朝见周烈王。这当然说不通，因为周烈王早就死了，当下的周天子是周显王，所以，齐威王如果真的朝见了周天子的话，朝见的对象应该是周显王才对。司马光指出：这个时候王室衰微，早就没有诸侯来朝见天子了，齐国忽然这样做，天下人因此称赞齐威王的贤明。

天下人是不是真的因此而称赞齐威王的贤明，其实很可疑。春秋时代这样做确实可以邀买人心，给自己争取道德制高点，但战国时代的竞争趋向白热化，老黄历恐怕不管用了。即便齐威王是真心的，无论当时还是后世，又有几个人能相信他的真心呢？

世界之大，倒也真的有人相信，南宋学者林之奇就是这样的人。

林之奇，字少颖，号拙斋，著有《拙斋文集》。《拙斋文集》内容很杂，有一部分属于史论，其中提到传统观点认为"战国以来无贤君"，林之奇却说："不对，战国时代还真出过两位贤君，一个是齐威王，懂得君臣名分，跑去朝见周天子；一个是赵武灵王，在诸侯纷纷称王时就是不肯称王，只肯称君。这两位贤君很清楚尊卑上下的名分，假如有孔子、孟子辅佐他们，他们应该能够复兴周朝，做出一番伟大事业。"（《拙斋文集》卷 12）

林之奇这段话完全可以和《资治通鉴》的第一段"臣光曰"相呼应，主题是名分的政治价值高于一切。但不知为什么林之奇偏偏没有想到，在诸侯纷纷称王时，齐威王就是率先称王的一个。这样的人，怎么可能固守宗法时代的名分观念呢？

即墨大夫和阿大夫

看到林之奇对齐威王的推崇，我们很容易认为齐威王是一位标准的儒家领袖，但他的行政手段其实是申不害一派的法家风格。

《资治通鉴》给出了两个相辅相成的例子，先是齐威王召见即墨大夫，也就是管理即墨的地方官。即墨，顾名思义，紧邻一条叫作墨水的河流，是齐国东部的一座城邑，位于今天的山东半岛中部，离渤海和黄海都很近。今天青岛市有一个即墨区，即墨区里还有一个即墨古城，相当繁华，但这并不是齐国的即墨。齐国的即墨在今天山东省平度市，平度市归青岛市管辖，所以也算是在青岛境内。在沈海高速和310省道交叉的地方，有一个大朱毛村，在那里可以看到即墨故城遗址。当然，除了一些破败的夯土城墙，也看不到什么令人振奋的东西了。但就是这样的断壁残垣，当年全盛时，曾经帮齐国扛住了敌人的一次次重击。即墨堪称齐国的脊梁，总是在齐国的危难关头成为中流砥柱，这是后话。

原文：

齐威王召即墨大夫，语之曰："自子之居即墨也，毁言日至。然吾使人视即墨，田野辟，人民给，官无事，东方以宁。是子不事吾左右以求助也。"封之万家。召阿大夫，语之曰："自子守阿，誉言日至。吾使人视阿，田野不辟，人民贫馁。昔日赵攻鄄，子不救；卫取薛陵，子不知。是子厚币事吾左右以求誉也。"是日，烹阿大夫及左右尝誉者。于是群臣耸惧，莫敢饰诈，务尽其情，齐国大治，强于天下。

《资治通鉴》如此描绘齐威王召见即墨大夫的场景：

齐威王召来即墨大夫，对他说："自从派你去治理即墨，天天都有人在我耳边说你的坏话，但我派人去视察即墨，看到的是农业发达，人民富裕，官府清廉，社会安定。很显然，你做好了本职工作，却没有打点我身边的人来替你美言。"说完这番话，齐威王重赏了即墨大夫，封给他"万家"，大约相当于后来的万户侯，可以坐享一万户人家的赋税，只是没有行政管理权。

接下来，齐威王召见阿大夫。阿在齐国的西境，和即墨刚好一东一西，左右对称，纬度差不太多。阿地很容易被当成今天的山东东阿，其实阿地在东阿旁边，属于阳谷县。阳谷县有个阿城镇，当地有聊城市人民政府在 1992 年立的一块石碑，注明"阿城故城址"。但那里除了夯土城墙的断壁残垣，看上去和普通的山东农村并没有什么两样。只不过在阿城故城址中央有一座古阿井，经济价值奇高，是制作正宗阿胶的专用水源，所以被呵护得特别周到。顺便提一下，传统的阿胶其实原料很杂，什么皮都拿来熬，甚至破鞋也拿来作为原材料，当然，得是生皮子做成的鞋底。这不是竞争对手造谣，而是《齐民要术》讲的。宋朝苏颂的《本草图经》记载说，直到唐朝，阿井水熬乌驴皮的组合才成为阿胶正品，但产量很少。所以不难想象，阿井当然被官府垄断，当时市面上流行的阿胶应该还是用普通水熬制杂皮做出来的。

阿胶到底治什么病？今天我们都知道阿胶补血，但在古代，不同的时代有不同的说法。在清朝后期，阿胶主要用来治肺病。

在齐威王时代，阿胶应该还没出现，阿地只是齐国西部边境的一座城邑，再往西是赵国，西南还有一个卫国，所以比起即墨，阿地还要承受不少国防压力。

齐威王对阿地大夫说："自从你去治理阿地，天天都有人在我耳边夸你，但我派人到阿地视察，发现农田荒着，老百姓吃不饱饭，而前些时候赵国攻打和你邻近的鄄地，你袖手旁观，卫国夺取了你旁边的薛陵，你竟然被蒙在鼓里，显然你的心思都用来巴结我身边的人了。"于是，齐威王动用了"烹"的酷刑，把阿地大夫和身边那些给阿地大夫说过好话的人都扔进大锅煮了。雷霆手段一出，震慑了齐国官场，再没人敢欺上瞒下，齐国从此走上了繁荣富强之路。

赵国不是第一次攻打鄄地了，早在周烈王六年（前370年），魏武侯过世的那一年，赵国就来打过鄄地，鄄地是今天的山东省菏泽市鄄城县，在阿城镇西南大约100公里，阿地大夫没去救援鄄地还勉强说得过去，但薛陵紧挨着阿地，也在今天的阳谷县境内，薛陵被敌人占领了，阿地大夫却懵然不知，这就实在说不过去了。

现在我们遇到一个问题：宗法社会里有"刑不上大夫"的传统，如果这项传统还在，阿地大夫无论如何也不该被烹杀。为什么会这样？因为在齐国，"大夫"这个词虽然沿用了下来，但所谓的即墨大夫、阿大夫，应该只是聘任制下的地方官，这才是战国时代的行政特点。

至于齐威王的手段，在管理学意义上特别耐人寻味。**官僚体制有一个老大难的问题：欺上瞒下。如果每一级官员都欺上瞒下，各种谎言积累下来，等传递到最高决策者时，失真度就会十分惊人。**

怎么解决这个问题？齐威王给出了一个很好的范本：派亲信暗中调查。所以历朝历代经常会有宦官弄权，因为皇帝最亲近的人当然就是身边的宦官。

宦官也好，特务也好，调查来的消息真的可靠吗？

这才是最大的难点，如果这个问题可以如此简单就被解决的话，也就不会有前面讲过的王安石被怀疑秘密结交宦官的问题了——当时张若水和蓝元震两名宦官作为宋神宗的特派员实地调查青苗法的效果，回来用一番谎话骗过了宋神宗。这就是作为管理者永远都会面临的困境：天知道哪些人是可靠的，哪些数据是真实的。

—————— 138 ——————

齐威王是怎么蜕变为励精图治的

齐威王的做法，很像是新官上任三把火，才一继位就迅速给自己立威。重赏即墨大夫，烹杀阿大夫，齐国朝纲为之一振。但是，如果看《史记》，我们会惊讶地发现：齐威王继位之后的表现完全当得起"荒淫无道"四个字，以至于齐国几乎因此亡国。这样一个昏君是怎样蜕变为励精图治的管理达人的，一定有什么非同寻常的契机。

赘婿淳于髡

《史记》对这段经过的记载分散在两个部分，一是《田敬仲完世家》，以齐威王为主角，二是《滑稽列传》，以淳于髡（kūn）为主角。方便起见，我们把这两处记载合并到一起来看。

齐威王继位后，整天饮酒作乐，朝政完全交给臣僚处理，就这样一连九年，邻国不断攻城略地，再这样下去，齐国就要亡国了。所有人都看得出危机，但没一个人敢去劝谏齐威王。幸好齐国有一位很特殊的人才叫淳于髡，其貌不扬，是个矮子，出身更是让人看不起，是一个"赘婿"，也就是俗话说的上门女婿。

今天大城市已经没有上门女婿的概念了，如果是异地婚姻，小两口不管把家安在丈夫的城市还是妻子的城市都无所谓，只看工作和生活是否便利。**但古代的婚姻和爱情无关，属于家族使命，妻子只能成为丈夫家族的一员，从婚姻关系成立时开始，妻子的五服关系也会跟着一起变。**最直观的规矩就是：妻子必须住进丈夫家里，但丈夫绝对不能反过来住进妻子家里。男人如果条件太差，无论怎么降低要求都讨不到老婆，最终的出路就是去做赘婿，住进妻子家，给岳父、岳母干活儿，生的孩子随妻子的姓。今天大城市里的年轻人对此不会觉得有什么所谓，而在传统观念里，这是男人的奇耻大辱，做倒插门女婿相当于丢掉了男人的最后一点尊严，只有像猪八戒那样没脸没皮的人才真心愿意入赘高老庄。

赘婿既然在社会上没地位，在家里当然也没地位，基本相当于家奴。

淳于髡作为赘婿，如果生活在秦国或魏国，人生几乎不会再有翻盘的机会。秦国自从商鞅变法之后，把赘婿当成贱民，凡是国家级的脏活累活和危险工作，总会优先征发赘婿。魏国对赘婿也狠——睡虎地秦简里，《为吏之道》的末尾抄录了两条魏安釐王二十五年（前252年）的法令——《魏户律》和《魏奔命律》。虽然比淳于髡的生活时代晚了大约一个世纪，但或多或少可以作为旁证来参照。

《魏户律》说，有些人离开自己的宗族，到寡妇家里和寡妇一起过日子，给寡妇的孩子当后爹，对这种人就不能给他们户籍，也不能分给他们田亩。这样的人家，三代之内都不准做官，三代之后就算有人做官，档案上也要注明自己是某某赘婿的曾孙。

《魏奔命律》以国君的口吻发话，说自己特别讨厌赘婿，想杀光这些人，但不忍伤了他们亲人的心，所以征发他们参军，军官不必顾惜他们的健康和生命，攻城时就拿他们填壕沟去。

这样看来，赘婿好像都是一些自甘下流的家伙，理应受到全社会的歧视。但至少在淳于髡身上，做赘婿情有可原。从名字来看，淳于髡显然不是真名，因为"髡"是刑罚的一种，意思是剃掉罪人的头发。在"身体发肤，受之父母"的观念里，剃掉头发已经是严重的羞辱了，具有象刑的功效。至于淳于，原本是一个姜姓小国的名字，国家灭亡之后，子孙后代用国名作为自己的氏名，于是就有了淳于氏。淳于髡应该就是淳于氏的后人，不知道触犯了什么刑罚，受了髡刑，所以才被称为淳于髡。就像同在齐国的兵法大师孙膑，因为受过膑刑，所以才被称为孙膑，并不是真名叫作孙膑。

淳于髡大约因为犯过罪，受过刑，不好求发展，才做了赘婿。

幸而齐国从开国之初就很有宽容精神，风气特别开放，后来管仲帮齐桓公搞活了经济，社会风气就更开放了。战国时代，如果赘婿可以自由选择安身立命之所的话，齐国一定会高票当选。

一鸣惊人

淳于髡虽然有赘婿的不良出身，形象也不伟岸，还犯过罪，受过髡刑，但口才特别出众，曾经多次代表齐国出使诸侯，凭借口才，一次亏都没吃过。淳于髡决定劝谏齐威王，但必须讲方法，投其所好。齐威王喜欢隐语，所谓隐语，就像猜谜一样，话不能明说。所以淳于髡对齐威王说："咱们齐国的首都有一只大鸟，落在国王的宫殿里，一连三年，既不飞，也不鸣叫，大王您知道这是什么鸟吗？"齐威王的回答后来成为一句名言："此鸟不飞则已，一飞冲天；不鸣则已，一鸣惊人。"（《史记·滑稽列传》）成语"一鸣惊人"就是这么来的[1]。

齐威王果然一鸣惊人，召见各地的地方官72人，赏了即墨大夫，杀了阿大夫，然后整顿军队出去打仗，兵锋所向，无坚不摧。邻国诸侯都吓到了，纷纷把这些年侵占的齐国疆土返还给齐威王。齐国大治，此后二十多年间都没有人胆敢入侵齐国。

齐威王的变化确实令人意外。就算真的是淳于髡一句话点醒梦中人，齐威王也不可能一下子就把荒废了九年的国政整顿清楚，军队更不可能一下子就有了超强的战斗力。会不会是齐威王一直都在装傻呢？也许沉湎酒色只是他的伪装，他在伪装之下暗中谋篇布局，不管淳于髡是否进谏，该一鸣惊人时自然会一鸣惊人，淳于髡只不过恰好踩中了时间节点。

这倒是很经典的一种权谋手段，今天我们早已见怪不怪了。我印象中关于这种手段的最精彩的解读，来自莎士比亚笔下的亨利王子。

亨利王子是亨利四世的儿子，做王子时整天和狐

---

[1] 在《韩非子·喻老》中，"一鸣惊人"的故事主角是楚庄王。

朋狗友，尤其是和西方文学史上最著名的老流氓福斯塔夫一起鬼混，但心里跟明镜一样。亨利王子有一段经典独白："你们是些什么样的人我全知道。你们这些闲得无聊的胡闹我暂时也表示支持。在这件事上我要学学太阳。它听凭带着瘴疬的乌云迷雾遮蔽它的美丽，不让世人看见，正是为了在需要露出真面时好去冲破那仿佛缠死了它的阴云，让人瞠目结舌，大出意外。若是一年四季都是假日，都可以玩，玩也就跟工作一样沉闷；可是如果假期很少，人们就会盼望它。罕见的东西才最令人高兴。因此，在我抛开种种放荡行为，偿还我从未允诺过的债务时，我就会大大高出人们的期望。我用这些过分的行为让人们产生错误的估计，那样，我的改过自新就会像深色背景衬托下寒光飕飕的刀剑，经过我的缺点衬托显得分外美丽耀眼，比没有陪衬更能抓住人们的注意。我要把放荡不羁当作一种手段，好在人们最意外时改恶从善。"[1]

后来亨利王子继承王位，成为亨利五世，马上就和福斯塔夫绝交，从浪荡公子转眼间变成英明君主，后来打赢了著名的阿金库尔战役，威震欧洲，简直就

---

1 ［英］威廉·莎士比亚：《朱生豪译莎士比亚戏剧·亨利四世（上篇）》，朱生豪译，人民文学出版社2013年版。

是齐威王的翻版。

但是，权谋方向的解释并不是造成齐威王华丽变身的唯一可能，也许齐国的政治和军事实力一直都不差，只是有人绊住了齐威王的手脚，只要除掉这个人，一切都可以迅速回归正轨。

I39

"一鸣惊人"的历史故事可靠吗

一直绊住齐威王的坏人也许真的存在，明朝学者焦竑就发现了这样一个人。

虞姬和周破胡

明朝中叶以后，兴起过一阵历史考据风气。这倒不奇怪，因为明朝人看自己的当代史，越看越可疑。官方编修每一代皇帝的实录，也就是今天我们所说的《明实录》，各种不靠谱，很有必要把史料仔细考订一下。这种风气一起，不仅对明朝的当代史，对古代史也开始了梳理和考据，焦竑的《焦氏笔乘》就是这类作品当中的一部，内容相当丰富。

焦竑从汉朝学者刘向的《列女传》里找到了线索，齐威王执政初期，奸臣周破胡只手遮天，就是他在颠倒黑白，诋毁即墨大夫，夸赞阿大夫，幸亏虞姬揭发

了周破胡的奸佞。(《焦氏笔乘》卷2)

这到底是怎么一回事？我们不妨循着焦竑给出来的线索，找到刘向的《列女传》。

在《列女传》中，刘向精选了历史上104位女性的故事，分门别类，给女人们在方方面面树立了良好的榜样。

刘向是汉朝第一流的学者，我们熟悉的《战国策》《说苑》就是由他编订的。他之所以要编一部《列女传》，原因相当现实：当时的皇帝汉成帝虽然性情宽厚，看上去是个很好相处的皇帝，但他对政治缺乏兴趣，只喜欢扎在女人堆里饮酒作乐，这一点和一鸣惊人之前的齐威王完全一样。汉成帝专宠赵飞燕姐妹，朝廷大事都交给舅舅们处理，开启了汉朝外戚专权的局面。刘向出身皇族，是正经的刘氏宗亲，比普通人更看不得外戚专权，写《列女传》一是针对汉成帝的后宫问题，二是针对愈演愈烈的外戚问题。刘向要告诉大家，尤其要告诉汉成帝：女人的本分是什么，外戚的本分又是什么。

在《列女传》里，齐国女性特别闪光，历史上最著名的大龄丑女钟离春，又叫无盐女，就是齐国人，在四十多岁时嫁给齐宣王，成为齐国王后。还有一位孤逐女，即墨本地人，论相貌绝不在钟离春之上，但嫁得也不差，成为齐国的总理夫人。还有一位虞姬，应该是个美女，不过她不是霸王别姬里的虞姬，而是齐威王的嫔妃。虞姬很为齐国的政治忧心，所以劝说齐威王亲贤臣、远小人，贤臣是北郭先生，小人就是最受齐威王宠信的周破胡。

周破胡因此记恨虞姬，污蔑她和北郭先生有奸情。经过一番周折之后，齐威王终于在虞姬的劝说之下幡然醒悟，采纳了虞姬的意见，杀掉了周破胡和阿大夫，重赏了即墨大夫，还亲自率领大军收复失地。（《列女传》卷6）

故事虽然很精彩，一波三折，但怎么看都不像真的，就连周破胡这个名字也特别不像战国年间的正常人名。原始出处当然更查不到，这就很容易让人怀疑这些事情全是刘向虚构出来的。刘向应该很期待沉湎酒色的汉成帝也能像齐威王一样，忽然有一天一鸣惊人，但他只能失望了。

可是，如果说刘向的故事纯属虚构，难道司马光和司马迁对于齐威王的记载就是实录吗？就算齐国的症结真的只在周破胡身上，就算齐威王本人可以说改就改，但那么大的一个齐国，社会运转的巨大惯性，怎么可能说变就变？

错误的历史经验导致错误的政策

今天我们知道，司马迁和司马光都搞错了齐威王时代的齐国编年，而编年一乱，长时段的变化可能被错当成短时段的变化，前一代的事情可能被错当成后一代的事情，但古人还没有这个见识，一旦真诚地相信史书，就很容易找错论据，做出错误的决策。在王安石变法期间就出现过这个问题，宋神宗认为军队必须经过长期的训练才能有战斗力，王安石反驳说国家领袖只要能分清楚谁是君子，谁是小人，再加上果断的决策力，就够了。拿这种素质来指挥军队的话，军队在一天之内就能变强，齐威王不就是好榜样吗？（《四明尊尧集》卷6）

齐威王的一鸣惊人确实可以佐证王安石的观点，而且不只是王安石一个人这么看，在儒家观念里，内政的好坏是决定战斗力强弱的关键因素。

两宋之际有一位学者程俱，字致道，号北山，著有诗文集《北山小集》。在《北山小集》里，程俱把齐威王的一鸣惊人和鲁庄公的长勺之战拿到一起讨论。

长勺之战的关键，就是今天我们在初中语文课上学过的古文《曹刿论战》里的内容。春秋初期，齐国来打鲁国，曹刿去见鲁庄公，问鲁庄公凭什么去和齐国一战。鲁庄公先后给出三个凭据：一是好吃好穿自己从不独享，都会和大家分享；二是祭祀用的祭品从不弄虚作假；三是对于各种诉讼始终秉持客观公正的审理原则。

程俱提醒我们：当曹刿问鲁庄公凭什么去和齐国一战时，鲁庄公给出的答案里，虽然前两项都不能让曹刿满意，但关键是，鲁庄公完全没提兵多粮足、武备充分这类纯军事的原因。齐威王的情况也是一样的，并没有厉兵秣马，仅仅赏了一个即墨大夫，杀了一个阿大夫，就赢得了全国人民的心悦诚服，士气因此大振，马上就威服诸侯。这就是攘外必先安内的道理。**所谓安内，不是说镇压内部叛乱就可以，而是要做到内政修明，赢得人心。赢得了人心，自然就有了战斗力。**（《北山小集》卷28）

程俱没想清楚的是，"曹刿论战"和"一鸣惊人"这两件事不适合放在一起说，因为前者发生在春秋初期，礼崩乐坏远没有战国时代那么彻底，国际战争的打法还相当有贵族范儿，两军对阵，一战定胜负，很像擂台比武。鲁国之所以打赢了长勺之战，就是因为齐国军队还在守规矩，曹刿这边率先耍流氓，"一鼓作气，再而衰，三而竭"，趁着齐国"三而竭"时发动进攻。这虽然够聪明、够机智，但以当时的贵族礼仪来看，也够不要脸。所以，鲁国的胜利并不真的因为鲁庄公断案公正，赢得人心，至少这并不是决定性的因素，真正的决定性因素是曹刿出阴招，耍流氓，率先突破道德底线。

退一步说，即便曹刿赢得光明正大，但春秋时代的战争和战国时代完全不可同日而语，前者的经验很难照搬到后者身上。

再退一步说，就算还在春秋时代，军队要养成战斗力也必须经过多年不懈的军事训练。春秋时代的主流兵种是战车，操作战车和战车之间的集团协作是技术活儿，不是单凭士气就管用的。到了战国时代，军队的规模不断扩大，作战技术和训练要求不断提高，就算只拼士气，各个强国都有激励士气的手段，内政修明、人心归附并不足以使本国的士气对敌国具有决定性优势。

程俱这样想只是从书本到书本，见识虽然可以论高低，但并不影响实际生活，而主导变法的王安石这样讲，那就真的是让整个国家为他的见识付出代价了。

但我们也不好苛责王安石，因为齐威王一鸣惊人的事情太有迷惑性，连司马光都认认真真把它写进了《资治通鉴》，在《四明尊尧集》里逐句批判王安石的谬论的陈瓘，批到这里时，也只是从其他角度入手，完全没有质疑齐威王事迹的真伪。

无论是程俱、陈瓘，还是司马光、王安石，在这件事上的判断力同样不好，但王安石手里有权，而且执行力惊人，这就引出了一个管理学难题：作为管理者，判断力和执行力必须匹配。王安石这样固然不对，但相反的情况，比如司马懿评价诸葛亮，说他"多谋而少决"——主意多，但总是当断不断——这同样不行，有选择困难症的人没法当管理者。那么，齐威王的判断力和他核查真伪的方法真的可靠吗？如何认清一个人，成为一个困扰无数人的难题。

─────── 140 ───────

皇上为什么不能全靠贤人政治

齐威王身边如果真有一位周破胡只手遮天，那么，齐威王不管怎么打听，听到的都只能是夸阿大夫的好话。这种困境怎么破？在战国时代，孟子倒是有一个主意——当时他去见齐宣王，发现齐国的政府班底全是新面孔，对齐国的 HR 水平非常不以为然，而齐宣王也有苦衷，难道自己筛选人才的方法不对吗？那怎么筛选才是对的？孟子说："如果您身边的人都夸一个人好，您别轻信；各位大夫都夸他好，您也别轻信；全城的人都夸他好，您还是不能轻信；要亲自去了解他，如果发现他确实有才干，才可以任用他。"（《孟子·梁惠王下》）

孟子的这个办法，有什么问题吗？

贤人政治和特务政治

在一些古代政治家看来，舆论确实不能轻信，即便这些舆论代表着真实的民意。雅典的民意杀死了苏格拉底，犹太的民意杀死了耶稣，这都是血淋淋的教训。

当然，最高统治者要想了解真实的民意，本身就很不容易，齐威王身边的周破胡就是例子。再如秦二世身边的赵高，当时恐怕没人敢忤逆赵高的意思。齐威王要想察知真相，该怎么去调查了解呢？亲力亲为显然不现实，派遣亲信去做秘密调查更可行，但谁才是可靠的亲信呢？

王安石变法期间，宋神宗身边有四名特别受信任的宦官，被旧党称为"四凶"，翻译过来就是"四大恶人"，新法的推行他们没少推波助澜。

到底新法是好是坏，朝廷大臣们各有各的意见，各说各的道理，换任何一个人坐在宋神宗的位置上都会头痛。宋神宗的做法和齐威王一样，派亲信到民间秘访，看看新法的效果如何，地方官谁称职，谁又不称职。

司马光对宋神宗的这种做派特别看不惯，说政府明明有一整套健全的官僚体制，只要用对了人，让这些人各司其职，民间的真实情况怎么会摸不清呢？宦官就是搞内勤的，派他们去当特务可不合适。

司马光在奏章里用了一段气势磅礴的排比句："今深处九重之内，询于近习之臣，采道听途说之言，纳曲躬附耳之奏……"（《温国文正公文集》卷37）这句话很有画面感，形容宦官回来汇报工作，把手笼在皇帝耳边嘀嘀咕咕，内容全是道听途说，但皇帝很信这些，把这些话当成赏罚朝廷大臣的依据，成何体统。

司马光熟悉历史掌故，提醒皇帝说：这种事在汉朝和唐朝早就有过，下场就是宦官乱政，倾覆国家。

但是，司马光没留意自己这番话没法自洽，因为百官各司其职的前提是皇帝慧眼识人，但皇帝怎么才能慧眼识人呢？宋神宗会说："我能有什么办法？还不是只能派亲信的宦官出去暗访嘛！"

司马光和宋神宗在这个问题上的矛盾特别有典型意义：司马光的主张代表了儒家传统的贤人政治，皇帝只需要"亲贤臣，远小人"就够了，政治自然会好起来；宋神宗的做法代表了专制君主惯用的特务政治，因为分不清谁是君子，谁是小人，谁是贤才，谁是蠢材，所以就有必要在常规的科层制官僚体制之外，单独建立一套直接对皇帝负责的特务组织——这种事的麻烦就在于特务组织虽然可以监控官僚组织，但谁来监控特务组织？那就只能等到特务组织变大、变强、变腐败之后，再设置一个新的特务组织来制衡旧的特务组织。

儒家官僚当然推崇贤人政治，但站在皇帝的角度，就算推崇贤人政治，最后也很容易滑向特务政治。**皇帝有皇帝的苦衷，站在权力的金字塔尖上，获得客观、真实的资讯实在太难了。**

如果连暗访也不可信，那就只有让时间来证明真相了。这就是白居易用过的方法："赠君一法决狐疑，不用钻龟与祝蓍（shī）。试玉要烧三日满，辨材须待七年期。"这个道理再通俗一点表达的话，就是"路遥知马力，日久见人心"。

话当然没错，但问题是，"遥"到底要多遥，"久"到底要多久？以白居易给出来的例子看，"周公恐惧流言日，王莽谦恭未篡时"，非得看完一个人的一生，才能盖棺定论。

当然，管理者考察干部没法忍受这样的时长，更何况要看的并不是一个人，而是几十上百人，甚至成百上千人。等到把人看清了，恐怕公司早就垮了，国家早就亡了。所以作为管理者，必须为了效率而牺牲一部分精度。

雷劈哲学和全身之术

必须承认，特务政治在刚开始操作时，效果特别突出，这就是齐威王可以迅速看清即墨大夫和阿大夫的原因。但是，以当时齐威王能够掌握的人手来说，要想在全国范围内运用特务政治搞清每一名地方官的执政优劣，一来几乎不可能，二来即便可能，动静也未免太大。动静一大，像阿大夫和周破胡这种人一定会有所觉察，并采取相应对策。所以，齐威王的特务政治只能解决局部问题，并不能改变整个齐国。

但其实这是可以做到的。和司马光同时代的名人苏洵——苏轼的父亲——分析过其中的道理：这就像坏人会遭雷劈，雷电虽然不可能劈死每一个坏人，但时不时会劈死一些坏人，所以天下人还是会因为怕遭雷劈而不敢干坏事。治国也是同样的道理，君主不可能察知每一名官员的优劣，但只要精准地"杀一"，就能成功地"儆百"。(苏洵《明论》)

那么，反过来想一个问题：假如你在古代做官，唯一的目标就是让自己的官场生涯顺风顺水，你会学即墨大夫还是阿大夫？

这个问题的答案，貌似要取决于具体的政治环境，但也有一种放之四海而皆准的策略，这就是杜预的策略。杜预是晋朝名将，官阶高，威望重，人品好，学问还特别大，业余时间研究《左传》，成为《左传》学的一大宗师。杜预深得晋武帝的信任，即便如此，他还是没少贿赂晋武帝身边的人。有人问他这是何苦来哉，他的道理是：并不指望这些人在晋武帝身边多说自己的好话，只是为了不让他们使坏，挑拨自己和晋武帝的关系。

曹魏年间有一部经典著作——桓范的《世要论》。这部书把臣子分为几类，分别是大臣、小臣、内臣、外臣，每一种类型都有特定的行为规范。内臣就是中央官，侍奉在皇帝身边；外臣就是地方官，尤其是那些镇守边境，带兵打仗的武官。桓范认为，外臣的最大风险，就是被皇帝身边的人挑拨离间。但是，外臣怎样才能防范这种风险，桓范却没提。历史上，外臣的经典做法，就是利用自己天高皇帝远的优势，盘剥百姓，聚敛财货，拿这些财货去贿赂中央高官和皇帝身边的近臣，就算不请他们在皇帝耳边为自己美言，至少也能做足人情，让他们不至于难为自己。

杜预的策略正是这样一种经典的外臣策略。当年吴起吃过的亏，杜预不想再吃，这正是历史经验的价值所在。

—————— I4I ——————

好官怎样才算好

前文提到，齐威王对即墨大夫说了这样一段话："自从派你去治理即墨，天天都有人在我耳边说你的坏话，但我派人去视察即墨，看到的是农业发达，人民富裕，官府清廉，社会安定。很显然，你做好了本职工作，却没有打点我身边的人来替你美言。"这段话很好地展现出了管理学的时代特征。

好官怎样才算好

如果我们用今天的标准来看，实在看不出有什么特别，但只要向着更早的时代追溯，就很容易看出不同。

春秋时代，昏庸的晋灵公听不惯赵盾总理喋喋不休的逆耳忠言，派一名高手到赵盾家里行刺。这天清晨，刺客潜入赵盾的住处，看见卧室的门已经开了。赵盾把朝服穿戴得整整齐齐准备上朝，但时间还早，他就和衣而坐，闭目养神。刺客看到此情此景，立刻退了出来，感叹说："这个人在家里都不失恭敬的态度，真是国家的好总理。我杀他就是对国家不忠，不杀他就是对国君失信，无论不忠还是失信，都还不如死了好。"于是，这位刺客找到一棵槐树，一头撞死了。

故事主人公赵盾是当时的晋国总理，也是三家分晋时赵无恤的先人。在《左传》里，孔子对赵盾的评价很高，说他是"古之良大夫"，意思是符合古代标准的、几乎只存在于古代的、典范式的高级贵族兼高级官僚。

儒家好古，"古"基本等同于"好"。赵盾到底好在哪儿？

刺客看到的是赵盾在家里都不失恭敬的态度，由此判断赵盾是晋国的好总理，不能死。那么问题来了：作为国家总理，仅仅态度端正就可以吗？西方有一句谚语同样适用于中国：通往地狱的路是用善意铺就的（The road to hell is paved with good intentions）。要想知道这句话在多大程度上能够成立，可以看看美国记者迈克尔·马伦的著作《通往地狱之路：境外援助与国际慈善的灾难性后果》[1]。

---

[1] Michael Maren, *The Road to Hell: The Ravaging Effects of Foreign Aid and International Charity*, The Free Press, 1997.

这本书的书名很适合拿来描绘赵盾的政治生涯，一方面他给人的印象总是兢兢业业、忧国忧民，为晋国操碎了心，另一方面他为晋国做出的重大决策常常带来灾难性的后果。晋襄公去世后，赵盾提议去秦国迎接公子雍回国继位，两位贵族士会和先蔑接了这个任务，出使秦国去了。但他们前脚刚走，赵盾后脚就反悔了。第二年，士会和先蔑引领秦国军队护送公子雍回国时遭到赵盾伏击。士会和先蔑干脆跟着败军一道回了秦国。(《左传·文公七年》)

士会和先蔑不但都是人才，而且对晋国知根知底，所以他们被逼来到秦国，对晋国的威胁不是一般地大。这种局面的形成，绝对要怪"古之良大夫"赵盾。同类的事情还有好几起，但离奇的是，刺客也好，孔子也好，都觉得赵盾特别好。刺客的看法，可以代表人民群众的意见；孔子的看法，可以代表高级知识分子的意见。假如晋国总理可以票选的话，赵盾很有可能以高票当选，但晋国不但没有因为他的执政而变得更好，反而一再惹出麻烦，这就难免让人怀疑：态度是不是真的比成绩重要很多？

有标准才能有考核

假如赵盾是齐国人，做了即墨大夫，刺客变成了齐威王派去暗访的特务，那么这个特务会怎样向齐威王汇报呢？如果他说的是"赵盾在家里都不失恭敬，真是即墨的好大夫啊"，齐威王还会重赏这位即墨大夫吗？

答案很明确：当然不会。不但不会，反而还会责怪特务不会办事。

齐威王作为战国时代的国君，已经有了刑名之学的意识，他派人调查即墨地区的社会状况，汇报回来的结果是"农业发达，人民富裕，官府清廉，社会安定"，根据这四点，得出来的结论是即墨大夫做好了自己的本职工作。同样，派人暗访阿地，这几个项目通通不达标，让阿大夫无话可说。再看赵盾，作为国家总理，本职工作到底是什么？能不能被拆分成可以考核的具体项目？如果用齐威王考察即墨大夫的四项标准来考察赵盾，赵盾治理下的晋国显然并不达标，赵盾显然是一个不称职的国家总理，只是他摆出来的态度不但迷惑了刺客，甚至迷惑了孔子。

但我们也不能苛责刺客和孔子，在宗法传统里，职位是论资排辈得来的，只要做得不算太差，大家总是可以一团和气地维持下去。在这样的传统里，赵盾就算不称职，也没人可以拿出硬性指标来考核他，再根据考核成绩让他下台。也就是说，如果拿出法家"循名责实"那一套办法，赵盾早就下台了。儒家眼里的模范总理，可能会被法家套路搞得体无完肤。

所以对法家来说，凡是很难考核的岗位，都应该重新打造，让它变得容易被考核。怎么才能便于考核？很简单，职能越单一，考核标准就越清晰。齐威王对即墨大夫和阿大夫的考核标准只有四项，每一项的内容都简单明确，所以派出去暗访的特务就算智力平庸，也可以胜任。

在宋朝汇编的军事教科书《武经七书》里，有一部《六韬》，假托姜太公和周文王的问答阐述用兵和管理的谋略，其中有一篇《举贤》，探讨选拔人才的要领。周文王很焦灼，说人才倒是选拔了，可怎么看不到效果呢？姜太公一针见血，说这不怪人才，要怪就怪君主。因为君主总是根据舆论风向来用人，大家说谁好就用谁，说谁不好就罢免谁，结果上位的全是人缘好的，甚至结党营私的，下台的全是人缘差的、刚正不阿的。症结既然找到了，怎么对症下药？办法就是明确岗位职能，尽量让岗位职能单一化，首先就从将相分职做起。

战国以前并不区分文职和武职，贵族们在朝廷里就是文官，出去打仗就是武官，打完仗回来又是文官。以赵盾为例，在朝廷里就是国家总理，带兵打仗就是三军统帅，这就是所谓的"出将入相"。

姜太公的办法是将相分职，将是将，相是相。将只负责打仗，国君只用战争胜负来考核他。相只负责民政，国君只用民政的指标来考核他。将相以下的每一级岗位都这么做，职能尽量单一，考核标准明确，而且要让官职的名称完全体现岗位职能。做到这一步的话，就能够"按名督实，选才考能，令实当其名，名当其实"，本质其实是"循名责实"那套办法。（《六韬·文韬》）历史上真实的周文王不一定明白这个道理，但齐威王显然很明白。

《六韬》应当是战国年间成书的，作者已经无从考证，但书里的内容很有齐国的地方特色，显然这是一部有着齐国血统的兵书。正是在齐威王当政期间，组织人手编辑整理军事专著，反正稷下学宫有的是现成的知识分子，《司马穰苴兵法》也是这一时期的作品。

—— 142 ——
陈侯因齐敦里藏着什么秘密

齐威王这样一个有心机、有谋略的君主，真的会一连九年荒废国政吗？想弄明白这个问题，要从一件齐威王时期的青铜器文物——陈侯因齐（zī）敦（duì）谈起。

陈侯因齐敦

清朝末年，金石学家陈介祺收藏了一件战国时代的青铜器，名字叫敦。通过铭文可知这件青铜器主人的身份和名字"陈侯因齐"，所以它被称为陈侯因齐敦。据考证，这件文物是齐威王继位时专门制作的。

敦的造型相当可爱，容器本身是个半球形，盖子也是半球形，盖上盖子之后，整个容器就变成了一个圆滚滚的青铜大球。敦的边缘有耳，可以当作提手，底下有三只脚。

作为容器，敦是装粮食用的。正常人应该很难理解，装粮食的话，用筐不好吗？筐确实好，简单轻便，成本低廉，但是，用筐来装粮食，满足的是实用性，用敦来装粮食，满足的是仪式感。**仪式感的要领就是用极度不实用，造价还特别高的东西来装腔作势。**儒家推崇的"礼"就是这样一套装腔作势的东西，所以像敦这种在礼仪场合体现仪式感的器物，就叫礼器，在重要的日子里，用来做排场、搞仪式。国君继位的日子当然就属于很重要的日子。

这件青铜器辗转两千多年，落到了陈介祺手中。陈介祺给它精心制作了铭文拓片，编档整理。

陈侯因齐敦铭文：

唯正六月癸未，陈侯因齐曰：皇考孝武桓公恭哉！大谟克成。其惟因齐扬皇考，昭练高祖黄啻（帝），侎嗣桓文，朝问诸侯，答扬厥德，诸侯寅荐吉金，用作考武桓公祭器敦，以登以尝，保有齐邦，世万子孙永为典用。

光看铭文，一般人大概看不出它跟齐威王有什么关系，陈侯怎么会是齐威王呢？

齐威王刚继位时，身份还不是王，仅仅是五等爵里的侯爵。由侯爵升级为王是后来的事情——国家强大了，个人野心膨胀了，国君就开始称王了。那时候有一系列的称王运动，魏惠王也是这么称王的。

那么，为什么不叫威侯？很简单，"威"是死后才有的谥号，刚继位时可没有。这是我们读古书时要注意的，同一个人，不同的时期会有不同的称呼。

但是，就算不能叫谥号，也应该是齐侯，怎么铭文里是"陈侯"呢？前文提过，齐国分为前后两段，前半段是姜姓齐国，根正苗红，历代国君都是姜太公的后人，后半段是田姓齐国，先祖是陈国的流亡公子陈完，到齐国进行政治避难，从此落脚在齐国，改姓为田。田家经过几代人的经营，从姜姓国君手里夺取了齐国的政权，但仅仅是夺权，并没有更改国号，所以齐国还叫齐国，表面上原封不动，其实股权已经彻底变了。从陈侯因齐敦的铭文，还有其他几件田齐国君留下的器物铭文来看，田姓国君并没有自称齐侯，而是自称陈侯，也许是因为礼器用于祭祀，要和列祖列宗沟通，血统问题绝对不能马虎。

《左传》讲过一个很经典的祭祀原则："神不歆非类，民不祀非族。"意思是说，神不会享用外族的祭品，人也不会祭祀外族的神灵。这个原则来自最天然的族群分别心：神灵也有族群属性，要么是本族的祖先死后成神，肯定只会保佑自己的后代，要么是本地的山神、河神，也只会保佑本地的族群。

春秋年间的晋国人司空季子说"异姓则异德，异德则异类"，大意是说，不是一个姓，就不是一类人，不是一类人，就不是一条心，所以"非我族类，其心必异"。（《国语·晋语四》）黄帝姓姬，炎帝姓姜，显然符合"异姓则异德，异德则异类"的标准，难免要打仗。事实上，司空季子正是用黄帝和炎帝之间的战争来举例，又说"同姓则同德，同德则同心，同心则同志"，正是这句话给我们贡献了"同心同德"这个成语和"同志"这个常用词。

在这样的观念里，外姓人祭祀的神，对我而言显然就是异类，任凭我怎么巴结他，他也不会保佑我。如果我非要祭祀他，就属于"淫祀"，"淫"是"过分"的意思，"淫祀"的结果就是"无福"，不会有任何好处。（《礼记·曲礼下》）

这种观念在今天看来特别陌生，因为佛教传入，道教兴起，基督教繁荣，人们的信仰也变得多元。儒家倒是还有人一直记得先秦时代的祭祀原则，比如南宋学者车若水在他那本书名很奇怪的《脚气集》里就愤愤不平地嘲讽社会现象，说人们忘记了古礼，总是"以僧代巫"，可和尚哪做得了灵媒？（《脚气集》卷下）

还有一位南宋学者陈淳，字安卿，弟子将他的讲学内容整理后，编成一部《北溪字义》，这是儒家理学的一部名著。

《北溪字义》不是字典，而是从朱熹理学出发，分析性、命、诚、敬这些儒学概念。"鬼神"也是陈淳重点解释的一个概念，他从"气"的方向着手，说人和天地万物都是由"气"构成，而子孙和祖宗的关系，是一气当中有脉络相连，所以才会特别亲切。在祭祖时，子孙如果特别虔诚，就能和祖先的精神发生感应。但如果只有虔诚，祭祀的却并不是自己的祖先，精神感应就不可能发生，当然也不可能得到保佑。

陈淳这番道理，所针对的是当时佛教的流行。陈淳特别指出，现在家家户户求神拜佛，都属于"淫祀"。孔子早就批评过："非其鬼而祀，谄也。"明明不是该祭的鬼神，你偏要祭拜，不要脸。（《北溪字义》卷下）这就可以理解，这件礼器上，为什么齐威王要强调自己的血统，叫"陈侯"了。

齐威王的就职宣誓

陈侯因齐敦这件器物现在已经不知所踪，幸好铭文拓片被保存下来。铭文一共八行，79 个字，大意是说：六月癸未日，陈侯因齐在器物上铭刻文字 —— 我了不起的父亲桓公啊，你带领国家走向兴旺发达，我为你感到骄傲。我一定要学习古代贤君的榜样，在古代史上学习黄帝，在近代史上学习"春秋五霸"当中的齐桓公和晋文公。我要会盟诸侯，光宗耀祖。诸侯送给我上等的铜，我用这些好铜给父亲大人铸造了这件礼器，以后都会把它用在祭祀典礼上，愿祖先保佑，让我可以顺利保有我的国家，为子孙后代做表率。

这样一位齐威王，真的会一连九年荒废国政吗？如果真是这样，礼器铭文就只是例行公事的场面话了。不过，在这些话里最值得留意的，就是齐威王想要学习黄帝的好榜样。对此，专家们给出过不同的解读方式，也有猜测说齐威王把自家的血统追溯到了黄帝身上。无论如何，所有出现黄帝名号的文字记录里，以陈侯因齐敦的铭文时代最早，从而体现出陈侯因齐敦对于炎黄子孙的特殊意义。

黄帝作为上古贤君，竟然到战国时代才刚刚被人提及，这当然很蹊跷。所以古史辨派的领军人物顾颉刚才会得出"层累造成的中国古史"的观点，大体脉络是："周代人心目中最古的人是禹，到孔子时有尧舜，到战国时有黄帝、神农，到秦有三皇，到汉以后有盘古。"（《与钱玄同先生论古史书》，1923年）

从陈侯因齐敦铭文的上下文来看，齐威王想要效法黄帝，一定是因为黄帝在当时齐国的传说里是一位能征惯战的统帅，他的事业至少不会逊色于所谓"齐桓晋文之事"。

秦国祭祀四种颜色的天帝，有炎帝、白帝、青帝和黄帝。那么，秦国四色天帝里的黄帝和齐威王祭祀的黄帝到底是不是一个角色呢？看上去不太像，但我们已经找不出更多的材料来探索这段历史的真相了。

周显王十四年

真的有夜明珠存在吗

周显王十四年（前355年）是齐威王继位的第二年，齐威王和魏惠王一道在郊外打猎，这应该是外交会晤之后的娱乐项目。这时候魏惠王已经是政坛老江湖了，齐威王还是新丁。老江湖在新丁面前，最常犯的错误就是托大。

原文：

（十四年）

齐威王、魏惠王会田于郊。惠王曰："齐亦有宝乎？"威王曰："无有。"惠王曰："寡人国虽小，尚有径寸之珠，照车前后各十二乘者十枚。岂以齐大国而无宝乎？"

传说中的夜明珠

既然是打猎散心，话题也就相应地转入休闲内容。魏惠王问："你们齐国也有宝贝吗？"

齐威王答道："没有。"

魏惠王看来有点得意，存心挤兑齐威王说："我们魏国虽然不大，好歹也有直径一寸的珠子，那种珠光能够照亮前后12辆车的顶级珠子不下10枚，难道以你们齐国这样的大国，反而拿不出什么宝贝吗？"

齐国地处渤海之滨，要比珍珠、珊瑚之类的东西肯定有优势，何况齐国从春秋时代就大力发展工商业，要比奇珍异宝，可以说无惧于天下诸侯。不知为什么魏惠王会动念头，拿自家的弱项去比齐国的强项。也许是因为魏惠王这些年真的搜罗了不少宝贝，太想炫耀了吧。在魏国没机会炫耀，因为魏国人无论是达官显贵还是贩夫走卒，早就在心理上接受了自己屈居于魏惠王之下的事实，不会觉得什么东西魏惠王有，自己也应该有。一旦旁人没了和你攀比的欲望，你的炫耀也就不会再有快感了。魏惠王要想获得攀比和炫耀的快感，只能到地位相当的诸侯那里去找。而且，如果魏惠王不是在齐威王面前吹牛的话，这样的宝珠确实很有拿出来炫耀的资格。

如果魏惠王的话当真，我们免不了会好奇：世界上真有这么亮的宝珠吗？

这其实正是司马光作为史学家应该花点精力去考证的问题，但司马光毕竟没有我们今天研究历史的意识，对这类问题毫无好奇心，不做片刻停留。我们作为现代人，还是有必要认真好奇一下的：世界上真有这么亮的宝珠吗？

如果我们相信书本，那么这样的宝珠不但存在，而且历朝历代都有出现。

这类宝珠统称为夜明珠，顾名思义，在夜晚可以发光的宝珠。夜晚发光并不稀奇，稀奇的是不但发光，而且光彩照人，能当电灯用。魏惠王那十几颗夜明珠如果组合起来装在车上，再配上聚光灯罩的话，效果恐怕不亚于今天的氙气大灯。

历史上最著名的夜明珠叫随侯珠，或随珠，来历比魏惠王的宝珠更加古老，详细记载来自晋朝人干宝的《搜神记》。《搜神记》的内容和《聊斋志异》差不太多，但作者干宝把它当成正史来写，对内容相当认真。所以，至少对于很多古人来说，《搜神记》的可信度毋庸置疑。

根据《搜神记》的记载，随县境内有一条河叫溠（zhà）水，溠水岸边有一个小山包叫断蛇丘。周朝时这里有一个随国，一次，随国国君出行，看到一条大蛇受了重伤，断成两截。随侯感觉这条蛇不是普通的蛇，就让手下人给它敷药、包扎，把断掉的身体接上。手术做完，蛇就能走了，从此这里被称为断蛇丘。过了一年多，那条蛇衔着一颗明珠送给随侯，作为报答。这颗珠子直径足有一寸，纯白色，夜里可以发光，就像月光那样照亮一间屋子。所以这颗珠子被称为随侯珠，也叫灵蛇珠、明月珠。（《搜神记》卷20）

唐朝人张守节的《史记正义》援引刘向的《说苑》，讲过一个几乎一样的故事，也许就是《搜神记》版本的原始出处，只是我们今天看到的《说苑》已经见不到这段记载了。

关于随侯珠的记载早在先秦时代就已经有了，但没有交代它的来历和特点。《墨子》提到过"和氏之璧，随侯之珠"，把随侯珠跟和氏璧相提并论，可见随侯珠是天下第一级的珍宝。

传说多姿多彩，但问题是，自然界真有这种东西吗？

现实中的夜明珠

1978年，在湖北随县城关镇西北郊的擂鼓墩发掘出一座战国墓葬，这就是著名的曾侯乙墓，曾国就是随国，墓主曾侯就是随侯。这位随侯虽然未必就是救治了大蛇的那位随侯，但他的随葬品里真的出现了很多色彩斑斓的珠子，这恐怕就是真实的随侯珠了。

真实的随侯珠完全没有夜光效果，不过倒是印证了东汉学者王充在《论衡》里的一种说法。王充说：道人熔化五石，制成五色的美玉，这种人造的玉石完全不输给纯天然的玉石。随侯用药物制作珠子，晶莹闪耀，完全不输给纯天然的玉珠。（《论衡·率性》）

王充说的其实就是玻璃烧制工艺。古代中国的玻璃制作有很特殊的工艺，铅和钡的含量很高，烧出来的玻璃和今天的玻璃完全不同，并不透明，而是有玉石一样的颜色和质感。铅和钡的作用，一是可以降低玻璃的熔点，使玻璃制品便于加工；二是可以使玻璃的折射率提高，色散降低，看起来更有光泽。这些玻璃通常都被打磨成珠子，五颜六色，还有各种图案。这些玻璃弹珠在先秦到两汉的墓葬里已经发现了很多，古人还会叫它琉璃。但容易引起混淆的是，有些釉彩也叫琉璃，比如琉璃瓦的琉璃就是釉彩。这两种东西，无论从观感还是质感来看，差别确实不大。

李约瑟在《中国科学技术史》里专门给中国的玻璃设了一章，说中国的很多玻璃珠子都是根据欧洲式样模仿来的，尤其是一种被称为"蜻蜓眼"的珠子，要先在珠子上钻孔，然后在孔洞里嵌入不同颜色的玻璃。在欧洲，这种样式从大约公元前 480 年起就已经很常见了，至迟到公元前 300 年，也就是邹衍和庄子的时代，这类珠子传入中国并且被中国工匠仿制。

李约瑟有一个结论特别值得留意：现在从战国和秦汉年间的墓葬当中发现了很多玻璃制品，说明它们在当时相当普遍，看来，比较贫穷的家庭会把玻璃当成玉石的标准替代品或者廉价的仿制品用于陪葬。（《中国科学技术史》第 4 卷第 1 册第 26 章）

也许在这些玻璃珠子里，品质最好的会被当成珍宝，或者在玻璃烧制技术普及之前，任何稍微像样的玻璃制品都有可能被当成珍宝。曾侯乙墓出土的珠子确实质地好，数量大，也许在当时可以算作奇珍异宝，然后在口口相传的过程里不断被好事者添枝加叶，最终变成传奇的随侯珠。

但是，无论这些玻璃弹珠再怎么巧夺天工，也不可能在夜里自己发光，所以，夜明珠会不会另有原型？在那些可以自行发光的物体里，和夜明珠最接近的东西就是萤石。

"萤石"这种矿物质真的可以像萤火虫一样发光，如果打磨成珠子，大概就是真正的夜明珠了。萤石夜明珠在今天还能见到，上品会成为富人的收藏品。

2003 年《羊城晚报》报道了广州首次拍卖夜明珠的新闻，被拍卖的夜明珠一共两颗，其中较大的那颗直径足有半米，重 218 公斤，绝对能让魏惠王无地自容，不过起拍价只有 150 万元，最后两颗夜明珠总共拍出 760 万元。如果魏惠王也在拍卖会现场的话，一定会在心里嘀咕："黄金论盎司，钻石论克拉，这玩意儿竟然论公斤？算了，寡人不玩了。"

760 万元虽然足以吓倒工薪阶层，但显然距离国宝还有千里万里。原因有两个：一是萤石夜明珠虽然可以在夜晚发光，但光线很微弱，没法代替灯光照明，也就没有魏惠王炫耀出来的那种效果；二是萤石在地球上的储量虽然不多，但也不算少，甚至有炼钢厂就地取材，把萤石当作炼钢的调和剂，不知道这算不算焚琴煮鹤呢。

—————— 144 ——————

齐威王怎么回击魏惠王的炫耀

魏惠王在齐威王面前炫耀自家的夜明珠。真实的夜明珠远没有魏惠王描述的那么神奇，所以要么是魏惠王虚张声势，要么是这段对话被后人添枝加叶了。齐威王会怎么回应呢？假如魏惠王的夜明珠真能在夜晚照亮一个小型车队，那么齐威王恐怕除了吹牛之外，真拿不出什么宝贝可以压魏惠王一头了。

齐威王并没有按照魏惠王的思路搬出什么奇珍异宝来炫耀，反而给出了一个另辟蹊径的答复，在后世传为经典，特别具有司马光所看重的"资治"意义。

齐威王的宝物观

威王曰："寡人之所以为宝者与王异。吾臣有檀子者，使守南城，则楚人不敢为寇，泗上十二诸侯皆来朝；吾臣有盼子者，使守高唐，则赵人不敢东渔于河；吾吏有黔

夫者，使守徐州，则燕人祭北门，赵人祭西门，徙而从者
七千馀家；吾臣有种首者，使备盗贼，则道不拾遗。此四
臣者，将照千里，岂特十二乘哉！"惠王有惭色。

齐威王的回答是："我的珍宝不是你以为的那种珍
宝。我有一个臣下名叫檀子，替我镇守南城，所以楚
国不敢侵犯齐国的南疆，泗上十二诸侯都来齐国臣服
于我。我还有一个臣下名叫盼（bān）子，有他镇守高
唐，赵国人就不敢侵犯齐国的西境。我还有一个臣下
名叫黔夫，有他镇守徐州，燕国人就来徐州北门祭祀，
赵国人就来徐州西门祭祀，燕、赵两国先后有七千多
家移民过来，定居徐州。我还有一个臣下名叫种首，
有他负责治安，齐国路不拾遗，社会风气为之一新。
这四个人的光彩可以照耀千里，岂止照亮一个小小的
车队呢。"魏惠王讨了个很大的没趣，臊眉耷眼的。

这里需要稍微解释一下。镇守高唐的盼子，《史
记》写作"盼子"，而《资治通鉴》写的是"盼子"，
大概抄错了字。种首的姓"种"，读音也很复杂。

"种"字如果用作姓，通常应该读 chóng。《水浒
传》里，鲁智深在出家之前，官职是提辖，人称鲁提
辖，他的上级领导是小种经略相公，历史原型名叫种
师中。但为什么在种首这里要读 zhǒng 呢？原因有两

个：一是种首是田氏家族的一员，是齐威王的本家，和种师中不是一家人；二是种首的"种"在繁体字里写作"種"，也是一个姓，读音是 zhǒng，现代汉字简化为"种"。不过在古代，"种"和"種"是两个不同的字，各有各的读音和字义。

再看黔夫镇守的徐州，徐为什么要读 shū 呢？原因很简单："徐"在这里严格来说其实是个错别字。正确的写法是"俆"，特指齐国境内的徐州。徐州也叫平舒邑，地点在今天的河北省廊坊市大城县平舒镇。

那么，为什么黔夫镇守徐州后，燕国人就来徐州北门祭祀，赵国人来徐州西门祭祀呢？有人解释说燕国和赵国害怕黔夫，祭祀是为了祈祷黔夫别打自己。（《史记集解》引贾逵语）但这无法解释燕、赵两国先后有七千多家移民过来，定居徐州。显然外国老百姓对黔夫的感情不是怕，而是爱，巴不得移民过去，成为黔夫治下的齐国子民。

幸好《说苑》的一段记载可以解惑，燕国人和赵国人到徐州城门口并不是要自己搞祭祀，而是积极主动地向徐州提供祭祀用的牲畜和器具。（《说苑·臣术》）

齐威王这段话提到的几个地名也特别容易让人困惑。比如盼子镇守高唐，制止了赵国人的东进步伐。齐国和赵国的地理关系可以简单理解成山东和河北的关系，也就是说，高唐显然应该位于齐国的西部边境。这个高唐可不是楚辞名家宋玉那篇《高唐赋》里的高唐，那是楚王和巫山神女发生"一夜情"的地方，是楚国的地盘；而齐国的高唐大约是今天的山东省聊城市高唐县，此处是地名重名了。

魏惠王该怎么反驳

复盘一下魏惠王和齐威王的较量，我们很容易得出一个结论：魏惠王层次太低，关心的只是个人层面的物质享受，所以才被齐威王一番话降维打击，臊得灰头土脸。但是，魏惠王其实有点冤。如果话题换成明明白白的人才主题，那么魏惠王也能大谈特谈魏国精英。他没想到，原本只是打猎娱乐场合里的一个休闲话题，不知怎么的就被齐威王一通上纲上线。

那有什么办法可以扳回一城吗？

办法确实有，而且是以子之矛，攻子之盾，反手给齐威王来一通降维打击。逻辑是这样的：我们魏国可没把那些镇守边境的地方官当成宝贝，魏国的宝贝只有一个——现任的国家总理。有了这位好总理，国君就再也没有操心过各个岗位的具体人选了，甚至连边境长官的名字都记不住。因为总理十分能干，把一切都安排好了，就算发现谁不称职，马上就会把这个人刷下来，换上合适的人选。

事实上，这正是儒家很经典的一项政治主张：**国君垂拱而治，什么都不做，只要高高在上地闪耀道德光芒就足够了，唯一该做的事情，就是选出一位出色的国家总理，一切具体事务都由这位总理操心。**

选出好总理后，国君如果闲得发慌，帮总理处理一点政务可以吗？儒家的答复是否定的：国君不做事，对于维系国家稳定至关重要，因为国君毕竟也是人，是人就难免犯错，犯了错就很难在臣民心里保持完美无瑕的高大形象了，而臣民需要一个高大形象来崇拜，有这个高大形象的存在，臣民就有了主心骨。国君唯一能犯的错就是失察——因为太善良，不会把人往坏处想，所以被奸臣蒙蔽了。

齐国就是现成的例子，当初"春秋五霸"之一的齐桓公之所以能够称霸，就是因为任用管仲为齐国总理。齐桓公说过，做国君既很难也很容易，难就难在找到一位好总理，而找到这位好总理之后，做国君就太容易了，就是一个悠闲的甩手掌柜。以这个标准来看齐威王，如果每一位地方官都是他千挑万选才甄别出来的，那他显然只是一位低层次的国君。

但法家一定会对这种模式提出质疑："如果所有事

情都交给总理去做，总理难道不会把国君架空，自己篡位吗？两汉之际的王莽就是个典型。"

面对这种质疑，儒家会回答："如果真的发生了这种事，那只能说明国君看走了眼，没选对人。看看人家管仲，还有诸葛亮，虽然大权在握，但没有半点非分之想。"

法家如果想继续辩论下去，可以援引英国历史学家阿克顿勋爵的名言："权力导致腐败，绝对权力导致绝对腐败。"这是大概率的情形，不能拿特例来反驳大概率。

但儒家一定不为所动，会继续强调："关键只在于慧眼识人。这确实很难，但就算再难，国君也必须把这件事做好。"

当然，以上辩论内容纯属虚构。

—————— **145** ——————

邹忌为什么要讲排场

如果魏惠王拿儒家那套国君要选好总理，自己当甩手掌柜的道理来给自己找回场子的话，齐威王也有一套标准答案可以回复他——"我有邹忌啊！"

齐国总理邹忌

《说苑》第 1 卷题为《君道》，讲述为君之道；第 2 卷题为《臣术》，讲述为臣之道。

"道"和"术"从含义上来说完全可以通用，但层次有差别，"道"比"术"高级，而"术"更强调具体的、技术性的操作。"道"更务虚，"术"更务实。君和臣的配合在相当程度上其实正是"道"和"术"的配合。

《臣术》列举了各种模范大臣，齐威王的手下恰好也有一位。话说有一天齐威王正在瑶台游玩，齐国总理邹忌赶来汇报工作。邹忌的排场很大，浩浩荡荡好多车马一路接近瑶台。

瑶台，顾名思义，是一座漂亮的高台。齐威王从高处眺望下面的车马，问左右的人："来的是什么人？"左右的人回答说："来的是成侯卿。"

邹忌受封成侯，被尊称为成侯卿。邹忌这个名字大家应该并不陌生，初中语文课本有一篇《邹忌讽齐王纳谏》，主人公就是邹忌。那么问题来了：在五等爵体系里，齐国国君的爵位是侯爵，所以在国际场合，对齐威王的正式称呼应该是齐侯，可如果连齐威王本人都只是侯爵的话，怎么可能把邹忌封为成侯呢？

这只能说明在齐国内部，齐威王已经把自己当成天子了，手下人的地位也就跟着水涨船高。之前齐威王朝见周天子，看来只是摆一个政治姿态而已。

邹忌在齐国，既有侯爵的爵位，又有卿的官职，相当于侯爵级别的国家总理，按说排场大一点也算正常，当初各位侯爵朝见周天子，排场必然比邹忌更大。但问题是，在那个古老的宗法封建时代，诸侯朝见天子就像过年回老家走亲戚，一年一次就算很频繁了，自然搞得很正式，周天子也不给诸侯发薪水，看着诸侯讲排场不会心疼，最多只会操心一下自己这边的接待成本。而邹忌作为国家总理，三天两头就要和齐威王会见，而且按照当时的惯例，邹忌对自己的采邑只享受赋税收入，没有管理权。换句话说，齐威王要派人治理邹忌的产业，挣出钱来给邹忌享用。这就意味着，邹忌的排场完全来自齐威王给他开的薪水。所以齐威王看着邹忌浩浩荡荡的车队，心里八成在嘀咕："花的都是我的钱啊！"

齐威王大概有点肉疼，对左右的人说："咱们齐国并不富裕，他怎么还搞这么大的排场？"

左右的人回答说："他的荣华富贵还不都是您给的，您有权要他解释，他也有义务向您解释。一会儿您可以问问他，看他能怎么说。"

很快，邹忌上了瑶台，谒见齐威王，说："忌也。"这是当时最基本的对话用语，邹忌并不会像古装片那样说"臣邹忌参见大王"，而是很简洁的两个字："忌也。"

齐威王假装没听见。邹忌一连说了三遍"忌也"，齐威王才说话，语气一定很不痛快："国家都穷成这样了，你怎么好意思给自己整这么大一套排场呢？"

邹忌回答："请赦免我的死罪，容我说出我的理由。"

齐威王说："诺。"

得到齐威王的许可之后，邹忌开始大张旗鼓地给自己表功，一点儿都不谦虚，说自己举荐了某人去做什么官，成效如何之好……内容和齐威王讲给魏惠王的那番话一模一样，只是人名、地名有些出入。重点是，这些人才不是齐威王一个个亲自选拔的，而是靠邹忌的慧眼。最后邹忌总结说："我举荐了这么多贤臣，大王您从此可以高枕无忧，为什么还要担心国家贫穷呢？"

《说苑》把这件事当作《臣术》的范本，说明在刘向心里，这就是国家总理该有的样子。首先，总理的核心职能就是统筹人力资源，把恰当的人安排在恰当的岗位上。简单来说，**国君的工作重点是选总理，总理的工作重点是给一切重点岗位选人，总理只管人，不管事，具体岗位上的负责人才是具体管事的人，这就是儒家心目中最理想的政治架构。**其次，艰苦朴素、勤俭节约这些美德，只是小农和小市民的美德，总理对国家的贡献最大，理所当然享受最高级别的财富和尊崇。在这一点上，齐国早就有过一位楷模——春秋时代的名相管仲。

邹忌的前辈：管仲

孔子给过管仲极高的评价，说他够得上"仁"的标准，不但有大功于齐国，而且拯救了华夏文明，功在千秋。（《论语·宪问》）另一方面，孔子对管仲也有过很严厉的批评，说他格局太小，生活奢靡，还不知礼。（《论语·八佾》）如果只看批评，会觉得管仲这个人无论如何都要不得，但听过表扬之后，会发现管仲的贡献确实很大，相比之下，那些缺点也就不难原谅了。

在管仲所有的缺点里，生活奢靡是特别突出的一项。孔子说管仲"有三归"，虽然历代学者谁都搞不清"三归"是什么意思，但无论如何，这肯定不是好话，是对管仲铺张浪费的严厉指控。想来在孔子心里，管仲如果能改掉这些缺点，那就是近代史上唯一一位圣人了。然而在刘向看来，这些缺点对于政治人物来说，完全算不得缺点。

《说苑》第8卷题为《尊贤》，探讨的是国君应该怎样重用贤才。在刘向以前的传统观念里，国君重用贤才基本要满足四个条件：第一，国君本人就是贤才，兼具领袖魅力和道德感召力；第二，国君有一双慧眼，能够从千万人当中精准定位贤才，对贤才的意见也特别能够心领神会，就像钟子期能够一下子听懂俞伯牙的琴声一样——事实上，俞伯牙摔琴谢知音的故事，原始出处正是《说苑·尊贤》，刘向用这个故事来比喻国君应有的禀赋；第三，国君在贤才面前可以毫无障碍地放低姿态，礼贤下士；第四，国君可以迅速辨别贤才，一旦辨别出来，马上会把贤才安排到最高一级的管理岗位上，自己在背后给他十足的信任和全力的支持。

齐桓公完全不符合第一条标准。用今天的话说，他就是一个"烂人"。

到底有多烂？《说苑》有这样一番总结：他为了夺权，杀死了自己的哥哥，当了国君之后，和美女一起在城里飙车，私生活极其淫乱，连自家的姑侄姐妹都无一幸免，导致她们没法嫁人。有这种"烂人"当国君，国家能不灭亡吗？但齐国不但没有灭亡，反而走上了繁荣富强的称霸之路，这是为什么？原因只有一个：他得到了贤人的辅佐。

这也是韩非子借赵敬侯阐述的道理：一名合格的统治者，只要懂得用人，又能洞察臣子说话的真伪，就算荒淫无道，国家也能够屹立不倒；相反，如果统治者缺乏这种禀赋，就算节俭勤劳，严于律己，国家照样灭亡。（《韩非子·说疑》）

不过齐桓公和赵敬侯不同，他身边毕竟有个管仲。虽然齐桓公是个"烂人"，但没关系，管仲会用各种逆耳忠言来匡正他的，忠臣不都是这样吗？但问题是，管仲如果是忠臣的话，早就应该"忠臣不事二主"，追随老东家去了。这位老东家，就是被齐桓公害死的哥哥。

不过，就算管仲不进忠言，很有自知之明的齐桓公也主动来请教管仲，问道："我就是喜欢纵情享乐，让酒臭在酒杯里，让肉烂在案板上，你觉得我过这样的生活会不会影响齐国的霸业？"

说句题外话，杜甫的诗句"朱门酒肉臭"，有人批评语意不通，因为酒越陈越香，不会放臭。这个批评犯了两个错：一是烈性酒需要的蒸馏技术出现得很晚，早期的低度酒确实很容易变质；二是杜甫这句诗有可能用到了齐桓公这个典故。

话说回来，管仲的回答是："这确实不是好人该过的日子，不过倒也不会妨碍霸业。"

齐桓公赶紧追问："那什么才会妨碍霸业呢？"

管仲答道："不能识别贤才，或者识别了却不能任用，或者任用了却不能重用，或者重用了却不信任，又或者信任了却让小人去干扰他，这些才是真正妨碍霸业的事情。"（《说苑·尊贤》）

管仲为什么坚持必要的奢侈

齐桓公准确看出了管仲的才干，让他做国家总理，给他十足的信任，也绝不允许小人掣肘，但是，齐国的状况竟然一直没能好起来。齐桓公坐不住了，去问管仲这是怎么回事。

管仲如果活在今天，就算想给自己辩解，恐怕也会被成功学"要给成功找方法，不给失败找理由"的口号劝退，灰溜溜地辞职走人。幸好春秋时代还没有这些口号，管仲大可以给自己的失败找理由。在他看来，被孔子批评的生活奢靡和不知礼的缺点非但不是缺点，反而非此不可。

必要的奢侈

其实管仲在上任之前，就已经提过非分的要求了："贱不能临贵。"意思是说，身份卑贱的人没法管理身份高贵的人。齐国当时有国氏、高氏两个世家大族，树大根深，头衔显赫，管仲的顾虑确实在理。所以齐桓公直接让管仲做了上卿，相当于国家总理，比任何人的职位都高，但没想到一段时间之后，齐国还是老样子。

换别人在管仲的位置，但凡还有一点自尊心，都会引咎辞职，但管仲给出了一个理由："贫不能使富。"意思是说，自己虽然贵为国家总理，但属于破格提拔，一步登天，所以就职时间太短，还没攒下什么钱，人一穷就没有派头，支使不动那些富人。

齐桓公真是倾尽全力来支持管仲，一听说这个理由，马上拨款，把财政全年税收赐给管仲。但没想到，管仲的治理还是不见成效。齐桓公又去问理由，管仲也确实有理由："疏不能制亲。"意思是说，自己和齐桓公并不沾亲带故，只是被聘任的职业经理人，支使不动齐桓公那些三亲六戚。这种理由怎么看都像是存心刁难齐桓公，但齐桓公还真想得开，血缘虽然改不了，但可以认干亲嘛，从此尊管仲为仲父。

古人用伯、仲、叔、季表示排行，"仲"的意思是老二，"仲父"直译的话就是"二爸"。齐桓公尊管仲为仲父，等于和管仲认了干亲，把管仲当成叔父对待，自降身份，矮管仲一辈。

就这样，齐桓公先后给了管仲贵、富、亲三件法宝，管仲又有权，又有钱，还是国君的二爸，从此终于可以在齐国说一不二，大展拳脚，带领齐国走向繁荣富强，帮助齐桓公成为天下霸主。

这就意味着，对于国家总理而言，奢侈的排场不仅是应得的，而且是必需的。

这个道理确实有充分的心理学的依据，人类作为群居动物，拜高踩低是本真的天性。如果员工家境好，开着法拉利来上班，还经常把车停在领导的二手奥拓旁边，领导就算能够克服心理障碍，摆一摆领导架子，但这样的员工怎么可能好管理？不要说以盈利为目标的现代公司，就算是宣扬四大皆空，教人戒绝贪念的佛教，也要靠高大的庙宇和金光闪闪的佛像来唤起人们的敬畏感。所以我们才会在历史上不断看到，平民英雄改天换地，总会打出天命的幌子，而一个新生的王朝为了稳定人心，也会大兴土木修建宏伟的宫殿。人靠衣装，佛靠金装，这个道理普世通用。

《说苑》在管仲故事的最后，还请孔子来做背书，说管仲倘若不是有了贵、富、亲这三件法宝，就不可能成就齐国的霸业。这话不太像是孔子的风格，很可能出自后人的假托，甚至是刘向本人编造的。

《说苑》的这段记载太有寓言故事的风格，真实性难免让人怀疑，不过退一步讲，结合各种史料来看，真实的管仲确实贵、富、亲三宝加身，《说苑》只是用寓言故事的手法重新精炼了这段历史。那么，既然有管仲珠玉在前，邹忌不妨有样学样，坚守齐国总理的优良传统。

《资治通鉴》给邹忌保留的戏份很少，也许司马光觉得这个人物很难处理：一方面邹忌确实辅佐齐威王成就霸业，另一方面邹忌人品很坏，为了迫害政敌不惜栽赃陷害。到底该拿他当好榜样还是坏典型，确实不好处理。

今天我们看战国历史，当然不必背上司马光那么重的思想包袱，所以应该好好关注一下邹忌，因为他既是那段时间里的一位关键人物，又给后世留下了好几份文化遗产，他的身上闪耀着战国年间的时代风情。

我们看诸子百家的生活，孔子、孟子周游列国，到处兜售自己的理想，终其一生都没能兜售成功。孔子倒是有过短暂的从政经验，职位也不低，孟子得到的礼遇和物质待遇虽然远高于孔子，但最后只能退而著书，把施展不开的理想写进书里，期待未来的知音。再看商鞅，到魏国没找到机会，到秦国连番遭受挫折，靠死缠烂打才终于上位。看他们的经历，似乎游说诸侯是一件很难的事，所以邹忌一定会嗤之以鼻："哪有那么难，还不是你们本事不行！"

"琴音调而天下治"

邹忌的名字不在诸子百家之列，所以他的上位经历很容易被人忽略。

在《史记》的记载里，邹忌的出场很有传奇色彩。他既不是被齐威王三顾茅庐请出来的，也没有在齐威王面前做任何游说，而是凭弹琴的技艺得到齐威王的赏识。齐威王当他是艺术家，把他留在自己身边。那时候的艺术家地位不高，基本相当于弄臣。齐威王对邹忌的赏识，应该就像唐玄宗对李白的赏识一样。

齐威王安置完邹忌，自己开始弹琴，邹忌忽然推门进来说："弹得真好。"

齐威王很不高兴，放下琴，手握剑柄，对邹忌说："你随便在房间外面听了一下，就随口恭维我吗？"

邹忌说出了一番道理："我听到大弦发出低沉浑厚的声音，就像国君；小弦发出清脆的声音，就像宰相；按下琴弦的动作紧张有力，松开琴弦的动作温和纾缓，就像国家政令一样；大弦和小弦配合，发出和谐的声音，就像四季的自然流转。正是因为听出了这些内容，所以我才赞叹您弹琴弹得好。"

齐威王的情绪缓和下来，夸邹忌说得好，懂音乐。

但邹忌偏要找碴，对齐威王说："我这些话说的可不仅是音乐，也是治国安民的道理。"

齐威王马上又变脸了，说道："谈论音乐的门道，你确实在行，可治国安民的道理怎么可能和弹琴是一回事呢？"

邹忌把方才那番话重新讲了一遍，最后补充了几句："**政令如果像音调一样不断重复却不紊乱，国家就会昌盛；政令如果像音调一样连贯而迅疾，国家就能免于危难。所以说琴声谐调了，天下就能太平。治国安民的道理，没有超出乐理的。**"

就这样，邹忌通过乐理，形象地阐明了自己的政治哲学，齐威王听得很服气。三个月之后，齐威王正式拜邹忌为相，邹忌就这样一步登天，从一名琴师变成了齐国总理。

这件事听上去特别不合情理，不过战国乱世，竞争压力太大，破格用人的事情并不罕见，所以特别能够激发人们的学习热情，幻想着可以朝为布衣，暮为卿相。

邹忌的那番话里，最核心的一句就是"琴音调而天下治"，后来成为文化语码。比如苏轼听僧人弹琴，写下一首《听贤师琴》诗，开头就是"大弦春温和且平，小弦廉折亮以清"，这些措辞就是从邹忌那番话里来的。

这番话真的可以成立吗？古人倒是对它相当认可。其实邹忌这套话术完全可以推而广之，厨师可以从肉的肥瘦出发比喻治国的道理，园丁可以从养花除草的经验比喻治国的道理，只要想讲得通，就都可以讲得通。邹忌话里的寓意其实并不新奇，如果开门见山地讲，孔子和孟子可以讲得更好。但邹忌胜在机智，会用跨界思维，一下子就让齐威王着了道。

—————— 147 ——————

邹忌是怎么上位成功的

邹忌作为一名琴师，通过乐理阐述治国之道，一下子就赢得了齐威王的信任，随即一步登天，从琴师变成国家总理。那么，耍几下嘴皮子就能飞黄腾达，别人看了能服气吗？何况这是齐国，稷下学宫人才济济，随便抓一个人出来都是雄辩大师，怎么偏偏就让一个弹琴的人拔得头筹呢？

《新序》版本的唇枪舌剑

试想一下，如果邹忌不是剑走偏锋，而是走所谓正途，加入稷下学宫，和来自世界各地的学术专家们同台竞技，以求能在齐国兜售自己的政治主张，那么最有可能的结果是：齐威王看花了眼，根本不会注意到邹忌，又或者虽然注意到了邹忌，但并不觉得他讲出来的治国之道和其他人的夸夸其谈有什么区别。

是的，这些道理如果出自学者之口，出现在学宫里，当然不足为奇，但如果出自琴师之口，出现在一个私密的音乐空间，就显得格外醒目。就是这样，邹忌运用跨界思维让自己脱颖而出，而在稷下学宫的学者看来，什么跨界思维，不就是歪门邪道么。

当时的稷下学宫，公认口才最好、反应最敏捷的人，就是赘婿出身、用隐语劝谏过齐威王的淳于髡。如果淳于髡愿意出马和邹忌斗一斗嘴，肯定能让邹忌难堪。这一场巅峰对决，刘向的《新序》中就有记载。

《新序》犯了一个年代错误，把齐威王当成齐宣王了，下文会把这个错误更正过来。《新序》记载，"稷下先生淳于髡之属七十二人"都看不起邹忌。

岔开一讲，这里的数字"72"还有一些奥妙。《史记》记载，齐威王开始"一鸣惊人"时，召见各地地方官72人。辛氏的《三秦记》记载鲤鱼跳龙门，说一年当中能够挑战成功的黄鲤鱼从来不会超过72条。为什么刚巧都是72？

72确实是一个很特殊的数字。《水浒传》在英雄排座次时，一百单八将分别对应天上108个星宿，而这108个星宿分成两组，一组是天罡星36个，另一组是地煞星72个，这里的72就是地煞之数。

天罡、地煞的说法来自道教，而道教的这些神秘数字还有更早的来源，那就是周朝礼制当中级别最高的数字：12，"12" 被周朝人称为"天之大数"，于是12 的倍数也有了神秘意义，其中最常见的就是 36 和72。36 和 72 之和就是 108，而 108 又刚好是 12 的 9 倍，9 刚好又是十进制里最大的数字。这些数字的各种排列组合衍生出丰富的神秘主义哲学，所以一串佛珠要有 108 颗珠子，僧人敲钟要敲满 108 声，《红楼梦》有金陵十二钗，太虚幻境里的档案有金陵十二钗正册、副册、又副册，12 不断翻倍。

小说家运用这些神秘数字，总要一一对应到具体角色上，而在小说以外用到这些数字时，未必都是实指。齐威王召来的 72 名地方官也好，淳于髡身边的 72 位学者也好，并不真是实指 72 个人。通常古人说到3、9、36、72 时，含义往往等于"多"。所以"36 人"可能指的是"好多人"，"72 人"指的就是"好多好多人"。

回到邹忌的故事，把《新序》里"稷下先生淳于髡之属七十二人"翻译成白话，只能说"稷下先生淳于髡等等很多人"。很多人都不服邹忌，去找邹忌斗嘴，决心当面让邹忌难堪。

交锋开始了，淳于髡这边人多势众，趾高气扬，邹忌单枪匹马，谦卑有礼。淳于髡一方出招了，抛出一句隐语："雪白的狐狸皮做成的袍子，拿一块旧羊皮给它打补丁，你觉得怎么样？"

邹忌马上回答："我愿意遵照您的指教，不会让无能之辈掺进贤人的行列。"

淳于髡一伙继续出招："用方形的榫头插进圆孔里，这办得到吗？"

邹忌回答："我愿意遵照您的指教，洁身自好，不敢结党营私。"

淳于髡一伙又问："三个人一起去放一只羊，羊没有草吃，人也没工夫休息，这是怎么回事？"

邹忌回答："我愿意遵照您的指教，精兵简政，不会没事找事，滋扰百姓的。"

任凭淳于髡这边的隐语有多隐晦，邹忌都不假思索，随口应答。胜负很快就见了分晓，淳于髡等人灰溜溜地告辞，恭恭敬敬地给邹忌行礼，这回轮到邹忌倨傲起来，简略地还礼送客。（《新序·杂事二》）

《史记》和《慎子》的版本

有意思的是，《史记》也记载过这一段口舌争锋，但细节的不同造成了基调的差异。在《史记》的版本里，并没有关于稷下学者如何不服气的描写，淳于髡单枪匹马去见邹忌，动机不明——也许真的不服气，也许只是高手之间的见猎心喜。淳于髡一连讲了五个隐语，邹忌对答如流。交锋已毕，《史记》没说谁胜谁负，只是说淳于髡"趋出"。

对照《新序》和《史记》的修辞，就会发现《新序》不但浅白很多，而且前后必有呼应，更有寓言故事的味道，《史记》更写实，措辞简略而准确。

《新序》对淳于髡一行来见邹忌的描写是"淳于髡之徒礼倨，邹忌礼卑"，前者倨傲，后者谦卑，分出胜负以后，又说"邹忌之礼倨，淳于髡等之礼卑"，原本倨傲的变谦卑了，原本谦卑的变倨傲了。到了《史记》，只用"趋出"两个字就表现出了淳于髡的态度。"趋出"的意思是用小碎步快步退到室外，按照当时的礼仪，这种仪态可以传达出恭敬的态度，所以下级在拜见上级之后，离开时都要"趋出"，既不会大踏步走出去，也不会踱着四方步晃出去。

淳于髡出门以后，在仆人面前感慨说邹忌思维太敏捷，应该很快就会受封。果然才不过一年光景，齐威王就把下邳封给邹忌，封号成侯。（《史记·田敬仲完世家》）

这里有一点需要留意：**淳于髡对邹忌的称赞意味着当时稷下学宫的意见领袖认可了邹忌的能力，对邹**

忌这样一位毫无根基的政坛新人而言，这种认可来得太及时，太重要。参照《慎子》的记载，当时和淳于髡一道来的，也就是《新序》所谓的"稷下先生淳于髡之属七十二人"，有慎到、田骈、环渊这些响当当的人物。他们不仅在当时的稷下学宫属于顶尖的学术大师，在先秦思想史上也算得上有头有脸的精英分子。《慎子》这部书就是慎到学派的作品，刘向给它做过编辑整理工作，所以《新序》关于邹忌与淳于髡之战的史料来源应该就包括《慎子》。

刘向编订的《慎子》有 41 篇或 42 篇，传到北宋初年，还剩下 37 篇，到了南宋就只剩 5 篇了，还好这5 篇一直传到今天。一度有人怀疑《慎子》的真伪，但近年的出土文献给《慎子》洗脱了"伪书"的污名。在《慎子》的记载里，包括慎到本人在内的一批稷下学宫的大权威通通败给邹忌，看来大家对邹忌是真心服气的。

———— **148** ————

为什么说晏婴不是合格的总理

邹忌封地是下邳，《慎子》的记载是邳，依照惯例，邹忌应该被称为下邳侯或者邳侯，为什么却叫成侯呢？

封号和封地脱离

齐国的下邳，在今天的江苏省睢宁县古邳镇。这是中国历史上很著名的一个地方，但不是因为邹忌，而是因为张良。张良行刺秦始皇失败以后，流亡下邳，偶遇黄石公传授兵法，从此脱胎换骨。今天古邳镇一带还有圯桥遗址，据说是张良遇到黄石公的地方，还有一座张良殿，张良的塑像金光闪闪，黄袍加身，脚边有一座微型塑像，应该就是黄石公。

张良的名气太大，独占了古邳镇的全部风骚，让人很难找到邹忌的痕迹。

邹忌在这方面确实有点倒霉，就连籍贯也被一位大名人抢了风头。

"邹"原本是邾国，在春秋时代还有不少戏份，后来改称"邹"。邹国亡国之后，遗老遗少就以邹为氏，从此百家姓里有了邹姓。邹国出身的最大的名人就是孟子，今天我们可以在山东省邹城市看到孟府、孟庙、孟林，却看不到邹忌的痕迹，只是在山东各地遍布着不少邹家村。

从地图上查看邹忌受封的下邳，会发现当时的下邳，今天的古邳镇，已经属于江苏省了，说明下邳在战国时代远离齐国的政治中心，几乎在齐国的南部边境地带。从下邳到齐国的都城临淄，今天走233国道或231省道的话，有三百多公里。如果邹忌真的到自己的封国生活，也就只能逢年过节往首都临淄跑一趟，给齐威王带一点土特产。邹忌作为齐国总理，必须留在临淄，随时处理国家大事。

在宗法封建的传统里，遇到这种情况，可以用变通方式应对，比如邹忌留在临淄，派嫡长子到下邳，从此邹忌的嫡长子可以在这里代代相传。鲁国就是这种模式，周公必须坐镇中央，儿子伯禽到鲁国就封，世代相传。但是到了战国时代，宗法传统已经七零八落了，大国诸侯都在加强中央集权，分封的方式不断向集权的方向调整。所谓把下邳封给邹忌，仅仅是把下邳的赋税给邹忌当俸禄。邹忌既无权直接管理下邳，也不能把下邳传给自己的儿子。

既然封君和封地分离，封号和封地也就没必要统一了，可以挑一些好听的字眼。比如秦国总理张仪，封号是武信君，吕不韦的封号"文信君"刚好能和它配对。齐国另一位总理田婴封号靖郭君，封地在薛，后来被儿子田文世袭，但田文的封号既不是薛君，也不是靖郭君，而是孟尝君。

在邹忌的时代，封号应该刚刚和封地脱离，所以看上去还比较质朴。"成"毕竟是一个含义美好的字，所以邹忌的封号叫成侯，大约是希望在邹忌的治理下，齐国可以霸业大成吧。

我们看邹忌上位的经过，会觉得他的名与利来得太轻易，但如果放在整个齐国的背景下，就会发现在齐国的封君当中，除了邹忌之外通通都是田氏家族的人。可见当时齐国的宗族势力还是很大，邹忌的工作恐怕不那么好开展。而另一方面，齐威王给邹忌这样的特殊对待，很符合今天家族企业的经典管理模式：当家族企业运营时间太久，对三亲六戚越来越管理不动时，大老板会请一两个外姓人在高层就职，让外姓人——尤其是外姓狠人——去整治那些亲戚，一旦出了乱子，不好收场，就拿外姓人当替罪羊，亲戚之间还是一团和气。

我们拿家族企业的管理思路去看历史，就会发现大国诸侯也好，各个朝代也好，其实都是家族企业，上述管理模式也在历史上长盛不衰。

晏婴：另一种总理范式

邹忌和管仲都是用奢侈排场震慑统领群臣的总理，那么，如果有人走艰苦朴素路线，能胜任总理的工作吗？貌似不太可能，因为这是连管仲都做不到的事情。但事实上，真的有人做到过。

《史记·管晏列传》把春秋时代两位齐国总理的传记写在一起。这两位总理，一个是管仲，一个是晚于管仲一百多年的晏婴，两个人处处相反，却都是历史上的模范总理。

管仲的生活作风，最突出的特点就是奢侈，举止高调，而晏婴一辈子勤俭节约，举止低调。晏婴每顿饭的肉菜最多只有一份，家里的妾连绸缎衣服都穿不起。全家人的生活品质只维持在吃饱穿暖的水平，从没有上升到吃好穿好的高度。

刘向的《说苑》给了晏婴不少篇幅，有一段是这样的：晏婴上朝，坐的是一辆破车，连拉车的马都没法看。齐景公对晏婴说："您的待遇可不低啊，不至于坐这么一辆破车吧？"晏婴回答："这辆破车对我来说已经很够用了，至于您给我的俸禄，我不但能让自己吃饱穿暖，还能供养我的族人，接济各种亲朋好友，让大家都能吃饱穿暖。"

晏婴下班之后，齐景公派人送了一辆豪华马车给他，但晏婴一再推辞，就是不肯收。齐景公不高兴了，对晏婴说："您要是不收，那我以后也不坐车了。"

晏婴说道："我节衣缩食，是为了给齐国人民做表率，即便如此，我还是担心人们奢侈浪费，行为不检点。如果您乘坐高规格的马车，我也乘坐同样高规格的马车，就给齐国人民做了坏榜样，我也就没法制止那些喜好奢华、品行不端的人了。"（《说苑·臣术》）

从这段记载来看，晏婴是一个固守传统礼制的人。虽然按照传统礼制，以晏婴的身份，坐破车也算非礼，但齐国风气太坏，矫枉必须过正。而晏婴拿国君赐给自己的俸禄大规模接济亲族和朋友，这种做派如果放到战国以后，就很招国君忌讳。国君可以容忍大臣贪污腐败，奢侈浪费，但没法容忍大臣省下钱去邀买人心。田氏家族正是凭着这样的手段成功篡位，在润物无声中把姜姓齐国变成了田姓齐国。晏婴倒没有篡位的心，齐景公也没有这样的历史经验可以参考，所以这一对君臣倒还算相处融洽。

晏婴虽然拿着高薪，但"财散则民聚"，一生都在努力散财，齐国人自然念他的好，而节俭克己、勤奋工作和全心全意为国为民的品质也容易让晏婴赢得人们的尊重。所以，晏婴历事齐灵公、齐庄公、齐景公三代国君，不仅齐国人民爱戴他，就连外国人也称道他。

晏婴的形象更符合我们对清官的期待，所以我们很容易相信，晏婴治下的齐国一定繁荣富强，比管仲时代更上一层楼。然而实际情况刚好相反，管仲时代的齐国可以狂飙突起，雄霸天下，晏婴时代的齐国即便没有沦落到苟延残喘的程度，至少也是危机四伏，姜姓齐国已经离亡国不远了。

那么问题来了：既然有晏婴这样的模范总理当政，国君都换了三任，总理始终都是晏婴一个，齐国怎么反而在走下坡路？通常的想法会是：如果不是晏婴的问题，那就一定是国君的问题——齐灵公、齐庄公、齐景公都是昏君。

这样想貌似没错，但问题是，齐桓公除了任用管仲，其他方方面面的表现都更像昏君，为什么他反而可以称霸？

如果可以请公孙鞅发表意见，他一定会对这个问题嗤之以鼻，连带着对司马迁把管仲和晏婴安排进同一篇传记的写法嗤之以鼻。公孙鞅会敲着黑板说:"循名责实! 循名责实! 循名责实! 重要的事情说三遍! 司马迁缺乏循名责实的意识,所以才会把管仲和晏婴同样当成齐国的模范总理。只要学习过刑名之学的基础知识,就该知道运用循名责实的考核手段来权衡管仲和晏婴称职与否。生活奢侈也好,全心全意为国为民也好,废寝忘食地操劳政务也好,得到全国人民的爱戴也好,通通不重要。这个道理其实一点都不难懂,但因为它过于理性,所以很少有人能够真正养成循名责实的思维方式。这也是为什么我在和甘龙、杜挚辩论时会强调'论至德者不和于俗,成大功者不谋于众',老百姓的意见真的一点都不重要。人们可以称赞晏婴是一个道德标兵,劳动模范,但不该称赞他是一位模范总理。普通人总会出于认知一致性的天性,把一个坐在总理位置上的道德标兵和劳动模范当成模范总理。"

再看邹忌,他也算齐国历史上的一位著名总理。论起人品,邹忌比管仲还要不堪。退一步说,就算对政治人物不看私德,但邹忌的问题大大超出了私德范畴。在国家利益和个人利益冲突时,他会断然选择个人利益。他也不介意用阴谋诡计陷害无辜的政敌,更不介意这样做会减损齐国的实力。然而,就是这样一个人,在他执政的时间里,我们确实看到了齐国蒸蒸日上。

周显王十五年

———————— 149 ————————

魏国吃了秦国败仗为什么会打赵国

周显王十五年（前354年），战国历史上发生了一出很著名的大戏：孙庞斗智。在正戏开场之前，还有几件小事需要交代一下。

元里之战

原文：

（十四年）

秦孝公、魏惠王会于杜平。

鲁共公薨，子康公毛立。

周显王十四年（前355年），魏惠王和秦孝公有过一次杜平之会。会上商议了什么问题，我们已经无从得知，但显然两国没能达成和平发展的共识，因为转过年来就发生了一场恶战。

会面地点杜平在今天的陕西省澄城县。这里原本有个杜伯国，出过一位很有名的杜伯，因为被周宣王冤杀，鬼魂在光天化日之下盛大出场，当着几千人的面一箭射死了周宣王。《墨子》搜集了这条史料，信誓旦旦地证明这世上真的有鬼。(《墨子·明鬼》)

秦始皇统一六国后，杜平改为北徵县，今天澄城县里还有古徵街、古徵公园，但杜平的痕迹已经很难寻觅了。

还是在周显王十四年，鲁国发生了国丧，鲁共公过世，共公之子康公继位。

按照《史记》的记载，鲁康公名"屯"，《资治通鉴》误写成"毛"，这又是一例字形相近导致的抄写错误。

原文：

（十五年）

秦败魏师于元里，斩首七千级，取少梁。

魏惠王伐赵，围邯郸。楚王使景舍救赵。

周显王十五年（前354年），《资治通鉴》简略记载了两件大事：第一，秦国在元里大败魏国，斩首7000级，夺取了少梁城；第二，魏惠王攻打赵国，包围了赵国的都城邯郸，楚王派景舍救援赵国。

秦、魏交战的元里紧邻杜平，当时是魏国西部防御秦国的长城要塞。至于少梁，秦国和魏国已经不止一次拿出你死我活的劲头来争夺了。看来秦国人在公孙鞅的政策引导下斩首的热情高涨，砍下了7000颗人头计件领赏。

这里有一个细节值得注意："斩首七千级"，人头的量词为什么是"级"？"级"左边的绞丝旁表意，右边的"及"表音。既然用绞丝旁表意，显然这个字的含义和蚕丝有关。古人用"级"来表示蚕丝的等级，所以"级"就有了等级、级别、品级、阶级这些引申义。这个方向的引申义，显然和人头无关。但是，爵位是有等级的，而秦国拿人头计件提成，一颗人头可以换来一级爵位，所以"级"就演变为人头的量词，还衍生出词语"首级"。后来"级"甚至可以直接用作名词来表示人头，比如王阳明在一份奏章里说："斩获贼级四颗。"（《参失事官员疏》）

元里一战，魏国被秦国斩首七千级，还丢掉了少梁，按说如果还有余力的话，正常反应会是整军经武，找秦国报仇，但魏惠王竟然放开秦国，去打赵国，还包围了赵国的国都，显然动用的兵力规模不小。这到底是为什么？

《资治通鉴》只字未提，我们需要到其他史料当中寻找线索。

"鲁酒薄而邯郸围"

从《史记》的记载推断，秦国虽然攻占了少梁，但并没能保有很久，还要再等些年魏国才彻底放弃了少梁。在元里之战过后，魏国应该做出了正常的反击，只是缺失史料记载。

魏国去打赵国，包围邯郸，这件事牵动了兵法大师孙膑的出场，后续事件精彩纷呈。不过仅就魏国攻打赵国这件事本身来说，已经很有传奇色彩了。

《庄子》有一句名言："鲁酒薄而邯郸围。"（《庄子·胠箧》）这句话堪称中国版的蝴蝶效应，魏国军队之所以围攻邯郸，起因只是一件和魏国、赵国八竿子打不着，又实在微不足道的小事——鲁国的酒味道不醇。

鲁国的酿酒品质是怎么引发一场世界大战的？

唐朝学者陆德明给《庄子》作注，讲明这一段历史的来龙去脉：楚宣王要做江湖大佬，让各位诸侯来楚国拜码头。鲁共公来得最迟，进贡的酒品质也不太好，味道有些淡，这让楚宣王非常生气。而鲁共公非但不低头告饶，反而说了一番硬话，说自己是周公的后人，鲁国在诸侯当中地位一向尊贵，当年被周天子特许可以使用天子级别的礼仪，所以，自己巴巴儿地来楚国送酒就已经够非礼了，没想到还因为酒的品质问题被责骂，楚国欺人太甚！鲁共公实在气不过，招呼也不打一声就回国了。楚宣王更气不过，于是联合齐国攻打鲁国。而魏惠王一直想打赵国，之所以迟迟没动手，只因为害怕楚国给赵国帮忙。这时候魏国看楚国正忙着打鲁国，不可能有空去管赵国的闲事，于是调动魏国大军，一路打到邯郸。

这段内容出自陆德明的《庄子音义》，前因后果交代得相当清楚，唯一的问题是，陆德明作为唐朝人，是从哪儿知道这些事的？

关于"鲁酒薄而邯郸围"，今天我们能够看到的先秦史料里，确实无迹可寻，但我们也不好怀疑陆德明造假，因为陆德明是唐朝初年首屈一指的学术大师，水平高，读书多，贡献大，尤其以严谨性著称。也许他看过什么罕见的材料，但后来失传了吧。

在陆德明以前，东汉年间的大学者许慎在注释

《淮南子》时，对"鲁酒薄而邯郸围"有过另一种解读，楚王召集诸侯，鲁国和赵国都有献酒，鲁国的酒品质差，赵国的酒品质好。楚国管酒的官吏私下向赵国人讨酒，赵国人不答应，楚国官吏很生气，就在楚王面前颠倒黑白，说鲁国的酒品质好，赵国的酒品质差，楚王因此发兵，围攻邯郸。

如果非要在陆德明和许慎的说法当中二选一的话，前者显然可靠得多，因为围攻邯郸的是魏国，而不是楚国，这一点总是可以确认的。

《竹书纪年》给出了另外的线索："十四年，鲁共侯、宋桓侯、卫成侯、郑釐侯来朝。"这里的"十四年"不是周显王十四年，因为《竹书纪年》是魏国的历史档案，以魏国为本位，应该是魏惠王十四年，相当于周显王十三年，也就是邯郸之围的两年之前。

注意，鲁共侯和前面提到的鲁共公是同一个人。在五等爵系统里，鲁国的等级是侯爵，所以国君称侯，而国君无论是哪个级别，国内都会称他为公。《资治通鉴》之所以记载的是鲁共公，是因为这一段的史料来源是《史记·鲁周公世家》，是以鲁国本位写的，而《史记》的材料来源是鲁国的历史档案。

但这里怎么会出现郑釐侯呢？郑国明明已经亡国了。答案是：韩国灭掉郑国之后，把国都迁到了郑国的旧都新郑，从此以后，外界便把韩国称为郑国，把韩王称为郑王。

四国诸侯一起朝见魏惠王，充分说明了魏国在中原地区的影响力。两年之后，《竹书纪年》又有一条记载，说赵国攻打卫国，夺取了漆城和富丘。把两件事联系起来，就能看出邯郸之围的端倪：卫成侯既然已经拜了魏惠王的码头，就等于认了江湖大哥，理所当然该被魏惠王罩着，而赵国这次兴兵，欺负了小弟，当然大哥要管。魏惠王并没有直接反扑漆城和富丘，而是直扑邯郸，猛击赵国要害。别看魏国打不过秦国，但毕竟还是中原强国，一出手就把赵国压得没有还手之力。

战国这种乱世，人人都在拉帮结伙。魏国收了那么多小弟，一方面小弟受了欺负，大哥必须去管，另一方面大哥有行动时，小弟也必须效鞍前马后之劳。赵国这边，虽然没有小弟，却有盟友，那就是楚国。

—————— 150 ——————

为什么国君并不希望"将相和"

楚宣王派景舍救援赵国，但在楚国朝廷里，对于到底要不要救援赵国，有过很激烈的争论。权衡一下当时的国力，如果楚国和赵国联手对付魏国，几乎可以说是稳操胜券。那么站在楚国的角度，救还是不救，到底怎样才对自己最有利？

不再论资排辈的任人唯亲

在常规的看法里，救和不救都有道理。

救的道理是：楚国既然和赵国结盟，就该讲信用，如果没有信用，以后还怎么在国际社会上混？

不救的道理是：**乱世里的盟约都是空话，谁讲信用谁吃亏**，小事情上不妨讲讲信用，表表姿态，大事情上一定要以利害关系作为唯一的判断依据。那么，让魏国和赵国鹬蚌相争，自己渔翁得利，难道不是最佳的选择吗?

《战国策》记载了楚国内部的一场辩论。楚国总理昭奚恤的意见是:坐山观虎斗,让魏国和赵国彼此消耗,两败俱伤,这才是最好的结果。(《战国策·楚策一》)

大家可能对昭奚恤比较陌生,但有一个和他有关的典故流传甚广:"狐假虎威",其中"狐"说的就是昭奚恤。典故的出处是《战国策》,刘向编写《新序》时也收入了这段内容:话说楚宣王手下有一名来自魏国的大臣叫江乙,处心积虑要陷害昭奚恤,有一次楚宣王问群臣:"我听说北方人很害怕昭奚恤,真是这样吗?"群臣没人回答,江乙作为一个来自北方的人,给楚宣王讲了狐假虎威的故事,说昭奚恤不过是那只狐狸,强大的楚国才是狐狸背后那只真正让人害怕的老虎。(《战国策·楚策一》)

昭奚恤关于救援赵国的意见,听上去很合常理,但景舍提出反对意见,说现在魏国占了绝对的上风,赵国已经有了亡国的迹象,如果魏国吞并了赵国,怎么能说是两败俱伤呢?现在赵国正在垂死挣扎,赵国人心里应该也已经放弃了对楚国援兵的期待,所以,赵国很可能会和魏国联合起来图谋楚国,这当然不会是楚国希望看到的局面。

景舍，字子发，"发"有出发的意思，"舍"有停下来休息的意思，名和字相反相成，所以可以推断"舍"要读 shè，宿舍的"舍"也是同样的意思。

景舍的话，前半段比较在理，因为魏国一旦吞并赵国，实力就会暴涨，对楚国不利；后半段不太在理，因为就算赵国想和魏国联手图谋楚国，魏国何不直接吞掉赵国，然后再单独图谋楚国呢？

无论如何，景舍的意见是该派援军，但是，兵不必多，也不用真的出力。赵国只要看到楚国来援，就会士气大振，和魏国死战，而魏国一方面会被赵国的死硬态度激怒，一方面看到楚国的援军不但规模不大，还不出战，就绝对不肯放过这一次吞并赵国的良机。这样的话，魏国和赵国才会真的拼得两败俱伤，齐国和秦国也可以趁着这个机会攻打魏国，魏国一定会被打败。

景舍的想法，其实和昭奚恤殊途同归，都盼着邻国倒霉。

楚宣王被景舍的策略说动，派景舍领兵救援赵国。

《战国策》这段记载里的人物关系很值得我们留意。前文提过，楚国王族姓芈，由芈姓分化出若干个氏，国君嫡长子这一脉以熊为氏，其他芈姓贵族里，势力最强的有屈氏、景氏、昭氏三大家族。昭奚恤是昭氏，景舍是景氏，这一将一相都是楚宣王的亲戚。吴起死后，楚国又恢复了芈姓一家亲的状态。这是家族企业的常规模式：当亲戚们势力太强，不好管理时，就找个外人整治他们一下，等一切平稳之后，外人还是外人，亲戚还是亲戚。

严格来说，当时单纯的任人唯亲并不会导致人才匮乏，论资排辈才会。当时的国家，尤其是像楚国这样的大国，亲族规模很大，人才库的体量远不是今天任何一个家族企业可以比的。这些亲族还有一个优势——从小耳濡目染，掌握政治技巧毫不费力，长大以后人脉又广，做起事来助力很多。如果我们相信祖传老中医、老木匠，相信非物质文化遗产的不知第多少代传人，那就没道理不相信祖传的政治技艺。楚国的传统就是这样，虽然很欢迎外部人才给家族企业注入一些新鲜空气，但整体上还是家族企业的运作模式。

有任人唯亲，但没有论资排辈，亲族里的人才就有机会大展拳脚，昭奚恤和景舍都是很厉害的人物。如果我们只看昭奚恤和景舍在救援赵国问题上的辩论，很容易想当然地觉得昭奚恤头脑简单。实情刚好相反，昭奚恤以头脑灵活、反应敏捷、思考深刻而著称。景舍更是一位名将，不但战功彪炳，还开创了特种兵的打法，派神偷执行特殊军事任务，立下奇功。

微表情识别术

另一个值得留意的细节是，昭奚恤的职位是相，景舍的职位是将，将和相在职权上已经分离开了。将和相的分离，首先意味着专业分工的需要。随着国家规模的扩大化，战争局面的复杂化，还伴随着技术的不断进步，无论内政、外交还是作战，都需要专业性的人才，再也不是"君子不器"的时代了。

另一方面，刑名之学的流行使君主意识到循名责实的意义，而要做到循名责实，岗位职责就必须明确，这同样不允许"君子不器"的情况。

另外还有权谋方面的考虑：将和相彼此制衡，谁也没机会专权，这样可以杜绝谋朝篡位的可能性。

你一定熟悉廉颇、蔺相如"将相和"的故事，其实，当平民百姓盼望并赞美"将相和"时，国君心里其实很不希望看到"将相和"的局面。将和相一旦亲如一家，那就太容易联起手来对付国君了。

这种顾虑甚至会影响到国君对子女的婚姻安排：多和将相之家联姻，但不要让将和相彼此联姻。国君很愿意看到将相不和，只要这种不和不超出自己的掌控就好。如果真的"将相和"了，国君可能还得费点心思挑拨将和相的关系。

话说回来，楚宣王这边做好决策之后，赵国到底会不会上当？我们需要借助另一部书《战国纵横家书》。

1973 年，长沙马王堆 3 号汉墓出土了大批帛书，有一部分内容和《战国策》很像，一共 27 章，整理小组给它取了个名字叫《战国纵横家书》。书里有 11 章内容和《战国策》《史记》基本重合，另外 16 章前所未见，不但司马光没见过，就连司马迁也没见过。

《战国纵横家书》刚好有一章是站在赵国的角度来看楚国派援这件事，可惜文字残缺太多，只能大概看出事情的轮廓：麛皮作为赵国的使者来到楚国，昭奚恤说了洋洋洒洒一番话，核心意思就是保卫赵国就是保卫楚国，所以楚国会动员全部兵力驰援邯郸。麛皮询问楚国出兵的具体时间，昭奚恤回答："您先回去，我们的军队随后就到。"麛皮回国复命，对赵成侯说："昭奚恤虽然答应得很痛快，话也说得很在理，但我看咱们还是赶紧跟魏国讲和吧，可不能指望楚国。"

赵成侯一脸茫然："人家既然答应得很痛快，话也说得很在理，为什么反而没法指望呢？"

麛皮回答："当我询问楚国出兵的具体日期时，昭奚恤不肯直接答复。当时，他的头向右偏，左耳露在前边，右耳隐在后边，隐隐透着高兴的神情。所以我判断，他肯定言不由衷，心里想的是一套主意，嘴上说的是另一套主意。他之所以承诺派援兵，只是为了坚定我们的作战意志，和魏国拼个两败俱伤。"

麛皮的观察和判断，用中国的老话来说叫察言观色，用西方心理学术语来说叫微表情识别。《战国纵横家书》和《战国策》里的文章，很可能被战国时代的游士们当成学习材料，不但要从中学习说服术、雄辩术，还要学习察言观色的本领。公孙鞅如果学过这套本领，求见秦孝公时也不至于三番五次地买人情、花工夫了。

只不过，麛皮虽然看透了真相，却没能说服赵成侯，景舍的计策和昭奚恤的欺骗真的把赵国诓了进去。（《战国纵横家书·麛皮对邯郸君章》）幸好赵国的盟友不止一个楚国，还有东方的齐国。齐威王既然怀着一鸣惊人的心，当然不肯放过扬名立万的机会。但是，战争毕竟不是小事，要和大臣们商量。于是在齐国的朝廷里，救赵还是不救赵，又引出了一番争论。

—————— 151 ——————

齐国该不该救援赵国

齐国的朝廷为是否救赵展开了一番争论，但《资治通鉴》略过了争论内容，直接在周显王十六年（前353年）叙述齐威王派田忌救援赵国，并追叙了齐国军师孙膑和魏国大将庞涓的恩仇纠葛。不过，幸好《史记》和《战国策》记载了齐国的廷议内容，让我们得以了解其中细节。

总理也会有私心

邹忌作为齐国总理，意见和楚国总理昭奚恤高度一致：不救。

臣子段干朋提出反对意见，如果坐视不理，不但践踏了道义，也对齐国不利，毕竟齐国不能坐看魏国变强。

决定要救，那么接下来的问题是怎么救。

常规的办法当然是直接出兵，驻扎在邯郸郊外，魏国一定不敢轻举妄动。但段干朋说："这样的安排当然可以救赵国，赵国不会受损失，魏国也能全身而退。可我们齐国不能做老好人啊，所以正确的救援策略是：放着邯郸不管，向南攻打魏国的襄陵，以此来削弱魏国。这样一来，邯郸迟早会被魏国打下来，赵国被削弱，而我们趁着这个机会，可以继续从魏国那里捡便宜。"（《史记·田敬仲完世家》）

看来段干朋的奸诈并不在景舍之下，和景舍的出发点异曲同工。

段干朋是段干家族的后人。看来魏文侯时代的段干木之后，段干家族还有人才，但已经顺应时势，不做隐士了。

齐威王决定执行段干朋的策略，接下来的问题就是主帅人选了。邹忌身为齐国总理，很会选拔人才。这回选将，邹忌推荐了田忌，田氏家族的重要成员，齐国的一员大将。

齐国也像楚国一样，是一个树大根深的家族企业，基本上重要岗位和显赫地位都被田家人把持着，邹忌只是一个例外，大约齐威王需要这样一个外人来制衡自己那些让人头痛的亲戚们。**这就意味着，邹忌的利益每进一步，田氏家族的利益就得退一步。所以不难**

想见，当下的齐国正面临着严峻的将相不和的问题，所以邹忌推荐田忌，完全出于隐秘的私心。因为有人给他出主意，建议他发动对魏战争，这样一来，田忌一定会当主帅。如果田忌打赢了，就要归功于邹忌的谋划；如果田忌打输了，就算没死，小命从此也就掌握在邹忌手里了，如意算盘打得很响。邹忌原本反对援救赵国，但既然齐威王做了决定，那就让田忌挂帅，出征襄陵吧。

周安王十二年（前 390 年），《资治通鉴》记载了齐国进攻魏国，夺取了襄陵的事情。襄陵是今天的河南省商丘市睢阳区，因为春秋时代宋襄公的陵墓建在那里，所以称为襄陵。显然襄陵原本是宋国的地盘，却被魏国夺走了，后来襄陵几经易手，先后被齐国、楚国占领，现在又到了魏国手里。

襄陵在邯郸正南偏东大约 350 公里，在大梁东南大约 140 公里，邯郸在大梁正北大约 260 公里。齐国如果从首都临淄出兵直奔襄陵，是向西南行军大约 450 公里，而如果从临淄到邯郸，是向正西行军大约 420 公里。也就是说，从临淄出发，到襄陵和到邯郸的距离差不多，也都没有额外的山河险阻。对齐国来说，到襄陵更是轻车熟路，所以行军成本并不高。如果能够打下襄陵，还可以对魏国的都城大梁构成威胁。

齐国和楚国各怀鬼胎，都想看赵国倒霉。这样看来，魏国虽然有可能在一些小地方吃亏，但夺取邯郸应该问题不大。那么，站在魏国的角度，简单算一算盈亏，会发现预期的战果相当划算。不出意外的话，魏国如果能以损失一些次要城邑的代价换来攻占邯郸，乃至吞并赵国的成果，这无论如何都该算是惊人的胜利。但是，偏偏有人认为这种胜利只是战术层面上的胜利，而从战略上看，根本就不应该去打赵国，否则战术上赢得越多，战略上输得越惨。

南辕北辙

魏国大臣季梁听说魏王准备攻打邯郸，急忙赶回大梁，给魏王讲了自己一路上的见闻，说一个要去南方楚国的人正在往北走，季梁问他："你为什么往北走？"那人回答："我的马好。"季梁又说："你的马再好，可楚国明明在南边啊。"那人回答："我的盘缠多。"季梁还是不理解："可这不是去楚国的路啊。"那人又说："我的车夫驾车技术特别强。"显然，马越好，盘缠越多，车夫的技术越强，就一天天离目的地越远。季梁随即把话题引到现实问题，说魏王的目标是成就霸业，而攻打邯郸无异于想去南边的楚国却拼命往北

走。(《战国策·魏策四》)这个故事就是成语"南辕北辙"的出处，

"南辕北辙"的故事出自《战国策》，原文只提到"魏王"，并没提是哪一位魏王。一直到清朝《周季编略》出场，这位魏王才被确认为魏惠王。《周季编略》的作者黄式三，字薇香，号儆居，浙江定海人。定海在道光二十年（1840年）被英军入侵。正是因为这一次英军入侵，黄式三举家迁居镇海，从此闭门著书。黄式三涉猎很广，《周季编略》是他给战国时代整理出来的一部编年史，年份是接着《左传》开始的。

从严格的编年意义上看，《左传》编年结束于鲁哀公二十七年（前468年），距离《资治通鉴》开始的周威烈王二十三年（前403年）足足65年。所以在黄式三看来，自己这部《周季编略》是第一部接续了《左传》的战国编年史。

补足这65年的编年倒也算不上多了不起，黄式三的主要贡献是反复考订战国史料，所以在内容上，《周季编略》经常做得比《资治通鉴》更好。关于《战国策》里南辕北辙的那段故事，黄式三前后对比了魏国和赵国的历次战争，把它编在了周显王十五年（前354年），也就是《资治通鉴》记载里"魏惠王伐赵，围邯郸"的这一年。黄式三的推断虽然并不是铁证如山，

却是现有材料里所能得出的最合情合理的结论。

那么，如果魏国向东对赵国兴兵属于南辕北辙，正确的战略似乎是集中力量对付西边的秦国。季梁没有多说，我们的推测也只能到此为止。赵国那边，两大盟国各打各的小算盘，而魏国这边，盟友同样很不可靠。

之前宋国拜了魏国的码头，认魏国当大哥。这次大哥出征，自然要招呼小弟助阵。宋国可不愿意蹚这趟浑水，派出使者去和赵国商量，说我们宋国实力太弱，拗不过魏国，但又不愿意真的来打你们赵国，要不咱们就一道演一出戏，我们假装进攻你们的一座边境城邑，当然是假打，磨洋工而已，做个样子让大哥魏国安心就行了。两边一拍即合。果然后来魏国很高兴，觉得宋国乖，赵国也高兴，也觉得宋国乖。（《战国策·宋策》）

复盘一下当时的局势会发现，魏国主力部队正在强攻赵国都城邯郸，魏国的小弟宋国在赵国边境装模作样耗时间，邯郸岌岌可危，楚国景舍带着一支规模不大的部队从南边装模作样地要解邯郸之围，齐国田忌统率齐国主力开赴魏国重镇襄陵。这场"世界大战"，参与的势力虽多，实际角力的核心人物只有两个：魏国的主帅庞涓和齐国田忌的军师孙膑。惊心动魄的孙庞斗智就这样揭开序幕。

周显王十六年

152

鬼谷子是怎么被神化的

原文：

（十六年）

齐威王使田忌救赵。

初，孙膑与庞涓俱学兵法。庞涓仕魏为将军，自以能不及孙膑，乃召之。至，则以法断其两足而黥之，欲使终身废弃。

周显王十六年（前353年），《资治通鉴》记载的第一件事就是齐威王派田忌救援赵国，然后司马光做了一番追叙，讲述孙膑和庞涓之间的恩怨纠葛。起初，孙膑和庞涓是同学关系，一起学习兵法，后来庞涓到魏国做了将军。庞涓很清楚自己的才能不及孙膑，就把孙膑请到魏国，找了个罪名给他，砍断了他的双脚，又在他的脸上刺字，把他变成废人。

《资治通鉴》这段记载是从《史记》删改来的，所以有必要回溯到《史记》，看看《史记》里更加丰富的说法。

鬼谷先生和他的弟子们

《史记·孙子吴起列传》把孙子和吴起合写在一篇传记里，而司马迁所谓的孙子，其实是两个人，先有孙武，后有孙膑，两个人的生活时代间隔了一百多年。司马迁说，孙武和孙膑都是齐国人，孙膑是孙武的后人，出生在阿和鄄之间的某个地方。阿、鄄两地前文都出现过，阿在今天山东省聊城市阳谷县阿城镇，鄄在今天的山东省菏泽市鄄城县，两地相距大约100公里。

严格来说，孙武和孙膑都不姓孙，而是姓姬，和周天子同姓。周朝初年分封诸侯，周武王的弟弟姬封受封卫国，传到卫武公，卫武公有儿子名惠孙，惠孙有儿子名耳，耳有儿子名武仲。根据周代称谓和姓氏分化的规则，惠孙被称为公子惠孙，耳被称为公孙耳，到了武仲就可以从祖父惠孙的名字里取一个字作为自

已的氏，所以武仲取了"孙"字，从此武仲也叫孙仲，孙氏从此诞生。(《通志·氏族略三》)

孙膑和庞涓一道学习兵法，这件事特别能引起人们的好奇。以庞涓的本事，已经可以独当一面，甚至替魏国创建霸业了，而孙膑的本事更高，不但超过了庞涓，还成为历史上屈指可数的几位兵法大师之一。那么，教他们兵法的老师岂不是更厉害？

很多人都认为孙膑和庞涓的老师是鬼谷先生，但这只是民间文学给我们留下的印象。《资治通鉴》也好，《史记》也好，乃至任何靠得住的史料，都没讲过孙膑和庞涓的老师是谁。至于鬼谷先生，在《史记》的记载里，他是苏秦和张仪的老师。苏秦和张仪都是纵横家，学的是纵横术，而孙膑、庞涓都是兵法家，学的是兵法。虽然纵横术和兵法有相通之处，但从常理来看，孙膑、庞涓应该另有师承才对。

孙膑、庞涓成长的时代，正是齐国稷下学宫兴起的时代，老师并不难找，教什么的都有。但后人还是愿意相信鬼谷先生才是他们的老师，一来"鬼谷先生"这个名号太有神秘感，一看就是世外高人，二来"鬼谷先生"这个名号自带的神秘属性跟兵法谋略的诡诈、孙庞斗智的故事特别合拍。

鬼谷先生的身世有一个层累式的丰富过程，被各个时代的好事者编造出来各种细节，不但有名有姓有师承，还有详细住址：云梦山水帘洞。现在云梦山已经被开发成旅游区了，景区里有孙膑峰、庞涓峰、鬼谷子演阵台，还有一座毛遂峰，主题人物是成语"毛遂自荐"里的毛遂，他也成为鬼谷先生的学生。

以鬼谷先生这样一位高人，当然会有不少著作。而在所有托名鬼谷先生的著作里，只有一部《鬼谷子》比较可靠，无论它是否真的出自鬼谷先生之手，至少有相当一部分内容是先秦时代的纵横家的理论。

今天我们看到的《鬼谷子》，主要内容是说服术和雄辩术，第一篇总论部分题为《捭阖》，用阴阳转化的哲学阐述说服的技巧，比如："与阳言者，依崇高；与阴言者，依卑小……此天地阴阳之道，而说人之法也。"这些话可以解释得非常高大上，但如果用俗话意译过来，意思大概是"见人说人话，见鬼说鬼话"。纵横家没有观点上的立场，只考虑怎样才能说服对方。今天常用的成语"纵横捭阖"就是从《鬼谷子》来的。

《鬼谷子》有《揣》和《摩》两个篇章，教人如何"揣情摩意"，不但要看清局势，还要看透对方的心思，并为我们贡献了"揣摩"这个常用词。

不难想见，《鬼谷子》这套技术流的打法一定为正人君子所不齿，所以《鬼谷子》在历朝历代没少挨骂。

而在道教系统里，鬼谷先生位列仙班，后来的元杂剧和各种演义沿着这条线添枝加叶，这才有了我们熟悉的孙庞斗智故事的民间版。民间版本过于深入人心，所以在我们考察历史时，一定要小心拨开这些障碍。

关于孙膑和庞涓的早年关系，《史记》讲得很简单，总而言之，这是一场由嫉妒引发的悲剧。孙膑受了肉刑，落下了终身残疾，脸上又被刺了字，似乎后半生只能苟活了。因为没了双脚，所以才被称为孙膑，意思大约相当于孙瘸子，孙膑的本名反而没人知道了。民间文人搞不清"膑"的含义，在编故事时，说孙膑兄弟三人，分别是孙龙、孙虎、孙膑。如果父母真的这么给孩子取名，老三一定是从仇人家里收养来的。

庞涓为什么没有斩草除根，索性把孙膑害死？这个问题不好解释，也就给民间故事留下了很大的发挥余地，说庞涓是为了诱骗孙膑默写鬼谷先生的兵书，才留下孙膑的性命。

孙膑的脱险

孙膑该如何绝地反击？反击的事情先往后放，逃离险境才是第一位的。

原文：

齐使者至魏，孙膑以刑徒阴见，说齐使者。齐使者窃载与之齐。田忌善而客待之，进于威王。威王问兵法，遂以为师。

当时有齐国使者来到大梁，孙膑找他帮忙。但问题是，一个犯过罪的不良于行的残疾人该怎么见到外国使者呢？事情似乎很难办，但豫让行刺赵无恤时，通过自残把自己伪装成一个受过肉刑的人，而受过肉刑的人通常都会被安置在没人愿意做的岗位上，豫让就这样混进了赵无恤的宫室去打扫厕所。孙膑不用伪装，是一个如假包换的刑余之人，大概借此混进了一个类似岗位，总之成功见到了齐国使者，还成功地说服使者带自己脱困。使者看出孙膑是个难得的人才，就秘密把他带回齐国。齐国将军田忌收留了孙膑，还给了他很高的礼遇。

这段时间，虽然著名的"战国四公子"还没有出场，但贵族供养门客并不稀奇。这就见出养闲人自有养闲人的好处，如果孙膑去的不是齐国而是秦国，在商鞅变法的大环境里，恐怕等不到崭露头角的机会就已经被脏活、累活折磨死了。

《资治通鉴》说田忌善待孙膑，把他引荐给齐威王。而在《史记》的记载里，从田忌接纳孙膑到田忌向齐威王引荐孙膑之间，还有一段今天已经众所周知的故事——田忌赛马。司马光把这段故事完完整整地删节了，大概在司马光看来，这种雕虫小技实在没有"资治"意义吧。虽然不知道司马光为什么要删掉这么精彩的一段故事，**但以司马光一贯的风格来看，田忌赛马这种事确实很容易被他当成小花招，不以为然——与其四两拨千斤，不如一力降十会。**

　　田忌赛马的故事在性质上和曹刿论战一样，都是在规则的争斗当中以违规取胜，很能折射时代变局。如果请刑名学家来当裁判，就会本着循名责实的原则，要求上驷必须是上驷，如果谁家的上驷跑得不如自家的中驷和下驷快，那么违规情况一目了然，可以取消比赛资格。所以，如果田忌赛马的故事发生在秦国，估计孙膑就取不了这个巧了。不过，孙膑的思路虽然不是竞赛的思路，却是货真价实的兵法思路，毕竟打仗没有裁判，而没有裁判也就无所谓规则，唯一要紧的就是输赢。田忌和齐威王都从孙膑身上看出了兵法家的魅力。齐威王和孙膑探讨兵法，很为孙膑折服，齐威王"遂以为师"。

——————— 153 ———————

两军旗鼓相当怎么打破僵局

两军旗鼓相当，阵型都很牢固，谁先进攻谁吃亏，在这种局面之下，该怎么打破僵局，打赢战争呢？

擒庞涓

这是作战当中特别常见，也特别难解的一个问题，所以出现在各种兵书里。吴起的兵书《吴子》、托名姜太公的兵书《六韬》以及《唐太宗李卫公问对》都讲到过。这些书的内容确实存在互相抄袭的可能，只是除了时代明显靠后的《唐太宗李卫公问对》之外，很难确定谁是原创，谁是抄袭，又或者真的英雄所见略同。

齐威王拿这个问题问孙膑，孙膑的回答是：派少量兵力去做试探性进攻，要选择身份低下但作战勇猛的人担任将领，由着他们吃亏，只要他们的败退能把敌人从阵地里引出来追击就好，然后用提前埋伏好的主力部队从敌人的侧翼发动攻击，这样就可以取得胜利。至于这个身份低下但作战勇猛的人愿不愿意被蒙在鼓里去当炮灰，那都不重要。后来，在与庞涓交手时，孙膑的这个思路真的付诸实践。

以上孙膑和齐威王的问答，出自《孙膑兵法》，司马迁和司马光都没见过。1972 年，山东临沂银雀山汉墓出土了大批竹简，其中就有《孙膑兵法》的佚文《吴问》和《晏子春秋》的残篇。

《孙膑兵法》的出土有一个很重要的意义，它解决了一个千古难题：孙武和孙膑到底是不是同一个人？连带的问题是：《孙子兵法》和《孙膑兵法》是不是同一部书？现在很清楚了：人不是同一个人，书也不是同一部书。

按照 1985 年出版的整理版，《孙膑兵法》一共 16 篇，整理小组确认前四篇肯定是孙膑的作品。这个论断也许有一点武断，但退一步说，这四篇至少是孙膑的弟子编写出来的作品。四篇的题目依次是：《擒庞涓》《见威王》《威王问》《陈忌问垒》。其中第二篇《见威王》是整理小组根据内容添加上去的，其余三篇的题目都是原本的题目。"擒"本字是"禽"，既有"活捉"的意思，也有"打败""制服"的意思。这里到底该取哪个意思，很难确定。

翻开《孙膑兵法》，首先会对篇章次序感到疑惑：如果以时间顺序来编书，第一篇应该是《见威王》，内容是孙膑在齐威王面前讲述兵法的基本原理，腔调特别务虚，是全书的大帽子；第二篇应该是《威王问》，齐威王向孙膑请教战术上的各种难题，本节开头的问题就是齐威王提出来的第一个问题；第三篇才应该是《擒庞涓》——在《威王问》之后，齐威王对孙膑相当欣赏，后来邯郸被围，齐国决定救援赵国。

原文：

于是威王谋救赵，以孙膑为将，辞以刑馀之人不可。乃以田忌为将而孙子为师，居辎车中，坐为计谋。

《史记》和《资治通鉴》的记载是齐威王想让孙膑统兵，但孙膑推辞，说自己是刑余之人，没法做主帅，这才改由田忌统兵，孙膑担任军师，坐在车上跟随军队行动，为田忌出谋划策，最后打败了庞涓；然后第四篇是《陈忌问垒》，陈忌就是田忌，"陈"和"田"在当时可以通用，田忌向孙膑请教兵法，孙膑作出解答，中间还说"我就是用这个计策打败了庞涓"。

以上应该是《孙膑兵法》前四篇正确的时间顺序。但为什么本该作为第三篇的《擒庞涓》被当成了第一篇呢？最有可能的原因是：这一战是孙膑的成名之战，不但打赢了，而且赢得特别漂亮，简直让兵法有了美学意义。

"批亢捣虚" 和 "形格势禁"

《孙膑兵法》的时代特点，就是虽然承认正义对于战争的胜利很有帮助，但断然抛弃了"止戈为武"那些好听但不切实际的大话，坦率承认战争就是人的天性。

先秦诸子特别爱讲"天之道"，秦汉以后又流行所谓"天人合一""自然而然"，但很少有人想过，真正的天之道，也就是自然之道，无非是物竞天择，适者生存。这很残酷，一点都不美好。《孙膑兵法》说了老实话，看看动物，有嘴里长着利齿的，有头上长着犄角的，高兴了就在一起快活，不高兴了就开打，这是天之道，谁也阻止不了。人天生没长爪牙和犄角，只能靠后天来补，圣人就是做这些事的。所以黄帝发明了剑，后羿发明了弓弩，大禹发明了舟车，商汤王和周武王发明了长兵器。接下来，孙膑又用剑、弓弩、舟车、长兵器四种武器分别比喻阵、势、变、权四大用兵要素。（《孙膑兵法·势备》）

这在当时可以说是很高明的见识了。孙膑敏锐地看出，**没有人是真正爱好和平的，或者说和平注定只是暂时的，人的天性就是要打，谁也拦不住。既然是天性，那就应该坦然面对，与其幻想世界和平，不如好好研究怎么打才能赢。**

这种观点倒不是孙膑的创见，早在春秋时代就已经有人说过，但孙膑作为兵法家说出这些话，就使这个命题有了特殊的意义。对比一下战国时代满世界宣扬兼爱、非攻的墨家学派，更让人觉得哲学高度决定一个人的事业高度。

把理论用到实践，孙膑会怎样解邯郸之围呢？

原文：

田忌欲引兵之赵。孙子曰："夫解杂乱纷纠者不控拳，救斗者不搏撠，批亢捣虚，形格势禁，则自为解耳。今梁、赵相攻，轻兵锐卒必竭于外，老弱疲于内。子不若引兵疾走魏都，据其街路，冲其方虚，彼必释赵以自救。是我一举解赵之围而收弊于魏也。"

回到《资治通鉴》，当时田忌想要带兵直奔赵国，但孙膑讲了一个道理：要想解开一团乱麻，只能用手慢慢解，不能用拳头去砸，要想给别人劝架，不能加入战团硬拦。那该怎么做？孙膑给我们创造了两个成语："批亢捣虚"和"形格势禁"。"批"就是"打"，"亢"通常读 kàng，读 gāng 时只有一个义项——人的脖子。"批亢"就是打脖子，"捣虚"就是打空门。换句话说，"批亢"是攻敌之所必救，"捣虚"是避实击虚。至于形格势禁，是借助形势制造障碍——比如看擂台搏击，怎么才能分开两个纠打的选手呢？如果直接上去拦，一来拦不住，二来自己也会受伤，但只要把灯关了，台上自然就没法打了。

以上说的都是抽象原则，该怎么落实到具体问题上？

孙膑继续给田忌分析："魏国重兵攻打赵国，国内一定会空虚，您不如带兵急行军袭击大梁，围攻邯郸的军队一定会撤兵回援。我军这一动，既能解了邯郸之围，同时也能削弱魏国的实力。"

这个策略，就是著名的"围魏救赵"。

田忌依计而行，按照《史记》的说法，魏国军队果然像孙膑预言的那样撤离了邯郸，在桂陵中了齐国军队的埋伏，吃了败仗。不过《资治通鉴》给出了不同的说法。

原文：

田忌从之。十月，邯郸降魏。魏师还，与齐战于桂陵，

魏师大败。

《资治通鉴》说田忌进击大梁之后，就在当年10月，邯郸开城投降，魏国军队胜利回师，和齐国军队在桂陵交战，被打败了。也就是说，在《资治通鉴》的版本里，齐国确实围魏了，也确实把魏国军队打败了，但救赵并没有救成，或者一开始就没打算救，在田忌忙着围魏时，邯郸终于撑不住，轰然陷落。

154

围魏真的救了赵国吗

按照《资治通鉴》的记载，所谓围魏救赵，只是后人对这场战争的不太准确的归纳。那么司马光给"围魏救赵"做的翻案文章做对了吗？

围魏救赵的不同版本

严格来说，司马光并没有给围魏救赵做任何翻案。关于孙膑的谋略和田忌的打法，《资治通鉴》的史料来源是《史记·孙子吴起列传》，司马迁确实说到田忌进犯大梁后，魏国军队从邯郸撤军，但并没有具体交代魏国军队是在拿下邯郸之后撤军，还是放弃了对邯郸的包围而撤军。

不过，《史记》的另外一些篇章里有很明确的记载。

《六国年表》在魏国历史的部分，以魏国的视角说：邯郸投降了，齐国在桂陵打败了我军。而在赵国历史的部分，以赵国的视角说"魏拔邯郸"，意思是魏国攻克了邯郸，"赵世家"同样以赵国的视角说：魏惠王把我们的邯郸攻克了，但齐国也在桂陵把魏国军队打败了。

《战国策》也有同样的记载，看来毋庸置疑，邯郸确实被魏国占领了，只是赵国的档案没好意思提邯郸是投降的，只说魏惠王"拔我邯郸"，邯郸是被武力强攻下来的。魏国的档案没有这些忌讳，直接记载"邯郸降"。

司马光一定是在《史记》的记载里多方参照，才给围魏救赵的故事补齐了一个事实。

不过在今天我们能够看到的史料里，司马光从没看过的《孙膑兵法》，应该对围魏救赵的事件最有发言权。《孙膑兵法》第一篇《擒庞涓》详细讲述了孙膑给田忌做战术布局的全盘经过，事情却和《资治通鉴》《史记》的版本有很大出入。

《擒庞涓》的开篇，以追忆的口吻展开叙述，说当初魏惠王准备攻打邯郸，派将军庞涓统兵八万进驻茬（chí）丘。齐威王听说后，派将军田忌同样统兵八万到不知什么地方的边境。这里之所以说"不知什么地方"，是因为《孙膑兵法》的竹简经历了两千年的打磨，很多文字已经磨灭不清了。联系上下文，田忌驻军的地方，应该是齐国和魏国的接壤地带。至于庞涓驻军的茌丘，乃至《擒庞涓》一章涉及的几乎所有地名，引出了很多学者的考证，莫衷一是。我倾向于学者黄盛璋的考证（《<孙膑兵法·擒庞涓>篇释地》），所以下文涉及的一些地理问题，我用到的基本都是他的结论，再对应今天的行政区划。

先来理一下魏国首都大梁和赵国首都邯郸的地理关系：大梁和邯郸基本上是正南正北的关系，从大梁向北大约二百多公里的直线距离就会到达邯郸，比较麻烦的地方就是要渡过黄河。从《擒庞涓》的上下文来看，庞涓的进军路线是先去威胁卫国，看来卫国这时已经不愿意做魏惠王的小弟，转而和赵国走得近了。

卫国首都濮阳，在今天河南省濮阳市濮阳县故县村，故县村北边不远就是战国时代的黄河故道。故县村西南十几公里的地方有一座小韩村，这里就是庞涓当初驻军的茌丘。庞涓从茌丘可以轻易拿下卫国，也可以渡过黄河，北进邯郸。相应地，田忌率领同样规模的一支大军，很有可能隔着黄河和庞涓对峙。这种局面，刚好就是齐威王问过孙膑的问题：两军旗鼓相当，阵型都很牢固，谁先进攻谁吃亏，在这种局面之下，该怎么打破僵局，打赢战争呢？

桂陵之战

从《擒庞涓》的记载来看，齐国一开始的战术并不是围魏救赵，而是直接压上大军和庞涓对垒。在这种局面下，庞涓竟然没有北上，而是在黄河南岸收拾那个背叛了大哥，实力孱弱的卫国。这回轮到田忌犯难了，不知该不该进兵救援卫国。

庞涓的打法相当高明，如果田忌袖手旁观，就会损失一个盟国，如果田忌发兵来救，庞涓正好以逸待劳，围城打援。还好田忌这边有孙膑，毕竟和庞涓同学一场，摸得清庞涓的战术思路。孙膑的谋划是：既不能去救卫国，也不能按兵不动，而是遵循批亢捣虚、形格势禁的原则，绕过庞涓的主力，向南进攻平陵。

平陵在今天的河南省长垣市附近，当时是大梁的门户。

那么问题来了：平陵既然是大梁的门户，自然有很强的防御力量，难道孙膑不清楚平陵的情况吗？

孙膑当然清楚得很，他对田忌说："平陵城池虽然不大，但统辖的地盘很大，兵力充足，是一处易守难攻的要塞。我军进攻平陵的话，南边有宋国，北边有卫国，还有大梁北边的市丘挡路，我军的粮道很容易会被敌军截断。"

这就意味着，绕道进攻平陵汇集了各种不利因素，不但要冒着绝粮的风险，胜算也微乎其微。那为什么要去找死？孙膑的意图是：迷惑庞涓，让庞涓相信齐国的指挥官是个不懂军事的草包。

就这样，田忌拔营起寨，不再和庞涓的主力空耗，绕道直扑平陵。

快到平陵时，田忌又来请教孙膑："接下来该怎么办？"

孙膑说了一句奇怪的话："都大夫当中，有谁脑筋不灵光，性格鲁莽？"

齐国有所谓五都，除了国都临淄之外，另外四都都是边防重镇。齐国的主力部队就集中在五都部署。每一个都的长官称为大夫，前文讲过的即墨就是五都之一。这一回田忌远征，各位都大夫应该会带着本都军队加入，整合成一支八万人的大军。被孙膑这一问，田忌回答："那我推荐齐城大夫和高唐大夫。"齐城很可能指的是国都临淄，高唐也是齐国的五都之一。

确定了人选，孙膑开始谋篇布局了。《擒庞涓》这篇记载缺字太多，幸好还是可以看出谋划的轮廓。孙膑派两个莽汉带兵去做炮灰，强攻平陵。齐城大夫和高唐大夫恐怕并不知道自己要扮演什么角色，于是向前攻城攻不动，后方又遭遇敌人的截杀，果然如孙膑所愿溃败下来。从这点看得出来，《孙膑兵法》的失传是有道理的，**这种本该仅限于口传心授的阴谋一旦白纸黑字写出来，太让人不舒服。**更要命的是，这些内容一旦流传开，统帅就很难进行指挥了，因为被派出去打硬仗的人心里都会狐疑：这该不会是扔我出去当炮灰吧？

当齐城和高唐两位大夫败北之后，田忌又来请教孙膑："该败的仗已经败了，下一步该怎么办？"

很难相信在真实的作战环境里，田忌竟然不清楚孙膑的全盘谋划，《擒庞涓》这样描写，应该是为了突出戏剧化的效果。孙膑又出一计，要田忌派遣一支轻装部队，直趋大梁城郊，目的是激怒庞涓，让他回援大梁。这支部队的兵力不能多，阵型也不能太整齐，目的是麻痹庞涓，让他轻敌。

这时的庞涓应该已经渡过黄河，占领了邯郸，一听说后院起火，果然中计，把主力和辎重甩在后边，带着轻装部队昼夜兼程，回援大梁。而孙膑早已经选中了庞涓回援的必经之地桂陵，和庞涓抢时间，迅速以主力部队设下埋伏，完成了决定胜负的最后一战。作为决战之地的桂陵，可能在今天的山东省菏泽市附近，也可能在河南省长垣市附近，所以菏泽有个桂陵路，长垣有个桂陵大道。

―――――――― 155 ――――――――

桂陵之战后事如何

桂陵之战还有一个疑点：在《史记》和《战国策》的版本里，齐国的战术谋划是不管邯郸，直扑魏国重镇襄陵，但在《孙膑兵法》里，襄陵竟然完全没有出场。桂陵之战后，世界局势会怎样发展？更让人好奇的是：韩国作为"战国七雄"之一，眼看着自己身边烽火连天，为什么一直没有动作？如果韩国这支生力军忽然加入战团，会给这一场世界大战带来怎样的影响？

桂陵之战的后续

桂陵之战后，庞涓虽然败了，但新近投降过来的邯郸还在魏国军队的掌控之下，而庞涓回援大梁时，一来追求行军速度，二来有些轻敌，只带了少数轻兵而没带主力部队，所以虽然败了，实力并没有减损多少，只要稍加修整，一定还有再战之力。在这一点上，《资治通鉴》的记载很容易让人误解，以为是魏国主力在战胜赵国之后，回师途中和齐国军队开战，败得很惨。

齐国这边，平陵既然攻不下来，主力部队就很难直逼大梁，就算可以迂回过去，也势必会被大梁和平陵的魏军前后夹击，更挡不住庞涓的主力。那些小国诸侯们这个时候都公然和魏国翻脸——假打赵国的宋国也好，卫国也好，都和赵国、齐国站在了一起。楚国浑水摸鱼，抢了魏国一点地盘。对于魏惠王而言，桂陵之败损失的主要不是国力，而是江湖地位。

《竹书纪年》从魏国视角讲出了襄陵的遭遇：宋国将领景敢和卫国将领公孙仓会同齐国军队围攻我国的襄陵。

《资治通鉴》把这件事编在了周显王十七年（前352年）。《竹书纪年》记载在襄陵遭遇联军围攻的同一年，齐国将领田期（忌）攻打大梁东郊，和我军在桂阳（陵）交战，我军败了。

那么，魏国主帅庞涓到底有没有被擒？很难讲，不过就算庞涓真的被擒，孙膑看来并没有太难为他，反而放他回去，这就导致若干年后这一对师兄弟再度交手，不但决胜负，还要决生死。所以孙庞斗智的故事，现在只是告一段落，后面还有第二回合。

就在桂陵之战刚刚结束后，不知道魏国由谁领兵做出了有力反击，借助韩国的力量打败了围攻襄陵的诸侯联军，迫使齐国通过楚国大将景舍向魏国求和。而赵国这边，魏国虽然占领了邯郸，但可能不愿树敌太多，反而和赵国结盟，归还了邯郸，这是后话。

原文：

韩伐东周，取陵观、廪丘。

在桂陵之战发生时，韩国到哪里去了？《资治通鉴》记载，韩国正在忙着攻打东周国，从东周国原本就很可怜的地盘里夺走了陵观、廪丘两座城邑。三晋伐齐时，曾爆发过一场廪丘之战，牵动各家势力，直接影响到三家分晋的结果。从地理上可以判断，当时作为战争导火索的廪丘肯定不是现在被韩国夺取的廪丘。战国的地名经常有这种同名异实的情况，更让人头疼的是还有异名同实的情况。

楚国的境况

在同名异实的情况里，最突出的一例就是楚国的都城郢。按说这么重要的地点，应该很容易确定它的位置。但是，历朝历代的学者被郢都的位置折磨得很惨，无论确定在哪儿，都会和某些史料发生严重冲突。这是因为楚国经常迁都，新的都城继续使用"郢"的名号。由于迁都次数太多，"郢"字前面会加上当地的实际地名作为前缀。直到近年发现的清华简里有一篇定名为《楚居》的文献，才总算搞清了楚国人的命名思路。

从《楚居》来看，"郢"的本字应该是"浧"，意思是湿地。湿地宜居，随着人口增多，湿地被改造成城邑，"浧"就变成了"郢"。一开始楚武王住在这里，这里就成为楚国的都城，后来历代楚王无论迁都到哪儿，住地都叫郢。也就是说，"郢"不是专名，而是通名，相当于现代汉语里的"首都"。迁都次数多了，楚国人在追忆往事时就必须在"郢"字前面加一个实际地名的前缀，否则就没法区分，所以才有了樊郢、鄂郢、鄩郢这类名称。

在桂陵之战和韩伐东周的同一年，《资治通鉴》记载的最后一件事情是楚国的昭奚恤就任国家总理。

事实上，昭奚恤在这一年之前应该就已经担任总理了，还以国家总理的身份和景舍争论过该不该救援赵国。司马光对各国总理的情况一直都很关注，因为北宋的儒家官员大多都有一种士大夫和皇帝共治天下的理想，认为国家大事的实际操盘手应该是宰相而不是皇帝。这种意识体现在编修史书上，就是对各国总理多花一点笔墨，记述他们的性格特点，解决难题的思路和执政风格。齐国总理邹忌已经介绍过了，韩国总理申不害很快就会出场，现在要介绍的就是楚国总理昭奚恤。

昭奚恤的事迹，流传下来的有很多，但《资治通鉴》只选择了一件事，那是昭奚恤平生遇到的最大难题：有一个名叫江乙的心机小人一直在算计他。"狐假虎威"的寓言就是江乙编出来影射昭奚恤的。江乙很有修辞水平，这一回又编出来一个寓言。

原文：

楚昭奚恤为相。江乙言于楚王曰："人有爱其狗者，狗尝溺井，其邻人见，欲入言之，狗当门而噬之。今昭奚恤常恶臣之见，亦犹是也。且人有好扬人之善者，王曰：'此君子也。'近之；好扬人之恶者，王曰：'此小人也。'远之。然则且有子弑其父、臣弑其主者，而王终己不知也。何者？以王好闻人之美而恶闻人之恶也。"王曰："善！寡人愿两闻之。"

江乙对楚宣王说："有一个人很喜欢自家的狗，有一次这只狗向井里小便，邻居看见了，想进去告诉狗主人，这只狗却守着大门，要咬这个邻居。现在昭奚恤很讨厌我来见您，也是这么个道理。如果有人喜欢夸赞别人的优点，大王您就觉得他是君子，愿意亲近他，而如果有人喜欢揭露别人的缺点，大王您就觉得他是小人，因此疏远他。这样一来，一旦发生儿子杀害父亲，臣子杀害君主的事情，大王您永远都不会知道啊。"楚宣王被打动了，说道："你说得很好，以后两方面的情况我都要听。"

我们如果把这段对话孤立来看，会觉得江乙不但说得在理，而且话术很高明——先讲一个接地气的故事，然后引申，再反常识，让楚宣王明白，就算真如"来说是非者，便是是非人"所说，那些是非也是值得一听的。

江乙作为历史上的小人典范，把挑拨的手段施展得炉火纯青。到了江乙这样的段位，讲出来的道理非但不是歪理，反而是很高明的正理。时过境迁，人们甚至不记得"狐假虎威"这个寓言的本意是中伤昭奚恤，它超越了具体的语境，经典永流传。

但是，司马光好像并没有把故事讲完，因为沿着江乙和楚宣王的对话逻辑来看，故事里的邻居对应着江乙自己，狗主人对应着楚宣王，狗对应着昭奚恤，昭奚恤之所以阻挠江乙去见楚宣王，显然是怕江乙揭发自己干的坏事。楚宣王总该问问江乙，到底要揭发昭奚恤什么事，而《资治通鉴》的叙述到这里戛然而止，这到底是为什么？

156

江乙是如何制造盟友的

《资治通鉴》并没有写江乙到底要揭发昭奚恤什么，解答这个问题，当然还要追溯到《资治通鉴》的史料来源。

江乙和昭奚恤的攻防

江乙和楚宣王的这段对话出自《战国策》，司马光照单全收。但问题是，《战国策》的流传过程相当曲折，存在不同的版本。在另一个版本的《战国策》里，故事果然还有下文。江乙说道："魏国围攻邯郸时，楚国如果进兵大梁，肯定能把大梁占领。但楚国之所以放弃了这块送到嘴边的肥肉，就是因为昭奚恤受了魏国的贿赂。我是怎么知道的？别忘了，我原本就是魏国人，当时就在魏国呢。正因为我对这些事情知根知底，所以昭奚恤才不愿意让我见到大王您啊。"（《战

国策·楚策一》)

在这个版本里，江乙讲完狗尿井的故事后，直接就把话题引到昭奚恤受贿的事情上，而关于好话和坏话都应该听的那段内容，出自江乙的另外一段议论。这段内容，尤其见出江乙的段位之高。

《战国策》这样记载：江乙想要中伤昭奚恤，就对楚宣王说："臣子越团结，君主就越危险；臣子越不和，君主就越安全。大王您知道这个道理吧？希望您不要忘记。对了，如果有人喜欢夸赞别人的优点，您认为他怎么样？"

楚宣王说："这是一位君子，我应该多亲近他。"

江乙又问："如果有人喜欢揭露别人的缺点，您认为他怎么样？"

楚宣王说："这是一个小人，我应该赶紧疏远他。"

江乙说道："话虽如此，但是，一旦发生儿子杀害父亲，臣子杀害君主的事情，您就永远都不会知道了啊。"

楚宣王恍然大悟："你说得很好，以后两方面的情况我都要听。"

故事到此结束，最高明的地方就在于，开头明明说了江乙想要中伤昭奚恤，但江乙的话从头到尾都没有和昭奚恤存在半点关系。江乙要害人，绝不会意气用事，而是像第一流的棋手一样，貌似在一个无关紧要的地方落下一子闲棋，其实是在为几步之后的谋划做足铺垫。楚宣王现在已经明白，大臣们越是不和，对自己反而越好，等将来江乙对昭奚恤开火，楚宣王就不会拿出息事宁人的态度了。

楚宣王认同的第二个道理是：**有人来说别人的是非，自己不该摆出圣母姿态，而要好好听听来人说的这些是非是否成立。**

江乙就这样不着痕迹地扭转了楚宣王的固有价值观，只有做好这些安排，才能对昭奚恤下手，否则很容易自讨没趣。

江乙到底和昭奚恤结了什么仇？翻遍《战国策》也找不到答案，刘向的《列女传》倒是给出了线索，只是难辨真假。《列女传》给历史上的模范女性树碑立传，其中就有江乙的母亲。那是在二百多年前的楚恭王时——时间显然对不上，但《列女传》就是这么写的——江乙担任郢大夫，大约相当于楚国首都市长。当时有人溜进王宫行窃，总理大人向江乙问责，罢免了他。不久江乙的母亲丢了一块布料，就找楚恭王申诉，说是总理偷的。总理大人当时就在楚恭王身边，但江妈妈一点都没尴尬。

堂堂楚国总理，怎么可能去偷女人的一块布料？楚恭王显然不信，但既然苦主指认，自己总该表个态才好。楚恭王说："如果查明真是总理偷的，我不会偏袒他，但如果是你污蔑，咱们楚国可是有法律的。"

江妈妈说："总理大人当然不会亲自动手，他是指使别人来偷布的。"

这话听上去好像不太讲理，但江妈妈自有一番解释："当初孙叔敖当总理时，咱们楚国路不拾遗，夜不闭户，盗贼都绝迹了。可是看看今天，在这位总理的治理之下，社会不安定，盗贼横行，这和总理大人派人偷东西有什么不同？"

楚恭王说："总理身份尊贵，盗贼身份卑贱，他们没有共同的朋友圈。盗贼做的事情，总理不知道，这有什么奇怪的？为什么要说总理有罪呢？"

江妈妈等的就是这句话，马上把儿子的遭遇讲出来，还援引周武王的名言："百姓有错的话，不怪他们，都是我一个人的错。"江妈妈接着砸出两句掷地有声的对偶句："上不明则下不治，相不贤则国不宁。"这是在说，社会之所以动荡，都是统治者的错，总理如果不贤明，国家就不会安宁。

这番话说得楚恭王无言以对，觉得不只总理，就连自己也该对江妈妈的财产损失负责。于是楚恭王派人拿出等值的布料给江妈妈，还拿出来 10 镒黄金。

说句题外话，长沙近郊出土过战国晚期楚国的一整套砝码"均镒",一共 10 枚,第 1 号砝码就是黄金 1 镒的标准重量。经过复原和校正,1 镒相当于 257.28 克,如果按照今天大约每克 400 元的金价换算,楚恭王赏给江妈妈的 10 镒黄金可以折合成人民币约 100 万元。楚恭王真能这样出手豪绰吗?其实赏赐 10 镒黄金在当时很合理,因为楚国是黄金出产大国,动不动就用黄金,以至于黄金在当时虽然也很值钱,但远不如今天这样值钱。(刘和惠《郢爰与战国黄金通货》)

无论如何,楚恭王的态度已经足够恳切了,但江妈妈竟然分文不取,说道:"难道我是因为贪恋财货才来找大王您的吗?我是要向您控诉总理大人的失职。"

江妈妈就这样空着手回去了。楚恭王想:"有这样的母亲,儿子肯定错不了。"于是召回江乙,官复原职。(《列女传》卷 6)

江乙是怎样制造盟友的

很难确定《列女传》这段记载可靠性有多高,是否把楚宣王错写为楚恭王,那位被指控偷布的总理大人是不是昭奚恤。如果这个故事成立,江乙倒是真有怨恨昭奚恤的理由。余知古的《渚宫旧事》也讲过这件事,指名道姓说那位总理大人就是昭奚恤。(《渚宫

旧事》卷3)

那么，以江乙的小人心性，要想扳倒昭奚恤，还欠缺什么呢？

毕竟昭奚恤位高权重，血管里流着蓝血，江乙只是一个外来的干部，在楚国毫无根基。所以江乙必然要找盟友，如果没有，那就制造盟友。

江乙看中了同样来自魏国的山阳君，就在楚宣王面前说山阳君的好话，建议楚宣王赐给山阳君封地。事情被昭奚恤制止，理由非常光明正大："山阳君对楚国没有功劳，没有受封的资格。"

难道江乙不知道山阳君不可能受封吗？正因为知道，所以他才要布这个局，自己卖了人情，坏人让昭奚恤去做。这样一来，山阳君不但感激江乙，还会和江乙一起仇恨昭奚恤。(《战国策·楚策一》)

江乙并没有付出什么实际的成本，就轻松赚到了一个有力的盟友。对比一下那些挥金如土，或者不断为对方付出，希望感动对方，最后结成同盟的例子，越发看得出江乙的高明。

通过示好的手段来拉拢盟友，效果远不如设置一个共同的敌人。恨是比爱强大得多的力量，人类历史上各种各样的牢固同盟，都是被恨——而不是爱——凝聚起来的。历史上很多高明领袖都懂得制造并且操纵恨意。

157

《资治通鉴》如何避免权谋色彩

在江乙这种教科书式的小人中伤之下，昭奚恤能有什么自保之道吗？他能身正不怕影子斜，用一团正气对抗所有的明枪暗箭吗？实际上，昭奚恤也不是个好欺负的人。

《黄氏日抄》谈狐假虎威

《战国策》记载，有魏国人在楚宣王那里说昭奚恤的坏话，楚宣王竟然告诉了昭奚恤，说有个魏国人讲了你什么什么话。昭奚恤非常紧张，说道："我每天从早到晚都在您身边侍奉，想不到竟然会有魏国人找到空隙，插进我们君臣之间，这可吓坏我了。我倒不是怕魏国人，我怕的是能够挑拨我们君臣关系，还能让天下人相信的人，照常理应该是您身边很亲近的人，可现在连一个外国人都能轻松做到，您身边那些别有

用心的人岂不是更容易做到吗？看来我离死期不远了。"楚宣王说："我心里有数，你不必担心。"（《战国策·楚策一》）

对话里提到的魏国人，不知是江乙还是山阳君，又或者是两个人一起。昭奚恤的反击，并不是针对具体的指控做出的具体辩解，而是抽离出来，一旦上升到一个更高的层面，原有的问题不必解决就自行消失了。

昭奚恤到底被检举了什么罪名？

这个罪名到底是真实成立的还是栽赃陷害的？

如果是真实成立的，昭奚恤该不该接受调查，直到认罪伏法？

如果是栽赃陷害的，主谋的人该不该受到惩罚？

所有这些很实际的问题忽然变成了空中楼阁，没有着力点。我们更容易相信魏国人的指控有凭有据，所以昭奚恤才会运用升级策略，把具体的指控消失于无形，同时还在楚宣王那里打好了预防针。

江乙和昭奚恤都是当时第一等的聪明人，他们之间的斗法自然精彩纷呈，但《资治通鉴》为什么只选取了相对最温和的一段故事？

这大概出于儒家学者的一种治史倾向，简单讲就是不要教人坏。南宋有一位重量级学者，名叫黄震，字东发，庆元府慈溪人，慈溪今天属于浙江宁波。黄震研读经史子集，做了大量笔记，汇集成册，成为代表作《黄氏日抄》。《黄氏日抄》有一段内容评价《新序》，说《新序》10卷是汉朝人刘向编辑出来的，本朝人曾巩校订整理，内容是从周朝到汉朝之间对后人有教育意义的君臣言行。书的前五卷内容大多很有警戒色彩，唯独江乙说昭奚恤狐假虎威那段，纯属小臣的挑拨离间，不该收录进去。如果昭奚恤当真像狐狸一样没本事，偏偏还一直在做楚国总理，只能说明楚宣王更没本事，纸老虎哪有什么威风可以借给狐狸呢？（《黄氏日抄》卷56）

黄震的顾虑很有代表性，毕竟文以载道，尤其是《新序》这样想给万世垂法的书，只能教人好，不该教人坏。《资治通鉴》更有这方面的考虑，虽然历史上的各种坏人坏事应该揭露出来警醒世人，但叙述必须注意分寸，否则稍不小心就会染上法家色彩，从高大上的"资治"变成下九流的权谋教学。事实上，随着印刷术的兴起和阅读人群的扩大，《资治通鉴》确实没少被人向着权谋术、厚黑学的方向拉，这绝不是司马光想看到的。

江乙和昭奚恤的斗法确实充满权谋色彩，所以《资治通鉴》只能点到为止，而如果我们看看没有背上道德包袱的《韩非子》，画风马上就变。《韩非子》对昭奚恤有四个字的概括——贵而主断。"贵"说的是地位尊贵，"主断"说的是执掌国家大权，独断专行。楚宣王不禁对昭奚恤起了疑心，但向身边的人征求意见时，众口一词，都说昭奚恤没问题。（《韩非子·内储说下》）

这种众口一词的情况，江乙也向楚宣王讲过。（《战国策·楚策一》）这个现象应该被怎样解读，其中大有玄机。也许昭奚恤真的深得人心，人人爱戴，但从法家思路来看，这种情况根本就不可能。

"利异"

《韩非子》有一个主题叫"利异"，意思是说，人人各怀私利，君主和臣子的利益非但不一致，还属于零和博弈，所以臣子天然不可能忠于君主。臣子会利用公权力来满足私欲，哪可能真的忧国忧民呢。不要说一个国家的君臣关系，就算是一个小家庭的夫妻关系，也存在这种利益冲突。卫国有一对夫妻向神灵祈福，妻子求的是发点小财，得到100捆布匹。丈夫不理解，问为什么要得这么少。妻子答道："如果收入更高的话，你就该去买妾了。"

夫妻祈福的寓言说明，再亲密的人际关系也存在利益分歧。君臣关系显然要比夫妻关系更疏远，所以，

国君希望大臣们全心全意维护自己或国家的利益，想法虽然美好，但太不现实。 在官僚体系里，大家的利益当然也不一致，多少人都盼着同僚倒台，好给自己或亲友空出位置，又有多少人不喜欢某个领导的管理方式，巴不得他调任或因罪被免。所以，臣子之间有纷争、意见不一才是常态，一旦众口一词，肯定有问题。

韩非也像江乙一样，很会用日常生活的情景举例子，他说燕国有一个人叫李季，神志明明很清醒，却拿粪便洗澡。这是为什么？原来，他的妻子和人私通，有一天李季突然回家，偏巧奸夫还在卧室没走。李太太担心被丈夫捉奸，正在手足无措的当口，女仆急中生智，想出一计：让奸夫赤身裸体，披头散发，直接从大门跑出去。奸夫依计而行，大摇大摆当着李季的面跑出去了。

李季进了屋，赶紧问妻子和女仆刚刚跑出去的是什么人。李太太和女仆都回答说："哪有人跑出去啊！"

这下问题严重了，光天化日之下明明有一个人跑出家门，所有人却视而不见。

李季慌了神："难道我看见鬼了？"

李太太和女仆回答说："肯定的啊。"

李季更慌了："那该怎么办？"

当然该驱邪，于是李季按照妻子的说法，调和

"五牲之矢"，也就是五种牲畜的粪便，把全身上上下下洗了一遍。

韩非的意思是，如果臣子们众口一词，国君就会被置于李季的位置，被愚弄、损害而不自知。在李季的故事里，女仆的敏捷头脑特别让人钦佩，而在权力场上，越来越残酷的竞争会筛选出第一流聪明敏捷的人。江乙就是典范，而江乙三番五次陷害昭奚恤，却从来没有得手，显然昭奚恤也不是什么善男信女。

在《战国策》的记载里，昭奚恤正以聪明敏捷著称，没人骗得到他。只看一个例子：郢都有人不幸陷进"法律的迁延"（借用哈姆莱特的台词），案子拖了三年都没有了断，心里自然忐忑不安。怎么办？这名犯罪嫌疑人心生一计，拜托一个朋友假装来买自己的房产。如果自己被判有罪的话，房产会被充公，政府就有售卖这套房产的权利。朋友依计而行，去见昭奚恤，说想买郢都某某人的房产。昭奚恤回答："那个人是不该被判罪的，所以您没法在我这里购买他的房产。"朋友心里有了数，正要告辞，昭奚恤马上反应过来，质问对方为什么要来试探自己。这位朋友还想掩饰，昭奚恤说："如果不是拿这件事来试探我的心意，那么在请求没能获准之后，本该失望才对，您的脸上为什么露出了喜悦的表情？"

周显王十七年

————— 158 —————

秦国是如何实现生产追责制的

原文:

(十七年)

秦大良造(卫鞅)伐魏。

诸侯围魏襄陵。

周显王十七年（前352年），《资治通鉴》只有两句话，但这两句话交代的两件事情都非同小可：一是秦国大良造攻打魏国，二是诸侯联军围攻魏国重镇襄陵。

安邑谜团

"秦大良造伐魏"，非常不像司马光一贯的叙述风格。秦国的"大良造"到底是什么意思，是爵位名还是职位名，和前面讲秦国爵位时提过的"大上造"是不是一回事，或者既是爵位名也是职位名……这些问题很难确定。至少可以肯定的是，大良造有很高的地位，可能相当于三晋的相，楚国的令尹，今天的国家总理。按说这样的大人物率军出征，总不能连姓名都没有吧？而且所谓"伐魏"也太泛泛了，到底是打魏国的大梁、襄陵、平陵，还是其他什么地方，总该有个具体的交代吧？

这两处纰漏，其中第一个并不怪司马光，而是版本的问题。

今天的出版界有一句行话："无错不成书。"毕竟一本书那么多字，再怎么三审三校也不能做到十全十美，何况是古代呢。所以胡三省推测，"大良造"后面应该还有"卫鞅"两个字。卫鞅就是商鞅、公孙鞅，因为老家在卫国，所以外国人称他为卫鞅。卫鞅在秦国搞变法搞得风生水起，也给自己搞来了大良造的高级职位。《史记·秦本纪》记载，秦孝公十年，也就是周显王十七年，卫鞅升级为大良造，带兵围攻魏国的安邑，安邑向秦军投降。

花了大力气给《资治通鉴》做版本校勘的章钰证实了胡三省的推测，所以这个纰漏确实不怪司马光。

至于第二个纰漏，《史记·秦本纪》既然说清楚了秦军围攻的是魏国的安邑，为什么《资治通鉴》没提呢？

这就不是传抄和印刷的错误了，而是司马光故意做出的模糊处理。因为如果采信《秦本纪》的记载，就意味着安邑落到秦国手里了。安邑在今天山西运城市夏县附近，它可不是普通的城池，而是魏国的大本营。三家分晋以后，安邑一直是魏国的首都，直到魏惠王迁都大梁。

根据《竹书纪年》，我们可以准确知道魏惠王迁都大梁是在九年之前的周显王八年（前361年）。魏惠王在当年办了两件大事，一是迁都大梁，二是把逢忌之薮赐给百姓。而就在同一年里，秦孝公逾年改元，励精图治，公孙鞅就是在这个当口离开魏国，来秦国谋求发展。

《竹书纪年》传到宋朝已经七零八落了，显然司马光没看过《竹书纪年》里关于魏惠王迁都大梁的记载，而在《史记》的记载里，《秦本纪》和《魏世家》发生了矛盾：《魏世家》把迁都大梁的事情定在13年之后的魏惠王三十一年，相当于周显王三十年（前339年）。《魏世家》的相关记载足够细致，就在这一年，秦国、齐国、赵国联手伐魏，把魏国打惨了，秦国还是公孙鞅挂帅，接连侵占河西之地，兵锋距离安邑已经不远。魏惠王感觉不安全，把首都迁到了大梁。大梁位于安邑以东大约 400 公里，与秦国拉开了足够的战略纵深。

面对《史记》里的矛盾记载，司马光应该纠结了一番，最后采信了《魏世家》，毕竟《魏世家》的记载最详细。于是在周显王十七年秦国大良造伐魏的这件事上，秦国的主攻目标不应该是安邑。但如果不是安邑，还能是哪里？司马光找不到任何线索，只能模糊处理。

后世学者当中，有不少人愿意投《魏世家》一票，他们觉得以魏国当时的实力，没道理首都被秦国占了。但如果依据《竹书纪年》，魏国早已经迁都到大梁的话，安邑的重要性也就大大降低，被秦国夺去也就不再让人吃惊了。

生产追责制

无论按照刑名学家循名责实的要求，还是顺应战国时代职业分工细化的趋势，文武分职才是正途，但身为秦国总理的公孙鞅却带兵攻打魏国，为什么最有改革精神的公孙鞅反而走上了出将入相的老路？

这和公孙鞅改革方案的核心内容有关。秦国重视军功，公孙鞅一方面亲身给全国做表率，一方面自己的功名利禄也要从军功上讨。战国年间兵法家和名将辈出，单论军功的话，公孙鞅完全可以跻身于名将之列。孙膑围魏救赵，打赢桂陵之战，若干年后孙膑又帮田忌漂漂亮亮地打赢了马陵之战，但是，这两次战功加起来也比不上公孙鞅的成绩。公孙鞅打仗远没有孙膑的打法绚烂，但实实在在地打下了很多地盘，甚至包括安邑这样的重镇，是"闷声发大财"的典型代表。

攻打安邑时，公孙鞅已经开始扬眉吐气了，内政完全跟着他的改革蓝图顺利发展，对外开疆拓土，替秦孝公实现了恢复秦穆公时代东部疆域的理想。

接下来，稍微岔开一点，讲讲历史书证和出土文物的相互印证。从文物中我们可以看到，在公孙鞅的时代，秦国已经有了生产追责制。

今天可以看到的出土文物里，有一支秦孝公十三年（前349年）制作的戟的锋刃部分，现藏上海博物馆，刻有"十三年大良造鞅之造戟"字样，这就是公孙鞅在担任大良造期间在秦国监制的兵器。戟作为长兵器，一头一尾都是金属件，所以有机会保存下来，中间的杆是竹木制品，很快就会在岁月里腐烂。

长兵器尾部的部件叫镦。洛阳出土过这样一个镦，现藏中国历史博物馆，铭文是"十六年大良造庶长鞅之造，雝（yōng），黾（měng）。"看来过了三年，公孙鞅的头衔从"大良造"变成"大良造庶长"。有人认为前者是后者的简称，也有人认为"大良造"加上"庶长"的后缀，就等于国家总理了。每种说法都是推测，谁都没有铁证。"雝"是地名，标志着这个镦是在秦国故都雍城生产出来的。"黾"这个生僻字竟然有四个读音，我也不知道到底该怎么读，姑妄读作 měng 好了。这个字出现在铭文的最后，很可能表示这件镦是由一个被称为"黾"的工匠制造出来的，如果将来出现了质量问题，就可以通过铭文追溯责任人，让黾师傅吃不了兜着走。

再看一句铭文："十七年大良造庶长鞅之造殳镦，雝，爽。"时间又过了一年，公孙鞅的身份依然是大良造庶长。殳是当时的一种长兵器，外形似一根长棍，尾部有镦。这件镦还是雍城生产的，生产负责人是爽师傅。

从这些兵器部件的铭文来看，秦国当时已经建立了生产追责制度，责任到人。秦国既然把国家变成了一架战争机器，兵器生产自然是一个规模庞大的产业，在如此规模的产业里，每一件产品都可以准确追溯到相关责任人，这在当时绝对算是很先进的管理技术了。在秦孝公以后，秦国把生产追责制度不断深化，兵器部件的铭文内容越来越丰富，不同环节和不同级别的责任人都有记录。在严刑峻法的威胁下，恐怕任何人都不敢对自己手里的工作掉以轻心。

周显王十八年

159

韩昭侯为什么要向魏惠王示弱

周显王十七年（前352年），《资治通鉴》记载的第二件大事是诸侯联军围攻魏国重镇襄陵。在《竹书纪年》的记载里，襄陵之围和桂陵之败发生在同一年，也就是周显王十六年（前353年）。

这一年里还发生了两件大事，一是宋国政变，权臣司城子罕废君自立，二是韩昭侯造访魏国。这些事情似乎有着千丝万缕的关系，可惜以现有的史料，只能推测出一件事，那就是韩昭侯的造访直接影响了襄陵之围的结局。

韩昭侯的示弱

韩昭侯会见魏惠王，按说这两位国君应该分庭抗礼，但韩昭侯主动矮下一头，带着韩国总理申不害，"执珪"——手握一种叫珪的玉器——来见魏惠王。这种姿态属于臣礼，把自己当臣子，把魏惠王当主君。

韩昭侯为什么无缘无故向魏惠王示弱？这是一计。

《战国策》记载了多年之后的一篇谏言，有人劝说当时的韩国君主尊奉秦国，拿韩昭侯这件事当论据。想当初，韩昭侯是一代明君，申不害是一代贤臣，韩国和魏国的实力不相上下，但韩昭侯和申不害为什么会去向魏国主动示弱呢？既不是价值观扭曲，也不是一时糊涂，而是申不害的计策。

申不害是这么谋划的：如果韩国向魏国示弱，认魏国当大哥，魏惠王一定会膨胀，人一膨胀就会忘乎所以，觉得其他诸侯也应该像韩昭侯一样向自己称臣。魏惠王有了这样的念头，当然会到处开战。仗打得多了，国力自然就会损耗。而天下诸侯既然痛恨魏国，自然会侍奉我们韩国。这样一来，韩国虽然屈居于魏国之下，却能高踞于万人之上。以屈为伸，还有什么比朝拜魏国更有效的办法？（《战国策·韩策三》）

以上这套逻辑当然很难成立，秦国就是以战养战，越战越强，很难说打仗就一定会耗损国力。再说天下诸侯就算因此记恨魏国，也没道理因此而侍奉韩国。但无论如何，这番话透露出来的信息是：在申不害的谋划之下，韩昭侯主动去向魏惠王示好，并且示弱。

这件事《孔丛子》也有记载，发言人是孔子的后代孔谦，字子顺，做过魏国总理。事情的背景是韩国和魏国不和，子顺借当初韩昭侯和申不害的外交策略试图说服韩国国君与魏国和好。子顺的逻辑是：韩昭侯是一代明君，申不害是一代贤臣，他们的外交策略非常明智。如今的韩国比韩昭侯时代的韩国弱小，魏国和当初的国力相当，秦国比原先强大很多。韩国如果违背前代君主努力奠定的睦邻友好关系，和魏国交恶的话，就会使弱小的韩国夹在两个强敌之间，这可不是良策。齐国、楚国就算可以帮助韩国，但距离太远，接应不及，而魏国和秦国的军队呼吸之间就可以侵入韩国。所以，搞外交可不能舍近求远，还是别和魏国怄气的好。（《孔丛子·论势第十六》）

子顺这番话，给我们贡献了成语"舍近求远"。不过可疑的是，它的前半段和《战国策》的内容一样，后半段的结论不同，不是劝韩国国君拜秦国当大哥，而是想让韩国和魏国恢复睦邻友好关系。历代有很多人怀疑《孔丛子》是伪书，正是因为《孔丛子》总有类似的内容，看上去像是从其他材料里抄袭过来，改头换面再拿出来的。这种真伪问题虽然很难考证清楚，但或多或少都有些可疑，所以也难怪《孔丛子》被冷遇那么多年。

无论如何，在韩昭侯和魏惠王的时代，韩国和魏国确实有过一段也许比较短暂的蜜月期。韩国的主动，也许真是出于申不害的谋划。但问题是，想要认大哥，不是空口说白话就行，必须拿出行动纳投名状。韩国交出的投名状，就是在第二年帮助魏惠王解了襄陵之围。

漳水之盟

原文：

（十八年）

秦卫鞅围魏固阳，降之。

魏人归赵邯郸，与赵盟漳水上。

韩昭侯以申不害为相。

周显王十八年（前351年），《资治通鉴》记载了三件大事：第一，秦国公孙鞅围攻魏国固阳，固阳守军投降；第二，魏国把不久前刚刚占领的邯郸还给了赵国，和赵国在漳水结盟；第三，韩昭侯委任申不害做韩国总理。在《竹书纪年》里，还明确交代了一件《资治通鉴》没有提到的事：魏惠王借助韩国军队在襄陵击败了诸侯联军，齐威王不想打了，托楚国将军景舍约见魏惠王，谋求和解。

魏惠王当然愿意讲和，因为魏国现在感受到的压力主要来自西边的秦国。公孙鞅已经越过黄河，拿下了魏国的故都安邑，紧接着又拿下了固阳。既然秦国才是头号敌人，那就不要四处树敌了，还是以和为贵。就这样，魏国和齐国达成和解，毕竟从前并没有结得太深的梁子。但是，和赵国和解的难度就比较大了。当初魏国打下了赵国的首都邯郸，这几乎是一场灭国之战，要讲和就必须拿出十足的诚意。

魏惠王拿得起放得下，诚意十足地把邯郸归还了赵国。确实也只有做到这一步，才有可能和赵国和解。而赵国这边也在受秦国的威胁。《资治通鉴》虽然没写，但《史记·赵世家》交代，就在漳水之盟的这一年，秦国攻打了赵国一个叫"蔺"的地方。

蔺，也叫北蔺，《资治通鉴》在周烈王四年（前372年）有一条很简单的记载，说魏国——魏武侯治下的魏国——在北蔺打败了赵国。北蔺大约在今天的山西省吕梁市离石区偏西，西临黄河，当时属于秦晋交通要冲，是赵国的西部边境要塞，也是秦、魏、赵三个国家的交界地带。秦国要打赵国的话，北蔺首当其冲。

很难想象秦军为什么要攻打北蔺。从常理来说，打魏国打得顺手，赵国又新近和魏国结下深仇，秦国在这个时候去打赵国，不但自己要面临两线作战，还会促成魏国和赵国化解仇恨，结成同盟。如果非要作出某种解释，大概就是秦国士兵斩首的热情太高，魏国境内一时又没有合适的目标可以进攻，秦军主帅只好就近找个地方打上一仗，再给大家一次计件领提成的机会。这是今天的管理学也会面对的问题：有时候为了维持士气，只好去完成一些毫无必要的项目。

今天我们很难确定在秦国攻打北蔺时，赵国和魏国有没有达成和解，但无论如何，赵国在这一年应该察觉到了来自秦国的虎视眈眈。《吕氏春秋》还给过一个说法：赵国有一个叫唐尚的人，有和他资历相当的人做了史官，朋友因此认为唐尚也很想谋个史官来当，但唐尚说："我并不是当不了史官，而是看不上这种小职位。"朋友只觉得唐尚这话太酸，后来魏国围攻邯郸，唐尚去搞外交，一番话让魏惠王撤了兵，朋友这才相信唐尚当初说的并不是酸话。（《吕氏春秋·士容》）

这个故事显然夸大其词，细节也和《史记》《竹书纪年》有很大出入，但赵国需要推出一个外交官来沟通漳水之盟，人选也许就是唐尚呢。赵国和魏国本来都有达成和解的心，一拍即合，唐尚就算有再好的口才，也只不过是适逢其会。任何一个人处于这个位置，都可以立下这份功劳。但是，难就难在是否有这份眼力看准时机，主动请缨。

—————— 160 ——————

申不害为什么敢冒险赌一把

申不害给韩昭侯出的那个向魏惠王低头示好的主意，看上去很容易激怒韩昭侯。因为这时候申不害对韩昭侯的偏好并不了解，如果真的激怒了韩昭侯，也许会彻底断送自己的仕途，这是申不害绝对不想看到的。那么，申不害为什么有信心做出这样的提案？是冒险赌一把吗？

其实，申不害并没有冒险，因为他的地位来得太不容易。

韩国总理申不害

原文：

申不害者，郑之贱臣也，学黄、老、刑名，以干昭侯。昭侯用为相，内修政教，外应诸侯，十五年，终申子之身，国治兵强。

《资治通鉴》照例交代国家总理的大概情况，说申不害是"郑之贱臣"，这话特别让人困惑，因为这个时候的"郑"既可以指郑国，也可以指灭掉了郑国，迁都到郑国旧都的韩国，那申不害原先到底是郑国人还是韩国人？

《资治通鉴》这段内容采自《史记·老子韩非列传》，标题虽然只提到老子和韩非两个人，其实在正文里，讲完老子又讲庄子，讲完庄子又讲申不害，讲完申不害才轮到韩非。《史记》说申不害是"京人，故郑之贱臣"，这就很明确了。在郑国还没有灭亡时，"京"是郑国的一座大城，规模可以和国都媲美，在今天河南省荥阳市附近。申不害的老家在京，身份是"故郑之贱臣"，"故"字表示他原先是郑国人，是一个身份低贱的小臣。当郑国被韩国吞并，似乎申不害并没有感觉到什么国仇家恨，反正自己在郑国时很没地位，反而在改天换地之后，才看到了翻身的机会。

申不害的知识储备是黄老之术和刑名之学，他凭这些学问打动了韩昭侯，就任韩国总理，把韩国的内政外交打理得井井有条。申不害在韩国总理的岗位上一直做到去世，15年间让韩国国治兵强。

这是《史记》的记载，因为过于简洁，难免让我们怀疑：一个来自被占领区的贱臣，是怎么通过学问打动一位大国领袖的呢？

也许申不害凭借的不是学问，而是前半生做贱臣磨炼出来的本领。

《战国策》透露了一点线索，魏国围攻邯郸时，韩国到底该帮赵国还是魏国？申不害意识到韩国在这个时机必须站队。这个时候，如果用"大臣"思维，而不是"贱臣"思维的话，申不害应该形成一个明确的想法，站队选定一边，然后给韩昭侯分析利弊，讲清楚为什么站队该站这边而不是那边。但申不害不这么想，对他而言，站队站哪边都无所谓，重要的是自己的意见必须贴合韩昭侯的心思。那么，韩昭侯到底是怎么想的？申不害完全猜不透，这可怎么办？

就在这个时候，韩昭侯来征询意见了。申不害回答："这可是关乎国家存亡的大事，请容我一点时间，等我深思熟虑之后再答复您。"

这番话合情合理，其实只是申不害的缓兵之计。

申不害暗中去找赵卓和韩晁两位大臣，对他们说："你们都是国家第一流的辩才。如今的局面，你们必须发表意见才好。不要担心自己的意见最后会不会被采纳，我们做臣子的只要一心尽忠也就是了。"

就这样，申不害不着痕迹地抛出了两顶大帽子。第一顶帽子是：能力越大，责任越大，两位大臣既然都是国家第一流的辩才，就该承担别人承担不来的进谏责任。第二顶帽子是：职业道德高于一切，做臣子的道德是但求尽忠，不计得失。两位大臣都是特别有道德操守的人，所以一定会尽忠的。

假如赵卓和韩晃在当时可以保持头脑冷静，至少应该反问申不害一句："凭什么能力越大，责任越大？你当我们两个是凤凰男和扶弟魔吗？"当然，他们没能冷静，真的到韩昭侯面前进谏去了，一个支持站队赵国，一个支持站队魏国。申不害暗中窥探韩昭侯的反应，看出韩昭侯的心意，话也就知道该怎么说了。就这样，申不害的建议让韩昭侯非常满意。（《战国策·韩策三》）

《韩非子》也讲过这件事，只是细节有些差异。赵国使者来找申不害，希望借助韩国的力量和魏国一战。申不害很为难，如果向韩昭侯讲起这件事，怕韩昭侯反而疑心自己和外国势力勾结，如果装聋作哑，又怕得罪赵国。最后申不害撺掇赵绍、韩沓试探韩昭侯的心思，等看准风向之后，自己再出来一锤定音。这样一来，既能赢得韩昭侯的欢心，又能收获赵国人的感激。（《韩非子·内储说上》）

《韩非子》提到的赵绍、韩沓应该就是《战国策》记载的赵卓、韩晃，在传抄过程中发生了讹误。韩昭侯本人似乎倾向于魏国，所以申不害也就不理会赵国使者的请求了。当然，以申不害的性情，锅应该会找别人背，自己是不会开罪赵国的。

这些记载不论真实性到底如何，至少很符合申不害一以贯之的形象气质。现在我们看到的申不害分明就是一个奸臣，只晓得察言观色混官场。但是，这种人难道不是官做得越大，对国家的祸害就越大吗？申不害不愧是出身"贱臣"，太精通小人物摸爬滚打的精明了，以他的手段倒是不难官运亨通、飞黄腾达，但怎么可能让韩国在 15 年间国治兵强呢？

申不害确实有点治国手段，他的手段，就是黄老之术和刑名之学。

作为权谋的无为

要论刑名之学，公孙鞅就是个中高手，确实让秦国改头换面。不过申不害和公孙鞅完全不是一个路数，虽然在申不害的谋划里确实也有循名责实的策略，但黄老之术的比重似乎更大。

所谓"黄老"，"黄"是黄帝，"老"是老子。凡是打着黄帝旗号的理论和书籍，都在招摇撞骗，其实和黄帝没有半点关系。古代中国有厚古薄今的传统，东西越古老就越神秘，越神秘就越高级。所以黄老之术，剔除了黄帝之后，就只剩下一个老子了。

既然只剩下一个老子，黄老之术岂不就等于道家哲学？

倒也可以这么讲，只不过道家哲学有很多分支，黄老之术通常是指西汉初年的无为而治，经济指导思想很像亚当·斯密的小政府理论。不过，申不害的黄老之术走了另外一条路，无关于自由主义经济学，更像是妙用权谋的管理学。

道家哲学有一个核心概念：无为。表现在经济学上，"无为"的政府只扮演守夜人的角色，不生事，少征税，任凭民间经济自由发展，而表现在管理学上，**"无为"的君主大智若愚、深不可测，好像明察秋毫，又好像什么都不懂，谁也不知道君主到底是个怎样的人，爱什么，恨什么，喜怒哀乐如何表达，心里到底怎么盘算。**

君主要想做到无为，分寸必须拿捏得非常微妙，既不能显得太聪明，也不能像个傻瓜。申不害说过：君主如果显得太明察，人们就会防备他；君主如果显得不够明察，人们就会糊弄他；君主如果显得太聪明，人们就会小心伪装自己；君主如果像个傻瓜，人们就会欺骗他；君主如果不显露自己的欲望，人们就会窥

伺他；如果显露了欲望，人们就会诱惑他。(《韩非子·外储说右上》)

申不害首先明确了一个原则：君主是一个危险的行当，无数人都想坑他害他。所以，什么富国强兵，什么国泰民安，先放在一边，国君先要有办法自保，然后在自保的基础上合理运用赏罚手段，操控臣民为自己效力。这样看来，申不害似乎更有马基雅维利的风格。不过即便是这样一个人，有时候也不免陷入人之常情。

161

申不害为什么没能成就韩国的霸业

原文：

申子尝请仕其从兄，昭侯不许，申子有怨色。

　　关于韩国总理申不害的事迹，《资治通鉴》撷取了这样一个片段：大约是在申不害已经很有政绩之后，有一次他替堂兄向韩昭侯求一个官做，没想到韩昭侯竟然连这点小情面都不给。申不害不禁露出了不满的神色。韩昭侯为什么会对自己的左膀右臂如此无情呢？

赏罚之道

原文：

昭侯曰："所为学于子者，欲以治国也。今将听子之谒而废子之术乎，已其行子之术而废子之请乎？子尝教寡人修功劳，视次第；今有所私求，我将奚听乎？"申子乃辟舍请罪曰："君真其人也。"

看出申不害不满，韩昭侯解释说："您是教给过我治国之道的，如果我遵循您的治国之道，自然应该拒绝您的请求，如果我答应了您的请求，就等于背弃了您教过的治国之道。您教过我因功行赏的道理，您的堂兄没有功劳，我该怎么封官给他呢？"

这番话说得申不害悚然动容，连忙向韩昭侯谢罪。

韩昭侯真的学进去了申不害的思想。《资治通鉴》给出的下一条记载就是韩昭侯的轶事。

原文：

昭侯有弊袴，命藏之。侍者曰："君亦不仁者矣。不赐左右而藏之！"昭侯曰："吾闻明主爱一颦一笑，颦有为颦，笑有为笑。今袴岂特颦笑哉！吾必待有功者。"

话说韩昭侯有一条破裤子，安排人收拾起来，侍从当中有人提意见说："主君您可不太厚道啊，就这么一条破裤子，赏给下人多好，竟然还要收着？"韩昭侯说："我听说贤明的君主连自己的一颦一笑都不轻易展露，裤子虽然破旧，好歹比一颦一笑值钱。谁能做出配得上这条裤子的业绩，我才可以把这条裤子赏赐给谁。"

韩昭侯的态度，正是战国时代的管理学精髓。

站在国君的角度，很容易赏罚无度，哪天心情好就大手一挥，随意打赏，哪天心情不好，因为一点小事就会给人重罚。在法家看来，赏和罚是唯二的激励因素，没有赏罚就没有管理。所以，要想构成有效的管理，对赏罚的标准和执行都必须慎之又慎，国君决不能让自己的情绪影响到赏罚决策。一条破裤子当然不值钱，但如果无缘无故赏给某个下人，就会破坏所有人对赏罚的期待。

赏罚一要标准严明，二要恰如其分，三要及时履行。君主只要做好这三点，就能得到法家的认可——不但申不害会认可，公孙鞅如果能看到，必然也会认可。

但同样是法家立场，韩国为什么没能在申不害的带领下走上像秦国一样的富国强兵之路呢？申不害和公孙鞅的路线有多大的不同？

韩非论法与术

《韩非子》有一篇《定法》，文章使用问答体，通篇探讨申不害和公孙鞅的相同和不同。

第一个问题是：申不害和公孙鞅的思想主张，哪一个才是国家最急需的？

回答是两者不相上下，就像一个在冰天雪地里挨饿受冻的人，没衣服穿会冻死，没食物会饿死，很难说衣服和食物哪一个更急需，但可以肯定的是，两者缺一不可。

申不害搞的是"术"，公孙鞅搞的是"法"。

所谓术，就是根据能力授予职位，循名责实，君主手握生杀大权，根据群臣的业绩作出相应的赏罚，这是君主的管理之道。

所谓法，就是官府把法令明确公开，刑罚在全国深入人心，谁都清楚什么该做，什么不该做，遵纪守法的会受赏，违法乱纪的会受罚，这是臣子要遵循的。

如果君主没有术，乱政就先从高层出现；如果臣子没有法，乱政就从基层爆发。法和术缺一不可，两者都是帝王治国的利器。

再看第二个问题：只有法而没有术，或者反过来，只有术而没有法，为什么不行？

回答是国情不一样。韩国是从晋国分裂出来的，晋国的旧法还没有废除，韩国的新法就颁布了，晋国国君的政令还没有取消，韩国国君的政令就出台了。这些新法和旧法的出入，新令和旧令的冲突，会给人很多钻空子的机会。申不害虽然教会了韩昭侯用术，却没能加大力量统一法令，这就让奸邪之人依然有机可乘。这就是申不害虽然依托着强大的韩国，足足 17 年时间却还没能成就霸业的原因。

这里需要岔开一下：前面《资治通鉴》讲申不害做韩国总理 15 年，这是沿用《史记》的说法，《韩非子》讲的却是 17 年，到底谁说的对？也许都不对，正确的时间很可能是钱穆推测的 19 年。（《先秦诸子系年·申不害考》）

接着看韩非怎么议论公孙鞅：公孙鞅治理秦国，设置连坐制度，有功必赏，有过必罚，赏得厚，罚得狠，所以秦国人铆足了劲，主动加班加点不休息，打仗也绝不退缩，秦国因此国富兵强。但是，有法而无术，国君就容易被大臣糊弄，国家得来的好处尽被骗到私人的腰包里了。

秦孝公和公孙鞅死后，秦惠文王仍然沿用公孙鞅制定的法度，张仪总理浪费秦国的国力来谋私利。到了秦武王时代，甘茂总理同样浪费秦国的国力来谋私利。到了下一任秦昭襄王时代，魏冉总理更过分，劳师远征，越过了韩国、魏国，去打远在东方的齐国，打了五年也没能给秦国增加一寸土地，他自己倒是搞到了不错的封地。范雎总理同样打了韩国八年，没给秦国捞到多大好处，却给自己捞到了封地。后来凡是在秦国受重用的，都是魏冉、范雎一类人物。所以每次打赢了仗，国家得到的好处还没有大臣多，每次占领的地盘，都变成了大臣的封地，这到底是谁为谁效劳？当初公孙鞅一再整顿法治，他的改革成果反而便宜了后来那些秦国权臣。

这种现象，症结就在于秦国君主不懂得用术，被臣子们使心机蒙蔽。因此，秦国虽然实力雄厚，但努力了几十年也没能成就它早该成就的帝王之业。

这就带出了第三个问题：如果君主用术，官员用法，这就完美了吧？

但韩非答复：还是不行，因为无论是申不害的术还是公孙鞅的法，本身都有缺陷。

先看术的缺陷。申不害有一个"治不逾官"的原则，意思大约相当于"不在其位，不谋其政"。在《韩非子》的另一章可以看到一个很典型的例证：韩昭侯醉酒之后睡着了，管理帽子的侍从怕他着凉，就拿了衣服给他盖上。没想到韩昭侯醒来之后，把管理帽子和管理衣服的侍从一并处罚了，前者的罪名是越权，后者的罪名是失职。（《韩非子·二柄》）

韩非认为，"治不逾官"的原则是为了让人恪尽职守，倒也说得通，但如果让人对自己职责以外的问题就算知道了也不说，那就等于禁止大家对坏人坏事揭发检举。君主之所以耳聪目明，是因为他依靠的不是自己一个人的眼睛和耳朵，而是全国人的眼睛和耳朵。如果臣子知道别人的过错却不向君主告发，君主就只能依靠自己的眼睛和耳朵了。

再看法的缺陷。公孙鞅给军功设计了计件提成的标准，一颗人头可以换来一级爵位，两颗人头可以换来两级爵位，有了一级爵位的人如果想做官，可以做年薪 50 石粮食的小官，有两级爵位的人可以做年薪 100 石粮食的小官。这种安排就好像立下军功的人可以做木匠和医生，但打仗凭的是勇气和武力，做木匠和医生凭的是专业技术，让那些只有勇气和武力却没有专业技术的人去做木匠和医生，注定没有好结果。

韩非的意见总体来说就是完善的法治不但需要法和术的结合，还需要分别弥补两者的缺陷。但所谓缺陷，也许并不像韩非说的那么严重。前文提过，公孙鞅的政策里，从军功到官职，对于拿到爵位的人来说只是多了一个选择而已，他们可以做官，也可以不做。无论 50 石还是 100 石级别的官，都是很小的官，未必需要多高的专业管理技术，何况以公孙鞅的风格，也一定会设计出严格的考试标准，不是有资格做官就能做的。至于申不害的"治不逾官"，就算它能影响到君主的信息采集，君主也一定会有相应的对策。

—————— **162** ——————

君主为什么应该高深莫测

关于君主对"治不逾官"影响信息采集有没有对策这个问题，其实《韩非子》里已经把对策讲得清清楚楚了。

"挟智"

"挟智"的意思是明知故问，揣着明白装糊涂。之所以要这样搞，是为了在自己无法掌控的信息海洋里，抓住极少数自己知道的信息作为杠杆，去撬动大多数自己不知道的信息。今天我们对这种策略再熟悉不过，从小到大经历过的各种考试，本质上都属于"挟智"。

话说韩昭侯派人到县境秘密视察，使者回来以后，说没看到什么值得汇报的情况。韩昭侯说："你多少总该看到一点什么吧？"使者搜肠刮肚，终于讲出了一个实在不值一提的见闻：县城南门外，有一只黄色的小牛犊在吃道路左边的禾苗。

韩昭侯马上叮嘱使者，刚才这番对话必须严格保密，对谁都不能讲，然后下令："现在正是禾苗成长的时间，我们韩国早有禁令，严禁牛马进入农田偷吃，但官吏执法不严，导致牛马毁坏了很多庄稼。有关部门赶紧把牛马毁坏庄稼的事情统计上报，谁查不清楚就重罚谁。"

政令一出，统计报告很快就递交上来，韩昭侯发现哪一份报告都没提南门牛犊的事情，于是下达第二道命令："你们的统计有遗漏，再查。"官员们又去复查，果然发现漏报。这样一来，大家都相信韩昭侯明察秋毫，从此人人惴惴不安，不敢胡作非为。（《韩非子·内储说上》）

在《韩非子》给"挟智"列举的事例当中，有一则西门豹的故事是前文[1]提过的：西门豹谎称自己丢了一个车轴上的小插销，派下属去找。东西本来就没丢，下属当然找不到。西门豹又派了一批人去找，这回还真的在一家人的房间里找到了。通过这个方法，西门豹摸清了手下哪些人老实，哪些人不老实。

后人给管理风格归纳出所谓的"三不欺"，即"不

---

1 详见第37讲。

忍欺""不能欺"和"不敢欺",西门豹这种属于"不敢欺"。韩昭侯显然也在走这条路,但这似乎和申不害的"无为"理论矛盾了。申不害说过:君主如果显得太明察,人们就会防备他。

申不害的术,分寸很难拿捏,但大体来说,法和术有一个核心区别:法是公开的,术是隐秘的。法需要的是深入普及,搞得尽人皆知,成为全国人民不言而喻的常识,术需要的是君主一个人秘密掌握,用来驾驭群臣。

可以说法是阳谋,术是阴谋。

阳谋不但要标准公开,还要程序公开,一切赏罚都摆在阳光下,赏罚的结果任谁都挑不出毛病。阴谋不能让别人看出标准,更不存在公开的程序,君主的意图、偏好等绝对要向臣下保密,所以臣下既不知道该怎么蒙骗君主,也不知道该怎么徇私舞弊、偷奸耍滑而不被君主发现,于是只能老老实实地尽职尽责。君主根据臣下的能力和业绩来决定赏罚,如何决定必须由君主自行判断,这就是申不害理论里的"独断"。

"独断"之后自然要"专行",今天我们把"独断专行"当成贬义词,其实"独断"是申不害治国理论的重要命题之一,"独断专行"这个词曾经也是褒义。晚清光绪年间的练兵规范里就有一条要求考核士兵

"尊奉官长命令能否各具独断专行之妙"。(《大清光绪新法令·校阅时实施事宜·第十一条》)

那么新问题来了：韩昭侯如果学会了独断，申不害岂不是没有存在感了？

事实上，作为国家总理的申不害确实很缺乏存在感，但这应该是他自愿做出的牺牲。富国强兵也好，国泰民安也好，都不是第一位的，第一位的大事是韩昭侯本人的权力、地位、安危。这样看来，即便申不害都做到国家总理这种高级职位了，依然保持着"贱臣"思维。对比之下，公孙鞅在秦国的各种努力都是以富国强兵为目标——因为秦孝公想要完成这个目标，所以公孙鞅帮他来完成这个目标，至于秦孝公本人的权力、地位、安危，都不是公孙鞅主要操心的事情。

《申子》与《群书治要》

申不害专门论述过：在一个一夫多妻的家庭里，如果一个女人得到专宠，这个家就要破败，国家也是一样，如果一名大臣得到专宠，这个国家也会破败。所以国君操纵臣子，应该像车轴操纵辐条一样，所有辐条都同等地围着车轴转。试想一下，国君之所以经常修筑城池，深沟高垒，不就是为了防范盗贼和外国入侵吗？如今这么多弑君篡位的事情，难道都是敌军攻克防御工事冲进来造成的吗？还不尽是身边的人干的。这完全不难理解，即便是功夫天下第一的武士全副武装，带着金银财宝走夜路，都免不了被盗贼觊觎，更何况国君论体格无非就是普通人，掌握的宝物更比金银财宝珍贵无数倍，要想守得住，必须下大功夫才行。

申不害的这些理念一定很容易打动君主的心。但是，申不害的著作《申子》二篇很可能在宋朝已经看不到了，元明以后彻底失传。幸好唐朝初年，魏征主持编修《群书治要》，这可以算作一部文摘体的《资治通鉴》，从68种古籍当中摘录了不少具有"资治"意义的内容，编为50卷。这部书在南宋以后就消失了，到了清朝嘉庆年间，意外地从日本传了回来。这一类书在日本被称为"佚存书"。"佚"指的是在中国找不到了，"存"指的是在日本还保存着。所以，在《群书治要》摘录的68部古籍当中，有15部今天只有辑佚本，《申子》就是其中之一。《群书治要》摘录了《申子》的一篇《大体》，虽然是节录，但已经算是保存得相当完整了。前文那一段申不害的观点，就是从《群书治要》来的。

《群书治要》摘录的《申子》，最后有一个经典命题："镜设精无为而美恶自备，衡设平无为而轻重自得。"用镜子和天平来比喻，镜子只要打磨得足够光洁，那么只要静止不动，"无为"，美和丑都会在它面前自行显现；天平只要配重均衡，那么同样只需要"无为"，什么都不用做，物体的轻重在它那里同样自行显现。君主要做的就是把自己当成镜子和天平。

这两个比喻，尤其是镜子的比喻，在历史上反复出现。不论道家、佛家、儒家，又不论每一家当中的某一宗派，都喜欢用镜子来形容某种修养。大体上说，人的主观偏好越少，欲望越弱，心就越像明镜，不但可以准确地感知外部世界，而且当外来事物离开之后，这个事物留在心中的影像也会随之离开，就像照镜子的人走了，镜子里的影像也就随之消失。用《韩非子》的话说，这叫"去好去恶，群臣见素"，君主只要不暴露自己的爱憎，群臣就会显露出本来面目，谁是什么样都被君主看得一清二楚，这样一来，君主当然就不会受到蒙蔽了。《三国演义》里，刘备那种喜怒不形于色的禀赋就会是申不害和韩非特别推崇的。

关于这一点，还有一个相反的例子：秦孝公。秦孝公表现出了明确的目标和偏好，所以公孙鞅在刚到秦国时，经过几番试探，终于可以投其所好。拿申不害的理论来看，秦孝公这分明是把自己置于危险的境地，之所以没有被奸臣篡位，仅仅是因为运气好。

韩昭侯大概认真学习了申不害思想，所以为人处世总有一点高深莫测的感觉。他虽然也会参与国际事务，甚至出兵打仗，但看不出他有秦孝公、魏惠王和齐威王那种很想一鸣惊人的欲望。但他显然也不是一个低欲望的人，不然也不可能在十几年间让韩国国治兵强，没有外敌入侵。他就像一个亦正亦邪的神秘高手，低调而强大。

---— 163 ——

司马光为什么只字未提惠施

至此，战国几大强国的国家总理已经陆续登场，秦国有公孙鞅，齐国有邹忌，楚国有昭奚恤，韩国有申不害，而这段时间里风头最劲，到处惹是生非的魏国，国家总理又会是怎样一位人物？

这位总理可能是当时最有学问的学者型官僚，名叫惠施。成语"学富五车"原本就是形容他的，原话出自《庄子》："惠施多方，其书五车。"说惠施什么都懂，他的藏书可以装满五辆车。其实五车书不算多，因为那时候的书是写在竹简上的，一大捆竹简也写不了多少字。但是，惠施并不需要和如今的读书人比，只需要和同时代里的知识分子去比。

惠施是中国思想史上相当夺目的明星，和他有关的典故很多。按说这样一位大人物在魏国当总理，很值得大书特书一番，但《资治通鉴》竟然只字未提，这是为什么？

《吕氏春秋·不屈》

　　《资治通鉴》不提惠施，原因应该有两个：一是司马光太依赖《史记》了，《史记》通篇就没提过惠施；二是从其他材料判断，惠施做过魏国总理，这应该是板上钉钉的事情，但惠施做总理的时间不容易弄清楚。也许在桂陵之战以前惠施就已经当上总理了，也许要到魏惠王后期惠施才登上政治舞台。历代学者做过很多考证，但结论全是推测，谁也拿不出铁证。

　　《吕氏春秋·不屈》通篇都是惠施的事迹。作为篇章标题的"不屈"，意思并不是"不屈不挠"，而是"伶牙俐齿，嘴上不输"。惠施不仅学问大，而且头脑灵活，逻辑思辨能力很强，口才出众，不管讲正理还是讲歪理，很难有人讲得过他。但问题是，能说会道是一回事，实干能力是另一回事。惠施的"不屈"到底管不管用呢？

　　在《不屈》的记载里，至少魏惠王很快就被惠施折服，觉得这个人光芒四射，简直就是圣贤啊。国君遇到圣贤，正确的反应是什么？是委以重任，请他来当国家总理吗？那就俗了，魏惠王对惠施说："回顾古代，统治者一定是圣贤，圣贤治国才是人间正道。先生您就是圣贤，比我强太多了，所以魏国就交给您了，我让位。"

今天看来，魏惠王的觉悟高得有点令人匪夷所思，不过我们很难断言文章作者是否夸大其词，因为战国时代真的发生过这种既感人、又荒唐的禅让事件，虽然有的只是演戏，但也有的竟然弄假成真。无论魏惠王是真心还是假意，总之惠施断然推辞，说魏惠王做出禅让的表示是为世人做表率，而自己拒不接受，同样是为世人做表率，用榜样的力量消弭世人的贪念和纷争。《吕氏春秋》很不客气地点评说："魏惠王和惠施还真把自己当成尧、舜和许由了，也不掂量掂量自己有没有古代圣贤的本事。后来魏惠王打不过齐国，放低身段去请齐威王手下留情，齐威王根本不待见他。至于惠施，乔装改扮，乘车出逃，险些丢了性命。"

《不屈》给我们展现出来的惠施，是一个标准的银样镴枪头。但也许有人会想，他好歹有上古圣贤的做派吧？结果也没有，《不屈》又记载了匡章和惠施的一次交锋，把惠施糟蹋得更惨。

话说匡章在魏惠王面前说惠施的坏话，拿蝗虫打比方，说惠施一出门，人多时浩浩荡荡几百辆车，随从几百人，人少时也要几十辆车，随从几十人，不劳动，只会吃白食，和蝗虫有什么区别？

魏惠王倒也讲理，把惠施请来，给他一个自我辩白的机会。

惠施的辩护词非常在理，核心意思是说，不能说只有下地种田才叫劳动，做管理也叫劳动，如果让管理者去种田，那他就没法做管理了。惠施的核心论点是："我们绝对不能低估管理的意义，这就好比修筑城墙，有的人忙着夯土，有的人忙着运土，有的人拿着测绘工具检查施工是否合乎要求，我就是那个拿着测绘工具的人。"

惠施对自己的定位，正是中国历朝历代对宰相的经典定位。文武百官各司其职，都是具体做事的人，宰相不做具体的事，只管统筹全局。**统筹全局当然是最核心的工作，理所应当享受最高级别的待遇，所以"遍身罗绮者"，注定"不是养蚕人"，"十指不沾泥"，并非没资格"鳞鳞居大厦"。**但问题是，惠施讲起道理来头头是道，搞起管理来也确实一门心思为魏国好，效果却实在一塌糊涂。文章最后总结说：魏惠王在位期间，一共打过50场仗，输了20场，伤亡不计其数，就连魏惠王的大将、爱子都有被俘虏的。惠施的治国手段，当然变成了天下笑柄。惠施自己也很不好意思，拜托史官在档案上给自己改名字，免得遗臭万年。

改名这件事，原文语焉不详，结合上下文来推测，最有可能的结论是：这不是我们常规理解上的改名，而是惠施把自己头上"仲父"这个头衔取消掉了。前文[1]提过，春秋时代，管仲从齐桓公那里先后要来了贵、富、亲三件法宝，其中的"亲"就是被齐桓公尊为"仲父"，相当于"二爸"。魏惠王拿齐桓公当榜样，请惠施当总理，管惠施叫仲父。但这位仲父实在比不上齐桓公的仲父，执政好多年，搞得自己蹙眉耷眼的，没脸当魏惠王的二爸了。

烟视媚行 vs. 民之父母

《吕氏春秋·不屈》的最后一段故事，说的是惠施和白圭从相识到结怨的经过。两个人初次见面，惠施就拿出了自己的绝活儿——说。他高谈阔论一番，弄得白圭哑口无言。等惠施走了，白圭对旁边的人说："有一家人办喜事，新娘刚进家门，应该烟视媚行。"

"烟视媚行"演变为成语，本义是形容女人言谈举止既端庄又羞涩，眼睛不会直愣愣地盯着别人，动作也不会大大咧咧，但后来这个词常常被用来形容风尘女子的媚态。接着看白圭的话："但这位新娘有点特别，看到有僮仆举着火把，就责备说：'火太旺了，快

---

[1] 详见第146讲。

把火弄小一点。'进门时，发现地面有个小坑，就吩咐下人说：'赶紧把这个小坑填上，不然过来过去的人容易崴脚。'这些话当然都是好话，对人都有好处，但新娘不该才进门就说这些话。惠施就和这位新娘一样，才认识我，就这么跟我说话。"

白圭的话里有一个细节，虽然和主旨无关，但也值得注意，那就是新娘刚进婆家家门时，为什么会有火把？我在得到课程《熊逸书院》里介绍过传统婚礼的规范流程，婚姻的"婚"原本是黄昏的"昏"，要在黄昏举办婚礼，所以需要火把。

话说回来，白圭这番话传到了惠施耳朵里，惠施怎么可能在言语上服输呢？赶紧给自己辩解说："不是这样的。《诗经》有这么一句：'恺悌君子，民之父母。'君子品格高尚，哪怕年轻，但只要有长者之风，就可以成为民之父母。父母教育子女，难道还有等待时机一说吗？拿我和新娘相提并论，这叫类比不当，人家《诗经》里可从没说过'恺悌新娘'啊。"

惠施的意思是：白圭就算拿我打比方，也该把我比作父母，那么我教育白圭，就像父母教育儿女，只要想教育，随时都可以教育。《吕氏春秋》最后有一个评语：惠施一开始对白圭就很过分了，后来竟然以白圭的父母自居，就过分得太不像话了。

—————— 164 ——————

为什么说白圭是战国的商界偶像

《史记》记载了《吕氏春秋》的成书经过，秦国总理吕不韦延揽天下知识分子，组织他们写成了一部百科全书式的著作，题为《吕氏春秋》，还把书稿公布在咸阳市门，在书稿上边悬挂重金，说谁能把书稿内容增损一个字，这笔巨款就归谁所有。（《史记·吕不韦列传》）

《吕氏春秋》汇集了不知多少位作者，不同的作者自然会有不同的见闻，更有不同的观点。所以单独看书里的某一篇，可能文从字顺，逻辑连贯，证据确凿，但如果把前后两篇结合起来看，难免就会发现矛盾。

《不屈》篇的下一篇叫作《应言》，收录的都是对同一个问题的正反两面的意见，让两种意见分输赢，见高下。《应言》的第一段内容就是白圭和惠施的交锋，但这一回，白圭不但词穷，而且理屈。

市丘之鼎

白圭首先发难，在魏惠王面前诋毁惠施："市丘之鼎怎么看怎么美，但如果拿它来炖鸡，多加汤的话味道就会太淡，没法吃，少加汤的话容易把鸡烧得外焦里生，也没法吃。这种大鼎，再漂亮又有什么用？惠施说的话，就像市丘之鼎一样。"

所谓市丘之鼎，指的是市丘这个地方生产的鼎。市丘前文[1]提过一笔，孙膑和田忌围魏救赵时，孙膑建议田忌佯攻平陵，说如果我军进攻平陵的话，南边有宋国，北边有卫国，还有大梁北边的市丘挡路，我军的粮道很容易被敌军截断。

市丘很可能是当时韩国的一处重镇，大约在今天的河南省新乡市延津县[2]。这个地方在历史上知名，主要是因为曹操和袁绍打的那场官渡之战：曹操带领一支精兵奇袭乌巢，烧了袁绍的粮仓，一战扭转了官渡战局。乌巢和市丘基本就在同一个地方。

战国已经从青铜时代步入了黑铁时代，铁器冶炼技术突飞猛进，所以农具和武器的水准都提高了不少，

1　详见第 154 讲。

2　赵吕甫：《再论〈孙膑兵法·擒庞涓〉篇中几个城邑的位置》，载《西南师范大学学报》1989 年第 1 期。

但青铜器并没有被取代，相反，青铜冶炼技术还在不断进步。韩国是冶炼能力很强的国家，我们虽然不知道市丘到底是不是一个青铜器冶炼重镇，至少可以从白圭的话里推断，这个市丘之鼎又大又漂亮，大概代表着当时青铜工艺的最高水平。

市丘之鼎显然属于礼器，搞祭祀时才会用到，不会有人真的拿它做饭，所以白圭的质疑从一开始就没有抓到要害。退一步说，仅仅从实用性出发，这么大一个鼎，确实太不方便做饭了，但惠施说："假如三军将士该吃饭了，正好旁边有市丘之鼎，那就太方便了，只要找一个大蒸笼放在鼎上，蒸出来的饭完全能够喂饱一支军队。这种情况下，再也找不到比市丘之鼎更合适的炊具了。"

《吕氏春秋》最后还有一段评论，说白圭太不把魏惠王放在眼里了——如果惠施说话真的都是假大空，魏惠王还能一直把他当仲父来尊重吗？

上面这场交锋特别有《庄子》风格，惠施扮演了庄子的角色，讲述"无用之用"的哲学：凡夫俗子眼里没用的，正是高人眼里有大用的。

至于白圭，虽然既词穷又理屈，但还原到当时的环境，我们会发现，在白圭的错误里其实充满了正确的因子，和公孙鞅对"循名责实"的强调如出一辙，只不过白圭吃了嘴笨的亏，还非要把一个管理学问题上升到哲学高度。当时的天下四方，探讨哲学问题能和惠施有一拼的，大概只有庄子了。

如果可以把白圭的心里话翻译出来，应该这么说："惠施这个人夸夸其谈确实有一套，很让人着迷，但他的能力到底怎么样，必须通过实际工作加以考察。听其言，观其行。只要他能做到他说的那些，还能做的像说的一样漂亮，那我就承认他有本事。可是像现在这样，这小子光说不练，不就是天桥把式吗？"

之所以刑名学家那套理论能够在战国时代独树一帜，正是因为在那个争夺人才的国际大环境里，诸侯们很容易凭着本能和直觉来辨别谁是人才，谁不是人才。而各国人才周游列国谋出路、求发展，不但要努力在国君面前迅速赢得好感，还要具备三言两语之间就把竞争对手斩于马下的本领，这就使得那些形象气质出众、口才绝佳的人最有机会捕获大国诸侯的芳心。公孙鞅的上位也是凭借口才，只不过他的能力真能配得上他的口才。假如当初去见秦孝公的不是公孙鞅，而是惠施的话，惠施更有能力让秦孝公对自己一见倾心，委以重任，只是得到重任之后很可能无法胜任。

在一部《吕氏春秋》当中，关于惠施的记载，《不屈》和《应言》两篇就已经存在冲突了，如果结合其他材料来看，疑点会更多，以至于有人怀疑，惠施是到了魏惠王执政后期才到魏国当总理的。钱穆有一篇《惠施仕魏考》就持这种观点，怀疑虽然合理，但证据给得不太充足。至于白圭，疑点就更多了。在有些史料里，白圭看上去很像是惠施前一任的魏国总理。

《史记·货殖列传》里的白圭形象

《史记·货殖列传》专门描述经济现象，其中浓墨重彩地介绍了白圭的传奇一生。白圭是魏文侯时代的人，在李克推行农业改革，"尽地力之教"时[1]，白圭仔细观察世道的变化，敏锐地发现了经济规律。于是，白圭开始"人弃我取，人取我予"。这八个字的字面意思是：人家不要的我要，人家要的我给。实际的意思是：供大于求的，大家都贱卖的，我用低价买过来囤着，等到供小于求时，大家都想出高价买，我就把低价囤来的货物高价出售。具体来说，每年粮食的收获季节里，满世界都是粮食，粮价当然是全年最低的，白圭就开始收购粮食，出售丝绵，等到蚕茧收成的季节，丝绵的价格全年最低，他就收购丝绵，出售

---

1 详见第46讲。

粮食。白圭还发现，每逢太岁在卯和酉的年份，粮食丰收，但第二年会有旱灾；每逢太岁在午和子的年份，会有旱灾，但第二年会是丰年。凭着这样的过人洞见，白圭的财富不断翻倍。

除了能看准经济规律外，白圭还有三项难得的品质：第一，生活极其简朴；第二，能和下人同甘共苦；第三，《史记》说他"趋时若猛兽挚鸟之发"，一旦看准赚钱的时机，就像猛兽和猛禽捕猎一样猛扑过去。

白圭总结自己的经营之道，留下了一段至理名言："吾治生产，犹伊尹、吕尚之谋略，孙吴用兵，商鞅行法是也。是故其智不足与权变，勇不足以决断，仁不能以取予，强不能有所守，虽欲学吾术，终不告之矣。"

所谓的"生产"，就是指经商，通过倒买倒卖让财富越生越多。在那个轻视商业的年代，白圭把经商提到了相当一个高度，认为像自己这样的成功商人具备了商朝名相伊尹和周朝开国名臣姜太公的谋略，还有孙武和吴起的兵法智慧，以及商鞅推行法律的雷厉风行。白圭还说，如果有人想学到自己的经商本领，必须具备智、勇、仁、强四种资质，具体来说，智就是随机应变的智慧，勇就是做决断的魄力，仁就是该给多少就给多少，该拿多少就拿多少，强就是坚持操守。

  所以司马迁说，白圭之所以要讲上面那段话，估计是因为天下凡是搞经营的人，都自称是白圭的学生。显然白圭是当时的商界偶像。但今天已经很少有人知道白圭了，太多商家拜财神、拜关公、拜菩萨，却不见拜白圭的。其实财神也好，关公和菩萨也好，谁也没像白圭这样拥有一辈子的商界成功战绩和一套言简意赅、可以跨越时间和地域的商业理念。

———————— 165 ————————

到底是一个白圭还是两个白圭

《史记·货殖列传》对白圭的塑造，其实有明显的破绽。这个破绽在哪里呢？

白圭的生活时代

《史记》最明显的破绽是：如果白圭和李克是同时代的人，那就不该在畅谈商业哲学时提到商鞅。白圭发现的丰年和灾年交替的规律也禁不起推敲，今天我们有现代统计学的知识，明白这不过是"回归均值"——这个知识点是 19 世纪比利时数学家凯特勒的贡献[1]。古人搞不懂什么是回归均值，容易把这类现象神化。古人未必看得懂回归均值的逻辑，但是要看出白圭和商鞅的时代冲突，就太简单直接了。所以，白圭

1　参见得到 App 课程《佛学五十讲》第 43 讲。

到底是什么时代的人，值得深挖。

关于白圭的时代，最经典的答案来自清代史学家梁玉绳的两部著作《史记志疑》和《汉书古今人表考》，结论是战国时代有两个白圭，一个生活在魏文侯时代，不但是经商高手，很可能还做过乐羊的副手，和乐羊一道打过中山国，另一个生活在魏惠王时代，做过魏国总理，给魏国搞过水利工程。

清朝乾隆、嘉庆年间，简称乾嘉时期，出过不少考据大师，既有走经学路线的，也有走史学路线的。史学路线又可以分成两类，一是搞通史研究，二是搞断代史研究。梁玉绳是后者的代表，专攻《史记》和《汉书》，写成了《史记志疑》和《汉书古今人表考》，这两部书一并成为乾嘉学术当中的史学考据代表作。乾嘉以后，一提到白圭的身份，人们基本都会引用梁玉绳的结论。不过深究一下就会发现，梁玉绳给出的证据其实并不扎实，只因没人比他做得更好，所以他的结论才会一直被沿用下去。

后来钱穆出手，要较一较真，结果推翻了梁玉绳的说法，结论是白圭只有一个，主要活跃在魏惠王时代，在魏国的官场上是惠施的前辈，至于《史记·货殖列传》里的记载，只怪司马迁行文不严谨，本来只是把白圭和李克放到一起来说，但很容易让读者误解为白圭是

和李克同时代的人。(《先秦诸子系年·白圭考》)

这算不算尘埃落定了呢？还不能算，因为钱穆的考证太武断，也拿不出什么铁证。我们最好还是抱着存疑的态度，对于梁玉绳和钱穆的考证，只要知道这是历史研究当中两个很经典的，具有阶段性意义的结论就可以了。而关于白圭，至少可以肯定的是，他确实在魏惠王时代做过高官，主持过魏国的水利工程，很可能还在魏国发起过一场税制改革。另一个不太能够确定，但很有可能成立的推测是：他也许做到过魏国总理的职位，和惠施是前任和后任的关系。做出以上推断，主要因为有《孟子》的背书——《孟子》这部书里记载了孟子和白圭的对话，这算是相当可靠的材料了。

白圭的政策：低税率和水利工程

因为《孟子》，我们还知道了白圭的名字：白圭在和孟子对话时，自称为"丹"。在称谓传统里，凡是自称，只会称名，不会称字，所以根据白圭的自称，我们知道"丹"是他的名，"圭"是他的字。"丹"有"红色"的意思，"圭"有"洁白"的意思，白圭的名和字构成了一组红白配。

白圭就税制问题征求过孟子的意见，说自己想给魏国人民减税，改成二十税一，也就是按照 5% 的比例收税。按说轻徭薄赋一直都是儒家的仁政主张，历朝历代的清官、好官经常向皇帝申请减免赋税。所以在通常的印象里，减税永远都是儒家仁政的一部分。二十税一也属于很轻的税率。推想白圭的心，这个时候应该很想听到孟子的表扬吧。

没想到孟子很不给面子，说白圭这么搞，属于"貉道"。"貉"指的是当时的北方蛮族。所谓"貉道"，意译过来就是"蛮族的做法"，带有强烈的贬义色彩。

减税难道还错了不成？孟子抛出一个问题："假如某个国家总共有一万户人家，只有一个人制造陶器，你觉得这样能行吗？"

白圭回答："当然不行，陶器产量太低，肯定不够这么多人用啊。"

孟子说："看人家貉族，农产品种类单一，除了穈子（一种不黏的黄米）什么都不长，也没有城郭、宫室、宗庙，不搞祭祀典礼，更无所谓外交，连官僚体系都没有，所以他们的税率是二十税一。可咱们是文明人，需要开支的项目比野蛮人多太多了，二十税一怎么可能够用？刚刚你也说了，就连做陶器的人都不能太少，否则国家就没法正常运转，那如果为了节约开支，把各级官员都裁掉，国家岂不是更乱套了？尧、舜两位圣人早就制定过合理的税率，我们只要沿用下去就行了。税率低于尧舜之道的就是貉道，高于尧舜之道的就是暴政。"

孟子没明说所谓尧舜之道是怎样一个税率，通常的理解是十税一，按 10% 征税。

传说中的尧舜时代未必比蛮族文明多少，当然不可能真有 10% 的税率，甚至根本不会有收税这回事，孟子只是秉持儒家的经典话术，言必称尧舜，让别人不好反驳。那番话里透露出来的真正可靠的信息是孟子认为 5% 的税率太轻了，无法维系一个国家的正常运转。

孟子已经算是儒家阵营里很有迂腐精神的一位大师了，如果连他都嫌白圭的税率太低，显然这个税率已经低得不像话了。这是最可疑的地方，毕竟战国时代经常打仗，战争规模越来越大，必然需要极高的税率，白圭难道是要逆时代潮流而动？最有可能的原因是白圭确实就像《史记》描写的那样很有经济头脑，希望通过低税率吸引外来移民，只要劳动力多了，一切就都好说。

在直观感受里，国家越是缺钱，就越应该提高税率，而在现代经济学里有所谓拉弗曲线（Laffer curve），理论出发点很简单：**税率越高，人的劳动积极性就越低，相应地，税基也就越窄，那么反过来，低税率会起到激励作用，努力干活的人多了，社会总产出也就多了，哪怕税率低，政府收上来的税款总额很可能不降反增**。这个道理放在战国时代应该更加有效，当时虽然已经有了各种关卡，但移民难度到底比今天要低，一个很可观的低税率可以在短时段内吸引大量移民，迅速扩大税基。

我更愿意相信白圭的二十税一是出于扩大税基的考量，而不愿意相信他想搞儒家推崇的仁政。因为从《孟子》的下文来看，白圭的水利工程搞得相当缺德，完全站在了仁政的对立面。

对于水利方面的政绩，白圭本人很得意，对孟子夸口说自己比大禹还强。孟子毫不客气地反驳："大禹治水时，是疏通河道，顺着水势，把洪水排到大海里去，你倒好，逆着水势，'以邻国为壑'，把洪水排到邻国去。"

"以邻国为壑"后来被简化为四字成语"以邻为壑"。

白圭到底是怎么治水的？孟子没讲，但韩非有讲，说"千丈之堤，以蝼蚁之穴溃"，千丈的长堤会因为蚂蚁挖洞而崩溃，白圭治水时，用心加固堤防，所以在白圭的任上没闹过水灾。(《韩非子·喻老》)这句话后来演变为成语"千里之堤,溃于蚁穴"。

河堤加固之后,本国境内免除了水患,至于水会不会泄到邻国,白圭就无所谓了。孟子当然看不惯这种做派,直言不讳地说:"你可太缺德了,你的所作所为正是有仁爱之心的人特别厌恶的。"言下之意很明显:你怎么不以为耻,反以为荣呢?

这样看来,白圭也好,惠施也好,魏惠王执政期内的这两位魏国总理,感觉都不太靠谱。这样的魏国,会怎样和列强争雄呢?

知识就在得到

A
Comprehensive
Mirror
to Aid in
Government

Series.I

资治通鉴

第一辑

熊逸版

⑦

熊逸 著

Xiong Yi
Edition

新 星 出 版 社　NEW STAR PRESS

目录

周显王十九年

―――――― 166 ――――――

咸阳的名字是怎么来的

从《资治通鉴》开篇的周威烈王二十三年（前 403
年）至此，我们已经走过了战国历史的 53 年。这段时
间里，西方世界也在发生着很多大事。就在公元前 350
年前后，希腊学者阿里斯塔克提出了人类历史上最早的
"日心说"，认为太阳是宇宙中心，恒星保持不动，地
球以椭圆轨道绕日运行，同时还在围绕着本身的轴心自
转。今天英语词汇里的"日心说"（heliocentrism）的词源
就是希腊语（helio 表示"太阳"，centr 表示"中心"）。

在中国，没人有这种闲情逸致，战国列强都在紧
锣密鼓地忙着变法图强。在《资治通鉴》的记载里，

周显王十九年（前350年）发生了三件大事：一是公孙鞅在秦国开展第二轮变法，二是秦国和魏国举行外交会见，三是赵成侯去世，赵国发生内乱。我们重点来看第一件事。

原文：

（十九年）

秦商鞅筑冀阙宫庭于咸阳，徙都之。令民父子、兄弟同室内息者为禁。并诸小乡聚集为一县，县置令、丞，凡三十一县。废井田，开阡陌，平斗、桶、权、衡、丈、尺。

秦人迁都简史

公孙鞅的第二轮变法从迁都咸阳开始，这件事在秦国发展史上意义非凡。

迁都本来不算什么新奇的事，战国诸侯经常迁都，必须不断调整政治重心来应对局势的变化。从《史记·秦本纪》来看，秦国早年建都西垂，位置大约在今天的甘肃省陇南市礼县附近，礼县的大堡子山发现了秦人墓葬、祭祀坑和大型建筑基址，现在已经被开发成一个遗址公园了。西垂严格来说并不是秦国的都城，而是早期秦人的定居点。到了非子时代 [1]，秦人从西垂出发，向东北方向迁徙大约 170 公里，迁到秦邑，大约是今天甘肃省天水市张家川自治县瓦泉村一带，当地也有大量的秦人墓葬。后来周幽王烽火戏诸侯，西周时代结束，平王东迁，历史从此进入东周时代。

在周平王迁都时，秦襄公派兵一路护送，继续为周王室效力。所以周平王封秦襄公为诸侯，赐给他岐山以西的大片土地，秦国至此正式建国。秦襄公带领族人越过陇山，挺进关中，先在汧（qiān）水沿岸建都，大约在今天的陕西省宝鸡市陇县边家庄村，当地有秦人的墓葬和城市遗址。秦襄公在汧地建都，短短 11 年后再一次迁都，沿着汧水向东南走，建都汧渭之会，也就是汧水和渭水交汇的地方。没过多久，秦人继续迁都到平阳，今天的陕西省宝鸡市一带。到了秦德公时代，迁都雍城，今天的陕西省宝鸡市凤翔县城南。现在雍城遗址已经被充分发掘出来，城建规模很大，城墙东西长 3200 米，南北长 3300 米，基本是个正方形，面积足有 11 平方公里，大约相当于 15 个故宫。

秦人营建雍城可谓下足了本钱，传达出来的意思是这里太好了，再也不想搬家了。

1　详见第 83 讲。

雍城的地理位置确实很好，处于关中平原西部，东边不远就是周王朝的发祥地岐山。雍城地势较高，空间开阔，北邻汧山，南临雍水，是背山面水的经典格局。建好雍城之后，秦人二百多年没再迁都。但随着时间的推移，雍城的劣势越来越明显。

所谓劣势，倒不是雍城本身的劣势，而是因为秦国的势力不断向东推进，相形之下，雍城的位置就显得越来越偏西了，不方便。秦人从西垂一路迁到雍城，大方向永远都在向东。雍城虽好，但跟不上时代的脚步，秦人只有继续迁都，先后迁到泾阳和栎阳。公孙鞅主持秦国的第一轮变法，地点就在栎阳。

公孙鞅开展第二轮变法，首先就把都城从栎阳迁到咸阳，大约在今天的陕西省咸阳市渭城区的滩毛村和窑店一带，考古专家在这里发现了咸阳故城遗址。

从栎阳迁都咸阳，不是东迁，而是西迁，向西方偏南大约迁移了 70 公里。咸阳退回了泾阳所在的经度，位置在泾阳的正南。秦人这一回迁都为什么走了回头路，我们不得而知，不过定都咸阳之后，秦国从此安定下来，直到秦始皇统一天下，再到秦朝灭亡，再也没有迁都。因此，虽然我们不知道公孙鞅当时迁都咸阳的理由，但从事情的结果来看，不管理由是什么，一定非常站得住脚。

咸阳：山之阳，水之阳

咸阳为什么叫咸阳，胡三省援引《三辅黄图》和《三秦记》给出一个解释，在空间方位上，山南水北为阳，咸阳地处九嵕（zōng）山南，占了一个阳，同时也在渭水之北，又占了一个阳，所以叫作咸阳，"咸"是"全部"的意思。

《三秦记》是古代的一部陕西地方志。《三辅黄图》也叫《西京黄图》，作者和成书时代都很模糊，可能是东汉末年的作品，唐朝人还做过增补。《三辅黄图》专门记载秦汉年间的都城建设，所谓三辅，指的是汉朝长安一带的三个行政区划，分别是京兆尹、左冯翊、右扶风。因此，在研究咸阳、长安一带的地理时，《三辅黄图》被引用的频次非常高。

《三辅黄图》和《三秦记》一道解释了咸阳的得名，既有权威性，又很合理，但问题是，雍城北邻汧山，南临雍水，也是既在山之南，又在水之北，为什么不叫咸阳呢？

按照《管子》的说法，凡是建立国都，选址要么在大山之下，要么在大河之上。如果地势高，就要保障水源充足；如果地势低，就不要离河太近。充分利用自然条件，根据山河形势来选址建设，所以城郭和

道路都不必追求横平竖直。(《管子·乘马》)

古人建城很喜欢选择山南水北的位置，依山傍水最宜居，风水先生把这种格局神秘化，专门取了个术语"藏风聚气"，还变化出各种细节。今天住宅楼的户型和室内布局里的所谓藏风聚气的迷信门道，源头都在简单朴素的依山傍水、山南水北的聚落选址传统里。问题是，如果山南水北就可以叫咸阳的话，好多城市就都该叫咸阳了，可见以"山南水北"来解释咸阳的得名实在有点牵强，但可惜也找不到更合理的说法了。

战国时代的咸阳周边并没有半点黄土高坡的感觉，那里土壤肥沃，河道纵横。但哪怕这里的条件再好，我们也很容易产生一个疑问：为什么秦国自从定都咸阳后，无论怎么向东方扩张，乃至秦始皇统一天下，建立大秦帝国，国都都一直在咸阳？位置会不会太偏了？而且，秦国历代迁都，都配合着东进的步伐，为什么现在当东进的步子都跨到渤海了，国都却没有跟着东迁呢？

对照一下周朝，虽然周朝发祥地就在今天的陕西，一开始的都城也离咸阳不远，但随着周王朝的版图拓展，周公很快意识到都城位置太偏，为此不惜亲自东行，营建东都雒邑。周公的考虑非常实际：雒邑位于天下的几何中心，四方诸侯要来朝贡的话，路程差不太多。

167

为什么咸阳更适合秦国定都

秦国迁都咸阳后，从此无论东进的步伐有多大，大本营一直设在咸阳，而周朝随着版图的拓展，很快就在天下正中营建雒邑，成为王朝东都。这两种做法，哪一种更合理？

这个问题，其实刘邦和张良替我们回答过。

作为天府之国的关中平原

在刘邦平定天下，考虑定都问题时，文臣武将几乎都是"山东"人，所以都说洛阳最好。当时所谓的"山东"，并不是今天的山东省，而是指崤山以东。

崤山属于秦岭东段支脉，和函谷关一起合称"崤函"。战国年间，大体上崤函以西是秦国，以东是其他诸侯国。所以，以崤山为坐标原点来分东方和西方的话，崤山以东就叫山东。战国七雄当中，只有秦国地处崤山以西，所以另外六国合称"山东六国"。如果以函谷关为坐标原点，秦国以外的六国就叫"关东六国"。当时山东和关东的说法就是这么来的。

今天的山东是以太行山为坐标原点，东边是山东，西边是山西。从清朝到民国的"闯关东"，指的是山东灾民为了生计，突破山海关，进入东三省。这里的"关东"，指的是山海关以东。

回到战国时代，既然崤函以东叫作山东或关东，崤函以西是不是叫山西或关西呢？并不是。这片地方，也就是以咸阳为中心的秦国核心地带，叫作"关中"。

所谓关中，是站在秦国角度，相对于关外而言的，指的是函谷关以内，所以关中有时候也被称为"关内"，汉朝以后才有了"关西"的叫法。《水浒传》里，鲁提辖拳打镇关西，故事发生在渭州，今天的甘肃省平凉市，在咸阳西北大约300公里。"镇关西"镇的是好大一片关西，可见这个名号把牛皮吹得多大。

话说回来，在刘邦斟酌国都选址时，文臣武将们因为都是"山东"人，所以力荐洛阳，只有刘敬和张良推荐关中。

张良的一番话，说得特别漂亮："夫关中，左崤函，右陇蜀，沃野千里，南有巴蜀之饶，北有胡苑之利，阻三面而守，独以一面东制诸侯。诸侯安定，河渭漕挽天

下，西给京师；诸侯有变，顺流而下，足以委输。此所谓金城千里，天府之国也。"（《史记·留侯列传》）

张良讲的左和右，和我们看地图的左和右刚好相反。所谓"左崤函，右陇蜀"，在地图上是"右崤函，左陇蜀"，也就是东边有崤山和函谷关，西边有陇山和蜀地的岷山，在这东西之间，是一片"沃野千里"。

战国秦汉年间，知识分子描述地理，经常会有很漂亮的排比句，尽情夸张，让听众心潮澎湃，但张良这番话不仅漂亮，还很务实，说沃野千里就真是沃野千里。为什么这样讲？我们可以看看《尚书·禹贡》。

《尚书》影响力最大的有两篇，一是《洪范》，二是《禹贡》。《洪范》务虚，《禹贡》务实。《禹贡》是中国最早的地理专著，几乎所有搞地理研究的人都在围着它打转。即便测绘技术很发达了，人们不但能画出精确的地图，连等高线都能画出来了，至少在名义上还要谨守《禹贡》。

《禹贡》描写大禹治水，划分天下为九州，还记载了每一州的山川、地理、土壤、物产如何。九州分别是冀州、兖州、青州、徐州、扬州、荆州、豫州、梁州、雍州。这些地名不但秦汉以后在沿用，直到今天还能看到它们的痕迹：河北省简称"冀"，河南省简称"豫"，源头就在《禹贡》。

在《禹贡》设计的九州系统里，关中属于雍州。这里的土壤"厥土惟黄壤，厥田惟上上"，意思是土是黄土，田是好田。也就是说，这一带的土地是全天下最肥沃的土地，非常适合种粮食。

《禹贡》成文大约在春秋战国年间。《战国策》中苏秦游说秦惠王，也夸赞秦国"沃野千里"，资源充沛，所以这样的好地方，简直称得上"天府"。（《战国策·秦策一》）

苏秦所谓的"天府"，到了张良那里，增加了两个字，变成我们熟悉的"天府之国"。今天提起"天府之国"，我们想到的是成都平原，但这个名号原先是给咸阳所在的关中平原的。在关中平原被誉为天府之国时，成都平原的存在意义仅仅是对关中平原的辅助，也就是张良说的"南有巴蜀之饶"。而"北有胡苑之利"指的是关中平原的北部和胡人相接，可以得到很多良种战马。更重要的是，关中平原北、西、南三面都有天然险阻，易守难攻，只有东面和山东六国相接。而且中国地势西高东低。所以张良的意思是，在天下太平时，东方的物资可以通过黄河和渭水逆流而上，费点力气供给关中，而一旦天下有变，中央军东进平乱的话，军需物资顺流东下，最方便不过。张良最后的两句归纳，"金城千里"形容关中不但易守难攻，而且打别人很轻松，"天府之国"形容关中物产丰富，不但粮食产量天下第一，还可以就近向一南一北借力。

用武之地

相比之下，洛阳怎么样？劝刘邦定都洛阳的人倒也讲得出一番道理，说洛阳也有山河险阻啊，东边有成皋，西边有崤山和渑池，背靠黄河，面前有伊水和洛水。但张良分析说："这些都没错，但问题是，被这山河险阻围起来的地盘实在太小了，只有区区数百里，而且土壤贫瘠。更要命的是，山河险阻虽然说起来东西南北都有，但敌人真要打过来的话，从东西南北都不难打进来，所以'此非用武之国也'，这片地方根本就不扛打。"

张良所谓的"不扛打"，当然只是和关中对比。后来五胡乱华时，很得人心也很能打仗的姚襄进攻洛阳，一个多月也没有打下来。姚襄有一句名言："洛阳虽小，山河四塞之固，亦是用武之地。"

姚襄的战略是洛阳必须先拿下来，然后以洛阳为根据地开创帝王事业。但洛阳终于没打下来，帝王事业也终于没能成功。（《晋书·姚襄载记》）

洛阳其实不差，只不过关中更好。张良的一番话让刘邦马上拿定主意，定都关中，具体地点就是咸阳向南，渭水南岸的长安。

汉朝的长安城，北边几乎紧挨着秦朝的咸阳，西边一水之隔是秦朝著名的阿房宫。后来的唐长安城又从汉长安城的位置向南移动了一点。今天我们去西安，看到的那个规模宏大的完整的古代城墙，是明朝的西安城墙。从位置来看，明西安城全都在唐长安城的范围里，规模比唐长安城小了很多。

秦人自从迁都咸阳以后，不断经营咸阳城。原本公孙鞅时代的咸阳位于渭水北岸，到了秦昭襄王时代，在渭水南岸修建了章台和兴乐宫。南北两大建筑群需要沟通，所以一座横桥应运而生。等到秦朝建立，咸阳城的规模继续扩大，不再是传统上依山傍水的格局，而是横跨了一条河。《三辅黄图》讲了一个玄妙的建筑哲学："渭水贯都，以象天汉；横桥南渡，以法牵牛。"渭水对应银河，横桥对应牵牛星，这背后是汉朝人的神秘宇宙模型，所以《三辅黄图》很有可能解读过深了。

公孙鞅迁都咸阳时，重点只有一个：修建冀阙。所谓冀阙就是宫门外的楼台，左右对称，中间留出一条夹道。今天我们去北京故宫，站在午门外正对午门，左右两边就是冀阙。冀阙原本是一种功能性建筑，"冀"相当于"记"，"阙"相当于"缺"，意思就是两座楼台中间留出空缺，当成过道，方便悬挂法令、告示。

168

公孙鞅为什么会炫耀移风易俗

公孙鞅在咸阳修建冀阙和宫室，完成了秦国历史上最后一次迁都。迁都之后，公孙鞅开始了第二轮变法，我们熟悉的"废井田，开阡陌"，建立县制，统一度量衡，就是从这个时期开始的。不过除此之外，还有一项至少同等重要的变法内容，简单讲就是"分家"。分家直接关联着县制的建立，意味着秦国的郡县制和其他战国列强的郡县制虽然名目相同，但实质已经不同了。

移风易俗

进入正题前，先看两个常用词。

第一个词：户口。今天提起户口，我们经常会说"把户口落在某个地方"，而从词源来看，户是户，口是口，一户是一个家庭，一口是一个人。户和口的划分是为了服务于税收和服役政策，所以政府经常需要考虑：到底以户为单位更好，还是以口为单位更好？

第二个词：大内。武侠小说常常塑造所谓的大内高手，他们的职责就是保卫皇帝，那么"大内"显而易见，指的就是皇宫。既然有所谓大内，有没有和它相对应的小内呢？

考察词源的话，小内确实存在，而且大内和小内原本都是指普通民宅里的普通房间，只是有主有次，有大有小而已，大内并不是皇帝的专属。秦汉年间的典型民宅结构，是所谓的"一堂二内"，或者叫"一宇二内"，简单理解就是两室一厅，"堂"或者"宇"就是厅，"二内"就是两居室。如果分主次的话，主卧就是大内，次卧就是小内。这样说来，我们每个人都可以是自己家里的大内高手。

"户口"和"大内"这两个词，和公孙鞅的第二轮变法有直接的关系。

《资治通鉴》概述了公孙鞅在主持迁都之后颁布的几项政令。第一项："令民父子兄弟同室内息者为禁。"古汉语是一种模糊性很强的语言，拿来写诗可以韵味无穷，但很难用作精准表达。这句话的表达就很不精准，只能参照其他材料来推测它的意思。根据推测，这条禁令的主旨是男子一旦成年，就必须有自己单独的房间。

那么问题来了：这种事情纯属私生活问题，各家有各家的情况，政府有什么必要搞一刀切呢？

《史记》记载，多年之后，一个叫赵良的儒家人士来见公孙鞅，直言不讳地提出了不少批评。公孙鞅当然不服气，一点都不谦虚地历数自己的功劳。（《史记·商君列传》）《资治通鉴》节选了这段内容，但只收录了赵良的批评，删掉了公孙鞅的辩白。所以我们很有必要回到《史记》，看看公孙鞅是怎么表功的。公孙鞅说："当初秦国的风俗和蛮族一样，父亲和儿子同居一室，毫无避嫌意识，是我给秦国移风易俗，秦国这才男女有别。我还主持修建了咸阳的冀阙，这可是很宏伟的工程，从此秦国看上去就像鲁国和卫国一样。"

这段话如果单独拿出来看，相当令人费解，最让人搞不懂的就是公孙鞅这样一位法家急先锋，为什么在表功时完全不提富国强兵的政绩，反而标榜儒家内容呢？移风易俗，男女有别，和夷狄划清界限，这是儒家的经典主张。鲁国是孔子的故乡，是儒家风气最浓厚的地方，而卫国也属于传统的中原诸侯。公孙鞅明明不可能看得起鲁国和卫国，为什么忽然把它们当作秦国的榜样？

因为公孙鞅这番话完全针对赵良的立场，言下之意是既然你拿儒家的标准批评我，那么我也拿儒家的标准来表一表我的功劳。即便以儒家的标准，我也称得上秦国有史以来最好的一位总理。

再看下一个疑点：秦人原先的风俗是父亲和儿子同居一室，这是蛮族做派，为儒家所不齿，公孙鞅改革的结果是男女有别。那么，父子关系怎么就被替换成了男女关系？

所谓父亲和儿子同居一室，重点并不在于父子关系，而在于公公和儿媳的关系。古人结婚早，男人不到 20 岁就可以当爸爸，不到 40 岁就可以当爷爷，代际差异远没有今天大。这就意味着如果父亲和儿子同居一室，年富力强的公公和花样年华的儿媳也同居一室，这就很容易发生乱伦事件。我们看《红楼梦》的各种影视版，如果把演员的年龄通通还原成原著设定的年龄，观感就会完全不同。即便在今天，一些落后地区的婚礼上，还保留着把公公和新娘凑在一起开低俗玩笑的传统。

在公孙鞅的第二轮变法政策里，要求每家每户只要有儿子成年，就必须分房另住。这样一来，表面的结果是父子分居，实际上的重点是儿媳和公公被体面地隔绝开了。同样道理，成年的兄弟分居另住的话，哥哥和弟媳、弟弟和嫂子也都可以被体面地隔绝开。这正是儒家特别看重的男女有别，所以公孙鞅才会特别拿出这一项政绩在赵良面前炫耀。

日书透露的居住格局

近些年的出土文献里，睡虎地秦简中的一部分，有所谓"日书"之称，也就是算命手册。大约是因为婚丧嫁娶这类事情都需要选日子，所以算命先生被称为日者，日者用到的专业书被称为日书。睡虎地秦简的日书讲到婚姻禁忌，说娶媳妇的人家要设置小内，小内的方位大有讲究，如果设在西南方向，将来就会夫妻不和，西北方向的话就生不出孩子，东北和正东才是吉利的位置。

根据这些记载，我们可以知道，小夫妻的单独居室就是小内，老两口的房间就是大内。日书讲解的那些吉凶祸福，看上去很像风水的道理，其实和风水学分属不同的神秘体系，只是后人把它们混为一谈了。

今天我们很容易把日书的内容斥为迷信，其实它相当科学。

什么是科学，什么不是科学，严格意义上的界分标准来自英国科学哲学家卡尔·波普尔。所谓科学哲学，简单讲就是给科学下定义、立标准、划疆界的哲学。在西方传统里，对知识可靠性的怀疑源远流长。科学知识到底可靠吗？怎样证实它的可靠性？当其他人都在"证实"的道路上披荆斩棘，要给科学知识打下坚实的地基时，波普尔清清楚楚地看出来，"证实"这条路根本走不通，这是归纳法的先天缺陷决定的。"证实"既然不行，那就反过来"证伪"。所以波普尔得出了一个貌似很怪异的结论：**界分一种理论是科学的还是非科学的，标准并不是可证实性，而是可证伪性。**

现在来看日书的内容，和今天各种江湖大师的做派截然不同，说一是一，说二是二，绝不含糊其词。比如在某个特定的日子里，如果修建大内，户主必死；如果修建右序，也就是某个偏房，户主长子的妻子会死；如果修筑外墙，孙子会死；如果修筑北墙，家里的牛羊会死。

这些说法当然很容易证伪，只要有个豁得出去的人，虽然不敢拿人命冒险，至少可以拿牛羊的性命冒一下险，偏在禁忌之日修筑北墙。可证伪性部分地保证了日书的科学性，所以，我们说日书体现了两千多年前原始科学的精神，这话并不为过。当然，这种饱含科学精神的命题经不起事实的检验，日书系统注定不会有长久的生命力，最终会让位给那些无法被证伪的预测理论。流传到今天的各种梅花易数、星相命理、阴阳风水等套路，没有一个是可以被证伪的。

话说回来，秦国的普通小家庭应该不敢拿生命和财富冒险，那就跟着日书的指示走好了。如果小内设在东南或正东，家和万事兴，小夫妻很快就有了自己的小孩，那么这样一个家庭就是当时很典型的五口之家，三代同堂。以家庭为单位来看的话，就是一户，以个人为单位来看的话，就是五口。

公孙鞅全心全力为秦国打造富国强兵之路，怎么可能有心思搞儒家那一套风俗建设呢？事情可以反过来想：公孙鞅之所以要搞这一套风俗建设，核心目的一定还是富国强兵，只不过在无心插柳当中完成了移风易俗，正巧给了公孙鞅在赵良面前自我夸耀的理由。

—————— 169 ——————

公孙鞅分产到户的基础是什么

公孙鞅在第二轮变法当中出台了一项政令，要求男人一旦成年，就必须有自己单独的房间。这种风俗问题，到底和富国强兵有什么关系呢？

公与私

事情还要追溯到公孙鞅的第一轮变法，当时已经有了一项敦促民间分家的政策，但《资治通鉴》没提。《史记》的记载是："民有二男以上不分异者，倍其赋。"如果一户人家有两个成年男人，就该分家单过，从一户变成两户。如果不愿意分家，也没关系，政府并不强制，但是赋税加倍。

这就说明当时秦国的赋税是按户征收的。在这种政策下，可想而知家庭规模一定会越来越大，因为人口越多，劳动力越多，摊在每个人头上的赋税就越轻。

赋税轻了，对于个人来说就意味着日子可以过得从容、优裕一些，不用太努力就可以养家糊口，甚至还可以发展一点兴趣爱好。就算真的没收入，靠着大家庭里的叔伯兄弟们接济一下，总还能过得下去。

秦孝公和公孙鞅当然不愿意看到这种状况。在他们看来，每一个秦国人都应该是 24 小时上满发条的生产机器，绝对不能容许有任何因素减弱他们的工作积极性。所以摆在眼前的问题是：家庭规模越大，生产效率越低，怎么办？

大型家族聚居是宗法社会的传统。儒家缅怀宗法时代，特别喜欢家族聚居，千秋万世不分家才是最好的。我在得到课程《熊逸书院》里举过一个明朝初年的例子：金华浦江郑氏有一块门匾，上书"天下第一人家"，这显然有点僭越的嫌疑。于是朱元璋召来族长诘问，郑氏族长说这是因为自家人一连八世聚族而居，不曾分家，所以元代郡守赐给这块门匾作为旌表，如今全家人口已经上千了。(江盈科《闻纪》) 那位元代的郡守之所以要表彰这个大家族，正是因为在儒家的价值观里，这样的结构才是一个家庭该有的样子。在这样的家庭架构里，人际关系是靠血缘造就的爱的纽带来维系的，所有人亲善友爱，互帮互助，一旦有了矛盾，小矛盾可以看在沾亲带故的面子上互让一步，大矛盾自然有家长出面解决，内部消化，不给朝廷添麻烦。

儒家为什么推崇这样的家庭结构？因为孔子的"克己复礼"就是要恢复周朝初年的社会秩序，而当时的社会秩序正是大家族和小家族的嵌套关系，国法就是家法，齐家就能治国。追问一步：周朝初年为什么会形成这样的宗法结构？用马克思的话说，这正是生产力决定生产关系。当时的农耕水平非常落后，如果小家庭承包自留地，注定活不下去，要想种田，唯一的出路就是集体公社式的大生产，这种生产模式就是后来被儒家不断缅怀，不断试图复兴的井田制。

井田制的具体模样今天早已经无法弄清，大体是把一大片农田划分成井字格，有些部分属于公田，收获的粮食需要交公，有些部分属于私田，收获的粮食归私人所有。劳动时集体出动，先公后私。

所谓公田、交公，和公有制毫无关系。这里的"公"是指封建领主。宗法社会里，一国之内对国君称公，小型采邑以内对领主也可以称公，孙辈对祖父也可以称公。一个人可以既是某个大家族里的祖父，同时还是某一处采邑的领主。为"公"服役是劳动者的义务，所以"公"和"私"才是一组相对的概念。

后来宗法制度瓦解，"公"依然和"私"相对，但逐渐转变为"集体"的意思。今天上班族"办公",坐在"办公室"里,处理"公务",这些词语里的"公"仍然显得出一点原始含义。

从刀耕火种到分产到户

今天我们形容原始、落后的农业,经常会用到"刀耕火种"这个成语。我们形容农业文明,经常提到定居的生活方式,其实在刀耕火种的时代,农民没法定居,也像游牧民族一样到处迁徙。

所谓刀耕火种,刀当然没法耕地,之所以用刀,是为了砍树,把树木、灌木砍断,晒干之后放火焚烧,也就是"火种"。土地被大火焚烧之后会变得松软,地面上堆积的草木灰刚好就是肥料。人们在这样的土地上播种比较轻松,也不用额外施肥,当然,粮食产量低得可怜。等粮食收获之后,这片土地的肥力也就用尽了,农民必须扔下这片土地,找其他地方继续刀耕火种,等什么时候这里恢复了肥力,再回来重新刀耕火种。

在地广人稀的时代,反正土地有的是,没必要追求精耕细作。

你也许会怀疑:在如此落后的时代,不可能有既锋利又结实的砍刀，把树砍断谈何容易？这个问题很容易回答。今天世界上还有不少地方继续着刀耕火种的生活，在砍树之前，人们会先把树皮剥下一圈——这并不难，也不需要很厉害的工具——等树木自然枯死之后就很容易折断了。当然，所谓容易，也不是小家庭能够轻松胜任的，还是要依靠大集体的力量。

《诗经》有若干篇章描写西周时代的农耕场面，当时并不是小农经济，而是集体劳作。这主要是因为技术水平低，农具不好使。当时已经进入青铜时代，农具既有青铜制品，也有石头制品，很可能还有纯粹的木制品。凭借这些工具，农民可以比刀耕火种前进一步——有人挖坑，有人撒种，效率和产量都能提高不少。

到了战国，进入黑铁时代，生产力因此得到了高度释放。铁器比青铜器耐用太多，既适合做武器，也适合做农具。农具的样式也大大创新，不但出现了犁，畜力代替人力也比较普遍。耕牛拉犁，可以轻松地挖出一道深沟，深沟两边还会自然形成两道田垄，这已经很像我们今天看到的农田了，只不过今天大部分地区已经用机械取代了牛耕。

关中平原本身是质地疏松的黄土，开垦起来省时省力，再加上耕牛和铁犁这种技术革命，农业生产力突飞猛进。长平之战前夕，当时的秦国名将白起进攻韩国，赵孝成王想从韩国手里接受上党的土地和人口，平阳君赵豹劝他别贪小便宜，惹恼了秦国可没好果子吃。赵豹强调秦国有种种厉害之处，其中之一就是牛耕。还有一点也和农业有关——秦国可以通过水路运粮。（《战国策·赵策一》）

水路运粮这件事，刚好能和张良劝刘邦定都关中的那番话呼应。

关中地区位于西部上游地带，地势高，向东作战的话，运输军需补给可以顺流而下，非常便捷。牛耕的普及又带给秦国超高的粮食产量，所以秦国人出门打仗时，不会担心后勤跟不上。赵豹用秦国在牛耕和漕运方面的优势来向赵孝成王证明秦国惹不起，可见那时秦国的农业水平已经不是山东六国可以望其项背的，而这样的成就很大程度上正是由公孙鞅的变法奠定的基础。

至于公孙鞅变法的基础，自然就是牛耕方式和冶铁技术的出现。在技术升级换代的基础上，社会层面的改革水到渠成。

站在公孙鞅的角度来看当时的秦国：咱们都有这么先进的耕作技术了，虽然粮食产量有所提高，但显然并没有达到极限。到底是什么在制约着生产力？显然是旧有的生产关系：大家庭的生活太容易让人偷懒。

如果说以前搞宗族聚居还说得过去——因为要集体劳作，如今有铁器、有耕牛，土地有的是，还聚在一起就说不过去了，小家庭完全可以单打独斗，所以必须让每一个人耕作更多的土地，达到人力的极限才是最好的。只有小家庭耕作自留地，才能最大限度地调动人的生产积极性，因为一来没人可以依靠，再懒也得卖力，二来所有的创收除了交公的份额外全是自己的，既不用接济父母，也不用接济那些懒惰的兄弟，三来只有以小家庭为独立经济单位，攀比心才最容易被激发出来，谁都想在乡里乡亲面前高人一等。

既然如此，大家庭最好拆分成若干个小家庭。于是新问题出现了：田亩一直都有传统规范，哪些是公田，哪些是私田，每一块田的疆界都很清楚，公孙鞅要想给每一个壮劳力分配更多的耕地，以前的田亩规划就必须废除。这就有了著名的"废井田，开阡陌"的大手笔。

——— 170 ———
"废井田"到底意味着什么

"废井田，开阡陌"这个词我们在中学学历史时就听过，但其实这两件事要分开说。首先，关于"废井田"的意思，很多人的理解可能是错的。

"废井田，开阡陌"

"废井田，开阡陌"这个短语很容易让人产生两个误解：一是误以为"废井田"是废除旧秩序，"开阡陌"是开启新秩序，二是误以为"废井田"是废除了井田制。

第一个误解的问题出在修辞上。古人也经常有这样的误解，所以朱熹专门写过一篇《开阡陌辩》来拨乱反正。朱熹的话并不全对，但至少说对了一点——"废"和"开"在这里都是"破坏"的意思。

下一步的结论就是，"废井田"和"开阡陌"其实是一回事。

从局部着眼的话，农田里的阡陌，也就是纵横交织的田垄，被破坏了，张三、李四的田混在一起，这就是"开阡陌"。从宏观着眼的话，旧有的农田分界线被破坏，所有的农田要按照新规矩重新分配，这就是"废井田"。

可想而知，这种土地制度改革会深刻影响到每一个人的日常生活。

今天的经济学很重视产权问题，主流观点是产权越明晰越好，私有财产神圣不可侵犯。**只要产权明晰，私有财产受到法律的严格保护，人的生产积极性自然就会提高，也会免除很多因为产权不清而带来的麻烦。**这种观念其实古人早就有了，只是没有上升到今天这种高度。

先秦时代，名义上说，有所谓"溥天之下，莫非王土；率土之滨，莫非王臣"，（《诗经·小雅·北山》）意思是全世界的土地都是周天子的财产，全世界的人民都是周天子的臣仆。而在实际上，逐级分封，逐级效忠，畿外诸侯享有高度自治权，他们手里的土地其实并不受周天子的支配，对他们效忠的臣仆也不会服从周天子的命令。具体到农田，尤其是和别人的农田相邻的农田，一定要有明确的疆界，而疆界一经确立，就不能轻易改动。这样的疆界，说它是产权边界可能有点过分，但至少严格规定了使用权。它表达的含义是：这片地里出产的粮食一定是我们的。

《孟子》有一段记载，滕文公想搞土地改革，派一个叫毕战的人向孟子请教古代的井田制。孟子首先表扬了滕文公的良苦用心，说滕文公既然打听井田制，一定是想施行仁政。然后孟子讲了一句名言："夫仁政，必自经界始。"所谓经界，就是标志土地所有权或使用权的边界。孟子认为，只要把经界合理划分，政治自然就会好起来，所以但凡"暴君汙吏"——也就是暴君和贪官污吏——要干坏事，首先就会打乱正确的经界。(《孟子·滕文公上》)

"夫仁政，必自经界始"

第二个误解：公孙鞅"废井田，开阡陌"，是把井田制废除了吗？

并没有。实际上，井田制如果真的曾经在西周或者更早的时代存在过，在公孙鞅的时代恐怕早就连影子都看不到了，因为早在春秋时代，鲁国就已经率先"初税亩"，改革土地制度，引来了各国诸侯的争相效仿。到了战国时代，公孙鞅所做的，只是让原有的农田疆界作废，重新分配土地。所以，如果准确描述这项改革内容，单说"开阡陌"就足够了，为什么还要添一句"废井田"？这是因为井田制代表着仁政，司马光说公孙鞅"废井田"，是在批判他背弃了仁政。

事情还是要从孟子说起。孟子那一番描述井田制的话，影响特别深远。它揭示了两项政治核心：第一，井田制是儒家仁政的标配；第二，任何对土地进行重新分配的政策，都应该引起我们的警觉。拿这两项指标来看公孙鞅，他显然在和仁政背道而驰。

孟子描绘的井田制特别美好，听上去确实值得人们好好维系，绝对不能有任何破坏。

孟子说，每一平方里的土地是一个井田单位，每一个井田单位里有900亩农田，其中100亩是公田，其余800亩分给八家人作为私田。这八家人共同耕种公田，把公田的事情料理完后，再来打理自家的私田。这八家人的生活，孟子是这样形容的："出入相友，守望相助，疾病相扶持。"这里给我们贡献了"守望相助"这个成语。

丈量单位既有里，又有亩，到底应该怎么统一，又怎么折合成现代的尺寸，今天已经搞不太清了，大体上孟子所谓的100亩相当于今天的29亩。具体面积并不重要，重要的是，孟子描述的井田就像一个规规矩矩的正方形，里面用沟渠画出一个"井"字，正方形就变成了九宫格，这就是所谓的"井田"。在九宫格的九等份里，有一份是公田，其他八份分别是八家人的私田。

孟子这番话还透露了一个更为重要的信息——在孟子生活的时代里，井田制早就不存在了，一般人搞不清，只能根据他的描述来给井田复原。那么，孟子描绘出来的井田制的模样到底靠不靠谱？虽然今天我们无法复原井田制的样子，但至少可以知道孟子的话里有不少添枝加叶的成分。比如按照孟子的描述，就算真的可以画好九宫格，平均分配，但人有生老病死，怎么应对人口的变化？集权政府勉强具备这个能力，封建政府根本做不到，上一级贵族没法插手下一级贵族的土地分配，退一步说，就算有这个能力，硬要插手就是"非礼"了。所以在秦汉以后两千年来，儒家学者不断为井田制的问题吵架，祸根就是孟子种的。无论如何，在儒家观念里，井田制代表着美好的往昔，是值得追求的目标，而不该惨遭破坏。

既然在孟子的时代，井田制早就不复存在，公孙鞅"废井田"到底废的是什么？

废的当然不是井田制，而是秦国旧有的农田分配方式。公孙鞅把土地重新洗牌，重新发牌，并不关井田制什么事。司马光给公孙鞅扣上了"废井田"的帽子，把他安置在正义和真理的对立面上。

后人对井田制的构想，基本都沿着孟子的方向。我们可以看一个很典型的例子。《汉书·食货志》探讨农业问题，先搬一顶大帽子，说经界问题是一切政治措施的根本，所以搞政治的第一要务就是正确划定经界。规则是这样的：以六尺为一步，百步为一亩，百亩为一夫，三夫为一屋，三屋为一井，一井方圆一里，由八户人家共享，每家有私田一百亩，每家还要负责耕种公田十亩，那么公田和私田总计八百八十亩，还余下来二十亩，这二十亩土地就是这八户人家的宅基地。在这样的井田生活里，人民和睦相处，价值观高度统一，大家平均出力，劳动成果平均分配。

班固还从井田制出发，解读了孔子的几句名言。

根据《论语》记载，孔子说："苟有用我者，期月而已可也，三年有成。"大意是说，如果让我执政，个把月就能见效，三年就能大功告成。

从常理上看，"成"应该说的是阶段性的成果，但班固的理解是：农民耕作三年，就能储存下来一年的粮食，有了积蓄之后，农民的精神面貌就不一样了。所谓"衣食足而知荣辱"，人一旦吃饱穿暖了，道德意识自然就有了，大家互相谦让，有矛盾也很好化解，既不会争争吵吵，也不会对簿公堂，所以中央政府对地方官的考核制度就是以三年为期的。孔子所谓"三年有成"，说的就是这个道理。

孔子还有一句话："如有王者，必世而后仁。"所谓王者，就是周文王、周武王那种理想型的最高统治者，"世"是时间单位，三十年为一世。王者能量超凡，为什么也需要足足三十年才能实现仁政呢？班固的理解是：农耕三年才能攒出一年的口粮，那么连续九年，就能攒出三年的口粮，这种情况叫"登"；如果接连两次"登"，就叫"平"，有了六年的余粮；接连三次"登"，就叫"泰平"。二十七年间攒出九年的口粮，然后至高无上的道德就会流行于天下，礼乐大兴，这就是理想的仁政社会。

班固所谓的"登"，原本是"粮食成熟"的意思。今天我们还在用"五谷丰登"这个成语，"丰"是丰收，"登"是成熟。班固把这个意思拔高了不少，连续九年丰收，并且积攒下来三年的口粮，才叫"登"。班固所谓的"泰平"，其实意思就是"太平"。

班固充分为我们展示了什么叫阐释过度。但正是这样的阐释过度，方便让我们理解中国历史两千多年间关于土地政策的各种观念之争：历朝历代总有人想要恢复井田制，能量大的人搞全国推广，能量小的人搞区域试点，没能量的人著书立说；而另一方面，但凡有谁想要改变土地政策，就很容易被扣上"暴君汙吏"的帽子，更何况对土地的任何形式的分配，或多或少势必损害到一些人的利益。所以搞这样的改革，公孙鞅要冒的风险，要承受的压力，恐怕远高于历史文献里的轻描淡写。

────── I7I ──────

公孙鞅为什么要折散大家庭

秦国的技术革命，使生产力得到显著提高，但原有的社会结构制约着生产力潜能的发挥，所以公孙鞅要做的就是调整旧有的生产关系，让生产关系最大限度地匹配生产力，让生产力的潜能得到充分的释放。

公孙鞅的具体办法，就是把大家庭拆分成若干个小家庭，给每个劳动力重新分配耕地，于是就有了"废井田，开阡陌"的土地制度改革。接下来我们通过具体的案例来了解一下秦人的家庭生活模式，从微观视角看看公孙鞅的改革成效。

儒家和法家不同的效率追求

中国的传统家庭是家族聚居模式，谁家都希望多子多孙、人丁兴旺，到了晚年就可以享受儿孙绕膝的天伦之乐。对于法家政府来说，这种家庭模式存在两个弊端：一是一旦家庭规模过大，家法就有能力抗衡国法，以至于地方官要想搞好地方政治，就必须和各大家族的长老搞好关系，一切政令通过这些长老转化为家族内部的安排；二是在家族之内，产权界限很不明晰，如果兄弟从哥哥家里扛走一筐粮食，哥哥就算心里不愿意，嘴上也不好说什么，家族成员里那些穷的、懒的、坏的，生活再不济，也能被那些富裕的、勤快的、善良的叔伯兄弟们兜底。

大家族的第一个弊端，意味着行政效率低；第二个弊端，意味着生产效率低。

所谓的弊端是站在法家立场而言的，如果换到儒家立场，这两点反而是值得推广的好事。儒家倒也不是反对效率，在某种程度上甚至可以说儒家比法家更讲效率。在儒家理想中，慈爱的老父亲只要投过来一个责备的眼神，犯错的儿子就会汗流浃背，痛改前非，全世界有哪种政治体制能够达到这样的行政效率？问题是，儒家给出来的经常是理想值，而在现实生活当中，拿理想值要求自己当然没问题，一旦拿理想值寄希望于别人，寄希望于社会，注定会碰得头破血流。

法家实际得多，放眼社会，看到的无非是些奸懒馋滑坏的"烂人"，既没必要、也不可能把他们都调教成温良恭俭让的模样，只要根据他们的特性做出相应的安排，让他们能在最大限度上为我所用就可以了。所以在法家看来，行政效率低和生产效率低都意味着政治结构还存在很大的优化空间。

公孙鞅的第二轮变法，实质就是促使大家庭分化成若干个小家庭，给每个小家庭划拨更多的土地。经过这样的分化，秦国的户数会成倍增加，每一户都是一个独立的经济单位，独立承担赋税。这样的家庭会是什么样子呢？我们可以跨越一百多年，看看秦朝的普通百姓刘邦的家庭结构。

刘邦的家庭结构

《史记》有一篇刘邦的传记《高祖本纪》，先从刘邦的出身说起："高祖，沛丰邑中阳里人，姓刘氏，字季。父曰太公，母曰刘媪。""沛"是秦朝的沛县，隶属于泗水郡，"丰邑"是沛县的下级行政单位，"邑"大约相当于今天的镇，"中阳里"就具体到街道了，"里"是比"邑"更小的行政单位。司马迁介绍本朝开国皇帝的出身情况，只说对了家庭住址，后面记载的姓氏和父母的姓名，严格来说都不对。"姓刘氏"，这是把姓和氏搞混了。在司马迁的时代，姓已经失去了意义，氏变成习惯用法里的姓，一直沿用至今。"字季"也不对，"季"表示排行，古人排行用"伯、仲、叔、季"，"季"相当于今天称呼里的"老幺""幺儿"。乡里乡亲称刘邦为刘季，意思仅仅相当于刘老幺。以刘邦那种低微的出身，能有个大名就不错了，不会取字。

刘邦的父亲当然不叫太公，母亲当然也不叫刘媪，因为这两个称谓和"刘季"一样，并不是人名。"刘太公"相当于"刘老汉"，"刘媪"相当于"刘婆婆"。这样的底层人民，很可能没有正经的名字，即便有，显然也没能流传下来。所以，刘邦一家是秦朝社会里很有代表性的一个普通家庭。

刘老汉有四个长到成年的儿子，刘邦排行第三，底下还有一个很可能是同父异母的兄弟（《史记》说是同母兄弟，《汉书》说是同父兄弟）。按说老四才应该叫刘季，但也许老四生得太晚，大家已经习惯把刘邦称作刘季了。

刘邦的大哥死得早，留下妻子守寡。刘邦年轻时行为不检，三番五次带着狐朋狗友去大嫂家里混饭吃。大嫂烦透了，等刘邦一伙人再来时，就拿勺子刮锅底，刺耳的声音传递出这样一个讯号：锅里空了，没饭了。刘邦的小伙伴们自然散了，到别处去填饱肚子，事后刘邦发现被骗，从此开始记恨大嫂。

多年之后，沧海桑田，刘邦竟然做了皇帝，但对大嫂的恨意并没有化解。刘邦大搞分封时，存心不封大哥的儿子，后来还是在老父亲的劝说下，才把这个名叫刘信的侄儿封为羹颉（jiá）侯。"羹"的意思是有浓汁的食物，"颉"是"克扣"的意思。拿这么一个名目来给侄儿封侯，摆明了是在敲打大嫂：你这人不厚道，当年的仇我可还记得呢。（《史记·楚元王世家》）

刘邦从一介平民做上天子，偶尔也会得意忘形一下。在未央宫落成时，刘邦搞了一场盛大的宴会，席间举杯给老父亲祝寿："当年您总瞧我是个无赖汉，不像二哥那样会治理产业，现在您再看看，我置办下来的这份产业比二哥如何？"（《史记·高祖本纪》）

以上两件事，很能见出刘邦的人品，但抛开人品不论，刘邦作为秦朝的一介平民，他的家庭结构可以让我们清清楚楚地看到：他的大哥在和大嫂结婚之后，从此和刘邦就不再是一家人了，所以刘邦带着小伙伴去大嫂家里吃饭，吃的不是自家的饭，而是大嫂的私人财产，难怪大嫂会有那么大的意见；二哥治理的产业，显然也属于小家庭的产业，赚得再多也没有刘邦的份，所以二哥的产业才能和刘邦的产业存在可比性。

秦朝的分家政策鼓励强化了每个小家庭的自私意识。大嫂不愿意关照小叔子，二哥闷头经营自己的产业。勤劳能干的人从此不再受到懒汉的拖累，干劲十足，像刘邦这样游手好闲的人，即便在亲人那里也会处处碰壁，不想挨饿受冻的话就必须咬紧牙关，自谋生路。

对于官府来说，这种小家庭模式还有一个很重要的好处。

前文介绍过，公孙鞅的改革要领是所谓的奸民治国，人与人之间越冷漠、越敌对，就越能够彼此监视，随时盯着街坊邻居，时刻准备检举揭发。

人类作为群居动物，抱团才能取暖，这是天性，而一旦不能和亲人、邻居抱团，就只能和官府抱团了。家族向心力越弱，国家向心力就越强，反之亦然。所以中国历朝历代，朝廷若想省心，就会鼓励儒家所推崇的大家族聚居模式——前文提过的元朝"天下第一人家"就是如此，元朝统治者还保留着游牧性格，懒得搞细腻管理，地方上如果能有宗族自治当然最省心不过。而政府要想精确管理，提升基层动员力和国家向心力，那就搞编户齐民，拆散大家族。

近年出土的大量秦简不止一次地提供了佐证，让我们看到在公孙鞅变法以后，小家庭成为大势所趋。分家问题甚至成为日书的内容，规定了分家当天的各种禁忌事宜。不难想见，结婚肯定不宜选在这种日子。

—————— 172 ——————

新政之后上门女婿为什么变多了

公孙鞅的新政推行没多久，社会风貌就发生了立竿见影的变化，其中一个很显著的现象是：上门女婿多了起来。这是怎么回事？

"家富子壮则出分，家贫子壮则出赘"

汉朝初年，政坛新锐贾谊检讨历史教训，给当代社会问题寻找根源，这一找就找到了公孙鞅身上。贾谊分析说，公孙鞅丢弃了礼义和仁爱精神，一门心思富国强兵，结果改革刚刚两年，秦国的社会风气就败坏得不像样了。当时有这样一种社会现象："家富子壮则出分，家贫子壮则出赘。"意思是说，无论富裕人家还是贫困人家，孩子一成年都要分家另过，但不同的是，富人家的孩子自立门户，穷人家的孩子既没能力，也没财力自立门户，就去给别人家当上门女婿。

问题来了：公孙鞅既然"废井田，开阡陌"，重新分配耕地，按说每户人家只要有一名成年男丁分家单过，自成一户，就有资格从政府那里分到相应的农田。明明有足够的农田可以耕种，为什么要去做上门女婿？这个问题没有确定答案，推测的话，也许是因为穷人家置办不起生产资料——就算农具不贵，至少耕牛不会便宜，所以需要借助女方家里的生产资料，也许是因为当时的土地已经私有化，私有化就意味着可以买卖，穷人分到耕地之后，因为种不起，就把地卖掉，入赘之后去种妻子家里的地。促使汉武帝"罢黜百家，独尊儒术"的儒家大师董仲舒就是这么讲的，土地自由买卖的结果，是"富者田连阡陌，贫者亡（wú）立锥之地"。（《汉书·食货志》）

土地兼并只可能是土地改革进行了相当长时间后才能看到的现象，公孙鞅当时恐怕还预见不到，但他至少应该考虑到了生产资料方面的问题。在睡虎地秦简里可以看到《厩苑律》《牛羊课》这样的法律规范，龙岗秦简还有一部《马牛羊》，可以看出秦国对牲畜有非常完善、细致的管理措施，其中对于耕牛，就有官方饲养并供给民间使用的例子，只是没说清楚是否收取租金。《厩苑律》有这样一条规定：用官府的耕牛耕田，如果把牛累瘦了，要受重罚。处罚程度取决于牛的腰围，腰围每瘦一寸，责任人就要挨十下板子。

也许有人以为这是牛的地位获得显著提升的标志，然而事实恰恰相反，牛的地位非但没有任何提升，反而跌落神坛，降低了不少，这可以从古汉语的词汇上看出端倪。

不论哪一种语言，都能通过词汇反映出语言使用者的文明特征。古汉语里，和牛相关的字特别多，超乎现代人的想象。比如，牞（fén）表示四岁大的牛，物表示杂色的牛，牰（yòu）表示黑色眼眶的牛。同类的字还有很多。问题来了：通通称为"牛"不就行了，有必要把牛分得这么细吗？古人认为很有必要。

再看一个字：牢。

牢，宝盖头下面一个"牛"字，它的本义是把牛圈住的围栏，是关牛的，不是关人的。坐牢的牛和坐牢的犯人不一样，牛的牢环境整洁卫生，每天都有好吃好喝，那是星级酒店般的享受，一点都没有我们常规理解当中"牢房"的感觉。之所以要把牛养得这么金贵，为的是能在特定的日子里拿出完美无缺的牛在典礼上献祭。所以献祭的规格也用"牢"来表示，牛、羊、猪一样一只叫"太牢"，级别最高，只有一羊一猪叫"少牢"，级别就低了。牛也可以单独被称为"太牢"，用于诸侯规格的祭祀；羊也可以单独被称为"少牢",用于大夫规格的祭祀。

那时候的牛,干活的少,献祭的多。随着农耕技术的发展,人类从神灵的嘴里夺走了牛,给它们套上犁,让它们顶着烈日,在农田里出力出汗。至于祭祀,相比之下就没那么重要了。假如牛可以选择,它会愿意养尊处优一辈子,最后挨上一刀,还是受苦受累一辈子,最后寿终正寝?

牛当然没有发言权,就这样从神圣的祭品沦为耕田的牲畜。秦国的普通百姓并不比牛有更大的发言权,但这一回公孙鞅并没有逼着他们改变,而是给了他们选择:要么分家,要么赋税加倍了。赋税按照户口征收,耕地按照户口分配。这就意味着,在公孙鞅的时代,像刘邦那样的普通家庭,倘若不分家,刘老汉加上四个儿子,一共五个成年男丁,有可能分配到 100 亩耕地,赋税额度再乘以 5;但如果每个成年儿子分家出去,自立门户,那么刘老汉自己还是拥有 100 亩耕地,只承担一份赋税,每个儿子各自分配到 100 亩耕地,各自承担一份赋税。在这样的经济利益面前,还会有多少人继续选择大家庭的生活方式呢?

刘邦的小家庭

《史记》记载，刘邦在秦朝做基层干部时，有一次请假回家，到自留地去找妻子，妻子吕雉正带着一儿一女在田里耕作。(《史记·高祖本纪》) 显然这是一个小家庭的生活模式：丈夫进入公职系统，领政府的薪水，从而使家里缺少一个壮劳力，只能靠老婆、孩子来打理农田。干农活时，一个成年妇女带着一对未成年的儿女竟然也能胜任，这显然要有耕牛和铁质农具的配合。至于依然年富力强的刘老汉和精于打理产业的二哥，这时候应该正在各自的农田里忙活自己的事情，所以我们看不到一个大家庭男女老少协作劳动的感人场面。"亲兄弟，明算账"这种作风，正是通过公孙鞅的改革而诞生并且延续下来的。

小家庭既然各有各的小算盘，亲情自然变得凉薄。今天我们并不难理解这种转变，"凤凰男""扶弟魔"这两个流行语，本质其实就是大家庭和小家庭的矛盾——到底应该大家庭优先还是小家庭优先，两口子没法达成一致。如果请儒家来评理，肯定会说："凤凰男和扶弟魔才是人间正道，应该大力表彰才对，怎么反而受到嘲讽？呜呼，真是人心不古，世风日下啊！"

贾谊发出的正是这样的哀叹。在他看来，秦国当时富裕家庭明明可以多承担一些赋税换来家庭和睦，但利字当头，男人一到成年就急着分家。而贫困家庭明明可以父子兄弟们抱团取暖，相濡以沫，但父亲容不得家里有成年的儿子，非要他们分家出去不可。成年男丁负担不起必要的生产资料，只能扔掉尊严，去做上门女婿。贾谊这样描写秦国当时的社会风貌：儿子把农具借给父亲时，表情仿佛在说"你欠我的"，母亲哪怕只是借用一下扫把和簸箕，也会受到子女的责骂。媳妇给孩子喂奶，一点都不避讳公公就在旁边。媳妇对婆婆有不满的话，"则反唇而相稽"，意思是媳妇跟婆婆顶嘴，要把是非曲直好好计较清楚，后来演变成今天还在使用的成语"反唇相讥"。

贾谊眼里社会风气的败坏，正是公孙鞅想要达成的效果。

战国时代，各个强国都在向着集权化发展，谁的集权程度越高，谁的生产力和战斗力就越强。如果我们把一个国家看成一个大型组织体系，那么100%的集权就是全国上下只有国家机构唯一一个组织体系，连核心家庭这种小型组织体系都不复存在，每个人都是单独的，除了国家之外无依无靠。而在国家机构这个大型组织体系之外，大中小型的组织体系越多，集权程度就越低。对照西方中世纪的情形：教权就是一个大型组织体系，不但可以和政权分庭抗礼，甚至很多时候还可以超越政权，这样的政权显然谈不上集权。再看中国的先秦历史，家族组织是可以大到和国家组织分庭抗礼的，所以孟子有一句名言："为政不难，不得罪于巨室。"意思是说，搞好政治很容易，只要不得罪大家族就可以了。

孟子的思路还停留在宗法时代，没考虑到大家族正是集权时代首先要打击的对象。别说大家族，就算只是中小规模的家族聚居，也会成为集权的阻碍。在人的自然心态上，最切身的小群体才是最优先被认同的对象，所以在古人的观念中，家族认同和乡土认同通常优先于国家认同。如果有谁对政策不满，一大家人联合起来就有能力和地方官府唱对台戏。所以，国家要想提高集权程度，既要破坏家族纽带，也要破坏乡土纽带。这种反人性的事情当然很难，但公孙鞅聪明就聪明在这里，他不是靠政策强制，而是用一种更加贴合人性的经济策略，诱使秦国人民自动解除家族纽带。

—————— 173 ——————

什么是法家理想的社会结构

回顾一下公孙鞅在赵良面前表功的那段话："当初秦国的风俗和蛮族一样，父亲和儿子同居一室，毫无避嫌意识，是我给秦国移风易俗，秦国这才男女有别。我还主持修建了咸阳的冀阙，这可是很宏伟的工程，从此秦国看上去就像鲁国和卫国一样。"[1]

问题来了：公孙鞅在赵良面前为自己辩白的话和贾谊对秦国风俗的评价截然相反，到底孰是孰非？

我们首先可以确定的是公孙鞅不大可能睁眼说瞎话，因为赵良就是秦国土著，在赵良面前没法扯谎。然而贾谊也不可能乱说，因为汉朝承接秦朝，政治中心设在关中，首都长安就在秦都咸阳旁边，刘邦虽然不在了，但开国老臣还有不少，大家都是秦朝政治的亲历者，还特别看不惯贾谊这个政坛新锐，贾谊但凡有一点

———————————————

[1] 详见第 168 讲。

乱讲话，一定会被揪住把柄，把他往"死"里整。

要理解这个问题，我们可以参考南宋学者魏了翁的著作《古今考》。

魏了翁的《古今考》

魏了翁，字华父，号鹤山，人称鹤山先生，和真德秀齐名，合称"真魏"。真德秀也是南宋学者，代表作是《大学衍义》，对儒家"四书"之一《大学》做了丰富的解说、编排和发挥。魏了翁这个名字，在今天看来似乎不是一个正经名字，谁家父母会给孩子用"了"和"翁"这种字眼来取名呢？但在当时，这个名字一点都不奇怪，"了"有"聪明"的意思，"翁"是对男子的敬称，是宋朝人的取名常用字。

魏了翁很能搞创作，毕生著作汇集起来足有一千多卷，这在宋朝学者当中虽然排不上第一，至少也是名列前茅的。《古今考》只有一卷，在魏了翁的著作里不足千分之一，但内容十分精当。

《古今考》考订出很多事情的来龙去脉。魏了翁发现，公孙鞅的变法中有不少内容都开了历史先河，诸如拿敌人的头颅请功，一颗头颅可以换一级爵位，人头被称为爵级或首级；不想要爵位的话可以要官，一颗头颅可以换一个五十石的官，官职的级别从五十石到两千石。

那么，在秦国家庭中，儿子成年之后娶妻生子，就不能再和父母同住了。这真的合乎礼制吗？魏了翁说：这一点都不合礼制，古代礼制有所谓"刑不上大夫，礼不下庶人"的原则，对老百姓哪来那么多苛刻的要求嘛。而公孙鞅的改革，刑上了大夫，对太子的老师动了肉刑，礼下了庶人，让老百姓父子兄弟不同居，这和真正的礼制精神相违背。

魏了翁的意见特别在理，因为平民百姓能活下去就不容易了，还要对他们进行礼仪方面的要求，纯属强人所难，就像要求乞丐每一顿饭必须铺好桌布，左叉右刀一样。在魏了翁看来，公孙鞅打着礼仪的旗号，真实目的是拆散大家庭。社会上那种自私自利，只顾老婆孩子而不管父母的风气，就是从这个时候开始的。（《古今考》卷6）秦国政府在很短的时间内彻底改变了全国人民的精神面貌，从此脱胎换骨。

在魏了翁看来，公孙鞅是打着礼制的旗号破坏礼制，表面上看好像父子兄弟之间拉开了礼制所需的距离，老百姓的生活变体面了，实际上，礼制精神被践踏得七零八落。就算分了家，一家人之间拉开的只是财产权上的距离，而不是真正礼仪意义上的距离，不然的话，媳妇给孩子喂奶时怎么一点都不避讳公公就在旁边呢？

这个现象，从风俗意义上看，意味着男女有别的观念并没有真正在民间成型；从政治意义上看，意味着公公作为父家长，完全得不到晚辈的尊重，权威性荡然无存。

宗法秩序是建立在父家长的权威之上的，一旦父家长的权威瓦解，宗法关系的纽带自然就松脱了。从此以后，在人们心里，只有朝廷才是唯一的权威，对于那些作为朝廷代理人的各级官吏，必须像宗法时代服从父家长一样加以服从。这才是法家理想的社会结构。

原本由父家长掌握的恩与威，如今完全掌握在朝廷手里。朝廷并不只会严刑峻法，也有温情脉脉的一面——每个人赖以生存的耕地不就是朝廷恩赐的吗？

但如果深究一下，没错，耕地是朝廷恩赐的，但朝廷又是从哪里搞来这些耕地的？朝廷不是魔法师，不可能凭空变出耕地。就算有很多耕地是开荒得来的，但这也不可能是全部，所以，合理的推测是："废井田，开阡陌"意味着土地所有权的某种转移。

在传统的分封体制下，逐级分封，逐级效忠，土地属于封建领主，老百姓耕种领主的公田，同时也耕种自家的私田，而"废井田，开阡陌"在当时很可能产生了一个惊天动地的效果——剥夺了大批领主的土地所有权，把这些土地重新洗牌，按照新的规则分配给一个个小家庭的自耕农。"废井田，开阡陌"会有一石二鸟的妙用：既提高了农业生产力，也削弱了封建领主的势力，扩大了中央集权。为了深化改革，公孙鞅用县制改革来和土地改革配套，此后绵延中国历史两千多年的郡县制就是在这个时候有了雏形。

县制：行政机构改革

《资治通鉴》记载，公孙鞅把秦国的若干个小型乡村聚落合并在一起，成为一个县，设置县令、县丞。这样的县总共设置了 31 个。问题是，《史记》在不同章节里提到这件事时，有说 31 个县的，有说 30 个县的，还有说 41 个县的。这种错误在所难免，因为先秦文字里，"三"写成三横，"四"写成四横，很容易搞混。当时到底设置了多少个县，今天已经无从考证，我们就依《资治通鉴》的说法，31 个县。

严格来说，县并不是新生事物。战国时期，诸侯会在新开拓的领土设置郡或县，由国君直辖，委派官吏进行管理，独立于分封体系之外。这些早期的郡县，无论在哪个国家，都有一个共同点——位于边境地带，与其说是行政区划，不如说是军事据点。吴起才到楚国时，任职宛守，宛的级别是郡，统辖申、吕几个大县。宛作为军事据点，军事目标的重点就是三晋，尤其是吴起的老东家魏国。吴起只要做好宛守，就等于向楚国纳上了投名状。

公孙鞅设置的 31 个县，貌似只有行政意义，没有军事意义。此前一年，也就是公元前 349 年，《史记》记载秦国"初为县，有秩史"，秦国首次建立县制，有了县一级的官僚体系。秦国当然不是从这一年才开始有县的，之所以把县当成新事物来讲，应该就是因为这个县和以前那些作为军事据点的县不太一样了，它的出现标志着郡县制严格意义上的真正开端。

县级官僚机构有县令、县丞。"令"的意思是"长官"，县令是一县的最高长官；"丞"的意思是"副官"，县丞是县令的副手。魏了翁的《古今考》里追本溯源，说县令和县丞的设置正是从公孙鞅变法开始的。汉承秦制，《汉书·百官公卿表》解释了官僚体系的职位，提供岗位描述，汉朝的县级政府里，县令和县长原本都是秦朝的官名，万户以上的大县，长官叫县令，俸禄标准是一千石到六百石；万户以下的县，长官叫县长，俸禄标准是五百石到三百石。如果某个县属于某位王侯的封地，那就用相来代替县令或县长。

—————— 174 ——————

中国的县制是怎么演变的

公孙鞅设立县制，延续到汉朝以后，很合理地按照一县的户口规模决定县令和县长的薪水档次。这种安排看上去很规整，但是可能有的县虽然很大，但岁月静好，容易治理；有的县虽然不大，但穷山恶水出刁民，每天都有烦心事。如果级别和俸禄仅仅依据户口规模来定，肯定谁都不愿意去那些难以治理的小县任职。

事实上，这还真不是一个思想实验，到了汉朝，这样的问题果然出现了。为什么要等到汉朝才出现，而没有在公孙鞅改革的时期出现呢？

"权知县事"

在公孙鞅的时代，31 个县很可能都在关中地区，彼此差异不大。公孙鞅设立县制的一个初衷就是让行政区划整齐划一，也让各个区划之内的管理模式整齐划一。当一切都整齐划一之后，各级官吏能做的就只是照章办事而已。铁打的营盘流水的兵，不管谁来做这些职位，无论贤人还是蠢货，治理都不会太差。（《商君书·垦令》）这可以说是行政领域里的标准化管理。

等到秦朝统一天下，地盘太大了，这种整齐划一的模式其实就不再适用了。但秦朝延续的时间太短，到了汉朝各地差异显现，政府必须做一点灵活调整。具体措施是这样的：把管理难度高的县称为剧县，难度低的称为平县，官员的级别和待遇依据剧县和平县的不同会有相应的升降。

这样的县制和县令一直沿用到五代年间。五代是个乱世，地方政府基本是由武将兼管民政。后来宋朝建国，致力于扭转五代的乱象，不再委派县令，而是由中央派出文官到县里暂时代管地方政务，这叫"权知县事"，"权"在这里是"权变""权且"的意思。儒家有一套成对的概念：永恒不变的真理叫"经"，临时性的变通手段叫"权"。"知"是"主持""管理"的意思。也许很多人对"权知县事"这个词很陌生，但对它的衍生词——"知县"——一定很熟悉。

同样模式的衍生词还有知州、知府，通通都是临时性职位，就任的官员本身另有官衔。比如苏轼初入职场，职位是大理评事凤翔府签判。这个名字很长，但还不是全称，全称更长——大理寺评事凤翔府签书判官厅公事。"大理寺"是中央机构，在大理寺担任评事，按说应该在中央做官，但苏轼的办公地点不在中央，而在遥远的凤翔府，在那里"签书判官厅公事"，也就是秘书的工作。这种情况如果放在今天，我们会说苏轼是凤翔府的市长秘书，而在当时，虽然苏轼实质上确实做的是市长秘书，在地方做官，但他的编制在大理寺，是中央官，只是临时到凤翔府代理一下市长秘书。

宋朝的地方政府分为三级，最高一级叫"路"，长官有四个，有安抚使、转运使、提刑按察使、提举常平使，各有各的专管内容。这四个职位，统称监司，顾名思义，是中央派来"监管"地方事务的，所以和知县一样，不算地方官。路以下的地方政府分为府、州、军、监四类，官职就是我们熟悉的知州、知府。只要"知"字当头，就是临时性的。最低一级的地方政府就是"县"，长官称为知县。所以路、州、县三级虽然看上去很像今天的省、市、县三级，但性质完全不同。宋朝的政治结构特别注意"强干弱枝"，所有权力、财富和军队尽可能往中央集中，"弱枝"甚至可以弱到地方政府连地方官都没有，通通由中央官代理。

县制的历史沿革

从公孙鞅设立县制，一路发展到宋朝的政治体制，我们很容易认为中央集权在一路弱化，其实话要两说：从体制上看，集权不是弱化，而是强化，只不过宋朝用开明专制的行政风格营造出了相当宽松的社会样貌，让人们可以在高度集权的政治结构之下生活得相当逍遥。

公孙鞅假如穿越到宋朝，只看宋朝的政治体制构架的话，应该会佩服得五体投地，毕竟从严格的制度意义上说，宋朝只有中央官，没有地方官，这可真是把中央集权发展到一个空前的高度了。

当然，这种临时性的安排久而久之就成了制度。到了明朝，"知县"成为正式的官名，取代了原先的"县令"。清承明制，一县之长还叫知县。进入民国，知县改称县知事，后来又改称县长，这个名称一直沿用至今。如果追溯到公孙鞅置县的时代，那么行政区划意义上的县到 2021 年，已经有了 2371 年的历史，算得上是一项非物质文化遗产了。

在公孙鞅的改革措施里，行政区划改革很可能和土地改革配套，两者相辅相成。只可惜《史记》的相关记载比较含糊，连带着《资治通鉴》也没法做到精准叙事。我们只知道，公孙鞅把若干个小型居民点划归到一个县里，但到底是把一些从大家庭里分化出来的独立小家庭单独归拢到一座县城里定居，让这些人丁每天出城到郊外耕种自家的农田，还是并没有改变人口的原住地，而仅仅改变了行政区划的属性呢？我们不得而知，学者们各有各的看法，莫衷一是。

从现有材料来看，确实不足以做出任何定论。但我们不妨从公孙鞅各项改革内容的逻辑一贯性出发，稍稍推断一下：显然公孙鞅有很强烈的意图，要彻底斩断秦国人原有的血缘纽带，所以建立县制很可能在为这个目标推波助澜。

假如大家庭里不断分化出小家庭，而这些小家庭仍然在原地定居，那么不难想见，像刘邦那样的家庭在经过几代人的繁衍之后，会在当地形成一个刘家村之类的刘姓聚居点，村民之间存在着复杂的血缘关系。而集权政府最想看到的聚居点绝不会是一姓独大，一定是那种混杂着各种姓氏，却没有任何一姓的人口占有绝对优势地位，这才是编户齐民的理想面貌。

同一个聚居地，小到村镇，大到州县，人员的同质化属性越强，就越容易产生同情心和同理心，在遭遇威胁时也就越容易产生凝聚力。而他们彼此之间的凝聚力越强，和政府抗衡的资本也就越多，中央发布的政令也就越难传达到底。古代有所谓"国权不下县"的说法，说的就是这种状况。儒家觉得这是好事，但法家绝对不容许这种局面出现。在法家理想的政治结构里，老百姓变成一盘散沙，互相疏远、防范、坑害，才是最好的。

在历史长河中，我们会看到两种管理方式此消彼长：有时候高举孝道大旗，表彰那些从不分家的大家族，有时候又会像洗牌一样把人口打乱，重新安排。这种现象的背后就是儒家和法家两套管理哲学的较量。从这些内容里反推公孙鞅的改革思路，会让我们更加倾向于相信，他的县制改革很可能和土地改革一样，不动声色地把一个个家庭拆得更散。

—————— 175 ——————

统一度量衡为什么难

土地改革和县制改革之后，公孙鞅第二轮变法的最后一项内容就是统一度量衡。统一度量衡只是宽泛的说法，如果严格表述，只能说公孙鞅规范了部分度量衡的使用标准。

为什么没能完全统一呢？一来太难了，二来没必要。要解释这两个缘故，就有必要先稍微把话题岔开一下，看看我们今天的度量衡标准。

公制只是半成品

今天的度量衡，全世界统一的标准称为公制，力求整齐划一。但是稍微留意一下就会发现：像长度、重量、容积等，绝大多数度量衡标准都是十进制，为什么时间和角度是六十进制？工作日和休息日也没能统一成十进制，而是以七天一星期为一个单位。既然要统一，为什么就不能统一成十进制呢？如果以十天一旬代替七天一星期，十小时一天代替二十四小时一天，听上去似乎也可以成立。

古代中国通常以十天为一个单位，也有过以五天为一个单位，官员每五天休息一天。司马光的时代遵行旬休制度，每旬——也就是每十天——放一天假。加上每年还有好几十个节日，官员一年中有大约三分之一的时间都在休假。

退一步说，就算过日子遵循七进制，但以七天构成的一个周期到底该叫一周、一个星期，还是一个礼拜？也许有人会问："这样咬文嚼字有意义吗？"在以前，咬文嚼字的背后潜藏着严峻的政治是非，怎样选择甚至关乎生死。

再退一步说，既然天数实行七进制，凭什么一天不是七小时，而是二十四小时？再退一步说，就算一天可以二十四小时，凭什么一小时不是二十四分钟，而是六十分钟？这种现象，其实也属于度量衡不统一，只是今天全世界都如此通行，我们也就习以为常，见怪不怪了。

但是不难想见，当初有人试图统一度量衡时，应该也曾想过用单一标准囊括一切。所以，秒钟、分钟、小时、天，都应该改成十进制才对。没错，今天世界通用的公制计量单位，当年的创设初衷还真是这样。从这点来看，今天虽然有了公制，但统一度量衡的事业依然没有彻底完成。

为什么会这样？还得从 18 世纪的法国说起。

世界度量衡的统一简史

18 世纪的法国有点像周朝时的中国，国王相当于周天子，全国各地有很多封建领主，每个领主都有自己的独立王国。周朝进入后半段以后，从春秋到战国，诸侯各有各的度量衡，在一个诸侯国内部，国君有国君的度量衡，大夫有大夫的度量衡，看起来很混乱。法国的状况还要乱得多，但凡有点权力和地盘的贵族，都要搞一套自家独有的度量衡，以至于当时有案可查的度量单位竟然多达 700 种。道理不难理解：谁掌握了一套自己的度量衡标准，谁就有资格决定交易和税收——只要进了自己的地界，一切就要按自己的规矩来。

我们可以把每一块封建领地当成一个国家，把每个国家的度量衡标准当成这个国家的货币。那么，凡是有跨境交易，就会出现汇率问题。每一个封建领主当然都有足够的动机来掌握汇率的决定权，怎么对自已有利就怎么定。**这就苦了普通人，尤其是商人。**

明白了这一层利害关系，我们就能够理解统一度量衡不仅是一个技术问题，还是一个很严峻的政治问题，每一步改革势必会侵犯大大小小不知多少领主的既得利益。所以，虽然法国社会早就对度量衡标准的千差万别怨声载道，但改革始终推进不动。

1788 年，法国大革命的前一年，法王路易十六筹备召开三级会议，这是我们在中学历史课上学过的内容，但课本上没讲到的是，当时全国各地的法国民众都发出了同一种呼声："一个宪法，一个国王，一个度量衡制度。"民意不但给了路易十六如此高的支持，还把统一度量衡的事业摆在了和宪法、国王同等的高度。

结果谁也料想不到，第二年爆发了大革命，路易十六倒台，统一度量衡的重任只能由革命派完成。革命新政府为此委任了一个专门的度量衡委员会，委员会对于统一度量衡有四个基础性共识：第一，所有度量单位统一为十进制；第二，以长度单位"米"作为一切度量单位的基础；第三，新的度量标准应该来自大自然本身，只有这样才能永恒不变；第四，要和其他国家达成协作，以使新的度量标准不仅在法国通用，最好可以世界通用。这四点共识，就是我们今天使用的公制度量单位的形成基础。

按说乘着法国大革命的狂风巨浪，应该很容易就可以摧毁旧秩序，建立新秩序，但事情远比想象中来得困难。

首先，作为一切度量单位基础的"米"到底该怎么确定，就让大家争执了很久，最后的结论是：先把从北极通过巴黎到达赤道的子午线长度准确测量出来，然后取这个数值的千万分之一，这就是一米。确定"米"之后，就可以进一步确定分米、厘米、毫米这些单位。接着从长度单位引申出重量单位，以四摄氏度之下，也就是水的密度最大时，一立方分米的水的重量作为一千克，其他单位以此类推。正因为"米"是一切度量单位的基础，所以这套度量系统也叫"米制"。

让人疑惑的是，就算法国人满怀科学精神，想通过大自然本身来确定新的度量衡标准，而不是像古代那样拿某个统治者的一步、一肘当成度量单位，但真的有必要兴师动众地测量地球的子午线吗？

这里可能有两个原因：一是当时的科学界对地球的形状存在争议，大家基本都认为地球是一个不规则的球形，但到底怎么不规则，看法就不同了，不如就趁着确定度量标准的事情，把这个争议问题捎带着解决掉；二是因为大革命风云变幻，搞得人人自危，以至于度量衡委员会的成员们故意给自己设计了一个特别耗时耗力的任务，如果三下五除二就把问题解决了，说不定哪天政治风向一变，自己就该被推上断头台了——统一度量衡事业的前辈主持人，伟大的化学家拉瓦锡就是这么死的，前车之鉴，不可不慎。

在统一度量衡的事业当中，十进制终于没能一统天下，毕竟宗教传统太牢固，过日子要用七进制，这是上帝的安排。就算不把上帝放在眼里，已经习惯了每七天休息一天，大家实在不愿意改成每十天才休息一天。

至于钟表改成十进制，技术难度倒没有想象中那么难，主要只是改变一下表盘上的刻度而已，所以当时真的造出了一些十进制的钟表。

今天我们可以在剑桥大学的菲茨威廉博物馆看到一件大革命时代的钟表精品，大表盘用阿拉伯数字表示一昼夜十个小时，小表盘用罗马字母表示旧标准下的二十四小时，显然这是一个过渡时期的产物。

任何人看到这件收藏品，估计第一反应都是：太漂亮了！

然后很自然会转念一想：这块表肯定不便宜。

大革命时代的法国，所有钟表都是手工机械制品，当然都不便宜，这正是问题所在。试想一下，改成十进制以后，原先的钟表难道就被扔进历史的垃圾堆吗？

一般人当然舍不得，对钟表商来说，这更不啻一场灭顶之灾，他们拼了命也要反对。这种状况，应该是改革设计师们完全不曾预料到的。

所以直到今天，虽然全世界各个国家、民族纷纷接受了法国人开创的公制度量系统，但从严格意义上说，度量衡依然没能统一，时间单位和角度单位依然成为例外。

法国这一段努力统一度量衡的历史很有参照意义。这段时期的史料相当丰富，可以让我们看清这个想象当中纯属技术问题的改革究竟何以一方面民意汹汹，貌似大势所趋，一方面却阻力重重，举步维艰。要知道，公孙鞅在秦国统一度量衡，相关史料相当单薄，而在我们切身感受得到的历史上，新中国把市尺改成公尺，华里改成公里，似乎并没有费多大周折，这就很容易让我们由此及彼，小看公孙鞅的努力。

最后做一个补充说明："米"的长度今天已经不再用子午线来确定了，最新的定义是：光在真空当中 1 秒钟所经过的距离的 1/299792458。

―――――― 176 ――――――

《汉书》为什么要统一音律和度量衡

"度量衡"三个字原本各有各的含义：度是长度测量，量是容积测量，衡是重量测量。

法国统一度量衡时，建立米制，以长度单位"米"作为整个度量系统的基准点，这种思路并不特别，古代中国的度量系统也有一个基准点。

度量衡与度、量、衡

关于古代中国度量系统的基准点，《汉书·律历志》给出了这样一个经典答案："度、量、衡，出于黄钟之律也。"意思是说，长度、容积和重量的测量标准，通通是从音乐上的黄钟之律得出来的。如果今天的公制度量系统可以称为米制的话，古代中国的度量系统就可以称为律制，由黄钟之律所表达的音高推衍一切。

这个规则到底是怎么回事？先来看看文献出处——《汉书》。

古代中国有一个正史系统，合称"二十四史"，这个称号是乾隆皇帝钦定的。"二十四史"以《史记》为开端，司马迁给《史记》开创的体例在历朝历代被奉为官修正史的标准体例。按照时间顺序，《史记》之后就是《汉书》，编写思路其实和《史记》很不一样。《史记》从三皇五帝一路写到司马迁当代，而《汉书》虽然沿用了《史记》的纪传体写法，却把时间段限制在西汉王朝。所以，从这个意义上说，《汉书》是中国第一部纪传体断代史。"二十四史"在《汉书》以后的那些作品，都是按照《汉书》断代史的模式来写的。

《汉书》的第一位作者是东汉初年的儒家学者班彪。班彪当初看《史记》，一方面觉得司马迁很有史学才华，一方面又嫌司马迁的价值观太成问题。班彪评论《史记》，一谈到学术领域，《史记》就会推崇黄老那一派的道家夹杂法家的哲学思想，看不上儒家经典；一谈到商业，总是轻视仁义，把贫贱当成羞耻的事情；一谈到游侠事迹，又会看重世俗的功业，看不上默默坚持操守的行为。（《前史略论》）一部历史书，一旦价值观出了纰漏，史实考证得再精确又有什么意义？

班彪就这样起了拨乱反正的心，要用正确的价值观接着《史记》的时间线，把西汉的历史写完。班彪写的这部书叫《史记后传》，今天早已失传。

《史记后传》作为一部独立著作虽然失传了，但主要内容却还都在，这要得益于班彪有一个好儿子：班固。

班彪去世后，班固整理父亲的遗作，感觉《史记后传》在史料方面还不够严谨，与其这样成书，不如自己修订一番。今天我们看不出班固这样做有什么不对，但在当时，班固可惹了大祸。有人检举揭发，说班固"私改国史"。这个罪名太大了，因为一切历史表述必须被统一在官方口径之内，哪能谁想怎么写就怎么写呢？

就这样，班固蹲了大牢，书稿也被没收了。幸好班固有一个很能干的弟弟，就是平定西域、给我们留下"投笔从戎"这个成语的班超。在班超的帮助下，班固不但脱狱，还得到了皇帝的允许，以官方身份，有助手协作，继续未完成的历史写作。《汉书》的主体部分就是这样写成的，班彪的《史记后记》被融进《汉书》当中。但直到班固去世，《汉书》也没能写完，皇帝安排班固的妹妹班昭继续主持写作班子，这才终于把《汉书》写完。

《汉书》延续了《史记》的体例安排，分为本纪、表、志、列传几个大类。其中的"志"，用今天的话说就是专题史，"刑法志"就是刑法专题史，"天文志"就是天文专题史，"律历志"就是律历专题史。那么接下来的问题是：什么是律历？

《汉书·律历志》的理论体系

律就是音律，简单讲就是音高的标准，历就是历法，是安排年、月、日的标准。

音律和历法怎么可能放在一起？

古人还真是这么理解世界的，认为所有需要计算的东西，都在同一个大系统里。无论是计算时间、长度、重量还是容积，谁都不是独立存在的，你依托我，我依托你，而顺藤摸瓜的话，源头就是音律，是对声音的度量。

严格来说，这套道理不是班固的发明。《汉书》里的"律历志"对应着《史记》里的"律书"，"律书"开宗明义第一句就说最高统治者给世界制定规范，一切规范都统一在六律当中，六律是万事的根本。但是，《史记》的帽子扣得虽然很大，内容主要讲的只是音律和天文历法的关系，并没有扯到度量衡的问题上。所以，真正对度量衡问题给出完备理论体系的，《汉书·律历志》确实要算第一家。

"律历志"开宗明义，也要先找一顶大帽子："《虞书》曰：'乃同律度量衡。'所以齐远近，立民信也。"这里引用的《虞书》，就是《尚书》的第二篇《舜典》，内容是舜接受了尧的禅让，开始发号施令，治理天下，其中有一项措施"协时月正日同律度量衡"，就是《汉书·律历志》"乃同律度量衡"这句话的出处。

单看《汉书·律历志》的引文，会把"同"当成动词，理解为"统一"的意思，那么"同律度量衡"的意思就是统一音律和度量衡的标准。**这样一来，天下无论远近，人和人沟通起来就有了共同的标准，有了共同的标准才可以建立信任。**道理虽然动听，但对照《尚书》原文和历代学者对《尚书》的考证，我们会发现《尚书》这句话不该这么理解，班固不但搞错了字义，也断错了句。

在正确的断句里，"协"是动词，后面跟着的是九个宾语——"时、月、正、日、同、律、度、量、衡"，意思是协同所有这些度量标准，"同"也是度量标准之一。"律"的本义是一种像管子一样的定音设备，专业人士用它来确定绝对音高。后来音乐水准越来越高，律也发生了细化，十二律出现：古代调音师用十二支长短不一的管子——通常是竹管，就像没有孔的笛子一样——确定一个完整音阶里的十二个音符。从低音管开始数，奇数的六个管子叫律，偶数的六个管子叫吕或同，统称十二律，也叫十二律吕。今天我们还在用一个成语"黄钟大吕"，形容音乐或文章很恢宏、很庄严。黄钟和大吕就是十二律里前两律的名称。

班固虽然搞错了历史文献，但并不妨碍他表达观点。在班固看来，音律系统是一切度量系统的基础，在音律系统的十二律当中，黄钟律——也就是黄钟的音高——是其他所有音高的基础。如果换成今天的音乐语言，黄钟就相当于中央 C，当钢琴演奏者坐在钢琴前，身体的中轴线对准键盘上的中央 C，接下来哪怕闭上眼睛，也能从中央 C 开始弹出完整的音阶。

177

黄钟的说法是怎么来的

如果一切音高，乃至一切度量标准，都可以从黄钟推导出来的话，问题就来了：第一个问题，黄钟是怎么确定出来的？第二个问题，这个基准音高为什么要叫黄钟？

这两个问题，在《汉书·律历志》里都有答案。

黄钟律的由来

先看第一个问题：黄钟的确定，要归功于黄帝。

这就是汉朝人的学术风格，万事万物都能在黄帝那里找到源头。换句话说，凡是搞不清来历的东西，或者想要凸显档次的东西，都可以拉来黄帝的名号当大旗。

黄帝当然不可能事事亲力亲为，所以《律历志》说，黄帝派遣了一个叫泠伦的人，去大夏以西，昆仑山以北，找到一个叫解谷的地方，挑选那种长得特别匀称的竹子，砍下一段完整的竹节，这就是一个天然的定音管。吹这段竹节，吹出来的音高就定为黄钟。用今天的话说，这就是钢琴键盘上的中央 C，是真正意义上的 C 位。

再看第二个问题：黄钟之所以叫黄钟，《律历志》有一套很深奥的解释，说"黄"既是中间的颜色，也是统治者服饰的颜色，"钟"的含义是"种"。所谓中间的颜色，是从五行系统来说的。五行在方位上对应着"东西南北中"五个方位，五方又对应着五色。今天在北京中山公园还能看到明朝的社稷坛，最高一层铺着五种颜色的土，俗称五色土，中间的土就是黄土。社稷坛是皇城五坛的几何中心，南有天坛，北有地坛，东有日坛，西有月坛。这个布局背后就是五方配五色的五行理论。

至于"钟"之所以被解读成"种"，这在古代的训诂学里叫作音训，音训最简单的原则就是不管什么字，只要考证出它们原先有相同的读音，就能推断它们原本有相同的含义。但音训的标准太模糊，以至于很容易牵强附会。班固在这里把"钟"解读成"种"，其实一点都不严谨。

在班固的说法里，"黄"在方位上对应着"中间"，天的中间数是五，所以音律有宫、商、角、徵、羽五声，宫是五声系统里最重要的声音，地的中间数是六，所以音律有六律六吕的十二律系统，它所对应的黄色是五色当中最高级的颜色。所以，阳气向大地深处播种，孕育万物，成为六气系统里的元气。

班固对黄钟的解释，表达的内容正是"天人合一"的一种体现，是把人类社会完整地纳入一个想象当中的宇宙模型。

班固把数字分出天地，这倒不难理解：天干就是天数，一共十个，地支就是地数，一共十二个，所以天的中间数是五，地的中间数是六，表现在音律系统里，就有了五声和六律。

用今天的音乐知识来讲，五声是唱名，六律是音名。音名今天用英文字母 C、D、E、F、G、A、B 表示，唱名用 1、2、3、4、5、6、7 表示。看钢琴键盘最直观，每一个琴键对应一个固定的音名，永远不变，比如中央 C 永远叫中央 C。而在唱时，中央 C 在 C 大调里唱 1，而在 F 大调里就要唱 5。中国传统音乐使用五声音阶，"宫、商、角、徵、羽"五个音符构成一个音阶，用简谱来写就是 1、2、3、5、6。

常去 KTV 唱歌的人应该都有过这种经验，如果跟不上原唱的音高，就降几个调来唱。降调之后，旋律还是原来的旋律，唱名没变，但原唱如果是 F 大调，把 F 唱成 1 的话，当你连降几度，降到 C 大调，C 就变成了 1，原先的 F 就要唱成 4 了。古人没有 KTV 设备，唱歌或演奏时怎么才能把音找准呢？孟子说过，就算是师旷这样顶尖的音乐家，如果不用六律，也一样没法校准五音。（《孟子·离娄上》）

三分损益法

通常讲六律时，也包含了六吕，总共十二律，表示的是绝对音高。我们可以想象在钢琴上按下一个琴键，不管把它唱成 1 还是唱成 4，它的音高永远是那么高，或者说它发出来的声音频率永远都是一个固定的频率。当我们有了一架调好音准的钢琴，就可以拿它给各种乐器校准音高了。

那么问题来了：通过泠伦的努力，黄钟的绝对音高已经有了，怎么才能确定其他十一律的音高？这就需要一点数学知识了："律历志"给出了一套复杂的算法，又是不断用三来乘，又是《周易》大衍之数，看上去神乎其神，其实全是瞎扯。班固只说对了一件事，那就是确实要不断用到"3"这个数字。

真正的推算方法，需要抛开各种玄而又玄的大帽子，直接看算法。

《汉书·律历志》和《史记·律书》都记载了完整的算法，后来被称为"三分损益法"，简单概括就是用泠伦送来的竹管，按照一定的比例增减，得到完整的十二音律。

简单来讲，三分损益法，就是当我们拿到泠伦送来的竹管，认定它的音高就是黄钟，把它当成五声音阶里的宫，然后，把这根竹管砍掉 1/3，这就叫"三分损一"，剩下的 2/3 段竹管吹出来的声音，就是宫音的纯五度高音，也就是徵的音高。选一根和这根吹出徵音的竹管一模一样，但长度是它 4/3 的竹管，这就叫"三分益一"，这就吹出了徵的纯四度低音：商。把吹出商音的竹管"三分损一"，就有了商的纯五度高音：羽。再把吹出羽音的这根竹管"三分益一"，就有了羽的纯四度低音：角。一个五声音阶就这样齐备了。如果继续"三分损一""三分益一"下去，就能得到完整的十二律。

十二律在钢琴键盘上，就是从中央 C 到高一个八度的 C，总共七个白键，五个黑键，用今天的音乐术语来讲，这就是一个八度，十二个半音。

有了声音频率的概念，就很容易理解这些乐理知识。人类的听觉对频率的倍数关系不太敏感。比如中央 C，频率是 261.63 赫兹，这个频率值乘以 2 就是高八度的 C，除以 2 就是低八度的 C。这种两倍关系的音高，我们听起来都像是同一个音。从中央 C 到高八度的 C 音之间，人的耳朵能够分辨的音高基本只有 12个。技术上当然可以分得更细，分到 120 个也是可以的，但只有通过仪器才能辨别，人类的听觉已经无能为力。

古代人并没有声音频率的知识，最终凭着朴素的直觉找到了推算音高的方法。在中国，三分损益法，是用竹管推演的，而在西方，这种算法叫五度相生律，用琴弦推演，本质上是一回事，殊途而同归。

这样的推算方式，似乎应该周而复始，首尾连贯，但实际上首尾是连不上的。这在今天看来并不奇怪，因为用三分损益法推算出来的 12 个半音并不完全相等。直到明朝，朱元璋的九世孙朱载堉终于找到了把一个八度之内的 12 个半音完全等分的算法，还根据这种新算法制作出了校订音高的律管。这种算法算出来的十二律，今天叫作十二平均律，相应地，先前由三分损益法推算的十二律就被叫作十二不平均律。

—— 178 ——

班固如何从音律推演度量衡

我们由黄钟开始，了解了如何推算全套的十二律。有了十二律，接下来我们看看古人是怎么推算长度、容积、重量、时间这些度量单位的。

高深莫测的进位原则

只要确定了黄钟的音高，就不难推算一切。

黄钟的音高是泠伦用竹管吹出来的。为了得到这个长得十分匀称的竹管，泠伦不惜跋涉万里，远赴昆仑山以北。这个竹管既然万里挑一，长得无比匀称，自然就可以拿它的长度作为基本的长度单位，拿它的容积作为基本的容积单位，拿它的重量作为基本的重量单位。

虽然这只是简化的说法，但确实就是《汉书·律历志》给出的一切度量单位的推算方式。

具体来说，还要借助一种叫作秬黍的谷粒。秬黍像麦粒一样，长得有大有小，要专门挑出那种不大不小的，把它填进那根竹管，填满之后再倒出来，数出一共多少粒，再拿这些秬黍作为微调单位去决定各种度量标准。这种手法，古代英国人也曾经用过。

《汉书·律历志》记载，黄钟律管的中空部分叫龠，把龠填满需要用到 1200 颗秬黍，1200 颗秬黍占据的空间叫 1 合（gě）。10 合等于 1 升，10 升等于 1 斗，10 斗等于 1 斛。这就好办了，比如我们要制作一个容积为 1 斗的容器，只要数出中等大小的秬黍 120000 颗，就能做好模具，批量生产。

确定重量单位也不难，既然一根黄钟竹管可以装 1200 颗秬黍，那就把 1200 颗秬黍的重量定为 12 铢。今天依然常用的重量单位"两"就是从 12 铢来的：1 两的重量是 12 铢的两倍。"两"还可以理解成十二律的两倍。为什么不是 3 倍、4 倍、5 倍？这是因为 12 的两倍是 24，1 两 24 铢象征着 1 年 24 个节气。

"两"的上一级单位是"斤"，离奇的安排又出现了：既然以 12 铢的两倍为 1 两，按说应该以 1 两的两倍为 1 斤，或者就用十进制，10 两为 1 斤，然而实际上却以 16 两为 1 斤。这又是为什么？《律历志》解释说年份有春夏秋冬四季，方位有东西南北四方，以四季乘以四方，数值就是 16。这里边还有奥妙：如果以 16 两为 1 斤，那么 1 斤就有 384 铢，而 384 是一个极其深刻的数字，因为《易经》有 64 卦，每一卦都是由 6 爻构成的，两个数字相乘，得出《易经》一共包含 384 爻。

再看"斤"的上级单位"钧"，进位关系竟然又变了，既不是 16，也不是 24，而是 30。这很好解释，一个月有 30 天嘛。

"钧"的上级单位是"石"，4 钧为 1 石，呼应着 1 年有四季。这样一来，1 石折合成斤，就是 120 斤，正如 1 年有 12 个月。

时间单位的推算也要从音律上来，这就是所谓"以律起历"，意思是根据音律推算历法。

真正的麻烦来了。在各种度量衡里，无论长度、容量还是重量单位，其实有没有黄钟律管并不重要，只要大家约定俗成，达成一致就可以了。但 1 年到底有多少天，这可没法约定俗成，必须测算出地球公转和自转的关系，并不是大家约定 1 年 100 天，1 年就真的是 100 天了。

《太初历》：从算法到附会

对于古人来说，推算历法绝对是一门很高深的学问。高深到什么程度呢？《汉书·律历志》记载说，汉武帝元封七年（前104年），汉朝已经建国102年了，这一个多世纪以来，历法一直都在凑合用，小车不倒只管推，这时候终于推不动了，必须得改。一群学术专家研究了好一阵子，向皇帝做汇报，结论有两个：第一，历法已经到了不改不行的地步；第二，但我们不知道该怎么改。

办法总比困难多，汉武帝广召天下人才，包括民间高手，这些人里有擅长天文观测的，有精通历数算法的，其中担纲的是两位算法大师——邓平和落下闳，他俩先后演算，得出了一致的结果。

汉武帝为了表示万象从此更新，改年号为太初，这部新的历法就叫《太初历》。

《汉书·律历志》虽然记载了落下闳的算法，但前后内容并不一致。大体上说，首先还是要把吹出黄钟音高的那根竹管找来，量出它的容积为81立方寸，或是量出它的长度为9寸，再用9这个数字乘以自身，九九八十一。于是把1天分为81分。接下来的花式演算处处以81为基础，所以这部《太初历》还有一个别名，叫"八十一分律历"。

具体的演算方法，《汉书·律历志》是这样说的："律容一龠，积八十一寸，则一日之分也。与长相终。

律长九寸，百七十一分而终复。三复而得甲子。"这段话看不懂很正常，因为没人能看懂这些话，最多只能推测，但始终没法确认。

用古汉语表达复杂的算法，这确实有点强人所难。我在得到 App 课程《熊逸书院》里讲过《周易》的演算方法，也是这种风格，没法做出确切的理解，所以后人用《周易》算卦，一多半都靠脑补。原作者也许心里有数，但就是没法用古汉语准确表达出来，而《律历志》这段话，很可能连班固本人也搞不清楚。

班固一家人都是儒家学风，所以班彪看不惯司马迁的好多写法，班固写《汉书》时，继承了父亲的这一套价值取向，努力把被司马迁引入"歧途"的史学风尚拉回"正道"。但假如司马迁有机会和班固辩论，他应该会说："你这叫狗拿耗子，多管闲事。"**因为根据古代的传统，写历史是专业史官的事，不是儒家的事，司马迁出身于正经的史官世家，而在史官的职业技能里，不但要会写历史，还要懂天文历算。**以司马迁的水平，让他制定一部历法也许不太可能，但历法知识毕竟是他职业素养里的一项基本功。

班固虽然因为一部《汉书》在史学界名垂千古，但他本质上是一个儒家学者，完全没受过历法知识的学术训练。所以《律历志》里的很多内容，大概是历法专家怎么讲，他就怎么写，不懂辨别。以我们今天的知识来看，邓平和落下闳通过黄钟律推算一整套《太初历》，根本就不可能，而《太初历》之所以能被沿用将近 200 年，是因为它本身就有天文学上的合理性。所以，很可能是那些历法专家为了让这套历法显得神乎其技，给它附会了音律数理和五行八卦。

不仅是邓平和落下闳这样附会，班固那一整套度量衡规则其实都是附会，拿一个神乎其神的理论框架去套一些已经约定俗成的使用规范。相比之下，《史记》就要朴素得多。音律专题史叫"律书"，历法专题史叫"历书"，不像《汉书》那样把音律和历法混在一起，搞出一个《律历志》来。

在司马迁的时代，度量衡问题没有那么神秘，所以司马迁应该并不觉得公孙鞅统一度量衡这种事有什么深奥的学问和意义，一笔带过也就是了。至于公孙鞅本人，绝不会多花一点力气在这些虚头巴脑的事情上。

————— 179 —————

为什么加强中央集权必须统一度量衡

很多人可能会对一个问题有所怀疑：泠伦受黄帝的委派，远赴昆仑山北麓，用一截完美的竹管解决了黄钟律的标准音高问题，这是真的吗？如果不是的话，历史上真实的黄钟律是怎么产生的？

竞争态势下的度量衡

泠伦的故事，当然纯属虚构，在传承当中，它变成了一个文化语码，被反复写进诗歌。比如王安石有一首咏物诗，从各个角度赞美竹子，最后两句就是"烦君惜取根株在，欲乞泠伦学凤凰。""泠"经常被写成我们熟悉的"伶"。在古代，文艺工作者叫伶人，皇家歌舞团里有职位的文艺工作者叫伶官。东汉末年的儒家大权威郑玄解释说，伶氏家族是古代杰出的乐官世家，后人就把乐官通称为伶官。（《毛诗注疏》卷2）

冷伦确定黄钟律，全凭一双耳朵，这会不会太过主观？

事实上，音律就是一种很主观的东西，考古实物已经给了我们足够的线索：曾侯乙墓出土的编钟上有着内容丰富的铭文，从中我们可以知道，在战国时代，各国的音律并不一致。任何乐器的调音，确定相对音高并不难，有三分损益法就完全够用了，但在使用三分损益法时，一开始那个基准音高到底该怎么定，是因人而异的，就看大家能不能约定一个标准了。比如真的找到一个竹管，无论用它吹出什么音高，大家约定这就是黄钟的音高，然后各自拿这个音高当成基准音，依照三分损益法推演五音十二律。

这个道理听上去很简单，只要各国音乐家经常交流就可以了，比如每年搞一场国际伶官研讨会，然而在实操层面，即便大家都知道这个办法不但可行，而且易行，仍然不愿意去行。因为在当时的社会，音乐问题并不是简单的艺术或技术问题，而是意识形态问题——谁有资格给音乐定标准，就意味着谁掌握了政治权威。以前周天子可以给天下诸侯制定绝对音高的标准，随着王纲解纽，强国当然都想拿到定标准的资格，但没办法，谁也不服谁。所以大家各用各的标准，不统一也无所谓。

至于长度、重量、容积这一类常用度量标准，也遵循同样的道理。有自家地盘的人，都想执行一套自己的标准。只有具备了自己的标准，执行标准时才能有话语权。当发生跨境交易时，交易双方越麻烦，领主的获利空间就越大。比如我是一个领主，我定下规矩，无论谁来我的地盘做交易，都必须使用我的度量标准，而我的全套度量衡只在我指定的地方可以使用。

不难想见，一套度量标准就等于一套准入许可证。掌握了许可证就相当于掌握了准入门槛和汇率标准。这不但给商业增添重重阻力，也让政府的赋税征收变得艰难。要想加强中央集权，统一度量衡势在必行。

《资治通鉴》关于公孙鞅第二轮变法的记载是从《史记·商君列传》抄过来的，《史记》说公孙鞅"为田开阡陌封疆而赋税平，平斗、桶（yǒng）、权、衡、丈、尺"，而《资治通鉴》在文字上做了一点修改，把"为田开阡陌封疆"改成了"废井田，开阡陌"，不露声色地给公孙鞅加了一个废除井田制的罪名，"而赋税平"这四个字被一笔勾销，然后接上《史记》那句"平斗、桶、权、衡、丈、尺"。

公孙鞅统一度量衡，指的就是"平斗、桶、权、衡、丈、尺"。"平"是齐一、均等的意思，说明这次改革，统一了容量、重量、长度方面的六大度量单位。

在《史记》的版本里，我们很容易体会到，公孙鞅这一次无论是土地改革还是度量衡改革，目标和结果都是统一赋税标准。从此以后，谁种多少田就交多少税。简明扼要、整齐划一的政策不给任何人留出动手脚、耍花招的空间。那么，为什么司马光要删掉"而赋税平"这四个字呢？

推测起来，大概因为这里的"平"也可以理解为"公平"，而司马光不想让读者认为法家也能给出公平的赋税政策吧。**公平一直是儒家的价值取向，正如孔子所说"不患寡而患不均"，穷没关系，分配不均才有麻烦。**而法家管理模式里的整齐划一，看似追求公平，其实一是为了追求管理效率，一刀切，二是为了刺激生产和作战的积极性，这两点都和儒家的公平原则相悖。

在统一度量衡这件事上，儒家倒是和法家在技术上达成了共识。统一确实有必要，但到底应该怎么统一，标准就不同了。儒家大概率会沿用周天子的现成标准，因为这才是政治正确的唯一做法。

两件文物：东周铜尺和商鞅方升

20 世纪 20 年代，洛阳金村古墓出土了一把东周王室使用的铜尺，刻度在铜尺的侧面，分为 10 寸，但分

隔得不太均匀。当时的 1 寸约合今天的 2.31 厘米，1
尺约合 23.1 厘米。既然周王室有现成的度量衡标准，
一切向它看齐也就是了。但是，1986 年，甘肃天水放
马滩一号墓葬出土了一件秦国木尺，墓葬年代可以确
定为秦国晚期，这把尺子的来历自然不会更晚。从这
把尺子的刻度，可以看出公孙鞅统一度量衡的成果：1
寸合 2.4 厘米，1 尺合 24 厘米，尺和寸都比东周王室
的铜尺略长。

更有说服力的出土器物是著名的商鞅方升，现藏
于上海博物馆，是公孙鞅监督铸造的测量容量的标准
器。所谓标准器，意味着一切同类型的容器都要拿它
来校准。商鞅方升是一件长方形铜器，三面都有铭文，
通过铭文，我们可以清楚地知道，它是秦孝公十八年
（前 344 年）颁发给重泉的一件标准器。重泉在今天的
陕西省蒲城县，从重泉向西南大约 130 公里就是西安。
今天的重泉已经被发掘出了历史文化价值，当地修建
了一座重泉古城，努力发展旅游业。

作为容器，商鞅方升是长方形而不是圆形，这在
今天看来似乎有点奇怪，但在当时，长方形器物很容
易测量长宽高的尺寸，容易测量就容易复制，也容易
核对、校准。铭文标明了这件标准器的容积："积十六
尊五分尊壹为升。""积"指的就是容积，"十六尊"就

是 16 寸，"五分尊壹"是 1/5 寸，翻译过来就是：以容积 16.2 立方寸为 1 升。今天借助现代仪器，再换算成当时的度量单位，测量出来这件商鞅方升的容积果然就是 16.2 立方寸。

造出这样一个容积标准器，并不代表一劳永逸，还需要定期校准，以免有磨损。

在商鞅方升的底部还有一段文字，是秦始皇统一天下之后追刻的内容：既然天下安定了，度量衡也该重新校准一下了。从内容推断，应该是秦始皇把这件标准器从重泉召回咸阳，校准无误之后，刻上新的诏书内容，再把它发送到一个叫"临"的地方。

180

为什么要在春秋两季校准度量衡

校准度量衡是当时一个很必要的程序，古人认为，每年只有特定的月份才适合校准度量衡。为什么会这样？借助《吕氏春秋》，我们会发现，《汉书·律历志》的那套逻辑在先秦年间早就有了苗头。

度量衡的天人合一

《吕氏春秋》的编排体例相当独特。先秦古籍大体而言，章节或者没有标题，或者取正文开头两三个字为标题。比如大家最熟悉的《论语》，第一章叫"学而"，这两个字单独拎出来没有任何意义，之所以单独拎出来，只因为这一章的第一句话是"学而时习之"。《庄子》有了现代意义上的标题意识，像"逍遥游""齐物论"都有一点提纲挈领的味道。《吕氏春秋》和谁都不一样，前一部分内容，一级标题为孟春纪、仲春纪、季春纪、孟夏纪、仲夏纪、季夏纪，依次类推，构成了完整的一年四季，每个季度又分为孟、仲、季三个月。然后是二级标题，比如孟春纪下面，有孟春、本生、重己、贵公、去私五个小节。这种布局就是把人类社会嵌进一个宏大的宇宙模型，宇宙是大宇宙，社会是小宇宙，彼此呼应，生生不息。

这是古代中国的经典模型，还衍生出不同的变体，比如道教修仙和医生治病都会把人体当成小宇宙，而如果以人体为小宇宙，社会就变成了中宇宙，大、中、小三个宇宙形成嵌套关系。接下来就可以做出一步关键性的推理：既然大宇宙、中宇宙、小宇宙都是宇宙，貌似它们只有规模上的差异，而不存在本质上的差异，那么大宇宙的规则应该同样适用于中、小宇宙，反之亦然，而作为小宇宙的个人完全可以通过深入认识自己作为小宇宙的"宇宙特点"，进而洞悉中宇宙、大宇宙的本质，并且和后者融为一体。

理解了这个逻辑，就很容易看懂古代医书和程朱理学了。

程朱理学有一个著名的概念"民胞物与"，出自北宋学者张载的《西铭》，今天经常被拿来形容民族、国家的凝聚力，其实就是上述宇宙论的衍生概念[1]。

1　参看得到 App 课程《熊逸书院》第 40、41 讲。

这种观念的萌芽就在战国时代。我们可以看看《吕氏春秋·仲春纪》的第一节《仲春》，仲春相当于今天的农历二月，在这个月，太阳位于二十八宿当中的奎宿，在干支系统里属于甲乙，主宰这个月份的天帝是太皞，天神是句（gōu）芒，活跃在这个月份的动物是鱼类，对应这个月份的相对音高是五音当中的角，绝对音高是十二律当中的夹钟，相应的数字是8，味道是酸味，气味是膻味。这个月里要举行的祭祀是户祭。在祭祀典礼上，首先要用的是动物的脾脏。这个月会开始下雨，桃李花开，黄鹂鸣唱，老鹰变成了斑鸠，天子要住到东向明堂的中间那间正室，从衣服到车子、旗子，一切物件都要用青色。

为了配合大宇宙，天子生活得也不容易，不但要像变色龙一样打扮自己，还要在相应的月份换到相应的起居室，这应该算是居无定所的最高境界了。

仲春之月还有一个重要特点——昼夜时间等长。这话当然不准确，毕竟当时的天文测算还不够精密，但至少春分那天是落在仲春之月里的，如果粗略测算春分前后那些天的昼夜长短，倒也可以说是均等。所以这个月份是校准度量衡的最佳时段，人类应该这样根据大宇宙的运行规律来调节小宇宙的运行方式。

由此不难想到，秋分所在的那个月，也就是仲秋月，也是校准度量衡的时间。

《吕氏春秋·仲秋纪》中的《仲秋》篇确实是这么讲的，此时和月份相应的相对音高是五音当中的商，绝对音高是十二律当中的南吕，数字是 9，味道是辛，天子要换上一身白色的装扮，大概有几分在灵堂里披麻戴孝的感觉。一切都在按照节奏发生改变。

事实上，战国时代的各大诸侯校准度量衡的时间确实集中在春秋两季，但真正的原因很可能并不像《吕氏春秋》讲的那样玄妙，而是在这两个时段里，器物受热胀冷缩的影响最小。

度量衡的校准

战国时代，并不是只有秦国统一度量衡，各国都在搞统一，当然各有各的统一标准，只是公孙鞅下手早，力度大，效果最显著。到了战国晚期，各国基本都有了很成熟的度量衡校准体制，每一次校准之后，还会把检校结果镌刻在度量衡上，所以我们今天才能知道当时的度量衡管理方式。

秦国到处攻城略地，抢过不少东西，其中就有其他诸侯的度量衡。抢夺到手之后，秦国有关部门会对这些器物重新检校，折算成秦国的度量标准。这一类出土文物很多，比如有一件赵国的铜制容器叫盉，原本是调酒的容器，酒太浓了就掺一点水，搅拌一下，如果又嫌淡了，就再掺一点酒，继续搅拌。在这个义项上，"盉"字后来演变为"和"，如和面、和饺子馅，"和"字的来源就是两千多年前的调酒器。

这件赵国的铜盉有两段铭文，第一段是赵国的原刻，从磨灭残缺的铭文中，可以推断出这件铜盉的容积是两斗半。秦国把这件战利品重新检校之后，加刻了一段铭文："今三斗二升少半升，重十六斤。"不但重新检验和换算了容积，还把重量称出来了。用今天的标准测算一遍，可以知道当时秦国的 1 升相当于今天的 198 毫升。也就是说，秦国的 5 升大约相当于今天的 1 升。

1975 年出土的睡虎地秦简中，有三篇内容都和校准度量衡有关，一篇叫作《工律》，记载校准的程序，说政府每年都要校准一次；一篇叫作《内史杂》，记载了度量衡的使用规范，说官府的仓库里必须配备全套度量衡，不能借给老百姓，就算长时间不用，也要像正在使用的度量衡一样定期校准；还有一篇叫作《效律》，规定了校准度量衡的误差范围，如果检验不合格，还会对责任人做出相应的处罚 —— 主要是经济处罚。

1964 年，陕西西安阿房宫遗址出土了一件铜权，现藏于陕西省博物馆。所谓权，就是秤砣。公孙鞅统一度量衡的六项标准"斗、桶、权、衡、丈、尺"中，权是秤砣，衡是秤杆，"权衡"在语言的发展中，被引申为在心里掂量一下的意思。这个出土的铜权，样子有点像今天健身房常见的壶铃。铜权上有清晰的铭文，记录了时间、地点、人物。其中比较重要的是人物，一共三位：从职位上说，一个是漆工，一个是丞，一个是工隶臣，各有各的名字。"漆工"并不是油漆工，"漆"是地名，在今天的陕西佳县，说明这个人是漆地的工师，这枚铜权由他监制；"丞"是官名，相当于铜权铸造的项目经理；"工隶臣"基本等于服苦役的犯人，这个人才是实际干活的人。从署名来看，铸造这样一个铜权，在程序上已经形成了三级责任制，产品一旦出现问题，就可以按照署名逐级追责。

"禾石高奴"

除了时间、地点、人物外，铜权上的铭文还有"禾石高奴"四个字，所以这枚铜权也被称为"高奴铜权"。铜权的另一面铭文，除了"高奴石"三个字外，还有秦始皇二十六年（前 221 年）的诏书和秦二世元年（前209年）的诏书，这些文字向我们传达了怎样的信息？

"禾石高奴"，"禾"表示谷物，"禾石"就是称量谷物的专用秤砣。这个铜制大秤砣，今天的测量结果是30750克，约30公斤。年纪稍大一点的人应该对秤砣这种东西还有印象，仓库专用的大型磅秤经常要称一两百斤的东西，但最大号的秤砣也不会超过1公斤。这就是技术进步的结果，可以四两拨千斤。而在两千多年前，称量重物真的要用到很重的秤砣。有可能这种秤砣并不是严格意义上的秤砣，而是大型天平的砝码。当时已经有了不等臂天平，勉强算是杆秤的前身，有学者从文献和考古实物出发，试图证明战国时代已经有了杆秤，但说服力明显不足。真正的杆秤到汉朝才会出现。从天平发展到杆秤，很像从大哥大发展到智能手机，体型越来越小，功能越来越强。

"禾石高奴"这种体型的秤砣或砝码，显然不是小商小贩在集市上卖货用的，而是政府用来收租的。

"禾石高奴"铭文里的两份诏书，凸显出这个秤砣的权威地位。有意思的是，今天我们看到铭文里的"诏"字，并不觉得奇怪，但这个字其实很有来历。原本"诏"只是"告诉"的意思，对谁都能用，秦始皇统一六国之后，丞相李斯煞有介事地给秦始皇设计了一套文字特权，从此"诏"这个字专指皇帝下达的指令，禁止他人使用。渐渐地，不用"诏"字成为习惯，以至于东汉学者许慎编写《说文解字》时，竟然没有收录"诏"字。后来南唐学者徐铉校订《说文解字》，补充了 19 个字，"诏"字就在其列。清朝文字学专家段玉裁给《说文解字》做注释，对徐铉的增补很不满，说秦朝以前确实没有"诏"这个字，如果需要表达"诏"的意思，规范用字是"诰"。东汉大学者蔡邕说过，"诏"是秦朝造的字，以前根本没有这个字。（《说文解字注》"诏"字条）

看来被秦始皇和李斯这么一搞，许慎忘了"诏"字的存在，蔡邕和段玉裁这两位顶尖学者也被弄糊涂了。高奴铜权上面的"诏"字，在当时已经不再是一个普通的字，而是一个崭新时代的标志。

重达 30 公斤的大号秤砣并不是秦人的独创。有一件可以和高奴铜权参照的出土文物，称为司马成公权，应该是三晋的标准度量衡。它的铭文里说，某年，司马成公命令某某等三个人制作了这个大秤砣。司马成公权在今天测量的重量是 30350 克，比高奴铜权轻 400 克，两者差别倒也不算很大。

181

公孙鞅一个人怎么打败魏国

周显王十九年（前 350 年），《资治通鉴》记载了公孙鞅第二轮变法之外的两件事：一是秦国和魏国的外交会谈，二是赵国发生的一场政变。

原文：

秦、魏遇于彤。

赵成侯薨，公子绁与太子争立；绁败，奔韩。

彤地会谈

对于秦国和魏国的外交会谈，《资治通鉴》的记载很简略，只有五个字："秦、魏遇于彤。"至于两国为什么有这次会见，达成了怎样的外交成果，司马光只字未提。

《战国策》透露了一点线索，在苏秦——或者苏秦的兄弟苏代——劝说齐闵王的话里，提到魏惠王治下的魏国一度相当强大，论地盘"拥土千里"，论兵力"带甲三十六万"——这些数字当然都不能照实理解，我们只要理解成魏国的地盘特别大，武力特别强就可以了。魏惠王仗着国力强，先打下了邯郸，又向西围攻定阳，还裹挟了十二国诸侯朝见周天子，准备联手对付秦国。秦孝公有点害怕，"寝不安席，食不甘味"，睡也睡不好，吃也吃不好。公孙鞅出谋划策说："魏国现在势力太大，咱们惹不起。惹不起就不要硬碰，不如您派我当使者，让我去打败魏国好了。"

公孙鞅一个人怎么能打败魏国？还真能，靠的就是能说会道。一番话说得魏惠王飘飘然，不打秦国了，要当天子。这可惹恼了天下诸侯，于是大家联手，齐国带头，把魏国狠狠收拾了一顿。魏惠王臊眉耷眼地跑到齐国认错服软，这才保住了魏国的半条命，而秦孝公趁着这个机会，轻而易举地夺了魏国的河西之地。（《战国策·齐策五》）

如果直接读《战国策》，很多人可能对这段话不会有什么特殊感受，但读了这么久的《资治通鉴》，一定会对这段话产生怀疑——魏国怎么忽然强大到让秦孝公都害怕的地步，公孙鞅又是在什么时候把魏惠王忽悠得这么惨呢？各个细节越琢磨就越觉得可疑。这段话还高度呈现出战国游士话术的两大特点：第一，要游说谁，就使劲拍谁的马屁，这里苏秦或苏代游说的是齐闵王，所以话里话外把齐国捧上了天；第二，夸大游士的作用，这里表面上说公孙鞅只凭一番外交辞令就轻松扭转了国际局势，暗指说话的人在劝齐闵王不要轻视嘴皮子的力量，以后要像秦孝公信任公孙鞅一样信任自己。

有了这种觉悟，就可以把《战国策》的各种夸大其词打折理解了。在苏秦或苏代游说齐闵王的这段话里，像齐国大败魏国，杀了魏国太子这种事，并没有造假，毕竟这是齐闵王自家的事，不过这是彤地会谈之后的事了。魏惠王打下邯郸，这也是历史事实，前文已经介绍过，那么魏国向西围攻定阳的事情很可能也是真的。

定阳在今天的陕西延安附近，今天延安市宜川县境内还有一个村子叫定阳村，保留着"定阳"这个古老的名字。定阳当时属于秦国的边境城邑，在洛水以东，和魏国接壤。

秦孝公的"寝不安席，食不甘味"和公孙鞅的一通忽悠很可能都有夸张成分，但至少可以据此推断，魏国此前在和赵国、齐国打硬仗，所有才有了后来围魏救赵的故事，公孙鞅趁机东进，拿下了魏国旧都安邑和重镇固阳。

魏惠王当然不愿意两面作战，所以赶紧和齐国、赵国讲和，这就有了周显王十八年（前351年）的漳水之盟，把好不容易打下来的邯郸又拱手还给了赵国。

东线的事情安顿好了，魏惠王自然就会全力向西对付秦国的入侵，围攻定阳相当合情合理。秦国大概不想和魏国死磕，所以才有了彤地的外交会晤，并且双方达成和解。相关的谈话内容如果真如《战国策》的记载，那就会是公孙鞅职业生涯里又一场辉煌的胜利。

作为会谈地点的彤，原本是西周初年分封的彤伯国，属于畿内诸侯，背靠秦岭，在今天陕西省渭南市华州区故城村一带。这里之所以出名，倒不是因为这一年的秦魏外交，而是因为短短 12 年后，一度风光无两的公孙鞅就惨死在这个地方。

赵国政变

赵成侯收回了邯郸，和魏惠王签订了漳水之盟，了却了这些国家大事后，马上撒手人寰，结束了 26 年的执政生涯。

赵成侯的一生，是勇于惹是生非的一生。

战国历史上，赵国和秦国的第一次交锋就发生在赵成侯任上。那是赵成侯执政的第四年，赵国竟然打败了秦国。（《史记·赵世家》）而在赵成侯去世之后的秦、赵战争里，赵国就负多胜少了。在赵成侯时代，赵国最主要的对手不是秦国，而是魏国，赵成侯的继承人将来还要带领赵国继续和魏国针锋相对。

但是，继承人问题照例先引起了一点乱子：赵成侯死后，公子緤（xiè）和太子争位，失败之后投奔韩国。太子继位，是为赵肃侯。

这场政变很符合先秦政变的经典模式：为了争夺继承权，血亲反目成仇，失败的一方叛国投敌，所以满世界尽是各个国家的流亡公子。这些流亡公子很容易得到外国势力的扶持，一旦看准时机，就会许给外国天大的好处，借助外国势力回国反扑。国内已经坐定江山的统治者见势不妙，也会寻求外援，同样许以天大的好处。

国家利益并不会被统治者和潜在的统治者们看得很重，毕竟在他们心里，国家利益无论有多大，不属于自己，又有什么意义？

对比一下世界历史上的政变和改朝换代的模式，会发现古代中国的表现比古代西方残酷很多，因为中国的继承制度几乎意味着赢家通吃，而西方的继承制度往往倾向于雨露均沾。赢家通吃付出了血的代价，换来的优势就是国家在一代代的积累当中越做越大，而雨露均沾虽然有和平方面的优势，但付出的代价，就是即使一时形成了一个幅员辽阔的大国，只要几代人的工夫就会自然瓦解。

—————— 182 ——————

为什么管理者要抓住开工资的权力

按照《资治通鉴》的编年纪事，周显王十九年后，直接到了周显王二十一年，跳过了周显王二十年。事实上，在周显王二十年（前 349 年），也发生了一件不大不小的事情，那就是秦国继续深化改革，给县一级的行政机构设置了"秩史"，或者叫"有秩史"。（《史记·六国年表》）从长时段来看，这件事确实意义非凡。

秩史

"秩史"的意思是有级别，可以按级别领取俸禄的公务员。

基层公务员，在我们的常规认识里应该叫"吏"，这里为什么叫"史"呢？这是一个很有意思的细节，可以从中看到文字演变的规律。

文字从草创到成熟，数量越来越多。人有懒惰的天性，小车不倒只管推，通常来说，只有真的推不动了，才会想到改变。文字的演变也是这样，同一个字会被用来表达尽可能多的意思，等到实在觉得不方便了，才会进行分化，造新字。"史""吏""事""使"原本是一个字，后来一个字实在涵盖不了这么多意思，于是一分为四。我们读古书时，会发现这几个字经常通用。这种通用现象叫通假，而这几个字之所以能够通假，正是因为它们同源共生，原本是一个字。

再看"秩史"的"秩"，禾木旁，原始含义和粮食有关，表示粮食的积聚。想象这样一个画面：一伙人正在囤积粮食，一筐又一筐。可能正是在这个意义上，"秩"字引申出了"依次排列"的意思，于是就有了"秩序"。政府给官吏发薪水，不同级别对应不同分量的粮食，所以"秩"也有俸禄的意思。

政府给官吏直接开薪水，是中央集权强化的体现。

接下来梳理一下古代薪水发放模式的演变过程。封建时代无所谓薪水，如果你的上级领主分封给你一块封地，你能从这块封地上获得多少收入，大体上就相当于你挣了多少薪水。土地上的人也归你，一方面算作你的财产，一方面你也要对他们承担一些义务。这些人要怎么活，收入怎么来，你的上级领主并不会管。既然他们归你管，在你的土地上讨生活，就会对你效忠。如果你想叛国投敌，他们在道义上也只应该追随你叛国投敌，正如你有义务追随你的领主叛国投敌一样，否则就属于不忠不义。

后来封地的管理权和收益权脱节，你的上级领主虽然还是给你一块封地，但你对这块封地没有经营权和管理权，只是封地上的收益归你所有——这比较接近现代意义上的股份分红。这个时候，薪水依旧没有定额，如果今年封地上的收益高，你就多拿点，如果明年封地上的收益低，你就少拿点。而真正经营管理你名下那块封地的人，直属于你的上级，不归你管。他的薪水该怎么发，由你的上级来定。一路发展下来，到了秦国的"秩史"，相当于给基层公务员按照级别标准发放固定工资，这已经很有现代工资制度的模样了。

在中央集权的政府结构里，中央政府掌控一切，既给将军、宰相开工资，也给县城小公务员开工资。这背后的人性逻辑是：谁给你开工资，你就应该对谁效忠。就这样，一整套官僚班子从上到下都只向国君效忠，封建制下的逐级效忠被侵蚀得不剩多少地盘了。

那么，搞这种官制改革的想法是公孙鞅凭空想出来的吗？很可能并不是，而是因为在实行"废井田，开阡陌"的措施后，原有的地方行政秩序随之破坏，有一破就当有一立，所以"秩史"的设置往好听了说叫顺水推舟，往难听了说叫打补丁。但无论是顺水推舟还是打补丁，这套改革方案都可以说是奠定了古代中国集权政治架构里的基本行政框架。后来汉承秦制，汉朝把这套制度沿用下来，在小修小补当中一直用到清朝。

从管理学上看，给人开工资的权力是最接近生杀大权的权力，所以管理者要想有效用人，就必须把这项权力牢牢抓在自己手里。历朝历代，通常只有在一些特殊时期，这项权力才会外放，最典型的样式就是"开府"。

开府

开府，顾名思义，就是开设政府机构。

原则上说，政府当然只能有一个，开府的本义就是由宰相创立中央政府班底。政府和皇室是两套不同的机构。你可以把皇帝想象成一家公司的老板，老板一定有两套账，一套公司的账，一套私人的账，虽然公司也归他私人所有，但公司的账和私人的账不能搅在一起。

皇帝的私人班底负责皇帝的私人账目，张罗皇帝的私事，对皇帝负责；政府班底负责公司账目，只管国事，不管皇帝的私事，对宰相负责——宰相就相当于公司总经理。所以政府班底里，用谁不用谁，由宰相说了算，由中央财政支付薪水。中央财政所管理的一切财富，名义上并不属于皇帝的私人腰包。

诸葛亮的《出师表》有一句话："宫中府中，俱为一体。""宫"指的就是皇室，"府"指的就是政府。诸葛亮当时以宰相身份开府，统管政府里的大事小事，但皇宫里的事不归他管，他就算再想让皇室和政府团结如一人，至少让皇室别总是拖政府的后腿，也只能向皇帝表达这个愿望，希望皇帝配合，单靠自己的权力是做不到的。

后来"开府"的含义发生拓展，指的是在现有政府之外单独开设一个政府。在这个新政府里，负责人握有全权，可以自行招兵买马。有些情况下，这些兵马的开支要上报朝廷，由中央财政划拨，另一些情况下，必须由负责人自己筹款解决。开府的人通常是将军，或是承担将军职责的高官。将军在外作战，经常要在帐幕里指挥筹划，所以开府的府也叫幕府，幕府聘用的官僚叫幕僚，这是"幕府"和"幕僚"最原始的含义。

将军一旦开府，尤其是开了自行筹款的幕府，从

比较站得住脚的论断是，这里的"赋"，指的是"口赋"，"口"的意思是"人口"，口赋就是人头税。公孙鞅的这一次变法，很可能推出了中国历史上的第一例人头税。

人头税，顾名思义，有一个人就要交一份税。变数在于哪些人才算"人"——老幼病残算不算，女人算不算，奴仆算不算？这些事情一旦深究起来，并不像看上去那么简单。

古代中国的农业税基本有两种形式：一是田赋，按土地征税；二是口赋，按人头征税。春秋时期，鲁国搞过"初税亩"，开始按照田亩征税。相对而言，秦国这一次的"初为赋"可以表达为"初税人"，开始按人头征税。

用今天的标准来看，这两种税收原则显然都不合理。

今天我们最熟悉的税种是个人所得税，算法是用年度个人收入的总额乘以阶梯比例。收入越高，交税越多。如果拿这个思路去看古代的农业税，会觉得按照产量征税才最合理。这种思路确实在历史上发挥过作用，最典型的就是汉朝初年休养生息，税率一降再降，从十五税一降到三十税一。所谓三十税一，理论上说应该是农民缴纳当年收成的 1/30 作为赋税。但问题是，每户人家到底收成多少，其实很不好统计。

站在农民的角度，面朝黄土背朝天，辛辛苦苦一整年，多少汗水换来的这点收成，不管遇到的是横征暴敛还是轻徭薄赋，都不愿意交税。但胳膊拗不过大腿，这份租税非交不可，那就尽可能把收成低报一点，租税就能少交一点。

在集体耕作时代，大家一起耕作公田，从一开始就明白公田归公，私田的收成才是自己的，所以等到把公田的收成归公时，不大容易产生多大的心理落差。**到了小农经济时代，农民的心理感受就不一样了，自己一个人或者一家人从头到尾耕作自家的农田，到了收获季节，要亲手从总产量里拿出一部分交公，难免会生出被胁迫、被明抢的怨念。**于是对于产量，"刁民"倾向于低报，酷吏倾向于高报，做手脚的空间太大，核查的可能性几乎为零。所以到了汉武帝末年，赋税和耕地面积直接挂钩，有多少地就交多少税。农民就算不情愿，但已经不容易做手脚了。

那么，这就是最好的征税方式吗？想象一下：某个家庭四世同堂，一共有五个壮劳力，拥有耕地100亩。如果每亩地每年要交10斤粮食，那么他们全家每年需要承担的赋税是1000斤粮食。几年之后，这家人的第四代开始步入成年，可以下地干活了。耕地面积没变，劳动力增加，人们的自然倾向就会是通过深耕细作来提高亩产量。这样一来，粮食产量果然增加了，但全年的赋税照旧还是 1000 斤粮食。站在朝廷的角度来看，这不就等于吃了一个闷亏吗？

如果按户征税，那么这户人家的人丁虽然越来越兴旺，但只要不分家，就还算一户，缴税额度照旧，朝廷还是吃闷亏。所以公孙鞅才会调整政策的奖惩机制，瓦解大户人家，催生核心小家庭。政策执行到现在，看来力度还不够，毕竟再小的户也比单个的人规模要大，不如再搞一个人头税好了。

无论按户征税还是按人头征税，都会对垦荒产生激励作用。道理不难理解：如果税额是由人头决定的，那么一个人也好，一个核心家庭也好，一切边际收益百分之百都归自己。假设张三和李四比邻而居，要交同样额度的税，初始耕地面积和耕地品质都一样，但张三努力垦荒，耕地面积迅速扩大了好几倍，粮食产量也跟着扩大了好几倍，李四只耕种自己那一亩三分地，毫无进取精神，那么几年下来，张三显然会比李四富有得多。按照正常的人性，李四当然看张三眼红，所以自己也会有样学样，努力垦荒，不甘心被张三落在后面。

那么，对于朝廷来说，虽然老百姓的生产积极性大大提高，产量也跟着大大提高，但税收还是以前那么多，这真的好吗？

徕民

对于朝廷而言，好处其实可以从别的渠道获得。《商君书·徕民》探讨的就是怎样把外国人口吸引到秦国来：首先分析秦国和邻近诸国的不同特点，秦国地广人稀，三晋刚好相反，所以只要秦国给出优惠政策，三晋百姓一定愿意移民过来，在秦国种田纳税。

这样看来，人头税政策所针对的不是存量，而是增量。如果移民增加导致人口暴涨，荒地全部开垦完了，那时候该怎么办呢？最好的办法是：先走到那一步再说。

反过来看，如果按照土地征税，那么耕地越多，税负也就越多，这当然会打击到开荒的积极性。再有，按照人头征税还能狠狠打击贵族和商人，让他们养不起太多的门客和奴婢，毕竟多养一个人，就得多交一份税。

那些擅长种地的人当然愿意按人头交税，但显然不是所有人都擅长种田。唐朝史学家杜佑对秦人的土地政策有一段很有代表性的议论：夏商周三代，虽然赋税的名目不同，但基本都是征收什一税，大概都是按照土地来征税的；但秦国就不同了，"舍地而税人"，不按土地征税，改成按人头征税。这样一来，不论一个人的耕地多少，都要交一样的税，这就导致穷人往往承受不起，只好逃离农田，富人却有机会大量兼并土地，贫富差距因此越来越大。（《文献通考·田赋考》引《通典》）

如果只从经济效率的角度来看，人头税的政策就是一套促进农业发展的筛选机制，越是能把土地资源物尽其用的人，就越是可以不断获得新的土地，不断扩大财富。而越是缺乏这方面能力的人，就越容易失去原有的土地，要么去做上门女婿，要么去给地主当长工。

这么一来，就牵出了中国历史上的一大经典问题：耕地到底可不可以私有化？私有化就意味着土地可以买卖。这个问题还有一个变体：该不该耕者有其田？这样的问题一摆出来，原本单纯的经济问题就被牵出了社会意义和伦理意义。

国家有没有义务让耕者有其田？儒家一定会给出肯定的答案，但如果国家真有这种义务，是不是也有同样的义务让手工业者有自己的作坊呢？手工业者没处说理，毕竟在农耕社会，关注力全都集中在农业上。

周显王二十二年

184

赵国政坛为什么接连政变

原文：

（二十二年）

赵公子范袭邯郸，不胜而死。

周显王二十二年（前347年），《资治通鉴》的记载只有短短一句话："赵公子范袭邯郸，不胜而死。"对照前年赵成侯过世，公子绁和太子争夺继承权的事件，让人感觉赵国政坛真是一波未平，一波又起。

这里有两个问题需要我们留意：第一，表示这一次军事行动的动词为什么用"袭"？第二，为什么赵国每一次权力交接必然伴随政变？

从"袭"到"九伐之法"

先看第一个问题。古人记载军事行动，措辞相当考究。《春秋》有过一句很简单的记载："郑人侵许。"郑国攻打许国。《左传》解释说，凡是出兵作战，敲钟打鼓的叫"伐"，不敲钟打鼓的叫"侵"，以轻装部队攻其不备的叫"袭"。

"伐"是最有正义色彩的字眼。严格来说，只有天子才有"伐"的权力，所谓"礼乐征伐自天子出"，意思是，有人犯了错，天子作为全世界的大家长，必须用军事行动去教训他。这种战争，性质可以一分为二：既是家长教训家庭成员，又是正义的一方惩罚不正义的一方，所以要敲钟打鼓，光明正大地来教训人。

"侵"就无所谓正义性了。郑国去打许国，攻守双方都是周朝诸侯，谁也没权利去"伐"对方，也就没道理敲钟打鼓了。

《周礼》还给出了一个很理想的政治结构模型，把"伐"进行细分，统称"九伐之法"。比如有人以强凌弱，以大欺小，那就"眚（shěng）"他；如果有人以下犯上，放逐甚至杀害了他的国君，那就"残"他；如果有人背弃伦理，做出禽兽行径，那就"灭"他……凡此种种，一共九大名目。但这实在过于琐碎，以至于很少有人真把措辞考究到这种夸张的地步。

天子可以"伐",可以"侵",但不能"袭"。根据唐朝官学权威著作《左传注疏》,"袭"原本有"重衣"的意思,原本穿着一件衣服,再披一件衣服,形容出兵就像披上一件衣服一样轻便、迅捷。

赵国公子范"袭邯郸",要的就是出其不意,攻其不备,把刚刚继位一年的赵肃侯赶下宝座。但这支轻兵没能取胜,公子范也丢了性命,失去了东山再起的机会。那么第二个问题来了:赵国为什么总是发生这样的政变呢?

赵国政变简述

宗法制度下有一套标准的继承制度,可以称为嫡长子继承制,默认嫡长子 —— 也就是大老婆生的大儿子 —— 天然拥有继承权。只要嫡长子健在,其他儿子就算能力再突出,或者再讨父亲的欢心,都没有继承资格。在嫡长子继承制下,继承权由血统决定,而不是由能力决定。

这种制度的优点是稳定性强。《吕氏春秋》引述过慎到的一番话,一只兔子在前边跑,后边有一百人在追,这并不是因为一只兔子够一百人分,而是因为这只兔子是一个无主的东西，谁能抓到它，它就归谁所有。而在市场里，兔子明明有一大群，路过的人却连看都不看一眼，这并不是因为这些人对兔子没想法，而是因为市场里的兔子都有明确的所有权归属。治理天下国家也是这个道理，只要名分定了，就不容易生出争端。（《吕氏春秋·慎势》）

在平稳的年代里，自然可以用这种平稳的办法，但在局势紧张时，就不得不变通处理了。前文[1]介绍"三家分晋"的前史时，谈到赵氏家族的族长赵简子在考虑继承人问题时，搞选拔，做考核，最后果断舍弃了嫡长子伯鲁，让最有能力但最没资格的赵无恤做了自己的接班人。

嫡长子继承制，这是原则性；选贤任能，这是灵活性。如果只讲原则性，不讲灵活性，那就太僵化了，肯定会出问题。而一旦讲灵活性，开出一个先例，致命的风险就是：先例有自己的生命力，稍不小心就会从先例变成常例，再也回不到从前了。

赵无恤接班以后，面临一个错位问题：那时候毕竟宗法制度没有完全瓦解。在宗法结构里，执政权利和祭祀权利是一体的，换句话说，政治地位和宗教地

---

1 详见第5讲。

位是高度统一的，执政资格来自祭祀资格。伯鲁的嫡长子一系属于大宗，赵无恤一系最多算作小宗。等赵无恤有了族长的地位，虽然拿到了执政权，但血统没法改，他这一系无法升格为大宗。政治地位和宗教地位不统一，政治也就不容易搞。今天我们不容易理解这种尴尬，因为秦汉以后，教权几乎成为政权的附属品。无论是谁，只要当了皇帝，自然同时就是全国人民的大祭司，大家长。如果赵无恤的时代也是这种面貌的话，麻烦就很容易解决了。

如果可以参考赵家列祖列宗的经验，就会发现著名的晋国总理赵盾也遇到过同样的困境。赵盾的解决方案是主动谦让，不肯升格为大宗，于是在赵盾去世的若干年后，执政权又回到了原先大宗的手里。赵无恤看来也很想这么做，让赵氏家族的继承制度回到从前的规范，所以指定的继承人不是自己的儿子，而是哥哥伯鲁的直系孙儿赵浣，让族长血统回归伯鲁一系。这样的安排，也许可以消除他心里对伯鲁的亏欠感吧。

看上去赵无恤深明大义，破过一次例之后还有回归正轨的意识，但形势比人强，这种管理学上的经典难题可不是这么容易就能被解决的。赵盾当初就没把问题解决好，后来让赵氏家族和整个晋国闹出了天大的乱子。赵无恤也没法简单一纸命令就让一切回到从前。每一位当权者的身边难免都有潜藏的野心家，在这些野心家看来，当初破例时，可以拿局势说话，说局势所迫，不得不做变通，那么如今依然可以拿局势说话：局势依然紧张，越来越紧张，为什么就不可以继续破例，让能力优先于资历呢？

所以赵无恤的弟弟赵桓子悍然发动政变，赶跑了赵浣，自己当了赵家族长。如果赵桓子身体健康，可以活到正常寿命的话，很可能位置就坐稳了，但他接班仅仅一年就过世了，赵浣又被大家接了回来，当家人的位置依然留在了伯鲁一系。

赵浣，按谥号称呼叫赵献子。赵献子死后，儿子赵籍接班，这就是赵烈侯。赵烈侯死后，很可能又发生了一场政变，继位的是赵烈侯的弟弟赵武侯。赵武侯死后，没能父死子继，位子又传回赵烈侯一系，由赵烈侯的太子继位，是为赵敬侯。

赵敬侯刚刚继位时，叔父赵武侯的儿子公子朝不服气，发动了一场政变，不过没能成功。赵敬侯去世后，父死子继，赵成侯继位，继位第一年就发生了公子胜之乱。等到赵成侯去世，马上又是一场权力斗争，公子缲和太子——也就是后来的赵肃侯——大打出手，失败之后的公子缲跑去了韩国。没过两年，公子缲那边还没动静，却出来了公子范发动武装政变，突袭首都邯郸。

这段历史应该能使我们对历史上和现实中的一些老顽固们增加一点同情的理解。在他们看来，规矩最好一成不变，就算有麻烦也应该忍忍，不然的话，一旦破了例，虽然能收一时之功，却可能贻百年之患。如果已经破了例，那么恢复旧貌也许还不如一不做、二不休。赵无恤可以学习父亲赵简子，生前做好选拔和考核，拿自己的权威给继承人背书，以后每一代都按这套办法来，嫡长子继承制干脆就彻底不要了。怕就怕既想回到旧秩序，又想开拓新局面，最后左支右绌，两头不讨好。

周显王二十三年

------------ 185 ------------

杀掉大夫为什么是件大事

原文：

（二十三年）

齐杀其大夫牟。

鲁康公薨，子景公偃立。

卫更贬号曰侯，服属三晋。

周显王二十三年（前346年），《资治通鉴》简要记载了三件大事：第一，齐国杀掉了国内一位叫牟的大夫；第二，鲁康公去世，儿子鲁景公继位；第三，卫国自贬身份，从公爵降为侯爵，依附于三晋。

这三件事里，只有鲁国的政权交接算是正常事件。另外两件事，不但不正常，而且很让人看不清。

"齐杀其大夫牟"

"齐杀其大夫牟。"杀了一位大夫，有什么特别的吗？

这条史料出自《史记》。《史记》在《田敬仲完世家》和《六国年表》里都记载了这件事，措辞一模一样："杀其大夫牟辛。"显然这名死者叫牟辛，《资治通鉴》漏掉了最后的"辛"字。

牟辛大夫到底是什么人，做了什么事，因为什么被杀，又是被谁所杀……对此我们一无所知，司马迁和司马光应该也不会比我们知道得更多。既然这样，他们又何必在惜墨如金的史书里记上这一笔？尤其是司马光，记载这样一件没头没尾、不知所云的事情，到底有什么"资治"的意义？

很可能并没有什么意义，只不过这种写法是来自《春秋》的传统。换句话说，这件事本身在历史上并不重要，但记载这件事所使用的句型是《春秋》的一个经典句型，是所谓的《春秋》笔法之一，影响深远。

先来掂量一下：杀掉本国的一名大夫，这到底是一件多大的事？

今天我们看惯了帝王时代的历史，觉得杀掉一两个大臣不算多大的事情，但在宗法时代，大夫不仅仅是高级官僚、高级贵族，还是家族长老，打都打不得，更何况杀。**所谓"刑不上大夫，礼不下庶人"，大夫既有身份，又有辈分，应该被以礼相待。**

所以我们看春秋时代的历史，大夫如果犯了罪，通常的处理方式是让他拖家带口，带着带得走的财产出国，在国外还可以继续过自己的小日子；而他的爵位、官位和国内的那些不动产，完全不用他担心，自然都会传给他的法定继承人。不难想见，杀一位大夫，不但是一桩天大的事，而且逾越了礼的边界，属于"非礼"。基于这两点原因，这件事当然值得被史书记录在案，以儆效尤。

战国时代，随着各大诸侯不断强化中央集权，对本国大夫生杀予夺变得越来越不是个事。但毕竟宗法传统的惯性还很强大，杀掉大夫这种事再不是个事，也还是个事，各大诸侯的档案里或多或少也还延续着春秋时代的记录方式，然后就被《史记》抄录下来，《史记》的抄录又被《资治通鉴》抄录下来。

《春秋》笔法

如果是《春秋》记载大夫被杀，措辞会有一点考究，表明内外有别。

《春秋》作为鲁国国史，站在鲁国本位，记载鲁国大夫被杀，会用"刺"这个动词，记载外国大夫被杀，才会用"杀"这个动词。这背后到底有没有深意？如果我们采取简单化的解释，那么"杀"和"刺"是同义词，通用；如果采取复杂化的解释，深意确实可以很深。

鲁僖公二十八年（前632年），《春秋》记载，鲁国大夫公子买带兵帮助卫国搞防御，没把事情办完就提前回国了，鲁国就把他"刺"了。

《左传》交代了这件事的详情，当时正是晋、楚争霸时期，鲁国和卫国都是楚国的小弟，而晋国正在攻打卫国。这真让鲁国左右为难：救援卫国吧，这确实是盟友的义务，但晋国不好惹；不帮卫国吧，倒是不会得罪晋国，但楚国一定跟自己翻脸。怎么办？鲁国用了一个很不地道，但也很经典的手段：派公子买帮助卫国搞防御，但只是象征性地出出力就赶紧撤回来，然后再杀掉公子买。鲁国对晋国的解释是：可不是我们想帮卫国，是公子买自作主张，我们已经把这个坏蛋杀了，你们消消气。对楚国的解释是：我们可是一心要帮卫国的，可没想到公子买不尽职，自作主张溜回来了，我们已经把这个坏蛋杀了，你们消消气。

就这样，牺牲了一个公子买，两边都没得罪。

明明是拿公子买当替罪羊，为什么要说"刺"呢？古人的深刻版解读援引《周礼》，说这里的"刺"就是《周礼》当中的"三刺"。

《周礼》搭建了一个巨细靡遗的政府框架，每个官职都是框架里的一个节点，其中有一个官职叫"司刺"，顾名思义，专门负责"刺"的相关事宜。司刺隶属于司马系统，"刺"在这里不是"杀"的意思，而是一个法律术语，大约相当于"征求意见"，内容一共三项，合称"三刺"。要做司法宣判时，有些事情关系重大，必须征求大家的意见。一刺是"讯群臣"，征求群臣的意见；二刺是"讯群吏"，征求小职员的集体意见；三刺是"讯万民"，向全国人民广泛征求意见。鲁国既然要拿公子买当替罪羊，如果悄无声息就把他杀了，没法取信于人，所以必须大张旗鼓，通过"三刺"引导舆论，大举批判公子买的罪状，要传达的意思是：第一，我们杀公子买是认真的，不是糊弄事儿；第二，公子买罪有应得，罪大恶极，罪该万死，所以虽然我们无权杀他，但也必须杀他。（《左传注疏》僖公二十八年疏）

《春秋》记载大夫被杀事件，措辞上的考究还不止这一点。鲁庄公二十六年（前668年），《春秋》记载"曹杀其大夫"。杀的是哪位大夫？竟然没提，《左传》

也没有给出任何细节。《左传》专家杜预有一个经典说法：《春秋》凡是只提大夫被杀，但没提死者名字的，都表示死者是无辜而死。

这算不算过度解读？倒还真不一定。鲁文公七年（前620年），《春秋》记载"宋人杀其大夫"，虽然同样没提死者的名字，但主语不是"宋"，而是"宋人"。《左传》记载了这次杀人事件的来龙去脉，最后解释《春秋》那句"宋人杀其大夫"，说《春秋》之所以没提凶手名字，是因为凶手人多，之所以没提死者名字，是因为死者无罪。

按照《左传》的说法，就可以反推凡是被杀的大夫有被提到名字的，都是有罪被杀的。看看《春秋》里各国杀自家大夫的记载，对照《左传》，果然尽是有罪该杀的，标准写法都是"某国杀其大夫某某"，就像《资治通鉴》这句"齐杀其大夫牟"。《史记》的版本之所以没有提到国名，是因为有上下文衬托，默认这就是齐国的事情。

按照《左传》和杜预解读的《春秋》笔法，在周显王二十三年发生的这起齐国杀掉本国大夫牟辛的事件里，牟辛就算不是罪有应得，至少也是像公子买那样被强加了某个罪名吧。

如果真是这样，我们就该回顾一下前文 [1] 提过的陈国大夫泄冶之死。鲁宣公九年（前600年），陈灵公和两位陈国大夫同时和夏姬私通，大夫泄冶实在看不下去，对陈灵公做了一番苦口婆心的规劝。陈灵公虚心接受了意见，回去和那两个损友商量办法。办法简单直接：把泄冶杀了。《春秋》的记载是："陈杀其大夫泄冶。"

泄冶被提到了名字，但他有什么罪呢？

杜预认为，《春秋》不赞同泄冶这种明知道朝政败坏还非要直言劝谏的做派，所以才提了他的名字，让他和那些有罪而死的大夫在历史上获得同等待遇。

如果这个道理真能成立，那么在《资治通鉴》"齐杀其大夫牟"的记载里，我们越发无法判断这位被杀的大夫到底是有罪还是无辜，是替罪羊还是枉死鬼了。但至少司马光通过这一句来自《春秋》的标准句型揭示了一条春秋大义：杀掉大臣是一件很严重的事情。

---

1 详见第31讲。

———— 186 ————

卫国自降级别是怎么回事

周显王二十三年（前 346 年），《资治通鉴》记载了三件大事，下面我们来看看后两件：第一，鲁国政权交接；第二，卫国自贬身份。

"卫更贬号曰侯"

《资治通鉴》记载鲁国的政权交接，只是编年史里必要的流水账，至于去世的鲁康公到底有过怎样的作为，继位的鲁景公到底会不会、又想不想扭转鲁国的局势，史料缺失，不得而知。无论如何，在春秋时代还可以和齐国分庭抗礼的鲁国，到了战国时代，已经被狠狠抛在了"七雄"之外，在国际社会上越来越激不起浪花了。

但你也许想象不到，鲁国作为儒家重镇，任凭国力如何衰退，也一直保持着文化上的优势。当然，在儒家眼里的文化优势，如果换成吴起、公孙鞅这些风云人物来看，大概反而要算给国家拖后腿的文化包袱了。

我们把视线从鲁国的版图向西边移动，看看卫国。卫国做了一个奇怪的举动：贬号。

"卫更贬号曰侯"这句话是《资治通鉴》直接从《史记》抄过来的，含义其实有点模糊。"更"字的意思是"再、又"，这就意味着卫国并不是第一次给自己贬号。但问题是，侯爵是五等爵体系里的第二级，在它上面只有一个"公爵"，如果卫国这一次"贬号曰侯"的话，就意味着先前它是公爵级别，而公爵不可能是从某个更高的级别贬下来的，那卫国上一回的贬号到底是怎么贬的呢？

第二个疑点是：卫国到底应该是什么级别，原本就有点模糊。卫国的第一任诸侯是周武王的弟弟康叔封，然后代代相传。《史记·卫康叔世家》记载，传到卫顷侯时，在位的天子是西周夷王。卫顷侯给了周夷王大把好处，换来了卫国的爵位升级，从此卫国称为侯爵国。但是，唐朝学者司马贞在《史记索隐》当中提出质疑，认为卫国从一开始就是侯爵国。

到底孰是孰非？1931年，河南浚县辛村，今天的河南省鹤壁市淇滨区庞村镇出土了一件卫国初年的精美青铜器——康侯簋，铭文明确记载了康侯受封于卫。这不但证明了司马贞的质疑没错，还证明了卫国的建国比《史记》的记载要早。这件康侯簋出土之后流落他乡，现陈列于英国大英博物馆里。

从康侯簋的铭文中，我们可以看到"侯"的原始写法：厂字头下画了一支箭。这是一个象形字，厂字头表示箭靶，那支箭就是射向箭靶的箭。《诗经》有言："终日射侯，不出正兮。"所谓射侯，意思就是把箭射向箭靶。射箭是古代武术当中最核心的一个项目，很可能正是从这个义项上，"侯"字引申出了军事领袖的意思，又成为五等爵的名号之一。

有康侯簋作证，看来卫国的初始设定就是侯爵国。《史记》记载，西周末年，东周初年，卫国勤王有功，周平王给卫国国君升级为公爵，卫武公是第一代公爵级别的卫国国君，从此历代卫国国君都称公，而不再称侯。

司马迁这段记载到底可不可靠？古代学者对此是比较质疑的，但我们不必深究，姑且采信《史记》的说法，然后我们就会看到，虽然卫国级别提高了，但国力不但没有跟着提高，反而一路暴跌。卫国大概终于受不了这种反差了，所以主动降级。

但这又会引来两个新的问题：第一，升级和降级

政变，原先的国君被子南氏篡位，篡位的人成为卫侯。（《竹书纪年集证》卷 46）按照陈逢衡的说法，所谓"更贬号曰侯"，"贬"字多余，应该删掉，"更"应该读 gēng，表示国家统治权的变更。

不过，篡位的事情到底从何说起呢？在《史记》的记载里，这一时期的卫国政坛相当平稳，卫声侯传卫成侯，卫成侯传卫平侯，卫平侯传卫嗣君，看上去都是再正常不过的父死子继，并没有什么政变发生。

《资治通鉴》沿袭《史记》的腔调，也没提政变的事。

当然，陈逢衡并不是无中生有。作为清朝研究《竹书纪年》的顶尖专家，他之所以会有这个推断，是因为《竹书纪年》有记载说卫国将军文子名叫子南弥牟，他的后代有子南固和子南劲。子南劲朝见魏惠王，后来魏惠王访问卫国，册命子南劲为侯。

《竹书纪年》的记载文字简短，貌似平铺直叙，古井不波，其实讲了一场政变。成功夺权篡位的子南氏属于卫国小宗，先祖是卫灵公的庶子子南。春秋年间，卫灵公的太子蒯聩流亡国外，继承人该选谁呢？卫灵公很想立自己庶出的儿子子南，但子南说什么都不肯接受。等卫灵公一死，卫国人把蒯聩的嫡长子，也就是卫灵公的嫡长孙，一个名叫辄的孩子，捧上了君位，这就是卫出公。没想到的是，卫出公即位后，他的父亲，也就是常年流亡在外的蒯聩，带着外国军队杀了回来，想要和亲生儿子夺权。这种状况，正所谓君不君，臣不臣，父不父，子不子。

子南是卫国这个混乱的国家里难得的一位贤人，子南的后人就以"子南"为氏。这个做法貌似有点特立独行，在当时的姓名传统里，子南的后人应该以"南"为氏，而不是"子南"，但也许他们非常想要强调自己是大贤人子南的后人吧。

无论如何，从此卫国就有了子南氏。后世姓南的人，有一部分就是子南氏的后人。

从子南弥牟以来，子南氏代代把持卫国的国政。这种情况发展下去，迟早会有篡位的一天。终于在子南劲这一代，水到渠成，篡位成功。从此以后，卫国的国号虽然没变，但原先的卫国等于已经亡国了。

这一时期的篡位有两种类型，一是齐国类型，外来的田姓人篡夺了根正苗红的姜姓国家，二是宋国类型，小宗身份的权臣司城子罕篡夺了大宗身份的国君权力。卫国的情况属于后者。卫国是姬姓诸侯，国内的大宗和小宗都姓姬，子南氏也姓姬，国家的"姓"并没有变，变的是"氏"和"宗"。

这种情况，在今天看来并不能算亡国，但所谓国，是一个想象的共同体，不同时代的人会赋予它不同的想象，会用不同的标准来圈定它。拿宗法观念来看这一场卫国政变的话，说是亡国倒也完全说得过去。事实上，《左传》早就这样表过态了。

从《左传》预言看卫国的世系

早在公元前629年，多灾多难的卫国被迫迁都帝丘，落定脚跟之后，举行了占卜仪式，预测国运，卫国人太需要一个好的预言来安定人心了。《左传》记载了这次占卜的结果"卜曰三百年。"意思是说卫国的国祚还能延续300年。（《左传·僖公三十一年》）

《左传》很有怪力乱神的色彩，记载了各种神乎其神的占卜和预言，甚至灵验到丝丝入扣的程度。站在朴素的唯物主义立场，我们只能相信，《左传》里的占卜结果其实都是《左传》作者已经知晓的事实。这种写作方式，相当于先射箭，再以箭的落点为圆心，画出箭靶子。那么问题来了：如果我们以卫国迁都帝丘这一年作为时间起点，以卫国灭亡那一年作为时间终点，卫国一共持续了多少年？唐朝的《左传》官方注本《左传注疏》做过这道算术题——一共历时430年。

这下麻烦了，误差竟然大到130年，实在不好解释。《左传注疏》背后的唐朝官方学术团队对此保持了必要的审慎，淡淡地算出了数字，却未加只字评论。这当然太能激发人们的好奇心了，种种猜测注定接二连三。最容易做出的猜测是：《左传》作者并没有活到卫国灭亡那年，否则，他一定会把"卜曰三百年"改成"卜曰四百三十年"，至少也会取个整数，改成"卜曰四百年"。

《竹书纪年》的辑佚成果提供了新的切入点。顾颉刚的得意门生童书业做过一番经典考证，说前辈学者们之所以被这个问题困住，是因为没见过《竹书纪年》。《竹书纪年》揭示了卫国子南氏窃国夺权的事实，如果以这件事作为卫国亡国的时间节点，那么前推三个世纪，刚好就是迁都帝丘时。（《春秋左传研究》）

这个结论可以在《韩非子》里找到旁证。《韩非子》罗列过一干窃国大盗，比如齐国田常、郑国太宰欣等，卫国的子南劲赫然在列。古代研究《韩非子》的学者搞不清子南劲到底是谁，做过什么事。《竹书纪年》重出江湖后，把《韩非子》的这个老大难问题顺手解决掉了。

在童书业的考证里，子南劲篡位的对象是卫成侯，对照《史记》记载的卫国世系，卫成侯之后的卫平侯应该就是子南劲本尊。但这一点只是猜测，证据并不扎实。

人类历史上，窃国大盗总会有一个共同的需求：赶紧把身份洗白。洗白身份的经典办法就是求得国际社会的认同。对子南劲来说，最理想的方案应该是一方面获得周天子的册封，另一方面还要认一个有实力的大哥，让强悍的实力给虚弱的名分做背书。可能正是出于这个缘故，子南劲才拜了魏惠王的码头，甘心给中原强人魏惠王做小弟，并且通过魏惠王得到了周显王的册封，这也许就是卫国"更号曰侯"的真相吧。

周显王二十五年

188

朱熹对司马光有什么不满

周显王二十四年（前 345 年）发生了什么，《资治通鉴》只字未提，其他史料里也见不到有什么大事，所以我们紧跟司马光的步伐，直接跳过，看看周显王二十五年（公元前 344 年）的历史。

原文：

（二十五年）

诸侯会于京师。

这一年《资治通鉴》的记载只有一句话："诸侯会于京师。"

用记叙文六要素衡量一下，就会发现司马光只讲了时间、地点、人物，完全没讲起因、经过、结果。更有甚者，地点——所谓京师到底是哪儿，不清楚；人物——所谓诸侯到底是哪些诸侯，也不清楚。这样的一句话，说了跟没说也差不太多。司马光何必要这样写呢？

最有可能的原因是：司马光面对矛盾百出的史料，发现不管怎么说都很难把事情说圆，索性含糊其词。

历史的思想史

在朱熹的《资治通鉴纲目》中，对周显王二十五年的记载和《资治通鉴》一样，也只是一句"诸侯会于京师"。

有意思的事情发生了：虽然两者的措辞一模一样，被读者领会出来的意义却很不一样。这个切入点可以使我们小中见大，看到中国思想史上的一幕大戏。

话说《资治通鉴》成书之后，马上面临一个严峻问题：书太厚了，没人有耐心看。

司马光早就意识到了这个问题，在编书的过程中，经常有人借阅书稿，只有一个叫王胜之的人把书稿借走认真去看，其他人看不了多长时间就开始打瞌睡了。

司马光很无奈，这年头就连《春秋》都没几个人读了，自己这部《资治通鉴》大概只能自娱自乐了。（刘羲仲《通鉴问疑》）

所以也难怪司马光对王胜之吹捧得不像话，写诗夸他"雒阳多士谁敢伦，千古比肩唯贾谊"（《和王胜之雪霁借马入局偶书》），当代英才已经没人配跟他比了，只能到古代去找，找来找去也只有一个贾谊和他旗鼓相当。

司马光也明白一个很有心灵鸡汤味道的生活哲理：改变自己总比改变世界容易。毕竟人心向简，不能强求读书人都来啃大部头，不如自己再稍微多花一点时间，编一部《资治通鉴》简明版，于是就有了《资治通鉴目录》30 卷。但司马光还不满意，觉得矫枉过正，这部目录过于简略了，不如稍微扩展一下，于是又动手开始编《资治通鉴举要历》，书没完稿，人就过世了。到了南宋初年，研究《春秋》的头号大权威胡安国根据司马光的遗稿编成了《资治通鉴举要历补遗》100 卷，算是完成了司马光的遗愿。朱熹觉得以上四部书——《资治通鉴》《资治通鉴目录》《资治通鉴举要历》《资治通鉴举要历补遗》——不但篇幅都不合适，体例也不太适合阅读，更重要的是，思想性都嫌不足，无法站到意识形态的制高点。

朱熹的前两点挑剔，完全属于技术性范畴，第三点在今天来看，显得特别古怪。

今天很多人看《资治通鉴》，都嫌弃司马光把历史书写成了政治书，几乎每一段议论都弥漫着儒家的酸腐气；至于胡安国，生前就已经凭借一部《春秋胡氏传》雄霸天下，后人又不断抬高他在意识形态领域的权威地位。怎么在朱熹眼里，这两位先贤的著作竟然出现了思想性不足的问题？

道理其实很简单：历代公认的思想性最强的编年史著作就是《春秋》，后人编著的编年史，要想保持思想性，就应该最大限度地接近《春秋》。古人相信，孔子作《春秋》，字里行间藏着褒贬，所谓微言大义。而微言大义的最佳呈现，就是"凡例"。

很多学术作品，尤其是工具书，开篇通常会有一个"凡例"，概述全书的编写体例。"凡例"也叫"发凡"，顾名思义，就是发出若干个"凡"。"凡例"和"发凡"原本都是春秋学的专用术语，本质是"给世界立规矩"。

《左传》解读《春秋》，经常会说"凡"如何如何，"故"如何如何，大意是说，凡是如何如何的情况，《春秋》就会如何如何记载，如果《春秋》没有这样记载，那就意味着如何如何。每一个"凡"，都表示"例当如此"。"凡"和"例"就这样组成了"凡例"，沿用至今。

《春秋》给世界制定的规则，除了凡例，还有特例，林林总总构成了一套《春秋》密码。古人相信，只要把这套密码正确地破译出来，就能领悟春秋大义，掌握治国平天下的全部要领，所以《春秋》地位崇高。

正统问题

各种凡例、特例、旧例、新例，功能在于阐发义理，所以通称义例。

朱熹准备重新编辑、压缩《资治通鉴》，将司马光和胡安国的上述四部书作为底本，然后，用朱熹自己的话说，"别为义例，增损隐括"。意思是说，各种删节和腾挪不重要，重要的是朱熹要给这部简明版《资治通鉴》单独创造一套"义例"。

朱熹这淡淡的一句话，其实就是在批评司马光和胡安国在意识形态问题上存在严重缺陷。

于是，朱熹拿出拨乱反正的精神，写成一部《资治通鉴纲目》。这部书模仿《春秋》和《左传》合编的体例，对每一年发生的历史事件，概要是"纲"，用大号字，如果还要讲细节、加评论，就作为"目"，用小号字。用朱熹在序言里的话说，这部书"岁周于上而天道明矣，统正于下而人道定矣，大纲概举而鉴戒昭矣，众目毕张而几微著矣"。大意是说，宇宙秩序和王朝正统都能一清二楚，纲举目张，大的历史教训和隐秘深刻的哲理也都脉络清晰。

在这四大要点里，天道只是必要的大帽子，纲举目张纯属技术问题，只有"统"才是唯一的意识形态重点。朱熹着力要解决的，就是正统王朝的谱系问题。简单来讲，哪个朝代算正统朝代，哪个朝代不算，必须慎之又慎，一旦处理不当，就会扭曲天道人伦，贻害千秋万世。

正统问题是从《春秋》公羊学发端的，相当复杂，这里只介绍最简单的一点，那就是到了宋朝，主流观点认为，只有具备了道德正当性的王朝才能被定义为正统王朝。所谓国家，是一个想象的共同体，想象力主要作用在空间上，而相应地，所谓正统，想象力主要作用在时间上，想象出一条线来串起前后相续的各个王朝。一个王朝就好比一颗珠子，正统就好比串珠子的线。这根线到底该串哪些珠子，不该串哪些珠子，人们各有各的意见，很容易争得面红耳赤。

问题之所以严峻，是因为"正统"沾了一个"正"字，和"正"相对的当然就是"邪"。正邪不两立，谁把正统问题弄错了，谁就是把人引上邪路的千古罪人。在朱熹看来，司马光就在正统问题上犯错了。

——————— **189** ———————

朱熹为什么要编写《通鉴纲目》

司马光编修《资治通鉴》，其中唐朝、五代的部分主要靠范祖禹做事，而范祖禹后来竟然单飞了，独立完成了一部《唐鉴》，顾名思义，以唐朝历史为鉴，深入探讨唐朝 300 年间的成败得失，笔力雄浑，很受推崇，范祖禹甚至因为这部书被人尊称为"唐鉴公"。

范祖禹在司马光的书局里默默奉献 15 年，可以尽展自己的唐五代史专长，为什么还要单飞出来，把唐朝历史重写一遍呢？朱熹很懂得范祖禹的心思，他在一首诗里指桑骂槐，说范祖禹为了坚持正确的正统观点，不惜和司马光决裂。

朱熹的指桑骂槐

先看朱熹的诗作——《斋居感兴》第七首。所谓"感兴"，可以翻译成"抒怀"，是五言古体诗的一个传统项目，通常一写起来就连篇累牍，甚至搞成二十首规模的组诗。诗人想到哪儿就写到哪儿，每首诗都没有具体的题目。朱熹这一组《斋居感兴》，受唐朝诗人陈子昂《感遇》诗38首的启发，一共写了20首，第七首一开篇先定调性："晋阳启唐祚。"

"国祚"指一个国家延续的时间，通俗地说就是国运。晋阳就是赵无恤抵抗智瑶的地方，隋朝末期李渊家族起兵造反，根据地也在晋阳。朱熹这句诗的意思是，唐朝的国祚由晋阳发端。看来朱熹想对唐朝历史发表一点议论。果然，接下来他又说道"垂统已如此"，"统"，就是"正统"。"正统"必须有唯一性，这就是"统一"概念的原始含义。在古人眼里，国家就算领土完整，也未见得就是"统一"。朱熹的诗里接下来又说："麀（yōu）聚渎天伦，牝晨司祸凶。乾纲一以坠，天枢遂崇崇。"唐朝皇室发生了乱伦事件，武则天这个女人竟然窃取了国家大权。这简直是乾坤颠倒，不像话！

武则天建立周朝，史称武周，唐朝所代表的"正统"就此中断。

虽然这是历史悲剧，既成事实，谁也改变不了，但史官应该在历史记载里表达正确的价值观。可惜的是，"云何欧阳子，秉笔迷至公。唐经乱周纪，凡例孰此容。"欧阳修主编《新唐书》，竟然把武周的历史列入"本纪"体系，相当于承认了武周的正统性。这叫什么事儿？！道德沦丧！还好人间等来了范祖禹。"侃侃范太史，受说伊川翁。《春秋》二三策，万古开群蒙。"范先生追随过程颐，深明大义，可比欧阳修明白史书的凡例该怎么制定。

朱熹这首诗，明明白白力赞范祖禹，但到底在批评谁？欧阳修吗？不，欧阳修只是朱熹"指桑骂槐"里的那个"桑"，司马光才是"槐"。

范祖禹的单飞

司马光算得上儒学左派，坚定捍卫儒家的传统价值观，以至于经常有人嫌他迂腐，但和范祖禹相比，司马光身上的那点左派味道就不算什么了。范祖禹属于左派中的左派，高举儒家传统价值观的大棒挥斥方遒，不愿意向现实做出半点妥协。

协助司马光编修《资治通鉴》，对范祖禹而言已经妥协得不像话了。司马光虽然左，但底子里是实干家，凡是实干家，或多或少都会有些妥协精神，而范祖禹和程颐一样，底子里都是道德家，道德家的优越感就来自于不妥协。所以范祖禹和司马光的矛盾是注定的。

在唐史编年的问题上，《资治通鉴》尊重历史事实，写到武周这一段，就用武周的年号。范祖禹当然不愿意，既然在《资治通鉴》的写法上拗不过司马光这位主编大人，那就单飞好了。范祖禹的不满越积越多，终于发狠写出了一部《唐鉴》。在《唐鉴》这部书里，范祖禹终于可以放开手脚，一切都按自己心中神圣的道德教条来做安排。写到武则天当权时，偏不用武则天的年号，而是沿用唐中宗即位时的年号，刻意抹杀武周政权的存在。

当然，武周政权作为客观事实的存在不是一部《唐鉴》就能抹杀的，范祖禹并没有抹杀事实的意思，只是要让武周政权退出正统王朝的神圣谱系。毕竟正统问题是个纯粹的意识形态问题，而不是史实问题。一个称职的史学家应该做的，并不是追求客观真相，而是要在唯一正确的思想指导之下，给现有的历史材料找到唯一正确的表述方法。

在《唐鉴》万丈光芒的映照之下，《资治通鉴》就显得不那么正确了。

到了南宋，朱熹作为二程学术的继承人，当然会赞美《唐鉴》，认为《唐鉴》能把误入歧途的《资治通鉴》往正道上拉。但是，朱熹的哲学思辨能力远在范祖禹之上，在他看来，范祖禹在《唐鉴》上的努力有点心有余而力不足，在把握意识形态方面，火候还不太够。

事情总得有人做，方今天下，舍我其谁？朱熹决定亲自动笔，改编《资治通鉴》。不但要把《资治通鉴》变得简明易读，更要拿出"孔子作《春秋》"的态度，把《资治通鉴》的内容纳入宇宙真理之内。

所以，朱熹这部《通鉴纲目》并不是一部单纯的《资治通鉴》简明版，而是《资治通鉴》的"春秋大义"版。随着朱熹被官方封圣，《通鉴纲目》的地位迅速凌驾于《资治通鉴》之上，简直就是新时代的《春秋》。《通鉴纲目》出，乱臣贼子惧。朱熹这部书采纳了《唐鉴》的不少观点，但无论是编排的系统性还是意识形态的系统性，都比《唐鉴》高出一截。

朱熹出品，不但必属经典，而且注定畅销。

《纲目》《发明》和《书法》

我们可以从一个细节来领略《通鉴纲目》的编排风格。周显王二十三年（前346年），《资治通鉴》简略记载了三件大事：第一，齐国杀掉了国内一位叫牟的大夫；第二，鲁康公去世，儿子鲁景公继位；第三，卫国自贬身份，从公爵级别降为侯爵级别，依附于三晋。到了朱熹这里，前两件事不重要，通通删掉，只

保留最后一件事。文字稍作修改，把《资治通鉴》里
"卫更贬号曰侯"的"更"字删掉，从而使文从字顺，
"纲目"的"纲"也就有了。然后，朱熹把《资治通
鉴》前文中子思和卫国国君的三段对话[1]腾挪过来，用
小号字双行排在"纲"的底下，这就是"目"。读者看
了这一段"纲"，知道卫国在走下坡路，如果还想知道
原委，就可以多花一点时间看看"纲"下面的"目"，
然后就会明白：原来卫国的国政早就乱掉了，难怪最
后会走到贬号的地步。

　　经过朱熹这样的改编，虽然只字未添，但历史能
够给人的教育意义就凸显出来了。站在史家立场来看，
这当然不严谨，毕竟在《资治通鉴》的编年里，子思
和卫国国君的对话发生在卫国贬号的 27 年之前，天知
道它跟卫国后来的贬号到底有没有直接关系。

　　**但是，史实不重要，意义才重要。《通鉴纲目》里
的很多"意义"比较隐晦，需要有心人仔细发掘。**

　　《资治通鉴》问世以后，涌现出很多衍生书，《通
鉴纲目》就是其中之一，而《通鉴纲目》问世以后，
自成一家，也催生出了很多衍生书。其中第一部衍生
书，可能就是和朱熹同为南宋人的尹起莘写成的《资

---

[1] 详见第 78 讲。

治通鉴纲目发明》，书中热情洋溢地剖析了朱熹笔下的各种微言大义。书名所谓的"发明"，指的是把隐晦的东西彰显出来。《资治通鉴纲目发明》要做的，就是把《通鉴纲目》里的微言大义阐发出来，让它们显明于世。这部书的特殊意义在于：以前都是《春秋》学家这样"发明"《春秋》，从此开始有《通鉴纲目》学家这样"发明"《通鉴纲目》了。

尹起莘很可能是第一人，但不会是最后一人。元朝学者刘友益倾尽毕生心血，写成一部《资治通鉴纲目书法》。所谓"书法"是指历史著作的编写方法。本来《春秋》学经常讨论"书法"，这下朱子学也有自己的"书法"了。刘友益的九世祖就是《春秋》学名家刘敞，家学渊源，这套学问终于用在了《通鉴纲目》身上，用来破译这部书里的"朱熹密码"。

—————— 190 ——————

"诸侯会于京师"有微言大义吗

周显王二十五年（前 344 年），《资治通鉴》只有短短一句话："诸侯会于京师。"《通鉴纲目》也只有一句话："诸侯会于京师。"虽然两句话一模一样，并且同样语焉不详，但在有心人看来，司马光这么讲，只是直陈事实，而朱熹这么讲，一定别有深意。

究竟藏着怎样的深意？这就体现出两部书的定位差异：《资治通鉴》是一部带有政治哲学意图的历史书，而《通鉴纲目》是一部拿历史作为素材的政治哲学专著。

"诸侯会于京师"的微言大义

在"诸侯会于京师"这句话里，到底蕴含着怎样的微言大义？

上文介绍了对《通鉴纲目》深挖狠掘的两部书，

一部是尹起莘的《资治通鉴纲目发明》，简称《发明》，一部是刘友益的《资治通鉴纲目书法》，简称《书法》。后人刊刻《通鉴纲目》，会把《发明》和《书法》拆散，一条条附在《通鉴纲目》相应的正文底下。一切细节都在烘云托月般地彰显一个真理：朱熹就是新时代的孔子，《通鉴纲目》就是新时代的《春秋》。所以，不但读"四书"要用朱熹的注本去读，读《资治通鉴》也应该撇开司马光，用朱熹给定的框架去读。

得益于朱熹的权威，事实上，《通鉴纲目》的读者真的远多于《资治通鉴》的读者。

刘友益的《资治通鉴纲目书法》是怎么解读"诸侯会于京师"这句话的呢？

刘友益说，首先要明确的是，京师就是首都，但不是任何一个诸侯的首都，而是周朝的首都雒邑。那么问题来了：诸侯如果去京师，按规矩应该叫"朝"，做的事情应该是朝见天子——诸侯是朝见的一方，周显王是被朝见的一方。但这次诸侯活动看来不干周显王什么事，只是自顾自地搞了一次大型国际会议。按说大家都到雒邑了，好歹也应该去看看周显王吧，但他们显然不把天子放在眼里，失礼得很，所以《通鉴纲目》才特意写成"诸侯会于京师"，而不是"诸侯朝于京师"，表达了批判态度。之所以没提与会诸侯的名字，是因为朱熹笔法凝练，省略了这些不重要的内容。

这样一解释，原本语焉不详的一句话忽然变得深刻起来，所谓的语焉不详竟然仅仅因为我们领悟不深。假如朱熹能够看到刘友益的《资治通鉴纲目书法》，会不会一拍大腿："哎呀，真说到我的心坎儿上了！"

朱熹的亲笔《凡例》

从常理来看，这种问题肯定死无对证，因为前车可鉴，一代代经学大师前赴后继，发掘《春秋》背后的微言大义，为孔子代言，可到底谁说的才对，在乱斗的泥潭里根本看不清楚。朱熹的学术本来也会落到同样的命运，但也不知是幸抑或是不幸，朱熹生活在一个印刷术发达的时代，白纸黑字很容易流传下去。就算一时没能流传，至少也可以安安稳稳地藏身一隅，静待出头之日。

朱熹当初编写《通鉴纲目》时，并没有刻意编密码来难为读者。相反，在刚着手写作时，朱熹就已经在给这部书制定凡例了。我们可以借助《春秋》来理解一下"凡例"的意义：假如孔子生前为《春秋》编了一套凡例，后人就没必要搞出那么烦琐的《春秋》学了。朱熹制定《通鉴纲目》凡例，相当于给自己代言，亲自揭示《通鉴纲目》的意识形态纲领。

朱熹写书很慢，总是边写边改，改完再改，所以《通鉴纲目》写了很久，凡例也跟着改来改去，折腾了很久。虽然早在宋孝宗乾道八年（1172年），《通鉴纲目》就已经完稿了，但朱熹并没有拿去刊印出版，而是拿出完美主义者的姿态继续修改，这一改就改了30年。自己改不动了，又拜托弟子帮着改，以至于最后连著作权都不明朗了，后人甚至怀疑《通鉴纲目》只是由朱熹勾勒出一个框架，内容全是弟子做的。直到宋宁宗嘉定十二年（1219年），朱熹去世19年之后，《通鉴纲目》才由弟子李方子在泉州首次刻版印刷。书的"后序"说把凡例附在书后，便于读者参考。

但是，这一版《通鉴纲目》是把纲、目、凡例分别印刷装订的，凡例相当于一部单行本、小册子。这种编排方式的弊端显而易见：小册子容易弄丢。最后果然没几个人读过《凡例》。尹起莘没读过，所以要凭自己的理解写成《资治通鉴纲目发明》，刘友益也没读过，所以也要凭自己的理解写成《资治通鉴纲目书法》。

朱熹有一位高徒兼女婿，名叫黄榦（gàn），在朱熹死后热心传播朱子学说。黄榦的弟子主要分成浙江、江西和北方三大系统，浙江一系的大本营在金华，奠基人名叫何基，何基传王柏，王柏传金履祥，金履祥传许谦。从何基到许谦，合称"北山四先生"，也叫"金华四先生"。今天在曲阜孔庙，我们会看到孔子塑像两边浩浩荡荡的儒家名人团，其中就有金华学派这四位高人。"四先生"各有各的贡献，王柏的主要贡献就是费尽周折，终于找到了失传已久的《资治通鉴纲目凡例》。

有了这部朱熹亲笔的《凡例》，再对照刘友益的解读，就会发现，刘友益真的领会了朱熹《通鉴纲目》的核心精神——这并不奇怪，毕竟朱熹是本着"孔子作《春秋》"的态度编写《通鉴纲目》的，而刘友益出身于《春秋》学的学术世家，是拿《春秋》学的态度来解读《通鉴纲目》的。但世界上不可能有两片完全相同的树叶，更何况两个人呢。刘友益在很多地方明显诛求过深，如果朱熹能读到《资治通鉴纲目书法》的话，一定会时而点头："嗯，深得我心。"时而又摇头："我可没想这么多啊！"

那么，具体到"诸侯会于京师"这条记载，刘友益解读正确了吗？

这倒没办法从朱熹的《凡例》当中对照出来，所以自然有人赞同，有人反对。到底哪些人赞同，哪些人反对，体现着不同的时代风尚。

张自勋《纲目续麟》

在程朱理学一统天下时，朱熹在名义上地位虽然不如孔子，实际地位简直比孔子还高。尹起莘的《发明》和刘友益的《书法》堪称《通鉴纲目》的左膀右臂，在圣贤身边与有荣焉，自身也在光环笼罩之下闪着圣光。后来阳明心学兴起，打破了朱熹的权威，就开始有人质疑《通鉴纲目》，连带着也挑剔起了《发明》和《书法》。

明朝末年，张自勋写出一部《纲目续麟》，把《书法》贬低得不像样。关于"诸侯会于京师"这条记载，张自勋说，京师是天子的所在地，朱熹的措辞用"会"而不用"朝"，是批评诸侯目无天子，这是最严重的罪行，可刘友益只说诸侯失礼，这太轻描淡写了，不像话。至于朱熹没提与会诸侯的名字，绝不像刘友益说的那样是为了行文简略，而是有深刻含义的。这个含义是：既批评了君不君，也批评了臣不臣。

这算不算解读过深？张自勋说：绝对没有，我的解读完全依据《春秋》先例。朱熹这种写法，在《春秋》这里，套路一模一样。

张自勋从《春秋》文本里找出一个证据来佐证自己的观点，这个证据确实存在，在传统的经学解读里也确实可以和"诸侯会于京师"相关联。张自勋不但言之有理，而且得理不饶人，嘲笑刘友益的解读太肤浅。

以今天的眼光来看，问题不在于刘友益太肤浅，而在于张自勋太深刻。其实刘友益的解读就已经太深刻了，哪知道一山更比一山高。

—————— 191 ——————

京师到底是不是国都

如果我们不求深刻，抛开张自勋，抛开刘友益和尹起莘，甚至抛开朱熹，回归司马光的《资治通鉴》，看看胡三省对"诸侯会于京师"的朴素注释，会不会更接近历史真相呢？

其实也没有好到哪儿去，因为就连胡三省也被《春秋》学的意识形态迷雾带歪了。

京师

胡三省的注释分成两段，第一段是"时天下宗周，以洛阳为京师"，这是解释京师到底是哪里，第二段是"京，大也；师，众也；京师，众大之名也"，这是解释京师为什么叫京师。

这两段解释都有错，但错得很在理。

所谓"天下宗周"，是说天下诸侯共同尊崇周王室。从字面上看，"宗周"就是以周为宗，更准确地说，是以周王室为大宗。**宗法社会的基础结构就是大宗和小宗的关系，就像一棵大树，大宗是主干，小宗是枝枝叶叶。**小宗通常具有双重身份，对于上一级的大宗而言，自己是小宗，对于下一级的小宗而言，自己是大宗。这就像树干上斜生出来的一根树枝，对于树干来说它是枝条；对于从自身分岔出来的更加细小的枝条来说，它就变成了主干。只有周天子一系是永恒的大宗。礼乐制度的意义就在于维护宗法结构的井然有序，这种井然有序表现出来，就是"天下宗周"，犹如百川归海。

但问题是，天下早就不宗周了，周天子的地位已经连小国诸侯都不如了，只是偶尔有些别有用心的野心家需要借助周天子的旗号，会做一点貌似宗周的表面功夫。

在胡三省的理解当中，"京师"应该是"首都"的意思。既然"天下宗周"，这里所谓的首都应该就是周朝首都洛阳。京师就是洛阳，这一点应该没错，错就错在这和天下宗周与否毫无关系。当时的"京师"并没有"首都"的意思，"京"原本是周族起家时的一处地名，是周族祖先公刘的大本营，后来"京"由专名变成通名，新的都城也会用"京"的名字。至于"京师"的"师"，可能原本和"阜"是同一个字，意思是"高坡"，经常用作地名的后缀，就像今天很多以"堡"做后缀的地名，比如北京的马家堡、十里堡。

胡三省没想到这一层，而是把"京"解释为体量大，把"师"解释为数量多。如果在全国范围里找一个面积最大、人口最多的城市，通常情况下确实非首都莫属。这样的解释并不是胡三省的个人发明，而是从《公羊传》来的。《春秋》记载周桓王迎娶纪国公主："纪季姜归于京师。"纪国这个姓姜的小公主嫁到京师洛阳去了。《公羊传》深挖《春秋》的文字细节，说京师就是天子的所在地，之所以叫京师，因为"京"表示面积很大，"师"表示人口很多，描写天子所在的城市必须用这样的字眼。(《公羊传·桓公九年》)

《公羊传》政治正确的背后经常是事实错误，这次也不例外。"京"确实有"高大"的意思，"师"也确实有"人多"的意思，所以这个解释很难让人发现破绽，直到1941年，学者杨树达写出《驳公羊传京师说》，才算拨乱反正。胡三省当然没看过这篇文章，在自己的时代局限性里被《公羊传》引向歧途。

那么，"诸侯会于京师"到底是怎么回事？史料出处到底何在？司马光为什么不能多费一点笔墨，把事情交代清楚？

司马光当时应该很为难：手头的材料太乱，彼此的矛盾太多，真不知道该怎么整理。

就这件事，司马光只有两个主要材料来源，一是《史记》，二是《战国策》，于是问题来了：《史记》和《战国策》两部书尽是自相矛盾的内容，事实很难梳理出来。

首先，很难确定时间，诸侯未必真是在周显王二十五年"会于京师"的。其次，到底是谁发起的这件事，也许是秦孝公，也许是魏惠王。再次，集会地点也不确定，也许是京师洛阳，也许是逢泽之薮。最后，集会的目的是什么，也许是秦孝公高调称霸，也许是魏惠王力压群雄。如果拿记叙文六要素来衡量，就会发现时间、地点、人物、起因、经过、结果，没有一个要素是可以板上钉钉的。司马光无可奈何，只好含糊其词。问题到了朱熹手里，朱熹也没下考据功夫，只是原话照抄。但司马光的原话经过朱熹这一抄，等于镀了一层意识形态的金，让尹起莘、刘友益，还有许许多多朱熹的仰慕者们深挖狠掘，煞费苦心地破译出了可能朱熹未曾想过，司马光更未曾想过的高深密码。

逢泽之会

今天并没有什么新材料可以给这桩公案盖棺定论，学者们的考证各执一词，很难达成共识。最有可能的情况是：魏惠王是这场集会的发起人，与会者大多是魏国的小弟，大家先在魏国境内的逢（páng，通"逢"）泽之薮集合，然后浩浩荡荡去见周显王。魏惠王之所以要搞这样一个排场，应该是按捺不住称霸的雄心，又因为争霸之路有点坎坷，接连吃了几场败仗，所以想靠排场来提振一下士气吧。

但是，姿态一旦高于实力，难免要遭社会的毒打。虽然逢泽之会给魏惠王赢来了短暂的高光时刻，但魏国的国运马上就将急转直下。

作为集会地点的逢泽之薮，前文 [1] 有过介绍，周显王八年（前361年），秦孝公逾年改元，发布重要讲话，决心把秦国引向复兴，《求贤令》招来公孙鞅的那一年，是魏惠王九年。根据《竹书纪年》记载，魏惠王在当年办了两件大事，一是迁都大梁，二是把逢忌之薮赐给百姓。逢忌之薮是黄河水系的一处湖泊，紧邻大梁，在当时是个可以让百姓靠水吃水的好地方。

---

1 详见第132讲。

魏惠王在把逢泽开放给老百姓的第二年，着手兴修水利工程，把大梁附近的河流和湖泊打通，引黄河水灌溉农田。到了逢泽之会时，逢泽很可能已经成为一个风景优美，适合围猎的场所了。

黄河由于泥沙淤积，河床不断抬高，在河南郑州、开封一带形成了悬河。那么，魏惠王大搞引黄河水的工程，就不担心泥沙把湖水填了吗？从周显王九年水利工程开工，到周显王二十五年举办逢泽之会，这十几年间，黄河水难道不会把逢泽一带的水系通通毁掉吗？

实际上，一切都好好的。黄河的水质并不是一开始就像今天这么糟糕，直到唐宋年间，黄河的水质依然很好。逢泽在唐朝是一处绝佳的游览胜地，旁边的圃田泽在宋朝被用作汴水的水库——今天我们看《清明上河图》，如果从画面核心的汴水逆流而上，超越画幅的限制再往前走一段，就能走到圃田泽了。王安石变法期间，也曾经在开封周边大搞水利工程，引黄河、汴水灌溉农田，很有增产效果。

周显王二十六年

—— I92 ——

秦孝公搞了一场模仿秀吗

　　周显王二十五年，魏惠王在逢泽与诸侯集会，再共赴京师，朝见天子。然而周显王二十六年，《资治通鉴》记载的唯一一件事却是秦孝公派人在逢泽集会诸侯，一道朝见天子。这是怎么回事呢？

　　原文：

　　（二十六年）

　　王致伯于秦，诸侯皆贺秦。秦孝公使公子少官帅师会诸侯于逢泽以朝王。

从"白"到"霸"

先来解决一个文字问题。"王致伯于秦",周显王把"伯"的身份授予秦孝公。胡三省给"伯"字做注释,说了两个字:"如字。"

所谓"如字",是古书注音的常用语。当一个字有好几种读音时,如果在这里要读它最常见的读音,就叫"如字";如果在这里要读成某个不常见的读音,注音的术语就叫"读曰"。读成哪个字的字音,就叫"读曰某"。"伯"在"如字"时应该读 bó,但读 bà 也对,而且更加合乎实情——注音的话,可以写成"读曰霸"。

无论 bó 还是 bà,都意味着秦孝公被周显王钦点为诸侯之首。秦孝公实现了继位之初的理想,接续了先祖秦穆公的霸主事业。

再说一个文字问题,以霸主这样威风八面的身份,"霸"这个字为什么是雨字头?

诗人余光中有一篇文章赞美汉字,说"**一个方块字是一个天地。太初有字,于是汉族的心灵,祖先的回忆和希望便有了寄托。**譬如凭空写一个'雨'字,点点滴滴,滂滂沱沱,淅沥淅沥淅沥,一切云情雨意,就宛然其中了。视觉上的这种美感,岂是什么 rain 也好 pluie 也好所能满足？"（《听听那冷雨》）这段话很优雅也很典型地体现出现代人对古代汉字的理解。不过，这种理解经常会撞南墙，比如"霸"字拆解开来，不但有雨，还有月亮，似乎云情雨意应该更足才对，再对照一下其他雨字头的汉字，为什么"霸"字比较特殊呢？

其实"霸"字原本并不特殊，古人用它来形容阴历每个月月初月亮刚出现时的样子，后来被借去代替"伯"，而"伯"字原本的写法并没有单人旁，而是"白"。

"白"原本并不表示颜色，而是一个象形字，指人的大拇指。大拇指是所有手指当中的老大、首位，所以"白"从这一点上引申出和老大、首位相关的各种含义。

随着汉字的增多、分化，"白"加上单人旁变为"伯"，继承了老大、首位的意思，而"白"就被转化到其他用途去了。"伯"字诞生之后，像其他所有汉字一样，承载起越来越多的义项，自然开始了各种分化和借用，而一经借用，就往往有借无还。"霸"逐渐把"伯"的"老大"义项据为己有，它的原始含义反而很少有人知道了。

"王致伯于秦"，"致"的意思是"授予"，这是在说周天子授予秦孝公诸侯之长的资格。这意味着秦孝公在所有诸侯当中升级成名正言顺的老大哥。如果把周天子比作父亲，那么秦孝公就是长子，对天下诸侯而言就是长兄，长兄如父。

国际社会貌似一片欢腾，诸侯都跑去给秦孝公贺喜，但秦孝公并没有出席典礼，而是派公子少官带领军队到逢泽和诸侯会合，然后一道朝见天子。

疑窦重重

这一回，时间、地点、人物、起因、经过、结果倒是齐全了，但前前后后，怎么看怎么可疑。

第一个疑点是：同样的阵仗去年魏惠王才搞了一场，秦孝公难道是在搞模仿秀吗？

第二个疑点是：虽然小国诸侯很擅于朝秦暮楚、左右逢源，但才拜完魏惠王的码头，转脸就认秦孝公当大哥，变脸也不能这么快，还这么一致吧？

第三个疑点是：逢泽明明是魏国的地盘，而且是国都郊外的心腹要地，怎么可能由着秦国军队随便进来搞活动？

第四个疑点是：秦孝公这么搞事情，魏惠王怎么可能完全没有反应？

　　第五个疑点是：秦孝公如果真的称霸天下，为什么既没有亲自参加典礼，也没有派出任何一个重量级人物，仅仅派了一个莫名其妙的公子少官带队？这位公子少官，不知是一位名叫少官的公子，还是服侍公子的什么官员。

　　疑点多多，迷雾重重，理解起来太伤脑筋。历代学者对此各有各的办法。朱熹简单粗暴，把地点信息直接删掉，不让这场国际盛会和逢泽发生什么关系。(《资治通鉴纲目》卷1)

　　富于考据精神的学者可不肯这么轻率。有人认为司马光误信了《史记》，其实这时候的魏国已经被齐国和楚国打得落花流水，不可能举办逢泽之会，所以逢泽之会只有一个，是秦孝公的事，和魏惠王无关。也有人认为逢泽之会真的发生过两次，魏惠王和秦孝公先后搞过一次；也有人说逢泽之会确实只有一次，不过是魏惠王发起的，和秦孝公没关系。(《先秦诸子系年》)还有人试图找出史料记载混乱的原因，说秦孝公继位之后，收服了秦国周边的大量蛮族部落，就在魏惠王逢泽之会后不久，秦孝公派太子驷带领92个蛮族部落的代表朝见周显王，这件事在《后汉书·西羌传》有明确记载。这场典礼的模式应该和逢泽之会很像，两者的时间又很接近，所以被混为一谈。至于时间上的错乱，是因为当时的历法并不统一，所以虽然是同一个时间，但在某些国家被算作上一年的年底，在另一些国家被算作这一年的年初，所以给历史档案整理带来了天大的麻烦。（《战国史料编年辑证》卷8）

学者们各摆各的证据，各有各的逻辑，但谁都拿不出铁证。我们不妨采取保守态度，把秦孝公组织的这一场逢泽之会当作继魏惠王逢泽之会以后的第二场国际盛会。

这样理解，可以跟前文的一段内容相呼应。前文[1]讲过，据《史记》记载，周烈王二年（前374年），周太史儋来到秦国，对秦献公说了一番话，大意是周和秦以前是一家，后来分家了，分家500年之后又合并在一起，等到合并之后的第17年，将会有霸王出现。

这件事有一个很大的疑点，那就是在太史儋的预言里，"17年"这个说法过于具体，在史料里，凡是具体到这种程度的预言，基本可以断定是出于后人的附会。

如果我们相信所谓太史儋的预言是出自后人的附会，就可以循着"17年"这个线索来寻找蛛丝马迹，然后就会发现，在秦献公的接班人秦孝公的时代里，

---

1 详见第81讲。

秦国国力蒸蒸日上，于是就有了由秦孝公主导的逢泽之会。从这个时间点倒推 17 年，秦孝公二年（前 360 年），周显王派人把胙肉，也就是祭祀大典上用过的肉，赐给秦孝公，这是很隆重的礼遇。

在秦国人看来，这足以标志着周与秦的复合。所谓太史儋预言的意义，大约一是为秦孝公摇旗呐喊，神化他的身份，二是暗示如果秦国取代周朝，完全合情合理，毕竟这只是一家人的分分合合嘛。而对于秦孝公在逢泽之会前获得的这个霸主头衔，天下诸侯会怎么看？

也许可以借用莎士比亚戏剧《麦克白》中班柯的一句台词："新的尊荣加在他的身上，就像我们穿上新衣服一样，在没有穿惯以前，总觉得有些不大合身似的。"

知识就在得到

A
Comprehensive
Mirror
to Aid in
Government

Series. I

资治通鉴

第一辑

熊逸版

⑧

熊逸 著

Xiong Yi
Edition

新 星 出 版 社　NEW STAR PRESS

目录

周显王二十八年

齐国该不该救韩国

周显王二十八年（前341年），发生了一件彻底改变国际格局的大事件，史称马陵之战。齐国和魏国再度争锋，孙膑和庞涓终极对决，几乎所有相关人物的命运都被这件事裹挟到了意想不到的方向。这一回，《资治通鉴》给足了篇幅。

战前会议

原文：

（二十八年）

魏庞涓伐韩。韩请救于齐。齐威王召大臣而谋曰："蚤救孰与晚救？"

马陵之战的来龙去脉，一句话就可以说清：魏国攻打韩国，齐国通过攻打魏国以救援韩国，魏国大将庞涓自杀，魏国太子魏申被俘。事实上，朱熹的《通鉴纲目》就用这样一句话作为"纲"，细节用小字附在后面，作为"目"。

整件事确实是由魏国挑起来的，魏国派大将庞涓攻打韩国。韩国顶不住了，向齐国求援。齐威王召集大臣们开会讨论，议题并不是"救不救"，而是"早点救还是晚点救"。

原文：

成侯曰："不如勿救。"田忌曰："弗救则韩且折而入于魏，不如蚤救之。"孙膑曰："夫韩、魏之兵未弊而救之，是吾代韩受魏之兵，顾反听命于韩也。且魏有破国之志，韩见亡，必东面而愬于齐矣。吾因深结韩之亲而晚承魏之弊，则可受重利而得尊名也。"王曰："善。"

成侯邹忌率先发表意见："早救和晚救都不如不救。"

田忌不同意："如果我们袖手旁观，韩国就会被魏国吞并，所以我们不能等，应该赶紧去救韩国。"田忌的说法很能代表战国诸侯的一般心态：除非我自己能够坐大，否则一动不如一静，国际局势保持均衡才是最好的，一旦有谁打破这种均衡局面，想要扩张实力，当出头鸟的话，大家都应该联合起来把他按回去。

孙膑最后发言："韩国和魏国的军队刚刚交战不久，都是生力军，如果我们这么早就去救援韩国，等于我们替韩国承受了魏国大军的全部压力，反而会被韩国牵着鼻子走。这次魏国攻打韩国，有志在必得的决心，韩国看到自己有灭国的危险，一定会来求我们的。如果我们等到韩国快撑不住时再出兵，一来救韩国于危亡之际，卖给韩国一个天大的人情，让他们感恩戴德，二来魏国那时也已经师老兵疲，战斗力大打折扣了。所以，我们晚一点出兵的话，既可以名利双收，收获也一定不会小。"

原文：

乃阴许韩使而遣之。韩因恃齐，五战不胜，而东委国于齐。

显然孙膑的意见最容易打动人心，齐威王于是暗中答应了韩国使者，让他回国复命去了。

以上这段内容，其实是很典型的故事化结构。当时开会，并不像今天开会一样有秘书专门做会议纪要，逐一记录与会人的发言。散会之后，当事人做追记，倒是很正常，比如《孙膑兵法》里就有不少这一类追记内容。但追记的问题是，一来记忆并不可靠，二来主观倾向很容易扭转客观事实，三来人脑的省力模式天然就会对复杂的事物做出有序化的整理，为此不惜牺牲细节，歪曲事实。就拿《资治通鉴》记载的这次会议来说，如果追溯各种原始材料，就会发现版本众多，不但与会人物各有各的记载，每个人被记录下来的发言内容也很不一致，经常张冠李戴，甚至搞不清到底是张冠李戴还是李冠张戴。

我们不妨把问题简化，紧跟《资治通鉴》的叙述来走。《资治通鉴》的版本有一个好处，那就是以高度概括的手法，呈现出在救援邻国问题上的三种代表性意见，虽然这很可能背离了历史实况，但在"资治"的意义上不可能做得更好了。

曲突徙薪的正反两用

人类社会错综复杂，千头万绪，要想汲取历史经验，就得有高度概括的能力。比如当下这个救援邻国的问题，可以代表人类社会生活的一种经典模式，**大到国际关系、**

外交暗战，小到人事纠葛、办公室政治，它们在本质上并没有任何不同。如果化约到极致，就变成了这样一个问题：怎样帮助别人才能让自己的利益最大化？

比如在人际关系上，有人遇到了困难，向你求助，你要不要帮他？你的选项同样只有三个：不帮、早帮和晚帮。历史上几乎所有人精都会不约而同地选择孙膑的策略——我们可以参照《资治通鉴》在二百多年以后的一段记载：当时有人向朝廷上书，讲了一个寓言故事，说有人来拜访某家主人，看到主人家的烟囱是直的，旁边还堆着柴草，就劝主人说："您最好把烟囱改成带拐弯的，把柴草搬到远离烟囱的地方，不然很容易发生火灾。"主人不加理会。后来主人家果然失了火，街坊四邻赶来支援，总算把火扑灭了。主人家置办酒席，答谢街坊四邻，出力越多的人坐的位置就越尊贵，却唯独没请那个一开始就提了防火建议的人。有人看不过去，对主人家说："当初您要是听了那位客人的建议，也不至于现在这么破费。看看您的答谢宴吧，提防火建议的人连位置都没有，您完全把他忘了，毫无感恩之情，只把救火狼狈得焦头烂额的人奉为上宾，这像话吗？"[1]

1　原出《汉书·霍光传》，寓言的原始出处是《尸子》。

对答谢宴的讥讽,《资治通鉴》原文是"曲突徙薪亡恩泽,焦头烂额为上客","曲突"指把烟囱从直的改成带拐弯的,"徙薪"指把柴草从烟囱旁边搬走。这句话一次贡献给我们两个成语:曲突徙薪和焦头烂额。

如果处在主人家的立场,利益最大化的做法当然是曲突徙薪胜过亡羊补牢,但如果处在客人和邻居的立场,利益最大化的做法不是提出曲突徙薪的建议,而是焦头烂额地救火。

没失火时,主人家不会感到火灾的可怕,任何防火建议都是聒噪,任何防火成本都是浪费。只有真正失了火,眼看着全部家产即将被烧光,人才会真正紧张起来,恨不得付出一半家产来扑灭这场大火。这时,谁要是伸出援手,赶来帮忙救火,主人家自然会把他当成大恩人、大救星,一辈子对他感恩戴德。拿曲突徙薪的寓言故事来看齐威王关于救援韩国的那场会议,就会发现田忌的建议近乎"曲突徙薪",没等韩国被打疼就出手援助,注定得不到韩国多少感激,更糟的是,自己付出的成本会比"焦头烂额"还多;而孙膑的建议相当于"焦头烂额",等韩国快要被大火烧垮时再出手,才能用最小的代价,卖给韩国一个天大的恩情。

"曲突徙薪"的故事传达了防微杜渐、防患于未然的意义,虽然这的确很重要,但如果从权谋的角度再看一遍，马上就会有崭新的收获。有人读历史是为了学权谋，当下庞涓伐韩这段历史就是权谋术的经典一例。

不过，如果说孙膑的看法具有前无古人的独创性，那就有夸大之嫌了。事实上，中国古人早就悟出了这个道理，早在春秋时代就已经把它运用得炉火纯青。最有意思的事情就在这里，明明是老调重弹，但貌似每弹一次就管用一次。今天我们置身事外，不痛不痒地复盘历史，觉得这点小心机如同儿戏，而当事人永远很难跳脱出来，换成旁观者的视角看清局面。

韩国就陷入了当局者迷的困境，在得到齐威王不公开的承诺后，心里有了底，排兵布阵和魏国死磕。韩昭侯大概相当憋屈，当初自己主动向魏惠王示弱，拿小弟姿态服侍大哥，还帮魏惠王解过襄陵之围，按理说魏惠王就算野心膨胀，也不至于先拿自己开刀。但两国的蜜月期就这样匆匆结束了。

韩国决定死磕之后，很快发现单凭信心并不足以抗衡强敌，一连五战五败，终于吃不消了，哀求齐国出兵，把国家命运完全交托在齐国手上。其实韩昭侯未必一定要这么为难自己，只要视角可以跳脱出来，不难找到更好的解决方案：一旦在齐国面前做出向魏国投降的姿态，该紧张的就是齐国了。

———— 194 ————

魏惠王为什么要派太子挂帅

韩国先挨了魏国的打，又中了齐国的计，完全倒向了齐国一边。齐国看火候差不多了，这才好整以暇，调兵遣将。

原文：

齐因起兵，使田忌、田婴、田盼将之，孙子为师，以救韩，直走魏都。庞涓闻之，去韩而归。魏人大发兵，以太子申为将，以御齐师。

按照《资治通鉴》的记载，齐国以田忌、田婴、田盼为将，以孙膑为军师。读者肯定有点糊涂了：齐国这边到底谁是主帅？难道是兵分三路，分进合击，三位将军互不统属？田婴和田盼又是谁，怎么从没听说？

从围魏救赵到围魏救韩

根据《史记》记载，田婴是齐威王的小儿子，但当代战国史专家杨宽怀疑司马迁搞错了，田婴很可能是齐威王庶出的弟弟。（《战国史料编年辑证》卷8）不过这不重要，重要的是田婴有一个厉害的儿子，名叫田文，就是"战国四公子"之一的孟尝君。至于田盼，很可能是抄错了字，把盼写成了盼。前文[1]讲到魏惠王和齐威王斗宝时，齐威王列举自己手下的人才，说盼子镇守高唐，赵国人因此不敢侵犯齐国西境。盼子就是田盼。战国时代出现了人名后面加"子"的称谓方式，所以田盼叫盼子，类似的还有田婴称为婴子，田文称为文子。（《四书释地》"匡章"条）

参照各种史料来看，田忌应该是全军统帅，田盼是打头阵的大将。田婴可能重要性不高，所以这次齐国阵容仍旧是田忌和孙膑的经典组合，朱熹的《通鉴纲目》索性删繁就简，把田盼和田婴的名字一并抹掉。

齐国的打法还像当年围魏救赵一样，把韩国撇开，直入魏国境内，兵锋指向魏国国都大梁。方子还是老方子，对手还是老对手。

---

1 详见第144讲。

面对齐国大军的来势汹汹，魏国同时做了两手安排：一是庞涓从韩国前线返回，二是国内再起大军，以太子申为主帅。这就令人不解了：魏惠王犯糊涂了吗，太子怎么能做主帅带兵出征呢？

太子不将兵

《资治通鉴》一开篇就讲了三家分晋的历史，魏国正是从晋国分出来的，而魏国的始祖毕万亲眼见证过晋国以太子挂帅出征而引发的一连串家国动荡。从春秋到战国，"太子不挂帅"已经成为政治共识了。魏惠王为什么要打破这个禁忌？

太子到底为什么不能挂帅？要理解这个问题，我们不妨把时间退回公元前661年。那是春秋中叶，晋国还很强盛，很能惹是生非的晋献公大搞扩军，从一军扩为二军，晋献公亲自统帅上军，太子申生统帅下军。当时毕万给晋献公担任车右，相当于晋献公的贴身保镖。大军开疆拓土，吞掉了耿国、霍国和魏国。晋献公论功行赏，为太子申生修筑都城曲沃的城墙，任命毕万为大夫，以魏国为封地，这就是后来三家分晋中魏国的萌芽。当时就有人见微知著，觉得太子申生怕是要丧失继承权了，因为太子是储君，储君和大臣分属两个系统，现在晋献公给太子的任命和封赏全是大臣才会有的任命和封赏，显然晋献公想要废掉申生，另立太子。（《左传·闵公元年》）

第二年，晋献公又要派太子申生统兵出征，大夫里季（即里克）看不过去了，赶紧过来劝谏，从制度传统出发，说太子的行为准则历来只有两点："君行则守，有守则从，从曰抚军，守曰监国。"意思是说，国君出行的话，太子就应该坐镇国都，这叫监国，如果国君安排了高级贵族坐镇国都，太子就该跟随国君一道出行，这叫抚军。太子可没有独自挂帅出征的道理，因为统兵作战有随机应变、独断专行的必要，而以太子的身份，"禀命则不威，专命则不孝"，不向父亲请示就做决策，会显得不孝，但如果事事都向父亲请示，就没有统帅的威严了，也就没法指挥作战了。翻译成俗话，就是"里外不是人"。为了避免这种难堪的局面，传统上太子是不能挂帅出征的。

里季的解释，其实是一种委婉说法。不让太子挂帅的真正原因有两个：一是太子一旦深结军心，再凭着自己的合法继承人身份，轻轻松松就能把父亲推翻，二是太子的存在是政局平稳、人心安定的一种保险措施，让太子上前线，就等于把保险栓抛进了险地。这些里季没能说透的道理，晋献公并不是不懂，所以他回答："我有那么多儿子，还不知道该立谁当太子呢。"（《左传·闵公二年》）显然，太子申生的地位确实岌岌可危。

事情的后续就是太子申生被逼自杀，公子重耳和公子夷吾流亡国外，躲避国内政敌一次又一次的追杀，晋国几十年不得太平。前车之鉴历历在目，这回太子申挂帅出征，会不会重蹈太子申生的覆辙？难道魏惠王也像当年的晋献公一样，想要借此机会废掉太子吗？

个中原委，《资治通鉴》完全没提，但《孟子》给出了一些线索。

孟子和魏惠王有过一段亲密接触，所以他对魏国的情况知根知底，发言很有可信度。孟子在学生面前批评魏惠王不仁："仁者以其所爱及其所不爱，不仁者以其所不爱及其所爱。"这句话道出了儒家仁爱的核心逻辑：仁爱从来都是推己及人、由近及远的，从爱亲人扩展到爱邻人，再扩展到爱国人，再扩展到爱天下人。正因为这个逻辑，所以"修身齐家"之后可以"治国平天下"。而"不仁"刚好相反，把"不爱"推人及己、由远及近。孟子解释说，魏惠王就是"不仁"的典型，为了抢地盘，驱使自己不爱的老百姓上前线拼命，结果仗打败了，死了好多人，尸体都烂在外面，

后来他还想翻盘，但生怕打不赢，为此不惜把心爱的子弟也推上了前线，害他送了命。(《孟子·尽心下》)

魏惠王心爱的子弟，指的应该就是太子申。看来魏惠王并不是要废掉太子申，而是赌上太子申这张底牌，摆明了要和齐国死磕。

—————— 195 ——————

厉害的说服术到底什么样

站在太子申的角度，怎么做才是最明智的？

权谋戏又要出现了，《资治通鉴》非常"政治正确"地删掉了这段戏码，但《史记》和《战国策》对此都有记载。《史记》的记载是：太子申带着大军开拔，途经外黄时，当地一位徐先生前来献策，说自己有百战百胜之术。（《史记·魏世家》）

这话听来荒唐，因为战争充满了不确定因素，再厉害的战神也没法确保百战百胜，怎么可能有百战百胜之术呢？

太子申的必胜之术

对于普通将领来说，百战百胜之术并不存在，而对于太子申而言，只要永不出战，就可以百战百胜。徐先生是这么分析的：太子亲自统兵出征，和齐国作战，打赢了会有什么好处？会比以前更富有吗？不会，因为太子就算不打仗，也会自然继承魏国，打仗打赢了也不会拥有更多。会得到更高的地位吗？也不会，因为太子就算不打仗，也会顺位当国君，打仗打赢了也不可能升一级当天子。但是，如果打败了，恐怕继承权不保，子孙后代都要跟着遭殃。

这么一分析，利弊就很清楚了：太子申打赢了不会有任何好处，打输了却会有致命的害处。

那么，明智的选择只有一条：不打。

如果太子申觉悟够高，应该言辞斥责徐先生："呸，你这个奸诈小人，精致的利己主义者！你一点都没有为我们魏国的国家利益考虑吗？我这次挂帅出征，肩负国家存亡的重任，哪能计较个人的利害得失？苟利国家生死以，岂因祸福避趋之！"

但太子申并没有这么高的觉悟，当即就被徐先生说动了："好，就听你的金玉良言，我这就班师回朝。"

理解了徐先生的分析，看过了太子申的表现，我们就容易明白古代社会的外交逻辑了。我们看世界，特别容易陷入拟人化的眼光，被集合名词误导，把集体当成个体。这时候就很需要佛学的拆解技术，把一个集体拆解成若干个个体，跳出集合名词制造出来的拟人幻象。看看魏国，谁能代表国家利益？像太子申这样可以深刻影响国家利益的人，在做决策时，不见得会以国家利益优先。权力场上的精英们各有各的小算盘，这就给弱国搞外交创造了无限的斡旋空间。情报工作因此变得至关重要——对每位权贵心里的小九九掌握得越多，对权力场上钩心斗角的关系格局理解得越透，外交斡旋的余地也就越大。

古代政治最基本的两个道理是：第一，帝王将相都是有私心的，并不会因为位高权重就天然地一切以国家利益或集体利益为重；第二，任何一个高级职位都存在很多觊觎者，巴不得在职的人赶紧出错下台。

太子申把这两个道理都占齐了，所以他才会马上退兵，避开一切可能让自己犯错的事情。但是，权力场上还有第三个基本道理——徐先生是这么说的："您现在想回去，恐怕不容易了，因为一定有好多人撺掇您出兵打仗，为的是自己有机会捞好处。"

徐先生的意思，大概是要太子申拿出力排众议的决断力。

徐先生的高明之处，就在于他看出了管理者的不得已，而我们一般人只觉得管理者高高在上发号施令，下面的人卑躬屈膝，再不情愿也要遵命照做。事实上，管理者经常会被下属裹挟，虽然不见得是真的拗不过民意或下属们的集体意见，但有时候要想拗得过，不但要付出高昂的成本，还要承担相当程度的风险，一旦狠不下心，也就被裹挟往前了。裹挟有真有假。让群臣劝进，自己"不得不"顺应民心搞篡位的，基本都是做戏，但真的裹挟也有不少，让那些不够强硬的管理者们十分头痛。太子申遇到的就是这种难题，刚一提出撤军，他的驾驶员就先有意见了，说大将出征，仗还没打就撤退，这和吃了败仗有什么两样？

很多人可能觉得奇怪：一个驾驶员而已，就算仗打赢了，他能捞到多大的好处？

这就需要了解当时的作战传统了：统帅战车上的驾驶员和警卫员都是有身份的人，至于打胜仗之后的好处，就拿前文刚刚讲过的晋献公来说，他的警卫员毕万受封为大夫，拿到新抢来的魏国当封地，驾驶员赵夙同样受封为大夫，拿到新抢来的耿国当封地，好处实在不一般。

即便在司马光的时代，以宋朝这样高度文治的政权，也免不了武将惹是生非，因为武将只有打仗才有机会立功，立不了功就没法升官发财，更没法体现人生价值，他们蠢蠢欲动的劲头经常把皇帝搞得很无奈。

太子申这时候就更无奈了。没办法，被裹挟就被裹挟吧，也只有硬着头皮继续前进了。

公子理的必胜之术

有人也许会想：如果徐先生能在太子申的大军开拔之前就提出建议，结局会不会不同呢？

事实上，那时候还真有人做过努力，不让太子申出征。但他不是为太子申好，而是另有一套权谋心机。《战国策》记载，在太子申接受任命之后，有人去找公子理的老师献计献策。公子理是太子申的弟弟，按照今天的称谓习惯，这两兄弟应该一个叫魏申，一个叫魏理。

太子申的挂帅出征对于公子理来说是好是坏？这个时候，公子理该怎么做才能让自己的利益最大化？

这位说客帮公子理出的主意，和徐先生给太子申出的主意有异曲同工之妙，都属于百战百胜之计，不管局面怎么变，都能让公子理从中获利。

他的主意是要公子理到太后跟前哭诉，不让哥哥出征。

普通人就算起了坏心，想到的也无非是隔岸观火，乐得太子申出去冒险，反正打赢了没好处，打输了大概率会丧失继承权，到时候也许就会轮到公子理继位了。那为什么他要阻止太子申出征呢？

这就是说客技高一筹的地方。如果阻止成功，公子理不但自己当了好人，会受封赏，还卖给太子申一个天大的人情，如果阻止不成，公子理就可以坐等太子申兵败身死，自己承袭太子的身份。但是太子申一定会打败仗吗？说客是这么分析的：太子申年纪轻轻，对行军作战没什么经验，而齐国的田朌是一位经验丰富的老将，孙膑善于用兵，所以太子申毫无胜算，一定会兵败被擒。（《战国策·魏策二》）

这段分析很能体现当时的说服术所能达到的水准，**核心技巧有两个：一是策略可以左右逢源，让当事人不必有任何纠结；二是把盖然性说成必然性，斩钉截铁，根本不给人留下质疑的空间。**我们今天置身事外，当然可以轻易地提出质疑："难道太子申出征必败吗？战争充满了偶然性，谁敢保证哪一仗必胜或必败？再说魏惠王是一代英主，难道老年痴呆犯了，非要送长子去死吗？退一步说，就算真的打了败仗，太子申难道就一定被擒吗？就算被擒了，难道就一定没法活着回来吗？"

这些质疑都是旁观者才会有的，作为当局者，在巨大的利益诱惑面前，理智的防线天然就会松懈，人会不由自主地被武断的语言感染情绪。今天的各种营销话术仍然沿用着这种策略，只要把话说得板上钉钉，仿佛事情就真的板上钉钉了。偏于严谨的表述是营销大忌，如果说客说的是"太子申一旦出征，打败仗的可能性比较高，如果打了败仗，被擒或死亡的可能性也比较高"，那么，话虽然更在理了，但说服力却大打折扣了。

权力场就是这样，借用戏剧《麦克白》中道纳本的一句台词："越是跟我们血缘相近的人，越是想喝我们的血。"（The near in blood, the nearer bloody.）

—————— 196 ——————

战场上怎么造出强弱悬殊的势

接下来我们转换视角，看看齐国这边的部署，看看兵法大师孙膑要施展怎样的奇谋妙计。

势利

原文：

孙子谓田忌曰："彼三晋之兵素悍勇而轻齐，齐号为怯。善战者因其势而利导之。兵法：'百里而趣利者蹶上将，五十里而趣利者军半至。'"

孙膑为田忌出谋划策，先做背景分析，知己知彼。这段分析按说应该非常全面，至少包括敌我双方的兵力对比，后勤对比，指挥官的风格对比，所有可能的行军路线，最有可能发生遭遇战的地点，最有利和最不利的决战地点等，但史料删繁就简，只保留了一个要素，那就是魏国军人一定怀有轻敌之心。

三晋军人素来骁勇善战，看不上齐国军人，所以在和齐国打仗之前，轻敌会是一种很自然的心态。这是客观事实，齐国军方不管愿不愿意，都应该坦然接受。接受之后，就会面临两条解决路径，第一条路是最常规的，那就是在全军加强思想教育工作，提升齐国军人的自尊心，但孙膑要走第二条路："善战者因其势而利导之。"给我们贡献了"因势利导"这个成语。

"因势利导"在这里的意思是，根据已知条件，顺应事物自然发展的趋势，巧妙地给出诱惑，让敌人主动进入我们设计的圈套。"势"是趋势，比如水往低处流是水的运动趋势，顺水推舟就能事半功倍，逆水行舟就费力不讨好。万事万物都有自己的"势"，只是有的一目了然，比如水往低处流，有的难以察觉，比如地球的自转和公转。对于指挥官来说，要做的就是洞悉各种核心要素的"势"，然后去做顺水推舟的事。

在顺水的情况下该怎么推舟？不用找一群人拼命划桨，只需要一个人轻轻把好舵就可以了，水流自然就把船带到你想去的地方。

基础的物理学知识告诉我们，这叫重力势能。

"势能"的英文是 potential energy，如果我们在日常语境里看到这个短语，很自然地会把它翻译成"潜能"。物体所蕴含的势能和人所蕴含的潜能本质上似乎确实是一回事。潜能要想释放出来，关键在于突破阻碍。为什么人天然具有潜能？因为人都有趋利避害的天性，正所谓天下熙熙，皆为利来，天下攘攘，皆为利往。利是主观的，各人有各人的偏好。摸清一个人的偏好，就容易对他因势利导。即便是孔子，只要告诉他哪里有机会可以让他复兴周礼，那么一点都用不着敦促他，他会主动扑过去战天斗地。

趋利避害的天性是人类一切行为的原动力，当原动力被压制、阻碍时，也就形成了人的势能。只要清除阻碍，掌好船舵，人在势能的作用下自然会顺流而下，一泻千里。

在趋利避害方面，最极致的行为就是战争，所以"势"和"利"都是战争的关键。

战国晚期，荀子在赵孝成王面前和临武君辩论军事问题，临武君站在兵法角度谈兵法，荀子站在儒家立场谈兵法。荀子认为兵法的要领在于搞团结，赢得民众的真心拥戴。临武君很不以为然，反驳说："兵之所贵者势利也，所行者变诈也。"把"势利"提到了价值观的高度，而阴谋诡计仅仅位于方法论层面。指挥官要做的，就是借助阴谋诡计，实现势利目标。临武君接着说："所以善于用兵的人指挥起军队来神鬼莫

测，孙子和吴起就是这么打仗的，天下无敌。至于民众归不归附，那都无所谓。"（《荀子·议兵》）

临武君讲到的孙子，指的很可能不是孙武，而是孙膑，因为临武君的这套兵法见解既有孙膑的作战风格，用到的也是孙膑曾经用过的措辞。

"势利"后来变成了贬义词，经常和"小人"配对，合称"势利小人"，而在战国年间的兵法当中，战术大师们并不讳言势利——毕竟打仗就是争利，再怎么正义的战争在战术层面上也只是一个如何争利的问题。

军争

《孙子兵法》有一篇《军争》，两军相争，争的是什么？古代注释家的主流解释就是"争利"。孙膑应该学过《孙子兵法》，在给田忌分析完"因势利导"之后，下一步的说明就是来自《孙子兵法·军争》的名言："百里而趣利者蹶上将，五十里而趣利者军半至。"

军队上了战场，既然要和对手争利，往往要拼速度。这不难理解，抢占制高点就是很常见的例子。《孙子兵法》有个特别深入人心的命题：兵贵神速。但是，凡事总有两面性，速度快也有快的弊端。《军争》一篇详细梳理了行军速度太快带来的各种弊端，简单归纳一下，弊端主要有两个：一是后勤跟不上，二是体能吃不消。

要想跑得快，就得扔掉辎重，脱掉铠甲背在身上，轻装前进。如果行军路线比较长，那么体能稍差的人就会掉队；更要命的是，体能出色、及时赶到目的地的人虽然赶到了，但也累得毫无战斗力了，这时候如果遇到敌人，肯定毫无还手之力，注定全军覆没。

考虑到不同的行军距离，《孙子兵法》是这样说的：如果昼夜不停地急行军，奔赴百里之外去争利，有可能擒获三军将领，强壮的士兵先到，疲弱的士兵随后，结果就会有十分之九的士兵掉队。如果急行 50 里，那只能有半数士兵能够赶到。如果只有 30 里，三分之二的士兵就都能赶到了——至于仗能不能打赢，孙武没说，注释家们几乎一致认为这种打法是有赢面的。

《孙子兵法》在一番分析之后，得出了结论："故兵以诈立，以利动，以分合为变者也。故其疾如风，其徐如林，侵掠如火，不动如山……"

那么，应该怎样"以诈立，以利动"？《孙子兵法》罗列出治气、治心、治力、治变等策略，我们的重点在于治力，原则上就是把对手的力气变小，把自己的力气变大，以力大欺负力小。具体的做法有三大要点："以近待远，以佚待劳，以饱待饥。"

所谓以近待远，比如我军原地驻扎，等着敌军奔波几百里到我们跟前，这一来我军的力气不衰，敌军却已经累坏了。所谓"以佚（逸）待劳"，已经成为今天很常用的成语了，说的是我军养精蓄锐，去打筋疲力尽的敌人。所谓以饱待饥，指的是我军吃饱喝足，而敌军远途赶过来，还没吃饭，就算他们人多，战斗力也会大打折扣。

孙膑的谋划，要的就是"以近待远，以佚待劳，以饱待饥"，制造出强弱悬殊的形势。

要让敌人又远又劳又饥，就要调动他们多跑路，急行军，达到"百里而趣利者蹶上将，五十里而趣利者军半至"的效果。兵以诈立，孙膑就是想引诱魏国军队急行军，然后自己这边集中优势兵力来打歼灭战。

要实施引诱，就要因势利导。已知条件是：对方确实比我们能打，还因此看不起我们。那好，我们索性顺着对方的心态，故意示弱，让对方产生急功近利的紧迫感，让他们认为再不抓紧时间追上我们的话，我们这些闻风丧胆的胆小鬼就都跑散了，他们会眼睁睁失去一个轻松立大功的机会。

孙膑是怎么设计减灶骗局的

孙膑谋划的第二场"围魏救赵"(其实是围魏救韩),可以看作对《孙子兵法·军争篇》的精彩应用。本着"兵以诈立"的指导思想,加上孙膑"因势利导"的独创性的发挥,一个规模庞大的"减灶"骗局就这样成型了。

埋锅造饭

原文:

乃使齐军入魏地为十万灶,明日为五万灶,又明日为二万灶。庞涓行三日,大喜曰:"我固知齐军怯,入吾地三日,士卒亡者过半矣!"乃弃其步军,与其轻锐倍日并行逐之。

孙膑的安排是:齐国军队进入魏国后,第一天埋锅造饭，留下 10 万灶，第二天改为 5 万灶，第三天改为 2 万灶。

农耕文明在军队出征时，吃饭是一件很麻烦的事情。前文 [1] 介绍过白圭和惠施的言语交锋，白圭拿市丘之鼎来讽刺惠施，惠施反驳说："假如三军将士该吃饭了，正好旁边有市丘之鼎，那就太方便了，只要找一个大蒸笼放在鼎上，蒸出来的饭完全能够喂饱一支军队。这种情况下，再也找不到比市丘之鼎更合适的炊具了。"通过惠施这段话，我们可以知道，军人也要吃热饭，这就需要炊具，需要生火。当然，后勤部队不可能随身带一只市丘之鼎，但军人会带着一种体形比较小的炊具——釜，有铁制、铜制、陶制等。因为军队要拿釜来烧饭，所以有了"破釜沉舟"这个典故——把釜砸了，把船沉了，不给自己留退路。釜和鼎在造型上有一个区别：鼎有三条腿，可以自己立着，底下生火，釜没有腿，就像一只锅，要架在灶上，在灶里生火。

提起灶，很多人会想到东北和华北农村的灶台，灶是砖砌的，上面架着一口大铁锅。显然行军打仗不可能有这个条件，只能在平地上挖坑，挖出一个简易

---

1 详见第 164 讲。

的灶，架上釜就可以烧饭了。既然是挖坑架釜，看上去就像把锅埋在土里一样，所以就产生了"埋锅造饭"这个词。

挖灶不难，军队停下来开饭时，士兵们会各挖各的灶，等到吃完饭，休息好了，军队开拔之后，釜当然还要带走，但灶就留在原地了。

一支行进当中的军队，每天都会在新的地点留下一片新的灶坑。这些灶坑一旦被敌人发现，军队规模、行军轨迹这些关键信息通通都会暴露。对此，也许有人会质疑：难道非要生火吃热饭吗？吃烧饼、咸菜、牛肉干行不行？

事实上，历史上的军粮确实在向着这个方向发展。在司马光的时代，军队就用过干粮、盐巴和豆豉，但即便这样，埋锅造饭的传统也一直没断，因为一是挖灶很简单，二是锅具也在不断改进，越来越轻便，三是农耕民族的肠胃天然地习惯热锅热饭，所以和游牧民族作战时就很吃亏，游牧民族可以靠很简单的干粮过日子。

减灶计

孙膑当时进入魏国国境，要面对两个方向的敌军：

一是从大梁出发的太子申一队，二是从韩国战场回援的庞涓一队。《资治通鉴》没有讲清楚每支军队详细的行进路线，我们也不知道太子申和庞涓到底已经兵合一处还是分进合击——貌似后者的可能性更高。大约对于齐国军队来说，迫在眉睫的威胁来自庞涓，减灶计就是专门为庞涓设计的。

按说庞涓很清楚孙膑的本事，在"围魏救赵"时已经吃过一次大亏，这回总该长点心，但他也许太急于洗雪前耻，所以完全没有表现出更谨慎的样子。庞涓追踪着齐国军队的踪迹，一连三天，看到齐国人留下的灶坑从第一天的十万个减少到第二天的五万个，再减少到第三天的两万个，兴奋地说："我就知道齐国人胆小怯战，这才进入我们魏国三天，就已经有一多半士兵开小差跑了。"

庞涓原本需要考虑的问题是：怎样才能打赢齐国？资讯一更新，原先的问题不复存在，显然怎么打都能赢，新的问题是：怎么才打得起来？照齐国军队这三天减员的势头，很可能等不到魏国来打，就已经溃散光了，自己可就没机会立功了。

站在魏国的角度，齐国军队如果可以自行溃散，当然是最好的结果，而站在军队指挥官的角度，"不战而屈人之兵"虽然听上去很有境界，但立不了功啊。

指挥官追求的无论是升官发财还是人生价值，总要通过打硬仗、立大功才能实现目标。所以，眼前这只煮熟的鸭子，可绝对不能任它飞了。

于是，庞涓为了加快行军速度，做了和桂陵之战时一样的事：扔下行动迟缓的大部队，只带着少数机动部队"倍日并行逐之"——这句话给我们留下了一个不太常用的成语"倍日并行"，意思是将两天的路程合并在一天走完，至于这样的急行军会不会"百里而趣利者蹶上将，五十里而趣利者军半至"，不在庞涓考虑之中，毕竟在追的不是强敌，而是胆小怯战的乌合之众。

马陵道

原文：

孙子度其行，暮当至马陵，马陵道狭而旁多阻隘，可伏兵，乃斫大树，白而书之曰："庞涓死此树下！"于是令齐师善射者万弩夹道而伏，期日暮见火举而俱发。

孙膑估算着庞涓的行军轨迹，算出庞涓会在当天晚上赶到马陵。马陵一带道路狭窄，旁边尽是山林险阻，天然适合伏击，就在这里设伏好了。

孙膑选定一棵大树，派人剥掉树皮，在树干上写下一行字："庞涓死此树下。"然后安排弩手在道路两旁设伏，并下达指令：只要看到火光，就一起射击。

我们看史书，听评书，通常会把伏击战想得很容易，而在真实情境当中，一支行进当中的部队通常并不会闷头赶路，而是不断派出小分队侦查前后左右的情况，并不会轻易陷进伏击圈。假如庞涓正常行军，孙膑这一招对他不会有用，但孙膑已经下足了诱饵，庞涓把全部心力都用在赶路上，根本没有余暇去搞侦查工作。**这是行骗的经典技术，先让对方紧张起来，一紧张就会忙乱，一忙乱就会盲目，一盲目就会出错。**

孙膑设下的伏击圈，《资治通鉴》讲得很简单，在银雀山汉墓出土的《孙膑兵法》里，有一篇《陈忌问垒》，详细讲了这个伏击圈里各个兵种是怎么配合的。"陈忌"就是齐国总指挥官田忌。田忌向孙膑请教军事问题，孙膑就详细地介绍了自己是如何排兵布阵的。很多人可能会生出一个疑问：难道打仗时，田忌不在战场吗？

田忌真有可能不在战场。前文提到魏国这边有说客给公子理出谋划策，预言太子申必败，理由是齐国指挥官阵容强大，田盼是宿将，孙膑善用兵。当时只提了田盼，没提田忌。《竹书纪年》作为魏国的档案，在相关记载里提到的齐国指挥官也只有田盼而没有田忌。所以有可能田忌作为总指挥官坐镇中军,田盼和孙膑联手打头阵。

孙膑给田忌谈起当年在马陵的排兵布阵,思路很有意思,首先要做的是修筑防御工事。古代最牢靠的防御工事就是城墙加护城河的组合,正所谓"金城汤池",好的城墙要坚固得像金属铸造的一样,好的护城河要像大锅里烧着开水一样。如果有什么东西坚固得就像金城汤池一样,就叫"固若金汤"。安排伏击圈也要考虑这个问题,不然才一开打就被敌人突围出来,那就糟糕了。

—————— 198 ——————

孙膑是怎么布置伏击圈的

孙膑在马陵布置伏击圈，第一步要做的就是修建城墙和护城河，以免被庞涓突围。但是，修建城墙也好，开挖护城河也好，都是耗时耗力的大工程。**孙膑要在很短的时间内修好城墙和护城河，会怎么做呢？**

孙膑的办法很简单：搞低配版就可以了。

蒺藜的奥妙

《孙膑兵法》的记载是，拿战车当城墙，拿蒺藜当护城河。

蒺藜是古代仿生学的一项研究成果。蒺藜原本是一种植物，通常生长在路边和墙上，小小的果实上竖着尖利的刺，如果有人或动物经过时不小心碰到，蒺藜的果实就会附着在人的衣服或动物的皮毛上。《易经》困卦六三爻的爻辞也提到过它："困于石，据于蒺藜，入于其宫，不见其妻。"这句话很有画面感，说的是一个人被困在乱石当中，没有任何可以攀缘借力的东西，没办法，只能抓着蒺藜往外爬，很疼很狼狈，好不容易回了家，却发现老婆不在。如果算到这一卦，结论显而易见：凶。

人们根据蒺藜的特点，造出了一种防御性武器，也叫蒺藜。但根据用料的不同，会有不同的叫法：铁制的叫铁蒺藜，铜制的叫铜蒺藜，木制的叫木蒺藜。人造蒺藜最典型的模样就是有四根尖刺伸向四个方向，随手一扔，蒺藜自然就会有三根刺稳稳地撑在地上，剩余的一根刺向上立着。

如果在白天把一堆蒺藜扔在平地上，敌人就算看得清，也必须放慢速度，要么慢慢清除这些蒺藜，要么小心避开这些蒺藜。如果将蒺藜隐身，威力更是非同小可。宋朝用过这种战术——为了防御西夏骑兵入侵大顺城，宋军在城边的河水里放置了很多铁蒺藜。河水不深，但足够把铁蒺藜隐藏得毫无痕迹。西夏骑兵渡河时，战马莫名其妙地屡屡受伤栽倒。西夏人吓得不轻，没法解释这种灵异现象，以为有鬼神作祟。（《宋史·蔡挺传》）

孙膑在马陵设置伏击圈，虽然没有河水可以利用，但有夜色来给蒺藜隐身。在夜幕下的山路，杂草丛生，蒺藜很难被肉眼看到。如果庞涓那边足够从容，其实也有破解的办法。三国年间，司马懿为了追击蜀国军队，专门安排了2000名士兵穿上特制的平底木屐在前面开道，蜀军布下的蒺藜全部附着在木屐上，后面的大队骑兵就可以轻松挺进。（《晋书·宣帝纪》）但庞涓就算想得到这一招，仓促之间也来不及准备了。

其实庞涓作为中伏的一方，才是最适合利用大车和蒺藜来布置防御工事的。这是古代的经典战术，用大车首尾相连，围合起来，当成城墙，再向这道临时城墙的外面大量抛洒蒺藜，这对抵御敌人的围攻十分有效。但庞涓一来为了急行军，抛下了后勤部队，身边根本没有可以利用的大车，二来是在晚上进入伏击圈，两眼一抹黑，一切都来得猝不及防，孙膑没有给他留下一丁点反应时间。

孙膑的阵法

有了低配版城墙和护城河后，城墙上端那凹凸起伏、可以当作掩体的短墙——一般叫女墙或睥睨——也要模仿出来。这也简单，可以用盾牌替代。接下来，持长兵器的士兵排在第一排，持中等长度兵器的士兵排在第二排，持短兵器的士兵排在第三排，弩手排在最后。所有兵种就这样按部就班，整体排列出一个有缺口的圆圈。圆圈的中间空无一人，只有一个不知道是什么的东西。

之所以不知道，是因为记载《孙膑兵法》的竹简有损毁的地方，在这里看不清完整的字，只能看到一个木字旁。参照《史记》和《资治通鉴》，这个木字旁的字有可能是"树"。前边讲过，孙膑在伏击圈的中央留下了一棵大树，在树干上写下了"庞涓死此树下"几个大字，只等庞涓点燃火把去看。

埋伏圈布置妥当了，还要在外围设置岗哨，侦察敌情。一切办妥，只等庞涓入彀。

在孙膑的排兵布阵中，主力兵种是弩手，其他布置要么是为了让弩手可以最大限度地发挥攻击力，要么是为了保护弩手不受敌军反扑。

很多人也许会生出一个疑问：在古代战场上一向充当主力兵种的弓箭手哪儿去了？

这个疑问透露出两个信息：一是在武器的发展上，弩相对于弓有了后来居上的趋势；二是在山道打伏击战，弓确实没有弩来得好用。

从《吴越春秋》看弩箭的发明

弩到底从何而来，并没有可靠的资料，唯一的出处就是一部介于历史和小说之间的《吴越春秋》。

《吴越春秋》的原作者是东汉学者赵晔，他在年轻时做过县城的基层公务员，有一次督邮来县里视察，赵晔职责所在，必须接待。偏偏赵晔是个秉性清高的人，不愿意向督邮大人低头折腰，索性辞职不干了。（《后汉书·儒林传》）

这个桥段很多人一定很熟悉，因为它后来原封不动地被陶渊明演过一次，流传为"不为五斗米折腰"的佳话。远不如陶渊明出名的赵晔就这样被剥夺了这场伟大行为艺术的原创资格。

辞职之后，赵晔选择了自费进修的人生道路，远赴他乡投名师学习《诗经》。可能他学得太用心，以至于一连20年没有给家里写一封信，家人都以为他死了。

从学术渊源来说，赵晔应该是《诗经》学的专家，他在当时确实以《诗经》方面的著作受到了业内大佬赏识，但赵晔的学术专著早已散佚，反而是一部有点闲书性质的《吴越春秋》流传至今。

这部书的主题是吴王夫差和越王勾践的争霸历史，

材料来源既有《左传》《国语》《史记》这一类正经史书，也混杂着不少未经考证的传闻，很可能还有一部分虚构内容。赵晔把故事讲得很生动，所以《吴越春秋》特别有生命力，不断被各种文学作品改编，距离我们最近的改编应该就是金庸的武侠小说《越女剑》了。

在《吴越春秋》中，越王勾践向大臣范蠡请教复仇之计，范蠡推荐了一名农村小女生。这名小女生自学成才，悟出了精妙无敌的剑术，可以以一当百。于是越王勾践赐给她"越女"的名号，请她出山训练军队。有了剑术总教官显然还不够，范蠡又推荐了一个人才——神射手陈音，来自楚国。陈音为勾践讲述弓弩发展史，把弓弩的源头追溯到远古时代的弹弓。弹弓演变成弓箭，高明的箭术代代相传，传到琴氏时，琴氏看到天下大乱，诸侯互相攻伐，单靠弓箭的威力已经没法制服战乱了，就在弓箭的基础上发明了弩箭。（《吴越春秋·勾践阴谋外传》）

相对于弓，弩有三个突出的优点：一是一个人只要稍加训练，用弩箭很容易射中目标；二是射击时，只要瞄准好，扣下扳机就可以了，身体动作很小，趴在地上也能射击，隐蔽性很强，不像拉弓需要身体大开大合；三是臂力不够也没关系，可以借助腰腿的力量，不像拉弓只能凭着臂力。

但是，有利必有弊，弩有一个最重要的弊端，就是射击的准备时间太长，不像弓箭那样可以快速连射，这在对抗敌人的快攻时相当不利。所以弩箭要想做出"箭如雨下"的效果，弩手就要分成几个编队，轮番射击。历代名将中，宋朝的吴玠、吴璘兄弟特别擅长这种打法。吴璘创造的"叠阵法"和孙膑在马陵的排兵布阵很像。吴璘刚开始摆出这种阵型时，因为要对抗的不是伏击圈里猝不及防的敌人，而是直冲过来的金国重装骑兵，所以大家都不安心，生怕射速跟不上。吴璘出来安抚军心，说这是古代的高级阵法，是从车战的战术推衍出来的，兵书上就有，只怪你们没文化，认不出来。（《宋史·吴璘传》）

吴璘这番话不知是真的还是忽悠人，毕竟他不可能看过《孙膑兵法》，也许只是和《孙膑兵法》不谋而合，但无论如何，军心确实安定了下来，这个阵法也确实打赢了金国的骑兵强攻。

——— 199 ———
古代弓弩威力到底有多大

孙膑在马陵道上排兵布阵，做好了包围圈，接下来就看庞涓的表现了。

原文：

庞涓果夜到斫木下，见白书，以火烛之，读未毕，万弩俱发，魏师大乱相失。庞涓自知智穷兵败，乃自刭，曰："遂成竖子之名！"齐因乘胜大破魏师，虏太子申。

根据《资治通鉴》记载，庞涓果然在当天夜晚追到马陵，见到一棵奇怪的大树上似乎有字，点起火把过去查看。"庞涓死此树下"几个字还没读完，四下里万弩齐发，魏国军队顿时陷入混乱。庞涓明白大势已去，无计可施，于是刎颈自尽，临死时愤愤地说了一句话："遂成竖子之名。""竖子"是骂人的话，大约相当于"小贱种"。可见庞涓念念不忘和孙膑的较量——

费了那么多心思，耍了那么多阴谋诡计，终于还是被孙膑翻盘了，自己反而成了帮孙膑扬名四海的垫脚石，让人怎么想得通！

但我们很容易生出一个疑问：那棵树的位置就在包围圈的正中心，孙膑下达的指令是见到火光就开始射击，那么在准备充足，万弩齐发的情况下，庞涓应该是第一个就被射死的，为什么他还能留下遗言，自刎而死呢？

百步穿杨

最有可能的是，这段记载有小说化的嫌疑，细节不尽可信。

信或不信，各有各的解读路径。

如果我们不信，就可以采取"从小说读社会"的方式来理解这段故事。这样的细节呈现既强化了庞涓的性格，又和前文相呼应，而且勾勒出人际关系当中的一种经典模式：**同学之间的竞争——比自己混得更好的同学永远是自己心里的刺。越是像战国这种激烈竞争的时代，这类问题就越是普遍而深刻。**

但是，如果我们相信这些细节，那么解读方向就完全不同了。对于庞涓的遗言，唯一合理的解释就是：

包围圈足够大，中心点并不在弩箭的有效射程之内。

通常来说，弓弩有两种射击方式，一是射抛物线，二是射直线。

一群弓弩手集群射击时，通常会射抛物线，仰天45度角，并不瞄准确定目标，这样能够出最大的射程，实施大范围的火力覆盖，而在单兵近战和伏击时，通常会射直线，瞄准确定目标，务求一箭命中。在直线射法里，弓箭的极致是所谓的"百步穿杨"。这里的"杨"并不是硕大的杨树叶，而是细长的杨柳叶。距离100步，射中指定的一片柳叶，确实神乎其技。

今天我们的100步，左右脚迈出的步子各算一步，而在古代，单脚迈出的一步只算一跬，两跬合计一步。所以那时候的100步相当于今天的200步。秦国以六尺为步，折算下来，古代100步大约相当于今天141米。用弓箭射中141米开外的一片柳叶，如果真的有人能做到，一定是百年不遇的武学奇才。

百步穿杨的传说出自战国纵横家苏厉之口，他说楚国神射手养由基不但可以百步穿杨，而且百发百中。（《史记·周本纪》）这番话虽然给我们贡献了"百发百中"这个成语，但纵横家向来夸大其词，不可尽信。

司马迁给自己同时代的名将"飞将军"李广作传，作为天下闻名的神箭手，李广直线射击的有效射程只有几十步。所以李广射箭，一定要等目标进入几十步之内，有充足把握了才射。这种射法，好处是百发百中，坏处是风险太大。所以李广带兵，经常陷入险境，几乎脱不了身，打猎时也曾被猛兽伤过。(《史记·李将军列传》)

李广用的弓，当然是最强的弓。这个时期的弓，已经达到弓所能达到的技术巅峰了。

最早的弓叫单体弓，弓背是一根完整的竹材或木材。要想增加弹射力，基本只有一个办法，就是把弓做得更高。在很多欧洲的古装战争片中，那些快要和人等高的长弓就是典型的单体弓。中国很早就发明了复合弓，弓背不是用单一的材料，而是用多种材料搭配在一起，通过一套很复杂的工艺制作出来。这样一来，弓不必做得很高大，弹射力却比单体弓更强。我们在中国古装片里看到的弓，基本都是复合弓。

"强"字原本的写法是"彊"，弓有力曰"彊"。今天我们惯用的"强"字，原本是一种虫子的名字，被借用来形容"弓有力"，然后有借无还，原先的本字"彊"反而没人用了。

战国时期有一部技术专著《考工记》，这部书后来被收进儒家经典《周礼》，但它的内容和礼仪无关，和政治体制的关系也不大。《考工记》的最后一篇讲的就是复合弓的制作工艺——从选材到配料，再到各个制作步骤的工艺要点和工艺标准，讲得清清楚楚。直到清朝，复合弓的制作工艺都没有在《考工记》的基础上有什么新的突破。百尺竿头要想更进一步，就必须换个花样，于是就有了弩。

擘张弩、蹶张弩和腰引弩

弩是在复合弓的基础上发展出来的，给复合弓增加了蓄力和瞄准的部件，所以从理论上说，弩的射程和复合弓是一样的。但不同的是，在给弩拉弦时，可以借助腰腿的力量，所以在用复合弓的技术制作弩臂时，就可以突破臂力的极限，把弹射力做得更大一些。

根据拉弦方式的不同，弩可以分成擘张、蹶张、腰引（也叫腰张）三类，射程依次递增。纯靠臂力的叫擘张，手脚并用的叫蹶张，手脚并用再配上腰部挂钩发力的叫腰引。

战国时代的弩到底是什么样子？威力到底有多强？我们还得借助纵横家的说辞，好在这一回说的应该八九不离十。《史记》记载，战国后期，苏秦到韩国游说，在国君面前狠狠夸赞了韩国一番，说天下的强弓劲弩都是从韩国来的，韩国的谿子弩，还有少府制作的时力、距来二弩都能射到 600 步开外。韩国士兵可以"超足而射"，连射上百箭，一箭就能把敌人射个对穿。（《史记·苏秦列传》）苏秦当着韩国国君的面讲韩国的事，就算有点夸大，到底不能信口开河。所谓"超足而射"，说的就是腰引弩的操作方式。如果射程真的能到 600 步，那就差不多是 850 米了。

如果这个数字可靠，那么它只可能是仰角射抛物线的极限成绩，强弩之末想必没有多大的杀伤力。因为单兵弩的终极形式——宋朝的神臂弓，也叫神臂弩——有效射程不过 240 步。宋朝名将韩世忠研制出神臂弓的升级版，取名克敌弓，有效射程也不过是 360 步。至于重型弩的代表作——宋朝的床弩——要用八头牛拉动绞车，有效射程达到了惊人的 1000 步。

战国时代的弩，今天能够见到的实物很少。考古专家在一座楚墓里发现过一部可以双箭齐发的连弩，可以自动装填 20 支箭。这张连弩被复原之后，一方面很让人佩服它巧夺天工的力学结构，一方面又很让人疑惑它的射程为什么只有 20 米左右。看来为了达到精巧性，射程只能被大大牺牲了。（陈跃钧《江陵楚墓出土双矢并射连发弩研究》）这种连弩，当时也许扮演着手枪的角色吧。

在秦始皇陵兵马俑坑里，出土了相当多的弓弩遗存，弩都属于擘张弩，有效射程在 50 步，60 米左右。
（刘占成、张立莹、杨欢《秦代弓弩的射程》）

　　孙膑在马陵道上配置的弩，很可能就是这种擘张弩，因为"万弩俱发"的弩只能是一种常规的制式武器，不会是特种兵的专用武器。当时齐国伏兵配备的弩，就算有蹶张弩和腰引弩，数量应该都不会多，没射中庞涓也情有可原。成千上万的擘张弩，却射不中庞涓，似乎只能说明射程不够。即便如此，孙膑也赢得绰绰有余了。

—————— 200 ——————

魏军为什么输得这么快

马陵之战的最后，庞涓羞愤自杀，魏国军队在夜幕下陷入混乱。《资治通鉴》的原话是："魏师大乱相失，庞涓自知智穷兵败，乃自刭。"庞涓是不是放弃得太快了呢？

从庞涓之死到太子申之俘

魏国军队遭遇伏击，如果队伍只是小乱，指挥系统还能运作的话，常规的应对方案应该是迅速改变阵型，用战车和盾牌连成围墙，只要撑上一段时间，等到后方大部队到场，自然可以解围。而庞涓之所以没做这种安排，那么爽快就自杀了，是因为孙膑的伏击一来气势太猛，二来有夜幕遮掩，让魏国军队瞬间陷入混乱。所谓"大乱相失"，士兵找不到军官，军官找不到士兵。古代的传令方式，白天使用旗帜之类的视觉信号，夜晚使用金鼓之类的声音信号，而部队一乱，指挥官和传令兵彼此找不到的话，指挥系统就彻底没法运作了。失去了指挥系统的军队变成一群乌合之众，只能各自为战，而混乱一旦开始，就会迅速扩大，再也收拾不住。于是，刚开始的大乱，已经注定了结局。

马陵之战成为中国军事史上一大经典战例，但马陵究竟在哪个地方，历来众说纷纭，无从查考。最有可能的地点，是今天山东省聊城市莘县大张家镇北马陵村，当地已经修了一座马陵之战纪念馆，立碑标记"孙膑、庞涓马陵之战处"。如果这里真的是马陵之战发生地，它离孙膑的家乡倒是不远。前文[1]介绍过，孙膑出生在阿和鄄之间的某个地方。阿在今天的山东省聊城市阳谷县阿城镇，鄄在今天的山东省菏泽市鄄城县，两地相距大约100公里。北马陵村就在阿城镇西南大约90公里，在鄄城县北大约50公里。如果真是这样，孙膑对马陵一带的地形地貌应该相当熟悉。

孙膑打赢了马陵之战，按说并没有撼动魏国的军事实力，毕竟太子申的主力部队还在后面毫发未伤，局部战争的胜负并不能决定全局。但是，《资治通鉴》在浓墨重彩地叙述了马陵之战以后，只是轻描淡写地

_1_　详见第152讲。

附了一句：齐国军队乘胜出击，大破魏军，把太子申抓了俘虏。真正的决战，看来反而赢得轻松。

道理不难理解，核心原理只有一条：人类社会，情绪是最容易传染的。

群居动物都有这个特点，稍有风吹草动，一个成员开始跑，全体都会跟着疯跑。这其实是很重要的生存优势，毕竟虚惊一场总好过因耽搁时间而送命。通常来说，群体的规模越大，情绪的裹挟力就越强。任何一个人类组织，要想扛得住情绪的裹挟力，都需要经过严苛而漫长的训练，毕竟这是在和强悍的生存天性作对。所以行军打仗有一个亘古不衰的要领——兵贵精而不贵多。军队如果训练不足，人数越多反而越容易添乱，在战场上，只要阵脚一乱，不必等敌人来打，单是自行冲撞和践踏就会导致溃败，就像雪崩一样。历史上的著名战例里，淝水之战就是雪崩型溃败的典型。

太子申得到前线失利、主将身亡的战报后，正确的应对之道通常有两种：一是严格保密，绝对不能让坏消息扰动军心，二是把失败的消息悲情化，向全军将士宣传英勇无畏的庞涓将军是怎样为了掩护我们而中了敌人无耻下流的圈套，在绝境当中为魏国奋战了最后一滴血，由此激发同仇敌忾的斗志。

而孙膑刚刚打赢了一场漂亮的伏击战，兴奋的情绪也很容易传染，这时候同样可以因势利导，趁着士气正盛，强攻太子申的主力部队。

战争的详情我们不得而知，但推想起来，太子申应该没能稳住自己的阵脚，以至于轻易被击溃，自己也做了俘虏。

《资治通鉴》没有交代的后话是，齐国很可能并没有善待俘虏，太子申要么被杀了，要么在囚徒处境里死掉了。这种情况和春秋时代大不一样，体现出了时代的变迁。

在春秋时代，首先就不会有马陵道这种屠杀型的伏击打法，庞涓和太子申作为败军之将，也可以体面地成为战俘，接受贵族应有的礼遇，最后还会被恭送回国——当然，也许要付一笔不菲的赎金。当时只有楚国例外，主将要拿性命对胜败负责。

到了战国时代，贵族社会的流风余韵已经所剩无几，在战场上更难寻觅。

齐国内斗

从马陵之战到擒获太子申，魏国的军事实力遭到重创，国力从此急转直下，无力和诸侯争雄。但是，为齐国立下如此战功的总指挥官田忌却要迎来一生中最艰难的一次挑战，连孙膑的谋略都很难帮得上他。

前文[1]提过，齐国总理邹忌一直很讨厌田忌。曾经有人给邹忌出主意，建议他发动对魏战争，这样一来，田忌一定会当主帅。如果田忌打赢了，那就要归功于邹忌的谋划，如果田忌打输了，就算没死，他的小命从此就会掌握在邹忌手里。邹忌照方抓药，但结果有点出人意料，似乎田忌的胜利只是增加了田忌自己的功劳和威望，邹忌并没能得到什么好处。

大概出于这个缘故，在韩国前来求援时，邹忌才会建议齐国按兵不动，想不到齐国不但出了兵，而且田忌又打赢了，还赢得十分漂亮。等田忌这回班师还朝，威望和地位肯定要凌驾于邹忌之上。邹忌应该怎么办？这个局面，堪称历代政治斗争当中的一大经典困局。如果换成今天的办公室政治，邹忌难题就可以这样表达：**死对头业绩大爆发，变成了公司里的大红人，自己该怎么办**？

解决方向通常有两个：要么主动示好，化干戈为玉帛；要么死磕到底，既然已经撕破脸，那就不死不休。越是大人物，就越容易选择第二条路，因为大人物底下会攀附着很多小人物，船大了就不好掉头，大

1　详见第 151 讲。

哥一换旗帜就不好带小弟了。果然，邹忌的选择就是死磕到底，而既然明面上斗不过田忌，那就出阴招吧。

原文：

成侯邹忌恶田忌，使人操十金，卜于市，曰："我，田忌之人也。我为将三战三胜，欲行大事，可乎？"卜者出，因使人执之。田忌不能自明，率其徒攻临淄，求成侯；不克，出奔楚。

邹忌派人带着重金，到集市上找人占卜，话是这么说的："我是田忌的人，我们田忌将军已经三战三胜，现在想要做事，不知道可不可行？"

这话说得过于含蓄了，"欲行事"，到底要做什么事？追溯一下史料出处，《史记》和《战国策》的措辞是"欲为大事"。历史上凡是提出要做"大事"的，基本上不是扯旗造反就是谋朝篡位。

做"大事"之前要先占卜吉凶，是一项一以贯之的传统。但以田忌的地位，就算真要占卜，也会在自己家里请自己的占卜师来做，不可能派人到集市上随便找一个算命先生。邹忌的阴招虽然存在破绽，但很有社会学意义，我们可以知道当时的市场上已经存在专门的占卜摊位了。

占卜，严格来说应该烧龟甲观察裂纹。如果田忌有自己的占卜师，一定还会有专门饲养的大型乌龟，在当时的观念里，占卜的灵验程度并不取决于占卜师的专业技术，而取决于龟甲的品质，占卜师的专业技术仅仅体现在解读龟甲裂纹上。集市上的占卜摊就算真有乌龟，品质也不可能好，所以摊主搞的有可能不是占卜，而是算卦，也就是用《周易》那套手法预测吉凶。《周易》算卦原本就是甲骨占卜的简化廉价版[1]。

像造反这么大的事，田忌无论如何都不可能派人到市场找人算卦。但问题是，这种事情过于严重和敏感，国君的态度往往都是宁可信其有，不可信其无。就算国君对被告表达出"信其无"的态度，被告也未必敢信。所以，诬告者的布局就算再有破绽，往往也能奏效。就这样，那个假装替田忌算卦的人，还有卦摊的摊主迅速被捕，在齐威王面前供述一切。

消息马上传到凯旋途中的田忌那里。这种局面，显然又是孙膑可以施展谋略的机会。

孙膑是这样问田忌的："将军可以为大事乎？"（《战国策·齐策一》）那田忌和孙膑会不会真的干一件大事呢？

1　参见得到 App 课程《熊逸书院》第 3.5 讲。

—— 201 ——

被小人陷害了该怎么办

田忌为齐国征战杀伐，三战三胜，没想到真正的敌人却在国内：邹忌设下圈套，诬陷田忌谋反。田忌和邹忌这一将一相，显然无法走"将相和"路线，只能彻底撕破脸，拼个你死我活。

这种局面是人类组织结构里的一个经典模式，在历史上不断重演，在日常生活里也频繁出现。田忌要解决的是一个很容易引起共鸣的问题：被小人陷害了，该怎么办？

复杂的人际关系

好人教育给出的答案是：脚正不怕鞋子歪，身正不怕影子斜。

郡县制传统的标准做法是：相信朝廷，圣明天子一定会主持公道的。

田忌该不该这么做？我们来看看明朝学者陈绛的著作《金罍子》。

陈绛，字用言，写过很多历史评论。这些内容后来汇集成书，书名《山堂随钞》。所谓山堂，应该是指陈绛在金罍山边的宅子。后来陈绛的同乡学者陶望龄把这部书重新编辑一遍，改名《金罍子》。在这部书里，陈绛是这样剖析的：田忌只要怀着诚心，在头上抹上泥土，换一身囚徒的衣服，投案自首，积极配合齐国的执法部门，把全家百十口人的死活全部交由朝廷定夺，那么，真相不难大白，倒霉的只会是邹忌。因为邹忌耍的阴招实在太低级了，有悖人情事理。但邹忌不傻，之所以敢耍低级招数，就是因为笃定齐威王不可能查清真相，而田忌之所以没敢降低姿态等待朝廷发落，也是因为不相信齐威王能查清真相。但齐威王不是一代明君吗？当年明察秋毫，重赏了人人指责的即墨大夫，烹杀了人人称道的阿大夫，怎么现在变得老眼昏花、是非不分了？

陈绛很会联系史料，马上就提到淳于髡刁难邹忌的事情。

当初邹忌靠伶牙俐齿出奇制胜，受到齐威王重用，刺激了一大批知识分子。大家撺掇当时齐国的第一名嘴淳于髡带队去羞辱邹忌。淳于髡用隐语连番刁难邹忌，邹忌反应敏捷，随手化解。陈绛揪出了淳于髡抛出的一句隐语："用方形的榫头插进圆孔里，这办得到吗？"邹忌的回答是："我愿意遵照您的指教，小心侍奉国君身边的人。"[1]

陈绛评论说：看嘛，邹忌一定用了这一手，把齐威王身边的人都摆平了。于是邹忌变成了新版的阿大夫，不但没被烹杀，反而顺风顺水。田忌变成了新版的即墨大夫，而他的贡献，齐威王却看不到了。（《金疊子》上篇卷5）

也就是说，一切要素都没变，唯独齐威王变了。

不过，这段口舌争锋在不同史料记载中的细节略有不同，造成了基调上的差异。比如在《新序》和《史记》两部书中，虽然关于淳于髡那句隐语的记载大同小异，但关于邹忌的回答，《新序》的记载是："我愿意遵照您的指教，洁身自好，不敢结党营私。"而《史记》的记载是："我愿意遵照您的指教，小心侍奉国君身边的人。"

很难说谁的记载更加贴合历史原貌，但至少可以肯定的是，《新序》要做政治书，必须严守政治正确，《史记》要做历史书，思想包袱没有《新序》那么重。读者愿意相信哪个版本，只能各凭喜好了。

---

[1] 详见第147讲。

《金罍子》虽然是一部以见解迂腐而著称的书，但在田忌问题上，迂腐的地方仅仅在于把邹忌和淳于髡的那段对话与田忌问题关联得太生硬了。除此之外，陈绛的见解其实很深刻，他揭示了人际关系的复杂性，十分理解田忌当时的束手无策。

今天我们读各种文学作品，尤其是推理小说，很容易陷入一个误区——坏蛋在陷害别人时，诡计总要设计得天衣无缝，让被害者百口莫辩，然后，高明的侦探出场，从某个极其不易察觉的细节入手，一步步揭穿整个弥天大谎。然而现实中的诡计往往更像邹忌的安排，稍有头脑的人都能够轻易看穿，就算一时看不穿，至少也不会轻信。但是，只要这个诡计涉及的利益够大，就不难让当事人做出错误的判断，而各种情绪、偏见、猜忌也往往不着痕迹地添油加醋、煽风点火，把易解的问题变得难解，令细小的乱局变得无法收拾。换句话说，邹忌并不需要搞出什么缜密布局，只要播下一颗怀疑的种子，齐威王自己就会把这颗种子迅速培养成一株参天大树。

用人不疑，疑人不用

田忌到底该怎么做？陈绛最初的提案不但齐威王

会喜欢，历代君王都会喜欢。田忌一来应该相信身正不怕影子斜，二来应该相信上级领导和公权力一定会主持公道，三来应该相信纸里包不住火，真相总会水落石出。但如果要等到自己被杀之后，公道才会还给自己，真相才会水落石出，这可以接受吗？

这样一分析，我们觉得难题全在田忌这边，但其实齐威王也不好办。

如果田忌真的解除武装，主动请求审理，齐威王真的能审吗？如果审出了真相，难道就真的能公事公办，把邹忌这位国家总理按律治罪吗？这样做的结果，只会两头不讨好：一方面邹忌主持朝政多年，这种岗位不方便轻易换人，一方面就算还了田忌清白，田忌也会对齐威王离心离德，因为田忌正常的思考逻辑应该是这样的：难道非要等证据确凿你才肯相信我吗？难道你因为一个外姓人就来猜疑你的本家亲戚吗？我为齐国立下这么多汗马功劳，尚且得不到你的信任，我今后应该何去何从？

所以，站在齐威王的角度，邹忌给自己抛过来的其实是一个经典的管理难题，而经典的解决方案是这样的：不管心里是否相信田忌，都不能审，对问卜人也不能审，马上把问卜人解送到田忌的军营，由田忌自行处理。从中传达出来的信息是：我完全信任你，没有任何人可以动摇我对你的信任。至于要不要做秘密调查，怎么都得等到事后再说。对邹忌的态度是：邹忌这个人嘛，心是好的，只是误信人言，来来来，必须罚酒三杯。

古代的管理智慧，特别强调"用人不疑，疑人不用"，这就导致用人形同赌博，赌对了就是圣君有识人之明，赌错了就是奸臣误国。没办法，监管成本实在太高，又疑又用显然也不可行。**怎样才能给安全多一点保障？最常见的模式就是制衡：领导不在意下属谁对谁错，只要有矛盾就好。**

唐玄宗就很会这样做事，把告发安禄山谋反的人直接送给了安禄山。唐玄宗长期陷在齐威王的处境里：唐玄宗本人相当于齐威王，安禄山和杨国忠分别扮演田忌和邹忌的角色，只是唐玄宗最终没能把平衡玩好。

《资治通鉴》不爱讲权谋术，所以关于田忌和邹忌的较量，删掉了原始材料中很关键的一句话："为人卜者亦验其辞于王前。"（《战国策·齐策一》）邹忌不但抓了问卜人，还传唤了算卦先生在齐威王面前和问卜人对质。这就意味着，齐威王审理了这个案子，而案子只要一审，无论审理结果是什么，给田忌传达的信息都是一样的——领导不信任我。

—— 202 ——

田忌会听从孙膑的建议清君侧吗

邹忌诬陷田忌，齐威王如果既想审理这个案子，又不想引起田忌的猜疑，有什么办法吗？办法当然有，解决思路就在一部和管理学、权谋术都完全不沾边的书里，这部书就是《庄子》。

把自己变成一只空船

《庄子》有一个很经典的"虚舟"命题。所谓"虚舟"，用白话讲就是"空船"。在撑船渡河时，如果对面有一只空船漂过来，眼看就要撞上了，虽然情势危急，但就算是坏脾气的人也不会发火。如果增加一个条件：那只船不是空船，船上有一个人。眼看两船就要相撞，这边船上的人当然会高声呼喊，让对面船上的人赶紧把船撑开。如果连喊两声都得不到回应，再喊时一定夹着火气和污言秽语。前后两种局面，两船即将相撞的情势一模一样，人的情绪反应却截然不同。《庄子》的结论是：人生在世就应该把自己变成一只空船，"虚己以游世"，以空船的姿态处理人际关系，这样的话，就算威胁到别人，别人也不会怪你。（《庄子·外篇·山木》）

这个道理听上去有点玄妙。如果你威胁到别人，甚至已经发生了实际伤害，别人怎么可能不怪你？确实可能不怪你，只要你所造成的威胁和伤害没有让对方感到有任何恶意和存心针对。

庄子可能没有想到，其实最典型的人间虚舟，就是一切都公事公办的政府职员。如果一名杀手被抓获，在法庭上得到了公开、公正的审判，被判死刑，杀手通常不会怨恨法官。所以**历史上真正把虚舟风格发扬光大的，不是道家，而是法家**。法家要搞公开、明确的条文法，不但禁令森严，而且法律流程井然有序，整套法律班底就像一架巨型机器，无论是谁，只要触发了这架机器上的某个按钮，都会自然进入相应流程，在流程里按部就班，一视同仁。

如果齐国当时已经有了这样的法律机器，田忌就算接受审讯，也不会觉得自己被针对了，更不会怀疑齐威王对自己的信任。但齐国的法治建设显然远没有走到这一步，权力场上还是以田氏贵族为主，而越是国君的近亲，为国家做的贡献越大，就越有篡位的资格，反而齐威王最不会担心邹忌谋反，不会介意多给他一些权力和信任。

所以在田忌看来，齐威王既然审了问卜人和算命先生，显然就表示自己被针对了，回去就算不死也得脱层皮，怎么办？

就是在这个时候，孙膑抛出了那个暗藏波澜的大问题："将军可以为大事乎？"

职业经理人 vs. 回国夺权

看看田忌的例子，我们就可以明白，为什么历朝历代权力场上的人总会特别迷信，各种求神拜佛、算卦问卜、阴阳风水……实在是在他们的生活里，不确定性太高，跌宕起伏太大，患得患失太重。田忌刚刚打赢人生中最辉煌的一场战役，本应当风光无两，走到哪里都是鲜花和掌声，结果忽然间就要变成阶下囚了。祸兮福之所倚，福兮祸之所伏。

今天我们给历史复盘，可以从容地给田忌算一笔账。他要想自保，有利条件有三个：第一，他既是军队主帅，又是常胜将军，在军队里很有威望；第二，军队刚好就在他的手里，正走在凯旋归国的半路上；

第三，有孙膑这样的兵法大师给他出谋划策。不利条件只有一个：让齐国士兵攻打齐国国都，人家未必愿意出力。

从《战国策》的记载来看，孙膑做出的部署都是很纯粹的战术部署，对人心向背的问题竟然只字未提。孙膑的方案是这样的：让军队继续保持全副武装状态，安排老弱伤病的士兵守卫一处叫作"主"的险要地带，那里道路狭窄，两辆战车很难并行，守军可以以一当十。然后，背靠泰山，左临济水，右依天唐，军需辎重安置在高宛，用轻型战车冲击雍门，也就是国都临淄城的西门。这样做，"则齐君可正，而成侯可走"，可以定齐国国君之位，赶走成侯邹忌。（《战国策·齐策一》）

"正"是这句话的关键词，也是疑难点。通常的理解是，邹忌用阴谋诡计把齐威王带歪了，"歪"就是"不正"，田忌要用武力把齐威王从"不正"的状态给"正"过来。这样理解的话，孙膑出的主意就相当于历史上屡见不鲜的"清君侧"——国君身边有坏人，国君被坏人蒙蔽了，我们只能以下犯上，把坏人除掉，帮国君回归正途。

但也有不同看法，民国学者金正炜罗列证据，说这里的"正"相当于"定"，孙膑的意思并不是让田忌匡正齐威王的失误，而是劝田忌推翻齐威王，自己当国君。这样理解的话，一来合乎训诂，二来能和孙膑前面讲的"将军可以为大事乎"相呼应。（《战国策补释》卷2）这个解释相当合理。

孙膑的全部安排可以概括成一句话——让田忌在防备周全的前提下实施突袭，趁着雍门还没关闭时猛冲进去，避免费力不讨好的攻城战。

田忌这些年无论赛马还是打仗，只要听孙膑的话，总能出奇制胜，这一次有没有听呢？

史料相当混乱，《战国策》说田忌没听，最后逃出齐国，到楚国安顿下来。《史记》没提孙膑的谋划，只在某一处提到田忌带兵攻打临淄，没打赢，逃走了（《史记·田敬仲完世家》），在另一处说田忌攻打的不是临淄，而是齐国边境地带（《史记·孟尝君列传》）。总之，不论是否打了，就算守着孙膑这样的兵法大师，田忌都没能斗过邹忌，最后只好背井离乡，到国外避难。孙膑作为田忌的死党，应该也跟着田忌一道跑路了。

邹忌虽然赶走了眼中钉，但心里并没有多少胜利的喜悦，因为以当时的国际局势，人才到哪儿都受欢迎，何况是田忌这样的常胜名将。田忌逃到楚国后，常规选择有两个：一是认了新老板，从此报效楚国，就像吴起那样；二是借助楚国之力回到齐国，重新掌权之后回报给楚国若干好处。

今天我们最容易理解的是第一种选择，先前吴起也好，公孙鞅也好，都是这么选的，走上了一条职业经理人之路。但问题是，吴起和公孙鞅都是游士身份，无牵无挂，卷起铺盖就能跑路，而田忌不一样，他在齐国是国君的同姓亲属，高级贵族。如果说吴起和公孙鞅相当于职业经理人，那么田忌大约相当于齐国的高管、股东，还是副董事长。所以田忌这种身份的人，流亡国外之后，通常会做第二种选择：借外国势力回国夺权。

这个道理，邹忌当然明白。权贵们通常都会有一个难处——有些心事，尤其是脏心烂肺的事，不方便明说，必须有心明眼亮的手下在心照不宣之后勇于请缨。《战国策》记载，邹忌的门客杜赫看懂了老板的心思，说自己有办法，可以使田忌在楚国长住下来。但是，让田忌长住楚国，既不是楚王最想看到的，也不是田忌最想要的，只有让田忌回到齐国，才能让楚王和田忌的利益同时实现最大化，而杜赫要想让田忌和楚王——尤其是楚王——放弃最大的潜在利益，怎么可能做到呢？

—————— 203 ——————

孙膑是怎么被后世神话的

让田忌长住楚国的方法其实很简单，只需要把整件事当成一桩买卖就好。

根据《战国策》记载，杜赫到了楚国，替楚王做了一番谋划，首先找准楚王的痛点——楚国很想和齐国搞好关系，但齐国反应冷淡。而齐国之所以冷淡，杜赫向楚王说出了症结所在："那还不是因为我们邹忌总理担心你们楚国会帮助田忌返回齐国。"

症结既然在田忌身上，那就解决田忌好了。

居留江南，著书立说

杜赫的办法是，建议楚王给田忌一片封地，把他安置在长江以南的地方，这就等于楚王向邹忌表态说田忌再也回不去齐国了。邹忌只要安了心，自然会和楚国亲近，拿齐国的利益报答楚国。至于田忌，作为流亡分子，一定想不到自己在楚国竟然还能受封，必然会对楚王千恩万谢。退一步说，就算田忌将来还是回了齐国，也一定会和楚国亲近，拿齐国的利益向楚国报恩。这样的安排，无论最后田忌是否回齐国，楚国从田忌和邹忌身上都能捞到好处。

杜赫的谋划很像马陵之战前夕魏国的公子理接受的建议，只要轻松落下一子，就可以左右逢源，横竖都有便宜可占，不会吃亏。这种谋划，算得上面面俱到、滴水不漏，唯一不被考虑、有潜在受损可能的，就是齐国的国家利益。

于是，楚王果然把田忌封在江南。孙膑应该跟随田忌一起到了江南，在闲暇的日子里过着著书课徒的生活，《孙膑兵法》的大部分内容很可能就是在这里完成的，以至于后人在提到孙膑时，会把他误认为楚国人。

田忌和孙膑的后话值得交代一下：等到齐威王过世之后，继位的齐宣王知道田忌的冤屈，终于把田忌召还齐国，孙膑应当也在一道。回国之后的田忌有没有报答楚国，就不得而知了。但《孙膑兵法》有一篇《强兵》，在残缺很严重的竹简上可以勉强看到齐国把楚国狠狠打败过一次，其中还提到了齐宣王的名号。这一篇很可能不是孙膑亲笔，而是后人的记载，附在《孙膑兵法》全书的最后。

《孙膑兵法》直到 1972 年才重见天日，在此之前，严肃的读书人理解孙膑，除了可以借助《史记》和《资治通鉴》之外，《吕氏春秋》也很有价值。

《吕氏春秋》有一个标题很古怪的篇章，叫作《不二》，含义是：一切都要统一。

为什么非要统一？因为治国之道有太多流派，各有各的主张，甚至还有彼此相反的主张，如果国君听从这些意见，到底听谁的才好？这样下去，只会把国家搞乱套。治国应该像治军一样，只要指挥官一声令下，大家马上步调一致，让干什么就干什么。

为了论证这个道理，作者把当时各大流派的核心思想都用一个字加以概括，非常简单明确："老耽贵柔，孔子贵仁，墨翟贵廉，关尹贵清，子列子贵虚，陈骈贵齐，阳生贵己，孙膑贵势，王廖贵先，兒良贵后。"这段话在研究思想史的书里经常被人引用，其中提到的有些人是我们很熟悉的，比如老子、孔子、墨子，但也有些人没留下多少记载，生平履历和学术主张没能真正流传下来，比如陈骈、王廖、兒良。但是，在《吕氏春秋》比较古老的版本里，这段话之后还有这样一句话："此十人者，皆天下之豪士也。"也就是说，无论是老子、孔子、墨子，还是陈骈、王廖、兒良，当时很有可能是被人等量齐观的。孙膑也是这十人之一，和老子、孔子、墨子处于同一个重量级。而孙膑的核心思想，被归纳成"势"字。

"势"的思想，在中国历史上大致可以分为两派，一派是孙膑这种顺势、借势、造势派，另一派是秦国丞相李斯那种趋炎附势派。两派的境界虽然有云泥之别，在政治、军事上的施展和在人生哲学上的发挥虽然貌似全不搭界，但追本溯源，其实异曲同工，只不过运用之妙，存乎一心，修行靠个人。

民间文学中的孙膑形象

遗憾的是，《孙膑兵法》失传太早，孙膑的文化遗产只能从桂陵之战和马陵之战去寻。这两个战例因为太过精彩，波澜起伏，以至于被民间文学、戏曲不断改写，孙膑的形象、地位、知名度一度和《三国演义》里的诸葛亮不相上下。

其实可能早在宋朝，孙庞斗智的故事就已经妇孺皆知了，线索就在南宋民间文人罗烨的著作《新编醉翁谈录》里。这部书是研究古代小说史的必读书，也属于前面 [1] 讲过的"佚存书"——"佚"指在中国找不

---

[1] 详见第 162 讲。

到了，"存"指在日本还保存着。《新编醉翁谈录》就像《孙膑兵法》一样，著成不久就失传了，直到1941年被日本影印出版，这才传回中国。

《新编醉翁谈录》收录了很多宋朝"说话人"关注的话题和素材。所谓"说话人"，就是后来评书艺人的前辈。这部书开篇谈到"说征战有刘项争雄，论机谋有孙庞斗智"，可见在当时智斗主题的"说话"里，孙庞斗智的主题最受市井百姓的喜爱。

由宋入元，元朝是民间文学兴旺发达的年代，元杂剧有《庞涓夜走马陵道》，话本有《乐毅图齐七国春秋后集》，风格都是彻头彻尾的市井味道。《庞涓夜走马陵道》虽然胡乱搭配战国名人，但故事的底子是有据可考的马陵之战，而《乐毅图齐》就天马行空了，让孙膑大战乐毅，类似于侯宝林相声里的关公战秦琼。《乐毅图齐》塑造了孙膑的招牌式形象：穿青袍，骑青牛，提着沉香木打造的双拐。别看孙膑是残疾人，竟然还有不低的武力值，一生气就会抡起拐杖去打乐毅。孙膑和乐毅的对话最有意思，说不了几句有身份的人该说的话，马上就变成市井泼皮的斗嘴。

其中有一段特别出彩：孙膑只身到乐毅的军营讲和，乐毅的反应是"哮吼如雷：'叵耐瘸汉敢发此言！'"话不投机，乐毅手下的头号猛将石丙三番五次抡起 200 斤的大锤要砸死孙膑，然后发生了一段很精彩的对话："膑曰：'尔仗众杀我，非强。你敢放我出寨，取少军兵来敌你多兵，则一阵便见高低。'乐毅曰：'这汉使脱身之计。'毅曰：'我不放你出去。'膑曰：'你不放我出去，你敢做爷娘养着我么？你不放我出寨去，就此处杀你！'"

石丙每次要砸死孙膑，都被半奸不蠢的乐毅拿各种理由拦住。最后实在没法谈了，乐毅要打，孙膑要走，对话是这样的："乐毅谓孙子曰：'你不赢我几阵，我怎肯回兵？'膑曰：'你是好汉，有将才，敢对阵相持？交我去取些小兵，来阵上捉你，如翻手耳。'乐毅言曰：'俺也不信。咱放将你出去。'石丙曰：'不如这里打杀瘸汉。'乐毅曰：'不可。看用甚计来近我。'"

中国历史上的两大军事奇才，被民间艺人这么一写，显得一个比一个鸡贼。**但正是这样接地气的角色塑造，才能让孙膑的形象深深在民间扎根。**

到了明朝，孙膑的故事被改编出更多版本，最突出的就是《孙庞斗志演义》。作者署名吴门啸客。小说在古代中国一直都是不入流的文学形式，所以作者通常不会署真名，免得家门蒙羞。

《孙庞斗志演义》如果按照今天的网文分类标准，可以分到"复仇爽文"一类。孙膑和庞涓的所有仇家联手，把报复做得淋漓尽致——先给庞涓施了刖刑，庞涓这下可以叫"庞膑"了，这还没完，其他六国的仇家轮番上场，有割庞涓舌头的，有把庞涓腰斩的，杀死之后还要分尸。

各种戏说说得十分过火，有人看不惯，提出了一个今天我们很熟悉的呼吁：通俗文学也要尊重历史。于是余邵鱼编写《春秋列国志传》，冯梦龙编写《新列国志》，其中都有不少孙膑的戏份，孙膑的形象开始回归正史。但毕竟还是戏说更能迎合世人口味，所以各种仙剑神魔版的孙庞斗智依然大行其道。

周显王二十九年

----------- 204 -----------

公孙鞅是怎么打败魏国的

周显王二十九年（前340年），《资治通鉴》记载了三件大事：第一，秦国公孙鞅伐魏；第二，齐国和赵国联手伐魏；第三，楚宣王过世，楚威王继位。

在这三件事里，司马光对后面两件只是一笔带过，只对第一件事给出了相当的篇幅。我们的重点，也放在公孙鞅伐魏这件事上。

公孙鞅的伐魏谋划

原文：

（二十九年）

卫鞅言于秦孝公曰："秦之与魏，譬若人有腹心之疾，非魏并秦，秦即并魏。何者？魏居岭厄之西，都安邑，与秦界河，而独擅山东之利，利则西侵秦，病则东收地。今以君之贤圣，国赖以盛；而魏往年大破于齐，诸侯畔之，可因此时伐魏。魏不支秦，必东徙，然后秦据河、山之固，东乡以制诸侯，此帝王之业也。"公从之，使卫鞅将兵伐魏。魏使公子卬将而御之。

公孙鞅向秦孝公建议出兵魏国，首先分析地缘政治，说秦国和魏国势不两立，彼此都是对方的心腹大患，将来不是魏国吞掉秦国，就是秦国吞掉魏国。为什么这么说？看看魏国的地理，东边有险要的山岭作为天然屏障，建都安邑，西边和秦国以黄河为界，独享崤山以东的全部利益。一有机会，它就向西侵犯秦国，西边如果没机会，它就向东开疆拓土。

以上是秦魏关系的全景，再看近景：秦国这边，国君英明神武，国力蒸蒸日上，而魏国最近被齐国打得很惨，小弟们全都不跟它了，这正是秦国趁火打劫的好时机。魏国支撑不住，一定会向东迁都。有一退就有一进，秦国正可以扩大东线地盘，把魏国西部的地利全部据为己有。秦国得到这样的地利之后，就可以向东制服天下诸侯，开创帝王之业了。

公孙鞅这番话，司马光是从《史记》抄过来的，时间更早的《吕氏春秋》也有记载，但无论哪种记载，显然不会是公孙鞅的真实发言，因为在这个时候，魏国已经从安邑迁都大梁了。根据《竹书纪年》的记载，魏惠王九年发生了两件大事，其中之一就是迁都大梁。

魏国迁都这么大的事，《资治通鉴》竟然只字未提，明显不合情理。但这不怪司马光，因为他依据的原始材料是《史记》。《史记·魏世家》把魏国迁都大梁定在25年之后的魏惠王三十一年，这就让相关年份里的很多事情解释不通。这些矛盾很可能让司马光相当纠结，但他终于还是基本依据了《史记·魏世家》的时间节点，把魏国迁都大梁定在了周显王二十九年（前340年）。这样一来，和这个时间节点有矛盾的历史事件就只好被删掉了。

周显王二十九年，公孙鞅建议伐魏倒是真的，至于建议的具体内容，《资治通鉴》的记载就未必合乎实情了。无论如何，秦孝公同意伐魏，派公孙鞅挂帅出征。那么新问题来了：公孙鞅作为秦国总理，主持变法大业，应该始终坐镇在中央政府才对，打仗这种事派一名将军不就可以了吗？看人家魏国，不管是白圭总理还是惠施总理，都不会出来打仗，再看人家齐国，邹忌总理不但不出来打仗，还尽在大后方使坏。将相分工才是战国时代的大势所趋，公孙鞅作为一名一路向前的改革家，难道想退回春秋时代出将入相的老派作风吗？

公孙鞅为什么非得亲自出征，答案要到《吕氏春秋》里找。

无义

《吕氏春秋》有一篇《无义》，宣扬道义，把道义提高到"百事之始"和"万利之本"的高度，认为无论做什么事都应该以道义为出发点，背信弃义的人不会有好下场。

全篇列举了四个背信弃义的典型，第一个就是公孙鞅。先说公孙鞅和秦国的关系：和统治阶层既不沾亲，也不带故，只是凭着能力在秦国得到重用。要展现自己的能力，他除了带兵打仗之外没有其他途径。

这话在我们看来有点奇怪，因为主持变法是公孙鞅最能体现能力的地方，他哪里需要亲自去打仗？这就要考虑到《吕氏春秋》是秦国的书，成书于战国晚期，会戴着秦国特殊的有色眼镜来看世界。公孙鞅的变法，核心内容就在"耕战"二字，一切功劳都要从"耕战"而来，而"耕"的上限太低，立不了大功。要想立大功，受重赏，只有"战"这一个渠道。即便公孙鞅做到了国家总理，还是得靠打仗牟利。这就体现出"耕战"相关的激励机制在秦国有多强大，也同样体现出在秦国的政治体制里，一切都为打仗服务，一切都要向打仗让步，战争就是整个国家的发动机，而且所有人都想深踩油门。

魏惠王应该很郁闷：欺负人原本是自己的强项，没想到风水轮流转，轮到自己接二连三被别人欺负了。好在打仗在魏国早已常态化，兵来将挡，派出公子卬迎战公孙鞅。

魏国刚刚折损了一位太子，这会儿又派出了一位公子，正如孟子所说，魏惠王这是"以其所不爱及其所爱"，又一次把亲生骨肉送进险地。

原文：

军既相距，卫鞅遗公子卬书曰："吾始与公子欢；今俱为两国将，不忍相攻，可与公子面相见盟，乐饮而罢兵，以安秦、魏之民。"公子卬以为然，乃相与会；盟已，饮，而卫鞅伏甲士，袭虏公子卬，因攻魏师，大破之。

到了两军对垒时，按常理说，要么僵持不下，要么实实在在地打一场决战。但是，公子卬竟然收到了公孙鞅的一封书信，内容从叙旧开始，大意是这么说的："想当年我在魏国时，和公子相处愉快，那是多么美好的一段时光啊。现在你我兵戎相见，都是为了各自的国家，可不能因为公务伤了我们的私人感情。要不这样，咱们见一面，一起立下盟誓，两国互不侵犯，然后好好喝两杯，再各自撤兵回去，让两国百姓不受战乱的困扰，尽享和平的生活。"

这封信的内容看起来应该说到公子卬的心坎里了。他和公孙鞅既然是老相识，彼此知根知底，当年私交也还不错，如果可以借着这份人情，兵不血刃就能完成任务，还能因此和这位手握秦国大权的风云人物联络上感情，何乐而不为？

公子卬没能想明白的是：各自退兵看上去是各让一步，双方谁也没占谁的便宜，但其实秦国是入侵的一方，魏国是防守的一方，如果入侵的一方寸土未得，那就意味着防守的一方防守成功，也就是秦国败，魏国胜。以公孙鞅那样的人精，怎么可能主动吃这种暗亏？

只要想通了这一层，就能明白这封信里一定有诈。更何况以秦国的军功制度，公孙鞅的退兵除了要吃胜负的暗亏之外，还要承受来自三军将士强大的情绪压力。

但是，人类有两个致命的天性：第一，总是容易相信自己愿意相信的事情；第二，总是容易觉得和自己地位相当的人一定和自己的想法、心态相当。公子卬出身显贵，没受过社会的摔打，而公孙鞅虽然顶着一个"公孙"的虚名，却是凭着一己之力，一路披荆斩棘才挣到今天的地位。血统对上了能力，贵族对上了流氓，于是，"卑鄙是卑鄙者的通行证，高尚是高尚者的墓志铭"——在盟誓结束，酒宴开始时，公子卬被公孙鞅暗中埋伏的武士轻松擒获。就这样，公孙鞅打着叙旧和和平的幌子，诱捕了魏军主帅公子卬，为"兵以诈立"这句话做出了崭新的诠释。

—————— 205 ——————
魏惠王当初该杀公孙鞅吗

"兵以诈立"原本把欺诈限定在行军打仗的范围里，除此之外的情况，欺诈都不应该。叙旧也好，和谈也好，当然都不属于诈术的应用范畴。公子卬可能心中暗骂："我学过'兵以诈立'的道理，可咱们不是说好了不打仗吗？你公孙鞅好歹也是公孙，更是一国总理，总不能耍流氓吧？"

贵族出身的公子卬想不到，落魄贵族、国家总理一样可以耍流氓，接下来还有更流氓的。

功利主义

按说擒获了公子卬，靠谈判就可以从魏国拿到不少好处了。依照《孙子兵法》的指导，"不战而屈人之兵"才是最高明的战术。但是，不仅公孙鞅要立军功，三军将士也要拿首级换爵位，所以仗还是要打。于是，公孙鞅趁着对方群龙无首，发动进攻，大破魏军。

原文：

魏惠王恐，使使献河西之地于秦以和。因去安邑，徒都大梁。乃叹曰："吾恨不用公叔之言！"

大约就是因为这一战，秦国和魏国多年来反复拉锯的河西之地终于尽归秦国所有。魏惠王吓坏了，派使者向秦国献出河西之地，用土地换和平，然后离开安邑，迁都大梁，还恨恨地说："只恨我当初没听公叔的话！"

现在我们知道，秦国确实占据了河西之地，但魏惠王在多年之前就已经迁都大梁了，至于魏惠王最后那一句恨叹，指的是当年老总理公叔痤的临终托付。前文 [1] 讲过，当时年轻的公孙鞅来到魏国，在公叔痤所辖做家臣，公叔痤看出了他的能力，临终时向魏惠王推荐公孙鞅，让他继任魏国总理，如果不行，就杀掉公孙鞅，反正不能让他为外国效力。

不知魏惠王悔恨的是没能留住并且重用公孙鞅，还是没能杀掉公孙鞅。假设给魏惠王一颗后悔药，让

---

[1] 详见第108讲。

他有机会回到从前，杀掉公孙鞅，他应该杀吗？

该或不该，既有伦理意义上的解法，也有功利意义上的解法，两种解法很难不发生关联。

如果把这个问题抽象出来重新表达，首先就会变成伦理学上的一个经典难题：如果损害一个无辜者的利益就可以换取全体其他人的利益，那么这件事应不应该去做？

和它相反的命题是：一个社会应不应该以最大多数人的最大利益为绝对优先？

这个反命题是我们更熟悉的，它来自英国哲学家杰里米·边沁提出的功利主义。

功利主义最常遇到的质疑是：虽然绝大多数人在绝大多数时候都属于绝大多数，但无论是谁，难免会在有些时候或有些问题上沦为少数，被多数人投票牺牲掉。任何人只要想通这一层，就会为了自身的安全，拒绝支持"以最大多数人的最大利益为绝对优先"的观点。

那么，把问题逼向极端：**如果仅仅损害某个特定的无辜者的利益，以换取全体其他人的利益，那么这件事应不应该去做？**

1891年，美国哲学家与心理学家威廉·詹姆士在给耶鲁哲学俱乐部的一篇致辞里提出了这样一个问题：

"假若给我们一个世界，足以胜过傅里叶、贝拉米和莫里斯所描述的乌托邦的世界，所有人都可以永远过上幸福生活，但是有一个很简单的条件，那就是必须要有某个人做出牺牲，自己去世界的边缘独自忍受孤独的折磨。"[1]

这个问题在几十年后启发出一篇反乌托邦小说《走出奥米拉斯的人》(*The Ones Who Walk Away from Omelas*, 1973)，又过了几十年，哈佛大学政治哲学教授迈克尔·桑德尔在哈佛公开课《公正：该如何做是好？》(*Justice: What's the Right Thing to Do*, 2010)里援引这篇小说的情节重新提出老问题，这场公开课的视频当时在中国相当流行。

老问题历万古而长青，至今没有标准答案。而在小说《奥米拉斯的孩子》的结尾，有一些人默默拒绝了自己的幸福生活。绝大多数人都选择了继续享福，哪怕明知自己的幸福生活建立在某个无辜小孩的痛苦之上。

---

1 引自 William James, *The Moral Philosopher and the Moral Life*, International Journal of Ethics, April 1891。

固本培元

时间倒退两千年，魏惠王的想法一定简单粗暴：假如可以回到公叔痤临终的时候，管他公孙鞅无不无辜，一刀杀掉了事。但是，假如这个问题变成历史记载，任人评说，我们就会发现，中国哲人同样会被纠缠进那个世界性的伦理难题里。

中国哲人的见解主要分成两派，一派从道德纯洁性立论，一派从行为效果立论。

道德纯洁性很好理解：只要一个人是无辜的，那么不管出于什么目的，不论可以换来什么好处，都不该杀他。善的社会不能由恶行造就，或者说，如果做一件小小的恶事就可以造就一个善的社会，这个命题本身就不成立，因为这样一个所谓的善的社会已经不成其为善的社会了。

至于行为效果，即便魏惠王真的退回过去杀了公孙鞅，也不可能逆转未来。宋代学者胡寅分析说，如果当初公孙鞅确实犯下死罪，杀了他还可以给魏国永绝后患的话，那当然要杀，但如果人家无罪，要杀他来换自己将来的利益，这可不是仁者该做的事。何况天下不止有一个公孙鞅，难道魏惠王要杀尽吗？魏惠王就算悔恨没听别人的良言相劝，这个"别人"也应该是孟子，而不是公叔痤。

朱熹在《通鉴纲目》里摘引了胡寅的意见。能够得到朱熹的肯定，可见这个意见可以代表儒学的一大主流看法。

胡寅提到孟子，是因为孟子很快就会来见魏惠王，带来很多儒家风格的忠告，但魏惠王只顾着富国强兵，对孟子敬而远之。

在胡寅看来，魏惠王采纳儒家思想，好好给魏国固本培元，才是治国的正途。人间正道是沧桑——沧桑嘛，当然又苦又累。至于预先杀掉公孙鞅，防患于未然，那种事只能算是歪门邪道，虽然投入小，见效快，但只是饮鸩止渴。

"固本培元"的道理也许显得迂腐，但如果抽象一点来看，还真的可以成立，至少适用于公孙鞅本人。

马陵之战中，以孙膑这样的兵法大师，又是减灶，又是设伏，一计接着一计，赢得并不轻松，胜利果实也不算很大。相比之下，公孙鞅才真是"谈笑间、樯橹灰飞烟灭"，实实在在打下来一大片让秦国几代国君垂涎已久的地盘。

那可以说公孙鞅比孙膑更高明吗？如果我们把自己换到当时的情境，用谁的打法更好些？

如果我们把"可复制性"作为评价标杆的话，两种打法就会显出完全相反的特性。孙膑的打法最有兵法价值，一方面可以被无限复制，常用常新，一方面像围魏救赵这种套路就算被对手看破也无所谓，反正是攻敌之所必救，只给对方留下唯一的选项。公孙鞅就不一样了，老方子没法用第二次。

《吕氏春秋》正是从这一点上把公孙鞅列为反面教材，说他骗了公子卬的若干年后，因为被政敌陷害，拖家带口去魏国避难。按说这种事在战国时代很常见，各个国家都很愿意接受流亡出来的高级干部，但偏偏公孙鞅遇到了例外——魏国人拒绝他入境，因为有公子卬的前车之鉴，不敢去赌公孙鞅这一次的真假，生怕他又耍什么花招。（《吕氏春秋·无义》）

相比之下，孙膑用兵搞过那么多诈骗，尤其是减灶的布局，现场可以说是一个超大型诈骗机关，但孙膑和田忌流亡国外时，就绝不会有人怀疑。所以，公孙鞅的战术虽然赢得轻巧，却等于在个人征信记录上留下了一笔黑料。这笔黑料将来会不会把人卡住，就是一件碰运气的事了。

公孙鞅当然要赌，先把眼前的好处赢过来再说。正是凭着这一场战功，公孙鞅终于升级成为商鞅。

—————— 206 ——————

公孙鞅是怎么变成商鞅的

孙膑和公孙鞅各自指挥的两场大战，对比相当鲜明：孙膑的打法完全是军事家的打法，而公孙鞅的打法半是政治家的打法，半是政客的打法——不但为秦国的帝王大业奠定了基石，还给自己捞到了很大的军功。秦国正因为站稳了河西之地，才能从容控制了东进的大门，公孙鞅也正是因为这份军功，受封商於十五邑，号为商君。

商於十五邑

原文：

秦封卫鞅商於十五邑，号曰商君。

商君，翻译成白话就是"商於十五邑的领主"。从这个时候开始，公孙鞅就变成商鞅了。然后新问题来了：商於十五邑是个什么地方，又有什么特殊的意义？

所谓商於十五邑，其实是以商邑为中心的 15 座城邑。商这个地方原名叫於，改成"商"这个新名字后，人们一时间不习惯，所以有时候单独称商，有时候称为商於或於商。

商於的历史地理很容易把人搞乱，不同记载里的商於未必说的是同一个商於。比如前面刚刚讲过，於是商的旧名，但气人的是，商的附近确实还有一个於地，从商到於的通道就是唐朝有名的商於古道。更加添乱的是，商於古道还有一个广义上的含义，路线可以延伸到长安。

温庭筠的诗《商山早行》中，有一句"鸡声茅店月，人迹板桥霜"，说的就是商於古道的景象。商山早行之路之所以格外伤感，还有一个特殊的原因，后世的人很难读得出来，但唐朝的读书人对此格外敏感。商於古道连接长安和江淮，是南北交通的一条大动脉，唐代的东南士子到长安赶考，总要从这条路奔波北上，如果不幸落榜，又要从这条路返回家乡。如果我们抛开今天的知识边界，把历史、地理、诗歌、哲学这些在古代并不分家的东西重新串联起来，就能用古代知识分子的浑然眼光来重新感受这个世界，理解他们的心境。

商鞅受封的商於十五邑以商邑为中心，它的大致地点在今天的陕西省商洛市商州区。当地有一个市政广场，名字就叫商鞅广场。广场上有几座秦国风格的建筑，还有一座高大的商鞅雕像。雕像的左手抱着一卷竹简，应该是新近颁布的法令，右手指点山河，面部表情非常凝重。沿着商鞅雕像手指的方向望去，美丽的丹江就在不远处流淌。

丹江古称丹水，从西北流向东南，如果在地图上看，很像一条 45 度角的斜线。

在商鞅生活的时代，如果从商於沿着丹水顺流而下，很快就会来到武关。秦国军队一出武关，就可以收拾南方的楚国。所以发展商於，扼守武关，就等于掐住了楚国的脖子，这就能见出商於之地的战略意义。《资治通鉴》没有记载的是，就在商鞅刚刚受封之后，秦国马上向南用兵，攻打楚国。(《史记·楚世家》)

不难想见的是，楚国对商於之地满怀觊觎，更何况这片土地原本就是楚国的。若干年后，秦国的新任总理张仪比商鞅更会耍流氓，承诺把"商於之地六百里"(这个面积远大于商於十五邑)送给楚国，但求楚国和齐国断交。这番话把楚怀王骗得团团转，赔了夫人又折兵。

新君改名风俗

原文：

齐、赵伐魏。

楚宣王薨，子威王商立。

就在商鞅受封商於十五邑的当年，《资治通鉴》简略交代了另外两件事：一是齐国和赵国攻打魏国，这真是墙倒众人推；二是楚宣王过世，儿子楚威王熊商继位。

楚威王的名字叫"商"，和"商於十五邑"的"商"是同一个"商"，这真的只是巧合吗？

楚国有一个很奇怪的风俗：新上任的国君会给自己改名。

从现有的史料来看，这个现象真实存在，但原因不得而知。

参照秦汉以后的历史，我们会发现新君改名并不稀奇，最常见的理由是让老百姓方便避讳。比如汉平帝，本名刘箕子，两个字全是常用字，很难避讳，所以他在继位之后改名刘衎，"衎"是一个相当生僻的字。有人可能不理解：为什么不一开始就用生僻字给储君取名呢？

当然可以，但历史上有很多情况都是非正常继位，登上皇位的人原本并没有继承资格，要么有政变背景，要么是过继来的。汉平帝的情况就属于有政变背景。而在司马光的时代，经常发生皇帝生不出孩子，从旁支过继的事。从北宋到南宋，这种事实在太频繁，以至于形成了一套复杂的流程，从封官、封爵到改名，**折腾好几遍。推想这背后的用心，应该是想把一步登天拆解成逐步升级，让储君可以一步步完成对自己身份变化的认知升级**，免得幸福来得太陡，反而心态失衡。

如果人同此心，心同此理，那么楚国国君的改名现象大约也出于这一类缘故。在楚国国君可靠的改名记录里，确实有好几位国君都是篡位上台的，至于其他可能的情况，那就不得而知了。

假如新一任楚王是因为改了名字才叫熊商的，想必这个"商"和商鞅的"商"相同并不是因为巧合。商於十五邑原本就是楚国的地盘，当代考古学家在这里发现了大量的楚国文物。根据《史记》记载，秦国在秦孝公十一年（前351年）"城商塞"，在商邑修筑城墙，这就意味着，最迟就是在这一年，商邑落进了秦国手里，楚国人就这样失去了祖祖辈辈生活过的丹水上游地区。于是，新时代的墓葬里开始出现了秦国的器物。

商於之地的沦陷对于楚人来说是一件既恼火，又屈辱的事情。恼火在于从此被秦国扼住了咽喉，屈辱在于那么多祖先墓葬被秦人踩在脚下。所以，楚威王在即位之初改名为"商"，也许是想表明自己收复商於之地的决心吧。

当然，这都只是推测，并没有任何实在的证据。

楚威王即位之后，确实有一番励精图治的作为。他得到了"威"字作为谥号，还算有几分实至名归。

就在楚威王接替楚宣王的当口，这些年来一直威风八面的秦国也要发生权力交替了：秦孝公即将去世，商鞅的人生也将遭遇前所未有的危机。

周显王三十一年

---------- 207 ----------

商鞅的结局是怎样的

在商鞅受封商於十五邑的第二年，秦国把魏国修理了一番，但《资治通鉴》完全跳过了这一年，直接进入周显王三十一年（前338年）。

新的一年里，世界原本看上去一切如常。秦国继续欺负魏国，岸门一战大败魏军，擒获魏军主将魏错。（《竹书纪年》）"错"字既然会用在人名里，说明在当时它应该还没有"错误"的意思。至于秦国的主将是谁，战果如何，已经不得而知。不过这并不重要，这一年真正重要的事情只有一件：秦孝公死了。

商鞅如何自保

秦孝公在位一共 24 年，一开始给自己定下的人生目标，给秦国规划的宏伟蓝图，终于在去世之前全部完成——称霸了，河西之地抢过来了，魏国服软了，自己也可以死得了无遗憾了。

但是，随着秦孝公这一死，商鞅马上就要倒霉了。

一直以来，秦孝公都是商鞅头上唯一的一把保护伞。商鞅正是顶着这把大伞，才可以肆无忌惮，满世界去得罪各种在秦国树大根深、位高权重、他其实根本得罪不起的人。但他没办法温和，因为一旦温和下来，保护伞首先就会弃他而去。他在秦国毫无根基，要想成就非常事业，必须施展雷霆手段。他如果不对自己狠，不对别人狠，生活就会对他狠。所以在他的位置上，就算明知保护伞会有倒下的风险，也只能赌运气放手一搏。

古代社会毕竟医疗水平有限，哪怕是可以一掷千金的帝王将相，疾病和死亡也总是说来就来，让人猝不及防，让生活充满了无常感。**所以像商鞅这种权臣，最能让自己安心的自保方式就是篡位，让自己手里的权力保护自己，而不是借用别人的权力来保护自己。**就算篡不了位，至少要做到只手遮天，把国君架空。

历史上这类例子实在太多，秦朝有赵高，汉朝有曹操。但商鞅的尴尬在于，他所生活的战国时代是一个从宗法向帝制过渡的阶段，彻底集权化的政治结构要等到秦国变成秦朝才算正式成型，商鞅就算想学赵高也学不来，更何况继位的秦惠文王既不是纨绔子弟，也一点都不糊涂。

战国时代发生的几起篡权夺位事件，基本都属于宗法系统里的小宗篡夺大宗，而外姓人篡位成功的，只有田家人篡夺姜姓齐国这种特殊事件。即便是田家人，也是靠着多少代人的不断积累才终于找准机会，完成了最后的水到渠成。这也是国君爱用外人的原因之一，就像齐威王可能会担心田忌谋反，但不会担心邹忌谋反。正所谓"它山之石，可以攻玉"，远处的石头未必比手边的美玉硬，但外来的人才方便帮着国君摆平那些不服管教的三亲六戚。更加方便的是，在事情摆平之后，这个外人随时可以抛弃——它毕竟只是一块石头，只有工具属性而已。

商鞅应该明白这个道理，所以秦孝公一死，迫在眉睫的问题只有一个：如何自保？

吴起的教训就是商鞅的前车之鉴。跟吴起相比，商鞅的优势和劣势都更突出。

优势在于，商鞅经营秦国远比吴起经营楚国成功，而且这么多年下来，再不济都有威望和自己的班底。而劣势在于，商鞅的手段比吴起狠辣太多，和权贵集团结仇结得太深，甚至深到不可调和、不共戴天的地步。

这笔账很容易就能算清楚，结论也很清楚：赶紧跑路吧，像田忌一样流亡国外。只要商鞅愿意流亡，秦惠文王也没道理赶尽杀绝。

但是，苦心经营多少年才换来的财富和地位，哪那么容易丢掉？

秦惠文王也有自己迫在眉睫的问题需要解决，那就是怎么才能把位子坐稳，把权力抓牢。

在他的位置上，解决这种问题并不需要马上做出多大的成绩，"新官上任三把火"只是针对商鞅这种位置而言的。秦惠文王的当务之急不是做事，而是表态，只有对敏感问题迅速表态，才能够在短时间内最大限度地争取盟友，完成统战事业。那么，什么才是秦国上下最敏感的问题？显而易见，就是怎么处置商鞅。

当初秦惠文王还是太子时，两位老师公子虔和公孙贾就曾经代他受过，被商鞅动了大刑。现在风水轮流转，轮到秦惠文王对商鞅打击报复了。就算秦惠文王宽宏大量，深明大义，真心感激这位改革家为秦国富强做出的不可磨灭的贡献，但出于统战的目的，这时候也很有必要学习一下孙膑的因势利导，把商鞅牺牲掉，让太多人的积怨有个宣泄的出口。

作法自毙

原文：

（三十一年）

秦孝公薨，子惠文王立。公子虔之徒告商君欲反，发吏捕之。商君亡之魏；魏人不受，复内之秦。商君乃与其徒之商於，发兵北击郑。秦人攻商君，杀之，车裂以徇，尽灭其家。

根据《资治通鉴》的记载，公子虔一党告发商鞅意图谋反，商鞅逃过了官吏的抓捕，到魏国避难，但魏国拒绝商鞅入境，商鞅只好回到秦国，在自己的封地商於发兵北进，攻打郑地。秦国人攻击商鞅，把他杀了，把尸体车裂示众，还杀光了他的全家。

《资治通鉴》没讲商鞅被杀的具体地点，据考证是在一个叫彤的地方。前文[1]提过，这里原先是西周初年分封的彤伯国，属于畿内诸侯，背靠秦岭，在今天

[1] 详见第181讲。

陕西省渭南市华州区故城村一带。就在商鞅被杀的 12 年前，秦国和魏国在这里举行了外交会谈，根据《战国策》记载，商鞅当时一通忽悠，把魏惠王狠狠摆了一道。

《资治通鉴》记载的这件事里最大的疑点，就是商鞅受到的诬告。以当时的情境来说，商鞅并不存在篡位的可能。说他谋反，应该没有人信。但问题是，就算大家不相信，也都乐得表达出深信不疑的态度。商鞅应该很明白，一旦被捕受审，注定百口莫辩，这时候再想流亡就来不及了。他只好破罐子破摔，真的起兵造反。

起兵造反这件事同样疑点很大，因为商鞅这么多年在秦国大搞法治建设，基本形成了一套自动化管理流程，最大限度地避免了主观判断的干扰。社会就像一架大机器，每个人都是这架大机器上的一颗螺丝钉，凡事都有规章制度，一切都要照章办事。所以，就算商於十五邑是商鞅自己的封地，但一来商鞅不可能有直接的管理权，二来征兵、发兵、出战，每个环节都有固定程序，商鞅再怎么有本事瞒天过海，也很难带着这支军队直接和秦国政府为敌。所以有学者推测，商鞅并不是要打秦国的郑地，而是要去韩国——"郑"指的是因为迁都新郑而被称为郑国的韩国。这样的打法，既可以避开秦国的军事重镇，行军道路也很通畅，向北走不远就可以借助洛水顺流而下，到达韩国西部。（晁福林《商鞅史事考》）

《史记》还有一种流传很广的说法，说商鞅被诬谋反之后，只身逃亡，路上需要住店，但拿不出证明身份的文件。管理客栈的人不知道眼前这位就是商鞅，还跟他解释说："商君的法令有规定，如果我给您行了方便，我就要承担连坐的责任。"商鞅长叹了一口气，说出了一句名言："嗟乎，为法之弊，一至此哉！"意思是说：天哪，没想到法治的弊病竟然这么深啊！这句话后来被概括成一个成语：作法自毙。

商鞅自作自受，千秋万世沦为笑柄。

208

商鞅为什么败亡得这么快

商鞅的下场不仅是全家都被杀光，自己被杀之后还遭到"车裂"，惨状展示给所有人看。车裂到底是怎样一种刑罚？真的就是传说中的五马分尸吗？我们可以借助谭世保先生的一篇文章《车裂考》（《学术论坛》，1982年第4期），给这个问题正本清源。

车裂

古代的死刑主要有两种形式，一种是斩，俗称杀头，一种是绞，俗称吊死。在中国文化里，绞刑要比斩刑好些，因为能给死者留下全尸。"绞"字左边是绞丝旁，表示绳子，右边的"交"表示读音，字音和字义清清楚楚，但"斩"就有点蹊跷了，右边的"斤"表示斧头，这很正常，左边竟然是车字旁，砍头和车子有什么关系？

最容易做出的推测是：难道最早的斩刑是用车子来实施的，后来做了简化，斧头才代替了车子？清朝文字学大师段玉裁就是这么想的，今天我们去查《说文解字注》，就会得到这个答案。

但这个答案并不正确，车字旁原本的写法是"軎"，含义是砍断牲畜的头，悬挂起来祭祀神灵。这个字在文字演变过程中被误写成车字旁，被沿用下来，一直用到今天。

了解了"车"和"斩"的关系，就容易理解所谓车裂，这个"车"也应该是"軎"。这个字很适合跟"裂"字搭配——比如对一具动物尸体，先砍断，然后才能分裂、肢解。所以车裂的意思，简单来说，就是肢解，俗称大卸八块。

肢解的原始目的并不是为了惩罚罪人，而是为了祭祀。

儒家经典《礼记》有一篇《月令》，讲每个月份里的物候变化和对应的生活方式，其中一项内容就是在不同月份里用不同的内脏举行祭祀，有时用肝，有时用脾，讲究很多。

儒家祭祀当然全用牲畜，不会杀人，但在先秦社会，杀人祭祀相当普遍。

如果仅仅是杀人，方法可以很多，但杀人用于祭祀，就必须有仪式化的要求。仪式是表演给人看的，所以杀人祭祀的仪式很有可能演变成杀人行刑的仪式。

商鞅的结局是："杀之，车裂以徇。"先被杀，再被车裂，车裂的目的是"徇"，也就是巡行示众，相当于我们熟悉的"斩首示众"或"传首九边"，让大家看清楚坏人的下场。

那么，"车裂"是怎么变成"五马分尸"的？谭世保对此的解释是：第一，汉景帝搞的刑法改革特别有里程碑意义，以至于后人对这座里程碑以前的死刑真相逐渐失去了解；第二，通俗文学望文生义，使五马分尸的说法深入人心。其实，车裂和五马分尸毫无关系。

太平天国时期，洪秀全受通俗文学的影响，把五马分尸正式写入刑律，这应该是历史上绝无仅有的一例。不过，杀人、肢解、献祭等行为即便在文化发达的宋朝也不算罕见——这种事大多发生在文教水平低下的地区，很有邪教色彩。做这种事在宋朝属于重罪，案犯会被凌迟处死。

其亡也忽

春秋时代早期，有一年宋国发生水灾，鲁庄公派出使节表示慰问。宋闵公的答复非常合乎礼数，鲁国大夫臧文仲感慨道："禹、汤罪己，其兴也悖焉；桀、纣罪人，其亡也忽焉。"（《左传·庄公十一年》）意思是说，虽然灾害难免都要发生，但不同的态度会导致不同的结果：大禹和商汤王这样的圣王会把灾害归罪于自己，认真进行自我批评，所以很快就能兴旺发达，而夏桀王和商纣王这样的暴君刚好相反，把一切问题都怪罪到别人头上，从不觉得自己有错，结果最终自取灭亡。

所以，历朝历代凡是有了大灾大难，皇帝都要下一道罪己诏。执政者是"罪己"还是"罪人"，相反的选择会导致相反的结果。

《吕氏春秋》把这个道理展开来讲，说执政者越是在自己身上找原因，越是会保持警惕，不断进步。但如果认为"有坏事"的原因全是"有坏人"，就会不断用杀人的方式解决问题，觉得只要把坏人杀光，坏事也就不会发生了，以至于自己死到临头也没想通自己为什么该死。（《吕氏春秋·论人》）

用儒家概念来说，在自己身上找原因叫"反诸己"，在别人身上找原因叫"求诸人"。君子应该多"反诸己"，少"求诸人"。用今天的话说，这就是"严以律己，宽以待人"。如果做得到，收获就是"兴也悖焉"，如果做不到，结局就是"亡也忽焉"。这是两千多年来儒家政治思维的一大主旋律，在这个背景下来看商鞅，就会有特别强烈的感触。商鞅的"兴也悖焉"要比大禹和商汤快得太多，几乎算是朝为布衣，暮为卿相。商鞅的结局也来得过于"亡也忽焉"，简直是前所未有的速度。相比之下，作为"亡也忽焉"代言人的夏桀王和商纣王简直就像寿终正寝。

不是人变坏了，而是时代变快了。

要论个人能力，商鞅应当远在夏桀王和商纣王之上，但两位暴君可以倚仗很多代人的积累，就算败亡，也是百足之虫死而不僵，这是商鞅不具备的优势。商鞅唯一的优势就是才干，这份才干让他迅速蹿升到人生所能达到的顶点，再往上就只剩下篡位一条路了，确实不现实。

在施展才干时，如果他可以温和一些，做人留一线，日后好相见，不给自己结那么多仇家，也许会得一个善终吧？问题是，以他这种毫无资历和人脉的外人，要想搏一搏功名利禄，全力以赴都未必能够如愿，如果采取温和的打法，恐怕连第一局都撑不下来。

秦汉以后，知识分子连篇累牍咒骂商鞅，骂的是商鞅的法家做派，但内心或多或少总会被商鞅的个人遭际触动——毕竟，一个无依无靠，只有满腹才华和满腔热血的人终于得到统治者的赏识，做出一番惊天动地的事业，这是历朝历代无数读书人的梦想。

在这一点上，谁都羡慕商鞅，但谁也不想最后像商鞅一样死无全尸。即便是今天的职业经理人，也不想在为一家企业披肝沥胆多少年之后，忽然就被一脚踢出门外。

—————— 209 ——————

商鞅有没有善始善终的可能

商鞅的人生，有没有善始善终的选择？在任何一个时代的知识分子当中，这都是一个很容易引发共鸣的话题。

有进无退

最理想的解决方案是不仅要善始善终，还要更上一层楼，继续大展宏图才好。这当然只有一条路，就是让商鞅当上秦国的国君。但篡位这条路绝对不能走，那不就变成乱臣贼子了吗？至少在儒家看来，道义问题永远都是不能妥协的原则问题。

那么，不搞篡位，怎样才能让商鞅当上国君？

办法也是有的：让秦孝公学习尧舜，主动禅让。

《战国策》有这样一段记载，秦孝公重病不起，知道自己撑不住了，想要传位给商鞅，但商鞅不肯接受。

后来秦孝公过世，惠文王继位，商鞅递交了辞呈。

有人来惠文王这里说小话——当时提建议的通例，无论良言还是谗言，都会先讲一个普适性的原则，再拿具体的事例去套这个原则。在商鞅的问题上，普适性的原则是："大臣太重者国危，左右太亲者身危"，意思是大臣不能权力太大，声望太高，否则就会危及国家安全，国君对身边的人必须保持适度的距离，否则就会危及自身安全。当然，这里所谓的国家安全，和国家本身关系不大，只是说国家的所有权可能发生转移。

给国君讲这种道理，本身就是一种表忠心的态度，言下之意是：我考虑的一切都是为您的个人利益着想。

接下来就要从大原则引向具体事例：如今的秦国，就连妇女儿童都在谈论商鞅的法令，却没人谈论大王您的法令，简直是商鞅变成了国君，大王您反而变成臣子了。何况商鞅原本就是您的仇人，希望您好好考虑一下。

惠文王显然听进去了，这才有了商鞅惨遭车裂的结局。

《战国策》里的言论，尤其是这一类见不得光的密谋言论，可信度都要打个问号。

但是，正因为"秦孝公想传位给商鞅"这段话很可能出于游说之士的虚构，反而更容易让我们理解这些游说之士对商鞅结局的理想构思——秦孝公深明大义，主动禅让。否则，就算商鞅递交辞呈，甘心退出权力场，权力场上的人也不可能轻饶了他。

换句话说，在秦孝公弥留之际，商鞅只有进路，没有退路。进路虽然荆棘密布，但总还有一线生机，闯出去就是光风霁月，退路却只有刀山火海。

商鞅当时并没有太多的历史经验可以参照，但商鞅的生死存亡变成后人参照的宝贵经验。曹操就是典型，不管舆论怎么逼他，他都不肯交出权力，还为此写了一篇《让县自明本志令》高调表态，说自己一旦退出权力场，根本不会有养花种菜的悠闲日子，政敌不可能放过自己。等到曹丕专权时，更上一层楼，果然让汉献帝禅让帝位。后人容易从大逆不道和利欲熏心的角度解释曹丕，而对曹丕来说，就像曹操和商鞅一样，仇家太多，早已有进无退了，一旦赢过，就再也输不起。

汉献帝禅位曹丕，纯属被逼无奈，但从《战国策》的说法来看，秦孝公禅位商鞅倒像是真心实意的。果真如此的话，以商鞅的为人，身上显然不会有任何道德包袱，为什么没有接受秦孝公的好意？

最有可能的答案是：无论秦孝公的禅让还是商鞅

的拒绝，都是虚构的。

战国中叶很流行禅让理论，学者们著书立说，大声疾呼，希望国君可以提升思想觉悟，通过禅让的举动完成伟大的道德升华，流芳百世。真有国君被这番论调忽悠，主动退位，让贤给国家总理，在国际社会掀起了狂风巨浪。而在商鞅的时代，虽然有禅让的舆论，但还没有哪位国君真的这么做过。

禅让

禅让问题是中国历史上的一大经典难题。在一般印象里，儒家总在宣传美好的往昔，尧把领袖地位禅让给舜，舜又把领袖地位禅让给禹，两位圣王大公无私，高风亮节。但是，作为战国时代的最后一位大儒，荀子可不这么认为。

荀子专门写过一篇文章《正论》，顾名思义，用正确的说法反驳社会上流行的各种歪理邪说。被荀子猛烈批判的歪理之一就是禅让理论。在荀子看来，所谓尧舜禅让，无论在事实上还是在道理上，通通站不住脚。

单从这个观点上，我们就很容易理解为什么荀子在儒家阵营里显得特别另类，为什么他的作品在秦汉以后长期被冷落，直到清朝编修《四库全书》时，官方才正式为荀子正名，说他的书完全当得起儒家体系里的经典著作。

荀子对禅让制的批判，无论是否在理，至少说明了一件事——禅让学说在战国时代一定很流行，否则荀子没必要这样大张旗鼓来作反对文章。

那么新问题是：这种观念到底是怎么流行起来的？

进入 20 世纪，古史辨派掀起疑古思潮，认为尧舜的禅让故事完全出于墨家学派的捏造，墨家的这套说辞很快被儒家采纳，两派一起拿虚假论据宣传各自的政治主张。

为什么事情要怪在墨家头上？因为墨家有"尚贤"的主张，认为在政治结构的位阶上，贤能胜过血统。

就像老板追求公司发展，一定要把能力突出的人安排在相应的岗位上。问题是，如果这位老板有一天突然发现某个员工比自己更适合做老板，更有能力带领这家公司平步青云，他该不该拱手让贤，把整个公司交给这名员工？

用今天的观念来看，老板把管理权交给他就可以了，自己做个甩手掌柜，从此闭门家中坐，钱从天上来，这正是股份制和职业经理人制度的优势所在。而在墨家的逻辑里，如果把"尚贤"的概念推演到极致，结果必然就是禅让。先秦史专家童书业有一篇经典论文《先秦七子思想研究》，其中有这样一句概述："尚贤的极致就是禅让。"

1993 年，湖北省荆门市郭店楚墓出土了一批竹简，其中有一篇《唐虞之道》，高度赞颂禅让美德。1994 年，上海博物馆从香港文物市场收购了两批战国竹简，其中《子羔》和《容成氏》两篇也是禅让制的吹鼓手。这些文献都属于战国中叶的作品，可见当时的社会上确实流行这种主张。《战国策》里秦孝公想要禅位商鞅的描写，大概就是这种风气下的产物吧。

大胆设想一下，假如秦孝公真的禅位商鞅，商鞅接受了，局面会向着哪个方向发展？

大概率上，国内会有贵族集团联手反扑，国际社会也会横加干涉，绝不容许禅让这种邪恶行径玷污社会。的确，根据《资治通鉴》记载，当真实的禅让事件 [1] 发生后，很快就被国内反对势力和国际武装干涉联手剿杀。

让人不解的是，禅让这样的伟大情操怎么就变成邪恶了呢？退一步说，就算禅让真是坏事，"战国列强"什么时候变得这么有正义感了？

----

1 指后来燕国发生的"子之之乱"。

真相倒也不难理解，各国诸侯除了极个别被禅让理论成功洗脑外，谁都不愿意把祖祖辈辈辛苦打下来的家业拱手让给外人。禅让理论一旦有了成功的实例，自然人心浮动，本国野心家一定不甘寂寞。所以，对这种歪理邪说，必须赶尽杀绝。

但为什么禅让理论还能存活相当之久呢？

大约它就像一面双刃剑，另一面的锋刃可以在貌似不经意间削弱周天子的统治合法性，也就从战国列强的肩上卸下了服从周天子的义务。

—————— 210 ——————

赵良是怎么规劝商鞅的

关于商鞅是否可以善始善终的问题，让我们回到《资治通鉴》，看一个比较实际的方案。

商鞅 vs. 五羖大夫

《资治通鉴》讲完商鞅之死后，忽然做出一番倒叙，回顾了五个月前秦国贤人赵良对商鞅的一番规劝。这段内容在《史记》里是按照时间顺序平铺直叙的，变成倒叙后，言外之意更突出了：看嘛，当初商鞅要是听了赵良的劝，完全可以全身而退，哪至于落到本人被车裂，全家被杀光的下场呢！

原文：

初，商君相秦，用法严酷，尝临渭论囚，渭水尽赤。为相十年，人多怨之。

《资治通鉴》的倒叙内容是这样展开的：首先概述商鞅的政绩，说他在担任秦国总理后，一味推行严刑峻法；然后交代典型事例：秦国都城咸阳紧邻渭水，商鞅曾经在渭水岸边判决囚犯，杀人太多，以至于渭水被染成红色；第三步交代民心所向，说商鞅在总理任上做了 10 年，秦国人已经恨透了他。

就在这时，赵良来见商鞅了。

在这件事上，《资治通鉴》交代得比较简略，有些内容和《史记》不太一样。最值得我们留心的一处不同就是：到底哪些人在恨商鞅。

《资治通鉴》说"人多怨之"，用"人"字泛指，让读者感觉秦国人都恨商鞅，而《史记》的版本是"宗室贵戚多怨望者"，也就是说，恨商鞅的人集中在秦国的宗室贵族当中。

这个小小的文字差异，在政治意义上有着天壤之别。

在司马光的时代，谈论商鞅就等于谈论王安石，如果把秦国人对商鞅变法的态度按照《史记》那么讲，就等于站到了王安石的阵营，和变法的反对派——包括司马光自己——公然宣战。所以，商鞅在秦国必须招致举国愤恨，变成国民公敌才行，非如此则不算政治正确。在司马光的心里，应该对商鞅在当时成为国民公敌的事情怀着真诚的信念。

而商鞅本人似乎对此一无所知，还沉浸在自己为秦国做出的伟大贡献里，误以为自己深得秦国人民的爱戴。

原文：

赵良见商君，商君问曰："子观我治秦孰与五羖大夫贤？"

所以当赵良求见时，商鞅很期待听到他的赞美，问赵良："您看我治理秦国，比当年的五羖大夫如何？"

五羖大夫是秦国历史上的一位传奇人物，身世和商鞅颇有几分相似。

五羖大夫的本名叫作百里奚[1]，大约生活在商鞅时代的 300 年前。他没有什么可以凭借的家世，在国际社会上到处求职，但一直没遇到像样的君主。岁月不饶人，一把年纪的百里奚终于熬不住了，果断降低了求职期望，在小小的虞国谋了一份差事。结果没等多久，晋献公大搞扩张，向虞国借道吞并了虢国，班师时顺手消灭了虞国，这就是成语"假途伐虢"的出处，另一个更

1　一作"百里傒"。

加常用的成语"唇亡齿寒"也是从这段历史来的。

虞国亡国，百里奚做了俘虏。正好晋献公要把女儿嫁给秦穆公，秦国和晋国缔结字面意义上的"秦晋之好"，于是，百里奚当了陪嫁的奴隶。

百里奚中途逃亡，逃到宛地，今天的河南省南阳市，被楚国人抓到了。当地人抓到百里奚之后，很可能还把他当奴隶来用，给他安排了一个放牛的差事。

百里奚当时已经七十多岁了，人生似乎就要以黯淡收场，没想到，他在国际社会混迹多年，虽然一事无成，没给自己挣来什么高官厚禄，却挣来了不错的名声。秦穆公听说过他的好名声，又听说他在宛地被楚国人抓了，就想用重金赎他出来。但转念一想，如果拿重金去赎一名逃亡的奴隶，反而会让楚国人生疑。那好办，就以奴隶的常规价格，拿五张黑色公羊的皮去赎他好了。

顺利赎回百里奚后，秦穆公和他长谈了三天，然后委以要职，称他为五羖大夫。

任何一种语言，词汇都特别能够反映出语言使用者的文明特征。在古汉语里，和牛相关的字特别多，超乎现代人的想象。同样，和羊有关的字也特别多，每一个品种、花色的羊都有特定的名称，黑色公羊被称为羖。百里奚是秦穆公拿五张黑色公羊的皮换来的，所以被称为五羖大夫。

正是在百里奚的辅佐之下，秦国走向了富强之路，秦穆公位列"春秋五霸"之一。

一士之谔

秦孝公在刚继位时，政治理想和政治口号就是恢复秦穆公时代的霸业，在商鞅的辅佐之下，最终超额完成了目标。如果说秦孝公可以无愧于秦穆公的话，商鞅按说也应该无愧于百里奚。商鞅想从赵良那里得到的答案应该是这样的恭维："您太了不起了，比当年的百里奚更优秀！"

原文：

赵良曰："千人之诺诺，不如一士之谔谔。仆请终日正言而无诛，可乎？"商君曰："诺。"

但赵良并没有立即回答，而是先借来一顶大帽子，给自己申请了一道护身符。这顶大帽子是一句漂亮的格言："千人之诺诺，不如一士之谔谔。"在《史记》的版本里还有上半句："千羊之皮，不如一狐之掖（腋）；千人之诺诺，不如一士之谔谔。"意思是说，就算凑出千张羊皮，也不如一只狐狸腋下那一点点皮毛值钱；一群人的唯唯诺诺，不如一个正直之士直言不讳的批评来得更有价值。

这句话不全是赵良的原创。早在"三家分晋"之前，赵简子手下有一位直言进谏的家臣，名叫周舍。周舍死后，每到开会时，赵简子总是不大高兴。大家都不知道自己做错了什么，赵简子说："你们没错，只是我听说过这样一句话：'千羊之皮，不如一狐之腋。'我每次和你们一起开会，只听到你们唯唯诺诺，随声附和，再也听不到周舍的批评意见了，所以我不太高兴。"

赵良搬出这顶帽子，等于给商鞅两个选项：你是想听恭维话，还是想听真话？

赵良自己当然想说真话，所以又补了一句："如果你想听真话，我可以跟你讲一整天，但你得保证不杀我。"

这种话如果对别人说，可能只是一句客套话，但商鞅曾经用雷霆手段禁止秦国人议论新法，不但不准批评，连表扬都不行。大概变法这么多年，局面不同了，商鞅很痛快地答应了赵良的要求。而另一方面，赵良的这番话也很能体现当时上流社会的谈话礼仪——平辈之间要想批评教育对方的话，先要问问对方想不想听，"好为人师"的姿态是很失礼的。

原文：

赵良曰："五羖大夫，荆之鄙人也，穆公举之牛口之下而加之百姓之上，秦国莫敢望焉。相秦六七年而东伐郑，三置晋君，一救荆祸。其为相也，劳不坐乘，暑不张盖。行于国中，不从车乘，不操干戈。五羖大夫死，秦国男女流涕，童子不歌谣，舂者不相杵。"

赵良开始教育商鞅了。商鞅自以为能够媲美百里奚，而赵良的结论是：你不配。

在赵良看来，百里奚虽然是秦国仅用了五张羊皮换来的人，但当他坐上高位，执掌大权时，秦国人没有谁敢说一句不满的话。百里奚当政的六七年间，向东讨伐了郑国，接连三次帮晋国拥立国君，又一度帮助楚国免于祸患。百里奚虽然贵为秦国总理，但再累也不会坐着乘车，天气再热也不在车厢上张起顶棚。他在秦国出行时，既没有随行的车辆，也不安排警卫员贴身保驾。当他离开人世，全国不分男女都为他流下泪水，小孩子不再唱起歌谣，就连舂米的人都不再唱劳动号子了。

这里有两处细节需要解释一下：一是"舂者不相

杵"，"相"说的是人在做体力劳动时唱的号子，为的是找准节奏，便于协作，还能减轻一下工作压力。儒家礼仪有所谓的"邻有丧，舂不相"（《礼记·曲礼上》），邻居有人办丧事时，有必要照顾人家的情绪，干活时别唱劳动号子。从礼仪上说，这是义务，但在赵良的话里，意思是干活的人因为悲痛，自然没有唱劳动号子的心情。

第二处细节是"劳不坐乘"，当时乘车，人是站在车厢里的，地位尊贵的老年人可以乘坐一种专门的车子，叫作安车，可以坐在车厢里。当然，当时的坐是跪坐，不是像今天这样坐在椅子上。

那么问题来了：百里奚严于律己，艰苦朴素，当然值得赞美，但他的政绩听上去并不出彩。讨伐郑国那一次也是无功而返，赔本赚吆喝。而帮晋国拥立国君也好，帮楚国免于祸患也好，尽做助人为乐的事，秦国自己能有什么好处？哪像商鞅，到处攻城略地欺负人，做尽了损人利己，损外国利秦国的事。

这两位总理，到底谁才真正对秦国有贡献呢？

—————— 211 ——————

为什么说商鞅的命运是个死结

首先需要替百里奚澄清一下：他确实对秦国很有贡献，只是赵良没提。

那么新问题出现了：赵良明明真心赞美百里奚，为什么偏偏不讲百里奚给秦国带来的那些扎扎实实的利益？

危若朝露

答案很简单：赵良属于儒家人士，儒家重义不重利。在百里奚执政期间，秦国虽然完成了霸业，但那个时代的霸主更像是周朝大家庭里的老大哥，虽然实力是必要条件，但并不能纯靠蛮力，而要以实力为后盾，以德行为招牌，缺一不可。所以秦国要承担国际警察的义务，哪儿有不平哪儿有它，热心维护国际秩序。

那些和秦国实力相当的大国难免心里不服气，但很多小国其实乐得有这样一位老大哥。

有大哥时，虽然要好好伺候大哥，但规则明确，而且一仆一主，关系单纯，如果没有这位大哥，不但规则会乱，还会一仆二主，甚至一仆多主。所以做大哥也不容易，为了呼风唤雨的高光时刻，经常需要面对一地鸡毛。

霸主头衔所承载的责任和义务，简直比王冠所承载的还要沉重。当然，那些争当霸主的诸侯不会只要虚名，更想要的是对国际社会的控制权。对国际社会的控制力越强，自身的地位就越稳固，捞取利益的空间也就越大。

对于看重实际利益的人来说，捞取利益才是争霸真正的吸引力所在，而对于赵良那样的儒家人士，老大哥和国际警察的身份才是霸主头衔上的绚烂光环。就连孔子都很推崇这样的霸业，高度赞美过辅佐齐桓公成为霸主的名相管仲，认为管仲所做的不仅是对齐国的贡献，更是对全世界的贡献。

这才是儒家心目中霸业应有的样子。而商鞅成就的霸业和百里奚时代的霸业同名异实：商鞅只会以力服人，大搞领土扩张，完全不承担国际警察的义务，更可恨的是，不维护世界秩序也就算了，偏偏还总是浑水摸鱼、趁火打劫，毫无大哥风范，只有鸡贼嘴脸。

赵良是在用旧时代的标准来评判新时代里的商鞅。那么，商鞅一门心思为秦国谋福利，这一点能不能赢得赵良的一点点赞同呢？

完全不能，因为在赵良看来，商鞅在秦国的所作所为纯属祸国殃民。

原文：

（赵良曰：）"今君之见也，因嬖人景监以为主；其从政也，凌轹公族，残伤百姓。公子虔杜门不出已八年矣。君又杀祝懽而黥公孙贾。诗曰：'得人者兴，失人者崩。'此数者，非所以得人也。君之出也，后车载甲，多力而骈胁者为骖乘，持矛而操闼、戟者旁车而趋。此一物不具，君固不出。书曰：'恃德者昌，恃力者亡。'此数者，非恃德也。君之危若朝露，而尚贪商於之富，宠秦国之政，畜百姓之怨。秦王一旦捐宾客而不立朝，秦国之所以收君者岂其微哉！"

赵良是这么说的："你看人家百里奚上位，好歹是秦穆公采取的主动，再看看你，走通秦孝公近臣景监的门路，这像话吗？才来秦国就搞不正之风，走歪门邪道。你一当政就搞暴政，欺负完了贵族又去折磨老百姓。那位被你动过肉刑的公子虔，到现在一连八年没出过家门。你还杀了祝懽，给公孙贾脸上刺字。你该知道这句诗吧：'得人者兴，失人者崩。'大家拥戴你，你才能好，如果没人拥戴你，你就要完蛋了。看看你做的这些事，把人都得罪光了，怎么可能受人拥戴呢？你看人家百里奚出门，连警卫员都不带，你出门就不一样了，去哪儿都是浩浩荡荡的车队，前后左右都是精挑细选出来的警卫，每个人都武装到牙齿。安保力量但凡欠缺一丁点，你就宁可不出门。《尚书》有这么一句话：'恃德者昌，恃力者亡。'**人只有凭借德行才能发达，纯凭蛮力只能自取灭亡**。你看看你做的这些事，和德行不沾边，纯属蛮力。"

说完这些话，赵良用四个字总结了商鞅当下的处境："危若朝露。"意思是说，商鞅的处境就像清早的露水一样，太阳一出就会完蛋。

倒不能说赵良贩卖焦虑，因为商鞅的处境确实危机四伏，只不过秦孝公当时还健在，一切危机都被掩盖住了。赵良把这些被掩盖的危机明白揭示出来，然后给商鞅提出了一个解决方案："如果你还继续贪恋商於封地的利益，舍不得总理地位给你带来的权力，还是一如既往的话，人民对你的怨恨一定越积越深。等哪天国君一死，你的靠山没了，秦国不知道有多少人想扑上来弄死你。"

这番话入情入理，商鞅会怎么反应呢？

无可避免的悲惨结局

原文：

商君弗从。居五月而难作。

果然商鞅没有听从赵良的劝告，仅仅过了五个月，就有人告发商鞅谋反，商鞅在反抗过程中被杀。

那么问题来了：如果商鞅听了赵良的良言相劝，不再贪恋权势和富贵，接下来应该怎么做呢？《资治通鉴》没讲，在《史记》的版本里，赵良的讲话内容还要丰富很多，在"危若朝露"那里是这么说的："君之危若朝露，尚将欲延年益寿乎？"

如果商鞅还想多活几年，也不难办。赵良的意见是：把商於十五邑退掉，主动下野，到乡下搞搞园艺，颐养天年，下野之前必须叮嘱国君招贤纳士，提高社会福利，赡养老人，抚恤孤儿，敬重父兄，提拔功臣，尊崇有德之士——总而言之，基本都属于儒家的老生常谈。赵良认为，商鞅只有这样做，才能稍微求得一点平安。（《史记·商君列传》）

赵良的办法真的管用吗？这都不用请曹操来评判，就连醇正的儒学大师对此都不乐观。朱熹的《通鉴纲目》引述胡寅的批语，说商鞅根本无计可施。放眼世界，秦国老百姓都恨他，秦国以外的诸侯都是他的敌人，秦国新任国君惠文王早就看不惯他，公子虔那些人遭受的肉刑造成的是终身残疾，谁都治不好，商於十五邑的小小地界也不足以让商鞅自保。所以，商鞅的悲惨结局无可避免，这应该足以使刑名学者和刻薄之徒引以为戒了。

这个道理用今天的话来说，就是"出来混，迟早要还的"。就算商鞅侥幸死在秦孝公前面，他的家人最后也难免被仇家报复。

这是死结，解不开。历史上有很多强人都会陷入这个死结，死结没有解法，只能暴力破坏。既能看破这层道理，吸取商鞅的教训，又能真正操作成功的人并不太多，曹操父子堪称典范。

曹操要做的，不是归隐田园，而是一方面保住权力，一方面积极培养继承人。只要能有称心如意的继承人，自己和家人的平安富贵就能得到保障。曹丕是一个非常合格的继承人，不但保住了家族的平安、权势和富贵，还成功完成了篡位，给自己和家族加了一份保险。

然而商鞅貌似一直都在孤军奋战，除了秦孝公的鼎力支持，身边虽然有自己的班底，却没有实权派的盟友，膝下竟然也没有子女——不知这只是因为史料的缺失还是真的没有。即便商鞅真有儿子，应该也不曾来得及在秦国政坛闪光，以至于没有任何功劳可以在史册上留下一笔。

不过，说起不存在的人，你也许察觉到了：赵良就是一个很没道理存在的人。毕竟以商鞅的雷霆手段，执政这么多年，赵良式的人物按说要么早就被杀，要么被弄去种田或打仗，怎么可能好端端地活着，还大剌剌地现身，神叨叨地在商鞅面前宣讲儒家哲学呢？

—————— 212 ——————

轻罪重罚有什么利弊

赵良和商鞅的这段对话，《资治通鉴》虽然讲得仔细，但比起《史记》的记载还是简略了不少。如果去看《史记》，我们的错愕感可能会更强。

轻罪重罚

在《史记》里，赵良就像一台名人名言自动贩售机，而且这些名人名言不是对偶句就是排比句，一句比一句铿锵有力、掷地有声。更加不可思议的是，就连商鞅说话也有这种调调——比如在请赵良放心说真话时，商鞅援引名言："貌言华也，至言实也，苦言药也，甘言疾也"，意思是说，漂亮话既肤浅又害人，逆耳忠言才真正对人有益。商鞅引用完名言，再把话题引到当下，请赵良认真批评。

赵良和商鞅的对话，通篇都是这种风格，一点都不像正常说话，反而像是一篇精心撰写的文章，很有汉赋风格。也许这只是儒家知识分子为了宣扬儒家思想，批判法家作风而虚构出来的。

儒家一直都在这样批判商鞅，《史记集解》还引用了刘向《新序》里的一段议论，同样是一大段对偶句加排比句，说商鞅"内刻刀锯之刑，外深斧钺之诛；步过六尺者有罚，弃灰于道者被刑。一日临渭而论囚七百馀人，渭水尽赤。号哭之声动于天地，畜怨积仇比于丘山。"这样一番形容下来，商鞅简直就是一个身居高位的变态杀人狂。变态到什么程度呢？步子迈大一点要罚，把灰倒在路上要受肉刑。"弃灰"后来成为商鞅身上的一个经典标签，用以形容他的治国方针的苛刻。

如果商鞅有机会为自己辩解，他会怎么说？

商鞅应该会说："我只是轻罪重罚而已，貌似很残暴，很不讲理，其实比儒家的仁政可能还要温和呢。"

这个道理成立吗？

我们先看看"弃灰"到底是怎么回事。据韩非子说，早在商朝就有这种法律了，谁把灰倒在路上就砍断谁的手。子贡认为这个刑罚过重，就去向孔子请教。孔子说："商朝人真是很懂得法治的道理。灰倒在路上的话，风一吹就容易飘起来迷住过路人的眼睛，人被迷住眼睛就容易发怒，发怒就会引起争斗，争斗一起就会扩大规模，最后引发许多家族互相残杀。既然弃灰会造成如此严重的后果，刑罚重一点也很合理嘛。而且，严峻的刑罚是人们厌恶的，不往路上倒灰是很容易做到的，敦促人们做到容易做到的事情来避免严刑重法，这是非常正确的治国之道。"

这种法治精神可以概括成四个字：轻罪重罚。

商鞅说过："轻罪重罚的好处是，轻罪没人敢犯，重罚其实也就用不上了，这就叫'以刑去刑'。"（《韩非子·内储说上》）

"以刑去刑"，简单来说，就是提高刑罚的震慑力，让所有人都知道违法成本过于高昂，无法承受，从此安分守己过日子，绝对不敢触犯法网。所以，貌似罪与罚并不相称的严刑峻法，造成的社会效果却是一片和谐，人人守法，那些酷刑其实根本用不上。商鞅在渭水岸边判决囚徒，一天之内杀掉了七百多人，染红了渭水，一定是相关法律刚刚推行时候的事，杀一儆百嘛，以后也就太平无事了。

这个道理很像当代世界的核威慑，正因为核武器的存在，各国之间反而不敢轻易动武，即便动武，轻易也不敢把战争升级。

但是，孔子真的会表彰轻罪重罚的做法吗？显然不可能，孔子和子贡的那段问答应该是韩非子编的段子，目的是让儒家领袖也来赞同法家纲领。这种手段当然不是只有法家会用，赵良很可能就是儒家虚构出来攻击法家的武器，让商鞅这样一位法家名流在赵良这样一位儒家无名之辈面前被批评得诚惶诚恐。更深一层的含义是：赵良给商鞅的建议并不仅仅针对商鞅个人，而是儒家给法家指出的一条弃暗投明之道。

弃灰问题

弃灰的事情是儒家的污蔑吗？这倒未必，李斯在写给秦二世的一封奏章里也提到了这件事，把它作为秦朝最核心的司法精神。秦二世很满意，在全国加强推行轻罪重罚，但结果并不是天下太平，反而受刑、被杀的人多得不像话。为什么会事与愿违？《史记》有一句话透露出一点线索："杀人众者为忠臣。"（《史记·李斯列传》）秦朝把处决犯人的多寡当成官吏的考核指标，所以杀人越多，KPI 就越漂亮。

弃灰问题是法治史上的一个经典问题，它首先会提醒人们反思立法的初衷：立法到底应该以公平为目标，还是应该以维护社会秩序为目标？

人类天然会追求公平，无论在世界上哪个地方，文明初期的法律总会遵循等价原则——以眼还眼，以牙还牙。即便后来不再真的以眼还眼，以牙还牙，也会找到眼和牙的等价物，比如若干年的刑期或若干额度的赔偿。而弃灰所表现的轻罪重罚原则意味着立法初衷的另辟蹊径——等价原则被彻底抛弃，法律不再关心为受害者讨还公道，而仅仅关心杜绝违法现象，维护社会秩序的问题。至于被法律处罚的人是不是遭受了来自公权力的不公正对待，根本无关紧要。

反对轻罪重罚的人通常有两类主张，一是从伦理原则出发，认为罪与罚的不对等违背最基本的正义精神，二是从执行效果出发，认为轻罪重罚未必真能如愿以偿，甚至还会事与愿违。

比如前几年社会上热议的拐卖儿童的罪犯该不该判死刑的问题，正方的意见是，只有死刑才能震慑这些坏蛋，而反方的意见是，如果采取死刑，人贩子在察觉到被捕危险时就会杀掉手里的孩子灭口，而原本这些孩子是很有可能被解救出来的。当然，正方还可以反驳说：如果采取死刑，这种震慑力会使坏人根本不敢拐卖儿童。反方也可以继续反驳：照这么说，凡是设置了死刑的罪名都不会有人犯罪了，但为什么每年还是有那么多死刑犯？

辩论可以无休无止。从历史上看，轻罪重罚就算不作为法治的常态，至少也会在某些特定时期，针对特定问题应运而生。

在王安石变法时，就有人向宋神宗反映，说反对新法的人接连被贬，就算他们有罪，但罪过和惩罚严重不匹配。难道当权的人不知道这一点吗？并不是，他们只是用这种方式来震慑反对派，可叹商鞅的司法精神竟然在宋朝死灰复燃了！（《历代名臣奏议》卷267）

弃灰问题是商鞅留给我们的一个很有意思的思想遗产，如果追问下去，将会有很深的探索空间。

---------- **213** ----------

如何认识商鞅的功过是非

商鞅变法之所以值得被特殊对待，是因为它不但在当时具有划时代的意义，而且影响力实在太大，是历朝历代永恒的憧憬、伤口和禁忌。

商鞅的一生

简单回顾一下商鞅的人生。先看国籍：他是卫国人。再看血统：他是卫国公孙，所以被称为公孙鞅。再看名字：公孙鞅在离开祖国之后，别人提到他，有的依照血统叫他公孙鞅，有的依照国籍叫他卫鞅。后来他在秦国立功，受封商於十五邑，所以被称为商鞅，也被尊称为商君。再看技能：商鞅专攻刑名之学。刑名之学在当时分化出两个方向：一是语言学、逻辑学方向，商鞅没兴趣；二是管理学方向，商鞅很精通。

商鞅的职业生涯是在国外展开的：先到魏国，做了魏国总理公叔痤的家臣，很受器重；公叔痤死后，商鞅离开魏国，去秦国谋求发展。当时秦孝公刚刚继位，广求天下人才，想要大展拳脚，实现秦国复兴，商鞅的变法主张正中秦孝公下怀。

商鞅的一切变法主张，核心是两个字：耕战；目标是两个字：富强。

如果需要更精炼，那么核心只有一个字：战；目标也只有一个字：强。耕是为了战，富是为了强。

商鞅变法迅速改变了秦国的国家面貌，把秦国成功引上了富强之路，为秦国将来吞并六国，建立统一的大秦帝国奠定了坚实的基础，而商鞅本人因为过于强硬的铁腕风格，在秦国结怨太多，以至于秦孝公刚死，商鞅就被政敌反扑，不但死无全尸，还连累全家都被杀了。

商鞅留下的文章被汇编成书——《商君书》，其中也掺杂了其他法家人物的手笔。商鞅的重要智囊尸佼在商鞅死后到成都一带隐居，著书立说，写成一部《尸子》。

商鞅虽然被杀，但商鞅为秦国奠定的法治基础并没有人亡政息。秦国继续把商鞅路线发扬光大，把自己打造成让山东六国望而生畏的虎狼之邦。

商鞅变法堪称改革成功的经典案例，但吊诡的是，它反而让人畏惧改革。

历朝历代，即便到了晚清，国家各种积贫积弱，变法势在必行，并且在已经实现了的若干项变法中，效果虽不能说立竿见影，至少也是肉眼可见，但为什么保守势力要不依不饶地阻挠呢？保守势力当中不乏正人君子，他们的政治诉求也不全是为了护住自己碗里的那块奶酪，他们也不都是食古不化、规行矩步的书呆子，那么，他们到底在担心什么？

追溯到《资治通鉴》诞生的时代，北宋又何尝不是如此？内有积贫积弱，外有强敌环伺，为什么不应该搞富国强兵的改革？为什么大家的反应就像天要塌了一样？就算司马光那批老臣都是老顽固，冥顽不灵，但像苏轼、苏辙兄弟这种脑筋灵光的年轻新锐怎么也跟在顽固派后面起哄？

顽固派的担忧

循着历史的草蛇灰线，追本溯源，再次回到商鞅那里。

首先，商鞅带给世人最强烈的震撼是：富国强兵似乎并不是很难，只要把激励机制稍微调整一下就可以了，药到病除。这就意味着，作为管理者而言，无论治理一个国家还是管理一家公司，核心任务只有一件事——设计一套激励机制。只要这套机制设计得好，所有的人都会被这套机制自动驱赶到你想让他们去的地方。

通用电气公司发明过一个很流行的末位淘汰制，通用电气公司前首席执行官杰克·韦尔奇称之为"如何建立一个伟大组织的全部秘密"。这个秘密很有数学上的简洁之美，简言之就是在每一个考核期间内，把业绩倒数的 10% 的人员果断淘汰。这很残酷，也很高效。

这个管理秘方就像商鞅的耕战政策一样，遭到了无数人的口诛笔伐。现代人如果想对商鞅变法有比较直观的感受，可以去实行末位淘汰制的公司上一年班。

其实我们确实很有必要从公司模式来理解古代社会的国家模式。如果一个国家是一家营利性组织，目标就很简单了，无非是追求利益最大化。

那么下一个问题是：谁的利益？

答案很明显：谁拥有这个国家，就是谁的利益。

早在宗法时代，国家的所有者要涵盖各个等级的贵族，而随着宗法纽带解体和集权模式的成型，国家的所有者越变越少。到了战国时代，一个国家的全部所有者基本就是国君和少量的元老贵族。以秦国为例，国际竞争日趋白热化，对于秦国的大股东来说，最重要的事情是什么？当然是活下来，保全家业。保全家业的办法是什么？进攻就是最好的防御。只有把对手都消灭掉，自己获得垄断地位，才是最安全的，当然也是最有利的。这和自由市场里公司之间的竞争思路一模一样。

其次，公司要想保持竞争力，必须找到一个推动公司运行的动力澎湃的发动机。在这一点上，商鞅设计的发动机就是战争——让战争推动一切，让一切为战争服务。所以，秦国的方方面面都围绕着战争进行，为战争提供保障，同时也被战争调动起来活力，各种内部矛盾很容易在对外战争带来的紧张气氛里自行消解。整个国家变成了一架庞大的战争机器，每个国民都是这架机器上的一颗螺丝钉。现代经济学有一个分支叫作战争经济学，如果为这个细分领域供奉一位祖师爷的话，商鞅就是当之无愧的第一人选。

商鞅还把秦国国民变成战争机器上的螺丝钉，只知道种田、打仗、赚取相应的提成，对至亲骨肉横眉冷对，对顶头上司无限盲从。所以，秦国人很容易心往一处想，劲往一处使，让管理者十分省心。

最后，人的知识、见识水平越高，达成共识的难度就越大。比如阅读趣味，中学生通常高度一致，照着排行榜买书、看书；博士生就各有各的偏好，你看你的书，我看我的书；到了教授这个层次，排行榜就毫无参考价值了。古代没有广播、电视、报纸，大国要想塑造全民的国家认同感，实在心有余而力不足，所以做加法不如做减法，兴办教育不如打击教育。

秦始皇统一六国以后，致力于把天下变成文化荒漠，成效斐然。如果秦朝可以长治久安，或者汉朝百分百做到"汉承秦制"，完全继承了秦朝的文化政策，中国很可能会变成另一个样子。偏偏汉朝为了证明自家政权的正当性，在容易做的地方刻意和秦朝反着来，努力搞文化重建工作，而文化一旦重新生出萌芽，越来越多的人产生了文化自觉，再想搞愚民政策就不容易了。

文化自觉同时也是人的自觉，人会因为文化而意识到自己是人，不是螺丝钉。得到官方认可的儒家学术很会强调人的共情能力，推己及人。所以当社会再需要富国强兵时，人们难免担心富国强兵的代价是"人将不人"，牺牲全体国民的人性，为少数人谋福利。

这时候再回顾商鞅变法，会觉得这一剂猛药虽然确实让秦国野蛮生长，但以秦朝这样的大帝国竟然两代人就亡国，真是前所未有，触目惊心。这该怪谁呢？显然要怪商庸医乱用虎狼药。这是人们最容易想到的答案，也是人们最愿意相信的答案。因此后世中国历史，改革变得让人畏惧也就不足为奇了。

周显王三十二年至三十三年

———— 214 ————
古人为什么要办社会

周显王三十二年（前337年），《资治通鉴》简短
记录了一件事：韩国总理申不害死了。

原文：

（三十二年）

韩申不害卒。

法家两大巨星先后陨落，但申不害的死平平静静，
远没有商鞅之死那样充满戏剧性。

商鞅的死，是"杀之，车裂以徇，尽灭其家"，有
一种十分解恨的味道，申不害的死只是一个字："卒。"

朱熹的《通鉴纲目》原话照抄，刘友益的《纲目书法》总结《通鉴纲目》遣词造句的规矩，推断申不害是死在工作岗位上的，为韩国工作到人生的最后一天。

申不害死后，继任总理名叫张开地，是汉朝开国名臣张良的祖父。张良的父亲张平继续在韩国做总理，这两位总理一共侍奉过韩国五代国君，所谓"五世相韩"。后来张良反秦，初衷就是为韩国复仇，因为自己的家庭和韩国是牢牢绑定的，国仇就是家恨。

周显王三十三年（前336年），《资治通鉴》一共记载了两件事：第一，宋国的太丘社消失了；第二，孟子来见魏惠王了。这两件事，既可以说波澜不惊，也可以说惊天动地。

我们先从第一件事谈起，看看"社"到底是什么。

社和社会

原文：

（三十三年）

宋太丘社亡。

"宋太丘社亡"，宋国的太丘社消失了，这个说法实在语焉不详。一个"亡"字，不知说的是死了、没了、跑了，还是什么别的意思。"太丘社"是个什么东西，司马光也没有解释。"宋太丘社亡"意味着什么，为什么值得在《资治通鉴》里留下一笔，司马光同样没讲。这也不能全怪司马光，因为这件事对于宋朝人而言无足轻重，但在秦朝人和汉朝人眼里，实在意义非凡。

先来搞清楚一个问题：什么是"社"？

这个"社"的意思是"社会"。我们不妨追问一下：什么是"社会"？

古书里早就有了"社会"这个词，但含义和今天完全不同，指的是和"社"有关的集会。小时候的语文课本里有一篇鲁迅的文章《社戏》，其中有这样几句话："至于我在那里所第一盼望的，却在到赵庄去看戏。赵庄是离平桥村五里的较大的村庄。平桥村太小，自己演不起戏，每年总付给赵庄多少钱，算作合做的。当时我并不想到他们为什么年年要演戏。现在想，那或者是春赛，是社戏了。"

这段话里，第一个关键词是"年年"，年年都要演戏；第二个关键词是"春赛"，春天的赛会，热热闹闹的。但是，虽然春赛就是社戏，社戏却并不等于春赛，在一年当中，社戏要办春秋两季，称为春社和秋社。为春社和秋社筹办的集会，就叫社会。近代日本用中文里的"社会"对译英文单词 society，后来这种用法传入中国，这才有了现代汉语里的"社会"。

追本溯源，中国古人为什么要办"社会"？

"社会"其实是一个宗教仪式，要对"社"进行祭拜。"社"的本义是土地神。对于农业国家来说，土地实在太重要了，堪称立国之本，必须隆重祭祀，祈求土地神的保佑。

今天提到土地神，我们通常会想到《西游记》里的土地爷，他们位于神仙谱系里垫底的位置，经常被孙悟空和各种妖怪欺负。除此之外，还能在一些农村地区看到土地庙，庙里供着土地爷爷和土地奶奶，老两口的形象很接地气。太接地气就欠缺威严，以至于人们通常不太拿他们当回事，土地庙的规模和排场远不如佛寺和道观。

但是，土地神曾经是中国地位最高的神，享受着级别最高的祭祀。

道理不难理解：对于农业大国来说，还有比土地更重要的吗？有了土地，才能播种五谷。五谷也有相应的神，叫"稷"。"社"和"稷"组合在一起，就是"社稷"，指代"国家"。

社和社稷

最早的社和稷都没有人物形象，但人们祭拜时，总需要有一个祭拜的对象。祭拜的对象叫作神主，死人的牌位就是我们比较熟悉的一种神主。牌位通常都是木制品，所以也叫木主。土地神也有这样的神主，叫作社主，或者直接叫"社"。

社用什么木材，似乎很有讲究。《论语》里有一段很难看懂的话，说的是鲁哀公向孔子的学生宰予询问社的用材，宰予回答："夏朝用松木，商朝用柏木，周朝用栗木。周朝用栗木的含义就是让老百姓战栗。"这里的"战栗"可能不是发抖、恐惧的意思，而是提高警惕。然后孔子说话了："成事不说，遂事不谏，既往不咎。"（《论语·八佾》）

孔子的话和宰予的话应该如何合上拍，历代学者各有各的猜测，这里暂且不表，宰予的话对我们当下的问题而言，给出了明确的线索。我们还可以据此推知，以鲁国这样一个最讲究周礼的诸侯国，鲁哀公以国君之尊，竟然搞不清社主的用料问题，看来当时土地神的地位已经走了一大段的下坡路了。

为什么木料会有不同，汉朝学者给出过一个合理猜测：建国的根据地不同，土地情况不同，适宜生长

的树木也就不同，大家各用各自土地上最适宜生长的树木来做社主。（《论语·八佾》何晏注引孔安国语）

天子有天子的社，诸侯有诸侯的社，各乡各邑也都有自己的社。绝大多数的社，或者叫社主、社树，很可能就是当地一棵最显眼的大树。社、社主、社树，这三个概念，广义上说是等价的，狭义上说，社主所在的那一片地方，祭祀社神所举行的活动，都可以叫社。至于社主，既可以指社树，也可以指社树的同类木材做成的可以移动的小型牌位。大家如果需要约个时间商量什么事，最方便的地标就是当地的社树。所以我们今天常用的一些词如社团、社区、结社、公社、报社、合作社等，都源于"社"的这层含义，表示一群人因为某个目的聚在一起。

《庄子》有一篇很著名的故事，说一个很厉害的木工师傅看到一棵"栎社树"。"栎"是品种，"社"是功能，树木的品种是栎树，被当地人当成社树。这棵树壮观得不像话，树荫可以遮蔽几千头牛，所以引来好多人围观。但木匠看都不看一眼，继续赶路。弟子们问道："自从我们跟您学艺，还从没见过这么好的木料，您怎么不以为然呢？"木匠答道："这棵树徒有其表，木料做啥啥不行，所以它才能活这么久，长这么大。"（《庄子·人间世》）

《庄子》用这个寓言来解说"无用之用"的哲学，但其中的细节可以告诉我们：被当成"社"的树一来要大，要醒目，二来不能砍伐，只能供着。

古代的社，用来代表社神的不一定都是大树或木制品，也有石头。根据文献记载，商朝会用石头代表社神（《淮南子·齐俗训》）。后世的出土文物也印证了这一点。

1965 年，江苏铜山丘湾发掘出一处商朝末年祭祀社主的遗址，中心地带是 4 块大石头，周围有 20 具人骨架，2 个人头骨，12 具狗骨架。人骨架的姿势是俯身屈膝，双手反绑，能看出这些人基本是被石头砸死的，死后就地掩埋。尸骨一共挖出两层，可见这里先后搞过两次祭祀。所有的人和狗，头部都对着中心的大石头。这 4 块大石头，就是社主。杀人献祭，属于最高规格的祭祀[1]。

《尚书》有一篇《甘誓》，顾名思义，是在一个叫甘的地方发布的战前动员演说。发表演说的人是大禹的儿子启。当然，这篇文字不可能真是夏朝的作品，而是周朝人根据远古传说所做的代笔。重要的是，在

---

1 俞伟超：《铜山丘湾商代社祀遗迹的推定》，载《考古》1973 年第 5 期。

演说的最后，夏启有这样两句话："用命，赏于祖；弗用命，戮于社。"意思是说，服从号令奋勇杀敌的人，将会在祖庙受赏，不服从命令的人，将会在社前受罚。从中可以体现出周朝人的观念，也能看出社还可以作为惩罚罪人的所在。

从管理学意义上看，如果等仗打完，回到大后方再进行相应的赏罚，显然赏罚的效果会大打折扣。尤其在军队这种环境，不但兵贵神速，赏罚也贵神速。《司马法》里有这样一句："赏罚不逾时，欲使民速见善恶之极也。"（《中论·赏罚篇》）意思是说，赏和罚都不能拖着办，否则激励作用就会大打折扣。但是，赏罚脱离祖和社，虽然效率提高了，权威性却变差了，有没有两全其美之道呢？

宋太丘社到底在哪里

两全其美的方案确实存在。军队出征时，祖庙虽然没法随身带着，但祖先牌位可以随身携带，作为社主的大树和大石头虽然没法随身带着，但可以有便携式的木质或石制的社主随身带，用专门的车子负责运输，赏罚就可以在牌位底下执行。（《周礼·小宗伯》）对于全军将士来说，有祖先神主和社主随行，心里也更踏实，因为这意味着"神与我同在"。

然而到了战国时代，社给人的感觉完全不同了。

《墨子》有一篇《明鬼》，摆事实，讲道理，证明鬼神真的存在，其中说到燕国有祖，相当于齐国的社稷、宋国的桑林、楚国的云梦，是男男女女游玩聚会的场所。这就意味着，祖、社稷、桑林、云梦这几个地方虽然是各国祭祀社主的地方，但没有一点血腥味儿，反而像是人民公园。

左祖右社

祭祀原本就是一项群体活动，场地既要有足够的面积，也要处在大家都方便去的位置。社神渐渐失去了人们的尊重，但祭祀社神的场地并没有失去适合聚众活动的功能性。祭祀社神的活动至少从春秋时代开始就有点鲁迅笔下社戏的轮廓了，在那个文娱生活极度贫乏的时代，吸引力非同小可。

《左传》有一个很出名的例子，主角是鲁庄公和曹刿这一对君臣。在齐鲁长勺之战中，曹刿帮鲁庄公出谋划策，"一鼓作气"打赢了战争。在长勺之战的13年后，齐国和鲁国的关系已经缓和下来，所以，当齐国祭祀社神的活动即将开始时，鲁庄公很想去看热闹。曹刿苦口婆心进行劝阻，说鲁庄公非礼，但鲁庄公终于还是去了。（《左传·庄公二十三年》）

但到底为什么非礼，曹刿没讲清楚。参照《春秋》三传当中的另外两部，《穀梁传》的说法是：鲁庄公想去看"尸女"。所谓"尸女"，就是在祭祀典礼上扮演神灵的美少女。"高唐神女"就是历史上最有名的尸女。《公羊传》说这事属于"非礼"，为什么呢？唐朝权威注本解释说：这实在是"淫泆大恶"，说不出口啊。（《春秋公羊经传解诂·庄公第三》）不过这倒可以理解，因为齐国的社会风气本来就比较开放。

社神的尊严感每况愈下，但国家级的社神毕竟还没有失去它的象征意义，并且随着时代的推移，社神与稷神绑在一起，关系越来越紧密。北京中山公园有五色土的地方，就是明朝的社稷坛，位于皇城五坛的几何中心。按说改朝换代之后，惯例是把前朝的社稷拆毁，换成自家的社稷，因为我的神和你的神不一样，我的神战胜了你的神。但清政府没这么做，我们今天看到的社稷坛不是清朝建的，而是明朝建的，清朝皇帝只是沿用而已。

明朝皇帝的祖庙也被清朝保留下来，今天去故宫，可以很直观地看到明朝人根据周礼给祖庙和社稷布置的方位。祖庙就是太庙，在劳动人民文化宫里。背对午门，右边是社稷坛，左边是太庙，这就是周礼规定的"右社稷，左宗庙"的布局，简称为"左祖右社"。古人学习儒学，要掌握很多类似的实用性知识，并不是单纯地接受道德熏陶。

那么，为什么是"左祖右社"，反过来可以吗？

这很可能只是路径依赖，并没有什么深刻的原因，只是阴阳观念在汉朝被充分系统化之后，"左祖右社"的布局也被赋予了阴阳意义：左为阳，右为阴，祖庙属阳，社稷属阴。

这似乎有点颠覆我们的常识。直观来看，社稷摆在光天化日、朗朗乾坤之下，应该属阳；祖庙是拜祭死人的地方，应该属阴。但古人的解释是：**社神是土地神，大地当然属阴，和属阳的天相对；祖庙里边供奉着祖先牌位，显示出一代代人的传承，这种生生不息的力量难道不正是阳的力量吗**？（《周礼·地官·牧人》郑玄注）

以石为社

如果我们按北京中山公园的社稷坛来想象社的模样，恐怕很难理解《资治通鉴》里的"宋太丘社亡"这句话，毕竟以如此规模的设施，怎么可能说亡就亡呢。宋国这个太丘社的社神标志物有可能像社稷坛一样是由石材打造的，要么干脆就是一块或几块石头。

我们需要确定一件事：这个太丘社，或者说这一块或几块石头，到底在哪儿？

商朝以石为社，而宋国在列国当中是一个很特殊的存在，它是商朝的残余。因为有了宋国的存在，商朝遗民可以在周朝继续过日子。更重要的是，商朝的王族没有绝嗣，还可以繁衍生息，祭祀祖先。宋国原先定都睢阳，顾名思义，位于睢水之阳，也就是睢水的北岸，今天属于河南商丘。睢阳的西边就是郑国。早在春秋时代，郑国就在晋国和楚国的夹缝之间辛苦求存，经常挨打，连累着旁边的宋国也不太平。大约是出于惹不起，躲得起的考虑，宋国终于迁了都，从睢水流域的睢阳迁到了泗水流域的彭城，今天的江苏徐州。彭城在睢阳东边略微偏南，两地相距大约150公里。从此以后，宋国和泗水流域的其他11个诸侯国被合称为"泗上十二诸侯"。

从《左传》的记载可以推测，宋国定都睢阳时，睢阳城既有内城，也有外城。内城四面都有城门，一共12座城门，每座城门都有自己的名称，取名方式很简单，门外通向什么地方，就以那个地方的名字来命名城门。比如东北门叫蒙门，因为从这里出去就是蒙泽。根据《史记》的记载，庄子就是那里的人。在"宋太丘社亡"的年景里，庄子应该在蒙泽附近静悄悄度过了自己的青葱时代。

至于睢阳的外城，只有一座城门见诸记载，叫作桑林门。按照内城城门的命名方式来看，走出桑林门，应该就是桑林之社了。也就是说，桑林之社就在睢阳城的郊外。那么，宋国既然迁都彭城，太丘按说应该就在彭城郊外。

地点有了推断之后，我们还是无法理解太丘社怎么会"亡"。如果它是毁于战乱，应该说"毁"，而如果没毁，难道还能跑了不成？

不仅我们难以理解，古代学者也很困惑。有人认为所谓"亡"，说的是地面塌陷，（《史记·封禅书》索隐引应劭语）也有人说是作为社主的大树遭到暴风骤雨的摧残，七零八落，不见踪迹。（吕祖谦《大事记》）

无论我们采信哪一种解释，都没法真正释怀，因为战国时代的宋国原本就不在"七雄"之列，在国际社会上翻不出多大的水花，太丘社就算被自然灾害摧毁，或者标记物被人运走，到底有什么重要性可言？

重要性不但有，而且很大，大到关乎天下兴亡。

—— **216** ——

为什么"宋太丘社亡"意义重大

太丘社很重要，因为它牵涉着当时最著名的天下重器：九鼎。

九鼎

宋国迁都彭城，彭城紧邻泗水，太丘社应该位于彭城郊外。"宋太丘社亡"这句话的直接出处是《史记·六国年表》，而在《史记》的其他篇章里，对于太丘社和九鼎存在着相当矛盾的说法：一是周王室灭亡时，象征着最高权力的九鼎被运送到秦国去了（《史记·周本纪》《秦本纪》），二是宋国太丘社亡时，九鼎沉入了彭城旁边的泗水（《史记·封禅书》），后来秦始皇出巡，经过彭城时，组织过一次大规模的打捞周鼎行动，但一无所获（《史记·秦始皇本纪》）。**因为太丘社和九鼎之间的联系，九鼎的去留又象征着周朝的覆灭和秦朝的建立，所以"宋太丘社亡"被当成天命转移的征兆。**

　　司马迁可能也搞不清哪种说法才对，所以疑者传疑。后来有人弥合了这个矛盾，说秦国当初运走九鼎时，有一只鼎自己飞到泗水里了，所以秦国并没有得到全套的九鼎。（《史记正义》）这个说法貌似荒诞不经，其实意味深长，它暗示了九鼎就像全套的法器一样，必须凑齐一整套才能发挥效用，秦朝虽然一统天下，但没有天命的加持，注定短命。

　　体会出这层深意，就不难想到，一只鼎飞入泗水这种事恐怕又是汉朝人编的。

　　汉朝是一个文化落后、迷信发达的时代，这种传说在汉朝很容易取信于人，汉朝官方也很喜欢这种给秦朝抹黑的段子。汉朝初年，骗术大师新垣平（姓新垣，名平）忽悠汉文帝，说周朝的大鼎当年沉入泗水，如今黄河涨水，直通泗水，自己望气时发现汾阴地带有金宝气，这应该就是周鼎重现人间的征兆。征兆都有了，不去主动迎接周鼎，必然会错失这个良机。于是汉文帝派人去汾阴修庙祭拜，但就在这个时候，新垣平其他弄虚作假的勾当被人揭发，祥瑞变成了闹剧，迎接周鼎的事情也就不了了之。

　　若干年后（前113年），汉武帝执政期间，汾阴当真迎来了祥瑞：一名巫师在后土祠旁边发现地面有点异常，挖开一看，竟然挖出一只大鼎。鼎的形体很大，和一般的鼎不一样，再看鼎身，有花纹但没有文字。朝廷仔细查验，排除了巫师使诈的可能，于是把大鼎隆重迎接到甘泉宫，由汉武帝亲自祭祀。

大鼎抵达长安后，公卿大臣议论纷纷，提议把它好好尊奉起来。但是，一向爱搞迷信活动的汉武帝这回却有点没想通，近些年来黄河泛滥，粮食歉收，明明没什么好事，为什么大鼎这种高级祥瑞突然现身？

这个问题实在太尖锐，大臣们赶紧去找理论依据，还真找出了大鼎的来历，上书给汉武帝：当初大禹汇集了九州进贡的金属，铸成九鼎，每一只鼎都煮过献祭的牲畜供奉上帝鬼神。所以九鼎是有灵性的，遇到圣明君主就会现身。九鼎从夏朝传到商朝，再从商朝传到周朝，周朝后来德行衰微，不能继续得到上天的眷顾。正好那时宋国的"社"亡了，鼎就沉入水中，谁都找不到了。哪知道过了这么多年，鼎竟然重见天日，这充分说明皇帝您老人家得到了上天的认可。所以这只大鼎一定要好好供起来才行，咱们可不能不识老天爷的抬举啊！

汉武帝的批示只有一个字："可。"（《史记·封禅书》）

《史记》的这段记载惟妙惟肖，细致入微，《资治通鉴》写到这一段时，大刀阔斧，删繁就简，只说某人在某地发现了一只大鼎，官府查验无误，将大鼎迎入甘泉宫供奉，文武大臣都向汉武帝祝贺。

司马光的唯物主义情怀，使《资治通鉴》失去了从观念意义上解读"宋太丘社亡"和九鼎踪迹含义的机会。这样说倒不是嫌司马光不够谨慎，事实上，他在这件事上做出了相当精当的考据。当《资治通鉴》编到汉武帝时代时，司马光主要有《史记》和《汉书》两部权威正史可以参照，但这两部书时不时出现矛盾。比如根据《汉书》记载，在汾阴后土祠挖出大鼎的四年前，也就是汉武帝元鼎元年，就已经出土过一只大鼎了。东汉学者应劭还说，正因为这一年出土大鼎，所以年号才改成元鼎的。（《汉书·武帝纪》）

但问题是，这么大的一件事，《史记》怎么只字未提呢？

司马光把《史记》和《汉书》前前后后翻了个遍，找出几条旁证，推断出因为汉武帝改元元鼎，班固觉得那一年一定是发现过一只古鼎才会这么改元，所以就在改元当年硬添了一件发现古鼎的事，其实古鼎只出土过一次，就是汾阴巫师祭祀后土时发现古鼎的那次。（《通鉴考异》）

一场行为艺术

回到汾阴古鼎事件，有两处细节需要留意：一是汾阴，二是后土。

汾阴，顾名思义，位于汾水南岸，在今天的山西省运城市万荣县，是现代考古学奠基人之一卫聚贤的老家。1930年，卫聚贤在家乡挖出了汉朝留下的一处遗址，推断这里就是当初后土祠所在地。

回顾一下新垣平忽悠汉文帝的话：黄河涨水，直通泗水，自己望气时正好发现汾阴地带有金宝气。联系新垣平的一贯做派，他应该预先在汾阴做了手脚，埋好一只大鼎，等待汉文帝派人挖掘。挖出之后，如果把这只大鼎解释为九鼎之一，那就意味着它在徐州沉入泗水，趁着黄河连通泗水时逆流而上三百多公里，神秘地在汾阴现身。显然天意如此，非人力所能及，真是天大的祥瑞。可惜新垣平的其他骗术忽然败露，让九鼎布局落了空。到了汉武帝时代，一名巫师误打误撞地发现了新垣平的藏宝，顺利地通过了官方审查——当然，他一点都不亏心。新垣平真是付出了自己的生命和名誉，完成了一场惊人的行为艺术。

再看第二处细节：后土。大家非常熟悉一个词"皇天后土"，"皇天"就是天神，"后土"就是地神，"皇"和"后"在这里都是"君主"的意思。表示"君主"的"后"和表示"前后"的"后"原本是两个完全不相关的字，简体字把它们合并为一个字，很容易让我们读古书时产生困惑。

话说回来，既然后土就是地神，和社神不就是一回事吗？

严格来说，后土和社神有些区别，来龙去脉各有各的复杂性，但大体来说，两者确实是一回事。所以，汾阴后土祠和宋国的太丘社属于同一个祭祀系统，九鼎之一因为"宋太丘社亡"而沉入泗水，在某种神秘体系的逻辑当中，相当合理地因为汾阴的后土祭祀而重现人间，标志着天命的转移和人间权力的沉浮与更迭。

假如我们暂时抛弃现代人的知识和理性，把自己想象成一名汉朝或汉朝以前的普通人，那么关于九鼎的这些消息很可能会引发我们顶礼膜拜的冲动。在这种冲动背后，既有汉朝对秦朝合法性的诋毁，也藏着儒家对法家的诋毁。

时至东汉，无神论学者王充在他的名著《论衡》当中驳斥九鼎失而复得的虚妄，然而汉武帝时代的那些知识精英未必看不出其中的虚妄，却宁愿假戏真做。

秦始皇在泗水打捞九鼎，是汉朝画像砖的一个经典主题。各种画面上经常出现一条龙弄断了打捞九鼎的绳索，暗示秦朝的国祚完全得不到上天的眷顾，汉朝才是天命所归。所以，即便是坚定的唯物主义者，王充这时候也应该想到，所谓客观世界，往往真的只是主观世界的投射。

几个世纪之后，王安石在汴京南郊信马由缰，看着当地的祭祀设施，不由得想起"宋太丘社亡"的情景，百感中来，写下两首七绝，其中第一首特别有力：

神奸变化久难知，禹鼎由来更不疑。

螭魅合谋非一日，太丘真复社亡迟。

（《游城南即事》二首之一）

诗的前两句说的是大禹铸造九鼎，为的是把妖魔鬼怪的形象在鼎身上刻画下来，公告天下，让大家晓得防备，所以九鼎铸成之后，一切妖魔鬼怪都无所遁形。后两句说，妖魔鬼怪当然不高兴，早就惦记着把九鼎毁掉，假如它们如愿以偿，那么宋国的太丘社早就会亡，九鼎也早就会沉入水底了。言下之意是：这两件事直到周显王三十三年才发生，已经算是难能可贵了。

王安石当然话里有话，用妖魔鬼怪、魑魅魍魉暗指变法的反对派。

其实，即便没有王安石的这些发挥，"宋太丘社亡"也有着高度丰富的解读空间，至今仍没有定论。

—————— **217** ——————

孟子为什么见魏惠王

　　就在"宋太丘社亡"的同一年，儒学大师孟子来到魏国，和魏惠王正式会面。

　　站在魏国的角度，无非是接待了一个专程来吃闲饭的"糟老头子"和他的一群追随者，虽然开支很大，但大国毕竟要讲大国的体面，在这个国际竞争白热化的时代，谁都不敢怠慢知名学者，不论他们到底有没有用。孟子大概是最没用的一个，反正好吃好喝把他敷衍过去也就是了，买卖不成仁义在。而站在儒家的角度，孟子的亮相值得浓墨重彩，这实在太有象征意义了。

孟子和《孟子》

　　孟子名轲，字可能是子舆或子车，邹国人。

　　邹国是鲁国旁边的一个小国，它和孔子的出生地鲁国陬邑读音相同，地理相近，所以古人经常搞混。邹国位于今天的山东邹城，当地还保留着孟府、孟庙，气度恢宏。

《史记》有一篇《孟子荀卿列传》，对孟子的生平有一段很简略的记载，但《资治通鉴》这一次撇下了《史记》，直接从孟子本人的著作取材。

孟子一生周游列国，备受大国诸侯的礼遇，又有无数弟子前呼后拥，如果他仅仅追逐名利，可以说早就达到了人生巅峰。但他是一个不折不扣的理想主义者，只要思想主张兜售不出去，那么无论怎么名利双收，心里都不痛快。到了晚年，孟子对世界已经失望透顶，气哼哼地停止奔波，和弟子们一道著书立说，期待自己的理想能够在后世觅到知音，发扬光大。

先秦知识精英的各种著作方式中，有孔子那种"述而不作"的，代表作《论语》只是弟子和再传弟子们来源纷杂的课堂笔记汇编；也有《老子》那种神秘莫测，著作权完全没法确定归属的；还有《庄子》、《墨子》和《商君书》那种被学派当中的后人们不断增补，很难搞清楚哪个人该对哪些内容负责的……只有《孟子》这部书堪称一股清流，著作权相当明晰，就是孟轲在弟子们的协助下，在自己生前就完稿的。

和《论语》相比，《孟子》特别好读。《论语》的内容很像拍照，三言两语截取一个小场景，经常没头没尾，没有足够的语境帮助我们准确理解那三言两语的真实含义。而《孟子》经常长篇大论，前后有连贯，首尾有呼应。正是因为内容十分连贯，对《孟子》下过大功夫的朱熹认为这部书是孟轲一个人写下来的，就算偶有弟子的手笔，孟轲本人也一定亲自审定过。

《孟子》全书一共七篇，第一篇是《梁惠王》。梁惠王就是魏惠王，因为迁都大梁，所以常被称为梁惠王。题目并没有特殊含义，只是摘引正文开头的词汇，给篇章做个标记而已。开篇好几段内容都是孟子和魏惠王的对话。《资治通鉴》首先摘选的就是《孟子》开篇第一段内容，这是很有道理的，因为《孟子》的写作是有系统性的，第一段开宗明义，表达了孟子全部思想的核心和精髓，也讲明了孟子这套东西为什么会在这个时代屡屡碰壁。

原文：

邹人孟轲见魏惠王。王曰："叟，不远千里而来，亦有以利吾国乎？"孟子曰："君何必曰利，仁义而已矣！君曰何以利吾国，大夫曰何以利吾家，士庶人曰何以利吾身，上下交征利而国危矣。未有仁而遗其亲者也，未有义而后其君者也。"王曰："善。"

魏惠王一见孟子，当头一句话就特别有名："叟，不远千里而来，亦有以利吾国乎？"魏惠王显然认为，孟子大老远跑来魏国，肯定准备好了一套对魏国有利的政治改革方案，总不可能是来找自己聊闲天的。

这个想法当然没错，战国游士东奔西跑，一贯都是这种模式。

接下来，如果孟子可以好好说话，他的回答应该是："没错，我想来帮魏国实施政治改革，全面实现儒家的仁政主张，进而把仁爱的光芒洒向世界。"

不过在那个年代，好好说话不是主流，大家追求的都是先声夺人，劈头第一句话就得摄人心魄，一下子夺取话语的主动权。这很像后来禅宗的棒喝，邹忌用弹琴的道理折服齐威王也是特别典型的成功案例。

仁义和利益，孰先孰后

孟子虽然在思想主张上有点迂腐，但在话术上一点都不迂腐，明明觉得魏惠王的话没错，但自己偏要反着说，先给魏惠王来个下马威："君何必曰利，仁义而已矣。"意思是说，魏惠王竟然开口就谈利益，政治不正确，国君不该谈利益，只该谈仁义。

孟子并不是否定利益，也不是把仁义和利益对立起来，只不过在他看来，仁义和利益必须弄清孰先孰后——仁义必须优先，只要有了仁义，利益自然就会随之而来。但利益只应该是仁义的副产品，而不能优先于仁义，否则利益和仁义都保不住。

这个问题很有现代性，用现代概念表述，就是公平和效率的关系问题。谈公平并不否定效率，谈效率也并不否定公平，理想的社会当然既能保障公平，又能保障效率。但这两个指标没法并重，必须确定先后次序。

效率优先的逻辑是：赶紧把蛋糕做大，以后就算分蛋糕分得不公平，但因为蛋糕很大，所以，哪怕是分到最小份额的人，其实也分到了不少，在很大程度上改善了生活。这就好比100块钱10个人分，最平均的分配方式是每人10元，最不平均的分配方式是某人独得100元，其他9个人分文没有。但如果效率优先，迅速把这100元变成100万元，那么就算某人独得99万元，其他9个人平均每人也能分到至少1000元，大大超出原先所能分到的最大数额100元。

公平优先的逻辑是：以物质生活的绝对值而言，今天的一个普通职工的生活都能超过古代的帝王将相，但前者的幸福感大概率上远不如后者。道理在于，人的经济追求其实在很大程度并不取决于绝对值，而取决于相对值，或者说取决于自己的经济水平可以把自己置于社会位阶的哪个位置。比如说，能不能每个月多赚 100 元并不重要，重要的是能不能比我的同学、同事、亲戚每个月多赚 100 元。而且，社会越公平，就越能够激发人的主观能动性，这样的话，根本不必去刻意追求效率，效率自然会突飞猛进。

双方的道理都不难懂，但问题是，时间的紧迫性是一个必须被考虑进去的指标。固本培元固然是人间正道，但投入大，见效慢，病人可能熬不到见效的那天就死掉了。魏国面临的正是这种局面，就算明知道急功近利后患无穷，但迫于火烧眉毛的国际形势，只能先解决燃眉之急再说。就算是饮鸩止渴，也只能先止了渴再考虑怎么解毒，所以真不能怪魏惠王利字当头。

其实孟子并不是真的反对魏惠王追求国家利益，而是警告魏惠王不能把利益当成公开追求的目标。孟子的逻辑是：如果国君一味追求国家利益，那么上行下效，高级贵族就会一味追求家族利益，低级贵族和普通百姓就会一味追求个人利益。如果人人都把自身利益放在第一位，国家也就没法维系了。但如果国君不求利益，倡导仁义，利益反而会不求而自至，因为当国民都有了仁义的觉悟后，自然会把君父放在第一位。

在《资治通鉴》中，孟子的结论是："未有仁而遗其亲者也，未有义而后其君者也。"这两句话经常被理解成平行关系，但它们很可能属于"互文"的修辞方式，变成正常语序，应该是"未有仁义而遗其君亲者、后其君亲者也"。君和亲是一回事，在儒家政治结构当中，国君首先是全国人民的大家长，其次才是政治领袖。

—— 218 ——

司马光为什么不喜欢孟子

《资治通鉴》记载孟轲和魏惠王的初次见面，材料来源正是《孟子》全书的开篇第一段。但司马光悄悄改动了一个字，把孟轲讲的那句"王何必曰利"改成了"君何必曰利"。"王"改成了"君"，是不是别有深意呢？

不够迂阔的孟子

首先可以肯定这并不是司马光的笔误，在《资治通鉴》接下来的叙述中，继续把"王"改成"君"，保持了上下文的一致性。从现存的史料来看，我们很难判定孟轲初见魏惠王时，魏惠王到底有没有称王，不过这不重要，重要的是，司马光的这一处修改，很可能是在委婉地批评孟子，作为儒家大师怎么能在名分问题上如此不严谨。

如果魏惠王当时确实已经称王，以孟子的灵活性，绝不会揪着这点名分问题不放。如果一定要在"王"的头衔上做点文章，孟子也只会说："称王很好嘛，不过，既然称了王，就该有王者的样子。您看您在这里、那里做得还不到位，要改。"这才是孟子的一贯话术，但司马光处境不同，时局不同，无法具有孟子那样的灵活性。

最有意思的是，如果司马光不肯承认魏惠王自封的头衔，那么《资治通鉴》凡是提到魏惠王时，都应该改成魏惠侯才对，但司马光一概不改，唯独在孟子的发言里把魏惠王的"王"改成了"君"。胡三省注意到了前后措辞的不一致，认为司马光这样改，是为了表达正统立场：对魏惠王的王者头衔不予承认。

司马光不大喜欢孟子，还专门写过一部作品《疑孟》，顾名思义，就是对孟子提出的质疑。在司马光看来，孟子不但学术不纯，连动机都很可疑，恐怕只是一个举着古圣先贤的大旗给自己找饭碗的家伙。

在司马光的时代，不喜欢孟子并不算特立独行。王安石很爱孟子，大力提高孟子的地位，把孟子引为同道。

孟子的头上长期贴着一张标签，写着"迂阔"两个字，可以理解为食古不化的理想主义者。但司马光是站在儒学左派的立场上批评孟子的，所以时常觉得他不够迂阔，甚至并不迂阔。就像孟子当面怼了魏惠王，要他只讲仁义，不讲利益，就连很多儒家内部人士都看不过去，觉得魏国接连被列强欺负，一连串的损兵折将，割地求和，当务之急自然是富国强兵。就算不搞商鞅变法那么极端的措施，至少也不该在这个时候空谈仁义。但司马光觉得，仁义和利益并不矛盾，孟子那番话一点都没有说错。

仁义才是一本万利

原文：

初，孟子师子思，尝问牧民之道何先。子思曰："先利之。"孟子曰："君子所以教民者，亦仁义而已矣，何必利！"子思曰："仁义固所以利之也。上不仁则下不得其所，上不义则下乐为诈也，此为不利大矣。故《易》曰：'利者，义之和也。'又曰：'利用安身，以崇德也。'此皆利之大者也。"

为了证明这个观点，《资治通鉴》接下来摘引了《孔丛子》的一段内容，说孟子当年师从子思，曾经问过老师："治理百姓，应该先做哪一件事？"子思说：

"应该先让他们得到利益。"孟子很不理解，追问说："君子教化百姓，无非是讲仁义而已，为什么要以利益为先？"子思回答："仁义本来就是用来给百姓带来利益的。如果管理者不仁，下面的人就得不到自己应得的利益；如果管理者不义，下面的人就会一门心思弄虚作假。这种情况，对利益的损害最大。所以《周易》说：'利者，义之和也。'又说：'利用安身，以崇德也。'这两句话说的都是大的利益。"（《孔丛子·杂训》）

子思和孟子的这段对话，很有可能是虚构的，但司马光或许对这段话十分中意，所以并不在意真相。

子思援引《周易》的第一句话是"利者，义之和也"，这句话很难用现代汉语准确翻译出来。它的出处是《文言》对乾卦卦辞的解读。《周易》大体分成两部分，原始的卦爻辞是第一部分，这部分是专业人士的算卦手册，儒家学者将这部分内容阐发出很多高深哲理，写了十篇阐发性的文章附在算卦手册后面，称为"十翼"，意思是十个翅膀，从此占卜算卦乘上了哲学的翅膀。《文言》就是十翼之一，很深刻，但也很不靠谱。

乾卦的卦辞只有四个字："元亨利贞。"它是算卦界的专业术语，意思很简单：大吉大利。《文言》故作高深，把"元亨利贞"四个字拆散，将其解释为君子的"四德"。其中的"利"作为四德之一，含义是"利之和"，有可能是指利益的汇总，也有可能是指不同的利益诉求得到了协调。

子思引用的另一句话"利用安身，以崇德也"，出自"十翼"当中的《系辞下》，含义同样很难解释。我们只需知道，在这样一个命题里，"利"的存在是为了把"德"发扬得更好。

在子思的逻辑里，利益不是什么可耻的东西，反而是仁义所追求的目标。如果不是为了建设一个美好的社会，为了你好我好大家好，为什么要推行仁义呢？仁义本身没有价值，它的价值仅仅在于：只有通过它，才能够实现丰富而融洽的公共利益。公共利益才是儒家追求的核心目标，而仁义是通往这个目标的唯一一条通道。

如果把这个逻辑继续推演下去，所谓仁义和利益的矛盾，本质上就是公共利益和私人利益的矛盾，是长远利益和眼前利益的矛盾，是宏大利益和蝇头小利的矛盾。

司马光特意挑选子思和孟子的这段问答，目的就是配合孟子答魏惠王的那段名言。

原文：

臣光曰：子思、孟子之言，一也。夫唯仁者为知仁义之为利，不仁者不知也。故孟子对梁王直以仁义而不及利者，所与言之人异故也。

然后司马光亲自评论，写下一段"臣光曰"，说孟子答魏惠王的话和子思答孟子的话其实是一回事，但为什么说法貌似截然相反呢？因为只有仁者才晓得仁义可以带来的利益，不仁者并不明白。魏惠王并不是一位仁者，所以孟子才会在他面前只谈仁义，不谈利益。

这就是《资治通鉴》关于孟子华丽亮相的全部内容。司马光真可谓用心良苦，又是改动孟子对魏惠王的称谓，又是援引《孔丛子》来给仁义和利益搞统一，又是撰写评论性意见，点明孟子之所以貌似片面地推崇仁义，否定利益，只是因材施教的小技巧。

司马光之所以如此用心良苦，是因为仁义和利益的关系问题是宋朝思想界的一个老大难问题，也是学术界的焦点问题，直到南宋灭亡也没争出个所以然来。

仁义和利益两个概念，对应在政治上就是王道和霸道。没人怀疑以宋朝这样一个有着绝对文化优越感的政权应该称王，而不是称霸，但只要把眼光放低一点，认清现实，就会发现国家负担太重，有积重难返的趋势。恐怕撑不了多久，国家财政就要崩盘。当年魏惠王发愁的事情，宋朝皇帝也在一样发愁。假如有一位新时代的孟子来见宋朝皇帝，皇帝最想问的问题也一定和魏惠王一样，正如宋神宗对王安石的期待。所以，司马光想要表达的是：**追求利益并没有错，就连孟子和孟子的老师都不否认这一点，但只有追求仁义才是真正一本万利的买卖，公开追求利益只会适得其反。**

那么，到底是谁在重蹈魏惠王的覆辙？当然是以王安石为首的改革派。

—————— 219 ——————

假仁假义和真仁真义能殊途同归吗

司马光借孟子的话统一了仁义和利益，这就带来了一个问题：就算司马光说得对，但假如魏惠王在明白了这层道理之后，为了追求最大利益而去推行仁义，这算不算是假仁假义？

孟子和司马光都会说：算。

那么下一个问题是：假仁假义，能和真仁真义殊途同归吗？

孟子会说：能。司马光会说：不能。

性之、身之、假之

孟子有一段名言："尧舜，性之也；汤武，身之也；五霸，假之也。久假而不归，恶知其非有也。"意思是说，尧圣人和舜圣人之所以推行仁义，是因为仁义就是他们的天性；商汤王和周武王推行仁义，是因为他们认识到仁义的好处，身体力行，努力去把仁义付诸实践；至于春秋五霸推行仁义，他们既没有仁义的天性，也不觉得仁义是个好东西，只是别有用心地打着仁义的幌子而已。但是，这个幌子自从借到手里之后，一直都没有归还。既然久借不还，那么别人的东西也就变成自己的东西了。（《孟子·尽心上》）

孟子的意思是，虽然五霸境界不高，假仁假义，所有的仁义都是借来的，但只要久借不还，借的和自家的又有什么区别？

这就是孟子身上特别有灵活性的一面——**虽然追求绝对意义上的真善美，但生逢乱世，不妨降低标准，假善美也是好的。只要把假善美假到底，不就等于假戏真做了吗?**

"性之"、"身之"和"假之"成为儒学的一组重要概念。"性之"意思是天性如此，"身之"意思是身体力行，"假之"意思是借过来。

我们很熟悉的成语"假仁假义"的直接出处是朱熹的一句话"唐太宗一切假仁假义以行其私"，这句话的出处就是《孟子》，所以"假仁假义"的"假"意思不是"虚假"，而是"假借"。

给《资治通鉴》作注的胡三省，字身之，出处也是孟子这句话。"三省"来自《论语》"吾日三省吾身"，每天都要做一连串的自我反省，只不过单纯的反省只是停留在思想层面，所以还得"身之"，让反省进入行动层面，名和字就这样配成一套。

古人的名字，字"性之"的比较多见，毕竟"性之"是尧舜才有的最高境界，是个大大的好词；字"身之"的很少，唯一的名人就是给《资治通鉴》作注的胡身之；显然不会有人字"假之"，那不就等于骂自己吗。在孟子的小心思里，"性之"和"身之"其实都是大帽子，必须要有，还必须冠冕堂皇，但真正要讲的重点其实是"假之"，只有"假之"才多少有那么一丁点可行性。

对于孟子的这种灵活性，司马光相当不以为然。司马光在《疑孟》中狠狠批驳了"假之"的态度，说如果只是把仁义当幌子，名不副实的话，那么连国家都保不住，更别提称霸了。

司马光这种意见，也算是一种循名责实了。

司马光和孟子谁说得对？南宋学者余允文针对《疑孟》写了一部《尊孟辨》，逐段反驳司马光。他的反驳技巧是从其他儒家经典找证据，证明孟子的话和经典合拍，司马光的话和经典不合拍。

余允文发现，孟子所谓的性之、身之、假之，可以对应《论语》里的一组概念——孔子说人可以分为四等，依次是生而知之、学而知之、困而知之和困而不学。生而知之，是天生就懂；学而知之，是有学习的主动性；困而知之，是被动学习型，原本不愿意学习，但遇到麻烦了，避不开，只好通过学习来解决这些麻烦；困而不学，这种人不但没有学习的主动性，就连被动学习也不愿意，宁可在困难面前一败涂地。（《论语·季氏》）

在《论语》中，孔子把四种人分出了优劣，但《礼记·中庸》也有一个类似的重要命题，把"仁义"概念细分为五种人际关系和三种品格。五种人际关系分别是君臣、父子、夫妇、兄弟和朋友，三种品格分别是智、仁、勇。《中庸》认为，对于以上这些内容，无论是生而知之、学而知之，还是困而知之，最后的结果都是"知"，本质是一样的。在"行"的层面，也有对应的分类，有"安而行之"，心安理得地付诸实践，仿佛天生如此；也有"利而行之"，贪图利益才付诸实践；还有"勉强而行之"，不情不愿地付诸实践。虽然他们的动机并不相同，高下有别，但只要都做到了，从结果而言也就没什么不同了。

《中庸》的这套说辞简单明确，足以替孟子站台。这就意味着，虽然正心诚意，树立正确的价值观，可以达到好的结果，但脏心烂肺、弄虚作假一样可以达到好的结果。那么问题来了：正心诚意还重要吗？

迂阔 vs. 灵活

司马光觉得，正心诚意当然重要，如果只看外在表现，那不就沦为小人了吗？君子和小人的不同，就在于君子很重视动机，重视别人看不到的内心世界。

司马光有一个重要命题，叫作"小人治迹，君子治心"。"迹"引申为外在表现。小人很注意修饰自己的外在表现，在别人看得到的地方下功夫，为的就是骗过别人。而君子会在别人看不到的内心深处下功夫，所以君子的一切外在表现，都是从心底最深处自然呈现出来的。

"小人治迹，君子治心"出自司马光的《迂书》。在这部书的序言里，司马光说自己天生愚笨，读圣贤书只知道傻卖力气，时不时写下一些心得，汇总之后拿给别人去看，但人家要么嫌弃内容平庸，说的都是老生常谈，要么嫌弃内容迂阔，毫无实用价值。那好吧，这部书就叫《庸书》或《迂书》好了。

在这部书里，司马光自称"迂夫"，可以直译为"蠢货"。事实上，中国文化推崇"迂"而鄙视"智"，"愚公移山"的寓言就是一个典型，相信傻力气胜过小聪明。

王安石对"迂"也十分推崇，所以才会写下"何妨举世嫌迂阔，故有斯人慰寂寥"的著名诗句，高度赞赏孟子的迂阔。王安石在写这首诗时，很可能有几分夫子自道的感觉，觉得自己也像孟子一样得不到理解，被全世界的人看成一个迂阔的家伙。只不过从另一个角度来看，王安石也有点叶公好龙的意思，当一个比孟子更迂阔的司马光站在自己面前时，王安石终于还是受不了了。

可以说中国传统文化有两种反智主义，一是庄子式的真的反智主义，二是司马光式的假的反智主义。假的反智主义一言以蔽之，就是重视固本培元，反对急功近利。就像司马光在《迂书》一开篇说到的：树木如果只种了一年就砍来用，只能当柴烧；如果等上三年再砍来用，就可以做个木桶；如果肯等上五年，就可以用作普通的柱子；如果等上十年，就可以用作栋梁。古代的有道之士就像栋梁之才，层次太高，没法屈就自己来迎合龌龊的时代，所以只能一辈子穷困潦倒，而他们的遗风余烈就算过了千百年，还能成为世人的榜样。如果他们没这么迂，降低身段来屈就现实的话，虽然可以换来一时荣华富贵，但也谈不上什么遗风余烈了。最后司马光说："像我这样的人啊，就怕不够迂，让迂在我的身上来得更猛烈些吧！"

司马光的迂阔和孟子的灵活，到底哪个更高明一些？

这并不容易评判，因为一个人假如真的装了一辈子，别人怎么可能知道他到底是"性之"还是"假之"呢？法国国王路易十四用一生来演戏，把生活过成了十足的表演，那么他的表演到底是不是伪装呢？

古代史也许受限于史料的单薄，让人不容易判断，现代社会偏巧有一个著名样板——日本索尼公司的创始人之一盛田昭夫。他几乎可以说用自己的个人魅力为索尼公司打下了巨大的美国市场。在美国人看来，他完全就是自己人，只是不巧长成了东方人的样子。盛田昭夫的儿子道出了真相，说父亲无论是精心展现给西方公众的形象也好，还是在西方政商界的如鱼得水也好，统统都是伪装，他本质上就是一个不折不扣的日本家长。

如果孟子可以了解盛田昭夫这个例子，也许他会说："看嘛，咱们看效果，你司马光还有什么好说的？"司马光倒也有话可说："没错，盛田昭夫确实带着索尼公司打开了西方市场，业绩称得上狂飙突起，但内与外的张力最终还是有了爆点，在日本式的集权和家族管理模式下，索尼对哥伦比亚电影公司展开了一场极不明智的并购，直接损失是花了好多冤枉钱，间接损失是引发了美国民众的反日情绪，让索尼公司吃了大亏，多少年都缓不过来。如果孟老先生您知道萧何的话，那么我想告诉您：这不就是成也萧何，败也萧何吗？"

周显王三十四年

———— **220** ————

秦国是怎么拿下宜阳的

原文：

（三十四年）

秦伐韩，拔宜阳。

周显王三十四年（前335年），《资治通鉴》的记载只有六个字："秦伐韩，拔宜阳"，说的是秦国攻打韩国，夺取了韩国的宜阳。

宜阳的命运

宜阳这个地名在《资治通鉴》已经不是第一次出现了。五十多年前的周安王十一年（前391年），秦国就已经打过宜阳，那次并没有拿下宜阳，只拿下了宜阳郊外的六个大型村镇。

韩国的宜阳就像魏国的河西之地一样，长久以来都被秦国虎视眈眈。

先简单回顾一下宜阳的历史地理：韩康子时代，韩国的首都建在平阳，今天的山西临汾附近。韩康子的继承人韩武子把首都从平阳南迁到宜阳，今天的洛阳市宜阳县附近，作为图谋郑国的指挥部。韩武子去世，儿子韩景侯继位，接受周威烈王的册封，化家为国。韩景侯继续执行祖父和父亲定下来的对郑战略，再一次迁都，从宜阳迁到阳翟，今天的河南禹州附近，距离郑国的首都更近，进一步对郑国施压。宜阳从首都变为西部军事重镇。通过考古发现，我们可以了解到，宜阳是一个用心经营的新都，规模很大，而阳翟更像一个军事据点，规模明显小于宜阳。

今天我们从宜阳县向西走大约 25 公里，就能看到韩国宜阳城的遗址。经过两千多年岁月洗礼的夯土城墙虽然并不好看，甚至一眼看去很难辨识这到底是什么，但至少会让人感叹一句："好大一片啊！"

这座古城的轮廓并不是规则的正方形或长方形，更像是一座长方形的小城连着一座长方形的大城。小城在西，大城在东。从考古报告中可以了解到，它们原本确实是先后建成的两片城区，春秋时代先有了西边那座小城，进入战国时代，城市需要扩建，于是紧贴着小城的东部边缘营建出一片面积大得多的新区。这种城建模式现代人并不陌生，只是不知对于当时的宜阳人来说，觉得老城才是永远的核心区呢，还是喜新厌旧，更加看好新城的未来？

考古队在调查宜阳城址时，发现当地村民随随便便就能挖到战国时代的铜制武器部件。当地人不当回事，拿到废品收购站当废铜烂铁卖了。这些武器部件当中，以箭镞数量最多，甚至有成堆被发现的。这些箭镞虽然有长有短，但造型很一致，都是三棱形的，横截面是三角形，但三角形的三条边不是直线，而是向内凹的弧线。箭镞的三棱延伸到最后，还会形成倒刺。这种箭镞一旦射入人体，要想拔出来，就只能连皮带肉，如果箭镞没能完全射入人体，每两个锋刃之间的凹槽就能起到血槽的作用，让中箭的人迅速失血。

听上去有点毛骨悚然，要知道早先的箭镞可没有这么狠辣的造型设计。西周和春秋时代，主流的箭镞是双翼形的，有点像柳树叶。这在当时倒也足够用了。进入战国时代，仗越打越狠，越打越没底线，武器也紧跟时代潮流升级换代，穿透力和杀伤力更强的三棱形箭镞取代双翼形箭镞成为主流。

在秦国攻打宜阳时，大概漫天穿梭着这样的箭镞吧？

没办法，秦国对宜阳志在必得，韩国对宜阳志在必守。

当时的宜阳城位于宜水北岸，洛水和宜水就在这里交汇。宜阳是中原地带的一大交通枢纽，西通崤山，向东北走不多远就是有"天下中心"之称的洛阳。所以王应麟在《通鉴答问》里猜想，以秦国的狼子野心，打宜阳的主意并不是要对付韩国，而是要对周天子下黑手。这应该是解读过度了，秦国虽然有狼子野心，但以当时的国际局势，秦国完全没必要做这种费力不讨好的坏事。

那么问题来了：宜阳这种位置好、面积大、人口多、经济繁荣的一线城市，秦国要想打下来，应该很不容易，但秦国既然打赢了，夺取了宜阳城，不知要砍下韩国人多少颗首级。然而，《资治通鉴》只提到秦国夺取了宜阳城，却没有像其他战役一样，补一句"斩首若干万"。

《资治通鉴》这段记载出自《史记》，在《史记》的记载里，秦国竟然先后有过两次"拔宜阳"。上文提及的是第一次，28年之后还发生了第二次。**在秦国第二次**

"拔宜阳"的战役当中，就明确有"斩首六万"的记载。

这样一来，问题反而变得更复杂了：同一座宜阳城，怎么会先后夺取了两次？其间也没见到秦国在第一次"拔宜阳"之后归还宜阳的记载。

关于这个问题，并不存在确切的解释，主要有两种推测，一是以宋末元初的王应麟为代表，认为秦国第一次"拔宜阳"确实把宜阳连根拔了，但并没有贸然把它据为己有——言下之意是，秦国虽然把宜阳打下来了，但经过一番审慎权衡之后，主动退出了宜阳；（《通鉴答问》）二是以清代史学家梁玉绳为代表，怀疑第一次所谓"拔宜阳"应该是写错了字，正确的表述很可能是"攻宜阳"——打是打了，但没打下来，所以28年之后才会接着打，把宜阳真正拿到手里。（《史记志疑》）

两种意见虽然很难说谁对谁错，但显然梁玉绳的分析更加简单合理。

赵国的寿陵

就在秦国攻打宜阳的这一年，赵国也发生了一件大事。虽然《资治通鉴》没提，但还是很值得谈谈的。

事情本身并不新奇，无非是赵肃侯开始营建自己的陵墓——寿陵。(《史记·赵世家》)历朝历代，帝王为了修建陵墓而大兴土木，司空见惯，为什么寿陵值得一提？因为在赵肃侯营建寿陵之前，无论周天子还是大国诸侯，从不曾为了一座陵墓搞出这么大的工程。

工程规模究竟大到什么程度？《吕氏春秋》记载，赵国人实在吃不消，有情绪了，离心离德，结果竟然被小小的卫国趁火打劫，夺取了赵国的一座城邑。(《吕氏春秋·首时》)

赵国作为中原强国，这一回真可谓阴沟里翻了船。

但即便如此，寿陵应该还是圆满完工了。

若干年后，赵肃侯过世，葬礼盛况空前，战国七雄当中只有韩国没露面，其他各国各自派出万人规模的精锐部队参加会葬，这简直非礼到了毫无底线的地步，也许是因为天下人都想趁机来观摩一下寿陵的盛况吧。如果严格依照礼仪，和赵国有邦交的诸侯只要派一位大夫给赵肃侯送葬就可以了。

寿陵到底在什么地方，今天没有确切的结论，最有可能的位置应该在邯郸市西南的赵王城遗址公园。无论如何，有一位寿陵人你一定很熟悉，他就是成语"邯郸学步"的主人公。

"邯郸学步"出自《庄子》，说的是一位寿陵少年到邯郸学习走路。在《庄子》的古代注本中，会把寿陵解释为燕国的地名，但拿不出依据。而如果寿陵就在赵王城一带，这位寿陵少年去邯郸学步就很容易理解了，相当于区县里的朴实小伙儿到主城学习时尚青年的绰约风姿，结果学得不伦不类，反而被主城土著取笑。

周显王三十五年

221

为什么徐州相王是严重的"非礼"

周显王三十五年（前334年），《资治通鉴》记载了三件大事：第一，齐威王和魏惠王在徐（shū）州举行外交会谈，互相认可了对方"王"的头衔；第二，韩昭侯大兴土木，修建一座被称为高门的建筑，"高门"顾名思义，应该是一座高大巍峨的大门，屈宜臼为此狠狠批评了韩昭侯，还预言他没机会活着走出高门；第三，越王无彊攻打齐国，被齐国外交官一通忽悠，竟然亡了国。

我们先谈第一件事。

看不见的历史

原文：

（三十五年）

齐王、魏王会于徐州以相王。

本年度的第一件事"徐州相王"，是战国史上的一桩标志性事件，标志着大国诸侯们的"非礼"行径又上了一个台阶，公开和周天子平起平坐。

当初魏惠王和齐威王斗宝时，齐威王以人才为宝，狠狠表扬过徐州守将。但那是齐国北境的徐州，在今天的河北省廊坊市大城县平舒镇，而"徐州相王"的徐州，位于齐国南部，今天的山东滕州。南徐州是西周、春秋时代的薛国故地，今天我们还能看到薛国故城遗址，这里还有孟尝君陵园和毛遂墓——这些都是看得见的历史，而"徐州相王"事件的发生地则是看不见的历史。

按说这么大的一件事，不可能突如其来，也不可能一蹴而就，事前应该会有很多铺垫才对。《史记》给出了比较详尽的记载，只是前后矛盾实在太多，把脉络梳理清楚并不容易。对于一些关键性细节，历代学者往往各执一词，始终达不成共识。对于这一桩既很要紧，又疑窦重重的大事件，我们不妨学习一下诸葛亮的读书方法——观其大略。

"徐州相王"事件在齐国和魏国各有一位推手：齐国这边是田婴，魏国这边是惠施。

田婴在《资治通鉴》的前文里出现过，但存在感很弱。在马陵之战的齐国阵容里，以田忌、田婴、田朌为将，以孙膑为军师。田忌应该是全军统帅，田朌是打头阵的大将，田婴很可能重要性不高。

根据《史记》记载，田婴是齐威王的小儿子，但当代战国史专家杨宽怀疑司马迁搞错了，田婴很可能是齐威王庶出的弟弟。（《战国史料编年辑证》卷8）但这不重要，最重要的是，田婴有一个厉害的儿子，名叫田文，就是"战国四公子"之一的孟尝君。所以《史记》并没有给田婴单独立传，而是把他的事迹附在《孟尝君列传》里，谁让他的儿子更出名呢。

马陵之战让魏国遭受重创，齐国成为国际舞台上的耀眼明星。这就意味着，国际秩序有必要重新调整一下了。很可能就是在这一时期，田婴取代了邹忌成为齐国总理。田婴的方针是：要借着战胜之威，从外交上多捞好处。田婴毕竟是贵族出身，想捞的好处并不是让战败国割地赔款，而是建立一个以齐国为大哥的崭新的世界秩序。于是田婴连番跑去魏国和韩国，促成两国和齐国结盟，换句话说，就是收服这两大中原强国来当齐国的小弟。"徐州相王"就是田婴外交成果的终极呈现。

"非礼" 升级

从常理来看，魏国嚣张那么多年，一向看不起齐国，魏惠王还比齐威王年长一大截，就算吃了败仗，哪能这么轻易低头？这就要看魏国总理惠施的表现了。

根据《战国策》记载，马陵之战让魏惠王恨齐国恨得咬牙切齿，想要发动倾国之兵进攻齐国，但惠施赶紧拦着他说："优秀的管理者哪能用蛮力和对手硬拼呢？咱们必须有规划，有计谋才行。您当初先和赵国结了梁子，后来又招惹了齐国，现在吃了这么大的亏，您还要来个倾巢出动，一点守备部队都不留，这不就是作死嘛。如果您想报复齐国，那就听我的，把行头换了，把架子扔了，低三下四去朝拜齐国。这个消息传出去，楚王一定忍不了。您再派人分别到齐国和楚国挑拨离间，那么楚国一定会和齐国开战，到那个时候，您就坐看楚国狠狠收拾齐国吧。"

魏惠王被说动了，决定拿出大丈夫能屈能伸的精神，在齐国面前好好委屈一下自己。(《战国策·魏策二》)

就这样，惠施的策略刚好对上了田婴的策略，两边一拍即合。

但这里有一个难题，那就是惠施的策略其实很有执行难度，倒不是难在骗过齐国，而是难在没法向魏国人民交代。说实话吧，消息肯定会泄露到齐国那边；瞒着吧，本国士大夫阶层未必受得了这份屈辱。试想一下，假如把魏国换成宋朝，建议向齐国服软的惠施扮演的不就是秦桧的角色吗？

国君要想忍辱负重，貌似越王勾践是一个成功先例。勾践当初的低姿态，远低于惠施给魏惠王的谋划。勾践在吴王夫差面前就像一名时刻都渴望为主公献身的奴仆，做的也都是奴仆的差事。甚至在夫差生病时，勾践忙不迭抓了一把夫差的粪便品尝味道，然后向夫差祝贺，说这病不用担心，一定会在某月某日痊愈。

这段内容出自《吴越春秋》高度小说化的描写，未必可信。于情于理，如果勾践真的把姿态放低到这个份上，就很难再有复仇的机会了，因为越国人不愿接纳他。他的三亲六戚里随便一个人出来振臂一呼，都不难成功篡位。

这正是惠施的计策将会带来的难题，就算魏国老百姓不介意魏惠王出去丢脸，但魏国的传统贵族、政治精英，不可能忍得下这种屈辱。所以更有可能的情况是，惠施确实建议魏惠王向齐国服软，有两种方案可选：要么贬低自己，比如这么说："我是乌龟王八蛋，请您大人不记小人过。"要么抬高对手，比如这么说："我一向自命英雄豪杰，但您才是大英雄，真豪杰。"后一种方案显然更适合魏惠王，所以惠施的建议是，由魏惠王提议，尊齐国国君为王。这样的话，既服了软，也没有太伤面子，没有把魏国降低到那些二流国家的档次。

但反对意见总是有的，比如匡章就表示很不理解。

匡章在前文已经有过一次出场，那一次也是和惠施作对，说惠施太能摆架子，每次出门都要架好大的势，前呼后拥，所到之处如同蝗虫过境。这一次匡章揪住了惠施的矛盾，说惠施一贯有所谓"去尊"的政治主张，反对尊贵的头衔，为什么现在反而要尊齐国国君为王？

惠施辩解说："假如现在必须二选一，要么打儿子的脑袋，要么打一块石头，我打石头难道有什么不应该吗？我们尊齐国国君为王，虽然不算什么好事，但至少可以保全老百姓的性命，让他们免受战乱之苦。"（《吕氏春秋·爱类》）

就这样，魏惠王和齐威王在徐州会面，魏惠王提议，请齐威王称王。

齐威王应该很受用，欣然接受，但也很给魏惠王面子，建议魏惠王同样称王。

我承认你是王，你也承认我是王，大家肩并肩，还是好兄弟。

其他诸侯肯定心里不是滋味：你们二位就这么自娱自乐地升格为王了，那我们是啥？不难想见，"徐州相王"先例一开，很快就会有更大范围的"相王"运动。

正是这次"徐州相王"，魏惠王和齐威王才算正式有了"王"的头衔，从魏惠侯和齐威侯升格为魏惠王和齐威王。升格之后，魏惠王还做了一次改元。根据魏国本国的纪年，魏惠王执政到如今已经36年了，这一年在魏国应该是魏惠王三十六年，改元意味着数字归零，重新算起，魏惠王三十六年改为后元元年，下一年不叫魏惠王三十七年，而叫后元二年。"后元"并不是年号，只是表明魏惠王的任职期内分成前后两个时段，各自从"一"开始数。这很容易给历史档案添乱，让我们想到年号的好处，但年号要到汉武帝时代才会出现。

"徐州相王"事件会带来一连串的连锁反应，在后面的年份里逐渐发生。而徐州将来还会成为田婴的封地，又被孟尝君田文继承，发生"冯谖客孟尝君"的千古传奇。

―――――――― **222** ――――――――

韩昭侯该不该修高门

周显王三十五年（前334年），《资治通鉴》记载的第二件事是"韩昭侯作高门"。

韩昭侯作高门

原文：

韩昭侯作高门，屈宜臼曰："君必不出此门。何也？不时。吾所谓时者，非时日也。夫人固有利、不利时。往者君尝利矣，不作高门。前年秦拔宜阳，今年旱，君不以此时恤民之急而顾益奢，此所谓时诎举赢者也。故曰不时。"

韩昭侯大兴土木，修建一座被称为"高门"的建筑，屈宜臼[1]为此狠狠批评了韩昭侯，还预言他没机会

――――――――

1　一作"屈宜咎"。

活着走出高门。

在"徐州相王"事件里，齐国总理田婴和魏国、韩国搞外交，魏国和韩国是一道向齐国服软的，为什么到了最后关头，只看见魏惠王和齐威王互相吹捧，却没有韩昭侯的身影呢？

答案是：惠施替魏惠王所做的谋划，申不害早就替韩昭侯做过了。前文[1]提过，早在18年前，韩昭侯就带着申不害低姿态拜访魏惠王，行臣礼，把自己当成臣子，把魏惠王当成主君。

为什么要低姿态？申不害的想法和惠施不同。惠施属于两害相权取其轻，实在招惹不起齐国，只能夹起尾巴做人，服软只是权宜之计。而对申不害来说，低姿态是一以贯之的执政纲领，用大白话来说，就是"低头装孙子，闷声发大财"。

在申不害的著作里，有这样一个命题："示人有余者，人夺之；示人不足者，人与之。"（《群书治要》引《申子·大体》）这就很像丈夫参加同学会之前，妻子叮嘱他别炫富，免得被人开口借钱，又叮嘱他要多哭穷，这样才能唤起老同学的同情，愿意帮他的忙。

这个道理深得老子"柔弱胜刚强"的精髓，但用

1　详见第159讲。

在同学会上也许合适，用在战国争霸的时代其实风险很高。

人类历史上，越是生存压力大，人心就越会归向强者，这是不可违拗的天性。主动示弱只能作为权宜之计，一旦作为基本生存策略，示弱注定会变成真弱，等哪天回过味来再想翻身，可就难上加难了。单纯从技术上说，只要基础实力过关，反而穷兵黩武有其深刻的合理性，打肿脸也要充胖子，这样才能对外保持威慑力，对内维系凝聚力。

秦国就是这条路上的成功典范，而韩国的示弱国策并没有给自己讨得多大的好处。

申不害和商鞅虽然同为法家大师，但有一点重要的不同：商鞅的个人命运和秦国的富强牢牢绑在一起，如果秦国没能走向富强，商鞅也就保不住权力和地位；而申不害的个人命运绑定在韩昭侯的个人安危上，申不害教韩昭侯用"术"控制朝中的大臣和身边的近臣，避免有奸臣弄权甚至篡位。商鞅的一生是背水一战的一生，敢于得罪人，以高姿态铲除一切障碍，不惜拿天下各国的利益，拿天下人，包括秦国人，来做秦国富强的垫脚石。代价就是结仇太多，结怨太深，最后不得好死，但确实为秦国铺就了富强之路。而申不害只愿意笼络人，不愿得罪人，对内小心侍奉韩昭侯这个大金主，对外结交外国权贵来巩固个人地位，拿国家利益给自己留后手。代价就是让韩国虽然仗也没少打，但越来越没有存在感，进入下行轨道之后就再也没能翻身，只有他自己一直享受高官厚禄，寿终正寝。至于韩国将来会不会在下坡路上越滑越快，他并不在乎。

韩国既然执行了申不害的示弱国策，为什么还要经常打仗？道理很简单：既然示弱，就要认大哥，认了大哥，就得承担小弟的义务。认了魏国当大哥之后，魏惠王要用兵时，韩昭侯就得出兵打配合，如果韩昭侯偶然一件事没做周全，马上就会被魏惠王揍打，最后只能向齐威王求救，这才有了马陵之战。

前文[1]提过，齐威王在接到韩国求援之后，并没有立刻派出援军，而是先对韩国使者做出虚假承诺，骗韩国和魏国死磕，等韩国五战五败，才真正出兵。这件事对韩国的影响是：一来和先前的大哥魏国反目成仇，就算还能恢复关系，彼此心里的刺不可能真正消失，二来五战五败之下，韩国几乎被打残，以后也用不着故意示弱了。

在管理学意义上，无论是商鞅的人生还是申不害的人生，都暴露出了一个共同的问题——大股东应该

---

[1] 详见第193讲。

以怎样的标准来考核职业经理人。当代上市公司的考核指标通常都是近期股价，这就会鼓励那些作为职业经理人的 CEO 采取杀鸡取卵的经营方式。至于非上市公司的职业经理人，往往会采取申不害的策略，但这真是大股东想要看到的吗？

话说回来，马陵之战后，韩国又先后发生了两件大事：一是公元前 337 年，申不害死了；二是公元前 335 年，秦国攻打韩国大城宜阳。这两件事，《资治通鉴》都有记载。梳理一下时间线：马陵之战发生在公元前 341 年，虽然韩国终于被齐国救了，但获救之前几乎被魏国打残，四年之后，申不害死了，再过两年，宜阳遭受了秦国的攻击，下一年就发生了魏惠王和齐威王"徐州相王"事件。而正是在同一年里，韩昭侯大兴土木，兴建高门——这是韩昭侯执政的第 29 年，下一年韩昭侯就死了。

从这样一条时间线来看，似乎韩国遇到的是一连串倒霉事，韩昭侯看来也进入风烛残年了，兴建高门也许是想冲冲喜吧？

我们已经无从得知高门是怎样的建筑，也许是城门，也许是宫门，总之一定高大巍峨，很费人力物力。韩昭侯的快乐，大概就像今天普通人搞装修的快乐。很难想象在有人兴致盎然搞装修时，来串门的邻居竟然预言他不可能活着住进这间房子。韩昭侯偏偏遇到了这样的怪人怪话——楚国人屈宜臼对他说:"您一定没机会走出这座门。"

使民以时

屈宜臼曾经狠狠批评过吴起,让吴起这样的英雄豪杰无言以对。不知为什么屈宜臼会出现在韩国,也不知为什么屈宜臼竟然在韩昭侯面前口无遮拦。虽说忠言逆耳,但以屈宜臼这种不分身份、场合,一味进逆耳忠言的劲头,按说在战国乱世是不可能活过青春期的。

无论如何,屈宜臼好好地从吴起的风光时代活到了韩昭侯的暮年。之所以他能预言韩昭侯没有享受高门落成的福分,是因为他可以从儒家立场做出准确推断,看出韩昭侯犯了一个天大的忌讳:不时。

屈宜臼解释说:"我所谓的时,说的不是年月日,而是时机。人的一生,既有有利的时机,也有不利的时机。当初您曾经有过有利的时机,但那时您不趁机营建高门,却等到现在不利的时机来搞。去年秦国攻打宜阳,今年韩国又遇到旱灾。您不好好体恤百姓,却在这个时候大搞骄奢淫逸的高门工程,这就叫'时讪举赢’，也就是我所谓的‘不时’。"

这段话给我们贡献了一个不常用的成语"时讪举赢"，意思是在艰难时世里铺张浪费，把穷日子过得像富裕日子一样。还有一个细节需要解释：原文里的"前年"，意思是今年之前的那年，也就是去年，并不是现代汉语里"前年"的意思。至于屈宜臼的预言有没有得到应验，下一年就会交代。

胡三省为《资治通鉴》作注时，引用前辈学者徐广的话，批评韩昭侯在国家多难时大搞土木工程，有悖治国之道。陈垣的《通鉴胡注表微》抓住胡三省的这番话，说胡三省大概在影射宋徽宗，因为宋徽宗正是在国家多难时大搞园林建设，举国为之骚动。(《通鉴胡注表微·治术篇第十一》)

一切历史都是当代史。

当代人读这段历史，很容易拿凯恩斯主义为韩昭侯辩护，认为越是艰难时世，政府越是需要扩大赤字，以工代赈，没事也必须找出事来。这样既能帮助老百姓渡过难关，也能刺激国家经济，等经济起来了，再拿赚来的钱消除赤字。但在古代社会，尤其在韩国，这个道理行不通，因为农业才是经济之本，而韩国的农业基础很差，粮食储备量很低，政府工程一旦侵占了农忙季节，后果会是灾难性的。

在韩昭侯营建高门的同一年，赵肃侯要去郊游，被大成午总理半路拦下来，说现在正是农忙季节，一天都不能耽搁，一切事情都要为农耕让路。（《史记·赵世家》）大成午的原话是："一日不作，百日不食。"这是农耕文明的核心特点。

所以儒家从孔子开始，就反复强调"使民以时"这个命题。这个"时"，归根结底就是"农时"。

古代中国作为农耕文明，当然一切以农业为重，不管干什么都应该"不违农时"，哪怕是天王老子也要给农业生产让路。历朝历代，无数仁人志士不断强调这一种路径依赖，以至于工商业总是处于被打击和压制的地位。

今天我们在责备古人之前，很有必要想到的是：**我们自己也总是在自觉不自觉地强化着自己的身份认同和路径依赖，因为人类永远都在追求确定性，而身份认同感和路径依赖越强，确定性也就越强。在这一点上，我们其实并不比古人高明。**

———————— 223 ————————

越国是怎么由盛而衰的

周显王三十五年（前334年）的第三件事，是越王无彊攻打齐国，被齐国外交官一通忽悠，竟然亡了国。

勾践灭吴

原文：

越王无彊伐齐。齐王使人说之以伐齐不如伐楚之利。越王遂伐楚。楚人大败之，乘胜尽取吴故地，东至于浙江。越以此散，诸公族争立，或为王，或为君，滨于海上，朝服于楚。

在这件事上，司马光其实说错了——越国虽然吃了败仗，但并没有因此亡国，亡国事件发生在二十多年之后。但这段内容是从《史记》抄来的，《史记》首先就错了。

《史记》记载越国历史的内容，主要集中在《越王勾践世家》。勾践是全篇的主人公，越国的其他君主基本都是过场人物。勾践死后，司马迁如流水账一般记录了若干世代的王位传承，到了越王无彊时，越国历史迎来了一个小小的高潮。

司马光把《史记》这段内容大删大砍，说越王无彊讨伐齐国，齐威王巧用外交手段，派人说服无彊，让他相信打齐国不如打楚国有利。无彊真的掉转兵锋去打楚国了，不幸惨败。楚国乘胜追击，夺取了曾经被越国吞并的全部吴国故土，向东一直打到浙江。越国从此四分五裂，宗室成员各立山头，有称王的，有称君的，盘踞在长江以南的滨海地带，向楚国臣服。

强盛一时的越国竟然就这么亡国了吗？

根据《竹书纪年》记载，在二十多年后，越王派一位名叫公师隅的指挥官，带着大批的军需物资和奢侈品走水路送到魏国。这些物资包括一艘大型战舰，300艘小型战舰，箭矢500万支，还有犀牛角和象牙。（《水经·河水注》引《竹书纪年》）以这种规模的军事援助来看，那时候的越国一定还是一个强横的存在。

不同史料里的各种矛盾到底怎么弥合，历代学者没少花心思。杨宽先生在1991年发表的一篇论文《关于越国灭亡年代的再商讨》算是基本给这个问题盖棺论定，结论是：周显王三十五年，楚国确实把越国打败了，但越国实力尚在，还要等到二十多年之后，越国才真正被楚国灭亡。

那么，在周显王三十五年，越国为什么要打齐国，后来又为什么和楚国开战呢？现有的史料并不能给出准的答案，不过，从越国的国际关系史上，我们可以隐约看出一点脉络和轮廓。

越国和齐国一南一北，原本风马牛不相及。从文化上来说，越国长期被华夏诸侯看不起，把它和吴国、楚国一起当作蛮夷。这倒不算污蔑，因为从外貌上看，越国人和华夏人的区别一目了然：越国人"断发文身"，经常理发，头发是短的，身上都是刺青，怎么看怎么像是野蛮人。春秋时代，越国和吴国经常发生边境摩擦。后来中原大国晋国为了掣肘南方的楚国，和吴国建立了外交关系，大搞文化输出，帮着吴国迅速华夏化。最核心的一项文化输出内容，就是教会吴国人车战技术。

吴国和越国以前都是蛮族的打法，而且因地制宜，要么步兵作战，要么水战。吴国学会了车战后，虽然能给晋国帮不少忙，但也因此具备了北上和中原大国争雄的潜力。等到吴王夫差崛起时，身边既有传奇人物伍子胥，又有兵圣孙武，胜仗打得越多，野心膨胀得越快。夫差一路北上争霸，却没留神早被自己打服了的越王勾践在大后方突然发难。

勾践在厚积薄发之下，不出手则已，出手就是杀招，竟然一举灭了吴国。

然后不难想见，勾践也开始膨胀，想要北上争霸。

这时的勾践，不但霸占了吴国的全部家底，继承了吴国的争霸野心，还继承了吴国的外交政策，和晋国建交。这是越国外交路线的一大逆转。先前晋楚争雄，晋国大力扶持吴国，借助吴国的力量在楚国背后牵制楚国，而楚国相应地扶持越国来牵制吴国，这就造成吴国和越国的矛盾不断激化。矛盾的总爆发，就是越国吞掉了吴国。这就意味着，越国的实力忽然间成倍扩张，并且不再受到吴国的制衡。这会让楚国怎么想？越国和楚国的关系从此自然变得微妙起来。

越国大概为了不让楚国产生疑心，把淮河以北的大片地盘拱手相赠。（辛德勇《越王勾践徙都琅邪事析义》）楚国虽然心满意足，不再找越国的麻烦，但对于勾践来说，淮北被楚国占有之后，再想北上争霸，出路已经全被楚国堵死了。所以迟早还得跟楚国撕破脸。

联晋伐齐

对付楚国的方案其实是现成的。根据清华简《系年》记载，越国沿用吴国的外交政策，和晋国打得火热。这个大政方针延续了好几代，三家分晋之后，越国依然和分裂后的三晋保持友好关系。三晋伐齐，越国国君亲自带兵，配合三晋军队分进合击，让齐国吃了大亏。越人和晋人联手伐齐，在《系年》的记载里有过三次。

联晋伐齐是越国最核心的争霸方针。勾践当初甚至为了这个目的，把国都北迁至琅琊。琅琊的位置，传统上主流的意见是山东省青岛市黄岛区，当地有一个名胜古迹叫琅琊台，原先是秦始皇修的，长久以来都被误认为是齐国长城的入海之地。但这个地方过于靠北，很难想象一个南方诸侯竟然把国都迁到山东。而且，琅琊台虽然并不是齐长城的入海处，但向北50公里就是齐国长城。勾践如果确实把国都迁到这里，就相当于俗话"蹬鼻子上脸"当中的"蹬鼻子"，下一步就是"上脸"了，这一方面过于咄咄逼人，一方面离大本营山远水远，很不合理。所以有学者认为，琅琊其实是越国的一块飞地。

另一种说法认为琅琊在江苏连云港的锦屏山九龙

口。连云港在琅琊台以南大约170公里，这就比较合理了，当地的考古发现也给了很多支持。勾践在今天的连云港定都，北上的意图相当明显。

大约90年后，也就是周安王二十三年（前379年），越国在楚的压力之下保不住琅琊，被迫退向南方老家，迁都到吴国故都，今天的江苏苏州。（《越王勾践迁都琅琊考古调查综述》）

退守苏州，意味着越国国力严重下滑，想要再次北上，恐怕就先要问问楚国答不答应。等到齐国和魏国"徐州相王"的这一年，越国的中原老朋友魏国和韩国一道向越国的老对头齐国服软，按说越国根本没可能孤军深入去打齐国，更没道理在缺乏中原盟友的情况下独自挑衅楚国。《资治通鉴》记载的越王无彊这一连串军事行动，怎么想怎么靠不住。恐怕更有可能的是，越国谁都没去招惹，直接被楚国收拾了一顿。当然，这只是猜测，并没有任何一点可靠的证据。

知识就在得到

A
Comprehensive
Mirror
to Aid in
Government

Series.1

资治通鉴

第一辑

熊逸版

⑨

熊逸 著

Xiong Yi
Edition

新星出版社 NEW STAR PRESS

目录

周显王三十六年

―――――― **224** ――――――

楚国为什么会对齐国开战

周显王三十六年（前333年），《资治通鉴》记载了六件大事，其中四件都是政权交接，被司马光一笔带过，楚国和齐国打了一仗，也被司马光一笔带过，浓墨重彩全都给了战国时代的两大名嘴：苏秦和张仪。这两大名嘴的出场，标志着战国历史进入了一个崭新的阶段。

先来看看楚国对齐国发动的战争。

利益和尊严

原文：

（三十六年）

楚王伐齐，围徐州。

楚国之所以要对齐国开战，原因特别简单：楚威王生气了。

这不是一般的生气，而是生了大气，以至于楚威王御驾亲征，在徐州大败齐国。

一切皆如惠施所料。事实上，惠施低估了国际社会的反应。"徐州相王"事件并不仅仅激怒了楚国，而是犯了众怒，所以楚威王率先出兵，赵国和燕国也共同夹击齐国，就连实力不强的鲁国一开始都站在了楚国一边，要不是齐国的外交手段奏效，鲁国也会趁乱打齐国一顿。

这一场"世界小战"和国家利益并没有直接关系，纯属意气之争。利益问题通常还可以有商有量，如果尊严被冒犯，那就严重了。

哪些问题属于利益问题，哪些属于尊严问题，在不同时代、不同文化背景下，有不同的定义。比如领土问题，在古代，长久以来都被当作利益问题，所以割让也好，交换也好，独立也好，购买也好，都好商量，这是现代人很难想象的。

在古人的观念里，天无二日，民无二王。王只有一个，那就是周天子。楚国虽然称王，但一来这是自封的，华夏诸侯不予认可，二来虽说"天无二日"，但楚国的天和中原的天并不是"山川异域，风月同天"，而是分属不同的天，就像北方的《诗经》和南方的《楚辞》，各有各的文化系统，不相统属。

严格来说，"天"只有一个，并且"溥天之下，莫非王土"，但蛮族的地盘不属于"天"，属于"海"，所以并不算"王土"。"王土"的四面八方，不管是否有水，都叫"海"，统称"四海"。刘邦建立汉朝后，唱过一首很有名的《大风歌》，其中有一句"威加海内兮归故乡"。刘邦认为汉朝的地盘属于"海内"，也就是"四海之内"，"海外"不归他管。

秦汉以前，楚国长久以来都被当成蛮夷，严格说来确实不属于"天"，而属于"海"。

这种情形其实对大家都好，因为站在楚王的角度，周天子是天王，自己是海王，平起平坐，天下诸侯都低自己一级，这感觉很爽；而站在华夏诸侯的角度，反正楚国是蛮夷，就随便他们"猴子称大王"吧，跟我们不搭界。非要教训楚国，让他们放弃称王，显然不明智，因为大概率打不赢人家。

所以楚国称王问题，几百年来在国际社会上已经磨合得很好了，哪知道华夏诸侯当中忽然有人作怪，魏惠王和齐威王像小孩子玩过家家一样互相给对方送了一顶王冠，一下子动摇了国际关系里的自尊心平衡点。这就好比大家平日一直称兄道弟，忽然有两位兄弟给自己升了一辈，要当大家的爸爸，是可忍孰不可忍。楚威王的愤怒也很合理：平日里都低自己一头的小伙伴，忽然站出来两个要跟自己平起平坐，同样是可忍孰不可忍。

小群体内部，社会位阶的变动特别撕咬人心。诸如多年的同事忽然升迁了，读书期间成绩一直不如自己的同学，工作之后竟然比自己收入高，亲戚聚会时发现妹夫的职位高出自己一级，诸如此类的事件制造了无数人的无数个不眠之夜。大国诸侯虽然在国内位于社会金字塔的绝对塔尖，物质生活也都是顶级的锦衣玉食，但他们心目中的小群体早已不是国内，而是国际会议里那些和自己地位相当的人。

当时齐国其实已经有人看透了这层道理，所以建议田婴不要接受魏国递上来的王冠。这个人名叫张丑。"丑"这个字和"丑陋"的"丑"（繁字体为"醜"）在古汉语中是截然不同的两个字，只是在汉字简化之后才合二为一。

张丑的意见是：如果齐国和魏国在战场上胜负未分，那么魏惠王来服软的话，我们是可以接受的，然后和魏国一起用低姿态对待楚国，这才是一条通往成功之路。但现在的局面不是这样，我们不但打败了魏国，还打得相当狠，消灭了人家十万大军，还把人家的太子弄死了。如果我们接受魏国的服软，就等于以力服人，仗着自己能打就看不起秦国、楚国那些强国。更何况楚王是个好勇斗狠又特别在乎面子的人，将来一定会成为齐国大患。

这些分析入情入理，但田婴不听。

站在田婴的角度，刚刚荣升齐国总理，一定想做一点漂亮的业绩，而且自己已经为这件事忙活好几趟了，付出的心血肯定不想白费。没想到事情真如张丑所料，齐国惨遭国际社会的军事制裁，尤其是作为"相王"事件所在地的徐州遭受了楚国的大军围攻。

这个攻击地点的选择很有羞辱意义，让齐国相当狼狈。

如何维系联盟

至此，大家或许会生出一个疑问：不对啊，魏国和韩国都拜了齐国的码头，这就等于"战国七雄"当中齐、魏、韩三雄联手，问天下谁人能敌？就算楚、赵、燕同样三雄联手，双方的实力应当半斤八两，为什么齐国那么容易就被打败了？而且在齐国挨打时，好像并没见到魏、韩两国来帮齐国老大哥啊？

按照魏国的初衷，不对齐国落井下石就已经算是大慈大悲了——之所以肯对齐国服软，不就是为了激怒楚国，借楚国的手来收拾齐国嘛。

但这就触发了新的问题：借刀杀人这么容易吗？魏国向齐国服软，真的只是送一顶大帽子就可以了吗？魏国和韩国当了小弟之后，不用承担做小弟应尽的义务吗？

理论上说，当然应该承担义务，而另一方面，维系联盟关系是一件很难的事。

今天我们最常见的联盟就是商业合作，哪怕是在商场里边买一件小东西，也意味着买家和卖家达成了一个以自愿为前提的契约，如果有人反悔，对方可以向商场申诉，甚至可以上升到法律层面。但国际联盟不一样，没有人为买卖双方扮演商场和法院的角色，显然毁约的代价很低。当然，只要牌桌不散，毁约的一方既会遭受被毁约一方的报复，也会让其他人不愿意跟他合作，但问题是，牌桌经常会散，毁约的收益也经常大到让人割舍不下。所以为了维持联盟，就有必要做出利益绑定，大家从此一荣俱荣，一损俱损。

现代社会有很多这样的例子，比如欧盟，它的萌芽是欧洲煤钢共同体，而欧洲煤钢共同体的萌芽是德法煤钢联营计划，要求德国和法国各自让渡一部分国家主权，把煤炭、钢铁生产合并起来，交托给一个独立于两国之外的专门机构。战国诸侯虽然做不到这一步，但思路也是搞绑定，最主流的绑定模式就是互换人质——各自把自家孩子送到对方国家。

从技术层面来看，虽然两种策略的底层逻辑是相通的，但各有各的优点，也各有各的局限。优点不言而喻，我们只看缺点：**利益绑定得太牢就容易当局者迷，从而过度考虑短期利益，而长期利益又很难有效形成绑定力量。**

在一切利益绑定当中，最极端的形式就是夫妻关系，所以"和亲"一直是国际关系的主旋律，但即便到了夫妻这种程度，也经常会有同床异梦的现象。这样看来，利益的绑定力量并不那么牢靠，还是情感的绑定力量更强。而一切情感羁绊当中，父母对子女的爱是最深沉、最毫无保留的，所以交换人质才有意义。但人质的缺点是：要么骨肉难离，关心则乱；要么因为多生多养，父母偏心，导致有些孩子并不矜贵，不足以成为筹码；要么孩子被敌对势力刻意扶植，说不准哪天就会回国添乱。

无论如何，人质外交都是古代外交的主流形式。而像魏国这种服软型外交，就不是互换人质了，只能是魏国单方面把人质交给齐国。

—————— 225 ——————

质子外交是怎样演变的

楚国围攻徐州而魏国袖手旁观，齐魏两国之间的结盟关系难道就这么脆弱？齐国难道没有任何筹码可以要挟魏国吗？

质子外交

事实上，结盟从来不是一件容易的事。

从西周以来，结盟有一套繁文缛节，今天我们称之为"仪式化"。**仪式化的核心意义，就是给人心加一把锁链。繁文缛节越多，锁链也就越牢固。**

所有的仪式，名义上是做给神明看的，请神明充当盟约的见证人。将来如果有人违约，神明就会对他施加惩罚。但周人如果真的信神，当初也就没胆量无视各种不祥之兆，杀掉"真命天子"商纣王了。神明对于周人，原本只是所谓"神道设教"的工具，忽悠老百姓的。尽管有的统治阶层的成员在忽悠老百姓的过程当中也把自己给骗了，但"神道设教"的传统延续了下来，以至于神明对人类的约束力说大就大，说小就小。尤其到了战国时代，大国诸侯谁都没有把盟约看得多么严肃，翻脸比翻书还快。

既然神明的力量无法形成约束力，那就只能现实一点，拿人质当筹码了。

人质通常都是大人物的儿子，也被称为"质子"。

质子外交在春秋时代就已经很常见了，但那时贵族精神尚在，质子非但不用担心自己会被撕票，甚至还能锦衣玉食，娶对方国君的女儿。站在国君的角度，就算对方国君背信弃义，自己也没必要撕票，反而格外善待质子，等时机成熟时扶植质子回国继位，这样才能捞到更大的好处。

进入战国时代，贵族精神风流云散，质子的处境越来越糟，这就导致真正爱孩子的国君舍不得送孩子去当人质。魏惠王就有点这个意思，大概是年纪大了，经受了不少挫折之后，心肠开始变软。但是，去年"徐州相王"，和齐国化干戈为玉帛，人质非但必不可少，还必须特别有分量。根据《战国策》记载，惠施在做这番外交谋划时，把魏国的太子送到齐国当人质。

马陵之战时，魏惠王的太子魏申被齐国抓了俘虏，没多久就死掉了，所以这回的太子是新立的，名叫魏鸣。《战国策》的记载过于简单，只说魏鸣到了齐国之后，魏惠王很想他。原因倒也不难推测：魏国和齐国建交本来就是一计，是想把齐国高高捧起来让楚国去摔，所以魏国和齐国的关系很快就会遭受考验，人质的安全很难得到保障。

怎么办？如果魏惠王只是想看看太子，反正三番五次要去齐国，不愁没有父子相见的机会，但魏惠王的真实想法，应该是趁着国际局势发生变化之前，赶紧把太子弄回自己身边。

有一个叫朱仓的人给魏惠王献了一计，要他装病。然后朱仓去求见齐国总理田婴，说我们魏王已经一把年纪，现在又生了病，您如果放我们太子回国，就等于卖了我们一个天大的人情。不然的话，我们魏王可还有一个叫魏高的儿子在楚国做人质呢，如果魏王有个三长两短，楚国人就会把魏高送回来接班，齐国手里的人质可就没有任何价值了，齐国岂不是白白做了一件不义之事？（《战国策·魏策二》）

不放魏鸣回国探望生病的老父亲，这当然属于不义，对齐国的名声不好，而且也捞不着实利。只要魏高在楚国的支持下回国继位，魏鸣就变成了所谓的"空质"，也就是毫无价值的人质。假如齐国气愤不过，撕票泄愤，魏高大概巴不得借齐国的手除掉这个最能威胁自己王位的人呢。

战国时代的质子外交，大家最忌讳的就是所谓"抱空质而行不义"。所以在朱仓看来，这个道理应该可以说服田婴，让太子魏鸣安全回国。

这样看来，魏惠王实在很难，在齐国有人质，在楚国也有人质，对谁翻脸都有所顾忌。

那么，朱仓到底有没有如愿以偿？可以参考《战国策》的另一条记载，齐国和魏国约好了一起去打楚国，魏国送了一个叫董庆的人到齐国当人质。

董庆到底是谁？不知道，但从名字来看，似乎并没有和魏惠王沾亲带故。联系上下文，再参照当时的局势，推测董庆应当就是魏惠王的太子魏鸣。后来楚国发动进攻，大败齐国，魏国竟然袖手旁观。田婴气坏了，要撕票，魏国有人这样劝说道："楚国打败了齐国，之所以没有乘胜挺进，就是担心魏国故意等着楚军深入齐国腹地，从楚军的后方发动攻击。您如果现在杀掉魏国的人质，就等于向楚国宣告齐、魏联盟破裂，如果魏国一怒之下去和楚国结盟，齐国可就危险了。不如善待人质，这样既能和魏国保持友好，还能迷惑楚国。"（《战国策·魏策一》）

话倒是在理，但田婴一定觉得憋屈：手里的这名人质根本没法拿来要挟魏国，不仅如此，在魏国毁约之后，自己反而更要保障这名人质的安全，还要格外对他好。早知如此，当初又何必要他呢？

人质的下场究竟如何呢？《太平御览》对《战国策》的一段引文里说"王从之，太子得还"。太子真的回国了。(《太平御览》卷460) 但根据其他史料记载，魏惠王死后，继承人魏襄王可能叫魏赫或魏嗣，并不叫魏鸣。魏鸣到底是被文献记错了名字，还是后来改了名，我们已经不得而知。

总理外交

楚国打败齐国后，楚威王这口气还没出尽，于是要求齐威王把田婴赶走。田婴身为齐国总理，是"徐州相王"事件中齐国的主谋人，当然也就是伤害楚威王脆弱自尊心的罪魁祸首。

按说一国总理的任免纯属内政，但在古代的各种外交模式里，除了质子外交外，还存在着总理外交——有时候你给我们国家派总理，有时候我给你们国家派总理，又或者强势国家给弱势国家指定总理人选。尤其是战国时代，楚威王的做法并不算十分过分。

田婴害怕了，怎样才能保住权位呢？当初田婴谋划"徐州相王",张丑提过很高明的反对意见,不过这次张丑却帮着田婴说话,他对楚威王说:"大王之所以在徐州打了胜仗,是因为齐国名将田朌没有得到齐国的重用。田婴不喜欢田朌,一味重用申缚。申缚这个人很不招人待见。上到大臣,下到百姓,都不愿意为他出力,所以才被您打败了。一旦田婴被齐国驱逐,接下来可就是田朌的翻身之日了。倘若田朌整顿好全国军队,跟楚国对抗,将对您十分不利。"

这一席话说动了楚威王,田婴这才有惊无险,躲过一劫。(《战国策·齐策一》《史记·楚世家》)但是,正如田婴对魏国憋着一口恶气要出,楚威王对田婴憋着的这口恶气也是要出的,所以这件事还有下文,田婴的命运注定和楚国紧紧勾连在一起。

226

苏秦真的晚于张仪吗

原文：

韩高门成。昭侯薨，子宣惠王立。

······

齐威王薨，子宣王辟疆立；知成侯卖田忌，乃召而复之。

燕文公薨，子易王立。

卫成侯薨，子平侯立。

周显王三十六年（前333年），《资治通鉴》记载
的大事里，除了楚威王讨伐齐国，围攻徐州之外，还
有以下四起国丧：第一，韩国高门落成，结果应了屈
宜臼在上一年所作的预言，韩昭侯果然死了，由儿子
韩宣惠王继位；第二，齐威王过世，儿子田辟彊继位，
这就是齐宣王，齐宣王明白当初田忌出走是受成侯邹
忌的陷害，所以召回田忌，让他官复原职；第三，燕
文公过世，儿子燕易王继位；第四，卫成侯过世，儿

子卫平侯继位。也就是说，有四个国家发生了政权交接，同年又有楚国和齐国之间爆发的徐州之战，赵国和燕国也帮着楚国来打齐国。

当然，这一年《资治通鉴》浓墨重彩写的是一件关于苏秦的事。

不属于苏秦的传奇

苏秦成为合纵政策的主持人，同时兼任山东六国的总理职务，联合六国一起抗秦，然后返回赵国汇报工作，苏秦车队的规模、派头和王者相当。这就奇怪了，各个诸侯明明各有各的乱子，各怀各的鬼胎，怎么可能在这一年各国外交忽然有了惊人突破，建立了一个反秦大联盟？

事情过于不合情理，当然是因为司马光又一次搞错了。

四起国丧中，司马光说对了三起，又照例搞错了齐国的编年。事实上齐威王还好好地活着，十几年后的公元前 319 年才是齐宣王元年。

更离谱的是，苏秦并没有这么早就在国际舞台现身，现身之后也不曾身兼六国总理职位，甚至很难说苏秦是战国时代合纵事业的最大推手。这当然不怪司马光，因为他能看到的苏秦史料主要是《史记》和《战国策》，《资治通鉴》长篇大论描述苏秦的外交方针、外交辞令，还有苏秦和张仪的关系，主要都是从《史记·苏秦列传》删减来的。

《史记》详细讲述了苏秦的出身，又讲了他如何发愤读书，最终用知识改变了命运，让当年看不起他的人纷纷跪倒在他的脚下，所以《苏秦列传》很有激励人心的力量，其中如"头悬梁、锥刺股"这种故事直到今天还有顽强的生命力，被不少家长拿来教育孩子。

《资治通鉴》大刀阔斧地删掉了这些励志戏份。司马光也许并不认可苏秦的勤学态度，也许觉得这些内容对于"资治"而言毫无价值。这就使《资治通鉴》里的苏秦形象仅仅是一名外交专家，显得不够鲜活。

但这不能全怪司马光。在《史记·苏秦列传》的结尾，司马迁说了这样一段话：世人谈论苏秦时，说法非常混乱，很多和苏秦作风相似的事情都被归到苏秦身上，哪怕这些事情并没有发生在苏秦生活的时代。这句话意味着，司马迁在写《苏秦列传》时，虽然已经尽其所能去伪存真，但真相到底什么样，他其实也不敢笃定。所以司马光在撷取《史记》里的相关内容时，采取了严肃的历史学家应有的保守态度，倒也无可厚非。

苏秦作为一代传奇人物，难免被附会上各种本不属于他的传奇。雪上加霜的是，苏秦亦真亦幻的人生太有励志色彩，以至于无数想要凭一己之力挑战命运的人都会把苏秦奉为人生导师。可以说，关乎苏秦的一切都被赋予了很高的商业价值，如果有谁想要开一家说客培训班，苏秦的游说言论汇编必定会是最受追捧的名家范文。

历史上有一条非常经典的经济规律：凡有需求，必有供给。

之所以无数江湖骗子，无数不靠谱的物质或文化产品可以在千百年间横行天下，无非是因为社会上确实存在着强烈的需求。只要需求足够强烈，一定会有某种或某些产品应运而生，让需求者"相信"自己的需求得到了充分满足。

比如怕死是人的天性，人对长生不死有着强烈的需求，于是产生了很多可以满足这个需求的方案，让无数人趋之若鹜，甚至心甘情愿地付出全部家产。世界上最赚钱的生意莫过于此。既然连长生不死的需求都能得到无数解决方案，那么，逆袭命运的成功模板怎么可能会缺席？即便苏秦的游说没有留下任何记载，也一定会出现很多记载来填补这个空缺。这就导致真实的苏秦被隐藏在太多真伪难辨的传说当中。

颠覆性的新结论

虽然我们跟司马迁、刘向和司马光一样看不到什么新鲜材料，但只要足够细心，一定能够看出现有材料存在很多矛盾的地方。在一切矛盾当中，最典型的样式，就是地理和时间的矛盾。

战国时代，各国版图经常发生变化，而《史记》《战国策》《资治通鉴》当中苏秦游说时候的言论，时不时就会拿后来的版图解说当下的时局，显然这些言论出于后人的编造。

另外，苏秦一家兄弟几人，把外交做成了家族事业。司马迁认为"苏秦兄弟三人"都很出名，另外两个是苏代和苏厉。但三国年间，蜀汉学者谯周考证说，苏秦还有两个兄弟，名叫苏辟、苏鹄。谯周就是劝说蜀汉后主刘禅投降的人，也是杜甫诗句里"从此谯周是老臣"的那位谯周。在苏家的满门英烈当中，苏秦的事迹还经常和兄弟们搞混。所以在《战国策》的不同版本里，有些言论时而归在苏秦名下，时而归在苏厉、苏代名下。真相到底如何，实在让人搞不清楚。

因为苏秦事迹的疑点实在太多，所以历代学者先后提出过很多怀疑。1964 年，中国现代著名历史学家徐中舒发表了一篇重要论文《论〈战国策〉的编写及有关苏秦诸问题》，考证出苏秦的活动年代晚于张仪。

这个结论极其具有颠覆性，因为《史记》以清晰的脉络交代，苏秦和张仪都是鬼谷先生的弟子，在苏秦叱咤风云时，张仪还是个默默无闻的小角色，后来苏秦为了让自己的合纵方针取得成功，用激将法把张仪骗到秦国，这师兄弟二人一个搞合纵，一个搞连横，把天下诸侯玩弄于股掌之间。

《资治通鉴》对这段历史的描述也是根据《史记》来的，所以徐中舒的结论等于颠覆了人们的历史常识。按说这种颠覆常识的考据应该会引发一连串反驳，但是，史学界竟然觉得这一点都不难接受，对苏秦事迹的怀疑已经太久了，以至于如此具有颠覆性的结论反而得到了越来越多的声援。

有意思的是，没过多少年，就发生了一个戏剧性事件。

1973 年，长沙马王堆 3 号汉墓出土了大批帛书。所谓帛书，就是用丝织品当成书写载体而写成的长卷。马王堆帛书有一部分内容和《战国策》很像，一共 27 章，整理小组给它取了个名字叫《战国纵横家书》。书里有 11 章内容和《战国策》《史记》基本重合，另外 16 章前所未见，不但司马光没见过，就连司马迁也没见过。

　　《战国纵横家书》里有大量内容都是苏秦的书信，至少是打着苏秦名号的书信，在相当程度上支持了苏秦的活跃时间晚于张仪，以及苏秦并不曾合纵山东六国的推断。但新问题又出现了：如果苏秦的事迹存在大量附会，那么《战国纵横家书》的内容会比《史记》《战国策》更加可靠吗？这引发了史学界的激烈交锋，直到今天也没有尘埃落定。

　　读历史除了要有历史意识之外，还应该有一个观念史意识。我们不妨重新看一下那个岩中花树的故事，有人问王阳明说："天下无心外之物，如此花树，在深山中自开自落，于我心亦何相关？"那么，《战国纵横家书》在古墓里"自开自落"时，和世界真的有什么相关吗——它并没有对现实世界产生真实的影响。

———————— 227 ————————

苏秦是怎么成为文化语码的

苏秦的形象真正在历史上发生影响，主要就是通过《史记·苏秦列传》。这就意味着，无论司马迁搞错了多少史实，他笔下的苏秦在中国历史上已经成为一个经典的文化语码。即便司马迁的记载通篇全错，这些错误也产生了极其真实且深远的影响力，比真相更值得我们去了解。

榜样

对于司马迁的记载，司马光并不怀疑。司马光有一首七言律诗《赠吴之才》，主人公吴之才的人生坎坷不顺，相当落魄，司马光拿苏秦的事迹来勉励他。诗是这样写的：

胜冠自立艰难里，大器由来贵晚成。

松柏傥非生磊落，岩崖何易出峥嵘。

苏秦游困羞妻嫂，主父居贫厌弟兄。

六印他年拥车骑，会须重过洛阳城。

诗的首联劝吴之才不要灰心，一时挫折没什么，大器晚成嘛。颔联把他比作松柏，说人间正道自然充满挫折，不可能一帆风顺。颈联的对仗，分别用到苏秦和汉朝名人主父偃的典故，说人不得志时，在亲人那里都只会得到嫌弃，这是无可奈何的事。但是，尾联继续用苏秦的典故，劝吴之才好好看看苏秦的榜样，当苏秦身佩六国相印，荣归故里时，当初看不起他的人还不是跪得比谁都殷勤吗？

更有励志色彩的是唐朝诗人薛令之的一首《草堂吟》：

草堂栖在灵山谷，勤苦诗书向灯烛。

柴门半掩寂无人，惟有白云相伴宿。

春日溪头垂钓归，花笑莺啼芳草绿。

猿鹤寥寥愁转深，携琴独理仙家曲。

曲中哀怨谁知妙，子期能识宫商调。

鱼未成龙剑未飞，家贫耽学人争笑。

君不见苏秦与韩信，独步谁知是英俊。

一朝得遇圣明君，腰间各佩黄金印。

男儿立志需稽古，莫厌灯前读书苦。

自古公侯未遇时，萧条长闭山中户。

诗句写得很通俗，说读书人在穷乡僻壤的小茅屋里刻苦学习，生活太清苦，也太寂寞了，偶尔弹弹琴，自娱自乐一下，琴声里的哀怨没人听得懂。明明家里很穷，但他就是不肯操持营生，偏要埋头读书，以至于受尽人们的嘲讽。但没关系，鱼在跳上龙门之前，宝剑在剑气冲天之前，凡夫俗子哪里看得出来什么。您没看见苏秦和韩信吗，早年困顿时还不是一样，谁看得出他们是英雄坯子？而他们一旦抓住机会，遇到明主，马上就会飞黄腾达。所以，男人在给自己树立远大志向时，应该好好读读历史，看看古代那些榜样人物。有了榜样的激励，拼命读书学习就有动力了。自古以来，很多达官显贵在发迹之前，都是在穷困的生活里发愤图强。

薛令之把苏秦和韩信并列，其实苏秦的人生更有楷模意义，因为它充分说明了拼命读书，受到挫折之后再拼命复读，究竟在多大程度上可以扭转命运。

薛令之本人是进士出身，应该是个很能读书的人，只不过他进士及第以后，长期在太子身边做官，职位低，俸禄薄，前途黯淡，越做越没意思，有一天没忍住在墙上写诗发牢骚，说什么"朝日上团团，照见先生盘。盘中何所有，苜蓿长阑干……"（《自悼》）偏巧被皇帝看到了，在他的诗底下续了几句："……若嫌松桂寒，任逐桑榆暖。"意思是说：嫌这里不好，没关系，您随便到哪里高就都行，我们大唐王朝不拦着您。

这时正值盛唐，天下一统，薛令之虽然学到了苏秦奋发读书的精神，却没法学苏秦到处应聘。没办法，薛令之只能辞官离开，默默度过极度清贫的后半生，一天都没能跳脱出"鱼未成龙剑未飞"的状态。

形势比人强，大一统帝国就像垄断企业，保持垄断地位才是盈利的关键，看重的是稳定性而不是开拓性。而在苏秦生活的时代，不要说真用功，真有本事，就连滥竽充数、鸡鸣狗盗都能换来锦衣玉食，苏秦如果生在薛令之的时代，也未必能够出人头地。

古人就算想透了这层道理，也不方便明说。而且，除了比苏秦多几分努力之外，也找不出什么更好的人生轨道了。所以，历代追求功名的人，永远会对苏秦的人生感慨万千。

再看晚唐诗人贾岛，他有一次途经苏秦墓，写下一首绝句《经苏秦墓》：

沙埋古篆折碑文，六国兴亡事系君。

今日凄凉无处说，乱山秋尽有寒云。

贾岛生活的时代，正值晚唐藩镇割据，所以贾岛触景生情，生出无限感慨，希望当今天下能够再有一位苏秦这样的英雄出现，但偏偏没有，只有凄凉。

反面教材

将苏秦当作文化语码，也有和司马光、贾岛的诗歌相反的用法。李白受到朝廷征召，一厢情愿地相信自己从此可以大展拳脚，于是写诗告别老婆孩子，其中有一首《别内赴徵·其二》是这样写的：

出门妻子强牵衣，问我西行几日归。

归时倘佩黄金印，莫学苏秦不下机。

自己离家时，老婆孩子牵着自己的衣襟，舍不得让自己远行，但这等无知妇孺哪里知道自己这次出山的意义。等自己回来时，老婆孩子可别学苏秦亲人的样子，对自己不理不睬，因为自己那时候应该已经功成名就，像极了苏秦发达时，佩戴黄金相印，不可一世。

以李白这样眼高于顶的人，也不介意拿苏秦自比，可见苏秦作为中国文化的一个文化语码，到底有着怎样的分量了。

但是，也不乏看不上苏秦的人，觉得苏秦的人生纯属功利主义，就算成功也不值得羡慕。唐朝奇女子王韫秀的一首绝句：

相国已随麟阁贵，家风第一右丞诗。

笄年解笑鸣机妇，耻见苏秦富贵时。

这首诗的题目叫作《夫入相寄姨妹》，意思是说，丈夫元载刚刚升任宰相，所以自己写这首诗送给娘家人。这首诗等于直接扇了娘家姐妹们的耳光，可见王韫秀这口恶气憋了多久。

王韫秀并不是普通的富家女，而是节度使家的千金小姐。姐妹们的婚姻都有世俗意义上的大好归宿，偏偏自己嫁了一个貌似潜力股的贫寒书生元载，而元载一连多年都没能考中功名，出人头地，以至于元载咽不下这口气，拿出了拼命的劲头，结果真的赢来了翻身之日，还一路高升，做到宰相。从此以后，老婆家里的女眷们对他从嘲讽变成巴结，而王韫秀一点情面也不留，写这首诗的意思是：虽然我老公发达了，但我们王家的家门传统难道是趋炎附势吗？当然不是，我们的传统是先辈王维传下来的诗人风骨，怎么就出了你们这些势利眼？就算我老公像苏秦一样从穷书生变成了六国总理，但在我王韫秀眼里，这些世俗功名不值一提。言下之意是：我当初看中元载，看中的是他的才华，是他这个人本身，而不是他的潜力。你们这些无知妇女只会以成败论英雄，当初对我们冷嘲热讽，现在对我们各种巴结，真让人恶心。

苏秦作为文化语码的人生，集中了各种人情世故上的尖锐冲突，一幕幕戏剧化的场面足以让人看尽人情冷暖，也因此深刻影响了中国人的人生观和价值观。要真正理解这个人，我们还得细说从头。

—— 228 ——

苏秦是怎么跟政治结缘的

接下来，我们正式进入苏秦的传奇人生。

苏秦的人生起点

首先看看苏秦的基本个人资料：姓甚名谁，以及籍贯、住址和家庭成员。

根据先秦时代的称谓模式，我们首先能肯定的是：苏秦一定不姓苏。

苏原本是个地名，在分封的过程中，一支姓已的贵族被封到苏地，子孙以苏为氏，世世代代生活在河内地区。（《通志·氏族略三》）这个河内当然不是越南首都河内，而是指黄河中游的北岸地带。所谓"内"，是以商朝王畿为标准的。

商朝的政治中心，大约在今天河南省的中部和北部，中心的中心就是安阳，这里出土了殷墟甲骨文。

有人会问，安阳明明位于黄河以北，为什么属于河南省？因为以当时的地理区划而言，黄河中游以南确实叫河南，但并不存在"河北"这个概念。黄河北边的地方叫作河内，旁边还有一块地方叫作河东。河内和河南以黄河为界，河内和河东以太行山为界，三大区域合称"三河"，三河基本相当于中原。今天河北省有一个三河市，"三河"指的是当地的洳河、鲍丘河、泃河这三条河，跟河内、河东、河南的"三河"没关系。

苏秦的父祖应该是从河内稍稍跨出一步，迁居到了洛阳，所以《史记》称苏秦为"东周雒（洛）阳人"。当时洛阳属于东周国，虽然名义上是天子脚下，其实毫无实力，每况愈下。

苏秦作为有志青年，走出了小小的东周国，到远方的齐国留学，师从鬼谷先生。但是，学成的一身本领似乎并不管用，以至于到哪儿都栽跟头，几年间越混越惨，实在惨到熬不住了，只好打道回府。

鬼谷先生作为苏秦和张仪的老师，被后人越传越神，但如果认真读《史记》，就会发现苏秦在鬼谷先生那里的求学经历其实极其失败，苏秦最后之所以能够翻身，是因为他在走投无路之下另起炉灶，凭借努力自学才得来的。

亲人的嘲讽

惨遭社会毒打的苏秦回家之后，迎接他的不是温暖，而是奚落。他的哥哥、弟弟、嫂子、弟妹、妻子和妾都在笑他，说我们周人的风俗，要么经营田产，要么从事工商，反正是以赚取十分之二的利润作为人生目标，而你放着主业不做，专门耍嘴皮子，你不倒霉谁倒霉？

这段内容透露了几个细节：一是苏秦的同辈家庭成员很多，二是不仅苏家，整个东周国的工商业都相当发达，三是当地无论农业还是工商业，理想状态下的利润率都是百分之二十。

先看第一点。苏秦和他的兄弟们，传统说法是苏秦是大哥，下面有苏代、苏厉两个兄弟，也是纵横家。据谯周考证，苏家应该还有苏辟、苏鹄两个不太知名的兄弟，五兄弟全是纵横家。谯周还提出过一个相当合理的怀疑：苏秦，字季子，古人以伯仲叔季标记排行，"季子"相当于"老幺"，所以苏秦在五兄弟当中应该不是大哥，反而是小弟。(《古史考》)

那么问题来了：既然苏家五兄弟都做耍嘴皮子的营生，苏秦更是家里的老幺，为什么在游说诸侯失败后被兄嫂们那样嘲笑？更何况做游说营生，人脉高于一切，所以更有可能的真相是：苏家五兄弟传帮带，互相扶持。而《史记》里那个饱尝人情冷暖的苏秦，**很可能是战国时代无数游士的群像，因为虚构，所以显得尤其真实，在历朝历代都能引发强烈共鸣。**

再看第二点。当时的洛阳位于天下的几何中心，天然就会成为商业都会。儒家非常憎恨商业，班固站在儒家立场撰写《汉书》时，狠狠批判洛阳一带的重商风俗，说那里的人们见利忘义，笑贫不笑娼，最想做的职业就是商贾，连做官都看不上，这种地方当然逃不脱灭亡的命运。（《汉书·地理志》）

《资本论》里有一句经典名言："商业依赖于城市，而城市的发展也要以商业为条件。"城市给了普通人几何级数的发展空间。传奇商人白圭主要的经商活动范围就是苏秦的家乡洛阳。这个道理直到今天也不过时，大都市的高昂房价足以证明一切。外来人口来一线城市买房，买的不是房子本身，而是一个有着无限打拼前景的竞技场的入场券。

再看第三点。当地无论农业还是工商业，理想状态下的利润率都是百分之二十。如果用古典经济学来解释，这就意味着当地的自由市场已经达到了充分竞争的阶段，不管你做哪一行，赚的钱都差不多。

古代社会的利润率，一般不是指销售利润率，而是指资本利润率，也就是全年利润额占资本额的比例。

《史记·货殖列传》专门描述整个社会的商业情况，给我们提供的数据信息是：商业利率和资本利润率都是百分之二十。这个现象特别适合用古典经济学来解释：中世纪的欧洲就是这样，利息率不是由利润率决定的，刚好相反，利息率决定利润率。也就是说，放贷人定了多高的利率，借款的工商业主只能根据这个利率来确定自己的利润率。

但是，放贷人定出的利率为什么能被工商业主接受？不难想见，综合折算下来之后，这个利率一定不会真的高于正常经营下的工商业利润率，不然就算工商业主大幅提高商品售价，设置了很高的利润率，但商品卖不出去就等于白搭。在马克思生活的时代，每到经济危机时，银行缩紧银根，而资本家为了维系正常生产，让工厂不至于垮掉，只能咬牙贷款，哪怕利息率赶不上利润率。资本家之所以狠得下这个心，就是因为银行贷款并没有占到生产资金的全部，只要银行不通过利息率把资本家创造的利润全部拿走，那么就算利息率高于利润率，资本家也能撑得住。

什么生意才有最高的利润率？在苏秦生活的时代，这门生意就是政治。

如果我们采信《史记·苏秦列传》的记载，那么苏秦的人生本该和政治无缘，但是对于一位有志青年而言，百分之二十的资本利润率实在太乏味了。生逢乱世，只要投机到位，就能一本万利，这才是男子汉大丈夫所为。

苏秦拼过了，失败了，而且败得很惨，受尽了亲人的嘲讽。

亲戚从来都是一种奇妙的存在，人生永远都在追求社会位阶，物质享受反而微不足道。同学也好，同事也好，如果超不过他们，至少可以逃避，但亲戚避无可避，永远会在逢年过节时在你面前炫耀，并且享受地看你倒霉。

亲戚，既是最能打垮一个人的力量，也是最能激励一个人的力量。

苏秦乐观地选择了后者，在遍体鳞伤之后闭门不出，决定自学成才，在亲戚面前争一口气。

229

苏秦发奋读书的目的是什么

苏秦四处碰壁，灰头土脸地回了家，而迎接他的不是家人的关心，而是奚落。这件事的可靠性虽然不高，但流传很广，因为它所揭示的人情浇薄的现象太容易引人共鸣了。

读书的意义

苏秦遍体鳞伤地倒在人生谷底，迫在眉睫的抉择是：怎么办？

借用哈姆莱特的经典台词："默然忍受命运的暴虐的毒箭，或是挺身反抗人世的无涯的苦难，在奋斗中扫清那一切，这两种行为，哪一种更高贵？"对于苏秦来说，他并不在意"哪一种更高贵"，只会在意"哪一种更实际"。

在这种局面下，实际的选项通常有两个：要么勇敢认输，赶紧改弦更张、浪子回头；要么实在割舍不下沉没成本，索性一条道走到黑，撞了南墙也不回头。后一种选择，在旁人看来特别不明智，会说这个人钻了牛角尖，听不进任何意见，但小概率事件毕竟存在，也许南墙真被撞开了呢，撞开之后就是一片光风霁月。

苏秦脆弱的自尊心抵挡不住家人的奚落。又羞又愧之下，他把自己关在房间里，和外界彻底隔绝，搬出自己的全部藏书，通读了一遍。这倒不能说明苏秦多么刻苦，因为那时候的书籍很少，而且写在竹简上，就算是一车书，其实也没多少内容。但这并不重要，重要的是，如果以上记载属实，苏秦在他所生活的时代已经是个相当博学的人了。苏秦并不需要和今天的我们拼读书，只需要跟同时代的人拼。

那么问题来了：博学有什么用？

苏秦陷入了深刻的反思：我既然走上了这条路，书也看得不少，如果换不来荣华富贵，书读得再多又有什么意义？

这话在今天看来也一点都不奇怪，绝大多数人读书学习都是为了掌握一些技能，好在毕业后顺利找到一个专业对口的工作。但是，"专业对口"这个概念是一个很典型的平民社会的概念，只要存有这个意识，哪怕读的是计算机、金融、经济管理这些热门的、最有机会出人头地的专业，在儒家所推崇的贵族传统看来，这也和种菜、养猪没有什么区别，无非是学了一门手艺。学手艺倒没有什么不应该，孔子还要教人驾车、射箭、算术这些手艺呢，但学成手艺人就不应该了，这违背了"君子不器"的原则。

一名真正的君子，可以箭无虚发，但不能做职业运动员；可以精通历史，但不能做历史学家；可以通晓编程，但不能做软件工程师……除了不能把自己搞成某个领域里的专家之外，更不能把荣华富贵当成学习的目标，而只能让荣华富贵成为学业有成的副产品。

相形之下，苏秦的读书态度暴露出赤裸裸的功利主义嘴脸，也难怪《资治通鉴》把这段内容删得干干净净。但问题是，进入科举时代以后，无数读书人之所以忍得下十年寒窗苦，心态其实完全和苏秦一样，所以苏秦的反思，其实等于替大家挑明了一句很多人不好意思明说的心里话。

《阴符》

苏秦在反思之后，忽然发现了自己的问题所在：读书贵精不贵多。与其博览群书，不如把一部书读透。于是，苏秦选了一部精读对象——《阴符》。

所谓把书读透，不同的人有不同的方法。比如我读《资治通鉴》，要旁征博引很多书，用到原书的几十倍篇幅，各种硬功夫、傻力气都花在《资治通鉴》原书之外，而苏秦的读法，是把其他所有的书都锁起来，只留下一部书，反复阅读，不断咂摸其中的滋味。

如果从求真、治学的角度来看，苏秦这种读书方法很不可取，但苏秦无所谓，**他既不想求真，也不想治学，只想从书里得到荣华富贵。**

苏秦选的这部书叫《阴符》，但《史记》说是"周书阴符"，《战国策》说是"太公阴符之谋"。这两种说法里虽然都有"阴符"两个字，但说的并不是同一部书。

《战国策》所谓"太公阴符之谋"，应该是指兵书《六韬》当中的一篇，在《六韬》里的题目叫作"阴符"。《六韬》的内容是假托姜太公和周文王、周武王的问答，阐述用兵和管理的谋略。其中"阴符"的内容，是周武王询问信息传递的方法，姜太公给出了一个密码方案：君主把阴符，也就是包含了密码的兵符，交给主将。阴符一共有八种，约定好用不同的长度表达不同的含义。如果君主收到了一尺长的阴符，就知道前线打了大胜仗，全歼敌军。如果收到的是五寸长的阴符，就知道前线告急，申请增粮增兵。这样的交流方式，就算信使被敌军抓获，敌军也看不懂阴符的含义。甚至连信使本人也看不懂，所以如果信使叛变，情报也不会被泄露。

八种阴符，可以传递八种主要信息。问题显然不会到此结束，因为阴符有一个严重缺陷，那就是不能传递复杂信息。如果情况复杂，又该怎么办？所以在《六韬·阴符篇》之后，还有一篇《阴书》。不管阴符还是阴书，总之，都是"教人玩儿阴的"。

苏秦后来的职业生涯确实充满阴谋诡计，所以关于他早年的求学事迹，无论是拜师鬼谷先生还是精读《阴符》，也许是苏秦自神其术的伎俩，也许是后人凭着想象给他贴上的标签，认为他的学问都是阴谋家的不传之秘。

《六韬·阴符篇》总共只有百十个字，讲的全是军事信息的传递技术，所以，《史记》版本里的"周书阴符"也许更靠谱一些。后人称这部书为《阴符经》，文字相当简练，只有三四百字，而且从来没人读得懂。

读不懂不是因为内容深刻，而是因为语焉不详。不幸中的万幸是，全书开门见山，用十个字给出了中心思想："观天之道，执天之行，尽矣。"意思是说，仔细观察大自然的运作方式，大自然怎么做，我们就怎么做。

可能有人会说，这不就是道家哲学的老生常谈吗？问题是，如何理解这个老生常谈，存在着千万种途径。现代经济学奥地利学派是我们最熟悉的"道法自然"主义者，自由市场，自由竞争，除此无他，远有亚当·斯密，近有哈耶克，都在这条路上大声疾呼。社会达尔文主义也是一个方向：物竞天择，适者生存，弱者天生就该被淘汰，强者通吃才是天理。

《阴符经》到底讲的是哪条路径？严格来说，并不存在标准答案。

历朝历代，不同的人从不同的角度和立场给这部书作注，有讲政治的，有讲兵法的，有讲人生的，有讲养生的，都能言之成理。最流行的注本是唐朝人李筌的《黄帝阴符经疏》。这部书一来认定《阴符经》的作者为黄帝，二来从道家立场解读出了这部书里的富国强兵之法。1963 年，史学名家任继愈就此发表了一篇重要论文——《李筌的唯物主义观点和军事辩证法思想》。

只是在李筌的说法里，他的这部《阴符经》来得神乎其神，所以到了无神论精神大彰的宋朝，黄庭坚和朱熹都认为《阴符经》真正的作者就是李筌，李筌之所以编造了这部书的来历，又亲手做了注释，只是为了欺骗世人。如果这个说法成立，那就意味着苏秦认真攻读的《阴符经》，和我们今天看到的《阴符经》不可能是同一部书。

那么，苏秦潜心钻研的到底是哪一部书？这部书到底有没有用？或者换一种问法：当时有没有可能真的存在某一部书，一旦滚瓜烂熟，荣华富贵就唾手可得？

—————— 230 ——————

苏秦的第一次成功游说是怎么实现的

无论是《史记》记载的"周书阴符",还是《战国策》记载的"太公阴符之谋",感觉都和苏秦的人生不太搭界,但《史记》给出了一条线索:"期年,以出揣摩,曰:'此可以说当世之君矣。'"《战国策》的说法是:"简练以为揣摩。读书欲睡,引锥自刺其股,血流至踵……期年,揣摩成。"

这两段记载,显然有着共同的源头,其中还有一个共同的关键词:揣摩。

读万卷书,行万里路

前文[1]提过,《鬼谷子》有《揣》和《摩》两篇,教人如何"揣情摩意",不但要看清局势,还要看透对方的心思。而今天我们看到的《鬼谷子》这部书,主要

———————————

[1] 详见第152讲。

内容是说服术和雄辩术，是纯粹的技术流，不像先秦诸子的著作有政治观点和价值观立场。这倒是和苏秦的人生高度贴合，也许苏秦精读的这部书，就是老师鬼谷先生的自编教材。苏秦当初之所以没在老师那里学出个所以然来，或许只是因为不够用功。

但是，精通《鬼谷子》之后，就可以游说诸侯，猎取荣华富贵了吗？当然不可能。

无论是看苏秦的各种游说言论汇编，还是看同时代一切游说文字，**不难发现游说所需要的最核心的知识不是游说技巧，而是对天下地理的通盘了解，以及对国际时政的准确把握**。想要凭借闭门苦读掌握这两大要素，纯属缘木求鱼。

战国年间，国际局势就算不至于瞬息万变，至少年年都有不同，说客们要想拿利害关系打动诸侯，必须随时做好知识更新，知道哪国刚刚开疆拓土，哪国刚刚升级军事装备，哪国和哪国新近结成联盟，哪国的某个权贵和另外某国的某个权贵有勾结，各个地区的气候、物产、人口、风俗，各位国君和达官显贵的脾气秉性，谁跟谁交好，谁跟谁翻脸，诸如此类。情报只要稍有欠缺，或稍有过时，全套的游说说辞都会落空。任何一名有志于游说事业的人，必须和国际接轨，和时代接轨，建立广泛而高效的社交网。

即使是今天，电视里专业的时事评论员也经常做出错误的分析和预测，这在所难免。有些重要情报是他们无法掌握的，只有事后才能拿到已经成为历史档案的情报来做复盘，还有些档案需要几十年或上百年才会解密，甚至公开之后导致历史改写。

所以《鬼谷子》教的那些话术，对苏秦的游说事业只能起到锦上添花的作用。苏秦如果真像《史记》和《战国策》描写的那样耗费整年时间足不出户，死磕话术技巧，注定死路一条。

话术确实可以训练，但做到苏秦这个级别，一定要有过人的天分做加持。真正需要强化训练的，与其说是话术，不如说是需要频繁更新的地理和时政知识。

古人之所以会强调"读万卷书，行万里路"，把"万里路"和"万卷书"等量齐观，是因为以古代的主流学术路线，读书人的目标是搞政治、做管理，但倘若没有"万里路"的经验知识，"万卷书"只是空谈。即便在司马光的时代，科举考试也不是仅凭"十年寒窗苦"就能过关的，读书人要想在策论内容考出高分，"万里路"十分重要——就算没有亲身走过"万里路"，也必须从别人的讲述里掌握"万里路"的各种知识。

我们姑且沿着《史记》的叙事脉络，看看苏秦在闭关修炼，打通任督二脉之后，到底会怎么一鸣惊人。

一战成名

出乎意料的是，苏秦出关的第一战，竟然是就近游说周显王。

也许这时候的苏秦自信爆棚，以至于幻想自己可以挑战最不可能的事——辅佐周显王重振大周基业。周显王身边的人太熟悉苏秦了，毕竟小地方的人抬头不见低头见，熟悉就会轻慢，不把苏秦当个人物，当然也就不把他的话放在心上。

这也算人之常情，别说苏秦，就连耶稣都受到过同乡的冷遇，所以才说出了那句名言："先知在本乡本地从来得不到尊重。"

没办法，距离不但产生美，同样可以产生威望，所以"它山之石，可以攻玉"。这背后的道理，依然是人对稳定的社会位阶的追求。大家会希望读书时成绩不如你的同学，在职场上依旧被你拉开距离；希望职场上曾经是你的小弟的人，永远都是你的小弟。当你的同学或小弟变成了精英或先知，你必须有极其过硬的心理素质，超凡脱俗的思想境界，才能泰然接受这样的现实。最直观的样本就是《水浒传》，晁盖必须死。

苏秦在周显王那里铩羽而归，转头就去游说秦惠文王，《资治通鉴》写苏秦，就是从这里开始的。

原文:

初,洛阳人苏秦说秦王以兼天下之术,秦王不用其言。

《史记》说苏秦盛赞秦国"东有关河,西有汉中,南有巴蜀,北有代马,此天府也"。这句话被司马光省略了。这种话术很像传统相声里的《地理图》,用贯口把东西南北各夸一遍,其实当时汉中和巴蜀都不属于秦国,代马大概率也只是赵国独享,可见这套说辞是后人编的。司马迁竟然失察。《史记》之后有说秦国刚刚处死商鞅,对游说之士很不友好,导致苏秦又碰了一鼻子灰。

如果苏秦在秦国得到重用,也许可以成为商鞅第二,但机缘巧合之下,他只能离开秦国,向东来到赵国寻找机会,结果赵国总理很不待见他。那就去燕国吧——这就很能体现出苏秦的无奈:燕国是"战国七雄"当中最弱的一个,苏秦本不想在燕国求发展,无奈在秦国和赵国都吃了闭门羹,只能退而求其次。

原文:

苏秦乃去,说燕文公曰:"燕之所以不犯寇被甲兵者,以赵之为蔽其南也。且秦之攻燕也,战于千里之外;赵之攻燕也,战于百里之内。夫不忧百里之患而重千里之外,计无过于此者。愿大王与赵从亲,天下为一,则燕国必无患矣。"

苏秦游说燕文公，先说地理，还是东西南北那些套路，夸了燕国的各种好处，说燕国"此所谓天府者也"。先前苏秦游说秦惠文王时，不是说秦国是天府吗？没错，任何人，任何国家，都有优点可夸，夸谁是天府之国都能成立，也都能投合对方的自尊心。

《资治通鉴》对苏秦游说辞令的记载，正是从苏秦游说燕文公开始的。苏秦的核心意思是建议燕国和赵国建交。理由完全出于地缘政治：燕国和赵国的地理关系，大约相当于今天北京和河北的地理关系。燕国之所以太平无事，只因为赵国做了燕国的地理屏障，秦国打不过来。但如果赵国来打燕国，那就太容易了。所以燕国的核心外交纲领只有一条，那就是首先和赵国结成联盟，然后在这个基础上，山东六国建立大联盟。只有做到这一点，才能真正保障燕国的安全。

燕文公真被说动了。对于苏秦而言，这是具有里程碑意义的一战。先前经历过不知多少次失败，这时终于成功了一次。有了这一次成功，以后就一发而不可收。

燕文公资助苏秦，去赵国建立外交关系。有了燕文公代理人的身份，苏秦说话的分量可就不一样了，"合纵"的宏伟规划即将应运而生。

苏秦是怎样促成燕赵联盟的

燕文公的资助是苏秦赚到的第一桶金，苏秦在拿到这第一桶金后，第一件任务就是代表燕国去和赵国建交。那么，怎样才能促成燕赵联盟？

燕赵联盟

在这种事情上，共同的利益远不如共同的敌人来得重要。

苏秦给燕文公提出的外交方案是"与赵从（zòng）亲，天下为一"，这是"合纵"政策的基本精神。"纵"和"衡（横）"是一组相对概念，南北为纵，东西为衡（横）。在外交关系上，燕国在赵国的东北方向，燕赵关系就被简单表述为纵的关系。从赵国往南是魏国，再往南是韩国、楚国，在地图上可以用一条纵线连接起来，所以这些国家的联合叫作合纵。齐国虽然有点特殊，位于三晋的东部，和三晋其实构成"衡（横）"的关系，但古人不管那么细，总之秦国以外所有诸侯的联盟统称合纵。

相应地，秦国作为一个西部世界，和任何一国诸侯搞联盟，大体上都是"衡（横）"的关系，所以这种外交叫作"连衡（横）"。方便起见，后文统一称之为"连横"。

不同立场的外交家们有的搞合纵，有的搞连横。

搞合纵的人破坏对方的连横关系，搞连横的人破坏对方的合纵关系，从某种程度说，这是真正意义上的"纵横天下"。

合纵之所以成立，并不是因为大家都怀着和平愿望一起建设联合国，而是把最强大的秦国孤立出来，联合所有弱国对付唯一的强国。秦国这些年过于咄咄逼人了，单是开疆拓土倒也罢了，总是把仗打得既流氓又野蛮，是一个穷兵黩武、毫无底线的国家。如果放任秦国野蛮生长，山东六国迟早都要遭殃，所以大家必须把彼此之间的小恩怨抛到一边，认认真真联合起来，一致抗秦。

原文：

文公从之，资苏秦车马，以说赵肃侯曰："当今之时，山东之建国莫强于赵，秦之所害亦莫如赵。然而秦不敢举兵伐赵者，畏韩、魏之议其后也。秦之攻韩、魏也，无有名山大川之限，稍蚕食之，傅国都而止。韩、魏不能支秦，必入臣于秦。秦无韩、魏之规则祸中于赵矣。臣以天下地图案之，诸侯之地五倍于秦，料度诸侯之卒十倍于秦。六国为一，并力西乡而攻秦，秦必破矣。夫衡人者皆欲割诸侯之地以与秦，秦成则其身富荣，国被秦患而不与其忧，是以衡人日夜务以秦权恐愒诸侯，以求割地。故愿大王熟计之也！窃为大王计，莫如一韩、魏、齐、楚、燕、赵为从亲以畔秦，令天下之将相会于洹水上，通质结盟，约曰：'秦攻一国，五国各出锐师，或挠秦，或救之。有不如约者，五国共伐之！'诸侯从亲以摈秦，秦甲必不敢出于函谷以害山东矣。"

　　燕赵联盟是建立合纵这个统一阵线的第一步。苏秦向赵肃侯分析国际局势，这样说道："山东诸侯当中，以赵国为最强，最为秦国所忌惮。秦国不敢轻易招惹赵国，除了知道这是块硬骨头，不好啃之外，更担心的是，一旦对赵国用兵，韩国和魏国就会在秦军后方进行包抄。但秦国攻打韩、魏两国都很容易，行军途中没有什么高山大河的阻碍，可以不断蚕食它们的土地，一直打到它们的国都。韩、魏两国撑不住，只能向秦国低头服软。到这个时候，秦国再来攻打赵国，就不会顾虑韩国和魏国在后面捣乱了。我仔细研究了世界地图，发现山东诸侯的土地比秦国多五倍，估计总兵力比秦国多十倍。如果六国组成大联盟，合力向西进攻秦国，秦国注定大败。而那些主张连横的人，都劝山东诸侯割让土地给秦国，付出高昂代价去和秦国建交。和议达成的话，他们可以尽享荣华富贵，割让给秦国的土地反正也不是他们自己的。所以这些人整天慷他人之慨，拿秦国的名号去恐吓各国。大王您可要考虑清楚，别被他们忽悠了。我替您做的打算是：山东六国大联盟，一起对抗秦国，各国将相都来洹水结盟，互换人质，约定好只要任何一个国家遭受秦国的进攻，其他五国必须出兵援助，如果有谁违约，五国就一起打谁。只要大家联合起来，秦国军队就不敢东出函谷关。"

原文：

肃侯大说，厚待苏秦，尊宠赐赉之，以约于诸侯。

这番谋划让赵肃侯十分兴奋，对苏秦极尽尊宠之能事，拜托他去实现合纵大计。

从《资治通鉴》这段记载来看，苏秦似乎非常雄辩，其实《史记》记载的苏秦要雄辩得多，在赵肃侯面前历数天下形势，头头是道，司马光只能大删大减。但即便在《资治通鉴》删减过后的版本里，苏秦这番话也露出了不小的破绽，不像是在描述当时的实况。

赵肃侯时代的赵国并没有那么强大，韩、魏两国在秦国面前也没有那么不禁打，秦国也谈不上有什么连横外交——这些事情都是后话。仅就《资治通鉴》文本来看，苏秦的话里有一处很有意思的细节，那就是提到了"天下地图"。战国游士确实需要掌握丰富的地理知识，问题是，战国年间真的出现了如此高明的地图测绘技术，可以画出一幅天下地图吗？

即便真有这样的地图，想必一定非常粗略，很难让苏秦真的凭借地图估计出稍微靠谱的国土面积。

考古发现，中国最早的实物地图是在1986年出土的天水放马滩木板地图。地图画在四块木板的正反两面，可以确定是战国时代的秦国地图，而且很可能就是秦惠文王执政时期绘制出来的。但地图到底画的是什么地方，不同画面之间到底存在什么关系，一直没有定论。唯一能够确定的是，地图描绘的区域并不太大，远不是秦国全图。

绘制小范围的地图，比如给一座城市或相邻的几处城镇绘制地图，并不是很难，但范围一大，就很难画准了。即便每个国家都倾尽人力物力，给每一寸土地做出细致的测绘，却无法拼到一起，因为地球的球面没法在平面地图上准确表达出来。今天的平面世界地图也没能彻底解决这个问题，所以越是高纬度地区，面积的变形越大。平面地图上的南极洲和地球仪上的南极洲，面积相差了很多。

无论如何，苏秦成功赢得了赵肃侯的信任，接受了赵肃侯极高规格的委托，出发联络其他诸侯去了。

张仪入秦

原文：

会秦使犀首伐魏，大败其师四万馀人，禽将龙贾，取雕阴，且欲东兵。苏秦恐秦兵至赵而败从约，念莫可使用于秦者，乃激怒张仪，入之于秦。

就在这个时候，秦国刚好派犀首进攻魏国，把魏国四万多人的军队打得大败，擒获魏国主帅龙贾，占领雕阴，准备乘胜挥师东进。

局势变化太陡，让苏秦猝不及防。如果秦军打到赵国，合纵工作可就不好做了。怎么办？苏秦心生一计，决定把张仪骗去秦国。

原文：

张仪者，魏人，与苏秦俱事鬼谷先生，学纵横之术，苏秦自以为不及也。仪游诸侯无所遇，困于楚，苏秦故召而辱之。

张仪是魏国人，和苏秦一样拜在鬼谷先生门下学习纵横之术。苏秦觉得张仪是学霸，自己比不上。但别看苏秦在毕业之后的求职路上四处碰壁，张仪的遭遇也并没有好到哪去。

苏秦在赵肃侯这里发迹之后，张仪还困在楚国。于是，苏秦派人把张仪带来，当面羞辱了一顿。张仪气急败坏，琢磨着怎么报复苏秦。苏秦现在有赵国撑腰，张仪惹不起，所以，要想报复苏秦，必须先把苏秦的靠山弄倒。那么，天下诸侯，谁能干得过赵国？答案只有一个：秦国。

原文：

仪恐[1]，念诸侯独秦能苦赵，遂入秦。苏秦阴遣其舍人赍金币资仪，仪得见秦王。秦王说之，以为客卿。舍人辞

---

[1] 胡三省在这里有注释说："'恐'，《史记》作'怒'。"
此应为《资治通鉴》抄写错误。

去，曰："苏君忧秦伐赵败从约，以为非君莫能得秦柄，故激怒君，使臣阴奉给君资，尽苏君之计谋也。"张仪曰："嗟乎！此吾在术中而不悟，吾不及苏君明矣。为吾谢苏君，苏君之时，仪何敢言！"

于是，张仪怀着满腔怒火，踏上了西行之路。而苏秦暗中派出亲信，资助张仪路费，张仪顺利抵达秦国，施展口才，赢得了秦惠文王的信任。

这时，苏秦的亲信向张仪道出实情："苏先生担心秦国进攻赵国会使合纵盟约瓦解，认为只有您才能在秦国执掌大权，所以故意激怒您，又派我暗中资助您。"张仪恍然大悟，一方面佩服苏秦的谋略，自愧不如，一方面表示感谢，说只要苏秦活着，自己就在秦国这边暗中配合苏秦，不让秦国给苏秦添麻烦。

需要注意的是，《资治通鉴》以上这些内容完全是关公战秦琼，时间线全乱套了。《史记·苏秦列传》的时间线还要更混乱。我会先沿着《资治通鉴》的叙事脉络，先把故事交代清楚，之后再做必要的订正。

—————— 232 ——————

《史记》是如何塑造张仪的

苏秦为了不让秦国给自己添乱，略施小计，把同学张仪骗去秦国，博取秦惠文王的信任，让他暗中给自己打配合。这件事虽然很有戏剧性，但《资治通鉴》的版本跟《史记》相比，还是显得过于平铺直叙了。《史记》在《苏秦列传》之后，还有一篇《张仪列传》，把张仪的出场写得活灵活现。所以历代读书人提起苏秦、张仪，想到的从来都是《史记》里的模样。

《资治通鉴》看重历史脉络的梳理，历史人物要服务于历史事件，而《史记》很擅长塑造人物形象，从文学性来看，《史记》显然更胜一筹。

我们看小说通常会有一种体会——塑造人物比编织情节更重要，真正深入人心的永远都是人物形象。比如在西方推理小说的黄金时代，要论讲故事的本领，恐怕没人比得上约翰·狄克森·卡尔，但卡尔的知名度远不如柯南·道尔和阿加莎·克里斯蒂，主要原因就是柯南·道尔成功塑造了福尔摩斯的形象，阿加莎·克里斯蒂成功塑造了波洛和马普尔小姐的形象。那么同样是张仪的出身故事，《史记》是怎么讲的呢？

张仪受辱

《史记·张仪列传》记载，张仪是魏国人，曾经和苏秦一起在鬼谷先生门下求学，苏秦认为张仪的水平比自己要高。张仪毕业以后，和苏秦一样游说诸侯，但混得比苏秦还惨。

张仪曾经出席楚国总理举办的宴会，散场之后，总理发现自己的玉璧丢了。谁会干这种勾当？马上有人怀疑张仪，说张仪又穷又没操守，玉璧只可能是他偷的。大家一起把张仪抓了，暴打一顿之后也没问出口供，只好把他放了。

玉璧究竟是被谁偷的并不重要，重要的是张仪成为头号怀疑对象，并且人人觉得合情合理，可见张仪平日给人留下的是什么印象。司马迁在《史记》这样一部准备藏之名山的历史巨著里记载这样一件小事，并不是闲笔，而是让张仪的人物形象通过这样的方式立起来。无论后来张仪多么飞黄腾达，但改变的只是境遇，贼相跟了他一辈子。

张仪遭遇这样一场无妄之灾，老婆发出了一句正常女人都会有的抱怨："如果你不去读书、游说，哪至于如此！"遍体鳞伤的张仪只是对老婆说："你快看看我的舌头还在不在？"

老婆应该是被气笑了："舌头还在。"

张仪说了两个字："足矣。"

作为游士，行走天下全凭一张嘴，只要嘴还能说，逆转命运的机会就永远都在。

这个时候，苏秦已经成功开展了合纵事业，个人命运牢牢绑定在合纵的成败之上，站在苏秦的立场，无论如何都要确保合纵成功。对于合纵而言，最大的威胁，同时也是最不可控的因素，就是秦国。所以很有必要在秦国安插一名内线，最合适的人选就是张仪。

于是苏秦派人隐藏身份去给张仪支着："您读书时不是跟苏秦很要好吗？现在苏秦发迹了，您为什么不去走走老同学的门路？"

这是一个很关键的细节。对比一下孔子最喜欢的宗法时代：那个时候，血缘决定人脉，虽然血浓于水，但这种人脉意味着一切按部就班、论资排辈，而在战国时代，同学关系变成了核心人脉，很有几分现代社会的味道。

张仪果然到赵国见苏秦，但这时的苏秦已经不是想见就能见到的了。苏秦特意叮嘱了手下人，既要怠慢张仪，不替他通报，还要稳住他，不能让他就这么走了。就这样刁难了张仪好几天。等好不容易见到苏秦了，苏秦还故意不给他好脸色看。

当时大户人家的房屋结构有堂有室，大体上说，堂相当于客厅，室相当于书房、卧室。走进大门之后，要先经过一个院子，然后上台阶，这叫"登堂"，再往里走，进入私人空间，就是"入室"了。主人正式会客的话，从大门开始就会有一整套礼仪流程，直到最后把客人请到堂上。但苏秦接待张仪，根本就没让他登堂，而是让他在院子里待着。

在古代建筑中，院子到堂是有高度差的，要上几步台阶才能进入会客厅。苏秦在堂上，张仪在堂下，苏秦对张仪就形成了主人对仆人的俯视，这是很侮辱人的。但苏秦还嫌不够，安排了仆人的伙食来招待张仪，让张仪在院子里吃，并且高高在上地奚落张仪，说自己根本不屑于收留失败者。

张仪先前在楚国总理那里受到羞辱，气归气，但毕竟彼此身份悬殊，这回明明是平等的同学关系，老同学得意猖狂，这么糟蹋自己，这口气任谁都咽不下去。这又能体现出战国时代的一大特色：一个人的身份的升降可能幅度很大，也可能速度很快，所以特别容易造成别人的心理失衡。

暗结联盟

在蒙受了奇耻大辱后，张仪胸中的斗志熊熊燃烧，决心到秦国谋发展，借秦国的力量打击赵国，倒要看看将来失去靠山的苏秦怎么倒台。就在同一时间，苏秦托付一名门客说："张仪是第一流的人才，绝对比我强。我只是侥幸先他一步取得了成功。以我的判断，能够在秦国执掌权柄，全天下只有张仪一人。但张仪现在穷得叮当响，没机会打开局面。我之所以当面羞辱他，是怕他穷太久了，小富即安，所以必须激发他的斗志。他现在该出发去秦国了，拜托您暗中多替我关照他。"

计策定好了，苏秦向赵肃侯做了汇报，申请到了活动经费，派人一路跟着张仪，逐渐拉近关系，然后尽其所能给张仪提供赞助。张仪这才有机会见到秦惠文王，而张仪所需要的似乎也仅仅是这样一个机会。秦惠文王对他非常赏识，请他担任客卿，参与最高决策。

客卿这个职位是随着国际人才流动的频繁，专门给外国来的高级人才量身定制的。顾名思义，"客"是"客人"，"卿"是总理和副总理级别的高级官员。套用今天"客座教授"的概念，客卿可以被理解为"客座副总理"。

见张仪在秦国站稳脚跟，赞助商就来告辞了。张仪很不理解："全靠您一路帮衬，我才有了今天的地位，还没来得及好好报答呢，您怎么就要走了？"赞助商这才揭晓谜底，说自己圆满完成了任务，该回去向苏秦交差了。

张仪恍然大悟，对赞助商说："哎呀，苏先生的这条计策，我当年和他一起学过，但没想到他能活学活用，竟然完全把我骗过了，显然苏先生的头脑在我之上。请您替我转告苏先生，一来我的脑瓜没他好使，二来我在秦国还算新人，绝不会打赵国的主意。只要苏先生在赵国当权一天，我张仪就一天不和赵国为敌，再说我就算真想打一点什么主意，也玩不过苏先生啊。"

就这样，张仪暗中给苏秦的合纵事业打配合，但这件事远不像看上去那么容易，因为商鞅变法以来，战争已经变成了秦国的发动机，国家要想正常运营，这架发动机就不能停。如果不能打赵国，不能破坏山东六国大联盟，总得找个对象来打一顿。

打谁呢？那就打楚国吧。张仪从客卿升级为正式的国家总理之后，对楚国总理发出了一封檄文："当初我去参加你的宴会，明明没偷你的玉璧，却被你打了一顿。现在你就好好守着你的国家吧，我会去抢你们楚国的地盘。"

那么问题来了：楚国明明也在山东六国之列，如果秦国去打楚国，难道不会危及合纵阵线吗？

233
苏秦是如何游说韩魏齐楚的

根据《史记》的记载，檄文发出后，秦国并没有真的去打楚国。张仪只是威胁一下楚国，出一出当年的恶气。正好韩国来打秦国，张仪强烈建议对韩国用兵。这又引出了新的问题：韩国疯了吗？保持合纵阵线，守好自己的地盘就不容易了，怎么好端端的去招惹秦国？站在张仪的角度，就算韩国打过来了，让秦国采取防御姿态也就是了，提议攻打韩国，难道不担心战争升级会对苏秦不利吗？

答案很简单：一来《史记》把时间线全搞乱了，二来苏秦和张仪的这段纠葛，我们当成故事来听就好。

合纵六国

回过头来再看苏秦。根据《资治通鉴》的记载，苏秦得到张仪的回复之后，安心了，开始周游列国，兜售合纵大计。

原文：

于是苏秦说韩宣惠王曰："韩地方九百馀里，带甲数十万，天下之强弓、劲弩、利剑皆从韩出。韩卒超足而射，百发不暇止。以韩卒之勇，被坚甲，跖劲弩，带利剑，一人当百，不足言也。大王事秦，秦必求宜阳、成皋。今兹效之，明年复求割地。与则无地以给之，不与则弃前功，受后祸。且大王之地有尽而秦之求无已，以有尽之地逆无已之求，此所谓市怨结祸者也，不战而地已削矣！鄙谚曰：'宁为鸡口，无为牛后。'夫以大王之贤，挟强韩之兵，而有牛后之名，臣窃为大王羞之。"韩王从其言。

苏秦先到韩国游说韩宣惠王，照例先夸韩国如何了不起，军事力量如何雄厚，接下来分析连横策略不可取，因为要想巴结秦国，注定年年割地，韩国的土地有限而秦国的欲求无穷，割地属于"市怨结祸"，拿好处换来的却是仇恨和祸患。最后，苏秦使出了激将法，说民间谚语有所谓的"宁为鸡口，无为牛后"，直译过来就是：宁可做鸡的进食器官，也不做牛的排泄器官。

苏秦夸赞韩国国力的内容，《资治通鉴》做了不少删节。看《史记》和《战国策》的记载，简直怀疑韩国才是天下第一强国。苏秦倒是有可能说这样的话，但那应该是在若干年后，不大可能是在韩昭侯尸骨未寒，韩宣惠王刚刚继位，韩国还没从五战五败的惨状当中恢复过来的时候。有意思的是，在《资治通鉴》的记载里，讲完苏秦的滔滔雄辩之后，韩宣惠王的反应只有五个字："韩王从其言。"而在《史记》的描写里，韩宣惠王突然变了脸色，捋起袖子，瞪大了眼睛，手按佩剑，仰天长叹说："寡人虽然不争气，但绝对不会向秦国低头。既然您带来了赵王的教导，寡人愿意把韩国交托给您，就照您定的方案来！"

只有司马迁这样的描写，才能体现出苏秦的三寸不烂之舌把一国之君忽悠到怎样的地步。

原文：

苏秦说魏王曰："大王之地方千里，地名虽小，然而田舍、庐庑之数，曾无所刍牧。人民之众，车马之多，日夜行不绝，輷輷殷殷，若有三军之众。臣窃量大王之国不下楚。今窃闻大王之卒，武士二十万，苍头二十万，奋击二十万，厮徒十万；车六百乘，骑五千匹，乃听于群臣之说，而欲臣事秦。愿大王熟察之。故敝邑赵王使臣效愚计，奉明约，以大王之诏诏之。"魏王听之。

苏秦每拿下一国，说话的分量自然就加重一分。接下来苏秦去的是魏国，至于游说的对象，《资治通鉴》只说是魏王，《史记》的记载是魏襄王，但此时距离魏襄王上台还有十几年呢。

在苏秦针对魏王的游说内容里，关于魏国兵力构成的说法值得留意。苏秦了解到的魏国军队规模，有武士20万，苍头20万，奋击20万，厮徒10万，车600乘，骑5000匹。其中厮徒是后勤部队，武士、苍头、奋击都是作战部队。这就是说，魏国作战部队总计60万人，这是个相当惊人的数字。但是，战车竟然只有600乘。

也许这些数字有虚构成分，但至少可以说明战国时代的战争打法已经变了，车战的重要性迅速降低。对比春秋时代，那时候提起国家实力，最爱讲的就是千乘之国、百乘之国，战车的数字才是最核心的战斗力。

如果只看战车数量，魏国连千乘之国的标准都达不到，而真实实力远超千乘之国。至于骑5000匹，说的应该就是战国时代的新兴兵种：骑兵。

从数量来看，骑兵虽然有了，但显然还没有成为作战主力，只是给步兵打配合的。我们熟悉的骑兵打法，还要等到赵武灵王的时代才会出现。

苏秦一番话顺利拿下魏国。有了燕、赵、韩、魏四国国君背书，接下来苏秦转而向东，游说齐国去了。

原文：

苏秦说齐王曰："齐四塞之国，地方二千馀里，带甲数十万，粟如丘山。三军之良，五家之兵，进如锋矢，战如雷霆，解如风雨。即有军役，未尝倍泰山、绝清河、涉渤海者也。临淄之中七万户，臣窃度之，不下户三男子，不待发于远县，而临淄之卒固已二十一万矣。临淄甚富而实，其民无不斗鸡、走狗、六博、阘鞠。临淄之涂，车毂击，人肩摩，连衽成帷，挥汗成雨。夫韩、魏之所以重畏秦者，为与秦接境壤也。兵出而相当，不十日而战，胜存亡之机决矣。韩、魏战而胜秦，则兵半折，四境不守；战而不胜，则国已危亡随其后。是故韩、魏之所以重与秦战而轻为之臣也。今秦之攻齐则不然，倍韩、魏之地，过卫阳晋之道，经乎亢父之险，车不得方轨，骑不得比行。百人守险，千人不敢过也。秦虽欲深入则狼顾，恐韩、魏之议其后也。是故恫疑、虚喝、骄矜而不敢进，则秦之不能害齐亦明矣。夫不深料秦之无奈齐何，而欲西面而事之，是群臣之计过也。今无臣事秦之名而有强国之宝，臣是故愿大王少留意计之。"齐王许之。

苏秦对齐国的一通恭维中，最值得留意的细节是，苏秦夸赞齐国国都临淄，说当地居民有七万户，每户至少有三名成年男子，所以单是临淄一城，随时可以服兵役的人口至少有二十一万。根据《史记》记载，临淄人民相当富裕，很懂得生活享乐，每天不是吹竽、鼓瑟、弹琴、击筑，就是下棋、赌博、踢球，文娱生活丰富多彩。临淄人口密集，车挨着车，人挨着人，人的精神面貌也特别好，"志高气扬"。齐国有这样的国力，如果还向秦国低头，那就太没面子了。

经典套路百试不爽，齐王也点了头。《资治通鉴》没交代是哪位齐王，《史记》说是齐宣王，但明显搞错了时间线，此时齐国的国君应该还是我们熟悉的齐威王。

衣锦还乡

拿下齐国之后，苏秦的目标就只剩下楚国了。于是苏秦南下游说楚威王。还是先前的套路，楚威王也很服这个套路。

原文：

乃西南说楚威王曰："楚，天下之强国也，地方六千馀里，带甲百万，车千乘，骑万匹，粟支十年，此霸王之资也。秦之所害莫如楚，楚强则秦弱，秦强则楚弱，其势不两立。故为大王计，莫如从亲以孤秦。臣请令山东之国奉四时之献，以承大王之明诏。委社稷，奉宗庙，练士厉兵，在大王之所用之。故从亲则诸侯割地以事楚，衡合则楚割地以事秦。此两策者相去远矣，大王何居焉？"楚王亦许之。于是苏秦为从约长，并相六国，北报赵，车骑辎重拟于王者。

就这样，山东六国被苏秦一一拿下，合纵大功告成。苏秦顺理成章地担任了所谓的"从约长"，大约相当于山东六国联合国秘书长，同时"并相六国"，也就是说，山东六国都聘请苏秦担任本国总理，苏秦因此身兼六国总理职务。苏秦打道北返，向赵肃侯交差，这一回他的车队和随行物资规模惊人，不在王者之下。

《资治通鉴》的记载到此为止，《史记》还有一段特别注明的后话，说苏秦回赵国复命时，正好途经家乡洛阳，因为排场实在太大，周显王被吓得不轻，派人给苏秦清扫道路，搞了一场盛大的迎接典礼。

于是，戏剧性的一幕发生了：苏秦的兄弟、妻子、嫂子都在迎接行列当中，他们对苏秦"侧目不敢仰视"，只敢拿眼角余光偷瞄苏秦几下，显得特别猥琐，还要恭恭敬敬地弯着腰，给苏秦端茶倒水。

苏秦想到当初落魄回家时遭受的冷遇，笑着和嫂子搭话："何前倨而后恭也？"这句话给我们贡献了成语"前倨后恭"。

当初家人的"前倨"有多倨傲呢？《战国策》比《史记》写得还要细致，说苏秦游说秦惠文王，去时因为有赞助商撑腰，还是一副年少多金、光鲜靓丽的形象，但磨了10次都没成功，身上黑貂皮做成的名贵衣服也破了，黄金百斤也都花光了，只好灰溜溜地回家。

苏秦到家时，模样已经没法看了：裹着绑腿，踏着草鞋，背着书，拿扁担挑着行李，人又黑又瘦，满脸羞愧。回到家，老婆照常在纺织机上织布，嫂子不给他做饭，父母不和他说话，全都拿他当空气。（《战国策·秦策一》）

"前倨"有多过分，"后恭"就有多夸张。

此时被苏秦拿前倨后恭的话一问，嫂子"委蛇蒲服（匍匐），以面掩地而谢曰：'见季子位高金多也。'"

这段描写十分生动，写足了嫂子诚惶诚恐的模样——她在苏秦面前已经不是通常的跪着谢罪了，而是手足无措，实在找不到还有什么更下贱的姿势，索性整个人趴在地上，坦然承认自己对小叔子的态度是根据小叔子的地位和财富发生变化的，和亲情没有半点关系。

嫂子的回答如同一记棒喝，让苏秦顿悟了世态炎凉、人情冷暖。

—————— **234** ——————

潦倒和得志的苏秦是一个人吗

苏秦身佩六国相印荣归故里，他和嫂子之间发生的这场关于"前倨后恭"的经典对话中，暗藏着一个深刻的哲学问题：我是谁？

在苏秦看来：我是苏秦，是你的小叔子，过去是，现在是，将来还是。

而在嫂子看来：过去的小叔子和现在的小叔子分明是两个人，以前那个是贱人，现在这个是贵人。

如果嫂子受过一些哲学训练，应该会这样解释自己的行为："所谓前倨后恭，前和后的时间关系只是问题的表象，对贱人和贵人区别对待才是问题的本质，所以区别对待，合情合理。"

两种意见到底孰是孰非，其实很难讲。

忒修斯之船

苏秦的问题在全世界范围里存在各种版本，古往今来的智者也给出过各种解答。佛教经典《杂阿含经》里有一个阿能诃鼓的故事，是佛陀在鹿野苑时向大家宣讲的，大意是说，以前有一个鼓，叫阿能诃鼓，声音很好听，敲起鼓来在40里外都能听到。时间久了，阿能诃鼓渐渐有了破损，人们重新裁切牛皮，把破损的地方修补起来。修来补去，鼓虽然还是原来的模样，但声音已经不像从前了。

阿能诃鼓是对佛法的比喻。佛陀明智地看到，佛法在世间的传播也像万事万物一样会经历成、住、坏、灭的过程，各种修补虽然让佛法看上去依然光辉灿烂，但暗中损毁着佛法的本质。否则，在佛法的传承过程中，为什么会出现那么多派系争端？如果阿能诃鼓的零部件在一次次修补中被彻底更换，这只鼓还是原来的那只鼓吗？

在和佛陀同时代的古希腊世界，苏格拉底被雅典公民大会判处死刑，在牢狱里等候处决。苏格拉底等了很久，在等待的时间里，他仍不停思考，跟陪伴他的学生斐多进行了很多谈话，我们因此得以看到哲学名著《斐多篇》。处决之所以迟迟没有进行，是因为雅典人在等一艘帆船回来，在这艘船返回雅典之前，法律规定，不能处决任何死囚，必须保持城邦的圣洁。

这艘帆船就是著名的忒修斯之船。在很久以前，英雄忒修斯杀掉克里特岛上的米诺牛之后，乘坐这艘帆船返航。为了纪念这个伟大的事件，雅典人每年一次派遣使者乘坐这艘帆船到太阳神阿波罗的出生地——提洛岛——进行朝圣。年复一年，帆船终于退役，被当作圣物供奉。几百年间，雅典人不断拆掉朽烂的船板，换上新的船板。爱好哲学的古希腊人那里开始争论一个问题：现在的忒修斯之船到底还是不是原来那艘船[1]？

如果仅仅需要一个可以指导日常生活的解释，可以参考现代管理学的系统论的说法：任何一个系统都不是由所有要素简单加总来的，而是由要素、连接、功能这三大基础所构成的整体。以阿能诃鼓为例，要素就是牛皮、木料、钉子；连接就是全部要素的构成关系，比如木料要怎样组成框架，牛皮要怎样蒙在框架上边，钉子要钉在什么位置；功能就是这只鼓的用途，它可以被敲响，声闻几十里外。

1　参见得到 App 课程《佛学 50 讲》第 6、7 讲。

在三大基础当中，要素显然最不重要，可以被人任意替换：牛皮破了就换一张牛皮，钉子锈了就换一颗钉子，无论怎么更换，只要连接不变，功能就不受影响。**可见连接才是重中之重，一旦连接变了，哪怕要素没有任何变化，功能也会发生改变。**比如把阿能诃鼓所用到的一切原材料简单堆在一起，无法成为一只鼓，当然也没法敲响。面对这样一堆材料，没人会说这是阿能诃鼓。

战国时代的各种变法运动就属于系统思维的成功运用：在要素不变的前提下，通过改变连接来改变国家面貌。人还是那些人，地盘还是那些地盘，但管理模式变了，国家也就改头换面了。

那么，用系统论的观念来看，穷愁潦倒的苏秦和志得意满的苏秦，是同一个苏秦吗？换一个问法：如果判断的关键在于连接，苏秦的连接到底有没有发生改变？

从物理层面而言，虽然苏秦身上的细胞不断发生更新换代，前一秒的苏秦和后一秒的苏秦并不享有同样的要素，以至于佛陀会认为前一秒的苏秦并不是后一秒的苏秦，但苏秦身上，要素的连接方式一直没变，意味着苏秦始终还是苏秦，所以佛陀的主张无法成立。

然而从社会层面而言，苏秦先前的社交圈仅限于亲属和同学，身佩六国相印之后，亲属关系变得无足轻重，核心社交圈里全是各国政要。显然，连接已经发生了翻天覆地的变化。这样一来，后来的苏秦和先前的苏秦确实不是同一个人，嫂子的前倨后恭完全无可厚非。

我是谁

单个的人其实也是一个系统，也可以运用系统思维来寻求改变。

如果把单个的人定义为一个系统，那么，"我是谁"这个经典的哲学问题之所以几千年来没有答案，并不是因为问题很难，而是因为问题本身问错了——在问出"我是谁"之前，首先需要准确定义"我"的概念，界定"我"这个字所指代的到底是一个作为要素而存在的单个个体，还是一个作为集合名词而存在的复杂系统。"我"到底应该怎么定义，不同的人会有不同的标准，莫衷一是，身份证上的"我"只是为了屈就于现实生活而不得不做出的妥协，一点都不严谨。

这就充分体现出著名哲学家维特根斯坦的非凡之处：正是他另辟蹊径，从语言学的角度重新审视传统的哲学问题，发现大多数哲学问题归根结底都是语言问题，毫无哲学高度可言。从维特根斯坦的语言哲学出发，我们不得不深切叹服佛陀的智慧，他所提出的理论虽然对语言带来的认知困境矫枉过正，但也正是因为这份矫枉过正的努力，使我们认识到集合名词到底在多大程度上塑造并且扭曲着我们对世界与人生的认知。

语言是我们的造物，我们也是语言的造物。

一切语言都是混沌的，存在指代不清的问题，然而真正的难题在于，假如语言可以指代清晰的话，语言也就变得毫无用处了。

语言就像地图，它的价值是借由高度的抽象性和概括性来实现的。正如 1∶1 的地图虽然绝对准确但毫无价值，真正指代清晰的语言——假如有的话——也会毫无价值。

所以，我们只能，也必须在混沌当中认识世界与人生，与此同时，也需要接受必要的哲学训练，让自己能够认识到混沌所造成的缺憾。

就拿苏秦问题来说，理解到系统论这一步，其实已经"够用"了。但如果我们愿意做一点丝毫不切实际的努力，在"没用"的层面上钻一下哲学的牛角尖，也许就会产生不一样的体会，收获不一样的洞见。

───── 235 ─────
苏秦该不该散尽千金报恩

苏秦并不是哲学家，也不具有任何程度上的哲学趣味，所以他对家人的前倨后恭只能得出世俗意义上的顿悟。根据《史记》记载，苏秦喟然长叹，说自己还是先前那个自己，但家人的态度简直冰火两重天，可见人贫贱就会受到轻慢，富贵了就会使人畏惧。亲人的态度尚且如此，何况其他人？假如自己在洛阳城郊拥有良田二顷，自己也就小富即安了，哪会这样绝地反击，佩戴六国相印呢？于是，苏秦拿出大把钱财，散发给自己的宗族和朋友。（《史记·苏秦列传》）

那么问题来了：苏秦既然充分体会到富贵的重要，为什么反而散尽千金呢？

偿一饭之恩，报睚眦之仇

这是《史记》不合情理的地方，《战国策》的说法是，苏秦喟然长叹，说人在贫困时，在父母面前都会遭受白眼，而在富贵之后，连家人对自己都不敢稍有怠慢，可见人生在世，万万不能忽视地位和财富的重要性啊！(《战国策·秦策一》)《战国策》的下文没有提苏秦散尽千金之事，这就显得合理多了。

向宗族朋友散财，是宗法社会里的贵族传统，春秋时代的齐国总理晏婴就这样做过，儒家把这个传统当成美好的道德情操继承下来，一直到古代社会的结束，严峻考验着妻子们的道德高度。

苏秦当初四处碰壁，灰溜溜回了家，那时候他身无分文，家里人对他的态度极其冷淡，显然不可能再给他提供任何资助。后来苏秦发奋用功，苦练游说技艺，终于破茧而出，到燕国掘到了第一桶金，而从东周国到燕国，距离不近，苏秦的路费、置装费等费用从哪里来？就算苏秦狠得下心，一路要饭要到燕国，但总不可能以一名乞丐的形象走入燕国宫廷吧？所以，苏秦必定又拿到了一笔启动资金，这笔钱到底从何而来呢？

《史记》给出了解释，说钱是借来的，苏秦向某人借了"百钱"，等衣锦还乡之后，还了人家"百金"。所谓的百钱、百金，未必真是 100 枚铜钱和 100 两黄金，只是凸显出苏秦回报的慷慨。《史记》还说，凡是给苏秦提供过帮助的人，苏秦通通给出回报，唯独遗漏了一名仆人。仆人想不通，主动找苏秦讨要，苏秦回答："我并没有忘记你，好处也不会不给你，只不过当初你陪我去燕国时，走到易水，好几次想扔下我，自己跑路。那正是我最难的时候，所以为这事我特别记恨你，回报大家时特地把你安排到最后。"

这件事应该只是一个段子，但把具体的时间、地点、人物抹掉，就能从中看到一丝真实性。第一个真实之处，是当时的人已经有了风险投资意识——倘若要把一个个游士看成一家家创业公司，那些愿意借钱给他们的人就相当于天使投资人。**如果把经济看成政治的一环，就会发现经济总在背离市场规律，顺应政治的风向，而如果把政治看成经济的一环，同样会发现政治也会遵循经济规律**，自动自发地产生市场行为[1]。就投资而言，以古代社会的生产力，投资任何一个领域都比不上投资政治的一本万利。

第二个真实之处，就是苏秦的态度。这种态度逐渐成为当时社会的主流态度，并且不断深化，到了司马迁的时代，真正成为主流的、被社会深刻认可的态度。这种态度，一言以蔽之，叫作"一饭之恩必偿，

1　具体参见得到 App 课程《熊逸书院》第 14.2 讲。

睚眦之仇必报",报恩和报仇都做得很极端,和我们熟悉的儒家所谓"恕道"背道而驰。

以直报怨和忠恕之道

在《论语》中,孔子有一对貌似很矛盾的伦理主张,一端是"以直报怨",另一端是"忠恕之道"。"以直报怨"属于直觉色彩很重的等价原则 —— 你打我一拳,我就还你一拳;而忠恕,尤其是"恕",强调宽容精神 —— 你打我一拳,我只会轻轻地挥一挥衣袖,不带走一片云彩。为什么矛盾如此鲜明?因为这两个伦理原则其实各有各的适用范畴。"以直报怨"的适用范畴,在亲缘关系以外;"忠恕"原则的适用范畴,在亲缘关系以内。

儒家伦理的基础是宗法社会,所以核心概念是"家"。只不过宗法社会的家,边界可以很大,"家"的上一级社会结构就是"国",从封建关系上看,天下也无非是"家"。站在天子角度看天下,几乎所有贵族都是家人,对待家人就应该重情不重理,用亲情纽带来维系内部秩序。哪位诸侯犯了错,只要不太过分,就不要揪着不放。家以外的世界是蛮族的世界,对蛮族当然不妨以直报怨,绝不宽恕。而如果站在士大夫的角度，身边的亲缘关系就是家的边界，对边界以内应该奉行家族伦理，恕道为先。如果有谁胆敢侵犯自家的亲缘关系，比如"杀父之仇"这种极端状况，那自然"不共戴天"，必须不择手段弄死对方。

总而言之，对方和自己结下的怨，到底应该报复到什么程度，主要取决于对方和自己亲缘关系的远近。亲缘关系越远，报复程度越应该靠近"以直报怨"的一端，亲缘关系越近，报复程度越应该靠近"忠恕"的一端。

其实这很符合人的自然情感，今天如果我的兄弟因为什么误会伤害了我，我很容易原谅他，但如果某个陌生人伤害了我，我凭什么原谅他，我胸中的这口恶气凭什么要自己消化？虽然很多人生哲学都会建议原谅和释怀，但从技术角度来看，这样的原谅和释怀需要高强度的心理训练，并不符合孔子所讲的贴近自然情感、以亲缘关系为基础的恕道。

苏秦的报恩与报怨显然已经与儒家伦理发生脱节。在战国时代，亲缘关系的纽带已经松脱，宗法关系正在经历着高速的解体。人的升降空间大了很多，命运里的不确定性也相应地多了很多，所以新伦理势必取代旧伦理。苏秦家人的表现就是战国新伦理的典型写照——亲情在利益面前一钱不值，而陌生人施加的援手哪怕出于赤裸裸的功利目的和投机心理，也会在亲情浇薄的衬托下显得温暖而高贵，值得被十倍百倍地加以偿还。

从春秋到战国，再到秦朝的建立，再到"百代多行秦政法"，时代的剧变通常被史学家定性为从封建制到郡县制的改变。话虽然没错，但更加深刻的理解，不应止于此，而应该从宗法结构的解体理解亲缘关系的改变对于政治结构和伦理观念的意义。简言之，家变了，一切都变了。

这个道理一点都不难理解。人类作为群居动物，无时无刻不在遵循群居动物的天性，在这层意义上，我们并不比猴子和猩猩高明多少。阅读人类学家对猴群和猩猩群落的研究报告，很可能会生出冷汗淋漓的感觉。

如果说人类的群居关系和猴子、猩猩的群落有什么不同，那就是人类社会越发展，群落的嵌套关系就越明显，一个人会在家庭上属于某个群落，在工作上属于某个群落，在兴趣爱好上属于某个群落，在政治架构上又属于某个群落，凡此种种，连当事人自己都意识不到自己属于多少个群落，这些群落又是如何互相嵌套的。而在所有的群落关系里，家庭关系在多数时候都是最核心的群落结构，所以家庭结构的变化特别容易牵一发而动全局。

一旦家庭结构变了，旧伦理也就不再适应新局面了，而汉朝"独尊儒术"以后，旧伦理被捧上神坛，旧伦理和新局面的矛盾必须得到弥合。于是出现了两种努力，一是重新定义"家"的概念，把陌生人解释为同胞，领路人是北宋大儒张载；二是重新定义忠恕之道，撇开血缘来谈忠恕，领路人是南宋大儒朱熹。张载和朱熹的理论建设深刻塑造着宋朝以后的伦理观念，至今仍然发挥着影响力。如果把这些内容讲给孔子和苏秦来听，他们很可能一脸困惑，觉得莫名其妙。

—————— 236 ——————

苏秦的合纵大业是真的吗

苏秦完成合纵大业之后，据《史记》记载，秦国老实了 15 年，不敢挑衅山东六国。但是，《资治通鉴》的记载却是在合纵成功的第二年，秦国就再度兴兵，六国联盟瓦解。这到底是怎么回事？

合纵大业的疑点

根据《史记·苏秦列传》记载，苏秦胜利完成使命，回到赵国，被赵肃侯封为武安君，赵国把山东六国的合纵盟约送给秦国一份，从此秦国老实了 15 年。后来秦国派犀首欺骗齐国和魏国，约好一起去打赵国。秦国这么做，为的就是破坏合纵关系。赵王当然不干了，责备苏秦办事不力。苏秦怕被追责，请求出使燕国，说一定要报复齐国。苏秦就这样离开了赵国，随着他的离开，合纵关系也就瓦解了。

《史记》的记载方方面面都透着不合理，最不合理的一点是：山东六国各有各的利益诉求，感受到的来自秦国的压力也各不一样，怎么会那么容易结盟对抗秦国？三晋直接面对着秦国的军事压力，从利益上说确实存在结盟的潜力，但韩国和魏国结过很深的梁子，韩国对魏国的防备和恨意恐怕更甚于对秦国。再看燕国和齐国，距离秦国山远海远，乐得坐山观虎斗，何况那时的秦国并没有表现出一统天下的野心和战斗力，谁也不敢押宝说将来的赢家就是秦国，而不是齐国或楚国。

在齐威王的时代，齐国的表现确实很亮眼。那么另一个疑点就是：苏秦合纵计划的起始点既然是燕国，为什么从后来的表现来看，苏秦反而更像是赵肃侯的代理人？就算燕国国力弱，难以服众，但要论实力和威望，赵肃侯远不能和齐威王相提并论，甚至不如连遭惨败之后的魏惠王，为什么赵国的戏份反而最多？

再看秦国，商鞅变法以来，战争已经变成了秦国日常运转的发动机，这就意味着，这架发动机只要一停，各种矛盾都会激化，秦国就会国将不国了。秦国怎么可能做到一连 15 年闷声不响？

退一步说，即便山东六国确实达成了合纵联盟，并且全心全意维系联盟，这个联盟也不可能压制秦国

15 年。反过来看，就算秦国真的安分守己，那么六国内部的矛盾也注定逐渐激化，自相残杀。

如果单看《史记·苏秦列传》，似乎前因后果一脉相承，时间线也很清晰，但如果对照《史记》其他章节的记载，就会发现矛盾重重，无法把事情说圆。尤其是战国历年来战乱不绝，根本找不出一整段和平年景。

这些问题放在《史记》这种纪传体的史书里，一点都不明显，而司马光在整理史料，撰写《资治通鉴》这样一部编年体通史时，一定感觉很棘手。所以，司马光虽然保留了苏秦完成六国合纵、担任山东联合国秘书长这段内容，但删掉了"秦兵不敢窥函谷关十五年"的说法，然后在下一年的内容里记载了合纵的失败。

司马光还在《通鉴考异》中给出了理由：《史记》自相矛盾太严重，所谓"秦兵不敢窥函谷关十五年"只是游士们的夸大其词，不可信。

司马光的考证其实还不够彻底，只要再细致一点，就会发现苏秦游说山东六国，缔结合纵盟约这整件事都不可信，真实的苏秦在这个时期甚至都还没有出现在历史舞台。但无论如何，被虚构出来的苏秦形象给我们留下了太多的文化遗产。比如"悬梁刺股"当中的"刺股"，这是何等励志的勤学典范——读书读到打瞌睡时直接拿锥子刺自己的大腿，还不是轻轻地刺，而是刺穿大动脉，血从大腿一直流到脚后跟，这可比"悬梁"狠太多了。而苏秦所游说六国国君，成功缔结合纵盟约的言辞，每一篇都当得起游说的范本，文学的经典。

历史上很少有一个人能像苏秦这样给后人贡献那么多的成语和典故，比如前文提到的"侧目而视"，是《战国策》描写苏秦衣锦还乡时妻子对他的态度——畏畏缩缩，不敢用正眼去看；比如《史记》中，苏秦说嫂子"何前倨而后恭也"，因此诞生了成语"前倨后恭"；游说赵国，"岂可同日而论"这个短语后来变成我们熟悉的"不可同日而语"；游说齐国，夸耀齐国都城临淄的繁华，说"车毂击，人肩摩，连衽成帷，举袂成幕，挥汗成雨，家殷人足，志高气扬"，一连串短语全都变成了成语；游说楚国时，楚王也讲了一口漂亮的修辞，顺便贡献了成语"卧不安席，食不甘味"。

小国生存策略

实际上，真实的苏秦还要等到若干年后才会现身，合纵的议题当下还并不存在，战国诸侯还要继续乱斗，那么新的问题是：张仪的事情难道也是假的？

关于张仪的出身，《吕氏春秋》有一个完全不同的说法：张仪是魏国人，想去秦国谋发展，中途在东周国落脚。东周昭文君听说张仪是个人才，就赶紧安排见面，不但礼数特别周全，临别还赠给张仪路费，叮嘱他万一在秦国不顺利，随时可以来东周国执掌国政。（《吕氏春秋·报更》）

这就体现出在大国争霸的时代里，小国诸侯有着怎样巧妙的生存策略。

昭文君很清楚，以东周国这点家底，根本吸引不来任何人才，即便吴起、商鞅愿意为东周国效力，倾尽全力也翻不出多大浪花。但为什么还要礼遇天下人才？因为一旦将来人才发迹，只要稍微顾念一点旧情，就能让自己好过不少。

这个策略，确实有人向昭文君讲过，这个人就是杜赫。前文[1]提过，杜赫做过齐国总理邹忌的门客，替邹忌出使楚国，摆平了邹忌的政敌田忌。《战国策》记载说，杜赫对周君有过一番献计献策，这位周君很可能就是昭文君。

当时杜赫的目的是向昭文君推荐一位名叫景翠的贫穷士人，但话不直说，也没提景翠的名字，只是讲了一个大道理，说以东周国这样的微型国家，如果拿

---

[1] 详见第203讲。

金银珠宝打点大国诸侯，其实很不划算。小国弱国的人才策略就好比张网捕鸟，如果把网张在没有鸟雀的地方，当然一无所获，而张在鸟雀很多的地方，又容易把鸟雀都吓跑，所以只能把网张在鸟雀说多不多，说少不少的地方，这样才能有最多的捕获。**东周国如果把金银珠宝送给大人物，反而会招致人家的轻蔑，送给小人物纯属浪费，得不到任何回报，所以应该接济那些贫穷的士人，这些人里说不定有谁就会飞黄腾达。**（《战国策·东周策》）

杜赫这个比喻并不算非常贴切，观其大略就好。至于昭文君后来到底有没有投资景翠这支潜力股，文中并没有交代，但显然昭文君把杜赫的思路用在了张仪身上。

根据《吕氏春秋》的记载，张仪辞别了昭文君，到了秦国，很受秦惠文王的器重，扶摇直上做了秦国总理，后来果然对昭文君心存感激，给了不少照顾。但张仪站在秦国总理的立场，终归还是要灭掉东周国的。

关于张仪，我们至少可以确定两件事：第一，他的出道比苏秦早很多年；第二，他和苏秦之间既没有同学关系，也没有秘密同盟或政治对手的关系。所以，15年的国际和平并不存在，战火还会一年年照旧燃烧。

周显王三十七年

237

魏国为什么要把阴晋割让给秦国

原文:

(三十七年)

秦惠王使犀首欺齐、魏,与共伐赵,以败从约。赵肃侯让苏秦,苏秦恐,请使燕,必报齐。苏秦去赵而从约皆解。赵人决河水以灌齐、魏之师,齐、魏之师乃去。

魏以阴晋为和于秦,实华阴。

齐王伐燕,取十城,已而复归之。

周显王三十七年(前332年),《资治通鉴》记载了三件大事:第一,秦国派犀首欺骗齐国和魏国,约好一起去打赵国。秦国这么做的目的是破坏合纵关系。赵肃侯责备苏秦办事不力。苏秦怕被追责,请求出使燕国，说一定要报复齐国。随着苏秦的离开，合纵关系瓦解。赵国掘开黄河堤坝，水淹齐、魏联军，齐国和魏国只好撤军。第二，魏国向秦国求和，把阴晋割让给秦国，阴晋就是后来的华阴。第三，齐王攻打燕国，夺取了十座城市，但又把这十座城市还给了燕国。

这三件事里，只有第二件是靠谱的。司马光之所以搞错了另外两件事，都是因为误信了《史记·苏秦列传》。

大丈夫

先看第一件事，齐、魏联手打赵国，赵国掘开黄河河堤来防御，这件事确实存在，但和苏秦、合纵、秦国都没关系。乱斗才是山东六国的常态，可见将来要搞合纵的话会有多不容易。

齐、魏两国为什么要打赵国？原因可以追溯到前年发生的"徐州相王"事件，齐威王和魏惠王实在太高调，结果楚威王拍案而起，亲自领兵打齐国，赵肃侯也不高兴，兴兵把魏国打了一顿。等齐国把楚国安抚下来之后，自然就该和魏国联手去报复赵国了。

再看第二件事："魏以阴晋为和于秦，实华阴。"前半句很好理解，说的是魏国割让阴晋，和秦国和解，但后半句相当费解。今天的白话译本中，有的说魏国割让阴晋之后，把阴晋的人口迁到华阴，有的说魏国治理华阴，把华阴充实起来。怎么充实？想来也只能是填充人口了。但如果真是这个意思，规范写法应该是："魏以阴晋为和于秦，以阴晋民实华阴。"

阴晋是秦国和魏国反复争夺过的一座重镇，这一回彻底被秦国拿稳，改名宁秦，进入汉朝后改名华阴。今天在陕西省华阴市还能看到阴晋故城遗址，属于陕西省重点文物保护单位。

魏国为什么要把阴晋送给秦国？这很可能和犀首有关。根据《资治通鉴》记载，上一年苏秦成功赢得了赵肃侯的信任，接受了赵肃侯极高规格的委托，联络其他诸侯去了。就在这个时候，秦国刚好派犀首进攻魏国，大败魏国四万多人的军队，并擒获魏军主帅龙贾，占领雕阴，准备乘胜挥师东进。局势变化太陡，让苏秦猝不及防。苏秦便把张仪骗去秦国。

在这件事里，虽然苏秦和张仪是被好事者虚构进去的，合纵也还没有发生，但犀首大败魏国却是真的。所谓犀首，并不是人名，而是称号，顾名思义，就是犀牛的脑袋，大约是用来形容人的勇猛。这位犀首名叫公孙衍，魏国阴晋人，后来成为张仪的头号政敌。

初中语文课本有一段《孟子》节选，孟子说"富贵不能淫，贫贱不能移，威武不能屈，此之谓大丈夫"，这句名言的由头就在公孙衍和张仪身上。

当时有人在孟子面前夸赞公孙衍和张仪这两位英雄人物，说他们是真正的大丈夫，全世界的战争与和平都掌握在他们手上，连大国诸侯都怕他们。

在孟子面前说这种话，有点像在小孩子面前夸"别人家的孩子"，要论出身，孟子和公孙衍、张仪没有本质区别，都是周游列国，靠兜售政治主张谋求发展的，只不过孟子到处碰壁，诸侯只是尊重他，供养他，但并不重用他，而公孙衍和张仪大受器重，不但位高权重，还可以在国际舞台上呼风唤雨，远不是孟子能比的。

但孟子很会做心理建设，面对这种话里有话、很伤自尊的点评，直愣愣地回答说："这也叫大丈夫？你搞反了，这叫'妾妇之道'，只是妇道人家的做派。"

在孟子看来，公孙衍和张仪都属于职业经理人，老板给出目标，他们奔着这个目标努力，就像女人出嫁之后必须顺从夫家，伺候公公、婆婆、丈夫、孩子一样。大丈夫就不同了，有独立的人格，远大的抱负，高尚的操守，得志就造福人类，不得志就默默坚守自己的原则。最后孟子总结说："富贵不能淫，贫贱不能移，威武不能屈，此之谓大丈夫。"言下之意是，像我

这样的人才是大丈夫，公孙衍和张仪只是小女人罢了。（《孟子·滕文公下》）

当然，**在世俗眼光看来，孟子最多是个自命不凡的怪老头，公孙衍和张仪才是万众瞩目的成功人士，时代的领军人物，无数有志青年的楷模。**

公孙衍

回顾一下公孙衍的成功经历，他大约在本乡本土谋不到发展，于是像张仪一样西去秦国，结果很受器重，一路做到了秦国总理。公孙衍也像前辈商鞅一样，既能搞内政外交，也能带兵打仗。雕阴之战就是一例，公孙衍统率秦国虎狼之兵回来和祖国同胞交战，知己知彼，魏国根本招架不住。

估计魏国在谋划和谈时，极力想对公孙衍示好，既然公孙衍已经扎根秦国，那就送佛送到西，把公孙衍的家乡阴晋割让给秦国好了。很难想象魏惠王的心情，当初他错失投奔魏国的商鞅，后来又错失魏国本土人才公孙衍和张仪。这三大英杰如果都能为魏国效力，战国局面一定天翻地覆，问天下谁与争锋。但真的是魏惠王轻视人才储备吗？显然不是，不然他也不至于给孟子超高规格的接待了。也许魏惠王的问题在于，对于外来的名人高度礼遇，而对于本土的、基层的、还没有显山露水的年轻人不以为然，最终导致这些年轻人纷纷变成外国的"它山之石"。

等到公孙衍打疼了魏国，魏惠王这才想要善待这位同胞，于是在所有可以割让的土地中选中了阴晋。对公孙衍来说，这确实是一份天大的人情。也许正是因为这时候"做人留一线，日后好相见"，所以别看公孙衍杀了魏国那么多人，后来不但没成为魏国的死敌，反而很替魏国出力，这是后话。

最后再看第三件事：齐王攻打燕国，夺取了十座城市，但又把这十座城市还给了燕国。到底是哪位齐王在发神经？《资治通鉴》刚刚记载了上一年齐威王过世，齐宣王继位，这位齐王显然应该是齐宣王。但是，司马光搞错了，齐威王这时候还没死，齐国还要等到若干年后才会和燕国发生这场战争，那时候苏秦将会闪亮登场，一席话帮燕国讨还十城。

周显王三十九年至四十一年

———————— 238 ————————

秦国是如何继续攻城略地的

周显王三十八年（前331年），《资治通鉴》只字未提。

这一时期的西方世界，亚历山大大帝正在完成对波斯帝国的征服。曾经强盛一时，地跨欧、亚、非三大洲的波斯帝国就这样亡也忽焉，而这时的巴勒斯坦、叙利亚、腓尼基地区纷纷落入亚历山大大帝之手，只不过亚历山大是个酷爱打仗的顽童，爱征服但不爱治理，马上又整顿军队，探索神秘的印度河流域去了。

得焦、曲沃

原文：

（三十九年）

秦伐魏，围焦、曲沃。魏入少梁、河西地于秦。

周显王三十九年（前330年），《资治通鉴》继续陈述秦国和魏国的关系，秦国对魏战争一直没踩刹车，围攻了焦邑和曲沃两大重镇，魏国只好继续割地，把少梁和河西之地献给秦国。

奇怪的是，少梁和河西之地不是早就归秦国了吗？

少梁位于今天陕西韩城城南大约十公里，那里还保存着秦汉故城遗址。司马迁故里就在少梁，祖坟就在少梁旁边的高门原。今天去韩城，城西是梁山，城东是黄河，向南走会经过东少梁村和西少梁村，然后就会遇到司马迁的祠墓。

大体上说，从少梁到风陵渡是一段南北走向的黄河，这段黄河以西，直到西边洛水沿岸的土地，就是秦、晋争锋的河西之地，双方的拉锯战不知打了多少次。时间最近的一次，就是十年前商鞅擒获公子卬，魏惠王割让河西之地向秦国求和。商鞅正是因为这场军功，受封商於十五邑，正式从公孙鞅、卫鞅升级为商鞅。

连胡三省也被弄糊涂了，只能解释说：十年前魏国答应割地，但直到这一年才真正完成了全部土地所有权的交割。

当然，这只是推测，真相我们不得而知。无论如何，秦国显然已经占据了河西之地，所以才会在第二年渡过黄河，强攻焦邑和曲沃。

焦邑，得名于当地一条名叫焦水的河流。当初周朝分封诸侯，在这里分封过一个焦国，属于和周天子同姓的姬姓诸侯，后来被晋国灭掉，"三家分晋"以后变成魏国的城邑。焦邑大约在今天的河南省三门峡市陕州区。从这里东北偏北大约150公里就是曲沃，今天属于山西省临汾市曲沃县。

对于魏惠王而言，曲沃应该算是魏国的历史文化名城。晋国早年国都设在翼城，但旁边有一座曲沃城，规模比翼城还大。晋昭侯把自己的叔父成师分封在曲沃，成师因此被称为曲沃桓叔。从曲沃桓叔开始，曲沃一脉总在酝酿颠覆活动，掀起一场又一场的内乱，经过几代人的不懈努力，到了曲沃武公这一代，终于成功杀掉了国君。然后，曲沃武公把抢来的所有宝贝一股脑送给了周釐王。

周釐王拿曲沃武公没办法，索性认可了他在晋国的国君身份。就这样，曲沃武公升级成了晋武公。之后的晋国世系，直到被三晋废掉的末代国君晋靖公，血统上都属于曲沃一脉。"三家分晋"瓜分的其实就是曲沃一脉的晋国。

今天的曲沃有一座晋国博物馆，是在一处晋国墓葬群上修建起来的，其中有九代晋国国君和夫人的墓葬，十座陪葬的车马坑，游客还可以近距离观摩挖掘现场。

得汾阴、皮氏

原文：

（四十年）

秦伐魏，渡河，取汾阴、皮氏，拔焦。

在围攻焦邑和曲沃的第二年，也就是周显王四十年（前329年），《资治通鉴》记载，秦军渡过黄河，摁着魏国继续打，又夺取了汾阴和皮氏两地，焦邑也终于被攻克。

汾阴在今天的山西省运城市万荣县。前文（第216讲）提过，汉朝初年，骗术大师新垣平忽悠汉文帝，说自己望气时发现汾阴地带有金宝气，应该是周朝九鼎重现人间的征兆。这个在汉朝上演祥瑞闹剧的汾阴，正是当下被秦国夺去的汾阴。皮氏大约位于汾阴西北30公里，今天属于山西省河津市。河津市是一个县级市，和万荣县一样都属山西运城管辖。运城西郊有一个皮氏村，还保留着战国时代的古老地名。

原文：

楚威王薨，子怀王槐立。

宋公剔成之弟偃袭攻剔成。剔成奔齐，偃自立为君。

周显王四十年，《资治通鉴》还记载了两件大事：一是楚威王死了，儿子楚怀王继位；二是宋国发生政变，国君的弟弟偃推翻了国君剔成，剔成投奔齐国，偃自立为君。

楚国的政权交接，把战国历史上最具戏剧性的一位楚王推上了舞台，屈原也离我们不远了。在宋国，"剔成"这个古怪的名字不是人名，而是官名，标准写法是"司城"，主要掌管土地和土木工程。

在宋国历史上担任过司城的有两位名人，第一位是春秋时代的乐喜，字子罕，被称为司城子罕，是宋国的一代贤臣；第二位是战国时代的皇喜，字还是子罕，也被称为司城子罕，是宋国的一代奸臣。剔成，或者说第二位司城子罕，发动政变，废黜了宋桓公，自己上台主政。如今风水轮流转，篡位的人自己也被别人篡了位。

按说宋国只是一个小国，排名在"七雄"之外，翻不起多大浪花，但这位通过政变上台的宋君偃战力非凡，呕心沥血要带领宋国实现小国崛起，所以在战国历史上戏份很多，甚至会和楚怀王抢镜。

得蒲阳

原文：

（四十一年）

秦公子华、张仪帅师围魏蒲阳，取之。张仪言于秦王，请以蒲阳复与魏，而使公子繇质于魏。仪因说魏王曰："秦之遇魏甚厚，魏不可以无礼于秦。"魏因尽入上郡十五县以谢焉。张仪归而相秦。

周显王四十一年（前328年），秦国继续欺负魏国。《资治通鉴》记载，秦国以公子华和张仪为主将，攻下了魏国蒲阳。张仪建议秦惠文王把已经占领的蒲阳还给魏国，不仅如此，还送公子繇到魏国当人质。

看上去这纯属吃饱了撑的，但张仪早有成算，对魏惠王说："秦国对待魏国如此宽厚，魏国不应该对秦国失礼吧？"魏惠王在如此强悍的心理攻势之下，把上郡 15 个县城全部献给了秦国。

张仪因为这份功劳，被任命为秦国总理。

张仪欲擒故纵，拿很小的代价换取了很大一片地盘。这对张仪而言，无论如何都算是一场豪赌，他不可能有十足的把握以小换大，也许最终偷鸡不成蚀把米呢。但是，张仪这样的人，总是敢于下注——赌输了大不了是死，赌赢了就能前程似锦，一步登天。

周显王四十二年至四十三年

--- 239 ---

张仪和商鞅有什么不同

这几年间，秦国从魏国那里不断掠取土地，既有打下来的，也有魏国送上来的，从而使秦国的国力迅速变强，魏国的国力迅速变弱。张仪通过外交技术，以小博大，既然又一次占了魏国的便宜，接下来是否继续不依不饶，宜将剩勇追穷寇呢？竟然并没有——秦国放下了大棒，拿出了胡萝卜，把好容易才打下来的焦邑和曲沃白白还给魏国了。这到底是为什么？

一巧破千斤

原文：

（四十二年）

秦县义渠，以其君为臣。

秦归焦、曲沃于魏。

周显王四十二年（前327年），《资治通鉴》简略记载两件大事：一是秦国吞并了蛮夷部落义渠，把义渠变成了秦国的一个县，义渠国君向秦国称臣；二是秦国把焦邑和曲沃还给魏国。

先看第一件事：关于义渠，《资治通鉴》的记载并不准确。

从《资治通鉴》的措辞来看，似乎新出场的义渠蛮族就这样被秦国灭掉了，实际上，秦国只是对义渠取得了一场胜利，占领了义渠的一点地盘，把占领区纳入本国县制。义渠在后来还有很多戏份，和秦国的爱恨情仇纠缠了很久。

战国时代，秦国周边有三大蛮族：南边有蜀，东边有大荔戎，西边就是义渠。秦国的战略重心是河西之地，所以一直努力向东扩张，不停地和魏国打仗。既然要向东打，大荔戎自然首当其冲，秦国志在必得。

为了避免两线作战，秦国对西边的义渠长期采取怀柔政策，尽量避免和义渠发生冲突。

《墨子》描述过义渠的丧葬风俗，说那里实行火葬，尸体被焚烧，烟气上升，这叫"登遐"——大约相当于升天——能让父母"登遐"的人才叫孝子。（《墨子·节葬下》）义渠是个游牧民族，逐水草而居，居无定所，所以不可能像农耕民族一样形成土葬的风气。但是，义渠在东周年间日渐强盛，不但首领开始称王，和周天子平起平坐，还学着华夏诸侯的模样开始筑城。

筑城就意味着定居生活。很难说清义渠到底筑了多少座城，可以肯定至少有几十座。这就等于在秦国的大后方建立了一个强国。秦国当然很不舒服，迟早要对义渠下手。而义渠如果必须有个发展方向的话，那就只能是秦国——就算义渠只想搞抢劫，基本上除了秦国也没有别家可抢。所以，义渠和秦国的矛盾迟早会有一个总爆发。周显王四十二年秦国对义渠的战争，远远谈不上亡国之战，只是一场阶段性胜利。秦国和义渠的大戏还在后面。

这一年的第二件事是秦国把焦邑和曲沃还给了魏国。这实在太不像秦国风格了，战场上打下来的地盘，怎么能在谈判桌上还给对手？

胡三省在这里评论说秦国对于魏国，就像玩弄婴儿于股掌之上。但秦国这样玩弄魏国，到底为了什么？各种史料都没有给出明确的答案，很可能张仪要为秦国实行一套相当微妙的外交政策，对魏国半拉半打，既要占够魏国的便宜，还要让魏国和秦国结盟，为的是给秦惠文王称王做足准备工作。当然，秦惠文王后来确实称了王，不然我们也不会称他为秦惠文王了。

张仪和商鞅很不一样。商鞅的打法是一力降十会，张仪的打法是一巧破千斤。

作为同样外来受雇的职业经理人，商鞅的策略是全力以赴改造秦国，达成秦孝公指定的战略目标，神挡杀神，佛挡杀佛，把自己的荣华富贵完全和治理秦国的业绩绑定；张仪的策略是就算在秦国做到国家总理，也绝对要有"独立之精神，自由之思想"，绝不肯把个人利益和秦国利益绑在一起。

用今天的概念来说，商鞅虽然做到了打工皇帝，但始终是一个打工者，没能摆脱打工者的心态，而张仪只给自己打工，只为自己代言，之所以为秦国做事，只因为秦国是当时可以选择的所有平台当中最好的一个，但自己不属于秦国，秦国也不属于自己。张仪虽然为秦国攻城略地，但除非十拿九稳对方没法报复，否则从来都是一副公事公办的态度，不和对方国家结私仇。做人留一线，日后好相见。所以张仪纵横天下，到哪里都吃得开。

这几年来的秦魏战争，只有公孙衍擒获龙贾、攻取雕阴的一战有斩首记录，而在汾阴、皮氏、曲沃、焦邑这些战斗中，一概没有斩首记录。《史记》还给出过一个明确记载，说攻打曲沃的主将是秦惠文王同父异母的兄弟樗里疾，他在打下曲沃之后，只要土地，没要人口，听任曲沃百姓回归魏国。（《史记·樗里子甘茂列传》）

秦国能做到这一点，绝对不容易，要花很大的气力安抚那些想拿首级换爵位的秦军将士。看来秦国对待魏国，不再是野蛮攻打，而是运用极大的克制力去打某种有限度的战争。

秦国到底要干什么，很快就会揭晓。

读懂政治信号后的深意

原文：

（四十三年）

赵肃侯薨，子武灵王立。置博闻师三人，左、右司过三人，先问先君贵臣肥义，加其秩。

周显王四十三年（前326年），赵肃侯死了。今天看来这只是一件微不足道的小事，但在当时，实在称得上盛况空前。

周显王三十四年（前335年），赵肃侯开始营建自己的陵墓寿陵，搞出了历史上前所未有的陵墓工程。等赵肃侯真的过世时，葬礼盛况空前，战国七雄当中只有韩国没露面，其他各国各自派出万人规模的精锐部队参加会葬。这简直非礼到了毫无底线的地步，也许是天下人都想趁机来观摩一下寿陵这座宏伟建筑的空前风貌。

赵肃侯就这么没羞没臊地死了，继位的是他的儿子，中国历史上赫赫有名的赵武灵王。根据《资治通鉴》记载，赵武灵王刚上任，就设置了博闻师三人，左司过三人，右司过三人，还立即拜访了辅佐过赵肃侯的重臣肥义，给肥义增加了俸禄。

这些事情看上去平淡无奇，但很有资治意义。赵武灵王很可能年纪还小，不能亲政，由某位长辈代理朝政。这些内容司马光完全没提。在《资治通鉴》的这段记载中，赵武灵王作为新君上任，实在做出了教科书级别的表态。

在这一切人事安排当中，所谓博闻师，顾名思义，应该是三位见多识广的长者，君主愿意多向他们征求意见，把他们当成老师来看。所谓左右司过，顾名思义，相当于专门针对君主的纠察员，负责及时指出君主的过错。这些职位的设置，再加上礼遇先父的老臣，发出的政治信号是：我还年轻，不懂事，一定会虚心学习，认真听取批评意见，敬重前辈们，大家千万别担心赵国会有一朝天子一朝臣之事，我会继续父亲的路线不动摇，请各位叔叔伯伯好好指导我吧！

不过，这些政治信号，要么纯属摄政长老的一厢情愿——因为赵武灵王很快就会发动一场惊天动地的改革，让所有人大跌眼镜，要么真正想要表达的内容是：你们这些老东西听着，我已经给足了你们面子，等我要做事时，你们可得识趣！

表层的信号，所有人都读得懂，而表层信号背后潜藏着的真正的信号，有人读得懂，有人读不懂。被赵武灵王特殊对待的肥义就读得懂，马上成为改革的助力。

短短几年时间，楚怀王、宋王偃、张仪、樗里疾、赵武灵王，这些响当当的人物纷纷登上历史舞台，让后商鞅时代更加精彩纷呈。波澜壮阔的战国世界，即将出现新的玩法。

周显王四十四年

---------- 240 ----------

为什么卫国要拿城邑交换一个逃犯

周显王四十四年（前325年），《资治通鉴》记载了两件事：一是秦惠文王称王，二是卫平侯过世，卫嗣君继位。这两件事，显然前者重，后者轻，但司马光的笔墨刚好相反。

强者愈强，弱者愈弱

原文：

（四十四年）

夏，四月，戊午，秦初称王。

十年前，齐威王和魏惠王互相戴高帽，升级为王，史称"徐州相王"，引发了很大一场波澜，尤其是把楚威王气坏了，御驾亲征。时隔十年，秦惠文王称王，世界竟然风平浪静。这一来是因为枪打出头鸟，齐威王和魏惠王已经做过出头鸟了，先例只要一开，后面再有跟风行为，大家也就见怪不怪；二来是因为张仪事先做足了铺垫，半拉拢、半胁迫地把魏惠王和韩宣惠王拉来给秦惠文王捧场。魏惠王已经有了"王"的头衔，韩国也跟着升级。历史学家杨宽有过一个推测，认为张仪主持了这场盛会，安排魏惠王给秦惠文王驾车，韩宣惠王做秦惠文王的车右，让秦惠文王露了天大的脸。（《战国史料编年辑证》卷9）

前文讲到"三家分晋"时提过战国时代的车应该怎么坐。当时的战车，车厢里定员三人，这三个人地位相当，中间位置是驾驶位，左边的人叫作车左，负责射箭，右边的人叫作车右，负责持戈。这样的组合，不但既能远攻，又能近战，还可以保持车厢稳定，不容易发生侧翻。如果有地位尊贵的人，比如国君或者主帅上车的话，车左的位置就变成了老板位，车右充当警卫员的角色。现在秦惠文王坐的就是智瑶的位置，魏惠王和韩宣惠王坐的是魏桓子和韩康子的位置。

历史仿佛在重演，但魏惠王和韩宣惠王已经没法学习自家的两位先祖了，只能眼睁睁看着秦惠文王耀武扬威。

原文：

卫平侯薨，子嗣君立。卫有胥靡亡之魏，因为魏王之后治病。嗣君闻之，使人请以五十金买之。五反，魏不与，乃以左氏易之。左右谏曰："夫以一都买一胥靡，可乎？"嗣君曰："非子所知也。夫治无小，乱无大。法不立，诛不必，虽有十左氏，无益也。法立，诛必，失十左氏，无害也。"魏王闻之曰："人主之欲，不听之不祥。"因载而往，徒献之。

这一年的第二件事发生在卫国。事情无非是一场自然的政权交接：卫平侯过世，卫嗣君继位。奇怪的是，别的诸侯纷纷称王，怎么到了卫国，卫平侯是"侯"，接班人却降格到"君"了？

这就是马太效应的体现，强者愈强，弱者愈弱。

在大国争霸的竞技场上，卫国这样的小国只能用牺牲面子的办法来争取少遭点罪。当然，卫嗣君真正降格为君还要等到若干年后，史书只是用他最后获得的头衔来称呼他。

根据《资治通鉴》记载，卫嗣君继位之后，竟然做了一件很硬气的事。事情本身小小不言，只不过是卫国有一名胥靡逃走了。

"胥靡"的字面涵义是绳索，引申义是被绳索锁住的囚犯。卫国的一名囚犯逃到了魏惠王的地盘，大概凭借很强的专业技能，竟然进了王宫，给魏惠王的夫人治病。卫嗣君听说后，派出使者，要用 50 金赎回这名囚犯。

魏惠王当然不同意，这点小钱比得上给王后治病吗？但卫嗣君竟然很坚持，一次谈不拢，就再派使者继续谈。如是者五次，当然，就算 50 次也不可能谈拢。于是，卫嗣君加大筹码，要拿左氏邑交换这名囚犯。

今天已经很难说清左氏邑是什么地方，又有多大价值，但至少它是一座城邑，价值远远高于 50 金。卫嗣君身边的人自然要进行规劝："拿一座城邑赎回一名囚犯，这代价也过于不划算了吧？"

但卫嗣君说："这就不是你们能懂的道理了。"

接下来，卫嗣君说出了一番掷地有声的名言，核心纲领是六个字："治无小，乱无大。"大概意思是说，从执政的立场而言，没有任何事情是可以睁一只眼闭一只眼的小事，在很小的事情上没守规矩，很容易酿成大的乱子。所以，严格执法才是政治的第一要务。

如果执法不严，就算我们再多十座左氏邑，也无济于事，而如果能够做到严格执法，就算失去十座左氏邑，又会有什么害处呢？

这番话不知怎么传到了魏惠王耳朵里，魏惠王说："既然是一国之君的愿望，不顺着它是不吉利的。"于是，将那名逃亡的囚徒押送回卫嗣君那里，既没要赎金，也没要左氏邑。

这件事凸显了严格执法的重要意义。胡三省点评说这段内容是学习申韩之术的人宣扬出来的。言下之意是这事多半是法家虚构出来的，不可信。

胡三省的这句点评看上去似乎很没来由，更加让人费解的是，司马光记载这段历史，到底是想夸卫嗣君，还是想批评卫嗣君？这样一种为了坚持原则而完全不计代价的精神，貌似是儒家推崇的，就算卫国每况愈下，最后落得个惨淡收场，至少也算是死得光荣，闪耀着殉道者的光辉。此处司马光似乎应该评论几句，但他偏偏保持了神秘的缄默。

《资治通鉴》如果只读到这里，确实看不明白，要等到《资治通鉴》记载几十年后的卫嗣君过世时，所有的线索才会一股脑交代清楚，卫嗣君虽然很有坚持原则的大无畏情操，但这份坚持的基底，只是法家那套力求控制一切、明察秋毫的心术，结果精打细算一辈子，终归落了下乘，这是后话。

回到卫嗣君索还逃犯事件本身。司马光用到的原始材料是《战国策》和《韩非子》，耐人寻味的是，《资治通鉴》和《韩非子》的版本更加接近，反而抛弃了《战国策》版本里的儒家调性。在《战国策》里，卫嗣君这样解释自己的坚持："只要能向老百姓推行教化，那么，就算我们卫国只有一座区区三百户人家的小城，也足以国治民安，而如果老百姓没有廉耻心，纵然有十座左氏邑，又管什么用？"（《战国策·宋卫策》）

这句话是有儒家理论背景的。儒家学者，尤其是孟子，很喜欢宣扬一种观念：商汤王、周文王施行仁政，只凭着很小一点地盘就迅速做大，开创了伟大王朝和太平盛世。所以，卫嗣君说区区三百户人家的小城也能达到国治民安，言下之意是，只要认真奉行正确的政治路线，就算卫国再小再弱，也能成就商汤王和周文王那样的事业，轻轻松松平定天下。当然，这过于不切实际了，也难怪司马光虽然是一代醇儒，也放着儒家版本不要，反而从法家著作取材。

维系关系要趁早

如果我们就历史谈历史，其实不太容易理解魏惠王的态度。

魏惠王再怎么流年不利，好歹也是大国诸侯，新时代的王者，不至于对卫嗣君这么迁就吧？

要理解这件事，可以参照明朝人严衍、谈允厚师徒二人写的《资治通鉴补》，这部书在逃犯事件之后还补充了一条内容，源自《战国策》，说卫嗣君派人去魏国替魏王做事，但一连三年都没见着魏王的面。于是这个可怜人拿出重金，拜托梧下先生。

梧下先生去见魏王，叮嘱他说："听说秦国又要发动战争了，不知道要去打谁。咱们魏国和秦国虽然早就缔结了邦交，但相处得有点冷淡。大王您应该专心侍奉秦国，好好跟秦国维系一下关系。"

魏王应承下来，但梧下先生好像突然想起了什么似的，说现在再去维系关系，恐怕为时已晚。

魏王不理解，梧下先生解释说："人啊，让别人为自己做事时都很着急，自己为别人做事时却不着急。可是大王您就连让别人为自己做事都不急，更何况为别人做事，主动维系和秦国的关系呢？"

魏王很诧异："你怎么知道我不急？"

梧下先生说："人家外国派来专门为您做事的人，三年都没见着您的面呢。"

魏王被一语点醒，马上安排见面去了。

《战国策》并没有提到这位魏王到底是哪一位，但《资治通鉴补》把这段内容安排在逃犯事件之后，显然认为这位魏王就是魏惠王，而派人来为他做事的就是卫嗣君。这就说明两国已经建交，正在一段和平友好的关系中相处。

那么，魏惠王真去跟秦国维系关系了吗？

维系也好，不维系也好，其实都没用，因为事情的决定权完全掌握在秦国手里。下一年，张仪就要效法商鞅前辈，以总理身份率军出征，好好打魏国一顿了。

周显王四十五年至四十六年

———— 241 ————

关于苏秦的记载到底可靠吗

原文：

（四十五年）

秦张仪帅师伐魏，取陕。

周显王四十五年（前324年），《资治通鉴》记载了两件大事：一是张仪伐魏，二是苏秦入齐。苏秦、张仪这一对传说中的师兄弟，在同一年里各自兴风作浪。

秦王改元

《资治通鉴》其实疏忽了这一年里的一桩标志性事件，那就是秦惠文王改元。

传统上各国纪年，都是正整数自然排序，从即位一直排到死亡或退位。比如周显王四十五年，一目了然，说明周显王已经在位 45 年。这一年在齐国是齐威王三十三年，在楚国是楚怀王五年，在秦国本该是秦惠文王十四年，但秦惠文王刚刚称王，头衔变了，所以纪年必须归零，从头算起。

于是，秦惠文王十四年就变成了秦惠文王统治时期内的第二个元年。历史记载为了区别前后，把第一个元年称为前元，第二个元年称为后元。所以，这一年的秦国，是秦惠文王后元元年。

这样的改元方式其实并不新奇。魏惠王称王之后就做过一次改元，开创了一个并不光彩的先例，秦惠文王不过是有样学样。但是，古代很多学者没看过《竹书纪年》，搞不清魏惠王的改元情况，所以把秦惠文王的这次改元作为开历史之先河的大事。对当时的人们来说，这种改元方式肯定会给生活带来很多不便，到了汉武帝时代，终于发明了年号，皇帝如果再想表达"从头再来"或"万象更新"的意思，推出新款年号就可以了。

秦惠文王改元，向世界传达出秦国的崭新气象。

新气象里自然会有新动作，于是张仪总理亲自统兵，又把魏国打了，这一次夺取了魏国的陕城。

陕城在今天河南省三门峡市陕州区。这里在春秋时代属于虢国，当地有一座虢国博物馆，距离三门峡大坝不远。"假途伐虢"和"唇亡齿寒"两个成语就是从虢国的历史上来的。

打开中国地图，我们会看到黄河河套形成了一个"几"字形，陕城就在"几"字右下角的弯钩下面，位于黄河南岸。这些年来秦国不断向东拓展，如今已占了陕城，只要再向东150公里就是洛阳了。也就是说，秦国的势力已经高度逼近中原腹地，天下中心。

《资治通鉴》没有记载的是，张仪这一次的打法照例十分克制，只要土地，不要人头，在占领陕城之后，把陕城人放归魏国。（《史记·秦本纪》）

原文：

苏秦通于燕文公之夫人，易王知之。苏秦恐，乃说易王曰："臣居燕不能使燕重，而在齐则燕重。"易王许之。乃伪得罪于燕而奔齐，齐宣王以为客卿。苏秦说齐王高宫室，大苑囿，以明得意，欲以敝齐而为燕。

再看苏秦入齐事件，这一年在燕国是燕易王十年，从燕文公过世到燕易王继任，已经过去十年了。根据《资治通鉴》记载，苏秦和燕文公的夫人私通，这段奸情被燕文公的儿子燕易王知道了。苏秦怕了，不敢在燕国久留，就跟燕易王说自己留在燕国没多大用，如果去齐国，可以给燕国带来很多好处。燕易王同意了。于是，苏秦假装在燕国犯了罪，畏罪潜逃，投奔齐国去了。齐宣王请苏秦担任客卿，苏秦劝说齐宣王扩大宫殿和园林规模，高调彰显自我。苏秦是想用这个办法拖垮齐国的经济，帮燕国缓解国际压力。

在《资治通鉴》的时间线里，苏秦先到秦国，拿一套兼并天下的方案进行游说，失败之后去了燕国——这段路太长了，大约相当于从西安到北京。抵达燕国后，苏秦游说燕文公，说燕国最应该和赵国搞好外交，于是燕文公拜托苏秦到赵国建交。完成了燕文公的委托之后，苏秦又以赵肃侯特使的身份游说韩、魏、齐、楚，达成了六国同盟合纵大计，其间还用激将法把张仪送到秦国，让张仪在秦国给自己打配合。

然后，秦惠文王派公孙衍欺骗了齐国和魏国，让他们联手去打赵国。赵肃侯责备苏秦，苏秦不敢在赵国久留，就向赵肃侯申请去燕国，在燕国想办法报复背弃盟约的齐国。

苏秦这才从赵国全身而退，来到燕国，六国合纵随之轻易瓦解。然后齐国夺取了燕国的十座城邑，又还给了燕国。

以上内容是从《资治通鉴》的记载里梳理出来的苏秦的活动轨迹。沿着这个轨迹，我们可以发现，苏秦用计对付齐国，背后不仅有对燕易王的应许，还有对赵肃侯的应许，而燕国之所以要对付齐国，正是因为两国接壤，燕国一直承受着来自齐国的军事威胁。

事情的前因后果乍听起来环环相扣，但就是不耐琢磨，越琢磨越觉得漏洞太多。

且不说张仪在秦国从没有配合过苏秦一次，反而一再给苏秦添乱，只看燕易王可以容忍苏秦和自己母亲的奸情，齐宣王可以在国际局势高度微妙的情况下听从苏秦的劝告大兴土木，这些事真是怎么想都无法理解，尤其是苏秦命运的改变是从燕文公的赏识开始的，而苏秦通奸的对象并不是燕文公的妾室，而是燕文公的夫人。

对这一切的合理解释就是：以上所有关于苏秦的记载，其实都靠不住，至少这时候的齐国还是齐威王的执政期，齐宣王还没有登上历史舞台。无论燕文公还是燕易王，很可能和苏秦不存在任何瓜葛，苏秦真正效力的燕王很可能是以后的燕昭王。这个推测，是从《战国纵横家书》来的。

《战国纵横家书》是1973年马王堆汉墓出土的若干帛书当中的一种，书名是整理小组拟定的。这是连司马迁都没见过的史料，其中苏秦的经历和《史记》

《战国策》的记载存在着难以调和的不同。于是，到底该信《史记》《战国策》，还是该信《战国纵横家书》，研究者们只能选边站，但后者的可信度似乎更高一些。

七雄称王

原文：

（四十六年）

秦张仪及齐、楚之相会啮桑。

韩、燕皆称王，赵武灵王独不肯，曰："无其实，敢处其名乎！"令国人谓己曰君。

周显王四十六年（前323年），《资治通鉴》记载了两件大事：一是秦国总理张仪在啮桑——今天的江苏省沛县附近——会见齐国和楚国总理，二是韩国和燕国国君已经称王，"战国七雄"当中只剩下赵国国君没有称王，但这时的赵武灵王坚决不肯称王，只让赵国人称自己为君，理由是名和实应当匹配，自己既然没有王者之实，就不配拥有王者名号。

如何理解赵武灵王的这份态度？北宋学者林之奇反对所谓"战国以来无贤君"的观点，认为战国时代出过两位贤君，一个是齐威王，懂得君臣名分，跑去朝见周天子，一个是赵武灵王，在诸侯纷纷称王时就是不肯称王，只肯称君。这两位贤君很清楚尊卑上下的名分，假如有孔子、孟子辅佐，他们应该能够复兴周朝，做出一番伟大事业。"（《拙斋文集》卷12）

林之奇显然太乐观了，胡三省就持反对意见，认为赵武灵王雄心勃勃，怎么肯安守君臣名分。这个时候不肯称王，只不过是嫌自己实力不足。从事情的后续发展来看，胡三省是对的，赵武灵王等到实力发展起来之后，最终也会称王的。

在赵武灵王特立独行的同时，秦国努力改变商鞅时代纯拼蛮力的风格，在国际事务当中积极斡旋。啮桑发生的外交活动，似乎意味着秦国在有意识地改善和齐、楚两国的关系。这一时期的齐国总理应该是惠施，楚国总理是谁就很难确定了。

张仪之所以搞这样一场会谈，很可能是为了和公孙衍作对。

《资治通鉴》不曾交代的是，在这一时期，原本为秦国立下汗马功劳的公孙衍不知为什么离开秦国，回到祖国魏国的怀抱，并且代表魏国联络各个山东诸侯，组建反秦联盟，开启了历史上真正的合纵事业。而张仪竟然在结束了啮桑会议之后离开秦国，跑到魏国当总理去了。一系列微妙的大国博弈就这样拉开序幕。

周显王四十七年

———— 242 ————

张仪是怎样把阴谋变成阳谋的

原文：

（四十七年）

秦张仪自啮桑还而免相，相魏。欲令魏先事秦而诸侯效之，魏王不听。秦王伐魏，取曲沃、平周。复阴厚张仪益甚。

周显王四十七年（前322年），《资治通鉴》把全部关注聚焦在张仪身上，讲了一件匪夷所思的人事任免：从啮桑会议回国之后，张仪不再担任秦国总理，到魏国当总理去了，想让魏国带头侍奉秦国，在其他诸侯那里引发榜样效应，但魏王不同意。于是秦王攻打魏国，夺取了曲沃和平周，暗地里比先前更加厚待张仪。

读到这里，很多人会一头雾水，最难理解的就是张仪怎么能够前脚才在秦国卸任，后脚就到魏国赴任，而且做的都不是平常岗位，而是国家总理。大国总理的去留，怎么像小孩子过家家一样？答案要在《资治通鉴》以外去找。

佛学思维

首先了解一下魏国的核心领导班底：国君还是魏惠王，堪称国际政坛的头号老江湖，连遭风吹雨打的常青树；总理还是惠施；在魏惠王和惠施这一对经典组合之外，又新添了一位战将，他就是魏国本土人才，曾经投奔秦国，又带领秦国军队狠狠打败过魏国的公孙衍，人称犀首。公孙衍明明给秦国立过大功，又跟祖国魏国结过血海深仇，不知为什么离开秦国，掉转立场来为魏国效力，也不知魏惠王和魏国人是怎么接受他、信任他的。

无论张仪还是公孙衍，乃至同时代的其他一些风云人物，作为乱世里的职业经理人，唯一的追求就是个人的功成名就。为了这个目标，毫不介意朝秦暮楚。所以，今天我们来看这个时代里的大国博弈，最该破除的认知框架就是把国家当成行为主体，把国家利益当成各种策略背后的核心驱动力。**理解战国历史，我们有必要借助佛学思维，一看到"国家"这种集合名词，就下意识地把它拆解到权力场上一个个具体的人，看到每一个具体的人都有怎样具体的利益诉求。**

魏国政坛，大当家毫无疑问就是魏惠王本尊，利益诉求就是打理好魏国这个偌大的家业。魏惠王这些年来最头痛的问题就是屡战屡败，东边被齐国欺负，西边被秦国欺负，尤其是西线领土，大片大片的战略要地被秦国收入囊中。魏国对秦国几乎处于无险可守的劣势，动不动就要挨打。

魏惠王如果是个血气方刚的年轻人，也许咽不下这口气，一定跟秦国拼个鱼死网破，但人老了，挫折多了，心气儿也就没那么高了。

张仪是怎么去魏国的，《战国策》给出了一点线索，说张仪一直深得秦惠文王宠信，秦惠文王死后，秦武王继位，张仪的仇家开始大进谗言。就在这个时候，齐国也来提意见，责备秦国不该任用张仪。

张仪赶紧给自己谋退路，去魏国。但怎么做才能去到魏国，同时还不得罪秦国呢？

张仪对秦武王是这么说的："为了咱们秦国着想，山东列国越是出大乱子，大王您就越能占便宜。如今齐王恨透了我，只要我在哪个国家，齐国就一定去打哪个国家。所以我准备去魏国待着，挑起齐国和魏国的战争，您就可以趁机进攻韩国，进而挟持周天子，据有天子的礼器和天子手里的地图、档案，这可是改朝换代的大事业啊！"

秦武王被说动了，派出 30 辆兵车护送张仪出国。不出张仪所料，齐国果然进攻魏国。按说如果张仪忠于秦国，这时候肯定应该鼓动魏王和齐国硬拼，仗打得越胶着越好，但张仪给魏王出主意说："您别担心，我有办法让齐国撤军。"

张仪很可能在秦国时就已经琢磨清楚应对的办法了。他派门客冯喜到楚国，要么是拜托了楚国的外交官，要么是走通了什么关系，使冯喜担任了楚国的外交官。然后，冯喜以楚国外交官的身份出使齐国。冯喜在齐国办完公务，貌似随口发了一句感慨，说齐王对待张仪过于宽容了。

一句话立即激发了齐王的好奇心，冯喜于是好整以暇，把张仪对秦武王所做的那番谋划和盘托出。齐王恍然大悟，知道自己中了计，赶紧安排撤军，不和魏国打仗了。（《战国策·齐策二》）

这就是张仪的高明之处，把阴谋变成了阳谋，不怕公之于众，而在阴谋变成阳谋之后，阳谋反而变成了阴谋。虚者实之，实者虚之，运用之妙，存乎一心[1]。

不过，这段事情的经过也让人一头雾水，秦惠文王忽然死了？时间线和《资治通鉴》完全合不上拍，而张仪既然在秦国难以容身，为什么后来还帮秦国谋划？

这并不奇怪，因为《战国策》里的时间、地点、人物经常是乱套的，而人物的言辞和谋略通常又十分精密。我们可以狠狠地打个折扣来听，从这段记载中大概了解张仪跳槽事件的一点轮廓。

失败的将相和

《战国策》还有一段记载，说公孙衍统率魏国军队，在一个叫承匡的地方和齐国交战，没打赢。趁着这个机会，张仪向魏王贩卖焦虑，说只有自己能救魏国。于是，张仪临危受命，坐上了魏国总理的位置。

张仪的救亡大计说起来并不复杂，无非是搞连横，但并不是以秦国的立场和任何一个国家结盟，而是以秦、魏两国的名义和齐国建交，言下之意是：如果齐

1　这件事在《战国策·魏策一》的版本中大体相似但细节不同。

国不答应，得罪就不仅是魏国，而是魏国和秦国两大强国。齐国如果不停战，秦国就会武力插手。

这件事张仪做起来确实不难，毕竟他原本就有秦国背景。只要事情办到了，张仪不但可以在魏国呼风唤雨，对秦国也立下了一个大功。但事情并没有想象中顺利，国际外交归根结底也跳不出办公室政治的俗套，张仪的做法显然动了公孙衍的奶酪。如果张仪动动嘴皮子就能让齐国退兵，岂不是显得公孙衍太无能了？以后公孙衍这张老脸在魏国还能往哪儿放？

公孙衍也不是什么善男信女，马上就要阴招，给张仪使绊子。

公孙衍跟卫国国君说自己和张仪无冤无仇，仅仅是政见不同，希望卫君可以向张仪转达自己的意思，化干戈为玉帛。

这时公孙衍和张仪的关系，很像是"将相和"故事里廉颇和蔺相如的关系。公孙衍主动向张仪示好，如果这一将一相可以精诚合作，问天下谁人能敌？

张仪接受了公孙衍的善意，在卫君面前和公孙衍把酒言欢，公孙衍给张仪行了大礼。第二天，张仪出使齐国，公孙衍恭恭敬敬，一路把张仪送到了齐国境内。

然而，张仪没想到的是，这一局"将相和"竟然触怒了齐王。齐王严词拒绝了张仪的外交提议，理由是：公孙衍是我的仇人，你张仪和公孙衍那么亲近，显然是一伙的，你们俩一定是商量好了要坑我们齐国。（《战国策·齐策二》）

齐王的怀疑相当合理，因为公孙衍和张仪看起来并不是忽然亲近起来的，两个人都有在秦国就任高管的职业背景，还先后跑到魏国担任要职，事情怎么想都十分蹊跷。但齐王不曾留心的是，公孙衍是实实在在地来魏国谋职的，张仪在魏国很可能只是兼职，秦国还给他留着位置呢，所以，公孙衍和张仪考虑问题的出发点肯定不同。

—————— 243 ——————

张仪是怎么保留了秦国相位的

张仪虽然在魏国当总理，但在秦国还遥领着总理职位。这种人事安排的外交含义是：秦国、魏国一家亲。很难说张仪来到魏国到底是为了躲避政敌的迫害，还是为了完成连横策略，又或者兼而有之。唯一能够肯定的是，张仪并没有被秦国免职。

无功受禄

凭什么可以这么肯定？证据来自1983年广州象岗发掘的西汉年间的南越王墓，其中出土了一支戟的金属部分，铭文上写着铸造日期"王四年"，也就是秦惠文王后元四年（公元前321年）。这是张仪到魏国的第二年，但铭文上分明写着这件兵器的第一督造人是"相邦张义"。"义"和"仪"通假，张义就是张仪，"相邦"是职位，相当于相国、丞相、宰相，用今天的话说就是国家总理。

先秦文献中，国家总理这个职位经常被称为相国，这很可能是汉朝人为了避刘邦的讳，把"邦"一律改成"国"，或者简称为"相"。就连《诗经》可能都没逃过这种改动——《诗经》有风、雅、颂三大版块，出土的战国楚竹书《孔子诗论》上，诗经的"风"写作"邦风"，有学者认为，后世叫国风，就是为了避刘邦的讳，而且这一改就再不曾改回去。避讳改字，偶尔也有漏网之鱼。《太平御览》引《齐职仪》就有一句记载："魏襄王以公孙衍为相邦。"

说回张仪督造的兵器，魏襄王是魏惠王的继承人，那时公孙衍在魏国做相邦，显然张仪已经挪了位置。当代历史学家的主流看法是：公孙衍才是合纵政策的主谋，和张仪的连横政策相抗衡，没苏秦什么事。这并不是定论，也很可能低估了苏秦。但可以确定的是，张仪的主要政敌就是公孙衍，另外还有一位陈轸。这几位在权力场上角逐的精英人物，虽然各有各的政治主张，但谁都没有真正意义上的政治理想，一切主张都是从博弈关系上来的。他们的基本逻辑是：你搞连横，为了搞掉你，我就搞合纵，跟你反着来。

公孙衍很有可能破坏了张仪的连横图谋，根据《资治通鉴》记载，魏惠王并没有依从张仪，这就导致秦惠文王兴兵伐魏，夺取了曲沃和平周。站在秦国的角度来看，张仪在魏国并没有发挥出内奸的作用，但是，秦惠文王不但没有责怪张仪，反而暗中对张仪更好了。这是权谋术里对手下施加心理压力的经典手段，在后来的历史当中还会反复出现。

我们很熟悉"无功不受禄"这句话，**而站在管理者的角度，在特定情况下很喜欢无功施禄，为的就是让对方产生无功受禄的惶恐心态，以期在今后得到无功受禄者的加倍报答。**这背后的心理因素，在法国学者马塞尔·莫斯 1925 年发表的经典著作《礼物：古式社会中交换的形式与理由》中被揭示得清清楚楚。

《礼物》这本书，归类为社会学也行，归类为人类学也行。莫斯首先注意到铺张浪费的现象在原始部落中相当常见，然后发现铺张浪费其实很有功能意义，甚至必不可少。进而莫斯分析出，平白无故给人重礼，让人无功受禄，这不是乱花钱，而是夸耀自己身份地位的必要方式，也是给对方施加心理压力的手段，所以送礼未必就是讨好，更有可能是一种施压行为。

张仪的反应一如莫斯理论的预料。根据《史记》记载，张仪很羞愧，不知该怎么报答秦惠文王的深情厚谊，后来一直身在魏营心在秦，甚至秘密联络秦国来打魏国。（《史记·张仪列传》）当然，这是后话，张仪和公孙衍的较量也远未结束。战国世界将会因为这些人，变得越发精彩起来。

惠施和陈轸

在谈张仪和公孙衍时，我们忽略掉一个重要人物：惠施。

如果张仪做了魏国总理，就意味着抢了惠施的位置，而惠施已经在魏国扎根多年，这样一位老总理怎么转眼间就被张仪这个新人打败了？

《战国策》给出了一些线索。首先，张仪来到魏国时，魏国原本并不想接纳他，但不知为什么不但接纳了，好多大臣还都站在了张仪一边。张仪想要促成魏国和秦国、韩国的联合，一起去打齐国和楚国，而惠施的意见是魏国应该跟齐国、楚国结盟，按兵不动，不生事端。

两种方案，到底孰优孰劣？

绝大多数人都站在张仪一边，惠施觉得这里面有古怪，对魏王说："即便针对一件小事，人们的意见也很难统一，赞成和反对通常一半一半，何况是国家大事？"言下之意，是那些支持张仪的人，要么被张仪忽悠了，要么被张仪收买了。（《战国策·魏策一》）

《吕氏春秋》有一段很简单的记载，说惠施乔装改扮，乘车逃跑，险些没能逃出魏国。(《吕氏春秋·不屈》)这件事应该就发生在张仪和惠施争权期间，张仪显然占了上风，至于惠施，竟然遭受生命威胁，所以不是从容辞职，而是狼狈逃出魏国。

《战国策》另有一段记载，说张仪驱逐了惠施，惠施从魏国逃到楚国，得到了楚怀王的收留。但有一个叫冯郝的人劝谏楚怀王，说楚国实在不值得为了惠施而得罪张仪，不如恭恭敬敬地把惠施送到宋国去。毕竟惠施名满天下，宋王对他非常仰慕。如果楚国这样做，对惠施来说，在落难时被送到宋国，一定会对楚王感恩戴德，而对张仪来说，楚王的做法明显就是示好，卖张仪一个人情。

这番话在情在理，计策也算是两边讨好，面面俱到，楚怀王就这样把惠施送到了宋国。(《战国策·楚策三》)

张仪赶走惠施可以算得上办公室政治的一大胜利，但没想到，陈轸到魏国来求职了。

在战国时代的精英人物里，惠施称得上学者型官僚，学问太大，拉不下脸来当流氓，所以注定要吃流氓的亏，而要论流氓精神，陈轸和公孙衍谁都不比张仪逊色，所以这三个人在国际政治舞台上斗得不可开交。

陈轸，从姓氏来看，应该是齐国的贵族子弟。他在楚国待过一段时间，不知为什么要离开楚国，到魏国寻求发展机会。张仪很清楚陈轸的厉害，所以对魏王进谗言，说陈轸其实心向楚国，为了楚国利益特别肯卖力气。

经过张仪一番挑拨，显然陈轸在魏国注定会举步维艰。怎么办？通常普通人的想法是：必须不折不挠，付出加倍的努力来获取魏王的信任。如果这样想，就忘记了孙膑兵法里"因势利导"的原则。

这个原则完全可以离开战场，用在办公室政治当中。

有个叫左爽的人给陈轸出主意："张仪跟魏王的关系非常好，很得魏王信任。如果张仪从中作梗，那么，不管您怎么努力，也很难在魏国吃得开。所以，您不妨顺着张仪，把他给您下绊子的话宣扬出来，让楚国人听到。这样您就有机会重回楚国了。"陈轸依计行事，果然重新赢得了楚王的欢心。（《战国策·楚策三》）

我们一方面要赞叹左爽和陈轸的精明，一方面也要感叹张仪在魏国站稳脚跟何其不易。战国乱世当中，卑鄙必然是卑鄙者的通行证，高尚必然是高尚者的墓志铭。其实退一步说，哪有什么卑鄙和高尚之分，人们只剩两个信条：一是物竞天择，适者生存，二是人生如戏，全凭演技。

周显王四十八年

------ **244** ------

田婴是怎么停止修筑薛城城墙的

《资治通鉴·周纪二》的最后一年是周显王四十八年（前321年），全年一共记载了五件大事。

原文：

（四十八年）

王崩，子慎靓王定立。

燕易王薨，子哙立。

这五件大事里，司马光对前两件事一笔带过。第一，周显王终于驾崩，结束了长达48年名义上的天子生涯，儿子姬定继位，按谥号称呼是周慎靓王；第二，燕易王过世，燕王哙继位。

另外两件事跟孟尝君有关，司马光不但给了相当的篇幅，还发表了两段议论。首先是齐国贵族田婴受封薛地，封号"靖郭君"，靖郭君田婴的继承人就是鼎鼎有名、很会招揽门客的孟尝君田文。其次，孟尝君田文到楚国进行 外交访问，发生了一段精彩故事。

靖郭君田婴

原文：

齐王封田婴于薛，号曰靖郭君。靖郭君言于齐王曰："五官之计，不可不日听而数览也。"王从之。已而厌之，悉以委靖郭君。靖郭君由是得专齐之权。靖郭君欲城薛，客谓靖郭君曰："君不闻海大鱼乎？网不能止，钩不能牵，荡而失水，则蝼蚁制焉。今夫齐，亦君之水也。君长有齐，奚以薛为！苟为失齐，虽隆薛之城到于天，庸足恃乎？"乃不果城。

司马光在靖郭君和孟尝君的事情上，没能把时间线交代清楚，不过，可以确定的是，田婴受封，确实发生在这一年。

田婴已经在历史舞台上多次亮相了。马陵之战时，田婴跟田忌和孙膑一道出征，但并不算重要将领。田婴的高光时刻是在"徐州相王"的事件当中，以齐国总理的身份和魏国总理惠施一道斡旋，既赢了面子，也赢了里子。

田婴受封的薛地，正是"徐州相王"的徐州，位于齐国南部，今天的山东滕州一带。

齐国有南、北两座徐州，南徐州是西周、春秋时代的薛国故地，今天我们还能看到薛国故城遗址。薛这个地名就是从当初的薛国来的。

《史记》认为"靖郭君"不是封号，而是谥号，这应该是司马迁搞错了。依照春秋时代的传统，既然受封于薛，称号应该叫薛君或薛公，但进入战国以后，封地和封号开始脱节。虽然人们也会称呼田婴为薛公，但从正式的名号来看，"靖郭君"在字面上和薛地没有任何关系，只是一个单独的美称，"靖郭"的意思是"使城郭安宁"。战国时代，封君的权力也没法和春秋时代相比，基本上只能享有封地的赋税，无权插手封地的军政管理，封地也不能让子孙世袭。不过时代正值过渡期，封君对于封地的传统权利并不是一下子就被剥夺净尽的。尤其是田婴这样的人，本身就在中央政府担任国家总理，位高权重，私心也重，给自己的小地盘多做一点打算，也不是做不到。

不过田婴首先要抓的，是整个齐国的权柄。根据《资治通鉴》记载，田婴忽悠齐王，让他勤政，每天都要及时处理大量公文。齐王先是照着做，但没多久就烦透了，把事情全部委托给田婴，田婴从此专权于齐国。

这件事显然存在疑点：这一年在齐国是齐威王三十五年，齐威王已经执政35年，怎么可能表现得像一个完全不懂政治的菜鸟？如果《资治通鉴》提到的齐王不是齐威王，而是他的继承人齐宣王，事情倒还说得通，不过齐宣王继位还要等到三年之后呢。

海大鱼

田婴的下一个动作是在薛地修筑城墙。动物经常表现出这样的领域行为，对于圈定自己的小地盘特别有执念。但是，国家总理搞这种事，显得有点鸡贼，所以田婴的门客纷纷来劝谏他。《资治通鉴》的这段记载取材于《战国策》，只是删繁就简，把原文里生动活泼的戏剧化场面都删掉了，我们不妨回到《战国策》的版本看看。

话说劝谏的人太多，把田婴搞烦了，于是叮嘱门卫，只要是来劝谏自己的人，一律不予通报。这样一来，要想见到田婴，就必须出奇招。

有人真的出了一个奇招，说自己只说三个字就走，倘若多说一个字，甘愿被扔进大锅煮死。三个字能表达多少意思？这大概激起了田婴的好奇心，就让他进来了。来人快步走了进来，说了三个字"海大鱼"之后转身就跑。

一切都来得莫名其妙。田婴越发好奇，赶紧把来人喊住，非要他把话说清楚。来人先是装模作样，推三阻四，最后终于开始解释："您没听说过海里的大鱼吗？体形太大了，以至于渔网网不住它，鱼钩钓不起它，人类拿它无可奈何。但它竟然斗胆离开了水，这样一来，连蚂蚁都能吃它的肉。如今齐国就是您的大海，您只要保有齐国的庇护，哪还用得着薛地？万一您失掉了齐国，就凭薛地这么一个弹丸之地，就算把城墙修上天，也保护不了您。"

这番话把田婴说动，放弃了筑城计划。

这套"海大鱼"的说辞，对于沿海的齐国人来说可能是有事实基础的——人们应该看到过鲸鱼在沙滩搁浅的惨状。

"海大鱼"这段内容，能够和孟子的一番经历形成呼应。

孟子周游列国，到处兜售自己的仁政主张，几乎万事万物的终极解决方案都能被他引到仁政上。途经滕国时，国君滕文公向他请教了一个很棘手的问题："齐国人准备在薛地筑城，可把我吓坏了！我该怎么办？"

要知道滕国是一个超级小国，夹在齐国和楚国这两大强国之间，之所以幸存至今，基本上纯凭运气。人太弱就容易敏感，无论别人做了什么，他都觉得人家在针对自己，下一步就要打自己了。这种心态，今天被称为"受迫害妄想综合征"。让滕文公闻风丧胆的薛地筑城事件，应该就是田婴在听闻"海大鱼"之前的计划。田婴未必真想对小小滕国图谋不轨，但筑城的消息在已经杯弓蛇影的滕文公看来，肯定意味着齐国要对滕国不利。

但滕国能有什么办法？孟子还真有办法，他对滕文公说："当初周朝的先祖太王（也被称为古公亶父）带着族人住在邠地，狄族人来侵犯了，他就躲开，到岐山脚下定居下来。太王并不是真想搬家，只是迫不得已。"这里我们可以替孟子补充几句他想说但没说的台词："结果，太王的后人里出现了周文王、周武王这样的圣人，开创了周朝的伟大局面。"现在回到孟子的话："如果有一位君主能够施行仁政，那么，就算他本人没能成功，他的子孙后代也一定会出现像周文王和周武王一样的成功人士。您应该怎么应对齐国人？很简单，努力施行仁政就好了，尽人事，听天命。"

滕文公委屈坏了，说自己赔着千万个小心侍奉相邻的齐、楚两大强国，但还是免不了受欺负，被威胁，实在不知道该怎么办。孟子照旧拿太王的榜样劝他，说太王的管理风格一言以蔽之，就是仁爱，真心关怀自己的族人，所有问题全部以人为本。

强大的狄族人打过来了，怎么办？人家想要财物，那就破财消灾嘛，人没事就好。人家拿了财物还不知足，好像还想抢占我们的土地，怎么办？那也好办，我们全族大搬家，土地给人家好了，不值得为了土地动刀动枪，人没事就好。后来发现人家不但想要土地，连人也要，怎么办？太王想得开：要就要嘛，你们被我统治是被统治，被狄族人统治也是被统治，又能有多大区别？犯不上为这种事情拼命。我放弃统治权，远走他乡也就是了，人没事就好。

如果滕文公真的听了孟子的话，想开了，卸任出走，扔下滕国这个烂摊子，谁爱管谁管，而滕国人无论变成齐国人还是楚国人，生活处境倒也未必就比在滕国时糟糕。也许还会出现孟子所期待的结果——滕国人被滕文公的仁政情怀感动了，心甘情愿追随在他身边。显然滕文公不肯冒这个险，孟子应该也明白这

个建议太不讨喜，所以还提出了一个备选方案：祖宗基业不能丢弃，拼命也就是了。（《孟子·梁惠王下》）

孟子给滕文公指点的这两条路，一条直上刀山，一条直下火海。幸好"海大鱼"的出现让滕国的危机消弭于无形，田婴不再筑城，滕文公暂时可以睡几天好觉了。至于薛地，虽然城防工事被搁置下来，但将会迎来自己的变化，成为全世界亡命之徒们心心念念的人间天堂。

—————— 245 ——————

田婴为什么想要遗弃田文

接下来，我们跟着《资治通鉴》看看田婴的家庭情况，风云人物孟尝君田文即将登场。

原文：

靖郭君有子四十馀人，其贱妾之子曰文。文通傥饶智略，说靖郭君以散财养士。靖郭君使文主家待宾客，宾客争誉其美，皆请靖郭君以文为嗣。靖郭君卒，文嗣为薛公，号曰孟尝君。孟尝君招致诸侯游士及有罪亡人，皆舍业厚遇之，存救其亲戚。食客常数千人，各自以为孟尝君亲己。由是孟尝君之名重天下。

《资治通鉴》这段记载，取材于《史记·孟尝君列传》，删繁就简，只保留了少量干货。被删掉的部分，其实有着相当宝贵的民俗学价值，毕竟司马光写史是为了资治，这样的删节情有可原。现在让我们回到

《史记》中，好好看看田文的身世。

专偶制

靖郭君田婴一共生了四十多个儿子。以他的身份地位而言，这一点都不过分。古代中国和古代西方实行截然不同的继承法，中国模式是赢家通吃，西方模式是雨露均沾，所以不论中国怎么改朝换代，大体上总能保持一个广土众民的大国模样，而西方国家好不容易形成大国，之后没多久就自然分解了。这种传统的力量一直影响到今天，所以中国直到今天依然是个大国，就连黄河、长江这样的天险都没能把中国分裂，而欧洲从地理上看明明不难形成一个统一帝国，却只有一堆中小型国家犬牙交错。

为什么中国无法实行雨露均沾模式？

看看田婴就能明白：四十多个儿子，实在没法分。

西方基督教传统对婚姻的要求是一夫一妻制，而中国的传统是一夫多妻制。在人类学概念上，这里所谓"妻"指的仅仅是女性配偶。一夫一妻制这个概念的英文是monogamy，翻译过来应该叫专偶制，并不涉及妻妾身份这种问题。一夫一妻制里，男人的合法配偶只有一个，生儿育女的能力显然很受限制，更何况受限于医疗、卫生水平，孩子的成活率很低，所以即便贵为国王，合法子女通常也没有几个。一夫一妻制貌似束缚了男人的色欲，事实上，这一点都不影响有权有势的男人们寻花问柳、四处留情，情妇和私生子们甚至可以堂而皇之地进入宫廷。王后就算再不情愿，也只能默认这种状况。

中国的情况就不一样了，合法配偶的数量没有上限。男人只要负担得起，大可以妻妾成群。妾生的儿子虽然地位低，但不属于私生子，而是堂堂正正的合法后代，只有偷情生出来的孩子才是私生子，既不受法律保护，也不被习俗认可。既然妾的数量没有上限，那么合法儿女的数量也就没有上限。如果每个孩子都有一部分继承权的话，没几个家庭能受得了。

嫡长子继承制虽然简单粗暴，但一来可以最大限度地保留家族竞争力，二来名分和继承关系天然就确定得很清楚，免去很多麻烦。进入战国时代以后，竞争压力太大，这就导致继承关系不能只看血统，也要看重才干，这才有了田文的上位。

五月子

如果还在传统的宗法社会，田婴这偌大一份家业根本轮不到田文继承，因为田文的生母是"贱妾"身份——不但是妾，还是贱妾。在礼崩乐坏的战国时代，田文也没有继承家业的资格，甚至没资格活下来。原因很简单：他是在五月五日那天降生的。

田婴因此警告过田文的生母，不让她养活这个孩子，要么把孩子弄死，要么把孩子扔掉，反正家里容不下他。但田文的母亲不忍心，偷偷把孩子养大成人。

这就是大家庭的特色，田婴竟然从没有发现过这个秘密。既然孩子都养大了，总不好再丢掉或弄死，于是，母亲领着田文去认父亲。

田婴气得破口大骂，但田文大概早有心理准备，一点也不失礼数，问父亲："您不肯养育五月出生的孩子，这到底是为什么？"

田婴答道："五月子者，长与户齐，将不利其父母。"意思是五月出生的孩子，等长到门户那么高时，父母就要倒霉。

所谓"五月子"，广义指的是夏历五月份出生的孩子，狭义指的是五月五日出生的孩子。《史记索隐》援引《风俗通义》的记载，说民间有一种风俗，认为五月五日出生的孩子，男孩会克死父亲，女孩会克死母亲。

现代人对此很难理解，五月五日不就是端午节吗？我们熟悉的端午风俗，无非是纪念屈原，划龙舟，吃粽子，门口挂一束艾草或菖蒲，饮雄黄酒，在胳膊上系五彩丝线。明明是个热热闹闹的好日子，为什么会有这种吓人的忌讳？

这就要从端午的来历说起。虽然很难考证清楚它的来龙去脉，但至少可以确定的是，五月五日原本是一个驱邪禳灾的日子，和纪念屈原毫无关系。艾草、菖蒲、雄黄，这些都是驱邪的东西，龙舟原本也许并不存在龙的意象，只是用船把象征灾祸的东西送走，最后很可能连船一起烧掉。世界上的古代文明都有这种风俗，只是表现形式各有特色。

在田婴和田文的问答当中，田婴介意的并不是五月五日这具体的一天，而是整个五月。

汉朝以来有不少相关记载，说明五月在民间一直被称为"恶月"，意思是"糟糕的月份"。整个五月几乎诸事不宜，充满禁忌。东汉学者王充的著作《论衡》中有一篇《四讳》，狠狠批判了当时社会上流行的四大忌讳，其中之一就是忌讳正月和五月出生的孩子，认为他们会克死父母。

这四大忌讳当中，还有一项也和生育有关 —— 对产妇的忌讳。人们认为产妇会带来不祥，所以会把产妇单独安排在某个临时性住处，住满一个月才准回家。

这个传统很可能就是今天产妇坐月子的源头。这就意味着，坐月子原本并不是为了照顾产妇，而是因为嫌弃她们。

对产妇的嫌弃倒也可以理解，因为生产的过程中毕竟会有肉眼可见的血污，缺乏科学观念的古代人将此视为不洁。但为什么对特定时间出生的孩子也会产生忌讳？这很可能是来自遗弃或杀害新生儿的风俗传统。

以我们今天的道德眼光来看，亲生父母遗弃或杀害新生儿简直不可思议，而在古代社会，这种事情其实相当常见。人类学有过一种推测：在生活资料极度匮乏时，父母不得不遗弃新生儿，但这毕竟残忍，所以人们发明了一些折中的办法，比如规定吉日和凶日。吉日出生的孩子就有权利活下去，凶日出生的孩子就要被遗弃或杀掉。这种观念一旦形成传统，就有了动摇人心的力量。

在西方世界里，著名经济学家亚当·斯密曾经怀着震惊的心态注意到这个现象。

亚当·斯密在研究经济学、写作《国富论》之前，是一位卓越的伦理学家，成名作是《道德情操论》。这部书里谈到，杀害新生儿的风俗如此普遍，以至于在伟大的古希腊世界里，这是一桩"几乎在全希腊，甚至最有教养、最文明的雅典人都被允许去做的事"。更过分的是，柏拉图和亚里士多德也不觉得这有什么不对，反而提出过鼓励意见。习俗的力量竟然强大到如此地步，实在令人难以置信。

人同此心，心同此理。以田婴的富裕程度，别说多养一个孩子，就算多养几百个也毫无负担，但他还是固执地不肯养活田文这个孩子。

---------- 246 ----------

田文是如何说服父亲田婴的

生于五月五日，本该被父母遗弃的田文被母亲秘密抚养长大，终于被领到父亲田婴面前。他是幸运的，而这一个幸运儿背后不知隐藏着多少无辜的死魂灵。

五月五日的生日禁忌

在田婴看来，田文属于"五月子"，命中注定会对自己不利。无论田婴的观念是对是错，显然在他看来，凡是五月出生的孩子都该死，并不仅限于五月五日。那么，生日禁忌到底是怎么从宽泛的五月发展到具体的五月五日的？

这个问题已经无从查考，只能粗略判断：生日禁忌从田婴所说的夏历五月到《论衡》记载的正月和五月，再到具体的五月五日，这种转变大约是受了阴阳五行观念的影响，或者人们只是朴素地认为，既然五月是恶月，那么五日就应该是恶日，五月是一年当中最坏的一个月，五月五日是五月当中最坏的一天。

那么问题来了：五月五日作为民俗节日，演变为端午节，也许早在魏晋年间就已经成型了，到了唐朝开始广泛流行，那么五月五日的生日禁忌会不会就此消失呢？

并没有，这个忌讳一直延续到清朝。这件事引发了清朝史学家赵翼的兴趣，他为此专门整理了历史上五月五日出生的名人，有被父母遗弃但长大成人甚至成材的，也有让父母很纠结但终于养活下来的，其中有一条材料引自宋朝人周密的《癸辛杂识》，说屈原也是这一天的生日。(《陔余丛考》卷39)

在《癸辛杂识》原文中，周密并没说他是从哪里知道屈原生于这一天的，恐怕这只是民间传说。南朝吴均的《续齐谐记》记载端午风俗，说五月五日是屈原投汨罗江自杀的日子。这同样没有根据，但民间这样流传，为的是强化屈原和端午的关系。端午节纪念的名人，屈原并不是唯一人选，他曾经有不少竞争者，其中的介子推、伍子胥，生活时代比屈原早，身世比屈原跌宕起伏，死得也比屈原更冤更惨。但这又会让人怀疑：难道这一天真的有什么不祥吗？

宋徽宗就是五月五日出生的，按照风俗习惯，他必须把自己的生日公告天下，普天同庆。这种传统是唐玄宗开创的，他把自己的生日指定为国家节日，叫作千秋节。北宋照方抓药，比如宋神宗的生日在四月初十，所以在宋神宗即位的当年，就把这一天定为同天节。宋徽宗即位后，改了规矩，不再过五月五月的生日，而是数字翻倍，把十月十日当作自己的生日，定为天宁节。这种节日其实也算是一种敛财手段，因为每过一次普天同庆的生日，全国各地就都得给皇帝送红包。在考古发掘的实物里，就发现过地方官为了庆贺同天节、天宁节而专门铸造的银铤。

而在北方辽国，不仅皇帝的生日要过节，皇后的生日也要过节。辽道宗皇后，契丹第一才女萧观音的生日也是五月五日，但是，要全国人民为她祝寿的坤宁节竟然被挪到十二月去了。

从宋徽宗和萧观音的例子来看，五月五日作为生日禁忌依然深入人心，而偏偏宋徽宗沦为金兵的俘虏，萧观音惨遭陷害，被赐白绫自尽，两个人的结局都比屈原还惨，也就难怪这种生日禁忌直到清朝还保留着强悍的影响力了。

回到战国时代。在确定可考的五月五日出生的名人当中，田文是第一人，不但自己飞黄腾达，父亲田婴也活得生龙活虎。也许因为有了他这个典范，所以后来像西汉权臣王凤、东晋名将王镇恶这些同样出生于五月五日的厉害人物才没有在婴儿期被父母遗弃或溺杀。

赢得接纳，当家作主

那么，田文当时怎么把父亲说通的？

《史记·孟尝君列传》有详细记载。田婴相信民间流传的生日禁忌，认为五月出生的孩子等长到门户那么高时，父母就要倒霉。田文因此问父亲："人的生命到底是上天给的，还是门户给的？"

这话在田文心里恐怕已经酝酿了很多年，而田婴猝不及防，当即就被问得哑口无言。

田文又说："如果人的生命是上天给的，就不关门户什么事；如果人的生命是门户给的，那就把家里重新装修一下，把门户弄高一点，谁都够不着不就行了？"

虽然这番话有点强词夺理，还真把田婴说动了。毕竟田文已经长大成人，这时候再把他弄死也不太合适，只能接受这个既成事实了。

田婴、田文和田文的生母，这三个人的博弈可以反映出古代社会当中一种很典型的家庭博弈模式。一夫多妻制特别贴近人类作为群居型哺乳动物的自然生存模式，在优胜劣汰、充分竞争的社会关系里，在基因的强大动力下，越强的男性占有越多的配偶，生育越多的子女。男人为生育贡献精子，付出的代价小到可以忽略不计，生育的上限可以高达四位数，而女人为生育贡献卵子，代价实在高出男人太多，生育的上限正常来说最多有两位数。而男权社会让女人很难独立生存，必须依靠男人。依靠哪个男人呢？最可靠的男人既不是父兄，也不是丈夫，而是亲生儿子。

如果田婴把田文母子扫地出门，对自己而言并不是很大的事，毕竟家里还有一群女人，孩子有四十多个，而且妾还可以再买，孩子还可以再生。

而对于田婴的母亲来说，自己只是田婴所有女人当中最没地位的一个，如果当真听了田婴的话，把刚刚降生的田文遗弃或杀掉，自己还有没有机会生二胎，这就不好说了，就算生了二胎，如果是个女孩，对自己的生活也不会有多大帮助，将来只怕母女两人会一起遭罪，所以为了让自己的后半生能有个依靠，无论如何都要把小田文养育成人——即便将来田婴不肯接纳田文，把母子二人扫地出门，这个儿子也依旧能够成为自己的依靠。

而在田文的立场上，自己莫名其妙地降生在这个世界，就算不喜欢，也只能勇敢地活下去。要想活得好，就必须赢得父亲的接纳，还要战胜四十多个起点比自己高出太多的竞争对手。

在逆转命运的艰难战争里，田文打通了第一关，赢得了父亲的接纳。但如果仅仅停留在这一步的话，他将来的出路就会像吴起和商鞅那样，离家出走，在外面的世界打拼自己的未来，从此和原生家庭没有什么关系。但田文没走这条路，他还要打通原生家庭里的第二关：当家作主。

在常规秩序下，无论如何都轮不到田文当家作主。即便他费尽苦心和兄弟们搞好关系，兄弟们最多也只能给他留位置，绝不可能把他捧上去。**在这样的博弈关系里，田文必须明白一件事：兄弟注定是敌人，外人才会是盟友。兄弟多就意味着敌人多，但不要紧，兄弟再多也多不过全世界的外人。**

这是一种相当经典的博弈策略，必须引入外部变量，才能打破内部平衡，把水搅浑才好摸鱼。至于田文的第一对手，血统论下的第一顺位继承人，标准打法就是深沟高垒，强调内外有别，血浓于水，家里的都是兄弟，外面的都是豺狼，严肃内部纪律，想法设法提升内部凝聚力。历史上的政权交替，新生势力经常和外部势力结盟，甚至干脆投靠外部势力，而当他们执掌政权，进入稳定统治之后，又会和外部势力撇清关系，强调内外有别，血浓于水，家里的都是兄弟，外面的都是豺狼。

---------------- 247 ----------------

田文是怎样获得继承权的

田文在逆转命运的战局里刚刚打通第一关，赢得了父亲田婴的认可，这就意味着，他这个本该被遗弃甚至杀掉的"五月子"终于可以名正言顺地在自己家里活下来了。先求生存，再求发展。在发展层面上，摆在田文眼前的有两条路：要么像吴起、商鞅那样，摆脱原生家庭远走高飞，要么先在家里找机会试试手段。田文选择了第二条路。

获得继承权

《史记》的描写特别有小说家的腔调："久之，文承间问其父婴曰……"田文被父亲接纳后，一直安分守己，不多话，谁都看不出他在暗中等待机会，终于他等到了一个合适的时间，这才去和父亲搭话，而且一番话显然经过深思熟虑，说得很有技巧。

田文首先提出一连串弱智问题，让父亲可以不假思索，随口回答。

田文问道："儿子的儿子叫什么？"

田婴回答："孙子。"

田文又问："孙子的孙子叫什么？"

田婴回答："玄孙。"

田文又问："玄孙的孙子叫什么？"

田婴回答："这我可不知道了。"

对话进行到这一步，田文才抛出正题，说田婴担任齐国总理那么多年，没见齐国有多大发展，只见到田婴的私人财富暴涨。而田婴虽然富得流油，家里的女眷和仆人都过着大鱼大肉、绫罗绸缎的好日子，却不肯拿出一点钱来接济贤士。就这样田婴还一直吃不完拿不完的，也不想想聚敛这么多财富到底要留给谁，真应该好好反思一下"将门必有将，相门必有相"这句老话了。

这是极其经典的话术，直到今天也不过时。

当我们撇开语言技巧，直达内容本身，就会发现田文这番话说出了古代社会的一大财富难题：财富太难保得住了，禁不起社会上的风吹草动。**只有政治实力才是财富的保障，如果政治实力不能代代传承，再多的财富也难免在转眼之间烟消云散。**

田文的话里有一个明示和一个暗示。明示的是：只有物质资源和人力资源并重，基业才能长青，一头轻、一头重很容易栽跟头；暗示的是：只有找到能干的继承人，让他不但继承田婴的家业，同时继承田婴的总理职位，偌大一份家业才保得住，偌大一群子孙才能继续安享富贵。

一番分析入情入理，深刻通透。田文就这样打通了第二关，被父亲赋予了一项重大使命："主家待宾客。"也就是主持家政，接待宾客。

现代人看到这种安排可能很难理解，主持家政不是全职太太的工作吗？但我们还原到先秦社会，之所以在"修身、齐家"之后就是"治国、平天下"，是因为所谓的"家"，不是普通老百姓所谓的"五口之家"，而是有身份、有封地的大型家庭，比如田婴这种家庭。给这种家庭主持家政，相当于管理一个小国。宗法时代，这种家政职位通常会由家臣担任，在礼崩乐坏之后，也有安排私生子来担任的。这就说明，虽然这既是要职，也是美差，但是，担任这个职位的人注定和继承权无缘。

于是，怎样把继承权捞到手，就是田文要打通的第三关。

在战国这种乱世，只要有实力，就能轻松打破一切规矩。所以，田文既然当上了田家的大管家，想要打通第三关并不太难。

田婴在政坛经营多年，已经给自己聚敛了惊人的财富。田文要做的，不是帮父亲赚钱，而是帮父亲花钱。这样的操作，又一次体现出《礼记·大学》讲过的道理："财聚则民散，财散则民聚。"越是散得起财，就越能够邀买人心。

当然，招贤纳士不能只靠散财，还必须礼数周到，充分照顾对方的自尊心。

田文散财散得很潇洒，反正也不是自己挣的，不心疼，礼数更是格外周全，于是田家的宾客一天天多了起来。不难想见，田文声誉鹊起，全世界都在传扬他的美名，大家都建议田婴立田文为继承人。大势所趋之下，这一件在严格的宗法时代根本无法想象的事情真的水到渠成了。田婴过世后，田文掌握了父亲传下来的全部家业，成为薛地的第二任封君，名号孟尝君。"孟尝"两个字到底是什么意思，已经无从考证了。

这件事有点蹊跷，在当时的封君制度下，薛地作为田婴的封地，在田婴死后应该被齐国收回，田文只能继承父亲留下来的其他财产。但从田婴当初谋划在薛地筑城的事情来看，田婴一开始就想把薛地据为家产，而田文当家后，大概因为太得人心，国君只能做个顺水人情了吧。

养士

孟尝君当家之后，更舍得花钱了，以薛地为大本营，延揽全世界的游士和逃犯，专门给这些人盖房子，让他们吃好住好，除此之外，还要再拿一大笔钱接济他们的亲属。所以，寄居在薛地的食客有几千人之众，人人都觉得孟尝君对自己特别亲近，孟尝君因此名重天下。

孟尝君的做法叫作"养士"，顾名思义，就是自己出钱来供养士人，尤其是士人当中的游士。吴起、商鞅、苏秦、张仪，这些风云人物在发迹之前都曾经做过游士。这些人在国际社会上到处求职，似乎并不容易，用人单位难免会挑挑拣拣，所以像鬼谷先生搞的口才培训班才会应运而生。而孟尝君作为用人单位的当家人，在风格上深得齐国稷下学宫的真传，来者不拒——不管你有真才实学还是滥竽充数，不管你想施展理想抱负还是只想混吃等死，只要投靠我孟尝君，除了保你衣食无忧之外，还能保你养尊处优，做不做事全凭个人自觉。

游士是战国时代一个很大的群体，他们通常血管里流着蓝血，但原生家庭给不了他们多大的支持，他们又不甘心沦为体力劳动者，于是在乱世之中四处流窜，希望找到一个独具慧眼的恩主，让自己有发光发热、改变命运的机会。

游士身上有一个相当普遍的特点，那就是心境和处境的落差太大，从而导致自尊心格外敏感，很可能别人某个无意的举动就让他们误会成深深的冒犯。

受到冒犯了，该怎么办？

游士毕竟还是士，士可杀不可辱，受一丁点冒犯就敢跟人拼命，用生命捍卫尊严。《史记》讲过一个例子，说孟尝君有一天晚上招待客人一起吃饭，有人挡住了一部分烛光，所以房间里的光线有明有暗。在这样的光线下，每个人面前的饭菜看上去就不太一样了。

这里需要解释一下：传统的中餐是分餐制，每人面前一张几案，就像今天的小茶几，吃饭就吃自己几案上的饭菜。

因为光线的缘故，客人误以为自己的伙食差了，遭受了区别对待，于是愤然离席。孟尝君赶紧站起来，端着自己的饭菜给客人看，误会当然马上消除。客人会怎么做呢？换作你我的话，最多也就是诚挚道歉，但客人在羞惭之下，拔剑自杀。（《史记·孟尝君列传》）这就是当时典型的士人精神，太把自尊当回事，太不把生命当回事。人一旦不把自己的生命当回事，也就很容易不把别人的生命当回事了。

---------- 248 ----------

司马光是如何看待孟尝君养士的

历史上以养士著称的人物，孟尝君田文是当之无愧的第一人。后来历朝历代的人围绕孟尝君的养士事迹发出过许多评论，观点、立场、角度五花八门。司马光当然也有自己的见解，他在《资治通鉴》里正襟危坐，发表了一段足以代表儒家正统意识的"臣光曰"。

"逋逃主，萃渊薮"

原文：

臣光曰：君子之养士，以为民也。《易》曰："圣人养贤，以及万民。"夫贤者，其德足以敦化正俗，其才足以顿纲振纪，其明足以烛微虑远，其强足以结仁固义。大则利天下，小则利一国。是以君子丰禄以富之，隆爵以尊之。养一人而及万人者，养贤之道也。今孟尝君之养士也，不恤智愚，不择臧否，盗其君之禄，以立私党，张虚誉，上以侮其君，下以蠹其民，是奸人之雄也，乌足尚哉！《书》曰："受为天下逋逃主、萃渊薮。"此之谓也。

　　司马光认为，养士这件事，先看目的是什么。正确的目的只有一个：养士是为了养民。

　　司马光先抛出论点："君子之养士，以为民也。"然后引用《易经》的一句话："圣人养贤，以及万民。"意思是说，统治者供养贤人，为的是通过贤人的帮助来养育所有老百姓。无论"君子"还是"圣人"，指的都是统治者，和今天的含义完全不同。

　　"圣人"这个概念，原始含义是既要有德，又要有位，也就是说，既有高尚的、足以令万民景仰的品德，还要有高高在上、统治万民的政治地位。后来"德"和"位"逐渐分化，有德的人未必有位，比如孔子，有位的人未必有德，比如历代帝王，但是，他们都能被尊为圣人。

　　在宗法社会，圣人是大统治者，君子是小统治者，具体行使统治时就需要有贤人的辅佐。

　　所谓贤人，不必有位，但必须有德。正因为他们或许存在着有德而无位的处境，所以才应该被德位兼备的圣人或君子请出来做事。在司马光看来，贤人应当具备四项禀赋：论品德，足以感召万民；论才干，足以整顿纲纪；论聪明，既能明察秋毫，又能深谋远虑；论强悍，在任何时候都能坚持仁义原则不动摇。这样的贤人，"大则利天下，小则利一国"，对社会的贡献实在太大，所以统治者才心甘情愿拿出丰厚的待遇来供养他们，拿出尊崇的礼节对待他们。

所以养士这件事，本身不但没错，反而值得弘扬。但问题是，孟尝君养士完全没走正道，不论投奔自己的是贤人还是庸才，是好人还是坏蛋，甚至只是来混饭吃的，一概加以礼遇。这不叫养士，这叫打造私人小班底。来者不拒地供养这么多人，钱从哪里来？既有从国家俸禄来的，也有从封地老百姓身上搜刮来的，孟尝君拿着这些财富不去回报国家和人民，只是一味地培植私家势力，抬高个人名誉，这和蛀虫有什么区别？这样的人只是"奸人之雄"，完全不值得效仿。孟尝君的做法就像商纣王一样，所谓延揽贤才，只是藏污纳垢而已。

司马光的这段评论虽然篇幅很短，却把古代议论文的标准结构做全了，特别适合当范文来读。这篇范文首先抛出一个正题：君子养士不是为了自己，而是为了百姓。第二步，引经据典来做承接，引的是《易经》名言。第三步，一段排山倒海的排比句，把贤士的社会作用拆解出来。第四步，总结君子养士的正面意义。第五步，拿孟尝君养士的特点和君子养士所应有的特点一一对照，以证明孟尝君的养士虽然名为养士，其实却走到了君子养士的反面。最后再引经据典进行总结，引的是《尚书》名言，把孟尝君比作商纣王。

《尚书》那句名言出自《武成篇》，那是周武王准备讨伐商纣王，在誓师大会上发表的动员演说，历数纣王的各种倒行逆施，其中就有被司马光引用的话："为天下逋逃主，萃渊薮。"意思是说，纣王作为天字第一号大坏蛋，尤其具备同类相吸的禀赋，热心网罗全世界大大小小作奸犯科的坏蛋们，把商朝都城变成了一座坏蛋大本营。

"逋逃主，萃渊薮"是古人攻击政敌时的经典狠话。比如后汉三国年间，荆州牧刘表有称王称霸的野心，僭用天子礼仪，汉献帝不太高兴，孔融在奏章里就说刘表是"群逆主，萃渊薮"，这个措辞就是从"逋逃主，萃渊薮"变化来的。（《后汉书·孔融传》）

如果孟尝君有机会反驳司马光，他应该会说："你讲的那些都是圣人和君子的标准，我不一样，我可是经历了九死一生才在这个险恶的世界上打拼出一条活路，硬生生给自己挣出了一个君子身份。如果你觉得我的养士和古代养士同名异实，那么你也应该想想，我的君子身份和古代的君子身份又何尝不是同名异实？"

司马光倒也不算食古不化，能够一分为二地评价孟尝君，一方面认为孟尝君的养士无非就是组建黑社会，一方面也承认孟尝君身上的过人之处。所以《资治通鉴》在刚刚批评过"逋逃主，萃渊薮"之后，马上从《战国策》取材，讲了孟尝君的另一面。

"采葑采菲，无以下体"

原文：

孟尝君聘于楚，楚王遗之象床。登徒直送之，不欲行，谓孟尝君门人公孙戌曰："象床之直千金，苟伤之毫发，则卖妻子不足偿也。足下能使仆无行者，有先人之宝剑，愿献之。"公孙戌许诺，入见孟尝君曰："小国所以皆致相印于君者，以君能振达贫穷，存亡继绝，故莫不悦君之义，慕君之廉也。今始至楚而受象床，则未至之国将何以待君哉！"孟尝君曰："善。"遂不受。公孙戌趋去，未至中闺，孟尝君召而反之，曰："子何足之高，志之扬也？"公孙戌以实对。孟尝君乃书门版曰："有能扬文之名，止文之过，私得宝于外者，疾入谏！"

话说孟尝君访问楚国，楚王送给他一张象牙床。这东西想来又大又重又精致，很难搬运。当然，楚王要送什么东西，只是动动嘴，会有具体的人员负责运送。领到这个任务的人名叫登徒直，他可不想接这只烫手山芋。怎么办？登徒直去找孟尝君的门客公孙戍，跟他商量说："象牙床这么贵重，只要损坏一丁点，我就算卖掉老婆孩子也赔不起。您如果能帮我想个办法，给我免了这趟差使，我愿意把祖传的宝剑送给您。"

于是，公孙戍去见孟尝君说："天下的小国之所以都想把相印给您，请您兼任他们的国家总理，是因为您能够扶危济困，大家赞叹您的义气，仰慕您的廉洁。如今您才到楚国就接受这么贵重的象牙床，这就等于开了一个先例，您接下来将要拜访的那些国家又该拿多高的规格来接待您呢？"

话很在理，孟尝君马上接受了意见，拒收象牙床。公孙戍使命达成，告辞出门，但是，还没走出去就被孟尝君叫回来了。孟尝君问他："你怎么和平时不一样，脚步抬得高，还神采飞扬的？"

公孙戍实话实说，这才是聪明人对聪明人的正确做法。而孟尝君的反应更见高明，不但没有责备公孙戍，反而在门版上写了一份通告，说无论是谁，只要能宣扬我的名声，劝阻我的过失，就算私下受贿也无所谓，赶紧来劝谏我吧。

原文：

臣光曰：孟尝君可谓能用谏矣。苟其言之善也，虽怀诈谖之心，犹将用之，况尽忠无私以事其上乎！《诗》云："采葑采菲，无以下体。"孟尝君有焉。

司马光在这里又给出一段"臣光曰"，称赞孟尝君擅于纳谏，对于意见只看对错，不问动机。这样的话，连奸人都能为他所用，更何况忠心无私的人呢。

司马光这一次引用《诗经》"采葑采菲，无以下体"，表达的意思是：听取意见就像采野菜，不能因为菜根不能吃，就连菜叶子都不要了。

还有一处细节需要留意，那就是象牙床事件显然不可能和田婴受封薛地发生在同一年，司马光选取这件事，应该只是为了刻画孟尝君为人处世的特点，为此不惜让《资治通鉴》这部编年史小小地破了个例。

—————— 249 ——————

孟尝君如何对待棘手的门客

《资治通鉴》关于孟尝君的记载中，还有三个问题待解决。第一，孟尝君为什么要接纳来自全世界的逃犯？第二，如果从公孙戌出发见微知著，似乎很难说孟尝君招揽的都是坏蛋，那么司马光的批评到底从何说起？第三，以孟尝君养士来者不拒的风格，如果真的来了某个很讨嫌的人，他真忍得下来吗？答案要到《资治通鉴》以外去找，参考的材料是《史记》和《战国策》。

自己的尊严 vs. 他人的生命

先看第一个问题：孟尝君为什么要接纳来自全世界的逃犯？

这并不是因为孟尝君有什么特立独行的价值观，偏偏喜欢杀人犯、强奸犯、盗窃犯，而是因为当时世界上流窜着很多政治犯，而外国的政治犯不难成为我国的盟友。即便真是杀人犯、强奸犯、盗窃犯，在原先的社群里无法容身，那么只要能有个容身之所，他们自然会比普通人更舍得为主君卖命。站在孟尝君的立场上看：管你是好人坏人，无所谓，只要能够为我所用就行。这就是战国新时代下应运而生的新伦理，谁看不惯，谁就会被时代的车轮碾死。

再看第二个问题：如果从公孙戍出发见微知著，似乎很难说孟尝君招揽的都是坏蛋，那么司马光的批评到底从何说起？

孟尝君的门客们，是好人还是坏蛋并不重要，重要的是只要孟尝君有需要，好人也会一瞬间变成坏蛋。

有一次孟尝君访问赵国，受到平原君的接待。赵国人早就听说过孟尝君的大名，终于有机会亲眼看看活人，纷纷出来围观。结果非常失望，大家都笑着说："乃眇小丈夫耳。"意思是说，还以为孟尝君是个魁梧的男子汉呢，今天见到真人，只是一个小矮子嘛。我们必须深切体会，才能感受到那种侮辱性。

不同时代有不同的两性审美取向，从《左传》看春秋时代的审美取向，男性的美必须是健美，身材高大，雄性荷尔蒙四射，看上去就像一名运动健将才好，没人会欣赏花样美男。

历史上有这样一个规律：文明程度越高，两性审美就越趋同。对于这种真实存在的现象，如何解释，可以有多种途径。在我看来，文明化的进展会降低体能优势的重要性，女人不再那么需要男人宽阔的肩膀来保护自己，男人在女人面前也不再容易感到具有多少优势。

英国著名小说家乔治·威尔斯的小说《时间机器》有一个很离奇也很合理的设定，未来的地球人分化为两类，爱洛伊人在地面上过着典雅而精致的生活，无论男女都长得纤细柔弱，美丽动人，手无缚鸡之力，莫洛克人生活在阴暗的地下，终日从事体力劳动，身强力壮。这是1895年出版的小说，这个设定虽然是对当时资本主义社会的一种隐喻，但在两性审美的问题上，却有着超乎作者预料的远见。

如果从两性趋同的现象反推遥远的古代，我们就更容易理解孟尝君心里的苦。那时候的贵族，无论文化程度多高，衣着打扮多么精致，首先必须是一名武士。武士就该有武士的身形、气宇。如果身形瘦小，大概率没法成为一名合格的武士，而这个缺陷后天无法弥补，但又能让所有人一目了然。所以，赵国人的评论深深刺痛了孟尝君的自尊心。

那么，尊严和生命，哪一个更重要？或者换一个问法：自己的尊严和别人的生命，哪一个更重要？

　　跟着孟尝君一道造访赵国的门客们可算找到了报效主君的机会，对当地人展开了一场屠杀，杀了几百人才算完，灭掉了赵国的一座县城。（《史记·孟尝君列传》）

　　这个惨剧展现出儒家价值观的冲突："士可杀，不可辱。"这是士人的价值观，受到侮辱就该拼命；"刑不上大夫，礼不下庶人"，对于庶人，也就是普通百姓，不该用礼制的标准去要求。那么，当庶人侮辱了士人，士人到底应该去拼命，还是应该宽厚地笑一笑，毫不介怀？

　　这个问题并不存在标准答案，但孟尝君和他的门客们果断给出了自己的答案。如果这种事情发生在今天，孟尝君和他的门客就算不被定性为恐怖主义团伙，至少也要被定性为黑社会，但在当时来看，貌似杀戮来得合情合理，谁也说不得二话。这种事情可以帮助我们反思价值观问题，所谓"三观很正"从来就没有绝对标准。

孟尝君的过人之处

　　再看第三个问题：以孟尝君养士来者不拒的风格，如果真的来了某个很讨嫌的人，他真忍得下来吗？

这一点，无论如何都要算孟尝君的过人之处了。

孟尝君的一名门客和孟尝君的妻子偷情。女方不是孟尝君的妾，而是妻，假如因为偷情而珠胎暗结，孟尝君连继承人的合法血脉都保障不了。毕竟人受基因驱动，最强的动力就是确保基因延续。但是，当有人把这段奸情向孟尝君捅破之后，孟尝君回答："受到美貌的吸引，因此而两情相悦，这是人之常情。所以，不要再多说什么了，这件事就顺其自然吧。"

事情当然不能就这么算了，即便孟尝君想得开，也总不能听任门客和妻子偷情偷得越来越肆无忌惮吧，这也太影响内部秩序，太贬损自己的威信了。于是，一年之后，孟尝君招来那个和自己妻子偷情的门客，对他说："您和我已经交往很久了，但我一直没能帮您谋得高官，小官您又不愿意做。卫国国君跟我有超越身份地位的交情，要不这样，我给您准备好车马和物资，您去卫国谋发展吧？"这位门客就到了卫国，很受国君的器重。

后来齐国和卫国闹了矛盾，卫国准备联合诸侯讨伐齐国，那位门客就对卫国国君说："孟尝君不知道我能力低下，所以才派我来卫国。但我听说，齐国和卫国有过盟誓，约定世代和平。您现在攻打齐国的话，既背弃了先君的盟誓，又对不起孟尝君。我劝您收回成命，不然的话，我可要跟您拼命了！"

卫国国君果然收回成命，齐国人听说了这件事后，都赞叹孟尝君擅于处理事情，变不利为有利。(《战国策·齐策三》)

这件事我们必须打折来听，当时的卫国国力弱小，就算一流人才过去，也翻不起多大浪花，应该也没胆量招惹齐国。

退一步说，就算这件事真实不虚，但无论孟尝君多么有宽容精神，毕竟林子大了什么鸟都有，几千名门客当中总会有他讨厌的人。根据《战国策》记载，确实有这么一个人，不知道为什么很招孟尝君讨厌。孟尝君忍不了，想赶走他。

就在这个时候，战国年间最著名的游侠鲁仲连来劝孟尝君，说人无完人，谁都有优点和缺点，如果非要让人去做他不擅长的事情，做不来就嫌他笨，抛弃他，这可不应该。一番话打动了孟尝君，那个讨人嫌的门客就继续留在孟尝君这里好吃好喝。(《战国策·齐策三》)

多年之后，历史进入南北朝时代，陈昭途经薛地，缅怀孟尝君的风采，写诗说："薛城观旧迹，征马屡徘徊。盛德今何在，唯馀长夜台。"抚今追昔，分外伤感。而在距离战国不太久远的汉朝，司马迁还能在薛地切身感受孟尝君留下来的文化遗产：到处都是古惑仔，民风和邻近的邹、鲁地区——也就是孔孟故乡——太不一样。司马迁很诧异，向当地人打听原委，当地人说："当年孟尝君广招门客，那些好勇斗狠的人来薛地落户的大概有六万多家。"（《史记·孟尝君列传》）既然有着这样的人力资源基础，遍地古惑仔也就不足为奇了。

这就意味着，孟尝君在那个乱世当中，其实已经有了独立建国的能力。所以，孟尝君在未来还会兴风作浪、翻云覆雨。

—————— 250 ——————

韩宣惠王应该如何任命国家总理

关于周显王四十八年（前321年）最后一桩大事，《资治通鉴》这样记载：韩宣惠王想要把公仲和公叔同时任命为国家总理，向缪留征求意见，缪留极力反对。

原文：

韩宣惠王欲两用公仲、公叔为政，问于缪留。对曰："不可。晋用六卿而国分；齐简公用陈成子及阚止而见杀；魏用犀首、张仪而西河之外亡。今君两用之，其多力者内树党，其寡力者藉外权。群臣有内树党以骄主，有外为交以削地，君之国危矣。"

相权的管理艺术

周显王四十八年（前321年）在韩国是韩宣惠王十二年。12年前，也就是周显王三十六年（前333

年），《资治通鉴》记载韩国高门落成，结果应了屈宜臼在上一年发出的预言，韩昭侯果然死了，由儿子韩宣惠王继位。

在执政 12 年后，韩宣惠王开始认真考虑国家总理的人选问题，表面上看，同时任命两位国家总理，意图是想让公仲和公叔合力为韩国发光发热，**但从管理学角度来看，这样的人事安排，更有可能是想让公仲和公叔形成彼此制衡的关系，韩宣惠王就可以高高在上搞平衡。**

真相究竟如何？我们先从公仲和公叔的身份谈起。

公仲、公叔都不是人名。"公"表示"公族"，国君的近亲；仲和叔是排行，仲是老二，叔是老三和老幺之间的通称，这里我们就把公叔简单理解为老三。显然在老二、老三之上还应该有个老大，按照排行的惯例，应该叫作公孟。公孟其实就是韩宣惠王本人。也就是说，公仲和公叔都是韩宣惠王的亲兄弟。在韩国国内，不直接称呼公仲和公叔的名字，是尊重的表现。公仲、公叔在称谓意义上，大约相当于二当家、三当家。

韩宣惠王想让公仲和公叔一同担任国家总理，为此向缪留征求意见。这段史料取材于《战国策》，不过在《战国策》中，其实看不出这件事为什么要被司马光编订在周显王四十八年。大概因为司马光觉得这件事太有资治意义，非得找个空当把它安插进去吧。于是，面对韩宣惠王的问题，缪留列举了历史上一系列惨烈教训，晋国当初并用六卿，六大家族互不相让，最后国家分裂，一个强大的晋国分裂为韩、赵、魏。齐国的齐简公并用田成和阚止[1]，结果发生内乱，齐简公被杀。魏国并用张仪和公孙衍，结果丧失了河西之地。如果让两个人同时执掌权柄，两个人的实力不可能完全相当，实力较强的那个一定会在国内培植党羽，向专权的方向发展，逐渐架空国君，实力较弱的那个一定会寻求外国势力的支持，为此不惜割让土地，损害本国利益。所以同时设置两位国家总理，这种事情千万做不得。

缪留援引的历史教训，每一个都是真实可靠的。缪留说得确实在理，但他没说的是，如果只用一位总理，给他足够的权柄，潜在的危害其实更大，一不留神就会篡位，历史教训同样不胜枚举。所以缪留的那番话属于雄辩术里的一种经典套路——说的全是实话，每一个例证都扎扎实实，无可辩驳，结论当然显得顺理成章，但偏偏不提如果放弃当前方案，在二选一的

---

[1] 《资治通鉴》作"监止"，"监"和"阚"通假。

局面里选择了另一种方案，风险也许更大。可见，说实话的话术比说谎话的话术来得更有威力。

在真实的历史发展当中，相权的发展趋势一路走低，最高统治者虽然离不开高级助理，但总想把相权分解掉，因为缪留的担心虽然没错，但两害相权取其轻，要想自己永远立于不败之地，就必须不断弱化他人的能力，不许任何人有实力和自己相抗衡。至于是否会因此损害国家利益，并不是很有所谓。道理很简单：一旦自己被逼下台，再大的国家利益都和自己无关。

独立第三方的意见

回到当时的历史实况。张仪正在为秦国积极奔走，大搞连横外交，公孙衍反其道而行之，要以合纵对抗连横。山东六国因此面临着严峻的站队问题：到底连横更好，还是合纵更好？

单纯从技术难度来看，对于山东六国来说，连横策略有着无可比拟的优势，因为外交关系相当单纯，只要哄秦国开心就够了，而合纵政策无论吹嘘得多么天花乱坠，但每个国家，每位国君，甚至每位权臣，都有自己的小算盘，要想让这些人达成一致，联合抗秦，谈何容易。今天的欧盟在占尽天时、地利、人和的基础上，维系下来尚且谈何容易，更别提两千多年前的合纵阵营了。

读历史时，我们容易陷入集合名词所制造的幻境，把一个国家当成一个行为主体，而事实上，掌握着这个国家的，是一个个具体的人。所以，合纵也好，连横也好，意义并不仅限于外交关系。韩国的情形是，公仲主张连横，公叔主张合纵，两个人的政见存在着根本性分歧，韩宣惠王不可能连这么明显的分歧都看不出。要想真正为韩国选择一条发展道路，只能是要么选择公仲，要么选择公叔，无论如何都不能二人并用。在司马光的时代，当皇帝真想有所作为时，用人也必须二选一，要么重用新党，驱逐旧党，要么重用旧党，驱逐新党，每一种试图折中两党的努力很快都以失败告终。

所以，宋朝人看公仲、公叔这段历史，会有一些深层感受。南宋学者胡寅说过，缪留的论点似是而非，并不可取。因为，如果总理人选真是贤人，一个人就够了，既能治国，也不会专权，更不会和身边的副手们结党；而如果总理人选不是贤人，一个人就足以亡国。大约缪留存有私心，甚至已经和公仲、公叔当中的某一个已经暗中结党，希望自己人能在韩国专权，所以才会在韩宣惠王面前危言耸听。（朱熹《通鉴纲

目》引胡寅《读史管见》)

胡寅这番话，在今天看来也许略显迂腐，但鉴于这是南宋初年的意见，也就不难产生同情的理解了。而胡寅并不迂腐的是，他对缪留这个貌似独立第三方的人提出了立场上的怀疑，这就意味着韩宣惠王很难解决一个管理难题——实在看不懂谁的意见才是独立第三方的意见。如果用人时不搞平衡，就得学孟尝君"门版宣言"的做派，而两者孰优孰劣，真不好讲，胡寅也没有给出更好的方案。

胡寅为《资治通鉴》写过好多评论意见，汇集成为著名的《读史管见》。胡寅人称致堂先生，所以这部书也叫《致堂读史管见》。从血统上说，胡寅是宋代春秋学大师胡安国的侄儿，但在他刚刚降生时，亲生父母发愁孩子太多，不好养，就想把他溺死。溺婴现象在古代社会非常普遍，险死还生的不止孟尝君一个。胡寅命大，被胡安国夫妇收养，成为胡安国的养子和继承人，这件事后来成为儒家孝道问题的一大公案，吵得沸沸扬扬，发人深省。《读史管见》是胡寅最有名的作品，朱熹的《通鉴纲目》经常引用它的内容。

现在是告别的时间，但愿这不是一场为了告别的聚会，而是当下这场聚会的尾声里为了重新相聚而做的短暂告别：《资治通鉴熊逸版》第一辑的内容到这里就全部结束了。看到这里，你已经学完了《资治通鉴》294卷当中的前2卷，后面只剩下292卷了。如果我说"胜利在望，前途可期"，可能涉嫌诈骗，那就借用一下陶渊明《归去来兮辞》的名句："舟遥遥以轻飏，风飘飘而吹衣；问征夫以前路，恨晨光之熹微。"容我好好烧一道家乡菜，布一座桃花源，在《资治通鉴熊逸版》第二辑等你。

图书在版编目（CIP）数据

资治通鉴：熊逸版 . 第一辑 ／ 熊逸著 . —— 北京：新星出版社，2022.1
（2022.1 重印）
ISBN 978－7－5133－4649－8

Ⅰ．①资… Ⅱ．①熊… Ⅲ．①中国历史－古代史－编年体 ②《资治通
鉴》－通俗读物 Ⅳ．① K204.3－49

中国版本图书馆 CIP 数据核字（2022）第 177664 号

资治通鉴：熊逸版 . 第一辑

熊逸　著

责任编辑：白华昭
策划编辑：师丽媛　丁丛丛
营销编辑：吴　思　wusi1@luojilab.com
装帧设计：别境 Lab
责任印制：李珊珊

出版发行：新星出版社
出 版 人：马汝军
社　　址：北京市西城区车公庄大街丙 3 号楼　100044
网　　址：www.newstarpress.com
电　　话：010-88310888
传　　真：010-65270449
法律顾问：北京市岳成律师事务所

读者服务：400-0526000　service@luojilab.com
邮购地址：北京市朝阳区华贸商务楼 20 号楼　100025

印　　刷：北京盛通印刷股份有限公司
开　　本：787mm×1092mm　1/32
印　　张：57.125
字　　数：920 千字
版　　次：2022 年 1 月第一版　2022 年 1 月第四次印刷
书　　号：ISBN 978－7－5133－4649－8
定　　价：399.00 元（全九册）

版权专有，侵权必究；如有质量问题，请与印刷厂联系更换。